1682 J.B. METZLER

Héctor Wittwer, Daniel Schäfer, Andreas Frewer (Hg.)

# Handbuch Sterben und Tod

## Geschichte – Theorie – Ethik

Unter Mitarbeit von
Klaus Feldmann,
Udo Tworuschka
und Joachim Wittkowski

2., aktualisierte und erweiterte Auflage



J. B. Metzler Verlag

**Die Herausgeber**
*Héctor Wittwer*, Professor für Praktische Philosophie an der Universität Magdeburg

*Daniel Schäfer*, Professor am Institut für Geschichte und Ethik der Medizin, Universität Köln

*Andreas Frewer*, Professor am Institut für Geschichte und Ethik der Medizin, Universität Erlangen-Nürnberg



ISBN 978-3-476-05761-7
ISBN 978-3-476-05762-4 (eBook)
https://doi.org/10.1007/978-3-476-05762-4

Die Deutsche Nationalbibliothek verzeichnet diese Publikation in der Deutschen Nationalbibliografie; detaillierte bibliografische Daten sind im Internet über http://dnb.d-nb.de abrufbar.

J. B. Metzler


Umschlagabbildung: © KatarzynaBialasiewicz / Getty Images / iStock

J. B. Metzler ist ein Imprint der eingetragenen Gesellschaft Springer-Verlag GmbH, DE und ist ein Teil von Springer Nature
Die Anschrift der Gesellschaft ist: Heidelberger Platz 3, 14197 Berlin, Germany

# Inhalt

**Vorwort zur zweiten Auflage** VII

**Vorwort zur ersten Auflage** VIII

## I Sicht der Wissenschaften und Religionen

1 Geschichtswissenschaft
Daniel Schäfer / Norbert Fischer 3
2 Religionswissenschaft
Marco Frenschkowski 18
3 Rechtswissenschaft Jan. C. Joerden 31
4 Philosophie Bernard N. Schumacher 40
5 Medizin Frank Erbguth 51
6 Psychologie Joachim Wittkowski 63
7 Soziologie Klaus Feldmann 75

## II Grundlagen und Konzepte

8 Sterbeprozess – medizingeschichtlich
Dominik Groß / Jasmin Grande 89
9 Sterbeprozess – psychologisch
Sabine Fischbeck / Burkhard Schappert 97
10 Scheintod
Gerlind Rüve / Alexander Kästner 103
11 Koma Frank Erbguth 108
12 Hirntod – medizinisch
Fuat Oduncu / Gerrit Hohendorf 117
13 Hirntod – philosophisch Ralf Stoecker 124
14 Todesursachen
Hans-Bernhard Wuermeling 130
15 Todesfeststellung und Leichenschau
Klaus-Steffen Saternus 134
16 Sterberate Gabriele Doblhammer-Reiter / Thomas Salzmann 140
17 Leiche – medizinisch
Hans-Bernhard Wuermeling 148
18 Leiche – ethnologisch Armin Prinz 152
19 Sozialer Tod Werner Fuchs-Heinritz 155
20 Entwicklung des Todeskonzepts bei Kindern Stephanie Reuter 159
21 Tod, Sterben und Geschlecht
Ursula Konnertz 165
22 Unsterblichkeit – biologisch
Björn Schumacher 172
23 Unsterblichkeit – medizingeschichtlich
Daniel Schäfer 176
24 Unsterblichkeit – theologisch
Matthias Remenyi 180
25 Unsterblichkeit – philosophisch
Héctor Wittwer 184

## III Allgemeine Haltungen und Umgangsweisen

26 Lebensverlängerung – medizingeschichtlich Karin Geiger / Heiko Stoff 191
27 Lebensverlängerung – philosophisch
Hans-Jörg Ehni 197
28 *Ars moriendi* – Ritual- und Textgeschichte
Austra Reinis 202
29 *Ars moriendi* – philosophisch
Bernhard H. F. Taureck 210
30 *Ars moriendi* – aktuelle Wiederentdeckung 216
Franz Josef Illhardt
31 Todesfurcht als Thema der Philosophie
Jean-Pierre Wils 221
32 Abwehr- und Bewältigungsstrategien gegenüber Sterben und Tod Eckhard Frick 226
33 Einstellungen zu Sterben und Tod
Holger Busch 233
34 Trauer – kulturhistorisch 241
Bärbel Sunderbrink
35 Trauer – psychologisch
Joachim Wittkowski 246
36 Glaube an eine Fortexistenz nach dem Tod
Marco Frenschkowski 253
37 Tod und Sterben in der Bildenden Kunst
Klaus Bergdolt 265

## IV Konkrete Ausdrucks- und Umgangsformen


38 Patientenverfügung Christoph Mandla 273
39 Sterbebegleitung Markus Rothhaar 277
40 Sterbehilfe – medizinethisch Stephan Sahm 282
41 Sterbehilfe – rechtswissenschaftlich Hans Lilie 292
42 Sterbehilfe – philosophisch Jean-Pierre Wils 297
43 Hospiz/Palliativmedizin Isabella Jordan 302
44 Obduktion – medizingeschichtlich Dominik Groß 308
45 Obduktion – rechtsmedizinisch Klaus-Steffen Saternus 315
46 Leichenpredigten Jens Kunze 324
47 Sarg Michael Rosentreter / Dominik Groß 329
48 Bestattungsformen – Wandel in der Moderne Dominik Groß / Martina Ziefle / Daniel Schäfer 335
49 Grabinschriften Reiner Sörries 346
50 Todesanzeigen Reiner Sörries 351
51 Testament Andreas Wacke 356
52 Unterrichtung über Sterben, Tod und Trauer (Death Education) Joachim Wittkowski / Pierre-Marc Paré 361


## V Töten und den Tod erleiden


53 Abtreibung – medizingeschichtlich Robert Jütte 367
54 Abtreibung – rechtsmedizinisch Hans-Bernhard Wuermeling 372
55 Abtreibung – medizinethisch Tanja Krones 375
56 Sterben und Euthanasie aus Sicht der Medizingeschichte Andreas Frewer 382
57 Kindstötung Jan C. Joerden 391
58 Selbsttötung – psychologisch Norbert Erlemeier 394
59 Selbsttötung – soziologisch Christa Lindner-Braun 401
60 Selbsttötung – philosophisch Dagmar Fenner 405
61 Sterbefasten – medizinisch-pflegewissenschaftlich André Fringer / Sabrina Stängle 409
62 Sterbefasten – philosophisch Dieter Birnbacher 413
63 Mord Jan C. Joerden 417
64 Todesstrafe – historisch Andreas Roth 422
65 Todesstrafe – philosophisch Héctor Wittwer 427
66 Hinrichtung Dominik Groß / Julia Engels 431
67 Massenmord / Genozid / Demozid Hans-Walter Schmuhl 437
68 Menschenopfer Marco Frenschkowski 444
69 Kannibalismus Armin Prinz 449
70 Freiwilliges Opfer des Lebens Axel Karenberg 453
71 Tötungen durch terroristische Akte Georg Meggle 457
72 Tötung und Selbsttötung in religiösen Kontexten Marco Frenschkowski 462


## VI Anhang


**Mitglieder des Wissenschaftlichen Beirats (und die von ihnen begutachteten Beiträge)** 475

**Die Autorinnen und Autoren** 476

**Personenregister** 480

**Sachregister** 485

# Vorwort zur zweiten Auflage

Die Bewältigung der letzten Lebensphase ist eine existenzielle Herausforderung, Sterben und Tod sind zentraler Teil der *Conditio humana*. Auf dem Titelbild sind einige Dimensionen kurz angedeutet: Der meist vorhandene institutionelle Rahmen eines Krankenhauses oder Pflegeheims, die nötige medizinisch-technische Ausstattung, die (eingeschränkten) Möglichkeiten der persönlichen Begleitung. Die meisten Menschen möchten zuhause sterben – und doch ist dies aus verschiedenen Gründen sehr oft nicht zu schaffen. Wie kann ein humanes Lebensende aussehen? Diese zentrale Frage betrifft viele Disziplinen und braucht auf der Basis von differenziertem Wissen und langer Erfahrung sehr gute Entscheidungen. Medizinische und rechtliche Rahmenbedingungen, gesellschaftliche Debatten und vorhandene Emotionen prägen das Feld. Darüber hinaus hat das Sterben insgesamt eine Geschichte und ist gerade derzeit in unserem Land wie auch weltweit durch zahlreiche Entwicklungen und schwierige Prozesse in Veränderung begriffen. Hier braucht es solide Information, reflektierte Konzepte und das gesamte Spektrum der relevanten Fachgebiete.

Seit dem Erscheinen der ersten Auflage dieses Handbuchs sind zehn Jahre vergangen. Im Zuge der Vorbereitung der neuen Ausgabe haben wir Herausgeber uns bemüht, alle Kapitel in Bezug auf den wissenschaftlichen Forschungsstand und die neueren Entwicklungen in Medizin, Gesellschaft und Politik zu aktualisieren. Leider war dies nicht in allen Fällen möglich: Mehrere Autoren sind inzwischen sogar selbst verstorben, andere konnten aufgrund ihres hohen Alters oder anderer Umstände diese Aufgabe nicht mehr bewältigen. Der übergroße Teil der Kapitel ist jedoch für diese Neuauflage aktualisiert und teilweise auch deutlich erweitert worden. Außerdem haben wir neun völlig neue Kapitel aufgenommen, womit das Handbuch ein noch breiteres thematisches Spektrum abdeckt.

Wir danken dem Verlag J. B. Metzler für den Wunsch, eine zweite Auflage des Handbuchs zu veröffentlichen, und insbesondere Franziska Remeika und Anja Dochnal für die jederzeit umsichtige und engagierte Betreuung. Außerdem möchten wir Miriam Gorr und Svea Wietzke herzlich für ihre wertvolle Unterstützung bei der Kommunikation mit den Autorinnen und Autoren und bei der Erstellung der Dateien danken. Ihre Hilfe war von unschätzbarem Wert für den umfangreichen editorischen Prozess der Herausgabe.

Wir hoffen, dass dieses Nachschlagewerk und Handbuch, wie es sein Name verspricht, allen Interessierten, die theoretisch oder praktisch mit Sterben und Tod zu tun haben, einen kompakten wie auch präzisen Überblick über das weite Feld der Forschung zu Sterben und Tod bietet sowie gleichzeitig eine persönliche Hilfe und menschliche Bereicherung sein kann.

Magdeburg / Köln / Erlangen, im Sommer 2020
*Héctor Wittwer, Daniel Schäfer, Andreas Frewer*

## Wichtige Neuerscheinungen

Eckart, W. U./Anderheiden, M. (Hg.): Handbuch Sterben und Menschenwürde. 3 Bände. Berlin 2012.
Schäfer, D.: Der Tod und die Medizin. Kurze Geschichte einer Annäherung. Heidelberg 2015.
Schäfer, D./Müller-Busch, C./Frewer, A. (Hg.): Perspektiven zum Sterben. Auf dem Weg zu einer Ars moriendi nova? Stuttgart 2012.
Welsh, C./Ostgathe, C./Frewer, A./Bielefeldt, H. (Hg.): Autonomie und Menschenrechte am Lebensende. Grundlagen, Erfahrungen, Reflexionen aus der Praxis. Bielefeld 2017.
Wittwer, H.: Das Leben beenden. Über die Ethik der Selbsttötung. Paderborn 2020.
Wittwer, H.: Sterbehilfe und ärztliche Beihilfe zum Suizid. Grundlagentexte zur ethischen Debatte. Freiburg 2020.
Yougner, S. J./Arnold, R. M. (Eds.): The Oxford Handbook of Ethics at the End of Life. New York 2016.

# Vorwort zur ersten Auflage (2010)

## Sterben und Tod – interdisziplinäre Perspektiven

Sterben und Tod sind in den letzten Jahrzehnten zunehmend zum Gegenstand wissenschaftlicher Untersuchungen geworden. Dieses verstärkte Interesse der Forschung ist nicht nur auf theoretische Neugierde zurückzuführen, sondern auch auf die hohe gesellschaftliche Relevanz der Auseinandersetzung mit diesen existenziell bedeutsamen Themen. Die Motivation für diesen Diskurs lässt sich ihrerseits vor allem auf drei miteinander zusammenhängende Faktoren zurückführen: den beschleunigten *Wandel* der Umgangsweisen mit Sterben und Tod, das rapide *Wachstum* der naturwissenschaftlich-technischen Erkenntnisse und Eingriffsmöglichkeiten am Ende des Lebens sowie die *Diskrepanz*, die zwischen dem Stand der technologischen Entwicklung und dem Status der allgemein akzeptierten Moral besteht. In ihrem Zusammenspiel zwingen diese Faktoren zu einer fortwährenden gesellschaftlichen Neubesinnung auf das Lebensende, die ohne fundierte wissenschaftliche Erkenntnisse nicht möglich ist.

Wahrscheinlich haben sich die allgemeinen und konkreten Umgangsweisen mit Sterben und Tod nie zuvor in der Geschichte in so kurzer Zeit derart grundlegend verändert wie in den Jahrzehnten seit dem Ende des Zweiten Weltkriegs. Die bekanntesten Beispiele sind die internationale Einführung von Organtransplantation und Hirntodkriterium sowie in sozialer Hinsicht die Veränderung der Trauerformen, die hierzulande aus dem öffentlichen Raum weitgehend verschwunden sind. Weniger offensichtlich, aber ebenso grundlegend sind die Veränderungen, denen Bestattungsriten, Traueranzeigen oder künstlerische Darstellungen von Sterben und Tod unterworfen sind. In manchen Bereichen ist ein Ende dieser Entwicklungen noch nicht abzusehen. Dabei zeigt sich durchgängig die Tendenz, dass die Umgangsweisen mit Sterben und Tod sich immer stärker von traditionellen und konventionellen Mustern lösen. Dies führt zu einer Vervielfältigung dieser Umgangsweisen und diese wiederum zu einer Unübersichtlichkeit, die eine orientierende Systematisierung erforderlich macht.

Nicht weniger wichtig als der Wandel des Umgangs mit Sterben und Tod ist das rasante Wachstum der technischen Eingriffsmöglichkeiten am und nach dem Ende des Lebens. Der deutlichste Beleg dafür, dass unser Verständnis des Todes von dieser Entwicklung nicht unberührt bleibt, ist sicherlich die bis heute nicht unumstrittene Ersetzung des Herztodkriteriums durch das Hirntodkriterium. Diese wurde erst durch die Erfindung der Herz-Lungen-Maschine und die Intensivmedizin ermöglicht. Ein weiteres Beispiel ist die Entwicklung der sogenannten Plastination, die es ermöglicht hat, Leichname auf neue Art und Weise zu konservieren und eventuell sogar als »Kunstwerke« zu gestalten. Strömungen wie der Trans- und Posthumanismus möchten darüber hinaus sogar die Sterblichkeit generell in Frage stellen und durch Kryokonservierung, Gen- und Nanotechnik gänzlich überwinden.

Wie weitreichend die Folgen des technologischen Fortschritts für unser Verständnis von Leben und Tod sein können, lässt sich anhand eines Falls aus der jüngsten Vergangenheit illustrieren. In der Universitätsklinik Erlangen ist es im Jahr 2007/2008 gelungen, eine Schwangere im Wachkoma medizinisch so zu versorgen, dass der Embryo in ihr über mehrere Monate aufwachsen und schließlich gesund entbunden werden konnte. Dieses Beispiel zeigt exemplarisch, dass die Grenze zwischen Leben und Tod immer unschärfer zu werden scheint; in diesem Zusammenhang werden anthropologische Fragen wie diejenige, was Leben und Tod ausmacht, und ethische Aspekte immer stärker miteinander verknüpft.

Wie das Beispiel des »Erlanger Jungen« verdeutlicht, wirft die technische Entwicklung häufig neuartige moralische Fragen auf, die – schon im Hinblick auf Rechtssicherheit – entschieden werden müssen, obwohl sie sich oftmals nicht einfach mit Hilfe der uns geläufigen Prinzipien beurteilen lassen. So führte beispielsweise die Etablierung der lebenserhaltenden apparativen Medizin dazu, dass das Problem »passiver Sterbehilfe« virulent wurde. Hierbei sind für die Fragen im praktischen Umgang mit Sterbebegleitung und Sterbehilfe umfangreiche gesellschaftliche Verständigungsprozesse zu Grundlagen und Grenzen der Autonomie von Kranken notwendig. Das im Jahr 2009 in Kraft getretene Patientenverfügungsgesetz unterstreicht die große Bedeutung der individuellen, sozialen und rechtlichen Aspekte der Behandlung am Lebensende.

Das Problem der Sterbehilfe ist nur ein Beispiel für die ethischen Herausforderungen, die sich aus dem technischen Fortschritt ergeben. Ein weiteres sei hier genannt: Die Tatsache, dass einerseits die durchschnittliche Lebenserwartung dank der hygienischen, medizinischen und sozialen Fortschritte seit Jahrzehnten steigt und dass andererseits die letzte Lebensphase sehr alter Menschen häufig von unheilbaren Krankheiten und ungewollten Klinikaufenthalten überschattet wird, zwingt zu einer Neubestimmung der Aufgaben der Medizin am Lebensende, insbesondere zur Entwicklung und Entfaltung der Palliativmedizin und der Hospizbetreuung im Sinne einer neuen Sterbe*kultur*.

Die Intensivierung fachlicher Beschäftigung mit Sterben und Tod verdankt sich nicht nur externen Faktoren; auch *wissenschaftsinterne* Entwicklungen trugen zu dieser Zunahme bei. In diesem Kontext ist beispielsweise die Herausbildung und Differenzierung von Kultur-, Sozial- und Mentalitätsgeschichte zu nennen, also von Formen der Geschichtsschreibung, die sich nicht mehr in erster Linie mit politischen Ereignissen, sondern mit kulturell geprägten Haltungen oder Einstellungen beschäftigen. Von Bedeutung für den Aufschwung der Thanatologie war sicherlich auch die Institutionalisierung der Medizingeschichte und Medizinethik als fächerübergreifender Disziplinen, deren Institute in der Regel an den Medizinischen Fakultäten angesiedelt sind. Auch aus der Ethnologie und der Religionswissenschaft kamen wichtige Impulse für die Erforschung von Sterben und Tod. Nicht zu vergessen sind in diesem Zusammenhang Psychologie und Soziologie, die eine beachtliche Menge empirischer Daten und wichtiger Erkenntnisse zum Lebensende zusammengetragen haben.

Alle genannten Faktoren haben dazu geführt, dass Sterben und Tod heute weltweit intensiv von verschiedenen wissenschaftlichen Disziplinen erforscht werden. Dieser zweifellos zu begrüßende Fortschritt hat allerdings auch eine Kehrseite: Mit der zunehmenden Spezialisierung und Extensivierung thanatologischer Forschung wird es immer schwieriger, sich einen Überblick der bisher zusammengetragenen Erkenntnisse zu Sterben und Tod zu verschaffen. Das vorliegende Handbuch will einen solchen Überblick bieten. Es handelt sich dabei um das erste disziplinenübergreifende Nachschlagewerk zu den Themengebieten Sterben und Tod in deutscher Sprache.

Das Handbuch erfüllt vor allem *zwei Zwecke*: Zum einen will es allen, die sich praktisch oder theoretisch mit Sterben und Tod beschäftigen, die Möglichkeit geben, sich rasch über den Stand der wissenschaftlichen Forschung zu einzelnen Themen zu informieren. Dabei verdeutlichen insbesondere die längeren Übersichtsbeiträge in Kapitel I sowie die zahlreichen Kompositartikel mit mehreren Beiträgen zu einem Teilthema, dass häufig einzelne Untersuchungsgegenstände von verschiedenen Disziplinen mit unterschiedlichen Erkenntnisinteressen und Methoden untersucht werden. Der kontrastierende Vergleich zwischen den Teilartikeln erleichtert es, die Vielfalt der möglichen Fragestellungen und die Perspektive der einzelnen Fächer in Bezug auf ein einzelnes Thema zu erkennen.

Zum anderen hoffen wir, dass dieses Handbuch denjenigen, die in verantwortlichen Positionen gesellschaftliche, politische und nicht zuletzt praktische Entscheidungen zum Umgang mit Sterben und Tod treffen müssen, eine solide Grundlage für ihre Wertungen und Urteile liefert. Dabei werden in manchen Fällen auch die Grenzen wissenschaftlicher Erkenntnis deutlich.

Es versteht sich von selbst, dass die *thematische Ausrichtung* der Kapitel sowie die *Auswahl* der in den einzelnen Abschnitten *behandelten Themen* nicht unabhängig davon sein konnte, was die Herausgeber unter wissenschaftlicher Thanatologie verstehen und welche Probleme innerhalb dieses Forschungsbereichs sie für die wesentlichen halten. Dieses Verständnis soll im Folgenden noch kurz skizziert werden: Unseres Erachtens umfasst die Thanatologie und die breite Forschung zum Lebensende vor allem *vier Arten von Fragen und diesen entsprechende Disziplinen*: Erstens lassen sich Sterben und Tod *naturwissenschaftlich* untersuchen. Hierher gehören z. B. die biologischen Fragen nach den evolutionären Ursachen der Sterblichkeit, nach dem Zusammenhang zwischen Altern und Tod oder die Frage nach den Arten von Todesursachen und ihrer Häufigkeit. Die Medizin als angewandte Wissenschaft und zugleich als Heilkunde stellt die naturwissenschaftliche Methode in den Dienst ihrer Ziele, Krankheiten zu heilen, Schmerzen zu lindern und den Tod aufzuschieben. Zweitens kann man sich Sterben und Tod in der Gegenwart auch auf *empirischem* Wege nähern. Dies tun insbesondere Psychologie und Soziologie des Todes. Im Unterschied zu den bereits erwähnten naturwissenschaftlichen Disziplinen sind sie in der Regel nicht so sehr an Sterben und Tod selbst interessiert, vielmehr beschäftigen sie sich vornehmlich mit den Einstellungen zu Sterben und Tod und den Auswirkungen, die das Wissen um unsere Sterblichkeit sowie das Erleben des Todes anderer Menschen haben. In diesem Zusammenhang werden beispielsweise Todesvorstellungen, Abwehr- und Bewältigungsmechanismen und Trauerriten untersucht. Während sich Psychologie und Soziologie in erster Linie mit den gegenwärtigen Verhältnissen beschäftigen, zielen die *historisch-anthropologischen* Disziplinen darauf ab, die Ursprünge, Formen und geschichtlichen Veränderungen der Umgangsweisen mit Sterben und Tod zu erfassen. Diesem Typ thanatologischer Forschung lassen sich die Geschichtswissenschaft sowie zu weiten Teilen auch die Religionswissenschaft und die Ethnologie des Todes zurechnen. Schließlich ergeben sich aus unserer Sterblichkeit auch zahlreiche *evaluative und normative* Fragen. Diese sind in besonderer Weise Gegenstand der Philosophie, insbesondere der Ethik, und der Rechtswissenschaft. Im vorliegenden Handbuch sollen alle vier Gruppen von Disziplinen, also die naturwissenschaftlich und empirisch ausgerichteten ebenso wie die historisch-anthropologischen und die normativen Wissenschaften angemessen vertreten sein. Die Trias des Untertitels »Geschichte – Theorie – Ethik« möchte diesen Brückenschlag verdeutlichen und den Bogen von der Forschung in die Praxis schlagen.

Dem Charakter eines Handbuchs entsprechend, wurde es nicht mit dem Anspruch auf umfassende Breite oder Vollständigkeit konzipiert. Selbstverständlich lassen sich bei einem so weiten Themenfeld einzelne Lücken nicht vermeiden. Nicht in allen Fällen war es möglich, für Themen, die hätten aufgenommen werden sollen, geeignete Autorinnen oder Autoren zu finden. Wir hoffen aber, dass zumindest alle *wesentlichen* Aspekte von Sterben und Tod behandelt werden. Das Sachregister am Ende sowie die zahlreichen Querverweise innerhalb des Bandes sollen die Orientierung erleichtern und den Leserinnen und Lesern die Möglichkeit geben, sich je nach Bedarf mehr oder weniger gründlich über einzelne Fragen zu informieren sowie Verbindungen zwischen den Beiträgen herzustellen.

Die Herausgabe eines disziplinenübergreifenden Nachschlagewerkes, das den aktuellen Forschungsstand repräsentieren soll, setzt ein hohes Maß an Sachkenntnis in mehreren Fächern voraus. Wir danken allen Autorinnen und Autoren, die ihre Expertise eingebracht haben, für die Beiträge. Darüber hinaus gilt unser besonderer Dank den Mitgliedern unseres Wissenschaftlichen Beirats Klaus Feldmann (Soziologie), Udo Tworuschka (Religionswissenschaft) und Joachim Wittkowski (Psychologie), die als Fachgutachter für einzelne Disziplinen fungiert haben; ohne ihre Unterstützung hätten wir dieses Projekt nicht realisieren können. Ein Verzeichnis der von ihnen begutachteten Artikel findet sich im Anhang.

Dem Verlag danken wir für die gute Zusammenarbeit und insbesondere Frau Ute Hechtfischer, unserer Lektorin, für die professionelle und geduldige Betreuung dieses umfangreichen Projekts.

*Die Herausgeber*

# I Sicht der Wissenschaften und Religionen

# 1 Geschichtswissenschaft

## 1.1 Vorneuzeit: Alter Orient, Klassische Antike und Mittelalter

Die folgende Übersicht verfolgt das Ziel, wichtige Methoden und Ergebnisse der modernen Historiographie im thematisch engeren Sinne, nämlich hinsichtlich der geschichtlichen Repräsentanz und Bedeutung von Sterben und Tod, zusammenzufassen. Darüber hinaus werden aber auch philosophische, religions-, kultur- und sozialwissenschaftliche sowie medizinische Aspekte des interdisziplinären Themas berührt, soweit dies für den historischen Abriss erforderlich ist. Anstelle einer diachronen Darstellung dienen einzelne dieser Sachbezüge als Gliederung, denn es zeigt sich, dass kulturell und kontextuell unterschiedliche Haltungen zum Tod (im Sinne kollektiver Mentalitäten) sich nur sehr langsam, in der *longue durée*, verändern. Abgesehen von den Kulturen des Alten Orients bleiben außereuropäische Traditionen weitgehend unberücksichtigt.

### 1.1.1 Forschungsübersicht

Ähnlich wie die wissenschaftliche Neuzeit-Historiographie (s. Abschn. 1.2: »Sterben und Tod in der Neuzeit«) hat sich die Alte und Mittelalterliche Geschichte mit dem Thema ›Tod‹ als Teil der Sozial- und Mentalitätsgeschichte lange Zeit nicht systematisch auseinandergesetzt, nicht zuletzt, weil sie früher vorwiegend am politischen und individuellen Ereignis ausgerichtet war. Auch die neueren Impulse aus der *Annales*-Schule, insbesondere von Philippe Ariès, wirkten zunächst nur indirekt auf die Untersuchung vorneuzeitlicher Epochen ein, da die Quellenlage für diese Art der Geschichtsforschung relativ ungünstig war. Erst seit den 1980er Jahren rücken die Themen Sterben und Tod (oft parallel zu einer Analyse der Lebensalter) verstärkt in den Blick der Altertumswissenschaftler (Assmann 1996, 2001; Binder/Effe 1991; Brandt 2010) und Mediävisten (Borst 1993; Breat/Verbecke 1983; Dinzelbacher 1981, 1997; Ohler 1990; Schäfer 1995). Allerdings begründete das bekannte Buch Johan Huizingas (*Herbst des Mittelalters*, ndl. 1919), das ein für das Thema einschlägiges Kapitel enthält (ders. 1975, 190–208), bereits deutlich früher eine eigene Rezeption hauptsächlich innerhalb der Sprachwissenschaft, Älteren Literatur- und Kunstgeschichte sowie Theologie und Philosophie, so dass für das Mittelalter etliche thanatologische Studien aus diesen Wissenschaftszweigen entstanden (Döring-Hirsch 1927; Rehm 1928; Rudolf 1957; Choron 1967; Haas 1989). Schwerpunkte der Forschung entwickelten sich für die Bereiche der altägyptischen Kultur und der griechisch-römischen Antike in den Themen Bestattung, Totenfürsorge und -kult (Assmann 1996, 2001; Kurtz/Boardman 1985; Bibliographie bei Herfort-Koch 1992) sowie Herrschertod, für das Mittelalter in den Themen Memorialkultur (Oexle 1993), Jenseitsvisionen (Dinzelbacher 1981, 1997) sowie Seuchen- und Katastrophenforschung (Biraben 1975–76; Vasold 1991; Bergdolt 1994). Zusammengefasst werden also in erster Linie historisch fassbare Inszenierungen des Sterbens und Folgen des Todes bzw. Bewältigungsstrategien bei seinem Auftreten untersucht. Dabei ist die Abgrenzung zur Philologie, die neben der Archäologie die entscheidenden historiographischen Quellen bereitstellt, oft schwierig. Forschungsdesiderate finden sich beispielsweise immer noch im Bereich der quantitativen und qualitativen Erforschung der Mortalität (insbesondere jenseits der großen Seuchen) und deren sozialpolitischen Folgen, aber auch in der Unterscheidung zwischen normiertem und faktischem Sterben sowie in der sozialen Differenzierung der dokumentierten Todesauffassungen und -kulte.

### 1.1.2 Allgemeine Sterblichkeit und Mortalitätskrisen

Fundierte Aussagen zur vorneuzeitlichen Sterblichkeit als wichtigem demographischem Faktor waren aufgrund häufig nicht vorhandener oder nicht erhaltener öffentlicher Register (Steuer-, Einwohnerlisten) lange Zeit überhaupt nicht möglich. Todesmeldungen an öffentliche Einrichtungen sind zwar bekannt, aber nicht systematisch überliefert oder ausgewertet (Kießling 1937). Inzwischen sind für einzelne Epochen und Regionen (z. B. römisches Ägypten) Abschätzungen möglich. Die häufig herangezogene Auswertung der Lebensdaten von mehreren 10.000 Grabinschriften

J. B. Metzler © Springer-Verlag GmbH Deutschland, ein Teil von Springer Nature, 2020
H. Wittwer/D. Schäfer/A. Frewer (Hg.), *Sterben und Tod. Ein interdisziplinäres Handbuch 2. Auflage*,
https://doi.org/10.1007/978-3-476-05761-7_1

aus römischer Zeit wird dagegen wegen ihrer Unausgewogenheit bezüglich sozialer Schicht, Lebensalters (kaum Säuglinge) und biologischen Geschlechts (weniger Frauen), wegen einer systematischen Tendenz zur Angabe ganzer Dezennien und wegen der Überschätzung des Alters greiser Verstorbener (bei häufig unbekanntem Geburtsjahr) inzwischen mit großen Vorbehalten beurteilt. Auch die zahlreichen Auswertungen von paläopathologischen Altersbestimmungen bei Knochenfunden von Gräberfeldern geben dementsprechend einen dürftigen Anhaltspunkt, noch dazu beschränkt auf lokale Situationen. Und schließlich bieten die an moderne Lebenstafeln erinnernden Angaben für Überlebenswahrscheinlichkeiten zwischen dem 20. und dem 60. Lebensjahr in einem dem Juristen Ulpian (gest. 228 n. Chr.) zugeschriebenen Gesetzestext (Corpus Iustiniani, Digesta XXXV, Tit. 2, § 68) nur indirekt einen rechtspraktischen Hinweis auf damals angenommene Sterblichkeitsraten. Demnach erreichte etwa die Hälfte der Neugeborenen das 5. und 40 % das 20. Lebensjahr; nur 4 % eines Jahrgangs wurden älter als 70 Jahre; die Lebenserwartung bei Geburt betrug lediglich 20 Jahre (Langner 1998). Insgesamt wird in der Wissenschaft eine höhere Lebenserwartung von Männern gegenüber Frauen aufgrund einer Benachteiligung Letzterer bei der Ernährung vermutet, vielleicht auch wegen eines chronischen Eisenmangels aufgrund vegetarischer Nahrungsquellen (Bullough/Campbell 1980). Dagegen wurde der Einfluss der Müttersterblichkeit in der älteren Forschung möglicherweise überschätzt.

Dieser demographische ›Normalzustand‹ galt mit regionalen Besonderheiten und sozialen Unterschieden vermutlich über den gesamten Zeitraum von den Hochkulturen bis zum Spätmittelalter und übte einen bedeutenden Einfluss auf Familienstrukturen, Witwen- und Waisenrate, mögliche Wiederverheiratungen sowie das altersbedingte Krankheitsspektrum aus. Daneben sind ›Mortalitätskrisen‹ durch saisonale Einflüsse (Verdoppelung der Sterblichkeit im Sommer), regionale Hungerkatastrophen, Kriege und insbesondere Seuchen historiographisch zu analysieren und zu bewerten (Wiesehöfer 2001). Während die Forschung der spätmittelalterlichen (Bergdolt 1994; Biraben 1975–76; Bulst 1982; Meier 2005) und neuerdings auch der Justinianischen Pest (Leven 1993; Meier 2003) besondere Aufmerksamkeit widmet, sind weniger bekannte Katastrophen wie etwa Pockenepidemien (möglicherweise im Römischen Reich seit 165 n. Chr.) nur unzureichend erforscht.

### 1.1.3 Plurale Sepulkralkulturen als historisch fassbare Spuren mythischer, philosophischer und religiöser Todesbewältigung

Ähnlich wie bei der Beurteilung des Greisenalters ist auch die vorneuzeitliche Inszenierung bzw. Beurteilung von Sterben und Tod durch eine Dichotomie gekennzeichnet: Einerseits erscheint das Lebensende als lebensfeindliches Prinzip schlechthin, das trotz eines in der Regel anzutreffenden Jenseitsglaubens niemals anstelle der jetzigen Existenz anzustreben ist; andererseits zeigen sich (vor allem in der Philosophie und Theologie) deutliche Tendenzen einer Idealisierung bzw. Bagatellisierung. Antike Konzepte des ›guten Todes‹ (*euthanasía*, literarisch auch eine ironische *contradictio in adjecto*) zielen auf einen rechtzeitigen, leichten, schnellen, gegebenenfalls auch ehrenvollen Tod (z. B. auf dem Schlachtfeld), insbesondere ohne schwere Krankheit, gegebenenfalls durch Selbsttötung mit Schwert oder Nahrungsverweigerung (Benzenhöfer 1999, 15–36). Ein Tod nach längerer Krankheit oder unter unwürdigen Umständen wird dagegen in der zeitgenössischen Literatur und Historiographie tendenziell verschwiegen oder als negatives Beispiel inszeniert. Unter christlichem Einfluss variiert die Vorstellung vom guten Tod; für viele mittelalterliche Theologen galt der unvorbereitete, plötzliche Tod (*mors improvida, repentina*) als Strafe Gottes, ein langsames Sterben dagegen als Gnade.

Die aktuelle Kulturgeschichte diskutiert neben dieser mehr philosophischen Dichotomie eine kulturelle »Todesantinomie« (Franz Borkenau, zit. nach Assmann/Macho 2000, 114) angesichts der zweifachen Unmöglichkeit, sich ein endloses Leben nach dem Tod oder auch ein definitives Ende des Lebens vorzustellen; als Lösung wurden und werden entsprechende Mythen, Rituale und Dogmen entwickelt, die dazu beitragen, das Paradoxon zwischen ›Todeshinnahme‹ und ›Unsterblichkeitshoffnung‹ zu bewältigen.

Die verschiedenen Todeskonzepte fanden teilweise ihren Ausdruck in historisch fassbarer Sepulkralkultur. Bereits bei frühen Kulturtechniken lassen sich Formen der Todesbewältigung im Sinne von Repräsentationen der Materialität des Gestorbenen erkennen. So werden etwa die Anfänge der Bildhauerei als Versuch interpretiert, den Toten, der als passives, materielles Abbild des Lebenden empfunden wird, seinerseits dauerhaft abzubilden, etwa in Form von Statuen, aber auch durch die plastische Ausgestaltung von Schädeln mit Kalk und Gips, die z. B. im neolithischen Jericho (etwa 6500 v. Chr.) gefunden wurden (Assmann/Macho 2000, 102–103).

Pyramiden der altägyptischen Kultur verweisen auf Himmelsaufstieg und postmortale »Verklärung« des Herrschers, seinen Einbezug in den Sonnenlauf (Assmann 1996, 73). Am erhaltenen Objekt nachvollziehbare aufwändige Mumifizierungen und die dokumentierten Totenriten bei der Oberschicht zeugen von einer »Kultur der Todessorge« (Assmann 2001, 16), die den Umwandlungsprozess des Leichnams und der Person des Toten zu einer unzerstörbaren »Ewigkeitsgestalt« (Assmann/Macho 2000, 23) für entscheidend hielt. Zudem musste die materielle Versorgung der Toten gesichert werden. Umfang und Lage der Hauptnekropole Oberägyptens, der Totenstadt im Westen jenseits des Nils bei Theben, weisen topographisch auf den Übergang von einer Welt der Lebenden in eine davon geschiedene geheimnisvolle Welt der Toten; sie wurde mit der untergehenden Sonne und der Rückkehr in das Dunkel des Mutterschoßes assoziiert. Dagegen waren Begräbnisse in mesopotamischen Kulturen in der Regel einfacher (ohne Konservierung der Toten) und fanden häufig unter dem Fußboden der Häuser statt, bei Herrschern auch im Tempelbereich (Bretschneider 2009); hier stand die Gemeinschaft der Lebenden und Toten im Vordergrund.

Von Anatolien ausgehend setzte im 2. Jahrtausend v. Chr. der Brauch der Leichenverbrennung ein (Heyworth 1997), der auch in der bronzezeitlichen Urnenfelderkultur Mittel- und Südwesteuropas (1300–800 v. Chr.), bei Homer und in der darauffolgenden frühgriechischen Antike bis 500 v. Chr. vorherrschte. Dagegen war etwa in der älteren Mykenischen Kultur (1600–1050 v. Chr.), im späteren Hellenismus und in den semitischen Kulturen, die wie Ägypten auf die Integrität des Leichnams großen Wert legten, Körperbestattung üblich. Nicht selten finden sich in derselben Kultur beide Formen nebeneinander. Neben dem Motiv einer sozial-ökonomischen Differenzierung (Feuerbestattung bei römischen Begüterten, Körperbestattung bei Armen) werden als Ursachen für die Kremierungspraxis erneut religiöse Hintergründe (Verbrennung als symbolische Reinigung; Befreiung der Seele vom Körper; Schutz vor den Toten?) diskutiert.

In der klassischen Antike ging der Bestattung regelmäßig eine Abfolge von Aufbahrung, Totenklage und Leichenzug voraus; auf das Begräbnis folgten Totenmahl(e) (einschließlich Opfergaben) und Reinigungsriten sowie rituelle Totenspeisungen (Libationen), die in der Spätantike zunehmend christlicher Kritik ausgesetzt waren (Volp 2002, 234–39). Der in der römischen Welt besonders bei den Funeralien zur Schau getragene Ahnenkult diente vor allem der Selbstdarstellung der Familie: Der Tod von Mitgliedern war ihre Angelegenheit, nicht eine des Staates. Gleichwohl sind Vorschriften gegen zu aufwändig gestaltete Bestattungen aus vielen Städten des alten Griechenland (Kierdorf 1997) und auch aus Rom überliefert, und die bei Hochverrat, in der Spätantike zudem bei ›Glaubensdelikten‹ verhängte *damnatio memoriae* griff u. a. in das Grabrecht und den Erinnerungskult massiv ein (Ries 2001). Die Bestattung des Leichnams oder der Urne geschah in der Regel außerhalb der Stadt, seit Ende des 2. Jhs. n. Chr. primär aus Platz- und Kostengründen auch in zuletzt mehrgeschossigen Katakomben unter vorhandenen Friedhöfen (Volp 2002, 214–22). Bei dem Verbot von Kremierungen innerhalb der Mauern wurden als Begründung nicht nur kultische Gründe (Verunreinigung der *sacra*), sondern auch Brandgefahr angegeben (Cicero: *De legibus* 2, 23,58).

Die sukzessive Ablösung der Kremierung im Römischen Reich durch eine Sarkophag- oder Erdbestattung des Leichnams seit dem 2. Jh. erfolgte weniger unter dem Einfluss orientalischer Kulte oder des Christentums (etwa wegen dessen eng gefasster Vorstellung von einer leiblichen Aufstehung) (Schrumpf 2006, 71–72); vielmehr galt Zeitgenossen die Körperbestattung als neue griechische Sitte (*graeco more*; Petronius: *Satyricon* 111,2). Karl der Große erließ 782 im Rahmen der *Capitulatio de partibus Saxoniae* ein Verbot der Leichenverbrennung als Akt der Bekämpfung heidnischen Brauchtums. Trotz der christlich motivierten Abneigung, den toten Körper zu zerstören, die bis zum Hochmittelalter beispielsweise auch die anatomische Humansektion verhinderte, gab es insbesondere bei den Kreuzzügen Beispiele einer Teilbestattung leicht verweslicher Organe unter Skelettierung der Leiche, um deren Rücktransport in die Heimat zu ermöglichen.

Neben dem Umgang mit der Leiche änderte sich im abendländischen Mittelalter auch der Ort der Bestattung. Begräbnisse bei den Reliquien der Heiligen (*ad sanctos*) auf dem Kirchhof oder gar in der Kirche selbst sind seit dem 5. Jh. archäologisch belegt; die Verbannung der Toten aus den Wohnbereichen der Lebenden wurde unüblich (Ariès 1980, 47–56). Korrespondierend zu dieser Entwicklung gedachte man z. B. in der frühmittelalterlichen gallikanischen Messe regelmäßig der Toten; durch Lesung ihrer Namen im Rahmen der Eucharistiefeier wurden sie in die Gemeinschaft der Lebenden und der Heiligen aufgenommen (ebd., 193–95; Wilhelm-Schaffer 1999, 284–88).

Seit dem Hohen Mittelalter setzte in Europa ein Mentalitätswandel ein in Richtung einer persönlichen Verantwortung für Sterben, Tod und jenseitiges Schicksal – Popularisierung der Vorstellung vom Fegefeuer (nach Jacques Le Goff 1981), der Postulierung eines persönlichen Gerichts (*iudicium particulare*) unmittelbar nach dem Tod – sowie in Richtung einer sukzessiven Trennung der überall etablierten Gemeinschaft von Lebenden und Toten. Dieser vielschichtige Prozess wurde vermutlich durch das mit einer Schwächung des Klerus einhergehende Große abendländische Schisma (1378–1417), durch Hungerkrisen als Folge der einsetzenden Kleinen Eiszeit sowie durch Seuchen und Krieg verstärkt. Die darauf folgende Reduktion der Bevölkerung Europas um etwa ein Drittel hatte vielfältige sozioökonomische Folgen (Vasold 1991, 61–67) und strahlte auch auf Kunst, Religion und Wissenschaft aus: Die Sepulkralkultur wurde erneut durch eine plastische und bildliche Darstellung des auf dem Hochgrab (*tumba*) liegenden Toten (etwa seit 1400 auch als verwesender Körper [*transi*] gestaltet; s. a. Kap. 37) geprägt; die literarische *Ars moriendi* (s. Kap. 28: »Ars moriendi – Ritual- und Textgeschichte«) nahm das zukünftige Gericht im eigenen Sterben teilweise vorweg und wertete es dadurch auf; und in der medizinischen Fachprosa lässt sich eine Tendenz zur persönlichen, volkssprachlichen Todesprognostik feststellen (Schäfer 1995, 297–334). Der spätmittelalterliche Trend zur Vorbereitung der letzten Dinge spiegelt sich in zahlreichen Stiftungen, die zu dieser Zeit nicht nur das Gedächtnis (s. u.), sondern obligatorisch auch die immer stärker eingeforderte Fürbitte für den verstorbenen Stifter einschlossen.

### 1.1.4 Herrschertod und Memorialkultur

Während Sterben und Tod der Armen (abgesehen vom ›inszenierten Töten‹ bei Hinrichtungen; s. Kap. 66: »Hinrichtung«) in der Vormoderne kaum dokumentiert wurden, kam dem Ende der Privilegierten seit den Anfängen der Geschichtsschreibung eine besondere Bedeutung zu, was sich bis in die gegenwärtige Forschung hinein fortsetzt. Bei weltlichen Herrschern bedeutete ihr Tod eine politische Zäsur, die historiographisch und zeremoniell hervorgehoben wurde. Besondere Aufmerksamkeit erfuhr ein nicht natürliches, plötzliches Lebensende, sei es in der Schlacht (Hektor), durch Suizid (Antonius und Kleopatra) oder als Tyrannenmord inszeniert (Polykrates, Julius Caesar). Seit dem Tod Alexanders des Großen ist eine Verbindung zwischen Herrschertod und posthumem Herrscherkult bzw. Vergöttlichung (Apotheose), wie sie im Hellenismus und im Römischen Kaiserreich praktiziert wurde, nachzuweisen. Für eine geordnete Nachfolge war z. B. im byzantinischen Bereich die Anwesenheit des Nachfolgers am Sterbebett und bei den Bestattungsfeierlichkeiten wichtig (Englhofer/Binder 2002). Herrschergräber und -totenkult besaßen auch im Sinne einer Legitimation des Nachfolgers besondere repräsentative Funktion. Zum Vorbild und Eponym für spätere Bauten wurde das *Maussolleion* des persischen Satrapen Maussollos von Karien (gest. 353) in Halikarnassos, eines der Sieben Weltwunder. Im Mittelalter spielten Herrschergrablegen (oft in eigens gegründeten Klöstern) eine besondere Rolle als identifikationsstiftende Bezugspunkte für die jeweilige Dynastie im Sinne transpersonaler Herrschaft, aus denen auch Staatsbewusstsein und Zentrenbildung (Hauptstadt eines Territoriums) sich entwickeln konnte (z. B. Königsgrablegen in St. Denis bei Paris, Westminster Abbey bei London; später auch Kapuzinergruft in Wien; vgl. Ohler 1990, 115); analog dazu konnten auch Gräber oder Reliquien von Märtyrern und Heiligen zu Kristallisationspunkten städtischer Entwicklung werden. Neben der eigentlichen Grabstätte hat das vor allem in den Hausklöstern praktizierte Totengedächtnis (*memoria*) einen besonderen Platz in der mittelalterlichen Sterbekultur; dessen schriftliche Zeugnisse sind Anniversarienbücher (Jahrtagsverzeichnisse), Gedächtnisbücher (*Libri memoriales*) und Nekrologien (Totenbücher), die bei geistlichen Institutionen (z. B. Gebetsbruderschaften) geführt wurden und ein regelmäßiges Gedächtnis verstorbener Stifter weit über die weltlich-epische Totenklage hinaus sicherten.

Eine besondere Form des ›Herrschertods‹ findet sich bei geistlichen Fürsten, die im Mittelalter keine dynastische Nachfolge im engeren Sinne errichten konnten, weshalb ihr Nachlass bis zum Hochmittelalter häufig von weltlichen Herrschern beansprucht wurde (Spolienrecht). Weil Erben fehlten und der Nachfolger erst nach dem Begräbnis des Vorgängers gewählt werden durfte, wurde insbesondere der Leichnam des Papstes bis zum 13. Jh. regelmäßig und geradezu rituell ausgeplündert (Paravicini Bagliani 1997, 105–115).

Neben den vielfältigen Formen des realen Todes und den historisch relevanten Umgangsweisen mit ihm war insbesondere im Mittelalter der Ausdruck symbolischen Todes geläufig: Der Eintritt in ein Kloster, aber auch die gesellschaftliche Ächtung bei ›Aussatz‹ (Lepra) oder die Hinrichtung Abwesender *in effigie* (am Bild oder an der Puppe) wurde rituell als ein Absterben gegenüber der Welt der Lebenden inszeniert (s. Kap. 19: »Sozialer Tod«). Auch auf diese Weise war die Präsenz des Todes, das *Media vita in morte sumus*, und zugleich der fließende Übergang zwischen Leben, Sterben und Tod in dieser Epoche geschichtlich wirksam.

**Literatur**

Alexandre-Bidon, D.: *La mort au Moyen Age. XIII^e-XVI^e siècle.* Paris 1998.
Ariès, P.: *Geschichte des Todes.* München/Wien 1980.
Assmann, J.: *Ägypten. Eine Sinngeschichte.* München/Wien 1996.
Assmann, J.: *Tod und Jenseits im Alten Ägypten.* München 2001.
Assmann, J./Macho, T.: *Der Tod als Thema der Kulturtheorie. Todesbilder und Totenriten im alten Ägypten. Mit einem Beitrag von Thomas Macho: Tod und Trauer im kulturwissenschaftlichen Vergleich.* Frankfurt a. M. 2000.
Benzenhöfer, U.: *Der gute Tod? Euthanasie und Sterbehilfe in Geschichte und Gegenwart.* München 1999.
Bergdolt, K.: *Der schwarze Tod in Europa. Die große Pest und das Ende des Mittelalters.* München 1994.
Binder, G./Effe B.: *Tod und Jenseits im Altertum.* Trier 1991.
Binski, P.: *Medieval Death. Ritual and Representation.* London 1996.
Biraben, J.-N.: *Les hommes et la peste en France et dans les pays européens et mediterranéens.* 2 Bde. Paris 1975–76.
Borst, A. (Hg.): *Tod im Mittelalter.* Konstanz 1993.
Braet H./Verbeke W. (Hg.): *Death in Middle Ages. International Colloquium Leuven 1979.* Leuven 1983.
Brandt, H.: *Am Ende des Lebens. Alter, Tod und Suizid in der Antike.* München 2010.
Bretschneider, J.: Königsgrab und Herrscherlegitimation in Alt-Syrien im 3. Jahrtausend v. Chr. In: A. Berlejung/B. Janowski (Hg.): *Tod und Jenseits im alten Israel und in seiner Umwelt. Theologische, religionsgeschichtliche, archäologische und ikonographische Aspekte.* Tübingen 2009, 631–654.
Bullough, V./Campbell, C.: Female Longevity and Diet in the Middle Ages. In: *Speculum* 55 (1980), 317–325.
Bulst, Neithard: Der schwarze Tod. Demographische, wirtschafts- und kulturgeschichtliche Aspekte der Pestkatastrophe von 1347 bis 1352. Bilanz der neueren Forschung. In: *Saeculum* 30 (1982), 45–67.
Choron, J.: *Der Tod im abendländischen Denken.* Stuttgart 1967 (engl. 1963).
Davies, P. J. E.: *Death and the Emperor. Roman Imperial Funerary Monuments from Augustus to Marcus Aurelius.* Austin, Texas 2000.
Dinzelbacher, P.: *Vision und Visionsliteratur im Mittelalter.* Stuttgart 1981.
Dinzelbacher, P.: Tod, Sterben. IV. Sozial- und Mentalitätsgeschichte. In: N. Angermann u. a. (Hg.): *Lexikon des Mittelalters.* Bd. 8. München/Zürich 1997, 829–831.
Döring-Hirsch, E.: *Tod und Jenseits im Spätmittelalter. Zugleich ein Beitrag zur Kulturgeschichte des Deutschen Bürgertums.* Berlin 1927.
Effros, B.: *Caring for Body and Soul. Burial and the Afterlife in the Merovingian World.* University Park, PA 2002.
Englhofer, C./Binder, G.: Herrschertod. In: H. Cancik/H. Schneider (Hg.): *Der Neue Pauly. Enzyklopädie der Antike. Altertum.* Bd. 12/1. Stuttgart/Weimar 2002, 646–648.
Geary, P. J.: *Living with the Dead in the Middle Ages.* Ithaca, NY 1994.
Gnoli, G./Vernant, J.-P.: *La mort, les morts dans les sociétés anciennes.* Cambridge 1982.
Haas, A. M.: *Todesbilder im Mittelalter. Fakten und Hinweise in der deutschen Literatur.* Darmstadt 1989.
Herfort-Koch, M.: *Tod, Totenfürsorge und Jenseitsvorstellungen in der griechischen Antike. Eine Bibliographie.* München 1992.
Heyworth, S.: Bestattung. A. Allgemein B. Ägypten und Vorderasien. In: H. Cancik/H. Schneider (Hg.): *Der Neue Pauly. Enzyklopädie der Antike. Altertum.* Bd. 2. Stuttgart/Weimar 1997, 587–589.
Huizinga, Johan: *Herbst des Mittelalters.* Stuttgart 1975 (ndl. 1919).
Kierdorf, W.: Bestattung. C. Griechenland D. Italien und Rom. In: H. Cancik/H. Schneider (Hg.): *Der Neue Pauly. Enzyklopädie der Antike. Altertum.* Bd. 2. Stuttgart/Weimar 1997, 589–592.
Kießling, E.: Todesanzeigen. In: *Paulys Real-Encyclopädie der classischen Altertumswissenschaft.* Bd. II/6. Stuttgart 1937, 1641–1643.
Kurtz D. C./Boardman, J.: *Thanatos. Tod und Sterben bei den Griechen.* Mainz 1985.
Langner, G.: Schätzung von Säuglingssterblichkeit und Lebenserwartung im Zeitalter des Imperium Romanum. In: *Historische Sozialforschung/Historical Social Research* 23 (1998), 299–326.
Le Goff, J.: *La naissance du purgatoire.* Paris 1981.
Leven, K.-H.: *Pest in der byzantinischen Literatur (6. bis 15. Jahrhundert). Ursprünge und Wirkungen eines Motivs.* Freiburg i. Br. 1993.
Lundström S./Christiansen B.: Tod. I. Alter Orient und Ägypten. In: H. Cancik/H. Schneider (Hg.): *Der Neue Pauly. Enzyklopädie der Antike. Altertum.* Bd. 12/1. Stuttgart/Weimar 2002, 640–642.
Meier, M.: *Das andere Zeitalter Justinians. Kontingenzerfahrung und Kontingenzbewältigung im 6. Jahrhundert nach Christus.* Göttingen 2003.
Meier, M. (Hg.): *Pest. Die Geschichte eines Menschheitstraumas.* Stuttgart 2005.
Morris, I.: *Death-ritual and Social Structure in Classical Antiquity.* Cambridge 1996.
Oexle, O. G.: Memoria, Memorialüberlieferung. In: N. Angermann u. a. (Hg.): *Lexikon des Mittelalters.* Bd. 6. München/Zürich 1993, 510–513.
Ohler, N.: *Sterben und Tod im Mittelalter.* München/Zürich 1990.
Paravicini Bagliani, A.: *Der Leib des Papstes. Eine Theologie der Hinfälligkeit.* München 1997.

Rehm, W.: *Der Todesgedanke in der deutschen Dichtung vom Mittelalter bis zur Romantik.* Halle 1928.
Ries, G.: Damnatio memoriae. Die Vernichtung des Andenkens an Verstorbene in Politik und Strafrecht. In: M. Herzog (Hg.): *Totengedenken und Trauerkultur. Geschichte und Zukunft des Umgangs mit Verstorbenen.* Stuttgart 2001, 237–248.
Rudolf, R.: *Ars moriendi. Von der Kunst des heilsamen Lebens und Sterbens.* Köln 1957.
Schäfer, D.: *Texte vom Tod. Zur Darstellung des Todes im Spätmittelalter.* Göppingen 1995.
Schrumpf, S.: *Bestattung und Bestattungswesen im Römischen Reich. Ablauf, soziale Dimension und ökonomische Bedeutung der Totenfürsorge im lateinischen Westen.* Göttingen 2006.
*Tod, Bestattung und Jenseits in der griechisch-römischen Antike.* St. Katherinen 1994.
Vasold M.: *Pest, Not und schwere Plagen. Seuchen und Epidemien vom Mittelalter bis heute.* München 1991.
Volp, U.: *Tod und Ritual in den christlichen Gemeinden der Antike.* Leiden/Boston 2002.
Walde, C.: Tod. II. Klassische Antike. In: H. Cancik/H. Schneider (Hg.): *Der Neue Pauly. Enzyklopädie der Antike. Altertum.* Bd. 12/1. Stuttgart/Weimar 2002, 642–646.
Wiesehöfer, J.: Sterblichkeit. In: H. Cancik/H. Schneider (Hg.): *Der Neue Pauly. Enzyklopädie der Antike. Altertum.* Bd. 11. Stuttgart/Weimar 2001, 963.
Wilhelm-Schaffer, I.: *Gottes Beamter und Spielmann des Teufels. Der Tod in Spätmittelalter und Früher Neuzeit.* Köln 1999.

## 1.2 Sterben und Tod in der Neuzeit

### 1.2.1 Forschungsübersicht

Bis ins späte 20. Jh. hinein hat die deutsche Geschichtswissenschaft – im Gegensatz etwa zur französischen – mentalitätshistorische Perspektiven kaum berücksichtigt. Es bedurfte der zunehmenden Hinwendung zu sozial-, kultur-, alltags- und strukturgeschichtlichen Perspektiven sowie der Rezeption der *Annales*-Schule, um sich Aspekten wie Kindheit, Ehe und Familie, symbolischer Ehre und Strafe sowie eben auch der Geschichte von Sterben und Tod zu öffnen. In der Folge hat letzterer Themenkomplex seit 1980 eine zunehmende Aufmerksamkeit erfahren – nicht zuletzt dank der wachsenden interdisziplinären Orientierung historischer Forschung (Buchner/Götz 2016).

Bereits die Pionierstudie aus der französischen Mentalitätshistorie, Philippe Ariès' epochales Werk zur *Geschichte des Todes im Abendland* (dt. 1980, frz. 1977) zeugt von der konstatierten Interdisziplinarität, basieren seine Erkenntnisse doch ganz wesentlich auf Zeugnissen der Literatur- und Kunstgeschichte. Mit Ariès und anderen Vertretern der französischen Mentalitätsgeschichte wurde die Untersuchung historischer ›Einstellungen zum Tod‹ (Vovelle 1978) salonfähig. Das Quellenspektrum beruhte – neben Literatur und Kunst – auf weiteren Formen der Schriftquellen wie Testamenten, Predigten, Archivalien oder autobiographischen Zeugnissen. Auch Grabsteine mit ihrer Symbolik und ihren Inschriften sowie Friedhofslandschaft und -architektur wurden auf ihren Aussagewert für einen epochenspezifischen und gesellschaftstypischen Umgang mit Sterben und Tod hin analysiert.

Bei den in der Folge entstandenen epochenübergreifenden Darstellungen zeigte sich insbesondere die Tendenz, den Umgang mit Sterben und Tod mit den sich wandelnden gesellschaftlichen Rahmenbedingungen zu verknüpfen – etwa mit sozialgeschichtlichen Prozessen der Industrialisierung, Technisierung, Urbanisierung und Säkularisierung (Whaley 1981; Fischer 2001) bzw. mit demographischen Entwicklungen (Imhof 1991) – oder den ›Warencharakter‹ des Todes zu betonen (Mischke 1996). Andere epochenübergreifende Studien greifen explizit den Umgang mit toten Körpern auf (Stefenelli 1998). Neben Sozial- und Kulturgeschichte (Hugger 2002) fand auch die *Gender*-Perspektive Eingang in die Forschungen (Ecker 1999; Götz 2013).

Exemplarisch seien folgende Teilbereiche erwähnt: Der politische Totenkult (Papenheim 1992; Koselleck/Jeismann 1994; Rader 2003; Redlin 2010), nationale Totenfeiern und -mythen, nicht zuletzt deren Ideologisierung (Ackermann 1990; Behrenbeck 1996) waren ebenso Thema der Forschung wie höfische Zeremonielle im Umgang mit dem Tod (Hawlik-van de Water 1989). Der ›gewaltsame‹ Tod wurde im Kontext des Krieges und des Kriegstotengedenkens (Spilker/Ulrich 1998; Mosse 1993; Latzel 1988; Hettling/Echternkamp 2008; Janz 2018), der Todesstrafe (Martschukat 2000; Evans 2001) oder auch im Zusammenhang von Massensterben bei Epidemien (Hieronimus 2006) untersucht. Bedeutsam für die Forschung waren regionalgeschichtlich angelegte Studien (u. a. Düselder 1999) sowie auch epochenspezifische Untersuchungen (u. a. Denk/Ziesemer 2007; Fischer 2004; Hauser 1994). Die Historie des Freitodes wurde ebenso untersucht (Minois 1996; Baumann 2001) wie ideengeschichtliche Aspekte – Letztere u. a. am Beispiel frühneuzeitlicher Jenseitsvorstellungen (Kobelt-Groch/Niekus Moore 2008). Auch autobiographische, auf sogenannten Ego-Dokumenten beruhende Ansätze spielen neuerdings eine wichtige Rolle (Richter 2010; Zihlmann-Märki 2010).

Frau bzw. Weiblichkeit und Tod ist ein kulturhistorisches Motiv, das – sei es als ›schöne Leiche‹ oder elegische Gestalt der Trauernden – vor allem im bürgerlichen Zeitalter zur Blüte gelangte. Die Rolle der Frau ist dabei zumeist passiv, was auf ihre historische Funktion zurückgeht: Frauen waren für die Trauerarbeit zuständig. Dies galt zum einen praktisch-beruflich als Leichen- oder Totenfrauen, Seelnonnen oder Heimbürginnen, wie die regional unterschiedlichen Bezeichnungen in der Totenfürsorge lauteten. Zum anderen repräsentierte die Frau emotional-ästhetisch in der Rolle der Trauernden den kultivierten Schmerz und Abschied (Götz 2013).

Eine paradigmatische Rolle spielen die Teilbereiche ›Friedhof‹ und ›Grabmal‹, zu denen auch die weitaus meisten Einzelstudien vorliegen (s. Kap. 48: »Bestattungsformen – Wandel in der Moderne« und Kap. 49: »Grabinschriften«). Der heute geläufige Begriff ›Friedhof‹ meint einen umfriedeten Raum und ist zum allgemeinen Sammelbegriff für Begräbnisplätze geworden (deren Bezeichnungen im Übrigen historisch und regional differieren können). Zur Geschichte der Friedhöfe liegen mehrere Überblicksdarstellungen vor (Happe 1991; Fischer 1996; Arbeitsgemeinschaft Friedhof und Denkmal 2003; Fischer/Herzog 2005), die meisten Studien haben jedoch regionalen (beispielhaft Heuer 1995; Stöcker 2006) oder lokalen Bezug (Leisner/Thormann/Schulze 1990; Denk/Ziesemer 2014). Neuere Forschungen betonen nicht zuletzt die Rolle der Konfessionalität für die frühneuzeitliche Friedhofsentwicklung und das Aufkommen von Camposanto-Anlagen in Deutschland (Koslofsky 2000; Sieber 2018).

Teils verwoben mit der Geschichte der Friedhöfe ist jene der Grabmäler (s. Kap. 49: »Grabinschriften«). Waren frühere Studien häufig kunsthistorisch orientiert, so zeigen sich neuerdings – paradigmatisch im Kontext frühneuzeitlicher *Memoria*-Forschung – Arbeiten, die die Formensprache von Grabmälern als Ausdruck gesellschaftlicher Repräsentation aufschlüsseln (Karsten/Zitzelsperger 2004; Behrmann/Karsten/Zitzelsperger 2007). Gelten diese Studien in der Regel den Vertretern sozialer Führungsoligarchien oder besonderer gesellschaftlicher Gruppen (Knöll 2003), so werden neuerdings auch allgemeine Entwicklungen der Grabmalkultur in der Neuzeit zum Thema kulturhistorischer Forschungen (Creating Identities 2007; Arbeitsgemeinschaft Friedhof und Denkmal 2009; Kretschmer 2012; Denk/Ziesemer 2014).

Eine Sonderrolle in der europäischen Friedhofsgeschichte spielen die jüdischen Friedhöfe und die jüdische Bestattungskultur. Als bedeutendster jüdischer Begräbnisplatz Europas gilt der Alte Friedhof Prag (angelegt in der ersten Hälfte des 15. Jhs.); in Deutschland bildet der jüdische Friedhof in Worms das älteste Zeugnis jüdischer Begräbnisplätze. Während die aschkenasischen Juden aufrecht stehende Steine bevorzugten, weisen sephardische Friedhöfe sogenannte ›Zeltgräber‹ auf. Waren Einzelgrab, ›ewige Ruhe‹ und das Fehlen von Grabpflege ursprünglich charakteristisch, so glichen sich jüdische Begräbnisplätze im Zuge der Assimilierung des Judentums seit dem 19. Jh. den christlichen bzw. kommunalen Friedhöfen an. In der Forschung wurden zumeist einzelne Anlagen untersucht (allgemein Jüdische Friedhöfe 2011; beispielhaft Studemund-Halévy 2002).

Neben der Friedhofs- und Grabmalkultur spielte die ›Architektur des Todes‹ eine wichtige Rolle (Etlin 1987; Heathcote 1999; Curl 2002). Mittelalterliche Kirchhöfe beherbergten besondere ›Beinhäuser‹ (*Karner*) zur Aufnahme nicht verwester Skeletteile (Sörries 1996). Gänzlich neue Varianten sepulkraler Architektur zeigten sich in der Moderne mit den Leichenhallen (Stein 1993) und – seit Einführung der modernen Feuerbestattung im späten 19. Jh. – nicht zuletzt mit den Krematorien (Fischer 1996; Winter 2001).

Forschungsdesiderata zeigen sich vor allem als ein Problem der sozialen Schichtenspezifik. Sterben und Tod sind für die Oberschichten, wie Adel, Geistlichkeit und Bürgertum, aufgrund der gegebenen Quellenlage ungleich besser dokumentiert als für die unteren sozialen Schichten. Sterben und Tod unterer Schichten sind also für vergangene Epochen bisher weitgehend noch unbekannt. Die Geschichte von Sterben und Tod muss für die Moderne auch im Kontext der zunehmenden Bedeutung des medikalisierten und institutionalisierten Todes, beispielsweise in Krankenhäusern, gesehen werden. Künftige Forschungen werden – auch angesichts der gegenwärtig umfassenden Bedeutung des Internets – den Zusammenhang von Tod und Medien thematisieren (Buchner/Götz 2016).

### 1.2.2 Wandel und Entwicklungen vom Mittelalter zur Frühen Neuzeit

Die Geschichte von Sterben und Tod in der Neuzeit lässt sich allgemein mit Begriffen wie ›Individualisierung‹, ›Säkularisierung‹, ›Technisierung‹ und ›Professionalisierung‹ charakterisieren. Die Entwicklung vollzog sich vor allem in den Städten; der ländliche Raum dagegen blieb häufig und lange Zeit von besonderen regionalen und konfessionellen Traditionen geprägt – wenngleich früher oder später in der Regel eine Orientierung am städtischen Leitbild erfolgte.

Der Übergang vom Mittelalter zur Neuzeit wird in der Geschichtswissenschaft im Allgemeinen mit dem Reformationszeitalter, also der Zeit um und nach 1500, datiert – auch wenn es sich in den einzelnen Bereichen jeweils um differenziert zu datierende Entwicklungsstränge handelte. Die reformatorischen Bewegungen und der aufkommende Protestantismus veränderten die Beziehungen zwischen Lebenden und Toten und läuteten jene folgenreichen Umbrüche ein, die die Fundamente für den modernen Umgang mit dem Tod bilden. Dementsprechend wurde das Reformationszeitalter zu einem Schwerpunkt der Forschung (Leutert 2007; Koslofsky 2000; Wilhelm-Schaffer 1999; Sieber 2018).

Die altgläubig-mittelalterliche Vorstellungswelt hatte es noch erlaubt, das Seelenheil der Verstorbenen durch entsprechende Dienste seitens der Lebenden zu befördern (Borst/Graevenitz/Patschovsky 1993; Ohler 1993). Der Tod galt in dieser Hinsicht nicht als eindeutige Grenze, sondern als allmählicher Übergang zwischen Diesseits und Jenseits mit dem der ›Reinigung‹ und ›Läuterung‹ dienenden Fegefeuer. Dies ermöglichte die posthume Erlösung der Verstorbenen durch die Lebenden: durch tätige Fürbitte, Ablasskauf und anderes. Die Vorstellung von einer Gegenwart der Toten zeigte sich hier als symbolischer Ausdruck sozialer Verbundenheit über den Tod hinaus. Die Begleitung auf dem Weg ins Jenseits und das Totengedenken wurden zu einer gemeinschaftserhaltenden Aktion.

Auch unabhängig von konkreten Sterbefällen war das Leben in der altgläubigen Vorstellungswelt vielfältig mit dem Tod verknüpft. Im *Memento mori* (»Gedenke des Sterbens«) wurde der Mensch ermahnt, das diesseitige, vergängliche Leben nicht zu hoch zu schätzen und das Streben auf die Erfüllung im Jenseits zu richten. Es war Bestandteil der mittelalterlichen *Ars moriendi*, die als eigene literarische Gattung der Bewusstwerdung der eigenen Sterblichkeit und der Vorbereitung auf den Tod diente sowie Hilfestellungen für ein seliges Sterben bot (s. Kap. III.2). Auch in Holzschnitten und Kupferstichen fand das *Memento mori* seinen Ausdruck (s. Kap. III.8). Bekanntestes Beispiel ist die Gattung der Totentänze. Diese zeigen, wie der Tod unwiderruflich kommt und den Sterbenden abholt; Grundmotiv ist die Vergänglichkeit alles irdischen Seins (Palmer 1993).

Der Ort der Bestattung war ebenfalls von der altgläubigen Vorstellungswelt geprägt. Diese hatte die Toten zu den Kirchen und damit in das Zentrum der Städte geholt. Der Glaube ließ es erstrebenswert erscheinen, möglichst nahe beim kirchlichen Altar – dem Ort der Reliquien – bestattet zu werden. So entwickelten sich Gotteshaus und Kirchhof zum zentralen Schauplatz der christlichen Bestattung: Beigesetzt wurde entweder in einer privilegierten Grabstätte im Kirchengebäude selbst oder auf dem zu diesem Zweck geweihten Kirchhof. Gleichwohl wurde der Raum um die Kirche nur teilweise als Bestattungsplatz genutzt, andere Teilflächen bildeten Schauplätze des öffentlichen Lebens. Das Grab im Gotteshaus selbst – ursprünglich nur Geistlichen zugebilligt – entwickelte sich trotz mehrfacher Verbote zum käuflichen Statussymbol für die weltlichen Oberschichten. Religiöse Elemente vermischten sich mit dem gesellschaftlichen Bedürfnis nach öffentlicher Repräsentation (Illi 1992; Sörries 2005; Brademann/Freitag 2007).

Allerdings fanden längst nicht alle Toten auf dem Kirchhof oder in der Kirche ihre letzte Ruhe. In Seuchenzeiten dienten besondere Pestfriedhöfe, die zumeist außerhalb der Siedlungen angelegt wurden, der Bestattung. Später wurden aus ihnen nicht selten reguläre Friedhöfe. Bestimmte Gruppen blieben bis weit in die Neuzeit hinein von einem christlich-›ehrlichen‹ Begräbnis ausgeschlossen: u. a. Angehörige sogenannter ›unehrlicher‹ Berufe, Selbstmörder, ungetauft verstorbene Kinder, Fremde (auch unbekannte Strand- und Flussleichen). Sie wurden zumeist auf sogenannten ›Elendenfriedhöfen‹ bzw. ›Elendenecken‹ der regulären Friedhöfe oder anderweitig ohne Zeremonien beigesetzt (Zander 2005).

Die Geschlossenheit der altgläubigen Vorstellungswelt wurde durch Reformation und Protestantismus seit dem frühen 16. Jh. aufgelöst (s. Kap. 2: »Religionswissenschaft«). Die Beziehungen zwischen Lebenden und Toten veränderten sich. Im Protestantismus wurde das Heil der Verstorbenen allein Gott überantwortet. Da das Fegefeuer verworfen wurde, verlor die tätige Fürbitte der Lebenden für die Verstorbenen ihre Bedeutung. Waren noch in der altgläubig-katholischen Welt des Mittelalters die Bereiche der Lebenden und Toten nicht scharf voneinander geschieden, so zog der Protestantismus hier eine deutlichere Grenze und widmete dem diesseitigen, weltlichen Leben stärkere Aufmerksamkeit. Dies veränderte auch Erinnerung und Gedächtnis, die sich nun viel stärker auf das einzelne Individuum bezogen. Die Auflösung der alten Glaubensmuster ebnete den Weg zu einer ›privaten‹ Trauerkultur und zu einer Individualisierung des Todes (Kammeier-Nebel/Fischer 1995). Innerhalb des Protestantismus wurde die gedruckte Leichenpredigt zu einem zentralen Element frühneuzeitlicher Trauerkultur (Lenz 1981; s. Kap. 46: »Leichenpredigten«).

Eine bis in die Gegenwart nachwirkende Zäsur erfolgte beim Ort der Bestattung. Die Reformatoren verneinten einen Zusammenhang zwischen der Bestattung im oder am Gotteshaus und dem Seelenheil der Verstorbenen. Der traditionelle Bestattungsort Kirche bzw. Kirchhof wurde ersetzt durch Begräbnisplätze, die man weitab der Gotteshäuser vor den Toren der Städte anlegte. Der religiös-soziale Aufbruch der Reformation einerseits und hygienisch motivierte Kritik an den meist überbelegten Kirchhöfen andererseits läuteten in den Städten in einem – allerdings teils jahrhundertelang währenden – Prozess das Ende der Kirchhofsbestattung ein (Koslofsky 2000). So kam es im 16. Jh. zur Anlage regulärer Friedhöfe außerhalb der Städte, die sich jedoch – nach heutigen Maßstäben – vorläufig noch als ungepflegt zeigten und unregelmäßig belegt wurden. Für ärmere Bevölkerungsteile war die Bestattung in Gemeinschaftsgruben üblich. In signifikanten Fällen kam es zu einer besonderen architektonischen Gestaltung, z. B. im Stil des *Camposanto* mit umlaufenden Arkaden wie beim Stadtgottesacker in Halle/Saale (Tietz 2004; Sieber 2018).

Sterben und Tod blieben in der frühneuzeitlichen Gesellschaft ein vertrautes Element alltäglichen Lebens. Pest, Hunger und Kriege sowie die hohe Sterblichkeitsrate, insbesondere bei Säuglingen und Kindern, machten den Tod zu einem alltäglichen Begleiter. Die Totenfürsorge unterlag weiterhin speziellen Traditionen. Innerhalb der katholischen Kirche kümmerten sich die Bruderschaften in besonderer Weise um Sterben, Tod und Trauer (Hölzle 1999). Sie halfen bei der Vorbereitung auf einen ›guten Tod‹, begleiteten beim Sterben und standen den Verstorbenen durch Gedenken und Sorge um das Seelenheil bei. Daneben gab es weitere Formen einer mehr oder weniger gesellschaftlich organisierten Totenfürsorge, u. a. durch Zünfte, Nachbarschaften und Sterbekassen (Herzog/Fischer 2003).

Im Verlauf der Frühen Neuzeit (16. bis 18. Jh.) versuchte der Staat, immer stärkeren Einfluss zu nehmen. Seit der Zeit um 1700 griff er zunehmend als Kontroll- und Aufsichtsinstanz in das Bestattungswesen ein. Die wachsende Zahl obrigkeitlicher Verordnungen – häufig hygienisch motiviert, nicht selten auch gegen einen als überzogen betrachteten Pomp und Prunk gerichtet – zeugt auch vom schwindenden Einfluss der Kirche.

### 1.2.3 Aufklärung und Bürgerliche Gesellschaft

Im Zeitalter der Aufklärung, vor allem im 18. Jh., bestimmten Medizin und Hygiene im Wesentlichen den Diskurs über Sterben und Tod. Es wurde der Versuch unternommen, im Umgang mit dem Tod ein spezifisch bürgerliches, an Hygiene, Ordnung und Effizienz orientiertes Vernunftdenken durchzusetzen. Diese Rationalität stieß dabei immer wieder auf bestehende Traditionen. Daraus entstand ein gesellschaftliches Spannungsfeld mit heterogen-widersprüchlichen Mustern.

Dabei wurde der tote Körper immer mehr zum Objekt wissenschaftlich-medizinischen Interesses. Die Zahl der Obduktionen wuchs vor allem im 18. Jh., weil Aufklärung und pragmatisches Denken der medizinischen Neugierde zur Legitimation verhalfen (s. Kap. 44: »Obduktion – medizingeschichtlich«). Die Anatomie wurde mit dem Hinweis auf ihren allgemeinen Nutzen als eigene Forschungsdisziplin ausgebaut (Stukenbrock 2001).

Eine ›moderne‹ Rationalität im Umgang mit dem Tod drückte sich auch in der Erfindung der Guillotine aus, die die bis in die Frühe Neuzeit hinein üblichen öffentlichen Schauspiele des Erhängens, Vierteilens, Räderns, Ertränkens oder Verbrennens auf dem Scheiterhaufen ablöste (s. Kap. 66: »Hinrichtung«). Während der Französischen Revolution 1792 erstmals eingesetzt, galt sie als Symbol der aufgeklärten Moderne. In den Augen ihrer Anhänger ›demokratisierte‹ sie die Hinrichtung, da nun alle Opfer gleich behandelt wurden (Martschukat 2000; Evans 2001).

Auch der Suizid (s. Kap. 58–60: »Selbsttötung – psychologisch, soziologisch, philosophisch«) wurde seit dem späten 18. Jh. zu einem Thema aufgeklärter Diskurse – nicht zuletzt veranlasst durch die Veröffentlichung von Goethes *Die Leiden des jungen Werther*. Der Freitod – bereits in der Antike von den Stoikern verfochten – wurde vom Christentum scharf bekämpft (Macho 2017). Selbstmörder konnten kein ›ehrliches Begräbnis‹ auf christlichen Bestattungsplätzen beanspruchen, sie kamen auf abseitige Plätze neben der Friedhofsmauer oder auf den Schindanger (Baumann 2001; Zander 2005).

Auf gänzlich andere Weise zeugte das Phänomen der Furcht vor dem Scheintod (s. Kap. 10: »Scheintod«) von einer gewandelten Einstellung zum Tod im 18. Jh. Der Zeitpunkt des Sterbens wurde nun nicht mehr Gott überantwortet, sondern wissenschaftlich überprüft. Die sichtbarste Folge des Scheintod-Phänomens war die Einrichtung spezieller ›Leichenhäuser‹ mit komplizierten Weck- und Signalapparaten für Verstorbene sowie eigenen Aufsehern. Die ersten dieser Leichenhäuser – mit denen zugleich eine neue Form der Sepulkralarchitektur entstand – sind aus den 1790er Jahren bekannt und dienten im Übrigen auch hygienischen Zwecken. Insgesamt waren die Leichenhäuser architektonischer Ausdruck einer zunehmenden behördlichen Kontrolle und Bürokratisierung im Umgang mit den Toten. Im Verlauf des 19. Jhs. entstanden etliche weitere Leichenhäuser, nunmehr in der Regel als hygienische Alternative zur Hausaufbahrung (Stein 1993; Rüve 2008).

Ohnehin resultierte aus den aufklärerischen Bemühungen um Hygiene- und andere Reformen u. a. eine allmählich wachsende Lebenserwartung. Im 18. Jh. ließen die starken jährlichen Schwankungen der Mortalität – Folge der Seuchen- und Hungerkrisen – nach, und das Bevölkerungswachstum beschleunigte sich. Durch diese Entwicklungen rückte der Tod in eine größere Distanz zu den Lebenden; die langfristige Lebensplanung konnte auf stabilerem Fundament geschehen.

Im Zuge von Aufklärung, Reform und Bevölkerungswachstum kam es im späten 18. Jh. und frühen 19. Jh. zu einer neuerlichen, diesmal umfassenderen Welle von Friedhofsverlegungen. Sie war meist verbunden mit einer zunehmend an hygienischen Kriterien orientierten und durch Bestattungsreglements geordneten Belegungspraxis. Europaweite Vorbilder waren Frankreich und Österreich. In Deutschland allerdings fiel die Umsetzung medizinisch-hygienischer Forderungen im Bestattungswesen aufgrund der politischen Zersplitterung in zahlreiche, teilweise kleine Einzelterritorien und selbstständige Städte uneinheitlich aus und zog sich über mehrere Jahrzehnte hin (Happe 1991).

Zugleich vollzog sich eine schrittweise Ästhetisierung der Friedhofsanlagen – eine Entwicklung, die allerdings in Deutschland langsamer vonstatten ging als in benachbarten westlichen Ländern. Zwar frühe Ausnahme, jedoch im 18. Jh. vielbeachtetes Vorbild war der 1730 eingerichtete Friedhof der pietistischen Herrnhuter Brüdergemeine mit seinen gepflegten Rasenflächen und den für alle gleichen, in der Reihenfolge des Todes angelegten Grabstätten. Ähnliches gilt für den Dessauer ›Neuen Begräbnisplatz‹ von 1787. Im Verlauf des 19. Jhs. orientierte sich das Leitbild der Friedhofsgestaltung zunehmend am Stil des englischen Landschaftsparks. Neben dem weithin als internationales Vorbild wirkenden Pariser Friedhof *Père Lachaise* (1804) sorgte die aus den USA kommende *Rural-cemetery*-Bewegung (zuerst Mount Auburn in Cambridge/Massachusetts, 1831) für einen weiteren, in Deutschland mit Verzögerung rezipierten Ästhetisierungsschub (Südfriedhof in Kiel, 1869; Friedhof Bremen-Riensberg, 1875; Ohlsdorfer Friedhof in Hamburg, 1877; vgl. Leisner 2005). Die Trägerschaft der Friedhöfe ging nach und nach aus kirchlich-konfessionellen in kommunale Hände über. In der Zeit um den Ersten Weltkrieg wurde mit der sogenannten Friedhofs- und Grabmalreform eine neuerliche Zäsur eingeläutet. Statt romantisch-melancholischer Naturkulissen favorisierten die Reformer die sachlich-funktionale Reißbrettästhetik des rechten Winkels – analog zu Entwicklungen im modernen Städtebau (Fischer 1996).

Das Grabmal bildete dabei ein wichtiges Einzelelement, das die sich wandelnden Einstellungen zu Tod und Trauer ausdrückt. Christliche Symbolelemente blieben zwar wirksam, büßten aber ihre Ausschließlichkeit ein und verloren an Verbindlichkeit. Dagegen gewann die Formensprache der klassischen Antike an Bedeutung, wie sie leitbildhaft von Gotthold Ephraim Lessing in seiner 1769 veröffentlichten Schrift *Wie die Alten den Tod gebildet* vermittelt wurde. Mit ihren Obelisken, Urnen und Stelen setzte sie den naturalistischen Darstellungen des Barock ein anderes, sanfteres Bild vom Tod entgegen. Das neue Bild des Todes zeigte sich in Symbolen wie Fackeln, Mohnkapseln oder Blumen, die den Tod als verlöschendes Leben oder sanftes Entschlummern darstellten. Abschiedsszenen und die Trauer der Hinterbliebenen wurden im bürgerlichen Zeitalter zu einem typischen Topos, Trauerfiguren wurden stark aufgewertet. Der Übergang ins Jenseits wurde nunmehr durch harmonisch geformte Figuren in melancholischer Gestik und Mimik – paradigmatisch in der Grabfigur der ›Trauernden‹ – verkörpert (Zander/Fischer 2003; Götz 2013).

Vor diesem Hintergrund entwickelte sich allmählich jene dann im 19. Jh. voll ausgeprägte Grabmalkultur, die – zusammen mit der naturgetönten Friedhofskulisse und der Zeremonie der Grabrede (Kazmaier 1977) – der Biographie des bürgerlichen Individuums gewidmet war. Das nun häufig auch porträthafte Grabmal diente der Präsentation eines neuen, über die individuelle Lebensleistung gewonnenen bürgerlichen Selbstbewusstseins (Denk/Ziesemer 2007). Im späten 19. Jh. wurden die Grabmäler zunehmend monumentaler. Höhepunkt waren die Mausoleen – ursprünglich eine aristokratische Grabmalform, galten sie nun auch im städtischen Bürgertum als Ausweis von sozialem Prestige nach dem Tod (Pinnau 1992; Kretschmer 2012).

In der bürgerlichen Kunst und Literatur wurde der Tod vielfach thematisiert (Müller 2001) – bei Caspar David Friedrich sowie später bei Arnold Böcklin symbolisch überhöht und metaphorisch aufgeladen, eingebettet in romantische oder mythologische Landschaften (s. Kap. 37: »Tod und Sterben in der Bildenden Kunst«). Populär wurde im späten 19. Jh. vor allem Arnold Böcklins *Toteninsel*-Zyklus mit seiner imposanten Naturlandschaft (Zelger 1991). Die Metaphern vom Tod wurden im bürgerlichen Zeitalter individualisiert: als subjektiv empfundene Grenzsituation, Reflexion über den eigenen körperlichen Verfall und Gefährdung der Identität durch den Tod. So hatten sich Sterben und Tod im bürgerlichen Zeitalter zu einem pathosgeladenen Element bürgerlicher Lebenswelten entwickelt. Vernunft und Gefühl gingen eine spannungsreiche Symbiose ein. Die Synthese von Memorialkultur und Naturlandschaft erlangte einen Höhepunkt (Fischer/Herzog 2018).

Ein besonderes Element bürgerlicher Trauerkultur bildeten die Todesanzeigen in der Presse (s. Kap. 50: »Todesanzeigen«). Ursprünglich auch ein Mittel von Geschäftsleuten, gewerbliche Veränderungen nach einem Todesfall mitzuteilen, entwickelte sich die Todesanzeige seit dem späten 18. Jh. zum Ausdrucksmittel öffentlich dokumentierter Trauer (s. Kap. 34: »Trauer – kulturhistorisch«).

In der zweiten Hälfte des 19. Jhs. entstanden die ersten privatgewerblichen Bestattungsunternehmen, hervorgehend häufig aus Schreiner- und Fuhrbetrieben. Industrialisierte Sargproduktion und aufwändige Leichentransporte zu den neuen Großfriedhöfen außerhalb der Städte spielten bei der weiteren Entwicklung des neuen Gewerbezweiges eine wichtige Rolle. Die privatwirtschaftlichen Bestattungsunternehmen übernahmen teilweise auch Funktionen, wie sie zuvor von Familie, Nachbarschaft oder genossenschaftlichen Einrichtungen ausgeübt worden waren. In einigen Städten, etwa München, dominierten jedoch kommunale Bestattungseinrichtungen (Rädlinger 1996).

Im Übrigen gewannen explizit nicht-christliche Strömungen größere Bedeutung. Seit Mitte des 19. Jhs. bemühten sich freigeistige Bewegungen um eine jenseits christlicher Religion begründete, naturwissenschaftlich bestimmte Lebensphilosophie. Dabei setzte man sich auch gezielt mit Sterben und Tod auseinander und plädierte für eine materialistische Deutung (Isemeyer 1998). Teils damit verbunden trieb die im späten 19. Jhs. immer stärker werdende Arbeiterbewegung den Säkularisierungsprozess voran. Trauerfeiern wurden häufig zu politischen Demonstrationen umfunktioniert und mit politischen Symbolen versehen. So nutzte etwa die Sozialdemokratie Bestattungen, um Bismarcks Sozialistengesetz zu unterlaufen, das ihre Arbeit zwischen 1878 und 1890 massiv einschränkte.

### 1.2.4 Technisierung, Industrialisierung und Medialisierung im 20. Jahrhundert

Gegen Ende des 19. Jhs. schritt die Technisierung des Todes rasch voran. Krematoriumsbauten und die Einführung der modernen Feuerbestattung ab 1878 bahnten ihr im Zeitalter der Hochindustrialisierung und Urbanisierung den Weg. Eine zunächst kleine Minderheit innerhalb des Bürgertums – säkularisiert, fortschrittsgläubig, gesellschaftlich engagiert – setzte sich gegen den Widerstand der Kirchen für den Bau von Krematorien ein. Diese Technisierung markierte eine neuerliche, bedeutsame Zäsur im Umgang mit dem Tod. Zudem schuf sie die Voraussetzungen für die heute geläufigen Formen der Aschenbeisetzungen (Fischer 2003; Winter 2001).

Die Technisierung von Sterben und Tod fand im 20. Jh. ihre Höhepunkte – nicht zuletzt im negativen Sinn. Die industrialisierte Technik offenbarte in den beiden Weltkriegen ihr zerstörerisches Potenzial: Das 20. Jh. wurde zum Synonym hochtechnisierten Tötens. Allein der Erste Weltkrieg kostete insgesamt 13 Millionen Menschen das Leben, mehr als doppelt so viele wie in allen Kriegen zwischen 1790 und 1914 zusammen. Statt des Todes in der einzelnen, zeitlich begrenzten Schlacht wurde das Sterben in den Schützengräben etwas Alltägliches. Zugleich wurde das Massensterben immer wieder mythisch verklärt – vor allem in den nach dem Ersten Weltkrieg entstehenden, zumeist pathetischen Kriegerdenkmälern. Umgekehrt spiegeln die uniformen Gräberreihen der Soldatenfriedhöfe des 20. Jhs. die Serialität technischen Tötens wider (Lurz 1985; Spilker/Ulrich 1998; Mosse 1993; Jeggle 1986; Rietz 2015).

Technisierung und Industrialisierung ermöglichten nicht nur den millionenfachen Kriegstod, sondern dienten unter den Bedingungen der nationalsozialistischen Diktatur auch der fabrikmäßig organisierten, systematischen Massenvernichtung. Die Technisierung des Todes erreichte in den Krematorien der nationalsozialistischen Konzentrations- und Vernichtungslager ihren zynisch-brutalen, inhumanen Höhepunkt. Die Weiterentwicklung der Verbrennungstechnologie bot der Diktatur die Möglichkeit, die riesige Zahl ihrer Opfer in der verlangten ›Spurlosigkeit‹ zu beseitigen (Pressac 1995).

Abseits der Zeiten von Krieg und Diktatur erreichten immer mehr Menschen im 20. Jh. lebenszeitlich annähernd ihr biologisches Potenzial. Die höhere Lebenserwartung ließ das Sterben nicht selten zu einem sich jahrelang hinziehenden, leidvollen Prozess werden. Die aus den medizinischen und hygienischen Fortschritten resultierende verlängerte Lebenszeit hat auch dazu geführt, dass die primäre Todeserfahrung nicht mehr alltäglich ist und sich das Sterben zum größeren Teil innerhalb von Institutionen wie Krankenhäusern vollzieht. Sterben und Tod sind zu einer an Mediziner, Bestatter, Techniker und Friedhofsverwalter delegierten Angelegenheit geworden. Damit sind Sterben und Tod den Menschen aus der Hand genommen worden: Der ›enteignete Tod‹ (Fischer 2001) wurde zum Signum des 20. Jhs. Dem Rückgang des primären Todeserlebnisses steht eine fast allgegenwärtige sekundäre, über die visuellen Medien wie Fernsehen und Kino vermittelte Erfahrung gegenüber. Dieses mediale Bild vom Tod überformt die auf direkten sozialen Kontakten beruhenden herkömmlichen Verhaltensmuster und Rituale (Robertson-von Trotha 2008).

Die jüngere Gegenwart verweist auf polyvalente Tendenzen. Einerseits zeigt sich – zeichenhaft verkörpert im anonymen, das heißt ohne Grabzeichen eingerichteten Rasengrab – ein stark pragmatisierter Umgang mit dem Tod. Damit kontrastieren auf der anderen Seite neue, teils aufwändige Formen der Naturbestattung, exemplarisch zu erkennen in den sogenannten ›Bestattungswäldern‹ – hier wird jenseits der Friedhöfe der Baum zum Beisetzungs- und Erinnerungsort (Bauer 2015). Ein immer größeres Interesse findet der Umgang mit dem Tod in anderen Kulturen und Religionen (Sörries 2015). Zudem fördern von unterschiedlichen gesellschaftlichen Initiativen getragene Tendenzen einen selbstbestimmten, individuell-›alternativen‹ Umgang mit Sterben, Tod und Trauer (Schäfer 2003; Schäfer 2012; Fischer 2013). Dies wird beispielhaft verkörpert durch das zivilbürgerliche Engagement der Hospizbewegung (s. Kap. 43: »Hospiz/Palliativmedizin«) oder durch Selbsthilfevereinigungen wie den »Verwaisten Eltern und trauernden Geschwister e. V.« Parallel dazu entfaltet sich in den letzten Jahrzehnten eine immer stärker den öffentliche Raum erobernde Erinnerungskultur, wie sie sich paradigmatisch in den Gedenkstätten für Verkehrsopfer am Straßenrand zeigt (Aka 2007). Neben dem physischen spielt auch der digitale Raum für den Umgang mit Sterben, Tod und Erinnerung eine zunehmend bedeutende Rolle (Klie/Nord 2016).

### Literatur

Ackermann, V.: *Nationale Totenfeiern in Deutschland. Von Wilhelm I. bis Franz Josef Strauß. Eine Studie zur politischen Semiotik.* Stuttgart 1990.

Aka, C.: Unfallkreuze. Trauerorte am Straßenrand. Münster 2007.

Arbeitsgemeinschaft Friedhof und Denkmal/Museum für Sepulkralkultur (Hg.): *Raum für Tote – Die Geschichte der Friedhöfe von den Gräberstraßen der Römerzeit bis zur anonymen Bestattung.* Braunschweig 2003.

Arbeitsgemeinschaft Friedhof und Denkmal/Museum für Sepulkralkultur (Hg.): *Creating Identities. Die Funktion von Grabmalen und öffentlichen Denkmalen in Gruppenbildungsprozessen.* Kassel 2007.

Arbeitsgemeinschaft Friedhof und Denkmal/Museum für Sepulkralkultur (Hg.): *Grabkultur in Deutschland. Geschichte der Grabmäler.* Berlin 2009.

Ariès, Ph.: *Geschichte des Todes.* München 1980 (frz. 1977).

Bauer, B.: Baumbestattungen in Deutschland: Sozialwissenschaftliche Untersuchung einer alternativen Bestattungsform. Hamburg 2015.

Baumann, U.: *Vom Recht auf den eigenen Tod. Die Geschichte des Suizids vom 18. bis zum 20. Jahrhundert.* Weimar 2001.

Behrenbeck, S.: *Der Kult um die toten Helden. Nationalsozialistische Mythen, Riten und Symbole 1923 bis 1945.* Vierow/Greifswald 1996.

Behrmann, C./Karsten, A./Zitzlsperger, Ph. (Hg.): *Grab – Kult – Memoria. Studien zur gesellschaftlichen Funktion von Erinnerung.* Köln u. a. 2007.

Borst, A./Graevenitz, G. v./Patschovsky, A. (Hg.): *Tod im Mittelalter.* Konstanz 1993.

Brademann, J./Freitag, W. (Hg.): *Leben bei den Toten. Kirchhöfe in der ländlichen Gesellschaft der Vormoderne.* Münster 2007.

Buchner, M./Götz, A.-M. (Hg.): Transmortale – Sterben, Tod und Trauer in der neueren Forschung. Köln/Weimar/Wien 2016.

Curl, J. St.: *Death and Architecture. An Introduction to Funerary and Commemorative Buildings in the Western European Tradition, with some Consideration of their Settings.* Stroud 2002.

Denk, C./Ziesemer, J. (Hg.): *Der bürgerliche Tod. Städtische Bestattungskultur von der Aufklärung bis zum frühen 20. Jahrhundert.* Regensburg 2007.

Denk, C./Ziesemer, J.: Kunst und Memoria. Der Alte Südliche Friedhof in München. Berlin 2014.

Düselder, H.: *Der Tod in Oldenburg. Sozial- und kulturgeschichtliche Untersuchungen zu Lebenswelten im 17. und 18. Jahrhundert.* Hannover 1999.

Ecker, G. (Hg.): *Trauer tragen – Trauer zeigen. Inszenierungen der Geschlechter.* München 1999.

Etlin, R. A.: *The Architecture of Death. The Transformation of the Cemetery in Eighteenth-Century Paris.* Cambridge, Mass. 1987.

Evans, R. J.: *Rituale der Vergeltung. Die Todesstrafe in der deutschen Geschichte 1532–1987.* Berlin 2001.

Fischer, M.: *Ein Sarg nur und ein Leichenkleid. Sterben und Tod im 19. Jahrhundert. Zur Kultur- und Frömmigkeitsgeschichte des Katholizismus in Südwestdeutschland.* Paderborn u. a. 2004.

Fischer, N.: *Vom Gottesacker zum Krematorium. Eine Sozialgeschichte der Friedhöfe in Deutschland seit dem 18. Jahrhundert.* Köln/Weimar/Wien 1996. Außerdem in: http://ediss.sub.uni-hamburg.de/volltexte/1996/37/ [11.07.2019].

Fischer, N.: *Geschichte des Todes in der Neuzeit.* Erfurt 2001.

Fischer, N.: Die Technisierung des Todes. Feuerbestattung – Krematorium – Aschenbeisetzung. In: *AG Friedhof und Denkmal* 2003, 145–162.

Fischer, N.: *Neue Bestattungskultur – Tod, Trauer und Friedhof im Wandel.*
e-book: Kindle Direct Publishing (KDP) 2013.

Fischer, N./Herzog, M. (Hg.): *Nekropolis. Der Friedhof als Ort der Toten und der Lebenden.* Stuttgart 2005.

Fischer, N./Herzog, M. (Hg.): *Tod – Gedächtnis – Landschaft.* Stuttgart 2018.

Götz, A.-M.: *Die Trauernde. Weibliche Grabplastik und bürgerliche Trauer um 1900.* Köln/Weimar/Wien 2013.

Happe, B.: *Die Entwicklung der deutschen Friedhöfe von der Reformation bis 1870.* Tübingen 1991.

Hauser, A.: *Von den letzten Dingen. Tod, Begräbnis und Friedhöfe in der Schweiz 1700–1990.* Zürich 1994.

Hawlik-van de Water, M.: *Der schöne Tod. Zeremonialstrukturen des Wiener Hofes bei Tod und Begräbnis zwischen 1640 und 1740.* Wien/Freiburg/Basel 1989.

Heathcote, E.: *Monument Builders. Modern Architecture and Death.* Chichester 1999.

Herzog, M./Fischer, N. (Hg.): *Totenfürsorge. Berufsgruppen zwischen Tabu und Faszination.* Stuttgart 2003.

Hettling, M./Echternkamp, J. (Hg.): *Bedingt erinnerungsbereit. Soldatengedenken in der Bundesrepublik.* Göttingen 2008.

Heuer, L.: *Ländliche Friedhöfe in Unterfranken.* Dettelbach 1995.

Hieronimus, M.: *Krankheit und Tod 1918. Zum Umgang mit der Spanischen Grippe in Frankreich, England und in dem Deutschen Reich.* Berlin 2006.

Hölzle, G.: *Der guete Tod – Vom Sterben und Tod in Bruderschaften der Diözese Augsburgs und Altbaierns.* Augsburg 1999.

Hugger, P.: *Meister Tod. Zur Kulturgeschichte des Sterbens in der Schweiz und in Liechtenstein.* Zürich 2002.

Illi, M.: *Wohin die Toten gingen. Begräbnis und Kirchhof in der vorindustriellen Stadt.* Zürich 1992.

Imhof, A. E.: *Ars Moriendi. Die Kunst des Sterbens einst und heute.* Wien/Köln 1991.

Isemeyer, M.: Freireligiöse und Feuerbestattung. In: Prenzlauer-Berg-Museum für Heimatgeschichte und Stadtkultur (Hg.): *»Kein Jenseits ist, kein Aufersteh'n«. Freireligiöse in der Berliner Kulturgeschichte.* Berlin 1998, 72–90.

Janz, N.: *Deutsche Soldatengräber des Zweiten Weltkrieges zwischen Heldenverherrlichung und Zeichen der Versöhnung. Kulturwissenschaftlich-historische Fallstudien zur Entwicklung des Umgangs mit dem Kriegstod.* Diss. Univ. Hamburg 2018.

Jeggle, U.: In stolzer Trauer. Umgangsformen mit dem Kriegstod während des 2. Weltkriegs. In: Ders., Kaschuba, W./Korff, G./Scharfe, M./Warneken, B. J. (Hg.): *Tübinger Beiträge zur Volkskultur.* Tübingen 1986, 242–259.

*Jüdische Friedhöfe und Bestattungskultur in Europa*: Internationale Fachtagung, Berlin-Weißensee, 3.–6. April 2011. Berlin 2011.

Kammeier-Nebel, A./Fischer, N.: Familie, Tod und Trauerkultur – Sozialgeschichtliche Überlegungen zum Wandel von Gefühlsstrukturen im nachreformatorischen Deutschland. In: E. Kleinau/K. Schmersahl/D. Weickmann (Hg.): *»Denken heißt Grenzen überschreiten« – Beiträge aus der sozialhistorischen Frauen- und Geschlechterforschung.* Eine Festschrift zum 60. Geburtstag von Marie-Elisabeth Hilger. Hamburg 1995, 65–83.

Karpf, E. (Hg.): *Kino und Tod. Zur filmischen Inszenierung von Vergänglichkeit.* Marburg 1993.

Karsten, A./Zitzlsperger, Ph. (Hg.): *Tod und Verklärung. Grabmalskultur in der Frühen Neuzeit.* Köln u. a. 2004.

Kazmaier, M.: *Die deutsche Grabrede im 19. Jahrhundert. Aspekte ihrer Funktion innerhalb der bürgerlichen Bestattungsfeierlichkeiten.* Diss. Univ. Tübingen 1977.

Klie, T./Nord, I. (Hg.): *Tod und Trauer im Netz. Mediale Kommunikationen in der Bestattungskultur.* Stuttgart 2016.

Knöll, St. A.: *Creating Academic Communities. Funeral Monuments to Professors at Oxford, Leiden and Tübingen 1580–1700.* Oss 2003.

Kobelt-Groch, M./Niekus Moore, C. (Hg.): *Tod und Jenseits in der Schriftkultur der Frühen Neuzeit.* Wiesbaden 2008.

Koselleck, R./Jeismann, M. (Hg.): *Der politische Totenkult. Kriegerdenkmäler in der Moderne.* München 1994.

Koslofsky, C. M.: *The Reformation of the Dead. Death and Ritual in Early Modern Germany, 1450–1700.* Basingstoke u. a. 2000.

Kretschmer, A.: Häuser der Ewigkeit. Mausoleen und Grabkapellen des 19. Jahrhunderts. Hamburg 2012.

Latzel, K.: *Vom Sterben im Krieg. Wandlungen in der Einstellung zum Soldatentod vom Siebenjährigen Krieg bis zum II. Weltkrieg.* Warendorf 1988.

Leisner, B.: Ästhetisierung der Friedhöfe. Die amerikanische Parkfriedhofsbewegung und ihre Übernahme in Deutschland. In: *Fischer/Herzog* 2005, 59–78.

Leisner, B./Thormann, E./Schulze, H. K. L.: *Der Hamburger Hauptfriedhof Ohlsdorf. Geschichte und Grabmäler.* Bearbeitet von A. von Rauch. 2 Bde. Hamburg 1990.

Lenz, R. (Hg.): *Studien zur deutschsprachigen Leichenpredigt der frühen Neuzeit.* Marburg 1981.

Lessing, G. E.: *Wie die Alten den Tod gebildet. Eine Untersuchung* [1769]. Stuttgart 1984.

Leutert, S.: *Geschichten vom Tod. Tod und Sterben in Deutschschweizer und oberdeutschen Selbstzeugnissen des 16. und 17. Jahrhunderts.* Basel 2007.

Lurz, M.: *Kriegerdenkmäler in Deutschland. Band 4: Weimarer Republik.* Heidelberg 1985.

Macho, T.: *Das Leben nehmen. Suizid in der Moderne.* Berlin 2017.

Martschukat, J.: *Inszeniertes Töten. Eine Geschichte der Todesstrafe vom 17. bis zum 19. Jahrhundert.* Köln/Weimar/Wien 2000.

Minois, G.: *Geschichte des Selbstmords.* Düsseldorf/Zürich 1996 (frz. 1995).

Mischke, M.: *Der Umgang mit dem Tod – Vom Wandel in der abendländischen Geschichte.* Berlin 1996.

Mosse, G. L.: *Gefallen fürs Vaterland. Nationales Heldentum und namenloses Sterben.* Stuttgart 1993.

Müller, L.: Gelbe Immortellen. Gräber, Tod und Totengedenken bei Theodor Fontane. In: M. Herzog (Hg.): *Totengedenken und Trauerkultur. Geschichte und Zukunft des Umgangs mit Verstorbenen.* Stuttgart 2001, 157–180.

Ohler, N.: *Sterben und Tod im Mittelalter.* München 1993.

Palmer, N. F.: Ars moriendi und Totentanz. Zur Verbildlichung des Todes im Spätmittelalter. In: *Borst 1993*, 313–334.

Papenheim, M.: *Erinnerung und Unsterblichkeit. Semantische Studien zum Totenkult in Frankreich 1715–1794.* Stuttgart 1992.

Pinnau, P.: *Gruft – Mausoleum – Grabkapelle. Studien zur Sepulkralarchitektur des 19. und 20. Jahrhunderts mit besonderer Hinsicht auf Adolf von Hildebrand.* München 1992.

Pressac, J.-C.: *Die Krematorien von Auschwitz. Die Technik des Massenmordes.* München $^{2}$1995.

Rader, O. B.: *Grab und Herrschaft. Politischer Totenkult von Alexander dem Großen bis Lenin.* München 2003.

Rädlinger, Ch.: *Der verwaltete Tod. Eine Entwicklungsgeschichte des Münchener Bestattungswesens.* München 1996.

Redlin, J.: *Säkulare Totenrituale – Totenehrung, Staatsbegräbnis und private Bestattung in der DDR.* Münster u. a. 2009.

Richter, I.: *Der phantasierte Tod. Bilder und Vorstellungen vom Lebensende im 19. Jahrhundert.* Frankfurt a. M. 2010.

Rietz, S.: *Deutsche Soldatenfriedhöfe des Ersten Weltkrieges und der Weimarer Republik. Ein Beitrag zur Professionsgeschichte der Landschaftsarchitektur.* Diss. Univ. Hannover 2015

Robertson-von Trotha, C. Y. (Hg.): *Tod und Sterben in der Gegenwartsgesellschaft. Eine interdisziplinäre Auseinandersetzung.* Baden-Baden 2008.

Rüve, G.: *Scheintod. Zur kulturellen Bedeutung der Grenze zwischen Leben und Tod um 1800.* Bielefeld 2008.

Schäfer, D./Müller-Busch, C./Frewer, A. (Hg.): *Perspektiven zum Sterben. Auf dem Weg zu einer Ars Moriendi Nova?* Stuttgart 2012.

Schäfer, J.: *Tod und Trauerrituale in der modernen Gesellschaft. Perspektiven einer alternativen Trauerkultur.* Stuttgart 2003.

Sieber, D.: *Der konfessionelle Gottesacker: Katholische und protestantische Sepulkralkultur in den oberschwäbischen Reichsstädten in der Frühen Neuzeit.* Stuttgart 2018.

Sörries, R.: *Die Karner in Kärnten. Ein Beitrag zur Architektur und Bedeutung des mittelalterlichen Kirchhofes.* Kassel 1996.

Sörries, R.: »Kirchhof« oder Coemeterium? Anmerkungen zum mittelalterlichen Friedhof, zu den Sonderfriedhöfen und zur Auslagerung vor die Stadt. In: *Fischer/Herzog* 2005, 23–34.

Sörries, R.: *Von Mekka bis Berlin. Archäologie und Kulturgeschichte des islamischen Friedhofs.* Wiesbaden 2015

Spilker, R./Ulrich, B. (Hg.): *Der Tod als Maschinist. Der industrialisierte Krieg 1914–18.* Bramsche 1998.

Stefenelli, N. (Hg.): *Körper ohne Leben. Begegnung und Umgang mit Toten.* Wien/Köln/Weimar 1998.

Stein, M. U.: *Das Leichenhaus. Zur Entwicklung einer Sepulkralarchitektur in Deutschland im 18. und 19. Jahrhundert.* Univ. Diss. Marburg 1993.

Stöcker, W.: *Die letzten Räume. Sterbe- und Bestattungskultur im Rheinland seit dem späten 18. Jahrhundert.* Köln/Weimar/Wien 2006.

Studemund-Halévy, M./Zürn, G.: *Zerstört die Erinnerung nicht. Der jüdische Friedhof Königstrasse in Hamburg.* Hamburg 2002.

Stukenbrock, K.: *»Der zerstückte Cörper«. Zur Sozialgeschichte der anatomischen Sektionen in der frühen Neuzeit (1650–1800).* Stuttgart 2001.

Tietz, A. A.: *Der Stadtgottesacker in Halle (Saale).* Halle (Saale) 2004.

Vovelle, M.: Die Einstellungen zum Tode. Methodenprobleme, Ansätze, unterschiedliche Interpretationen. In: A. E. Imhof (Hg.): *Biologie des Menschen in der Geschichte – Beiträge zur Sozialgeschichte der Neuzeit aus Frankreich und Skandinavien.* Stuttgart-Bad Cannstatt 1978, 174–197.

Whaley, J. (Hg.): *Mirrors of Mortality. Studies in the Social History of Death.* London 1981.

Wilhelm-Schaffer, I.: *Gottes Beamter und Spielmann des Teufels. Der Tod in Spätmittelalter und Früher Neuzeit.* Köln/Weimar/Wien 1999.

Willmann, G.: *Kriegsgräber in Europa.* München 1980.

Winter, H.: *Die Architektur der Krematorien im Deutschen Reich 1878–1918.* Dettelbach 2001.

Zander, S.: Von »Schinderkuhlen« und »Elendenecken«. Das unehrliche Begräbnis vom 16. bis ins 19. Jahrhundert. In: *Fischer/Herzog* 2005, 109–124.

Zander, S./Fischer, N.: Gesten der Trauer. Imaginierte Weiblichkeit in der Grabmalkultur vom späten 18. bis zum frühen 20. Jahrhundert. In: *Friedhof und Denkmal* 48 (2003), H. 1, 6–14 u. H. 3, 18–30.

Zelger, F.: *Arnold Böcklin. Die Toteninsel. Selbstheroisierung und Abgesang der abendländischen Kultur.* Frankfurt a. M. 1991.

Zihlmann-Märki, P.: *»Gott gebe das wir das Liebe Engelein mit Freüden wieder sehen Mögen«. Eine kulturgeschichtliche Untersuchung des Todes in Basel 1750–1850.* Zürich 2010.

### Weiterführende Literatur

Arbeitsgemeinschaft Friedhof und Denkmal (Hg.): *Wie die Alten den Tod gebildet. Wandlungen der Sepulkralkultur 1750–1850.* Mainz 1979.

Arbeitsgemeinschaft Friedhof und Denkmal (Hg.): *Vom Kirchhof zum Friedhof. Wandlungsprozesse zwischen 1750 und 1850.* Kassel 1984.

Arbeitsgemeinschaft Friedhof und Denkmal / Museum für Sepulkralkultur (Hg.): *Kiste, Kutsche, Karavan – Auf dem Weg zur letzten Ruhe.* Kassel 1999.

Barloewen, C. von (Hg.): *Der Tod in den Weltkulturen und Weltreligionen*. München 1996.
Becker, H./Einig, B./Ullrich, P.-O. (Hg.): *Im Angesicht des Todes. Ein interdisziplinäres Kolloquium*. St. Ottilien 1987.
Benkel, T. (Hg.): *Die Zukunft des Todes. Heterotopien des Lebensendes*. Bielefeld 2016.
Black, M.: *Death in Berlin. From Weimar to Divided Germany*. Washington D. C. u. a. 2010.
Condrau, G.: *Der Mensch und sein Tod. Certa moriendi condicio*. Zürich 1991.
Dollimore, J.: *Death, Desire and Loss in Western Culture*. London u. a. 1998.
Ebeling, H. (Hg.): *Der Tod in der Moderne*. Frankfurt a. M. 1984.
Elias, N.: *Über die Einsamkeit der Sterbenden*. Frankfurt a. M. 1982.
Fischer, N.: *Wie wir unter die Erde kommen. Sterben und Tod zwischen Trauer und Technik*. Frankfurt a. M. 1997.
Fuchs, W.: *Todesbilder in der modernen Gesellschaft*. Frankfurt a. M. 1969.
Helmers, S.: *Tabu und Faszination. Über die Ambivalenz der Einstellung zu Toten*. Berlin 1989.
Herzog, M. (Hg.): *Totengedenken und Trauerkultur. Geschichte und Zukunft des Umgangs mit Verstorbenen*. Stuttgart 2001.
Jupp, P. C./Gittings, C. (Hg.): *Death in England. An Illustrated History*. Manchester 1999.
Kaiser, G.: *Der Tod und die schönen Frauen. Ein elementares Motiv der europäischen Kultur*. Frankfurt a. M. 1995.
Klie, Th. (Hg.): *Performanzen des Todes. Neue Bestattungskultur und kirchliche Wahrnehmung*. Stuttgart 2008.
Liebsch, B./Rüsen, J. (Hg.): *Trauer und Geschichte*. Köln/Weimar/Wien 2001.
Litten, J.: *The English Way of Death. The Common Funeral since 1450*. London 2002 (rev. Neuauflage).
Löffler, P.: *Studien zum Totenbrauchtum in den Gilden, Bruderschaften und Nachbarschaften Westfalens vom Ende des 15. bis zum Ende des 19. Jahrhunderts*. Münster 1975.
Metken, S. (Hg.): *Die letzte Reise. Sterben, Tod und Trauersitten in Oberbayern*. München 1984.
Ministerium für Frauen, Jugend, Familie und Gesundheit des Landes Nordrhein-Westfalen (Hg.): *Neue Kultur im Umgang mit Tod und Trauer*. Düsseldorf 1999.
Richardson, R.: *Death, Dissection and the Destitute*. London 1987.
Sloane, D. Ch.: *The Last Great Necessity. Cemeteries in American History*. Baltimore 1991.
Stubbe, H.: *Formen der Trauer. Eine kulturanthropologische Untersuchung*. Berlin 1985.
Urbain, J.-D.: *L' archipel des morts. Le sentiment de la mort et les dérives de la mémoire dans les cimetières d'Occident*. Paris 1989.
Vovelle, M.: *Piété baroque et déchristianisation en Provence au XVIIIe siècle. Les attitudes devant la mort d'après les clauses des testaments*. Paris 1973.
Vovelle, M.: *La mort et l'Occident. De 1300 à nos jours; précédé de La mort, état des lieux*. Paris 2000.

*Daniel Schäfer (Abschn. 1.1)/*
*Norbert Fischer (Abschn. 1.2)*

# 2 Religionswissenschaft

## 2.1 Sterben und Tod als Thema der Religionen und der Religionswissenschaft

Sterben und Tod sind zwar wichtige Themen im Denken, im Imaginarium (Vorstellungswelt) und in der Praxis aller Religionen, werden jedoch mit deutlich divergierenden Inhalten gefüllt. Im Gegensatz zu modern-bürgerlichen (häufig eigentlich christentumskritischen) Vorstellungen eines grundsätzlichen Jenseitsbezugs von ›Religion‹ unterscheidet sich ihr Stellenwert in den verschiedenen Religionen erheblich und hat auch in der Geschichte des Christentums mehrfach Akzentverschiebungen erlebt. Sterben und Tod sind dabei als Themen religiöser Symbolsysteme durchaus zu unterscheiden. Zum Gegenstand von Religion wird der Sterbevorgang selbst in Form prototypischer und idealer narrativer Sterbeszenen, in einer Sterbekunst, die das Sterben als letzte Bewährung des Menschseins bewusst gestalten will, und in Ritualen einer Sterbebegleitung. Diese umfassen jeweils den Sterbenden selbst und sein Umfeld. Auf einer theoretischeren Ebene wird der Tod in einem umfangreichen Repertoire an symbolischen, mythologischen und theologischen Deutungen bewältigt bzw. bearbeitet. Für die Angehörigen der Verstorbenen treten Rituale des Abschiednehmens und der Ahnenverehrung bzw. des Totenkultes hinzu (die in manchen religiösen Systemen aber auch gerade strikt abgelehnt werden), außerdem visuelle Repräsentationen sowohl der Toten als auch des Todes. Untrennbar verbunden ist die Vorstellungswelt um ein Fortleben nach dem Tod (s. Kap. 36: »Glaube an eine Fortexistenz nach dem Tod«). Während die Theologien als kritische Selbstreflexionen einzelner Religionen und Konfessionen selbst Modelle ›guten Sterbens‹ formulieren, kann die Religionswissenschaft als empirische Kulturwissenschaft nur beschreiben und kontextualisieren, wie die verschiedenen Religionen mit Tod und Sterben umgehen. Indem sie dies in vergleichender Weise tut, leistet sie jedoch auch einen Beitrag zur Reflexionsleistung der Religionen selbst, wenn auch aus einer Außenperspektive. Die folgenden Ausführungen sind in diesem Sinn an religions- und kulturgeschichtlichen Leitfragen orientiert und bieten keine Theologie des Sterbens. Es versteht sich von selbst, dass sie nur exemplarisch sein können.

## 2.2 Mythen vom Ursprung des Todes

In vielen archaischen Religionen schriftloser Völker ist das Thema vor allem durch mythische Erzählungen vom Ursprung des Todes besetzt und steht keineswegs in der Mitte religiöser Praxis. Dabei kommt der Tod durch ein Versehen, ein Unglück, zuweilen durch einen bösartigen Akt in die Welt, wird aber immer als in besonderer Weise erklärungsbedürftig empfunden. Er ist nie der ›ursprüngliche Zustand der Dinge‹. Oft ist es eine tierische Figur, zuweilen ein *Trickster* oder ein Widersacher der Schöpfergottheit, der eine Botschaft von dieser absichtlich oder versehentlich falsch übermittelt und damit zur Ursache der Todverfallenheit des Menschen wird.

In Afrika ist das Motiv von den zwei Botschaften häufig: Gott sandte ein Chamäleon an die Vorfahren mit der Nachricht, dass sie ewig leben sollten, daneben aber auch eine Eidechse mit der Botschaft, dass die Menschen sterblich sein würden. Das Chamäleon ruhte sich auf dem Weg zu den Menschen aus, und so kam die Eidechse mit ihrer Botschaft zuerst an. Immer schafft die überbrachte Botschaft die Wirklichkeit, die sie zusagt (viele Parallelen bei Abrahamsson 1951). Der Tod hat hier den Charakter eines Unfalls, eines leise absurden Unglücks. Ein indonesischer Mythos führt den Tod dagegen auf eine falsche Wahl zurück: Zu Beginn der Zeiten waren Erde und Himmel nahe beieinander, und der Schöpfer ließ den Menschen Gaben an einem Seil herab. Eines Tages hing am Seil ein Stein. Irritiert wiesen die Menschen diesen ab. Danach hing eine Banane am Seil. Diese aßen die Menschen gierig. Darauf vernahmen die Ahnen die Stimme des Schöpfers: »Weil ihr die Banane gewählt habt, wird euer Leben weich und vergänglich sein wie eine Frucht. Hättet ihr den Stein gewählt, wäre es hart und unvergänglich gewesen wie der Stein« (Eliade 1978–1991. Bd. I, 114). Dieser Mythos (der nebenbei auch eine mögliche Erklärung für steinerne Sepulkralmonumente als eine Art ›Leib für die Ewigkeit‹ liefert) steht exemplarisch für eine sehr große Zahl an weltweit verbreiteten ätiologischen Erzählungen, die den Ursprung des Todes in der Sprache des Mythos gestalten. Das Thema des Erschreckens vor dem Tod wird bis zur Moderne literarisch gestaltet, z. B. in George Bernard Shaws *Back to Methuselah (A Metabiological Pentateuch)* (1921), wo Eva und Adam im Paradies angesichts eines toten Rehes begreifen, was Sterblichkeit bedeutet. In die motivische Reihe einer Ätiologie des Todes gehört auch die alttestamentliche Geschichte von der Schlange im Paradies (Gen. 3).

J. B. Metzler © Springer-Verlag GmbH Deutschland, ein Teil von Springer Nature, 2020
H. Wittwer/D. Schäfer/A. Frewer (Hg.), *Sterben und Tod. Ein interdisziplinäres Handbuch 2. Auflage*,
https://doi.org/10.1007/978-3-476-05761-7_2

In der jüdisch-christlichen Tradition (die seit der Schrift *Weisheit Salomos* im 1. Jh. v. Chr. die Schlange mit dem Teufel identifiziert) wird der Einbruch des Todes in die Welt als Resultat einer ethisch falschen Entscheidung des Menschen verstanden. Die Entstehung des Todes und der Verlust eines uranfänglichen ›Paradieses‹ werden hier miteinander verbunden und als Resultate einer Auflehnung gegen Gottes Willen behauptet. Die Paradies-Erzählung (die wohl irgendwann zwischen 1000 v. Chr. und 600 v. Chr. zuerst verschriftlicht wurde) enthält zahlreiche archaische Züge, die in vorisraelitische Zeit zurückweisen. Die mythischen Deutungen des Todes konkurrieren miteinander: Sie entsprechen durchaus unterschiedlichen anthropologischen Gesamtentwürfen menschlichen Lebens.

## 2.3 Szenen ›guten‹ und ›bösen‹ Sterbens

Prototypische ›Sterbeszenen‹ inszenieren in vielen Religionen den ›idealen‹ (deswegen aber nicht immer nachzuahmenden) Modus des Todes. Sokrates trinkt den Giftbecher, um die Gültigkeit der Gesetze aufrechtzuerhalten, auch wenn er sich durch Flucht entziehen könnte. Die Frommen des alten Israel (Jakob, Mose etc.) werden »zu ihren Vätern versammelt«, halten aber üblicherweise eine Abschiedsrede mit Ermahnungen und prophetischen Worten für die nächsten Generationen (Gen. 27 und 49; Dtn. 33). Vor allem segnen sie ihre Kinder mit konkreten Ansagen, die deren Zukunft antizipieren. Dieses Sterben im Kreis der Familie mit für die nächste Generation wegweisenden ›letzten Worten‹ wurde im Abendland zu einem der wichtigsten unter verschiedenen Idealbildern eines ›guten Sterbens‹ (Gegenbild ist wieder Sokrates, der im Kreis seiner Freunde stirbt und mit Frau und Kindern zwar spricht, sie aber dann vor seinem eigentlichen Sterben wieder fortgehen lässt; vgl. Platon: *Phaidon* 116a–b).

Segen, aber eventuell auch Fluch eines Sterbenden gelten dabei in traditionellen Gesellschaften als Worte von besonderer Macht: Sie schaffen, was sie zusagen (vgl. Frenschkowski 2007b). Jesus dagegen stirbt nach christlichem Verständnis stellvertretend als leidender Gerechter und Gottessohn, verlassen von seinen Jüngern (nur einige Frauen trauen sich in die Nähe des Kreuzes); zugleich wird sein Tod Vorbild für den Märtyrer, der sein Leben als Zeuge für die Wahrheit aufzuopfern bereit ist. Er verkörpert daher einen anderen Typ ›guten Sterbens‹. Im Neuen Testament wird dieser Typ eines ›Sterbens als Zeuge‹ außer an Jesus auch am Prozess des Stephanus und dem des Paulus ausgeführt (Apg. 7 bzw. 20–28), und in der Alten Kirche führt dieses Ideal des ›Märtyrers‹ (griech. *martys*: ›Zeuge‹) zu eigenen Textgattungen mit Berichten und Akten über das Sterben der ›Zeugen‹ (das Martyrium des wohl 155 n. Chr. hingerichteten Polykarp von Smyrna ist ein frühes Beispiel). Dabei erhalten die Sterbenden vielfach tröstliche Zeichen aus der himmlischen Welt, werden in ihrer Zuversicht und mit ihrem Mut aber auch vorbildhaft für die christlichen Gemeinden, die deren Gebeine bald in besonderer Weise verehren (Anfänge des Reliquienkultes).

Das älteste nachweislich von einer christlichen Frau geschriebene Buch ist ein Traumjournal, das die reiche Nordafrikanerin Perpetua im Gefängnis führt und in dem sie sich in Form ihrer Träume mit ihrem bevorstehenden Märtyrertod auseinandersetzt (*Acta Perpetuae et Felicitatis*, um 202 n. Chr.). Die realistische Darstellung von Leiden und Sterben Jesu in den Evangelien, dann aber auch in der Kunst hat nach Erich Auerbach (1946) im späten Mittelalter wesentlich zur Entstehung ›realistischer‹ Kunst und Literatur in Europa beigetragen. In der Gethsemaneszene (Mk. 14, 32–42) ergibt sich Jesus trotz Todesangst in den Willen Gottes. Die Szene mit ihrer Betonung der menschlichen Angst Jesu wurde immer wieder als Gegenbild zum ›heroischen‹ Sterben des Sokrates gedeutet. In der christlichen Frömmigkeit verbinden sich angesichts des Sterbens in wechselnder Akzentsetzung durch die Jahrhunderte u. a. Motive des *Memento mori* (»Lehre uns bedenken, dass wir sterben müssen, auf dass wir klug werden«, Ps. 90) und der *Ars moriendi* (zu beiden s. u.; s. auch Kap. 28: »Ars moriendi – Ritual- und Textgeschichte«). Ziel ist die *Commendatio animae* (dieser Begriff wird auch als Name eines bestimmten katholischen Gebetes gebraucht): Der Sterbende stellt seine Seele Gott vertrauensvoll anheim (vgl. Lk. 23, 46; auch 2, 29 f.: *Nunc dimittis*).

Szenen eines Sterbens als Märtyrer kennen auch andere Religionen. Das Martyrium des Rabbi Akiba mit seinem Bekenntnis zur Einheit Gottes gegenüber der Macht des Römischen Imperiums (um 135 n. Chr.) war für viele Juden vorbildhaft. Im schiitischen Islam ist das Sterben des dritten Imam al-Husain ibn Ali ibn Abi Talib in der Schlacht von Kerbela 680 n. Chr. eine solche zentrale Szene. Am zehnten Tag des islamischen Monats Muharram wird in Kerbela zu seinem Andenken die Aschura-Zeremonie durchgeführt, eine Passionsfeier, die mit Trauerprozessionen, Erzählungen der Ereignisse, rituellen

Nachgestaltungen und Lazerationsriten (Selbstgeißelungen) verbunden ist und die zum zentralen Ritualinventar des schiitischen Islam gehört. Die prototypische Sterbeszene prägt hier die Spiritualität einer Religion nicht weniger entscheidend, als es in der christlichen Passionsfrömmigkeit der Fall ist.

Daneben stehen völlig andere Modelle idealen Sterbens. Seneca und eine Reihe anderer Persönlichkeiten der Antike sterben durch Suizid (s. Kap. 60: »Selbsttötung – philosophisch«), um sich entehrender Gefangenschaft oder sonstiger Demütigung zu entziehen: Der Suizid bewahrt hier den Subjektcharakter menschlicher Existenz. Die jüdische und christliche Tradition hat den Suizid dagegen fast immer kritisch gesehen (etwa als ›Fahnenflucht‹). Typische Sterbeszenen veranschaulichen daher vielfach gerade divergierende Aspekte des Menschenbildes und der Ethik. Letzte Worte werden religiös und außerreligiös als exemplarischer Ausdruck eines Lebens tradiert, bis hin zu Goethes ›Mehr Licht!‹. Jesu letzte Worte am Kreuz »Mein Gott, mein Gott, warum hast Du mich verlassen?« (Mk. 15, 34; Mt. 27, 46) mit einem Zitat aus Ps. 22 (der in ein Vertrauenswort mündet) werden in den späteren Evangelien umgedeutet (Lk. 23, 46; Joh. 19, 30). Die hagiographische Literatur seit der Spätantike legt fast immer einen Schwerpunkt (oft auch quantitativ den Hauptschwerpunkt) ihrer Darstellung auf die Gestaltung des ›guten Sterbens‹, in dem sich die Heiligkeit und Gottwohlgefälligkeit der Protagonisten zeigt (vgl. z. B. Gregor von Nyssa: *Vita Sanctae Macrinae*, nach 379 n. Chr.).

Dem ›guten Sterben‹ stehen nicht minder ›typische‹ Szenen eines ›heillosen Sterbens‹ in der abendländischen Tradition gegenüber (Judas Ischarioth, König Saul, Absalom, Kaiser Nero, Richard III. etc.). In der Antike ist Inbegriff ›unheilvollen‹ Sterbens der Tod ohne Bestattung (z. B. des Palinurus in Vergils *Äneis*). In Sophokles' *Antigone* ermöglicht erst die symbolische Bestattung mit etwas Erde den Einzug des Toten in den Hades, die Unterwelt. Die alte Kirche hat eine eigene Textsorte, *De mortibus persecutorum* (»Vom Tod der Verfolger«, auch Titel einer Schrift von Lactantius, gest. 325 n. Chr.), hervorgebracht, die das Leiden und unselige Sterben von Christenverfolgern und damit eine innerweltliche ausgleichende Gerechtigkeit narrativ gestaltet. Eine ähnliche Funktion haben in der Gegenwart Inszenierungen des Todes von Diktatoren, insbesondere Adolf Hitlers (so in Oliver Hirschbiegels Film *Der Untergang*, BRD u. a. 2004, in dem die letzten Tage Hitlers im Führerbunker dargestellt werden).

## 2.4 Die Kunst des Sterbens: Der Tod als Bewährungsprobe

Spätmittelalterliche Frömmigkeit entfaltet im Rahmen der Laienkatechese eine eigene *Ars moriendi* (›Kunst des Sterbens‹; s. Kap. 28: »Ars moriendi – Ritual- und Textgeschichte«), die auch von Martin Luther aufgenommen und reformatorisch weitergeführt wurde (»Ein Sermon von der Bereitung zum Sterben«, 1519/1884; »Ob man vor dem Sterben fliehen möge«, 1527/1901) und die noch im 17. Jh. als erbauliche Literaturform existiert (vgl. z. B. Heermann 1628). Motive dieser Sterbekunst sind die Buße wegen begangener Sünden, Wiedergutmachungen, der spirituelle Kampf im Angesicht des Todes, d. h. der Widerstand gegen die Anfechtungen des Unglaubens und der Verzweiflung, und die Bereitschaft, Trost zu empfangen, nicht zuletzt in Form der sakramentalen Mittel der Kirche. Sie alle verbinden sich zur Vorbereitung auf ein ›seliges Ende‹.

Im tibetisch-buddhistischen Totenbuch *Bardo Thödol* (tibetisch: *bar do thos grol* »Befreiung durch Hören im Zwischenzustand«) aus dem 8.–14. Jh. und der mit ihm verbundenen Praxis wird der Sterbende und gerade Verstorbene dagegen an den illusionären Charakter aller Bewusstseinszustände erinnert. Das Einüben einer eigenen Meditationspraxis (*phowa*) soll den noch Lebenden dazu befähigen, sich im Prozess des Sterbens an die Instruktion über die letztliche ›Leerheit‹ der Bewusstseinszustände zu erinnern, um auf diese Weise dem Kreis der Wiedergeburten zu entkommen. Das Totenbuch – das in unterschiedlichen Fassungen existiert – wird dem Sterbenden und Verstorbenen vorgelesen, um dieses Sich-Erinnern zu unterstützen. Im Westen wurde es in den 1960er Jahren zum meistgelesenen Text des tibetischen Buddhismus. Sterbekunst ist hier ein Akt des ›Nicht-Vergessens‹.

In der islamischen Frömmigkeit ist das Leben insgesamt eine Bewährungsprobe, die bis zum Sterben anhält. Allah hat dem Menschen als seinem Statthalter auf Erden (*khalifah*, Koran, Sure 2, 30; vgl. 6, 185; 35, 30 etc.) die Fähigkeit gegeben, seinen Geboten gegenüber Gehorsam zu leisten, also zwischen Gut und Böse zu wählen (Sure 90, 10). Doch ist Allah barmherzig gegenüber denen, die Reue zeigen (Sure 39, 53 u. ö.). Auf diese Barmherzigkeit im Gericht hofft der Muslim. Bilder eines Weltgerichtes (›Tag des Gerichts‹), eines massiv dinglich ausgemalten Paradieses sowie einer Hölle spielen im Koran eine zentrale Rolle. Muslime verstehen diese Dinglichkeit als Akkomodation an die begrenzten Verständnismöglichkeiten einfacher Menschen. Dem Weltgericht voran geht die Totenauferstehung, die Mohammed ebenso wie das Weltgericht aus jüdischer und christlicher Tradition kennt. Die Verantwortung für sein Leben trägt jeder Mensch ganz individuell (Sure 19, 95). Das gute Sterben besteht hier darin, die Allah schuldige Treue bis zum Tod selbst durchzuhalten. Grundsätzlich gilt: Allah hat sich »zur Barmherzigkeit verpflichtet« (Sure 6, 12 und 54). Dann ist angstfreies Sterben möglich. Die Beerdigung soll ohne großen Aufwand (keine Einbalsamierung) baldmöglichst nach dem Tod geschehen. Anders im Christentum: Hier vertraut der Sterbende in erster Linie auf das Heilswerk Jesu Christi, dessen Sühnetod ihm durch den Glauben, vermittelt u. a. durch die Sakramente, zugeeignet wird.

## 2.5 Die religiöse und rituelle Begleitung der Sterbenden und Verstorbenen

Die Religionen besitzen zahlreiche Rituale der Sterbebegleitung. Die Krankensalbung mit Öl, eines der sieben Sakramente der römisch-katholischen Tradition, wurde vom Hochmittelalter bis ins 20. Jh. weitgehend als Sterbesakrament verstanden (›letzte Ölung‹), aber im Zweiten Vatikanischen Konzil gemäß ihrer ursprünglichen Bedeutung im Neuen Testament (Jak. 5, 14–18; vgl. Mk. 6, 13 u. ö.) neu definiert als Sakrament einer spirituellen Stärkung in Zeiten körperlicher und seelischer Krisen (Konstitution *Sacrosanctum concilium* 73 vom 4.12.1963). In manchen orthodoxen Kirchen wird die Krankensalbung in der Karwoche auch an Gesunden vollzogen, doch hat sie immer auch den Aspekt einer Zubereitung angesichts der Bedrohung des Lebens durch den Tod. Auch im Protestantismus wird traditionell der Pfarrer oder Pastor zu Sterbenden gerufen; Hausabendmahl, gemeinsames Gebet und Segen sind dabei feste Bestandteile.

Auch im Bereich der das Sterben begleitenden Handlungen koexistieren sehr altertümliche und durchaus moderne Motive und Formen. In der Moderne nur noch in abgesunkener Form existieren etwa die zahlreichen Riten, die den Toten an einer Wiederkehr oder an einem Haften an seinem diesseitigen Leben hindern sollen. Das Schließen der Augen, das Verhängen von Spiegeln, die Verhüllung der Leiche und ihre Entfernung aus dem Haus, die Totenwache etc. bilden ein komplexes System von Verhaltensweisen, mit deren Hilfe sich die Lebenden von den Toten trennen. In antiken und anderen Gesellschaften sind Bestattung und andere Formen der Abschiednahme in hohem Maße ritualisiert und erlauben daher eine Sicherheit im Umgang mit dem Tod, die in modernen Gesellschaften nicht selten verlorengeht.

Die im Abendland übliche schwarze Kleidung und andere Trauerbräuche (im antiken Judentum etwa das Bestreuen des Hauptes mit Asche, das Sich-an-die-Brust-Schlagen) wurden als Nachahmung von Totengeistern gedeutet: Die Lebenden machen sich für kurze Zeit den Toten gleich, damit diesen der Abschied aus dem Leben leichter fällt. Die umgekehrt weiße Trauerkleidung in fernöstlichen Ländern kann religionspsychologisch den gleichen Hintergrund haben: Weiß und Schwarz sind beide als ›Nicht-Farben‹ Symbole des Todes bzw. einer ›gespenstischen Existenzweise‹. Die Riten existieren freilich auch ohne diese spezifischen Deutungen, bzw. sie nehmen im Laufe der Zeit unterschiedliche Deutungen an: Rituale haben in neueren Ritualtheorien keine ›eigentliche‹ Bedeutung, sondern ihre ›Bedeutung‹ ist sehr viel variabler als die Riten selbst und von gesellschaftlichen und religiösen Kontexten abhängig (Frenschkowski 2018).

Aggressive Rituale vereindeutigen die notwendige Trennung des Toten von den Lebenden (auf den Toten im Grab wird symbolisch Erde aufgehäuft). ›Ruhe in Frieden‹ bedeutet zumindest auch: ›Plage die Lebenden nicht!‹ Indem die Toten von den Lebenden strikt getrennt werden, gelingt den Lebenden eine Neuorientierung im Leben, die die Toten daran hindert, zu übermächtigen Komplexen im Seelenleben der Lebenden zu werden. ›Unruhige Tote‹ (etwa Selbstmörder oder zu früh Verstorbene) werden oft in besonderer Weise im Grab oder am Bestattungsort ›gebannt‹, ›festgenagelt‹. In diesen Riten der Distanzierung von den Lebenden geschieht religionspsychologisch daher ein Ablösevorgang der Lebenden von den Toten, obwohl die Riten systemimmanent meist umgekehrt gedeutet werden. Erstaunlich weit ist in älteren Sozietäten (z. B. auf dem Balkan) der Brauch verbreitet, unverheiratet Verstorbenen einen ›Scheinbräutigam‹ oder eine ›Scheinbraut‹ mit ins Grab zu geben, etwa in Form eines Baumstammes, damit er oder sie niemanden ›nachzieht‹ (vgl. Gottfried August Bürgers Ballade *Lenore* von 1774). Verschiedene Formen des Wiedergängertums wurden gerade in der Frühen Neuzeit, bis weit in das 18. und 19. Jh. hinein, massiv gefürchtet (der Höhepunkt des slawischen bzw. österreichisch-ungarischen Vampirglaubens etwa liegt um 1730, als das Thema in ganz Europa diskutiert wurde).

In diesen Formen einer Definition des Abstandes

zwischen Lebenden und Toten sind freilich in besonderer Weise kulturelle Unterschiede zu bedenken: Im Abendland befinden sich Friedhöfe meist außerhalb der Wohngebiete oder jedenfalls deutlich von diesen getrennt; Gräber werden im Normalfall nicht in Wohnhäuser integriert (doch wurden viele Großfriedhöfe erst im 19. Jh. an die Peripherie der Städte verlegt). Andere Kulturen kennen ein stärkeres ›Leben mit den Toten‹, bis zur Bewahrung der Knochen im Haus oder der Bestattung unter dem Ehebett (die Toten sollen dann die Fruchtbarkeit der Lebenden garantieren). Sehr plakativ gesagt, scheint der ›Abstand‹ zwischen Lebenden und Toten mit der Differenziertheit und technologischen Entwicklung von Kulturen zu wachsen, doch lassen sich für solche sehr pauschalen Thesen auch Gegenbeispiele finden.

Die Totenklage und die Zeit der Trauer sind in traditionellen Gesellschaften in hohem Maße öffentliche Ereignisse. Entsprechend sind sie reglementiert. Wer z. B. wie lange schwarze Trauerkleidung zu tragen hat, war in traditionell katholischen, aber auch orthodoxen Gesellschaften explizit festgelegt. Auf Kreta z. B. trugen bis in die jüngere Vergangenheit Witwen Trauerkleidung für den Rest ihres Lebens, Töchter und Schwestern zwei bis fünf Jahre, Schwiegertöchter ein Jahr, entfernter verwandte Frauen 40 Tage; Männer trugen einheitlich für 40 Tage eine schwarze Binde am Arm. Diese Regeln begrenzen die Trauer bzw. kanalisieren sie. Der Genderaspekt ist auffällig; so wird die Grabpflege weithin von den Frauen erwartet. Der antike und teilweise orientalische Brauch der ›Klageweiber‹ (bezahlter Frauen, die laut klagend dem Toten bei der Bestattung voranschreiten) irritiert heute, dokumentiert aber diesen ›geregelten‹ und öffentlichen Charakter der Trauer und des Totengedenkens, die den einzelnen Trauernden von einer Verantwortung für ›geglückte‹ oder ›angemessene‹ Trauer weitgehend entlastet und die Emotionen der Trauer kanalisiert. Erst die allerjüngste Vergangenheit hat eine weitgehende Privatisierung des Todes und der Trauer mit sich gebracht, an der außer der Familie allenfalls sehr enge Freunde Anteil nehmen (außer bei öffentlichen Persönlichkeiten). Sie hat aber gleichzeitig zu einer Sprach- und Hilflosigkeit dem Tod gegenüber geführt, weil der oder die Einzelne selbst für die ›Trauerarbeit‹ verantwortlich wird (s. Kap. 34: »Trauer – kulturhistorisch« und Kap. 35: »Trauer – psychologisch«).

In traditionellen Gesellschaften betonen viele Rituale, die Alter, Sterben und Tod umgeben, die Kontinuität mit den Ahnen und die Reihe der Geschlechter. So bewahrten die Römer Wachsmasken ihrer Vorfahren auf und trugen sie bei Beerdigungen in der Trauerprozession, doch wurden die Toten selbst außerhalb der Mauern, oft entlang befahrener Straßen bestattet (Feuerbestattung war die Regel). Im Hinduismus dienen die elaborierten Totenrituale dazu, den Totengeist in den Status eines ›Vorvaters‹ (*pitara*) zu verwandeln; nach ihrer Durchführung wird er nur noch im Kollektiv der Ahnen, nicht mehr als Individuum verehrt. Der Platz der Ahnenverehrung divergiert auch in tribalen Gesellschaften (z. B. in Afrika) sehr stark. Oft, aber keineswegs immer steht sie in einem Mittelpunkt ritueller und religiöser Praxis und stabilisiert damit das Kontinuitätsbewusstsein einer Gesellschaft. Meist wird mit einem wohltätigen Einfluss der ›guten Toten‹ gerechnet, neben denen es aber auch ›böse Tote‹ gibt (z. B. Zauberer, Hexen), deren potenzielle Schadenswirkung magisch-religiös abgewehrt werden kann.

## 2.6 Tenazität der Riten und archaisches Erbe in Trauerritualen

Gerade im Bereich des Umganges mit Verstorbenen ist die bereits angesprochene Tenazität (›Zähigkeit‹) religiöser Riten sehr auffällig. Im alten Griechenland wurde dem Toten eine Münze (*obolus*) auf die Zunge gelegt, damit er den Fährmann Charon bezahlen kann. Dieser bringt die Toten über den Unterweltfluss an die Pforten des Hades, der eigentlichen Unterwelt. Im neugriechischen Volksglauben ist dieser Brauch noch im 19. Jh. gut bezeugt, obwohl sich die Gestalt des Charon (neugriech. *Charos*) in die eines dämonischen Reiters verwandelt hat, der die Toten mit sich fortschleppt (vgl. Lawson 1964, 98–117). Die Kontinuität der Bräuche darf jedoch nicht mit einer Kontinuität ihrer Bedeutungen verwechselt werden.

Daneben ist freilich auch ein Weiterleben von Vorstellungen und Motiven zu bedenken, die als Überbleibsel früherer religiöser Symbolsysteme in neuen Kontexten oft neue Funktionen annehmen. Verbreitet ist in traditionellen Agrargesellschaften z. B. die Idee, die Seele halte sich noch einige Zeit (oft drei Tage) in der Nähe des Leichnams auf. Daraus resultieren zahlreiche Bräuche, die ebenfalls meist als Hilfe für den Toten erklärt werden, die Welt der Lebenden zu verlassen. Dieses gesamte – schon im 19. Jh. allenfalls noch in der bäuerlichen Welt lebendige – Brauchtum hat für die entstehende Volkskunde (heute: europäische Ethnologie) und speziell die britische Kulturanthropologie eine entscheidende Rolle gespielt. Autoren wie E. B. Tylor, E. S. Hartland und J. G. Frazer, die für die neuen Wissenschaften wegweisend wurden, diskutierten Tod und Trauerriten in Hinsicht auf diese Sachverhalte ausführlich und sensibilisierten die viktorianische und wilhelminische Gesellschaft für diese Zeugen älterer Vorstellungswelten. Das kulturell Fremde in der europäischen Tradition und das kulturell Fremde in der kolonialen Situation interpretierten sich dabei gegenseitig: Dieser Schlüsselansatz in der zweiten Hälfte des 19. Jhs. entwickelte sich nicht zuletzt anhand der Beschreibung von Seelen- und Todesvorstellungen und wurde für die genannten neuen Wissenschaften weiterführend. Eine evolutionsbiologische Wurzel ist schon für die Totenfurcht anzunehmen; Schimpansen erschrecken panisch vor toten Artgenossen.

Erstaunlicherweise erleben archaische Angstbilder, die mit dem Tod verbunden sind, immer wieder eine Renaissance und stellen daher bis in die Postmoderne einen wichtigen Aspekt des Todesimaginariums dar. Das Gespenst, das sich als Wiedergänger vom Ort seines irdischen Lebens nicht lösen kann (klassisch: Plinius d. J.: *Epistulae* 7, 27), der (erst neuzeitlich bezeugte) Vampir oder der Zombie existieren zwar nur noch in abgesunkener Form und im Allgemeinen ohne Wirklichkeitsansprüche, sind aber als kulturelle Angstbilder dessen, was der Tod auch sein könnte, vielfach gegenwärtig. Sie symbolisieren potenzielle Aspekte des Todes wie denjenigen einer Reduktion zu schattenhaftem Vergessen, unlöschbarer Lebensgier (die im Tod nie Befriedigung finden kann), völliger Passivität (in welcher der Mensch aus einem Subjekt zu einem reinen Objekt wird) und Ähnliches. Zugleich stellen sie oft ethnisch entgrenzte Variationen ursprünglich regionaler Angstbilder dar (Vampir: slawischer und neugriech. Raum; Zombie: Karibik, v. a. Haiti; dieser als eine Art symbolischer Fokussierung der Sklaverei). Die katholische Lehre von den ›armen Seelen‹ (Tote im Fegefeuer, die nach einer Reinigungszeit Zugang zum Himmel finden) hat den westeuropäischen Geisterglauben stark geprägt, vor allem die Idee, Geister könnten durch das Wirken der Lebenden ›erlöst‹ werden.

In ihrer Gesamtheit bilden sie ein archaisches, selbst vom Christentum nur wenig berührtes *Imaginarium*, das den Tod auch im 21. Jh. unverändert umgibt. Das Gleiche gilt *mutatis mutandis* für andere Kulturen; so spielt der Geister- und Gespensterglauben in asiatischen Gesellschaften nach wie vor eine zentrale Rolle. Nach dem südostasiatischen Tsunami 2004 fanden in den buddhistischen Gebieten in großem Umfang Rituale zur Befriedung der aus dem Leben gerissenen Geister statt, da buddhistische Touristen (v. a. aus China) sonst nicht mehr bereit gewesen wären, diese von bösen Geistern zu früh Verstorbener erfüllten Küstenregionen wieder zu betreten. Im Gegensatz zum Theodizeeproblem, das westliche Menschen angesichts solcher Naturkatastrophen zur Sprache bringen, war diese notwendige Befriedigung der Totengeister das Hauptproblem für Menschen aus diesen religiösen Kontexten: Nur so konnten die überschwemmten Gebiete wieder bewohnbar gemacht werden. Auch hierin zeigt sich die Divergenz kultureller Konstrukte des Todes.

## 2.7 Todesverfallenheit und *Memento mori*

Die Todesverfallenheit und Vergänglichkeit des Menschen ist bereits Thema zahlreicher antiker Mythen. Ein kanaanäischer Mythos des 2. Jahrtausends v. Chr. lässt den Hauptgott Baal gegen Mot (›Tod‹) kämpfen, wobei er diesem zuerst unterliegt und es nur mit Hilfe der Jagd- und Kriegsgöttin Anat gelingt, zu einer Übereinkunft zu kommen, welche die Macht des Todes begrenzt. Imaginiert wird Mot mit einem gewaltigen Maul, das von der Erde bis zum Himmel reicht (vgl. den ›Höllenrachen‹ in der mittelalterlichen Kunst und z. B. noch bei Hieronymus Bosch). Das altbabylonische *Gilgamesch*-Epos erzählt von der existenziellen Betroffenheit des Helden Gilgamesch über den Tod seines Freundes Enkidu und von seinem Versuch, ein Heilmittel gegen den Tod zu finden. Obwohl er dieses nach langer Reise tatsächlich am Ende der Welt findet, verliert er das Kraut des Lebens wieder an eine Schlange, die sich häutet und ihm entkommt. Er tröstet sich mit seinem Nachruhm bei kommenden Generationen: Den Menschen ist das ewige Leben versagt.

Die bewusste Wahrnehmung der Sterblichkeit des Menschen ist – unabhängig von Todesdeutungen und Jenseitsvorstellungen – ein Thema von religiösen Traditionen eigener Dignität. »Lehre uns bedenken, dass wir sterben müssen, auf dass wir klug werden« (Ps. 90, 12) ist ein Gedanke von breiter interreligiöser Streuung. Nur in der Reflexion seiner Sterblichkeit bewahrt der Mensch die Würde seiner Existenz. Dennoch ist auch dieses Motivfeld in den Religionen und Kulturen in unterschiedlichem Maße präsent. Zu bestimmten Zeiten, wie im europäischen Barock (nicht zuletzt als Spätfolge des Dreißigjährigen Krieges), wird es für Kunst und Literatur vor allem Mitteleuropas zentral und dabei dezidiert als religiöses Motiv verstanden.

Diesseits und Jenseits, Spiel und Ernst, Schein und Sein, Lebensgier (*Carpe diem*) und *Vanitas*-Gedanke (in Anlehnung an das biblische ›Es ist alles eitel‹ des Koheletbuches) werden gern zusammengestellt und konfrontiert. *Media vita in morte sumus* (›Mitten im Leben sind wir vom Tod umfangen‹) ist der Beginn einer Antiphon, die Notker I. (gest. 912) zugeschrieben wird, die aber wahrscheinlich schon im Frankreich des 8. Jhs. entstanden ist. Martin Luther hat das Lied 1524 ins Deutsche übertragen (EG 518). Bereits auf antiken Trinkbechern findet sich – mit dem Bild eines Skeletts – das Motiv des *Memento mori* (»Denke daran, dass du sterben musst«; Persius: *Saturae* 5, 153).

In anderen Religionen wird dieser Gedanke in je eigener Akzentuierung und religiöser Kontextualisierung zum Ausdruck gebracht. So kennt der frühe Buddhismus sogenannte ›Friedhofsmeditationen‹, in denen der Mönch auf einem Friedhof in konzentrierter Meditation die verschiedenen Phasen der Verwesung des Körpers betrachtet, um sich nicht mit seinem Körper zu identifizieren: »Auch diesem Körper steht nicht anderes bevor«, also: »Auch dies bin nicht ich« (vgl. Frenschkowski 2018). Im Gegensatz zur christlich-abendländischen Tradition wird diese Einsicht aber nicht mit dem Gedanken an eine unsterbliche Seele konfrontiert, sondern im Gegenteil der illusionäre, leidhafte, vergängliche Charakter der Existenz insgesamt zum Ausdruck gebracht, in der es nichts Vorfindliches gibt, das als ›Ich‹ bezeichnet werden könnte (Lehre vom *anātman* bzw. *anatta*, ›Nicht-Ich‹). Ganz säkular drückt den Gedanken Rainer Maria Rilke aus: »Der Tod ist groß. / Wir sind die Seinen / Lachenden Munds. / Wenn wir uns mitten im Leben meinen / Wagt er zu weinen / Mitten in uns« (»Schlußstück«, Erstdruck 1901).

## 2.8 Der Tod als Obsession

Die Religionen begleiten den Tod; sie deuten und bewältigen ihn. Er kann aber auch in die Lebensmitte religiöser Praxis treten und dabei obsessive Züge annehmen. Bereits antiken Beobachtern fiel die besondere Leidenschaft der altägyptischen Religion für die Konservierung des Körpers auf, die als Voraussetzung für ein postmortales Weiterleben von ›Seele‹ galt. Zwar sind Mumifizierungen von Leichen in der Religionsgeschichte häufig (Peru, Chile, Mexico, Guanchen auf den Kanarischen Inseln, Birmaner, Skythen und viele andere). In Ägypten erreicht der Umgang mit dem Tod und den Toten aber über viele Jahrhunderte hinweg eine Intensität, die kaum Parallelen hat. Das Grab wird zu einem Ort der Transformation, in dem sich der Tote in die *Akh*, eine Art Lichtseele verwandelt, wobei jedoch bestimmte Seelenteile immer im Grab verbleiben. Der Unterweltgott Osiris wird zum Prototyp primär des Königs, im Laufe der ägyptischen Religionsgeschichte aber zunehmend jedes Verstorbenen. Als lebender Verstorbener, entmachtet und doch König der Unterwelt, verkörpert er in besonderer Weise die Paradoxie des altägyptischen Totenbildes.

Manche Kulturen beziehen Tod und Leben dialektisch aufeinander, indem sie Totenfeste bzw. Gedenktage für die Toten rauschhaft-üppig feiern. Ein bekanntes Beispiel ist der mexikanische »*Día de los Muertos*« (Allerseelen, 2. Nov.), bei dem Totenschädel aus Zucker, Plastikskelette sowie ähnliche Symbole des Todes allgegenwärtig sind, den Toten am Grab kleine Gaben dargebracht werden (nicht selten z. B. Zigaretten) und Familie und Freunde am bzw. auf dem Grab ein Picknick feiern. Er hat vorchristliche Vorläufer, ist jedoch auch im christlichen Mexiko ein zentrales Ereignis der nationalen kulturellen Identität (seit 2008 in die » Repräsentative Liste des immateriellen Kulturerbes der Menschheit« der UNESCO aufgenommen). Eine obsessive Inszenierung des Lebens mit dem Tod kann auch für manche Subkulturen beobachtet werden, von bestimmten Ausdrucksformen des *Fin de Siècle* Ende des 19. Jhs. bis zu den *Gothics* des späten 20. Jhs. Auch die in solchen kulturellen Phänomenen eventuell sichtbare spannungsvolle Ambivalenz zwischen Todesangst und Verlangen nach dem Tod (Todessehnsucht) wurde bereits in antiken Kulturen thematisiert. In der jüdischen apokryphen »Weisheit Salomos« (1, 16) rufen die Frevler den Tod als ihren ›Freund‹ herbei, während Gott Geber des Lebens ist. Anders als in solchen Traditionen ist in der Moderne das obsessive ›Leben mit dem Tod‹ eine subkulturelle Option, die bei anderen Befremden auslöst.

## 2.9 Der Tod als Figur: Ikonographien des Todes

Die zahlreichen ikonographischen Repräsentationen des Todes in religiösen Kontexten lassen sich in ›schreckhafte‹ und ›tröstliche‹ unterscheiden, wobei Kulturen meist beide Bilder nebeneinander besitzen. Die griechische Antike kennt Thanatos, den Tod, als grässliche Gestalt mit schwarzen Flügeln, gierigen Zähnen und wirrem Haar; so bringt ihn Euripides auf die Bühne (*Alkestis*, 438 v. Chr.). Andererseits erscheint er auf klassischen Vasen als schöner geflügelter Jüngling (Krater des Eucharides-Malers, 470 v. Chr., Paris). Als mythische Figur ist er Bruder des Hypnos, des Schlafes und wie dieser vaterloser Sohn der Nyx (Nacht) (Hesiod: *Theogonie* 211 f.; Homer: *Ilias* 16, 454 und 672, macht beide gar zu Zwillingen). Deutlich zu unterscheiden von solchen Personifikationen sind Göttinnen und Götter des Todes, die in den antiken und orientalischen Kulturen als Königinnen und Könige des Totenreichs auftreten, das oft als unterirdische, düstere Festung imaginiert wird. Sie sind damit Teil eines eigenen chthonischen Imaginariums, dessen Motive in vielen Kulturen große Ähnlichkeiten aufweisen. Eine eigenartige Opfer-Täter-Dynamik steht hinter der Figur der Persephone bzw. (lat.) Proserpina. Einst von Pluton (Hades), dem Bruder des Zeus und Gott der Unterwelt, als *Kore* (›Mädchen‹) aus dem Kreis ihrer Freundinnen geraubt und von ihrer Mutter Demeter verzweifelt gesucht, kann sie nicht mehr aus der Gewalt der Unterwelt entfliehen, weil sie dort bereits einen Granatapfelkern gegessen hat. Dieser letztere Zug überlebt als Märchen- und Sagenmotiv: Wer in der das Jenseits repräsentierenden ›Anderwelt‹ des Märchens (im Zauberberg etc.) etwas gegessen hat, verfällt der Macht der Unterirdischen. Doch wird nun gerade Persephone als Gemahlin des Pluton die eigentliche Königin des Hades, mit erschreckenden und gewalttätigen Zügen. In der volkstümlichen Imagination spielt sie eine sehr viel größere Rolle als ihr göttlicher Gemahl und nimmt Eigenschaften orientalischer Unterweltgöttinnen an. Diese Geschichte steht als Stoff hinter dem pseudo-homerischen Demeterhymnus und spielte offenbar auch in den eleusinischen Mysterien eine Rolle, wo aber stärker die Trauer der Getreidegöttin Demeter und ihre Suche nach der Tochter thematisiert wurden. In archaischen Religionen erscheint der Tod oft als tiergestaltiger Räuber der Lebensseele, was evolutionsbiologisch als Angstbild von verzehrenden Raubtieren gedeutet wurde (so bei Baudy 2001, 211: »Verschlepptwerden in die Jenseitswildnis«).

Auch im christlichen Abendland kann der Tod personifiziert erscheinen (etwa als Gerippe oder als Sensenmann, unter Einbeziehung biblischer Erntemetaphorik), wenn auch in der Neuzeit vor allem in der Kunst und in der Volkserzählung (Legende, Sage, Märchen; vgl. ›Freund Hain‹ als Titelkupfer des *Wandsbecker Boten* des Matthias Claudius, 1775). Im volkstümlichen Erzählgut koexistieren zahlreiche christliche und vorchristliche Bilder des Todes sowie Sagen und Legenden, in denen diese narrativ gestaltet werden (exemplarisch gesammelt für die Bretagne von Braz 1922). Das Judentum spricht dagegen vielfach von einem Engel des Todes, ähnlich der Islam. Umgekehrt nähern sich aber auch Tod und Teufel ikonographisch oft an und werden gelegentlich förmlich identifiziert. Die Figur eines solchen Todesengels (der Begriff im Dt. seit dem 18. Jh.) oszilliert daher zwischen angelologischen und dämonologischen Ausbildungen.

## 2.10 Deutungen des Todes: Trennung von Leib und Seele

Platon hatte seinen Sokrates den Tod als Trennung der Seele vom Körper definieren lassen (vgl. *Phaidon* 64c). Die philosophische Reflexion wird als ein Streben nach der Unabhängigkeit der Seele vom Körper verstanden, in gewisser Hinsicht also gerade als ein Sterbenlernen (vgl. *Phaidon* 67e). Beide Sätze sind nicht nur Teil der Philosophiegeschichte, sondern in ebenso hohem Maße Teil der Religionsgeschichte geworden, speziell der christlichen, deren Bild von Leib und Seele sowie vom Wert der Kontemplation sie entscheidend geprägt haben. Der platonische Sokrates spricht diese Deutung im Angesicht seines eigenen Todes aus: Sie will also zwar auch eine Theorie des Todes sein, vor allem aber eine tröstliche Erkenntnis, die das Sterben leichter macht. Diese Sicht ist aber in der Antike keineswegs allgemein verbreitet: Grabinschriften vor allem der römischen Kaiserzeit zeigen, dass neben astralen und elysionhaften Jenseitsimaginationen auch skeptische Stimmen sehr häufig waren.

In der katholischen Tradition wurde eine Anthropologie verbindlich, die den Menschen primär als zweigeteiltes Wesen versteht, als eine unsterbliche, von Gott direkt bei der Zeugung aus dem Nichts geschaffene Seele und einen von den Eltern ererbten Körper. So äußert sich z. B. bereits der stark neuplatonisch beeinflusste Augustinus (354–430 n. Chr.) an der Grenze zwischen Antike und Mittelalter. Der Tod trennt beide Teile des Menschen, die Auferstehung vereint sie wieder, wobei der Leib jedoch in einen neuen, ›himmlischen‹, unsterblichen Leib verwandelt wird. Über einen ›Auferstehungsleib‹ reflektiert bereits Paulus in jüdisch-apokalyptischer Tradition (1. Kor. 15, 35–58; vgl. *Syrischer Baruch* 49–51). Diese Gesamtauffassung ist in der römisch-katholischen Kirche lehramtlich definiert, also Dogma. Im neueren Protestantismus, zum geringeren Teil auch im Katholizismus ist diese starke Anlehnung an die platonische

Tradition einer Deutung des Todes jedoch nicht unwidersprochen geblieben. Vor allem in Rückbesinnung auf alttestamentliche Konzepte vom Menschen als einem ›ganzen‹, einheitlichen Wesen (*nephesch chaja*, ›lebende Seele‹ als Beschreibung des ganzen Menschen, vgl. Gen. 2, 7) wurden vor allem im 20. Jh. nicht-dichotomische Anthropologien entworfen, in denen dann der Mensch ›ganz‹ stirbt, um von Gott in der Auferstehung der Toten ›ganz‹ wieder neu geschaffen zu werden. Diese ›Ganztodtheorie‹ wurde vertreten u. a. von dem protestantischen Theologen Paul Althaus und in etwas anderer Gestalt auch von Karl Barth, Oscar Cullmann, Werner Elert und dem Prozessphilosophen Charles Hartshorne. Die griechisch-philosophische Lehre von einer Unsterblichkeit der Seele wird dabei abgelehnt. Im Hintergrund steht öfter eine deutliche Entgegensetzung zwischen ›biblischem‹ und ›griechischem‹ Denken, die aber religionswissenschaftlich eine Simplifikation darstellt. Auch Paulus kennt z. B. die Vorstellung, unmittelbar nach seinem Tod in ›entkleidetem‹ Zustand (Kleid als Bild für den Leib) bei Christus zu sein (2. Kor. 5, 1–7), obwohl eigentliches Ziel seiner Sehnsucht der ›bekleidete‹ Zustand des Auferstandenen ist (ebd.). Bereits im antiken Judentum koexistieren Hoffnungen auf eine leibliche Auferstehung mit Vorstellungen einer ewigen Seele.

Die christliche Theologie der Gegenwart verzichtet gerne programmatisch auf Erklärungen dessen, was im Tod geschieht, und betont stattdessen eine unverbrüchliche Gemeinschaft zwischen Gott und dem sich ihm in Christus anvertrauenden Menschen, die den Tod überdauert, aber in Bildern und Symbolen nur unvollkommen eingefangen werden kann. Dagegen bewegt sich christliche Frömmigkeit aller Konfessionen bis heute fast ungebrochen im Referenzrahmen der dichotomischen platonischen Anthropologie und der aus ihr resultierenden Deutung des Todes als Trennung von Leib und Seele, die daher auch z. B. die christliche Bestattungskultur prägt. Diese diversifiziert sich erst in der jüngsten Vergangenheit in stärker individuelle Ausformungen.

Zugleich mit seiner Theorie des Todes begründet Platon die Tradition der ›Tröstungen der Philosophie‹ im Angesicht des Todes. Epikur hatte gesagt, dass den Menschen der Tod nichts angeht: »Wenn wir sind, ist der Tod nicht; wenn der Tod ist, sind wir nicht« (vgl. Diogenes Laërtios: *Leben und Meinungen berühmter Philosophen*, 10, 124–127). Stoiker wie Seneca dagegen trösten sich und andere mit Verweisen auf die sittliche Überlegenheit des philosophischen Lebens. Neuere Philosophien, die den metaphysisch-platonischen Ansatz nicht teilen wollen, verzichten oft auf Theorien dessen, was im Tod präzise geschieht, und definieren die Würde des Menschen gerade in diesem Leben mit und angesichts der ›Grenze‹ seines Seins wie Wissens. Für das Genre der ›Trostschriften‹ wegweisend im Abendland wurde das im Gefängnis geschriebene Buch *De consolatione philosophiae* des Römers Boëthius (gest. um 526 n. Chr.). Eine personifiziert in weiblicher Gestalt auftretende Philosophie belehrt den auf seine Hinrichtung Wartenden ganz im neuplatonischen Sinn (merkwürdigerweise ohne jeden Bezug auf spezifisch christliche Themen) über Gott als Transzendenz, die Unsterblichkeit der Seele und die Ewigkeit als das *nunc stans* (unvergängliches, stehendes Jetzt). Ewigkeit ist in dieser Sicht also keine sich akkumulierende Zeit, sondern eine Transzendenz der Zeitlichkeit.

## 2.11 Deutungen des Todes: Tod als Gottesferne, Sühne, Erlösung

In der alttestamentlichen Tradition ist der Tod Inbegriff der Gottesferne und das Berühren einer Leiche in jedem Fall eine kultische Verunreinigung, die eines Reinigungsaktes zur Wiederherstellung der Kultfähigkeit bedarf (dabei sind ›rein‹ und ›unrein‹ kultische, nicht primär ethische Kategorien). Auch für den buddhistischen Priester, dessen Hauptaufgabe in der volkstümlichen Religiosität buddhistischer Sozietäten faktisch die Durchführung der Sterbe- und Trauerriten ist, bedeutet der Umgang mit dem Tod immer eine Verunreinigung, die sorgfältiger Reinigungsriten bedarf. Buddhistische Priester, die Staatsrituale durchführen, dürfen oft ähnlich dem antiken jüdischen Hohenpriester keinerlei Kontakt mit Toten haben; dieser konnte nicht einmal an der Beerdigung seiner Eltern teilnehmen.

Insbesondere in den alttestamentlichen und antikjüdischen Traditionen erscheint der Tod als Kraftfeld oder Machtbereich der Gottesferne oder Unreinheit. Israel wendet sich damit u. a. gegen die Totenkulte seiner Umwelt. Im Christentum setzt sich diese Wertung einerseits fort. Die bereits in den archaischen Religionen angelegte Aussage, dass der Tod des Menschen etwas ›Unnatürliches‹ hat (s. o.), wird im Christentum in gewisser Hinsicht zu einer theologischen Theorie weitergeführt. Der Tod ist »der Sünde Sold« (Paulus, Röm. 6, 23) und wird mit dem ewigen Leben als Gabe Gottes kontrastiert (der Tod ist also nach Paulus immer ›verdient‹, das Leben immer Gabe). Doch stehen daneben positive Interpretationen des Todes (s. Abschn. 2.3: »Szenen ›guten‹ und ›bösen‹ Sterbens«). Dennoch bleiben Einschränkungen. Obwohl in der abgesunkenen Frömmigkeitssprache der Moderne gerne gesagt wird, der Tod von alten und kranken Menschen sei eine ›Erlösung‹ oder ›wie eine Erlösung‹, wird im Rahmen kirchlicher Theologie der Tod niemals als Erlösung qualifiziert. Für Paulus ist der Tod der »letzte Feind Gottes«, der am Ende aller Dinge von Gott selbst zunichte gemacht wird (1. Kor. 15, 26). Ähnlich betont schon die Weisheit Salomos, dass Gott den Tod nicht geschaffen habe (1, 13), und dieser nur eine notwendige Folge der Sünde sei. Diese und ähnliche biblische Aussagen haben in der Geschichte des Christentums meist verhindert, dass der Jenseitsbezug zu einer Todesverherrlichung oder -idealisierung wurde.

Trauer- und Bestattungsrituale erhalten vor diesem Hintergrund die besondere Funktion, den Toten der Gottheit anzuvertrauen bzw. in einen Heilsbereich zu stellen. Sie sind performativ, nicht nur deutend. Dies gilt nicht nur für Christentum und Judentum. Auch z. B. im Islam sollen Bestattungsriten den Toten in eine Gemeinschaft mit Gott rücken. So wird der muslimische Gläubige traditionell so bestattet, dass der Körper (wenn möglich, ohne Sarg) auf der rechten Seite liegend gen Mekka blickt. Frauen nehmen herkömmlich an der Bestattung nicht teil, wohl aber an den vorangehenden Gebeten, in denen der Tote Gott anempfohlen wird. Doch ändern sich diese Bräuche auch in islamischen Ländern vielfach, wenn auch noch nicht so schnell wie im christlichen Kulturkreis. Die Leichenverbrennung im Hinduismus wird als Opfer interpretiert: Agni (der Feuergott) geleitet in das Jenseits. Erstrebt wird die Übergabe der Asche an den Heiligen Fluss Ganges (*Ganga*), dessen Wasser als sündentilgend gilt.

## 2.12 Der Tod als Mysterium: Initiationssymboliken

Eine symbolische Bedeutung nimmt der Tod im Kontext von Initiationen und Mysterienriten an. Der rituell inszenierte Tod ist dabei die Voraussetzung einer Wiedergeburt, die eine neue Seinsweise freisetzt. Damit geschieht eine radikale Umwertung des Todes: Er wird zur Metapher für eine völlige Veränderung der Identität des Menschen. Mystiker, Asketen und sonstige *Homines religiosi* in Christentum, Islam und Hinduismus haben gleichermaßen ihre Existenzweise als ›Absterben‹ eines alten Lebens und Ergreifen eines neuen Lebens gedeutet; im Christentum war dies nicht zuletzt eine Leitidee des Mönchtums. Eine solche symbolische Anwendung der Begrifflichkeit von Tod und Sterben kann auch rituell dargestellt werden. Mysterienhafte Riten von Tod und Wiedergeburt sind im abendländischen Kontext immer als Ausdrucksform antiker Religionen bekannt gewesen. Die Mysterien sind dabei keine eigenen Religionen, sondern spezielle Formen der Einweihung und Verehrung, die in Form nicht-öffentlicher (›geheimer‹) Riten stattfanden. Dieser Geheimnischarakter ist allerdings *cum grano salis* zu nehmen: In die athenischen Eleusinien etwa, die ältesten und wichtigsten Mysterien, waren große Teile der athenischen Bevölkerung eingeweiht. Doch wurde das Verbot strikt beachtet, dass Mysterieninhalte nicht Gegenstand öffentlicher Darstellung sein dürfen. Mysterien beruhten auf Freiwilligkeit. Sie sind keine ›orientalische‹, sondern eher eine genuin griechische Form der Religionsausübung, haben aber Parallelen auch in anderen Religionen. Im hellenistischen Zeitalter werden zunehmend auch nichtgriechische Götter in Form von Mysterien verehrt, etwa Mithras, Isis und Osiris oder Attis. Von ›sterbenden und wiederauferstehenden‹ Göttern (wie sie J. G. Frazer angenommen hatte) kann dabei jedoch nur sehr vereinzelt gesprochen werden; dieser Punkt ist in der jüngeren Forschung heftig umstritten. Doch erlebt etwa der Myste (Initiierte) der Isis nach einer wochenlangen Vorbereitung den mitternächtlichen Gang der Sonne durch das Totenreich mit, um am nächsten Morgen in einer neuen Identität vor die versammelte Gemeinde zu treten.

So stellt es im 2. Jh. n. Chr. Apuleius in seinem Roman *Asinus aureus* (*Der goldene Esel*, Buch 11) dar, unserer ausführlichsten Quelle für eine antike Mysterieneinweihung. Diese neue Identität wird symbolisiert in neuer Kleidung, oft auch mit einem neuen Namen und gilt als Antizipation einer Schicksalsgemeinschaft mit der Gottheit, die auch ein besseres Geschick im Jenseits garantiert. Die kultischen Einzelheiten der eigentlichen Mysterieneinweihung sind nicht bekannt. Im kleinasiatischen Kybele- und Attiskult hören wir aus einer Inschrift des Jahres 376 n. Chr., der Myste sei danach *in aeternum renatus* (›in Ewigkeit wiedergeboren‹). Vorangegangen war eine ›Bluttaufe‹, ein Stieropfer (*Taurobolium*), bei dem der Myste in einer Grube unter dem Altar vom Blut des getöteten Stiers überschüttet wird. Doch sind solche drastischen Riten eher vereinzelt bezeugt. Deutlich ist jedoch, dass

Tod und Sterben zentrale metaphernspendende Bereiche für das waren, was in den Mysterien geschah. Auch diese Vorstellungs- und Sprachwelt hat in der Moderne ihre spezifischen Metamorphosen erfahren. So wurde sie im 18. und 19. Jh. im Kontext freimaurerischer und ähnlicher Gemeinschaftsbildungen wiederbelebt und spielt in der westlichen Esoterik eine zentrale Rolle. Sie besteht in abgesunkener Form auch in säkularen Kontexten, z. B. wenn das Aufnahmeritual einer amerikanischen Studentenverbindung die Übernachtung in einem Sarg verlangt. Immer wird ein altes Leben abgeschlossen und ein neues begonnen.

Der große Religionswissenschaftler Mircea Eliade (1907–1986) hat die Mythologien des Todes sehr weitgehend in Entsprechung zu solchen Initiationsszenarien interpretiert und damit womöglich selbst einen Beitrag zum Umgang der Moderne mit dem Tod geleistet. Dabei weist er auch auf die bereits bei archaischen Stammesgesellschaften gut bezeugte kosmologische Symbolik in Bestattungsriten hin. Das Grab wird zum Symbol der Erde, öfter aber auch des gesamten Universums. So beschreibt er einen Bestattungsritus der kolumbianischen Kogi-Indianer, bei denen der Schamane den Toten vor seiner Beisetzung neunmal hochhebt und ins Grab legt und damit rituell den Geburtsvorgang rückgängig macht. Das ›reale‹ und das ›rituelle‹ Sterben in der Initiation interpretieren sich dabei gegenseitig.

## 2.13 Der Tod in Moderne und Postmoderne

Seine religiösen Konnotationen verliert der Tod auch in Moderne und Postmoderne nicht. Tatsächlich ist die Omnipräsenz archaischer bzw. vormoderner Deutungen, Bilder und Symbole des Todes selbst religionsgeschichtlich als Aspekt der Moderne zu interpretieren, was hier nur skizziert werden kann. Offensichtlich ist die Beobachtung, dass in den westlichen Gesellschaften tradierte Riten und Deutungen seit dem 19. Jh. zurücktreten bzw. diversifiziert werden, wobei Bausteine aus anderen religiösen Kontexten übernommen werden. Die allmähliche Verdrängung der Erdbestattung durch die Feuerbestattung als Normalform in westlichen Gesellschaften etwa wird durch pragmatische (finanzielle, hygienische) Gesichtspunkte nur rationalisiert, nicht wirklich begründet. Ende des 19. Jhs. explizit als ritueller Gegenentwurf zur christlichen Auferstehungsidee aufgekommen und von den christlichen Kirchen entsprechend heftig angegriffen, steht sie offenbar tatsächlich für sich verlagernde assoziative Umfelder des Sterbens (erstes Krematorium in Deutschland 1878, in Österreich 1922). In Indien, Japan und anderen asiatischen Ländern wird dagegen der Tote mehrheitlich verbrannt, wenn auch nicht in einem Muffelofen wie in Deutschland, sondern in anderen kulturell und traditionell definierten Formen. In Deutschland hatte Jakob Grimm 1849 die altgermanische Feuerbestattung als erhabenen Ritus geschildert. In den USA wurde die Form der Feuerbestattung vor allem durch die Theosophische Gesellschaft und ähnliche Gruppen gefördert, in expliziter Aufnahme asiatischer Gedanken. Die Entwicklung war also sicher vielschichtig. Die orthodoxen Kirchen lehnen die Feuerbestattung bis heute ab (in Griechenland wurde sie erst 2006 legalisiert), in der katholischen Kirche ist sie seit 1964 gestattet, sofern sie nicht gegen die Auferstehungshoffnung gerichtet wird. Auch Judentum und Islam lehnen die Feuerbestattung ab. Diese Entwicklung wird hier exemplarisch zur Sprache gebracht, weil sich darin wesentliche religiöse Verlagerungen der Moderne ausdrücken. In diesen Veränderungen der Bestattungskultur drücken sich letztlich neue oder neu übernommene religiöse Symbolwelten aus, u. a. solche mystischer und esoterischer Art. In der Feuerbestattung etwa ist der Tod eher ein Aufgehen in der Natur, im Kosmos, im Seienden schlechthin (Waldbestattungen, ›Friedwälder‹; s. Kap. 48: »Bestattungsformen – Wandel in der Moderne«).

Wie immer in der neueren Religionsgeschichte können sehr unterschiedliche Konzepte des Todes konfliktlos in ein und derselben Person koexistieren. Was sich äußerlich ästhetisch verschleiert (als ›ansprechende, schöne Idee‹ u. Ä.), hat einen vielschichtigen religiösen Hintergrund, der oft kaum ins Bewusstsein tritt.

Daneben treten andere religionswissenschaftlich interessante Präsenzweisen des Todes. Eine der erstaunlichsten Erfolgsgeschichten des späten 20. Jhs. ist der mittlerweile fast weltweite Siegeszug des ursprünglich irischen, dann US-amerikanischen Halloween-Festes, in dem der Tod in seiner makabren Gestalt in großem Stil zur Darstellung kommt. Es gehört von Hause aus zum Typ der *Mundus patet*-Festtage, an denen die Unterwelt für kurze Zeit offensteht. *Mundus cum patet, deorum tristium atque inferum quasi ianua patet* (Varro bei Macrobius, *Saturnalia* 1, 16, 18: »Wenn der *Mundus* offensteht, ist gleichsam eine Tür für die sorgenvollen Götter der Unterwelt offen«). *Mundus* ist im römischen Staatskult eine rituelle unterirdische Höhle oder Grube, die, der Ceres geweiht, symbolisch für die Unterwelt steht. Ist der *Mundus* ›offen‹, können die Totengeister für kurze Zeit auf der Erde umherschweifen. Im römischen Kult war dies an drei Tagen im Jahr der Fall (24. August, 5. Oktober und 8. November). Militärische Aktionen, Heiraten etc. sollten an diesen Tagen nicht stattfinden. Solche weit verbreiteten *Mundus patet*-Feste sind oft von rituellen Heischezügen begleitet, in denen Kinder oder Arme die Totengeister spielerisch repräsentieren und um Gaben bitten. Dies entspricht präzise dem *Trick or treat*-Brauchtum des modernen Halloween, ohne dass eine geschichtliche Kontinuität nachgewiesen werden könnte. Die abgesunkene und verschleierte Gestalt dieser religiösen Symbolik ist gerade charakteristisch für die Religionskulturen der Moderne.

In mittlerweile zahlreichen Regionen hat Halloween einheimische Feste umgeprägt (etwa in Mexiko den »*Día de los Muertos*«) bzw. sich als Teil von Jugendkultur gegen erhebliche Widerstände traditioneller Kultur durchgesetzt (in Deutschland beginnt es kirchliche Feste wie Allerheiligen und den Reformationstag vollständig zu überlagern). Dieser Siegeszug ist religionsgeschichtlich erklärungsbedürftig und kann nicht einfach mit dem ›Spaß-Faktor‹ begründet werden. Vielmehr ist gerade das paradoxe Zusammenfallen von Schrecken und Lust, Makabrem und Lebensfreude der religiöse Inhalt des Festes, das den gesamten monströsen ›Hofstaat‹ des Todes auffährt. Indem die Lebenden sich für einen Tag den Toten gleichmachen und den Tod zelebrieren, nehmen sie diesem ein Stück weit seine Schrecken – oder versuchen es (Frenschkowski 2016).

Eine Steigerung solcher Entwicklungen stellt die weit reichende Enttabuierung der Leiche als visueller, ja ästhetischer Größe dar. Diese neue Präsenz des toten Körpers Ende des 20. bzw. Anfang des 21. Jhs. hat durchaus religionsgeschichtliche Aspekte von großer Tragweite, zumal sie als Symptom einer spezifischen postmodernen Form von Todesangst gesehen werden kann. Diese wird sozusagen durch Überwältigung im Sinne einer therapeutischen Konfrontation und Überkompensation bearbeitet. Die cineastische (wegweisend war die Kriminalserie *CSI*, USA seit 2000, mit mehreren Spin-offs) und sonstige Inszenierung des Leichnams verlagert die Frage nach Würde und Proprium des Menschen ins Ästhetische (in Form des ›Makabren‹) und versucht sie damit zu bewältigen, wenn sie schon weltanschaulich unbeantwortbar erscheint. Die weltweit ungemein erfolgreichen »Körperwelten«-Ausstellungen Gunther von Hagens (zuerst 1997 im Landesmuseum für Technik und Arbeit, Mannheim) mit plastinierten Leichen, von den christlichen Kirchen als Inszenierungen des Todes vielfach heftig angegriffen, sind ein deutliches Signal dieser neuen Ästhetisierung des toten Körpers, in der sich das Faszinans des Todes in die Moderne hineindrängt. Eine andere Gestalt ist der Zombie-Film, der in den 1960ern seine karibischen Bezüge verliert und zum Ausdruck eines apokalyptischen Szenerios wird, in dem der Tod das Leben überlagert. Der Tod bleibt auch in Moderne und Postmoderne der große Fremdling, der als Störenfried und Vernichter das Leben nicht nur begrenzt, sondern auch Fragen wachhält, die er selbst (d. h. die Todeserfahrung) offenbar nicht beantworten kann. Aber damit sind die Aussagemöglichkeiten der religions- und kulturwissenschaftlichen Diskurse bereits überschritten: Eine weitergehende Diskussion ist nur im Rahmen der kritischen Selbstreflexion der Religionen selbst, also in theologischen Diskursen möglich.

### Literatur


Abrahamsson, H.: *The Origin of Death. Studies in African Mythology*. Uppsala 1951.

Auerbach, E.: *Mimesis. Dargestellte Wirklichkeit in der abendländischen Literatur*. Bern 1946.

Baudy, G.: Tod. In: H. Cancik (Hg.): *Handbuch religionswissenschaftlicher Grundbegriffe*. Bd. 5. Stuttgart 2001, 207–226.

Braz, A. le: *La légende de la mort chez les Bretons armoricains*. Paris $^{4}$1922.

Eliade, M.: *Geschichte der religiösen Ideen*. 3 Bde. Freiburg i. Br. u. a. 1978–1991 (frz. 1976–1983).

Frenschkowski, M.: Segen. In: R. W. Brednich u. a. (Hg.): *Enzyklopädie des Märchens*. Bd. 12. Berlin 2007b, 522–526.

Frenschkowski, M.: Unverweslichkeit. In: R. W. Brednich u. a. (Hg.): *Enzyklopädie des Märchens*. Bd. 13 (2010), 1248–1253

Frenschkowski, M.: Das Makabre. Ansätze einer religionswissenschaftlichen Theorie zum Spiel mit dem Tod. In: Ch. A. Tuczay u. a. (Hg.): *»Sei wie du willt namenloses Jenseits«. Neue interdisziplinäre Ansätze zur Erforschung des Unerklärlichen*. Wien 2016, 271–289.

Frenschkowski, M.: Frühchristliche Rituale, antike Ritualtheorien und die vergleichende Semantik des Ritus. Vorüberlegungen zu einem Arbeitsprogramm. In: T. Kaspari (Hg.): *Raumbildungen. Erkundungen zur christlichen Religionspraxis. Festschrift für Stephan Weyer-Menkhoff*. Leipzig 2018, 165–194.

Heermann, J.: *Güldene Sterbekunst*. Breslau/Leipzig 1628.

Lawson, J. C.: *Modern Greek Folklore and Ancient Greek Religion* [1910]. New York 1964.

Luther, M.: Ein Sermon von der Bereitung zum Sterben [1519]. In: Ders.: *Werke* (Weimarer Ausgabe). Abt. 1. Bd. 2. Weimar 1884, 685–697.

Luther, M.: Ob man vor dem Sterben fliehen möge [1527].

In: Ders.: *Werke* (Weimarer Ausgabe). Abt. 1. Bd. 23. Weimar 1901, 338–372.

### Weiterführende Literatur

Ariès, Ph.: *Geschichte des Todes.* München 1980 (frz. 1977).

Assmann, J.: *Der Tod als Thema der Kulturtheorie. Todesbilder und Totenriten im Alten Ägypten.* Frankfurt a. M. 2000.

Barley, N.: *Dancing on the Grave. Encounters with Death.* London 1995.

Barloewen, C. von (Hg.): *Der Tod in den Weltkulturen und Weltreligionen.* München 1996.

Baumann, H.: *Schöpfung und Urzeit des Menschen im Mythus der afrikanischen Völker.* Berlin 1936.

Becker, H. (Hg.): *Liturgie im Angesicht des Todes.* 4 Bde. St. Ottilien (später Tübingen) 1997–2004.

Bormuth, M. u. a.: Sterben. In: H. D. Betz (Hg.): *Religion in Geschichte und Gegenwart.* Bd. 7. Tübingen [4]2004, 1722–1726.

Borst, A./Graevenitz, G. von/Stierle, K./Patschovsky, A. (Hg.): *Tod im Mittelalter.* Konstanz [2]1995.

Bowker, J.: *The Meanings of Death.* Cambridge 1991.

Doniger O'Flaherty, W.: *Karma and Rebirth in Classical Indian Tradition.* Berkeley 1980.

Eliade, M.: Eine Einführung in die Mythologie des Todes. In: Ders.: *Das Okkulte und die moderne Welt. Zeitströmungen in der Sicht der Religionsgeschichte.* Salzburg 1978, 38–52 (engl. 1976).

Falkner, Th. M./De Luce, J. (Hg.): *Old Age in Greek and Latin Literature.* Albany 1989.

Faure, B.: *Der Tod in den asiatischen Religionen.* Bergisch-Gladbach 1999.

Fischer, M.: *»Ein Sarg nur und ein Leichenkleid«. Sterben und Tod im 19. Jahrhundert. Zur Kultur- und Frömmigkeitsgeschichte des Katholizismus in Südwestdeutschland.* Paderborn 2004.

Fishbane, M.: *The Kiss of God. Spiritual and Mystical Death in Judaism.* Seattle 1994.

Frazer, J. G.: *Folklore in the Old Testament.* 3 Bde. London 1919.

Frazer, J. G.: *The Fear of the Dead in Primitive Religion.* 3 Bde. London 1933–1936.

Frenschkowski, M.: Seele. In: R. W. Brednich u. a. (Hg.): *Enzyklopädie des Märchens.* Bd. 12. Berlin 2007, 476–489.

Granqvist, H.: *Muslim Death and Burial. Arab Customs and Traditions Studied in a Village in Jordan.* Helsinki 1965.

Gutschow, N.: *Handling Death. The Dynamics of Death and Ancestor Rituals among the Newars of Bhaktapur, Nepal.* Wiesbaden 2005.

Haussig, H. W./Schmalzriedt, E.: (Hg.): *Wörterbuch der Mythologie.* 7 Bde. Stuttgart 1965 ff.

Heindrichs, U./Heindrichs A.-H./Kammerhofer, U. (Hg.): *Tod und Wandel im Märchen.* Regensburg 1991.

Heller, B.: Tod. In: H. D. Betz (Hg.): *Religion in Geschichte und Gegenwart.* Bd. 8. Tübingen [4]2005, 427–448.

Kandil, F.: Leben im Zeichen der großen Hoffnung. Vorstellungen von Leben und Tod in der muslimischen Volksgläubigkeit. In: J. Court u. a. (Hg.): *Wege und Welten der Religionen. Festschrift für Udo Tworuschka.* Frankfurt a. M. 2009, 255–262.

Klimkeit, H.-J. (Hg.): *Tod und Jenseits im Glauben der Völker* [1978]. Wiesbaden [3]1993.

Lewis, Th. J.: Dead. In: K. van der Toorn u. a. (Hg.): *Dictionary of Deities and Demons in the Bible.* Leiden [2]1999, 223–231.

Lurker, M.: *Lexikon der Götter und Dämonen.* Stuttgart [2]1989.

Ohler, N.: *Sterben und Tod im Mittelalter* [1990]. Düsseldorf 2003.

Parry, J. P.: *Death in Benaras.* Cambridge 1994.

Scherer, G.: *Das Problem des Todes in der Philosophie* [1979]. Darmstadt [2]1988.

Schömbucher, E. u. a. (Hg.): *Ways of Dying. Death and Its Meaning in South Asia.* Stuttgart 1999.

Schmitz-Esser, R.: *Der Leichnam im Mittelalter. Einbalsamierung, Verbrennung und die kulturelle Konstruktion des toten Körpers.* Ostfildern 2014.

Stephenson, G. (Hg.): *Leben und Tod in den Religionen* [1980]. Darmstadt [3]1997.

Vermeule, E.: *Aspects of Death in Early Greek Art and Poetry.* Berkeley 1979.

*Marco Frenschkowski*

# 3 Rechtswissenschaft

Das Recht begleitet den Menschen während seiner gesamten Existenz, teilweise sogar schon vorher, wenn er als noch nicht einmal Gezeugter (*nondum conceptus*) erbrechtliche Rechtspositionen erwerben kann, und auch nachher, wenn sein allgemeines Persönlichkeitsrecht die Existenz der Person überdauernden staatlichen Schutz erhält. Geht es um »Sterben und Tod«, ist die Rechtsordnung in besonderer Weise gefordert, weil dabei nicht nur – wie sonst im Recht häufig der Fall – eher periphere Streitigkeiten zu regeln sind, sondern das Ende der physischen Existenz des Menschen im Mittelpunkt steht. Die mit Fallkonstellationen dieser Art verbundenen Rechtsstreitigkeiten haben deshalb nicht nur eine sozialpragmatische Dimension, sondern darüber hinaus alle Merkmale eines existenziellen Konflikts. Dies wird vor allem in den Fällen deutlich, in denen ein Mensch dem anderen das Leben nimmt bzw. nehmen will. Dagegen errichtet das Recht deshalb seine stärksten Barrieren: Verbote, deren Übertretung mit den gravierendsten Sanktionen bedroht werden, die eine Rechtsordnung (im Rahmen der Rechtsstaatlichkeit) überhaupt bereit halten darf.

## 3.1 Tötungsdelikte

### 3.1.1 Mord und Totschlag

Für *Mord* (§ 211 StGB) droht dementsprechend die lebenslange Freiheitsstrafe – nach der Abschaffung der Todesstrafe durch Art. 102 GG (s. Kap. 64: »Todesstrafe – historisch«) die schwerste staatliche Sanktion des deutschen Rechts. Die Tötung eines Menschen, bei der keine der in § 211 Abs. 2 StGB genannten »Mordmerkmale« (s. Kap. 63: »Mord«) erfüllt sind, wird als *Totschlag* (§ 212 StGB) mit einer Mindeststrafe von fünf Jahren und in »besonders schweren Fällen« ebenfalls mit lebenslanger Freiheitsstrafe bedroht (§ 212 Abs. 1, 2 StGB). Mit lebenslanger Freiheitsstrafe bedroht sind u. a. auch mehrere im Völkerstrafgesetzbuch (VStGB) geregelte Deliktsformen (vgl. § 6, § 7 Abs. 1 Nrn. 1 und 2, § 8 Abs. 1 Nr. 1, § 11 Abs. 2 S. 2, § 12 Abs. 2 S. 2, § 13 Abs. 1 VStGB). Bei einigen dieser Delikte steht die besonders verwerfliche Absicht des Täters, eine »nationale, rassische, religiöse oder ethnische Gruppe als solche ganz oder teilweise zu zerstören«, im Vordergrund, was die Höchststrafe auch dann zu rechtfertigen vermag, wenn der Täter in bestimmten Fallkonstellationen keinen Menschen tötet (vgl. z. B. die Vorschrift zum Völkermord in § 6 Nr. 2 bis 5 VStGB; näher zum Völkermord Kap. 67: »Massenmord/Genozid/Demozid«).

### 3.1.2 Tötung auf Verlangen

Als weiteres Tötungsdelikt ist die *Tötung auf Verlangen* (§ 216 StGB) hervorzuheben. Diese Strafnorm betrifft Fälle, in denen der Täter »durch das ausdrückliche und ernstliche Verlangen des Getöteten zur Tötung bestimmt worden« ist (vgl. § 216 StGB); hier ist eine Freiheitsstrafe von sechs Monaten bis zu fünf Jahren vorgesehen. Die Vorschrift des § 216 StGB hat insbesondere auch im Hinblick auf solche Fälle Bedeutung erlangt, in denen ein alter Mensch, der seine Existenz aus ernstzunehmenden Gründen (schwere lebensbedrohliche Krankheit, sehr starke kaum zu lindernde Schmerzen, keine realistische Hoffnung auf Genesung, dauerhafte Abhängigkeit von technischen Apparaten etc.) nicht mehr ertragen kann, einen anderen (insbesondere einen Arzt) darum bittet, ihn zu »erlösen«. Grundsätzlich ist eine solche sogenannte aktive Sterbehilfe (s. Kap. 41: »Sterbehilfe – rechtswissenschaftlich«) durch § 216 StGB verboten. In neueren Entscheidungen des Bundesgerichtshofs (vgl. insbes. BGH NJW 2010, 2963 ff. – Fall Putz –) wird (weitgehend unterstützt von der Literatur; vgl. zur Debatte z. B. die Beiträge in Bormann 2017) aber nach rechtlichen Wegen gesucht, in bestimmten extremen Fallkonstellationen einen (auch tödlich endenden) Behandlungsabbruch vornehmen zu dürfen, wenn ein solches Vorgehen dem (zumindest mutmaßlichen) Patientenwillen entspricht (mehr dazu und zur Bedeutung von Patientenverfügungen in diesem Kontext in Kap. 38: »Patientenverfügung«; dort auch zu den von der aktiven Sterbehilfe abzugrenzenden anderen Formen der Sterbehilfe).

### 3.1.3 Selbsttötung

Die Selbsttötung (der Suizid, oft auch als »Selbstmord« bezeichnet) wird nach ganz überwiegender Ansicht im Strafrecht nicht von § 212 StGB (Totschlag) erfasst (näher dazu, auch zur Gegenansicht, das Kap. 63: »Mord«), weil die Vorschrift trotz ihres Wortlauts (»wer einen Menschen tötet«) so zu auszulegen ist, dass sie nur die Fremdtötung betrifft. Deshalb ist auch ein Versuch des Suizids mangels einer anwendbaren Strafvorschrift nicht strafbar (*nullum crimen sine lege*). Dementsprechend ist (in Deutschland) zudem die Teilnahme an einem (freiverantwort-

J. B. Metzler © Springer-Verlag GmbH Deutschland, ein Teil von Springer Nature, 2020
H. Wittwer/D. Schäfer/A. Frewer (Hg.), *Sterben und Tod. Ein interdisziplinäres Handbuch 2. Auflage*,
https://doi.org/10.1007/978-3-476-05761-7_3

lichen) Suizid weder durch Anstiftung (§ 26 StGB) noch durch Beihilfe (§ 27 StGB) strafbar, weil diese Teilnahmeformen eine vorsätzlich rechtswidrige Haupttat erfordern (vgl. §§ 26, 27 StGB). Im Jahre 2015 wurde allerdings (gegen erhebliche Kritik im strafrechtlichen Schrifttum; vgl. etwa Hilgendorf 2017; Rosenau 2018; jeweils mit weiteren Nachweisen [im Folgenden: »m. w. N.«] auch zu der dem Gesetz vorangehenden Diskussion) eine Vorschrift eingeführt, die die »geschäftsmäßige Förderung der Selbsttötung« unter Strafe stellt (§ 217 StGB n. F.). Die Einwände sind u. a. gegen die als unsystematisch kritisierte Durchbrechung der an sich bestehenden Freistellung der Teilnahme an einer Selbsttötung und gegen die Unklarheit des Begriffs »Geschäftsmäßigkeit« gerichtet. Mit Urteil 26.02.2020 - BvR 2347/15 hat das Bundesverfassungsgericht mittlerweile den § 217 n. F. wegen Verfassungswidrigkeit aufgehoben. (Näher zur Problematik der Selbsttötung aus der Perspektive anderer Wissenschaftsgebiete die Kap. 58: »Selbsttötung – psychologisch«, Kap. 59: »Selbsttötung – soziologisch« und Kap. 60: »Selbsttötung – philosophisch«).

### 3.1.4 Schwangerschaftsabbruch

Die bisher genannten Tötungsdelikte beziehen sich auf Menschen als Opfer. »Mensch« im Sinne der §§ 211–217 StGB ist derjenige, der bereits geboren wurde oder sich zumindest »in der Geburt« befindet (vgl. § 217 StGB a. F., der von der ganz überwiegenden Ansicht im Strafrecht auch nach seiner Abschaffung weiterhin für diese Abgrenzung herangezogen wird; zur näheren Auslegung s. Kap. 57: »Kindstötung«). Das aber bedeutet, dass die Strafvorschriften der §§ 211–217 StGB sich nicht auf den »werdenden Menschen« (die sog. Leibesfrucht bzw. den Embryo oder Fötus) beziehen. Dieser wird in seinem Leben nur durch die Strafvorschriften zum Schwangerschaftsabbruch gem. §§ 218–219b StGB geschützt. Die Strafandrohung des § 218 Abs. 1 S. 1 StGB, die der besonderen Lage zwischen dem Interesse des Fötus an seinem Leben und den Interessen der Schwangeren an ihrer Selbstbestimmung und körperlichen Unversehrtheit Rechnung zu tragen versucht, liegt dabei »mit Freiheitsstrafe bis zu drei Jahren oder mit Geldstrafe« erheblich niedriger als diejenige beim Totschlag gem. § 212, dem Grunddelikt der Tötungsdelikte gegenüber einem Menschen.

Die Vorschriften zum Schwangerschaftsabbruch kann man im Übrigen durchaus als »historischen Kompromiss« zwischen an sich unvereinbaren Standpunkten zur Regelung dieses Problemfeldes ansehen. Die Meinungen darüber, ab wann menschliches Leben ohne Wenn und Aber schützenswert ist und nicht (mehr) gegen andere Interessen (insbesondere der Schwangeren) abgewogen werden darf, gehen allerdings immer noch weit auseinander. So wird vertreten, dass der volle Lebensrechtsschutz des Menschen bereits mit der Konzeption (Verschmelzung von Ei- und Samenzelle) erfolgen soll (so insbesondere die Position der katholischen Kirche), aber auch, dass dies erst mit Beginn der Gehirntätigkeit eines Embryo oder bei dessen Empfindungsfähigkeit oder sogar erst bei dessen selbstständiger Lebensfähigkeit außerhalb des Leibes der Schwangeren der Fall sein soll. Noch weitergehend wollen einige Autoren/innen die Strafbarkeit des Schwangerschaftsabbruchs ganz aufheben und den staatlichen Lebensrechtsschutz des Fötus – jedenfalls in Relation zu den Interessen der Schwangeren – erst ab der zeitlichen Grenze des § 217 StGB a. F. (s. o.) gewähren.

Vor dem Hintergrund dieser rechtsethischen Diskussion und angesichts der rechtspolitisch bedeutsamen Tatsache, dass die beiden deutschen Staaten sogar nach ihrer Vereinigung im Jahre 1990 aufgrund des damals geschlossenen Einigungsvertrages zunächst noch zwei unterschiedliche Regelungen des Schwangerschaftsabbruchs hatten (eine sog. Indikationslösung in der ehemaligen BRD und eine sogenannte Fristenlösung in der ehemaligen DDR), haben Parlament und Bundesverfassungsgericht in einem mehrfachen Austausch von Gesetzesfassungen und Verwerfungen dieser Gesetzesfassungen schließlich einen Kompromiss gefunden, der keine starre »Fristenlösung« mehr ist, aber auch keine reine »Indikationslösung«. Gesetz geworden ist jetzt vielmehr eine Fristenregelung mit der Verpflichtung der Schwangeren, sich vor Durchführung eines Schwangerschaftsabbruchs beraten zu lassen (sog. »Beratungslösung«; vgl. § 219 StGB und das dazu erlassene »Schwangerschaftskonfliktgesetz«).

Im Wesentlichen besteht die geltende Regelung – auf der Basis einer grundsätzlichen Strafbarkeit des Schwangerschaftsabbruchs (vgl. § 218 Abs. 1 S. 1 StGB) – darin, (1) dass Handlungen, deren Wirkung vor Abschluss der Einnistung (Nidation) des befruchteten Eies in der Gebärmutter eintritt, nicht als Schwangerschaftsabbruch gelten (§ 218 Abs. 1 S. 2 StGB); (2) dass dann, wenn die Schwangerschaft innerhalb von zwölf Wochen nach der Empfängnis von einem Arzt abgebrochen wird und die Schwangere, die diesen Eingriff verlangt, formgebunden nachweist, dass sie sich mindestens drei Tage vor dem Eingriff hat beraten lassen, keine Verwirklichung des Tatbestandes von § 218 StGB vorliegt (§ 218a Abs. 1 StGB); und (3) dass ein Schwangerschaftsabbruch nicht rechtswidrig ist, wenn er angezeigt ist, »um eine Gefahr für das Leben oder die Gefahr einer schwerwiegenden Beeinträchtigung des körperlichen oder seelischen Gesundheitszustandes der Schwangeren abzuwenden, und die Gefahr nicht auf eine andere für sie zumutbare Weise abgewendet werden kann« (§ 218a Abs. 2 StGB; sog. medizinisch-soziale Indikation; zu weiteren Einzelheiten der Regelung der §§ 218 ff. StGB und ihren ethischen Voraussetzungen s. Kap. 55: »Abtreibung – medizinethisch«).

Dass Kompromisse nicht immer auch juristisch-dogmatisch überzeugen, zeigt insbesondere die Regelung des § 218a Abs. 1 StGB. Denn es leuchtet nicht ein, dass einerseits § 218 StGB das Leben des Fötus schon von der Konzeption an bedingungslos schützen soll, was zumindest nach der Auffassung des Bundesverfassungsgerichts aus Art. 1 und 2 GG abzuleiten ist, aber zugleich bei Vorliegen der in § 218a Abs. 1 StGB genannten Bedingungen der (Unrechts-)Tatbestand des § 218 Abs. 1 S. 1 StGB gar nicht erst verwirklicht sein soll. Denn es bleibt unklar, wie es möglich sein soll, dass die vorsätzliche Tötung eines Fötus (*in vivo*) schlicht durch »Ausklammerung« in einem einfachen Gesetz (StGB) aus dem Schutzbereich der Verfassung (GG) entfernt werden kann.

### 3.1.5 Vorsätzliche und fahrlässige Tötung

Alle bisher angesprochenen Tötungsdelikte (inkl. Schwangerschaftsabbruch) sind nur dann als solche strafbar, wenn der Täter/die Täterin vorsätzlich handelt (vgl. § 15 StGB). *Vorsatz* liegt vor bei »Wissen und Wollen der Tatbestandsverwirklichung«, wobei die deutsche Strafrechtswissenschaft drei Vorsatzformen unterscheidet, und zwar (1) *Absicht* (auch: *dolus directus* 1. Grades), wenn es dem Täter gerade auf die Tatbestandsverwirklichung ankommt; (2) *Wissentlichkeit* (auch: *dolus directus* 2. Grades), wenn es dem Täter zwar nicht auf die Tatbestandsverwirklichung ankommt, er aber genau weiß, dass er den Tatbestand durch sein Handeln verwirklicht; (3) *Eventualvorsatz* (auch: *dolus eventualis*), wenn der Täter die Tatbestandsverwirklichung für möglich hält und sie »billigend in Kauf nimmt«. Diese drei Formen des Vorsatzes stehen (von Ausnahmefällen abgesehen, die das Gesetz ausdrücklich vorsieht; vgl. § 258 StGB) gleichberechtigt nebeneinander, d. h. eine Handlung ist stets vorsätzlich, wenn der Täter eine dieser Vorsatzformen erfüllt.

Liegt keine der drei Vorsatzformen vor, ist eine Tat grundsätzlich nicht strafbar, es sei denn, die fahrlässige Begehung der Tat ist vom Gesetzgeber unter Strafe gestellt (§ 15 StGB). Letzteres ist bei der fahrlässigen Verursachung des Todes eines Menschen der Fall; vgl. § 222 StGB (Fahrlässige Tötung). Dabei werden zwei Formen der Fahrlässigkeit unterschieden: (1) *bewusste Fahrlässigkeit*, wenn der Täter ohne Vorsatz handelt, aber durchaus die Gefahr erkannt hat, den betreffenden Tatbestand bei seinem Handeln sorgfaltswidrig zu verwirklichen, jedoch darauf vertraut, dass er den Tatbestand nicht verwirklichen wird. In Bezug auf die Tötungsdelikte kann man etwa an einen Fall denken, in dem ein Autofahrer durchaus bewusst und sorgfaltswidrig die Kurven schneidet, dabei aber davon ausgeht, dass er als »guter Rennfahrer« die Situation beherrschen wird, wenn ihm jemand entgegen kommt. Führt dies zu einem Unfall, bei dem der entgegenkommende Fahrer getötet wird, ist der »Rennfahrer« gemäß § 222 StGB wegen fahrlässiger Tötung strafbar. (2) *unbewusste Fahrlässigkeit*, wenn der Täter gar nicht von der Gefahr weiß, die er für einen anderen heraufbeschwört. So etwa dann, wenn ein Autofahrer allzu lange nicht auf die Straße sieht, weil er an seinem Radio einen anderen Sender sucht. Kommt es dadurch zu einem Unfall, durch den ein anderer Mensch getötet wird, ist auch dies eine strafbare fahrlässige Tötung im Sinne von § 222 StGB.

Das wohl schwierigste und bis heute nicht wirklich gelöste Problem besteht bei den eben genannten drei Vorsatz- und zwei Fahrlässigkeitskonstellationen an der Grenze zwischen Eventualvorsatz und bewusster Fahrlässigkeit, und zwar vor allem wegen der von der Klassifizierung als (schon) vorsätzlich oder (nur) fahrlässig abhängigen Rechtsfolgen. Während nämlich eine vorsätzliche Tötung gemäß § 212 mit einer *Mindest*strafe von fünf Jahren Freiheitsstrafe bedroht ist, sieht § 222 StGB für die fahrlässige Tötung nur eine *Höchst*strafe von fünf Jahren vor; und dies, obwohl Eventualvorsatz und bewusste Fahrlässigkeit begrifflich nahezu untrennbar nebeneinander angesiedelt sind (näher dazu Joerden 2018, 162 ff.).

## 3.2 Erlaubtes Töten?

### 3.2.1 Notwehr

Gemäß § 32 StGB (*Notwehr*) ist jeder berechtigt, einen gegenwärtigen rechtswidrigen Angriff auf eigene Rechtsgüter (oder auf Rechtsgüter Dritter) abzuwehren, sofern er dabei das mildeste (den Angriff voraussichtlich beendende) Mittel einsetzt und bestimmte sozialethische Begrenzungen der Verteidigung nicht überschreitet (Einzelheiten zur Notwehr etwa bei Lackner/Kühl 2018, § 32, Rn. 1–16). Sofern diese Voraussetzungen vorliegen, gilt die Rechtfertigung auch für Verteidigungshandlungen, die zum Tod des Angreifers führen. Der Grund dafür wird darin gesehen, dass es die primäre Pflicht des Angreifers ist, seinen (rechtswidrigen) Angriff sofort zu beenden. Erfüllt er diese Pflicht nicht, muss er mit (u. U. sogar tödlichen) Konsequenzen einer eventuellen Verteidigung rechnen. Strittig ist zwar, ob dieses scharfe Notwehrrecht auch bei einem Angriff auf weniger gravierende Rechtsgüter (wie etwa Eigentum oder Hausfrieden) gelten soll (s. dazu Lackner/Kühl 2018, § 32, Rn. 11 m. w. N.), unstrittig ist jedoch, dass bei Angriffen auf das Leben und in aller Regel auch auf die körperliche Unversehrtheit der Tod des Angreifers bei der Verteidigung in Kauf genommen werden darf, wenn dem Angegriffenen kein milderes Verteidigungsmittel zur Verfügung steht.

### 3.2.2 Notstand

Ein von der Notwehr zu unterscheidendes Rechtsinstitut ist der *rechtfertigende Notstand* (vgl. insbes. § 34 StGB, aber auch §§ 228, 904 BGB). Anders als bei der Notwehr greift im Rahmen von § 34 StGB jemand, der sich hinsichtlich seiner Interessen bzw. Rechtsgüter in Gefahr befindet, in die Interessen eines an der Gefahrentstehung unbeteiligten Dritten ein. In solchen Notstandsfällen ist man nur dann zu dem gefahrabwendenden Eingriff berechtigt, wenn das geschützte Interesse das beeinträchtigte Interesse wesentlich überwiegt. So etwa, wenn man sich vor einem aus dem Zoo ausgebrochen Löwen in das unverschlossene Haus eines Dritten rettet: Der (an sich gem. § 123 StGB strafbare) Hausfriedensbruch ist durch Notstand gem. § 34 StGB (bzw. § 904 BGB) gerechtfertigt. Im Falle der *Kollision von Lebensinteressen* gilt dabei (zumindest in Deutschland) ein deontologisches Prinzip, wonach ein Mensch nicht vorsätzlich getötet werden darf, um einen anderen oder auch mehrere andere Menschen zu retten. Man denke etwa an den zuerst von Hans Welzel 1951, 51 ff. diskutierten »Weichenstellerfall« (hier leicht abgewandelt): In diesem Fall verstellt ein Weichensteller, um 25 Personen in einem stehenden Personenzug davor zu bewahren, von einem auf demselben Gleis herankommenden anderen Zug getötet zu werden, die ihm zugängliche Weiche, damit der herannahende Zug auf einem anderen Gleis weiterfährt. Auf diesem anderen Gleis wird nun aber – wie vom Weichensteller als sicher vorausgesehen – ein dort gerade tätiger Streckenarbeiter tödlich überfahren.

Der Weichensteller ist bei seinem Handeln jedenfalls *nicht* aus § 34 StGB gerechtfertigt, weil die geschützten Lebensinteressen (von 25 Personen) nicht wesentlich mehr wiegen als das Lebensinteresse des Streckenarbeiters. »Menschenleben sind nicht abwägbar« lautet die geläufige Zusammenfassung dieser ganz überwiegenden Rechtsaufassung, die dazu führt, dass selbst 25 Personen rechtlich nicht wesentlich mehr wiegen als eine Person. Der Weichensteller ist allenfalls *entschuldigt* und deshalb straflos (sog. übergesetzlicher entschuldigender Notstand), aber er *darf* die Weiche hier jedenfalls nicht verstellen (ähnliche Überlegungen gelten im Kontext vieler weiterer Beispiele für solche »Rettungstötungen«; zu Einzelheiten s. z. B. Zimmermann 2009 m. w. N.; zum Unterschied zwischen Rechtfertigung und Entschuldigung im Recht s. etwa Lackner/Kühl 2018, Vor §§ 32 ff., Rn. 1).

### 3.2.3 Pflichtenkollision

Es kann sein, dass im Strafrecht zwei (oder mehr) Pflichten miteinander »kollidieren« (sog. *Pflichtenkollision*). Zwei Pflichten kollidieren dann, wenn der betreffende Pflichtadressat die eine Pflicht nur erfüllen kann, indem er zugleich die andere Pflicht verletzt, und umgekehrt. So wie etwa in einem Fall, in dem ein am Ufer eines Sees stehender Vater zutreffend erkennt, dass er von seinen beiden nach dem Kentern ihres Bootes im See ertrinkenden Söhnen nur den einen *oder* den anderen retten kann. Rettet er hier den Sohn S1, so erfüllt er damit diesem gegenüber seine (strafrechtliche) Handlungspflicht zur Lebensrettung seines Sohnes, dem er als sogenannter *Garant* besonders verpflichtet ist (§§ 212, 13 StGB). Zugleich verletzt er aber dabei aber *prima facie* seine (ebenfalls aus §§ 212, 13 StGB ableitbare) Garantenpflicht zur Rettung des S2. In strafrechtlicher Hinsicht geht es dabei um die Frage, ob er wegen dieser Verletzung seiner Garantenpflicht wegen eines »Totschlags durch Unterlassen« gem. §§ 212, 13 StGB zur Verantwortung gezogen werden muss.

Im Ergebnis besteht Einigkeit darüber, dass dies nicht der Fall ist; nur die Begründungen dafür unterscheiden sich. Einige meinen, dass der Vater, der die Rettung des S2 unterlässt, zwar rechtswidrig den Straftatbestand des §§ 212, 13 StGB erfüllt, aber (rechtlich) *entschuldigt* ist, weil er sich in der Kollisionslage hinsichtlich S1 und S2 befindet (z. B. Gallas 1954). Die wohl überwiegende Meinung dagegen sieht den Vater schon als *gerechtfertigt* (und nicht erst als entschuldigt) an, wenn er jedenfalls *einen* der beiden Söhne rettet. (Wenn er keinen der beiden Söhne rettet, soll er wegen zweier Totschlagsdelikte durch Unterlassen, und zwar im Hinblick auf beide Söhne bestraft werden.) Welchen der beiden Söhne der Vater rettet, wird dabei in seine Entscheidung gestellt, die als solche dann rechtlich nicht mehr nachgeprüft wird. Schließlich wird vertreten (vgl. z. B. Joerden 2018, 56 f. m. w. N.), dass schon die Handlungspflicht des Vaters hier nur alternativ besteht, und zwar S1 *oder* S2 zu retten, aber nicht kumulativ, S1 *und* S2 zu retten; denn über sein Können hinaus ist niemand verpflichtet (*ultra posse nemo obligatur*). Welchen der beiden Söhne er rettet, ist dabei auch hier seiner Entscheidung überlassen. (Dementsprechend ist nach dieser Ansicht der Vater nur wegen *eines* Totschlags durch Unterlassen zu bestrafen, wenn er keinen der beiden Söhne rettet; denn er konnte ja von vornherein gar nicht mehr tun, als einen Sohn retten).

Die vorangehenden Überlegungen gelten allerdings nur dann, wenn die kollidierenden Handlungspflichten *gleich wichtig* sind, wie dies bei zwei gefährdeten Menschenleben, die von einem Garanten (hier dem Vater) geschützt werden müssen, der Fall ist. Sind die Pflichten dagegen nicht gleich wichtig, ist nur die wichtigere Pflicht zu erfüllen und die weniger wichtige Pflicht tritt zurück; z. B. dann, wenn der Vater V sieht, wie in einem See sowohl sein Sohn S ertrinkt als auch der Hund des Nachbarn, auf den V aufzupassen übernommen hat. Hier kollidieren zum einen die Pflicht aus §§ 212, 13 StGB, den Sohn zu retten, und zum anderen die Pflicht aus §§ 303, 13 StGB, den Hund zu retten (bei Verletzung *prima facie* strafbar als »Sachbeschädigung durch Unterlassen«, wobei sich hier die Garantenstellung des V aus der freiwilligen Übernahme der Beaufsichtigung des Hundes seines Nachbarn ergibt). Die Pflicht zur Rettung des Menschen ist hier eindeutig wichtiger als die Pflicht zur Rettung des Hundes. Im Falle einer solchen Kollision ungleich wichtiger (Handlungs-)Pflichten muss der Pflichtadressat die wichtigere Pflicht erfüllen. Tut er das nicht, z. B. weil er die weniger wichtige Pflicht erfüllt (im Beispiel: den Hund rettet), macht er sich wegen Verletzung der wichtigeren Pflicht strafbar (hier: aus §§ 212, 13 StGB).

Umstritten ist, ob die Pflichten gleich wichtig, oder aber ungleich wichtig sind, wenn zwar jeweils ein Menschenleben in Gefahr ist, aber gleichwohl die Pflichtbindung unterschiedlich stark ist. So etwa in einem Fall, in dem Vater V sowohl seinen Sohn im See ertrinken sieht als auch gleichzeitig ein ihm unbekanntes Kind aus einer anderen Familie. Einige meinen, dass er hier – wie bei der Kollision gleich wichtiger Pflichten – frei entscheiden kann, welches Kind er rettet; rettet er eines, wird er wegen der Nichtrettung des anderen Kindes nicht bestraft (s. o.). Die wohl überwiegende Meinung hält dagegen die (Garanten-) Pflicht des V gegenüber seinem Sohn hier für wichtiger (insbesondere weil das StGB dafür eine Strafe wegen »Totschlags durch Unterlassen« in einer Höhe von grundsätzlich mindestens fünf Jahren Freiheitsstrafe androht); deshalb tritt die weniger wichtige Pflicht zur Hilfeleistung gegenüber dem anderen Kind (die keine Garantenpflicht ist), wie sie sich aus § 323c StGB (mit einer Strafdrohung für die »unterlassene Hilfeleistung« von nur »bis zu einem Jahr«) ergibt, zurück. Rettet der Vater hier seinen eigenen Sohn, ist er straffrei; rettet er dagegen das andere Kind, wird er aus §§ 212, 13 StGB bestraft, allenfalls mit einer Strafmilderung, weil er immerhin dieses andere Kind gerettet hat (näher zu diesen Fällen Joerden 2018, 57 ff. m. w. N.).

Neben der Kollision nur von Handlungspflichten – wie vorstehend besprochen – gibt es auch die Kollision einer Handlungspflicht mit einer Unterlassungspflicht. So etwa dann, wenn ein Mensch nur dadurch gerettet werden kann, dass man einem anderen Menschen dessen Herz entnimmt. Die Handlungspflicht kann sich etwa aus der Garantenstellung eines Vaters, der Herzchirurg ist, ergeben, alles für seinen herzkranken Sohn S zu unternehmen, um dessen Leben zu erhalten. Wenn Herzen frei verfügbar wären und V hätte ein solches Herz zur Verfügung, müsste er dieses Herz (sofern er dazu medizintechnisch in der Lage ist) dem Sohn einpflanzen. Aber muss er sich ein solches Herz auch gewaltsam beschaffen, wenn dies möglich wäre? Sicherlich nicht, und zwar weil bei Bezug auf gleich wichtige Rechtsgüter (hier Leben des Sohnes und Leben des anderen Menschen) die Unterlassungspflicht immer der Handlungspflicht vorgeht. Es gibt hier also – anders als bei der Kollision von gleich wichtigen Handlungspflichten (s. o.) – kein »Wahlrecht« des Pflichtadressaten, welche der beiden kollidierenden Pflichten er erfüllt, vielmehr muss er die Unterlassungspflicht erfüllen. Begründen kann man das rechtspositivistisch damit, dass § 13 StGB, der die Strafbarkeit des Begehungsdelikts auf das Unterlassungsdelikt überträgt, in seinem Abs. 2 die Möglichkeit zu einer geringeren Bestrafung des Unterlassungsdelikts in Relation zu dem entsprechenden Begehungsdelikt eröffnet. Dies zeigt immerhin, dass offenbar dem Gesetzgeber das Unterlassungsdelikt gegenüber dem Begehungsdelikt weniger gravierend erschien. Aus rechtsethischer Perspektive wäre zu ergänzen, dass das Recht aus Gründen der Rechtssicherheit primär die bestehenden »gesicherten« Rechtsgüter (hier das Leben des anderen Menschen) schützt und nur sekundär bloße Aussichten auf eine Besserstellung (hier des kranken Sohnes auf Transplantation).

Ausnahmsweise ist bei einer Kollision von Handlungs- und Unterlassungspflicht in bestimmten Fällen die Handlungspflicht zu erfüllen (und dabei tritt die kollidierende Unterlassungspflicht zurück). Und zwar dann, wenn der Eingriff in das von der Unterlassungspflicht an sich geschützte Rechtsgut ausnahmsweise erlaubt ist, etwa durch den rechtfertigenden Notstand gem. § 34 StGB (s. o.). Wenn z. B. der Vater V seinen Sohn S nur dadurch vor dem Verhungern retten kann, dass er von einem Dritten ein Brot für ihn stiehlt, ist er berechtigt, das zu tun (vgl. § 34 StGB bzw. § 904 BGB), auch wenn er damit *prima facie* eine Unterlassungspflicht (aus § 242 StGB, Diebstahl) verletzt. (Vorausgesetzt sei dabei, dass das Diebstahlsopfer durch den Diebstahl nicht selbst in die Gefahr gerät zu verhungern; dann wäre der Eingriff nämlich nicht gerechtfertigt). Da der Vater berechtigt ist, das Brot zu stehlen, *muss* er dies auch tun, um seine Handlungspflicht aus §§ 212, 13 StGB zu erfüllen, weil er nur dadurch das Leben seines Sohnes retten kann.

Schließlich wird diskutiert, ob auch allein Unterlassungspflichten miteinander kollidieren können. Dabei werden Fälle herangezogen, in denen sich der Pflichtadressat nur Verboten gegenüber sieht. So etwa dann, wenn ein »Geisterfahrer« auf einer Autobahn merkt, dass er auf der »verkehrten Fahrbahn« unterwegs ist und nun weder anhalten noch weiterfahren noch wenden noch rückwärtsfahren noch die Autobahn außerhalb einer Ausfahrt verlassen darf (vgl. Hruschka 1984, Neumann 2010, 430). Problematisch ist hierbei, ob diese Reihe von Verboten nicht doch im Grunde ein Gebot und damit eine Handlungspflicht enthält (vgl. Gropp 1999; Joerden 2018, 60 f.). Denn, um das scheinbare Verbot weiterzufahren zu erfüllen, muss der Pflichtadressat etwas tun, also aktiv handeln (und zwar bremsen bis der Wagen zum Stehen kommt). Das aber wäre dann eine Handlungspflicht, die nicht als ein Verbot weiterzufahren, sondern als ein Gebot zu bremsen zu beschreiben wäre. Dieses Gebot kollidierte dann mit dem Verbot, auf einer Autobahn auf freier Strecke anzuhalten, während der »Geisterfahrer« alle anderen scheinbar auch noch kollidierenden Unterlassungspflichten beim Bremsen problemlos erfüllen würde. »Gelöst« würde diese Pflichtenkollision zwischen Anhaltegebot und Anhalteverbot nach den zu der Kollision zwischen Handlungspflicht und Unterlassungspflicht oben schon erörterten Grundsätzen.

### 3.2.4 Töten im Krieg

Während die unter 3.1 genannten Tötungsdelikte gleichsam primär für Friedenszeiten konzipiert sind (sie gelten allerdings auch im Krieg grundsätzlich weiter), weichen die völkerrechtlichen Regeln für Kriegszeiten zum Teil davon ab. So kann etwa ein Totschlag, der in Friedenszeiten nicht gerechtfertigt wäre, in Kriegszeiten und wegen des Krieges gerechtfertigt sein, auch ohne dass eine Notwehrsituation gem. § 32 StGB vorliegt. Auch der in Friedenszeiten für das Notstandsrecht geltende Grundsatz »Menschenleben sind nicht abwägbar« gilt im Krieg nicht mehr. Ein General, der sich aufgrund der militärischen Lage entscheiden muss, ob er einen Menschen tötet, um 25 Menschen retten zu können, wird nicht lange überlegen, allenfalls ob es einen realistischen Ausweg aus diesem Dilemma gibt; sofern der aber versperrt ist, wird er sich für die Rettung der 25 Menschen und gegen den einen Menschen entscheiden, und man wird seine Entscheidung grundsätzlich als gerechtfertigt ansehen. Erst recht gelten solche utilitaristischen Abwägungen bei der Tötung eines Soldaten der gegnerischen Streitkräfte, wenn dieser im (Lebensinteressens-)Konflikt mit den »eigenen« Soldaten des Generals steht.

Dass ein General und mit ihm alle Soldaten eines bestimmten Staates aber überhaupt gerechtfertigt sind, andere Menschen zu töten, kann nur dann akzeptiert werden, wenn *zum einen* das »Recht zum Krieg« (sog. *ius ad bellum*) auf ihrer Seite steht, d. h. wenn es sich bei dem von ihnen geführten Krieg um einen gerechtfertigten (Verteidigungs-)Krieg handelt. Ist dies nicht der Fall, weil es sich etwa um einen nicht gerechtfertigten Angriffskrieg handelt, können Tötungshandlungen allenfalls über das Recht zur (privaten) Notwehr gemäß § 32 StGB (s. o.) gerechtfertigt werden, wenn Soldaten im Einzelfall rechtswidrigen Angriffen ausgesetzt sind. In anderen Situationen kommt streng genommen allenfalls die Entschuldigung der Tötung einer anderen Person (etwa zur Rettung von eigenen Angehörigen oder unter dem

Einfluss staatlichen bzw. militärischen Zwanges) in Betracht, weil schon die Redeweise vom nicht gerechtfertigten (und also rechtswidrigen) Krieg deutlich macht, dass man sich in einem solchen Krieg für die Rechtfertigung einer Tötungshandlung jedenfalls nicht auf die Kriegssituation als solche beziehen kann, weil es am *ius ad bellum* fehlt. Dass dies häufig *in praxi* nicht so gesehen wird, steht auf einem anderen Blatt.

*Zum anderen* muss sich auch die Tötungshandlung eines Soldaten, der sich an einem gerechtfertigten Krieg beteiligt, nach den völkerrechtlichen Regeln des Krieges richten (sog. *ius in bello*). Diese Regeln ergeben sich im Wesentlichen aus der Haager Landkriegsordnung vom 18.10.1907, der Völkermordkonvention vom 09.12.1948, den Genfer Abkommen vom 12.08.1949 und dem Römischen Statut des Internationalen Strafgerichtshofes vom 17.07.1998 (IStGH-Statut), um nur die wichtigsten Rechtsgrundlagen zu nennen. Diese Vorschriften verbieten die Verwendung bestimmter Waffen oder anderer Mittel der Kriegsführung, die als grob unfair angesehen werden. Bekanntlich hat Immanuel Kant in seiner Schrift »Zum ewigen Frieden« (1795, 346 f.) schon versucht, zwischen erlaubten und unerlaubten Mitteln der Kriegsführung zu differenzieren. Er unterscheidet danach, ob die Verwendung bestimmter Mittel es überhaupt noch zulässt, dass später ein (ehrenhafter) Frieden geschlossen werden kann, und meint, dass dies zumindest bei folgenden »höllischen Künsten« nicht mehr der Fall ist: »Anstellung der Meuchelmörder (*percussores*), Giftmischer (*venefici*), Brechung der Capitulation, Anstiftung des Verraths (*perduellio*), [...] Gebrauch der Spione (*uti exploratoribus*)« (Kant 1795, 346). Selbst wenn man Kant hier wohl nicht im Hinblick auf alle von ihm genannten Mittel zustimmen wird, bleibt doch der Gedanke interessant, anhand des Kriteriums der Diskreditierung späterer Friedensabsichten bestimmte Mittel der Kriegsführung auszuschließen (näher dazu Joerden 2014).

## 3.3 Beginn und Ende des Lebensrechtschutzes

Wie schon bei der Erörterung der strafrechtlichen Regeln zum Schwangerschaftsabbruch angedeutet, ist nicht nur in Ethik und Philosophie, sondern auch im Strafrecht strittig, wann der (volle) Lebensrechtsschutz des Menschen beginnen sollte (s. o. Abschn. 3.1.4: »Schwangerschaftsabbruch«). Hinsichtlich des Endes des Lebensrechtschutzes besteht indes im Recht weitgehende Einigkeit, und zwar geht man von dem sogenannten *Gesamthirntod* des Menschen als dem Ende seines Lebens aus. Nachdem der Herzstillstand bzw. der klinische Tod als Todeskriterium technisch überholt sind, weil man nach diesen Ereignissen unter bestimmten Bedingungen einen Menschen entweder vollständig ins Leben »zurückholen« oder auch ihn mittels technischer Apparaturen weiter leben lassen kann, obwohl an sich lebenswichtige Körperfunktionen (inklusive Herz- und Atemfunktion) dauerhaft ausgefallen sind, erscheint der weit überwiegenden Mehrheit in der Strafrechtswissenschaft und der Rechtsprechung ein am Gesamthirntod orientiertes Todeskriterium vorzugswürdig. Auch das deutsche Transplantationsgesetz folgt diesem Kriterium der Sache nach (vgl. §§ 3, 5 TPG).

Das heißt indes nicht, dass nicht weiter auch über diese Grenze des Lebensrechtsschutzes diskutiert würde, und zwar sowohl im Hinblick auf die Anerkennung eines sogenannten Teilhirntodes, bei dem etwa schon der dauerhafte Ausfall des Großhirns (und damit des Bewusstseins) den Todeszeitpunkt markieren könnte, aber auch im Hinblick auf eine Verlagerung des Todeszeitpunkts auf den vollständigen Ausfall aller wesentlichen Körperfunktionen und der Integrationsfähigkeit des Körpers (vgl. dazu die Debatte z. B. in Hoff/In der Schmitten 1994 und Stoecker 2010). Dabei dürfte klar sein, dass die Festlegung des Todeskriteriums nicht (allein) von der Nutzbarkeit von lebensnotwendigen Organen für eine Transplantation bestimmt werden darf und eine Diskussion von Todeskriterien möglich bleiben muss, die sich nicht dem Druck von Notwendigkeiten der Transplantationsmedizin unterordnet (mehr dazu in Kap. 12: »Hirntod – medizinisch« und Kap. 13: »Hirntod – philosophisch«).

## 3.4 Recht nach dem Tode

Auch nach dem Tode gibt es einen gleichsam nachwirkenden Rechtsschutz zu Gunsten des Verstorbenen. Der wohl bekannteste Bereich ist dabei das (zivilrechtliche) Erbrecht.

### 3.4.1 Erbrecht

Wer beim Tod eines Menschen dessen Gesamtrechtsnachfolge (vgl. § 1922 BGB) antritt, richtet sich grundsätzlich nach dem letzten Willen des Erblassers (§ 1937 ff. BGB). Nur dann, wenn der Erblasser kein Testament (s. Kap. 51: »Testament«) bzw. keine letztwillige Verfügung etc. hinterlassen hat, gilt die »gesetzliche Erbfolge« (§§ 1924 ff. BGB). Trotz der grundsätzlichen Orientierung der Erbfolge am letzten Willen des Erblassers gilt dessen Entscheidung nicht unbegrenzt. So sieht das Gesetz für bestimmte Personen (Ehegatten, Abkömmlinge) unter gesetzlich geregelten Voraussetzungen sogenannte Pflichtteile oder sonstige Ausgleichsrechte vor, durch die sie an der Erbschaft (wenn auch nicht notwendig als Erben) beteiligt bleiben (vgl. etwa §§ 1371; 2303 ff. BGB). Dem (toten) Erblasser einen so relativ weitgehenden Einfluss auf die Gestaltung seiner Erbfolge zu belassen, ist zwar nicht selbstverständlich, wird aber allgemein als Ausdruck des Schutzes seiner Privatautonomie angesehen, die auch noch nach seinem Tode diesen Rechtsschutz verdient und dementsprechend vollstreckt werden muss.

### 3.4.2 Fortwirkendes allgemeines Persönlichkeitsrecht

Nach allgemein geteilter Auffassung der Rechtsprechung wirkt die durch Art. 1 GG geschützte Menschenwürde und damit das allgemeine Persönlichkeitsrecht auch nach dem Tode fort. Dies zeigt sich in einigen dieses Recht schützenden Vorschriften. In strafrechtlicher Hinsicht gehören dazu die Vorschrift über die *Verunglimpfung des Andenkens Verstorbener* (§ 189 StGB) und auch (zumindest indirekt) die Vorschrift über die Strafbarkeit der Leugnung des Holocaust (*Volksverhetzung* gemäß § 130 Abs. 3 StGB). In zivilrechtlicher Hinsicht ist hier die Verletzung des allgemeinen Persönlichkeitsrechts gemäß § 823 Abs. 1 BGB zu nennen, die auch bei Missachtung dieses Rechts eines Verstorbenen zu einem Unterlassungsanspruch und ggf. einem Schadensersatzanspruch (der Erben) führen kann (vgl. dazu etwa das Mephisto-Urteil des BGH, BGHZ 50, 133).

### 3.4.3 Totenruhe und Pietätsschutz

Die Totenruhe ist rechtlich geschützt; das schließt indes insbesondere die Durchführung einer gesetzlich vorgesehenen *Obduktion* (bzw. Sektion oder Leichenöffnung; vgl. §§ 87 ff. Strafprozessordnung (StPO); s. a. Kap. 44: »Obduktion – medizingeschichtlich« und Kap. 45: »Obduktion – rechtsmedizinisch«), die zulässige Organentnahme bei einem Toten zu rechtlich anerkannten Transplantationszwecken (vgl. §§ 3, 5 TPG) sowie die angemessene Verwendung der Leiche, etwa zu medizinischen Studienzwecken oder zur Plastination bei Vorliegen einer vorausverfügten Einwilligung (vgl. zu den Problemen der Plastination näher auch das Kap. 48: »Bestattungsformen – Wandel in der Moderne«) nicht aus.

Wegen *Störung der Totenruhe* wird insbesondere bestraft, wer »unbefugt aus dem Gewahrsam des Berechtigten den Körper oder Teile des Körpers eines verstorbenen Menschen, eine tote Leibesfrucht, Teile einer solchen oder die Asche eines verstorbenen Menschen wegnimmt oder wer daran beschimpfenden Unfug verübt« (vgl. § 168 Abs. 1 StGB). Es ist allerdings strittig, ob diese spezielle Vorschrift des Pietätsschutzes nicht gegen die Prinzipien der Rechtsklarheit (*nulla poena sine lege certa*) verstößt, zumindest insoweit sie die relativ vage Formulierung »beschimpfenden Unfug« verwendet. Möglicherweise ist die Vorschrift als Strafvorschrift auch unverhältnismäßig und konfligiert deshalb mit dem Grundgedanken, dass Strafe nur als *ultima ratio* zur Verhaltenssteuerung eingesetzt werden sollte.

Nach überwiegender Ansicht im strafrechtlichen Schrifttum ist bei der Wegnahme einer Leiche mit Zueignungsabsicht zudem ein Diebstahl gem. § 242 StGB gegeben, da eine Leiche als eine »Sache« im Sinne dieser Vorschrift angesehen wird. Das ist nicht unumstritten, weil der menschliche Körper *vor* dem Tode nach allgemeiner Ansicht jedenfalls wegen der dem Menschen zukommenden Menschenwürde (noch) keine Sache ist, sondern eine Entität eigener Art. Manche Autoren bewerten deshalb den Körper eines Menschen nach seinem Tode als einen »Rückstand der Persönlichkeit« (vgl. dazu Hilgendorf 2016, SSW, § 168 Rn. 9 m. w. N.) und eben nicht als Sache.

### 3.4.4 Bestattungsrecht, Friedhofsrecht

Die Regelung der öffentlich-rechtlichen Rechtsverhältnisse, die sich beim Umgang mit einem Verstorbenen bzw. dessen Leiche ergeben, erfolgt regelmäßig durch das jeweilige landesrechtliche Bestattungs- bzw. Friedhofsrecht. Wichtiger Grundsatz ist dabei die grundsätzliche Bestattungspflicht; auch darf der Verstorbene nicht im Privatgarten bestattet werden. Andere Formen der Bestattung wie Feuerbestattung (mit der Möglichkeit der Beisetzung der Asche), Seebestattung, Bestattung auf öffentlichen und privaten Friedhöfen und in speziellen Hainen sind erlaubt oder zumindest genehmigungsfähig (zu weiteren Bestattungsmöglichkeiten s. Kap. 48: »Bestattungsformen – Wandel der Moderne«).

### 3.4.5 Strafen nach dem Tode

Selbst das Strafrecht hatte früher einen gewissen Anwendungsbereich auch noch über den Tod des Straftäters hinaus, und zwar durchaus (jedenfalls für die Strafenden) im Diesseits und nicht erst im Jenseits (zu Letzterem vgl. aber Kap. 36: »Glaube an eine Fortexistenz nach dem Tode«). Diesseitige »Strafen nach dem Tode« waren zumindest im Mittelalter durchaus üblich, etwa wurden hingerichtete Personen den »Tieren zum Fraß vorgeworfen« oder man verweigerte Suizidenten das Begräbnis in »christlicher Erde« (bzw. innerhalb der Stadtmauern). Heute sind solche »Strafen nach dem Tode« abgeschafft.

#### Literatur

Bormann, F. J. (Hg.): *Lebensbeendende Handlungen. Ethik, Medizin und Recht zur Grenze von »Töten« und »Sterbenlassen«*. Berlin 2017.

Bundesgerichtshof (BGH): Entscheidungen des BGH zum Strafrecht sind zitiert entweder nach der von den Mitgliedern des Bundesgerichtshofs herausgegebenen, in Köln erscheinenden Sammlung der wichtigen *Entscheidungen des BGH in Strafsachen* (BGHSt) oder nach dem Publikationsort in einer Zeitschrift, und zwar hier: *Neue Juristische Wochenschrift* (abgekürzt: NJW).

Bundesgerichtshof (BGH): Entscheidungen des BGH zu Zivilsachen sind zitiert nach von den Mitgliedern des Bundesgerichtshofs herausgegebenen, in Köln erscheinenden Sammlung der wichtigen *Entscheidungen des BGH in Zivilsachen* (BGHZ).

Gallas, W.: Pflichtenkollision als Schuldausschließungsgrund. In: K. Engisch (Hg.): *Festschrift für Edmund Mezger*. München 1954, 311–334.

Gropp, W.: Die »Pflichtenkollision«: weder eine Kollision von Pflichten noch Pflichten in Kollision. In: T. Weigend/G. Küpper (Hg.): *Festschrift für Hans Joachim Hirsch*. Berlin 1999, 207–224.

Hilgendorf, E.: Sterben im Schatten des Strafrechts. Neue Probleme der Sterbehilfe in Hospizen und Palliativstationen durch die Reform des assistierten Suizids in § 217 StGB. In: Franz-Josef Bormann (Hg.): *Lebensbeendende Handlungen*. Berlin 2017, 701–723.

Hoff, J./In der Schmitten, J. (Hg.): *Wann ist der Mensch tot? Organverpflanzung und »Hirntod«-Kriterium*. Hamburg 1994.

Hruschka, J.: Anmerkung zu OLG Karlsruhe. In: *JuristenZeitung* 39 (1984), 241–244.

Joerden, J. C.: *Logik im Recht. Grundlagen und Anwendungsbeispiele*. Heidelberg $^{3}$2018.

Joerden J. C.: Die Differenz zwischen Mord und Totschlag im deutschen Strafrecht als Orientierungshilfe bei der Identifizierung von inakzeptablen Methoden der Kriegsführung, insbesondere im Hinblick auf den Einsatz von sog. Drohnen. In: Emil W. Pływaczewski (Hg.): *Current Problems of the Penal Law and Criminology / Aktuelle Probleme des Strafrechts und der Kriminologie*. Warszawa 2014, 65–81.

Kant, I.: Zum ewigen Frieden (1795). In: Preußische Akademie der Wissenschaften u. a. (Hg.): *Kants Werke, Akademie-Textausgabe*. Berlin 1968. Bd. 8, 343–386.

Lackner, K./Kühl, K.: *Strafgesetzbuch, Kommentar*. München $^{29}$2018 (zit. nach Paragraphen und Randnummern).

Rosenau, H.: Wider die Strafbarkeit des assistierten Suizids. In: J. C. Joerden/K. Schmoller (Hg.): *Rechtsstaatliches Strafen. Festschrift für Keiichi Yamanaka*. Berlin 2018, 325–344.

Satzger, H./Schluckebier, W./Widmaier, G. (Hg.): *StGB. Kommentar zum Strafgesetzbuch*, $^{3}$2016 (zit. SSW; nach Bearbeiter, Paragraph und Randnummer).

Stoecker, R.: *Der Hirntod. Ein medizinethisches Problem und seine moralphilosophische Transformation*. Freiburg $^{2}$2010.

Welzel, H.: Zum Notstandsproblem. In: *Zeitschrift für die gesamte Strafrechtswissenschaft* 63 (1951), 47–56.

Zimmermann, T.: *Rettungstötungen. Untersuchungen zur strafrechtlichen Beurteilung von Tötungshandlungen im Lebensnotstand*. Baden-Baden 2009.

*Jan. C. Joerden*

# 4 Philosophie

## 4.1 Die Flucht meines Todes im ›Man stirbt‹

»Da die Menschen unfähig waren, [den] Tod [...] zu überwinden«, so Blaise Pascal (1623–1662), »sind sie, um glücklich zu sein, übereingekommen, nicht daran zu denken« (1963, 168, 92). »Wir [die zeitgenössischen Menschen] haben versucht, ihn [den Tod] totzuschweigen«, bemerkt Sigmund Freud (1856–1939) fast drei Jahrhunderte später (1974, 49). Die Situation hat sich am Anfang des 21. Jhs. kaum geändert; dies zeigt sich u. a. an der in der westlichen Welt zu beobachtenden Neigung, alles zu unterdrücken, was an den Tod erinnern könnte, nachdem dieser jahrtausendelang einen bedeutenden Platz in der Kultur der Menschheit eingenommen hatte. Es ist selten geworden, jemanden wirklich sterben zu sehen. Man stirbt nicht mehr zu Hause, sondern im Krankenhaus. Die Toten sind gewissermaßen von der Gemeinschaft der Lebenden ausgeschlossen. Die Beerdigung wird so gestaltet, dass der Gedanke an die Macht des Todes, der unvermeidlich einen jeden von uns erwartet, nicht deutlich erwähnt wird. Er wird getarnt und verkleidet. Das Nachdenken über den Tod wird gemieden, weil man sich lieber mit weniger bedrückenden Dingen beschäftigt. Man spricht nicht offen über ihn, er löst im Gesprächspartner Entsetzen und Unbehagen aus, was sich mit der Angst vor dem eigenen Tod oder dem Tod derer, die man liebt, vermischt. Wie Max Scheler (1874–1928) richtig bemerkt, flieht der moderne Mensch die Gewissheit seines eigenen Todes dadurch, dass er aufgehört hat, in der Anwesenheit des Todes zu leben (vgl. Scheler 1957). Er verdrängt ihn aus seinem Bewusstsein. Das Individuum gefällt sich darin, den Alltag im ›Man stirbt‹, wie es Martin Heidegger (1889–1976) nennt, zu leben, was immer als die Angelegenheit des anderen betrachtet wird. Das ›Man stirbt‹ bezeichnet »ein unbestimmtes Etwas, das allererst irgendwoher eintreffen muss, zunächst aber für einen selbst noch nicht vorhanden und daher unbedrohlich ist« (Heidegger 1986, 253).

Indem der moderne Mensch den Tod tabuisiert, weigert er sich in gewisser Weise, ›sich selbst zu denken‹, d. h. er widersetzt sich der philosophischen Haltung schlechthin, nämlich der Einübung ins Sterben, wie sie Sokrates (469–399 v. Chr.) gelebt hat (vgl. Platon 1991, 67e). Die heutige Einstellung, dass der Tod eine simple, empirische und biologische Tatsache, ein rein natürliches Ereignis ist – eine Option, die man als These des ›natürlichen Todes‹ bezeichnen kann –, diese Einstellung führt zur Verschüttung einer der grundlegendsten Fragen des Menschen überhaupt, der Frage nach seiner Kontingenz, seiner Sterblichkeit, seinem Geschick und seiner Unsterblichkeit.

Andererseits und im Gegensatz zur Haltung des zeitgenössischen Menschen bemerkt man eine Erneuerung des Interesses an der Thematik des Todes von Seiten der Philosophie. Die Frage nach einem möglichen Fortleben nach dem Tod findet auch keineswegs, wie Walter Schulz (1912–2000) behauptet hat, ihren letzten Repräsentanten in Scheler (so Schulz 1975, 324). Ebenso wenig trifft folgende Auffassung zu: Da sich in der Philosophie nach Heidegger eine »Inversion der Thanatologie« vollzogen habe (Ebeling 1992, 12; Schulz 1975, 313 ff.), würde in ihr die metaphysische Frage nach der Unsterblichkeit systematisch ausgeklammert. Sie hätte – philosophisch gesehen – keinen Sinn mehr (so Ebeling 1992). Solche Fragen nach der Unsterblichkeit können jedoch nicht einfach der Magie, dem Archaischen, dem Primitiven und der Religion, kurz: dem Irrationalen zugeordnet werden (Fuchs 1969, 50 ff.). Im Gegenteil: Es handelt sich bei ihnen um äußerst interessante und aktuelle Themen der zeitgenössischen, spekulativen Philosophie (vgl. Donnelly 1994; Feldman 1992; Fischer 1993; Flew 1987; Geach 2001; Paterson 1995; Penelhum 1970; Perrett 1987; Peters/Russell/Welker 2002; Phillips 1970; Pieper 1997; Rosenberg 1983; Williams 1978). Zeitgenössische Philosophen verteidigen außerdem die Hoffnung auf eine persönliche Unsterblichkeit, indem sie sich auf eine Ontologie der Intersubjektivität und auf eine Anthropologie der Liebe und der Hingabe stützen (vgl. Godfrey 1987; Landsberg 1973; Marcel 1949; Pieper 1999; Scherer 1985). Die neomarxistische Philosophie schlägt mit Ernst Bloch (1885–1977) vor, den persönlichen Tod zu bewältigen, indem sie eine Transzendenz innerhalb der Temporalität vertritt und eine klassenlose Gesellschaft errichtet.

Das Wiederauftreten der philosophischen Studien über den Tod innerhalb der westlichen Gesellschaft, die sich weigert, der Realität des Todes ins Gesicht zu sehen, offenbart eine paradoxale Natur des Menschen. Einerseits begnügt sich der Mensch nicht damit, den schöpferischen Sprung des Lebens zu übernehmen (vgl. Bergson 1962), sondern er ist, wie Hans Jonas (1903–1993) hervorhebt, sich auch bewusst, dass er sterben *muss* (denn es ist eine Notwendigkeit) und dass er sterben *kann* (denn der Tod kann jederzeit einbrechen) (Jonas 1994, 81): *mors certa, hora incerta* [›Der Tod ist gewiss, die Stunde ist ungewiss‹]. Der

J. B. Metzler © Springer-Verlag GmbH Deutschland, ein Teil von Springer Nature, 2020
H. Wittwer/D. Schäfer/A. Frewer (Hg.), *Sterben und Tod. Ein interdisziplinäres Handbuch 2. Auflage*,
https://doi.org/10.1007/978-3-476-05761-7_4

Tod ist das einzige Gewisse, bei dem nichts gewiss ist (so Søren Kierkegaard [1813–1855]; vgl. Kierkegaard 1980, 194), oder er ist »anwesend in Abwesenheit« (Landsberg 1973, 14). Seit dem Moment der Empfängnis »ist mir ein Schein ausgestellt worden, auf dem mein Todesurteil steht; der Ort, das Datum, das Wie der Vollstreckung sind freigelassen« (Marcel 1963, 136). Andererseits lebe ich, um einen Ausdruck von Kierkegaard zu benutzen, im »Trug des Denkens« (Kierkegaard 1980, 182) der Geborgenheit des Augenblicks, des Aufschubs, der Stundung, also in der bewussten und/oder unbewussten Ablehnung einer Auseinandersetzung mit dem/meinem Tod. Man kann sich fragen, wie der Mensch zur Gewissheit, sterben zu müssen, gelangt und mit welchen Argumenten sich die Aussage, »dass der Tod das einzig Sichere ist«, begründen lässt. Die Philosophen bieten mehrere Antworten: die intuitive, ontologische und eingegebene Erkenntnis von meinem Tode oder die induktive, interpersonale Erkenntnis.

## 4.2 Die Gewissheit des Sterbenmüssens

Bestimmte Philosophen behaupten, dass die Gewissheit ›meines‹ Todes ein »konstitutives Wissen« ist (Conche 1973, 14), d. h. ein Wissen, »das schon immer da gewesen ist, das eins ist mit dem ›[eigenen] Selbst‹« (ebd.). Die Tatsache, dass der Mensch ›sich seiner selbst bewusst ist‹, impliziere, dass er sich ›als sterblich denkt‹. Hans-Georg Gadamer (1900–2002) behauptet, dass das Wissen von meiner Sterblichkeit eine »intuitive Gegebenheit«, eine »Vor-Erkenntnis« (Gadamer 1975, 20) ist. Max Scheler erklärt auch, dass dieses Wissen ein persönliches, intuitives Wissen ist, welches keine äußerliche Erfahrung und keine Induktion voraussetzt, die sich auf die Beobachtung des Todes des anderen stützt. Schelers Position behauptet, »unser Leben ist uns [...] innerlich in jedem Zeitpunkt als eine *geschlossene Totalität* gegenwärtig, auf deren Hintergrund alle besonderen Erlebnisse und Schicksale erscheinen« (1957, 23).

Wie später auch Heidegger, so betrachtet schon Scheler den Tod in Verbindung mit einer endlichen Zeitlichkeit, wobei er die Zeit ausgehend vom Tod denkt. Diese Intuition ist allerdings viel ausführlicher im Denken von Heidegger entwickelt, der zur Sicherheit ›meines‹ Todes dank einer Analyse der zeitlichen Struktur des Daseins des Menschen gelangt, der im Tiefsten seines Wesens schon auf gewisse Weise sein Ende ist. Anders gesagt: Dieses Ende, das zum Dasein gehört, liegt nicht in dessen Außen und in ferner Zukunft, sondern es wohnt ihm inne. Das Dasein ›ist schon sein Ende‹, d. h. es ist schon ›sein Tod‹: »Der Tod ist die Möglichkeit der schlechthinnigen Daseinsunfähigkeit. So enthüllt sich der Tod als die *eigenste, unbezügliche, unüberholbare Möglichkeit.* Als solcher ist er ein *ausgezeichneter* Bevorstand« (Heidegger 1986, 250). Der Mensch kann nicht anders als ein ›Sein-zum-Tode‹ sein.

Wie Emmanuel Levinas (1906–1995), der vorschlägt, »die Zeit unabhängig vom Tod [zu] beschreiben [...], den Tod gemäß der Zeit [zu] denken, ohne in ihm den eigentlichen Entwurf der Zeit zu sehen« (Levinas 1996, 124), kann man als Antwort auf die Position Heideggers die These vertreten, dass es möglich ist, das Dasein im Wesentlichen als ein Sich-vorweg-sein ohne ein Sein-zum-Ende, d. h. ohne ein Sterblichsein zu verstehen. Unter dieser Voraussetzung ist das Dasein nur ein Sein, das radikal offen ist für die Zukunft der Möglichkeiten, für das Unbestimmte. Seine Zukunft ist ihm ungewiss. Es weiß nicht, wie es sein wird und was aus ihm werden wird. Aus ontologischer Sicht lässt nichts darauf schließen, dass durch die Ausspannung des Daseins auf die Zukunft ein Ende impliziert ist. Dieses ist ontologisch weder in dem Noch-nicht-sein noch in dem Sich-vorweg-sein inbegriffen. Um es anders auszudrücken: Es ist nicht möglich, die *conditio* des Seins-zum-Tode nur in Bezug auf das auf das Zukünftige ausgespannte, mögliche Sein zu erkennen, weil die fundamentale Öffnung des Sich-vorweg-seins sein Ende nicht impliziert. Seine Zukunft ist nicht notwendig wesenhaft begrenzt. »Für den einzelnen Menschen besteht«, schreibt Thomas Nagel (geb. 1937), »seine Existenz in einer prinzipiell endlosen Zukunft [...] er findet sich selbst als das Subjekt eines Lebens wieder, dem eine unbestimmte und prinzipiell unbefristete Zukunft offensteht« (Nagel 1984, 22 f.). Daraus folgt, dass dieses Sein-zum-Ende nur auf der Grundlage der Erfahrung des Todes des anderen denkbar ist, besonders des Todes eines geliebten Menschen, wobei die Erfahrung der Trauer, des Zerrissenwerdens, ja sogar eines gewissen Identitätsverlustes gemacht wird.

Heideggers These vom Tod als Möglichkeit der Unmöglichkeit des Seins lässt sich auch umkehren in die These von Levinas, der unter dem Tod »die Unmöglichkeit jeder Möglichkeit« (Levinas 1987, 344) versteht. Während bei der ersten These (Heidegger) das Nichts als Beweis für das Dasein-Können vorgebracht wird, bezeichnet die zweite die Grenze, auf die die menschliche Freiheit stößt. Der Tod ist – wie wir sehen werden, wenn wir die Frage nach dem Übel des Todes diskutieren – Ausdruck der Unfähigkeit des Subjekts, Möglichkeiten zu haben. Levinas vergleicht den Tod deshalb mit einem »reinen Raptus« (Levinas 1996, 128), der das Subjekt um die Aktualisierung seiner Möglichkeiten, um die Verwirklichung seiner Werke und letztendlich seine Seinsgrundlage, seine Subjektivität bringt.

Der Tod ist für das Leben des Daseins, d. h. des Menschen konstitutiv – diese These wird auch von Georg Simmel (1918; 1984), Max Scheler (1957), Michael Theunissen (1992) sowie aus biologischer Sicht von Hans Jonas (1994) und aus ontologischer Sicht von Martin Heidegger (1986) geteilt –, der Tod ist jedoch zugleich der extreme Widerspruch des Lebens. Tatsächlich besteht das menschliche Dasein, wie es einige Philosophen (vgl. Bloch 1969; Godfrey 1987; Landsberg 1973; Pieper 1999; Scherer 1985) behaupten, auch aus einem ontologischen Prinzip, das dem Tod radikal entgegensteht und das verschiedene Namen trägt, so z. B. ›Lebensschwung‹ (*élan vital*) bei Henri Bergson (1849–1941) und Hans Jonas, ›Prinzip Hoffnung‹ bei Ernst Bloch oder ›kategorischer Wunsch‹ bei Bernard Williams (vgl. Williams 1978). Dieses Prinzip ist durch eine auf die Zukunft bezogene, zeitliche Struktur charakterisiert, durch einen offenen, unfertigen Prozess des ständigen Gebärens von unendlichen Möglichkeiten, bei dem die Zukunft nicht festgelegt ist. Das Leben lässt sich nicht ohne den Tod erfassen. Das eine ist vom anderen nicht zu trennen. Beide sind nach Georg Simmel (1858–1918) in »unlösbarer Verschmelzung« (Simmel 1918, 107) miteinander verbunden. Simmel stellt Leben und Tod als These und Antithese einander gegenüber. Der Tod widerstreitet dem Lebensprinzip. In seiner unausgesetzten Bedrohtheit durch den Tod – der, so Hans Jonas, »ständig auf es [das Leben] wartet« (1994, 87) – muss das Leben sich immer neu behaupten, um sich dem Tod zu widersetzen.

Nach Jean-Paul Sartre (1905–1980) ist der Tod keine der Person eingezeichnete, innewohnende Möglichkeit. Er verleiht der Existenz der freien Person keinen Sinn. Der Tod liegt vielmehr im Außen des Lebens. Er vernichtet den Sinn des freien Entwurfs der Möglichkeiten der Person, die schließlich, wenn sie tot ist, auf eine Sache reduziert ist und deren Handeln in der Vergangenheit nun von den Hinterbliebenen mit Sinn belegt wird. Im Anschluss an Epikur (342/341–270 v. Chr.) und Heidegger behauptet Sartre zwar, dass es keine Todeserfahrung, verstanden als Erfahrung des Zustands des Todes, gibt. Er vertritt jedoch im Gegensatz zu Heidegger und Scheler die Auffassung, dass nur die Erfahrung des Todes des andern und der Trauer zur Erkenntnis der (eigenen) Sterblichkeit führt. Da Sartre sich weigert, den Tod im Rahmen einer Ontologie der radikalen Endlichkeit und *a priori* gesetzten Zeitlichkeit zu denken, entwickelt er eine Ontologie der radikalen Öffnung des freien Für-sich-Seins, bei der der Tod ontologisch in der freien Ausspannung des Für-sich-Seins auf die Zukunft nicht eingeschlossen ist. Der Tod kommt aus dem Außen der Subjektivität; er lässt sich als die irreversible Unterbrechung der Projektion der Entwürfe, der Möglichkeiten des Subjekts in die Zukunft verstehen. Der Tod ist die Nicht-Möglichkeit und konstituiert die Grenze alles (Sein-)Könnens, aller Möglichkeiten. Er ist im eigentlichen Sinne nicht die ›Möglichkeit der Unmöglichkeit‹, wie Heidegger ihn begriffen hat, sondern vielmehr, wie Levinas oder Sartre richtig erkannt haben, »die Nichtung aller meiner Möglichkeiten, eine Nichtung, die *selbst nicht mehr Teil meiner Möglichkeiten bildet.* So ist der Tod nicht *meine* Möglichkeit, Anwesenheit in der Welt nicht mehr zu realisieren, sondern *eine jederzeit mögliche Nichtung meiner Möglichkeiten, die außerhalb meiner Möglichkeiten liegt*« (Sartre 1994, 923).

## 4.3 Das Rätsel des Todes

»Alles, was ich weiß, ist, daß ich bald sterben werde, aber was der Tod selbst ist, den zu vermeiden ich nicht wissen werde, das weiß ich am wenigsten« (Pascal 1963, 102 f. [Fragm. 194]). Während die erste Feststellung die Frage nach der Gewissheit des Wissens-Bewusstseins stellt, betont die zweite Feststellung das Rätselhafte des Todes – d. h. des Zustands des Todes – im Gegensatz zum Sterben, zum Ableben und zur Sterblichkeit, die erfahrbar sind. Was weiß man über den Tod, den man nicht erfahren kann? Ist er nicht vielmehr unvorstellbar? Hat die rationale Auseinandersetzung mit dem Tod Sinn, ist sie nicht zum Scheitern verurteilt? Wenn man davon ausgeht, dass mein Tod (verstanden als der Zustand des Totseins oder des Seins im Tode) und auch der Tod des andern, mir immer entgeht – da ich ihn als solchen nicht zu objektivieren vermag –, kann man dann behaupten, dass der Tod ein Pseudoproblem ist? Müsste der Weise, wie Baruch Spinoza (1632–1677) fordert, nicht viel mehr über das Leben als über den Tod nachdenken (vgl. Spinoza 1976, 603)? Wäre es für den Philosophen nicht besser, vor diesem Nicht-Phänomen des Todes zu schweigen und die thanatologische Diskussion den Theologen zu übergeben? Oder müsste man sich Vladimir Jankélévitchs (1903–1985) Auffassung anschließen, der sagt, der Tod sei für den Philosophen trotz seiner ›Nicht-Phänomenalität‹ »das Problem *par excellence* und in gewissem Sinne das einzige« (Jankélévitch 1994, 9), oder: »Das Nicht-sein des Todes ist das Objekt der Philosophie par excellence« (Jankélévitch 1977, 51; vgl. Levinas 1982, 342).

Wenn der Tod die Frage *par excellence* ist, welche Antwort kann man dann erwarten? Ein Problem besteht darin, dass der Zustand des Todes der direkten Erfahrung des lebendigen Subjekts entzogen ist, wie Epikur (1983), Ludwig Wittgenstein (1969, 81 [Satz 6.4311]) oder noch Maurice Merleau-Ponty (1966, 253) hervorgehoben haben. Der Tod erweist sich als ein Grenzpunkt im philosophischen Denken (vgl. Jankélévitch 1977) oder als eine Äußerlichkeit im Verhältnis zur Existenz des Subjekts (vgl. Sartre 1994). Sinnlich wahrnehmbar ist das, was eine Konsequenz des Todes ist (Trauer, Abschied, Leichnam, emotionale und/oder geistige Erschütterung) oder was dem Tod vorausgeht (der Prozess des Sterbens), nicht aber die Natur des Todes. Dem Philosophen, der nicht erfassen kann, wie es ist, tot zu sein, bleibt der direkte Zugang zu ihm verwehrt. Eine phänomenologische Annäherung an den Tod wäre möglich, wenn man sich auf die Kategorien der Passivität und der Nicht-Eingebung in Bezug auf die Theorie der Affektivität ohne Intentionalität (Levinas 1996) beruft und die Begriffe der Schwelle und der Grenze in Betracht zieht, wie es Jacques Derrida (1930–2004) vorgeschlagen hat (Derrida 1998). Schließlich wäre auch der Weg der Extrapolation einer Phänomenologie des Schlafes und der Empfängnis möglich (vgl. Henry 1994; Husserl 1993; Landsberg 1973; Schopenhauer 1986). Eine solche Analyse bewegt sich immer an der Grenzlinie zwischen Leben und Tod.

Die Philosophen haben auch Schwierigkeiten, sich ›meinen Tod‹ aus der Sicht des ›Ich-das-tot-ist‹ vorzustellen. Geht man von dem Postulat eines Fortlebens nach dem Tod aus, ist man imstande, ›den eigenen Tod‹ zu erfahren. Geht man hingegen mit Epikur von dem Postulat des Todes als der Rückkehr des Subjekts ins Nichts aus, kann man sich seinen Totzustand, also ›seinen eigenen Tod‹ im eigentlichen Sinne weder vorstellen noch ihn erfahren. Ich kann bei meiner Nichtung nicht dabei sein, denn ich bin nicht in der Lage, mich als Subjekt von meiner subjektiven Wahrnehmung zu abstrahieren. Von daher scheint es, dass ›mein Tod‹, aus diesem Blickwinkel betrachtet, für mich nie existiert, dass er mich gewissermaßen in keinem Falle erreicht bzw. mir weder als Lebendem noch als Totem je widerfährt. Dies gilt unter der Voraussetzung des Postulats vom Nicht-Fortleben nach dem Tod. Diese Nichtbegegnung mit dem Tod, die Epikur behauptet und Ludwig Wittgenstein (1889–1951) wieder aufgreift, führt u. a. zu der Frage: Kann der Tod für jemanden, der tot ist, ein Übel sein, obwohl er nicht mehr in der Lage ist, überhaupt etwas zu empfinden? Dies ist die zentrale Schwierigkeit des Argumentes von Epikur in seiner berühmten Passage aus dem *Brief an Menoikeus*, eines Argumentes, das in unterschiedlichen Formen in der zeitgenössischen Todesphilosophie immer wieder auftaucht. Epikur behauptet: »Gewöhne dich an den Gedanken, daß der Tod uns nichts angeht. Denn alles Gute oder Schlimme beruht auf der Wahrnehmung. Der Tod aber ist der Verlust der Wahrnehmung. [...] Darum ist jener einfältig, der sagt, er fürchte den Tod nicht, weil er schmerzen wird, wenn er da ist, sondern weil er jetzt schmerzt, wenn man ihn erwartet. Denn was uns nicht belästigt, wenn es wirklich da ist, kann nur einen nichtigen Schmerz bereiten, wenn man es bloß erwartet. Das schauerlichste Übel also, der Tod, geht uns nichts an; denn solange wir existieren, ist der Tod nicht da, und wenn der Tod da ist, existieren wir nicht mehr« (1983, 101 f. [Nr. 124 ff.]).

In diesem Abschnitt schließt Epikur nicht aus, dass ›mein Sterben‹ oder das ›Sterben des andern‹ eine rationale Furcht auszulösen vermag und insofern als Übel aufgefasst werden kann, denn es ist eine Erfahrung des Lebens und Gegenstand von Empfindungen. So spricht er vom Ableben, vom ›Augenblick‹, vom ›Ereignis‹, vom zeitlichen ›Prozess‹, da die Person in einen Leichnam ›verwandelt‹ wird, und vom Zustand des Totseins eines anderen, durch den die Hinterbliebenen mehr oder weniger stark erschüttert und verunsichert werden können, so dass diese im Tod nicht nur ein Übel, sondern auch ein Gut oder eine Erlösung sehen können. Die axiologische Frage, die Epikur stellt, ist die Frage, ob der Tod ein Übel, d. h. etwas Schlechtes sein kann, und zwar insbesondere für den Toten.

Lukrez (98–54 v. Chr.) und Seneca (4 v. Chr.–65 n. Chr.) schließen sich Epikurs These an (vgl. Lukrez 1993, 830; Seneca 1993. Bd. III, 115 [Brief 30, 18] und 130 [Brief 36, 9]). Auch in den Schriften von Michel de Montaigne (1533–1592) finden wir die These Epikurs wieder: Der Tod »geht euch, ihr möget leben oder todt seyn, nichts an: wenn ihr lebt, weil ihr seyd; wenn ihr todt seyd, weil ihr nicht mehr seyd« (Montaigne 1992, 131 [I, IX]). Dem französischen Denker schließt sich später Ludwig Feuerbach (1804–1872) an, der behauptet, dass »der Tod ein bloßer Schein ist, das heißt, der Tod ist nur in dem Maße Wirklichkeit, wie er Vergleich und Relation ist. Das tatsächliche Ende eines Subjekts, also sein Tod, existiert für dieses im eigentlichen Sinne nicht, er ist nur real für den, der fortlebt« (Feuerbach 1903, 84). Arthur Schopenhauer (1788–1860) übernimmt Lukrez' Argument (vgl. Lukrez 1993, 862–868) fast wörtlich. Wer behauptet, der Tod sei ein Übel, da das Subjekt durch ihn der Güter des Lebens und seines Seins beraubt werde, der müsse den Zustand vor der Empfängnis auch für ein Übel und ein Subjekt der Furcht halten, dies ist aber nicht der Fall (Schopenhauer 1986, 41 und 596).

Der Tod wurde jedoch auch als ein *Gut an sich* aufgefasst. Hier treffen wir auf zwei Richtungen, die nicht der Ebene der Evolution oder des Todesinstinkts angehören.

1) Die erste Richtung, den Tod als ein Gut an sich zu verstehen, findet sich bei jenen, die meinen, Nichtsein sei besser als Sein, d. h. bei denjenigen, die in der als Fluch verstandenen Existenz etwas sehen, das besser nicht sein sollte. Der Weise Silenos antwortet König Midas auf die Frage, was das Beste auf der Welt sei: »Das Allerbeste ist für dich gänzlich unerreichbar: nicht geboren zu sein, nicht zu sein, nichts zu sein. Das Zweitbeste aber ist für dich bald zu sterben« (zit. nach Nietzsche 1980, 35 [§ 3]). Sokrates äußert sich in Platons *Apologie* (vgl. Platon 1991, 40c–e) zwar weniger pessimistisch, aber auch er spricht analog von der angenehmen Seite eines traumlosen Schlafes und sieht im Tod ein Gut oder, um den von ihm verwendeten Begriff genauer wiederzugeben, einen ›Gewinn‹. Andere erkennen in ihm »das höchste Gut« (Cicero 1970, 105 [Buch I, 110]), wie in der Geschichte von Kleobis und Biton berichtet wird. So erbittet die argivische Priesterin von der Göttin das größte Gut für ihre Söhne, das ein Gott einem Menschen zu geben vermag, woraufhin ihre Söhne am darauf folgenden Tag tot aufgefunden werden. Plutarch (46–125) greift diese Vorstellung vom Tod als einem Gut wieder auf: Dieser befreie den Menschen – als Lohn für seine Frömmigkeit – von allem Leiden und aus der Knechtschaft des Lebens (Plutarch 1926, 78 ff. [10 ff., 106Cff.]). Bei diesen Autoren findet sich jedoch kein Argument, das der epikureischen Provokation entgegengehalten werden kann, wonach der Tote, der kein Sein mehr hat, nicht in der Lage ist, überhaupt etwas zu empfinden oder zu erfahren. Wie könnte somit der Tote die Erfahrung machen, dass sein Zustand ein Gut ist, da er selbst nicht mehr ist?

2) Eine zweite Richtung, die den Tod zu einem Gut erklärt, findet sich unter den Vertretern einer Seinsmetaphysik, die der Auffassung sind, dass es ein Fortleben der Person nach dem Tod gibt. Sofern sich diese aufgrund ihrer guten Taten im Leben als würdig erweisen, werden sie das vollkommene, absolute Gut, also Gott, betrachten. Dazu gehören die Platoniker und die Pseudo-Platoniker, auch Ambrosius von Mailand (340–397) (vgl. Ambrosius 1877), der beispielsweise behauptet, dass der Tod ein Gut ist, da er den Menschen von aller Not und allem Übel befreie (ein Lieblingsthema der Stoiker) und zum wahren Leben führe.

Andere Philosophen vertreten hingegen die Auffassung, dass der Tod – je nach den Umständen – *entweder ein Gut oder ein Übel* sein kann (vgl. Benatar 2006; Feldman 1992; McMahan 2002; Williams 1978), wobei sich dies aus der jeweiligen Fähigkeit des Subjekts ergibt, wie dieses seine Aufgabe zu bewältigen, seine Entwürfe oder sein Leben nach seiner Vorstellung zu verwirklichen vermag. Häufig wird mit einer utilitaristischen, konsequentialistischen, zuweilen hedonistisch gefärbten Gesinnung behauptet, der Tod sei ein Gut oder ein Übel. Dies lasse sich ermitteln durch die qualitative oder quantitative Aufrechnung aller Güter gegen alle Übel, die dem Subjekt zuteil geworden wären, wenn es nicht gestorben wäre, wenn es also weitergelebt hätte. Der Tod ist deswegen leicht zu einem Gut zu erklären, da er das Subjekt in irgendeiner Weise von einer von Unglück geprägten ›Lebensqualität‹ befreit. Andere Philosophen (z. B. Nagel 1984) behaupten schließlich, dass der Tod als ein *Übel an sich* verstanden werden kann, auch wenn es in den Augen des Subjekts nicht notwendig das größte Übel ist.

## 4.4 Der Tod als Übel

Epikurs These vom ›Nichts des Todes‹ macht eine erste Annahme: die der *Erfahrungslehre*, die behauptet, dass alle Güter und Übel der Empfindung, der Erfahrung, also der Lust (bei einem Gut) oder dem Schmerz (bei einem Übel), unterworfen sind. Um beurteilen zu können, ob ein Sachverhalt für das Subjekt ein Gut oder ein Übel darstellt, muss das Subjekt imstande sein, diesen Sachverhalt zu erfahren (es muss Erfahrungssubjekt von Lust oder Schmerz sein). Dazu sind Parameter der Zeit und des Ortes nötig. Ein Sachverhalt, der sich – wie der Tod – nicht erfahren lässt, wäre dementsprechend indifferent. Wegen einer zweiten Annahme – die der *Subjekt-Erfordernis* – kann Epikur behaupten, dass der Tod kein Übel für das Subjekt sein kann, da es nicht mehr existiert. Damit ein Sachverhalt für einen Menschen ein Übel sein kann, muss dieser existieren.

Epikur und zeitgenössische Philosophen (z. B. Feldman 1992; McMahan 2002; Singer 1984; Tooley 1983) fordern den empirisch nachweisbaren Vollzug der Ausübung von Interessen zur Feststellung, ob einem Menschen Schaden zugefügt wird. Einige andere Philosophen behaupten hingegen, dass es Interessen gibt, die dem Menschen in seiner Eigenschaft als Mensch eignen, und dies unabhängig davon, ob er sich seiner selbst bewusst ist oder nicht bzw. ob er diesen eigenen Interessen zu einem früheren Zeitpunkt Ausdruck verliehen hat oder nicht, und sogar unabhängig davon, ob er in der Lage ist, Schmerz oder Freude zu verspüren. Der Tod eines Menschen kann z. B. als ein Übel für diesen aufgefasst werden, unabhängig davon, ob er sich im ›Zustand des Todes‹ befindet bzw. ob er diesen Zustand bewusst erfährt und ob er in der Gegenwart oder der Vergangenheit bewusst das Interesse geäußert hat, sein Leben fortzusetzen. Das Übel an einem Ereignis kann in verschiedenen Bereichen wahrgenommen werden als Verlust von Gütern, von Möglichkeiten und Hoffnungen, die der Mensch allein aufgrund seiner Seinsstruktur hätte besitzen, verwirklichen oder genießen können, wenn er nicht in den Zustand des Todes projiziert worden wäre. Es leuchtet unmittelbar ein, dass jemandem, der von Geburt an taub ist, ein Übel widerfahren ist, unabhängig von der Tatsache, ob er sich seiner selbst bewusst ist und ob er sein Taubsein bewusst erfährt. Die Übelhaftigkeit eines bestimmten Sachverhaltes ist nicht unbedingt davon abhängig, ob ein Individuum dieses bewusst erfährt, sondern von dem Verlust eines Gutes, das dem Sein des Subjekts selbst zusteht. Gleiches gilt beispielsweise für den Verrat, der als ein Übel aufgefasst werden kann, unabhängig von der aktualisierten oder möglichen Erfahrung eines sensiblen oder unsensiblen, eines bewussten oder unbewussten Individuums.

Trotz der Unmöglichkeit, den Tod als solchen zu erleben, kann der Tod als ein Übel betrachtet werden, sofern er dem Menschen Freuden, Wünsche, Interessen, Projekte und die Fähigkeit, Pläne für die Zukunft zu machen, entzieht. »Sollte irgendetwas am Tod von Übel sein«, führt James Rachels (1941–2003) aus, »dann deswegen, weil wir uns grundsätzlich vorstellen können, daß das Leben ein offenes Ende hat, daß es immer noch mehr Möglichkeiten bietet, die noch realisiert werden könnten, wenn es nur weiter gelebt werden könnte« (Rachels 1986, 51). Gewiss lässt sich die Auffassung vertreten, dass man, wenn man nicht mehr imstande ist, seine Aufgabe zu vollenden, oder wenn man im Gegenteil alles, was einem wichtig erscheint, vollendet hat, der Vorstellung vom Sterbenmüssen nicht mehr mit so viel Widerstand zu begegnen braucht. Allerdings lässt sich mit Robert Nozick (1938–2002) zu Recht folgende Frage stellen: »[W]enn nichts Wichtiges möglich ist oder übrig bleibt, könnte es dann nicht selbst unter diesen Umständen eine der wichtigen Seinsweisen sein, jemand zu sein, der fortbesteht? Und wenn man alles getan hat, was man als wichtig erachtete, könnte man sich dann nicht ein *neues* Ziel setzen?« (1991, 21).

Mit anderen Worten: Die Möglichkeiten des Menschen übertreffen immer seine tatsächlich verwirklichten Entwürfe; der einzelne Mensch vermag nur wenige seiner zahlreichen Möglichkeiten zu realisieren; dies bedeutet, dass die natürliche, physische Grenze des Lebens nicht notwendig mit der subjektiven (biographischen) zusammenfällt. Der Mensch stirbt also immer zu früh.

Gewiss sind nicht alle Wünsche so bedeutend, dass der Tod als ein Übel bezeichnet werden kann, insofern er die mögliche Erfüllung dieser Wünsche unterbricht. Bernard Williams (1929–2003) zufolge lassen sich einerseits Wünsche und Interessen feststellen, die auf die Dauer des menschlichen Lebens begrenzt sind und von dieser abhängen. Es handelt sich um *hypothetische, konditionale* Wünsche, die voraussetzen, dass das Subjekt weiterlebt. Die *kategorischen* Wünsche andererseits sind nicht an das Weiterleben des Subjekts gebunden, sondern setzen voraus, dass jemand den Wunsch hegt weiterzuleben, um diese Wünsche verwirklichen zu können (vgl. Williams 1978). Das Übel am Tod ist dieser zweiten Kategorie von Wünschen zuzuordnen: Der Tod verhindert die Erfüllung der kategorischen Wünsche. »[Es] erscheint vernünftig [...], auf Zustände abzuzielen, in denen seine Wünsche erfüllt werden, und den Tod folglich als etwas zu Vermeidendes anzusehen, d. h. ihn als Übel zu betrachten« (Williams 1978, 138). Das Übel des Todes besteht in der »Nichterfüllung« (ebd., 143), der Frustration der kategorischen Wünsche, einer Frustration, die zu erfahren oder zu empfinden nicht notwendig erforderlich ist.

Der Tod beraubt uns nicht so sehr der Verwirklichung unserer Hoffnungen (wie auch unserer Möglichkeiten, Entwürfe, Interessen, Wünsche) als vielmehr der Fähigkeit, uns Hoffnungen machen zu können. Wir können diese nicht mehr in die Zukunft entwerfen und an ihrer Verwirklichung mitwirken. Der Tod kann unsere transzendierenden Hoffnungen, die unseren Tod überdauern, nicht zerstören, aber er kann unsere Fähigkeit zunichte machen, Hoffnungen zu hegen und uns für die Verwirklichung dieser Hoffnungen einsetzen zu können. Der Tod ist von daher insoweit ein Übel, als er das Subjekt dessen beraubt, was Thomas Nagel (geb. 1937) die konstitutiven Güter des menschlichen Lebens nennt; er beraubt es dieser »vorzüglichen Himmelsgaben« (Nagel 1984, 15) (im Gegensatz zu den guten oder schlechten Erfahrungen, die mit ihnen verbunden sind), wozu die Fähigkeiten des Erfahrens, Denkens, des Bewusstseins, des Sich-seiner-selbst-bewusst-seins, des Handelns, Wahrnehmens und Wünschens gehören. Aber die menschliche Person besitzt nicht nur die Fähigkeit, Freude und Leid zu erfahren, sondern zu ihr gehören auch die Fähigkeiten der Hoffnung und der Selbstbestimmung.

Diese zweite Kategorie der Fähigkeiten nimmt einen entscheidenden Platz in der Ontologie des *Noch-nicht-seins* ein, wie sie in der zeitgenössischen Philosophie etwa von Martin Heidegger (1986) und Jean-Paul Sartre (1994) wie auch von Ernst Bloch (1969), Gabriel Marcel (1949) und Josef Pieper (1997) vertreten wird. Nach Auffassung dieser Autoren ist die Person auf die *Zu-Kunft*, den Ort der Verwirklichung ihrer Entwürfe hin ausgerichtet. Sie bewegt und verwaltet sich in einem offenen System und ist, um es mit einem Begriff von Bloch (1969) auszudrücken, durch eine Möglichkeit-nach-vorwärts charakterisiert. Sie ist kein statisches Lebewesen, das schon in der Fülle verwirklicht wäre, sondern dynamisch in einem steten Prozess der Verwirklichung befindlich und naturhaft offen für Veränderung. Mit ihrem antizipierenden Bewusstsein, dem sie sich nicht entziehen kann, ist sie vor allem ›auf dem Wege‹, ein *homo viator* (vgl. Marcel 1949), der auf die Zukunft hin orientiert ist.

Es ist sicher richtig, dass das Schlechte am Tod darin besteht, dass vielfache Möglichkeiten des Subjekts unverwirklicht bleiben – »doch«, wie Thomas Nagel hinzusetzt, »philosophisch grundlegend ist die Tatsache, daß sie dann sogar aufhören werden, Möglichkeiten zu sein – da ich ebensogut als Subjekt aller Möglichkeiten wie aller Wirklichkeiten aufhören werde zu bestehen« (1992, 391). Nagel erklärt jedoch auch, das Übel des Todes liege in der Tatsache, dass »meine Welt zugrunde gehe, daß [...] dieses Bewußtsein hier eines Tages für immer erlöschen und seine subjektive Zeit ganz einfach enden wird« (1992, 388). Der Tod ist ein Übel, denn er beraubt das Subjekt all seiner Möglichkeiten, insbesondere der Möglichkeit eines ›Ich-mich‹-Seins, ein Gedanke, den zahlreiche so unterschiedliche Autoren wie Jean-Paul Sartre (1994, 923 ff.), Georg Scherer (1985, 56), Miguel Unamuno (1986, 40), Jules Vuillemin (1948), Frances Kamm (1993) und Vladimir Jankélévitch (1977, 7) wieder aufgegriffen haben. »Was das Individuum erschreckt«, bemerkt Vuillemin (1920–2001), »ist nicht, daß die Atome, aus denen es zusammengesetzt ist, die Auflösung des Aggregats spüren können, sondern das Verschwinden des Aggregats selbst« (Vuillemin 1948, 45). Ähnlich wird dies auch von Ciceros Dialogpartner im ersten Buch seiner *Gespräche in Tusculum* ausgedrückt, für den das Übel des Todes eben darin liegt, »nicht zu sein, nachdem man gewesen ist« (Cicero 1970, 18 f. [Buch I, VI, 12]): das heißt in der Zerstörung der Person in dieser Welt.

Erstrebenswert ist nicht ein Leben, in dem es gilt, hauptsächlich gute Erfahrungen zu sammeln. Dies ist zweitrangig. Der Mensch wünscht sich am sehnlichsten, »am Leben zu *sein*« (Nagel 1984, 16). Das personale Leben ist immer »lebenswert, selbst wenn sich die üblen Ereignisse häufen und die guten so rar sind, daß sie alleine keinen Ausgleich schaffen können. Den Ausschlag zum Positiven gibt dann die Erfahrung selbst, und nichts vom dem, was sie enthält« (ebd., 16 f.). Daher ist der Tod – selbst der natürliche – »stets ein Übel« (ebd., 22), d. h. selbst dann, wenn das Leben ein Unmaß an negativen Erfahrungen enthielte und ohne jede Zukunft erschiene, also auch in einer Situation der subjektiven Hoffnungslosigkeit, in der die Zeit, um ein Bild von Gabriel Marcel (1889–1973) zu verwenden, »geschlossen« (1952, 482) wäre.

## 4.5 Die Technisierung des menschlichen Todes

Einige Philosophen halten den Tod jedoch keineswegs für ein Übel, weil der Tod nichts anderes als das Ende eines biologischen Prozesses ist, d. h. eine einfache, rationale wissenschaftlich feststellbare Tatsache. Die Vorstellung vom natürlichen Tod ist so vom Bild der Maschine und von ihrer Funktionsweise geprägt. Aus dieser Perspektive werden das Leben und der Tod des Menschen rein funktionalistisch definiert. Die personale Dimension bleibt unberücksichtigt. Die Naturwissenschaften können das Phänomen des menschlichen Todes messen, quantifizieren und so weit erforschen, bis sie vielleicht eines Tages seinen Ursachen auf die Spur kommen und es ihnen gelingt, ihn unter ihre Kontrolle zu bringen, ja ihn ganz zu eliminieren.

Man kann mit Jean Baudrillard (1929–2007) sagen, dass der Tod »der Zuständigkeit der Wissenschaft unterliegt und [...] von der Wissenschaft aus der Welt geschafft [werde]. Das bedeutet im Klartext: der Tod ist unmenschlich, irrational, unsinnig wie die Natur, wenn diese nicht gezähmt ist [...]. Es gibt keinen guten Tod, es sei denn, er ist besiegt und einem Gesetz unterstellt« (Baudrillard 1976, 248).

Das Ziel ist es, den ›akzidentellen‹, also ›unnatürlichen‹ Tod (als Folge eines Unfalls oder einer Krankheit ) zu besiegen. Dieser als gewaltsam beschriebene Tod fängt jeden Schwung auf die Zukunft ab. Er wird als ein »gesellschaftliches Ärgernis« (ebd.) angesehen, das auf eine persönliche oder gesellschaftliche Nachlässigkeit zurückzuführen ist, als »ein Fehlschlag, ein *business lost*«, wie es bei Philippe Ariès (1978, 751) heißt.

Der akzidentelle Tod steht im Gegensatz zum ›natürlichen‹ Tod, der sich als Folge der naturbedingten Erschöpfung der dem Organismus innewohnenden Kräfte am Ende des biologischen Prozesses des Lebewesens ›aktualisiert‹. Dieser ›natürliche‹ Tod wird bei Ludwig Feuerbach und den zeitgenössischen Philosophen, die in ihm je nach den Umständen auch ein Übel erkennen (z. B. Feldman 1992), einem guten, ruhigen, sanften, gewaltlosen und von daher keine Furcht erweckenden Tod gleichgesetzt. »Schrecklich ist nicht der Tod an und für sich; nein! Der naturgemäße, gesunde Tod, – der Tod, der im hohen Alter erfolgt, dann erfolgt, wenn der Mensch das Leben satt hat, wie es im Alten Testament von den Erzvätern und anderen gottgesegneten Männern heißt. [...] Schrecklich ist nur der unnatürliche, gewaltsame , grausame Tod« (Feuerbach 1903, 236 f.). Die Gesellschaft hat somit die Verantwortung oder sogar die Pflicht, alles zu unternehmen, um den ›akzidentellen‹ Tod mit Hilfe der Wissenschaft aus dem Leben zu verbannen und jedem Bürger die Möglichkeit zu verschaffen, einen ›natürlichen‹, d. h. sanften Tod zu sterben, von dem keine Bedrohung ausgeht. Wie Jean Baudrillard (1976, 248), Ivan Illich (1975, 192 ff.) und Herbert Marcuse (1959, 69) unterstreichen, ist der Tod so zum Bestandteil eines ›neuen Gesellschaftsvertrags‹ auf der Grundlage von sozialer Gerechtigkeit und Gleichheit geworden. Diesem Vertrag zufolge hat jedes Individuum ein Grundrecht auf Leben und einen ›natürlichen‹ Tod. Auf diese Weise wären nach der ›kritischen Todestheorie‹ (vgl. Fuchs 1969) sowohl die existenzielle Erschütterung durch den Tod als auch die Furcht vor dem Tod aus dem Leben eliminiert.

Von dieser funktionalen Todesvorstellung ist der medizinisch therapeutische Übereifer geprägt, der mit allen Mitteln versucht, das Auftreten des Todes soweit wie möglich hinauszuschieben. Er bestätigt die Pflicht, das Leben eines Individuums um jeden Preis zu erhalten, koste es, was es wolle. Diese ›Zähmung‹ des Todes durch die Technik ist Ausdruck einer Entpersonalisierung des Todes. Die Person wird gewissermaßen ihres Todes beraubt; man könnte sogar so weit gehen, zu behaupten, dass sie im eigentlichen Sinne nicht stirbt, sondern wie ein Tier verendet. Das Phänomen der Enteignung zeigt sich auch da, wo der Mensch danach trachtet, den Tod in seine Gewalt zu bringen, sei es in Form von Euthanasie oder von Sterbehilfe. Man will den Tod beherrschen, indem man bestimmen will, wann er eintreten soll. Einige Philosophen argumentieren, dass mit einer solchen Technisierung des Todes dieser in eine Sphäre der Instrumentalisierung gebannt und ihm die Dimension des Dramas und des Übels an sich genommen wird. Es ist somit eine Art, der Vorstellung vom *eigenen Tod* zu entfliehen, um sich nicht der Angst stellen zu müssen, die dieser auslöst.

## 4.6 Die Definition des Todes der Person in der zeitgenössischen Debatte

Parallel zu dieser Reduktion des Todes auf die nur biologische Ebene definieren manche Philosophen den Tod nur auf einer persönlichen Ebene, d. h. unabhängig von der biologischen Ebene. In den letzten Jahren vertritt eine wachsende Zahl von Philosophen die Ansicht, dass es »für diese Auseinandersetzungen entscheidend ist, ob der zu definierende Tod der Tod einer Person oder der Tod eines Organismus ist« (Engelhardt 1999, 320). Diese Forderung geht davon aus, dass gemäß einer anthropologischen Voraussetzung, die zahlreiche argumentative Probleme beinhaltet, ›nicht alle Menschen gleich sind‹ (vgl. Engelhardt 1996; Lizza 2006; McMahan 2002; Singer 1984; Tooley 1983). Der Tod wird auf diese Weise entweder auf seine bloß biologische Dimension reduziert, ohne dass dem Verschwinden der Person Rechnung getragen wird, oder er wird allein in der sogenannten personalen Dimension gesehen. In diesem Fall bleibt der menschliche Körper unberücksichtigt. Die Philosophen, die sich dem anthropologischen Dualismus anschließen, definieren den personalen Tod als die Zerstörung des Neokortex, welcher mit dem unwiederbringlichen Verlust der Ausübung des Selbst-Bewusstseins sowie des moralischen Bewusstseins einhergeht. »Wenn eine Person dauerhaft in den vegetativen Zustand versinkt«, erläutert Jeff McMahan diesen Gedanken, »hört sie auf zu existieren. Was übrig bleibt, ist ein lebendiger, aber unbesetzter menschlicher Organismus« (McMahan 2002, 446). Einen solchen entpersonalisierten, menschlichen Organismus zu töten, wäre von daher kein moralisches Vergehen (Tooley 1983, 64). Der Dualismus der beiden Existenzmodelle – des biologischen auf der einen und des personalen Modells auf der anderen Seite – ist in der Reduktion der Person auf den aktiven, d. h. den ausgeübten Vollzug sogenannter personaler Zustände begründet, durch den die Präsenz der Person Ausdruck findet und der im empirischen Verhalten analytisch nachweisbar ist.

Für andere Philosophen (z. B. Spaemann 1998; Wald 2005) ist diese Reduktion der Person auf den Vollzug sogenannter personaler Zustände, die sich in ihrem Verhalten empirisch nachweisen lassen, jedoch das Ergebnis eines Reduktionismus, der die ontologische Beschaffenheit der Person auf der Grundlage der empirischen Funktionsfähigkeit ihrer sogenannten personalen Eigenschaften definieren will. In Wirklichkeit sei diese Funktionsfähigkeit aber nur der nachweisbare Ausdruck der ontologischen Beschaffenheit, die eine solche Demonstration der Leistungsfähigkeit überhaupt erst ermöglicht. Verwechselt werde hier, was unter der Handlung einer *res* verstanden wird, d. h. unter der Fähigkeit, die diese ontologisch konstituiert, und was dem Bereich der Vollzugsleistung der *res* zuzuordnen ist, d. h. ihrer aktuellen Fähigkeit, ihre sogenannten personalen Eigenschaften auszuüben. Dabei werde die Person mit dem ›Ich‹ gleichgesetzt, welches sich empirisch am Vollzug seiner personalen Eigenschaften erkennen lässt.

Aus der Tatsache, dass die neurophysiologische Grundlage der kognitiven Funktionen, dank denen die Ausübung der sogenannten personalen Fähigkeiten sich empirisch manifestieren kann, zerstört ist, lässt sich nicht unbedingt schließen, wie beispielsweise John Lizza (2006, 33) behauptet, dass die Person nicht mehr da ist, d. h. dass sie gestorben ist. Man verwechselt die sogenannten personalen Eigenschaften, durch die die Person konstituiert wird, mit dem empirisch nachweisbaren Vollzug dieser Eigenschaften als Voraussetzung für das Vorhandensein der Person. Der irreversible Verlust der Ausübung der personalen Fähigkeiten drückt einen Mangel aus, ist aber kein Beweis für das Verschwinden der menschlichen Person.

Im Gegensatz zu dem oben erwähnten anthropologischen Dualismus behaupten andere Autoren (z. B. Lizza 2006; DeGrazia 2005, 142 ff.), dass es Fälle gibt, in denen man feststellt, dass einige den Gesamtorganismus betreffende, integrative Funktionen des Menschen, wie es manche nennen, weiterhin aktiv sind (Shewmon 2001, 464 ff.), und dies, obwohl er hinsichtlich seiner Hirntätigkeit als tot gilt. Diese Autoren definieren den Menschen als eine holistische, in ständiger Integration sich formierende Einheit, die sich im Nerven-, Hormon- und Immunsystem ausdrückt, deren Zentrum nicht das Gehirn ist. Die Organe sind somit hinsichtlich ihrer Funktionsfähigkeit nicht abhängig vom Gehirn, obwohl ein funktionsfähiges Gehirn sich sicherlich förderlich auf die Funktionsfähigkeit der Organe auswirkt (vgl. ebd., 471).

Die zentrale Frage, die zurzeit diskutiert wird, ist die, ob empirisch nachweisbare Gegebenheiten wie Atmung, Nahrungsaufnahme und körperliches Wachstum allein schon auf das Vorhandensein eines Organismus als Ganzen oder nur auf die Existenz einzelner Teile schließen lassen. In jedem Fall und unabhängig davon, wie die Antwort auf diese Frage ausfällt, kann das Neugeborene, das ohne Neokortex auf die Welt kommt, oder der Mensch, der sich in einem permanenten sogenannten vegetativen Zustand befindet, und jeder andere Mensch, dem der Vollzug der sogenannten personalen Eigenschaften vollständig versagt ist, als lebendig betrachtet werden, denn er ist in der Lage, die verschiedenen Aspekte seiner biologischen Existenz selbst zu organisieren.

Andere Philosophen (z. B. Glover 1977; Rachels 1986) akzeptieren innerhalb der Ethik den Gegensatz zwischen dem Leben im biologischen und dem Leben im personalen Sinne. Für sie lautet die entscheidende Frage, ob das Leben eines Menschen, der sich in einem dauerhaften sogenannten vegetativen Zustand befindet, lebenswert ist. Auf diese Frage wird gelegentlich geantwortet, dass ein menschliches Leben, das dauerhaft ohne Selbst-Bewusstsein ist, keinen Sinn hat (vgl. Engelhardt 1996; McMahan 2002; Singer 1984; Tooley 1983), weil es keinerlei rationale Interessen hat, auch wenn es gewiss das Interesse hat, nicht körperlich leiden zu müssen. Der Wert dieses Lebens hängt in diesem Fall von den subjektiven Interessen der moralischen Personen ab. Eine solche Würde ist ›relativ‹. Diese Thesen widersprechen grundlegenden menschlichen Intuitionen, denn sie führen im Namen einer Anthropologie der sich vollziehenden Person zur reinen Instrumentalisierung des Menschen durch seinesgleichen.

## 4.7 Der Philosoph und der Tod

Als Abschluss lässt sich mit George Santayana (1863–1952) sagen, dass »eine gute Art, das Kaliber einer Philosophie zu ermitteln, zu fragen ist, was sie über den Tod denkt« (zit. nach Pelikan 1962, 5). Der Tod sollte kein Thema sein, das der Philosoph *en passant* abhandelt oder mit dem man keine Zeit verlieren will. Er ist im Gegenteil eines der wichtigsten Themen der Philosophie. Mit den vielen Fragen, die er aufwirft, regt er die philosophische Reflexion an und ist für einige gar der Ursprung des philosophischen Aktes. Dieser besteht zum Teil darin, das zu enthüllen, was den Menschen daran hindert, sich zu erkennen und sich in seinem wirklichen Sein zu definieren, nämlich als ein sterbliches, kontingentes, abhängiges und schwaches Wesen. Zum anderen Teil besteht er darin, den Menschen zu einem Leben in Authentizität zu führen. Die Auseinandersetzung mit dem/seinem Tode führt zum Nachdenken über das/mein Leben und über die menschliche Natur.

### Literatur


Ambrosius v. Mailand: Der Tod ist ein Gut. In: Ders.: *Ausgewählte Schriften des Heiligen Ambrosius*. Kempten 1877.

Ariès, Ph.: *Geschichte des Todes*. München 1978 (frz. 1975).

Baudrillard, J.: *L'échange symbolique et la mort*. Paris 1976.

Benatar, D.: *Better Never to Have Been. The Harm of Coming into Existence*. Oxford 2006.

Bergson, H.: *Schöpferische Entwicklung*. Jena 1962 (frz. 1907).

Bloch, E.: *Das Prinzip Hoffnung*. In: Ders.: *Werkausgabe*. Bd. V. Frankfurt a. M. 1969 ff.

Cicero: *Tusculanen. Gespräche in Tusculum*. München 1970.

Conche, M.: *La mort et la Pensée*. Villers sur Mer 1973.

DeGrazia, D.: *Human Identity and Bioethics*. Cambridge 2005.

Derrida, J.: *Aporien. Sterben – Auf die ›Grenzen der Wahrheit‹ gefaßt sein*. München 1998 (frz. 1996).

Donnelly, J. (Hg.): *Language, Metaphysics, and Death*. New York 1994.

Ebeling, H. (Hg.): *Der Tod in der Moderne*. Frankfurt a. M. $^{3}$1992.

Engelhardt, T.: *The Foundations of Bioethics*. Oxford $^{2}$1996.

Engelhardt, T.: Redefining Death. The Mirage of Consensus. In: St. J. Youngner/R. M. Arnold/R. Schapiro (Hg.): *The Definition of Death. Contemporary Controversies*. Baltimore 1999, 319–331.

Epikur: Brief an Menoikeus. In: Ders.: *Von der Überwindung der Furcht*. Zürich $^{3}$1983.

Feldman, F.: *Confrontations with the Reaper. A Philosophical Study of the Nature and Value of Death*. Oxford 1992.

Feuerbach, L.: Todesgedanken. In: Ders.: *Sämtliche Werke*. Bd. I. Stuttgart 1903.

Fischer, J. (Hg.): *The Metaphysics of Death*. Stanford 1993.

Flew, A.: *The Logic of Mortality*. Oxford 1987.

Freud, S.: Zeitgemäßes über Krieg und Tod. In: Ders.: *Studienausgabe*. Bd. IX. Frankfurt a. M. 1974, 35–60.

Fuchs, W.: *Todesbilder in der modernen Gesellschaft*. Frankfurt a. M. 1969.

Gadamer, H.-G.: La mort comme question. In: G. B. Madison (Hg.): *Sens et existence. En hommage à Paul Ricœur*. Paris 1975, 9–22.

Geach, P.: *God and the Soul*. South Bend $^{2}$2001.

Glover, J.: *Causing Death and Saving Lives*. New York 1977.

Godfrey, J.: *A Philosophy of Human Hope*. Dordrecht 1987.

Heidegger, M.: *Sein und Zeit* [1927]. Tübingen $^{16}$1986.

Henry, M.: Phénoménologie de la naissance. In: *Alter. Revue de phénoménologie* 2 (1994), 295–312.

Husserl, E.: Die anthropologische Welt. In: Ders.: *Die Krisis der europäischen Wissenschaften und die transzendentale Phänomenologie*. Dordrecht 1993, 320–338.

Illich, I.: *Némésis médicale. L'expropriation de la santé*. Paris 1975.

Jankélévitch, V.: *La mort*. Paris 1977.

Jankélévitch, V.: *Penser la mort?* Paris 1994.

Jonas, H.: Last und Segen der Sterblichkeit. In: Ders.: *Philosophische Untersuchungen und metaphysische Vermutungen*. Frankfurt a. M. 1994, 81–100.

Kamm, F.: *Morality, Mortality*. Oxford 1993.

Kierkegaard, S.: An einem Grabe. In: Ders.: *Gesammelte Werke*. Abt. 14. Gütersloh 1980.

Landsberg, P.-L.: *Die Erfahrung des Todes*. Frankfurt a. M. 1973 (frz. 1951).

Levinas, E.: Le philosophe et la mort. In: Ch. Chabanis (Hg.): *La mort, un terme ou un commencement?* Paris 1982, 341–352.

Levinas, E.: *Totalität und Unendlichkeit. Versuch über die Exteriorität*. Freiburg i. Br. 1987 (frz. 1961).

Levinas, E.: *Gott, der Tod und die Zeit*. Wien 1996 (frz. 1991).

Lizza, J.: *Persons, Humanity, and the Definition of Death*. Baltimore 2006.

Lukrez: *Von der Natur*. München 1993.

Marcel, G.: *Homo viator. Philosophie der Hoffnung*. Düsseldorf 1949 (frz. 1944).

Marcel, G.: *Das Geheimnis des Seins*. Wien 1952 (frz. 1951).

Marcel, G.: *Schöpferische Treue*. München 1963 (frz. 1940).

Marcuse, H.: The Ideology of Death. In: H. Feifel (Hg.): *The Meaning of Death*. New York 1959, 64–76.

McMahan, J.: *The Ethics of Killing. Problems at the Margins of Life*. Oxford 2002.

Merleau-Ponty, M.: *Phänomenologie der Wahrnehmung*. Berlin 1966 (frz. 1945).

Montaigne, M. de: *Essais*. Zürich 1992 (frz. 1595).

Nagel, Th.: Der Tod. In: Ders.: *Über das Leben, die Seele und den Tod*. Königstein 1984, 15–24 (engl. 1979).

Nagel, Th.: *Der Blick von nirgendwo*. Frankfurt a. M. 1992 (engl. 1986).

Nietzsche, F.: Die Geburt der Tragödie. In: Ders.: *Sämtliche Werke* (KSA). Bd. I. München/Berlin 1980.

Nozick, R.: Sterben. In: Ders.: *Vom richtigen und glücklichen Leben*. München 1991, 20–29 (engl. 1989).

Pascal, B.: *Über die Religion*. Heidelberg 1963 (frz. 1670).

Paterson, R.: *Philosophy and the Belief in a Life after Death*. London 1995.

Pelikan, J. J.: *The Shape of Death*. London 1962.

Penelhum, T.: *Survival and Disembodied Existence*. London 1970.

Perrett, R.: *Death and Immortality*. Dordrecht 1987.

Peters T./Russell J./Welker, M. (Hg.): *Resurrection. Theological and Scientific Assessments*. Grand Rapids 2002.

Phillips, D.: *Death and Immortality*. London 1970.

Pieper, J.: *Tod und Unsterblichkeit*. In: Ders.: *Werke in acht Bänden*. Bd. V. Hamburg 1997, 280–397.

Pieper, J.: *Hoffnung und Geschichte*. In: Ders.: *Werke in acht Bänden*. Bd. V. Hamburg 1999.

Platon: *Phaidon*. Hamburg 1991.

Plutarch: Trostschreiben an Apollonius. In: Ders.: *Moralische Schriften*. Leipzig 1926.

Rachels, J.: *The End of Life. Euthanasie and Morality*. Oxford 1986.

Rosenberg, J.: *Thinking Clearly about Death*. Eaglewood Cliffs 1983.

Sartre, J.-P.: *Das Sein und das Nichts*. Hamburg 1994 (frz. 1943).

Scheler, M.: Tod und Fortleben. In: Ders.: *Gesammelte Werke. Schriften aus dem Nachlass*. Bd. I. Bern 1957, 9–64.

Scherer, G.: *Sinnerfahrung und Unsterblichkeit*. Darmstadt 1985.

Schopenhauer, A.: *Die Welt als Wille und Vorstellung*. Bd. II. Frankfurt a. M. 1986.

Schulz, W.: Zum Problem des Todes. In: A. Schwan (Hg.): *Denken im Schatten des Nihilismus*. Darmstadt 1975, 313–333.

Seneca: Briefe an Lucilius. In: Ders.: *Philosophische Schriften*. Bd. III (Briefe 1–81) und IV (Briefe 82–124). Hamburg 1993.

Shewmon, A.: The Brain and Somatic Integration. Insights into the Standard Biological Rationale for Equating ›Brain Death‹ with Death. In: *Journal of Medicine and Philosophy* 26 (2001), 457–478.

Simmel, G.: *Lebensanschauung*. München 1918.

Simmel, G.: Zur Metaphysik des Todes. In: Ders.: *Das Individuum und die Freiheit*. Berlin 1984, 28–35.

Singer, P.: *Praktische Ethik*. Stuttgart 1984 (engl. 1979).

Spaemann, R.: *Personen*. Stuttgart ²1998.

Spinoza, B.: Die Ethik. In: Ders.: *Sämtliche Werke*. Bd. 2. Hamburg 1976.

Theunissen, M.: Die Gegenwart des Todes im Leben. In: Ders.: *Negative Theologie der Zeit*. Frankfurt a. M. ²1992, 197–217.

Tooley, M.: *Abortion and Infanticide*. Oxford 1983.

Unamuno M.: *Diario íntimo*. Madrid 1986.

Vuillemin, J.: *Essai sur la signification de la mort*. Paris 1948.

Wald, B.: *Substantialität und Personalität*. Paderborn 2005.

Williams, B.: Die Sache Makropulos. Reflexionen über die Langeweile der Unsterblichkeit. In: Ders.: *Probleme des Selbst*. Stuttgart 1978, 133–162 (engl. 1973).

Wittgenstein, L.: Tractatus logico-philosophicus. In: Ders.: *Schriften*. Bd. I. Frankfurt a. M. 1969.


**Weiterführende Literatur**


Choron, J.: *Der Tod im abendländischen Denken*. Stuttgart 1967 (engl. 1963).

Condrau, G.: *Der Mensch und sein Tod*. Zürich ²1991.

Dastur, F.: *La mort. Essai sur la finitude*. Paris 2007.

Feifel, H. (Hg.): *New Meanings of Death*. New York 1977.

Feinberg, J.: *Harm to Others*. Oxford 1984.

Hadjadj, F.: *Réussir sa mort. Anti-méthode pour vivre*. Paris 2005.

Han, B.-C.: *Todesarten. Philosophische Untersuchungen zum Tod*. München 1998.

Keown, J.: *Euthanasia, Ethics and Public Policy. An Argument Against Legalisation*. Cambridge 2002.

Kessler, H. (Hg.): *Auferstehung der Toten*. Darmstadt 2004.

Leman-Stefanovic, I.: *The Event of Death. A Phenomenological Inquiry*. Dordrecht 1987.

Lingis, A.: *Deathbound Subjectivity*. Bloomington 1989.

Lohner, A.: *Der Tod im Existentialismus*. Paderborn 1997.

Macho, Th.: *Todesmetaphern*. Frankfurt a. M. 1987.

Marten, R.: *Der menschliche Tod*. Paderborn 1987.

Morin, E.: *L'homme et la mort*. Paris 1976.

Nassehi, A./Weber, G.: *Tod, Modernität und Gesellschaft. Entwurf einer Theorie der Todesverdrängung*. Opladen 1989.

Putallaz, F.-X./Schumacher, B. N. (Hg.): *Der Mensch und die Person*. Darmstadt 2008.

Putallaz, F.-X./Schumacher, B.N. (Hg.): *Le suicide. Regards croisés*. Paris 2019.

Quante, M.: *Personales Leben und menschlicher Tod*. Frankfurt a. M. 2002.

Ricœur, P.: *Vivant jusqu'à la mort*. Paris 2007.

Scarre, G.: *Death*. Montreal 2007.

Scherer, G.: *Das Problem des Todes in der Philosophie*. Darmstadt ²1988.

Schumacher, B. N.: *Rechenschaft über die Hoffnung*. Mainz 2000.

Schumacher, B. N.: *Der Tod in der Philosophie der Gegenwart*. Darmstadt 2004.

Schumacher, B. N.: *Death and Mortality in Contemporary Philosophy*. Cambridge ²2010.

Spaemann, R.: *Grenzen*. Stuttgart ²2002.

Stoecker, R.: *Der Hirntod. Ein medizinisches Problem und seine moralphilosophische Transformation*. Freiburg i. Br. 1999.

Taureck, B.: *Philosophieren. Sterben lernen?* Frankfurt a. M. 2005.

Tugendhat, E.: *Über den Tod*. Frankfurt a. M. 2006.

Warren, J.: *Facing Death. Epicurus and His Critics*. Oxford 2004.

Wiplinger, F.: *Der personal verstandene Tod*. Freiburg i. Br. 1970.

Wittwer, H.: *Philosophie des Todes*. Stuttgart 2009.

Ziegler, J.: *Die Lebenden und der Tod*. Frankfurt a. M. 1982 (frz. 1975).


*Bernard N. Schumacher*

# 5 Medizin

## 5.1 Einleitung

Die Position der Medizin gegenüber Sterben und Tod steht seit über drei Jahrtausenden in unterschiedlichen Spannungsfeldern: zwischen Nähe und Distanz zum Sterbenden, zwischen Kampf ums Überleben und Akzeptanz des Sterbens sowie zwischen Sieg und Niederlage. Es erscheint heutzutage im Alltag als selbstverständlich, dass Medizin und Ärzte inhaltlich und formal mit dem Sterben und dem Tod befasst sind: Eine wissenschaftliche Medizin kämpft gegen potenziell tödliche Erkrankungen, Ärzte begleiten Sterbende auf Palliativstationen, und in Deutschland sind bis auf eine regionale Ausnahme (s. Kap. 15: »Todesfeststellung«) ausschließlich approbierte Ärzte zur amtlichen Todesfeststellung befugt. Die von Philippe Ariès in seiner *Geschichte des Todes* (Ariès 1989) verwendete Rede von der ›Medikalisierung‹ des Todes verdeutlicht, dass die wissenschaftliche und praktische Befasstheit der Medizin mit Sterben und Tod eine historische Entwicklung darstellt, die erst ab dem 18. Jh. einen Höhepunkt erreicht. In den Jahrhunderten zuvor endeten Auftrag und Zuständigkeit des Arztes, wenn bei Erkrankten keine Hilfe mehr möglich schien und der Tod nahte; eine Position des Rückzugs vom Sterbenden, die bereits im *Corpus Hippocraticum* anklingt. Lange Zeit waren es auch nicht primär Ärzte, die für die Feststellung des Todes zuständig waren. Diese Ferne der Medizin von Sterben und Tod zeigt sich in den frühen bildlichen Darstellungen Sterbender, auf denen nicht Ärzte, wohl aber Geistliche oder Priester und Angehörige abgebildet sind (s. Kap. 37: »Tod und Sterben in der Bildenden Kunst«). Aus der noch immer im Medizinalltag vernehmbaren Botschaft an unheilbar Kranke, man ›könne nichts mehr für sie tun‹, klingt noch die Dominanz der kurativen Kompetenz und die historische ›Nicht-Zuständigkeit‹ des Arztes für den Prozess des Sterbens und des Todes an. Die Begegnung, Stellung und professionelle Befasstheit von Medizin und Ärzten mit und zu Sterben und Tod weist unterschiedlichste Aspekte und Facetten auf, von denen einige hier angesprochen und entwickelt werden sollen und zum Teil in weiteren Kapiteln vertieft werden. Zu Beginn sollen einige Begriffe definiert und erläutert werden.

## 5.2 Begriffe zu Sterben und Tod im biologisch-medizinischen Kontext

*Leben* ist die Summe charakteristischer, im Einzelfall allerdings schwer zu definierender Eigenschaften, die Lebewesen von unbelebter Materie unterscheiden. Wesentliche Merkmale sind Stoff- und Energieaustausch mit der Umwelt sowie Fortpflanzung und Wachstum (s. Abschn. 5.3: »Die Schwierigkeiten einer biologischen Todesdefinition«). ›Leben‹ kann sich bei Vielzellern und beim Menschen auf unterschiedliche Stufen des ›zellulären Organisationsgrades‹ beziehen, also auf einzelne Zellen, Zellverbände oder Gewebe, Organe oder übergreifende, funktionell zusammenwirkende Organstrukturen bis hin zum Menschen als biologischem Ganzen oder gar als ›Person‹. Als wahrnehmbare und konstituierende *Zeichen menschlichen Lebens* werden Charakteristika empfunden, die bei Leichen nicht anzutreffen sind, wie beispielsweise Körperwärme und eine rosige Hautfarbe – gelten sie doch als sichtbarer Ausdruck eines funktionierenden ›lebenswichtigen‹ Kreislaufs. Diese ›Lebensanmutung‹ durch einen bestehenden Kreislauf kennzeichnet eines der Probleme der Akzeptanz des Hirntodes als ein sicheres Todeszeichen des Menschen.

*Sterben* ist die Phase am Ende eines Lebens, die mit dem Tod endet. Charakteristisch für den fortgeschrittenen Sterbevorgang ist die Reduktion wichtiger Körperfunktionen wie beispielsweise Hirnaktivität, Kreislauf, Herzschlag, Atmung, Seh- oder Hörvermögen. Bei plötzlichen Todesfällen, z. B. durch Unfall , kann der Sterbeprozess stark verkürzt sein oder fehlen. Es besteht das methodische Problem einer *Ex-post*-Definition des Sterbeprozesses, die diesen von seinem tödlichen Ausgang her qualifiziert. Medizinisch gibt es ›Zustände‹ des Körpers, die ohne jeden Zweifel aufgrund ihrer eindeutig infausten Prognose auch *ex ante* als Sterbeprozess gelten können, wenn beispielsweise bestimmte lebenswichtige Organe ausfallen. Bei anderen ›Zuständen‹ ist der Beginn des ›Sterbeprozesses‹ rein biologisch-medizinisch nicht eindeutig festzulegen. In den *Grundsätzen zur Sterbebegleitung* von 2011 spricht die Bundesärztekammer von Sterbenden als »Kranken oder Verletzten mit irreversiblem Versagen einer oder mehrerer vitaler Funktionen, bei denen der Eintritt des Todes in kurzer Zeit zu erwarten ist« (Bundesärztekammer 2011).

Die Problematik einer definitiv sicheren *Ex-ante*-Attribution eines Zustandes als menschliches Sterben reicht beispielsweise auch in die praktische Debatte über Sterbehilfe (s. Kap. 40: »Sterbehilfe – medizin-

J. B. Metzler © Springer-Verlag GmbH Deutschland, ein Teil von Springer Nature, 2020
H. Wittwer/D. Schäfer/A. Frewer (Hg.), *Sterben und Tod. Ein interdisziplinäres Handbuch 2. Auflage*,
https://doi.org/10.1007/978-3-476-05761-7_5

ethisch«) hinein, wo es medizinisch und juristisch teilweise unscharf bleibt, ab welcher Erkrankungsphase von ›unmittelbarer Todesnähe‹ gesprochen werden kann, wo also der medizinische *point of no return* anzusetzen sei, ab dem sich das Therapieziel vom kurativen zum palliativen Handeln wandeln kann. Je nach Entwicklung der Medizin ist die Zwangsläufigkeit und Irreversibilität des Sterbeprozesses relativ: Bedeuteten bestimmte fortgeschrittene Infektionserkrankungen vor der Einführung der Antibiotika immer ein begonnenes Sterben, so sind diese heute meist gut beherrschbar. Ähnliches gilt für den Herzstillstand, der seit 50 Jahren durch Wiederbelebung nicht mehr grundsätzlich irreversibel ist. Für eine aus soziologischer Sicht über die eigentliche medizinische Sterbephase hinausgehende Definition von menschlichen Sterbeverläufen wird vorgeschlagen, vier unterschiedliche Varianten nach den Kategorien ›Gewissheit‹ und ›Zeitverlauf‹ zu unterscheiden (vgl. Samarel 2003; Glaser/Strauss 1995): (1) sicherer Tod zu einem bekannten Zeitpunkt (z. B. metastasierende Krebserkrankung bei später Diagnosestellung); (2) sicherer Tod zu einem unbekannten Zeitpunkt (z. B. chronisch verlaufende Muskelschwund-Erkrankungen wie Amyotrophe Lateralsklerose/ALS); (3) ungewisser Tod bis zu einem eingrenzbaren Zeitpunkt, zu dem Gewissheit erlangt wird (z. B. operative Entfernung eines Tumors mit potenzieller Rückfallgefahr) und (4) ungewisser Tod bis zu einem unbekannten Zeitpunkt, an dem die Frage sich klärt (z. B. bei Parkinson mit ungewissem Verlauf).

*Agonie* (griechisch αγωνία: Qual, Kampf) bezeichnet vor allem literarisch den Übergang der Sterbephase in den Tod. Der Begriff ist medizinisch unpräzise und wissenschaftlich nicht definiert.

*Tod*: Während Sterben und Agonie als prozesshaft verlaufend aufgefasst werden, wohnt dem Begriff ›Tod‹ auf den ersten Blick eher ein punktueller und qualitativ abgrenzbarer Ereignischarakter inne. Der Tod des Menschen als unumkehrbares Ereignis wird weithin definiert als dauerhafter und endgültiger Verlust der ihm innewohnenden Lebensfunktionen. Biologisch gesehen stellt der Tod sowohl einen Prozess als auch einen Endpunkt dar: Beim Eintritt bestimmter Merkmalskonstellationen (sog. ›sichere Todeszeichen‹) des Todes beim Menschen wird durch Konventionen operational ein ›Todeszeitpunkt‹ festgelegt, der heute durch Ärzte zu bestätigen ist. Bei allen heute akzeptierten sicheren Todeszeichen (s. Abschn. 5.11: »Ärztliche Leichenschau und sichere Todeszeichen heute«) leben jedoch einzelne menschliche Zellen im Körper weiter: Erst nach dem Absterben aller menschlichen Zellen wird vom ›biologischen Tod‹ gesprochen (vgl. Quante 2002). Medizin und Umgangssprache versehen den Tod mit Adjektiven seiner Verursachung etwa in den Begriffen ›gewaltsamer Tod‹, ›natürlicher Tod‹ oder ›unnatürlicher Tod‹. Die Rede vom ›natürlichen Tod‹ verweist auf Sterben und Tod als der menschlichen Natur innewohnende Vorgänge.

›Leiche‹ (auch ›Leichnam‹) bezeichnet einen toten Körper, der noch einen geweblichen Zusammenhang aufweist. Skelette oder Skelettteile gelten (mit Ausnahme des Bundeslands Sachsen) nicht (mehr) als Leichnam. In Verwesung begriffene Leichen werden ›Kadaver‹ genannt. Der Begriff ›Leiche‹ wird fast ausschließlich für den toten menschlichen Körper verwendet, der Begriff ›Kadaver‹ dagegen überwiegend für tote Tiere. In Teilen Österreichs und Süddeutschlands ist der Begriff ›Leich‹ auch für den Bestattungsvorgang samt dem anschließenden ›Leichenschmaus‹ gebräuchlich. Als Leichnam gilt ferner jede Lebendgeburt, unabhängig vom Gewicht des Kindes, wenn eines der Lebenszeichen wie Herzschlag, Pulsation der Nabelschnur oder Atmung vorgelegen hat, oder eine Totgeburt, wenn sie mehr als 500 Gramm wiegt. Seit März 2013 können auch Kinder mit weniger als 500 Gramm Geburtsgewicht beim Standesamt registriert werden, um ihnen damit offiziell eine Existenz zu geben. Diese Regelung gilt auch für Eltern, deren Kind vor dem 15.03.2013 tot zur Welt gekommen ist. In neueren Bestattungsgesetzen/-verordnungen wird als Leiche auch ›ein Körperteil, ohne den ein Weiterleben nicht möglich ist‹, definiert (z. B. Kopf oder Rumpf als abgetrennte Teile des Körpers). Im Gegensatz zu Kopf und Rumpf gelten alle übrigen abgetrennten Körperteile und Organe eines verstorbenen Menschen als Leichenteile. In vielen Leichenschauverordnungen finden sich Regelungen zu Bestattungsfristen und zur Überführung in eine öffentliche Leichenhalle. Mit der Leichenanmutung verbindet sich die sinnliche Wahrnehmung des eingetretenen menschlichen Todes; die Leichencharakteristika werden als konstituierend für den Tod betrachtet. Dass beim dissoziierten Hirntod und künstlich erhaltenem Kreislauf die Leichenanmutung fehlt, trägt zu den Akzeptanzproblemen des Hirntodkonzepts bei.

›Wiederbelebung‹ als medizinischer Begriff ist die verkürzte Bezeichnung für eine Herz-Kreislauf-Lungen-Wiederbelebung oder kardiopulmonale Reanimation, bei der durch Beatmung und Herzmassage bzw. elektrische Defibrillation ein Atem- und Kreislaufstillstand durchbrochen wird. Der Begriff ist semantisch problematisch, weil er nahelegt, dass durch die Wiederbelebung zuvor kein Leben mehr bestanden habe. Dann wäre ein Toter erfolgreich wiederbelebt worden, was mit der Irreversibilität des Todesbegriffs kollidiert. Die Phase vor einer erfolgreichen Wiederbelebung ist dem Leben zuzurechnen. Diese terminologische Problematik beherrscht auch die Rede vom sogenannten ›klinischen Tod‹ oder ›Herz-Kreislauftod‹ (s. Abschn. 5.5: »Medizinische Konzepte vom Tod des Menschen: vom Herztod zum Hirntod«), der durch Wiederbelebung reversibel ist.

## 5.3 Die Schwierigkeiten einer biologischen Todesdefinition

Eine biologische Definition des Todes kann indirekt erfolgen als Gegensetzung zur Definition von Leben im Sinne von dessen Nicht-Vorhandensein oder direkt durch die Charakterisierung von Todesmerkmalen. Beide definitorischen Herangehensweisen sind aus biologischer Sicht komplex, uneinheitlich und kontrovers. Smith und Szathmary unterscheiden in ihren Abhandlungen zur Evolutionstheorie zwei Ansätze von Definitionen des Lebens (vgl. Smith/Szathmary 1996): (1) Die phänotypische und (2) die hereditäre Definition. Nach der phänotypischen Definition ist die konstituierende Eigenschaft des Lebens ein vorhandener Stoffwechsel; gemäß der hereditären Definition bedarf es zum Leben der Fähigkeit einer Einheit oder eines Systems zur Vermehrung, Variabilität und Vererbung. In den meisten praktischen Fällen sei demnach allerdings davon auszugehen, dass beide Merkmale des Lebens vorlägen. Andere Definitionsversuche stellen auf Lebenscharakteristika wie Selbsterhaltung, Selbstorganisation oder Selbstreproduktion ab, wobei teilweise eher abstrakt-systemtheoretische als biologische Kategorien bemüht werden. Damit könnten theoretisch auch komplexe künstliche Systeme wie z. B. Roboter unter den einen oder anderen Lebensbegriff fallen. Als Kondensat solcher Definitionsversuche kann eine ›umweltvermittelte Selbstprozessierung‹ gelten, die zeitlich variable Komponenten enthält, die sich gegenseitig jeweils zur Funktion benötigen (Hucklenbroich 2001). Eher praktisch orientierte Definitionen nennen als konstituierende Eigenschaften des Lebens: Fähigkeit zur Reproduktion und Reduplikation, Reizbarkeit, Bildung und Verbrauch von Energie, gerichtete Ausnutzung von Funktionen und Synthese organischer Substanzen (Merker 1984).

Bei all den möglichen biologischen Definitionsversuchen des Lebens werden jedoch bestimmte Phänomene als Grenzfälle nicht befriedigend erfasst. Man denke beispielsweise an Zustände im Lebenszyklus bestimmter Tiere oder Pflanzen, bei denen Stoffwechselvorgänge und Fortpflanzung für längere Phasen völlig sistieren und später wieder aufgenommen werden können (z. B. Samen und Sporen). Auch einfache Moleküle oder molekulare Prozesse wie beispielsweise Viren, Viroide oder Prionen werden nur teilweise von solchen Definitionen in ihrer ›Lebendigkeit‹ angemessen erfasst. Die prinzipielle Reproduzierbarkeit von Zellen aus dem Erbmaterial toter Lebewesen oder gar die Klonierbarkeit von Lebewesen stellen neue, kaum lösbare Herausforderungen an eine schlüssige, einheitliche biologische Definition des Lebens dar.

Der Beginn des menschlichen Lebens ist Gegenstand von Diskussionen in der Medizinethik, der Philosophie, der Rechtswissenschaft sowie den Religionslehren. Aus den entsprechenden Positionen folgert auch die Schutzwürdigkeit etwa im Kontext von Stammzellforschung, Präimplantationsdiagnostik, Embryonenforschung und Schwangerschaftsabbrüchen.

Versucht man den Tod direkt biologisch zu definieren, so stößt man ebenfalls auf Probleme, wenn man beispielsweise an das ›Verschwinden‹ eines lebenden Einzellers bei der fortpflanzenden Teilung in zwei Tochterzellen denkt. Favorisiert werden Definitionen des Todes als des Zustands, bei dem für den Stoffwechsel notwendige Strukturelemente der Zelle so stark geschädigt sind, dass eine Wiederherstellung nicht mehr gelingen kann. Beim Vielzeller kann der Zerfall einzelner Zellen oder Zellsysteme den Tod des Gesamtorganismus verursachen, und umgekehrt führt der Tod des Gesamtorganismus zu einem Zerfallsprozess noch funktionierender Zellen oder Zellsysteme. Der Punkt der Unumkehrbarkeit solcher natürlicher ›Sterbeprozesse‹ von Zellen oder Zellsystemen ohne äußere Eingriffe wird in der modernen Medizin beim Menschen durch Revitalisierung, Kompensation, Substitution oder Transplantation lebenswichtiger Zell- oder Organfunktionen relativiert (s. Abschn. 5.2: »Begriffe zu Sterben und Tod im biologisch-medizinischen Kontext«). Bei der medizinischen Definition des menschlichen Sterbens ist daher heute nicht mehr (nur) der natürliche Verlauf, sondern der absehbare Verlauf unter Berücksichtigung der medizinisch-technischen Möglichkeiten zu betrachten. Während lebenswichtige Organe wie Herz, Lungen Nieren und Leber heute technisch kompensiert oder durch Transplantation ersetzt werden können, bildet das Gehirn in dieser Hinsicht eine Ausnahme. Diese Sonderstellung spielt in der Argumentation für die Gleichsetzung des Todes des Menschen mit dem Gehirntod eine wichtige Rolle.

Die biologische Begründung für den Prozess der Alterung mit dem ›natürlichen Tod‹ als Abschluss wird im Mechanismus der Evolution vermutet, da ein langes Weiterleben nach der Fortpflanzung zu einer Verschärfung eines Platz- und Ressourcenmangels führen würde und langsame Generationswechsel eine zu langsame Anpassung an veränderte Umweltbedingungen bedeuten würden, was beides der Arterhaltung zuwiderliefe.

## 5.4 Wandel der bildlich dargestellten Begegnung von Arzt und Tod

Die Begegnung des Arztes mit dem Tod in den Bilddarstellungen ist über Jahrhunderte keine Begegnung des Arztes mit dem sterbenden oder toten Patienten, sondern die Begegnung des Arztes mit dem meist als Skelett personal inszenierten Tod. Vor allem in den Totentänzen des Spätmittelalters und der Renaissance ist dies eindrücklich dargestellt. Der Arzt tritt dem Tod mit den Utensilien seiner Heilkunst – z. B. dem Uringlas für die Harnschau – entgegen, wird von ihm aber besiegt und wird schließlich selbst Opfer des Todes, wie alle anderen auf den Totentänzen dargestellten Stände auch. Als Bild der Niederlage hat der Arzt auf dem Kupferstich des Basler Totentanzes von Matthäus Merian d. Ä. von 1649 das Uringlas fallen gelassen, und der Tod hat das Uringlas-Täschchen übernommen (»Todt zum Doctor«). In emblematischen Darstellungen dieser Szene wendet der Tod sich bisweilen an den Arzt mit den Worten »Arzt, hilf dir selbst«, womit ironisch die irdische Begrenztheit des Heilbemühens verdeutlicht und auf die religiöse Dimension im Sinne der ausschließlich durch Christus möglichen Heilung im Jenseits verwiesen wird (vgl. Block 1966). Grundlegend verändert sich diese Motivkonstellation und Ikonographie der Begegnung von Arzt und Tod erst mit der Verwissenschaftlichung der Medizin im 19. Jh. und frühen 20. Jh.: Der Arzt wird zunehmend als Bundesgenosse des bedrohten Patienten herausgestellt. Hier finden sich teilweise pathetisch überzogene Darstellungen, in denen nicht der Tod, sondern der kämpfende Arzt den – zumindest temporären – Sieg über den Tod davonträgt, z. B. in Ivo Salingers Farbradierung »Der Chirurg« von 1921. Emil Noldes Radierung »Kranker, Arzt, Tod und Teufel« von 1911 beispielsweise vermittelt eine eher differenzierte Einschätzung ärztlicher Möglichkeiten zwischen unkritischer Selbstüberschätzung und schicksalhafter Ergebenheit gegenüber dem Tod. Bei A. Paul Weber bekommen die Kampfszenarien der Ärzte im Operationssaal oder auf der Intensivstation kritisch karikaturhafte Verzerrungen. Das Kampfparadigma der Medizin gegen Krankheit, Sterben und Tod bediente sich seit dem ausgehenden 19. Jh. der Bilder und Metaphorik des Militärs und der Kriegführung, was bis heute noch im Medizinalltag anklingt (»Stützpunkt«, »Killer-Zellen«, »Triage« etc.).

## 5.5 Medizinische Konzepte vom Tod des Menschen: vom Herztod zum Hirntod

Die Definition des Todes in der Medizin steht in Abhängigkeit zum jeweiligen medizinischen Wissen der Zeit. Im Mittelalter erscheint der Tod als unvermeidbares irreversibles Ereignis, gegen das ›kein Kraut‹ gewachsen ist – und damit auch keine ärztliche Kunst wirken kann (*contra vim mortis non est medicamen in hortis*). Genaue Todesdefinitionen existieren nicht; es wurde jedoch immer versucht, den Eintritt des menschlichen Todes vor dem Übergang in die Verwesung zu erfassen. Mit der Verwissenschaftlichung der Medizin im 18. Jh. wurden vor allem Atmung und Herzschlag als lebenskonstituierende Funktionen erkannt, womit ihr definitives Fehlen als ›Todesmerkmal‹ galt. Bis zur Mitte des 20. Jhs. galten demnach der Stillstand des Kreislaufs und der Atmung bereits vor dem Einsetzen der Zeichen der Verwesung als Zeichen des Todes. Von außen betrachtet – z. B. aus juristischer Sicht – erschien diese Todeskonzeption unproblematisch, was sich der juristischen Diskussion darüber durch von Savigny aus dem Jahr 1840 entnehmen lässt, in der der Tod als ›einfaches Naturereignis‹ bezeichnet wird, welches anders als die Geburt eine ›genaue Festlegung seiner Elemente‹ nicht nötig mache (vgl. Savigny 1840). Mit der Überprüfung der sinnlich erfassbaren ›Vitalfunktionen‹ Atmung (Hebung des Brustkorbs) und Herzschlag (Ertastung des Pulses) zusammen mit einer sichtbar fehlenden Reaktion der Pupillen schien eine ausreichende Sicherheit der Todesfeststellung zu bestehen. Der Herz-Kreislauftod markierte das Ende der kurativen Aufgabe des Arztes.

Diese scheinbar klaren Todeskriterien des Herz-Kreislauftodes stießen jedoch auf Zweifel hinsichtlich ihrer Sicherheit und Eindeutigkeit. Die Diskussion um den Scheintod vom 18. Jh. bis heute belegt die

Angst, womöglich verfrüht für tot erklärt zu werden (s. unten 5.8: »Zweifel an der Sicherheit der Todesfeststellung«; s. auch Kap. 10: »Scheintod«). Im 20. Jh. haben die Fortschritte der Medizin durch die Möglichkeit der Herz-Kreislaufwiederbelebung den ›Herz-Kreislauftod‹ hinsichtlich des Merkmals der Unumkehrbarkeit relativiert. Die Entwicklung der kardiopulmonalen Reanimation um 1960 markierte das Ende des Herz-Kreislaufstillstands als Todesmerkmal, zumindest wenn durch sie nicht nur der Kreislauf wiedergestellt werden konnte, sondern auch das Gehirn nach Wiedereinsetzen des Kreislaufs noch intakt war. Mit der zunehmenden Verbreitung der Praxis der Wiederbelebung zeigte sich die aus physiologischen Gründen zu erwartende Problematik, dass es zwar immer wieder gelang, durch die Reanimation den Herzschlag und die Kreislauffunktion wieder herzustellen, dass jedoch durch zu lange Sauerstoffmangelversorgung das Gehirn schwer geschädigt blieb (apallisches Syndrom; s. Kap. 11: »Koma«) oder gänzlich abgestorben war (s. Kap: 12: »Hirntod – medizinisch«). Damit fiel der Gehirnfunktion als Erfolgskriterium einer erfolgreichen Wiederbelebung eine entscheidende Bedeutung zu: Die ›Wiederbelebbarkeit‹ des Gehirns erschien als der entscheidende medizinische Parameter des möglichen Überlebens des Reanimierten.

Zeitgleich mit der Reanimation wurden in den 1950er Jahren auch längerfristige maschinelle Beatmungsformen etabliert, die zu neuen Herausforderungen für die Konzepte vom ›Sterben und Tod des Menschen‹ führten: Bei einem Absterben des Gehirns infolge primärer oder sekundärer Hirnerkrankungen konnte der nachfolgende ›natürliche‹ Stillstand der gehirngesteuerten Atemfunktion mit konsekutivem ›Herz-Kreislaufversagen‹ durch eine maschinelle Beatmung aufgehalten werden. Diese Konstellation wurde zuerst von den französischen Ärzten Pierre Wertheimer (vgl. Wertheimer u. a. 1959) sowie Pierre Mollaret und Maurice Goulon 1959 systematisch beschrieben (vgl. Mollaret/Goulon 1959) und zunächst als *coma dépassé* bezeichnet, bei dem eine Fortführung der Beatmung als sinnlos erachtet wurde (s. Abschn. 5.6.: »Hirntod: Ganzhirntod und Teilhirntod«). Es entstand der Bedarf nach einer Definition dieses Zustandes des ›Hirntodes‹ als eines vom Herztod dissoziierten Todesmerkmals. Diese Definition lieferte 1968 das aus Medizinern, Juristen, Ethikern und Theologen zusammengesetzte ›Ad Hoc Committee of the Harvard Medical School to Examine the Definition of Death‹ (vgl. Ad Hoc Committee 1968). Im gleichen Zeitraum entwickelte sich die Transplantationsmedizin mit ihren ersten Meilensteinen: Die erste Lebend-Nieren-Transplantation zwischen zwei eineiigen Zwillingen fand 1954 in Boston statt und die erste erfolgreiche Herztransplantation 1967 in Kapstadt durch Christiaan Barnard. Inwieweit das zeitliche Zusammenfallen von Transplantationsmedizin und Hirntoddefinition als Ausdruck einer utilitaristisch intendierten neuen Todesdefinition oder als ein zwangsläufiges Ergebnis parallel verlaufender medizinischer Fortschritte aufzufassen sei, ist Gegenstand einer kontroversen Diskussion. Jedenfalls hat die Harvard-Definition in ihrem Text durchaus in einer kurzen Passage Bezug zur Explantation von Organen genommen.

## 5.6 Hirntod: Ganzhirntod und Teilhirntod

Die dem Hirntodphänomen innewohnende Auffassung der Möglichkeit eines dissoziierten Absterbens des Gehirns als eines Ganzen oder seiner Teile wurde bereits vor der Publikation von Mollaret und Goulon in der Medizin diskutiert. So wurde der Begriff des *mort de cerveau* erstmalig 1800 vom französischen Arzt Xavier Bichat (1771–1802) benutzt (vgl. Sudhoff 1912). Allerdings wies der Historiker Alexandre Métraux darauf hin, dass der Hirntod-Begriff Bichats im Kontext einer Diskussion französischer Ärzte über die Umstände des Dekapitierungstodes durch die Guillotine kategorial anders zu verstehen sei als der heutige Hirntodbegriff (Métraux 2001). Auch der Bonner Pathologieprofessor Hugo Ribbert führte in seinem Traktat *Der Tod aus Altersschwäche* 1908 an verschiedenen Stellen aus, dass der natürliche Tod ein ›Gehirntod‹ sei (Ribbert 1908, 10, 23, 28, 85): Die Gehirnfunktion sei in Todesnähe so stark beeinträchtigt, dass auch das Leben des übrigen Körpers nicht mehr möglich sei. Ribbert schreibt: »Dann stirbt das Individuum. Der physiologische Tod ist ein Gehirntod«. Und an anderer Stelle formuliert er: »Der natürliche Tod ist ein Gehirntod«. Mit diesen Ausführungen ist zwar nicht das heutige Hirntodkonzept vorausgedacht worden, sie weisen aber auf ein zunehmendes Verständnis des Gehirns nicht nur als eines ›Denkorgans‹, sondern als des wesentlichen Regulationsorgans umfassender – vor allem vegetativer – Körperfunktionen hin.

Der Hirntod als vom Herz-Kreislauftod abgekoppeltes Phänomen kommt in der Natur nicht vor: dem Versagen der Hirnfunktion folgt unmittelbar das Versagen der Atmung und daraus resultierend der Herzstillstand. Nur durch die im Rahmen der Intensivmedizin mögliche künstliche Beatmung ist der Herz-Kreislaufstillstand aufzuhalten und viele Körperfunktionen des Hirntoten können weiter aufrechterhalten werden.

Die Entwicklung der kardiopulmonalen Reanimation in den 50er und 60er Jahren des 20. Jhs. relativierte dementsprechend den Herz-Kreislaufstillstand als ›klassisches‹ Todesmerkmal beim Menschen. Die Etablierung längerfristig möglicher maschineller Beatmungsformen führte zu neuen Herausforderungen für die Auffassung vom ›Tod des Menschen‹. Die Situation eines Menschen mit künstlich durch Beatmung aufrecht erhaltener Kreislauffunktion ohne jegliche Hirnfunktion wurde 1959 von zwei französischen Autorengruppen beschrieben: zum einen kasuistisch von Pierre Wertheimer, Michel Jouvet und Jacques Descotes (Wertheimer/Jouvet/Descotes 1959) sowie zusätzlich auch konzeptionell von Pierre Mollaret und Maurice Goulon (Mollaret/Goulon 1959).

Im Gegensatz zum Ganzhirntod, bei dem es ohne künstliche Atem- und Kreislaufunterstützung zwangsläufig innerhalb von wenigen Minuten zum Zusammenbruch des Kreislaufs im Restkörper kommt, ist bei isolierten Schädigungen des Großhirns (z. B. nach einer kardiopulmonalen Reanimation ein (Über-)Leben des menschlichen Organismus ohne äußere Hilfseingriffe möglich, da Atmung und Kreislauf auch ohne die ausgefallene Großhirnfunktion erhalten sein können und vom noch funktionierenden Hirnstamm gesteuert werden. Solche Zustände schwerer Hirnschädigungen werden als ›Apallisches Syndrom‹ – mittlerweile benannt als ›Syndrom areaktiver Wachheit‹ – bezeichnet (s. Kap. 11: »Koma«).

Das heute auch in Deutschland im Transplantationsgesetz als gültig beschriebene Hirntodkonzept ist nach den vom wissenschaftlichen Beirat der Bundesärztekammer in vierter Fortschreibung 2015 verfassten *Richtlinien zur Feststellung des endgültigen, nicht behebbaren Ausfalls der Gesamtfunktion des Großhirns, des Kleinhirns und des Hirnstamms* (irreversiblen Hirnfunktionsausfalls) ein Konzept des ›Ganzhirntodes‹ (Bundesärztekammer 2015). Allerdings wurde im Unterschied zu den drei vorausgehenden Versionen der Begriff ›Hirntod‹ aufgegeben. Der neu verwendete Begriff ›irreversibler Hirnfunktionsausfall‹ ist primär der Konformität zur Terminologie des Transplantationsgesetzes geschuldet, das den Begriff ›Hirntod‹ nicht verwendet. Daneben sollen in dem Manual vermeintlich implizite Annahmen des ›Hirntod‹-Konzepts, wie etwa die Frage, ob alle Hirnzellen ›tot‹ seien, mit einer pragmatischen wissenschaftlich präziseren Terminologie des operativ Feststellbaren – nämlich des irrversiblen Hirnfunktionsausfalls (IHFA) – relativiert werden.

Die Feststellung des IHFA erfolgt in drei Schritten (Erbguth 2017):

- Feststellung der Voraussetzungen (schwere Hirnschädigung)
- Klinische Untersuchung mit Diagnose der Symptomtrias, die bereits in den Harvard-Kriterien als konstituierende Merkmale des Hirntodes benannt wurde: (1) Bewusstlosigkeit (Koma), (2) Areflexie des Hirnstamms und (3) Atemstillstand (Apnoe)
- Nachweis der Irreversibilität durch klinische Verlaufsuntersuchungen nach den vorgeschriebenen Wartezeiten und/oder mittels ergänzender Untersuchungen (z. B. EEG, zerebraler Zirkulationsstillstand).

Die den Hirntod konstituierende Symptomtrias wurde von den Fachgesellschaften der meisten Länder in die entsprechenden Richtlinien übernommen (Erbguth 2000 und 2017). Im Gegensatz zu diesem Konzept des ›Ganzhirntodes‹ ist z. B. in Großbritannien die Hirntod-Definition an den Nachweis des ›Hirnstammtodes‹ und damit nur eines Teils des gesamten Gehirns gebunden.

In der Öffentlichkeit gab es stets kontroverse Diskussionen über die Angemessenheit des Hirntodkonzepts und seiner Durchführung, die drei ethisch relevante Fragen-/Problemkomplexe betrifft (Erbguth 2016):

(1) Die Frage, ob der Hirntod mit dem Tod des Menschen gleichzusetzen sei, wozu 2015 auch der Deutsche Ethikrat Stellung bezogen hat (Deutscher Ethikrat 2015).

(2) Die Frage der Verlässlichkeit der Hirntodfeststellung und ihrer Durchführung, nachdem 2014 in der Presse der Verdacht geäußert wurde, dass fundamentale Fehler bei der Hirntodfeststellung gemacht würden. So lautete eine der Schlagzeilen auf der Titelseite der Süddeutschen Zeitung »Falsche Todesdiagnosen in Krankenhäusern. Ärzte erklären Patienten oft fälschlich für hirntot« (Berndt 2014).

(3) Die Bedeutung und Stellung der Hirntodfeststellung im Zusammenhang mit der Organspende, insbesondere die damit verbundene Problematik einer ausschließlich der ›Organprotektion‹ dienenden Therapie im Vorfeld des Hirntodes (Erbguth/Dietrich 2014).

Bei den Fragen und Kontroversen zum ›Hirntod‹

bzw. dem ›irreversiblen Hirnfunktionsausfall‹ sind drei unterschiedliche Ebenen der Betrachtung und des Diskurses zu unterscheiden: die erste Ebene umfasst die anthropologische Betrachtung der Frage, inwieweit der Hirntod als eine bestimmte Form des menschlichen Todes verstanden werden kann; die zweite Ebene beantwortet die Frage, welches Kriterium zur pathophysiologischen Begründung des ›Hirntod-Konzepts‹ angemessen ist (s. o.: in Deutschland der irreversible Funktionsausfall des gesamten Gehirns – anders in Großbritannien der irreversible Funktionsausfall des Hirnstamms) und die dritte Ebene befasst sich mit der Frage, wie das entsprechende Kriterium operational durch Untersuchungen belegbar ist (geregelt in den oben zitierten ›Richtlinien‹ der Bundesärztekammer, vgl. Erbguth 2016).

Die 2015 mit einem Votum abgeschlossene Debatte im ›Deutschen Ethikrat‹ und ihre Dokumentation auf 189 Seiten spiegelt exemplarisch die Debatte wider, deren Argumente sich in den letzten 50 Jahren kaum verändert haben. Im Ethikrat wurde mehrheitlich mit 18 (von 25) Stimmen dafür plädiert, dass »der Hirntod ein sicheres Zeichen für den Tod des Menschen« sei (Position A) (Deutscher Ethikrat 2015). Von einem Hirntoten könne »nicht mehr als einem lebendigen Menschen gesprochen werden«. Sieben Mitglieder wollten allerdings den Hirntod nicht mit dem Tod des Menschen gleichgesetzt wissen (Position B).

Bei der Kritik des Hirntodkonzepts spielt es eine wichtige Rolle, dass bei einem hirntoten Menschen die sinnliche und intuitiv gültige Todesanmutung einer Leiche fehlt und der Beatmete nur durch die Akzeptanz von wenig sinnlichen Untersuchungsergebnissen als hirntot verstanden werden kann.

Es kann hier nicht die ganze Breite der Hirntod-Diskussion wiedergegeben werden. Komprimiert lassen sich die kontroversen Auffassungen zum ›Wesen‹ eines Hirntoten zusammenfassen als die von einem

- toten Menschen mit künstlich erhaltener Körperfunktion. Dies impliziert eine hierarchische Aufteilung des ›Mensch-Seins‹ in Gehirn- und anderweitige Körperfunktionen.
- lebenden Menschen ohne Hirnfunktion. Dies impliziert eine ganzheitlich orientierte Auffassung des Menschen als ›unteilbarem‹ Ganzen, dessen künstlich aufrecht erhaltene Körperfunktionen dem Wesen und Verständnis des Todes widersprechen.

In Deutschland verboten sind im Moment Regelungen anderer Länder, in denen die Organentnahme unter formaler Umgehung der Hirntodfeststellung einige Minuten nach einem Herz-Kreislauf-Stillstand erlaubt ist (*Non-Heart-Beating Donors, Donation after circulatory death*). Unter solchen Bedingungen kann auch ein Therapieabbruch bei aussichtsloser Prognose noch vor Eintritt des Hirntods erfolgen, um kurz nach dem eintretenden Herz-Kreislaufstillstand Organe zu entnehmen. Dabei wird die minimal notwendige Latenzzeit zwischen der Feststellung des Herzstillstandes und der Entnahme der Organe unterschiedlich festgesetzt. Dieses Vorgehen ist strittig, weil der Betroffene ja bei kurzer Latenz noch nicht zwingend hirntot sein muss und eigentlich noch für mehrere Minuten reanimierbar wäre: In einigen Ländern gelten 10 Minuten Latenz als ›äquivalent zum Hirntod‹. So geht die Schweizerische Akademie der Medizinischen Wissenschaften davon aus, dass der Hirntod einmal als »Tod infolge primärer Hirnschädigung« und zum anderen als »Tod nach anhaltendem Kreislaufstillstand« nach mindestens zehnminütigem Warten ohne Durchführung von Reanimationsmaßnahmen festgestellt werden könne (Schweizerische Akademie der Medizinischen Wissenschaften 2011).

## 5.7 Die Rolle des Arztes beim Sterben und bei der Todesfeststellung im Wandel der Geschichte

In der Geschichte der ärztlichen Präsenz bei Sterben und Todesfeststellung spiegeln sich die jeweiligen kulturellen Kontexte wider. In der Vormoderne hatten Ärzte nichts mit dem Verstorbenen, mit der Feststellung des Todes oder mit den beim Tod praktizierten Ritualen zu tun. Entscheidender als die Klärung eines ›exakten‹ Todeszeitpunktes oder der Todescharakteristika waren religiös oder kulturell begründete rituelle Handlungen beim Sterben und im Tod wie etwa die Vornahme von Waschungen und Reinigungen oder die Ausstattung für die ›Reise ins Jenseits‹ (vgl. Schlich 2001). In der griechischen und römischen Antike waren Handlungen am Toten und die Todesfeststellung nicht dem Aufgabenbereich der Medizin übergeben. Vom Arzt wurde auch während der Krankheit weniger ein ›Kampf‹ gegen den Tod oder ein Engagement für den Sterbenden erwartet als vielmehr die Abgabe einer Prognose über den mehr oder weniger unabwendbaren Verlauf der Erkrankung. Bis zum Spätmittelalter waren nicht die Ärzte für die Todesfeststellung zuständig, sondern am Totenbett verweilende Priester. Wurden Ärzte zum vermeintlich noch kurierbaren Kranken gerufen, der sich als Sterbender oder Toter herausstellte, wurde die vom Leben abgrenzende Todesfeststellung ausnahmsweise zur ärztlichen Aufgabe. Als feststellbare Zeichen des Todes galten Herz- und Atemtätigkeit, deren Sistieren mittels Hilfstechniken überprüft wurde, wie beispielsweise ein vor die Lippen gehaltener Wollfaden oder Spiegel oder eine auf die Brust gesetzte Wasserschale zur Sichtbarmachung von Atemexkursion und Herzschlag. Als einer der Gründe für die Abstinenz und Ferne der Ärzte vom Totenbett galt die Vermeidung des Verdachts der Habgier durch Einnahmen aus unnützer Behandlung Sterbender (vgl. Schäfer 2001). Etwa um 1300 zeigt sich dann ein vermehrtes Interesse der Medizin am toten Körper, beispielsweise an der Kunst des Einbalsamierens. Trotz des 1299 mit der Exkommunikation verknüpften Verbots der Leichenöffnung durch Papst Bonifaz VIII. fanden in dieser Zeit an italienischen Universitäten erste Lehrsektionen statt, die in der Folge z. B. durch Vesalius die medizinische Wissenschaft vorantrieben. Die gerichtliche Leichenschau wurde im 13. Jh. nicht von Ärzten, sondern von Richtern ausgeübt. Eines der ältesten Rechtsbücher, der Sachsenspiegel, verbot das Begraben der Leiche ohne Besichtigung durch den Richter. In Kriegswirren wurde die Leichenschau von beliebigen Personen durchgeführt.

In der weiteren Entwicklung finden sich allerdings auch aus der Medizin heraus Klagen über eine fehlende ärztliche Kompetenz beim Sterben. So schreibt der Hallenser Arzt Johann Christian Reil 1816 (zit. nach Baust 1992): »Um den Menschen ins Leben hineinzuhelfen, dazu gibt es eine eigene Kunst, die Hebammenkunst, aber dafür, daß man erträglich wieder herauskomme, ist fast nichts getan.« Im Zeitalter der Aufklärung im 18. Jh. zeigt sich eine vermehrte Hinwendung der Medizin zum Tod in Form von Äußerungen und Positionen zum Todeszeitpunkt und zu Todeszeichen (Ackerknecht 1968; Schott 1986).

## 5.8 Zweifel an der Sicherheit der Todesfeststellung: Angst vor dem ›Scheintod‹

Ängste vor einer verfrühten Todesfeststellung reichen bis in die Pestzeiten des Mittelalters zurück, wo gelegentlich menschliche Körper vor der Bestattung im Massengrab als noch nicht verstorben identifiziert wurden (z. B. stark Betrunkene). Irritierende Beobachtungen an Leichen, wie etwa die Beschreibungen von Sarggeburten (aus heutiger medizinischer Sicht durch Faulgase erfolgte Austreibungen der Leibesfrucht), waren zwar mit der geglaubten Fortexistenz der Verstorbenen kompatibel, nährten jedoch auch Mythen über den Scheintod (s. Kap. 10: »Scheintod«). Im 18. und 19. Jh. kam es im Zuge der Aufklärung zwar einerseits zu einer Professionalisierung der Ärzte als Experten für den Tod (vgl. Kessel 2001), aber gleichzeitig zu nachhaltigen Zweifeln an der bestehenden Praxis und Sicherheit der Todesfeststellung. Die Taphophobie als weit verbreitete Angst vor dem Scheintod und Lebendig-Begrabenwerden generierte kuriose ›Wiedererweckungstechniken‹ und ausgeklügelte Sicherheitsstrategien. Unter Leitung Christoph Wilhelm Hufelands (1762–1836), der über den medizinischen Nutzen der elektrischen Kraft beim Scheintod promoviert hatte (vgl. Hufeland 1783/2006), wurde 1792 in Weimar das erste Leichenschauhaus in Deutschland errichtet. Die sorgfältige Beobachtung der Leichen und ihre Aufbahrung bis zum Eintreten untrüglicher Todesmerkmale verringerten die Wahrscheinlichkeit des Lebendig-Begrabenwerdens. Auch in der Diskussion um die Brandbestattung spielen Scheintod-Ängste eine wichtige Rolle. Teilweise wurde wieder eine beginnende Verwesung für die Freigabe der Leiche zur Bestattung vorausgesetzt, und in Graz vollzog man bis ins beginnende 20. Jh. kurioserweise den Herzstich, um sicherzustellen, dass der zu Beerdigende tatsächlich tot sei (Koch 1990).

Eine der wenigen medizinisch wissenschaftlichen Quellen zum Scheintod von 1905 (Tebb/Perry 1905) analysierte 384 Scheintodfälle, darunter 149 lebendig Begrabene, 219 dem voreiligen Begräbnis Entronnene, zehn lebendig Sezierte, zwei der Vivisektion Entronnene, einen lebendig Verbrannten und zwei lebendig Einbalsamierte. Selbst Ärzte zweifelten im 18. Jh. an der Sicherheit der Todesfeststellung. So wird von Baust berichtet, dass der deutsche Chirurg Johann Friedrich Dieffenbach (1792–1847) testamentarisch festgelegt habe, dass nach seinem vermeintlich eingetretenen Tode zwei Ärzte bei ihm verweilen sollten, bis Zeichen der Fäulnis eingetreten seien (vgl. Baust 1992). Auch heute noch berichten Medien etwa einmal jährlich in Deutschland über Fälle von Unterkühlung, Vergiftung oder Infektion und tiefem Koma im Sinne einer *vita minima* oder *vita reducta*, in denen es zu verfrühten und damit unsachgemäßen sicheren Todesfeststellungen kommt, die dann beispielsweise bei der Einsargung oder Aufbahrung entdeckt werden.

## 5.9 Die Entwicklung der Obduktion

Die Pathologische Anatomie versucht als medizinische Wissenschaft seit der Renaissance, die sichtbaren krankhaften Veränderungen an den Organen des menschlichen Körpers durch Öffnen der Leiche zu erkennen. Entscheidend für diese Entwicklung war die Einführung der Lehrsektion z. B. bei Andreas Vesalius (1514–1564), der ab 1538 als Chirurgieprofessor in Padua wirkte und antike Medizinkonzepte der Anatomie und der Humoralpathologie (Vier-Säftelehre) nachhaltig in Frage stellte. Die Autopsie verfolgt im Zuge ihrer Entwicklung schließlich drei Ziele: (1) die Erforschung des menschlichen Körpers; (2) die Ausbildung der Studierenden; (3) die postmortale Diagnosestellung. Jenseits der akademisch-medizinischen Sektionen vor Professoren und Studenten im 16. Jh. wurden in ›Anatomischen Theatern‹ Sektionen als öffentliches nicht-medizinisches Spektakel inszeniert. Die Vorstellungen fanden in Sälen mit abgestuften Sitztreppen statt; eingeladen waren Geistliche, Fürsten und angesehene Bürger, die Eintritt gezahlt hatten. Es durfte applaudiert werden, und z. B. in Bologna fügten sich die Veranstaltungen in den Karneval ein (vgl. Streckeisen 2001). Mit seinem Alterswerk von 1762, *De sedibus et causis morborum* (*Über den Sitz und die Ursachen der Erkrankungen*), präsentierte der Bologneser Medizinprofessor Giovanni Battista Morgagni (1682–1771) umfassende, aus Obduktionen gewonnene Erkenntnisse über die Pathologie und Anatomie des Menschen. Nicht mehr Säfte galten als konstitutiv für Gesundheit und Krankheit des Menschen, sondern das Zusammenspiel verschiedener Organe. Seit etwa 1950 ging in Deutschland die Zahl der Sektionen aus verschiedensten Gründen deutlich von etwa 50 % auf 5 % zurück. Interessanterweise stieg im gleichen Zeitraum die Produktion von Fernsehserien, in denen Pathologen und Rechtsmediziner als raffinierte heldenhafte Aufklärer von Krankheitsursachen und Kriminalfällen agieren. Wegen der zunehmenden Ablehnung der Autopsie durch Angehörige wird mittlerweile versucht, die Erkenntnisse im Rahmen einer »virtuellen Autopsie« mittels CT oder MRT bei der Leiche zu gewinnen.

## 5.10 Pathophysiologie des Sterbens und Todes

Über Jahrhunderte herrschte die Vorstellung, dass der Tod während des Sterbens seinen Einzug in den menschlichen Organismus durch die vier Atrien Hirn, Herz, Lunge und Blut hielte (vgl. Baust 1992). Diese Organe bzw. Funktionen des Organismus werden auch heute noch als ›vital‹ bezeichnet. Der Weg vom gesunden Körper zum Leichnam ist entweder durch Gewalteinwirkung von außen (z. B. Unfall oder Verbrechen) verursacht oder durch Erkrankungen innerer Organe. Die Erkrankungsmechanismen der Organe sind mannigfaltig und umfassen u. a. Entzündungen, Mangeldurchblutungen, Stoffwechselfehlregulationen oder bösartige Zellneubildungen (Krebs). Im Falle eines Versagens des Herzens z. B. im Rahmen eines Herzinfarktes wird konsekutiv kein Blut mit den für den Zellstoffwechsel notwendigen Substraten Sauerstoff und Glukose in die anderen Zellsysteme und Organe gepumpt, und diese stellen nach unterschiedlicher Latenz ihre Funktion ein und sterben ab. Das sauerstoffsensibelste Organ ist das menschliche Gehirn. Wie bereits in Abschnitt 5.2 erläutert, stellt der Tod aus medizinischer Sicht kein punktuelles, sondern ein prozesshaftes Ereignis dar, das vom definierten sicheren Tod des Individuums ›Mensch‹ bis zum Absterben der letzten Zelle des Körpers reicht (biologischer Tod). Während nach dem Zusammenbruch des Kreislaufs die Gehirnzellen bei Normaltemperatur nur noch fünf bis zehn Minuten überleben können, behalten andere Körperzellen mit höherer Sauerstoffmangeltoleranz wie beispielsweise Muskelzellen oder Spermien ihre Funktion noch über mehrere Stunden. Die heutige Todesfeststellung anhand der unter 5.11 beschriebenen sicheren Todeszeichen beurteilt demnach zwar einen unwiderruflichen Endpunkt menschlicher Existenz – aber nicht den zwingenden Tod jeder Körperzelle.

Der menschliche Körper kühlt nach dem Zusammenbruch des Kreislaufs pro Stunde um etwa 1 Grad ab. An der Haut markieren die bläulich sichtbare Zeichnung des Venennetzes und die Totenflecken den Todeseintritt. Die etwa 15 bis 20 Minuten nach dem Kreislaufstillstand auftretenden rot bis bläulich lividen Totenflecken entstehen durch Absinken des Blutes durch die Schwerkraft an die – je nach Lage des Toten – untersten Körperstellen, bei Rückenlage der Leiche häufig zuerst in der Nackenregion. Zwei bis sechs Stunden nach dem Kreislaufstillstand setzt die Totenstarre der Muskulatur ein, die sich nach ein bis zwei Tagen wieder löst. Es treten unterschiedliche Prozesse der Verwesung ein, in denen die Leiche verschiedene Färbungen von violett über grün bis hin zu schwarz annimmt. Die im Rahmen der Verwesung entstehenden Gase wie Ammoniak, Schwefelwasserstoff, Kohlendioxid und Stickstoff verursachen den Leichengeruch.

## 5.11 Ärztliche Leichenschau und sichere Todeszeichen heute

Seit Mitte des 20. Jhs. ist die Leichenschau in Deutschland Aufgabe der Ärzte. Leichenschau und Obduktionswesen fallen – soweit nicht strafrechtlich relevante Bereiche betroffen sind – in die gesetzliche Zuständigkeit der Länder. Die entsprechenden Gesetze oder Verordnungen aller Bundesländer schreiben bei jedem Todesfall eine ›äußere Leichenschau‹ durch einen approbierten Arzt vor. Eine Ausnahme gilt für einige schleswig-holsteinische Inseln, auf denen mangels Arztpräsenz die Leichenschau auch von ›einer anderen geeigneten Person‹ durchgeführt werden darf (vgl. Madea/Dettmeyer 2003). Die Aufgaben bei der ärztlichen Leichenschau sind: (1) Sichere Feststellung des Todes und Sicherstellung der Identität; (2) Feststellung der Todeszeit; (3) Feststellung der Todesursache; (4) Qualifikation der Todesart (natürlich vs. unnatürlich durch äußere Einflüsse wie Gewalt usw.); (5) Dokumentation übertragbarer Erkrankungen nach dem Infektionsschutzgesetz und (6) Beachtung von Meldepflichten. Für die Feststellung des Todes bei der äußeren Leichenschau muss mindestens eines der sicheren Todeszeichen vorliegen. Als sichere Zeichen des Todes bei der äußeren Leichenschau gelten (1) Totenflecken (*livores*), (2) Totenstarre (*rigor mortis*), (3) Fäulnis oder (4) mit dem Leben nicht vereinbare Verletzungen, wie z. B. die Abtrennung des Kopfes. Als sicheres Todeszeichen unter Beatmungsbedingungen ohne Eintritt des ansonsten konstitutiven Herz-Kreislaufstillstandes gilt auch der formal detailliert protokollierte irreversible Hirnfunktionsausfall (s. Abschn. 5.6.: »Hirntod«).

Wenn durch die äußere Leichenschau die Todesursache nicht sicher festzustellen ist, wird eine innere Leichenschau erforderlich, die auch als ›Obduktion‹, ›Autopsie‹, ›Nekropsie‹ oder ›Sektion‹ bezeichnet wird (s. Abschn. 5.9: »Die Entwicklung der Obduktion«). Bei Verdacht auf einen unnatürlichen Tod muss der Leichenschauer die Polizei oder Staatsanwaltschaft verständigen, die unter Umständen zur Klärung der Todesursache eine Obduktion anordnet.

## 5.12 Die Todesursachenstatistik als medizinische Kategorisierung des Todes

In dem Maß, in dem die Medizin über die Zuständigkeit für den einzelnen Patienten im 19. und 20. Jh. auch die Zuständigkeit für die ›öffentliche Gesundheit‹, beispielsweise die Seuchenprävention, erlangte, benötigte sie Erkenntnisse über die Epidemiologie des Todes und seiner Ursachen. In Deutschland wurde 1892 die Todesursachenstatistik eingeführt; sie umfasst alle im Berichtsjahr Verstorbenen (s. Kap. 16: »Sterberate«). Grundlage dieser bis heute jährlich vom Statistischen Bundesamt in Wiesbaden herausgegebenen Auflistung sind die in den Leichenschauscheinen eingetragenen, möglichst als Kausalkette anzugebenden zum Tode führenden Erkrankungen und die unmittelbaren Todesursachen. Nach der Todesursachenstatistik des Jahres 2018 verstarben insgesamt 954.874 Personen (darunter 470.032 Männer und 484.842Frauen). Damit stieg die Zahl der Todesfälle gegenüber 2017 um 2,4 %. Die häufigste Todesursache im Jahr 2018 war, wie schon in den Vorjahren, eine Herz-Kreislauferkrankung. 36,2 % aller Sterbefälle (= 345.274 Menschen) waren darauf zurückzuführen. Zweithäufigste Todesursache waren die Krebserkrankungen: Ein Viertel aller Verstorbenen (230.031 Menschen) erlag einem Tumorleiden. 4,4 % aller Todesfälle waren auf eine nicht natürliche Todesursache wie zum Beispiel eine Verletzung oder Vergiftung zurückzuführen (41.554 Sterbefälle). Durch einen Suizid beendeten 9396 Menschen ihr Leben, wobei der Anteil der Männer mit 75 % dreimal so hoch war wie der Anteil der Frauen mit 25 %. Die Sterberate betrug in Deutschland 2018 11,5 Gestorbene je 1.000 Einwohner.

## 5.13 Zur Entwicklung der »Wiederbelebung« (Reanimation)

›Erweckungen‹ von Toten oder ›Wiederauferstehungen‹ sind seit jeher Themen von Mythen und Religionen, die sowohl als Symbole von Heilsbotschaften dienen wie auch als Grenzüberschreitungen verstanden werden. Beispielsweise wird Asklepios, der griechische Gott der Heilkunde, vom erzürnten Zeus durch einen tödlichen Blitzschlag bestraft, nachdem er Tote wieder zum Leben erweckt hat. Formen der Wiederbelebung wie laute Ansprache, heftige Berührungen, Einblasen von Atem oder Rauch in verschiedene Körperöffnungen wurden seit dem Mittelalter überliefert (vgl. Baust 1992). Dabei nehmen sich entsprechende

Empfehlungen aus heutiger medizinischer Sicht kurios aus, wie beispielsweise der Rat, warme Luft oder Tabakrauch mit einem Blasebalg oder einer Klistierspritze in die Gedärme zu blasen. Der spätere Großherzog von Sachsen-Weimar-Eisenach, Carl August, erließ 1776 eine Anweisung zur Wiederbelebung: »Hierauf muß man Luft in den Mund blasen, entweder mittels eines Blasebalgs oder, welches besser, auf die Weise, daß ein Mensch, der eine gesunde Lunge hat, seinen Mund auf den Mund des Ertrunkenen einbringt und dazu sich eines abgebrochenen Pfeifenstils oder einer anderen Röhre bedient, bei diesem sowohl des Odems, als auch Tabakrauch aber muß ein anderer mit der einen Hand die Nase des Ertrunkenen zuhalten und mit der anderen über die Brust hin und her streichen und vornehmlich von der Herzgrube nach der Brust reiben und rücken« (zit. nach Baust 1992).

Die Entdeckung des Blutkreislaufs und der Pumpfunktion des Herzens durch William Harvey im 16. Jh. eröffnete den Weg für neue empirisch überprüfbare Strategien der Wiederbelebung. So demonstrierte die Londoner Royal Society 1667 am geöffneten Brustkorb eines Hundes eine externe Beatmung und die dabei sichtbare Belüftung der Lunge. Einzelne dokumentierte erfolgreiche Mund-zu-Mund-Beatmungen (z. B. 1744 durch den Chirurgen William Tossach) wurden von der Medizin nicht systematisch aufgegriffen. In den 1940er Jahren wurden erste Versuche von Elektroschockbehandlung bei Herzrhythmusstörungen vorgenommen, die schließlich in den 1960er Jahren durch den amerikanischen Kardiologen Bernard Lown (geb. 1921) zur sogenannten ›Defibrillation‹ weiterentwickelt wurden. Einen entscheidenden technologischen Schritt stellte auch die Beatmung atemgelähmter Poliokranker nach dem Zweiten Weltkrieg mittels aus Torpedorohren gefertigter ›Eiserner Lungen‹ dar. Unterschiedliche medizinische Forschungsergebnisse der 1960er Jahre – vor allem aus der Gruppe um Peter Safar, dem ›Vater der kardiopulmonalen Reanimation‹ – führten zur Entwicklung der im Prinzip bis heute gültigen Reanimationstechnik, nämlich der Kombination aus Herzdruckmassage und Beatmung (vgl. Mitka 2003).

## 5.14 Realität und Klischees von Sterben und Tod in der modernen Medizin

Die Mehrzahl der Menschen stirbt in Deutschland in den Institutionen Alten- oder Pflegeheim und Krankenhaus. Vor allem an den Umständen des Sterbens in den Kliniken wird Kritik geübt. Die in der Debatte um Patientenverfügungen immer wieder auftauchende Wendung, nicht ›zwischen Apparaten und Schläuchen‹ sterben zu wollen, verweist auf das Misstrauen mancher Menschen gegenüber einer ›um jeden Preis‹ gegen den Tod kämpfenden Medizin und gegenüber einem inadäquaten Umgang mit Sterben und Tod. Deutlich wird diese Haltung in einer Äußerung des ›kompetenten Laien‹ Heiner Geißler: »So stirbt der Mensch ganz im Stil unserer Zeit inmitten der hektischen Geschäftigkeit einer supertechnisierten und übermedikamentösen Medizin, in sterilen Räumen, abgeschirmt von der nicht keimfreien Außenwelt nach einem langen Kampf der Ärzte mit dem Tod. Von jeder Kommunikation mit den Angehörigen, Freunden, Bekannten und den Geistlichen etc. abgeschnitten, wird nun das Sterben für ihn zur seelischen Qual. Die Intensivstation wird hier zur Hölle der Einsamkeit, zum Absturz der Seele ins Nichts, zur wissenschaftlichen Versuchsstation und Folterkammer, die verhindert, daß der Patient den Sinn seines Sterbens [...] erkennen und vielleicht bewältigen kann« (Geißler 1978, 144). Die Präsenz der modernen Medizin im Sterbeprozess wird zum Teil als inhuman erlebt. Suggeriert wird dazu kontrastierend oft eine romantische Vorstellung von Tod und Sterben allein durch Abwesenheit medizinischer Professionen. Angenommen wird, Sterben ›außerhalb‹ der Medizin sei ›natürliches‹ und damit ›würdevolles‹ oder ›friedliches Sterben‹ – was angesichts quälender ›natürlicher‹ Sterbeverläufe als Fehlschluss erscheinen muss. Der Chirurg Sherwin B. Nuland (1930–2014) hat in seinem Buch *Wie wir sterben* natürliches menschliches Sterben als oft schwer erträglich beschrieben (Nuland 1994). Die moderne Palliativmedizin versucht, die Kluft zwischen einer Medizin, die gegen den Tod ankämpft und dabei das Wohl des Betroffenen aus den Augen verliert, und einer Medizin, die sich vom Sterbenden und Toten völlig fernhält, zu schließen. Parallel zur Ablehnung indizierter lebensverlängernder Maßnahmen zugunsten eines »friedlichen« Sterbens entwickeln sich im Gegenteil dazu auch Einforderungen von nicht medizinisch indizierter »wunscherfüllender« Lebensverlängerung. Beide Einstellungen kennzeichnen die Ambivalenz in den »Dingen« des Lebens und Sterbens.

### Literatur

Ackerknecht, E.: Death in the History of Medicine. In: *Bulletin of the History of Medicine* 24 (1968) 19–23.

Ad Hoc Committee of the Harvard Medical School to Examine the Definition of Brain Death: A Definition of Irre-

versible Coma. In: *The Journal of the American Medical Association* 205 (1968), 85–88.
Ariès, P.: *Geschichte des Todes.* München [4]1989 (frz. 1977).
Baust, G.: *Sterben und Tod. Medizinische Aspekte.* Berlin 1992.
Berndt, Christina: Ärzte erklären Patienten oft fälschlich für hirntot. In: *Süddeutsche Zeitung* (2014) vom 18.02.2014.
Block, W.: *Der Arzt und der Tod.* Stuttgart 1966.
Bundesärztekammer: Grundsätze der Bundesärztekammer zur ärztlichen Sterbebegleitung. In: *Deutsches Ärzteblatt* 108 (2011), A346–348.
Bundesärztekammer: Richtlinie gemäß § 16 Abs. 1 S. 1 Nr. 1 TPG für die Regeln zur Feststellung des Todes nach § 3 Abs. 1 S. 1 Nr. 2 TPG und die Verfahrensregeln zur Feststellung des endgültigen, nicht behebbaren Ausfalls der Gesamtfunktion des Großhirns, des Kleinhirns und des Hirnstamms nach § 3 Abs. 2 Nr. 2 TPG, Vierte Fortschreibung. In: *Deutsches Ärzteblatt* (2015). https://www.bundesaerztekammer.de › irrev.Hirnfunktionsausfall.pdf (Abruf 04.12.2019)Deutscher Ethikrat: Hirntod und Entscheidung zur Organspende. Berlin 2015 URL: www.ethikrat.org/fileadmin/Publikationen/Stellungnahmen/deutsch/stellungnahme-hirntod-und-entscheidung-zur-organspende.pdf
Erbguth, F.: Ist hirntot wirklich tot? Ethische Aspekte der Nierentransplantation. In: *Nieren- und Hochdruckkrankheiten* 29 (2000), 98–108.
Erbguth, F./Dietrich, W.: Therapieziel Hirntod? Soll ein potenzieller Organspender mit aussichtsloser Prognose zugunsten einer möglichen Transplantation lebensverlängernd behandelt werden? In: *Bayrisches Ärzteblatt* 3 (2014), 116–119.
Erbguth, F.: ›Hirntod‹: Umsetzung der neuen Richtlinien der BÄK zum irreversiblen Hirnfunktionsausfall. In: *Intensiv und Notfallbehandlung* 42 (2017), 46–53.
Erbguth, F.: Hirntod – irreversibler Funktionsausfall. In: Ders./R. Jox (Hg.): *Angewandte Ethik in der Neuromedizin.* Heidelberg 2016, 165–178.
Geißler, H.: Ökonomische und sozialpolitische Aspekte der Intensivmedizin. In: V. Eid/R. Frey (Hg.): *Sterbehilfe oder Wie weit reicht die ärztliche Behandlungspflicht?* Mainz 1978, 133–145.
Glaser, B./Strauss, A.: *Betreuung von Sterbenden.* Göttingen 1995.
Hucklenbroich, P.: Tod und Sterben – was ist das? Medizinische und philosophische Aspekte. In: Ders./P. Gelhaus (Hg.): *Tod und Sterben. Medizinische Perspektiven.* Münster 2001, 3–20.
Hufeland, C. W.: *Medizinischer Nutzen der elektrischen Kraft beim Scheintod* (Inaugural Dissertation 1783). Dt. Übersetzung aus dem Lateinischen von K. Pfeifer. Bad Langensalza 2006.
Kessel, M.: Die Angst vor dem Scheintod im 18. Jahrhundert. Körper und Seele zwischen Religion, Magie und Wissenschaft. In: T. Schlich/C. Wiesemann (Hg.): *Hirntod. Zur Kulturgeschichte der Todesfeststellung.* Frankfurt a. M. 2001, 133–166.
Koch, T. *Lebendig begraben. Geschichte und Geschichten vom Scheintod.* Edition Leipzig 1990.
Madea, B./Dettmeyer, R.: Ärztliche Leichenschau und Todesbescheinigung. Kompetente Durchführung trotz unterschiedlicher Gesetzgebung der Länder. In: *Deutsches Ärzteblatt* 100 (2003), A3161–79.
Merker, H.-J.: Anatomie des Todes. In: R. Winau/H.-P. Rosemeier (Hg.): *Tod und Sterben.* Berlin 1984, 169–187.
Métraux, A.: Der Todesreigen in der belebten Materie. Xavier Bichat über das vielfältige Sterben des Organismus. In: T. Schlich/C. Wiesemann (Hg.): *Hirntod. Zur Kulturgeschichte der Todesfeststellung.* Frankfurt a. M. 2001, 167–186.
Mitka, M.: Peter J. Safar – Father of CPR. Innovator, Teacher, Humanist. In: *Journal of the American Medical Association* 289 (2003), 2485–2486.
Mollaret, P./Goulon, M.: Le coma dépassé (Mémoire préliminaire). In: *Revue Neurologique* 101 (1959), 3–15.
Nuland, S. B.: *Wie wir sterben. Ein Ende in Würde.* München 1994.
Quante, M.: *Personales Leben und menschlicher Tod.* Frankfurt a. M. 2002.
Ribbert, H.: *Der Tod aus Altersschwäche.* Bonn 1908.
Samarel, N.: Der Sterbeprozess. In: J. Wittkowski (Hg.): *Sterben, Trauer und Tod.* Stuttgart 2003, 132–151.
Savigny, C.-F. von: *System des heutigen Römischen Rechts.* Bd. II. Berlin 1840.
Schäfer, D.: Todesfeststellung im Mittelalter. In: T. Schlich/C. Wiesemann (Hg.): *Hirntod. Zur Kulturgeschichte der Todesfeststellung.* Frankfurt a. M. 2001, 102–114.
Schlich, T.: Tod, Geschichte, Kultur. In: Ders./C. Wiesemann (Hg.): *Hirntod. Zur Kulturgeschichte der Todesfeststellung.* Frankfurt a. M. 2001, 9–42.
Schott, H.: Eros und Thanatos. Spekulationen über Tod und Sterben in der Medizin. In: J. Geyer-Kordesch/P. Kröner/H. Seithe (Hg.): *Leiden, Sterben und Tod.* Münster 1986, 70–91.
Schweizerische Akademie der Medizinischen Wissenschaften (2011): *Richtlinien Feststellung des Todes mit Bezug auf Organtransplantationen.* www.samw.ch/dam/jcr:4a69851d-bd05-49b3-a209-3ce28d66372e/richtlinien_samw_feststellung_tod_organentnahme.pdf
Smith, J. M./Szathmary, E.: *Evolution.*
Streckeisen U.: *Die Medizin und der Tod. Über berufliche Strategien zwischen Klinik und Pathologie.* Opladen 2001.
Sudhoff, K.: *Klassiker der Medizin.* Leipzig 1912.
Tebb, W./Perry, E.: *Premature Burial, And How It May Be Prevented. With Special Reference To Trance, Catalepsy And Other Forms Of Suspended Animation.* London [2]1905.
Wertheimer, P./Jouvet, M./Descotes, J.: A propos du diagnostic de la mort du système nerveux dans les comas avec arret respiratoire traites par respiration artificielle. In: *La Presse Médicale* 67/3 (1959), 87–88.
Wissenschaftlicher Beirat der Bundesärztekammer: Richtlinien zur Feststellung des Hirntodes. 3. Fortschreibung 1997 mit Ergänzungen gemäß Transplantationsgesetz (TPG). In: *Deutsches Ärzteblatt* 95 (1998), 1861–1868.

*Frank Erbguth*

# 6 Psychologie

Die Aussicht des eigenen Todes, das Sterben – das eigene und dasjenige anderer Menschen – sowie der Verlust einer Person durch den Tod gehören zu den elementaren Erfahrungen des Menschen. Ob als Gesunder, der über seine Lebenszeit hinausdenkt, als Todkranker oder als Angehöriger eines solchen, als Hinterbliebener, als Heilkundiger oder Priester – Sterben, Tod und Trauer haben die Menschheit seit jeher beschäftigt, und dies hat seinen Niederschlag in Kunst, Musik und Dichtung gefunden (s. Kap. 37: »Tod und Sterben in der Bildenden Kunst«). In jüngerer Zeit und auf einer wissenschaftlichen Ebene haben sich vornehmlich Philosophie, Medizin, Psychologie und Soziologie der Todesthematik angenommen. Der vorliegende Beitrag behandelt diesen Gegenstand aus der Sicht der Psychologie als empirischer Tatsachenwissenschaft (im Unterschied zu einer philosophisch-spekulativen Psychologie älterer Prägung). Nach einer Einleitung mit den wesentlichen Entwicklungslinien dieses Gebietes und seiner allgemeinen Kennzeichnung folgt ein Abschnitt über den Stand der Theoriebildung. Sodann werden Untersuchungsverfahren zur Erfassung des Erlebens und Verhaltens beim Gedanken an Sterben und Tod einerseits und gegenüber Trauern andererseits vorgestellt. Der Beitrag schließt mit der Erörterung ethischer Fragen der Forschung zur Todesthematik.

## 6.1 Historischer Abriss, Definition und Gegenstände der Psychologie des Todes

### 6.1.1 Entwicklungslinien

Die Psychologie des Todes, wie sie sich heute darstellt, ist das Ergebnis gesellschaftlicher und kulturgeschichtlicher Entwicklungen während der zurückliegenden 100 Jahre, die im Prinzip in allen entwickelten Ländern stattfanden, besonders stark aber in Nordamerika und Großbritannien ausgeprägt waren. Einige dieser Entwicklungslinien sind: Spezialisierung und Professionalisierung in allen Lebensbereichen; enorme technische Fortschritte in der Medizin, die zu einer Veränderung in der Behandlungsqualität geführt haben (*high tech – low touch*); Alterung der Gesellschaften; Zunahme chronischer Krankheiten und in Verbindung mit erhöhter Lebenserwartung eine Zunahme der Pflegebedürftigkeit; Menschenrechtsbewegung und Feminismus; zwei Weltkriege mit Millionen Toten und ebenso vielen Trauernden; speziell in den Vereinigten Staaten die traumatische Erfahrung des Vietnamkriegs (für eine Übersicht vgl. Fulton 2003). Diese durch den Einfluss elektronischer Medien mehr oder weniger globalen Trends waren der Nährboden für ein verstärktes Todesbewusstsein, das sich in drei Bereichen niederschlug: in der Begleitung Sterbender (s. Kap. 43: »Hospiz/Palliativmedizin«), in der Begleitung, Beratung und Therapie Trauernder (s. Kap. 35: »Trauer – psychologisch«) sowie in veränderten Bestattungspraktiken (s. Kap. 48: »Bestattungsformen – Wandel in der Moderne«).

Parallel zu diesen Entwicklungen, die man zum Teil auch als emanzipatorische Bürgerbewegungen bezeichnen könnte, begann die wissenschaftliche Beschäftigung mit der Todesthematik. Meilensteine auf diesem Weg waren in den 1960er und 1970er Jahren in den Vereinigten Staaten erste Tagungen und Kongresse zum Thema, der Beginn akademischer Lehrveranstaltungen, die Gründung von Forschungs- und Ausbildungseinrichtungen, die Etablierung der *International Workgroup on Death, Dying and Bereavement*, die Gründung der Zeitschriften *Omega* und *Death Studies* (ursprünglich *Death Education*), eine Fülle einflussreicher Monographien zur Todesthematik und nicht zuletzt die Entwicklung themenspezifischer psychologischer Untersuchungsverfahren (Fragebogen). Eine detaillierte Chronologie dieser Entwicklung bietet Attig (2015), über langfristige Trends der Veröffentlichungen in internationalen Fachzeitschriften informieren Wittkowski/Doka/Neimeyer u. a. (2015). Seit diesen Anfängen hat sich der Kenntnisstand der Psychologie des Todes als Teilgebiet der Thanatologie stark ausdifferenziert und in quantitativer wie auch in qualitativer Hinsicht erheblich verbessert. Dies gilt jedoch vornehmlich für die internationale Ebene. Im deutschsprachigen Raum hingegen wird die wissenschaftliche Thanatopsychologie kaum betrieben. Der Anteil der Erstautoren aus Deutschland, Österreich und der Schweiz an den Publikationen in den führenden internationalen Fachzeitschriften im Zeitraum 1991 bis 2010 beträgt lediglich 1,3 % (Doka/Neimeyer/Wittkowski u. a. 2016). Kennzeichnend für den deutschsprachigen Raum ist, dass spärliche Bemühungen im Bereich der Forschung isoliert neben zahlreicher gewordenen praxisbezogenen Aktivitäten stehen, ohne dass die Praktiker die Erkenntnisse der Wissenschaftler angemessen berücksichtigen.

J. B. Metzler © Springer-Verlag GmbH Deutschland, ein Teil von Springer Nature, 2020
H. Wittwer/D. Schäfer/A. Frewer (Hg.), *Sterben und Tod. Ein interdisziplinäres Handbuch 2. Auflage*,
https://doi.org/10.1007/978-3-476-05761-7_6

### 6.1.2 Definition und Gegenstände der Thanatopsychologie

Die Thanatopsychologie (auch: ›Psychothanatologie‹, ›Psychologie des Todes‹) hat jenes Erleben und Verhalten des Menschen zum Gegenstand, das einerseits durch das Wissen um die Sterblichkeit aller Lebewesen einschließlich der eigenen Person und andererseits durch die aktuelle Begegnung mit Sterben und Tod – dem eigenen Sterben sowie dem Sterben und dem Verlust anderer Menschen – ausgelöst wird. Die Thanatopsychologie macht sich Methoden, Konzepte und Erkenntnisse aus allen Gebieten der Psychologie zunutze, insbesondere aber aus der Persönlichkeitspsychologie, der Entwicklungspsychologie (der Lebensspanne), der Sozialpsychologie, der Klinischen Psychologie und der Gesundheitspsychologie. Mit Blick auf die Anwendungsfelder der Thanatopsychologie besteht eine besondere Nähe zur Medizinischen Psychologie.

Gegenstände der Psychologie des Todes im Bereich der Grundlagenforschung sind Theorien zur Erklärung des Erlebens und Verhaltens beim Gedanken an Sterben und Tod, ethische Fragen bezüglich der Forschung an bzw. mit Sterbenden und Trauernden, die Entwicklung spezifischer Untersuchungsverfahren, Einstellungen gegenüber Sterben und Tod (s. Kap. 33), intrapsychische Abwehr- und Bewältigungsmechanismen gegenüber Sterben und Tod (s. Kap. 32), die Entwicklung des Todeskonzepts beim Kind (s. Kap. 20), der Verlauf des Sterbeprozesses (s. Kap. 9) bei sterbenden Kindern und Erwachsenen, die Anpassung an Verlusterfahrungen bei Personen jeden Alters sowie die psychische Situation von Helfern bei der Betreuung Sterbender. Im Bereich der anwendungsorientierten Forschung beschäftigt sich die Thanatopsychologie mit der Betreuung sterbender Kinder und Erwachsener, mit der Begleitung, Beratung und Therapie Trauernder sowie mit der Entwicklung von Unterrichtsveranstaltungen für den Umgang mit Sterbenden und deren Wirkung auf die Teilnehmenden. In jüngerer Zeit sind die Beratung und Therapie Sterbender hinzugekommen (vgl. Berthold/Gramm/Gaspar u. a. 2017; Werth 2013). Obwohl die Suizidforschung (s. Kap. 58: »Selbsttötung – psychologisch«) und die Suizidprophylaxe eigenständige Fachgebiete mit einer traditionell großen Affinität zur Medizin bilden, kann man auch sie der Psychologie des Todes zurechnen. Ein Überblick über den Stand der Forschung und der Anwendungspraxis auf internationaler Ebene findet sich bei Wittkowski (2003).

## 6.2 Theorien zur Erklärung des Erlebens und Verhaltens beim Gedanken an Sterben, Tod und Verlust

Mit Blick auf psychische Sachverhalte muss man allgemein zwischen einem Modell und einer Theorie unterscheiden. Ein *Modell beschreibt* die Komponenten eines Merkmals und setzt sie zueinander in Beziehung; es gibt Antwort auf die Frage, *wie* ein psychisches Merkmal (z. B. Ängstlichkeit) beschaffen ist. Eine *Theorie erklärt* das Zustandekommen intra- und interindividueller Unterschiede in Bezug auf ein Merkmal; indem sie eine Antwort auf die Warum-Frage gibt, muss die Theorie stets Annahmen beinhalten, deren empirische Bestätigung noch aussteht. In der psychologischen Fachliteratur werden die Begriffe ›Modell‹ und ›Theorie‹ häufig gleichgesetzt oder auch verwechselt. In diesem Abschnitt wird der Sprachgebrauch der jeweiligen Autoren beibehalten.

### 6.2.1 Theorien der Einstellungen zu Sterben und Tod

Theoretische Ansätze zur Erklärung des Erlebens und Verhaltens beim Gedanken an Sterben und Tod im Allgemeinen und der Angst vor Sterben und Tod im Besonderen lassen sich in folgende Kategorien einteilen: Theorien der Selbstaktualisierung, der Suche nach Sinn bzw. nach Sinngebung, der persönlichen Konstrukte, der Negation und positiven Illusionen, der Diskrepanz von Selbstkonzepten, der psychosozialen Entwicklung während der Lebensspanne und der Entwicklung von Weisheit im Erwachsenenalter (vgl. Tomer/Eliason 2003). Gegenwärtig werden vor allem Kellys Theorie der persönlichen Konstrukte sowie die Terror-Management-Theorie als Grundlage empirischer Untersuchungen herangezogen.

In Kellys (1955) kognitiver Persönlichkeitstheorie stellen die Konstrukte einer Person jene formalen Strukturen dar, anhand derer eine Person die Welt in ihren vielfältigen Aspekten interpretiert und bewertet. Angst vor Sterben und Tod ist nun Ausdruck der Unfähigkeit, das Sterben einerseits und den Tod andererseits zu verstehen und als persönlich bedeutsam zu interpretieren, weil die erforderlichen Konstrukte fehlen. Es liegen zahlreiche Untersuchungen vor, die entweder anhand des *Threat Index* (Krieger/Epting 1974; vgl. auch Neimeyer 1994) oder mithilfe des *Death Attitude Repertory Test* (Neimeyer/Bagley/Moore 1986) Belege für die Tauglichkeit der Theorie der persönli-

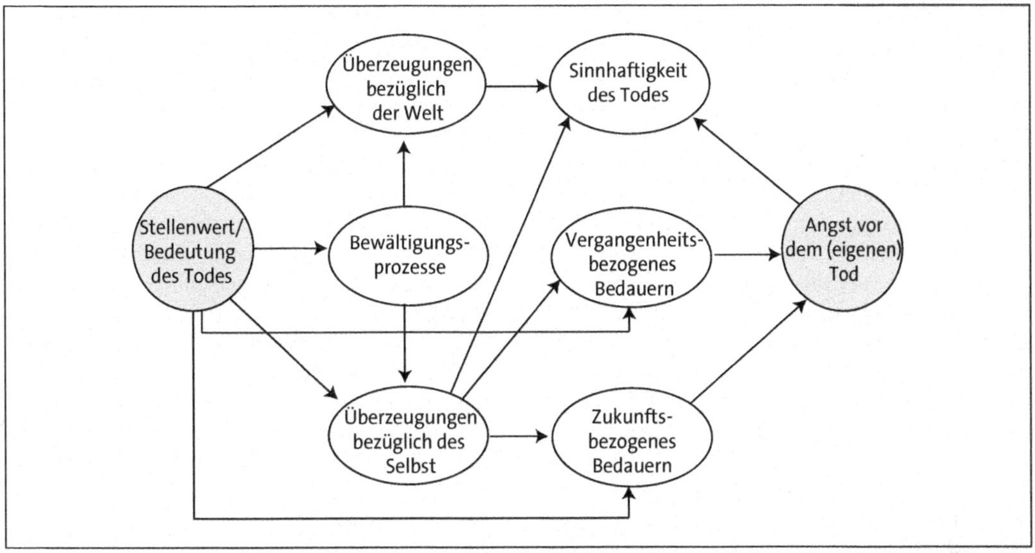


Abb. 6.1 Modell der Angst vor dem eigenen Tod (nach: Tomer/Eliason 2000, 5)

chen Konstrukte für thanatopsychologische Fragestellungen erbracht haben.

Die Terror-Management-Theorie (Greenberg/Pyszczynski/Solomon 1986) geht davon aus, dass die Aussicht des eigenen Todes das Selbstwertgefühl eines Menschen bedroht. Die Theorie postuliert, dass der Mensch die damit einhergehende Angst bewältigt, indem er sich mit den Werten seiner Kultur identifiziert und so sein Selbstwertgefühl stärkt. Die Übereinstimmung mit den Werten des eigenen Kulturkreises wirkt demnach als ein Puffer gegen die Bedrohung, welche die Erkenntnis der eigenen Sterblichkeit bedeutet. Es gibt sowohl empirische Evidenz im Sinne der Terror-Management-Theorie als auch Befunde, die ihre Gültigkeit nicht bestätigen.

Tomer und Elisason (2000) erklären die Entstehung von Unbehagen und Angst beim Gedanken an den eigenen Tod im höheren und hohen Lebensalter durch drei Variablen (s. Abb. 6.1). ›Sinnhaftigkeit des Todes‹ steht für das Ausmaß, in dem eine Person ihren eigenen Tod als sinnvoll oder sinnlos einschätzt. ›Vergangenheitsbezogenes Bedauern‹ betrifft die Erkenntnis beim Rückblick auf das eigene Leben, frühere eigene Ansprüche nicht erfüllt zu haben. Es ist das Eingeständnis eines vertanen, falschen Lebens und insofern letzten Endes das Eingeständnis eigenen Versagens. ›Zukunftsbezogenes Bedauern‹ bezeichnet die subjektiv wahrgenommene Unfähigkeit bzw. Unmöglichkeit, eigene Ziele zu verwirklichen. Es handelt sich also um die Angst vor einem unerfüllten und unvollendeten Leben. Nach Tomer und Elisason erlebt eine Person starke Angst beim Gedanken an ihren eigenen Tod, wenn sie entweder viel vergangenheits- und zukunftsbezogenes Bedauern empfindet oder wenn sie ihren Tod als sinnlos ansieht.

Diese drei Determinanten der Angst vor dem eigenen Tod sind abhängig von dem Ausmaß, in dem eine Person über ihre Sterblichkeit und die Möglichkeit ihres Ablebens nachdenkt. Diese Bewusstseinswertigkeit des eigenen Todes (*death salience*) kann mit den Determinanten der Angst vor dem eigenen Tod in dreifacher Weise verbunden sein (s. Abb. 6.1): erstens direkt durch Aktivierung von Bedauern und Gedanken der Sinnlosigkeit bzw. Sinnhaftigkeit, wie oben bereits beschrieben; zweitens indirekt durch Veränderung der Überzeugungen, welche die Person von sich selbst und der Welt hat; drittens indirekt durch Aktivierung verschiedener Bewältigungsstrategien.

Tomers Theorie kann Gültigkeit für Erwachsene jeden Alters beanspruchen, sie dürfte aber auch und gerade für alte Menschen Gültigkeit besitzen. Während im frühen und mittleren Erwachsenenalter zukunftsbezogenes Bedauern die entscheidende Variable sein dürfte, ist es wegen des großen Anteils an gelebtem und des geringen Anteils an noch verbleibendem Leben das vergangenheitsbezogene Bedauern, das für die Ausprägung der Angst vor dem eigenen Tod verantwortlich ist. Die Theorie hat insofern einen eingeschränkten Gültigkeitsbereich, als sie sich nur auf einen einzigen Aspekt der Angst vor Sterben und Tod bezieht, nämlich auf die Angst vor dem eigenen Tod. Auch wird die Dimension *Akzeptieren* nicht berücksichtigt. Von daher wird das Modell dem selbst gesetzten Anspruch, umfassend zu sein, nicht gerecht. Zudem wird nicht spezifiziert, ob sich die Komponenten der Theorie additiv, multiplikativ oder konjunktivisch zueinander verhalten.

Die Kernaussagen der Terror-Management-Theorie, der Theorie der persönlichen Sinnhaftigkeit (Wong 1989) und der Theorie der Gero-Transzendenz (Tornstam 1994) lassen sich zu einem einheitlichen Ansatz zur Erklärung der Angst vor dem eigenen Tod wie auch des Akzeptierens des eigenen Todes im höheren Lebensalter integrieren (s. Abb. 6.2). Ausgangspunkt ist die Lebenssituation des alten Menschen, für den die Aussicht des eigenen Todes nicht länger ein abstrakter Sachverhalt in der fernen Zukunft, sondern eine zunehmend konkrete Möglichkeit ist, die ihn in der Gegenwart beschäftigt. Das Wissen um die eigene Sterblichkeit (rationales Erkennen) einerseits, das immer schwerer beiseitegeschoben werden kann, und der Wunsch nach unbegrenztem Leben (affektive Ablehnung) andererseits erzeugen eine Spannung, die mit Bedrohung und Angst verbunden ist. Die Bewältigung dieser Angst ist eine Aufgabe, die sich alten Menschen mit größerer Dringlichkeit stellt als Menschen in jüngeren Lebensabschnitten.

Der Umstand, dass alte Menschen unter der Verbindung von erhöhtem Sterblichkeitsbewusstsein, verminderter Wirksamkeit der Einbettung in eine kulturelle Weltsicht und verschlechtertem Gesundheitszustand ganz überwiegend nicht leiden, lässt sich durch einen kognitiven Umstrukturierungsprozess erklären, der eine bessere Anpassung an die Aussicht des bevorstehenden eigenen Todes ermöglicht als die Abwehrstrategien der früheren Jahre. Diese Umstrukturierung kann sich im Einzelnen folgendermaßen darstellen (vgl. McCoy/Pyszczynski/Solomon u. a. 2000):

- Bewahrung bestehender Weltsichten (Minimierung von Bedrohung durch Rückzug und Abschottung; Bleiben unter seinesgleichen; Reduzierung von Ansprüchen; soziale Vergleichsprozesse).
- Verstärkt individualisierte Weltsicht (z. B. intrinsische Religiosität).
- Ablösung von sozialer Validierung. Durch Unabhängigkeit vom Urteil anderer gewinnt das Individuum Eigenständigkeit und innere Freiheit.
- Selbstkomplexität, Integration und Lebensrückblick.
- Selbstwirksamkeit. Alte Menschen haben die einzigartige Möglichkeit, Selbstwertgefühl aus gelebtem Leben statt aus aktuellem Leben zu gewinnen.
- Erweiterung der sozialen Identität durch Generativität. Das Bedürfnis, etwas an zukünftige Generationen weiterzugeben, ermöglicht Transzendenz des (eigenen) Todes.

Das Resultat dieses Umstrukturierungsprozesses ist (möglicherweise veränderte) Sinnhaftigkeit (s. Abb. 6.2). Im Prozess der persönlichen Sinngebung werden dem Leben und dem Tod positive Bedeutungen zugewiesen. Im Idealfall äußert sich dies in einer nachlassenden Bindung an die Welt sowie in einer akzeptierenden Haltung gegenüber dem Tod, etwa derart, dass der eigene Tod nicht länger als Feind, sondern als Freund gesehen wird, wenn er der natürliche Abschluss eines vollendeten Lebens ist. Entsprechend schwach ist dann die Angst vor dem eigenen Tod.

### 6.2.2 Theorien des Trauerns

Theoretische Ansätze zur Erklärung des Trauerns können in vier Klassen eingeteilt werden (Stroebe/Schut 2001, 377): (1) Theorien zu kritischen Lebensereignissen im Allgemeinen. Diese Theorien geben Auskunft über die Reaktion des Menschen auf besondere psychische Belastungen (Stress) sowie auf traumatische Erfahrungen, zu denen der Verlust einer Bezugsperson durch den Tod zählen kann. (2) Allgemeine auf Trauer bezogene Theorien. In diese Klasse fallen die Psychoanalyse, die Bindungstheorie, das Modell des psychosozialen Übergangs sowie das Zwei-Achsen-Modell des Trauerns. (3) Spezifische Modelle der Bewältigung von Verlusterfahrungen. Hierzu zählen das Aufgaben-Modell des Trauerns, das kognitive Prozessmodell des Trauerns, das Inkrementelle Trauermodell und die Theorie der Wiederherstellung von Sinn(haftigkeit). (4) Integrative Modelle des Trauerns. Hier sind das Vier-Komponenten-Modell sowie das Zwei-Prozess-Modell der Bewältigung von Verlusterfahrung zu nennen. Diese Einteilung lässt Unterschiede in der Breite des Erklärungsanspruchs (allgemein vs. spezifisch) sowie der Grundlage (singulär vs. integrativ) erkennen.

Die Psychoanalyse ist trotz ihrer unzureichenden empirischen Fundierung eine bis heute sehr einflussreiche Theorie insbesondere mit Blick auf die Begleitung, Beratung und Therapie Trauernder. In ihr nimmt das Konzept – man könnte auch sagen: die Hypothese – der *Trauerarbeit* eine zentrale Stellung ein. Nach den Vorstellungen der Psychoanalyse sind Per-

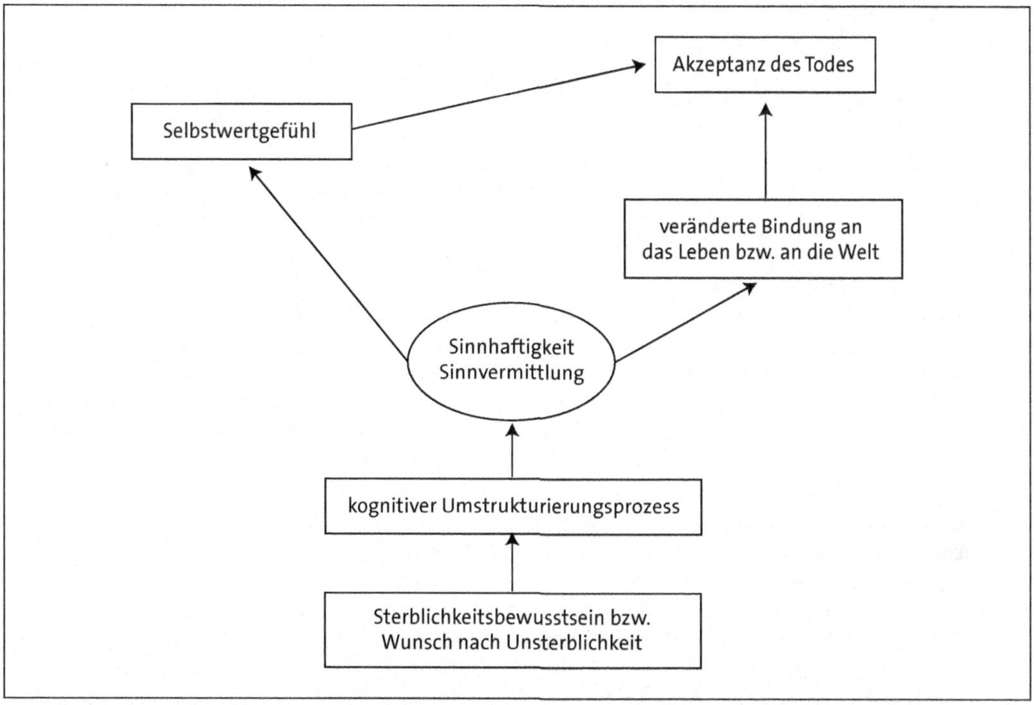


Abb. 6.2 Entwurf einer integrativen Theorie der Einstellung zum eigenen Tod im höheren und höchsten Lebensalter

sonen oder Sachen (›Objekte‹), zu denen ein Mensch eine emotionale Beziehung hat, mit psychischer Energie (Libido) besetzt. Im Zuge der Trauerarbeit erfolgt nun der Ab- oder Rückzug dieser psychischen Energie von der verlorenen Person. Zwar wird ein verlorenes Liebesobjekt nie vollständig aufgegeben, nach abgeschlossener Trauerarbeit steht dem Trauernden jedoch wieder hinreichend Energie zur Verfügung, um sie auf andere Personen oder Sachen übertragen, d. h. neue emotionale Bindungen eingehen zu können (für weitere Aussagen der klassischen Psychoanalyse zur Trauer vgl. zusammenfassend Hagman 2001).

Die Bindungstheorie (Bowlby 1983) erweitert psychoanalytische Vorstellungen um Erkenntnisse der vergleichenden Verhaltensforschung an Tieren. Bindungen, insbesondere diejenige des Kindes an seine Mutter, erfolgen instinktiv und sind biologisch begründet. Beim Abbruch einer Bindung kommt es zu vier Phasen des Trauerns: Schock, Protest, Verzweiflung und Anpassung. Die Anpassung im Zuge der Trauerarbeit besteht aus drei Komponenten: dem kognitiven Akzeptieren des Verlusts, dem emotionalen Akzeptieren des Verlusts und der Identitätsveränderung.

Diese beiden traditionellen Theorien des Trauerns postulieren vorhersagbare Phasen sowie ›Trauerarbeit‹ als zentralen intrapsychischen Mechanismus (Nolen-Hoeksema/Larson 1999, 11 ff.). Ferner benennen sie Risikofaktoren, die kompliziertes oder verzögertes Trauern begünstigen, wie die Art des Verlusts (z. B. Suizid) und die Art der Beziehung (Ambivalenz). So intuitiv einleuchtend die Aussagen von Psychoanalyse und Bindungstheorie auch sein mögen – in neuerer Zeit werden sie zunehmend kritisch eingeschätzt (vgl. z. B. Hagman 2001; Neimeyer 2001a). So seien unterscheidbare Phasen einerseits und ein Endpunkt der Trauerarbeit im Sinne einer Genesung oder Wiederherstellung des Trauernden andererseits empirisch nicht zuverlässig nachgewiesen. Ferner gebe es kein universelles, normatives Muster des Trauerns, und das Konzept der Trauerarbeit berücksichtige nicht die soziale Einbindung, in der sich Trauern in der Regel vollziehe. M. Stroebe (1992) hebt als Schwächen der Hypothese der Trauerarbeit mangelnde Klarheit in ihrer Definition, Uneinheitlichkeit ihrer Operationalisierung und eine widersprüchliche Befundlage hervor.

Innerhalb der Klasse der spezifischen Theorien der Bewältigung von Verlusterfahrungen stellt die Theorie der Wiederherstellung von Sinn(haftigkeit) (Neimeyer 2001b) einen vielversprechenden neuen Ansatz gerade auch im Hinblick auf Interventionsmaßnahmen dar. Demnach bedeutet der Verlust eines zentralen Lebensinhaltes (einer Person, einer Idee, der eigenen körperlichen Integrität etwa aufgrund sexuellen Missbrauchs durch einen Verwandten) für die betroffene Person eine Erschütterung ihrer angenommenen Welt. Grundlegende Annahmen, die alle Menschen teilen, sind die eigene Werthaftigkeit, die prinzipielle Gutartigkeit der Welt sowie die Vorstellung, dass das Geschehen um einen herum sinnvoll ist. Der Verlust einer nahen Bezugsperson erschüttert nun diese Annahmen (z. B. auch diejenige der Gerechtigkeit in einem nicht juristischen Sinne). Daher stellt die Wiederherstellung von Sinn(haftigkeit) einen wichtigen Aspekt bei der psychischen Bewältigung von Verlusterfahrungen dar. Damit unterscheidet sich dieser Ansatz wesentlich von der Idee universeller und vorhersagbarer Verläufe des Trauerns, des Abzugs psychischer Energie von der verlorenen Person und betont stattdessen u. a. die Möglichkeit persönlichen Wachstums im Laufe eines Trauerprozesses.

Innerhalb der Klasse der allgemeinen Theorien des Trauerns stellt das Zwei-Achsen-Modell des Trauerns (Rubin 1999) einen neueren Ansatz zur Analyse gelungener Bewältigung von Verlusterfahrungen dar. Ursprünglich für Eltern entwickelt, die den Tod ihres Kindes betrauern, lässt sich dieses Modell auch auf andere Konstellationen des Trauerns anwenden. Die Trauerreaktion erfolgt demnach auf zwei Achsen, die jeweils mehrdimensional sind. Achse I betrifft die biopsychosoziale Reaktion auf den Verlust einschließlich der (gestörten) Funktionsfähigkeit des Betroffenen. Es geht also um die Art und Weise, wie ein in vielen Lebensbereichen gestörter Gleichgewichtszustand wiederhergestellt wird. Dabei spielen sowohl intrapsychische Merkmale (Angst, Depression) als auch zwischenmenschliche Beziehungen und lebenspraktische Belange (Erwerbsarbeit) eine Rolle. Achse II bildet die Bindung des Hinterbliebenen an den Verstorbenen und ihre Veränderung im Laufe des Trauerprozesses (u. a. Idealisierung, Ambivalenz und Konflikterleben) ab. Obwohl das Zwei-Achsen-Modell des Trauerns zahlreiche intrapsychische Merkmale und Vorgänge beinhaltet, sieht es keine Analyse kognitiver Strukturen und Prozesse vor.

Das Zwei-Prozess-Modell der Bewältigung von Verlusterfahrungen von Stroebe/Schut (1999) ist kein völlig neues Modell, es stellt jedoch insofern einen qualitativen Sprung in der Theoriebildung im Bereich der Trauer dar, als es bestehende Ansätze integriert. Es bietet einen analytischen Rahmen zum Verständnis der Art und Weise, wie eine Person mit dem Verlust einer Bezugsperson umgeht und sich letzten Endes an ihre neue Lebenssituation anpasst; insofern erweitert es auch die Vorstellungen von ›Trauerarbeit‹. Das Modell sieht zwei Arten der Bewältigung vor: (1) die Ausrichtung auf den Verlust, u. a. mit zwanghaftem Denken an den Verstorbenen, psychischem Schmerz, Vermeidung notwendiger Veränderungen; (2) die Ausrichtung auf die Wiederherstellung der eigenen Funktionsfähigkeit, u. a. mit Ablenkung, Bewältigung der Anforderungen des Alltags, neuen Aktivitäten und Beziehungen. Hier können sekundäre Stressoren als Folgewirkungen des Trauerns auftreten. In jedem dieser beiden Bewältigungsmodi können positive (d. h. anpassungsfördernde) oder negative (d. h. anpassungshemmende) Sinngebung und entsprechende Bewertungen erfolgen (vgl. Stroebe/Schut 2001). Da diese beiden Bewältigungsstrategien sich im Laufe der Zeit abwechseln, sieht das Modell die Oszillation als Regulationsmechanismus und als unverzichtbar für eine erfolgreiche Anpassung vor. Aus Sicht der Autoren dieses Modells ist die Unterscheidung von emotionsbezogener versus problemlösungsorientierter Bewältigung, die in der Bewältigungsforschung allgemein vorgenommen wird, hier nicht sinnvoll. Stattdessen sollte zwischen Konfrontation und Vermeidung unterschieden und dies in das Konzept der Trauerarbeit aufgenommen werden. Statt zu postulieren, Konfrontation mit dem Verlust sei anpassungsfördernd und Vermeidung sei kontraproduktiv, betont das Zwei-Prozess-Modell die Notwendigkeit der Oszillation zwischen der Beschäftigung mit dem Verlust und derjenigen mit lebenspraktischen Belangen als den entscheidenden Mechanismus erfolgreichen Trauerns. Anders als Rubins (1999) Zwei-Achsen-Modell bietet das Zwei-Prozess-Modell eine Analyse derjenigen Kognitionen, die im Wechsel von Konfrontation und Vermeidung eine Rolle spielen.

## 6.3 Untersuchungsverfahren zur empirischen Erforschung des Erlebens und Verhaltens beim Gedanken an Sterben, Tod und Verlust

### 6.3.1 Verfahren zur Erfassung des Erlebens und Verhaltens angesichts von Sterben und Tod

Zur Erfassung der Einstellungen zu Sterben und Tod bei gesunden Personen steht inzwischen ein breites Spektrum von Untersuchungsverfahren zur Ver-

| Autor (Ersch.jahr) | Verfahren | Dimensionen/ Merkmalsbereiche | Anzahl der Items | Konstruktions-stichprobe | Interne Konsistenz |
|---|---|---|---|---|---|
| Hensle (1977) | Todesfurchtfragebogen | Ängstlichkeit<br>4 Subtests | 46 | Studierende<br>*N* = 315 | 0.63–0.76 |
| Ochsmann (1993) | Furcht vor Tod und Sterben-Fragebogen (FVTS) | Ängstlichkeit<br>6 Subtests | 48 | Studierende<br>*N* = 366 | 0.72–0.79 |
| Wittkowski (1996) | Fragebogeninventar zur mehrdimensionalen Erfassung des Erlebens gegenüber Sterben und Tod (FIMEST) | Ängstlichkeit, Akzeptieren<br>7 bzw. 8 Subtests | 65 bzw. 47 | allg. Bevölkg.<br>20–92 Jahre<br>*N* = 944 | 0.82–0.92 |
| A. Klug (1997) | Fragebogen zu Einstellungen zu Sterben, Tod und Danach (FESTD) | Verschiedene ›Einstellungen‹<br>26 Subtests | 130 | Studierende<br>*N* = 660 | 0.72–0.96 |

Tab. 6.1 Deutschsprachige mehrdimensionale Fragebogenverfahren zur Erfassung der Einstellungen gegenüber Sterben und Tod

fügung (vgl. Neimeyer/Moser/Wittkowski 2003; Wittkowski/Menzies im Druck). Eine Übersicht über deutschsprachige Fragebogenverfahren bietet Tabelle 6.1. Die dort aufgeführten Fragebogen unterscheiden sich im Messanspruch bzw. Merkmalsbereich, in Umfang und Zusammensetzung der Konstruktionsstichprobe und in ihrer Halbierungsreliabilität bzw. Homogenität. Als einziges Fragebogenverfahren ist das FIMEST auch für ältere und alte Menschen normiert. Das FIMEST ist in Verbindung mit seiner englischen, chinesischen und türkischen Version sowie mit französischen und hebräischen Adaptationen, die sich in Vorbereitung befinden, eines der wenigen Untersuchungsverfahren weltweit, die interkulturelle Vergleiche bezüglich der Einstellungen zu Sterben und Tod gestatten. Bemerkenswert ist, dass nach seiner Veröffentlichung kein weiterer Fragebogen zum Themenbereich ›Sterben und Tod‹ in deutscher Sprache veröffentlicht wurde.

Eine Alternative zu Fragebogenverfahren stellt wegen der größeren Akzeptanz die Durchführung mehr oder weniger strukturierter Interviews in Verbindung mit einer inhaltsanalytischen Auswertung dar. Eine Methode zur inhaltsanalytischen Kodierung im Rahmen der Theorie der persönlichen Konstrukte haben Neimeyer/Fontana/Gold (1984) vorgelegt. In deutscher Sprache steht mit der *Gottschalk-Gleser-Sprachinhaltsanalyse* (Schöfer 1980) eine elaborierte Methode zur Verfügung, die neben anderen auch eine Subskala enthält, die todbezogene Angst im Sinne einer aktuellen Befindlichkeit (*state*) anzielt. Als elaborierte inhaltsanalytische Instrumente zur Erfassung von Ängstlichkeit (*trait*) können die Skalen ›Angst vor dem eigenen Sterben‹, ›Angst vor dem eigenen Tod‹, ›Angst vor fremdem Sterben und Tod‹ sowie ›Häufigkeit gedanklicher Beschäftigung mit Sterben und Tod‹ der *Würzburger Auswertungsskalen für Interviewmaterial* (WAI; Wittkowski 1994) gelten.

Neben Fragebogen und Interview als Selbstberichtsverfahren gibt es *Repertory Grid-Techniken*, bei denen ein standardisierter Satz todbezogener Situationen vom Probanden miteinander verglichen und kontrastiert wird, um auf diese Weise die persönlichen Bedeutungen (›Konstrukte‹; z. B. der Tod als ›Freund‹ oder als ›Feind‹) des Probanden in Erfahrung zu bringen. Ein weiteres Untersuchungsverfahren sind Personifizierungen des Todes, bei denen die Probanden aufgefordert werden, den Tod als menschliche Gestalt zu beschreiben oder zu zeichnen. Die Art der Beschreibung (z. B. als schauerlicher Wüstling oder als verführerischer Liebhaber) gestattet Rückschlüsse auf die emotionale Beziehung des Probanden zu seinem eigenen Lebensende. Dieses Verfahren ist auch für Kinder geeignet (Tamm/Granquist 1995). Schließlich muss die Fremdbeurteilung und Verhaltensbeobachtung als systematisches Untersuchungsverfahren erwähnt werden. Mittels eines strukturierten Tagebuchs zur retrospektiven Sammlung von Informationen durch Betreuungspersonen und/oder Angehörige sowie anhand teilnehmender Verhaltensbeobachtungen lassen sich Erkenntnisse auch an Sterbenden unmittelbar vor ihrem Tod gewinnen.

Insgesamt lässt sich im Verlauf von drei Jahrzehnten, insbesondere aber für die 1990er Jahre, ein deutlicher Fortschritt bei der Entwicklung von Untersuchungsverfahren feststellen. Sowohl in englischer als auch in deutscher Sprache gibt es für Erwachsene mehrdimensionale Fragebogen mit mindestens befriedigender Reliabilität, wenngleich die Schwankungsbreite mit Werten zwischen 0,60 und 0,90 noch recht groß ist. In der Zukunft sollte bei all diesen Fragebogen die Validierung im Vordergrund stehen. Außer Acht gelassen wurden bisher psychometrische Untersuchungsverfahren für Kinder; in deutscher Sprache gibt es noch kein Fragebogenverfahren zur Erfassung der Angst vor Sterben und Tod im Sinne einer Disposition speziell bei Kindern. Vernachlässigt wurde und wird auch die Entwicklung von Interview-Leitfäden und der zugehörigen inhaltsanalytischen Auswertungsskalen sowie von spezifischen Schemata der Verhaltensbeobachtung.

### 6.3.2 Methoden der Trauerforschung

Bei der Untersuchungsplanung im Bereich der Trauerforschung und der Entwicklung von Untersuchungsverfahren zur Erfassung des Trauerns steht man einer Reihe grundsätzlicher Probleme gegenüber (vgl. Hansson/Carpenter/Fairchild 1993). Da ist zunächst die Komplexität des Merkmals ›Trauern‹. Die emotionale Reaktion auf einen Verlust schließt kognitive, affektive, verhaltensmäßige, physiologische und soziale Symptome ein, von denen ein jedes auf mehreren Ebenen erfasst werden kann. Hinzu kommt, dass Trauern ein dynamisches Geschehen ist. Die Erfassung des Trauerns muss daher mehrdimensional erfolgen, und die Untersuchungsverfahren sollten für Veränderungsmessung geeignet sein. Ferner besteht Ähnlichkeit zwischen den typischen Symptomen des Trauerns und jenen der Depression einerseits und jenen von Reaktionen auf kritische bzw. traumatische Lebensereignisse andererseits; es ergibt sich also das Problem, trauerspezifische Merkmale von ähnlichen Konstrukten (z. B. einer posttraumatischen Belastungsstörung) hinreichend valide abzugrenzen. Diese Probleme werden noch dadurch verstärkt, dass Praktiker (z. B. Trauertherapeuten) und Wissenschaftler unterschiedliche Blickwinkel und Zielsetzungen bezüglich Trauern haben.

Psychometrische Selbstberichtsverfahren, d. h. in der Regel Fragebogen, haben folgende Vorzüge, wenn es um die Erfassung des Trauerns geht: Erstens gestatten sie die hoch auflösende bzw. differenzierte Erfassung von Trauerreaktionen bei verschiedenen Klassen Trauernder (z. B. Junge – Alte; Frauen – Männer; Hinterbliebene nach dem Verlust des Ehepartners vs. Eltern nach dem Verlust ihres Kindes etc.). Zweitens ermöglichen sie die objektive Identifikation von Personen(gruppen), für die das Risiko eines komplizierten Trauerprozesses besteht, was mit bloßem Auge auch für geschulte und berufserfahrene Psychologen in dieser Weise nicht möglich wäre. Drittens kann mit ihrer Hilfe die Zu- oder Abnahme bestimmter Symptome des Trauerns im Verlauf der Zeit (z. B. während einer Interventionsmaßnahme) abgebildet werden. Wie bei anderen Gegenstandsbereichen und Fragestellungen auch besteht der allgemeine Vorteil quantifizierender Untersuchungsverfahren darin, Unterschiede zwischen Gruppen oder Veränderungen im Laufe der Zeit daraufhin prüfen zu können, ob sie größer sind, als man allein aufgrund des Zufalls zu erwarten hätte.

Quantitative Untersuchungsverfahren zur Erfassung des Trauerns lassen sich in drei Kategorien einteilen (Neimeyer/Hogan/Laurie 2008). In den Anfängen der Trauerforschung verwendete man *Skalen zur Erfassung psychiatrischer Symptome*. Sie erwiesen sich bald als ungeeignet zur Erfassung des Trauerns, weil sie unspezifische Merkmale erfassen und überdies das Trauern als eigentlich normaler psychischer Anpassungsprozess in den Kontext des Krankhaften und Abnormen gebracht wird. Diese Skalen tragen nicht dem Umstand Rechnung, dass die Symptome der Trauer ein eigenständiges Syndrom bilden, das sich von dem der Depression unterscheidet.

Aus dieser Erkenntnis heraus wurden überwiegend von Psychologen *umfassende bzw. allgemeine Skalen zur Erfassung des Trauerns* entwickelt. Die wichtigsten dieser Verfahren sind das *Texas Revised Inventory of Grief* (TRIG), das *Grief Experience Inventory* (GEI), das *Inventory of Complicated Grief* (ICG), die *Hogan Grief Reaction Checklist* (HGRC) sowie die *Core Bereavement Items* (CBI). In deutscher Sprache sind das *Würzburger Trauerinventar* (WüTi; Wittkowski 2013; s. auch Kap. 35: »Trauer – psychologisch«) sowie die Adaptation des *Inventory of Complicated Grief* (ICG-D; Lumbeck/Brandstätter/Geissner 2012) zu nennen. Inzwischen stehen auch *spezifische Trauerskalen* zur Verfügung, nämlich die *Perinatal Grief Scale* (PGS), das *Hogan Sibling Inventory of Bereavement* (HSIB) und der *Grief Experience Questionnaire* (GEQ). Die deutschsprachige Version des *Marwit-Meuser Caregiver Inventory* (MM-CGI), die auf das Erleben pflegender Angehöriger von Demenzkranken zugeschnitten ist, kann bei den Autorinnen F. Meichsner und G. Wilz angefordert werden.

Im Unterschied zu der soeben referierten Klasse von Untersuchungsverfahren geben *qualitative Verfahren* kein starres Raster von Symptomen vor, sondern suchen die individuelle Perspektive der Person ganzheitlich herauszuarbeiten. In der Regel folgen sie einem konstruktivistischen Paradigma, dem zufolge jeder Mensch sein vergangenes und gegenwärtiges Leben selbst konstruiert (etwa als persönliches Narrativ seines Lebens). Neimeyer und Hogan (2001) unterscheiden fünf Strategien bzw. Verfahrensklassen: (1) Interview und/oder Verhaltensbeobachtung in Verbindung mit einer qualitativen Auswertung im Sinne der *Grounded Theory* (Strauss/Corbin 1996). Dies ist ein wissenschaftstheoretisch begründeter Forschungsstil und gleichzeitig ein abgestimmtes Arsenal von Einzeltechniken, mit deren Hilfe aus Interviews, Feldbeobachtungen und Dokumenten schrittweise eine in diesem Informationsmaterial befindliche Struktur zum Vorschein gebracht werden kann; (2) Interview in Verbindung mit einer (qualitativen) inhaltsanalytischen Auswertung, etwa im Sinne der objektiven Hermeneutik (Oevermann/Allert/Konau u. a. 1979); (3) Interviews in sogenannten Fokusgruppen (im vorliegenden Kontext etwa Trauergruppen im Rahmen von Trauerbegleitung) und deren inhaltsanalytische Auswertung; (4) ethnographische Studien, bei denen Interviews und Feldbeobachtungen zur Bestimmung kultureller Einflüsse auf das Trauern (z. B. Trauerrituale) eingesetzt werden; (5) Fallstudien, bei denen eine intensive Beschreibung eines einzelnen Trauerverlaufs vorgenommen wird.

Als Resümee ergibt sich, dass derzeit quantitative Untersuchungsverfahren das Methodenrepertoire in der Trauerforschung dominieren, obgleich für viele dieser Fragebogen die Gütekriterien nicht befriedigend nachgewiesen sind. Diese Mängel kann man als Folge der Tendenz zu rascher Anwendung sehen, die auf Kosten sorgfältiger Testkonstruktion geht. Allgemein ist auch im Bereich der Trauerforschung methodischer Pluralismus wünschenswert, d. h. die Verbindung von quantitativen und qualitativen Untersuchungsverfahren.

## 6.4 Ethische Fragen der Forschung an und mit Sterbenden und Trauernden

### 6.4.1 Allgemeine ethische Grundsätze psychologischer Forschung

Empirisch-psychologische Forschung ist ein Spezialfall des Umgangs zwischen Menschen. Daher bildet auch für sie die Maxime des *Neminem laedere* bzw. die ›Goldene Regel‹ die allgemeine ethische Grundlage: Die Handlung eines Forschers ist moralisch unbedenklich, wenn sie den Untersuchungsteilnehmern nicht mehr Schaden (z. B. Missbefinden, Angst) zufügt, als im täglichen Leben natürlicherweise (z. B. durch Nachrichtensendungen) zu erwarten ist. Im Umkehrschluss bedeutet dies: Die Handlung eines Forschers ist moralisch bedenklich, wenn sie gegen die wahren, legitimen Interessen der Untersuchungsteilnehmer verstößt (Lenzen 2013, 286, 294). Darüber hinaus besteht Konsens bezüglich der folgenden ethischen Prinzipien (Bortz/Döring 2006, 41 ff.; Cook 2001):

- Autonomie (Freiwilligkeit der Teilnahme und Möglichkeit des Rückzugs von der Untersuchung);
- informierte Zustimmung zur Teilnahme an der Untersuchung;
- Vermeidung psychischer und/oder körperlicher Beeinträchtigungen aus Mangel an Sorgfalt oder wegen überflüssiger, für die Untersuchung nicht unbedingt erforderlicher Maßnahmen;
- Nutzeffekt der Forschung für die Gesellschaft und ggf. auch für die Untersuchungsteilnehmer;
- Gewissenhaftigkeit und Sorgfalt auf Seiten der Forscher;
- Wahrhaftigkeit und Aufrichtigkeit der Forscher.

Dazu gehört auch, dass Untersuchungsteilnehmer nicht als beliebig austauschbare Merkmalsträger behandelt werden, sondern als Individuen mit entsprechenden Bedürfnissen und Befindlichkeiten. Allgemein lassen sich vermeidbare, unbeabsichtigte (aufgrund unvorhergesehener Zwischenfälle oder unvermeidlicher Nebenwirkungen) und beabsichtigte (d. h. im Untersuchungsplan vorgesehene) Beeinträchtigungen unterscheiden. Ethische Streitfragen ergeben sich besonders dann, wenn die Fragestellung einer Untersuchung und die daraus resultierende Methodik eine (vorübergehende) Beeinträchtigung der Untersuchungsteilnehmer notwendig machen (z. B. durch die experimentelle Erzeugung von Angst oder durch gezielte Täuschung mit anschließender Aufklärung). In diesen Fällen gilt es, eine Güterabwägung zwischen der Verpflichtung zur Wahrung der Belange der Untersuchungsteilnehmer und der Verpflichtung zur Gewinnung gültiger Erkenntnisse vorzunehmen.

### 6.4.2 Spezielle ethische Anforderungen an die Forschung zur Psychologie des Todes

Mit Blick auf die thanatopsychologische Forschung ist es sinnvoll, verschiedene Fallkonstellationen zu unterscheiden, die sich aus der Kombination von Untersuchungsteilnehmern und Untersuchungsmethodik ergeben. Ein ethisches Dilemma aufgrund der experimentellen Induzierung etwa der Angst vor dem Tod dürfte in der psychologischen Forschung zur Todesthematik kaum auftreten, da man die externe Gültigkeit der Ergebnisse von vornherein als gering einschätzen muss und entsprechende Fragestellungen daher wenig sinnvoll sind. Vielmehr sind Selbstberichte von Probanden die bevorzugte Informationsquelle und Fragebogen bzw. Interview die entsprechenden Untersuchungsverfahren (vgl. oben Kap. 6.3). Bei diesen Verfahren besteht grundsätzlich die Möglichkeit, dass durch sie als Nebeneffekt eine Beunruhigung ausgelöst wird. Handelt es sich bei den Untersuchungsteilnehmern um gesunde und nicht aktuell von einem Verlust betroffene Personen, so wird man die Bearbeitung eines Fragebogens zur Erfassung der Einstellungen zu Sterben und Tod oder eines entsprechenden Verfahrens zum Trauererleben als ethisch vertretbar ansehen. Eine eingehendere Prüfung erfordert hingegen die Frage, ob unheilbar Kranke einerseits und Hinterbliebene andererseits unmittelbar nach dem Verlust einer Bezugsperson mit Fragebogenverfahren konfrontiert werden dürfen. Beide Personengruppen können aufgrund einer bereits bestehenden psychischen und/oder körperlichen Beeinträchtigung besonders verletzlich sein, so dass Fragebogen und Interview eine vermeidbare zusätzliche Belastung darstellen können.

Die allgemeine Leitlinie zur Lösung dieses ethischen Dilemmas lautet: Der Ton macht die Musik; es kommt auf das *Wie* der Untersuchungsdurchführung an. Das beginnt bereits bei der Anwerbung der Untersuchungsteilnehmer im persönlichen Gespräch oder durch ein persönliches Schreiben mit ausführlichen Erklärungen zu den Zielsetzungen und dem Ablauf der Datenerhebung; telefonische Anfragen können, da sie unangekündigt erfolgen, beeinträchtigend wirken, bei E-Mails ist die Identität des Absenders fraglich. Sowohl aus ethischen wie auch aus methodischen Erwägungen sind bestimmte Zeitpunkte (z. B. die Weihnachtszeit) wenig geeignet für Befragungen von Trauernden. Wenn ein Untersucher bei der Durchführung eines Fragebogens anwesend ist, besteht die Möglichkeit eines Gesprächs zwischen ihm und dem Probanden über die Inhalte des Fragebogens, was negative Affekte abmildern kann. Bei größeren Untersuchungen ohne planmäßigen Kontakt zwischen Untersucher und Untersuchungsteilnehmern sollten Letztere die Möglichkeit zu einer Rücksprache mit Ersterem haben. Damit erweist sich eine besondere Qualifikation der Untersuchenden für den einfühlsamen Umgang mit sterbenden bzw. trauernden Untersuchungsteilnehmern als zusätzliches und spezifisches ethisches Erfordernis in diesem Bereich.

Vielfältige Erfahrungen zeigen, dass die Befürchtungen, ein Sterbender oder ein Trauernder könnte durch die Bearbeitung eines Fragebogens oder durch ein Gespräch über seine Situation ungebührlich beeinträchtigt werden, nicht begründet sind. Entsprechend ausführliche und taktvolle Vorinformation vorausgesetzt, begrüßen diese Personen in aller Regel die Möglichkeit, ihre Gedanken und Gefühle äußern zu können. Dies gilt in erster Linie für das persönliche Gespräch, es gilt aber auch für Fragebogenbearbeitungen, wie Randbemerkungen immer wieder zeigen. Neben der Möglichkeit zur Äußerung über das eigene Befinden sind es zwei Aspekte, welche die Betroffenen als positiv erleben: zum einen das Bewusstsein, mit ihrer Teilnahme an der Befragung zum Erkenntnisgewinn und damit langfristig zur Verbesserung der Betreuung Sterbender bzw. Trauernder beizutragen; zum anderen wird immer wieder betont, dass man aus den Inhalten der Feststellungen bzw. des Gesprächs wertvolle Anregungen für die eigenen Überlegungen erhalten habe (vgl. auch Schuler 1984). Eine Umfrage unter hinterbliebenen Erwachsenen zeigt eine sehr vorteilhafte Beurteilung der Trauerforschung (Beck/Konnert 2007). Ein Anteil von 98,1 % bezeichnete sie als wertvoll, für 99,4 % stellte sie keine Beeinträchtigung dar, 84,4 % hatten davon profitieren können. Der Nutzen der eigenen Angaben für andere bzw. spätere Trauernde war ein starkes Motiv für die Teilnahme.

Bei Sterbenden im Endstadium, die nur noch eingeschränkt ansprechbar sind, bietet sich die Verhaltensbeobachtung oder die Befragung von stellvertretenden Auskunftspersonen (z. B. Pflegende, Angehörige) an, sofern der Betroffene zu einem früheren Zeitpunkt seine informierte Einwilligung erteilt hat. Insgesamt kann man mit Schuler (1984) sagen, dass sich psychologische Forschung zur Todesthematik ebenso gut ethisch rechtfertigen lässt wie in anderen Bereichen der Psychologie und dass die Berücksichtigung ethischer Aspekte mit der Umsetzung hoher methodischer Standards vereinbar ist.

## 6.5 Schlussbemerkung

Die Qualität der Forschung in der Thanatopsychologie hat sich in den zurückliegenden zwei Jahrzehnten sehr verbessert und der Kenntnisstand in einigen Bereichen enorm differenziert. Dies betrifft vor allem die Entwicklung von Theorien, die Verwendung anspruchsvoller Untersuchungspläne, die Konstruktion von Untersuchungsverfahren, die Auswahl umfangreicher Stichproben, die Ergebnisse der Grundlagenforschung zur Angst vor Sterben und Tod sowie zu den Auswirkungen von Trauer auf die Gesundheit, die Ergebnisse der anwendungsbezogenen Forschung zum Erleben und Verhalten von Betreuern Sterbender sowie zu den Effekten von Kursen zum Umgang mit Sterbenden und nicht zuletzt die Wirksamkeit von Interventionen für Trauernde. Gleichwohl besteht eine Barriere zwischen der Forschung zu Sterben, Tod und Trauer und der Anwendungspraxis, so dass die Erkenntnisse Ersterer nur eingeschränkt in Letztere einfließen. Ferner besteht in quantitativer wie qualitativer Hinsicht eine erhebliche Diskrepanz zwischen der wissenschaftlichen Thanatopsychologie auf der internationalen Ebene einerseits und der Psychologie des Todes im deutschsprachigen Raum andererseits. Im Interesse aller, die unmittelbar oder mittelbar von Sterben, Tod und Verlust betroffen sind, ist eine Intensivierung der psychologischen Forschung zur Todesthematik hierzulande sehr zu wünschen.

### Literatur


Attig, T.: Introduction: Chronology of Developments in the Movement. In J. M. Stillion/T. Attig (Hg.): *Death, Dying, and Bereavement. Contemporary Perspectives, Institutions, and Practices.* New York 2015, xix–xxvii.

Beck, A. M./Konnert, C. A.: Ethical Issues in the Study of Bereavement. The Opinions of Bereaved Adults. In: *Death Studies* 31 (2007), 783–799.

Berthold, D./Gramm, J./Gaspar, M./Sibelius, U. (Hg.): *Psychotherapeutische Perspektiven am Lebensende.* Göttingen 2017.

Bortz, J./Döring, N.: *Forschungsmethoden und Evaluation für Human- und Sozialwissenschaftler.* Heidelberg 2006.

Bowlby, J.: *Verlust, Trauer und Depression.* Frankfurt a. M. 1983.

Cook, A. S.: The Dynamics of Ethical Decision Making in Bereavement Research. In: Stroebe/Hansson/Stroebe/Schut 2001, 119–142.

Doka, K. J./Neimeyer, R. A./Wittkowski, J./Vallerga, M./Currelley, L.: Productivity in Thanatology: An International Analysis. In: *Omega: Journal of Death and Dying* 73 (2016), 340–354.

Fulton, R.: Prolog. Kurzgefasste Geschichte und etwas persönlicher Bericht über die Bewegung des Todesbewusstseins in den Vereinigten Staaten. In: Wittkowski 2003, 3–13.

Greenberg, J./Pyszczynski, T./Solomon, S.: The Causes and Consequences of a Need for Self-esteem. A Terror Management Theory. In: R. F. Baumeister (Hg.): *Public Self and Private Self.* New York 1986, 189–212.

Hagman, G.: Beyond Decathexis. Toward a New Psychoanalytic Understanding and Treatment of Mourning. In: Neimeyer 2001b, 13–31.

Hansson, R. O./Carpenter, B. N./Fairchild, S. K.: Measurement Issues in Bereavement. In: M. S. Stroebe/W. Stroebe/O. Hansson (Hg.): *Handbook of Bereavement. Theory, Research, and Intervention.* Cambridge 1993, 62–74.

Hensle, U.: Todesfurcht – Versuch einer Strukturierung und Entwicklung einer Fragebogenskala. In: *Psychologische Beiträge* 19 (1977), 545–566.

Kelly, G. A.: *The Psychology of Personal Constructs.* New York 1955.

Klug, A.: *Einstellungen zu Sterben, Tod und Danach.* Aachen 1997.

Krieger, S. R./Epting, F. R.: Personal Constructs, Threat and Attitudes toward Death. In: *Omega: Journal of Death and Dying* 5 (1974), 299–310.

Lenzen, W.: *Sex, Leben, Tod und Gewalt. Eine Einführung in die angewandte Ethik/Bioethik.* Münster 2013.

Lumbeck, G./Brandstätter, M./Geissner, E.: Erstvalidierung der deutschen Version des ›Inventory of Complicated Grief‹ (ICG-D). In: *Zeitschrift für Klinische Psychologie und Psychotherapie* 41 (2012), 243–248.

McCoy, S. K./Pyszczynski, T./Solomon, S./Greenberg, J.: Transcending the Self. A Terror Management Perspective on Successful Aging. In: A. Tomer (Hg.): *Death Attitudes and the Older Adult. Theories, Concepts, and Applications.* Philadelphia 2000, 37–63.

Neimeyer, R. A.: The Threat Index and Related Methods. In: Ders. (Hg.): *Death Anxiety Handbook. Research, Instrumentation, and Application.* Washington D. C. 1994, 61–101.

Neimeyer, R. A.: *Meaning Reconstruction and Loss.* In: Ders. 2001a, 1–9.

Neimeyer, R. A. (Hg.): *Meaning Reconstruction and the Experience of Loss.* Washington D. C. 2001b.

Neimeyer, R. A./Bagley, K. J./Moore, M. K.: Cognitive Structure and Death Anxiety. In: *Death Studies* 10 (1986), 273–288.

Neimeyer, R. A./Fontana, D. J./Gold, K.: A Manual for Content Analysis of Death Constructs. In: F. R. Epting/R. A. Neimeyer (Hg.): *Personal Meanings of Death.* Washington D. C. 1984, 213–234.

Neimeyer, R. A./Hogan, N.: Quantitative or Qualitative? Measurement Issue in the Study of Grief. In: Stroebe/Hansson/Stroebe/Schut 2001, 89–118.

Neimeyer, R. A./Moser, R. P./Wittkowski, J.: Untersuchungsverfahren zur Erfassung der Einstellungen gegenüber Sterben und Tod. In: Wittkowski 2003, 52–83.

Nolen-Hoeksema, S./Larson, J.: *Coping with Loss.* Mahwah, NJ 1999.

Ochsmann, R.: *Angst vor Tod und Sterben. Beiträge zur Thanato-Psychologie.* Göttingen 1993.

Oevermann, U./Allert, T./Konau, E./Krambeck, J.: Die Methodologie einer »objektiven Hermeneutik« und ihre allgemeine forschungslogische Bedeutung in den Sozialwissenschaften. In: H.-G. Soeffner (Hg.): *Interpretative Verfahren in den Sozial- und Textwissenschaften.* Stuttgart 1979, 352–433.

Rubin, S. S.: The Two-Track Model of Bereavement. Overview, Retrospect and Prospect. In: *Death Studies* 23 (1999), 681–714.

Schöfer, G. (Hg.): *Gottschalk-Gleser Sprachinhaltsanalyse.* Weinheim 1980.

Schuler, H.: Zehn Thesen zu forschungsethischen Problemen in der Thanato-Psychologie. In: J. Howe/R. Ochsmann (Hg.): *Tod – Sterben – Trauer. Bericht über die 1. Tagung zur Thanato-Psychologie vom 4.–6. November 1982 in Vechta*. Frankfurt a. M. 1984, 36–42.

Strauss, A./Corbin, J.: *Grounded Theory. Grundlagen Qualitativer Sozialforschung*. Weinheim 1996.

Stroebe, M. S.: Coping with Bereavement. A Review of the Grief Work Hypothesis. In: *Omega: Journal of Death and Dying* 26 (1992), 19–42.

Stroebe, M. S./Schut, H.: The Dual Process Model of Coping with Bereavement. Rationale and Description. In: *Death Studies* 23 (1999), 197–224.

Stroebe, M. S./Schut, H.: Models of Coping with Bereavement. A Review. In: Stroebe/Hansson/Stroebe/Schut 2001, 375–403.

Tamm, M. E./Granquist, A.: The Meaning of Death for Children and Adolescents. A Phenomenographic Study of Drawings. In: *Death Studies* 19 (1995), 203–222.

Tomer, A./Eliason, G.: Attitudes about Life and Death. Toward a Comprehensive Model of Death Anxiety. In: A. Tomer (Hg.): *Death Attitudes and the Older Adult. Theories, Concepts, and Applications*. Philadelphia 2000, 3–22.

Tomer, A./Eliason, G.: Theorien zur Erklärung von Einstellungen gegenüber Sterben und Tod. In: Wittkowski 2003, 33–51.

Tornstam, L.: Gerotranscendence – a Theoretical and Empirical Exploration. In: L. E. Thomas/S. A. Eisenhandler (Hg.): *Aging and the Religious Dimension*. Westport, CT 1994, 203–225.

Werth, J. L. (Hg.): *Counseling clients near the end of life. A practical guide for mental health professionals*. New York 2013.

Wittkowski, J.: *Das Interview in der Psychologie. Interviewtechnik und Codierung von Interviewmaterial*. Opladen 1994.

Wittkowski, J.: *Fragebogeninventar zur mehrdimensionalen Erfassung des Erlebens gegenüber Sterben und Tod (FIMEST). Handanweisung*. Göttingen 1996.

Wittkowski, J. (Hg.): *Sterben, Tod und Trauer. Grundlagen – Methoden – Anwendungsfelder*. Stuttgart 2003.

Wittkowski, J.: *Würzburger Trauerinventar (WüTi). Mehrdimensionale Erfassung des Verlusterlebens. Handanweisung*. Göttingen 2013.

Wittkowski, J./Doka, K. J./Neimeyer, R. A./Vallerga, M.: Publication trends in thanatology: An analysis of leading journals. In: *Death Studies* 39 (2015), 453–462.

Wittkowski, J./Menzies, R.: Death-related Attitudes and Perspectives. In: H. Servaty-Seib/H. Chapple (Hg.): *Handbook of Thanatology. The Essential Body of Knowledge for the Study of Death, Dying, and Bereavement*. New York im Druck.

Wong, P. T. P.: Successful Aging and Personal Meaning. In: *Canadian Psychology* 30 (1989), 516–525.

**Weiterführende Literatur**

Battin, M. P.: *Ending Life. Ethics and the Way We Die*. Oxford 2005.

Corr, C. A./Nabe, C. M./Corr, D. M.: *Death and Dying, Life and Living*. Belmont [6]2009.

Kastenbaum, R. (Hg.): *Encyclopedia of death and dying*. New York 2003.

Meagher, D. K./Balk, D. E. (Hg.): *Handbook of thanatology*. New York 2013.

Tomer, A./Eliason, G. T./Wong, P. P. (Hg.): *Existential and Spiritual Issues in Death Attitudes*. New York 2008.

*Joachim Wittkowski*

# 7 Soziologie

## 7.1 Einleitung

Sterben und Tod sind für alle Menschen existenziell bedeutsam und hatten in Hochkulturen hohe Priorität, jedoch nicht in Lehre und Forschung der Soziologie. »Sociologists never die« meinte Walter (1993) ironisch. Vielleicht sind Sterben und Tod in der modernen Gesellschaft oder Kultur generell unwichtiger geworden? Setzen Soziologen seit Comte und Marx auf die Zukunft, heute vielleicht auf die ›postmortale Gesellschaft‹ (Lafontaine 2008), die eigentlich ›prämortale‹ heißen müsste? Denn der wissenschaftlich-technologisch-ökonomische Komplex arbeitet nur an der Lebensverlängerung (s. Kap. 26: »Lebensverlängerung – medizingeschichtlich«), also an dem Abschnitt vor dem Tod. Die Postmortalität tritt in der ›postmortalen Gesellschaft‹ nur mehr zur prämortalen Unterhaltung auf. Ein anderer Grund für die thanatologische Abstinenz der Soziologie könnte im Verständnis des Gegenstandsbereichs liegen: Nicht Menschen, sondern soziale Gebilde werden untersucht, die nicht sterben können oder dürfen, Gesellschaft, Organisation, Kommunikation etc.? Allerdings ›sterben‹ auch Städte, Kollektive, Organisationen und Kulturen, legitime und starke Gegenstände der Soziologie.

Zwei wichtige Aspekte könnten die soziologische Vermeidungshaltung erklären:

1. Das Sterben einzelner Menschen ist tatsächlich gesellschaftlich unwichtiger geworden, und Sterbende und Tote haben einen niedrigen Status.
2. ›Leben und Sterben machen‹ ist ein Herrschaftsbereich, der von drei mächtigen Institutionen verwaltet und überwacht wird, der Medizin, dem Recht bzw. der Politik und der Religion. Diese These kann durch den eklatanten Mangel an soziologischen Beiträgen zum brisanten Thema aktive Sterbehilfe bestätigt werden.

Die Soziologie des Suizids verfügt über einen anerkannten Anfang: *Le suicide* von Durkheim (1897; s. Kap. 59: »Selbsttötung – soziologisch«), die Thanatosoziologie dagegen nicht. Comte, Durkheim, Weber, Marx, Simmel und Parsons haben sich nur peripher mit dem Thema beschäftigt. Auch für die meisten Jungklassiker, wie Bourdieu, Habermas, Luhmann oder Giddens war bzw. ist es ein Nicht- oder Randthema.

Comte plädierte für eine säkulare Revitalisierung der in vielen Kulturen verankerten Toten- bzw. Ahnenverehrung und erarbeitete Vorschläge für eine rationale Selektion der verehrungswürdigen Verstorbenen (Fuchs-Heinritz 1995). Seine Aussage »Die Toten regieren die Lebenden« ist historisch zu bejahen, doch systemtheoretisch betrachtet formen doch nur die kulturellen Kristallisationen und die von den psychischen Systemen trennbaren Kommunikationen die Gesellschaft. Durkheim hatte mit seinem *Suicide* einen klassischen Text verfasst, allerdings hatte diese Schrift aufgrund der exkludierenden Institutionalisierung der Suizidologie kaum Einfluss in der Entwicklung der Thanatosoziologie. Durkheim und Hertz haben sich mit kulturvergleichenden Studien beschäftigt und wiesen auf die durchgehende soziokulturelle Formung des Umgangs mit Sterben und Tod hin, z. B. auf die systemische Vernetzung von Emotionen, Seelenvorstellungen, Begräbnispraktiken und Trauerritualen. Parsons und Elias (1982) haben sich im Alter in interessanten Nebenwerken mit dem Thema beschäftigt. Doch insgesamt gibt es keine thanatologische Kontinuität in der Soziologie bis zur Mitte des 20. Jhs. Folglich ist es vielleicht angemessen, den Beginn einer (empirischen) Thanatosoziologie in den 1950er und 1960er Jahren mit Glaser/Strauss (1974) und Sudnow (1973) anzusetzen. Auf diese Arbeiten beziehen sich auch viele neue Untersuchungen.

Die Populär-Thanatologie wurde allerdings durch Kübler-Ross (1969) und Ariès befördert, d. h. die beiden Erfolgsautoren haben für die öffentliche Beschäftigung mit dem Thema ›Sterben und Tod‹ Pionierleistungen erbracht, doch stark angezweifelte Theorien und Modelle aufgestellt; vor allem waren sie keine Soziologen. Auch in den thanatologischen Herrschaftsspielen, öffentlichen Debatten und Kommissionsdramen spielen Soziologen bis heute bestenfalls Nebenrollen. Die Mängelklagen begleiten die kurze Geschichte der Thanatosoziologie (vgl. Walter 1993, 2008; Feldmann 2003).

In den folgenden Abschnitten wird zuerst kurz auf die zentralen Konzepte ›Tod‹ und ›Sterben‹ eingegangen, dann ein Blick auf Theorien und Typenbildung geworfen, schließlich werden grundsätzliche kulturelle Aspekte wie Tod als Übergang und soziokultureller Wandel besprochen. Neue soziale Bewegungen und medizinische Fortschritte haben zu starken Veränderungen geführt, die sich in der Sterbesteuerung, den Rollenproblemen der Sterbenden und bei der Herstellung sozialer Ungleichheit auswirken. Nur kurz können weitere Problembereiche der Thanatosoziologie skizziert werden: Leben und Sterben nach dem physischen Tod, Körper und Seele, Trauer und Medialisierung. Zuletzt werden einige Vermutungen über die Zukunft von Sterben und Tod geäußert.

J. B. Metzler © Springer-Verlag GmbH Deutschland, ein Teil von Springer Nature, 2020
H. Wittwer/D. Schäfer/A. Frewer (Hg.), *Sterben und Tod. Ein interdisziplinäres Handbuch 2. Auflage*,
https://doi.org/10.1007/978-3-476-05761-7_7

## 7.2 Begriffsklärung und theoretische Überlegungen

### 7.2.1 Was bedeutet ›Tod‹?

Der Tod des einzelnen Menschen ist in der modernen Gesellschaft zwar an die Peripherie gerückt, doch Todesvorstellungen sind in großer Vielfalt und dynamischer Gestaltung anzutreffen. Kellehear (2007a, 2008) weist nüchtern auf die Vielfalt der Todeskonzeptionen in der kulturellen Entwicklung und auch in der modernen Gesellschaft hin, die immer kommunikations- und kulturanregend waren und sind. Die weit verbreiteten Mythen und Mystifikationen ordnen sich in diesen Reigen ein, wobei freilich die ihnen von religiösen, wissenschaftlichen und anderen Würdenträgern angedichtete Aura in der Mediengesellschaft gefährdet wird.

Doch damit werden auch naturwissenschaftlich, medizinisch und rechtlich abgesegnete Todeskonzepte zu spezifische institutionelle Praktiken bestimmenden Deutungsmustern, die – wenn überhaupt – nur Bewusstseinsteile einer Minderheit der Menschen in der modernen Gesellschaft oder gar weltweit beeinflussen. Insbesondere die Hirntodfestlegung (s. Kap. 12: »Hirntod – medizinisch«) hat zu andauernden Auseinandersetzungen geführt, die von der Thanatosoziologie kritisch beobachtet wurden (z. B. Schneider 1999; Lindemann 2002; Kellehear 2008). Vertreter der Medizin oder des Rechts neigen dazu, ›professionelle Wahrheiten‹ über Leben und Tod in ihrer ›Wirklichkeitsbedeutung‹ zu überschätzen bzw. sie zum Dogma zu erklären.

### 7.2.2 Was bedeutet ›Sterben‹?

Sterben ist ein emergenter und kontingenter Prozess mit vielen ›Akteuren‹: Bakterien, Ärzten, Technologien, Schmerzen, Normen, Bezugs- und Pflegepersonen, inneren Instanzen, z. B. Körper, Psyche/personale Identität und Sozialteil, Ideologien etc. Über objektive Kriterien zur Bestimmung des Beginns des Sterbens gibt es keinen Konsens. Die öffentlichen Sterbediskurse und -praktiken werden sozio-kulturell, rechtlich, medizinisch, technologisch und interaktiv gerahmt. Damit ergibt sich freilich in einer modernen Gesellschaft ein dauerhaftes Konfliktfeld, da es bestenfalls noch einen Konsens über einen nicht explizierten Minimalrahmen gibt.

Als *gate keeper* entscheiden Ärzte über Beginn und Verlauf des Sterbens. Glaser und Strauss (1974) unterschieden in diesem ärztlich gelenkten Sterbespiel vier *Bewusstseinskontexte*:

1. *Unkenntnis des bevorstehenden Todes* (*closed awareness*): Ärzte und Krankenschwestern kennen den kritischen Zustand des Patienten, geben ihm und oft auch den Angehörigen nur vage bzw. falsche Auskünfte.
2. *Argwohn* (*suspicion*): Der Patient ist argwöhnisch oder ambivalent, aber das Personal und/oder die Angehörigen versuchen, ihn zu täuschen und zu beruhigen.
3. *Wechselseitige Täuschung* (*context of mutual pretense*): Ärzte, Krankenschwestern, der Kranke und seine Bezugspersonen wissen über die Situation Bescheid, täuschen sich aber gegenseitig bzw. sprechen nicht offen darüber.
4. *Offenheit* (*open awareness*): Patient, Krankenhauspersonal und Angehörige sprechen offen über den bevorstehenden Tod.

Obwohl heute die meisten Ärzte Offenheit gegenüber den Patienten befürworten, sind die Probleme der Deutung des Sterbens keineswegs gelöst worden, was im folgenden Abschnitt näher erläutert wird.

### 7.2.3 Differenzierung des Sterbekonzepts

Dass und wann ein Mensch oder eine Person endgültig physisch tot ist, kann objektiv festgestellt werden, doch der soziale oder psychische Tod kann vor oder nach dem physischen Tod eintreten bzw. auf unbestimmte Zeit verschoben werden (s. Kap. 19: »Sozialer Tod«). Soziales und psychisches Sterben sind erst in der modernen Gesellschaft zu bedeutsamen Problembereichen geworden: massenhafte Exklusion aus dem produktiven Zentralbereich (Arbeitslosigkeit, Verrentung), Demenz etc. Nicht unterscheiden sich physisches, psychisches und soziales Sterben bezüglich der Reversibilität! Heute sterben immer mehr Menschen mehrfach physisch, d. h. sie werden ›zurückgeholt‹.

Medizinische Eingriffe sind trotz gegenteiliger Versicherungen in der Regel enggeführt und entkontextualisierend, folglich ist Körperrettung bei alten und chronisch kranken Menschen häufig mit hohen psychischen und sozialen Kosten verbunden: Beschädigung der personalen und sozialen Identität, »falling from culture« nach Seale (1998, 149 ff.), Habitusdeformation (Timmermans 1999, 2005).

Der Anteil der Personen im Zustand fortgeschrittenen psychischen Sterbens nimmt zu, da die Menschen in den Industriestaaten immer älter werden. Wenn die hoch entwickelte Psychostruktur erodiert und – auch aufgrund von medizinischen Eingriffen – nur mehr eine ›Residual- oder Restperson‹ in der terminalen

| | Institution/›Gestalt‹ | Todestypen |
|---|---|---|
| institutionell kollektivistisch | Religion | der heilige Tod |
| | Politik (Vaterland, Bewegung, Partei etc.) | der traditionelle heroische Tod |
| | Medizin | der medizinisch korrekte Tod |
| individualistisch ant-institutionell | Gemeinschaft (z. B. Hospiz) | der gute Tod |
| | radikale Individualisierung | der eigene Tod/der moderne heroische Tod |
| ungesellschaftlich | ›Natur‹ | der natürliche Tod |

Tab. 7.1 Todestypologien (aus: Feldmann 2010, 156)

Phase vorhanden ist, so hat der ›Hochzeitsteil‹ der Person sozusagen das Erleben des physischen Sterbens vermieden.

### 7.2.4 Theorien

In der Patchworkwissenschaft Thanatosoziologie ist eine Vielfalt von Theorien und Modellen zu finden. Von Durkheim geht eine funktionalistische Tradition aus, die sich auch in der Ethnologie entwickelte. Die qualitative thanatologische Forschung, beginnend mit Glaser, Strauss, Sudnow und Goffman ist bis heute mit dem symbolischen Interaktionismus bzw. dem interpretativen Paradigma, der ethnographischen Forschungstradition und der teilnehmenden Beobachtung verbunden (z. B. Lawton 2000; Dreßke 2005). Damit verwandt sind theoretische Weisen der Analyse, die an Berger und Luckmann und ihre Form des sozialen Konstruktivismus anschließen.

Seit den 1990er Jahren gewannen poststrukturalistische und postmoderne Konzeptionen an Bedeutung, vor allem Bezüge zu Foucaults Werk (Seale 1998). Konflikttheorien wurden vernachlässigt. Die öffentlichen Debatten über Abtreibung, Todesstrafe, Hirntod, künstliche Befruchtung, Pränataldiagnostik, Hospiz, Palliativmedizin etc. wurden mit Hilfe von hermeneutischen Verfahren, Diskursanalysen und wissenssoziologischen Methoden untersucht (z. B. Schneider 1999; Zimmermann 2007). In der empirischen Forschung werden Krankenhäuser, Hospize, selten Heime, fast gar nicht der private Bereich des Sterbens gewählt. Der Schwerpunkt liegt auf dem organisierten Sterben, während das prä- oder postmortale vielfältige Geschehen in den Mikrowelten im Dunkeln bleibt. Dass Sterben und Tod global diffundieren und vernetzt sind, wird von der thanatologischen Forschung weitgehend ignoriert.

### 7.2.5 Typenbildung

Es gibt eine Reihe von Typologien der Formen, Prozesse, Phasen, Skripte oder Kontexte des Sterbens (Kübler-Ross 1969; Seale 1998; Nassehi/Saake 2005; Kastenbaum 2007, 133 ff.).

Im Folgenden wird eine zusammenfassende Aufstellung von Sterbetypen auf der Grundlage verschiedener Untersuchungen angeboten.

Der Begriff ›natürliches Sterben‹, der nach Fuchs (1969) eine zentrale kulturelle und emanzipatorische Errungenschaft symbolisierte, wird inzwischen zwar im Medizin- und Pflegebereich oft noch naiv realistisch verwendet, doch in der Thanatosoziologie ist er ein wissenssoziologischer Gegenstand (Seymour 2000). Der Mythos ›natürliches Sterben‹ wird von Professionellen instrumentell eingesetzt, um das ›Sterben und Tod machen‹ zu rahmen, zu rechtfertigen und zu verschleiern. Das im Bewusstsein vieler Menschen aufzufindende Konzept des ›natürlichen Sterbens‹ steht in verräterischem Gegensatz zu diesem medizinischen und palliativen Konstrukt: ohne medizinische, professionelle und organisatorische Einwirkung sterben.

Das medizinisch *gute Sterben* bedarf immer mehr der Legitimation durch die Selbstbestimmung der betroffenen Person. Die Hospizbewegung hat dieser Forderung Nachdruck verliehen (s. Kap. 43: »Hospiz/Palliativmedizin«). Das *heroische Sterben* war in traditionalen Kulturen hauptsächlich für Krieger reserviert, hielt sich trotz schwerer Dysfunktionalität in der westlichen Kultursphäre bis in die Mitte des 20. Jhs. und wurde dann den veränderten modernen Verhältnissen medizin- und mediengerecht angepasst und neu verwertet: Tapfer kämpft die todkranke Person, von ärztlichen Offizieren gelenkt, gegen den Krebs (vgl. Seale 2002). Dagegen stößt der mit Fremdtötung verbundene Heroismus der Terroranschläge und Selbstmordattentate in den westlichen Ländern auf starke Ablehnung und Abscheu.

Auch im Todesbereich kann man die in der Gesellschaft vielfach anzutreffenden Formen der ›strukturbedingten‹ Auslagerung, des Outsourcing, der Exklusion und Ausgrenzung feststellen. Die meisten Sterbefälle finden in Krankenhäusern und Heimen statt. Die Toten werden unauffällig entsorgt. Die psychisch und sozial Sterbenden werden institutionalisiert: psychiatrische Anstalten, Heime, Gefängnisse etc. Auch innerhalb dieser der Ausgrenzung dienenden Organisationen wird weiter ausgeschlossen. In Heimen werden diejenigen direkt oder indirekt ausgegliedert, die als ›bald sterbend‹ oder nicht mehr kommunikationsfähig diagnostiziert werden (vgl. Salis Gross 2001).

## 7.3 Soziokulturelle Entwicklungen

### 7.3.1 Der Tod als Übergang

In den meisten Kulturen wird die Beschäftigung mit Toten und dem Tod rituell geregelt. Der Tod wird als Übergang in einen anderen Zustand, häufig in ein Reich der Toten, definiert, er ist Teil eines Lebenslaufs, der aus verschiedenen Übergängen (Kind zu Erwachsenem, Frau zur Mutter etc.) besteht.

Diese *rites de passage* sind nach Arnold van Gennep (1909/1986) durch eine dreistufige Struktur gekennzeichnet:

- Trennung von einem Status (Separation)
- Übergangszustand (Transition)
- Eingliederung in einen neuen Status (Inkorporation).

Im Übergangszustand befindet sich das Individuum ›zwischen den Rollen‹, gleichsam in einer Transzendenz. Typische Symbolisierungen des Übergangs in ein Jenseits sind Reisen über Wasser, Regeneration, Heilung und Wachstum. Das Konzept der Übergangsriten wurde auch für die Beschreibung der Prozesse des Sterbens und des Quasi-Sterbens (Nahtoderfahrungen) eingesetzt (Glaser/Strauss 1974; Kellehear 1990). Hertz (2007) hat darauf hingewiesen, dass drei postmortale Prozesse in Betracht gezogen werden sollten:

1. die Veränderung des toten Körpers, der Leiche,
2. die Veränderung im Bewusstsein der Überlebenden (Trauer),
3. der Prozess, in dem sich der Verstorbene bzw. seine ›Seele‹ befindet (Jenseitsreise).

Die Vorstellungen, die sich auf den Körper, die Seelenreise des Verstorbenen und auf die Trauernden bezogen, sind von kulturspezifischen Deutungsmustern bestimmt. Die Dauer der Verwesung, der Übergang der Seele ins Jenseits und die vorgeschriebene Trauerzeit wurden in einigen Kulturen synchronisiert.

### 7.3.2 Kultureller Wandel

In prä- und frühhistorischen Epochen lag der kulturelle Schwerpunkt auf der Zeit nach dem physischen Tod, wandelte sich dann in verschiedenen Kulturen vor allem für Personen mit hohem Status in eine Kombination eines Abschnitts vor und eines Abschnitts nach dem physischen Tod, um schließlich in einer modernen säkularen Gesellschaft dominant vor dem physischen Tod stattzufinden (vgl. Kellehear 2007a).

Man kann die moderne Gesellschaft von vormodernen Kulturen grob dadurch abgrenzen, dass der prämortale Sterbeprozess ins öffentliche Zentrum und der postmortale Lebens- und Sterbeprozess an die privatisierte Peripherie gerückt sind, also eine Verschiebung des kulturellen Schwerpunkts vom Umgang mit Toten und Postmortalität zum (prämortalen) Sterben stattfand. Außerdem werden die prä- und postmortalen Sterbeprozesse in einer modernen Gesellschaft in unterschiedlichen Disziplinen, Diskursen und Praktiken gestaltet und bearbeitet.

Allerdings könnte man die in traditionalen Kulturen postmortal ablaufenden Prozesse als in das prämortale Geschehen verschoben analysieren. Die prämortalen medizinisch gesteuerten Körperveränderungen sind mit den Bewusstseinsänderungen der Sterbenden und der Überlebenden gekoppelt (z. B. antizipatorische Trauer als Verbindung von öffentlicher Steuerung und privater Begleitung), und die diesseitige Reise des Sterbenden wird als gesellschaftliche, institutionelle und individuelle Leistung bewertet, als ›gut‹, ›(un)würdig‹, ›(un)natürlich‹ etc. Die wissenschaftlichen Erkenntnisse über die Verbindungen dieser körperlichen, psychischen und interaktionellen Prozesse werden professionell und normativ transformiert, z. B. in der Palliativmedizin.

Ein entscheidender Bedeutungswandel des Sterbens einzelner Menschen ist durch die Entstehung von Hochkulturen und schließlich großer Staaten und einer Weltgesellschaft eingetreten. Während in Gruppen, die höchstens einhundert oder einhundertfünfzig Mitglieder hatten, der Tod mehrerer Personen einen wichtigen, manchmal sogar gruppengefährdenden Einfluss hatte, ist in heutigen Staaten das Sterben Einzelner fast immer ein gesellschaftliches Nullereignis, das nur mehr mit hohem, vor allem medialen Aufwand artifizielle kollektive Bedeutung erhalten kann. In einer modernen Gesellschaft ist die soziale Ordnung nicht mehr zentral durch Sterben und Tod einzelner Menschen bestimmt (vgl. Berger 1973), und nur in seltenen Fällen erfolgt durch den Tod von Mitgliedern eine gesellschaftliche Störung (Willmott 2000).

### 7.3.3 Verdrängung und Revival

Die Erosion der traditionellen Riten und andere zweifellos zu diagnostizierende Veränderungen, wie Sterben im Krankenhaus und im Heim, Abnahme der Primärerfahrungen mit Sterbenden und Toten, Säkularisierung und damit zusammenhängend Abnahme des Interesses an (offiziellen) religiösen postmortalen Konzepten und Privatisierung der Trauer, führten bei vielen Bildungsbürgern und Intellektuellen in einem allgemein kulturkritischen Klima seit dem Ende des 19. Jhs. zu einer negativen Bewertung des modernen Umgangs mit dem Tod, die mit Schlagworten wie ›Verdrängung‹ und ›Tabu‹ arbeitete.

Für Elias werden durch den Prozess der Zivilisation »alle elementaren, animalischen Aspekte des menschlichen Lebens [...] differenzierter als zuvor von gesellschaftlichen Regeln und [...] von Gewissensregeln eingehegt [...] und [...] hinter die Kulissen des gesellschaftlichen Lebens verlagert [...]. Für die Sterbenden selbst bedeutet dies, daß auch sie in höherem Maße hinter die Kulissen verlagert, also isoliert werden« (1982, 22).

Dass sich die Riten in Europa und in der westlichen Kultur in den letzten drei Jahrhunderten gewandelt haben, ist unumstritten, wobei Ausdrücke wie ›Erosion‹, ›Zerstörung‹ und ›Verlust‹ auf eine allgemeine Verminderung des Ritualapparats hindeuten. Zur Bestätigung dieser These wird auf die Zunahme der anonymen Grabstätten, die »Sprachlosigkeit der Grabsteine« (Schmied 1985, 187) und die Verminderung der Friedhofsbesuche durch die neuen Generationen hingewiesen. Doch hierbei wird die Informalisierung und Medialisierung vernachlässigt, die häufig ritualisiert erfolgt.

Auch die modernen medizinischen, rechtlichen und anderen Verfahren der Behandlung von schwer Kranken, Sterbenden, Toten und Trauernden können als neue Rituale oder als Ritualersatz aufgefasst werden. Da die meisten Menschen in traditionalen Kulturen ›zu früh‹ starben, mussten die Übergangsrituale nach dem physischen Tod stattfinden. Heute sterben die meisten ›rechtzeitig‹ oder ›zu spät‹, so dass die Übergangsrituale bei Eintritt des physischen Todes in vielen Fällen bereits abgeschlossen sind.

Die These der Verdrängung des Todes kann auf Freud zurückgeführt werden, d. h. sie ist psychologisch bzw. psychoanalytisch fundiert, wobei sie von Freud universalistisch-anthropologisch verstanden wird. Parallel zu diesem psychoanalytischen Strang laufen eher philosophische Argumentationslinien (Heidegger, Scheler, Gadamer u. a.). Spezifisch soziologische Varianten wurden von französischen Soziologen wie Thomas ausgearbeitet. In Deutschland haben Nassehi und Weber (1989) eine ›Theorie der strukturellen Verdrängung‹ angeboten, und in der britischen Soziologie wurde relativ spät von Mellor und Shilling (1993) noch eine scheinbar neue Variante nachgeschoben: *sequestration*, wobei die Autoren sich explizit von dem üblichen Verdrängungs- und Tabudiskurs abgrenzten.

Doch Mellor und Shilling hatten nur altbekannte Diskursaspekte ausgewählt, die sie überbetonten: die Trennung zwischen privater und öffentlicher Sphäre und die Professionalisierung des Umgangs mit Sterben und Tod. Der Konflikt zwischen der von den meisten Menschen gewünschten Privatisierung und Intimisierung des Sterbens und der Bürokratisierung, Medikalisierung und Professionalisierung wurde von Mellor und Shilling mit spekulativen Behauptungen aufgeladen: zerbrechliche ontologische Sicherheit, Terror des absoluten Bedeutungsverlustes und Erosion des Wertekanons.

Der Höhepunkt der Verdrängungsdiskussion in den Geistes- und Sozialwissenschaften ist schon lange überschritten. Das Pendel schlug je nach Region und Kollektiv früher oder später auf die andere Seite: Zum Beispiel wiesen Parsons, Hahn (1968), Kearl (1989) und andere darauf hin, dass schon seit den 1960er Jahren aufgrund demographischer Entwicklungen, der Zunahme des Sterbens in Krankenhäusern, der generellen Diskursivierung der Gesellschaft, der Atomkriegsdrohung, des Vietnamkrieges usw. vielfältige Thematisierungen von Sterben und Tod stattfanden. Seitdem haben soziale Bewegungen und Wandlungsprozesse die Diskurse vervielfältigt, wobei sich teilweise eine Fokussierung und Verengung auf die Hospizbewegung und das *palliative care* ergab, die als kulturelle Erneuerung und Hoffnungsträger gefeiert werden. So kam die Verkündigung von Walter (1994) bezüglich eines *revival of death* einerseits zu spät, andererseits in ihrer postmodernen Wendung, welche die Befreiung vom professionellen Joch verhieß, zu früh (zur Kritik an der Wiederbelebungsthese vgl. auch Brüggen 2005). Auch folgende neuere thanatologische Diagnosen haben marginale Bedeutung, wenn man die gewaltigen Bürokratien und das Milliardengeschäft betrachtet, in die Sterben und Tod eingebettet sind: »neue Form der subjektiven Aneignung des Todes« (Knoblauch/Zingerle 2005, 25) bzw. eine »neue Sichtbarkeit des Todes« (Macho/Marek 2007).

Der dynamische Wandel des Umgangs mit Sterben und Tod wird nach wie vor kontrovers interpretiert, als Modernisierung oder Postmodernisierung, als Zivilisierung und Kultivierung, als Übergang zu neuen Formen der Vergesellschaftung (Post- oder Transhumanismus, postmortale Gesellschaft etc.), von manchen auch als ›Kultur des Todes‹ (Lafontaine 2008). Die Versuche, ›naturwissenschaftliche Fakten‹ als normative Pfeiler in diesem sumpfigen Gelände zu etablieren, wie es z. B. in den Debatten und Normierungsdiskursen zu Hirntod und Lebensschutz geschah, haben keineswegs zu einer Befriedung geführt.

### 7.3.4 Individuum, Gemeinschaft, Institutionalisierung

Für die europäischen Eliten, auch für Émile Durkheim und Max Weber, waren bis zur Mitte des 20. Jhs. die Nation oder der Staat zentrale Sinngeber gerade angesichts des Todes. Diese offizielle Weltsicht ist weitgehend abgebaut worden. Parsons legte den Sinn auf die säkularisierte Religion in Gestalt der Nachfolgeinstitution Medizin. Trotz und wegen des gesellschaftlichen Wandels hat sich eine sinnstabilisierende Institution besser als der Staat gehalten: Die Familie bzw. die Primärgruppe gelten als selbstverständliche Sinngeneratoren für Lebens- und Sterbesituationen. Sie blieben während der und nach den Vernichtungsorgien der Großkollektive die wichtigste Gemeinschaftszone, die freilich in vielen Fällen prekär sein kann, weshalb Elias und andere auf das Problem der Vereinzelung und Einsamkeit ausdrücklich hinweisen.

In der organisierten Gesellschaft wird von der Leitinstitution Medizin bzw. Gesundheit Lebens- und Sterbesinn angeboten. Doch die scheinbar individualisierenden, tatsächlich rekollektivierenden institutionellen Angebote am Ende des Lebens, vor allem Heime, werden von den meisten Menschen abgelehnt. Auch Wünsche und Bedürfnisse der Einzelnen mehr berücksichtigende hospizliche und palliative Vergemeinschaftungsvorschläge sind nur für einen Teil der Menschen bzw. Sterbesituationen geeignet. Zunehmend verstärkt sich in den reichen Staaten fremd- und selbstgesteuert der Anspruch, für das eigene würdige, selbstbestimmte Sterben verantwortlich zu sein und vorsorgen zu müssen, wobei die Optionen mehr oder minder umstritten sind: Patientenverfügungen (s. Kap. 38: »Patientenverfügung«), aktive Sterbehilfe (s. Kap. 40: »Sterbehilfe – medizinethisch« und Kap. 42: »Sterbehilfe – philosophisch«) und Beihilfe zum Suizid (s. Kap. 60: »Selbsttötung – philosophisch«).

Für die meisten Menschen findet die Endphase des Sterbens schon seit Jahrzehnten in Krankenhäusern und Heimen statt, und dies wird sich in absehbarer Zeit nicht ändern. Die Institutionalisierung des Sterbens betrifft aber nicht nur die Gestaltung spezieller Organisationen, sondern auch die individuelle und familiäre Planung eines gesunden und erfolgreichen Lebens und damit auch eines wünschenswerten Sterbens. Institutionalisierung des Sterbens findet folglich nicht nur in Organisationen, sondern auch in Familien und Individuen statt. Dadurch entstehen Institutionalisierungskonflikte, die sich z. B. in der ›Heimfrage‹ manifestieren.

### 7.3.5 Soziale Bewegungen

Seit den 1960er Jahren wurden Sterbe- und Todesprobleme durch die Hospizbewegung, durch die Palliativmedizin und die *Right-to-die*-Organisationen differenziert und kontrovers thematisiert (s. Kap. 43: »Hospiz/Palliativmedizin«). Im Gegensatz zum normalen medizinischen Modell ›versprechen‹ Hospiz- und Palliativkonzeptionen Lösungen für die schwierigen Probleme des Sterbemanagements durch ganzheitliche Betreuung, geleitete Selbsterforschung und gemeinschaftliche Kontextgestaltung (Armstrong 2002; Howarth 2007, 141).

Walter (1994) und Seale (1998, 184 ff.) haben auf die strukturelle Ähnlichkeit von Hospizbewegung und *Right-to-die*-Bewegung (in Deutschland: Deutsche Gesellschaft für Humanes Sterben) hingewiesen. Diese offiziell in normativer Distanz befindlichen Sterbereformgruppen wenden sich u. a. gegen den Reduktionismus des medizinischen Blicks, d. h. sie kümmern sich um soziales und psychisches Leben und Sterben. Die Abgrenzungskämpfe ergeben sich aus der Konkurrenz um Klienten und stärken die Kooperation der Hospizbewegung und der Palliativmedizin mit ähnliche Interessen vertretenden Gruppen in Medizin, Religion und Politik.

Hospiz- und palliativbetreutes Sterben begrenzt und gestaltet Individualisierung und Autonomie innerhalb einer Aura von Religiosität bzw. Spiritualität und einer vorgegebenen Gemeinschaftsorientierung (vgl. Dreßke 2008). Damit ergibt sich eine Einschränkung der Zielgruppen. Zusätzlich wird noch durch die Auswahl nach Krankheit bzw. physisch-psychischem

Zustand die Klientel eingegrenzt. Hospize sind primär für Krebserkrankungen geeignet. Doch Hospize und *palliative care* wandeln sich im Prozess der Ausbreitung. Die Verflechtung mit dem medizinischen System intensiviert sich und Bürokratisierung und Medikalisierung werden verstärkt (Seale 1998, 115 ff.; Howarth 2007, 141 ff.).

## 7.4 Management des Sterbens

### 7.4.1 Gutes Sterben

Gutes Sterben und guter Tod waren in vielen Kulturen begehrte Ziele. Auch in der modernen Gesellschaft wurden für die bereits genannten soziokulturellen Probleme Lösungen entwickelt, und heute ist das ›gute Sterben‹ ein fester Begriff der Heil- und Pflegeprofessionen.

Aufgrund einer Reihe von Untersuchungen kann man die Wünsche der meisten Menschen bezüglich ihres Sterbens auflisten: in hohem Alter – inzwischen liegt bei vielen die Erwartung bei 80 Jahren –, zu Hause, schnell und schmerzlos, von Bezugspersonen betreut und ›in Würde‹ sterben. Die Modernisierung hat gemäß diesen Kriterien eine Verschlechterung gebracht: Das Sterben wurde verlängert und weniger Menschen sterben in gemeinschaftlichem Kontext. Doch kaum jemand möchte zur Prämoderne zurückkehren, denn, obwohl sich das Sterben – wenn man die Wünsche vieler Menschen und die Erwartungsinflation einbezieht – verschlechtert hat, wurde das Leben gewiss verbessert und vor allem verlängert. Göckenjan (2007) weist auf die Diskrepanz zwischen den Wunschvorstellungen vieler Menschen, vor allem schnell und schmerzlos sterben, und den ausgefeilten Das-gute-Sterben-Konzepten der Palliativ- und Pflegeprofessionellen hin.

Beim guten Sterben geht es vordergründig um das Wohlergehen bzw. das psychische System der Sterbenden. Die ›öffentliche Sterbeevaluation‹ wird allerdings durch die Professionellen und selten durch Bezugspersonen durchgeführt. Auch die Qualität der Rolle des Sterbenden wird nicht von diesem selbst beurteilt, sondern anhand von Erwartungen der Professionellen und der Bezugspersonen. In Organisationen wird versucht, das ›gute Sterben‹ zu managen und herzustellen (McNamara/Waddell/Colvin 1994; Hart/Sainsbury/Short 1998; Dreßke 2005). Trotz dieser offiziellen Hochbewertung des Themas lässt sich die schlichte empirische Frage, wie gut oder schlecht heute Menschen sterben, aufgrund der Forschungsmängel kaum beantworten. Untersuchungen deuten allerdings auf die bedauerliche Tatsache, dass das für die Sterbenden gute Sterben ein seltenes Ereignis ist (vgl. Timmermans 2005, 1000 f.; McNamara/Rosenwax 2007).

### 7.4.2 Rolle des Sterbenden

Unerwünschte Rollen versuchen Menschen zu vermeiden, z. B. die ›Rolle des Sterbenden‹. Diese wird vor allem durch Erwartungen der behandelnden Ärzte ›hergestellt‹ und kann durch eindeutige Aussagen eines Arztes gegenüber dem Betroffenen bezüglich der todbringenden Krankheit und der nur mehr kurzen Lebenszeit scheinbar ausreichend definiert werden. Die Arztrolle, wie sie Parsons beschrieben hat, ist allerdings vom instrumentellen Aktivismus geprägt und auf kuratives Handeln bezogen, so dass eine Komplementärrolle zur Rolle des Sterbenden in der Profession nicht vorgesehen ist, was sich z. B. in der mangelhaften Verankerung von Palliativmedizin in der medizinischen Ausbildung und im Abschieben der Komplementärrolle auf das Pflegepersonal zeigt (vgl. Streckeisen 2001).

Doch selbst wenn günstige professionelle und organisatorische Bedingungen für die Gestaltung einer Sterberolle gegeben sind, treten Schwierigkeiten auf: mehrdeutige widersprüchliche Aussagen, Verschweigen, unterschiedliche Erwartungen der Bezugspersonen und Professionellen, Verdrängen, unerwarteter Krankheitsverlauf, Tauschwertprinzip etc. Außerdem entsteht die Rolle des Sterbenden in der Regel aus der Rolle des Kranken und/oder des sehr alten Menschen. Die Übergänge sind meist unerwünscht, so dass Rollenvermeidung und -konflikt die Regel sind. »Sterbende ›verstecken sich‹ oft hinter der Krankenrolle und Ärzte behandeln Sterbende als Kranke« (Feldmann 1995, 147). In einfachen Gesellschaften bezog sich die Rolle des Sterbenden meist auf die Zeit *nach* dem physischen Tod und konnte ritualisiert und gut gemanagt werden (vgl. Kellehear 2007a), während heute entweder zu früh oder zu spät und häufig zu lange gestorben wird.

### 7.4.3 Steuerung des Sterbens

Die medizinisch-technischen Praktiken in Krankenhäusern werden sozial gesteuert und (natur)wissenschaftlich und bürokratisch legitimiert. Mikrosoziologische Untersuchungen zeigen, dass die ›evidenzbasierten professionellen Handlungen‹ nicht nur im Bewusstsein der Betroffenen anders gedeutet werden, sondern auch in ihrer konkreten Gestaltung bereits sozial geformt werden. In Intensivstationen erfolgt eine Beobachtung, Feinsteuerung und ›Orchestrierung‹ (Seymour 2000) des Sterbens, um es für Angehörige und/oder für das Personal ›natürlich‹, ›würdig‹, ›gut‹ und ›nicht technisch hergestellt‹ erscheinen zu lassen (vgl. Harvey 1997). Paradoxerweise wird Technologie (z. B. Reanimation) eingesetzt, um den Eindruck eines natürlichen oder normalen Sterbens bei Angehörigen zu erwecken oder zu verfestigen und den Arzt in der Rolle des Heilenden und Leben Machenden erscheinen zu lassen.

Der plötzliche Tod in Krankenhäusern gilt als unerwünscht und Misstrauen erweckend, er wird – wenn möglich – ›vermieden‹, auch wenn die Chancen einer Wiederbelebung ganz gering sind (Timmermans 1999, 2005). Die Reanimation und andere Maßnahmen ermöglichen eine (illusionäre?) Bemächtigung des Sterbens und können auch verwendet werden, um Zeit zu gewinnen und Angehörige schonender auf den Tod der Bezugsperson vorzubereiten.

## 7.5 Mortalität und soziale Ungleichheit

Internationale Untersuchungen zeigen, dass ökonomische und soziale Mangelzustände mit Krankheitsanfälligkeit und Verringerung der Lebenserwartung verbunden sind (Wilkinson/Pickett 2018). In den USA haben sich die schichtspezifischen Unterschiede in der Lebenserwartung zwischen 1960 und 1980 verringert und ab 1980 bis heute vergrößert. Es ist zu vermuten, dass nicht nur ein *medical divide* (Clarke/Shim/Mamo u. a. 2003, 184) sondern auch ein aus dem *medical divide* allein nicht ableitbarer oder erklärbarer *dying divide* stattfindet. Die Streuung der Lebenserwartung hat vor allem aufgrund der Polarisierung der Ausstattung mit ökonomischem, sozialem und kulturellem Kapital zugenommen (vgl. Parker/Achaval 2017).

Neue Technologien und teure therapeutische Maßnahmen ermöglichen Lebensverlängerung und Verbesserung der Lebensqualität, was auch in den reichen Staaten zu einer Verstärkung der sozialen Ungleichheit führt, da die Lebensqualitätserhaltung oder -steigerung von ökonomischem, sozialem und kulturellem Kapital abhängt. Der Umgang mit Schwerkranken und Sterbenden ist von einer Reihe sozialer Faktoren abhängig: Alter und soziale Schicht des Patienten, Wohnort, Organisationskultur, verfügbare Technologien, Annahmen der Ärzte über Eigenschaften des Patienten und Verhalten von Bezugspersonen steuern das Geschehen (vgl. Timmermans 2005; Kentish-Barnes 2007).

## 7.6 Töten

In merkwürdiger Ignoranz gegenüber der immensen gesellschaftlichen Bedeutung von Krieg und Genozid (s. Kap. 67: »Massenmord/Genozid/Demozid«) haben sich Soziologen wenig mit diesen Themen beschäftigt, sondern dies anderen Disziplinen überlassen (Feldmann/Fuchs-Heinritz 1995). Die Grenze zwischen geforderter, frei gestellter und verbotener Tötung wurde in den meisten Kulturen nicht über die Zugehörigkeit zur Gattung ›Mensch‹ definiert, sondern über komplexe sozial-kulturelle Regelsysteme, die sich auf Menschen, Tiere, Pflanzen und andere Wesen bezogen. Die Zivilisierung im Kontext der Ausbildung des Gewaltmonopols der Staaten hat zur Reduktion der Raten menschlicher, nicht tierischer Tötung beigetragen – wenn man die Kriegstötungen nicht einrechnet (Pinker 2011).

Im Laufe der Modernisierung wurde das physische Töten stark reduziert, doch die Lebensminderung, die zum Verlust vieler gesunder Lebensjahre von hunderten Millionen von Menschen beiträgt, ist rechtlich, politisch und wirtschaftlich abgesichert. Das soziale Töten oder Leben Mindern hat das physische Töten ersetzt, der militärische Kampf wurde durch den ökonomischen abgelöst (Feldmann 2010, 2019). Waters (2007) meint, dass die Praxis des Tötens und Minderns von Leben in Regionen und Staaten besser durch eine sozialökologische Analyse als durch Analyse der rechtlichen Normierung oder der Intentionen von Personen erklärt werden kann. Sozialwissenschaftliche Überlegungen legen nahe, die altehrwürdigen Tötungsdiskurse ideologiekritisch zu hinterfragen (Feldmann 2019, 142 ff.).

## 7.7 Postmortalität

### 7.7.1 Kommunikation mit Toten

Kellehear (2007b) übt Kritik an der oft geäußerten Meinung, dass der Tod eines Menschen dessen totale Abwesenheit und die Unmöglichkeit weiterer Kommunikation mit ihm bedeutet. Entgegen dieser Weltsicht ist die vielfältige Kommunikation mit Toten auch in der modernen Gesellschaft weit verbreitet. Außerdem wird die angeblich unüberwindbare Grenze zwischen Leben und Tod durch die Medien und die menschliche Phantasie permanent überschritten. Die ›unwiderrufliche Abwesenheit‹ einer Person wird ferner keineswegs nur nach ihrem physischen Tod erlebt. Im Bewusstsein einer Bezugsperson kann jemand schon vor seinem physischen Tod ›verschwunden‹ oder ›gelöscht‹ sein, oder er kann noch viele Jahre nach der offiziellen Todesfeststellung weiter existieren. Das subjektiv als ganz real empfundene Verschwinden einer Person oder Identität ist auch nicht auf den Hirntod oder den physischen Tod beschränkt, es kann in unterschiedlicher Weise geschehen, z. B. durch Mobilität, Scheidung, Demenz etc. Die Formen der Kommunikation und das Erleben von Kommunikationsabbruch haben sich in der Informations- und Kommunikationsgesellschaft vor allem durch das Internet gewandelt. Dieser Wandel hat auch für den Umgang mit Postmortalität weitreichende Bedeutung, die noch weiterer Erforschung bedarf (vgl. Klass/Thompson/Cox 2017; Benkel 2018; Seibel 2019).

### 7.7.2 Der moderne Mensch und seine Jenseitswelten

Simmel hat auf die Veränderung des Todesproblems durch die Bedeutungszunahme und Differenzierung der Individualisierung hingewiesen. Je wertvoller Individuen im Mikro- und Makrobereich werden, umso eher wird ihr Verlust als schmerzhaft empfunden. Dies klingt plausibel. Allerdings ist der objektive Wert der Individuen in der modernen Gesellschaft einerseits gestiegen, wenn man die sozialen und ökonomischen Investitionen betrachtet, doch andererseits sind die Staaten immer stabiler und unabhängiger von Individuen geworden. Auch der subjektive Wert wurde gesteigert (innere Differenzierung, bessere Körper und differenzierte personale Identität), und die Investitionen sind nachhaltiger, da immer mehr Menschen lange leben.

Die Individualisierung ist mit einer Explosion der Patchworkweltbilder verbunden (Jacobsen 2017). Der durch das institutionalisierte Christentum in der fast zweitausendjährigen Geschichte gesteigerte jenseitsbezogene Seelenstress wurde abgebaut und durch diesseitigen sozioökonomischen Stress ersetzt; der private kompensatorisch wirkende sedierende Seelenglaube wurde dem kirchlichen Establishment weitgehend entzogen (vgl. Feldmann 2010, 112 ff.).

Es gibt verschiedene Gründe für die Beliebtheit von Reinkarnationsvorstellungen in westlichen, christlich geprägten Ländern. Sie sind mit einem gängigen naturwissenschaftlichen Weltbild und dem (post)modernen Selbstkonzept besser kompatibel als orthodoxe christliche Konzeptionen (vgl. Walter 2001). Max Weber hat auf die Unabschließbarkeit des Lebens in einer modernen Gesellschaft hingewiesen. Reinkarnationsvorstellungen können als Problemlösung dienen. Die Wiederkehr von Schauspielern und eigenen Bezugspersonen in öffentlichen und privaten Bilderwelten kann auch als ein Erklärungsfaktor für die erstaunliche Häufigkeit von Reinkarnationsvorstellungen der Europäer dienen. In Entenhausen wird nicht gestorben, der Tod ist reversibel bzw. es wird immer wieder auferstanden.

### 7.7.3 Trauer und Reaktionen der Überlebenden

Wie schon gesagt, fand das Leben und Sterben in einfachen und traditionalen Kulturen auch nach dem Tod statt, wurde rituell begleitet und betraf das Wohlergehen der Überlebenden in direkter Weise. Dagegen ist – verbunden mit dem endgültigen Ausscheiden des Toten aus dem Staat – Trauer heute offiziell fast schon eine Krankheit, zumindest ein vorübergehendes gesellschaftlich unbedeutsames privates Ereignis, das kontextabhängig gestaltet wird (vgl. Hockey 2001). Es gibt zwar eine gesellschaftlich anerkannte Trauer und Erinnerung, doch sie betrifft nur wenige auserwählte Menschen und in das kollektive Leben stark eingreifende Ereignisse, z. B. Kriege (Klass/Thompson/Cox 2017). »Früher hatten viele bürgerliche Frauen wenig Chancen, außerhalb des Hauses soziale Rollen zu spielen. Somit hatten die Pflege von Sterbenden und die Trauerrolle gute Entwicklungschancen. Im Zuge der Emanzipation der Frauen wurden diese Rollen unwichtiger und erwiesen sich als kontraproduktiv. Nur für alte Frauen, deren sozialer Sterbeprozess weit fortgeschritten ist, sind diese Rollen ›akzeptabel‹« (Feldmann 2010, 246).

## 7.8 Medialisierung

Die moderne globale Gesellschaft bietet eine bisher nicht gekannte Fülle von Todesbildern. Die Darstellungen von Sexualität, Gender, Tod und anderen heiklen Themen in den Medien wurden seit den 1960er Jahren freizügiger und vielfältiger. Gleichzeitig verringerten sich die Primärerfahrungen mit Sterbenden und Toten. Damit hat sich die Kluft zwischen Primär- und Sekundärerfahrungen im Todesbereich für die meisten erweitert. Die Medien vermitteln bei großen todbringenden Katastrophen (Tsunami etc.) den Eindruck einer nationalen oder globalen Gemeinschaft, integrieren die Individualisierten. Die kollektive Trauer ermöglicht, aus dem Schambereich der privaten Gefühle herauszutreten, wobei das zentrale Ritual die Mediendarstellung in der eigenen von Gefühlen und Körperlichkeit geschwängerten Wohnung ist, also eine kurzfristige risikoarme Vereinigung von Privatem und Öffentlichkeit (Harju 2015; Feldmann 2008).

## 7.9 Dekonstruktion und Zukunft des Todes

»Der Optimist glaubt, der Mensch wird eines Tages den Tod besiegen. Der Pessimist befürchtet, dass dies wahr werden könnte« (McDermott 1987, Übers. K. F.). Leben und Sterben sind Zentralmotoren soziokultureller Konstruktion. Somit ist ein Kulturvergleich immer mit Dekonstruktion verbunden, d. h. die Konstrukte einer Kultur werden durch die einer anderen Kultur relativiert. In der modernen Gesellschaft findet die Dekonstruktion ständig innerhalb der eigenen ›Kultur‹ statt, sie benötigt den Vergleich mit anderen Kulturen nicht mehr oder zumindest weniger.

Die (De)konstruktionsprobleme können am Beispiel der Nahtoderfahrungen gezeigt werden (vgl. Knoblauch/Söffner 1999). In vielen Kulturen wurde über Nahtoderlebnisse berichtet. In der modernen Gesellschaft wurden diese Nahtoderlebnisse jedoch zu einem eigenen Forschungsgegenstand mit einer Fachzeitschrift und damit zu einem öffentlichen Spiel mit kognitiven und sozialen Dissonanzen. Bei vielen Personen, die entsprechende Erfahrungen hatten, wurde eine persönliche De- und Rekonstruktion ihrer Todeseinstellungen festgestellt. Solche Erschütterungen und starken Veränderungen des persönlichen Todesbildes wurden auch nach dem unerwarteten Tod einer Bezugsperson durch Unfall, Suizid etc. beobachtet. Ähnlich wie die Verdrängung wurde die Dekonstruktion vom Person- und Kleingruppenbereich auf die Gesellschaft verallgemeinert, z. B. von Bauman (1994). Begriffe umfassender gesellschaftlicher Dekonstruktion sind ähnlich vieldeutig und schillernd wie die Verdrängungskonzepte.

Ist in Zukunft eine radikale kulturelle ›Dekonstruktion des Todes‹ zu erwarten – die übrigens in vielen Kulturen betrieben wurde, bis hin zur Schaffung von Welten der Unsterblichkeit? Nüchtern betrachtet ist die Lebensverlängerung (s. Kap. 27: »Lebensverlängerung – philosophisch«) ein gewaltiges Projekt der derzeitigen und künftigen Gesellschaft. Auch eine Verschiebung von substanziellen Teilen eines Menschen, einer Person, eines lebendigen Gebildes von einer ›Lebensplattform‹ auf eine andere ist denkbar. Die noch utopischen Technologien werden zwar eine soziokulturelle De- und Rekonstruktion von Sterben und Tod bringen, doch keine Abschaffung des biologischen oder physischen Todes (Hülswitt/Brinzanik 2010).

Während Bauman (1994) unter dem Label ›Dekonstruktion‹ eine postmoderne Variante der altehrwürdigen Kulturkritik bietet, handelt es sich bei dem Buch der kanadischen Soziologin Céline Lafontaine mit dem Titel *La société postmortelle* (2008) hauptsächlich um biopolitische Utopien ›technowissenschaftlicher Unsterblichkeit‹. Unabhängig davon, wie man den derzeitigen oder künftigen Wahrheitsgehalt dieser spekulativen Ansätze beurteilt, haben sie Signalcharakter dafür, dass die ökonomischen, wissenschaftlichen und technologischen Wandlungen weitreichende und schwer abschätzbare Folgen für die ›Humanbasis‹ haben und damit für Leben und Sterben. Lafontaine bietet einen Überblick über die herumschwirrenden Utopien (Trans- oder Posthumanismus, Singularität etc.) und die neuen biomedizinischen und technologischen Entwicklungen in Kombination mit modischen Intellektuellen-Konzepten aus der französischen und amerikanischen Szene.

Allerdings dürften in diesem Jahrhundert die Prozesse der Vermehrung der Weltbevölkerung, die Ressourcen- und Umweltprobleme und die Nutzung und Verbesserung der bekannten Technologien bedeutsamer auf Leben und Sterben der Menschen wirken als technowissenschaftliche Utopien. Kellehear (2007a), ein nüchterner und scharfsinniger Thanatologe, weist auf in Zukunft sich verstärkende Probleme der Bewältigung des Sterben und des Todes hin, der Lebensverlängerung, der demographischen Entwicklung, ungesicherter politischer und wirtschaftlicher Verhältnisse, zunehmender sozialer Ungleichheit und durchaus realistischer Ängste vieler Menschen vor einem unwürdigen Sterben. In Zukunft werden sich die Lebens- und Sterbeoptionen qualitativ und quantitativ erweitern, und der Ressourceneinsatz für die Wohlhabenden wird weiter zunehmen und für die Armen relativ abnehmen, obwohl er bei dieser unterprivilegierten Gruppe ein Vielfaches an ›Gewinn‹ an Lebenslänge und -qualität erbringen würde.

Das Festhalten am Mythos des natürlichen Sterbens und der überbordende Einsatz neuer medizinischer Technologien in der letzten Lebensphase vergrößern den bereits gewaltigen Unterschied zwischen dem Wert eines Lebensjahrs eines wohlhabenden Menschen in einem reichen Land und eines armen Menschen in einem armen Land.

In der Konkurrenz zwischen Kollektiven geht es traditionell um Leben und Tod – heute in der reichen Welt vor allem im ökonomischen und nicht mehr im militärischen Bereich. Bedrohungsängste werden ständig geschürt, um die Bevölkerung in Stress und Abhängigkeit zu halten: ökonomische Krisen, Arbeitslosigkeit, Migration, Klimawandel, Terror, Krankheit, Verbrechen, Ressourcenmangel etc. Die Schaukämpfe um Stammzellen, Pränataldiagnostik, aktive Sterbehilfe und Beihilfe zum Suizid weisen die rationale Bearbeitung der Problematik des globalen Lebens und Sterbens auf die hinteren Plätze. So werden auch in wissenschaftlichen Schriften über Sterben und Tod zwei Megathemen ausgesperrt:

- Erhaltung und Kultivierung des Lebenssystems Erde,
- das miserable Leben und Sterben von hunderten Millionen von Menschen.

Man kann von einer strukturellen Verdrängung der Zusammenhänge von Leben und Sterben auf dem Planeten Erde im Handeln fast aller Menschen und in ihren Institutionen sprechen. Das wissenschaftliche Wissen über diese Zusammenhänge nimmt zwar stark zu, doch es bleibt abstrakt, bzw. manifestiert sich in halbherzigen politischen, ökonomischen und rechtlichen Regelungen, Klimagipfeln, UNO-Resolutionen, einer Flut von Mediendiskursen und Betroffenheitsbekundungen.

### Literatur


Armstrong, D.: *A New History of Identity. A Sociology of Medical Knowledge*. New York 2002.

Bauman, Z.: *Tod, Unsterblichkeit und andere Lebensstrategien*. Frankfurt a. M. 1994.

Benkel, T.: Gedächtnis – Medien – Rituale. Postmortale Erinnerungs (re) konstruktion im Internet. In: G. Sebald/ M.-K. Döbler (Hg.): *(Digitale) Medien und soziale Gedächtnisse*. Wiesbaden 2018, 169–196.

Berger, P. L.: *Zur Dialektik von Religion und Gesellschaft*. Frankfurt a. M. 1973 (engl. 1969).

Brüggen, S.: *Letzte Ratschläge. Der Tod als Problem für Soziologie, Ratgeberliteratur und Expertenwissen*. Wiesbaden 2005.

Clarke, A. E./Shim, J. K./Mamo, L./Fosket, J. R./Fishman, J. R.: Biomedicalization. Technoscientific Transformations of Health, Illness, and U. S. Biomedicine. In: *American Sociological Review* 68 (2003), 161–194.

Dreßke, S.: *Sterben im Hospiz*. Frankfurt a. M. 2005.

Dreßke, S.: Sterbebegleitung und Hospizkultur. In: *Aus Politik und Zeitgeschichte* 4 (2008), 14–20.

Elias, N.: *Über die Einsamkeit der Sterbenden in unseren Tagen*. Frankfurt a. M. 1982.

Feldmann, K.: Leben und Tod im Werk von Talcott Parsons. In: Ders./W. Fuchs-Heinritz (Hg.): *Der Tod ist ein Problem der Lebenden*. Frankfurt a. M. 1995, 140–172.

Feldmann, K.: Thanatosoziologie. Anomie oder Anämie? In: *Soziologische Revue* 26 (2003), 213–221.

Feldmann, K.: Todesbilder und -skripte in der modernen Gesellschaft. In: A. Heller/M. Knop (Hg.): *Die Kunst des Sterbens. Todesbilder im Film – Todesbilder heute*. Düsseldorf 2008, 126–142.

Feldmann, K.: *Tod und Gesellschaft. Sozialwissenschaftliche Thanatologie im Überblick*. Wiesbaden [2]2010.

Feldmann, K.: *Sterben – Sterbehilfe – Töten – Suizid*. In: http://www.feldmann-k.de/tl_files/kfeldmann/pdf/thantosoziologie/feldmann_sterben_sterbehilfe_toeten_suizid%20323.pdf (01.05.2019).

Feldmann, K./Fuchs-Heinritz, W.: Der Tod als Gegenstand der Soziologie. In: Dies. (Hg.): *Der Tod ist ein Problem der Lebenden. Beiträge zur Soziologie des Todes*. Frankfurt a. M. 1995, 7–18.

Fuchs-Heinritz, W.: *Todesbilder in der modernen Gesellschaft*. Frankfurt a. M. 1969.

Fuchs-Heinritz, W.: Auguste Comte. Die Toten regieren die Lebenden. In: K. Feldmann/Ders. (Hg.): *Der Tod ist ein Problem der Lebenden. Beiträge zur Soziologie des Todes*. Frankfurt a. M. 1995, 19–58.

Gennep, A. van: *Übergangsriten*. Frankfurt a. M. 1986 (franz. 1909).

Glaser, B. G./Strauss, A. L.: *Interaktion mit Sterbenden. Beobachtungen für Ärzte, Schwestern, Seelsorger und Angehörige*. Göttingen 1974.

Göckenjan, G.: Sterben in unserer Gesellschaft – Ideale und Wirklichkeiten. In: *Aus Politik und Zeitgeschichte* 4 (2008), 7–14.

Hahn, A.: *Einstellungen zum Tod und ihre soziale Bedingtheit. Eine soziologische Untersuchung*. Stuttgart 1968.

Harju, A.: Socially shared mourning: construction and consumption of collective memory. In: *New Review of Hypermedia and Multimedia* 21 (2015), 123–145.

Hart, B./Sainsbury, P./Short, S.: Whose Dying? A Sociological Critique of the Good Death. In: *Mortality* 3 (1998), 65–78.

Harvey, J.: The Technological Regulation of Death; with Reference to the Technological Regulation of Birth. In: *Sociology* 31 (1997), 719–735.

Hertz, R.: *Das Sakrale, die Sünde und der Tod*. Hg. von S. Moebius und C. Papilloud. Konstanz 2007.

Hockey, J.: Changing Death Rituals. In: Ders./Katz/Small 2001, 185–211.

Hockey, J./Katz, J./Small, N. (Hg.): *Grief, Mourning and Death Ritual*. Buckingham 2001.

Howarth, G.: *Death and Dying. A Sociological Introduction*. Cambridge 2007.

Hülswitt, T./Brinzanik, R.: *Werden wir ewig leben? Gespräche über die Zukunft von Mensch und Technologie*. Berlin 2010.

Jacobsen, M. H. (Hg.): *Postmortal society: Towards a sociology of immortality*. London 2017.

Kastenbaum, R. J.: *Death, Society, and Human Experience*. Boston 92007.

Kearl, M. C.: *Endings. A Sociology of the Dying and the Dead.* New York 1989.
Kellehear, A.: The Near-death Experience as Status Passage. In: *Social Science & Medicine* 31 (1990), 933–939.
Kellehear, A.: *A Social History of Dying.* Cambridge 2007a.
Kellehear, A.: The End of Death in Late Modernity. An Emerging Public Health Challenge. In: *Critical Public Health* 17 (2007b), 71–79.
Kellehear, A.: Dying as a Social Relationship. A Sociological Review of Debates on the Determination of Death. In: *Social Science & Medicine* 66 (2008), 1533–1544.
Kentish-Barnes, N.: Mourir à l'heure de médecin. Décisions de fin de vie en réanimation. In: *Revue française de sociologie* 48 (2007), 449–475.
Klass, D./Thompson, N./Cox, G. R.: Continuing bonds. In: N. Thompson/G. R. Cox (Hg.): *Handbook of the Sociology of Death*, Grief, and Bereavement: A Guide to Theory and Practice. London 2017, 141–152.
Knoblauch, H./Söffner, H.-G. (Hg.): *Todesnähe.* Konstanz 1999.
Knoblauch, H./Zingerle, A.: Thanatosoziologie. Tod. Hospiz und die Institutionalisierung des Sterbens. In: Dies. (Hg.): *Thanatosoziologie.* Berlin 2005, 11–27.
Kübler-Ross, E.: *Interviews mit Sterbenden.* Stuttgart 1969.
Lafontaine, C.: *La société post-mortelle. La mort, l'individu et le lien social à l'ère des technosciences.* Paris 2008.
Lawton, J.: *The Dying Process. Patients' Experiences of Palliative Care.* London 2000.
Lindemann, G.: *Die Grenzen des Sozialen. Zur sozio-technischen Konstruktion von Sterben und Tod.* München 2002.
Macho, Th./Marek, K. (Hg.): *Die neue Sichtbarkeit des Todes.* München 2007.
McDermott, W. B.: On the Uncertain Future of Death. In: *Futures* 19 (1987), 686–700.
McNamara, B./Waddell, C./Colvin, M.: The Institutionalization of the Good Death. In: *Social Science & Medicine* 39 (1994), 1501–1508.
McNamara, B./Rosenwax, L.: The Mismanagement of Dying. In: *Health Sociology Review* 16 (2007), 373–383.
Mellor, P./Shilling, C.: Modernity, Self-identity and the Sequestration of Death. In: *Sociology* 27 (1993), 411–432.
Nassehi, A./Saake, I.: Kontexturen des Todes. Eine Neubestimmung soziologischer Thanatologie. In: H. Knoblauch/A. Zingerle (Hg.): *Thanatosoziologie.* Berlin 2005, 31–54.
Nassehi, A./Weber, G.: *Tod, Modernität und Gesellschaft. Zu einer Theorie der Todesverdrängung.* Opladen 1989.
Parker, R. E./Achaval, V. G.: The Myth of Increasing Life Expectancy and Its Social Policy Implications. In: *Journal of Sociological Research* 8 (2017), 17–31.
Pinker, S.: Gewalt. *Eine neue Geschichte der Menschheit.* Frankfurt a. M. 2011.
Salis Gross, C.: *Der ansteckende Tod. Eine ethnologische Studie zum Sterben im Altersheim.* Frankfurt a. M. 2001.
Schmied, G.: *Sterben und Trauern in der modernen Gesellschaft.* Opladen 1985.
Schneider, W.: *›So tot wie nötig – so lebendig wie möglich!‹ – Sterben und Tod in der fortgeschrittenen Moderne. Eine Diskursanalyse der öffentlichen Diskussion um den Hirntod in Deutschland.* Münster 1999.
Seale, C.: *Constructing Death. The Sociology of Dying and Bereavement.* Cambridge 1998.
Seale, C.: Cancer Heroics. A Study of News Reports with Particular Reference to Gender. In: *Sociology* 36 (2002), 107–126.
Seymour, J. E.: Negotiating Natural Death in Intensive Care. In: *Social Science & Medicine* 51 (2000), 1241–1252.
Seibel, C.: Tod im Leben – Leben im Tod. In: T: Benkel/M. Meitzler (Hg.): *Zwischen Leben und Tod: Sozialwissenschaftliche Grenzgänge.* Wiesbaden 2019, 161–184.
Streckeisen, U.: *Die Medizin und der Tod. Über berufliche Strategien zwischen Klinik und Pathologie.* Opladen 2001.
Sudnow, D.: *Organisiertes Sterben. Eine soziologische Untersuchung.* Frankfurt a. M. 1973 (engl. 1967).
Timmermans, S.: When Death isn't Dead. Implicit Social Rationing During Resusciative Efforts. In: *Sociological Inquiry* 69 (1999), 51–75.
Timmermans, S.: Death Brokering. Constructing Culturally Appropriate Deaths. In: *Sociology of Health & Illness* 27 (2005), 993–1013.
Walter, T.: Sociologists Never Die. In: D. Clark (Hg.): *The Sociology of Death.* Oxford 1993, 264–295.
Walter, T.: *The Revival of Death.* London 1994.
Walter, T.: Reincarnation, Modernity and Identity. In: *Sociology* 35 (2001), 21–38.
Walter, T.: The Sociology of Death. In: *Sociology Compass* 2/1 (2008), 317–336.
Waters, T.: *When Killing is a Crime.* Boulder 2007.
Wilkinson, R. G./Pickett, K. E.: *The Inner Level. How more Equal Societies Reduce Stress, Restore Sanity and Improve Everyone's Wellbeing.* London 2018.
Willmott, H.: So what? Sociology, Sequestration, and Emancipation. In: *Sociological Review* 48 (2000), 649–665.
Zimmermann, C.: Death Denial. Obstacle or Instrument for Palliative Care? An Analysis of Clinical Literature. In: *Sociology of Health & Illness* 29 (2007), 297–314.

*Klaus Feldmann*

# II Grundlagen und Konzepte

# 8 Sterbeprozess – medizingeschichtlich

Unter dem Vorgang des Sterbens werden – je nach Epoche, Kulturkreis und Weltanschauung – verschiedene Zeitspannen und Zustände verstanden. Wie bei kaum einem anderen Phänomen überlagern sich hierbei biologische Erkenntnisse und kulturelle Konstrukte. Was die Eckpunkte des Sterbeprozesses sind, wann das Sterben einsetzt und welches Kriterium den Todeszeitpunkt markiert, wird durch medizinisch-biologische Modelle, aber auch durch religiöse, philosophische, kulturelle und rechtliche Konstruktionen und deren jeweilige Interaktionen mitbestimmt. Alle Todeskonzepte sind dementsprechend Setzungen; sie sind weder zwangsläufige Resultate naturwissenschaftlicher Erkenntnisse noch sind sie unbeeinflusst von Wertvorstellungen (Noack 2007, 76; Heller/Wegleitner 2017, 11–17).

## 8.1 Definitionen des Sterbeprozesses

Der Sterbeprozess bezeichnet die letzte Phase des Lebens eines organischen Individuums, in der die Lebensfunktionen unumkehrbar zu einem Ende kommen. Der Sterbeprozess kann sich allmählich oder als plötzliches Versagen lebenswichtiger Organsysteme vollziehen; er endet unweigerlich mit dem Tod.

Die Sterblichkeit gehört zu den Grundkonstituenten menschlichen Lebens. Biologisch betrachtet ist das Sterben der Verlust von immer mehr Organfunktionen. Für jedes einzelne Organ gibt es hierbei einen individuellen Zeitraum, in dem bei nachlassender Funktionsfähigkeit ein Weiterleben möglich wäre, wenn die Versorgung mit Nährstoffen und Sauerstoff wieder aufgenommen würde. Nach Ablauf dieser spezifischen Zeitspanne stirbt das Organ endgültig ab.

Der natürliche Sterbevorgang durchläuft mehrere Phasen: Zunächst wird die Wahrnehmung durch verringerte Hirnaktivität eingeschränkt; Seh- und Hörvermögen lassen nach bzw. erlöschen, und die Atmung verflacht. Danach tritt der Herzstillstand ein, dem innerhalb weniger Minuten infolge des Funktionsverlusts der Hirnzellen der Hirntod folgt.

Aus klinischer Sicht sind im Wesentlichen zwei Phasen des Sterbeprozesses zu differenzieren: Der klinische Tod tritt ein, wenn Herzschlag und Atmung aussetzen; in dieser Phase kann der Mensch unter Umständen durch Herzmassage und künstliche Beatmung wiederbelebt werden. Bleibt diese Reanimation aus oder schlägt sie fehl, erleidet das Gehirn durch die fehlende Durchblutung irreparable Schäden, so dass der Hirntod (s. Kap. 12: »Hirntod – medizinisch«) eintritt, mit dem die zentralnervöse Steuerung elementarer Lebensfunktionen unwiederbringlich erlischt.

Ähnlich vielfältig wie die Positionen zum Sterbeprozess sind die Antworten auf die Frage nach dem Beginn des Sterbens (Rosentreter/Groß/Kaiser 2010). Die Medizin orientiert sich dabei weitestgehend am naturwissenschaftlichen Blick auf den Sterbeprozess. In den meisten Fällen wird als Sterbender jemand verstanden, der körperliche Zeichen eines rasch fortschreitenden Verfalls zeigt, dessen Kräfte schwinden oder der sogar schon nicht mehr bei Bewusstsein ist (Wittkowski/Schröder 2008, 3; Borasio 2012). Nach dieser Interpretation umfasst Sterben einen eng umschriebenen Zeitraum, da der vorangegangene Prozess der Auseinandersetzung mit dem Tod (s. Kap. 9: »Sterbeprozess – psychologisch«) nicht einbezogen wird. In der Palliativmedizin, die vorwiegend das Sterben bei chronisch Kranken begleitet, werden dagegen drei Phasen unterschieden: (1) die ›Rehabilitationsphase‹, die Monate, selten Jahre umfassen kann und in der trotz der Krankheit ein größtenteils normales Leben möglich ist; (2) die ›Terminalphase‹, in der die Aktivität eingeschränkt ist und die zuletzt übergeht in die (3) ›Finalphase‹, die wenigstens die letzten 72 Stunden umfasst (Wittkowski/Schröder 2008, 9; vgl. auch Drolshagen 2003).

## 8.2 Sterben aus medizinischer Sicht in Antike und Mittelalter

In der griechischen Antike oblag dem Arzt die Heilung des Patienten. Bei einer infausten Prognose wurde die Behandlung dagegen verweigert oder abgebrochen; eine spätere Feststellung des Todes durch den Arzt erfolgte nicht (Culmann 1986, 54; Mayer 1998,

J. B. Metzler © Springer-Verlag GmbH Deutschland, ein Teil von Springer Nature, 2020
H. Wittwer/D. Schäfer/A. Frewer (Hg.), *Sterben und Tod. Ein interdisziplinäres Handbuch 2. Auflage*,
https://doi.org/10.1007/978-3-476-05761-7_8

1). Im *Corpus Hippocraticum* (5.–2. Jh. v. Chr.) wird auf menschliches Sterben vielfach eingegangen (Schadel 1975, 72; Potter 2005, 829): Es wird beschrieben als mögliche Folge der Verwundung eines lebenswichtigen Teils, der Unterbrechung des Atems, des Verlusts von Wärme und Blutbewegung oder der Austrocknung des Körpers. Die Feuchtigkeit als lebensstiftender Teil des Körpers verdunste, weil sie nicht mehr durch den Atem gekühlt werde. Daneben finden sich in den hippokratischen Schriften konkrete Hinweise auf Zeichen des kommenden Todes, wie die bis heute zitierte *Facies hippocratica* – das Gesicht eines Sterbenden mit spitzer Nase, eingesunkenen Augen, eingefallenen Schläfen, bleicher oder schwärzlicher Hautfarbe etc. Derartige Zeichen sollten dem antiken Arzt dazu verhelfen, eine zutreffende Prognose über den weiteren Krankheitsverlauf zu stellen und so gegebenenfalls von einer Behandlung abzusehen (Steingiesser 1936, 1). Der griechische Arzt Aretaios (80/81–130/138) betonte, dass der Verlust der ›eingeborenen Körperwärme‹ dessen Erstarrung und damit den Tod herbeiführe (Potter 2005, 830).

Wie die Ärzte der Antike, so zählten auch die des Mittelalters bis weit in die Frühe Neuzeit hinein die Betreuung Todkranker und Sterbender nicht zu ihrem Aufgabengebiet (D. Schäfer 2001, 107; Bergdolt 1999, 822; Düwel 2010). Für sie endete der Heilauftrag, wenn sich die Erfolg- und Nutzlosigkeit ärztlicher Hilfe absehen ließ und der Sterbeprozess unmittelbar bevorstand bzw. bereits eingesetzt hatte. Für diese Verhaltensweise lassen sich im Wesentlichen drei Gründe ausmachen: Zum Ersten empfahl schon die hippokratische Schule dem Arzt, in hoffnungslosen Fällen von weiteren Maßnahmen abzusehen und sich zurückzuziehen, »denn wenn er den Patienten weiter behandele und dieser stirbt, könne das von anderen als Versagen des Arztes ausgelegt werden« (Baust 1992, 18). Die Fortsetzung der Behandlung in Fällen mit infauster Prognose setzte den Arzt zum Zweiten dem Verdacht der Geldgier oder der Anmaßung aus (D. Schäfer 2001, 106). Da Leiden und Tod, insbesondere im Mittelalter, auch als göttliche Strafen oder Prüfungen aufgefasst wurden, erschien es zum Dritten problematisch, am nahenden Ende eines Lebens der offensichtlichen Entscheidung Gottes entgegenzutreten. Kleriker-Ärzte mussten zudem seit dem Hochmittelalter damit rechnen, dass sie vom geistlichen Amt ausgeschlossen wurden, wenn ein Patient – tatsächlich oder auch nur dem Anschein nach – durch ihr Verschulden zu Tode kam (D. Schäfer 2001, 108). Vor diesem Hintergrund erklärt sich die Abwesenheit des Arztes in den meisten überlieferten bildlichen Darstellungen von Sterbeszenen. Ausnahmen bildeten in der Regel die Leibärzte von hochgestellten Persönlichkeiten wie Kaisern, Königen und Päpsten; sie begleiteten das Sterben ihrer Herrscher und bezeugten insbesondere den Eintritt des Todes.

Obwohl sich auch die Medizin des Mittelalters auf die christliche *Caritas* berief, waren Ärzte in die eigentliche Versorgung und Begleitung gewöhnlicher Sterbender kaum eingebunden. Diese Aufgabe kam vielmehr Laien, Ordensmitgliedern und den im Mittelalter aufkommenden Hospitälern zu, in denen Ärzte in der Regel eine marginale Rolle spielten. In ärztlichen Deontologien des 14. Jhs. – etwa bei Johannes Jacobi – wurde jedoch z. B. ein kurzer prognostischer Blick auf Pestkranke empfohlen, um zu entscheiden, ob eine Behandlung möglich sei. Ansonsten bestand die ärztliche Aufgabe am Lebensende jedoch lediglich darin, den Patienten zur Beichte aufzufordern und einen Priester (oder ggf. einen Notar) rufen zu lassen (Bergdolt 1999, 822). Dementsprechend waren es nicht Ärzte, sondern Priester, die im Verlaufe des Mittelalters eine *Ars moriendi* (Kunst des Sterbens; s. Kap. 28: »Ars moriendi – Ritual- und Textgeschichte«) propagierten. Zuständig für die Sterbebegleitung war demnach nicht der Arzt des Leibes, sondern der Arzt der Seele (D. Schäfer 2001, 108).

## 8.3 Sterben aus medizinischer Sicht in der Frühen Neuzeit

Erst seit dem 18. Jh. wurde dem Arzt neben dem Geistlichen oder an seiner Stelle sukzessive die Zuständigkeit für das Sterben sowie für die objektive Feststellung des Todes übertragen. Grundlage hierfür war u. a. eine neue, wissenschaftlich orientierte Forschung über das Wesen und die biologischen Grundlagen des Sterbens und des Todes. Sie führte zu der Erkenntnis, dass das Sterben als prozesshaftes Geschehen aufzufassen sei. So schreibt Friedrich Hildebrandt im *Lehrbuch der Physiologie* (1802, 284): »Der letzte Athemzug endigt das Leben, in so fern nur ihm alle Empfindung und alle willkürliche Bewegung verschwindet. Doch im genauesten Sinne nicht ganz, es bleibt noch einige Zeit [...] einige Lebenskraft im Körper übrig, wie sich bey Versuchen an ähnlichen Tieren, vorzüglich bey der Reitzung des Herzens offenbart.« Hildebrandt bezieht sich hier auf Beschreibungen über die postmortale Reizbarkeit muskulärer Strukturen, die sich u. a. bei Bruhier (1754), van Swieten (1773), Creve (1796) und Alexander von Humboldt (1797) finden (Schellmann 2000, 27). Die Anwendung der elektrischen Reizung am Herzmuskel bei gerade Verstorbenen machte besonders deutlich, dass auch unmittelbar nach dem vermeintlichen Eintritt des Todes noch Bewegungen des Herzens auslösbar waren. Beachtung fanden auch die Ausführungen des französischen Anatomen Xavier Bichat (1771–1802), der zwischen den zellulären Eigenschaften mit Grundfunktionen zur Lebenserhaltung (organisches Leben) und dem Leben des Bewusstseins als Ausdruck einer Lebenskraft (animalisches Leben) unterschied. Demnach konnte der Mensch bereits tot sein, bevor alle Einzelkomponenten seines Organismus ihre Funktion eingestellt hatten (Bichat 1968; vgl. Steingiesser 1936, 6).

Diese für die zeitgenössische Bevölkerung verstörenden Erkenntnisse, aber auch die im Zeitalter der Aufklärung schwindende Hoffnung auf ein Weiterleben nach dem Tod führten zu einer neuen Form der Angst: der Furcht vor dem Scheintod (*vita reducta*, *vita minima*), d. h. vor einer vorzeitigen Todesfeststellung (s. Kap. 10: »Scheintod«). Sie wurde im Verlaufe des 18. und 19. Jhs. zu einem Phänomen, das alle Bevölkerungsschichten erfasste (vgl. St. Schäfer 1994; Groß 1997). Mit der Unterscheidung zwischen Scheintod und eigentlichem oder ›wahrem‹ Tod erhielt die Diskussion um die Phasen des Sterbeprozesses neue Nahrung. 1783 verfasste Christoph Wilhelm Hufeland seine Inauguraldissertation über den *Medizinischen Nutzen der elektrischen Kraft beim Scheintod*, die auf Experimenten basierte (Hufeland 2006). Auch in den nachfolgenden Jahren beschäftigte er sich intensiv mit Sterben und Tod. Gleichzeitig stieg sein wissenschaftliches Interesse an der Untersuchung des Sterbeprozesses und der Todesfeststellung. Hufeland selbst unterschied drei verschiedene Grade des Todes. Ihm zufolge bot der erste – reversible – Grad des Todes die Möglichkeit einer ›Wiedererweckung‹. Auf sein Betreiben hin entstand 1792 in Weimar das erste Leichenschauhaus, und 1808 verfasste er eine Abhandlung mit dem Titel *Der Scheintod*, in der er sich darum bemühte, den Zustand der Bewusstlosigkeit und der Asphyxie anhand verschiedener Merkmale vom Tod abzugrenzen (Hufeland 1986). Mit Hufeland und den Ärzten seiner Zeit erfuhr der ärztliche Heilauftrag eine deutliche Erweiterung, da nun auch der Sterbende bzw. der vermeintlich Tote zum Adressaten ärztlicher Tätigkeit wurde.

Mit der allgegenwärtigen Furcht vor dem Scheintod verband sich die Angst, lebendig begraben zu werden, im Grab aufzuwachen und einen angsterfüllten Erstickungstod sterben zu müssen (Groß 2002, 27). Daher wurden ärztlicherseits Kriterien für Leichenschauer entwickelt, die eine Unterscheidung von echtem und Scheintod erleichtern sollten (Groß 1997, 25). Des Weiteren gaben Amtsärzte Lehrbücher und Katechismen heraus, in denen konkrete medizinische Maßnahmen zur ›Wiedererweckung‹ beschrieben wurden (Groß 1997, 27; 2002, 35). Flankiert wurden diese Vorschläge oft durch entsprechende rechtliche Bestimmungen. Aus der zweiten Hälfte des 18. Jhs. stammt etwa ein Erlass von Maria Theresia (1717–1780), in dem gefordert wurde, Sterbende erst dann aufzugeben, wenn sie mit Tabakklistieren oder Tabakrauch nicht mehr erweckbar waren (Baust 1992, 20). In London und Amsterdam kam es in den 1770er Jahren zur Gründung der ersten Gesellschaften, die sich der ›Lebensrettung‹ verschrieben (ebd.). Findige Konstrukteure erdachten überdies spezielle Vorrichtungen, etwa mit Gas gefüllte oder offene Särge, die mit Erde zugeschüttet wurden, um einen schnellen Erstickungstod hervorzurufen, oder umgekehrt sogenannte ›Rettungssärge‹, die mit einer Glocke ausgestattet waren, mit der Scheintote nach dem Erwachen Hilfe holen sollten, oder die Leitern enthielten, welche die Möglichkeit bieten sollten, dem Grab zu entsteigen (Bondeson 2002, 136).

Letztlich wurden gerade die *Taphophobie* (Furcht, lebendig begraben zu werden) und die damit verbundene Frage nach einer exakten und zuverlässigen Todesbestimmung zu einem wesentlichen Grund für das neue ärztliche Interesse an dem sterbenden bzw. scheintoten Menschen.

## 8.4 Sterben aus medizinischer Sicht von der Moderne bis zum 21. Jahrhundert

Wenngleich die Angst vor dem Scheintod spätestens an der Wende zum 20. Jh. stark an Bedeutung verloren hatte, behielt die Medizin fortan die Deutungsmacht über den Tod wie auch – zusammen mit der Pflege – die Zuständigkeit für den sterbenden Patienten. Allerdings zeichnete sich seit der Mitte des 20. Jhs. eine neue Tendenz ab, die der überlieferten Praxis des Sterbens diametral entgegenstand: Während die Menschen seit jeher im häuslichen Umfeld gestorben und hierbei von ihren engsten Vertrauten begleitet worden waren, stieg nunmehr in den Industrienationen die Zahl der Menschen, die in Einrichtungen des Gesundheitswesens und damit im unmittelbaren Einflussbereich der Ärzte starben, sukzessive an. Dieser Trend verstärkte noch die bereits im 19. Jh. einsetzende Verdrängung von Sterben und Tod aus dem menschlichen Alltag – ein Sachverhalt, der auf psychologischer Ebene vielfach als Form der ›Tabuisierung‹ beschrieben wurde (Ariès 2005; Elias 2002).

Wie in der mittelalterlichen und vormodernen Welt die *Ars moriendi* gepflegt wurde, so brachte auch die Moderne Modelle hervor, die den Prozess des Sterbens in distinkte Phasen aufzuteilen suchten. Besondere Wirkmächtigkeit erlangte hierbei das Phasenmodell der Ärztin Elisabeth Kübler-Ross, das Anfang der 1970er Jahre bekannt wurde und einer neuen Betrachtung des Sterbens den Weg bereitete (Kübler-Ross 1971). Dabei richtet sich der Blick auf die psychischen Befindlichkeiten, die der sterbende Mensch durchschreitet. Nach Kübler-Ross vollzieht sich der Sterbeprozess aus psychischer Sicht idealtypisch in fünf Phasen: der ersten Phase der Verneinung und Isolierung, die das initiale Verleugnen des angekündigten Todes beinhaltet, der zweiten Phase des Zorns und der Auflehnung gegen das Schicksal, die sich u. a. in aggressiven Verhaltensweisen gegenüber Angehörigen und Helfern manifestiert, der dritten Phase des Verhandelns mit dem Schicksal, verbunden mit dem Versuch, dem drohenden Geschick zu entrinnen, der vierten Phase der Depression, die durch Traurigkeit, das Gefühl der Vereinsamung und das Bedürfnis nach menschlicher Nähe charakterisiert ist, und der fünften Phase der Annahme des Todes, in der die unabwendbare Realität bejaht wird. Die beschriebenen Phasen werden modifiziert durch die Persönlichkeitsstruktur des Sterbenden, die Grunderkrankung und das soziale Umfeld (Condrau 1991, 431). Aufgaben des medizinischen Personals waren hierbei nach Kübler-Ross die Begleitung des Sterbenden, die Auseinandersetzung mit dessen Angst und Einsamkeit sowie die Behebung körperlicher Beschwerden wie Schmerz, Übelkeit oder Atemnot. Die einzelnen Phasen sollten im Übrigen keine (bestimmten) Zeiträume beschreiben, sondern vielmehr eine Situation bzw. einen konkreten Weltbezug zum Tod. Paul Sporken stellte vor die Phaseneinteilung von Kübler-Ross noch weitere Stadien; sie sollten die Phasen kennzeichnen, die Patienten mit infauster Prognose durchleben, bevor ihnen die ›Wahrheit‹ über ihren Zustand eröffnet wird (Sporken 1981).

Wenngleich die beschriebenen Konzepte nicht unwidersprochen blieben und bis auf den heutigen Tag kritisch diskutiert werden, gab insbesondere Kübler-Ross Ärzten, Pflegekräften, Seelsorgern und ehrenamtlichen Helfern entscheidende Impulse zu einem offeneren Umgang mit sterbenden und trauernden Menschen. Nicht zuletzt dank dieser Impulse wird in der jüngsten Vergangenheit nach Jahren der ›Tabuisierung‹ eine allmähliche Wiederentdeckung der ›Kultur des Sterbens und des Todes‹ festgestellt. Als Kennzeichen hierfür werden eine neue Aufmerksamkeit für Patienten- und Vorsorgeverfügungen, eine zunehmende Qualifizierung des klinischen und seelsorglichen Personals in den Bereichen Schmerztherapie und Sterbebegleitung sowie der Ruf nach einem Ausbau der Hospizarbeit und palliativmedizinischer Versorgungsstrukturen genannt (s. Kap. 43: »Hospiz/Palliativmedizin«).

Auch die naturwissenschaftliche Auseinandersetzung mit dem Sterbeprozess setzte sich im 20. Jh. fort. Der Arzt Hermann Nothnagel (1841–1905) hielt es in gewisser Hinsicht für »wissenschaftlich berechtigt, von einem Augenblick des Todes zu sprechen. Man will damit ausdrücken, daß der Organismus als Ganzes zu funktionieren aufgehört habe. – Aber tot ist der Körper erst dann, wenn die letzten Lebensäußerungen seiner Substanz aufgehört haben. Nicht alle Gewebe und Zellen des tierischen Organismus büßen gleich schnell die vitalen Eigenschaften ein; es gibt deren, welche noch eine gewisse Zeit nach dem Augenblick, den man herkömmlich als den letzten bezeichnet, auf entsprechende Reize reagieren. – In diesem Sinne stirbt der Organismus nicht auf einmal, sondern zellgruppenweise« (zit. nach Neuburger 1922, 279).

Das von Nothnagel wie schon von Hildebrandt (s. o.) beschriebene Problem der Dissoziation des Todeseintritts stellte sich nach der Jahrhundertmitte durch die Möglichkeiten der (Intensiv-)Medizin auf eine neue und bis dahin ungeahnte Weise: Bis weit in die Neuzeit hinein galt der Atem- und Kreislaufstillstand als Endpunkt des Sterbeprozesses und damit als Zeichen des eingetretenen Todes. Seit ein kurzer Stillstand von Herzschlag und Atmung durch moderne Reanimationsmaßnahmen prinzipiell wieder rückgängig gemacht werden konnte, schien die Feststellung des ›klinischen Todes‹ nicht mehr hinreichend für die Diagnose eines irreversiblen Ausfalls vitaler Lebensfunktionen – unbeschadet der Tatsache, dass die Möglichkeit der Reanimation durch die Überlebenszeit des Gehirns auf wenige Minuten begrenzt blieb. Im Jahre 1959 beschrieben die französischen Ärzte Mollaret und Goulon überdies erstmals einen neuen medizinischen Zustand: Sie hatten Patienten beobachtet, deren Gehirn nach einem längeren Atemstillstand durch Sauerstoffmangel irreversibel zerstört war, während ihr Organismus durch künstliche Beatmung am Leben erhalten werden konnte. Diesen Zustand bezeichneten Mollaret und Goulon als *coma dépassé* (›überschrittenes Koma‹; Mollaret/Goulon 1959, 3). Der überkommene Todesbegriff, nach dem ein Mensch dann als tot galt, wenn sein Kreislauf zum Stillstand gekommen ist, erwies sich durch die Möglichkeit der Anwendung der Herz-Lungen-Maschine folglich als nicht mehr zeitgemäß, und die Grenzziehung zwischen Sterben und Tod geriet einmal mehr zur offenen Frage.

Beide Entwicklungen - die Reversibilität des klinischen Todes einerseits und die Möglichkeit der Aufrechterhaltung der Kreislauffunktionen trotz eines irreversibel zerstörten Gehirns andererseits - verwiesen letztlich auf die Notwendigkeit einer neuen Todesdefinition. Grundlage hierfür sollte der Hirntod werden (s. Kap. 12: »Hirntod – medizinisch«). In den 1960er Jahren intensivierte sich die Diskussion um ein ›Hirntodkriterium‹. Schließlich formulierte 1968 eine Ad-hoc-Kommission, die vornehmlich aus Medizinern der Harvard Medical School sowie aus je einem Juristen, Philosophen und Theologen bestand, die Forderung nach einem Hirntodkriterum (vgl. Ad Hoc Committee of the Harvard Medical School 1968). Sie war eigens zum Zweck der Erarbeitung eines neuen Todeskriteriums eingesetzt worden. Wenngleich das Hirntodkriterium insbesondere in den ersten Jahren nach seiner Etablierung von Kritik begleitet war (vgl. z. B. Jonas 1990, 288) und bis heute nicht unumstritten ist, gilt der irreversible Ausfall aller Hirnfunktionen derzeit als das maßgebliche diagnostische Zeichen des eingetretenen Todes und nicht als Teil des Sterbeprozesses im rechtlichen Sinn. Es wurde und wird sowohl von der Medizin als auch von den christlichen Kirchen getragen. So hieß es in der gemeinsamen Erklärung der Deutschen Bischofskonferenz und des Rates der Evangelischen Kirche in Deutschland von 1990: »Der Hirntod bedeutet ebenso wie der Herztod den Tod des Menschen. Mit dem Hirntod fehlt dem Menschen die unersetzbare und nicht wieder zu erlangende körperliche Grundlage für sein geistiges Dasein in dieser Welt« (Deutsche Bischofskonferenz/Rat der EKD 1990). Der Arbeitskreis des Wissenschaftlichen Beirates der Bundesärztekammer sah im Hirntod 1997 den »Zustand der irreversibel erloschenen Gesamtfunktion des Großhirns, des Kleinhirns und des Hirnstamms. Dabei wird durch kontrollierte Beatmung die Herz- und Kreislauffunktion noch künstlich aufrechterhalten« (Bundesärztekammer 1997). Im englischsprachigen Raum besteht breiter Konsens bezüglich der Auffassung, dass der biologische Tod dem Hirntod zeitlich nachfolgt: Er ist durch das sukzessive Absterben der Körperzellen und die beginnende Auflösung der Leiche charakterisiert. Mit dieser (historisch allerdings seit Langem diskutierten) Dissoziation des Todes spaltet sich auch der Begriff des Sterbens weiter auf.

Wenngleich die meisten Menschen in Industrienationen weiterhin in Einrichtungen des Gesundheitswesens sterben, mehren sich seit der Jahrtausendwende die Angebote ambulanter Palliativ- und Hospizdienste, die ein Sterben in der häuslichen Umgebung - mit medizinischer Unterstützung, aber außerhalb des institutionalisierten ärztlichen Zugriffs - ermöglichen sollen (Student/Mühlum 2007; Student/Napiwotzky 2007). Sie korrespondieren mit dem derzeitigen gesellschaftlichen Trend, den Prozess des Sterbens wieder verstärkt in den privaten Bereich zu überstellen und zu individualisieren. Ebenso findet sich eine zunehmende Bereitschaft, über adäquate Rahmenbedingungen des Sterbens zu reflektieren und zu diskutieren (Schäfer/Müller-Busch/Frewer 2012; Sörries 2015). Gleichzeitig findet sich ein gewachsenes Interesse von Wissenschaftlern, sich mit der Geschichte der Hospiz- und der Palliativbewegung zu befassen (Nolte 2016 und 2017; Stolberg 2011; Müller-Busch 2014, 3–9; Heller/Pleschberger 2012, 17–24).

## 8.5 Sterben in Mythologie, Religion und Philosophie

Seit Menschengedenken beschäftigen sich Ärzte, Philosophen und Theologen mit Sterben und Tod. Am Anfang dieser Reflexion steht die Erkenntnis der eigenen Sterblichkeit: »Werde ich nicht auch sterben? Bin ich nicht wie Enkidu?« (Schrott 2001, 241), fragt sich Gilgamesch angesichts des Todes seines Freundes in dem gleichnamigen babylonischen Epos, das etwa 2000 v. Chr. entstand (vgl. Barloewen 1996, 14).

Der Glaube an die Unsterblichkeit, an ein Weiterleben nach dem Tod prägt in vielen Kulturen das Verständnis von Sterben und Tod (s. Kap. 36: »Glaube an eine Fortexistenz nach dem Tod«). Der Mensch wird dabei im Leben auf sein Sterben vorbereitet. Gegenüber dem medizinischen Verständnis des Sterbeprozesses, der mit dem klinischen Tod endet, dehnt sich dabei der Prozess des Sterbens oft über einen Zeitraum nach dem Tod aus, wenn z. B. die Hinterbliebenen durch Gebete und die Sorge um den Leichnam das weitere Schicksal der Seele über einen gewissen Zeitraum noch positiv beeinflussen können. So erlaubt der Buddhismus die Aufbewahrung eines Leichnams für bis zu 49 Tage, um dem Verstorbenen das Erreichen des *Nirwana* zu ermöglichen (Reubke 2008, 51). In den germanischen Mythen wandeln die Sterbenden auf dem *Helvegr*, bis sie über die goldene Brücke *Gjallarbru* in das Totenreich, *Hel*, gelangen (Golther 2000, 374 ff.). Die Hinterbliebenen statten sie im Grab dafür u. a. mit dem Totenschuh (*helskór*) aus, der die Beschwerden des langen Weges erleichtern soll (ebd., 83 f.). Die Verknüpfung des Sterbeprozesses mit dem Motiv der Reise ist eine häufige Form der Verdeutlichung des Übergangs zwischen Leben und Tod, so z. B. im ägyptischen *Totenbuch*, das um 3500 v. Chr. entstand: Hier wird die Reise der menschlichen Seele in die Ewigkeit als Faktum dargestellt (Baust 1992, 10).

Derartige Bilder dienen zunächst der Annäherung an den Tod, dem Sich-vertraut-Machen mit der eigenen Sterblichkeit. Die Angst vor dem Sterben kennzeichnet kulturelle und religiöse Traditionen im Umgang mit dem Tod. So zitiert z. B. der römische Philosoph und Politiker Marcus Tullius Cicero (106–43 v. Chr.) in seinen *Gesprächen in Tusculum* den griechischen Komödiendichter Epicharm (550–460 v. Chr.): »Sterben will ich nicht, aber tot sein ist mir gleich« (Cicero 2003, 14).

Der Beginn des Sterbens wird in Kulturen und Weltanschauungen unterschiedlich definiert. Der Kirchenvater Augustinus (354–430) prägte maßgeblich das christliche Bild des Sterbens. Im 5. Jh. n. Chr. interpretierte er das Leben als *cursus mortalitatis* und griff damit seinerseits auf antike Auffassungen (Neuplatonismus) zurück (Herkommer 2001, 2145). Augustinus verstand das Leben somit als einen Prozess, der nicht nur auf den Tod hinläuft, sondern den Tod a priori beinhaltet. Diese Vorstellung von der permanenten Anwesenheit des Todes veranschaulichte er in folgenden Zeilen: »Vom ersten Augenblick an, da man sich im sterblichen Leibe befindet, geht nämlich im Menschen stetig etwas vor, was zum Tode führt. [...] Wenn man nun zu sterben, d. h. im Tode befindlich zu sein beginnt von dem Augenblick an, da in einem der Tod einsetzt, d[as] i[st] die Abnahme des Lebens [denn wenn das Leben durch fortwährende Abnahme sein Ende erreicht hat, befindet man sich nicht mehr im Tode, sondern schon nach dem Tode], so befindet man sich fürwahr im Tode vom ersten Augenblick an, da man sich im Leibe befindet. Dies und nichts anderes geht vor sich Tag für Tag, Stunde für Stunde und jeden einzelnen Augenblick, so lang, bis der Tod, der da vor sich ging, aufgezehrt ist und dadurch zum Abschluß kommt, und die Zeit, die während der Lebensabnahme eine Zeit im Tode war, nunmehr in die Zeit nach dem Tode übergeht.« (Augustinus 1911–16. Bd. XIII, 10). Der Einfluss der Lehren des Augustinus zeigt sich im mittelalterlichen *Memento mori*, das den Menschen mahnt, auf den Tod als jederzeit mögliches Ereignis vorbereitet zu sein. Bis in die Gegenwart hinein griffen und greifen viele Theologen und Philosophen diese Sichtweise auf – so auch, besonders pointiert, Martin Heidegger (1889–1976): »Als geworfenes In-der-Welt-Sein ist das Dasein je schon seinem Tode überantwortet. Seiend zu seinem Tode, stirbt es faktisch, und zwar ständig« (Heidegger 1927, 259).

Im Rahmen der *Ars moriendi* entstand zu Beginn des 15. Jhs. die neue literarische Gattung der Sterbebüchlein und der Stundenbücher, die in Text und Bild fixierte Anweisungen zur Vorbereitung auf einen christlichen Tod darstellten und große Popularität erlangten (s. Kap. 28: »Ritual- und Textgeschichte«). Der praktische Nutzen derartiger Werke für den mittelalterlichen Menschen lag auf der Hand, war doch sein Leben stets unmittelbar vom Tod bedroht. Nur eine Minderheit der Zeitgenossen starb an ›Altersschwäche‹. So heißt es bezeichnenderweise im Schlusskapitel *Adieu Welt* von Grimmelshausens 1688 erschienenem *Simplicissimus* (V, 24): »Das Vieh verdirbt vor Alter, und der arme Mensch vor Krankheit« (Grimmelshausen 1985). War die Einübung in das Sterben schon in der Antike und im frühen Christentum als aktive Lebensaufgabe beschrieben worden, trat der Gedanke an Tod und Sterben nun – verstärkt durch die intensive Todeserfahrung spätmittelalterlicher Epidemien und später durch die Krise der Reformationszeit im 16. Jh. – ganz in den Vordergrund (Kellehear 2007, 138; Ohler 2003, 249).

Eine besondere Sorge kam dem Sterbeprozess selbst zu. Ebenso wie sich heute die Palliativmedizin der Veränderungen in Stimmung und Persönlichkeit, die einen Sterbenden erfassen können, bewusst ist und diese durch Begleitung und Therapiemaßnahmen aufzufangen versucht (Drolshagen 2003), wusste man im Mittelalter um die Veränderungen des Sterbenden während des Prozesses und befürchtete eine Abkehr von Jesus Christus angesichts des Todes. Beistand in der schweren Stunde leisteten Verwandte und Nachbarn, die den Sterbenden mit Gebeten, Fürbitten etc. in der Festigkeit des Glaubens unterstützten (Kümmel 1997, 3 f.). Der Sterbeprozess wird somit zu einer letzten Bewährungsprobe und nimmt in seinem Schrecken das Jüngste Gericht vorweg, weil das Verhalten des Sterbenden als Zeichen für seinen weiteren Weg verstanden wird, wie der französische Historiker Philippe Ariès (1914–1986) herausgestellt hat (Ariès 2005, 136 ff.). Der Begriff des ›seligen‹ oder ›guten‹ Sterbens bezieht sich also im christlichen Verständnis auf einen vorbereiteten, nicht überraschenden Tod. Bis ins 19. Jh. hinein ist das Sterben ein öffentliches Ereignis; neben der Säkularisierung führt auch die zunehmende Dominanz der Medizin im 20. Jh. zu einer viel benannten Verdrängung von Sterben und Tod, einer ›Abwesenheit des Todes‹ in der Gesellschaft. Hinzu treten im 20. Jh. die unzähligen gewaltsam Sterbenden in der Shoah und durch neue Massenvernichtungswaffen etc., für die die überlieferten Sterbeprozesse ebenso wenig Handlungsanweisungen bereitstellen wie für das ›institutionalisierte Sterben‹ in Krankenhäusern und Pflegeheimen.

Das Aufgreifen dieses Themas durch die Palliativmedizin und die Hospizbewegung hat inzwischen zu einem neuen Begriff des ›vorbereiteten‹, ›weltlichen‹ Todes geführt, dem ›sinnvollen‹ Tod (vgl. Josuttis 1976). Gemeinsam mit neuen Entwicklungen in der Palliativmedizin und der Hospizbewegung nimmt auch die Wissenschaft sich der Thematik nun verstärkt wieder an. An Epikur angelehnt, wird die Unmöglichkeit der Erfahrung des Todes als Grund für dessen Abwesenheit benannt und demgegenüber die Anwesenheit des Sterbens diskutiert (Epicurus 1991, 101; Nassehi/Saake 2005). Darüber hinaus stellen neuere Forschungen Zusammenhänge zwischen dem Rückgang der klinischen Sektion und dem Umgang mit Sterben und Tod in der gegenwärtigen Gesellschaft her (Groß/Esser/Knoblauch u. a. 2008).

### Literatur


Ad Hoc Committee of the Harvard Medical School: Report of the Ad Hoc Committee of the Harvard Medical School to Examine the Definition of Brain Death. A Definition of Irreversible Coma. In: *Journal of the American Medical Association* 205 (1968), 337–40.

Ariès, P.: *Geschichte des Todes*. München [11]2005 (frz. 1977).

Augustinus, A.: *Des heiligen Kirchenvaters Aurelius Augustinus zweiundzwanzig Bücher über den Gottesstaat*. Aus dem Lat. übers. von A. Schröder. Kempten/München 1911–1916.

Barloewen, C. v.: Der lange Schlaf. Der Tod als universelles Phänomen der Weltkulturen und Weltreligionen. In: Ders. (Hg.): *Der Tod in den Weltkulturen und Weltreligionen*. München 1996, 9–91.

Baust, G.: *Sterben und Tod. Medizinische Aspekte*. Berlin 1992.

Bergdolt, K.: Tod, Sterben, I. Medizin. In: *Lexikon des Mittelalters*. Bd. 8. München 1999, 822.

Bichat, X.: *Physiologische Untersuchungen über den Tod*. Leipzig 1968 (frz. 1800).

Bondeson, J.: *Lebendig begraben. Geschichte einer Urangst*. Hamburg 2002.

Borasio, G. D.: *Über das Sterben. Was wir wissen, was wir tun können, wie wir uns darauf einstellen*. München [10]2012.

Bruhier d'Ablaincourts, J.-J.: *Abhandlungen von der Ungewissheit der Kennzeichen des Todes und dem Mißbrauche, der mit übereilten Beerdigungen und Einbalsamierungen vorgeht*. Leipzig 1754 (dänisch 1749).

Bundesärztekammer: Stellungnahme des Wissenschaftlichen Beirates der Bundesärztekammer. Kriterien des Hirntodes. Entscheidungshilfen zur Feststellung des Hirntodes. In: *Deutsches Ärzteblatt* 19 (1997), 1032–1039.

Cicero, M. T.: *Gespräche in Tusculum*. Übers. und hg. von O. Gigon. Düsseldorf u. a. 2003.

Condrau, G.: *Der Mensch und sein Tod. Certa moriendi condicio*. Zürich [2]1991.

Creve, K. K.: *Vom Metallreize, einem neuentdeckten untrüglichen Prüfungsmittel des wahren Todes*. Leipzig 1796.

Culmann, H.-M.: *Zur geschichtlichen Entwicklung der Todesauffassung des Arztes im europäischen Raum*. Diss. med. Freiburg 1986.

Deutsche Bischofskonferenz/Rat der Evangelischen Kirche in Deutschland: *Organtransplantationen, gemeinsame Erklärung*. Hannover/Bonn 1990. Online: http://www.ekd.de/23143.htm (23.09.2020).

Drolshagen, Ch. (Hg.): *Lexikon Hospiz*. Gütersloh 2003.

Düwel, K.: »Jetzt und in der Stunde unseres Todes«. Sterben und Tod im Mittelalter. In: *Linguistica e Filologia* 30 (2010), 45–70.

Elias, N.: *Über die Einsamkeit der Sterbenden in unseren Tagen* [1982]. Frankfurt a. M. 2002.

Epicurus: *Von der Überwindung der Furcht. Katechismus, Lehrbriefe, Spruchsammlung, Fragmente*. Übers. und mit einer Einf. und Erl. versehen von O. Gigon. München 1991.

Golther, W.: *Handbuch der germanischen Mythologie*. Überarb. Neuausg. unter der Redaktion von Westmoor und der Universität Oakland. Essen 2000.

Grimmelshausen, H. J. Ch. v.: *Der abenteuerliche Simplicissimus* [1668]. München 1985.

Groß, D.: Die Behandlung des Scheintods in der Medizinalgesetzgebung des Königreichs Württemberg (1806–1918). In: *Würzburger medizinhistorische Mitteilungen* 16 (1997), 15–33.

Groß, D.: *Die Entwicklung der inneren und äußeren Leichenschau in historischer und ethischer Sicht*. Würzburg 2002.

Groß, D./Esser, A./Knoblauch, H./Tag, B. (Hg.): *Tod und toter Körper. Der Umgang mit dem Tod und der menschlichen Leiche am Beispiel der klinischen Obduktion*. Kassel 2008.

Heidegger, M.: *Sein und Zeit*. Tübingen 1927.

Heller, A./Pleschberger, S.: Zur Geschichte der Hospizbewegung. In: G. Bernatzky/R. Sittl/R. Likar (Hg.): *Schmerzbehandlung in der Palliativmedizin*. Wien/New York [3]2012, 17–24.

Heller, A./Wegleitner, K.: Sterben und Tod im gesellschaftlichen Wandel. In: *Bundesgesundheitsblatt – Gesundheitsforschung – Gesundheitsschutz* 60/1 (2017), 11–17.

Herkommer, H.: Die alteuropäische »Ars moriendi« (Kunst des Sterbens) als Herausforderung für unseren Umgang mit Sterben und Tod. In: *Praxis. Schweizerische Rundschau für Medizin* 49 (2001), 2144–2151.
Hildebrandt, D. F.: *Lehrbuch der Physiologie.* Wien 1802.
Hufeland, Ch. W. v.: *Der Scheintod oder Sammlung der wichtigen Thatsachen und Bemerkungen darüber* [1808]. Hg. und eingel. von G. Köpf. Bern 1986.
Hufeland, Ch. W. v.: *Inauguraldissertation über den medizinischen Nutzen der elektrischen Kraft beim Scheintod. Mit Experimenten belegt, einer Hohen medizinischen Behörde eingereicht, um den Grad eines Doctors der Medizin und Chirurgie zu erhalten, am 24. Juli 1783 öffentlich verteidigt durch den Autor aus Sachsen-Weimar.* Bad Langensalza 2006.
Humboldt, F. A. v.: *Versuche über die gereizte Muskel- und Nervenfaser nebst Vermuthungen über den chemischen Prozeß des Lebens in der Thier- und Pflanzenwelt.* 2 Bde. Posen/Berlin 1797.
Jonas, H.: *Technik, Medizin und Ethik. Zur Praxis des Prinzips Verantwortung.* Frankfurt a. M. 1990.
Josuttis, M.: Das selige und das sinnvolle Sterben. Über Leitbilder kirchlicher Sterbebegleitung. In: *Wissenschaft und Praxis in Kirche und Gesellschaft* 65 (1976), 360–372.
Kellehear, A.: *A Social History of Dying.* Cambridge u. a. 2007.
Kübler-Ross, E.: *Interviews mit Sterbenden.* Stuttgart 1971 (engl. 1969).
Kümmel, W. F.: *Der sanfte und selige Tod. Verklärung und Wirklichkeit des Sterbens im Spiegel lutherischer Leichenpredigten des 16. bis 18. Jahrhunderts.* Mainz 1997.
Mayer, J. G.: Zeichen und Zeitpunkt des Todes – Ein medizinhistorischer Streifzug durch die einschlägige Literatur. In: G. U. Höglinger/St. Kleinert (Hg.): *Hirntod und Organtransplantation.* Berlin/New York 1998, 1–17.
Mollaret, P./Goulon, M.: Le coma dépassé. In: *Revue Neurologique* 101 (1959), 3–15.
Müller-Busch, H. C.: Kurze Geschichte der Palliativmedizin. In: M. W. Schnell/C. Schulz (Hg.): *Basiswissen Palliativmedizin.* Berlin/Heidelberg ²2014, 3–9.
Nassehi, A./Saake, I.: Kontexturen des Todes. Eine Neubestimmung soziologischer Thanatologie. In: H. Knoblauch/A. Zingerle (Hg.): *Thanatosoziologie. Tod, Hospiz und die Institutionalisierung des Sterbens.* Berlin 2005, 31–54.
Neuburger, M.: *Hermann Nothnagel. Leben und Wirken eines deutschen Klinikers.* Wien 1922.
Noack, Th.: Sterben und Tod. In: Th. Noack/H. Fangerau/J. Vögele (Hg.): *Im Querschnitt. Geschichte, Theorie und Ethik der Medizin.* München 2007, 67–78.
Nolte, K.: *Todkrank. Sterbebegleitung im 19. Jahrhundert: Medizin, Krankenpflege und Religion.* Göttingen 2016.
Nolte, K.: Historische Dimensionen von »Palliative Care« – Pflege von Sterbenden im 19. Jahrhundert. In: *Pflege & Gesellschaft – Zeitschrift für Pflegewissenschaft* 22/2 (2017), 118–130.
Ohler, N.: *Sterben und Tod im Mittelalter.* Düsseldorf 2003.
Potter, P.: Sterben. In: K.-H. Leven (Hg.): *Antike Medizin. Ein Lexikon.* München 2005, Sp. 829–830.
Reubke, K.-J.: *Die fremden Gesichter des Todes. Sterben, Tod und ewiges Leben in den Weltkulturen und Weltreligionen.* Stuttgart/Berlin 2008.
Rosentreter, M./Groß, D./Kaiser, S. (Hg.): *Sterbeprozesse – Annäherungen an den Tod.* Kassel 2010.
Schadel, H.: *Θάνατος. Studien zu den Todesvorstellungen der antiken Philosophie und Medizin.* Hannover 1975.
Schäfer, D.: Tod und Todesfeststellung im Mittelalter. In: Th. Schlich/C. Wiesmann (Hg.): *Hirntod. Zur Kulturgeschichte der Todesfeststellung.* Frankfurt a. M. 2001, 102–114.
Schäfer, D./Müller-Busch, C./Frewer, A. (Hg.): Perspektiven zum Sterben. Auf dem Weg zu einer ars moriendi nova? Stuttgart 2012.
Schäfer, St.: *Scheintod. Auf den Spuren alter Ängste.* Berlin 1994.
Schellmann, B.: Die Pathophysiologie des Sterbevorgangs. Überlebenszeit von Zellen und Geweben. In: H.-K. Wellmer/G. Bockenheimer-Lucius (Hg.): *Zum Umgang mit der Leiche in der Medizin. Handling of the Human Corpse in Medicine.* Lübeck 2000, 27–33.
Schrott, R. (Hg.): *Gilgamesch-Epos.* München 2001.
Sörries, R.: *Vom guten Tod. Die aktuelle Debatte und ihre kulturgeschichtlichen Hintergründe.* Kevelaer 2015.
Sporken, P.: *Hast du denn bejaht, daß ich sterben muß? Eine Handreichung für den Umgang mit Sterbenden.* Düsseldorf 1981.
Steingiesser, H.: *Was die Aerzte aller Zeiten vom Sterben wussten.* Greifswald 1936.
Stolberg, M.: *Die Geschichte der Palliativmedizin. Medizinische Sterbebegleitung von 1500 bis heute.* Frankfurt a. M. 2011.
Student, J.-Ch./Mühlum, A./Student, U.: *Soziale Arbeit in Hospiz und Palliative Care.* München ²2007.
Student, J.-Ch./Napiwotzky, A.: *Palliative Care.* Stuttgart 2007.
Swieten, G. van: *Commentaria in Hermanni Boerhaave aphorismos de cognoscendis et curandis morbis.* Bd. 4. Paris 1773.
Wittkowski, J./Schröder, Ch. (Hg.): *Angemessene Betreuung am Ende des Lebens. Barrieren und Strategien zu ihrer Überwindung.* Göttingen 2008.

### Weiterführende Literatur

Laager, J. (Hg.): *Ars moriendi. Die Kunst, gut zu leben und gut zu sterben. Texte von Cicero bis Luther.* Zürich 1996.
Nassehi, A.: Sterben und Tod in der Moderne zwischen gesellschaftlicher Verdrängung und professioneller Bewältigung. In: Ders./R. Pohlmann (Hg.): *Sterben und Tod. Probleme und Perspektiven der Organisation von Sterbebegleitung.* Münster/Hamburg 1992, 11–27.
Stolle, W.: *Der Tod – Zur Geschichte des Umgangs mit Sterben und Trauer.* Darmstadt 2001.
Thieme, F.: Sterben und Tod in Deutschland. Eine Einführung in die Thanatosoziologie. Wiesbaden 2019.
Wilson, J. A.: *The Culture of Ancient Egypt.* Chicago 1956.

*Dominik Groß / Jasmin Grande*

# 9 Sterbeprozess – psychologisch

## 9.1 Kennzeichnung des psychischen Sterbeprozesses und der Sterbeverläufe

Jedes Sterben ist ein individueller, intrapersoneller Prozess. Sterben ist einzigartig. So wie jeder Mensch sein einzigartiges Leben führt, so stirbt er auch einzigartig. Daher ist es schwer (mitunter sogar problematisch), auf ›Gemeinsamkeiten‹ hinzuweisen. – Und doch: Bei aller Individualität des Sterbens finden sich ähnliche, manchmal fast identische Abläufe im Sterbeprozess der Betroffenen. Diese Abläufe (Phasen) zu kennen und zu erkennen macht es in der Regel den Begleitern des Sterbenden, aber auch dem Todkranken selbst leichter, dem unausweichlichen Ende seines irdischen Daseins entgegenzusehen. Beim Sterben können mindestens drei verschiedene Aspekte unterschieden werden: der biologische, der soziale und der in diesem Kapitel besprochene psychologische Aspekt (vgl. Bromley 1974). Bei Letzterem stehen die Reaktionen des Sterbenden, dessen Auseinandersetzungs- und Abwehrmechanismen, seine Gedanken, Gefühle, Bedürfnisse im Vordergrund.

Wenn es um den Sterbeprozess im Kontext der Psychologie geht, dann ist zunächst zu fragen, wann dieser eigentlich beginnt: Wittkowski und Schröder schlagen hierzu folgende Definition vor: Ein Mensch sei dann »ein Sterbender, wenn (1) konkrete und objektiv nachweisbare Voraussetzungen dafür gegeben sind, dass sein Tod in einem eingrenzbaren Zeitraum eintreten wird, und wenn er (2) seine Situation unbewusst oder bewusst soweit wahrgenommen hat, dass diese spezifische Wahrnehmung in seinem Erleben und Verhalten wirksam ist« (Wittkowski/Schröder 2008, 11). Es müssen also nach dieser Definition das objektive Faktum einer Schädigung (Krankheit, Unfall), die in absehbarer Zeit zum Tod führen wird, und die subjektive Wahrnehmung dieser Schädigung und der daraus resultierenden, infausten Prognose durch den Betroffenen zusammenkommen, damit aus psychologischer Sicht vom Beginn des Sterbeprozesses gesprochen werden kann. Zu bedenken ist überdies, dass diese Prozesse je nach den Umständen des Sterbens unterschiedlich ausfallen. Hier sind nach Lunney, Lynn und Hogan (2002; vgl. Glaser/Strauss 1968) vier Verläufe des Sterbens (*trajectories of dying*) zu differenzieren, die sich je nach zeitlichem Verlauf körperlicher Abbauprozesse unterscheiden lassen: der plötzliche Tod, der Tod durch eine terminale Erkrankung, ein Organversagen oder Altersschwäche.

*Phasen-Modelle des (psychischen) Sterbens*: Der Prozess des Sterbens ist durch vier gleichwertige Faktoren bestimmt, die körperliche, psychische, soziale und spirituelle Aspekte zusammenfassen (vgl. Wittkowski/Schröder/Bolm 2004). Ihre Präsenz im Verlauf psychischer Anpassungsprozesse im Zusammenhang mit schwerer Krankheit ist in Phasen-Modellen des Sterbens beschrieben:

Elisabeth Kübler-Ross gilt hier als Pionierin. In ihrem bereits Ende der 1960er Jahre erschienenen Buch *On Death and Dying* (Kübler-Ross 1969) gibt sie Interviews mit Sterbenden wieder und leitet aus ihnen fünf psychische Phasen der Auseinandersetzung mit einer tödlichen Erkrankung ab (vgl. Kübler-Ross 1971):

1. *Nichtwahrhabenwollen und Isolierung*: Patienten reagieren auf die Erkenntnis ihrer bösartigen Erkrankung mit Unglauben an die Wahrheit der entsprechenden ärztlichen Mitteilung. Oft sind sie überzeugt, Befunde seien vertauscht worden, oder sie suchen andere Ärzte auf, in der Annahme, die für sie fürchterliche Diagnose werde nun revidiert. Sie weichen dem Ernst ihrer Lage aus. Zu einem späteren Zeitpunkt in dieser Phase ist eher die Isolierung zu finden, die sich durch einen Zwiespalt zwischen Todesdrohung und Unsterblichkeitsüberzeugung kenntlich macht.

2. *Zorn*: Wird dem Kranken bewusst, dass seine Illusion von Gesundheit und Wohlbefinden nicht aufrechtzuerhalten ist, folgen dem Nichtwahrhabenwollen Zorn und damit Wut, dass die Krankheit einen selbst und nicht einen anderen getroffen hat. Der Zorn richtet sich häufig auf die Familie und das medizinische Personal, deren Kompetenzen und Handlungen in Frage gestellt werden.

3. *Verhandeln*: Eine weniger prominente Phase ist die des Verhandelns: Es wird versucht, das Unvermeidliche durch eine Art Verhandeln hinauszuzögern. Etwa gegenüber Gott werden Versprechungen für den Fall einer Krankheitsbesserung oder ›Fristaufschiebung‹ gemacht, ein Feilschen um den Aufschub der Krankheitsprogression, der mit Wohlverhalten des Kranken belohnt werden soll.

4. *Depression*: Ist es dem Kranken nicht mehr möglich, seine Krankheit zu verleugnen, löst das Gefühl eines schrecklichen Verlustes Erstarrung, Stoizismus sowie Zorn und Wut ab. Der Patient muss sich mit dem großen Schmerz seines endgültigen Abschiedes von der Welt auseinandersetzen. Eine andere Form der Depression wird von der Gewissheit noch drohender Verluste ausgelöst. Die vorbereitende Depression verläuft teilweise sehr still.

5. *Zustimmung*: In der fünften Phase nimmt der

J. B. Metzler © Springer-Verlag GmbH Deutschland, ein Teil von Springer Nature, 2020
H. Wittwer/D. Schäfer/A. Frewer (Hg.), *Sterben und Tod. Ein interdisziplinäres Handbuch 2. Auflage*,
https://doi.org/10.1007/978-3-476-05761-7_9

Todkranke sein Schicksal nicht mehr niedergeschlagen und zornig hin. Vielmehr sieht er seinem Lebensende mit mehr oder weniger ruhiger Erwartung entgegen. Er fügt sich dem Unvermeidlichen, reduziert seine Kommunikation auf einige wenige Mitteilungen und Gesten. Von seiner Umwelt beginnt er sich zu entfernen. Dennoch entwickelt er eine besondere Sensibilität gegenüber seiner Umgebung, wobei bereits kleinste Verhaltensauffälligkeiten der medizinischen Betreuer oder der Angehörigen registriert werden.

Die Phasen des Sterbeprozesses von Kübler-Ross wurden und werden in der wissenschaftlichen Auseinandersetzung nach wie vor kontrovers diskutiert. Kritik an ihrer Arbeit bezieht sich methodisch vor allem auf eine ihre Gültigkeit einschränkende Deduktion aus einer typischen Mittelschichtpopulation, eine letztlich nicht distinkte Definition der Phasen (vgl. zusammenfassend Huppmann 1988; vgl. auch Samarel 2003). Außerdem betrifft sie die unzulässige Generalisierung individueller Beobachtungen und persönlicher Erfahrungen, mangelnde Berücksichtigung der Persönlichkeit der Patienten, des Krankheitsverlaufs, der Therapie und der gegenwärtigen Lebensvollzüge wie auch die Abgrenzung der Phasen untereinander (Bron 1987). Nicht genügend bedacht scheint der Einfluss körperlicher Gegebenheiten auf das Erleben und Verhalten der Sterbenden; beispielsweise können physische Effekte der Krankheit als depressive Reaktion missdeutet werden (Leming/Dickinson 1990). Kübler-Ross selbst will ihre Phasenlehre eher im deskriptiven als im präskriptiven Sinne verstanden wissen. Die Phasen sind demnach unterschiedlich lang, lösen einander ab, können aber auch nebeneinander bestehen. Aus der Erfahrung der Autoren ist es darüber hinaus möglich, dass Verhaltensweisen aus einer bereits ›durchlaufenen‹ Phase erneut auftreten.

Andere Phasenlehren, die Kübler-Ross zum Teil Ende der 1960er Jahre vorausgingen oder ihr nachfolgten, haben keine vergleichbare Verbreitung gefunden. Zu nennen sind hier Glaser und Strauss (1968), die etwa den Sterbeverlauf in der Institution unter der Bedingung des Gewissseins des Todes ohne Kenntnis des Todeszeitpunktes beschrieben haben (*lingery trajectory: institutional dying*). Wenig bekannt sind auch die Lehren von Pattison (1977, 1978) und Weismann (1972), die jeweils drei Phasen des Sterbeprozesses beschrieben haben, die aber weniger emotionalen als vielmehr formalen klinischen Charakter haben. Bei Pattison beginnt das Sterben mit einer akuten Krise, die auf die Mitteilung der Diagnose einer lebensbedrohlichen Krankheit folgt, geht dann über in eine chronische Phase des Lebens-Sterbens (*living-dying interval*) und mündet in eine dritte, die terminale Phase, die vor allem durch einen Rückzug des Sterbenden auf sich selbst gekennzeichnet ist. Weisman setzt den Beginn des Sterbens schon früher an, nämlich schon dann, wenn mittels Selbsttäuschung und Verzögerungsstrategien das Gewahrwerden der Diagnose hinausgezögert wird. Die zweite Phase setzt ein, wenn mit der Mitteilung der Diagnose und dem Beginn einer intensiven medizinischen Behandlung das Vorhandensein der Krankheit nicht mehr verleugnet werden kann. Als Folge davon schwankt das Individuum zwischen Wissen und Nicht-Wissen, Akzeptanz und Negation (*middle knowledge*). Mit dem Einstellen ärztlicher Heilversuche, zunehmender Erschöpfung und körperlichem Verfall fügt sich in der dritten Phase der Kranke in die Akzeptanz des Sterben-Müssens. Neuere Phasenmodelle sind komplexer und berücksichtigen den Übergang von der Rolle des Kranken zum Sterbenden und die Nähe des psychischen Sterbeprozesses zum Trauern: Mittels eines Entscheidungsbaumes beschreibt das *Illness Constellation Model* (vgl. Morse/Johnson 1991), wie sich der Wandel vom Kranken zum Sterbenden in einer Art fließendem Übergangsprozess vollzieht. Verhaltensbezogene und emotionale Reaktion auf eine Erkrankung sind fünf Stadien zugeordnet, in denen jeweils ein bestimmter Focus im Vordergrund steht: (1) ›Vigilanz‹, gekennzeichnet durch Unsicherheit über den eigenen Zustand; (2) ›Ausrichtung auf das Überleben‹, ggf. in der Intensivstation; (3) ›Ausrichtung auf das Leben‹ mit dem Versuch, die Kontrolle zu behalten; (4) ›Leiden‹, gekennzeichnet durch das Trauern um die eigene Zukunft; (5) ›Wiedererlangung des Selbst‹. Mit Bezug auf das Sterben wurde dieses Modell inzwischen von Olson, Morse, Smith u. a. (2001) um ein Stadium erweitert: (5b) ›Ausrichtung auf das Sterben‹. Diese Phase ist vor allem durch den Rückzug der Kranken aus einer komplexen Lebensumwelt gekennzeichnet, wobei dieser einerseits bejahend, andererseits aber auch resignativ aufgebend ausfallen kann. Auch das zirkuläre Modell des psychischen Sterbeprozesses von Wittkowski (2004) orientiert sich an Phasen des Trauerns: (A) Schock, Nicht-Wahrhaben-Wollen; (B) intensives Trauern, ständige Wiederkehr von Angst, Wut, Hoffnung, Schuld, Verzagen; (C) Reorganisation.

Die empirische Befundlage zur Absicherung eines regelhaften psychischen Sterbeprozesses ist letztlich aber unzureichend und widersprüchlich (vgl. Wittkowski 2004): Anhand quantitativer psychometrischer Fremdbeurteilungsverfahren konnten etwa Wittkowski und Rehberger (2000) bei Sterbenden in einem Altenheim in den letzten Wochen vor ihrem Tod keine Muster bestimmter Stimmungsveränderungen identifizieren. Darüber hinaus werden Beobachtungen von Betreuern aus der Praxis berichtet, die beispielsweise von einer Überlagerung psychischer Reaktionen aus verschiedenen Phasen des Sterbeprozesses zeugen: Z. B. wird das Herannahen des Todes akzeptiert, und gleichzeitig werden Möglichkeiten, die das Lebens bietet, gesucht (vgl. Baumgartner/Kirstein/Möllmann 2003).

## 9.2 Psychische Reaktionen im Sterbeprozess

Die eigentliche Sterbephase im Prozessgeschehen hin zum Tod setzt nach Wittkowski und Schröder (2008) erst dann ein, wenn der Kranke gewahr wird, dass seine Lage sehr ernst ist, und dann Anpassungsprozesse an die Gewahrwerdung des Verlustes des eigenen Lebens einsetzen. Nach Beutel (2004) initiiert die Auseinandersetzung mit bereits eingetretenen und die Vorwegnahme von künftigen Verlusten einen schmerzlichen Trauerprozess, der mit Erinnerungen an nun zurückliegende Lebensereignisse und Gefühlen der Traurigkeit, aber auch Auflehnung verbunden ist. Insofern setzen sich terminal kranke Patienten mit dem eigenen Sterben auseinander und sind vor die Frage gestellt, welchem Sterbeprozess sie unterlegen sein werden: welche Veränderungen ihr Körper im Rahmen des Krankheitsprozesses also erfährt, inwiefern pharmakologische wie nicht pharmakologische Therapien Einflüsse auf diese Körpervorgänge nehmen und inwieweit man ihre Bedürfnisse und Wünsche respektieren wird, wenn ihre Krankheit voranschreitet (vgl. Terry/Olson/Wilss/Boulton-Lewis 2006). Aus der Auseinandersetzung mit Fragen zum Ablauf und zur Bedeutung des eigenen Lebens resultieren existenzielle Ängste, die je unterschiedliche Gegebenheiten betreffen und unterschiedlich stark ausgeprägt sein können. Nach Müller-Busch (2007) sind sie von Schuld- und Schamgefühlen, Einsamkeit, dem Gefühl, ausgeliefert zu sein, dem Wissen um die eigene Vergänglichkeit, aber auch von Hilflosigkeit und der Unfähigkeit, Entscheidungen zu treffen, geprägt. Mit Erreichen des Stadiums der Progredienz schwindet eine anfängliche Hoffnung auf Heilung, vom Arzt empfohlene therapeutische Maßnahmen werden oft mit Skepsis und Misstrauen beurteilt; es treten verstärkt Trennungs- und Verlustängste auf, depressive Verstimmungen werden häufiger (vgl. Bron 1987). Die Gewissheit der Konfrontation mit dem Tod geht mit einer Angst vor dem Sterbeprozess oder dem Zustand, tot zu sein, einher; der antizipierte Verlust des eigenen Lebens führt zu vorweggenommener Trauer mit Phasen von Weinerlichkeit und Resignation (vgl. Murillo/Kissane/Mehnert 2006). Bei 122 onkologischen Palliativpatienten konnten fünf Belastungsdimensionen nachgewiesen werden (Fischbeck/Weber/Maier u. a. 2009):

1) Kraftlosigkeit und Konzentrationsprobleme: Erschöpfung und körperliche Schwäche kennzeichnen die psychophysische Situation von mehr als drei Vierteln der Kranken. (2) Abhängigkeit, Hoffnungslosigkeit und Angst: Mehr als die Hälfte der Kranken (57 %) fühlt sich zunehmend von anderen abhängig. Etwa zwei Drittel fühlen sich mäßig bis stark von der Angst belastet, anderen zur Last zu fallen; 17 % empfanden das Leben dann als nicht lebenswert. (3) Schmerzen: 54 % fühlen sich durch Schmerzen in mittlerem bis zu starkem Ausmaß belastet; noch höher ist der Anteil derer, die Angst vor Schmerzen schildern (63 %). Zusätzlich geben 34 % an, in den vergangenen drei Tagen durch Schmerzen stark beeinträchtigt zu sein. (4) Psychovegetative Beschwerden: Mehr als die Hälfte der Schwerkranken leidet an Appetitmangel, je ca. 40 % an Übelkeit, Schlafstörungen und/oder Geschmacks- bzw. Geruchsstörungen. (5) Familiale und professionale Unterstützungsdefizite werden vergleichsweise seltener angegeben. Wenn, dann beklagen die Sterbenden Mängel ihres sozialen Unterstützungssystems, etwa zu wenig Beratung hinsichtlich sozialer und finanzieller Hilfen. Mehr als ein Drittel (37 %) fühlt sich von mangelndem Einfühlungsvermögen der ihnen Nahestehenden belastet. Nur 16 % reagierten zustimmend auf die Aussage »Ich leide unter für mich ungeklärten religiösen Fragen«.

Weitere empirische Studien zeigen: Stärker ausgeprägte Depressivität, stationärer Aufenthalt in einem Hospiz-Setting, die Wahrnehmung, für andere eine Belastung darzustellen, geringere Familienkohäsion, ein geringeres Ausmaß an sozialer Unterstützung, ein hohes Angstausmaß und ein stärkere Belastung durch physische Symptome sind mit einen stärkeren Wunsch nach einem schnellen Tod assoziiert (Kelly/Burnett/Pelusi u. a. 2003). Angst vor der Krankheit und der Therapie zeigten Krebspatienten ausgeprägter als Herzpatienten (Lerzynski/Allan/Murray 2004).

## 9.3 Der Sterbeprozess am Patientenbeispiel

Zwei Kasuistiken sollen im Folgenden verdeutlichen, wie stark ärztliche Mitteilungen psychische Reaktion bei Sterbenden hervorrufen können und wie sie Prozesse der Verarbeitung der Todkrankensituation modulieren.

1. *Antizipiertes Sterben*: Herr K. war langjähriger Patient in der Hausarztpraxis von Dr. B. Er kam regelmäßig zu den Untersuchungen, die wegen seiner koronaren Herzkrankheit (er hatte nach einem Herzinfarkt vor vier Jahren eine Bypass-Operation) durchgeführt wurden. Ihn verband mit seinem Hausarzt ein gutes Vertrauensverhältnis. Insgesamt war der 78-jährige Rentner noch recht rüstig, so ging er zwei bis drei Mal in der Woche schwimmen. Doch dann ging es relativ schnell ›rückwärts‹ mit der Gesundheit von Herrn K. Er litt an Muskelschwäche, konnte bald nur noch im Rollstuhl sitzen. Die eingehenden Untersuchungen führten zur Diagnose Amyotrophe Lateralsklerose (ALS), einer Erkrankung, bei der es zu einer fortschreitenden und irreversiblen Schädigung der Nervenzellen kommt, die für die Muskelbewegungen verantwortlich sind. ALS ist unheilbar und führt im Durchschnitt innerhalb von drei bis fünf Jahren zum Tod , meist durch Ateminsuffizienz. In den nächsten 18 Monaten zeigte die Erkrankung eine rasche Progredienz und es war absehbar, dass Herr K. nicht mehr lange zu leben hatte. In dieser Phase besuchte ihn der Hausarzt regelmäßig zu Hause, wo er mit Hilfe eines Pflegedienstes von seiner Ehefrau, mit der er allein lebte, versorgt wurde. Als der Hausarzt sah, dass die Kräfte der Ehefrau für die Betreuung des Patienten schwanden, machte er den Vorschlag, Herrn K. für einige Wochen stationär in eine neurologische Rehabilitationsklinik zu schicken; alternativ, wenn dies von den Kostenträgern abgelehnt würde, in eine Kurzzeitpflegeeinrichtung. Dr. B. versprach sich davon keinen direkten Nutzen für seinen Patienten, wollte aber der Ehefrau einmal eine Auszeit von der Pflege geben, damit sie Kraft sammeln könnte für die danach wieder anstehende Pflege des Mannes. So kam Herr K. für drei Wochen in eine Klinik. Am Tag seiner Heimkehr rief die Ehefrau aufgeregt in der Praxis von Dr. B. an und bat um einen dringenden Hausbesuch. Als dieser am Abend vorbeikam, fand er Herrn K. ohne jegliche Regung mit offenen, anscheinend nichts registrierenden Augen im Bett liegend vor. Auf Ansprache und Befragung zeigte der Patient keinerlei Reaktion.

Die Ehefrau schilderte, dass er in der Rehabilitationsklinik fast die ganze Zeit ›normal‹ gewesen sei. Am Tag vor seiner Entlassung hätte in ihrem Beisein ein Gespräch mit dem Stationsarzt stattgefunden. Dabei hätte Herr K. diesen Arzt gefragt, ob er bald sterben würde. Dieser bejahte die Frage. Daraufhin wollte Herr K. wissen, wie er denn sterben würde. Der Stationsarzt entgegnete ihm, dass er aufgrund der zunehmenden Schwäche der Atemmuskulatur wahrscheinlich ersticken würde. Kurz darauf verfiel Herr K. wohl im Rahmen einer psychotraumatischen Abwehrreaktion in eine katatonoide Starre.

Dr. B. setzte sich zu seinem Patienten und sprach ruhig, mit fester Stimme auf ihn ein. Er sagte ihm, dass der Kollege im Krankenhaus zwar Recht damit habe, dass ein Großteil der ALS-Patienten aufgrund ihrer Atemschwäche verstirbt. Allerdings gäbe es heute genügend Möglichkeiten der Beatmung, so dass keiner mehr ersticken müsse. »Aber Herr K.«, so der Hausarzt, »bei Ihnen liegt der Fall sowieso anders. Sie werden nicht wegen Atemwegsbeschwerden sterben, sondern an Ihrem schwachen Herzen.« Kurze Pause. Dann kam es fast wie aus der Pistole geschossen von Herrn K.: »Doktor! Stimmt das?« Dr. B. entgegnete, dass man sich doch schon so lange kenne und immer ehrlich miteinander umgegangen sei und er ihn doch nicht jetzt anlügen würde. Schlagartig war die Situation entspannt und Herr K. war ansprechbar, nahm seine Umwelt wieder wahr und äußerte seine Wünsche.

Wenige Monate nach diesem Ereignis starb Herr K. zu Hause in seinem Bett an akutem Herzversagen. (Nebenbei: Für den Hausarzt Dr. B. trat damit eine sich selbst erfüllende Prophezeiung ein, die ihn emotional entlastete, denn zum Zeitpunkt seiner Vorhersage der Todesursache war diese alles andere als sicher.)

Herr K. kannte seine Diagnose und wusste, dass seine Erkrankung unheilbar war und er aufgrund dieser Erkrankung versterben würde. Er hatte, wie die meisten Sterbenden, weniger Angst vor dem Tod, er hatte aber große Angst davor, qualvoll zu sterben, Angst vor Schmerzen. Als der Stationsarzt ihm sagte, er würde an Atemschwäche versterben, bedeutete das für ihn: »Ich werde qualvoll ersticken«. Dies überstieg seine subjektiven Bewältigungsmöglichkeiten bei Weitem, so dass er sich unbewusst in die Abwehrreaktion der katanoiden Starre ›flüchtete‹.

2. *Gewissheit wichtiger als Wissen*: »Seit ich Gewissheit habe, geht es mir psychisch viel viel besser«. Die 55-jährige Frau B. hatte vor knapp sechs Monaten ihre Diagnose erfahren: Bronchialkarzinom, Kleinzeller. Obwohl ihr schon sehr bald nach Diagnosemitteilung

auch die schlechte, infauste Prognose mitgeteilt wurde, sie also die Information hatte, dass sie in wenigen Monaten tot sein würde, war es für sie zu diesem Zeitpunkt noch keine Gewissheit, dass dies eintreten würde. Erst als sich trotz zehn Zyklen Chemotherapie eine Progression des Tumors fand, Hirnmetastasen diagnostiziert wurden, die mit Strahlentherapie palliativ behandelt wurden, erst als aus dem Wissen Gewissheit wurde, erst da konnte die Patientin ihren nahen Tod ›akzeptieren‹. »Bis dahin war es ein auf und ab der Gefühle. Verzweiflung, Angst, dann wieder Hoffnung, dass die Therapie doch erfolgreich ist, kurz darauf wieder tiefste Verzweiflung, als die Untersuchungsergebnisse zeigten: Die Erkrankung schreitet unaufhaltsam voran. Ich habe lange gebraucht, um für mich Gewissheit zu bekommen, und jetzt geht es mir besser, denn jetzt kann ich wirklich so richtig mit allem abschließen und die wenige Zeit, die mir noch bleibt, bewusst ›genießen‹.«

Dieses Fallbeispiel zeigt den Betreuern und den Angehörigen, dass die Prognosemitteilung allein, d. h. das Wissen der unwiderlegbaren Fakten noch lange nicht Gewissheit für den Patienten bedeutet. Diese braucht es aber, um in die ›Phase der Zustimmung (des Akzeptierens)‹ eintreten zu können. Eine Person erlangt Gewissheit, wenn sie zur Überzeugung kommt, dass das Wissen wahr ist. Gewissheit ist somit das subjektive Ergebnis eines psychischen Prozesses, die subjektive Form der Wahrheitsanerkennung. Für den Sterbenden bedeutet Gewissheit: Nicht *diese Krankheit führt zum Tode*, sondern *diese Krankheit führt zu ›meinem‹ Tode.*

### Literatur


Baumgartner, L./Kirstein, R./Möllmann, R.: *Häusliche Pflege heute.* München 2003

Beutel, M. E.: Psychotherapeutischer Umgang mit Todkranken und Sterbenden im Konsiliardienst. In: V. Arolt/A. Diefenbacher (Hg.): *Psychiatrie in der klinischen Medizin. Konsiliarpsychiatrie, -psychosomatik und -psychotherapie.* Darmstadt 2004, 122–140.

Bromley, D. B.: *The Psychology of Human Ageing.* Hardmondsworth ²1974.

Bron, B.: Die »Wahrheit am Krankenbett« und ihre Bewältigung durch den unheilbar Kranken und Sterbenden. In: *Fortschritte der Neurologie, Psychiatrie* 55 (1987), 189–200.

Fischbeck, S./Weber, M./Maier, B. O./Siepmann, U./Schwab, R./Nehring, C./Gramm, J./Delagardelle, I./Langenbach, R./Beutel, M. E.: Screening körperlicher, psychosozialer und spiritueller Belastungen bei onkologischen Palliativpatienten. Entwicklung und erste Anwendung des Fragebogens zur Belastung von Palliativpatienten (FBPP). In: *Psychologische Medizin. Tagungsband der 60. Arbeitstagung des Deutschen Kollegiums für Psychosomatische Medizin (DGPM) und 17. Jahrestagung der Deutschen Gesellschaft für Psychosomatische Medizin und Ärztliche Psychotherapie (DGPM)* (2009), 31.

Glaser, B. G./Strauss, A. L.: *Time for Dying.* Chicago 1968.

Huppmann, G.: Emotionale Reaktionen gegenüber lebensbedrohlichen Erkrankungen, Sterben und Tod. In: Ders./F.-W. Wilker (Hg.): *Medizinische Psychologie, Medizinische Soziologie.* München, 1988, 193–204.

Kelly, B./Burnett, P./Pelusi, D./Badger, S./Varghese, F./Robertson, M.: Factors Associated with the Wish to Hasten Death. A Study of Patients with Terminal Illness. In: *Psychological Medicine* 33 (2003), 75–81.

Kübler-Ross, E.: *On Death and Dying.* New York 1969.

Kübler-Ross, E.: *Interviews mit Sterbenden.* Stuttgart 1971.

Leming, M. R./Dickinson, G. E.: *Understanding Dying, Death, and Bereavement.* Fort Worth 1990.

Lerzynski, G. A./Allan, A./Murray, S. A.: Die Bewertung der palliativmedizinischen Patientenversorgung mithilfe der Palliative Care Outcome Scale (POS) in verschiedenen Versorgungsformen. In: *Zeitschrift für Palliativmedizin* 5 (2004), 19–27.

Lunney, J. R./Lynn, J./Hogan, C.: Profile of Older Medicare Decedents. In: *Journal of the American Geriatrics Society* 50 (2002), 1108–1112.

Morse, J./Johnson, J.: Towards a Theory of Illness. The Illness Constellation Model. In: Dies. (Hg.): *The Illness Experience. Dimensions of Suffering.* Newbury Park 1991, 315–342.

Müller-Busch, H. C.: Vom Umgang mit Angst und Depressionen in der Palliativbetreuung. In: C. Knipping (Hg.): *Lehrbuch Palliative Care.* 2. durchges. und korr. Aufl. Bern 2007, 307–315.

Murillo, M./Kissane, D./Mehnert, A.: Psychische Belastungen, ihre Verarbeitung und psychologische Unterstützungsmöglichkeiten bei Patienten mit terminalen Erkrankungen. In: U. Koch/K. Lang/A. Mehnert/C. Schmeling-Kludas (Hg.): *Die Begleitung schwer kranker und sterbender Menschen.* Stuttgart 2006, 65–78.

Olson, K. L./Morse, J. M./Smith, J. E./Mayan, M. J./Hammond, D.: Linking Trajectories of Illness and Dying. In: *OMEGA. Journal of Death and Dying* 42 (2001), 293–308.

Pattison, E. M.: *The Experience of Dying.* New York 1977.

Pattison, E. M.: The Living-Dying Process. In: C. A. Garfield (Hg.): *Psychological Care of the Dying Patient.* New York 1978, 133–168.

Samarel, N.: Der Sterbeprozess. In: J. Wittkowski (Hg.): *Sterben, Tod und Trauer. Grundlagen – Methoden – Anwendungsfelder.* Stuttgart 2003, 132–151.

Terry, W./Olson, L. G./Wilss, L./Boulton-Lewis, G.: Experience of Dying. Concern of Dying Patients and of Carers. In: *Internal Medicine Journal* 36 (2006), 338–346.

Weisman, A. D.: *On Dying and Denying. A Psychiatric Study of Terminality.* New York 1972.

Wittkowski, J.: Sterben und Trauern. Jenseits der Phasen. In: *Pflegezeitschrift* 12 (2004), 2–10.

Wittkowski, J./Rehberger, K.: Quasi-experimentelle Verlaufsstudie zum Erleben und Verhalten Sterbender. In: J. Neuser/J. T. De Bruin (Hg.): *Verbindung und Veränderung im Fokus der Medizinischen Psychologie.* Lengerich 2000, 117–118.

Wittkowski, J./Schröder, C.: Betreuung am Lebensende. Strukturierung des Merkmalsbereichs und ausgewählte empirische Befunde. In: Dies. (Hg.): *Angemessene Betreuung am Ende des Lebens*. Göttingen 2008, 1–51.

Wittkowski, J./Schröder, C./Bolm, G.: Die Todesthematik in der Medizinischen Psychologie. In: *Zeitschrift für Medizinische Psychologie* 13 (2004), 109–120.

*Sabine Fischbeck / Burkhard Schappert*

# 10 Scheintod

»Scheintod«, notierte die Brockhaus Hand-Enzyklopädie 1817, »ist der Zustand eines Menschen, da alle Äußerungen des Lebens, welche von anderen bemerkt werden können, fehlen, und doch im Innersten des Körpers noch Leben vorhanden ist« (»Scheintod«, in: *Allgemeine Hand-Encyklopädie für die gebildeten Stände* 1817, 698). Diese eingängige Definition bekräftigten alle relevanten Enzyklopädien der nachfolgenden Jahre, denn ihr lag ein philosophisches Verständnis von Leben zugrunde, auf welchem die Medizin um 1800 basierte. Das Leben wurde als essenziell und wesenhaft begriffen. Worin aber der entscheidende *spiritus vivus* bzw. die *potestas vitalis* genau bestand, war Gegenstand einer lebhaften Debatte, die an vielen Stellen das ältere Konzept der Lebenswärme (*calor vitalis/naturalis*) berührte und anverwandelte (vgl. Schäfer 2018). Darüber hinaus verwies die Definition des Scheintods wesentlich auch auf eine Tradition von Erfahrungsberichten, alltagsempirischen Beobachtungen und physiologischen Beschreibungen, die seit der zweiten Hälfte des 17. Jhs. in Publikationen sowohl zur gerichtsmedizinischen Feststellung von Todesumständen (zentral für die Debatte Kirchmajer/Nottnagel 1681) als auch zur Rettung von Unfallopfern als *observationes* und *curiositates* verbreitet und erörtert wurden. Hieran schlossen die Diskutanten des Scheintods in ihren Beiträgen an: Leben zeigte sich einem Betrachter durch »Daseyn und Thätigkeit« (»Leben«, in: *Allgemeine Hand-Encyklopädie für die gebildeten Stände 1817*, 587). Sicht- und fühlbare körperliche Regungen wie Muskelbewegungen, Herzschlag oder Gesichtsfarbe ließen auf Leben im Körper schließen. Doch konnten äußerliche Anzeichen täuschen: »So sehen wir an einzelnen Gliedern, z. B. den Fingern [...], daß sie von Kälte gleichsam abgestorben erscheinen [...] und ohne Bewegung sind, und doch, wenn ihre innere Organisation im Innersten noch nicht zerstört ist, durch die gehörigen Mittel wieder das volle Leben in ihnen zurückgerufen werden kann« (»Scheintod«, in: ebd., 698).

Die frühen Lexikoneinträge von 1817 sind charakteristisch für eine naturphilosophisch ausgerichtete Medizin, deren Modelle und Theoreme im 19. Jh. erst nach und nach abgelöst wurden. Der Vitalismus, der um 1800 nicht nur die Medizin dominierte, sondern als Naturphilosophie die kulturellen Eliten insgesamt beschäftigte, ist eine spezifische Umgangsweise im deutschsprachigen Raum mit den gesellschaftlichen Transformationen im Zuge der Aufklärung (vgl. Reill 2005; zu Frankreich vgl. Riskin 2003). Das Wort ›Scheintod‹ ging als Neologismus im ausgehenden 18. Jh. in das deutsche Vokabular ein, es hatte um 1800 Konjunktur und verlor an Bedeutung, als die Naturphilosophie aus der Medizin verschwand (vgl. die Zählung in Kessel 2001 und die Statistik in Bondeson 2001, 279).

In diesem Abschnitt werden zunächst die Bedeutungsgehalte des ›Schein-Todes‹ ausgelotet und seine Trägergruppen identifiziert, um dann auf die soziale Reichweite einzugehen. Dazu werden die kulturellen Praktiken des Todes untersucht sowie institutionelle und andere materielle Formen in den Blick genommen, die durch den Scheintod entstanden. Außerdem wird ein Blick auf die medizinischen Praktiken geworfen, die Techniken der Todesfeststellung und die Konstruktion der vom Scheintod betroffenen Personengruppen. Abschließend wird ein Ausblick auf die Bedeutung des Scheintodes im weiteren Verlauf des 19. Jhs. gegeben (vgl. auch Rüve 2008).

Bereits das 16. Jh. hatte eine Debatte über die Unsterblichkeit der Seele erlebt und bereits im 16. und 17. Jh. wurden mirakelgleiche Berichte über die Wiederbelebung von scheinbar toten Menschen kolportiert. Und doch erlebte erst das ausgehende 18. und frühe 19. Jh. eine buchstäbliche Scheintodhysterie. Im Zuge der Aufklärung veränderten sich erneut die Einstellung zum Tod und der Umgang mit dem Sterben: Erstmals erkannte man einen Zustand zwischen Leben und Tod an, der nicht zwingend transitorisch war. Überdies stritt das 18. Jh. erneut und leidenschaftlicher denn je über Beweise für und gegen die Vorstellung einer unsterblichen Seele. Der Tod war nicht länger unumstritten der Moment, in dem die als körperhaft, aber dennoch immateriell verstandene Seele aus dem Körper fuhr; er erschien nunmehr vielen Autoren als ein mechanisch gedachter Prozess, der sich in die Zeit erstreckte und bei dem nach und nach die Funktionen des Körpers versagten. Umso wichtiger wurde die Diskussion über eine präzise Todesdiagnostik, die bereits seit dem ausgehenden 17. Jh. eine ältere Debatte abgelöst hatte, welche auf Basis eines binären Schemas von Leben und Tod (entweder–oder) auf Fragen der Todesprognostik fokussiert gewesen war. Diese Kontroversen wurden – in unterschiedlichen Ausprägungen – in allen Ländern geführt, in denen aufklärerische Ideen Fuß fassten. Auch in England, Frankreich oder Spanien gab es Diskussionen um frühzeitige Bestattungen und die Gefahr, lebendig begraben zu werden (vgl. del Río Parra 2011). Allerdings verweist die Entstehung des Neologismus


H. Wittwer/D. Schäfer/A. Frewer (Hg.), *Sterben und Tod. Ein interdisziplinäres Handbuch 2. Auflage*,
https://doi.org/10.1007/978-3-476-05761-7_10

›Scheintod‹ auf eine bestimmte ideengeschichtliche Konstellation innerhalb des deutschsprachigen spätaufklärerischen und frühromantischen Diskurses. ›Schein‹ bedeutete ›Täuschung‹ und meinte Fallstricke für eine von Kant postulierte subjektabhängige Wahrnehmung der objektiven Erscheinungen: Der Scheintod war insofern problematisch, als es gut möglich war, dass das Leben im Körper für den Betrachter unsichtbar blieb. Dem handelnden Subjekt bot sich ein trügerisches Bild, »wenn die äußern Erscheinungen des Lebens fehlen, die innern Bedingungen desselben aber noch Statt finden« (»Scheintod«, in: *Allgemeine Hand-Encyklopädie für die gebildeten Stände* 1817, 698). Mit ›Schein‹ wurden also zeitgenössische Vorstellungen der Grenzen und Möglichkeiten von subjektiver Erkenntnis transportiert.

Die Vorstellung des Todes, die sich im ›Schein-Tod‹ verbarg, verwies zudem auf pantheistische Unsterblichkeitsvorstellungen, für deren Konzeption die Philosophie um 1800 sich Spinoza angeeignet und eigengedeutet hatte. Tod meinte Verwandlung, den Übergang von einer Form des Seins »in einen größeren Lebenskreis oder Organismus« (»Tod«, in: *Real-Encyclopädie für die gebildeten Stände* 1820, 4), bei dem nur das Individuum als solches verschwand. Es handelte sich also um eine Form der kulturellen Selbstverständigung einer Elite um 1800, die mit dem zunehmenden Verlust des Glaubens an die prinzipielle Unsterblichkeit der Seele und der damit einhergehenden Erschütterung der heilsgeschichtlichen Erwartung umgehen musste. Auch Jesus oder Lazarus konnten nach dieser Vorstellung nur scheintot gewesen und mussten nicht tatsächlich gestorben sein: Die Jünger, die den Ereignissen um den Tod Jesu beigewohnt hatten und den Evangelisten als Zeugen dienten, konnten sich getäuscht haben. Die (protestantischen) Theologen um 1800 diskutierten mithilfe des Scheintodes Formen der Sinnstiftung des Todes nach der Erschütterung bisheriger heilsgeschichtlicher Gewissheiten. Pantheistische Ideen waren eine Möglichkeit, Fragen nach der Faktizität der Auferstehung Jesu und der Erweckung des Lazarus plausibel zu beantworten. Denn glaubte man an eine Einheit von Gott und Natur und hatte man eine monistische Weltsicht, hätten Jesus oder Lazarus auch nur scheintot gewesen sein können.

Der Diskurs und die Praktiken um den Scheintod hatten Multiplikatoren und örtliche Zentren. Wichtig für eine Verbreitung von Ideen über den engen Kreis medizinischer Gelehrter hinaus waren volkssprachliche Veröffentlichungen: 1742/1745 veröffentlichte der französische Arzt Jean-Jacques Bruhier in Paris seine *Dissertation sur l'incertitude des signes de la mort*. Dieses Buch war eine kommentierte Übersetzung der Schrift *An mortis incerta signa minus incerta a chirurgicis quam ab aliis experimentis?* des dänischen Anatomen Jacques-Bénigne Winslow, die 1740 ebenfalls in Paris publiziert worden war (vgl. Heinrich 1998, 138). Bruhier gab jedoch forthin den Pulsschlag der Debatte vor. 1754 wurde sein Werk als *Abhandlung von der Ungewißheit der Kennzeichen des Todes und dem Misbrauche, die mit übereilten Beerdigungen und Balsamirungen vorgeht* übersetzt. Ärzte schrieben Broschüren und verfassten Artikel in Zeitschriften, in denen sie für die Verlängerung der Beerdigungsfristen warben und einen Katalog sicherer und unsicherer Todeszeichen erstellten (z. B. Hufeland 1790; dieser Artikel wurde häufig übernommen, abgedruckt und kommentiert, siehe z. B. die Oldenburger Ärzte Gramberg/von Halem 1790). Die Formation der vom Scheintod Betroffenen umfasste eine heterogene Gruppe medizinischer und juristischer Zu- und Umstände, zu denen ›heftiger Affect‹, ›hitzige Fieber, besonders bösartige‹, ›Schlagfluss und Schlaffsucht‹, ›Krämpfe und Zuckungen‹, ›Blutflüsse und Ohnmachten‹ und ›Erstickung‹ zählten (Anonymus 1790; vgl. dazu Lieutaud 1785, 294 f.). Außerdem gehörten zu dem Personenkreis Epileptiker, Wöchnerinnen und Neugeborene, ferner Suizidenten. Von grundsätzlicher Relevanz waren aber dennoch wegen der seit den 1730er Jahren beobachtbaren europaweiten Publizistik zur Rettung von Unfallopfern mithilfe von Tabakklistieren die Gruppen der Ertrunkenen und der – für die gesamte Diskussion aufgrund ihrer spezifischen Relevanz für die Frage nach der Bedeutung von Wärme für das Leben – Erfrorenen (vgl. Serdeczny 2018). Einen Höhepunkt erreichten sowohl die Anzahl der Veröffentlichungen gegen das Lebendigbegrabenwerden als auch die Gesetze zur Verlängerung der Bestattungsfristen zeitgleich mit der seit den 1750er Jahren einsetzenden Lebensrettungsgesetzgebung um das Jahr 1790 (vgl. Kästner 2013).

Ärzte übernahmen die Kontrolle des Schwellenzustandes. Sie waren dafür verantwortlich, Scheintote in Leichenhäusern zu überwachen und den Eintritt der Verwesung (das als einzig ›sicher‹ geltende Todeszeichen) festzustellen. Der Bau von Leichenhäusern am Ende des 18. Jhs. war eine auf Deutschland beschränkte Maßnahme. Das erste dieser Gebäude wurde 1791 in Weimar unter der Federführung des Arztes Christoph Wilhelm Hufeland errichtet. Verschiedene andere Städte in den Territorien des Alten Reichs folgten. In Berlin beispielsweise wurde 1794 auf dem köllnischen Vorstadtfriedhof ein Leichenhaus gebaut, Mainz folgte dem Beispiel 1803. In Breslau entstand 1810 eine solche Stätte, in Frankfurt im Jahr 1828. Diesen Einrichtungen war jedoch kein Erfolg beschieden, sie wurden von der Bevölkerung nicht angenommen. Vielerorts verfielen die Leichenhäuser, kaum dass sie um die Jahrhundertwende zum Schutz gegen das Lebendigbegrabenwerden gebaut worden waren. Erst in der zweiten Hälfte des 19. Jhs. traten Leichenhäuser in den größeren Städten wieder vermehrt auf. Wachsende Bevölkerungszahlen und beengte Wohnverhältnisse in der Zeit der Industrialisierung machten sie dann zu einer hygienischen Notwendigkeit.

Zwar nahm die Prüfung der ›sicheren‹ im Unterschied zu den ›unsicheren‹ Zeichen des Todes einen großen Anteil in der (populär)medizinischen Literatur ein, die Gefahr eines unerkannten Scheintodes war jedoch kein reales Problem unzureichender medizinischer Praktiken. Sie entstand auch nicht durch die Entwicklung neuer Techniken der Todesfeststellung. In einer Anweisung des Preußischen *Collegium Sanitatis* aus dem Jahre 1794 beispielsweise wurden als sichere Methoden der Todesfeststellung genannt, »man hält die Flamme eines brennendes Lichtes, oder eine Pflaumfeder, vor den offenen Mund oder die Nase des anscheinenden Todten; bewegen sich diese Dinge nicht im geringsten, so findet kein Atem mehr statt« (Rönne 1846, 493). Ebenso konnte der Eintritt des Todes dadurch sichergestellt werden, dass ein Spiegel vor dem Gesicht des Toten nicht beschlug. Diese Praktiken der Todesfeststellung waren aus dem Alltag lange bekannt. Atemstillstand, fehlender Puls oder verminderte Empfindungsfähigkeit des Körpers stellten eine Kontinuität der Zeichen, die das Eintreten des Todes ankündigten, dar. Was sich jedoch verändert hatte, war das zugrunde liegende anthropologische Erklärungsmodell: die Erosion der alten Seelenvorstellungen und die Neuvermessung der Sterblichkeit.

Die Bedeutung des ›Schein-Todes‹ liegt damit in seinem Zusammenhang mit der Philosophie um 1800, die als Lebensphilosophie mitunter ausdrücklich antirationalistisch auftrat, vor allem aber Kategorien wie Erfahren und Erleben in den Mittelpunkt stellte. Der Scheintod geriet in den Fokus einer stände- und professionsübergreifenden Öffentlichkeit, weil Spätaufklärer und Frühromantiker ein ausgeprägteres Interesse an Übergangs- und Schwellenzuständen besaßen als an diskreten Entitäten und Polen. Mit dem ›Scheintod‹ wurde der Verhandlung von Subjektivität und pantheistischen Ideen – als zwei zentralen philosophischen und erkenntnistheoretischen Themen der Zeit – ein Begriff zur Verfügung gestellt, mit dem diese beiden Problemlagen zusammengebracht und gedeutet werden konnten. Genau deshalb zeitigte dieses gesellschaftlich konstruierte Problem auch reale gesellschaftliche Wirkungen über den Kreis der gesellschaftlichen Eliten, ihrer Ärzte, Theologen, Philosophen und Literaten hinaus.

Der Scheintoddiskurs kultivierte geradezu eine Angst vor dem Lebendigbegrabenwerden und die daraus abgeleiteten Praktiken der Kontrolle des liminalen Zustands des Scheintods. Bis dahin war es in der ständischen Gesellschaft üblich, bestimmte Tote, insbesondere Kinder und Arme, innerhalb weniger Stunden nach Eintritt des Todes zu beerdigen. Ähnliches galt für Beerdigungspraktiken jüdischer Gemeinden, für die der Scheintoddiskurs daher eine grundsätzliche Herausforderung darstellte (vgl. Heinrich 1998). In anderen Fällen aber erforderten zeremonielle und religiöse Erwartungshaltungen durchaus Zeit und waren anschlussfähig an die neuen Praktiken. Überdies schien es auch vor 1800 aus Angst vor Geistern und Gespenstern – verirrten Seelen also – wichtig, dass Menschen nicht irrtümlich begraben wurden und die Lebenden und die Toten sich auf der jeweils ›richtigen‹ Seite der Grenze befanden: Erzählungen über Lebendigbegrabene und Untote waren ausreichend bekannt und reichten weit vor die Zeit um 1800 zurück (vgl. die Vielzahl an Beispielen in Bruhier 1754). Daneben spiegelte die spezifische Angst vor dem Scheintod auch allgemeine Ängste vor dem Tod im 18. Jh. In ihr kam der Imperativ der Sicherung des irdischen Lebens und der Gesundheit zum Ausdruck, ein Imperativ, der auf eine grundsätzliche Verdiesseitigung des Denkens und der Letztbegründung auf alle Fragen verweist. Diese Angst wurde im deutschen Sprachraum, in der deutschen Romantik und der philosophischen Strömung, die deutscher Idealismus genannt wird, als Pantheismus sehr eigentümlich gewendet. Der Scheintod war in dieser Konzeption deshalb so angstbesetzt, weil der Organismus noch unverletzt, in den inneren Bedingungen des Lebens noch nicht angegriffen, also wahrnehmungs- und empfindungsfähig war und vor Augen hatte, qualvoll im Grab zu ersticken. Und die Probleme des Individuums mit seinem Tod wurden in diesem Konzept noch größer: Der Tod mochte vielleicht nicht das endgültige Ende bedeuten, es blieb aber auch keine Individualität oder ein individueller Kern nach dem Tod übrig. Hier zeigt sich, weshalb die romantischen Philosophen Subjektivität und Individualität so stark zu ihren Themen machten.

Im Verlauf des 19. Jhs. rückte der Scheintod wieder zurück an die Peripherie des gesellschaftlichen Interesses. Er ging einerseits in den medizinischen Spezialdisziplinen auf, zählte zu den Gegenständen der Ersten Hilfe, wurde zu einem Betätigungsfeld der forensischen Pathologen und blieb auf der Agenda der Geburtshilfe. In diesen Feldern wurde das gesellschaftliche Programm der Verdiesseitigung weiter befestigt: Der Scheintod reduzierte sich dadurch andererseits auf ein technisches Restrisiko. Mit dieser Marginalisierung ging einher, dass der Scheintod neuen gesellschaftlichen Problemlagen für die Ärzte wich. Sozialmedizin und Hygienemaßnahmen, Bakteriologie und Desinfektion verwiesen auf neue Krankheitskonzepte und die Ausweitung des ärztlichen Blicks auf die Gesellschaft als Ganzes. Der Scheintod wurde in diesem Prozess zudem zum Volksaberglauben umgedeutet. Der mit Instrumenten bestückte medizinische Experte war im Entstehen begriffen, als der Scheintod dem als unaufgeklärt konstruierten Volk zugeschrieben wurde und in den Bereich des Vorgeschichtlichen und Vorbewussten verschoben wurde. In diesem Zusammenhang ist zudem bezeichnend, dass sich die Psychoanalyse am Ende des 19. Jhs. der Angst vor dem Scheintod annahm und sie ›Taphophobie‹ nannte. Sie wurde als Phobie definiert und als Anzeichen einer neurotischen Zwangsstörung gedeutet, hinter der sich die Angst vor vollständiger Isolation und dem Alleinsein in der Welt verbarg. In dieser Zeit wurden dann nur noch Scheintodeinzelfälle kolportiert. Von einzelnen berühmten Persönlichkeiten, Künstlern und Literaten wurde bekannt, dass sie zeitlebens mit der Angst vor dem Lebendigbegrabenwerden lebten oder aus Angst vor einem unerkannten Scheintod testamentarisch Vorkehrungen trafen. In der Betrachtung berühmter Einzelfälle wie derjenigen Hans Christian Andersens, Bertolt Brechts oder Arthur Schopenhauers jedenfalls kommen Ängste zum Ausdruck, die auf einen spezifisch individuellen Umgang mit dem modernen Tod hinweisen, und deren Bearbeitung durch Biographen und andere Medien, die diese individuellen Ängste gesellschaftlich aufwerten. Diese Einzelfälle können wiederum als sehr eigentümlicher Ausdruck der Individualisierung des Todes interpretiert werden (vgl. Hahn 2002).

### Literatur

*Allgemeine Hand-Encyklopädie für die gebildeten Stände in alphabetischer Ordnung und in zehn Bänden*. Stichwort »Leben«. Bd. 5. Altenburg/Leipzig [4]1817, 587–589.; *Allgemeine Hand-Encyklopädie für die gebildeten Stände in alphabetischer Ordnung und in zehn Bänden*. Stichwort »Scheintod«. Bd. 8. Altenburg/Leipzig [4]1817, 698–702.

*Real-Encyclopädie für die gebildeten Stände*, 10. Bde. Stichwort »Tod«. Bd. 10. Leipzig [5]1820, 3–5.

Anonymus: Ueber die frühe Beerdigung der Todten und über die Ungewißheit der Kennzeichen des wahren und falschen Todes. In: *Almanach für Ärzte und Nichtärzte* 21 (1790), 177–215.

Bondeson, J.: *Buried Alive. The Terrifying History of Our Most Primal Fear*. New York 2001.

Bruhier d'Ablaincourt, J.-J.: *Abhandlung von der Ungewißheit der Kennzeichen des Todes und dem Misbrauche, der mit übereilten Beerdigungen und Balsamirungen vorgeht*. Übers. von J. G. Jancke. Leipzig/Kopenhagen 1754 (frz. 1742).

del Río Parra, E.: ›He Has No Pulse‹. Typologies of the Fear of Being Buried Alive in Preindustrial Spain. In: *South Atlantic Review* 76/3 (2011), 129–150. PURL: https://www.jstor.org/stable/43739127.

Gramberg, G. A./Halem, G. A. von: Kommentar zu Hufelands Beitrag ›Die Ungewißheit des Todes und das einzige untrügliche Mittel, sich von seiner Wirklichkeit zu überzeugen und das Lebendigbegraben unmöglich zu machen‹. In: *Blätter vermischten Inhalts* 3 (1790), 321–324.

Hahn, A.: Tod und Sterben in soziologischer Sicht. In: Assmann/Trauzettel 2002, 55–89.

Heinrich, G.: Akkulturation und Reform: Die Debatte um die frühe Beerdigung der Juden zwischen 1785 und 1800. In: *Zeitschrift für Religions- und Geistesgeschichte* 50/2 (1998), 137–155. PURL: https://www.jstor.org/stable/23899498.

Hufeland, Ch. W.: Die Ungewißheit des Todes und das einzige untrügliche Mittel, sich von seiner Wirklichkeit zu überzeugen und das Lebendigbegraben unmöglich zu machen. In: *Blätter vermischten Inhalts* 3 (1790), 290–321.

Kästner, A.: Der Wert der Nächstenliebe. Idee und Umsetzung von Lebensrettungsprojekten im 18. Jahrhundert. In: *Jahrbuch für Regionalgeschichte* 31 (2013), 45–64.

Kessel, M.: Die Angst vor dem Scheintod im 18. Jahrhundert. Körper und Seele zwischen Religion, Magie und Wissenschaft. In: Schlich/Wiesemann (2001), 133–166.

Kirchmajer, T./Nottnagel, C.: *Elegantissimum Ex Physicis Thema De Hominibus Apparenter Mortuis*. Wittenberg 1681.

Lieutaud, J.: *Inbegriff der ganzen medicinischen Praxis*. Bd. 2. Frankenthal 1785.

Reill, P. H.: *Vitalizing Nature in the Enlightenment*. Berkeley 2005.

Riskin, J.: *Science in the Age of Sensibility. The Sentimental Empiricists of the French Enlightenment*. Chicago 2003.

Rönne, L. von: *Das Medicinal-Wesen des Preußischen Staates*. Breslau 1846.

Rüve, G.: *Scheintod. Zur kulturellen Bedeutung der Schwelle zwischen Leben und Tod um 1800*. Bielefeld 2008.

Schäfer, D.: ›Quid sit mors‹. Medizinische Todesdefinitionen im frühneuzeitlichen Gelehrtendiskurs. In: H. Jaumann/G. Stiening (Hg.): *Diskurse der Gelehrtenkultur der Frühen Neuzeit. Ein Handbuch*. Bd. 2. Berlin 2018, 701–737.

Serdeczny, A.: *Du tabac pour le mort: Une histoire de la réanimation*. Ceyzérieu 2018.
Winslow, J.-B.: *An mortis incerta signa minus incerta a chirurgicis quam ab aliis experimentis?* Paris 1740.

## Weiterführende Literatur

Assmann, J./Trauzettel, R. (Hg.): *Tod, Jenseits und Identität. Perspektiven einer kulturwissenschaftlichen Thanatologie*. Veröffentlichungen des Instituts für Historische Anthropologie e. V. Bd. 7. Freiburg i. Br. 2002.
Schlich, Th./Wiesemann, C. (Hg.): *Hirntod. Zur Kulturgeschichte der Todesfeststellung*. Frankfurt a. M. 2001.
Hüning, D./Klingner, S./Stiening, G. (Hg.): *Das Problem der Unsterblichkeit in der Philosophie, den Wissenschaften und den Künsten des 18. Jahrhunderts*. In: Aufklärung. Interdisziplinäres Jahrbuch zur Erforschung des 18. Jahrhunderts und seiner Wirkungsgeschichte 29 (2017).

*Gerlind Rüve* (Fassung der ersten Auflage) /
*Alexander Kästner*
(überarbeitete Fassung der zweiten Auflage)

# 11 Koma

## 11.1 Definition und Einleitung

›Koma‹ ist die aus dem Griechischen (κῶμα: tiefer Schlaf) stammende Bezeichnung eines Zustandes, bei dem der Betroffene Wachheit und Bewusstsein verliert und auch durch starke externe Reize nicht erweckbar ist. Mit dem Koma ist die ›tiefste‹ Stufe unterschiedlich ausgeprägter und graduierbarer Störungen der Wachheit und des Bewusstseins erreicht; es ist Ausdruck einer meist lebensbedrohlichen Beeinträchtigung der Gehirnfunktion. Einen über eine kurzfristige Ohnmacht hinausgehende Bewusstseinsverlust im Sinne eines Komas erleiden täglich etwa 2000 Personen in Deutschland, davon etwa 350 länger als sieben Tage. Je nach Verursachung der Bewusstlosigkeit wacht nur ein Teil der Patienten wieder auf. Selbst bei wiedererlangter Wachheit kann das Bewusstsein fehlen (›Wachkoma‹) oder in nur geringer Ausprägung vorhanden sein (*Minimally conscious state*). Leider besteht häufig eine Begriffsverwirrung bei der korrekten medizinischen Bezeichnung von Gehirnschädigungen mit Auswirkungen auf Wachheit und Bewusstsein: die Bedeutungen von ›Koma‹, ›Wachkoma‹, ›Hirntod‹ oder ›Locked-in-Syndrom‹ werden vermischt oder verwechselt. So wurde in der öffentlichen kontroversen Diskussion über die Einstellung der Sondenernährung bei der ›Wachkoma‹-Patientin Terry Schiavo in den USA 2005 selbst in Wissenschaftsmagazinen fälschlicherweise vom ›Hirntod‹ geschrieben, obwohl seit 15 Jahren ein ›Wachkoma‹ vorlag (Degen 2005). Während des Sterbeprozesses des Papstes Johannes Paul II. wurde 2005 unsinnigerweise berichtet, dass dieser ›hirntot‹ noch gebetet habe (n-tv.de am 01.04.2005). Für einen vernünftigen und angemessenen Diskurs über Fragen des Sterbens und des Todes bei direkten und indirekten schweren Schädigungen des Gehirns muss eine klare und begründete Terminologie für den jeweiligen Zustand und die jeweilige Ursache im Sinne von ›Koma‹, ›Hirntod‹, ›Wachkoma‹ oder ›Locked-in-Syndrom‹ angewandt werden.

## 11.2 Anatomie und Physiologie der Gehirnschädigungen

Die Schädigung des Gehirns kann durch primäre, d. h. direkte, Gehirnerkrankungen (z. B. Schlaganfall oder Hirnentzündung) erfolgen oder sekundär, d. h. in indirekter Weise, durch extrazerebrale Störungen wie z. B. Herzstillstand oder Störungen des Zuckerstoffwechsels. Das Gehirn besteht aus etwa 100 Milliarden Nervenzellen, die auf komplexe Weise miteinander verschaltet sind. Gemessen an seinem Gewicht (2 % des Körpergewichts) ist das Gehirn das Organ mit dem höchsten Energie- und damit Durchblutungsbedarf des menschlichen Körpers (20 % des Herzminutenvolumens) und stellt damit das empfindlichste Organ gegenüber einem auch nur kurz andauernden Mangel an den für den Zellstoffwechsel unentbehrlichen Substraten Glukose und/oder Sauerstoff dar. Sinkt die entsprechende Versorgung deutlich ab, so versagt zunächst die Hirn*funktion* bei noch erhaltenem *Struktur*stoffwechsel der Hirnzellen. Damit ist die Hirnzelle für eine kurze Zeit wiederbelebbar, solange nicht auch der verbleibende geringe Strukturstoffwechsel zusammenbricht. Sinkt die Sauerstoff- oder Glukosezufuhr weiter oder bleibt eine Wiederversorgung aus, so bricht die Struktur der Gehirnzellen innerhalb von drei bis neun Minuten zusammen, und aus einer funktionellen und reversiblen Schädigung entwickelt sich eine strukturelle und endgültige. Man spricht bei fokaler umschriebener Unterbrechung der Blutzufuhr vom ischämischen Schlaganfall, bei globaler Minderversorgung von hypoxischer (Sauerstoffmangel) bzw. hypoglykämischer (Glukosemangel) Enzephalopathie. Die generell hohe Verletzlichkeit der Hirnzellen und ihre weitgehende Nicht-Regenerationsfähigkeit machen das Gehirn auch anfällig für andere fokale oder globale Schädigungsmechanismen wie beispielsweise Infektionen und Entzündungen (Enzephalitis), toxische Substanzen (toxische Enzephalopathie), Stoffwechselstörungen (metabolische Enzephalopathie), Hirnblutungen und Schädel-Hirn-Traumen (Edlow/Rabinstein/Traub u. a. 2014). Die fehlende Expansionsmöglichkeit des Gehirns durch den knöchernen Schädel führt bei intrakraniellen raumfordernden Prozessen (Hirnschwellungen) unterschiedlichster Art, z. B. Blutungen oder Tumoren, oft zu massiven Druckerhöhungen. Diese verschlechtern die Durchblutung des Gehirns und verschieben die Gehirnmasse in Richtung des Hinterhauptsloches (*Foramen magnum*) und des Kleinhirndaches (*Tentorium*). Im Extremfall kommt es zu einer ›Einklemmung‹ der lebenswichtigen Zentren des Hirnstamms und einem Absterben des Gehirns mit all seinen innerhalb des Schädels liegenden anatomischen Strukturen – also mit Großhirn, Zwischenhirn, Mittelhirn, Kleinhirn und Hirnstamm –, und es tritt der Hirntod ein (Erbguth 2016).


H. Wittwer/D. Schäfer/A. Frewer (Hg.), *Sterben und Tod. Ein interdisziplinäres Handbuch 2. Auflage*,
https://doi.org/10.1007/978-3-476-05761-7_11

Folgende Ursachen können direkt oder indirekt zur Hirnschädigung mit unterschiedlich ausgeprägten Störungen der Wachheit und des Bewusstseins führen (s. Abb. 11.1):

- *Sauerstoffmangel* durch diffuse oder fokale Minderdurchblutung (z. B. Herz-/Kreislaufstillstand oder Hirninfarkt)
- *Stoffwechselstörungen, die sich diffus auf das Gehirn auswirken* entweder durch Mangel an benötigten Substraten wie Glukose (hypoglykämisches Koma) oder durch zu hohe Konzentrationen von Stoffwechselprodukten mit toxischer Wirkung, z. B. von Glukose (hyperglykämisches Koma), Ammoniak (Leberstoffwechselstörungen, ›Leberkoma‹) oder Harnstoff (Nierenstoffwechselstörungen, ›Harnstoffkoma‹)
- *Intoxikationen*, z. B. durch Medikamente oder Drogen
- *traumatische Schädigungen* fokal oder global, z. B. durch Gehirnquetschungen – teilweise mit Einblutungen (Kontusion, Epi- oder Subduralhämatom)
- *Entzündungen* fokal oder diffus, z. B. durch erregerbedingte oder autoimmune Hirnhaut- und Hirnentzündungen (z. B. Meningo-Enzephalitis, Hirnabszess)
- *Blutungen* spontaner Art innerhalb des Schädels, z. B. bluthochdruckbedingte Hirnblutung oder aneurysmatische Subarachnoidalblutung
- *tumorbedingte Gehirnschädigung* durch Verdrängung oder Infiltration von Hirngewebe
- *Degenerationen der Hirnzellen*, z. B. bei der Alzheimer-Demenz
- *epileptische Anfälle*
- Wenn Sterbende kurz vor Eintritt des Todes bewusstseinsgetrübt oder komatös werden (›Agonie‹), ist dies das Resultat von stoffwechsel- und toxisch bedingten Beeinträchtigungen des Gehirns im Rahmen des Multiorganversagens im sterbenden Körper.

## 11.3 Definition und Graduierung der Störungen von Wachheit und Bewusstsein

Es gibt keine allgemein akzeptierte Definition von ›Bewusstsein‹; diese ist abhängig von der jeweiligen neurowissenschaftlichen oder philosophischen Position der Betrachtung. William James definierte Bewusstsein als Bewusstheit (engl. *awareness*) in Bezug

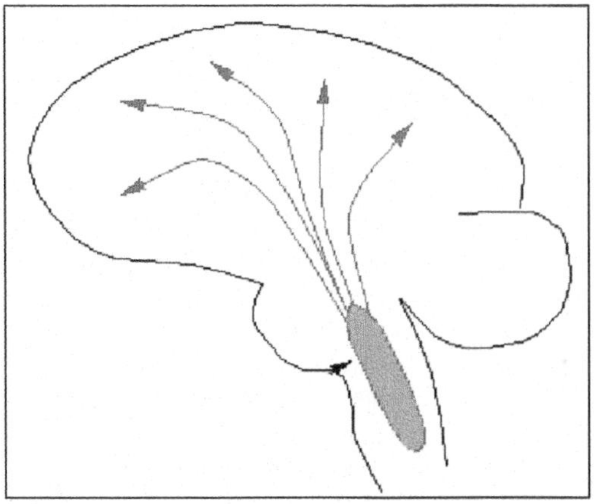

Abb. 11.1 Wachheit und *arousal* durch das aufsteigende aktivierende retikuläre System (ARAS) (schraffiert). Zu Störungen der Wachheit führen Funktionsstörungen oder Läsionen des rostralen Hirnstamms, beider Thalami oder beider Großhirnhemisphären.

auf sich selbst und gegenüber der Umgebung (James 1890). Diese für klinisch-medizinische Zwecke brauchbare Definition impliziert, dass Bewusstsein nur im Wachzustand (engl. *wakefulness*) oder bei Erweckbarkeit (engl. *arousal*) möglich ist (Zeman 2001). Zwischen den Polen ›Wachheit‹ und ›Koma‹ bestehen die Graduierungen ›Somnolenz‹ (Schläfrigkeit, Benommenheit) und ›Sopor‹ (engl. *stupor*). Bei Somnolenz ist der Betroffene noch leicht erweckbar, beim Sopor führen nur starke äußere Stimuli zu einer gezielten Reaktion, die beim Koma nicht mehr bestehen. Diese Abstufungen der Wachheit werden auch als quantitative Bewusstseinsstörungen bezeichnet im Gegensatz zu qualitativen Bewusstseinsstörungen, mit denen Zustände der Verwirrtheit oder psychotische Denkinhalte bei komplett erhaltener Wachheit benannt werden. Die neuroanatomische Grundlage für die Wachheit stellt das aus dem Hirnstamm aufsteigende ›aktivierende retikuläre System‹ (ARAS) (auch »Formatio reticularis«) (s. Abb. 11.1) dar. Das Bewusstsein kann sich nur bei Wachheit entfalten und ist an die Funktionsfähigkeit beider Großhirnhemisphären geknüpft (Parvizi/Damasio 2003).

Die quantitativen Bewusstseinsstörungen können mit der 1976 entwickelten *Glasgow Coma Scale* (GCS) noch genauer graduiert werden zwischen minimal drei und maximal 15 Punkten. Die Punkte werden in den drei Kategorien ›verbale Kommunikation‹, ›Augenöffnung‹ und ›motorische Reaktionen‹ nach unterschiedlich starken Reizen vergeben. Beim Koma sind stärkste Reize nicht in der Lage, ein Augenöffnen

| Wachheit | Bewusstsein/Verhalten | GCS |
|---|---|---|
| Klar | komplette Orientierung | |
| somnolent | schläfrig, durch Ansprache kontaktfähig, orientiert | |
| soporös | bedingt erweckbar, gerichtete Reaktion auf Schmerzreize | > 8 |
| komatös (Grad 1; leicht) | nicht erweckbar, keine gerichtete Reaktion auf Schmerzreize | 6–8 |
| komatös (Grad 2; mittel) | zusätzlich Paresen, Krampfanfall, Anisokorie | 5–6 |
| komatös (Grad 3; schwer) | zusätzlich Streckautomatismen, Augenbewegungsstörungen | 4 |
| komatös (Grad 4; tief) | verminderter Muskeltonus, Ausfall von Hirnstammreflexen, erhaltene Spontanatmung | 3 |

Tab. 11.1 Stadien der Störung der Wachheit und entsprechende Graduierung nach der GCS

zu erzeugen; die Spannbreite motorischer Reaktionen reicht von gezielten Abwehrbewegungen im leichten Koma bis hin zum Verlust jeder Gezieltheit und dem Auftreten motorischer Streckautomatismen der Arme und Beine im tiefen Koma. Innerhalb des tiefen Komastadiums kann noch unter Bezug auf anatomische Schädigungsmuster zwischen einem ›Mittelhirn-Syndrom‹ oder einem ›Bulbärhirnsyndrom‹ unterschieden werden.

Die GCS repräsentiert eine an Schädelhirntraumen validierte vereinfachte lineare Schweregraduierung, die bei speziellen Hirnschädigungsmustern und -ursachen, wie z. B. Hirnstammschädigungen oder Sprachstörungen, Schwächen und Grenzen aufwiest. Trotz dieser Einschränkungen der GCS haben sich andere Koma-Skalen (z. B. Innsbrucker Komaskala) nicht durchgesetzt, und die Dokumentation der GCS-Punktzahl ist in deutschen Notarztprotokollen Standard.

## 11.4 Verlauf und Prognose des Komas

Der Zustand ›Koma‹ impliziert per se keine Prognose. Diese kann erst anhand der Verursachung und der Verlaufsdynamik der Bewusstseinsstörung erstellt werden: So wird ein akut aufgetretenes Unterzucker-Koma nach sofortiger Infusion einer Zuckerlösung schnell und komplett abklingen, während ein Erwachen nach einem Koma aufgrund einer ausgedehnten Hirnblutung sehr unwahrscheinlich ist. Ein Koma bleibt nur in sehr seltenen Einzelfällen bestimmter Hirnstammschäden auf Dauer (persistierendes Koma) bestehen; meist mündet es (s. Abb. 11.2):

- bei Verschlechterung in den Zustand des ›irreversiblen Hirnfunktionsausfalls‹ (traditionell bezeichnet als ›Hirntod‹)
- bei Verbesserung in eine teilweise oder vollständige Wiedererlangung von Wachheit und Bewusstsein
- bei einer Stabilisierung und Erlangung von Wachheit ohne Bewusstsein in ein ›Wachkoma‹

## 11.5 Hirntod

Das Vorliegen eines irreversiblen Komas ist – neben dem Verlust der Funktion des Hirnstamms (›Hirnstammareflexie‹) und Verlust der Spontanatmung – eine der drei Voraussetzungen, um den ›Hirntod‹ als ein vom Herztod dissoziiertes Todeskriterium zu diagnostizieren. 1959 hatten die französischen Mediziner um Pierre Wertheimer sowie Pierre Mollaret und Maurice Goulon erstmals das ›Hirntodsyndrom‹ als sogenannte *coma dépassé* wissenschaftlich beschrieben (Wertheimer/Jouvet/Descotes 1959; Mollaret/Goulon 1959). Die der Komadefinition entsprechende ›tiefe Bewusstlosigkeit‹ wurde im Fall ihrer diagnostizierten ›Irreversibilität‹ eines der drei konstituierenden Kriterien der sogenannten ›Harvard-Definition‹ des Hirntodes von 1968 (vgl. Ad Hoc Commitee 1968), an denen sich auch die heute in Deutschland gültigen ›Richtlinien der Bundesärztekammer‹ (zuletzt in 5. Fortschreibung aktualisiert 2015) (Bundesärztekammer 2015) orientieren. Darin wird nicht mehr vom ›Hirntod‹ gesprochen, sondern vom ›irreversiblen Hirnfunktionsausfall‹, weil sich die Richtlinie auf die operativen Umsetzungsdetails des Konzepts bezieht, die den Untersuchungsgegenstand terminologisch frei halten möchte von der konzeptionell-anthropologischen Frage des Hirntods als dem Tod des Menschen (Erbguth 2016). Mit den medizinischen, anthropologischen und ethischen Aspekten des Hirntods beschäftigen sich ausführlich die Kapitel 12 (»Hirntod – medizinisch«) und 13 (»Hirntod – philosophisch«) dieses Handbuchs.

## 11.6 Narkose – Künstliches Koma

Ziel einer Narkose ist es, während eines Eingriffs oder in einer krisenhaften Erkrankungssituation zentral eine ›Abschaltung‹ der Wachheit und des Bewusstseins – formal also die Erzeugung eines Komas – durch Narkotika zu erreichen. Zusätzlich zur Narkose sollen

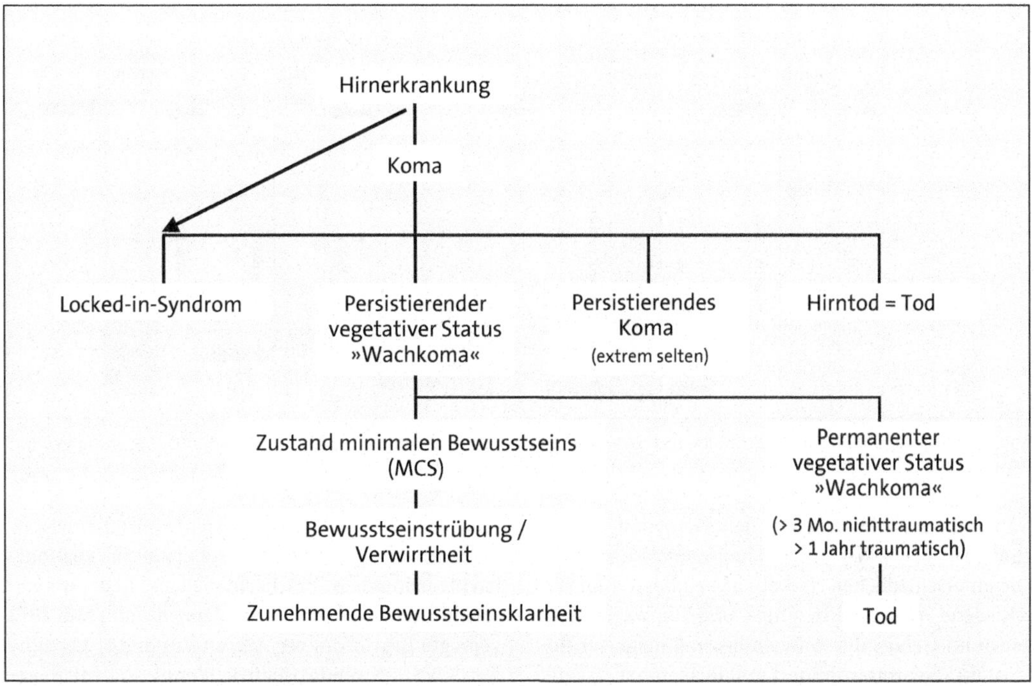


Abb. 11.2 Entwicklungsmöglichkeiten der Wachheits- und Bewusstseinsstörungen nach einer komaverursachenden Hirnerkrankung

auch Schmerzfreiheit (v. a. durch Opiatgabe) und eine Entspannung der Muskulatur (durch Gabe muskelrelaxierender Substanzen) erreicht werden. Dauert die Narkose über einen kurzen Eingriff hinaus auch auf der Intensivstation an, so wird umgangssprachlich vom ›künstlichen Koma‹ gesprochen. Die Narkotika können gasförmig oder intravenös verabreicht werden. Je nach Dauer der Narkose und der Art des Eingriffs wird eine künstliche Beatmung notwendig. Durch Reduktion der Dosis des Narkosemittels oder durch antagonisierende Substanzen kann der Betroffene wieder geweckt werden, wenn keine bewusstseinsbeeinträchigende Hirnerkrankung vorliegt (Alkire/Hudetz/Tononi 2008).

Sehr selten kann es trotz einer Narkose dazu kommen, dass die Umwelt vom Narkotisierten teilweise oder vollständig wahrgenommen wird und Aufforderungen aktiv befolgt werden können. Bezogen auf die Erinnerung an solche Zustände im Nachhinein können intraoperative Wachphasen ohne und mit expliziter Erinnerung unterschieden werden. Intra-operative Wachphänomene treten mit einer Häufigkeit von ein bis zwei Fällen pro 1000 Narkosen (0,1 bis 0,2 %) auf (Rundshagen 2009).

Grundsätzlich kann eine Narkose als vorübergehendes medikamentös induziertes Koma verstanden werden. Nur in leichten Narkosezuständen ähneln diese dem Schlaf, in der tiefen Narkose jedoch treten nur noch in einigen Hirnregionen elektrische Erregungen auf. Allerdings brechen nach neueren Forschungen (Brown/Lydic/Schiff 2010) während einer Narkose nicht einfach alle elektrischen Hirnfunktionen zusammen, sondern es verändern sich Erregungsrhythmen der Hirnzellen. Dabei werden Bewusstseinsnetzwerke in ihrer unterschiedlichen Zusammenarbeit einem synchronen Takt untergeordnet, der sie nicht mehr variabel erregbar macht, womit keine Verarbeitung von äußeren Reizen und innerer Bewusstseinstätigkeit mehr stattfinden kann. Somit sind manche Areale im Gehirn – wie beispielsweise der Thalamus – während der Narkose durchaus elektrisch im sogenannten Alpha-Rhythmus aktiv. Dieser Rhythmus unterdrückt andere Rhythmen und führt quasi durch eine Synchronisierung elektrischer Erregungen zu einer Desynchronisation der netzwerkartigen Kommunikation unterschiedlicher Hirnregionen untereinander. Dies geht einher mit dem Verlust der Wahrnehmungs-, Verarbeitungs- und Reaktionsfähigkeit des Gehirns in der Narkose. Die Erforschung der detaillierten Veränderungen der Gehirntätigkeit

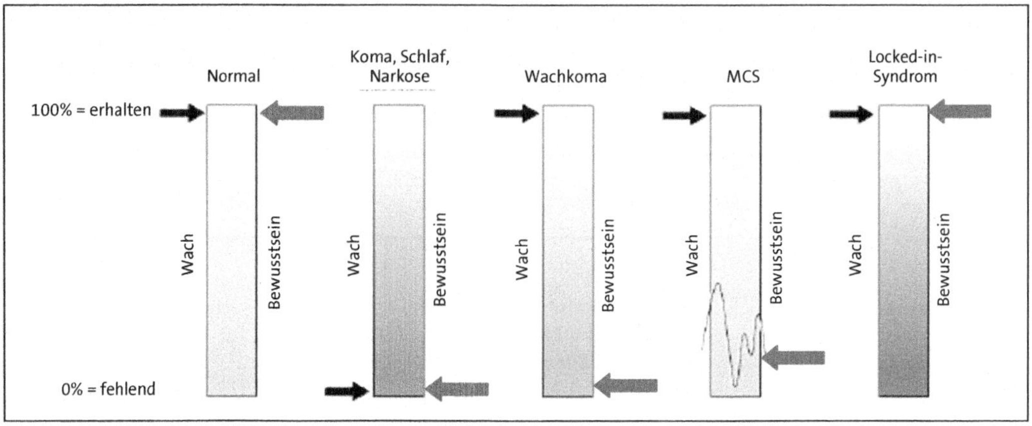


Abb. 11.3 Ausprägungen von »Wachheit« und »Bewusstsein« bei unterschiedlichen Mustern der Gehirnschädigung (nach Bernat 2006)

während der Narkose ist in vollem Gang und förderte zum Teil auch widersprüchliche Ergebnisse zu Tage. Die unterschiedlichen Narkotika beeinflussen auf verschiedene Weise die Erregungs- und Stoffwechselvorgänge im Gehirn durch Beeinflussung mehrerer Botenstoffe (Neurotransmitter) und Rezeptoren.

## 11.7 ›Wachkoma‹ – Apallisches Syndrom – Syndrom der reaktionslosen Wachheit

Die in der Überschrift genannten Begriffe bezeichnen den gleichen Zustand eines Bewusstseinsverlusts bei erhaltener Wachheit. Zahlen zur Inzidenz und Prävalenz dieses sogenannten ›Wachkomas‹ differieren nicht unerheblich aufgrund der schwierigen Erhebungsumstände. Die jährliche Inzidenz pro 100.000 Personen rangiert zwischen 0,5 und 2,5 Fällen und die Prävalenz (pro 100.000 Personen) zwischen vier und 17 Fällen (Erbguth/Dietrich 2013). Etwa 70 % der Betroffenen werden laut einer Angabe des Bundesministeriums für Gesundheit von Angehörigen gepflegt.

Der deutsche Begriff ›Wachkoma‹ ist unglücklich gewählt, da zwei sich scheinbar widersprechende Zustandsbeschreibungen – nämlich ›wach‹ und ›komatös‹ – in einem Terminus kombiniert sind. Gemeint ist die Kombination einer Bewusstlosigkeit (= Koma) auf der einen Seite mit dem Phänomen der geöffneten Augen als Signal für Wachheit auf der anderen Seite (s. Abb. 11.3). Gelegentlich wird auch die lateinische Form *Coma vigile* benutzt. Im deutschsprachigen Raum wurde lange der von Ernst Kretschmer 1940 geprägte Begriff ›Apallisches Syndrom‹ verwendet (Kretschmer 1940). Diese Bezeichnung greift den lateinischen Begriff des (zerstörten) ›Hirnmantels‹ (= *pallium*) auf. Später wurde vor allem im internationalen medizinischen Sprachgebrauch und in der wissenschaftlichen Literatur der von Jennett und Plum 1972 geprägte Begriff des vegetativen Zustands (*vegetative state* – VS) verwendet (Jennett/Plum 1972). Mit dieser Bezeichnung sollen die erhaltenen vegetativen Funktionen des Hirnstamms (z. B. Schlaf-Wach-Rhythmus, reflektorische Schmerzreaktion, Schlucken, Atmen) bei gleichzeitigem Fehlen jedes Anzeichens von Bewusstsein verdeutlicht werden. Je nach Verlauf wurden ein ›persistierender‹ und ein ›permanenter‹ VS unterschieden: Beim *persistent VS* dauert der Zustand mindestens einen Monat an, und eine Reversibilität ist nicht ausgeschlossen, während vom permanent VS je nach Definition erst nach drei bzw. sechs Monaten bei nicht-traumatischer Hirnschädigung oder nach zwölf Monaten bei traumatischer Hirnschädigung gesprochen wurde. Eine Reversibilität ist nach Ablauf dieser Zeiträume kaum zu erwarten (Faymonville/Pantke/Berré u. a. 2004).

Im deutschen Sprachgebrauch wurde die übersetzte Bezeichnung ›vegetativer Status‹ stets zurückhaltend verwendet, weil anders als im Englischen die semantische Konnotation des ›Vegetierens‹ eine stärkere negative Bewertung enthält (vgl. Nacimiento 1997).

1994 fasste die Arbeitsgruppe der *Multi-Society Task Force on persistent vegetative state* die Erkenntnisse über diesen Zustand zusammen und entwickelte standardisierte Richtlinien zu dessen Diagnose (vgl. The Multi-Society Task Force on PVS 1994).

Der Zustand eines VS ist demnach gekennzeichnet durch

- vollständigen Verlust des Bewusstseins von sich selbst und der Umwelt sowie der Fähigkeit zur Kommunikation
- Verlust der Fähigkeit zu willkürlichen oder sinnvollen Verhaltensänderungen infolge externer Stimulation
- Verlust von Sprachverständnis und -produktion
- Harnblasen- bzw. Darminkontinenz
- gestörten Schlaf-/Wachrhythmus
- weitgehend erhaltene Reflexe des Hirnstamms, des Rückenmarks (spinale Reflexe) und des vegetativen Nervesystems (autonome Reflexe)

Um einen akkuraten und ausführlichen Untersuchungsgang sicherzustellen, wurden unterschiedliche Untersuchungsprotokolle und Skalen entwickelt. Die am häufigsten verwendeten Skalen sind die o. g. FOUR-Skala, die SMART-Skala (*Sensory Modality Assessment and Rehabilitation Technique*) sowie als bestes Instrument die JFK CRS-R-Skala (*Coma Recovery Scale revised*) (Erbguth/Dietrich 2013; Erbguth 2014).

Die Wahrscheinlichkeiten einer Wiedererlangung des Bewusstseins nach einem Jahr nach Schädel-Hirntrauma bei 603 Erwachsenen betrugen nach einem Monat mit Bewusstlosigkeit 42 %, nach drei Monaten 27 % und nach sechs Monaten 12 %. Jüngeres Alter erwies sich als günstiger Prognoseprädiktor: die Chance auf ein unbehindertes Leben nach initialem Wachkoma betrug bei Betroffenen unter 20 Jahren 21 %, zwischen 20 und 40 Jahren 9 % und bei Patienten über 40 Jahren 0 % (The Multi-Society Task Force on PVS, 1994). Bei einer traumatischen Ursache eines frühen Wachkomas ist die Wahrscheinlichkeit auf eine Wiedererlangung des Bewusstseins etwa fünfmal höher als nach einer Sauerstoffmangelschädigung (Hypoxie) (insgesamt ca. 50 % vs. 10 %). Bei vermeintlich spektakulären Fällen des »Späterwachens« nach Jahrzehnten (z. B. »Fall Bad Aibling« 2019 nach 27 Jahren) sind meistens zuvor subtile Anzeichen von Reagibilität oder bewusstseinstrübende nonkonvulsive Anfälle übersehen worden.

Stoffwechsel- und EEG-Untersuchungen des Gehirns beim VS zeigen schwere Beeinträchtigungen der Hirnaktivität. Mit den Methoden der funktionellen Bildgebung. z. B. der funktionellen Kernspintomographie (fMRT), oder der Fluordesoxyglucose-Positronen-Emissionstomographie (FDG-PET) konnten Prozessierungen von äußeren Reizen im Gehirn der Betroffenen nachgewiesen werden, obwohl mit der klinisch-neurologischen Untersuchung keine Anzeichen von bewusster Reaktion auf äußere Reize zu beobachten waren (Laureys 2005). In der wegweisenden Publikation zum ›entdeckten Bewusstsein‹ im Wachkoma (Owen/Coleman/Boly 2006) wurde eine 23-jährigen Frau im vermeintlichen Wachkoma fünf Monate nach einem Schädel-Hirntrauma instruiert, sich die motorische Aktivität eines Tennismatchs vorzustellen bzw. die Zimmer ihres Hauses gedanklich zu durchschreiten. Dabei waren die im fMRI aufgezeichneten Aktivierungsmuster nicht von denen einer gesunden Kontrollperson zu unterscheiden, was die Autoren als ausreichenden Beleg für Bewusstsein werteten. Kritisch anzumerken ist, dass sich die Patientin nach den Kriterien der *Task Force* nicht (!) in einem ›permanenten‹ Wachkoma befand und damit diese Befunde weniger sensationell waren, als die Titelformulierung der Publikation nahelegte. Es ist weiter strittig, ob solche, mit technischen Mitteln sichtbar gemachten Gehirnaktivierungen als Anzeichen von ›Bewusstsein‹ zu interpretieren sind (Erbguth 2013). Letztlich offenbaren diese Befunde auch eine konzeptionelle Problematik: die klinische Überprüfung von Bewusstsein beruht auf einer von außen feststellbaren gezielten Reaktion auf äußere Stimuli. Da jedoch bei schweren Hirnschäden sowohl der sensorische Input als auch die motorische Reaktionsfähigkeit unterbunden sein können, führt deren bettseitige Nicht-Feststellbarkeit möglicherweise unberechtigt zum Fehlschluss auf nicht vorhandenes Bewusstsein.

Aufgrund der beschriebenen konzeptionellen Kritik in Verbindung mit den Befunden der funktionellen Bildgebung hat die *European Task Force on Disorders of Consciousness* 2010 vorgeschlagen (Laureys/Celesia/Cohadon u. a. 2010), die bisherigen Begriffe wie PVS oder Wachkoma aufzugeben und stattdessen den Terminus *Unresponsive Wakefulness Syndrome* (UWS) (deutsch: ›Syndrom der areaktiven Wachheit‹) zu verwenden. Dieser zunehmend verwendete Begriff beschränkt sich auf die Deskription des klinischen Befundes, verzichtet auf die hypothetischen Implikationen der anderen Begriffe und überwindet dadurch deren Schwächen. Es wird weder neuroanatomisch (apallisch), noch prognostisch (persistierend/permanent) oder hinsichtlich nicht vorhandenen Bewusstseins (vegetativ) spekuliert.

Zur Frage der medizinethischen Einordnung des UWS sehen die Grundsätze der Bundesärztekammer von 2011 bei »Patienten mit schwersten zerebralen Schädigungen und kognitiven Funktionsstörungen [...] ein Recht auf Behandlung, Pflege und Zuwendung. Art und Ausmaß ihrer Behandlung sind gemäß der medizinischen Indikation vom Arzt zu verantworten; eine anhaltende Bewusstseinsbeeinträchtigung allein rechtfertigt nicht den Verzicht auf lebenserhaltende Maßnahmen.« (Bundesärztekammer 2011, 347). Ein Abbruch lebenserhaltender Maßnahmen sei dann möglich, wenn er dem mutmaßlichen oder verfügten Willen des Betroffenen entspricht (ebd.). Es ist fraglich, ob vorhandene Wahrnehmungs- oder Bewusstseinsreste bei ansonsten schwerster Hirnschädigung andere therapeutische Entscheidungen nach sich ziehen sollten, als bei unterstelltem Fehlen jeglichen Bewusstseins. Die bewusste Wahrnehmung des eigenen Zustandes – z. B. im Minimalbewusstsein (MCS) – wäre ethisch betrachtet z. B. in Bezug auf Patientenverfügungen sogar eher ein Argument für die Umsetzung von vorausverfügten Therapiebegrenzungen. In Zukunft könnten Kommunikationsverfahren mittels Abgriff von Hirnaktivierungen einen Zugang zum klinisch nicht feststellbaren Bewusstsein herzustellen, um dem Betroffenen autonome Entscheidungen zu ermöglichen. Zur Frage der Wahrnehmung von Hunger und/oder Durst bei Patienten im Wachkoma bei Beendigung der Sondenernährung liegen keine empirischen Untersuchungen vor. Beobachtungen aus der Palliativmedizin legen jedoch nahe, dass Patienten in schweren Krankheitsphasen keine unangenehmen Hunger- und Durstgefühle haben, was der Analogie nach auch für Patienten mit schwer eingeschränktem oder verloren gegangenem Bewusstsein zu vermuten wäre.

## 11.8 Zustand minimalen Bewusstseins (*Minimally Conscious State*)

In klinischer Abgrenzung zum Wachkoma/Syndrom der areaktiven Wachheit wurde erstmals 1995 als neue Bewusstseinskategorie der Zustand des *Minimally Conscious State* (MCS) beschrieben (Giacino/Ashwal/Childs u. a. 2002). Hier bestehen zwar ebenfalls schwere Schädigungen des Großhirns, jedoch ist eine eindeutig nachweisbare, wenngleich auch sehr gering ausgeprägte, gezielte Reagibilität auf äußere Reize vorhanden. Im klinischen Alltag kann die Unterscheidung zum UWS schwierig sein und erfordert wiederholte Untersuchungen über einen mehrwöchigen Zeitraum. Ein MCS entwickelt sich meist aus einem (*ex post* betrachtet: ›vorübergehenden‹) Wachkoma.

## 11.9 Locked-in-Syndrom

Der Begriff ›Locked-in-Syndrom‹ bezeichnet die Situation eines quasi im Schädel ›eingesperrten‹ weitgehend, funktionsfähigen und damit bewusst denkenden Großhirns, das durch eine Schädigung im Gehirnstamm, z. B. durch einen Schlaganfall, der elementaren Wahrnehmungs- und Steuerungsfähigkeit für den übrigen Körper augenabwärts beraubt ist. Die Betroffenen sind meist nur mittels Augenbewegungen in der Lage, eine Kommunikation aufrechtzuerhalten (Smith/Delargi 2005; Patterson/Grabois 1986). Es gibt mittlerweile technische Hilfsmittel, die z. B. mittels ei-

| Zustand | Wachheit | Bewusstsein | Motorik | Atmung | EEG | FDG-PET im Kortex | Prognose |
|---|---|---|---|---|---|---|---|
| ***Koma*** | fehlt | fehlt | nicht bzw. nicht gezielt | vermindert | verlangsamt | 50 % vermindert | offen je nach Ursache und Ausmaß |
| ***›Wachkoma‹, reaktionslose Wachheit (UWS)*** | vorhanden | fehlt | nicht bzw. nicht gezielt | erhalten | verlangsamt | Keine Aktivität | nach 1–12 Monaten Latenz (je nach Ursache und Befund) kein Erwachen |
| ***Minimalbewusstsein (MCS)*** | vorhanden | gering | fehlend bis gering | erhalten | verlangsamt | geringe Aktivität | variabel |
| ***Locked-in-Syndrom*** | vorhanden | vorhanden | nicht – außer evtl. Augenbewegungen | eingeschränkt bis vorhanden | weitgehend normal | weitgehend normal | variabel |
| ***Hirntod (irreversibler Hirnfunktionsausfall)*** | fehlt | fehlt | nur spinale Reflexe | ausgefallen | keine Aktivität (›Null-Linie‹) | keine Aktivität | irreversibel |

Tab. 11.2 Beeinträchtigungen und Prognose bei unterschiedlichen Mustern der Gehirnschädigung

nes PC durch Augenzwinkern oder mittels EEG-gesteuerter *brain-computer-interfaces* dem Locked-in-Patienten eine bewusste Kommunikation ermöglichen. Dieses Syndrom als ein schwerer Behinderungszustand, der also angesichts des erhaltenen, aber ›eingesperrten‹ Bewusstseins qualitativ ganz anders ist als das oben beschriebene ›Koma‹ oder ›Wachkoma‹, hat bereits 1844 in der Beschreibung des Monsieur Noirtier de Villefort im Roman *Der Graf von Monte Christo* von Alexandre Dumas literarischen Niederschlag gefunden. Schon lange vor der Benennung des Syndroms durch Plum und Posner im Jahr 1966 (Plum/Posner 1966) hatte Dumas dessen Charakteristika beschrieben. Eindrucksvoll für das Verstehen der Innensicht der Patienten auf die Erkrankung sind publizierte Erlebnisberichte von Betroffenen (z. B. Chisholm/Gillett 2005). Beispielsweise beschrieb der 43-jährige Jean-Dominique Bauby auf berührende Weise sein ›Eingesperrtsein‹ in dem viel beachteten Buch *Schmetterling und Taucherglocke* (Bauby 1998), das der Regisseur Julian Schnabel 2007 zu einem eindrucksvollen Kinofilm verarbeitet hat.

## Literatur

Ad Hoc Committee of the Harvard Medical School to Examine the Definition of Brain Death: A Definition of Irreversible Coma. In: *Journal of the American Medical Association* 205 (1968), 85–88.

Alkire, M. T./Hudetz, A. G./Tononi, G.: Consciousness and Anesthesia. In: *Science* 232 (2008), 876–880.

Bauby, J. D.: *Schmetterling und Taucherglocke*. München 1998.

Bernat, J. L.: Chronic Disorders of Consciousness. In: The *Lancet* 367 (2006), 1181–1192.

Brown, E. N./Lydic, R./Schiff, N. D.: General anesthesia, sleep, and coma. In: *New England Journal of Medicine* 363 (2010), 2638–2650.

Bundesärztekammer: Grundsätze der Bundesärztekammer zur ärztlichen Sterbebegleitung. In: *Deutsches Ärzteblatt* 108 (2011), 346–348.

Bundesärztekammer: Richtlinie gemäß § 16 Abs. 1 S. 1 Nr. 1 TPG für die Regeln zur Feststellung des Todes nach § 3 Abs. 1 S. 1 Nr. 2 TPG und die Verfahrensregeln zur Feststellung des endgültigen, nicht behebbaren Ausfalls der Gesamtfunktion des Großhirns, des Kleinhirns und des Hirnstamms nach § 3 Abs. 2 Nr. 2 TPG, Vierte Fortschreibung. In: *Deutsches Ärzteblatt* (2015). https://www.aerzteblatt.de/down.asp?id= 14606 (28.02.2020).

Chisholm, N./Gillett, G.: The patient's journey: living with locked-in syndrome. In: *BMJ* 331/7501 (2005); 94–97.

Degen, R.: Verfügen kann Trügen. In: *Gehirn und Geist* 6 (2005), 69–70 und darauf bezogener Leserbrief von F. Erbguth. In: *Gehirn und Geist* 11 (2005), 6.

Edlow, J. A./Rabinstein A./Traub S. J./Wijdicks E. F. M.: Diagnosis of reversible causes of coma. In: The *Lancet* 384 (2014), 2064.

Erbguth, F.: Hirntod – irreversibler Funktionsausfall. In: Ders./R. Jox (Hg.): *Angewandte Ethik in der Neuromedizin*. Heidelberg 2016, 165–178.

Erbguth, F./Dietrich, W.: Gibt es bewusste Wahrnehmung beim apallischen Syndrom? In: *Aktuelle Neurologie* 40/8 (2013), 424–432.

Erbguth, F.: Narkose – Koma – Wachkoma. Erkenntnisse zum ›abgeschalteten‹ Bewusstsein. In: H. Fink/R. Rosenzweig (Hg.): *Bewusstsein – Selbst – Ich. Die Hirnforschung und das Subjektive*. Münster 2014, 59–79.

Faymonville, M.-E./Pantke, K.-H./Berré, J./Sadzot, B./Ferring, M./Tiège, X. de/Mavroudakis, N./Bogaert, P. van/Lambermont, B./Damas, P./Franck, G./Lamy, M./Luxen, A./Moonen, G./Goldman, S./Maquet, P./Laureys, S.: Zerebrale Funktionen bei hirngeschädigten Patienten. In: *Der Anaesthesist* 53 (2004), 1195–1202.

Giacino, J. T./Ashwal, S./Childs, N./Cranford R./Jennett, B./Katz, D. I./Kelly, J. P./Rosenberg, J. H./Whyte, J./Zafonte, R. D./Zasler, N. D.: The Minimally Conscious State. Definition and Diagnostic Criteria. In: *Neurology* 58 (2002), 349–353.

James, W.: *The Principles of Psychology*. New York 1890.

Jennett, B./Plum, F.: Persistent Vegetative State after Brain Damage. A Syndrome in Search of a Name. In: The *Lancet* 299/7753 (1972), 734–737.

Kowalski, R. G./Buitrago, M. M./Duckworth, J./Chonka, Z. D./Puttgen, H. A./Stevens, R./Geocadin, R. G.: Neuroanatomical predictors of awakening in acutely comatose patients. In: *Annals of Neurology 77/5* (2015), 804–816.

Kretschmer, E.: Das Apallische Syndrom. In: *Zeitschrift für die gesamte Neurologie und Psychiatrie* 169 (1940), 576–579.

Laureys, S. Death, Unconsciousness and the brain. In: *Nature Reviews Neuroscience* 6 (2005), 899–909.

Laureys, S./Celesia, G. G./Cohadon, F./Lavrijsen J./Léon-Carrión, J./Sannita, W. G./Sazbon, L./Schutzhard, E./Wild, K. R. von/Zeman, A./Dolce, G. or the European Task Force on Disorders of Consciousness: Unresponsive wakefulness syndrome: a new name for the vegetative state or apallic syndrome. In: *BMC Medicine* 8 (2010), 68. http://www.biomedcentral.com/1741-7015/8/68 (28.02.2020)

Mollaret, P./Goulon, M.: Le coma dépassé (Memoire preliminaire). In: *Revue neurologique* 101 (1959), 3–15.

Nacimiento, W.: Das apallische Syndrom. In: *Deutsches Ärzteblatt* 94 (1997), A661–666.

Owen, A. M./Coleman, M. R./Boly, M./Davis, M. H/Laureys, S./Pickard, J. D.: Detecting awareness in the vegetative state. In: *Science* 313/5792 (2006), 1402.

Parvizi, J./Damasio, A. R.: Neuroanatomical correlates of brainstem coma. In: *Brain* 126/7 (2003), 1524–1536.

Patterson, J. R./Grabois, M.: Locked-in syndrome: a review of 139 cases. In: *Stroke* 17/4 (1986), 758–764.

Plum, F./Posner J. B.: *The Diagnosis of Stupor and Coma*. Philadelphia 1966.

Rundshagen, I.: Intraoperative Wachheit. In: AINS-*Anästhiologie Intensivmedzin Notfallmedizin* 50 (2009), 296–308.

Smith, E./Delargy, M.: Locked-in syndrome. In: *British Medical Journal* 330 (2005), 406–409.

The Multi-Society Task Force on PVS: Medical Aspects of the Persistent Vegetative State. Teil 1 und 2. In: *New England Journal of Medicine* 330 (1994), 1499–1508 (Teil 1), 1572–1579 (Teil 2).
Wertheimer, P./Jouvet, M./Descotes, J.: A propos du diagnostic de la mort du système nerveux dans les comas avec arret respiratoire traites par respiration artificielle. In: *La Presse Médicale* 67/3 (1959), 87–88.
Zeman, A.: Consciousness. In: *Brain* 124 (2001), 1263–1289.

*Frank Erbguth*

# 12 Hirntod – medizinisch

## 12.1 Einleitung

Die Hirntod-Problematik beherrschte über mehrere Jahrzehnte die gesellschaftspolitische Debatte um die Frage nach dem Tod des Menschen, insbesondere vor dem Hintergrund des Transplantationsgesetzes von 1997. In der zum Teil sehr emotional geführten Diskussion wurden weltanschauliche Aspekte mit biologisch-medizinischen Fakten vermischt. Dies führte in der Folgezeit zu Missverständnissen der medizinischen Diagnose ›Hirntod‹, die bis heute noch nicht vollständig ausgeräumt sind. Allerdings stellen die medizinischen Grundlagen die unverzichtbare Voraussetzung für das Verständnis der Hirntod-Problematik in der Auseinandersetzung um den Hirntod als sicheres Todeszeichen des Menschen dar. Die Sicherheit der Feststellung des Todes versteht sich als unverrückbare Bedingung einer erst danach möglichen Entnahme übertragbarer Organe von selbst. Vor der Entnahme lebenswichtiger Organe zu Transplantationszwecken wird der Tod des Spenders nachgewiesen durch die Feststellung des Hirntods, eines von außen für den Laien unanschaulichen und ungewöhnlichen, aber gleichwohl sicheren Todeszeichens (vgl. Oduncu 1998; Oduncu/Schroth/Vossenkuhl 2003).

Schien die Debatte um den Hirntod als Tod des Menschen im deutschsprachigen Raum in den 2000er Jahren zunächst abgeschlossen, so erfuhr sie durch das White Paper des US-President's Concil on Bioethics aus dem Jahr 2008 eine Wiederbelebung (Müller 2010; Schockenhoff 2012; Erk 2014; Jox, 2014). Beruhend auf einer naturphilosophischen Definition des Verständnisses von Leben als Wechselwirkung eines Organismus mit der Umgebung wurde hier versucht, den Hirntod als Tod des Menschen gegen Einwände zu verteidigen, die sich aus den Phänomenen des Lebendigen ergeben, die bei Hirntoten unter intensivmedizinischer Aufrechterhaltung von Atemfunktion und Kreislauf zu beobachten sind (President's Council on Bioethics 2008, vgl. Sahm 2012). Auch in der Stellungnahme des Deutschen Ethikrates aus dem Jahr 2015 findet sich eine Minderheitsposition, die den Hirntod nicht als Tod des ganzen Menschen ansieht und die Organentnahme bei irreversiblem Funktionsausfall des gesamten Gehirns anders, nämlich mittels Einwilligung des Betroffenen, also die Bereitschaft zur Organspende, rechtfertigen will (Deutscher Ethikrat 2015, 84–103). Vor diesem Hintergrund soll der vorliegende Beitrag zur Definition, Entstehung, Feststellung und Bedeutung des Hirntods mehr Klarheit und Sachlichkeit in die Hirntod-Debatte bringen und bestehende inhaltliche Missverständnisse und psychologische Ängste reduzieren helfen.

## 12.2 Definition des Hirntods

Der Begriff ›Hirntod‹ bezeichnet in verkürzter Form die medizinische Diagnose eines irreversiblen Ausfalls der Gesamtfunktion des Großhirns, des Kleinhirns und des Hirnstammes. Dabei spricht die Richtlinie der Bundesärztekammer zur Feststellung des Todes nach dem deutschen Transplantationsgesetz nicht mehr vom ›Hirntod‹, sondern von einem irreversiblen Hirnfunktionsausfall, der unter den Bedingungen intensivmedizinischer Behandlung und der künstlichen Aufrechterhaltung der Herz- und Kreislauffunktion festgestellt wird: »Mit der Feststellung des endgültigen, nicht behebbaren Ausfalls der Gesamtfunktion des Großhirns, des Kleinhirns und des Hirnstamms (irreversibler Hirnfunktionsausfall) ist naturwissenschaftlich medizinisch der Tod des Menschen festgestellt« (Bundesärztekammer 2015, 2).

Dabei erscheint der Hirntote äußerlich nicht wie jeder andere tote Mensch. Während ein Hirntoter aufgrund des künstlich aufrechterhaltenen Kreislaufs rosig aussieht und sich warm anfühlt und sich somit äußerlich von einem lebendigen schlafenden Menschen nicht unterscheidet, kann der ›normale‹ tote Mensch durch die klassischen sicheren Todeszeichen (Totenstarre, Totenflecken, Fäulnis) ohne weiteres fachliches Wissen und Hilfsinstrumente von jedem Außenstehenden sofort als tot ›wahrgenommen‹ werden (s. Kap. 15: »Todesfeststellung«). Wahrscheinlich ist diese ›Unanschaulichkeit‹ des Hirntods der entscheidende Grund für die Einwände der Hirntod-Kritiker gegenüber der Bedeutung des Hirntods als sicheren Todeszeichens (vgl. Oduncu 1997; 1998, 152 f.; 2001, 211 f.). Dabei werden die dem hirntoten Körper unter den Bedingungen der intensivmedizinischen Behandlung noch möglichen biologischen Funktionen (z. B. Stoffwechsel, Immunabwehr, Wundheilung, in Einzelfällen Austragung eines Kindes in der Gebärmutter) als Zeichen von Lebendigkeit gedeutet. Der Organismus sei auch ohne Hirnfunktion zu integrativen Leistungen fähig (Shewmon 2001). Dem ist entgegenzuhalten, dass bei künstlicher Aufrechterhaltung der Atmung und der Herz- Kreislauffunktion sowie irreversiblem Ausfall der Gehirnfunktion keine zentrale Integration dieser noch möglichen Einzelleistungen

J. B. Metzler © Springer-Verlag GmbH Deutschland, ein Teil von Springer Nature, 2020
H. Wittwer/D. Schäfer/A. Frewer (Hg.), *Sterben und Tod. Ein interdisziplinäres Handbuch 2. Auflage*,
https://doi.org/10.1007/978-3-476-05761-7_12

von Organsystemen mehr erfolgt. Insofern sind sie Ergebnis externer, intensivmedizinischer Unterstützung und nicht Eigenleistung des Organismus (Deutscher Ethikrat 2015, 78). Ohne intensivmedizinische Behandlung und Unterstützung der Atemfunktion tritt unweigerlich der Atemstillstand und der Herzkreislaufstillstand ein. Mit dem irreversiblen Ausfall der Hirnfunktionen ist die leiblich-seelische Einheit, die den Menschen ausmacht, unwiderruflich zerbrochen. Geistige Funktionen (Wahrnehmung und Bewusstsein) sind endgültig erloschen. Dementsprechend muss der irreversible Ausfall der gesamten Hirnfunktion klar unterschiedenen werden von Zuständen mit minimal erhaltenen Bewusstsein und dem sogenannten Wachkoma, bei dem zwar die Kommunikationsfähigkeit wesentlich eingeschränkt, jedoch fragmentierte Formen des Bewusstseins möglich sein können. Abzugrenzen ist der Hirntod auch vom sogenannten Locked-in-Syndrom bei einer schweren Schädigung des Hirnstamms, das bei erhaltenem Bewusstsein zur einer kompletten Lähmung des Körpers und auch der Sprechmuskulatur führt. Das in England geltende Todeskriterium des Stammhirntodes (vgl. Müller 2010, 6–7) ist ebenso abzulehnen wie Konzepte, die ausschließlich den Untergang der Großhirnrinde als des wesentlichen Trägers des Bewusstseins als Todeskriterium annehmen wollen.

## 12.3 Ursachen und Entstehung des Hirntods

Zu diesem irreversiblen Ausfall der Gesamtfunktion des Gehirns (Hirntod) kommt es trotz intensivmedizinischer Maßnahmen vor allem dann, wenn die Drucksteigerung im Gehirnschädel die Gehirndurchblutung zum Erliegen bringt. Als Ursache unterscheidet man Schädigungen des Gehirns selbst, z. B. durch Schädelverletzungen, Blutungen, Gefäßverschlüsse (Schlaganfall) oder Tumore und Metastasen von Schädigungen, die durch Sauerstoffmangel bei Herz- und Kreislaufstörungen bedingt sind (sog. hypoxischer Hirnschaden). Diese Schädigungen von Gehirngewebe führen zu einem Druckanstieg im Gehirnschädel. Dadurch nehmen die Gehirnschwellung und der Gehirndruck weiter zu, bis der gehirneigene Blutkreislauf vollständig und unumkehrbar zum Stillstand kommt und das nicht mehr durchblutete Gehirn abstirbt (Angstwurm 2003, 29).

## 12.4 Feststellung des Hirntods

Die Feststellung des Hirntods erfolgt hierzulande gemäß den verbindlichen Richtlinien der Bundesärztekammer nach einem dreistufigen Diagnoseschema und muss vorgegebene Formvorschriften einhalten, die auch später jederzeit überprüft werden können. Auf der ersten Stufe wird die *Erfüllung der Voraussetzungen* für den Hirntod geprüft: zum einen der zweifelsfreie Nachweis eines Gehirnschadens und zum anderen der Ausschluss eines reversiblen Ausfalls der Gehirnfunktionen, z. B. durch Vergiftungen, sedierende Medikamente, Stoffwechselstörungen oder Unterkühlungen. Bei erfüllten Voraussetzungen wird auf der zweiten Stufe der vollständige Ausfall des Gehirns durch die *Feststellung der klinischen Symptome* Bewusstlosigkeit (Koma), vollständiger Ausfall der Hirnstammreflexe und Atemstillstand (Apnoe) dokumentiert. Die Bewusstlosigkeit wird durch das Fehlen jeglicher Reaktion auf angemessene Schmerzreize untersucht. Die Prüfung der Hirnstammreflexe umfasst die Prüfung des Pupillenreflexes, des Hornhautreflexes, der Bewegungen der Augen durch Drehen des Kopfes, der Reaktion auf eine Reizung des Gesichtsnerven sowie den Schlund- und Luftröhrenreflex. Der Ausfall der Spontanatmung wird durch eine vertretbare kurzfristige Unterbrechung der künstlichen Beatmung geprüft. Zuletzt wird auf der dritten Stufe der *Nachweis der Irreversibilität der klinischen Ausfallsymptome* erbracht, entweder durch eine erneute klinische Untersuchung nach 12 bis 72 Stunden oder durch ergänzende apparative Untersuchungen (Null-Linien-EEG, Erlöschen Evozierter Potenziale oder Nachweis eines zerebralen Zirkulationsstillstandes mittels Dopplersonographie, Perfusionsszintigraphie oder computertomographischer Gefäßdarstellung mit Kontrastmittel) (vgl. Bundesärztekammer 2015). Apparative Zusatzuntersuchungen sind zwingend erforderlich, wenn die oben beschriebene klinische Untersuchung nicht vollständig durchgeführt werden kann oder es sich primär um Schädigungen des Hirnstammes oder des Kleinhirns handelt.

## 12.5 Sicherheit der Hirntod-Feststellung

Die Sicherheit der Hirntod-Feststellung unterliegt höchsten medizinischen Anforderungen und strengsten Vorgaben zur Dokumentation und Aufbewahrung. Die Erfüllung der Voraussetzungen und alle geforderten klinischen Symptome müssen übereinstimmend und unabhängig von zwei besonders qualifizierten Ärzten festgestellt und dokumentiert werden. Davon muss mindestens einer Facharzt für Neurologie bzw. Neurochirurgie sein. Mit der Feststellung des Hirntods wird nicht der Zeitpunkt des eintretenden, sondern der Zustand des bereits eingetretenen (Hirn-) Todes festgestellt. Das heißt: Als Todeszeit wird die Uhrzeit registriert, zu der die Diagnose des Hirntods abgeschlossen und dokumentiert wird. Die Hirntod-Dokumentation erfolgt nach einem standardisierten Protokoll, welches für mögliche spätere Analysen aufbewahrt werden muss.

Die Todesfeststellung durch den Nachweis des Hirntods ist kategorisch unabhängig von einer danach medizinisch möglichen und vom Spender zu Lebzeiten festgelegten Organentnahme. Darüber hinaus dürfen die untersuchenden Ärzte, die den Hirntod diagnostizieren, keinem Transplantationsteam angehören. Ferner dürfen die Ärzte, die dem Spender die Organe entnehmen, nicht dieselben Ärzte sein, die dem Empfänger die Organe verpflanzen. Für Zweifel an der Sicherheit der Hirntod-Feststellung besteht kein sachlicher Grund. Durch die genannten Sicherheitsvorkehrungen wird in der Praxis eine maximale diagnostische Sicherheit gewährleistet: »Es ist kein Fall bekannt, bei dem trotz korrekter Anwendung der Richtlinie die Feststellung des IHA [irreversibler Hirnfunktionsausfall] unzutreffend gewesen wäre.« (Brandt/Angstwurm 2018, 676, vgl. auch Schlake/Roosen 1995, 56). Trotz anderslautender Medienberichte gibt es weltweit bisher keinen Fall, in dem ein korrekt festgestellter Hirntod überlebt worden wäre und der Betroffene das Bewusstsein wiedererlangt hätte. Bei den in den Medien berichteten Fällen handelte es sich nicht um einen irreversiblen Hirnfunktionsausfall oder dieser wurde nicht – wie oben beschrieben – korrekt diagnostiziert. Die korrekte Durchführung der Hirntoddiagnostik wird durch die Richtlinie der Bundesärztekammer aus dem Jahr 2015, die eine besondere Qualifikation und Maßnahmen zur Qualitätssicherung für die diagnostizierenden Ärzte fordert, noch einmal erhöht. Eine Untersuchung der Überwachungskommission der Bundesärztekammer zeigte, dass von 43 zwischen 2010 bis 2014 abschließend untersuchten Prozeduren zur Feststellung des Hirntodes lediglich eine Hirntoddiagnostik nicht richtlinienkonform erfolgt ist, alle überprüften Patienten seien jedoch tatsächlich als ›hirntot‹ anzusehen (Überwachungskommission 2015, Erbguth 2017, 174–175). Welche Auswirkungen die Experimente an isolierten Schweinegehirnen von Sestan an der Yale University auf die Hirntoddebatte haben werden, lässt sich zum Zeitpunkt der Drucklegung noch nicht absehen. Der Neurobiologe Sestan hat isolierte Schweinegehirne durch eine künstliche Nährlösung und Durchblutung für bis zu 36 Stunden am Leben erhalten, allerdings ohne die Zeichen koordinierter Hirnaktivität (Nulllinien-EEG) feststellen zu können (Regalado 2018).

## 12.6 Bedeutung des Hirntods als sicheres Todeszeichen des Menschen

Die Feststellung des Hirntods hat zwei Bedeutungen: Erstens besagt der Hirntod, dass das Organ Gehirn nicht mehr funktioniert, sondern tot ist. Dieser Organtod kann medizinisch hinreichend festgestellt werden. Zweitens bedeutet der Hirntod, dass seine Feststellung über den Organtod hinaus auch den Tod bzw. ein sicheres Todeszeichen des Menschen darstellt. Bei der klassischen *äußeren Leichenschau* wird der Tod anhand der sogenannten sicheren *äußeren Todeszeichen* – Totenstarre, Totenflecke, Fäulnis – bescheinigt. Diese äußeren Todeszeichen gelten als empirisch absolut sichere und allgemein anerkannte Todeszeichen. Bei der Hirntod-Feststellung dagegen handelt es sich um ein Verfahren analog zu einer *inneren Leichenschau*, das die Funktionalität eines Organs durch entsprechende Funktionstests und ggf. bildgebende Verfahren überprüft, somit um den Nachweis eines *inneren sicheren Todeszeichens.*

Darauf basierend wird in den Richtlinien der Bundesärztekammer explizit der Hirntod mit dem Tod des Individuums gleichgesetzt (Bundesärztekammer 2015, 2). An dieser Stelle ist festzuhalten, dass der Hirntod die Feststellung eines bereits eingetretenen Sachverhalts und keine prognostische Beurteilung ist. Die äußeren Todeszeichen müssen demnach nicht erst abgewartet werden, weil der Hirntod als inneres Todeszeichen jenen längst vorausgegangen ist bzw. jene diesen immer schon mit beinhalten: »Liegt ein anderes [äußeres] sicheres Todeszeichen vor, so ist damit auch der irreversible Hirnfunktionsausfall eingetreten und nachgewiesen.« (ebd., 2).

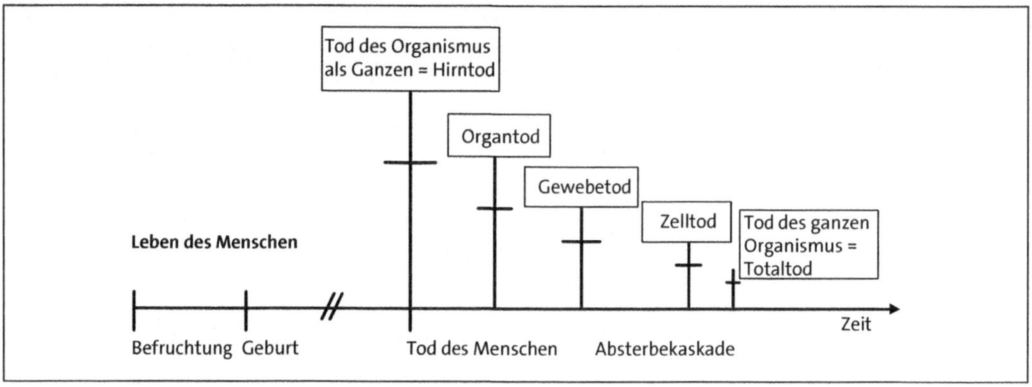


Abb. 12.1 Verschiedene Stufen von Sterben und Tod (Quelle: Oduncu 2001, 230).

## 12.7 Verschiedene Stufen von Sterben und Tod

Die Absterbeprozesse verlaufen in einer zeitlichen Abfolge und werden durch bestimmte Zeichen des Übergangs vom Lebendigsein zum (Total-)Totsein in drei Stufen manifest: (1) Herz-Kreislauf- und Atemstillstand, (2) Totenstarre und Totenflecke, (3) Fäulnis. Diese Formen werden in der forensischen Medizin als *absolut sichere Todeszeichen* (Fäulnis, Autolyse), *frühe sichere Todeszeichen* (Totenflecke, Totenstarre) und *unsichere Todeszeichen* (Herz-Kreislauf- und Atemstillstand) unterschieden.

Bei irreversiblem Funktionsausfall des Gehirns sind die zeitlich nacheinander folgenden Reaktionen des Organismus zwingend: Hirntod → Herz-Kreislauf-Stillstand → Totenstarre, Totenflecke → Fäulnis. Dabei sind vitale Restfunktionen beim Hirntod deutlich stärker ausgeprägt als nach Herz-Kreislauf- und Atemstillstand. In der forensischen Thanatologie spricht man bei diesen Restfunktionen von sogenannten ›supravitalen Reaktionen‹: »Hierzu gehören z. B. das Auslösen des sogenannten idiomuskulären Wulstes durch Beklopfen eines Muskels, Reizbarkeit/Bewegungseffekte von Muskeln nach elektrischer Stimulation der entsprechenden Nerven, Stoffwechsel von Bindegewebszellen noch nach Tagen, bis über 70 Stunden später lebensfähige Spermien [was makabrerweise ausgenutzt wurde, um noch mit den Keimzellen toter Männer Kinder zu zeugen], Drüsentätigkeit nach pharmakologischer Stimulation etc. « (Wagner 1998, 61).

Abbildung 12.1 skizziert die verschiedenen Stufen von Sterben und Tod auf der Zeitachse. Der Totaltod steht am Ende der Absterbekaskade und markiert den Zelltod, d. h. den Untergang der letzten Körpereinheiten. Allerdings muss dieser nicht abgewartet werden, um vom sicheren Totsein eines Menschen ausgehen zu können. »Demnach kann der Eintritt des Todes nur im Versagen des Organismus als Ganzen und nicht des ganzen Organismus bestehen. [...] Mit dem Tod des Organismus tritt sukzessive der Tod der Organe, der Tod der Gewebe und der Tod der letzten Zellen ein, wobei solche Absterbeprozesse dem Tod des Menschen auch vorausgehen und ihn verursachen können« (Oduncu 2005, 43). Am frühesten tritt der Tod des Organismus als Ganzen ein, der durch den Befund des Hirntods festgestellt wird.

Hirntod-Kritiker, die das Ganztodkonzept verfechten, können ironischerweise aber – wenn sie konsequent sind, d. h. wenn sie jede verbleibende chemische oder biologische Teilaktivität im Leichnam als Ausdruck einer ganzheitlichen Lebendigkeit interpretieren – selbst keinen Zeitpunkt für den Tod eines Menschen angeben. Wie schwach diese Ansicht ist, zeigen die Untersuchungsergebnisse der Deutschen Forschungsgemeinschaft über Enzymaktivitäten im Knochenstoffwechsel von Mumien. Die Rippenknochen einer luftgetrockneten, 2300 Jahre alten ptolemäischen Mumie wurden auf den Gehalt von funktionell aktiver alkalischer Phosphatase untersucht: »Im Vergleich zu frischer alkalischer Phosphatase wies das mumifizierte Enzym aus Rippen- oder Beckenknochen 65 % der biologischen Aktivität auf. [...] Während das Enzym in wässriger Lösung seine funktionelle Aktivität bereits bei 25 °C nach zwei Stunden verliert, bleibt das Enzym durch die Anlagerung auf der anorganischen Matrix im Knochen noch nach 2300 Jahren strukturell und funktionell voll intakt« (Weser 1994, 12 f.).

## 12.8 Geschichtlicher Hintergrund des Hirntods

Es waren die berühmten französischen Ärzte Mollaret und Goulon, die erstmals 1959 in die wissenschaftliche Literatur den Begriff »Le coma dépassé« einführten (Mollaret/Goulon 1959). Gelang es, die Atmung und den Kreislauf erst nach der ›Wiederbelebungszeit‹ des Gehirns wieder in Gang zu bringen, oder starb das Gehirn durch den Stillstand nur seines Kreislaufs vor dem Herz- und dem allgemeinen Kreislaufstillstand, resultierte der sogenannte *dissoziierte Hirntod*. Das *coma dépassé* (deutsch etwa: ›überschrittenes Koma‹) kann Mollaret und Goulon zufolge nur unter den Bedingungen der Intensivmedizin entstehen und festgestellt werden.

Im Jahre 1968 wurde die Feststellung des Hirntods als Todeszeichen des Menschen zuerst in zwei bedeutenden Veröffentlichungen beschrieben: in Texten der *Kommission für Reanimation und Organtransplantation der Deutschen Gesellschaft für Chirurgie* (1968) und in einem *ministeriellen Zirkular* in Frankreich (Ministère des Affaires Sociales 1968). Dagegen ist die viel bemühte Hirntod-Definition des sogenannten *Ad Hoc Committee of the Harvard Medical School* erst im späteren Verlauf des Jahres 1968 erschienen, so dass sie in den oben zitierten Publikationen nicht erwähnt werden konnte. »Deshalb muss hier der Vorwurf der Hirntod-Kritiker, die Hirntod-Definition sei von der Harvard-Kommission als Organbeschaffungsmaßnahme für die Transplantationsmedizin eingeführt worden, entschieden zurückgewiesen werden.« (Oduncu 2005, 47; Moskopp 2017). Insofern besteht auch unabhängig von den Interessen der Transplantationsmedizin ein Bedürfnis in der Intensivmedizin den irreversiblen Funktionsausfall des Gehirns festzustellen. Dieser bildet die äußerste Grenze, an der die medizinische Indikation zur Fortsetzung einer intensivmedizinischen Behandlung endet, es sei denn eine vom Verstorbenen gewünschte Organspende wird durch künstliche Aufrechterhaltung der Herz- und Kreislauffunktionen (sog. organprotektive Maßnahmen) vorbereitet (von Tonn in Klinkhammer/Kuhlmann 2015, 1230).

## 12.9 Der Hirntod als sicheres Todeszeichen

›Sterben‹ und ›Tod‹ bezeichnen das Zuendegehen bzw. das Ende eines Lebewesens in der Zeit. So kann der menschliche Individualtod nur als eine Art »Zustand-des-Nicht-mehr-Lebens« bestimmt werden (Oduncu 1998, 143–144). Hier kann nur die Medizin die Kriterien des Todes festlegen, die den sicheren und unumkehrbaren Zustand des erloschenen Lebens anzeigen. Diese Todeszeichen sind biologischer Natur und werden am Leichnam erkannt und dokumentiert. Der Tod ist eingetreten, wenn der Mensch als biologischer Organismus in seiner funktionellen Ganzheit, nicht erst durch den Zerfall aller seiner Einzelteile gestorben ist. Der Zusammenbruch dieser Ganzheit liegt dann vor, wenn die einzelnen Organe und Organsysteme nicht mehr zur übergeordneten Einheit des Lebewesens im Sinne einer funktionellen Ganzheit integriert werden. Genau das wird durch den Hirntod markiert.

Dadurch wird aber der Mensch nicht schon automatisch auf sein Gehirn reduziert. Der Vorwurf des »reduktionistischen Enzephalozentrismus« (Wagner 1998, 64) geht am Hirntod-Kriterium völlig vorbei: »Das Hirntodkonzept reduziert den Menschen ebenso wenig auf sein Gehirn, wie das Herztodkonzept den Menschen auf seinen Kreislauf oder überhaupt das Anerkennen empirischer Todeszeichen den Menschen auf das reduziert, was an ihm empirisch beschreibbar ist« (Wagner 1998, 64).

Dem Neurologen Heinz Angstwurm zufolge endet mit dem irreversiblen Funktionsausfall des Gehirns die den lebenden Menschen auszeichnende untrennbare (individuelle) physisch-metaphysische Einheit: »Nach dem völligen und unabänderlich endgültigen Ausfall seines Gehirns kann der Mensch nichts mehr denken, fühlen, empfinden und wahrnehmen, nichts mehr entscheiden, veranlassen und wollen. Ebenso wenig können [...] noch oder später wieder die übrigen Körperteile und ihre Tätigkeiten zur übergeordneten Einheit, zum Lebewesen Mensch, zusammengefasst (integriert) und auf sie hin oder von ihr her gesteuert werden. Mit dem Hirntod erlischt auch das körperlich erklärbare angeborene oder erlernte, spontane oder von außen auslösbare Verhalten, die Zusammenfassung und Steuerung von Bewegungen zu Handlungen, die Steuerung der einzelnen Körpertätigkeiten« (zit. nach Angstwurm 2003, 33).

Das Hirntod-Kriterium legitimiert einen Abbruch der Behandlung. Dass das Hirntod-Kriterium die Entnahme von vitalen Organen für die Verpflanzung in schwer kranke Patienten ermöglicht, mindert nicht seine Richtigkeit als wissenschaftliche Tatsachenfeststellung. Deshalb stellt das Hirntod-Kriterium keine fremdbestimmte Neu- oder Umdefinition des Todes dar. Vielmehr geht es hier um ein zusätzliches Todeszeichen neben den bisher anerkannten Todeszeichen (Totenstarre, Totenflecke, Fäulnis).

Mit anderen Worten: Der Nachweis des Hirntods ist keine Todeserklärung und keine prognostische Beurteilung, sondern die Feststellung des Todes.

## 12.10 Rechtliche Konsequenzen der Hirntod-Feststellung

Das Transplantationsgesetz (TPG) von 1997 in der Fassung vom 22.03.2019 macht in § 3 Abs. 1 Nr. 2 die Todesfeststellung, in § 3 Abs. 2 Nr. 2 die ›Hirntod‹-Feststellung zur unerlässlichen Voraussetzung jeder Organ- und Gewebeentnahme bei toten Spendern. Interessanterweise führt das TPG den Begriff ›Hirntod‹ nicht explizit auf, sondern fordert entsprechend der Hirnfunktionsausfalldefinition der Bundesärztekammer den »endgültigen, nicht behebbaren Ausfall der Gesamtfunktion des Großhirns, des Kleinhirns und des Hirnstamms« (§ 3 Abs. 2 Nr. 2 TPG). Bezüglich der Kriterien der Todesfeststellung verweist der Gesetzgeber auf die Zuständigkeit der Bundesärztekammer. Nach dem Strafrechtler und Rechtsphilosophen Ulrich Schroth haben die Bestimmungen des § 3 TPG mehrere Funktionen: »Einerseits ist damit begründet, dass der Tod (entweder der Hirntod oder der irreversible Herz-Kreislauf-Stillstand) Voraussetzung der postmortalen Transplantation ist. Weiter [...], dass die Feststellung des Todes des Organspenders nach [Richtlinien] erfolgen muss, die dem Stand der medizinischen Wissenschaft entsprechen« (Schroth 2005, 90).

### Literatur


Ad Hoc Committee of the Harvard Medical School to Examine the Definition of Brain Death: A Definition of Irreversible Coma. In: *Journal of the American Medical Association* (1968), 337–340.

Angstwurm, H.: Tod und sichere Todesfeststellung vor der Organentnahme. In: F. Oduncu/U. Schroth/W. Vossenkuhl (Hg.): *Transplantation. Organgewinnung und -allokation.* Göttingen 2003, 28–35.

Brandt, S. A./Angstwurm, H.: Bedeutung des irreversiblen Hirnfunktionsausfalls als sicheres Todeszeichen. In: *Deutsches Ärzteblatt* 115 (2018), 675–681.

Bundesärztekammer: Richtlinie gemäß § 16 Abs. 1 S. 1 TPG für die Regeln zur Feststellung des Todes nach § 3 Abs. 1 S. 1 Nr. 2 TPG und die Verfahrensregeln zur Feststellung des endgültigen, nicht behebbaren Ausfalls der Gesamtfunktion des Großhirns, des Kleinhirns und des Hirnstamms nach § 3 Abs. 2 Nr. 2 TPG, Vierte Fortschreibung. Deutsches Ärzteblatt (2015). DOI: 10.3238/aerztebl.2015.rl_hirnfunktionsausfall_01

Deutscher Ethikrat (Hg.): Hirntod und Entscheidung zur Organspende. Stellungnahme. Berlin 2015.

Erbguth, F.: »Hirntod« – irreversibler Hirnfunktionsausfall. In: F. Erbguth/R. J. Jox (Hg.): *Angewandte Ethik in der Neuromedizin.* Heidelberg 2017, 165–178.

Erk, Ch.: Das Eigentliche des Todes. Ein Beitrag zur Belebung der Debatte und Hirntod und Transplantation. In: *Ethik in der Medizin* 26 (2014), 121–135.

Jox, R. J.: »Hirntod«: historische Entwicklung, aktuelle Kontroversen und künftige Perspektiven. In: W. Kröll/W. Schaupp (Hg.): *Hirntod und Organtransplantation. Medizinische, ethische und rechtliche Betrachtungen.* Baden-Baden 2014, 79–96.

Klinkhammer, G./Richter-Kuhlmann, E.: Richtlinie zur Feststellung des Hirnfunktionsausfalls. Neuer Titel, präzise Regeln. In: *Deutsches Ärzteblatt* 112 (2015), 1230–1231.

Kommission für Reanimation und Organtransplantation der Deutschen Gesellschaft Chirurgie: Todeszeichen und Todeszeitpunktbestimmung. In: *Der Chirurg* (1968), 196–197.

Ministères des Affaires Sociales: Circulaire No 57 du 24 avril 1968 relatif à l'application du décret no 47–2057 du 20 octobre 1947 relatif aux autopsies et prélèvements. In: *Journal officiel de la République Française*, S. P./18, 12.262 (1968), 1–3.

Mollaret, P./Goulon M.: Le coma dépassé (mémoire préliminaire). In: *Revue Neurologique* 101 (1959), 3–15.

Moskopp, D.: Das Konzept des Hirntodes wurde in Europa zwischen 1952 und 1960 entwickelt. In: *Nervenheilkunde* 30 (2017), 423–432.

Müller, S.: Revival der Hirntod-Debatte: Funktionelle Bildgebung und die Hirntoddiagnostik. In: *Ethik in der Medizin* 22 (2010), 5–17.

Oduncu, F.: Hirntod – Tod des Menschen? In: *Stimmen der Zeit* 215 (1997), 678–690.

Oduncu, F.: *Hirntod und Organtransplantation. Medizinische, juristische und ethische Fragen.* Göttingen 1998.

Oduncu, F.: Der ›Hirntod‹ als Todeskriterium. Biologisch-medizinische Fakten, anthropologisch-ethische Fragen. In: C. Roxin/U. Schroth (Hg.): *Medizinstrafrecht. Im Spannungsfeld von Medizin, Ethik und Strafrecht.* Stuttgart/München $^2$2001, 199–250.

Oduncu, F.: Einleitung. In: U. Schroth/P. König/Th. Gutmann/Ders.: *TPG – Transplantationsgesetz, Kommentar.* München 2005, 8–52.

Oduncu, F./Schroth, U./Vossenkuhl, W. (Hg.): *Transplantation. Organgewinnung und -allokation.* Göttingen 2003.

President's Council on Bioethics: *Controversies in the Determination of Death. A White Paper.* Washington DC, 2008.

Regalado, F.: Reseachers are keeping pig brains alive outside the body. In: *MIT Technology Review* (2018). In: https://www.technologyreview.com/s/611007/researchers-are-keeping-pig-brains-alive-outside-the-body/ (18.08.2019).

Sahm, S.: Hora incerta. Zur neuen Rechtfertigung des Hirntods als Zeichen des Todes durch das President's Council in Bioethics. In: *Zeitschrift für medizinische Ethik* 58 (2012), 173–182.

Schlake, H. P./Roosen, K.: *Der Hirntod als der Tod des Menschen.* Neu-Isenburg 1995.

Schockenhoff, E.: Hirntod. In: *Zeitschrift für medizinische Ethik* 58 (2012), 117–134.
Schroth, U.: Organentnahme bei toten Organspendern. In: Ders./P. König/Th. Gutmann/F. Oduncu: *TPG – Transplantationsgesetz, Kommentar.* München 2005, 70–114.
Shewmon, A. P.: The Brain and Somatic Integration: Insights Into the Standard Biological Rationale for Equating »Brain Death« With Death. In: *Journal of Medicine and Philosophy* 26 (2001), 457–478.
Überwachungskommission gem. § 11 Abs. 3 S. 4 TPG und Prüfungskommission gem. § 12 Abs. 5 S. 4 (2015): *Tätigkeitsbericht* 2014/2015. In: https://www.bundesaerztekammer.de/fileadmin/user_upload/downloads/pdf-Ordner/Transplantation/2015_09_26_BerPKUEK201415mitKB.pdf (27.02.2020).
Wagner, W.: Zur Bedeutung des Hirntodes als Todeszeichen des Menschen. Historische und systematische Überlegungen. In: *Zeitschrift für medizinische Ethik* 44 (1998), 57–66.
Weser, U.: Konserviertes Leben. Aktive Enzyme in Mumien. Molekulare Archäologie und die Frage nach dem Tod. In: *Forschung. Das Magazin der DFG* 4 (1994), 11–13.

*Fuat Oduncu / Gerrit Hohendorf*

# 13 Hirntod – philosophisch

Der Ausdruck ›Hirntod‹ ist *mehrdeutig*. Er steht (a) für einen Tod, der durch eine Schädigung des Gehirns hervorgerufen wurde (so schon bei Xavier Bichat 1912, 96 ff.), (b) für den Organtod des Gehirns und (c) für ein Todesverständnis, dem zufolge mit dem Tod des Gehirns auch der Mensch tot ist. Empfehlenswert ist es, die Verwendung des Begriffs ›Hirntod‹ auf (b) zu beschränken und im Fall (c) von der ›Hirntod-Konzeption‹ des Todes zu sprechen.

## 13.1 Geschichte

Im Laufe der Geschichte gab es unterschiedliche Antworten auf die Frage, wann ein Mensch tot ist, so wie es auch unterschiedliche Gründe gab, diese Frage überhaupt zu stellen (Pernick 1988; Ackerknecht 1968). Die Entwicklung einer eigenständigen *forensischen Medizin* und die gesetzliche Verpflichtung zu einer medizinischen Leichenschau führten schließlich zu einem Kanon sicherer *Todeszeichen*. Bis in die Mitte des 20. Jhs. bestand weitgehend Konsens darüber, dass ein Mensch tot ist, wenn seine Atmung und sein Herzschlag unwiderruflich ausgesetzt haben, also auch nicht durch die schon lange bekannten Reanimationstechniken reaktiviert werden können (›Herztod-Konzeption‹ des Todes). In den 1950er und 1960er Jahren führten die Entwicklung (i) der Intensivmedizin und (ii) der Transplantationsmedizin dann zur Aufkündigung dieses Konsenses (vgl. Belkin 2003; Wiesemann 2001; Pernick 1999; Diringer/Wijdicks 2001; Truog/Berlinger/Zacharias u. a. 2018):

(i) *Intensivmedizin*: Die Erfindung der künstlichen Beatmung hatte den Nebeneffekt, dass auch Patienten mit schweren unwiderruflichen Hirnschädigungen am Sterben gehindert wurden. Die Patienten waren *nicht herztot*, weil Herzschlag und Atmung künstlich aufrechterhalten wurden, wurden bald aber als *hirntot* bezeichnet. Für die behandelnden Ärzte stellte sich die Frage, ob sie trotz der offenkundigen Sinnlosigkeit ihrer Bemühungen noch verpflichtet waren, die intensivmedizinische Behandlung dieser Patienten fortzusetzen, oder ob diese nicht in Wirklichkeit schon tot waren.

(i) *Transplantationsmedizin*: In den 1950er und 1960er Jahren wurden die ersten Erfolg versprechenden Organverpflanzungen durchgeführt, bis hin zur ersten Herzverpflanzung 1967. Da der Erfolg einer Transplantation durch die mit dem normalen Sterbeprozess verbundene Mangelversorgung des Spenderorgans erheblich beeinträchtigt werden kann, waren herztote Patienten keine optimalen Spender. Hirntote Intensivpatienten hingegen, deren Organe weiterhin gut versorgt werden, versprachen, viel bessere Organspender zu sein. Man musste nur wissen, ob sie schon tot sind oder nicht.

Das doppelte medizinische Interesse an der Frage, ob hirntote Menschen tot sind, führte gegen Ende der 1960er Jahren in Deutschland, den USA und anderen medizinisch entwickelten Ländern schnell zu einem breiten Konsens zugunsten der Hirntod-Konzeption (s. Kap. 12: »Hirntod – medizinisch«). Auch wenn die Hirntod-Konzeption nie ganz unumstritten war (vgl. Jonas 1985), wurde sie überwiegend akzeptiert. Das änderte sich in Deutschland erst 1992, als der (vergebliche) Versuch, die Schwangerschaft einer hirntoten Mutter aufrechtzuerhalten, um das Kind (das ›Erlanger Baby‹) zu retten, eine lebhafte Diskussion um das medizinische Todesverständnis auslöste. Seit der Verabschiedung des *Transplantationsgesetzes* (1997), in dem der Hirntod als notwendige Bedingung für die Organentnahme festgeschrieben wurde, gilt nach herrschender (allerdings strittiger) Meinung die Hirntod-Konzeption als gesetzlich verankert (Höfling 2003; Schroth/König/Gutmann u. a. 2005; Deutsch/Spickhoff 2014, 204, RN 1038). Weltweit haben sich neurologische Todeskonzeptionen nahezu vollständig durchgesetzt (Wijdicks 2002). Gleichwohl wird die Debatte der Hirntod-Konzeption fortgeführt und hat unter anderem zu einem Weißbuch des US-amerikanischen *President's Council on Bioethics* (2008) und einer Stellungnahme des Deutschen Ethikrats (2015) geführt.

## 13.2 Grundlagen der Debatte

In der Hirntod-Debatte geht es um die Frage, unter welchen Bedingungen jemand tot ist; es geht also nicht um den Tod als Ereignis, sondern um die Eigenschaft, tot zu sein. Generell lassen sich in dieser Diskussion *drei Ebenen* unterscheiden (vgl. Birnbacher 1997, 51):

I. die *analytische Ebene* (auch: Ebene der ›Todes-Definition‹): Welche Merkmale verbinden wir mit dem Begriff des ›Todes‹ bzw. ›Totseins‹ und inwiefern sind diese Charakteristika dem Begriff wesentlich?

II. die *Implementationsebene* (›Kriterien‹): Wie sind die auf der ersten Ebene mit dem Todesbegriff verbundenen Charakteristika im Menschen verkörpert?

J. B. Metzler © Springer-Verlag GmbH Deutschland, ein Teil von Springer Nature, 2020
H. Wittwer/D. Schäfer/A. Frewer (Hg.), *Sterben und Tod. Ein interdisziplinäres Handbuch 2. Auflage*,
https://doi.org/10.1007/978-3-476-05761-7_13

III. die *diagnostische Ebene* (›Tests‹): Welche diagnostischen Mittel stehen zur Verfügung, um das Vorliegen der auf der zweiten Ebene spezifizierten Todeskriterien festzustellen, und wie zuverlässig sind sie?

Diese drei Ebenen bilden eine heuristische Abfolge. Um zu wissen, wann ein Mensch tot ist, muss man erstens wissen, was es überhaupt heißt, tot zu sein, zweitens, welche körperlichen Merkmale dem zugrunde liegen und drittens, wie man feststellen kann, ob ein Mensch diese Merkmale aufweist. Dabei ist die erste Ebene im Wesentlichen philosophisch, die dritte rein medizinisch und die zweite interdisziplinär.

Die verschiedenen konkurrierenden Todes-Konzeptionen sind auf der zweiten Ebene angesiedelt, ihre jeweiligen Begründungen finden sich hingegen sowohl auf der ersten als auch auf der zweiten Ebene:

- *Herztod-Konzeption*: Ein Mensch ist tot, wenn seine Atmung und sein Blutkreislauf unwiderruflich zum Erliegen gekommen sind.
- *Hirntod-Konzeption* (äquivalent: ›Gesamthirntod-Konzeption‹): Ein Mensch ist tot, wenn er sich in einem »Zustand der irreversibel erloschenen Gesamtfunktion des Großhirns, des Kleinhirns und des Hirnstamms« befindet (Bundesärztekammer 1998, A-1861). Die Bundesärztekammer ist allerdings in jüngster Zeit dazu übergegangen, auf den Ausdruck ›Hirntod‹ zu verzichten und stattdessen nur vom ›irreversiblen Hirnfunktionsausfall‹ zu sprechen, ohne dass dies in der Sache einen Unterschied machte (Bundesärztekammer 2015).

Daneben sind noch zwei weitere sogenannte *Teilhirntod-Konzeptionen* vertreten worden:

- *Hirnstamm-Tod*: Ein Mensch ist bereits tot, wenn sein Hirnstamm unwiderruflich abgestorben ist.
- *Großhirn-Tod*: Ein Mensch ist bereits tot, wenn sein Großhirn unwiderruflich seine Funktion eingestellt hat.

## 13.3 Überblick über die Hirntod-Debatte anhand der charakteristischen Merkmale des Todes

*Der Tod als Ende des Lebens*: Zu den analytischen Merkmalen des Todes, die eher im Hintergrund der Debatte eine Rolle spielen, gehört seine *Komplementarität zum Leben*: wer tot ist, lebt nicht mehr, und wer nicht mehr lebt, ist tot (vgl. Rosenberg 1998). Anders als zu leben ist tot zu sein jedoch kein Zustand eines Lebewesens: Tot ist auch jemand, den es nicht mehr gibt, der sich also in keinem Zustand mehr befinden kann. Darin zeigt sich eine einseitige Abhängigkeit des Todes vom Leben, die erklärt, warum in der Hirntod-Debatte gewöhnlich weniger darüber diskutiert wird, ob Hirntote schon tot sind, als vielmehr darüber, ob sie noch leben (Stoecker 2010, Abschn. 2.1).

*Die Endgültigkeit des Todes*: Problematischer ist die Frage, inwieweit der Tod etwas *Endgültiges* sein müsse. Obwohl es ein integrales Element vieler traditioneller und religiöser Vorstellungen ist, dass es eine Rückkehr vom Tod ins Leben geben könnte (z. B. in Form einer Seelenwanderung, der Wiederauferstehung von den Toten oder eines postmortalen Lebens in einer anderen Welt), wird in der Hirntod-Debatte gewöhnlich angenommen, dass nur solche Todesverständnisse akzeptabel sind, die es jedenfalls ausschließen, dass jemand in sein altes Leben zurückkehren kann.

*Der Tod als Ende des biologischen Lebens*: Eine nahe liegende analytische Auskunft über den Tod besagt, dass Menschen die Eigenschaft, am Leben zu sein, mit allen anderen Lebewesen teilen, dass der Tod also das Ende des Lebens *als biologischen Lebens* ist. Im Rahmen der Hirntod-Debatte stellt sich damit die Frage, inwieweit das Gehirn notwendig für das biologische Leben ist.

Nach herrschender Auffassung ist am Leben zu sein eine kybernetische Eigenschaft: die homöostatische Fähigkeit, einen komplexen Organismus in dynamischer Wechselwirkung mit der Umwelt eine Zeit lang vor der Entropie zu bewahren. Höhere Lebewesen erreichen dies mit Hilfe einer verschachtelten Hierarchie dynamischer Subsysteme, angefangen von den Zellen über die einzelnen Organe bis hin zum Organismus insgesamt. Nur wenn das System als Ganzes die verschiedenen Teilsysteme so integriert, dass der Organismus vor dem Verfall bewahrt wird, lebt das Lebewesen. Bricht die Integration zusammen, ist es tot, selbst wenn einzelne der Subsysteme noch eine kurze Zeit lang (oder als Spenderorgane: über längere Zeit) erhalten bleiben. Die meisten Lebewesen erbringen diese Integrationsleistung ohne Gehirn (insofern ist das Gehirn nicht generell für biologisches Leben erforderlich), doch beim Menschen ist nach Ansicht vieler Befürworter der Hirntod-Konzeption das Gehirn unverzichtbar für diese integrative Leistung (Bundesärztekammer 1982, 50; Marktl 1995; Brandt/Angstwurm 2018).

Kritiker der Hirntod-Konzeption weisen hingegen darauf hin, dass auch im Körper des Hirntoten viele Lebensvorgänge aufweisbar sind, die nicht nur für das Leben einzelner Körperteile, sondern für die Integrität des Gesamtorganismus wichtig sind: u. a. Immunabwehr, Wundheilung, partielle Temperatursteuerung, die Fähigkeit zur Schwangerschaft sowie sexuelle Reifung und das Körperwachstum bei Kindern (Shewmon 2001, 467 ff.). Hirntote haben zwar viel geringere homöostatische Fertigkeiten als ein gesunder Mensch, so dass sie auf die Unterstützung der Intensivmedizin angewiesen sind, damit ihr Organismus nicht ›entgleist‹; anders als Leichen haben sie aber immerhin noch genügend dieser Fähigkeiten, um die medizinischen Unterstützungsmaßnahmen überhaupt erst möglich zu machen. Insofern sind sie aus Sicht vieler Kritiker der Hirntod-Konzeption noch biologisch am Leben (vgl. z. B. President's Council on Bioethics 2008, ix).

Es gibt aber auch den entgegengesetzten Standpunkt, dass nicht einmal das ganze Gehirn die für das Leben erforderlichen integrativen Leistungen erbringt, sondern nur der Hirnstamm, dass die Hirntod-Konzeption also insofern halbherzig ist und durch eine *Hirnstamm-Konzeption* des Todes ersetzt werden sollte (Pallis 1999). Gemäß der Hirnstamm-Konzeption des Todes müssten allerdings auch Menschen als tot rubriziert werden, die nach gewöhnlichem Verständnis eindeutig noch leben, insbesondere Patienten mit einem vollständigen *Locked-in-Syndrom*, die zwar bei Bewusstsein sind, jedoch keine Möglichkeit haben, sich zu äußern (Spittler 2003, 77).

Man kann den Halbherzigkeitsvorwurf gegenüber der biologischen Rechtfertigung der Hirntod-Konzeption aber auch als grundsätzliche Kritik an der analytischen These verstehen, dass Leben und Tod primär biologische Eigenschaften sind. Hier ist dann häufig vom Tod des Organismus im Unterschied zum Tod des Menschen oder auch der Person die Rede. Es gibt mehrere Antworten darauf, wie ein solches personales Lebensverständnis aussehen könnte, das über das biologische hinausgeht und entsprechend spezifisch für den Menschen ist.

*Der Tod als unwiderruflicher Bewusstseinsverlust*: Nach verbreiteter Vorstellung ist der Tod analytisch eng mit dem *Verlust des Bewusstseins* verbunden: Wenn man stirbt, wird es einem schwarz vor Augen und man fällt in einen ewigen Schlaf. Daher liegt der Umkehrschluss nahe, dass man tot ist, wenn man definitiv das Bewusstsein verloren hat. Da es wiederum ohne ein funktionierendes Gehirn kein Bewusstsein gibt, wäre gezeigt, dass hirntote Menschen tot sind.

Dieses Argument ist allerdings ebenfalls einem Halbherzigkeitsvorwurf ausgesetzt, da es auch andere Hirnschädigungen gibt, die mit einem dauerhaften Bewusstseinsverlust verbunden sind. Viele Verfechter der Konzeption des *Großhirntodes* wären folgerichtig bereit, anenzephale Säuglinge und manche Wachkomapatienten für tot zu erklären (vgl. die Beiträge in Zaner 1988), während diese Konsequenz aus Sicht von Kritikern eine *reductio ad absurdum* darstellt.

*Der Tod als Ende der Existenz*: In der philosophischen Tradition werden normalerweise mit dem Begriff der Person wesentlich anspruchsvollere Eigenschaften verbunden als die, bei Bewusstsein zu sein: nämlich Vernünftigkeit, Selbstbewusstsein und vor allem auch das Bewusstsein einer zeitübergreifenden Identität. Würde man die Grenze zwischen Leben und Tod an den Besitz dieser Fähigkeiten knüpfen, müsste man viele Menschen für tot erklären, die unzweifelhaft leben. Gleichwohl gibt es ein Argument für die Hirntod-Konzeption, das auf diesen starken Personenbegriff rekurriert (Green/Wikler 1980). Sein Ausgangspunkt ist die Debatte über die *Bedingungen personaler Identität*. Auf philosophisch anspruchsvolle Weise wird dort die Intuition eingefangen, dass wir, solange unser Gehirn funktioniert, immer dort sind, wo das Gehirn ist, mit dem Absterben des Gehirns also nirgendwo mehr.

Problematisch ist an diesem Argument allerdings, dass es sich erstens schlecht auf Menschen übertragen lässt, die nicht den anspruchsvollen Personalitätsbedingungen genügen, und zweitens vermutlich auf einer sehr naiven Vorstellung von der Selbstständigkeit des Gehirns beruht. Drittens schließlich ist es grundsätzlich wenig plausibel anzunehmen, dass ein Mensch mit dem Tod aufhört zu existieren, der Hirntote auf der Intensivstation also nicht mehr derselbe Mensch ist wie der, der den Hirntod erlitten hat. Mit dieser dritten Schwierigkeit sehen sich auch Versuche konfrontiert, biologisch zu begründen, dass eine Person mit dem Hirntod aufhört zu existieren (vgl. Quante 2002).

*Der Tod als Ende phänomenaler Lebendigkeit*: Analytisch verbinden wir mit dem Begriff des Lebens neben der biologischen Gemeinsamkeit mit anderen Lebewesen und unserem personalen Dasein auch *phänomenale Lebendigkeit*: Leben drückt sich in Bewegung, Wärme, Farbigkeit aus, das Tote hingegen ist starr, kalt, bleich. Zahllose bildliche Verwendungen dieser beiden Ausdrücke bauen auf diese Assoziation. Hirntote Menschen sind aber phänomenal ebenso lebendig wie manche anderen Intensivpatienten auch. Sie können sich zwar nicht gezielt oder willentlich bewegen, aber ihr Brustkorb hebt und senkt sich, der Puls schlägt, sie fühlen sich warm an, gelegentlich kommt es zu Reflexbewegungen (Spittler 2003, 35). Das macht es in der Praxis so schwer, sie als Leichen zu behandeln, und es könnte auch ein guter Grund sein, sie theoretisch als lebend anzuerkennen.

Die Hauptschwierigkeit für dieses Argument gegen die Hirntod-Konzeption liegt darin, dass wir es gewohnt sind, dass der Anschein manchmal trügt. So wie die Medizin traditionell Fälle von Schein*tod* diagnostizieren kann (s. Kap. 10: »Scheintod«), könnte es ihr auch obliegen, Fälle von Schein*leben* aufzudecken. Allerdings weist die Beobachtung, dass es der Anschein der Lebendigkeit in der Praxis so schwer macht, hirntote Menschen als tot zu behandeln, schon in Richtung eines weiteren Arguments.

*Der Tod als moralische Schwelle*: Den bislang vorgestellten Argumenten ist gemeinsam, dass sie sich auf deskriptive Charakteristika des Lebens stützen, seien diese nun biologisch, personal oder phänomenal. Im Alltag werden die Ausdrücke ›Leben‹ und ›Tod‹ aber keineswegs nur deskriptiv, sondern als sogenannte ›dicke‹ oder ›dichte‹ Begriffe (*thick concepts*) verwendet, die eine deskriptive Dimension mit einer weiteren, wertenden Dimension verbinden: (i) mit Lebenden scheint man ganz anders umgehen zu müssen und zu dürfen als mit Toten, und (ii) ist es *prima facie* falsch, jemanden vom Leben zum Tode zu befördern. In der ersten Hinsicht markiert das Leben unseren besonderen *moralischen Status*, in der zweiten Hinsicht ist der Tod Gegenstand des *Tötungsverbots*.

Das moralische Argument zieht aus diesem *moralischen Schwellencharakter des Todes* die analytische Konsequenz, dass ein Mensch genau dann tot ist, wenn er jene Eigenschaften verloren hat, auf denen sein moralischer Status beruht und vor deren Verlust er durch das Tötungsverbot geschützt wird (Veatch 1988, 180). Je nachdem, um welche Eigenschaften es sich dabei handelt und inwiefern der Hirntote sie noch hat, spricht dieses Argument entweder für oder gegen die Hirntod-Konzeption.

Eine Reihe von Antworten erhält man, wenn man die bislang schon diskutierten Argumente für und gegen die Hirntod-Konzeption aus der moralischen Perspektive liest: Wer meint, dass der moralische Status des Menschen darauf beruht, dass er biologisch am Leben ist, wird sich auf das biologische Argument stützen, wer ihn im personalen Sein lokalisiert, auf die beiden personalen Argumente, und wer die phänomenale Lebendigkeit für ausschlaggebend hält, auf das phänomenale Argument. Weil es zu nahe liegt, dem biologischen wie auch dem personalen wie auch dem phänomenalen Leben ethisches Gewicht beizumessen, scheint die moralische Perspektive diese Argumente sogar noch zu stützen.

Was zunächst wie ein Vorteil aussieht, entpuppt sich am Ende aber als Problem: Wenn *alle* diese Eigenschaften ethisch signifikant sind, ist die These, der mit den Begriffen von ›Leben‹ und ›Tod‹ verbundene moralische Status basiere *nur* auf unserem biologischen Leben oder *nur* auf unserer Personalität oder *nur* auf unserer Lebendigkeit, philosophisch unhaltbar.

Eine weitere denkbare Quelle für die Eigenschaft, die unseren moralischen Status ausmacht, bietet die soziale Gemeinschaft, in der ein Mensch lebt: Die Grenze des Lebens hinge dann davon ab, wie lange eine Gesellschaft ihm einen besonderen moralischen Status zubilligt (Birnbacher 2007). Wie sich aber gerade am Vergleich mit den Vorschriften über verschollene Menschen zeigt, gibt es enge ethische Grenzen für eine gesellschaftliche Stipulation der Lebensgrenzen.

Eine prominente Variante dieses stipulativen Vorschlags weist die Entscheidungshoheit über den jeweils gültigen Todeszeitpunkt dem individuellen Menschen zu (Veatch 2004). Dieser Vorschlag steht in der Kontinuität des Grundsatzes der Patientenautonomie in der medizinischen Ethik. Zudem hat er den Vorteil, den unterschiedlichen religiösen und weltanschaulichen Überzeugungen der Menschen und ihren Auswirkungen auf das jeweilige Lebensverständnis Rechnung zu tragen. Die Attraktivität dieses Vorschlags liegt allerdings nicht so sehr darin, dass Menschen das Ende ihres moralischen Status bestimmen können, sondern vielmehr darin, dass sie Kraft eben dieses moralischen Status entscheiden können, wie mit ihnen verfahren werden soll.

Mit dieser Kritik ist der Weg zu indirekten Argumenten bereitet, die gar nicht erst beanspruchen, eine Antwort auf die Frage, wann ein Mensch tot ist, zu geben, sondern bereits die Frage als fehlgeleitet ansehen. Diese Argumente sind nicht nur in Reaktion auf die verfahrene Hirntod-Debatte aufgekommen, sondern auch motiviert durch ein neues, verwandtes Problem: die Frage nach dem Status von Organspendern mit Herzstillstand (*non-heartbeating organ donors*).

## 13.4 Indirekte Argumente

Die allermeisten Organspenden stammen von hirntoten Spendern, seit Anfang der 1990er Jahre werden aber in einigen Ländern Europas und in den USA regelmäßig Explantationen an Patienten mit Herzstillstand vorgenommen (›Spende nach Herztod‹ – *dona-*

*tion after cardiac death* [*DCD*]). Diese Organspender sind normalerweise nicht hirntot (deshalb sind in Deutschland DCDs verboten), anders als die Bezeichnung suggeriert, sind sie aber auch nicht herztot. Das Herz ist nicht unwiderruflich zum Stillstand gekommen, es kann nur nicht wieder allein zu schlagen beginnen und es wird auch nicht mehr für sinnvoll erachtet, es wieder in Gang zu setzen. Es ist deshalb ausgesprochen unplausibel anzunehmen, dass diese Patienten tot sind, gleichwohl kann man sich fragen, ob sie nicht trotzdem als Organspender zugelassen werden sollten (v. a., wenn dies ihrem ausdrücklichen Wunsch entspricht).

Sowohl die erheblichen Zweifel an der Stichhaltigkeit der Argumente für die Hirntod-Konzeption als auch die offensichtliche Unplausibilität der These, dass die DCD-Spender schon tot sind, haben zu dem Vorschlag geführt, die Zulässigkeit der Organentnahme ganz vom Eintritt des Todes zu lösen (Truog 2007; Miller/Truog 2012). Gerade dann, wenn die Organspende bewusst und gewollt stattfindet, so das Argument, sollte sie auch dann möglich sein, wenn der Tod streng genommen noch nicht eingetreten ist.

Im Hintergrund dieses Vorschlags steht die interessante Besonderheit der Hirntod-Debatte, dass die moralische Zulässigkeit des betrachteten medizinischen Verfahrens, anders als bei vielen anderen medizinethischen Problemen, weitgehend unstrittig ist. Auch die meisten Gegner der Hirntod-Konzeption sind prinzipiell bereit, Explantationen bei Hirntoten zuzulassen. Während allerdings die Hirntod-Befürworter Probleme mit der Plausibilität der Annahme haben, Hirntote seien wirklich tot, stehen die Hirntod-Gegner vor der Schwierigkeit zu erläutern, warum es bei dem Hirntoten erlaubt sei, ihnen lebenswichtige Organe zu entnehmen und sie dadurch zu töten, während dies bei anderen lebenden Menschen strikt verboten ist. Dieses Dilemma spricht für die Idee, die Zulässigkeit der Organentnahme ganz von der Todeskonzeption zu lösen.

Das zweite indirekte Argument geht noch einen Schritt weiter. Es basiert auf einer sprachphilosophischen Reflexion der Begriffe ›Leben‹ und ›Tod‹, die nicht nur dicke Begriffe, sondern zugleich auch sogenannte ›Bündelbegriffe‹ sind, d. h. Begriffe, die wir auf der Basis von verschiedenen begrifflichen Merkmalen anwenden, ohne dass sich diese zu notwendigen und hinreichenden analytischen Bedingungen zusammenfassen ließen (vgl. Stoecker 2009, 2010, 2016). Dass es sich um Bündelbegriffe handelt, hat sich in der Diskussion der biologischen, personalen und phänomenalen Aspekte des Todes gezeigt. Wenn die begrifflichen Merkmale aber nicht zusammenfallen, sondern ein Teil von ihnen noch vorhanden ist, andere schon verloren gegangen sind, wird unklar, inwieweit man sich trotzdem noch auf die evaluative Komponente des dicken Begriffs stützen kann. Eben dies aber ist die Situation, aus der die Hirntod-Debatte hervorgegangen ist: Die Intensivmedizin hat es ermöglicht, das Sterben des Menschen so aufzufächern, dass im Verlaufe dieses Prozesses manche Merkmale, die wir wesentlich mit dem Leben verbinden, schon verloren gegangen sind (z. B. Bewusstsein, Steuerungsfähigkeit, Atmung), während andere (z. B. Herzschlag, Wachstum, phänomenale Lebendigkeit) noch bestehen; und zugleich nötigt uns die Transplantationsmedizin eine Entscheidung ab, wie wir mit den Menschen in diesem Zwischenzustand umgehen wollen. Um diese Entscheidung treffen zu können, muss man deshalb direkt untersuchen, welches ethische Gewicht die in diesem Begriff gebündelten Merkmale jeweils für sich genommen tragen, d. h. welche moralischen Konsequenzen sich einerseits aus den Verlusten, die diese Menschen schon erlitten haben (z. B. dem Verlust des Bewusstseins und der Handlungsfähigkeit ohne Aussicht auf Remission), und andererseits den noch bestehenden Lebensmerkmalen (z. B. der phänomenalen Lebendigkeit) ergeben. Eine Einordnung des Hirntoten als lebend oder tot ist hingegen ethisch irrelevant.

Diese Position hat den Vorzug, einen Ausweg aus dem Patt der traditionellen Hirntod-Debatte zu weisen und zugleich verständlich zu machen, wie es überhaupt zu diesem Patt kommen konnte. Außerdem bietet sie eine Begründung dafür, dass man hirntote Menschen auch dann, wenn Explantationen zulässig sein sollten, in anderer Hinsicht nicht wie Leichen behandeln darf (z. B. im Rahmen der ärztlichen Ausbildung). Sie hat allerdings auch den Nachteil, dass ihr zufolge die Ethik der Transplantationsmedizin viel komplizierter ist als vor dem Hintergrund der einfachen Unterscheidung zwischen Leben und Tod. Doch sowohl die aktuellen Entwicklungen der Hirntod-Debatte wie auch die Zunahme von DCD-Transplantationen weisen ohnehin in eine Richtung, die wegführt von der ursprünglichen Frage, ob hirntote Menschen tot sind oder nicht, hin zu der direkt moralphilosophischen Frage, welche Prinzipien und Gesichtspunkte zu beachten sind, wenn man Organe explantieren möchte.

## Literatur


Ackerknecht, E. H.: Death in the history of medicine. In: *Bulletin of the History of Medicine* 42 (1968), 19–23.

Belkin, G. S.: Brain death and the historical understanding of bioethics. In: *Journal of the History of Medicine and Allied Sciences* 58 (2003), 325–61.

Bichat, X.: *Physiologische Untersuchungen über den Tod.* Leipzig 1912.

Birnbacher, D.: Fünf Bedingungen für ein akzeptables Todeskriterium. In: J. S. Ach/M. Quante (Hg.): *Hirntod und Organverpflanzung.* Stuttgart/Bad Cannstatt 1997, 49–74.

Birnbacher, D.: Der Hirntod – eine pragmatische Verteidigung. In: *Jahrbuch für Recht und Ethik* 15 (2007), 459–77.

Brandt, S. A./Angstwurm, H.: Bedeutung des irreversiblen Hirnfunktionsausfalls als sicheres Todeszeichen. In: *Deutsches Ärzteblatt* 115 (2018), 675–681.

Bundesärztekammer: Kriterien des Hirntodes. Entscheidungshilfen zur Feststellung des Hirntodes. In: *Deutsches Ärzteblatt* 79 (1982), 45–55.

Bundesärztekammer: Richtlinien zur Feststellung des Hirntodes. Dritte Fortschreibung 1997 mit Ergänzungen gemäß Transplantationsgesetz (TPG). In: *Deutsches Ärzteblatt* 95 (1998), A1861–68.

Bundesärztekammer: Richtlinie gemäß § 16 Abs. 1 S. 1 Nr. 1 TPG für die Regeln zur Feststellung des Todes nach § 3 Abs. 1 S. 1 Nr. 2 TPG und die Verfahrensregeln zur Feststellung des endgültigen, nicht behebbaren Ausfalls der Gesamtfunktion des Großhirns, des Kleinhirns und des Hirnstamms nach § 3 Abs. 2 Nr. 2 TPG. 4. Fortschreibung. In: *Deutsches Ärzteblatt* 112 (2015), A1256.

Deutsch, E./Spickhoff, A.: *Medizinrecht. Arztrecht, Arzneimittelrecht, Medizinprodukterecht und Transfusionsrecht.* Berlin 72014.

Deutscher Ethikrat: *Hirntod und Entscheidung zur Organspende. Stellungnahme.* Berlin 2015.

Diringer, M. N./Wijdicks, E. F.: Brain Death in Historical Perspective. In: E. F. Wijdicks (Hg.): *Brain Death.* Philadelphia 2001, 5–27.

Green, M./Wikler, D.: Brain Death and Personal Identity. In: *Philosophy and Public Affairs* 9 (1980), 105–33.

Höfling, W.: Todesverständnisse und Verfassungsrecht. In: A. Bondolfi/U. Kostka/K. Seelmann (Hg.): *Hirntod und Organspende.* Basel 2003, 81–88.

Jonas, H.: Gehirntod und menschliche Organbank. Zur pragmatischen Umdefinierung des Todes. In: Ders.: *Technik, Medizin und Ethik.* Frankfurt a. M. 1985, 219–241

Marktl, W.: Die Bedeutung des Zentralnervensystems für die optimale Entfaltung der Lebensvorgänge. In: M. Schwarz/J. Bonelli (Hg.): *Der Status des Hirntoten. Eine interdisziplinäre Analyse der Grenzen des Lebens.* Wien/New York 1995, 35–52.

Miller, F. G./Truog, R. D.: *Death, dying, and organ transplantation. Reconstructing medical ethics at the end of life.* Oxford 2012.

Pallis, C.: On the Brainstem Criterion of Death. In: S. J. Youngner/R. M. Arnold/R. Schapiro (Hg.): *The Definition of Death.* Baltimore 1999, 93–100.

Pernick, M. S.: Back from the Grave. Recurring Controversies over Defining and Diagnosing Death in History. In: R. M. Zaner (Hg.): *Death. Beyond Whole-Brain Criteria.* Dordrecht 1988, 17–74.

Pernick, M. S.: Brain Death in a Cultural Context. The Reconstruction of Death. 1967–1981. In: S. J. Youngner/R. M. Arnold/R. Schapiro (Hg.): *The Definition of Death.* Baltimore 1999, 3–33.

President's Council on Bioethics: *Controversies in the Determination of Death.* Washington 2008.

Quante, M.: *Personales Leben und menschlicher Tod.* Frankfurt a. M. 2002.

Rosenberg, J.: *Thinking Clearly About Death.* Indianapolis 1998.

Schroth, U./König, P./Gutmann, T./Oduncu, F.: *Transplantationsgesetz. Kommentar.* München 2005.

Shewmon, D. A.: The brain and somatic integration. Insights into the standard biological rationale for equating ›brain death‹ with death. In: *Journal of Medicine and Philosophy* 26 (2001), 457–78.

Spittler, J. F.: *Gehirn, Tod und Menschenbild.* Stuttgart 2003.

Stoecker, R.: *Der Hirntod. Ein medizinethisches Problem und seine moralphilosophische Transformation.* Freiburg 22010.

Stoecker, R.: Ein Plädoyer für die Reanimation der Hirntoddebatte in Deutschland. In: N. Knoepffler (Hg.): *Körperteile – Körper teilen. Kritisches Jahrbuch der Philosophie.* Beiheft 8. Würzburg 2009, 41–59.

Stoecker R.: Das Hirntod-Problem. In: Körtner, U. H. J./Kopetzki, C./Müller, S. (Hg.): *Hirntod und Organtransplantation – Zum Stand der Diskussion.* Mörlenbach 2016, 77–97.

Truog, R. D.: Brain death – too flawed to endure, too ingrained to abandon. In: *The Journal of Law, Medicine, and Ethics* 35 (2007), 273–81.

Truog, R. D/Berlinger, N./Zacharias, R. L./Solomon, M. Z.: Brain Death at Fifty. Exploring Consensus, Controversy, and Contexts. In: *The Hastings Center Report* 48 Suppl. 4 (2018), S2–S5.

Veatch, R. M.: Whole-Brain, Neocortical, and Higher Brain Related Concepts. In: R. M: Zaner (Hg.): *Death. Beyond Whole Brain Criteria.* Dordrecht 1988, 171–186.

Veatch, R. M.: Abandon the dead donor rule or change the definition of death? In: *Kennedy Institute of Ethics Journal* 14 (2004), 261–76.

Wiesemann, C.: Notwendigkeit und Kontingenz. Zur Geschichte der ersten Hirntod-Definition der Deutschen Gesellschaft für Chirurgie von 1968. In: Th. Schlich/dies. (Hg.): *Hirntod. Zur Kulturgeschichte der Todesfeststellung.* Frankfurt a. M. 2001, 209–238.

Wijdicks, E. F.: Brain death worldwide. Accepted fact but no global consensus in diagnostic criteria. In: *Neurology* 58 (2002), 20–25.

Zaner, R. M. (Hg.): *Death. Beyond Whole-Brain Criteria.* Dordrecht 1988.


*Ralf Stoecker*

# 14 Todesursachen

## 14.1 Grundsätzliches zur Todesursache

Letztlich gibt es nur eine Todesursache, nämlich die Sterblichkeit, die der Mensch mit allen Lebewesen gemeinsam hat. Das Leben vollzieht sich in umschriebenen, von der Umwelt abgegrenzten Einheiten, die lokal der Entropie entgegenwirken, nämlich in Vorgängen, die dazu geeignete Strukturen aufbauen, aufrechterhalten und vermehren. Doch bleiben diese Vorgänge nicht nur lokal, sondern auch zeitlich begrenzt, weil der zweite Hauptsatz der Wärmelehre auch innerhalb der lebenden Strukturen gilt, deren Ordnung sich letztlich in der totalen Unordnung des Wärmetodes auflösen wird. Der Tod der einzelnen Lebewesen beendet so die der Entropie entgegengesetzten Vorgänge und entlässt die ehemals lebende Materie in ihre rein physikalischen Elemente. So wie das Leben aus vorausgegangenen Lebewesen entstanden ist, kann es allerdings aus lebendigen Teilen eines Organismus in neuen Lebewesen wiederum, aber erneut nur zeitlich begrenzt, der Entropie entgegenwirken. Letztlich ist also gegen den Tod ›kein Kraut gewachsen‹.

## 14.2 Bedingte Todesursachen

Andererseits gibt es für den Tod eines Menschen unzählige Ursachen, wenn man jede Bedingung des jeweiligen Todes, die nicht weggedacht werden kann (hypothetisches Eliminationsverfahren), ohne dass damit der Tod entfiele (Bedingungstheorie), als Todesursache bezeichnet. Zu den nicht wegdenkbaren Bedingungen gehören ja auch die entfernteren Tatsachen bis in die Urzeit oder gar bis zum Urknall. Mit einer solchen Unzahl von ›Todesursachen‹ ist aber nichts anzufangen. Darum wird im praktischen Leben diejenige (nicht wegdenkbare) Bedingung eines Todes als Todesursache bezeichnet, die in dem jeweils in den Blick genommenen Zusammenhang interessiert. Daraus folgt, dass es über die anfangs genannte Sterblichkeit hinaus ›die‹ Todesursache nicht geben kann, sondern nur die jeweils interessierende Bedingung eines Todes, die mehr oder weniger sachgerecht ausgewählt wird.

Es sei dies an einem Beispiel erläutert: Dass ein Patient an einer Lungenembolie stirbt, interessiert den behandelnden Arzt. Dessen Haftpflichtversicherung wiederum interessiert, ob ein ›Kunstfehler‹ durch mangelnde Embolieprophylaxe vorgelegen hat. Dass der Embolus aus einer Beinvenenthrombose stammte, die in der durch einen Oberschenkelbruch erzwungenen Bettruhe entstanden war, interessiert die Unfallversicherung. Dass ein Verkehrsunfall vorausgegangen war, interessiert die Justiz. Dass der Verletzte bei dem Unfall unter Alkoholeinwirkung stand, geht in die Unfallstatistik ein. Interessierende Todesursachen wären also u. a. Lungenembolie, ärztlicher ›Kunstfehler‹, Oberschenkelbruch, Verkehrsunfall, Alkohol. Dazu können noch sogenannte ›konkurrierende‹ Todesursachen kommen, etwa wenn der Verstorbene unfallunabhängig bereits an einer chronischen Venenentzündung gelitten hätte.

## 14.3 Rechtsverbindliche Begrenzung der Todesursache

Bei der Auswahl der jeweils interessierenden Todesursache darf nicht willkürlich, sondern muss sachgerecht verfahren werden. Das gilt besonders für die Feststellung einer Todesursache im Rechtsverkehr. Deswegen sind in der Justiz verschiedene Methoden entwickelt worden, um eine unzumutbar weitgespannte Haftung, die sich bei Anwendung der reinen Bedingungstheorie der Verursachung ergäbe, zu begrenzen. Diese Begrenzung kann unmittelbar durch Auswahl der relevanten Todesursache erfolgen oder aber, wie im Strafrecht, alle Bedingungen, die zu einem Tod führten, berücksichtigen, dafür aber die Schuld am Tod auf dessen Voraussehbarkeit beschränken.

## 14.4 Adäquanztheorie

Im Grunde geht es immer darum, zwischen den zum Tod führenden Bedingungen und ihrer tödlichen Folge zusätzlich eine Art von innerem Zusammenhang zu finden, der über die reine Kausalität hinausgeht. Als einen solchen Zusammenhang hat der Physiologe, Psychologe und Philosoph Freiherr Johannes Adolf von Kries (1853–1928) die ›objektive Möglichkeit‹ bezeichnet, die nach einem Ereignis zu der in Frage stehenden Folge, etwa dem Tod, besteht (vgl. Kries 1888). Es ist aber wieder nur ein Wort, das für den gesuchten inneren Zusammenhang steht, der damit jedoch nicht weiter erläutert wird. Was gemeint ist, geht aber aus dem von ihm angeführten Beispiel klar hervor: Ein Kutscher gerät infolge Trunkenheit von der Straße ab

J. B. Metzler © Springer-Verlag GmbH Deutschland, ein Teil von Springer Nature, 2020
H. Wittwer/D. Schäfer/A. Frewer (Hg.), *Sterben und Tod. Ein interdisziplinäres Handbuch 2. Auflage*,
https://doi.org/10.1007/978-3-476-05761-7_14

in den Graben; beim Umstürzen der Kutsche erleidet sein Fahrgast tödliche Verletzungen. Die Trunkenheit des Kutschers enthielt die objektive Möglichkeit eines solchen Geschehens. Eine solche hätte nicht vorgelegen, wenn der Kutscher, ebenfalls alkoholbedingt, einen falschen Weg eingeschlagen hätte, auf dem ein Blitzschlag den Fahrgast getötet hätte. Von Kries nennt im ersten Fall den Zusammenhang zwischen der Trunkenheit des Kutschers und dem Unfall adäquat, im zweiten Fall dagegen nicht adäquat. Diese Überlegung ist die Grundlage der im *Zivilrecht* angewandten Adäquanztheorie: »Eine Begebenheit ist demnach adäquate Bedingung eines Erfolgs, wenn sie die objektive Möglichkeit eines Erfolges von der Art des eingetretenen generell in nicht unerheblicher Weise erhöht hat« (BGHZ 3, 261).

## 14.5 Äquivalenztheorie

Im *Strafrecht* gilt hingegen die Äquivalenz- oder Bedingungstheorie, die das Reichsgericht und der Bundesgerichtshof wie folgt definiert: »Ursache ist jeder Umstand, der nicht hinweggedacht werden kann, ohne daß damit auch die Wirkung entfiele« (RGSt 1, 373; BGHSt 1, 332). Die aufgrund des Zwecks des Strafrechts notwendige einschränkende Korrektur mit wertender Tätigkeit des Richters findet bei der Feststellung der Schuldhaftigkeit einer Handlung statt, die nur dann angenommen werden darf, wenn der Täter den Erfolg vorausgesehen hat oder wenigstens voraussehen konnte.

## 14.6 Sozialrecht

Im Sozialrecht wird dagegen von einer »rechtlich allein wesentlichen (Todes-)Ursache« gesprochen, um Leistungen nicht unbegrenzt gewähren zu müssen: »Nur diejenige Bedingung ist als Ursache im Rechtssinne anzusehen, die wegen ihrer besonderen Beziehung zum Erfolg zu dessen Eintritt wesentlich mitgewirkt hat.« (grundlegend dazu Reichsversicherungsamt, AN 1912, 930 f.)

## 14.7 Todesarten

Von besonderer Bedeutung ist die Unterscheidung der Todesursache von der Todesart. Es wird dabei der Versuch gemacht, eine sogenannte natürliche von einer nicht natürlichen Todesart zu differenzieren. Als nicht natürlich gilt der gewaltsame Tod (s. Kap. 15: »Todesfeststellung und Leichenschau«). Auch für diese Unterscheidung gilt, dass ihre Kriterien durch das jeweilige Interesse vorgegeben sind (Straftat, Suizid, vermeidbarer/unvermeidbarer Unfall). Aus rechtlichen Gründen ist diese Unterscheidung bereits bei der anlässlich der Todesfeststellung erforderlichen Leichenschau notwendig, in zahlreichen Fällen aber nicht möglich, sofern die Todesursache nicht eindeutig festzustellen ist. In solchen Fällen wird die Todesart als ›ungeklärt‹ angegeben, was polizeiliche und staatsanwaltschaftliche Ermittlungen nach sich zieht.

## 14.8 Statistik der Todesursachen

Die Statistik der Todesursachen leidet unter diesen Unsicherheiten. Wo die Todesursache durch eine Obduktion aufgeklärt worden ist, stellt sich heraus, dass in einer Mehrzahl von Fällen die ärztliche Angabe der Todesursache auf dem Leichenschauschein nicht zu bestätigen war. Da diese Angabe aber Grundlage der Statistik ist, wird der Wert der Todesursachenstatistik erheblich reduziert. Sie ist dennoch einigermaßen erkenntnisrelevant, weil die Fehlerquote relativ gleichbleibend ist und grobe Veränderungen in der Häufigkeit der verschiedenen Todesursachen noch erfasst werden. Mit Vorbehalt lässt sich deswegen sagen, dass die (deutsche) Statistik Erkrankungen von Herz und Kreislauf als häufigste Todesursache angibt. Danach folgen Krebs, Erkrankungen der Atemwege und der Verdauungsorgane und schließlich äußere Ursachen (s. Abschn. 14.10: »Häufigkeit verschiedener Todesursachen«).

## 14.9 Praxis der Feststellung der Todesursachen

Die Praxis der Feststellung der Todesursachen steht in deutlichem Gegensatz zu dem Anspruch, der mit ihrer statistischen Auswertung verbunden wird. Sie soll die elementare Grundlage für Sterbeziffern, verlorene Lebensjahre und vermeidbare Sterbefälle geben. Auch soll der Einfluss der Gesundheitsindikatoren und regionaler Besonderheiten auf die todesursachenspezifische Sterblichkeit und ihre Veränderung im Laufe der Zeit sichtbar gemacht werden. Daraus werden Handlungsempfehlungen für die epidemiologische Forschung und die Gesundheitspolitik abgeleitet. Um eine internationale Vergleichbarkeit der Todesursachenstatistik zu gewährleisten, gibt es die »ICD-10-WHO Todesursachenverschlüsselung« vom 01.01.1998 in der Version 2019.

## 14.10 Häufigkeit verschiedener Todesursachen

In der sogenannten Dritten Welt stehen noch immer die Infektionskrankheiten, in den letzten Jahren besonders auch AIDS, sowie Gewalteinwirkungen durch Unfälle, Unruhen und Kriege an vorderster Stelle der häufigsten Todesursachen. Als typisch für die entwickelten Staaten wird hier die deutsche Todesursachenstatistik für das Jahr 2016 nach der Nomenklatur der ICD (10) wiedergegeben:

I. 1,86 % bestimmte infektiöse und parasitäre Krankheiten
II. 26,17 % Neubildungen (Geschwülste)
III. 0,35 % Krankheiten des Blutes und der blutbildenden Organe sowie bestimmte Störungen mit Beteiligung des Immunsystems
IV. 3,43 % endokrine, Ernährungs- und Stoffwechselkrankheiten
V. 5,08 % psychische Störungen und Verhaltensstörungen
VI. 3,27 % Krankheiten des Nervensystems
VII. < 0,01 % Krankheiten des Auges und der Augenanhangsgebilde
VIII. < 0,01 % Krankheiten des Ohres und des Warzenfortsatzes
IX. 37,18 % Krankheiten des Kreislaufsystems
X. 7,07 % Krankheiten des Atmungssystems
XI. 4,47 % Krankheiten des Verdauungssystems
XII. 0,17 % Krankheiten der Haut und Unterhaut
XIII. 0,44 % Krankheiten des Muskel-Skelett-Systems und des Bindegewebes
XIV. 2,61 % Krankheiten des Urogenitalsystems
XV. < 0,01 % Schwangerschaft, Geburt und Wochenbett
XVI. 0,16 % bestimmte Zustände, die ihren Ursprung in der Perinatalperiode haben
XVII. 0,22 % angeborene Fehlbildungen, Deformitäten und Chromosomenanomalien
XVIII. 3,28 % Symptome und abnorme klinische sowie Laborbefunde, die anderenorts nicht klassifiziert sind
XIX. 4,21 % Verletzungen, Vergiftungen und bestimmte andere Folgen äußerer Ursachen

Bei etwa einem Drittel der unter XIX. gezählten Todesfälle handelt es sich um Suizide (s. Kap. 59: »Selbsttötung – soziologisch«).

## 14.11 Ermittlung der Todesursachen durch Sektion

Durch eine äußere Leichenschau ist die Todesursache normalerweise nicht zu ermitteln. In Verbindung mit der Kenntnis der Vorgeschichte, insbesondere von Vorerkrankungen, kann eine Todesursache wahrscheinlich gemacht werden. Aber erst die Obduktion (s. Kap. 45: »Obduktion – rechtsmedizinisch«) mit anschließender feingeweblicher Untersuchung und gegebenenfalls chemischer Analyse erlaubt eine einigermaßen zweifelsfreie Feststellung der Todesursache. Sektionsergebnisse gehen allerdings in der Regel in die offizielle Statistik der Todesursachen nicht ein, weil dazu Vorschriften fehlen.

Das von Giovanni Battista Morgagni (1682–1771) verfasste Hauptwerk *De sedibus et causis morborum* (1761) war ein entscheidender Schritt auf dem Weg zur Überwindung der spekulativen Humoralpathologie und zur Sichtbarmachung der Todesursachen durch Untersuchung auf krankhafte Veränderungen der Anatomie, die mit dem bloßen Auge erkennbar waren. In dessen Fortsetzung führte Rudolf Virchow (1821–1902) mit der mikroskopischen Untersuchung der Gewebe die Zellularpathologie ein, die eine weitaus differenziertere Diagnostik der Todesursachen erlaubt (vgl. Virchow 1871). Darüber hinaus werden heute immunologische und elektronenmikroskopische Untersuchungen an Geweben angewandt. Auch werden verfeinerte chemische Untersuchungen zur Aufdeckung von Vergiftungen eingesetzt. Schließlich erlauben bakteriologische und virologische Untersuchungen differenzierte Aussagen über tödliche Infektionskrankheiten.

## 14.12 Natürliche und nicht natürliche Todesursachen

Letztlich ist die einzige natürliche Todesursache die Altersschwäche (Marasmus senilis). Sie ist gekennzeichnet durch Abbau von Organsubstanz (Atrophie des Gehirns, Osteoporose, Abwehrschwäche) und Ablagerung von Stoffwechselprodukten (Lipofuszin). Sie wird jedoch im normalen Leben des Menschen nur selten erreicht. Üblicherweise führen pathologische

Entgleisungen oder äußere Einwirkungen wesentlich früher zum Tod. Die Abgrenzung der Ursachen pathologischer Vorgänge von äußeren Einwirkungen ist schwierig. So kommen Infektionen und Parasitenbefall von außen, führen aber zu krankhaften Veränderungen der Organe. Auch sind viele Organveränderungen auf äußere Bedingungen wie Alkoholmissbrauch, Rauchen, Mangelernährung oder Einwirkung von Strahlen zurückzuführen, z. B. Melanome (schwarzer Hautkrebs) auf ultraviolette Strahlung aus der Sonne oder der Höhensonne.

Die Unterscheidung nicht natürlicher von natürlichen Todesursachen ist der Versuch, solche Todesursachen von den natürlichen abzugrenzen, für die jemand zur Verantwortung gezogen werden kann. Es gibt aber zahlreiche nicht natürliche Todesursachen, für die niemand zur Verantwortung gezogen werden kann. Deswegen stellt die Feststellung eines nicht natürlichen Todes nur einen groben Anhaltspunkt dafür dar, dass Ermittlungen erforderlich sind.

## 14.13 Plötzlicher Tod aus natürlicher innerer Ursache

Jeder plötzliche Tod, komme er aus natürlicher oder nicht-natürlicher Ursache, gilt, weil er unvorbereitet eintritt, als tief erschreckend, sei es wegen mangelnder geistlicher oder wegen mangelnder weltlicher Vorbereitung. Von besonderem Interesse ist aber der plötzliche Tod aus natürlicher innerer Ursache, wenn er in einer Situation eintritt, die Verdacht erregend oder für den Verstorbenen kompromittierend ist, z. B. bei einer polizeilichen Vernehmung oder einem Ehebruch. Ein Zusammenhang zwischen der Verdacht erregenden oder kompromittierenden Situation mit dem plötzlichen Tod ist dann nicht gegeben, wenn der Tod als ein natürlicher festgestellt werden kann. Häufigste Ursache ist dann ein plötzliches Versagen des Herzens durch Thrombose einer Herzkranzschlagader, Herzinfarkt oder Herzmuskelentzündung oder ein sogenannter Schlaganfall. Die Diagnose eines natürlichen Todes wird in solchen Fällen häufig von aus verschiedensten Gründen interessierter Seite angezweifelt, weswegen es dann oft zu Nachobduktionen und langen Auseinandersetzungen kommt. Das Kausalitätsbedürfnis der Menschen lässt die Anerkennung eines unerwartet und plötzlich eintretenden Todesfalles als eines Naturereignisses nicht zu.

### Literatur

*Entscheidungen des Bundesgerichtshofes in Strafsachen*: BGHSt 1, 332.

*Entscheidungen des Bundesgerichtshofes in Zivilsachen*: BGHZ 3, 261.

*Entscheidungen des Reichsgerichts in Strafsachen*: RGSt 1, 373.

*Entscheidungen des Reichsgerichts in Zivilsachen*: RGZ.

Kries, J. A. von: Über den Begriff der objektiven Möglichkeit und einige Anwendungen desselben. In: *Vierteljahresschrift für wissenschaftliche Philosophie* 12 (1888), 179–240.

Morgagni, G.: *De sedibus et causis morborum*. Padua 1761.

Virchow, R.: *Die Cellularpathologie in ihrer Begründung auf physiologische und pathologische Gewebelehre*. Berlin [4]1871.

WHO: *International Statistical Classification of Diseases and Related Health Problems (ICD)*. Genf.

### Weiterführende Literatur

Altmann, H.-W.: *Die Pathologie an der Schwelle des neuen Jahrhunderts* (Würzburger medizin-historische Mitteilungen. Bd. 8). Würzburg 1990.

Becker, V.: *Der Einbruch der Naturwissenschaft in die Medizin. Gedanken um, mit, über, zu Rudolf Virchow*. Berlin/Heidelberg 2008.

*Hans-Bernhard Wuermeling*

# 15 Todesfeststellung und Leichenschau

## 15.1 Wer darf den Tod eines Menschen feststellen?

Auf die Frage, wer den Tod eines Menschen feststellen dürfe, stößt man selbst bei Medizinstudenten und -studentinnen auf Ratlosigkeit. Die Antwort, dass es keine Exklusivität gebe, wird mit Erleichterung aufgenommen. Den Tod eines Menschen darf also jeder Mensch feststellen, die betroffenen Angehörigen, Geistliche, Mitbewohner, Fremde, Polizeibeamte, Feuerwehrleute, eben jeder. Entsprechend soll sich eine rechtsmedizinische Auseinandersetzung mit dem Thema Todesfeststellung nicht nur mit den Todeszeichen beschäftigen, sondern auch mit den Ängsten derjenigen, die eine Todesfeststellung veranlassen oder den Tod feststellen.

## 15.2 Todesmeldung

Jeder Mensch, der beim Tod eines Menschen zugegen ist oder einen toten Menschen auffindet, ist zur Meldung verpflichtet. Diese ist zumeist eine Notfallmeldung, gerichtet an Notarzt, Feuerwehr oder Polizei. Bei Vorliegen erheblicher postmortaler Veränderungen dient die Meldung der Abwehr von Gefahren für die Öffentliche Sicherheit und Ordnung, insbesondere zum Schutz vor Infektionen. Eine solche Meldung beinhaltet noch nicht die Pflicht zur Beschaffung des Leichenschauscheins (Todesbescheinigung). Das obliegt den Bestattungspflichtigen. Der Leichenschauschein ist für die Beurkundung des Todes eines Menschen erforderlich, also für die Eintragung in das Sterberegister (§ 31 PStG). Ist die amtliche Todesfeststellung erfolgt, kann und muss der tote Mensch bestattet werden. Wer die Bestattungspflichtigen sind, ergibt sich aus übereinstimmenden Regelungen durch Bestattungsgesetze der Bundesländer (im Folgenden BestG). So wird z. B. im Hessischen Friedhofs- und Bestattungsgesetz (FBG) § 13 Abs. 1 der Personenkreis geregelt. Es sind die Angehörigen in absteigender Linie, gefolgt von Wohnungsinhaber, -eigentümer oder -verwalter, in Krankenanstalten oder bei Unterbringungen die Leitung, in der Öffentlichkeit die zuständigen Polizei- und Ordnungsbehörden.

Nach den BestG haben sämtliche niedergelassenen Ärzte/Ärztinnen unverzüglich einer Aufforderung zur Todesfeststellung nachzukommen, und zwar unter dem Aspekt einer etwaigen Hilfeleistung. Unmittelbar nach erfolgter Todesfeststellung muss eine Leichenschau durchgeführt werden, ist der amtliche Leichenschauschein auszufüllen und den Angehörigen auszuhändigen. Eine Ausnahme davon betrifft Notärzte im Einsatz, die einen leblos wirkenden Menschen zu reanimieren oder den eingetretenen Tod festzustellen haben, danach jedoch die Leichenschau nicht durchführen müssen, dazu aber berechtigt wären (AGNN 2017). Allerdings obliegt es ihnen, die Leichenschau zu organisieren.

Auf einem nicht-vertraulichen äußeren Mantel werden die Personalien angegeben, die Feststellung des eingetretenen Todes, der Todeszeitpunkt oder der Zeitpunkt der Auffindung des toten Menschen, der Todesort sowie der Ort der Leichenschau und die Todesart (natürlicher oder nichtnatürlicher Tod oder ungeklärte Todesart).

In einem verschließbaren vertraulichen Teil sind die Todesursache unter Ableitung einer Kausalkette und ggf. weitere wesentliche Grundkrankheiten zu attestieren, bei unnatürlichem Tod oder Tod eines Kindes um die Geburt zahlreiche weitere Details. Bei Hinweis auf einen nichtnatürlichen Tod bedarf es der Benachrichtigung der Polizei. Als zusätzliche ärztliche Aufgabe leitet sich vom Ergebnis der Leichenschau ggf. die Meldung einer Erkrankung im Sinne des InfektSchutzG ab.

## 15.3 Ärztliche Todesfeststellung

Rechtlich ist das Vorgehen im Transplantationsgesetz festgelegt (§ 3 Abs. 1 Satz 2 TPG). Dort heißt es: »Der Tod wird nach den Regeln, die dem Stand der Erkenntnisse der medizinischen Wissenschaft entsprechen, festgestellt«. Hintergrund der Definition ist die Feststellung des Hirntods mit dem Registrieren des zunehmenden Ausfalls der cerebralen Funktionen bis zu deren Erlöschen, anlassbezogen für die Organexplantation. Allerdings greift die Definition bei jeder ärztlich vorgenommenen Todesfeststellung. Die Hirntoddefinition entbindet Ärzte nicht von einer ganzheitlichen Todesfeststellung. Vergleicht man die Feststellung des Todes durch Laien mit der durch ein professionelles Rettungsteam (RT), dann finden sich breite Übereinstimmungen. Von den einen werden die Phänomene intuitiv erfasst, von den anderen werden sie zwar auch nach einer Orientierungsphase intuitiv erfasst, dann systematisch geprüft.

J. B. Metzler © Springer-Verlag GmbH Deutschland, ein Teil von Springer Nature, 2020
H. Wittwer/D. Schäfer/A. Frewer (Hg.), *Sterben und Tod. Ein interdisziplinäres Handbuch 2. Auflage*,
https://doi.org/10.1007/978-3-476-05761-7_15

Ein Beispiel aus der Betreuungsarbeit beim Plötzlichen Kindstod (SIDS) soll die intuitive Todesfeststellung beschreiben (Saternus 1992). Eltern kommen zu ihrem Kind, es liegt in Bauchlage in seinem Bettchen, auf ihre Weckrufe hin reagiert es nicht, beim Hochnehmen spüren sie, dass die Muskulatur ihres Kindes erschlafft ist, sie sehen Totenflecken im Gesicht. Damit wissen sie sofort, dass ihr Kind gestorben ist. Mit ihren Mitteln versuchen sie verzweifelt zu reanimieren, rufen ein RT zu Hilfe.

Betrachtet man dazu vergleichend einen RT-Einsatz, dann wären in diesem Fall die Totenflecken als eines der sogenannten sicheren Todeszeichen diagnoseleitend. Als sicheres Todeszeichen werden jeweils Totenflecken, Totenstarre, Fäulnis und mit dem Leben nicht vereinbare Verletzungen bezeichnet.

Das Einzelphänomen, Totenflecken, wird unmittelbar durch den Tonusverlust der Muskulatur gestützt, auch wenn es sich bei Letzterem isoliert nicht um ein sicheres Todeszeichen handelt. Erst zeitlich versetzt tritt nach dem Tod die Muskelstarre auf. In den Gelenken des Körpers tritt keine Muskelstarre auf, wie vielfach missverständlich gesagt wird. Die Bewegungen sind vielmehr durch die Muskelstarre eingeschränkt bis aufgehoben. Wird zu große Kraft bei ausgeprägter Totenstarre aufgewandt, wird z. B. der Ellenbogen aufgesetzt und dann auf die Beugeseite des Unterarms Druck aufgebracht, kann der totenstarre Muskel, konkret der *M. biceps*, durchreißen.

Liegt bei einem toten Menschen noch kein sicher erkennbares Todeszeichen vor, kann dennoch der Tod festgestellt werden. In der Praxis ist jedoch davon auszugehen, dass bei dieser Konstellation im Rettungsdienst zunächst reanimiert wird, einschließlich der Defibrillation. Durch die Reanimation werden die postmortalen Veränderungen, also die Todeszeichen, verzögert und treten zunächst weniger deutlich auf. Angaben zum Todeszeitpunkt auf die Minute können ausschließlich aus Monitoraufzeichnungen, aus der eigenen Anschauung der Ärzte oder aus Angaben Dritter stammen. Bei einem Notfalleinsatz zu einer leblosen Person erfolgt die erste Orientierung schnell und ganzheitlich. Sie beginnt mit Anrufen, Klopfen, Schütteln (Bewusstlosigkeit, Koma, Verlust des Muskeltonus), gefolgt von der Prüfung eines Schmerzreizes (Kneifprobe). Es folgen die Prüfung der Pupillenreaktion durch Lichteinfall (lichtstarre, weite und entrundete Pupillen), Prüfungen des Lidrandreflexes und des Corneareflexes (Berühren des Lidrandes und der Hornhaut des Auges), orientierende Palpation einer großen Halsschlagader (Puls) und auskultatorische Beurteilung von Herzschlag und Atmung.

Wenn bei aufgehobenen Vitalfunktionen eine EKG-Monitorableitung mindestens über 10 Minuten eine Asystolie (Null-Linie) ergibt, kann vom eingetretenen Tod ausgegangen werden (AGNN 2017). Nach anderen Empfehlungen soll der Todeseintritt erst dann gesichert sein, wenn über 30 Minuten eine Asystolie bestanden hat, so auch nach den von der Deutschen Gesellschaft für Rechtsmedizin (DGRM) vorgeschlagenen Regeln zur Durchführung der ärztlichen Leichenschau. Dieser Leitlinie fehlt jedoch bisher ein Literaturverzeichnis. Wenn Notärzte trotz fachlich korrekter Todesfeststellung dann doch bei der Dokumentation der Einzelbefunde eine gewisse Zurückhaltung erkennen lassen, wird das vielleicht auch aus der Aussage des Deutschen Rats für Wiederbelebung (2015) nachvollziehbar, dass es nämlich keinen einzelnen Prognosefaktor gäbe, der für sich allein die Dauer der Reanimation bestimme.

Selbstverständlich sollte die Indikation für eine RA weit gestellt werden. Kettler und Mohr (2003) unterscheiden sehr bewusst zwischen RA und einem RA-Versuch. Letzteres würde die Indikation noch einmal erweitern. Laufen die Eltern mit ihrem toten Kind dem RT entgegen, kann nun sofort reanimiert werden (Saternus/Helmerichs/Walter-Humke 1996). Die Angehörigen des RT müssen sich jedoch bewusst sein, dass ein RA-Versuch bei Vorliegen sicherer Todeszeichen das Signal an die Angehörigen ist, selbst in dieser aussichtlosen Situation doch noch mit den Mitteln der modernen Hochleistungsmedizin Erfolge erzielen zu können. Dieses ärztliche Handeln hat weder eine soziale noch eine medizinische Indikation, weil damit von kompetenter Seite Hoffnung auf eine Lebensrettung erweckt wird, und das, obwohl die Eltern zuvor bereits den Tod ihres Kindes erfasst hatten (Saternus/Helmerichs/Walter-Humke 1996; Helmerichs/Saternus 2004).

Die BStG und § 31 Abs. 1 Satz 4 PStG besagen, dass für die Attestierung des Todeszeitpunkts Ort, Jahr, Tag, Stunde und Minute angegeben werden müssen. Unabhängig davon, welche Mess- und/oder Untersuchungstechnik zum Einsatz kommt, wird eine Bestimmung der Zeit des Todeseintritts nicht auf die Minute erfolgen können, in der Praxis zumeist noch nicht einmal auf die Stunde. Bei der Unschärfe der Untersuchungsmethoden ist es nachvollziehbar, dass der zeitliche Ablauf nicht ganz selten unvollständig auf den vorläufigen Bescheinigungen des Todes in den Notarztprotokollen angegeben wird. So waren nach einer Auswertung von 400 Notarztprotokollen in einer Großstadt die Angaben zur Dauer der Reanimation in über 50 % der Fälle unvollständig oder fehlten gänzlich, was dann auch die Länge der Asystolie im EKG betraf (Fischer/Kutschka/Kunz u. a. 2016). Erschwert werden die zeitlichen Angaben dadurch, dass sämtliche postmortalen Veränderungen in Abhängigkeit von der Temperatur stehen. Häufig wird ja auch der Tod eines Menschen nicht sofort bemerkt. Dann bestehen zwar bei der Todesfeststellung keine Zweifel, aber die Einflussfaktoren auf die Ausprägung der postmortalen Veränderungen, anhand derer der Todeszeitpunkt eingegrenzt werden könnte, sind so vielfältig, dass auch unter Einschluss der Temperaturmessungen und der Prüfung der elektrischen Erregbarkeit der Muskulatur nur ein mehr oder weniger großes zeitliches Intervall angegeben werden kann, in dem der wahre Todeszeitpunkt liegt. Hinzu kommt, dass nicht ganz selten der Tod eines allein lebenden Menschen erst dann bemerkt wird, wenn bereits Tage, selbst Wochen vergangen sind. Daraus ergibt sich dann ein sehr weiter Rahmen für die Eingrenzung des Todeszeitpunkts anhand der Fäulnisveränderungen und ggf. des Insektenbesatzes. Dem kommt auch der Gesetzgeber in den BestG realistisch entgegen. Nach dem Hessischen BestG wird unter § 10 Abs. 1 Zeile 4 geregelt, dass nach der Feststellung des Todes der Todeszeitpunkt festgestellt werden müsse, und zwar absteigend in den Anforderungen: »Todeszeitpunkt oder, falls dies nicht möglich ist, des Todeszeitraums oder des Auffindungszeitpunktes der Leiche«.

## 15.4 Scheintod

Auf die kulturellen Fragen, die in Verbindung mit dem Scheintod thematisiert worden sind, soll hier nicht eingegangen werden (s. dazu Kap. 10: »Scheintod«). Der Scheintod ist Folge eines gravierenden ärztlichen Fehlers. Dabei ist die ärztliche Todesfeststellung abhängig vom Stand der Technik (§ 3 Abs. 1.2. TPG). Während die Todesfeststellung für die Organexplantation aufgrund der Vielzahl hochsensibler voneinander unabhängiger Messmethoden fehlerfrei ist, können minimale Herz-Kreislauf-Aktivitäten bei Einsatz einfacher Untersuchungsmethoden verkannt werden, so früher mit dem Abhören des Herzschlags unter Einsatz eines sogenannten Hörrohrs. Auch heute noch denkt praktisch jeder Arzt bei der Todesfeststellung an den Scheintod. Die Beschäftigung damit hat also die moderne Medizin nicht verlassen. Deshalb erfolgt zur Todesfeststellung zum Ausschluss noch basal erhaltener minimaler Herz-Kreislauf- und Atemaktivitäten (*vita minima*) oft ein EKG-Monitoring.

An ein grenzwertiges Sistieren der Atem- und Kreislauffunktion ist bei Vorliegen einer Intoxikation durch zentral wirksame Pharmaka oder Betäubungsmittel und/oder bei Unterkühlung zu denken; »*Nobody is dead, until warm and dead*« (AGNN 2017).

In den letzten Jahren wird zunehmend selbst beim Vorliegen von zwei sicheren Todeszeichen, nämlich Totenflecken und Totenstarre, ein EKG abgeleitet, die Elektroden werden sogar im Bereich der Totenflecken auf den Rumpf des toten Menschen aufgeklebt.

## 15.5 Probleme bei der Leichenschau

Mit den rechtlichen Grundlagen der Leichenschau und deren Handhabung werden die Studierenden der Medizin im Fach Rechtsmedizin vertraut gemacht. Allerdings haben die Toten, die im Auftrag der Ermittlungsbehörden in die Rechtsmedizin überführt worden sind, zu Lebzeiten keine Verfügungen dahingehend getroffen, sich nach dem Tode der Wissenschaft zur Verfügung zu stellen, oder haben erklärt, sich nach ihrem Tode von größeren Gruppen Studierender entkleidet betrachten oder untersuchen zu lassen. Eine Möglichkeit, die Würde dieser toten Menschen zu wahren, ist deren Anonymisierung. Sie besteht darin, das Gesicht teilweise mit einer Maske zu verdecken, mit einem Stülpa unter enger Ausschneidung um Mund und Augen. Zudem sollten die toten Menschen auch mit einer Windel geschützt werden. Obwohl alle Studierenden der Medizin mit dem anatomischen Präparierkurs ihr Studium beginnen, ist es geläufig, dass etliche von ihnen in den rechtsmedizinischen Kursen nicht oder nur mit allergrößtem Widerstreben bereit sind, den toten Menschen zum Erlernen der Leichenschau zu untersuchen. Selbstverständlich erfolgen konkret diese Übungen unter Anleitung durch Dozenten, sind Studierende mit Kittel, Schürze und Handschuhen geschützt. Im Hinblick darauf, dass für Studierende der Medizin später die sorgfältige Durchführung der Leichenschau zu ihren ärztlichen Pflichten gehören wird, sind das wesentliche Voraussetzungen für ihren Beruf. Wenig hilfreich wäre für die Vermittlung ein Abstand durch E-Learning. Aus der Ferne lässt sich später auch keine Leichenschau durchführen. Aber zur Vorbereitung, zum Training während und zur Auffrischung nach dem Kurs ist der Medieneinsatz sehr geeignet (Heide/Lessig/Diers u. a. 2016).

Damit stellt sich die Frage nach der Bedeutung der ärztlichen Leichenschau. Die Regelungen ergeben sich einheitlich aus den BestG. Danach gilt die Leichenschau der Feststellung der Todesursache und der Todesart.

Todesart, so wurde bereits gesagt, bedeutet die Angabe, ob es sich um einen Tod aus natürlicher oder aus nichtnatürlicher Ursache handelt oder aber, ob die Todesart nicht zu klären war. Ergeben sich bereits bei der Todesfeststellung Anhaltspunkte für das Vorliegen eines nichtnatürlichen Todes, ist die Leichenschau damit zu beenden. Die Kleidung ist in dem Zustand zu belassen, wie sie für Reanimation oder Todesfeststellung geöffnet werden musste. Waren die Todeszeichen so ausgeprägt, dass es zur Todesfeststellung nicht der Entkleidung bedurfte, so z. B. bei einem Kopfschuss, dann muss sie für die weiteren polizeilichen Ermittlungen unverändert belassen werden. Leicht zu verwechseln mit den Folgen etwaiger Gewalteinwirkungen sind Blutaustritte aus Mund und Nase dann, wenn der Kopf des Toten tiefer gelegen hat als der Rumpf (Kopftieflage). Bei Kopftieflage kommt es häufig zu erheblichem Blutaustritt in das die Blutgefäße umgebende lockere Bindegewebe. Aber auch bei einem Herzversagen, bei Vergiftungen und auch beim Plötzlichen Kindstod treten rote Blutkörperchen in die Lungenbläschen aus, ein hämorrhagisches Lungenödem. Fließt es postmortal ab, erweckt diese blutige Flüssigkeit den Verdacht eines unnatürlichen Todes. Andererseits entgehen der Leichenschau bei alten Menschen relativ häufig nennenswerte Sturzfolgen, wird dann fälschlich von einem natürlichen Tod aus bekannter innerer Ursache ausgegangen (Gleich/Viehöver/Stäbler u. a. 2017).

Zur Klärung der Todesart und Todesursache bedarf es einer umfangreichen Untersuchung des toten Menschen. Als Beispiel sei auf das hessische FBG verwiesen, so auf § 10 Abs. 3 Zeile 1: »Die vollständig entkleidete Leiche ist sorgfältig zu untersuchen; es sind dabei alle Körperregionen, einschließlich der Körperöffnungen, der Augenbindehäute, des Rückens und der behaarten Kopfhaut, zu untersuchen«.

Diese Vorschrift ist auf den ersten Blick plausibel und wird auch so rechtsmedizinisch geteilt (Leitlinie DGRM). Aber in der Praxis kann die Entkleidung eines toten Menschen im Bett für einen Arzt oder eine Ärztin eine technisch unlösbare Aufgabe sein. Es ist es allein schon sehr schwer, einen korpulenten Menschen bei Verlust des Muskeltonus für die Leichenschau im Bett so zu drehen, dass die abhängigen Partien, zumeist Rücken, Flanke und Gesäß, beurteilt werden können. Denn zuerst erschlafft die Muskulatur mit dem Todeseintritt, und erst über Stunden tritt die Totenstarre ein.

Die Entkleidung eines Notfallpatienten mit der Schere durch das RT wird von den Angehörigen immer akzeptiert. Dasselbe gilt für die Leichenschau durch die Polizei, nicht aber für den Hausarzt. Ist bei seinem Eintreffen der oder die Tote von den Angehörigen mit dem besten Nachthemd eingekleidet und in ihrem/seinem Bett mit betend gefalteten Händen und einem Kreuz auf der Brust aufgebahrt worden, muss er selbstverständlich sorgfältig den Tod feststellen, aber entkleiden kann er dabei nicht. Durchtrennt er dafür die Kleidung, obwohl die Angehörigen den Todeseintritt sicher erkannt haben, wird er auf breites Unverständnis stoßen. Er kann nur die Kleidung verschieben. Er begeht dabei eine Ordnungswidrigkeit. Gleichzeitig ist es richtig, dass der tote Mensch für die Leichenschau vollständig entkleidet werden sollte (Dettmeyer 2006). Es ist ein Dilemma. Aber nicht richtig ist es, dass die Leichenschau generell so fehlerhaft sei, dass etwa 1000 Tötungsdelikte pro Jahr dabei übersehen würden. Den diesbezüglichen Mitteilungen liegt der methodische Fehler zugrunde, dass Dunkelfeld mit Aufklärung durch die Ermittlungsbehörden verwechselt wird. In einer systematischen autoptischen Kontrolle aller Todesfälle über einen definierten Zeitraum fanden sich in Görlitz viele Zusatzbefunde, die der klinischen Diagnostik entgangen waren, aber kein übersehenes Tötungsdelikt (Modelmog/Goertchen/Steinhard u. a. 1991).

Sämtliche Körperöffnungen bei der Leichenschau einsehen zu sollen, ist eine abstrakte Forderung. Eine eigentlich erforderliche Wertung soll unterbleiben, stattdessen nur auf technische Details eingegangen werden. Nimmt man eine geläufige Konstellation, nämlich eine durch die Totenstarre leicht zwischen den Zähnen eingeklemmte Zungenspitze, dann lässt sich die Mundhöhle nicht einsehen. Die Öffnung kann kaum erzwungen werden. Wird dazu das Laryngoskop als Hebel eingesetzt, können Zahnausbrüche und beim Säugling erhebliche Widerlagerverletzungen in der Mitte des Oberkiefers die Folge sein, ohne dass die Mundhöhle dadurch einsehbar wird (Saternus 1988). Nicht selten ist agonal oder vielleicht auch schon länger Stuhl abgegangen, z. B. in die Windel bei einem alten inkontinenten Menschen. In einem solchen Fall sind die vollständige Entkleidung und eine etwaige weitergehende Untersuchung der Körperöffnungen ineffektiv.

Bei der Todesfeststellung und Leichenschau lässt

sich häufig durchaus von einer Über-Absicherung der Ärzte sprechen. So kann bei Vorliegen der sicheren Todeszeichen, Totenflecken und Totenstarre, selbst bei ganzheitlicher Betrachtung des toten Menschen für eine zusätzliche EKG-Ableitung kaum noch eine Indikation gefunden werden. Bei bereits durchgeschlagenen Blutgefäßen, also beginnender Autolyse, fehlt sie. Sie fehlt insbesondere für das Durchführen von Reanimationsmaßnahmen, einschließlich des Legens eines zentralen Zugangs und einer Defibrillation. In diesem Zusammenhang sei auf die unterschiedliche Handhabung der Notärzte in Abhängigkeit vom Lebensalter der Toten bei vergleichbaren postmortalen Veränderungen hingewiesen.

Anders als alte Menschen werden nämlich gestorbene Kinder und Jugendliche oft noch sehr lange reanimiert, zudem nicht selten unter Reanimation (RA) in die Klinik mitgenommen. Auch in die Attestierung der Todesart geht das Lebensalter ein. So wird bei alten multimorbiden Menschen die Todesart seltener als nicht geklärt angesehen als bei jüngeren und eine der wesentlichen Grundkrankheiten als Todesursache angesehen (Germerott/Bielfeld 2017).

Auf das umfangreiche Spektrum der Todesursachen soll hier nicht weiter eingegangen werden.

## 15.6 Die Ängste der Angehörigen

Selbst wenn die Angehörigen nach langer Sterbebegleitung, also erwartet, den Tod feststellen, ist das für sie häufig mit Ängsten und Selbstvorwürfen verbunden. Die Überlegungen der Angehörigen kreisen in erster Linie um den Zeitpunkt der Alarmierung des Arztes, und zwar unter dem Aspekt vielleicht versäumter Hilfe und dadurch erfolgter Mitschuld am Tod des nahen Menschen. So ist es für sie bereits eine sehr schwierige Entscheidung, wen sie in der konkreten Situation alarmieren sollten, den Hausarzt (HA), NA, Seelsorger, die Polizei oder die Feuerwehr.

Bei unerwarteten Todesfällen sind Selbstvorwürfe sehr häufig. Die immer wiederkehrenden Gedanken verharren dabei, etwaige Hilfsmöglichkeiten nicht erkannt oder ausgeschöpft, Hilferufe vielleicht nicht gehört, Prodromi verkannt zu haben. Auch fürchten sie, sich eventuell strafbar gemacht zu haben. Hilfe, also Schuldentlastung, wird vom alarmierten Arzt erwartet.

In diesem Zusammenhang wurde schon lange diskutiert (Meyer 1985), die Angehörigen zu ermutigen, während des NA-Einsatzes ins Sterbezimmer zu kommen, bei der Todesfeststellung die Tür nicht vollständig zu schließen. Andererseits stellt es einen Übergriff dar, grundsätzlich die Angehörigen zu einem vollständig entkleideten nahen Toten zu rufen. Was z. B. für Eltern beim Tod eines Säuglings gelten könnte, würde nicht für den Sohn beim Tod seiner alten Mutter zutreffen.

Auf die Abschiednahme kann hier nicht näher eingegangen werden, siehe dazu Müller-Lange und Zippert (2006).

## 15.7 Todesmitteilung

Für die Todesmitteilung scheint der Hinweis fast überflüssig zu sein, dass Eile unangemessen sei. Es sind aber wenige Gesten, mit denen Zuwendung oder üblicher Ablauf der Routine ausgedrückt werden. So drückt jedes Gespräch, das im Stehen geführt wird, zwar die Wichtigkeit des Arztes, aber nicht des ärztlichen Anliegens aus, den Angehörigen Hilfe leisten zu wollen. Sich zu den Angehörigen zu setzen, signalisiert als sogenannte Ich-Botschaft, für sie Zeit zu haben.

Bei einem solchen Gespräch sollten Todesnachricht und Schuldentlastung in engem Zusammenhang erfolgen. Für die Angehörigen wären das die Aussagen, dass alle Möglichkeiten der Hilfeleistung vor Eintreffen des RT ausgeschöpft worden seien.

Eine solche Schuldentlastung wird von den Angehörigen als fachkompetent verlässlich angesehen. Erst nach dieser Botschaft ist ein ärztliches Gespräch für die Angehörigen eine Hilfe; vorher wird es als Erheben einer Fremdanamnese empfunden.

Wenn von Schuldentlastung gesprochen wird, dann betrifft das nicht Rechtsfragen. Viele Ärzte scheuen sich dennoch vor einer entlastenden Aussage, weil die genaue Todesursache nicht bekannt sei. Speziell bei einem Tötungsdelikt sollte der Arzt sich allerdings jeder wertenden Äußerung enthalten.

Müller-Cyran (2004) weist darauf hin, dass die Indikation für eine Betreuung von Angehörigen signifikant häufiger gestellt und entsprechend die Notfallseelsorge oder ein Kriseninterventionsteam angefordert wird, wenn die Betroffenen weinen. In einer solchen Situation oder bei Autoaggression, die z. T. in einzelnen Kulturen insbesondere von Frauen sozial erwartet wird, sind die Mitglieder des gesamten RT von dem angetroffenen Leid erschüttert. Der Rat, die Betroffenen stumm in den Arm zunehmen, ist dabei ein schlechter Rat an professionelle Helfer. Eine solche

Nähe herzustellen steht Außenstehenden nicht zu, stellt vielmehr aus der eigenen Sicht (Saternus 2007) einen Übergriff dar. Dagegen ist bei jeder Form der Trauer ein Gespräch möglich, wenn mit Respekt gewartet wird. Die Wartezeiten sind auch bei stärksten Emotionen und selbst bei katatoner Starre nur kurz, stellen für ein RT keine wesentliche Verzögerung dar. Das Gespräch wird durch die Fragen der Angehörigen gesteuert. Denn die ärztliche Zuwendung besteht in der möglichst präzisen Beantwortung der Fragen der Angehörigen, um den Rückgewinn an Autonomie zu unterstützen.

Angehörige sind mit der Alarmierung des Arztes zu einem wahrscheinlich gestorbenen, aber möglicherweise noch zu rettenden nahen Menschen auch selber in großer Not und Desorientierung. Diese Not ist nach erfolgter Todesfeststellung nicht behoben. Nachdem die Lebensrettung nicht mehr gelingen kann, stehen die Angehörigen mit ihrer Hilflosigkeit im Vordergrund, als die, die der ärztlichen Hilfe im Gespräch durch Erklärung, Schuldentlastung und Zuwendung bedürfen. Die ärztliche Todesfeststellung ist also sehr viel mehr als nur eine technische Untersuchung.

#### Literatur


Arbeitsgemeinschaft in Norddeutschland tätiger Notärzte (AGNN) e. V.: *Todesfeststellung und Leichenschau. Therapieempfehlungen für die Notfallmedizin* (2017). In: http://agnn-therapie.de/todesfeststellung-und-leichenschau/ (26.04.2019).

Dettmeyer, R. Leichenschaurecht. In: Ders. (Hg.): *Medizin & Recht. Rechtliche Sicherheit für den Arzt.* Heidelberg ²2006, 258–263.

Deutsche Gesellschaft für Rechtsmedizin (GDRM): *AWMF-Leitlinien Nr. 054/002 ›Regeln zur Durchführung der ärztlichen Leichenschau‹.* In: https://www.awmf.org/leitlinien/detail/ll/054-002.html (14.04.2019).

Fischer, F. T./Kutschka, I./Kunz, S. N./Grove, C./Lochner, S. J.: Todesfeststellung und Reanimationsabbruch im Notarztdienst. In: *Rechtsmedizin* 26 (2016), 489–498.

Gleich, S./Viehöver, S./Stäbler, P./Graw, M./Kraus, S.: Falsch bescheinigter natürlicher Tod nach ärztlicher Leichenschau. In: *Rechtsmedizin* 27 (2017), 2–7.

Germerott, T./Bielfeld, S.: Leichenschau und demographischer Wandel. Qualität der Leichenschau bei älteren Verstorbenen. In: *Rechtsmedizin* 27 (2017), 106–113.

Heide, S./Lessig, R./Diers, V./Rönsch, M./Stoevesandt, D.: Etablierung der Station ›Leichenschau‹ in SkillsLab und E-Learning. In: *Rechtsmedizin* 26 (2016), 90–96.

Helmerichs, J./Saternus, K. S.: Psychologische Betreuung von Eltern und Geschwistern nach Plötzlichem Säuglingstod. In: J. Bengel (Hg.): *Psychologie in Notfallmedizin und Rettungsdienst.* Berlin ²2004, 143–150.

Kettler, D./Mohr, M.: Ethische Aspekte der kardiopulmonalen Wiederbelebung. In: K. Amelung/W. Beulke/H. Lilie/H. Rosenau/H. Rüping/G. Wolfslast (Hg.): *Strafrecht. Biorecht. Rechtsphilosophie. Festschrift für Hans-Ludwig Schreiber.* Heidelberg. 2003, 719–728.

Meyer W.: Über den Umgang mit dem Tod bei der Arbeit auf dem Notarztwagen. In: *Notarzt* 1 (1985), 99–103.

Modelmog, D./Goertchen, R./Steinhard, K./Sinn, H. P./Stahr, H.: Vergleich der Mortalitätsstatistik einer Stadt bei unterschiedlicher Obduktionsquote (Görlitzer Studie). In: *Pathologe* 12/4 (1991), 191–195.

Müller-Cyran, A.: Krisenintervention im Rettungsdienst. In: J. Bengel (Hg.): *Psychologie in Notfallmedizin und Rettungsdienst.* Berlin ²2004, 61–68.

Müller-Lange J./Zippert T.: Vom Umgang mit dem toten Menschen. In: J. Müller-Lange (Hg.): *Handbuch Notfallseelsorge.* Edewecht 2006, 223–233.

*Personenstandsgesetz* (PstG) vom 19.02.2007 (BGBl I, 122), zuletzt geändert am 18.12.2018 (BGBl I, 2639).

Saternus, K. S.: Das Reanimationstrauma durch Atemspende und Intubation. In: *Intensivbehandlung* 13 (1988), 7–10.

Saternus, K. S.: Erste Maßnahmen und Reaktionen von Eltern, des professionellen Rettungsdienstes und der Polizei beim Plötzlichen Kindstod. In: Ders./P. Klostermann (Hg.): *Der Plötzliche Kindstod. Elternbetreuung.* Lübeck. 1992, 71–103.

Saternus, K. S./Helmerichs, J./Walter-Humke, S.: Der Plötzliche Kindstod (SID). Teil 1: Grenzen der Reanimation. In: *Notarzt* 12 (1996), 8–11.

Saternus, K. S.: Betreuung Angehöriger. In: B. Madea (Hg.): *Praxis Rechtsmedizin.* Berlin ²2007, 308–310.

Saternus, K. S.: Herrichtung, Abschied. In: Ders./B. Madea (Hg.): *Gerichtliche Obduktion.* Umgang mit dem toten Menschen und Obduktionstechnik. Lübeck 2007, 249–252


*Klaus-Steffen Saternus*

# 16 Sterberate

Die Sterberate für Einzelalter oder für Altersintervalle ist eines der Standardmaße in der Demographie, wenn es um die Beschreibung der Mortalität einer Population oder um den Vergleich zweier bzw. mehrerer Populationen geht. Dennoch sind für dieses im Prinzip einfache Maß einige Details zu beachten, die nicht immer bei der Interpretation berücksichtigt werden. Im Folgenden werden deshalb zunächst die Sterberate sowie mögliche Standardisierungsverfahren besprochen. Es wird der Zusammenhang zwischen Sterberate und Sterbewahrscheinlichkeit aufgezeigt und der Parameter ›durchschnittliche Lebenserwartung‹ eingeführt. Abschließend werden das altersspezifische Muster der Sterbewahrscheinlichkeiten sowie die Entwicklung der Lebenserwartung, der Gesamtmortalität und ausgewählter Todesursachen für die Bundesrepublik in den Grenzen vor 1990 (inklusive Ostberlin ab 1990) betrachtet.

## 16.1 Definition der rohen Sterberate

Die Berechnung der rohen altersspezifischen Sterberate (${}_{a}d_{x,y}$) für das Altersintervall $x$ bis unter $x + a$ im Kalenderjahr $y$ erfolgt nach Formel 1:

$$ {}_{a}d_{x,y} = \frac{\textit{Sterbefälle im vollendeten Alter } x \textit{ bis unter } x + a \textit{ im Jahr } y}{\textit{gelebte Risikojahre der Population im Alter } x \textit{ bis unter } x + a \textit{ im Jahr } y} $$

Die Intervallbreite $a$ ist variabel, liegt jedoch in der Regel zwischen einem Jahr, fünf oder zehn Jahren. In der internationalen Literatur hat sich für die Beschreibung der Mortalität oberhalb von Alter 4 die Praxis durchgesetzt, die Population zu Fünfer-Altersgruppen zusammenzufassen und die entsprechende altersgruppenspezifische Sterberate ${}_{5}d_{x}$ zu berechnen. Die gesonderte Angabe der Säuglingssterberate, die trotz ihres Namens die Sterbewahrscheinlichkeit zwischen Geburt und vollendetem Alter 1 zum Ausdruck bringt, führt dazu, dass für die zweite Altersgruppe nur vier Altersstufen zwischen dem vollendeten Alter 1 und dem vollendeten Alter 4 einbezogen werden. Dementsprechend wird eine Person vom vollendeten fünften bis zum vollendeten zehnten Lebensjahr der Altersgruppe 5 bis 9 zugeordnet, die damit fünf Einzelalter umfasst. Entsprechend dieser Logik schließen alle nachfolgenden Altersgruppen ebenfalls jeweils fünf Einzelalter ein. Da die amtliche Statistik Angaben der Personenbestände und Sterbefälle nur selten bis zum letzten tatsächlich beobachtbaren Alter veröffentlicht, beinhaltet die letzte zusammengefasste Altersgruppe alle Einzelalter oberhalb und inklusive der letzten Altersangabe. Die altersspezifische Sterberate wird häufig pro 10.000 oder 100.000 Personen in der jeweiligen Altersgruppe angegeben.

Die genaue Erfassung der Sterbefälle vorausgesetzt, stellt die exakte Definition der Risikopopulation im Nenner die eigentliche Herausforderung bei der Berechnung der altersspezifischen Sterberate dar. Per Definition sollte die Risikopopulation alle lebenden Personen im entsprechenden Alter umfassen, die sich im Laufe des Kalenderjahres $y$ zu einem beliebigen Zeitpunkt in der räumlichen Betrachtungseinheit aufgehalten haben und somit für ein bestimmtes Zeitintervall dem Risiko zu versterben ausgesetzt waren. Dies setzt eine exakte Berücksichtigung der unter dem Mortalitätsrisiko verlebten Personenjahre jeder einzelnen Person voraus. Eine Beendigung der Beobachtung kann nur durch Tod oder Fortzug aus der Beobachtungsregion erfolgen. Eine neue (zusätzliche) Beobachtung resultiert ausschließlich durch den Zuzug von Personen. Die Größe der gesamten Risikopopulation entspricht folglich der Summe aller anteiligen Lebensjahre, die in der betreffenden Altersstufe in einem Kalenderjahr verlebt wurden. Da die exakten zeitlichen Zu- und Abgänge durch die amtliche Statistik nicht erfasst werden können und demzufolge die präzise Bestimmung der Risikopopulation nicht möglich ist, wird diese durch die Angabe der durchschnittlich im Alter $x$ bis unter $x + a$ anwesenden Bevölkerung im Kalenderjahr $y$ approximiert.

Das Ersetzen der exakten Risikopopulation durch die ›mittlere Bevölkerung‹ hat für die Angabe der altersspezifischen Sterberate jedoch eine Reihe von Konsequenzen. Die benötigten Daten für die Berechnung der Sterberate nach Formel 1 sind von sehr unterschiedlicher Messgenauigkeit. Während die Zahl der Sterbefälle im Alter $x$ im Kalenderjahr $y$ (im Zähler) nahezu exakt zu erfassen ist, bleibt in der Angabe der Personenbestände im Nenner eine Unsicherheit durch Volkszählungsfehler bestehen. Zusätzlich können sogenannte Fortschreibungsfehler entstehen, die sich aus der Berechnung der Bevölkerungsbestände zwischen zwei Volkszählungen ergeben. Diese Fortschreibungsfehler nehmen mit zeitlichem Abstand zur letzten Volkszählung hauptsächlich durch die fehlerhafte Erfassung der Migration zu. Vor allem in den hohen Altersgruppen wirken sich die unterlassenen Abmeldungen bei Wanderungen über die Bundes-


H. Wittwer/D. Schäfer/A. Frewer (Hg.), *Sterben und Tod. Ein interdisziplinäres Handbuch 2. Auflage*,
https://doi.org/10.1007/978-3-476-05761-7_16

grenzen nach Jahrzehnten auf die bereits geringen Bevölkerungsbestände aus. Scholz und Jdanov (2007, 8 f.) können beispielsweise für die hohen Altersgruppen (ab Alter 90) zeigen, dass die Abweichungen zwischen den tatsächlichen Jahresendbeständen und den Angaben der amtlichen Statistik für Westdeutschland im Jahr 2004 bei Männern 40 % und bei Frauen etwa 20 % betragen.

Bei der Analyse der Bevölkerung nach Einzelalter ist zudem zu bedenken, dass sich außer zum Ende des Kalenderjahres *y* der Bevölkerungsbestand im exakten Alter *x* aus Anteilen zweier aufeinander folgender Geburtsjahrgänge zusammensetzt. Weisen diese jeweils stark unterschiedliche Bestände auf, kann sich die Zahl der Personen im exakten Alter *x* während des Kalenderjahres *y* relativ schnell in die eine oder andere Richtung verändern. Die Wahl zwischen dem Fortschreibungsbestand zur Jahresmitte, dem Mittelwert aller zwölf Monatsendbestände oder zwischen den zwei aufeinander folgenden Jahresendbeständen als Nenner für die Berechnung einer Sterberate wirkt sich demzufolge auf das Ergebnis aus und wird umso bedeutender, je kleiner das betrachtete Altersintervall ist.

Unabhängig davon, welche Lösung für die Angabe der gelebten Risikojahre pro Person gewählt wird, beinhaltet Formel 2 sowohl im Zähler als auch im Nenner die Sterbefälle bzw. Bevölkerungsbestände mindestens zweier Geburtsjahrgänge, deren Mitglieder sich im Kalenderjahr *y* im Alter *x* bis unter *x* + *a* befanden:

$${}_{a}d_{x,y} = \frac{{}_{a}D_{x,y}}{{}_{a}P_{x,y}} \times 100.000$$

Die jeweilige Vorgehensweise, die ›mittlere Bevölkerung‹ im entsprechenden Altersintervall zu messen, legt fest, mit welchem Anteil die aufeinander folgenden Geburtsjahrgänge in die Berechnung der altersspezifischen Sterberate eingehen. Der berechnete Wert einer rohen altersgruppenspezifischen Sterberate ist damit stets auch die Konsequenz der jeweiligen zugrunde liegenden inneren Altersstruktur. Die ungleiche Besetzung der exakten Alter innerhalb einer zusammengefassten Altersgruppe wäre für die Interpretation der altersgruppenspezifischen Sterberate im Zeitverlauf nur dann unbedenklich, wenn die Alterszusammensetzung aufgrund über die Zeit konstanter Mortalitäts- und Fertilitätsparameter dauerhaft unverändert bliebe. Bevölkerungen, die diese Voraussetzung erfüllen und weder Zu- noch Abwanderungen aufweisen, werden als stabil bezeichnet. Real existierende Bevölkerungen erfüllen diese Bedingungen zumeist nicht, und die Wahrscheinlichkeit der Fehlinterpretation der Mortalitätsentwicklung steigt mit zunehmendem Alter an.

Die rohe zusammengefasste Sterberate ($d_y$) über alle Altersstufen im Kalenderjahr *y* errechnet sich aus der Gesamtzahl der Sterbefälle im Jahr *y* bezogen auf die Gesamtzahl der gelebten Personenjahre in Jahr *y* (vgl. Formel 3). Dies kann als ein gewichteter Durchschnitt der altersgruppenspezifischen Sterberaten (${}_{a}d^{B}_{x,y}$) mit den jeweiligen Bevölkerungsanteilen (${}_{a}k^{B}_{x,y}$) der Beobachtungspopulation *B* aufgefasst werden, wobei die Summe der Bevölkerungsanteile über alle Altersstufen 0 bis ω den Wert Eins ergeben muss:

$$d_y = \frac{D_y}{\overline{P}_y} = \sum_{x=0}^{\omega} {}_{a}d^{B}_{x,y} \times {}_{a}k^{B}_{x,y}$$

Bei internationalen Vergleichen kann nun beispielsweise die rohe zusammengefasste Sterberate eines Entwicklungslandes trotz durchgängig höherer altersspezifischer Sterberaten insgesamt niedriger sein als die eines entwickelten Industrielandes. Der Grund einer solchen Beobachtung ist nahezu ausschließlich in der unterschiedlichen Altersstruktur mit einem möglicherweise vollständig entgegengesetzten Altersaufbau in den beiden betrachteten Populationen zu finden. Für regionale oder zeitliche Gegenüberstellungen der Mortalität ist die rohe zusammengefasste Sterberate deshalb wenig geeignet.

## 16.2 Standardisierung der Sterberate

Um dennoch vergleichende Aussagen über das Mortalitätsniveau oder dessen Entwicklung treffen zu können, wird eine Standardisierung der bisher in Formel 3 implizit vorgegebenen Altersstrukturgewichtung (${}_{a}k^{B}_{x,y}$) vorgenommen. Auch wenn die Berechnungen der Sterberaten nun durch die vorgegebene Gewichtung bestimmt werden und möglicherweise in starkem Kontrast zur tatsächlich beobachtbaren Altersstrukturverteilung stehen, ist eine logische Begründung des gewählten Standards nicht zwingend erforderlich. Um eine Vergleichbarkeit oder Replikation der Ergebnisse zu gewährleisten, ist die Angabe des verwendeten Standards jedoch bei jeder Berechnung unerlässlich. Die Standardisierung kann entweder direkt oder indirekt erfolgen. Die direkt standardisierte Sterberate ergibt sich nach Formel 4 durch Aufsummierung der altersspezifischen Sterberaten der Beobachtungspopulation (${}_a d^B_{x,y}$), multipliziert mit ihrem jeweiligen relativen Besetzungsanteil der gleichen Altersgruppe in der Standardbevölkerung (${}_a k^S_x$ ):

$$d_y^S = \sum_{x=0}^{\omega} {}_a d_{x,y}^B \times {}_a k_x^S$$

Die direkt standardisierte Sterberate kann so interpretiert werden, als wäre sie die rohe zusammengefasste Sterberate ($d_y$) mit der Altersverteilung der Standardbevölkerung. Die Grenze dieser Vorgehensweise ist jedoch erreicht, wenn keine Angaben zu den altersspezifischen Sterbefällen vorliegen, was die Kalkulation altersspezifischer Sterberaten unmöglich macht (Esenwein-Rothe 1982, 224). In diesen Fällen kann die Berechnung der Sterberaten mithilfe der indirekten Standardisierung erfolgen.

Bei der indirekten Standardisierung werden die altersspezifischen Sterberaten einer Standardbevölkerung ${}_a d^S_x$ mit den Altersgruppenanteilen der Beobachtungspopulation (${}_a k^B_{x,y}$) gewichtet und aufsummiert. Der Zähler wird anschließend in das Verhältnis zur rohen Sterberate der Standardbevölkerung ($\sum_{x=0}^{\omega} {}_a k_x^S \cdot {}_a d_x^S$) gesetzt:

$$d_y^{IS} = \left( \frac{\sum_{x=0}^{\omega} {}_a k_{x,y}^B \cdot {}_a d_x^S}{\sum_{x=0}^{\omega} {}_a k_x^S \cdot {}_a d_x^S} \right) \cdot d_y$$

Dies ergibt einen Gewichtungsfaktor, der das Verhältnis der Sterbefälle in der beobachteten Population zu den Sterbefällen in der Standardbevölkerung unter der Annahme identischer Sterblichkeitsverhältnisse beschreibt. Multipliziert mit der rohen Sterberate der Beobachtungspopulation ($d_y$), erhält man die Anzahl der zu erwartenden Sterbefälle unter den Mortalitätsverhältnissen der Standardbevölkerung.

Ein Vorteil dieses Verfahrens ist, dass nicht alle altersspezifischen Sterberaten der Beobachtungspopulation vorliegen müssen. Der wesentliche Nachteil der indirekten Standardisierung liegt jedoch in der fehlenden Möglichkeit des Vergleichs von mehr als zwei Populationen, wie er mit der direkten Standardisierung möglich ist. Für jede neue Gegenüberstellung zweier Populationen wird praktisch ein neuer Gewichtungsstandard aus Beobachtungs- und Referenzbevölkerung gebildet.

## 16.3 Sterberate in der Sterbetafel

Eine weitere Standardisierungsmöglichkeit ist die Berechnung von Sterbetafelparametern. Eine Sterbetafel impliziert eine stationäre Bevölkerung, deren abgeleitete Sterbetafelparameter nur unter den Bedingungen einer stationären Bevölkerung gültig sind. Als Sterbetafelparameter seien die Anzahl der Personen, die ihren x-ten Geburtstag erleben ($l_x$), und die durchschnittliche Lebenserwartung im Alter $x$ (insbesondere im Alter Null $e_0$) genannt. Der Summenindikator $e_0$ ist multiplikativ mit den altersspezifischen Sterbewahrscheinlichkeiten verknüpft, was trotz unterschiedlicher Verläufe für den Sterbetafelparameter $l_x$ über Alter $x = 0$ bis $\omega$ zu einem identischen Wert für $e_0$ führen kann. Für eine vollständige Systematisierung der Mortalitätsentwicklung sollten demzufolge zusätzlich die Veränderungen in den altersspezifischen Sterbewahrscheinlichkeiten im Zeitverlauf betrachtet werden.

In Sterbetafelnotation lässt sich die altersspezifische Sterberate aus Formel 1 auch schreiben als:

$${}_a d_x = \frac{{}_a D_x}{{}_a L_x} ,$$

wobei sich ${}_a L_x$ auf die Summe der im Alter $x$ bis unter *$x + a$ gelebten Personenjahre in der Sterbetafel bezieht.*

Für die Berechnung der altersspezifischen Sterbewahrscheinlichkeit wird hingegen der Nenner durch die Zahl der lebenden Personen ($l_x$) am Beginn des Altersintervalls ersetzt, die im weiteren Zeitverlauf der Periode $y$ dem Risiko ausgesetzt sind zu versterben:

$${}_a q_x = \frac{{}_a D_x}{l_x}$$

Die altersspezifische Sterbewahrscheinlichkeit beschreibt die Wahrscheinlichkeit, im Alter $x$ zu versterben, unter der Voraussetzung, das Alter $x$ erreicht zu haben. Über die Umstände, wie die Personen der Kohorten *k bis* $k_i$ das Alter $x$ erreicht haben, sagt die altersspezifische Sterbewahrscheinlichkeit nichts aus.

Die Umwandlung von ${}_a d_x$ in ${}_a q_x$ erfolgt nach Formel 8 (Preston u. a. 2001, 43):

$${}_a q_x = \frac{a \cdot \frac{{}_a D_x}{{}_a L_x}}{\frac{{}_a L_x}{{}_a L_x} + (a - {}_a f_x) \cdot \frac{{}_a D_x}{{}_a L_x}} = \frac{a \cdot {}_a d_x}{1 + (a - {}_a f_x) \cdot {}_a d_x}$$

Der Parameter $_af_x$ gibt an, wie lang die im Altersintervall Verstorbenen im Durchschnitt im betreffenden Altersintervall noch am Leben waren (Chiang 1984, 142 f.). Eine realistische Verteilung der Sterbefälle im entsprechenden Altersintervall wird umso schwieriger, je größer *a* gewählt wird. Möglichkeiten, die exakten Werte für $_af_x$ zu bestimmen, werden unter anderem bei Preston u. a. (2001, 44 ff.) diskutiert. Eine Diskussion der weiteren Sterbetafelparameter kann u. a. bei Le Bras (2008) und Bowers u. a. (1997, 52 ff.) nachgelesen werden.

Da die Sterbetafel die Sterblichkeit eines Geburtsjahrganges misst, müsste theoretisch jener Zeitpunkt abgewartet werden, an dem alle Mitglieder dieses Jahrganges verstorben sind. Da dies an die 100 Jahre und länger dauern kann, wird eine »synthetische Kohorte« als Grundlage für die Berechnung der Sterbetafel einer spezifischen Population im Jahre *y* verwendet. Man spricht dann von einer Periodensterbetafel. Dabei werden die Todesfälle aller Alter $x = 0$ bis $\omega$ eines Jahres *y* verwendet, um die entsprechenden Werte für $q_{x,y}$ zu bestimmen. Der Sterbetafelparameter ›durchschnittliche Lebenserwartung im Alter Null/bei Geburt ($e_0$)‹ für die Periode *y* ist somit ein hypothetischer Wert unter der Bedingung, dass sich die gegenwärtigen altersspezifischen Sterbewahrscheinlichkeiten der Periode *y* zukünftig nicht mehr verändern. Konkret müsste dazu die aktuell erfasste Mortalität für alle betrachteten Altersstufen für mindestens $\omega$ weitere Jahre konstant bleiben.

Sterbetafeln für Geburtsjahrgänge werden als Kohortensterbetafeln bezeichnet und können komplett nur für jene Kohorten berechnet werden, deren Mitglieder bereits vollständig verstorben sind. Derzeit trifft dies für Deutschland in etwa für die vor 1900 geborenen Kohorten zu. Kohortensterbetafeln für jüngere Geburtsjahrgänge basieren teilweise auf geschätzten Sterberaten.

## 16.4 Langjährige Trends der Mortalität am Beispiel Westdeutschlands

Aufgrund der abweichenden Kodierungspraxis in der ehemaligen DDR kann die gesamtdeutsche Mortalität erst seit der Wiedervereinigung korrekt dargestellt werden. Da im Folgenden auch auf die langjährige Entwicklung der todesursachenspezifischen Sterblichkeit eingegangen werden soll, werden die Trends der Mortalität für Westdeutschland dargestellt. Diese sind exemplarisch für die meisten Länder Europas, mit Ausnahme der zentral- und osteuropäischen Länder. In den früheren kommunistischen Ländern kam es erst Ende der 1990er Jahre zu nennenswerten Gewinnen in der Lebenserwartung durch die Reduktion der Herz-Kreislauferkrankungen, während in den westlichen Ländern Europas dieser Trend bereits in den frühen 1980er Jahren einsetzte. Für Deutschland führte dies dazu, dass sich der Unterschied in der durchschnittlichen Lebenserwartung bei Geburt zwischen den alten und neuen Bundesländern von 1992 bis 2007 von 3,25 Jahren auf 1,33 Jahren bei Männern und von 2,3 auf 0,26 Jahren bei den Frauen reduzierte (Destatis 2009). Die Angleichung der Lebenserwartung erfolgte dabei vor allem durch den Rückgang der Sterblichkeit bei über 60-jährigen (Frauen), und hier in besonderem Maße unter den Hochaltrigen (Meslè/Vallin 2002; Vallin/Meslè 2001).

## 16.5 Durchschnittliche Lebenserwartung bei Geburt und altersspezifische Sterbewahrscheinlichkeiten

Für den Sterbetafelparameter $e_0$ ist im Beobachtungszeitraum von 1952 bis 2004 zwischen den Geschlechtern eine relativ unterschiedliche Entwicklung zu beobachten. Während die Lebenserwartung bei Geburt für die Männer noch bis Ende der 1960er Jahre bei etwa 67 Jahren stagnierte und erst dann ein linearer Anstieg zu beobachten war, stiegen die Werte für die Frauen nahezu durchgängig an. Laut Periodensterbetafel 2006/2008 liegt die Lebenserwartung für westdeutsche Männer bei 77,42 Jahren und für Frauen bei 82,46 Jahren. Die Entwicklung von $e_0$ ergibt sich aus einem Zusammenspiel zwischen dem Rückgang bzw. Anstieg der Mortalität für bestimmte Todesursachen in bestimmten Altersgruppen. Wie der Vergleich zwischen den beiden Periodensterbetafeln 1949/1951 und 2006/2008 zeigt, hat sich zwar die Sterbewahrscheinlichkeit $q_x$ im Beobachtungszeitraum in allen Altersstufen reduziert, jedoch in unterschiedlicher Intensität. So beträgt der Rückgang der Säuglingssterblichkeit für beide Geschlechter nahezu 95 %, während für die Männer spätestens ab Alter 50 die relative Verbesserung unterhalb von 50 % sinkt. Für die Frauen liegt der Rückgang generell über dem der Männer, wobei der Unterschied vor allem ab Alter 50 bedeutsam wird. So hat sich z. B. die Sterblichkeit im Alter 70 um nahezu 70 % reduziert. Die unterschiedliche Entwicklung zwischen den Männern und Frauen in den oberen Altersstufen lässt sich hauptsächlich mit den

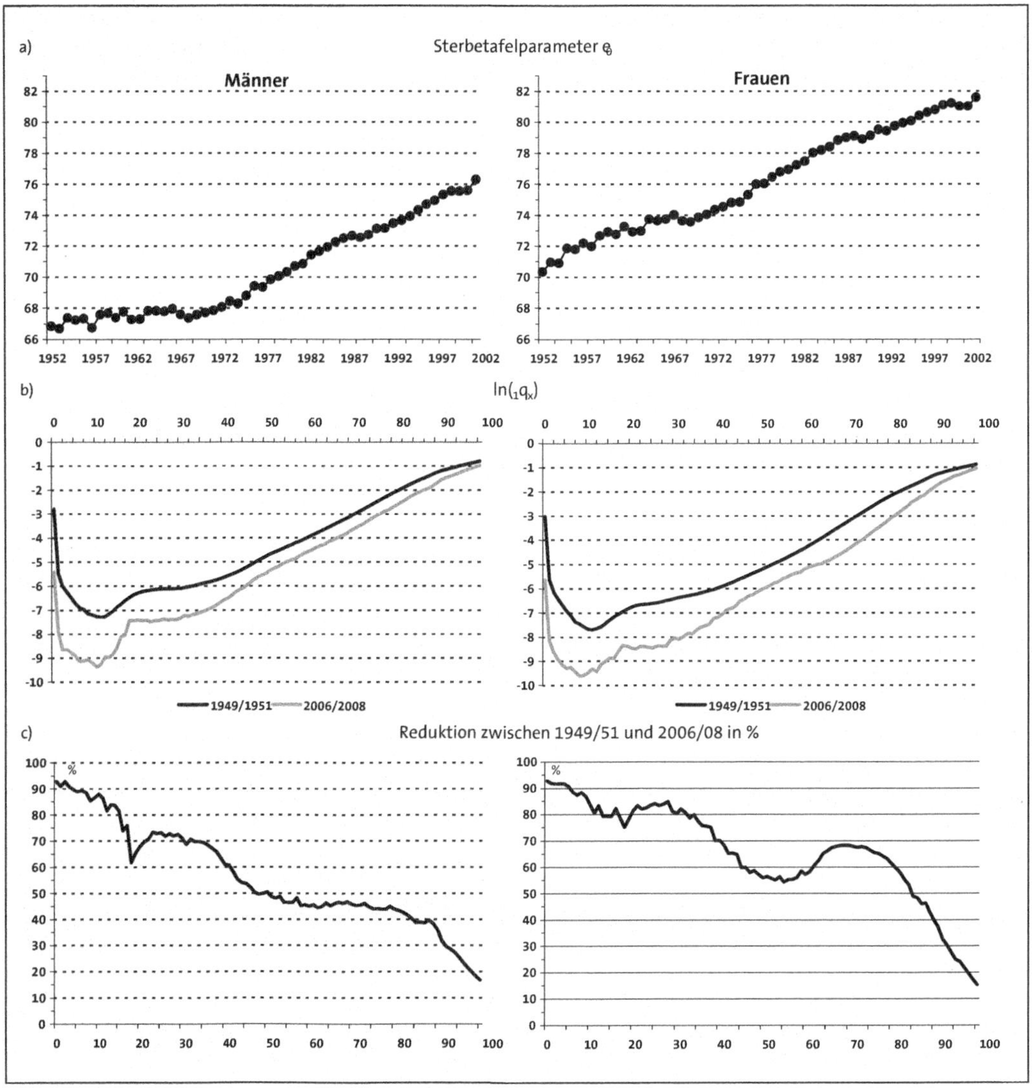


Abb. 16.1 Die Entwicklung der durchschnittlichen Lebenserwartung bei Geburt ($e_0$) in den alten Bundesländern (inklusive Berlin [Ost] ab 1990) für den Zeitraum 1952–2004 (a) sowie die logarithmierten Sterbewahrscheinlichkeiten für Einzelalter der Periodensterbetafeln 1949/1951 und 2006/2008 (alte Bundesländer) (b) und deren relative Veränderungen gegenüber der Periodensterbetafel 1949/1951 (c) für Männer und Frauen getrennt

(noch) unterschiedlichen Mortalitätsrisiken für Herz-Kreislauferkrankungen erklären (Abb. 16.1).

## 16.6 Todesursachenspezifische Sterberaten

Bei der Todesursachenstatistik handelt es sich um eine Vollerhebung aller Verstorbenen innerhalb der Bundesgrenzen ohne die Totgeborenen, die nachträglich beurkundeten Kriegssterbefälle und die gerichtlichen Todeserklärungen. Anders als die amtlichen Bevölkerungsbestände kann diese Sekundärstatistik deshalb nur mit systematischen oder zufälligen Ungenauigkeiten, nicht aber mit Stichprobenfehlern behaftet sein (Brinner 2003, 19–21). Die zwischen 1952 und 2004 vorgenommenen fünf Umstellungen der Internationalen Klassifikation der Krankheiten und verwandter Gesundheitsprobleme (ICD) beeinflusst die Zahl der Sterbefälle und damit die zeitlichen Verläufe altersstandardisierter Sterberaten für spezifische Todesursachen nicht nur durch veränderte Kodierregeln, sondern ebenfalls durch wechselnde Zuordnungen von verwandten Todesursachen zu übergeordneten Todesursachengruppen (Janssen u. a. 2004, 904). Eine durchgängige Betrachtung roher oder altersstandardisierter Sterberaten über den Zeitraum von 1952 bis 2004 ist deshalb nur für stark zusammengefasste Todesursachenhauptgruppen möglich, für die keine Zuweisungsüberschneidungen mit anderen Todesursachenkategorien existieren. Dies trifft unter anderem auf die beiden zahlenmäßig am stärksten besetzten Todesursachenhauptgruppen der Herz-Kreislauferkrankungen (ICD 10-Position I00–I99) und der bösartigen Neubildungen (ICD 10-Position C00–C97) zu.

Für beide Kategorien sowie die Gesamtmortalität sollen im Folgenden die altersstandardisierten Sterberaten für Westdeutschland (inklusive Berlin [Ost] ab 1990) für Männer und Frauen berechnet und dargestellt werden. Als Standard wird die westdeutsche Wohnbevölkerung zum Jahresende 1987 herangezogen. Die ›mittlere Bevölkerung‹ als Information für den Nenner wird approximativ als Durchschnittswert der jeweiligen Angaben zweier aufeinander folgender Jahresendbestände bestimmt und zu entsprechenden Altersgruppen zusammengefasst.

Aus Abbildung 16.2 geht hervor, dass sich die Gesamtmortalität für die Frauen in Westdeutschland (inklusive Berlin [Ost] ab 1990) im Beobachtungszeitraum zwischen 1952 und 2004 durchgängig reduziert hat. Die altersstandardisierte Sterberate sank in dieser Zeit von 1493 Sterbefällen auf 668 Sterbefälle je 100.000 Einwohner und hat sich damit innerhalb von 52 Jahren um etwas mehr als die Hälfte reduziert. Da die Herz-Kreislaufmortalität altersstandardisiert bis in die 1970er Jahre nahezu konstant blieb, war zunächst die Verringerung der Mortalität für bösartige Neubildungen und für die zusammengefassten »anderen« Ursachen (hier nicht abgebildet) für den Rückgang verantwortlich. Seit Mitte der 1970er Jahre wurde der Rückgang der kardiovaskulären Sterblichkeit für die Entwicklung der Gesamtsterblichkeit jedoch zunehmend wichtiger. Deren Reduktion ließ sich zunächst hauptsächlich auf die Verringerung der Herz-Kreislaufmortalität im mittleren Erwachsenenalter zurückführen und wird gegenwärtig zunehmend durch den Rückgang der kardiovaskulären Mortalität in den oberen Altersstufen getragen. Ein Anstieg der rohen Sterberate verbunden mit einem gleichzeitigen Rückgang der altersstandardisierten Sterberaten, wie er für die weibliche Bevölkerung im Zeitverlauf zu beobachten ist, lässt sich damit begründen, dass trotz sinkender Mortalität in den oberen Altersstufen deren relativen Anteile an der Gesamtbevölkerung zunehmen und den altersgruppenspezifischen Sterberaten ein höheres Gewicht verleihen.

Die relativ geringe Veränderung der altersstandardisierten Sterberate der zusammengefassten bösartigen Neubildungen für Frauen von 250 auf 210 Sterbefälle je 100.000 Einwohner offenbart nicht die zum Teil extrem gegensätzlichen Entwicklungen einzelner Todesursachen. So zeigt sich für Deutschland beispielhaft für den Zeitraum 1980 bis 2004 eine Verdopplung der weiblichen Sterberate für bösartige Neubildungen des Larynx, der Trachea, der Bronchien und der Lunge von etwa 10 Sterbefällen auf 22 Sterbefälle je 100.000 Einwohner. Die weibliche Mortalität für Magenkrebs hat sich hingegen im gleichen Zeitraum von etwa 24 auf 8 Sterbefälle je 100.000 reduziert.

Im Gegensatz zur Rate der Frauen stieg die altersstandardisierte Sterberate der Männer zwischen 1952 und 1968 zunächst von 1835 Sterbefällen auf 2036 Sterbefälle je 100.000 Einwohner an, um dann kontinuierlich auf 1051 Sterbefälle bis zum Jahr 2004 zu sinken. Ausgehend vom Jahr 1968 kann auch bei den Männern nahezu von einer Halbierung der Gesamtmortalität gesprochen werden, wenngleich die weibliche altersstandardisierte Sterberate 2004 nur ca. 64 % der männlichen beträgt. Verantwortlich für den beobachteten Anstieg bis Ende der 1960er Jahre war zunächst die anhaltende Zunahme der Sterblichkeit für Herz-Kreislauferkrankungen und bösartige Neubildungen. Erstere begann sich erst ab Anfang der 1970er Jahre signifikant zu reduzieren, während für die zusammengefasste Kategorie der »anderen Ursachen« eine durchgängige Abnahme zu beobachten war. Ein Rückgang der Sterblichkeit aufgrund bösartiger Neubildungen setzte erst ab 1990 ein, doch auch hier können sehr unterschiedliche Entwicklungen für einzelne Todesursachen beobachtet werden. So reduzierte sich auf der einen Seite die Magenkrebsmortalität zwischen 1980 und 2004 von 46 auf 16 Sterbefälle je 100.000 und die seit etwa 1990 rückläufige Lungenkrebsmortalität erreichte im Jahr 2004 mit 76 Sterbefällen je 100.000 nur noch etwa 75 % des Wertes von 1980. Auf der anderen Seite verzeichnete die Sterberate für bösartige Neubildungen der Leber und der intrahepatischen Gallengänge mit einer Veränderung von 6,8 auf 10 Sterbefälle je 100.000 im gleichen Zeitraum den höchsten relativen Anstieg, der für eine bösartige Neubildung zu beobachten war. Hauptverant-

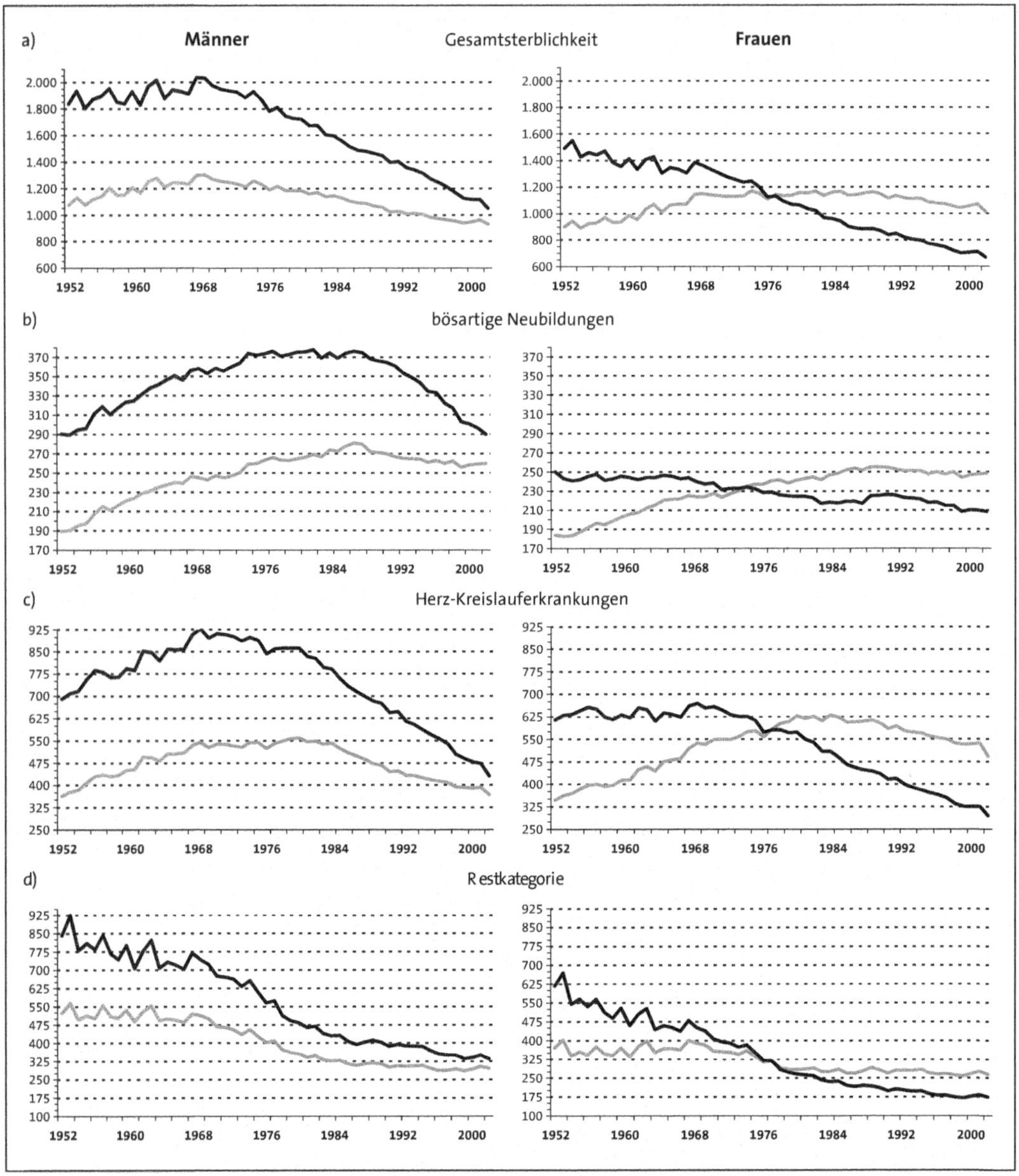


Abb. 16.2 Die Entwicklung der rohen (graue Linie) und standardisierten (schwarze Linie) Sterberate pro 100.000 Personen für die Gesamtmortalität (a), die Todesursachengruppen bösartige Neubildungen (b) und Herz-Kreislauferkrankungen (c) sowie die Entwicklung der durchschnittlichen Lebenserwartung bei Geburt ($e_0$) für Männer und Frauen (d) in den alten Bundesländern (inklusive Berlin [Ost] ab 1990) für den Zeitraum 1952–2004 (Deutsche Standard [West] 1987)

wortlich für den Rückgang der altersstandardisierten männlichen Sterberate für bösartige Neubildungen in Abbildung 16.2 ist seit 1988 die anhaltend starke Reduzierung der Lungen- und Magenkrebsmortalität. Die Lungenkrebsmortalität war bis in die 1980er Jahre auch die treibende Kraft für den stetigen Anstieg der Mortalität der zusammengefassten bösartigen Neubildungen.

## 16.7 Anhang

Daten zur Berechnung von Sterberaten und Sterbetafeln für die Gesamtsterblichkeit, aber auch bereits berechnete Kohorten- und Periodentafeln fast aller europäischen Länder und weiterer ausgewählter Länder wie der USA und Japans finden sich online in der »Human Mortality Database« unter http://www.mortality.org und der »Kannisto-Thatcher Database« unter http://www.demogr.mpg.de (unter der Rubrik: Online Databasis). Altersgruppenspezifische Todesfälle zur Berechnung der todesursachenspezifischen Sterberaten finden sich für nahezu alle Länder bei der World Health Organization unter http://www.who.int/whosis/mort/download/en/index.html. Für Deutschland stellt das Statistische Bundesamt Wiesbaden alle benötigten Daten unter Destatis (http://www.destatis.de – Rubrik: Bevölkerung; http://www.gbe-bund.de: Rubrik: Gesundheitliche Lage) online zur Verfügung.

### Literatur

Bowers, N. L./Gerber, H. U./Hickman, J. C./Jones, D. A./Nesbitt, C. J.: *Actuarial Mathematics*. Illinois 1997.

Brinner, K.: *Genauigkeit von Mortalitätsmessungen*. Hamburg 2003.

Chiang, Chin Long: *The Life Table and its Applications*. Malabar 1984.

Destatis (Hg.): *Periodensterbetafeln für Deutschland. Allgemeine und abgekürzte Sterbetafeln von 1971/81 bis 2006/2008*. Wiesbaden 2009.

Esenwein-Rothe, I.: *Einführung in die Demographie*. Wiesbaden 1982.

Janssen, F./Mackenbach, J. P./Kunst, A. E., for NEDCOM: Trends in Old-age Mortality in Seven European Countries, 1950–1999. In: *Journal of Clinical Epidemiology* 57 (2004), 203–213.

Le Bras, H.: *The Nature of Demography*. Oxfordshire 2008.

Meslé, F./Vallin, J.: Mortality in Europe. The Divergence between East and West. In: *Population-E* 57 (2002), 157–198.

Preston, S. H./Heuveline, P./Guillot, M.: *Demography. Measuring and Modeling Population Processes*. Oxford 2001.

Scholz, R. D./Jdanov, D. A.: Verfahren zur Korrektur der Bevölkerungsbestände der amtlichen Statistik im hohen Alter. In: *Rostocker Zentrum – Diskussionspapier* 8 (2007), 1–12.

Vallin, J./Meslé, F.: Trends in Mortality in Europe since 1950. Age-, Sex- and Cause-specific Mortality. In: J. Vallin/F. Meslé/T. Valkonen (Hg.): *Trends in Mortality and Differential Mortality*. Strasbourg 2001, 31–184.

### Weiterführende Literatur

Namboodiri, Krishnan/Suchindran, C. M.: *Life Table Techniques and their Applications*. Orlando 1987.

*Gabriele Doblhammer-Reiter / Thomas Salzmann*

# 17 Leiche – medizinisch

## 17.1 Definition und Schwierigkeiten der Abgrenzung

Als ›Leiche‹ oder ›Leichnam‹ wird ein leblos gewordener Körper bezeichnet, wobei der Ausdruck ›Leiche‹ für den Menschen vorbehalten ist, während man bei Tieren von einem ›Kadaver‹ spricht. Als herkömmliche Bezeichnung für die menschliche Leiche gilt auch ›entseelter Leib‹ (vgl. generell Brinkmann/Madea 2004; Hochmeister/Grassberger/Stimpfl 2007).

Entwicklungsgeschichtlich betrachtet, ist das Leben in seinen Anfangsstadien ohne Kadaver ausgekommen. Die Einzeller vermehrten sich durch Teilung und gingen mit ihrer gesamten Körpersubstanz in die Individuen der Nachfolgegeneration über. Erst mit der geschlechtlichen Vermehrung blieben nach Erfüllung der Fortpflanzungsfunktion Lebewesen zurück, die dann Lebensraum für die Folgegeneration freimachen mussten. Diese Funktion erfüllte ihr Tod. Somit gibt es in der Evolution der Lebewesen erst seit Beginn der geschlechtlichen Fortpflanzung Leichen bzw. Kadaver.

Ebensowenig wie der Zeitpunkt des Lebensbeginns eines Organismus exakt definierbar ist, gibt es auch für den Tod kein eindeutiges Kriterium für seinen Eintritt auf der Zeitachse. Was für die Tiere gilt, gilt für den Menschen in noch stärkerem Maße, weil der Tod des Leibes mit dem Tod der Person koinzidiert. Die biologischen Kriterien und diejenigen für das Personsein zusammen auf die Zeitachse zu projizieren, gelingt jedoch nicht exakt. Man kann sich nur damit behelfen, dass man mit Hilfe sicherer Todeszeichen einen Zustand feststellt, bei dem der Tod bereits zuvor eingetreten ist. Sichere Todeszeichen sind: Totenflecken, Totenstarre und gegebenenfalls Verwesung (s. Abschn. 17.4: »Sichere Todeszeichen«).

Strittig ist die Frage, ob auch der Hirntod (s. Kap. 12: »Hirntod – medizinisch« und Kap. 13: »Hirntod – philosophisch«) ein sicheres Todeszeichen und der nach der Hirntod-Feststellung künstlich vital konservierte Körper bereits ein Leichnam ist oder nicht. Rechtlich wird auch der vital konservierte Leichnam eines Menschen als seine Leiche betrachtet.

## 17.2 Pietätvoller und medizinischer Umgang mit der Leiche

Kulturgeschichtlich gesehen, ist der Umgang mit der Leiche ambivalent (s. Kap. 18: »Leiche – ethnologisch«). In magischen Kulturen, die im Aberglauben bis heute präsent sind, muss der Leichnam so behandelt werden, dass der Verstorbene nicht zu den Überlebenden zurückkehrt (als *revenant*, d. h. ›Wiedergänger‹). Andererseits wird die Nähe zur Leiche von den Überlebenden gesucht, um den Abschied von dem Verstorbenen zu erleichtern.

Nach Thomas von Aquin (1225–1274) bedarf der Umgang mit der Leiche um ihrer selbst willen keiner besonderen Regeln (vgl. Thomas von Aquin 1985, Suppl. 71, 11). Es sei völlig lächerlich und unsinnig (*ridiculum et absurdum*) anzunehmen, das Begräbnis nütze dem Toten zur Ruhe seiner Seele. Dennoch sei der Umgang mit der Leiche deswegen nicht einfach frei, denn man müsse den Befürchtungen des Verstorbenen über das Schicksal seiner Leiche Rechnung tragen. Kein Mensch kann sich ja sein Befinden als Leichnam vorstellen, da jede Vorstellung an das Leben gebunden ist. Darum befürchtet der Mensch, als Leiche unter dem zu leiden, was dieser angetan wird. Dieser Befürchtung begegnen die Überlebenden mit Regeln für den Umgang mit der Leiche oder Regeln der Pietät. Die Befolgung dieser Regeln nützt dem Verstorbenen indirekt, weil er vor seinem Tod auf diese ritualisierte Pietät vertrauen kann. In der griechischen Antike galt die Nichtbestattung einer Leiche als entehrend (vgl. Sophokles: *Antigone*).

Dieser Gesichtspunkt ist von Bedeutung für einen fremdnützigen Umgang mit dem Leichnam durch anatomische Zergliederung, Sektion oder Organentnahme. Nur wenn der Verstorbene seinen natürlichen Befürchtungen rationale Überlegungen entgegengestellt hat und mit Maßnahmen der genannten Art einverstanden ist, wird man Abweichungen von der üblichen Pietät tolerieren dürfen. Es bedarf deswegen zu solchen Abweichungen der ausdrücklichen, mindestens aber der vermuteten Zustimmung des Verstorbenen. Bei gerichtlich oder seuchenpolizeilich angeordneten Leichenöffnungen wird auf diese Zustimmung verzichtet (s. Kap. 45: »Obduktion – rechtsmedizinisch«). Gesetzlich wird die Zustimmung zu Organentnahmen vielerorts unterstellt, sofern der Verstorbene nicht zeitlebens ausdrücklich widersprochen hat.

Bezüglich der Überlebenden kennt Thomas von Aquin dagegen leicht einsehbare Gründe für den pietätvollen Umgang mit der Leiche: Der unliebsame An-


H. Wittwer/D. Schäfer/A. Frewer (Hg.), *Sterben und Tod. Ein interdisziplinäres Handbuch 2. Auflage*,
https://doi.org/10.1007/978-3-476-05761-7_17

blick entstellter Leichname und die Ansteckung durch mögliche Krankheiten sollen vermieden werden.

Die Beseitigung einer Leiche ist für einen Mörder meistens schwieriger als die Tötung selbst. Einigermaßen sicher kann der Täter nur dann sein, wenn es ihm gelingt, den die Leichenschau durchführenden Arzt dazu zu bringen, einen natürlichen Tod zu bescheinigen, woraufhin ohne weitere Untersuchungen eine reguläre Bestattung stattfinden und der deutlichste Beweis der Tat damit verschwinden kann.

## 17.3 Zeitpunkt des biologischen Todes

Aus biologischer Sicht ist das Sterben auch nach dem Erscheinen der sicheren Todeszeichen, also nach dem ›offiziellen‹ Tod, keineswegs zu Ende. Wann ein Mensch tot ist und ob Herztod oder Hirntod den wahren Zeitpunkt des Todes eines Menschen richtig kennzeichnen, ist eine ontologische Frage, also eine solche nach dem Sein des Menschen. Sie darf keinesfalls mit der Absicht beantwortet werden, einen Behandlungsabbruch – zu welchem Zweck auch immer, etwa wegen beabsichtigter Organentnahme oder aus wirtschaftlichen Gründen oder um zu töten – zu rechtfertigen (vgl. Grassberger/Schmid 2009; Diefenbach/Gaedke 2009).

Ausgehend vom aristotelischen Satz vom Widerspruch, dass etwas unter derselben Hinsicht betrachtet nicht gleichzeitig sein und nicht sein kann, werden Leben und Tod als unvereinbar angesehen. Daraus folgt die Notwendigkeit, den Abschluss des Sterbens in einem Punkt auf der Zeitachse zu suchen. Dies entspricht auch sozialen Erfordernissen. An der Realität eines solchen Zeitpunktes im Sinne menschlich-pietätvoller Kategorien besteht kein Zweifel. Um aber diesen Zeitpunkt zu kennzeichnen, bedarf und bedurfte es seit jeher eines Rückgriffes auf biologische Erscheinungen. Biologisch aber erfolgt der Übergang vom Leben zum Tod nicht punktförmig diskontinuierlich, sondern kontinuierlich im Ablauf von Zeit.

Das Ende des Sterbens im Sinne des Endes aller Lebensvorgänge tritt biologisch erst lange Zeit nach dem Augenblick ein, zu dem ein Mensch bürgerlich für tot – gleichviel ob herz- oder hirntot oder sonstwie tot – gehalten wird. Das zeigt sich über den ›offiziellen‹ Tod hinaus an den sogenannten supravitalen Erscheinungen (s. Abschn. 17.5: »Supravitale Erscheinungen«). So sind einer Leiche entnommene Spermien noch lange beweglich und befruchtungsfähig, und für reife Eizellen dürfte das in analoger Weise gelten. Eines der wichtigsten Kennzeichen des Lebens, nämlich die Fähigkeit zur Fortpflanzung, überdauert also den ›Tod‹. Auch die Fähigkeit zur Synthese der Erbsubstanz DNS ist noch Tage nach dem ›Tod‹ in Hautzellen nachweisbar. Wollte man den Tod des Menschen mit dem Ende aller Lebensvorgänge in seinem Körper gleichsetzen, so müsste man zugeben, dass Menschen in der Regel ›lebendig‹ begraben werden. Davon ist aber nicht auszugehen. Vielmehr wird der reale Zeitpunkt des Todes auf den in der Zeit kontinuierlich und irreversibel ablaufenden biologischen Sterbevorgang projiziert.

Der Sterbevorgang nähert sich asymptotisch seinem Ende, verläuft aber keineswegs gleichförmig. Vielmehr stürzt er, wenn man ihn als Kurve der Lebensvorgänge über der Zeitachse betrachtet, in einem engen Zeitraum nahezu senkrecht ab. Das geschieht, wenn Atem-, Herz- oder Hirntätigkeit ausfallen. Darum ist es vernünftig, den Zeitpunkt des Todes des Menschen in diesen fast senkrechten Abfall der Lebensvorgänge hineinzuprojizieren, also je nach Feststellbarkeit in das endgültige Aussetzen der Atem-, Herz- oder Hirntätigkeit.

Das Aufhören von Atmung und Herzschlag wird gewöhnlich als Eintritt des Todes angesehen. Doch ist danach eine ›Wiederbelebung‹ spontan oder künstlich durch mechanische oder elektrische Eingriffe zunächst noch nicht ausgeschlossen. Deswegen gelten diese Symptome – ebenso wie Blässe, Auskühlung und das sogenannte ›Brechen des Blicks‹, nämlich die plötzliche Unbeweglichkeit der Augen – nur als unsichere Todeszeichen. Nur nach dem endgültigen Stillstand der Atem- und Herztätigkeit kann man – im Nachhinein – sicher vom Eintritt des Todes ausgehen. Aber erst an typischen Leichenerscheinungen, die als sichere Todeszeichen gelten, wird erkennbar, dass der Stillstand ein endgültiger war. Der Arzt, der den Tod feststellt, muss bescheinigen, dass er solche Zeichen wahrgenommen hat.

## 17.4 Sichere Todeszeichen

Die Totenflecken (*livores*) sind die sichtbaren Zeichen für das Versacken des Blutes in die sogenannten abhängenden Partien der Leiche und sind als Folge des Kreislaufstillstandes und des Tonusverlustes der Blutgefäße anzusehen. Sie erscheinen als blau-rötliche oder grau-violette Verfärbungen in den seitlichen Partien der (liegenden) Leiche und sparen deren aufliegende Stellen aus. Sie erscheinen etwa 20 bis 30 Minuten nach dem endgültigen Kreislaufstillstand und sind bis zu sechs Stunden danach noch wegdrückbar. Auch bei Lageänderungen des Leichnams innerhalb dieses Zeitraumes können sie noch ganz oder teilweise der Schwerkraft folgend ihre Position verändern. Später sind sie durch Austritt von Blutfarbstoff ins Gewebe und durch Eindickung des Blutes in den Gefäßen fixiert.

Die Totenstarre (*rigor mortis*) ist eine Erstarrung der gesamten Muskulatur, die gewöhnlich bereits nach 30 Minuten mit den Kiefermuskeln beginnend innerhalb von etwa sechs bis acht Stunden den ganzen Körper ergreift und sich in Abhängigkeit von der Umgebungstemperatur nach anderthalb bis drei Tagen wieder löst. Wie bei der Muskelkontraktion beim Lebenden kontrahieren sich die Muskelfasern unter Energiezufuhr durch ATP (Adenosintriphosphorsäure). Beim Toten versiegen schließlich die Energiequellen, so dass die Muskelfasern erschlaffen und die Muskelproteine zerfallen.

Als sichere Todeszeichen gelten weiter die unten aufgeführten postmortalen Erscheinungen und mit dem Leben nicht vereinbare Verletzungen wie etwa eine Enthauptung.

## 17.5 Supravitale Erscheinungen

Vor Eintritt der Totenstarre lässt sich ein Muskel durch einfache mechanische Reizung (Stoß oder Schlag) noch einmal zur Kontraktion bringen (idiomuskuläre Kontraktion). Elektrische Reize rufen bis zu fünf Stunden nach dem Tod noch Zuckungen in der Gesichtsmuskulatur hervor. Nach sechs bis acht Stunden kann ein Schlag auf einen Muskel noch eine lokale Kontraktion auslösen (idiomuskulärer Wulst). Pharmaka können bis zu 24 Stunden nach dem Tod noch Reaktionen der Pupille auslösen. Spermien sind noch Tage nach dem Tod beweglich und nachweislich befruchtungsfähig. Ebenso ist die Synthese der Erbsubstanz DNS noch nach Tagen in Hautzellen nachweisbar. Die supravitalen Erscheinungen beweisen, dass in der menschlichen Leiche zunächst keineswegs alle Lebensvorgänge erloschen sind, ein ›Gesamttod‹ also noch nicht eingetreten ist.

## 17.6 Postmortale Veränderungen

Die Zersetzung der Leiche erfolgt

- durch Autolyse, d. h. durch regellose anaerobe Spaltung der organischen Körpersubstanzen mit Hilfe der körpereigenen Fermente,
- durch Fäulnis, d. h. durch körpereigene oder hinzukommende Mikroorganismen,
- sowie durch Verwesung, d. h. durch aerobe, von der Fäulnis nicht sicher abgrenzbare Oxydationsvorgänge, und
- gegebenenfalls durch Tierfraß (Maden und größere Tiere).

Kälte, Salze, Gerbsäuren (bei Moorleichen), Trockenheit (zur Mumifizierung führend) und Chemikalien (Formalin und andere Mittel zur Leichenkonservierung) verhindern die Zersetzung. Bei der Verbrennung von Leichen bleiben Kalkstrukturen der Knochen teilweise erhalten.

## 17.7 Leichengift

Als Leichengifte wurden früher bestimmte Produkte des bakteriellen Abbaus von Körpereiweißen bezeichnet, die zwar für den typischen Leichengeruch verantwortlich sind, jedoch allenfalls bei enteraler Aufnahme größerer Mengen zu Krankheitserscheinungen geführt haben sollen (Putrescin, Kadaverin). Gesundheitliche Gefahren beim Umgang mit Leichen können dagegen von bakteriellen oder viralen Infektionen ausgehen. Nach einem Tod durch Vergiftung, z. B. durch Zyankali oder Pflanzenschutzmittel, können Leichname durchaus Gesundheitsschäden bei Personen verursachen, die mit diesen Leichen umgehen. In früheren Zeiten glaubte man, dass Leichname sogenannte ›Miasmen‹ ausdünsten, die man meiden müsse. Der Mundschutz, der häufig bei der Bergung von Leichen getragen wird, soll gegen Geruchsbelästigung wirken, erfüllt aber mehr eine symbolische Funktion.

## 17.8 Leichenschau

Dass der Tod eines Menschen eingetreten ist, bedarf sowohl im engeren Kreis der beim Sterben Anwesenden als auch verbindlich für die Allgemeinheit der förmlichen Feststellung durch einen Überlebenden (s. Kap. 15: »Todesfeststellung und Leichenschau«). So pflegt einer der Anwesenden dem Verstorbenen die Augen zuzudrücken. Diese Geste dient nicht nur der Feststellung des Todes für den privaten Bereich, sondern es soll damit auch vermieden werden, dass der Tote mit offenen Augen einen erschreckenden Eindruck macht. Nach Eintritt der Totenstarre lassen sich die Lider nicht mehr einfach schließen. Auch der offene Mund des Toten widerspricht dem Wunschbild vom Toten als einem Schlafenden. Deswegen bindet man ihm – ebenfalls vor Eintritt der Totenstarre – den Unterkiefer hoch. Solchen Maßnahmen gehen oft sogenannte Lebensproben voraus: Man hält einen Wattebausch vor Mund und Nase und beobachtet, ob dieser noch durch Atmen bewegt wird. Oder es wird ein randvolles Glas mit Wasser auf die Brust gestellt, das bei eventuellen Atembewegungen überläuft. Auch wird die Reaktion auf Schmerz- oder Temperaturreize, etwa auch eine reaktive Hyperämie, geprüft. Zu den invasiven Lebensproben gehört auch das Öffnen einer Schlagader, deren etwaiges Bluten Leben anzeigen soll. Die Feststellung des Todes wird mit weiteren Gebräuchen formell verdeutlicht: Anhalten der Uhren, Umdrehen von Spiegeln, Öffnen der Fenster, Auseinanderrücken der Ehebetten, auch mit bestimmten Gebeten der kirchlichen Totenliturgie oder der Volksfrömmigkeit.

Für die Öffentlichkeit erfolgt die verbindliche Todesfeststellung formalisiert durch dazu berechtigte und verpflichtete Personen. Es waren dies bis in die zweite Hälfte des 20. Jhs. weitgehend Laien, zumeist solche, die sowieso durch ihren Beruf mit Toten zu tun hatten: Schreiner wegen der Sargherstellung, Totengräber oder Totenwäscherinnen. Sie arbeiteten unter der Anweisung von Amtsärzten und hatten die Aufgabe, den Tod zunächst provisorisch und dann bei einem zweiten Besuch nach mehreren Stunden endgültig festzustellen und allfällige Anzeichen eines nicht natürlichen Todes zu melden. Im Laufe des 20. Jhs. wurde allgemein die ärztliche Leichenschau eingeführt, bei der darüber hinaus Todesursache (s. Kap. 14: »Todesursachen«) und Todesart festzustellen sind. Zur allgemeinen ärztlichen Leichenschau ist jeder Arzt berechtigt und unter Umständen sogar verpflichtet, jedoch gibt es auch Regelungen, nach denen die Leichenschau nur von dazu bestimmten Ärzten vorgenommen werden darf. Wenn eine Leiche verbrannt werden soll, ist dazu eine zweite, die amtsärztliche Leichenschau erforderlich. Die Leichenschau ist in Deutschland in den Bestattungsgesetzen der Bundesländer geregelt.

## 17.9 Rechtliches

Rechtlich ist die Leiche nicht definiert. Sie gilt weder als Person noch als Sache. Daher kann sie nicht Eigentum sein und nicht gestohlen werden, und Angehörige haben allenfalls das Recht und die Pflicht zur Totensorge. Sind keine Angehörigen bekannt oder auffindbar, dann obliegt die Bestattung des Leichnams der Gemeinde, in der der Tod eingetreten oder die Leiche aufgefunden worden ist (vgl. Diefenbach/Gaedke 2009). Strafbar sind die Wegnahme einer Leiche oder von Leichenteilen aus einem ›Gewahrsam‹, der beschimpfende Unfug an einem Leichnam und die Störung der Totenruhe. Jeder Todesfall ist der zuständigen Behörde (Standesamt oder Polizei bzw. Staatsanwaltschaft) zu melden. Meldepflichtig sind Angehörige, Wohnungsgeber, Leiter von Einrichtungen, in denen der Tod eingetreten ist, oder auch der Finder einer Leiche.

### Literatur

Brinkmann, B./Madea, B. (Hg.): *Handbuch der gerichtlichen Medizin*. 2 Bde. Berlin/Heidelberg/New York 2004.

Diefenbach, J./Gaedke, J.: *Handbuch des Friedhofs- und Bestattungsrechts. Mit ausführlicher Quellensammlung des geltenden staatlichen und kirchlichen Rechts*. Köln [10]2009.

Grassberger, M./Schmid, H.: *Todesermittlung. Befundaufnahme und Spurensicherung*. Wien/New York 2009.

Hochmeister, M./Grassberger, M./Stimpfl, Th.: *Forensische Medizin für Studium und Praxis*. Wien [2]2007.

Sophokles: *Antigone*. Übertragen und hg. von W. Schadewaldt. Frankfurt a. M. 1976.

Thomas v. Aquin: *Summe der Theologie*. Hg. und übers. von J. Bernhart. 3 Bde. Stuttgart 1985.

*Hans-Bernhard Wuermeling*

# 18 Leiche – ethnologisch

## 18.1 Aspekte aus der europäischen Ethnomedizin und Kultur

Anstelle des lateinischen Terminus *corpus*, der ein persönliches und positives Verhältnis zum Leichnam beinhaltet, wird – etwa in der westlichen Anatomie – für das zu sezierende ›Material‹ häufig der Ausdruck *cadaver* verwendet. Diese entpersonalisierende Bezeichnung, die außerhalb der Heilkunde auch ›Aas‹, ›Luder‹ oder ›Ruine‹ bedeutet, signalisiert schon die Distanz und Geringschätzung, die die wissenschaftliche Medizin dem Überbleibsel eines ehemaligen Patienten entgegenbringt. Dahinter kann sich ein emotionaler Selbstschutz des Mediziners in Hinblick auf sein eigenes Endlichsein verbergen, womöglich aber auch die unbewusste Überzeugung, dem Zyklus von Werden und Vergehen nicht unterworfen zu sein. Es hat auch häufig den Anschein, als ob der Tod für den Mediziner immer noch eine emotional schwer zu verkraftende Niederlage darstellte.

Einzelne Medizinstudenten versuchen, die ihnen anerzogene Scheu vor dem Tod durch Überreaktionen zu kompensieren, indem sie beispielsweise Leichenteile mit nach Hause nehmen, um Eltern und Freunde zu erschrecken, ›lustige‹ Fotos mit der zu sezierenden Leiche anfertigen oder in einer ganz gewollten ›Coolheit‹ trotz Verbots eine Mahlzeit neben der mit Formalin behandelten Leiche verspeisen.

Eine besonders auffällige Form dieses Zwiespalts von Abwehr und Anziehung zwischen Leben und Tod in unserer Gesellschaft ist der phänomenale Erfolg der Ausstellungen plastinierter Leichen und Leichenteile des deutschen Anatomen Gunther von Hagens (s. Kap. 48: »Bestattungsformen – Wandel in der Moderne«). Diese trotz aller Kritik beeindruckenden Präparate vermitteln einen leichten, fast spielerischen Zugang zum Tod.

In unserer Kultur ist die Scheu vor dem Leichnam anerzogen. Kleine Kinder (s. Kap. 20: »Entwicklung des Todeskonzepts bei Kindern«) verstehen ab dem dritten Lebensjahr, eventuell sogar früher, dass eine ihnen nahestehende Person gestorben ist. Sie behalten sie in Erinnerung, können sich zeitlebens an Einzelheiten von Leben und Tod des Verstorbenen erinnern, unter Umständen sogar besser als Erwachsene, realisieren aber erst viel später, dass sie dem gleichen Ablauf unterworfen sind. Erst die Erwachsenen entwickeln bei uns eine gewisse Scheu vor dem Leichnam und übertragen diese auf ihre Kinder. So kommt es immer wieder vor, dass organisierte Rettungsdienste von der Politik aufgefordert werden, Leichen aus Wohnungen mitzunehmen und in Krankenhäusern zur ›Zwischenlagerung‹ abzugeben, wenn sich in der Wohnung kleine Kinder befinden. Dies ist zwar ungesetzlich, denn Rettungsfahrzeuge dürfen keine Verstorbenen transportieren, doch erscheint den Verantwortlichen die postulierte »seelische Gefährdung« der Kinder durch den Anblick des Leichnams Rechtfertigung genug zu sein, diese Bestimmung zu umgehen. Hierfür wurde der Ausdruck ›verschwiegener Tod‹ geprägt, eine rasche, ohne Ritual und Gedenken einhergehende Trennung des Leichnams von den Lebenden (Cipolletti 1989, 291).

Eng an Umgangsformen mit dem Leichnam geknüpft sind Ängste, dass der Tote nicht tot sein könnte. Schon seit dem Altertum gibt es zahlreiche Berichte über den Scheintod und seine mögliche Verhinderung. Bedeutende Gelehrte wie Hippokrates, Platon oder Plinius sollen von Vorfällen berichtet haben, bei denen Scheintote begraben wurden und wieder auferstanden (Geserick/Stefenelli 1998). In Europa wurde diese Angst erst ab dem 18. Jh. virulent (s. Kap. 10: »Scheintod«). Um sicher zu sein, dass man nicht lebendig begraben wurde, konnten testamentarische Verfügungen gemacht werden, damit bestimmte Manipulationen am Körper vorgenommen wurden, die mit einem Weiterleben nicht vereinbar waren (Bondeson 2002). Von einigen berühmten Dichtern war bekannt, dass sie unter besonderer Angst vor dem Scheintod litten, etwa Johannes Nepomuk Nestroy (1801–1862), Hans Christian Andersen (1805–1875) oder Arthur Schnitzler (1862–1931). Die bekannteste Maßnahme war der protokollierte Herzstich durch einen Arzt oder Pathologen. Wurden hierfür ursprünglich eigene zweischneidige Stilette verwendet, so begnügte man sich später mit dem Hirnmesser des Anatomen. Noch 1982 hatte ich in Wien Gelegenheit, bei einem protokollierten Herzstich zuzusehen. Links in Höhe des 4. Interkostalraumes wurde das Messer senkrecht ins Herz gestoßen, dann wieder zurückgezogen, bis gerade noch die Spitze des Messers im Körper steckte; im Weiteren stach der Kollege unter 45° Neigung wieder nach oben, unten, links und rechts in das Herz. Nach dem Herausziehen des Messers musste die Wunde eine Minute lang beobachtet werden, ob Blut herausquoll, was als Zeichen gedeutet worden wäre, dass der Mensch noch gelebt hätte. Zum Abschluss wurde die Wunde mit einem Pflaster verschlossen.


H. Wittwer/D. Schäfer/A. Frewer (Hg.), *Sterben und Tod. Ein interdisziplinäres Handbuch 2. Auflage*,
https://doi.org/10.1007/978-3-476-05761-7_18

## 18.2 Interkulturelle Ambivalenz der Leiche

Die ambivalente Haltung des Christentums dem Leichnam gegenüber, einerseits als praktisch nutzlose ehemalige Hülle der Seele, andererseits als verehrungswürdige *memoria*, wurde vom Kirchenvater Augustinus (354–430) in der Schrift *De cura pro mortuis gerenda* ausführlich dargelegt (vgl. Suda 1998). In diesem Spannungsfeld entwickelte sich auch eine unterschiedliche Einschätzung des ›Wertes‹ eines Leichnams: Je reiner und religiöser jemand gelebt hatte, umso verehrungswürdiger war sein Leib. Der des Heiligen wurde zur Reliquie (vgl. Ruf 1998), der des hingerichteten Verbrechers verscharrt; man warf ihn den Tieren zum Fraß vor oder gab ihn für Sektionen frei.

Auch außerhalb Europas werden wir mit ambivalenten Haltungen dem Toten gegenüber konfrontiert. Der Umgang mit dem Leichnam bei den verschiedenen Völkern ist ungemein vielfältig. Von Scheu und Ablehnung des Kadavers bis zu endokannibalistischen Ritualen, bei denen Teile des Verstorbenen durch die Familienmitglieder verzehrt werden (s. Kap. 69: »Kannibalismus«), reicht der Bogen des Brauchtums rund um den Leichnam. In manchen Gegenden wird der Tote praktisch weiter im Bereich der Familie belassen; so tragen Witwen mancher Völker in Neuguinea lebenslang den Schädel ihres verstorbenen Mannes mit sich. Dagegen wird etwa bei den Hirtennomaden Ostafrikas der Körper sofort nach dem Tode aus dem Gehöft gezerrt und in der Steppe den Tieren zum Fraß überlassen. Auch die emotionale Bindung zur Leiche reicht von Angst und Abscheu bis zu glühender Verehrung. So zitterte etwa ein junger Mann der Wabena in Südwest-Tansania vor Angst, als er mich im Dunklen zum Grab seiner kürzlich verstorbenen Mutter am örtlichen Friedhof begleiten sollte. Bei den Azande im Nordosten Kongos hingegen werden die Verstorbenen im Gehöftbereich beerdigt; bei jeder Mahlzeit bekommen auch sie regelmäßig einen gefüllten Teller zur ihrer Grabstelle serviert, während die Kinder unbeschwert auf den Grabhügeln herumklettern und vor Freude schreiend darauf herumhüpfen, ohne dass dies die Erwachsenen stören würde.

Weitere Beispiele für die große Nähe des Leichnams zu den Lebenden sind vielfältig. So werden etwa bei den berühmten, schon als Touristenattraktion bekannten mexikanischen *Ofrendas* am 1. und 2. November (*Día de muertos* [Totentag]) im Haus, aber auch beim Grab Gabentische für die Toten aufgebaut, insbesondere mit Speisen und Gegenständen, die von dem Verstorbenen geliebt wurden. Gelegentlich übernachten auch Familienmitglieder am Friedhof, um dem Toten recht nahe zu sein; glaubt man doch, dass an diesen Tagen die Seelen der Toten zurückkehren und die Lebenden ihnen zu Diensten sein müssen (Cipolletti 1989, 204 ff.). In Madagaskar wird einmal im Jahr das Fest der ›Umwendung des Toten‹ (*Famadihana*) begangen, bei dem die Toten der Familie aus dem Familiengrab geholt, in Matten gewickelt und in freudiger Prozession zum Wohnhaus der Familie getragen werden. Dann wird drei Tage lang bei Musik und gutem Essen gefeiert, wobei die Leichen der Verstorbenen, schön eingewickelt, von einem Ehrenplatz im Wohnzimmer aus das Treiben beobachten dürfen. Auch die katholische Kirche hat diesen Brauch akzeptiert, und der Priester feiert gelegentlich mit und segnet das leere Grab für die neuerliche Beisetzung des Leichnams.

## 18.3 Lebende Leichname und Untote

Es gibt auch Völker, bei denen noch physisch lebende Menschen den Status eines Leichnams einnehmen können. In Gebieten, die durch ökonomisch schwierige Gegebenheiten gekennzeichnet sind, etwa im zirkumpolaren Raum oder in Neuguinea sowie auf den Neuen Hebriden, war die Sitte des Tötens oder Sterbenlassens der Alten verbreitet, wenn sie körperlich nicht mehr in der Lage zur Eigenversorgung sind. Sobald – meist sogar auf Bitten der Betroffenen – beschlossen wurde, sie auszusetzen, galten sie als verstorben und wurden dementsprechend als Leichname behandelt. Auf Vao, einem Eiland der Inselgruppe Vanatu (Neue Hebriden), wo ebenfalls die Altentötung üblich war, rettete ein katholischer Missionar einen alten Mann, der noch nicht zum Sterben bereit war und trotzdem von seinen Angehörigen lebendig begraben wurde. Er konnte sich aus dem losen Erdreich befreien, doch wurde er von der Gemeinschaft völlig ignoriert, als er durch das Dorf irrte. Er war für die Leute tot und begraben. Wie bei einem echten Toten wollte niemand mehr etwas mit ihm zu tun haben; keiner sprach ein Wort mit ihm (Speiser 1924, 82 f.). Auch in Europa dürften Altentötungen, vor allem im Alpenraum (›Ahnlvernichten‹), vorgekommen sein, wozu unter anderem Giftpflanzen wie etwa das Krainer Tollkraut (*Scopolia carniolica*) verwendet worden sein sollen.

Die Vorstellung, dass Menschen eine Mittelstellung zwischen Lebenden und Toten einnehmen können, entstammt nicht der Horrorliteratur, sondern ist ein weitverbreiteter Glaube in vielen Teilen dieser Welt. Diese Wesen sind grundsätzlich gefährlich und böse, fressen Leichen, wie etwa die *Ghoul* im arabisch-persischem Kulturbereich, und können ihren Kreatoren willige Handlanger bei dunklen Machenschaften sein. Besonders bekannt wurden diese Wesen als *Zombies* im karibischen *Voodoo*. Spekulationen von Religionswissenschaftlern und Ethnologen, ob es diese Wesen tatsächlich gebe, mündeten in die berüchtigte Studie von Wade Davis (1986), in der dieser behauptete, das Gift Tetrodotoxin des Kugelfisches würde von Haitis Zauberern eingesetzt, um ihnen willige Kreaturen für ihre bösen Taten zu schaffen. Anfangs durchaus auf das Wohlwollen renommierter Wissenschaftler stoßend, stellte sich später seine ganze Arbeit als unseriöser Schwindel heraus.

## 18.4 Die Rache der Toten

Vor allem in Klangesellschaften besteht die Angst, dass Tote sich an ihren Nachkommen rächen könnten, falls sie zu Lebzeiten nicht entsprechend gut behandelt wurden. Insbesondere wenn man sie während Krankheit und Sterben allein lässt, sollen sie eine Gefahr für die Lebenden sein und nur sehr schwer, mit vielen Opfern, wieder besänftigt werden können. Besonders in Afrika ist diese Vorstellung sehr prominent und führt etwa bei Epidemien mit dem Ebola- oder Marburg-Virus immer wieder zu schweren Auseinandersetzungen mit den Gesundheitsbehörden. Die Menschen akzeptieren die Quarantänemaßnahmen nicht, da sie keinesfalls von ihren Sterbenden getrennt werden wollen (vgl. Prinz 2005). In Japan fürchten sich viele Frauen noch Jahre nach einer Abtreibung vor der Rache des ungewollten Fötus. Aus einer weit verbreiteten Mischung von Angst und Ahnenkult ist eine bizarre Verehrung dieser *mizuo* (›Wasserkinder‹) entstanden, die mit vielfältigen Ritualen verbunden ist (Scheid 2010).

### Literatur


Bondeson, J.: *Lebendig begraben. Geschichte einer Urangst.* Hamburg 2002.

Cipolletti, M. S.: *Langsamer Abschied. Tod und Jenseits im Kulturvergleich.* Frankfurt a. M. 1989.

Davis, E. W.: *Die Toten kommen zurück. Die Erforschung der Voodoo-Kultur und ihrer geheimen Drogen.* München 1986 (engl. 1985).

Geserick, G./Stefenelli, N.: Furcht vor dem Scheintod. In: N. Stefenelli (Hg.): *Körper ohne Leben. Begegnung und Umgang mit Toten.* Wien/Köln/Weimar 1998, 124–132.

Prinz, A.: Ethnomedical Background of the Ebola Epidemic 2004 in Yambio, South Sudan. In: *Viennese Ethnomedicine Newsletter* 8, 3 (2005), 16–22.

Ruf, G.: Begegnung mit dem Leichnam ohne Scheu in der christlichen Vergangenheit. Umgang mit dem toten Körper bei Franziskus von Assisi. In: N. Stefenelli (Hg.): *Körper ohne Leben. Begegnung und Umgang mit Toten.* Wien/Köln/Weimar 1998, 361–372.

Scheid, B.: *Religion in Japan. Ikonographie.* In: http://www.univie.ac.at/rel_jap/ikon/jizo.htm (07.01.2010).

Speiser, F.: *Südsee, Urwald, Kannibalen. Reisen in den Neuen Hebriden und Santa-Cruz-Inseln.* Stuttgart 1924.

Suda, M. J.: Beurteilung des leblosen Körpers in Augustinus' Gutachten »De cura pro mortuis gerenda«. In: N. Stefenelli (Hg.): *Körper ohne Leben. Begegnung und Umgang mit Toten.* Wien/Köln/Weimar 1998, 414–421.

Zimmermann, H.: Tod und Auferstehung im neutestamentlichen Frühchristentum. In: H.-J. Klimkeit (Hg.): *Tod und Jenseits im Glauben der Völker.* Wiesbaden 1994, 77–85.


*Armin Prinz*

# 19 Sozialer Tod

Die heutige Vorstellung, dass mit dem biologischen Lebensende auch die soziale Existenz der Menschen endet, war in allen älteren Gesellschaften bzw. Kulturen unbekannt oder zumindest nicht dominant. Auch heute noch finden sich viele Praktiken und Vorstellungen, die diese moderne Vorstellung unterlaufen: Lebende können als tot, Tote können als lebendig gelten. Das soziologische Konzept des sozialen Todes bezeichnet solche soziokulturellen Auffassungen vom Tod. Die Mehrzahl der einschlägigen Schriften verwendet dieses Konzept für solche Praktiken und Vorstellungen, denen zufolge Lebende als tot gelten. Systematisch gesehen, spricht aber nichts dagegen, auch die sozial konstruierte Lebendigkeit der Toten einzubeziehen.

## 19.1 Zur Begriffsgeschichte

Auguste Comte, der Begründer der Soziologie, benutzt *mort sociale* in seinem religiösen Spätwerk für den sozialmoralisch begründeten Ausschluss von Menschen aus dem sozialen Leben durch die Priesterschaft des positiven Zeitalters (Comte 1890, 291). Moreno, der Begründer der Soziometrie, setzt 1947 den Begriff des *social death* ein für den lebenslangen Prozess des Verlusts von Beziehungspartnern durch deren Tod. Die Person bildet zusammen mit ihren signifikanten Beziehungspartnern ein *social atom*, das durch jeden individuellen Tod irritiert wird, bis es eventuell ganz zerfällt. Das *social atom* überlebt gewöhnlich das Individuum eine Zeit lang und garantiert so sein ›Weiterleben‹: »A man dies when his social atom dies« (Moreno 1947, 84; ähnlich Warner 1959, 304).

Eine präzise Bedeutung erhält der Begriff in der Soziologie in den 1960er Jahren, in denen die soziologische Feldforschung über Sterben und Tod beginnt. Wichtig war hier die Idee von Glaser/Strauss (1965/1966), dass es sich beim Sterben um eine Statuspassage handelt, die allerdings – anders als z. B. die Statuspassage vom Jugendlichen zum Erwachsenen oder die von den Brautleuten zum Ehepaar – nicht durch ein Ablaufprogramm geregelt ist. In späteren Arbeiten haben diese Autoren das Konzept eines *dying trajectory* hinzugefügt, um verschiedene Ablaufformen unterscheiden zu können (Glaser/Strauss 1968). Aufgrund dieser Ideen wurde das Sterben als sozialer Prozess soziologisch-empirisch fassbar.

Der Begriff *social death* wurde dann zuerst 1973 von Sudnow für eine letzte Phase des biologischen Sterbens benutzt: »[...] der ›soziale Tod‹ tritt in dem Augenblick ein, in dem die sozial relevanten Attribute des Patienten für den Umgang mit ihm keine Rolle mehr spielen und er im Wesentlichen schon als ›tot‹ betrachtet wird« (Sudnow 1973, 98). Die Ärzte und das Pflegepersonal sprechen in Gegenwart des Sterbenden, wobei sie unterstellen, dass er nichts mehr verstehen kann, über die Möglichkeit einer Organentnahme, über den baldigen Transport in die Leichenhalle, über eine Erlaubnis zur Obduktion. Sie schließen ihm die Augen, weil das nach Eintritt des biologischen Todes schwieriger ist, oder stellen Versorgungsleistungen ein (Sudnow 1973, 108 ff.; vgl. Feldmann 1997, 81). Angehörige, die darüber informiert werden, dass ein Kranker in absehbarer Zeit sterben wird, beginnen eventuell mit der Trauer, obwohl der Kranke noch lebt (zur ›antizipierten Trauer‹ vgl. Schmied 1985, 158).

## 19.2 Sozialer Tod als Ausschluss aus dem sozialen Leben

Zum sozialen Tod können aber auch alle Formen eines dauerhaften und (meist) irreversiblen Ausschlusses von Individuen aus dem normalen sozialen Leben gerechnet werden, insofern sie mehr oder weniger explizit Züge eines Für-tot-Erklärens haben. Wichtige Beispiele sind:

Wurde ein Mensch zum Sklaven gemacht, so wurde er durch eine *secular excommunication* (Patterson 1982, 5) für sozial tot erklärt: Indem man ihn aus seiner Verwandtschaftslinie herausbrach, als Individuum dem Haushalt des Herrn einfügte und ihm einen neuen Namen gab, nahm man ihm seine Vorfahren und die Gruppe, durch die er eine Position in der Welt hatte. Umgekehrt musste die Freilassung eines Sklaven erreichen, dass er zur Existenzform eines freien Menschen gelangen konnte, etwa indem der Befreite, der ja keine eigene Verwandtschaftslinie mehr hatte, derjenigen seines bisherigen Herrn zugeordnet wurde (Patterson 1982, 241). Bis in die Neuzeit hinein wurden in Europa häufig die Menschen, die an einer gefährlichen Seuche erkrankt waren, aus dem sozialen Leben ausgeschlossen. Das dritte Laterankonzil 1179 legte eine feierliche Zeremonie fest, durch die Aussätzige für tot erklärt werden sollten (Goudsblom 1977, 231).

Die Strafe ›lebenslänglich‹ spricht aus, worum es geht: Der Bestrafte soll nie wieder am normalen sozia-


H. Wittwer/D. Schäfer/A. Frewer (Hg.), *Sterben und Tod. Ein interdisziplinäres Handbuch 2. Auflage*,
https://doi.org/10.1007/978-3-476-05761-7_19

len Leben teilhaben. Wenn sich dann die Verwandten, Freunde und Bekannten so verhalten, als ob er gestorben sei (ihn nicht mehr besuchen oder ihm keine Briefe schreiben), dann ist sein sozialer Tod eingetreten (so Wittkowski 1990, 162).

Wenn ein Mensch seine soziale Umgebung verlässt, unter einem anderen Namen oder an einem Ort weiterlebt, der für seine bisherigen Beziehungspartner nicht erreichbar ist, so ist er für seine frühere soziale Welt gestorben (Feldmann 2004, 158). Goffman (1974) hat diesen *civil death* anhand von Insassen von Gefängnissen und psychiatrischen Anstalten untersucht. Rechtlich kann ein Mensch, der lange vermisst wurde, ›für tot erklärt‹ werden, etwa um seine alten rechtlichen Bindungen (Erbschaft, Ehe) zu beenden. »Wenn ein sozial Toter wieder auftaucht, wie es etwa nach Kriegen vorkommt, so ergeben sich notwendigerweise gravierende Interaktionsprobleme. Seine soziale Stelle, die Positionen und Rollen, die er eingenommen hat, sind besetzt oder aufgegeben« (Feldmann 2004, 159).

## 19.3 Eine erweiterte Begriffsverwendung

Im Unterschied zu dieser Begrenzung des Begriffs ›sozialer Tod‹ auf den dauerhaften und endgültigen Ausschluss aus dem normalen sozialen Leben, wozu eventuell noch die Hinrichtung zu zählen wäre, hat sich in den letzten Jahrzehnten eine breitere Auffassung artikuliert: Alle möglichen Formen einer auferlegten Minderung der Teilhabe am sozialen Leben werden als soziales Sterben verstanden.

In erster Linie Phänomene der Altersphase gelten als soziales Sterben. Nicht nur die Unterbringung von alten Menschen in Alters- oder Pflegeheimen (vgl. Wittkowski 1978, 113), sondern die ganze Lebenszeit nach Ende der Erwerbstätigkeit wird als soziales Sterben aufgefasst (Feldmann 1998, 96; ähnlich Elias 1982, 8). Für die heutigen Verhältnisse stellt Feldmann (2004, 26) fest: »Das soziale Sterben geht in der Regel dem körperlichen voraus. Wenn die Person ihren Beruf aufgibt, in den Ruhestand tritt, wenn sie ihre Werke vollendet und/oder ihre Kinder großgezogen hat, dann wird die Person gesellschaftlich marginalisiert, es bleiben die Rollen des Konsumenten und des Patienten. Zuletzt stirbt [...] nur mehr ein Körper [...].« Auf diese Weise ruft der Tod eines Menschen keine bemerkbare Funktionsstörung im sozialen Leben hervor (Schmied 1985, 31; Feldmann 2004, 57). Weitere Phänomene, die in diesem Sinne zum sozialen Sterben gerechnet werden, sind z. B. die ›Exklusion‹ von Armen, die ›Ausgrenzung‹ von Immigrantengruppen oder von sexuellen Minderheiten.

Fasst man soziales Sterben so als Rollenverlust, als Segregation, als Stigmatisiertwerden, als Marginalisierung, als Exklusionserfahrung allgemein, dann kommt es im sozialen Leben ständig und überall vor: »Soziales Sterben wird frühzeitig eingeübt durch die Schwankungen im Status innerhalb von Gruppen, den Verlust von Rollen, durch Wechsel von Orten und Organisationen und viele andere Erfahrungen von (tatsächlichem oder antizipiertem) sozialem Verlust« (Feldmann 2004, 153; in gleicher Richtung: Weber 1994). Konsequenterweise muss das soziale Sterben dann als reversibel gelten (Feldmann 1997, 86). Obwohl auch das physische Sterben eventuell reversibel sein kann, meinen Kritiker des Konzepts des sozialen Sterbens, dass es sich bei dieser Ausdeutung des Begriffs um eine metaphorische Erweiterung handelt, die nicht zur Klarheit des Konzepts beiträgt (so Schmied 1985, 116). Schiefer (2007, 134) schlägt deshalb vor, für diesen weiten Phänomenbereich nicht von sozialem Tod, sondern nur von sozialem Sterben zu sprechen. Mindestens müsste der weit gefasste Begriffsvorschlag systematisch eingearbeitet werden in die etablierten soziologischen Grundbegriffe (Rolle, Interaktion, Statuspassage, Biographie, Gruppe usw.) oder diesen gegenüber als überlegen nachgewiesen werden.

## 19.4 Die ›Lebendigkeit‹ der Toten

Die andere Seite der sozialen Konstruktion des Todes betrifft die Vorstellung, dass die Toten in irgendeiner Weise ›lebendig‹ sind und dass sie eventuell auf die Lebenden aktiv Einfluss nehmen können. Einer breiten Forschungslage in Ethnologie, Volkskunde und Kulturgeschichte zufolge wird das in vielen Kulturen geglaubt. Das Gesamtfeld dieser Vorstellungen und Praktiken reicht von der Angst vor Wiedergängern über Ahnenverehrung und Wiedergeburtslehren bis zum Seelenglauben und zur Unsterblichkeitsvorstellung, wobei die ›Lebendigkeit‹ der Toten an ganz unterschiedliche Kräfte gebunden sein kann. Hierzu müssen einige Beispiele ausreichen:

Vielfach wird den Toten unterstellt, dass sie schädigend in den Bereich der Lebenden eingreifen können. Eine große Zahl von Sicherungsmaßnahmen gegen sie (dazu gehörte ursprünglich auch das Begräbnis, vgl. Fuchs 1969, 39) ist aus der Ethnologie und der

Volkskunde bekannt. »Trauerarbeit ist auch Abwehr der Toten. [...] Die Totenwache dient dazu, den Toten zu kontrollieren. Leichenfesselung, Leichenverbrennung, Einsargung und andere Bestattungsmaßnahmen haben ursprünglich die Bedeutung einer magischen Abwehr« (Feldmann 2004, 44). Die Angst vor den Toten kann als Ursprung der Tradition bzw. des Traditionalismus in älteren Sozialformen angesehen werden: »Man fürchtet sich ursprünglich, irgendetwas zu verändern, das von den Toten geschaffen oder gebraucht wurde [...]« (Weiss 1946, 19). Comte hat diesen Zusammenhang zu einem seiner Grundkonzepte gemacht: Die Kontinuität des sozialen Lebens kommt durch die ›Ehrfurcht‹ der Lebenden vor den Leistungen und Hinterlassenschaften ihrer Ahnen zustande; diese Ehrfurcht sei eine Bestandsvoraussetzung für alle sozialen Systeme (Comte 1923 I, 423; vgl. Fuchs-Heinritz 1995).

Der Gestorbene wird häufig als in einem Übergang befindlich angesehen, der ihn aus dem Bereich der Lebenden in den Bereich der Toten führt. Werden die einschlägigen Übergangsrituale nicht ordnungsgemäß durchgeführt, kann der Tote seinen Weg nicht finden; er irrt umher und schädigt unter Umständen die Lebenden. Besonders ausgebaut ist das Übergangsritual beim ›zweiten Begräbnis‹: Der Tote wird zunächst vorläufig an einen Platz gelegt, bis die Verwesung fortgeschritten ist. In dieser Zeit gilt er noch als Vollmitglied der sozialen Gruppe, wird er eventuell angesprochen oder auch versorgt. Im zweiten Begräbnis werden die Knochen gereinigt und endgültig begraben. Erst jetzt glaubt man, dass der Tote den Bereich der Lebenden verlassen hat (Hertz 2007, 65 ff.; Mandelbaum 1959, 190 ff.; Mbiti 1974, 200; Fuchs 1969, 39 ff.). Manche Tote wurden erneut getötet, sie galten also als in irgendeiner Weise lebendig. Bei den Germanen wurde ein Verbrecher manchmal mehrfach hingerichtet (Schreuer 1916, 360 ff.). Leichen wurden in einzelnen Fällen bis in die Neuzeit hinein vor Gericht gebracht, verurteilt und ›hingerichtet‹ (Fischer 1936, 26 ff.; Fehr 1950, 59 ff.).

Der Reliquienkult der Westkirche seit dem 6. Jh. (vgl. Kohl 2003, 46 ff.) ging von der Annahme aus, dass durch die Aufbewahrung eines Knochenstückes eines Märtyrers in einer Kirche dieser Heilige so gegenwärtig wurde, dass er für Fürbitten ansprechbar wurde. Reliquien und Gräber von Heiligen, die sich auf Fürbitten hin nicht als hilfreich erwiesen, wurden von den Gläubigen gegebenenfalls bestraft. Das geht aus dem Verbot dieser Sitte durch das Konzil von Lyon 1274 hervor (Kohl 2003, 55).

Indem der Tote auf dem Friedhof beerdigt oder in einer Urne beigesetzt wird, gelangt er in ein geheiligtes Territorium, das als *city of the dead* den Toten vorbehalten ist (vgl. Warner 1959, Kap. 9). Der Friedhof bietet einen Platz, an dem die unerreichbare Zeit, in der der Tote sich als Person jetzt befindet, irgendwie auf begreifliche Weise erreicht werden kann (so Warner 1975, 169). Verwitwete und andere Hinterbliebene leben oft so, als ob der Tote noch anwesend wäre, sprechen oder beraten sich mit ihm (vgl. Feldmann 1997, 87; Feldmann 1998, 103). Königin Victoria überlebte ihren Mann um 40 Jahre, »traf aber keine Entscheidung, ohne in Zurückgezogenheit mit seinem Geist in Verbindung getreten zu sein. Tag für Tag ließ sie seine Kleider und Rasierwasser bereitstellen« (Schmied 1985, 162).

Ein entfernter Abkömmling des Totenreiches, in dem die Toten auf irgendeine Weise ›sind‹, ist das kollektive Gedächtnis, das an herausragende Vorfahren und an deren Werke und Taten erinnert. Es ist selektiv gebaut: Nicht aller Toten wird gedacht, sondern nur derer, deren Werke und Taten nach heutiger Auffassung bedeutend sind (vgl. Fuchs-Heinritz 1998). Zwischen politischen Einheiten wird oft um solche herausragende Tote gestritten. Westdeutschland und die DDR haben um Goethe konkurriert (Feldmann 2004, 58), Frankreich wie Deutschland sehen Karl den Großen als ihren Kaiser an.

Eine andere moderne Form des Weiterlebens ist die ›mediale Unsterblichkeit‹ (Feldmann 2004, 127), also das Auftreten von Schauspielern und von Personen der Zeitgeschichte in Spiel- oder Dokumentarfilmen, wenn sie schon tot sind. Dieses Weiterleben im Film hat eine Vorgeschichte: Literarische wie wissenschaftliche Bücher werden seit Langem rezipiert ohne besondere Rücksicht darauf, ob der Autor lebt oder nicht.

## 19.5 Schluss

Die Perspektive ›sozialer Tod‹ macht darauf aufmerksam, dass die älteren Sozialformen und Kulturen keine Gleichzeitigkeit von sozialem und biologischem Tod gesehen haben und dass auch heute noch manche Vorstellungen und Praktiken solche Gleichzeitigkeit nicht unterstellen.

Gegen die hier gewählte Darstellung der sozialen ›Lebendigkeit‹ von Toten und des ›Totseins‹ von Lebenden unter dem Oberbegriff ›sozialer Tod‹ ließe sich erstens zu Recht einwenden, dass der Begriff so theoretisch nicht präzise gefasst wird, sondern eher als Suchmittel im Feld der von Ethnologie und Kulturwissenschaft zusammengestellten Fakten dient. Zweitens ließe sich einwenden, dass man so implizit doch vom heute vorherrschenden Verständnis vom Tod (als Ende des biologischen *und* des sozialen Lebens) ausgeht. Immerhin kann dadurch deutlich werden, dass es sich bei der heute vorherrschenden Vorstellung, das biologische und das soziale Leben endeten zur gleichen Zeit oder sollten zur gleichen Zeit enden, auch um eine soziale Konstruktion im Gesamtfeld der soziokulturellen Vorstellungsmuster handelt.

### Literatur


Comte, A.: *Catéchisme positiviste ou sommaire exposition de la religion universelle en treize entretiens systématiques entre une femme et un prêtre de l'Humanité*. Paris $^{3}$1890.

Comte, A.: *Soziologie. Bd. I: Der dogmatische Teil der Sozialphilosophie*. Jena $^{2}$1923 (frz. 1830).

Elias, N.: *Über die Einsamkeit der Sterbenden in unseren Tagen*. Frankfurt a. M. 1982.

Fehr, H.: Tod und Teufel im alten Recht. In: *Zeitschrift der Savigny-Stiftung für Rechtsgeschichte*. German. Abt. 67 (1950), 50–75.

Feldmann, K.: *Sterben und Tod. Sozialwissenschaftliche Theorien und Forschungsergebnisse*. Opladen 1997.

Feldmann, K.: Physisches und soziales Sterben. In: U. Becker/Ders./F. Johannsen (Hg.): *Sterben und Tod in Europa*. Neukirchen-Vluyn 1998, 94–107.

Feldmann, K.: *Tod und Gesellschaft. Sozialwissenschaftliche Thanatologie im Überblick*. Wiesbaden 2004.

Fischer, P.: *Strafen und sichernde Maßnahmen gegen Tote im germanischen und deutschen Recht*. Düsseldorf 1936.

Fuchs, W.: *Todesbilder in der modernen Gesellschaft*. Frankfurt a. M. 1969.

Fuchs-Heinritz, W.: Auguste Comte. Die Toten regieren die Lebenden. In: K. Feldmann/Ders. (Hg.): *Der Tod ist ein Problem der Lebenden. Beiträge zur Soziologie des Todes*. Frankfurt a. M. 1995, 19–58.

Fuchs-Heinritz, W.: Die zerbrochene Vase, der zerbrochene Blumentopf. Überlegungen zur Ungleichheit der Toten im sozialen Gedächtnis. In: U. Becker/K. Feldmann/F. Johannsen (Hg.): *Sterben und Tod in Europa*. Neukirchen-Vluyn 1998, 128–134.

Glaser, B. G./Strauss, A. L.: Temporal Aspects of Dying as a Non-scheduled Status Passage. In: *American Journal of Sociology* 71 (1965/1966), 48–59.

Glaser, B. G./Strauss, A. L.: *Time for Dying*. Chicago/London 1968.

Goffman, E.: *Asyle. Über die soziale Situation psychiatrischer Patienten und anderer Insassen*. Frankfurt a. M. 1974 (engl. 1961).

Goudsblom, J.: Zivilisation, Ansteckungsangst und Hygiene. Betrachtungen über einen Aspekt des europäischen Zivilisationsprozesses. In: P. Gleichmann/J. Goudsblom/H. Korte (Hg.): *Materialien zu Norbert Elias' Zivilisationstheorie*. Frankfurt a. M. 1977, 215–253.

Hertz, R.: *Das Sakrale, die Sünde und der Tod. Religions-, kultur- und wissenssoziologische Untersuchungen*. Konstanz 2007 (frz. 1905/1906).

Kohl, K.-H.: *Die Macht der Dinge. Geschichte und Theorie sakraler Objekte*. München 2003.

Mandelbaum, D. G.: Social Uses of Funeral Rites. In: H. Feifel (Hg.): *The Meaning of Death*. New York/Toronto/London 1959, 189–217.

Mbiti, J. S.: *Afrikanische Religion und Weltanschauung*. Berlin/New York 1974 (engl. 1969).

Moreno, J. L.: The Social Atom and Death. In: *Sociometry* 10 (1947), 80–84.

Patterson, O.: *Slavery and Social Death. A Comparative Study*. Cambridge/London 1982.

Schiefer, F.: *Die vielen Tode. Individualisierung und Privatisierung im Kontext von Sterben, Tod und Trauer in der Moderne*. Berlin 2007.

Schmied, G.: *Sterben und Trauern in der modernen Gesellschaft*. Opladen 1985.

Schreuer, H.: Das Recht der Toten. Eine germanistische Untersuchung. In: *Zeitschrift für vergleichende Rechtswissenschaft* 33 (1916), 333–432 und 34 (1916), 1–208.

Sudnow, D.: *Organisiertes Sterben. Eine soziologische Untersuchung*. Frankfurt a. M. 1973 (engl. 1967).

Warner, W. L.: *The Living and the Dead. A Study in the Symbolic Life of Americans*. New Haven 1959.

Warner, W. L.: *The Family of God. A Symbolic Study of Christian Life in America* [1961]. Westport 1975.

Weber, H.-J.: *Der soziale Tod*. Frankfurt a. M. 1994.

Weiss, R.: *Volkskunde der Schweiz. Grundriß*. Erlenbach/Zürich 1946.

Wittkowski, J.: *Tod und Sterben. Ergebnisse der Thanatopsychologie*. Heidelberg 1978.

Wittkowski, J.: *Psychologie des Todes*. Darmstadt 1990.


*Werner Fuchs-Heinritz*

# 20 Entwicklung des Todeskonzepts bei Kindern

Das Wissen des Menschen um Vergänglichkeit und Tod wie auch seine Vorstellungen in Bezug auf Ursachen und Folgen des Todes sind nicht angeboren. Erst allmählich im Laufe der Sozialisation entwickelt sich beim Kind ein konkretes und zunehmend wirklichkeitsgerechtes Konzept des Todes. Der vorliegende Beitrag ist der Beschreibung dieser Entwicklung beim gesunden, normal begabten Kind gewidmet; dabei liegt der Schwerpunkt der Ausführungen auf der Darstellung der kognitiven Komponente des Todeskonzepts, d. h. Vorstellungen und Bildern in Bezug auf den Tod. Die emotionale Komponente, d. h. die mit den jeweiligen Vorstellungen verbundenen Gefühle werden nur am Rande berührt (vgl. zur Definition des Todeskonzepts Wittkowski 1990).

## 20.1 Entwicklungspsychologische und kulturelle Rahmenbedingungen des Todeskonzepts

Die Entwicklung des Todeskonzepts ist schwierig und stellt hohe Anforderungen an Kinder und Jugendliche. Eine Ursache hierfür liegt in der Komplexität des Todesbegriffs selbst, gibt es doch nicht *die* umfassende, allgemeingültige Definition des Todes, die es – wie beim Erlernen reinen Faktenwissens üblich – einfach nachzuvollziehen und anzuerkennen gilt. Stattdessen begegnen Heranwachsende einer Vielzahl teilweise inkonsistenter, teilweise widersprüchlicher Informationen und Annahmen zu naturwissenschaftlichen und philosophischen und/oder religiös-spirituellen Aspekten des Todes, die sie verstehen, gegeneinander abwägen und integrieren müssen (Mette 2010). Eine weitere Bedingung, die die Entwicklung des Todeskonzepts erschwert, ist, dass Kinder und Jugendliche mehrheitlich keine oder nur unzureichende Unterstützung bei ihrer kognitiven und emotionalen Auseinandersetzung mit Sterben und Tod erfahren. Der Tod ist noch immer eines der Tabuthemen unserer Zeit – Vergänglichkeit und individuelles Sterben-Müssen sind (noch immer) nicht gesellschaftsfähig (Joachim-Meyer 2004; Grieser 2018). Soziologische Studien belegen, dass »der Tod als Gesprächsthema nicht gelitten« und mit einer ›Kommunikationshemmung‹ belastet ist (Fuchs 1969, 105). So wird das Todesthema häufig totgeschwiegen, in vielen Familien wird nicht über den Tod gesprochen – selbst dann nicht, wenn nahe Angehörige vom Tod betroffen sind und Kinder und Heranwachsende nach Tod und Sterben fragen (Rosengren/Gutierrez/Schein 2014).

Aufgrund – oder unter dem Vorwand – der Annahme, Kinder seien weder am Tod interessiert noch in der Lage, diesen zu verstehen (Vianello/Lucamante 1988; Kastenbaum 2003) sowie in der vermeintlich fürsorglichen Absicht, sie nicht zu ängstigen, emotional zu belasten oder ihren Lebensoptimismus in Frage zu stellen, neigen Erwachsene vielfach dazu, Kindern und Jugendlichen die Konfrontation mit Vergänglichkeit, Sterben und Tod zu *ersparen* (Beit-Hallahmi 2011; Fischinger 2018; Grieser 2018) – auf diese Weise wird ihnen allerdings nicht nur ein existenziell bedeutsames Thema, sondern auch die notwendige Hilfestellung bei der Auseinandersetzung damit *vorenthalten* (Martinčeková/Jiang/Adams u. a. 2018) und unangemessenen Vorstellungen, Unsicherheit und Angst Vorschub geleistet (Talwar 2011).

Trotz der Bemühungen der Erwachsenen, Heranwachsende vor der Konfrontation mit Sterben und Tod zu schützen, begegnen sie in ihrem Alltag einer Vielzahl von Stimuli, die dazu anregen, über Tod und Vergänglichkeit nachzudenken: Die Darstellung des Todes in den Medien, das tote Tier am Straßenrand, der Tod eines Haustieres oder der eines mehr oder weniger nahestehenden Menschen interessiert und beschäftigt Kinder und ist Teil ihres grundlegenden Bedürfnisses, die Welt zu verstehen.

## 20.2 Wissenschaftliche Arbeiten zur Entwicklung des Todeskonzepts

Bereits Anfang des letzten Jahrhunderts wurden erste empirische Forschungsarbeiten in Bezug auf die Frage, wie Kinder entsprechende Erfahrungen verarbeiten und wie sich ihr Verständnis des Todes entwickelt, durchgeführt (u. a. Nagy 1948). Im Rahmen dieser Untersuchungen konnte gezeigt werden, dass Kinder bereits ab einem Alter von ca. drei Jahren beginnen, sich mit dem Tod zu beschäftigen und individuelle Vorstellungen in Bezug auf den Tod und den Zustand des Tot-Seins zu entwickeln. In den 70er und 80er Jahren des letzten Jahrhunderts kam es zu einer Wiederaufnahme der Forschungstätigkeit (u. a. Kane 1979); die Untersuchungen erfolgten nun unter der Zielsetzung, abgrenzbare Entwicklungsstufen mit für sie charakteristischen Todesvorstellungen zu bestimmen und deren Beziehung zur Entwicklung des Verständ-


H. Wittwer/D. Schäfer/A. Frewer (Hg.), *Sterben und Tod. Ein interdisziplinäres Handbuch 2. Auflage*,
https://doi.org/10.1007/978-3-476-05761-7_20

nisses für angrenzende Konzepte (Lebens- oder Zeitkonzept) sowie zur allgemeinen kognitiven Entwicklung (vgl. Piaget 1983) aufzuzeigen.

Charakteristisch für Arbeiten zum Entwicklungsverlauf des Todeskonzepts war deren Fokussierung bzw. Beschränkung auf eine naturwissenschaftlich geprägte Interpretation des Todes: Als wesentliches Bestimmungsstück eines realitätsgerechten, sogenannten ›reifen‹ Todeskonzepts und damit Maßstab für die Beurteilung des jeweils erreichten Entwicklungsniveaus galt danach eine Betrachtung des Todes als biologisches Phänomen. Des Weiteren wurde postuliert, dass ein vollentwickeltes Verständnis des Todes Einsicht in die Subkonzepte Irreversibilität, Universalität, Non-Funktionalität und Kausalität des Todes voraussetzt (Kenyon 2001; Slaughter 2005):

- Das Konzept *Irreversibilität* (oder auch *Finalität*) bezieht sich auf die Endgültigkeit des Todes und gilt als erfasst, wenn verstanden wird, dass ein Lebewesen nach Eintreten des Todes nicht wieder zum Leben erweckt werden kann.
- Das Konzept *Universalität* beschreibt das Wissen um die Unvermeidbarkeit des Todes für ausnahmslos alle Lebewesen und umfasst auch die Einsicht in die eigene Sterblichkeit.
- *Non-Funktionalität* bezeichnet das Erlöschen aller körperlichen und psychischen Funktionen und gilt als verstanden, wenn dem toten Lebewesen sämtliche Leben definierende Funktionen und Prozesse abgesprochen werden.
- Das Erfassen der *Kausalität* (auch Ursächlichkeit) des Todes setzt die Erkenntnis voraus, dass der Tod durch innere und äußere, realistische Ursachen (wie Krankheiten, Unfälle oder Begleiterscheinungen hohen Alters) und nicht durch Wunschdenken, magische Vorstellungen oder schlechtes Betragen hervorgerufen wird.

Wie bereits angedeutet, wird davon ausgegangen, dass ein realitätsgerechtes Todeskonzept das Verständnis aller genannten Subkonzepte beinhaltet.

Auf der Basis der Erkenntnisse zahlreicher Studien (u. a. Slaughter 2005; Poltorak/Glazer 2006; Slaughter/Griffiths 2007) kann festgestellt werden, dass es überindividuelle Gemeinsamkeiten hinsichtlich der Entwicklung des Todeskonzepts im Kindes- und Jugendalter gibt und das chronologische Alter der Heranwachsenden einen guten Prädiktor für das zu erwartende Niveau des Todesverständnisses darstellt.

Allerdings besteht kein allgemeiner Konsens über den genauen Entwicklungsverlauf; die ermittelten Altersgrenzen und die die Stufen charakterisierenden Inhalte variieren von Studie zu Studie. Als Ursachen für diese Abweichungen sind Unterschiede hinsichtlich der untersuchten Stichproben (gesunde und/oder unheilbar erkrankte Kinder; Kinder mit und/oder ohne Erfahrung des Todes einer nahestehenden Person; Erwachsene, die retrospektiv Auskunft über ihr Todeskonzept geben), der Fragestellung (zum Tod von Pflanzen, Tieren oder Menschen), der verwendeten Datenquellen (Fragebögen, Satzergänzungsverfahren, Interviews, Zeichnungen etc.), der Analyseverfahren sowie allgemeine methodische und theoretische Probleme einzelner Arbeiten in Betracht zu ziehen (Kenyon 2001).

Die folgende deskriptive Darstellung der grundlegenden Entwicklungsstufen des Todeskonzepts versucht, die vorliegenden Untersuchungsergebnisse möglichst zu integrieren.

## 20.3 Entwicklungsstufen des Todeskonzepts bei Kindern

### 20.3.1 Todesvorstellungen im Kleinkindalter (0 bis 3 Jahre):

Kinder dieser Entwicklungsstufe verfügen nicht bzw. nur ansatzweise über die kognitiven Voraussetzungen für ein Verständnis des Todes. Für sie bedeutet Tod dasselbe wie abwesend zu sein – die verstorbene Person verschwindet aus dem Gesichtskreis des Kindes.

Auch wenn Kinder im Alter bis zu 3 Jahren nicht oder nur bedingt in der Lage sind, Tod und Tot-Sein kognitiv zu erfassen, so reagieren sie doch emotional auf den Tod eines ihnen nahestehenden Menschen und zeigen deutliche Zeichen der Unlust aufgrund der Abwesenheit der Person.

### 20.3.2 Todesvorstellungen von Kindern im Vorschulalter (3 bis 6 Jahre):

Zu Beginn dieser Entwicklungsstufe verfügen Kinder noch nicht über spezifische Todesvorstellungen. Tod wird als Abschied oder Trennung und damit als Ende der Kontaktmöglichkeiten zwischen den Lebenden und der verstorbenen Person aufgefasst. Im Zuge der weiteren Entwicklung wird der Tod als eigenständiges Phänomen wahrgenommen, jedoch nicht als endgültiges Ende des Lebens betrachtet: Kinder dieser Entwicklungsstufe nehmen an, dass ein toter Mensch wieder erwachen und unter veränderten Bedingungen – an einem anderen Ort und/oder mit gewissen Einschränkungen (Bewegungslosigkeit, Schlaf ähnlicher

Zustand) – weiterleben kann. Tot-Sein stellt keinen klar abgegrenzten Zustand dar (Verstorbenen werden Empfindungen, Gedanken und Emotionen zugeschrieben) und unterscheidet sich nur graduell vom Leben (Nagy 1948). Auch die Unvermeidbarkeit des Todes wird auf dieser Entwicklungsstufe noch nicht erfasst; die Kinder glauben, dass weder ihnen nahestehende Menschen noch sie selbst vom Tod betroffen sind (Poltorak/Glazer 2006). Im Hinblick auf die Ursachen des Todes gehen Kinder dieser Entwicklungsstufe häufig davon aus, diesen durch eigenes Tun (Fehlverhalten, Wunschdenken) herbeiführen zu können (Kane 1979). Während die jüngeren Kinder dieser Entwicklungsstufe noch nicht über die zum voll entwickelten Todeskonzept gehörenden Subkonzepte zu verfügen scheinen, deuten einige jüngere Arbeiten darauf hin, dass die Subkonzepte Universalität, Irreversibilität und Non-Funktionalität bereits von der Mehrheit der 5- und 6-jährigen verstanden werden (Rosengren/Gutierrez/Schein 2014; Misailidi/Kornilaki 2015; Panagiotaki/Hopkins/Nobes u. a. 2018).

Hinsichtlich todbezogener Emotionen ist festzustellen, dass der Tod, so er nicht als persönlich bedeutsam wahrgenommen wird, keine Angst auslöst. Erst allmählich lernen Kinder dieser Entwicklungsstufe, Tod in Verbindung mit Trauer und Leid zu bringen. Mit dem Erfassen der Universalität des Todes entsteht Angst vor dem Tod von geliebten Menschen, insbesondere der Eltern.

### 20.3.3 Todesvorstellungen von Kindern im Alter von 6 bis 8 Jahren:

Kinder zu Beginn des Grundschulalters zeigen häufig großes Interesse am Tod und seinen Begleiterscheinungen (Leichenstarre, Beerdigungs- und Trauerrituale etc.). Der Tod wird als endgültig verstanden, allerdings gehen Kinder dieser Altersstufe noch vielfach von einer externen Verursachung aus (Tod durch Unfälle, Gift oder Waffengewalt oder Tod durch Einwirkung einer äußeren Macht (Personifizierung des Todes)), die man vermeiden bzw. der man sich entziehen kann. Der Tod betrifft somit nicht jeden, schon gar nicht einen selbst. Die Non-Funktionalität des Todes wird zunehmend erfasst. Während Wahrnehmungs- und Bewusstseinsprozesse teilweise noch als möglich erachtet werden, werden Bewegungen und körperliche Aktivitäten entschieden ausgeschlossen. Die Irreversibilität des Todes sowie dessen Unvermeidbarkeit werden zunehmend realistisch eingeschätzt, eigene Krankheiten und der eigene Tod werden jedoch als in weiter Zukunft liegende Ereignisse angesehen.

Der Gedanke, selbst vom Tod betroffen zu sein, erzeugt Angst und ist für viele so unerträglich, dass ein Glaube an die Unsterblichkeit entsteht: Kinder dieser Entwicklungsstufe beschäftigen sich häufig intensiv mit der Frage, was nach dem Tod geschieht und entwickeln freimütig Ideen und Vorstellungen in Bezug auf ein Leben nach dem Tod (Rosengren/Gutierrez/Schein 2014; Fleck- Bohaumilitzky 2016).

### 20.3.4 Todesvorstellungen von Kindern im Alter von 8 bis 10 Jahren:

Zum Ende des Grundschulalters werden die Todesvorstellungen von Kindern konkreter und sachlich richtiger, ein Verständnis des Todes in einem naturwissenschaftlich-biologischen Sinn stellt sich ein. Die Kinder erkennen, dass Sterben ein Prozess ist, der im Menschen abläuft; insofern wird der Tod als unvermeidbares menschliches und damit auch eigenes Schicksal begriffen. Auch die Endgültigkeit des Erlöschens aller Körperfunktionen und die dazu führenden Ursachen (Letztere allerdings erst mit einiger zeitlicher Verzögerung) werden nun verstanden (Slaughter/Grifiths 2007). In dieser Phase vollzieht sich die Angleichung der kindlichen Todesvorstellungen an die der Erwachsenen.

Allerdings wird die mit dem beschriebenen 4-Komponenten-Konzept verbundene Reduktion eines Verständnisses des Todes auf ein natürliches, biologisches Geschehen der Komplexität menschlicher Todesvorstellungen nicht gerecht (Streib/Klein 2010). Aktuelle Arbeiten weisen darauf hin, dass entsprechende biologisch-naturwissenschaftliche Annahmen zugunsten übernatürlicher – religiöser oder spiritueller – Überlegungen revidiert bzw. um diese ergänzt werden (Harris 2011; Legare/Evans/Rosengren u. a. 2012; Watson-Jones/Busch/Harris u. a. 2017; Panagiotaki/Hopkins/Nobes u. a. 2018). Ohne die biologischen Fakten – die Beendigung der körperlichen Funktionen – in Zweifel zu ziehen, entwickeln Heranwachsende mehrheitlich parallel einen Glauben an die Fortsetzung psychischer (kognitiver und emotionaler) Prozesse und eine Weiterexistenz des Geistes bzw. der Persönlichkeit.

Zusammenfassend lassen sich drei Entwicklungsstufen unterscheiden:

*Stufe I*: Kinder bis zum Alter von 3 bis 4 Jahren haben noch keine bzw. nur begrenzte Vorstellungen davon, was Tod und Tot-Sein bedeutet.

*Stufe II*: Zwischen 5 und 8 Jahren gewinnt die Todesthematik an Bedeutung, Kinder interessieren sich für Vergänglichkeit und Tod, die Subkonzepte des Todeskonzepts werden allmählich erfasst (Irreversibilität und Universalität sind dabei eher zugänglich als Funktionsverlust und zuletzt Kausalität), aber zunächst nur zögerlich auf die eigene Person bezogen.

*Stufe III*: Mit durchschnittlich 8 bis 10 Jahren verfügen Kinder über ein vollständig entwickeltes, realitätsgerechtes Todesverständnis.

Ab der zweiten Entwicklungsstufe ist der Tod mehrheitlich mit negativen Gefühlen wie Trauer (Gutierrez/Miller/Rosengren u. a. 2014) und Angst besetzt. Letztere richtet sich allerdings weniger auf den eigenen als vielmehr auf den Tod von Eltern oder anderen geliebten Personen. Insgesamt äußern jüngere Kinder im Vergleich zu älteren geringere Angst vor dem Tod, ggf. wirken ihre weniger entwickelten Vorstellungen weniger bedrohlich und erst die Einsicht in die Merkmale des realitätsgerechten Todeskonzepts ruft Angst hervor bzw. verstärkt diese (Wass 2003; Slaughter/Griffith 2007; Lee/Kim/Choi u. a. 2014).

Vor diesem Hintergrund mag die nachgewiesene Koexistenz naturwissenschaftlich geprägter Überzeugungen und religiös/spirituell geprägter Hoffnungen auf Unsterblichkeit eine Antwort auf die Herausforderung sein, die »konkrete Relevanz (des Todes) für das eigene Leben und die eigene Person auszuhalten« und »trotz der Präsenz des Todes ein gutes Leben zu führen« (Grieser 2018, 113).

## 20.4 Determinanten des Todeskonzepts von Kindern

Die Vorstellungen und Einsichten von Kindern und Jugendlichen im Zusammenhang mit Sterben und Tod werden von zahlreichen internalen und externalen Faktoren geprägt. Unter den internalen Faktoren kommt dem Niveau der kognitiven Entwicklung große Bedeutung zu, sind doch bestimmte kognitive Kompetenzen (Piaget 1983) unabdingbar für das Verständnis des Todes und seiner Subkonzepte: Erst das Erreichen des konkret-operationalen Stadiums und die damit verbundene Überwindung präoperationaler Denkweisen im Alter von 5 bis 6 Jahren ermöglicht ein Verständnis der Non-Funktionalität und Universalität des Todes, und die hypothetisch-deduktiven Denkoperationen des mit Beginn des Jugendalters erreichten formal-logischen Stadiums schaffen die Voraussetzungen für eine Auseinandersetzung mit der Möglichkeit einer Existenz nach dem Tod.

Unter den externalen Faktoren spielen allgemeine soziokulturelle Bedingungen wie die Quantität und Qualität der familiären Auseinandersetzung mit Aspekten der Endlichkeit des Lebens (Panagiotaki/Hopkins/Nobes u. a. 2018), religiöse Orientierungen (ebd.) oder die direkte und/oder indirekte Konfrontation mit Sterben und Tod eine bedeutende Rolle.

So kann die Rezeption todbezogener Kinder- und Jugendliteratur katalytisch auf die Entwicklung des Todeskonzepts wirken (Bodarwe 1989; Vasik 2011; Lee/Kim/Choi u. a. 2014). Im Vergleich dazu scheint sich die – (vermutlich) häufige(re) – Begegnung mit dem Tod im Fernsehen eher negativ auf die Entwicklung eines realitätsgerechten Todesverständnisses auszuwirken. Die einseitige, massenhafte Darstellung des Todes als Folge von Gewalt erschwert die Einsicht in die Subkonzepte Universalität und Kausalität und fördert Verdrängungsprozesse. Dass die Präsentation des Todes als Unterhaltungsthema, das keine Trauer um Sterbende oder Tote vorsieht, zu Abstumpfung und Abnahme von Empathie führen kann, stellt eine weitere ernst zu nehmende negative Folge der fernsehvermittelten Begegnung mit Sterben und Tod dar (Ramachers 1994; Hackenberg 2013).

Im Hinblick auf die glücklicherweise bei Kindern seltenen direkten Erfahrungen mit Sterben und Tod durch eigene lebensbedrohliche Erkrankung oder Tod eines Angehörigen liegen divergierende Befunde vor. So scheint die unmittelbare Konfrontation mit Tod und Sterben die Einsicht in die Irreversibilität, Non-Funktionalität und Kausalität des Todes insbesondere bei jüngeren Kindern zu beschleunigen, bei älteren Kindern unterscheiden sich die Konzepte von Kindern mit und ohne direkte Todeserfahrung dagegen nicht (Kenyon 2001). Bonoti, Leondari und Mastora (2013), die in ihren Studien bei Kindern mit Todeserfahrung im Vergleich zu Kindern ohne entsprechende Erfahrungen ausgereiftere Todeskonzepte ermittelten, verweisen im Hinblick auf mögliche Ursachen für die differenziellen Effekte auf die Bedeutsamkeit der Qualität und Quantität begleitender elterlicher Informationen und Gesprächsangebote (s. o.).

Angesichts der Vielzahl potenzieller Einflussfaktoren und Möglichkeiten ihres Zusammenwirkens wird augenscheinlich, dass die resultierenden Vorstellungen und Einsichten in Bezug auf Vergänglichkeit und Tod bei Kindern derselben Altersgruppe erhebliche Unterschiede aufweisen können. Plieth (2001, 38) meint sogar: »Die Vorstellungen vom Tod beim Kind sind so unterschiedlich wie Kinder selbst«. Auch wenn somit letztlich je individuell ermittelt werden muss, welche Vorstellungen ein Kind oder Jugendlicher tatsächlich aufweist, so stellen die oben referierten Erkenntnisse zur Entwicklung des Todeskonzepts doch eine gute Orientierung in Bezug auf das bei einem Kind eines bestimmten Alters zu erwartende Todesverständnis und damit eine wichtige Voraussetzung für ein an diese Verständnismöglichkeiten angepasstes Gespräch dar (Röseberg 2017).

Vielfach benötigen Kinder und wünschen sich explizit Unterstützung und Anleitung bei ihrer Auseinandersetzung mit Vergänglichkeit und Tod – es ist Aufgabe und Verpflichtung der Erwachsenen, ihnen entsprechende Informationen bereitzustellen, Gesprächsmöglichkeiten zu eröffnen und damit die Hilfestellung und Unterstützung zu gewähren, derer sie bedürfen (Fischinger 2018).

### Literatur


Beit-Hallahmi, B.: Ambivalent Teaching and Painful Learning: Mastering the Facts of Life (?). In: V. Talwar/P. L. Harris/M. Schleifer (Hg.): *Children's Understanding of Death. From Biological to Religious Conceptions*. Cambridge 2011, 41–60.

Bodarwe, C.: Reden vom Tod ist Reden vom Leben: Neuere Kinder- und Jugendliteratur zum Thema »Tod« als Impuls für die religionspädagogische Praxis in Sonderschulen. In: R. Kollmann: *Religionspädagogische Perspektiven* Bd. 10. Essen 1989.

Bonoti, F./Leondari, A./Mastora, A.: Exploring Children's Understanding of Death: Through Drawings and the Death Concept Questionnaire. In: *Death Studies* 37 (2013), 47–60.

Brent, S./Speece, M./Lin, C./Dong, Q./Yang, C.: The Development of the Concept of Death among Chinese and US children 3–17 years of age: From Binary to »Fuzzy« Concepts? In: *Omega – Journal of Death and Dying* 33 (1996), 67–83.

Fischinger, E.: Das Undenkbare denken lernen – Kinderwissen und Kinderweisheit im Umgang mit dem Tod. In S. Kränzle/U. Schmid/C. Seeger (Hg.): *Palliative Care*. Berlin 2018, 389–400.

Fleck- Bohaumilitzky, C.: *Wenn Kinder trauern*. Ostfildern 2016.

Fuchs, W.: *Todesbilder in der modernen Gesellschaft*. Frankfurt 1969.

Grieser, J.: *Der Tod und das Leben. Vergänglichkeit als Chance zur Entwicklung von Lebendigkeit*. Gießen 2018.

Gutiérrez, I. T./Miller, P. J./Rosengren, K. S./Schein, S. S.: Affective Dimensions of Death: Children's Books, Questions, and Understandings. In: *Monographs of the Society for Research in Child Development* 79/1 (2014), 43–61.

Hackenberg, A.: *Tod und Sterben im Fernsehen* (2013). In: https://www.medienbewusst.de/fernsehen/ 20130806/ tod-und-sterben-im-film-und-fernsehen.html (28.04.2019).

Harris, P. L.: Death in Spain, Madagascar, and Beyond. In: V. Talwar/Ders./M. Schleifer (Hg.): *Children's Understanding of Death. From Biological to Religious Conceptions*. Cambridge 2011, 19–40.

Joachim-Meyer, S.: *Sinnbilder von Leben und Tod. Die Verdrängung des Todes in der modernen Gesellschaft*. Marburg 2004.

Kane, B.: Children's Concept of Death. In: *Journal of Genetic Psychology* 134 (1979), 141–153.

Kastenbaum, R. J.: *Death, Society, and Human Experience*. Boston 2003.

Kenyon, B.: Current Research in Children's Conceptions of Death: A Critical Review. In: *Omega – Journal of Death and Dying* 43 (2001), 63–91.

Kersting, D.: Tod des Körpers oder Tod der Person. Philosophisch-anthropologische Untersuchungen zu einem integrativen Todeskonzept. In: *Ethik in der Medizin* 3 (2017), 217–232.

Lee, J. S./Kim, E. Y./Choi, Y./Koo, J. H.: Cultural Variances in Composition of Biological and Supernatural Concepts of Death: A Content Analysis of Children's Literature. In: *Death Studies* 38 (2014), 538–545.

Legare, C. H./Evans, E. M./Rosengren, K./Harris, P.: The Coexistence of Natural and Supernatural Explanations Across Cultures and Development. In: *Child Development* 83 (2012), 779–793.

Martinčeková, L./Jiang, M. J./Adams, J. D./Menendez, D./ Hernandez, I. G./Barber, G./Rosengren, K. S.: Do You Remember Being Told What Happened to Grandma? The Role of Early Socialization on Later Coping With Death. In: *Death Studies* 12 (2018), 1–11.

Mette, N.: Vorstellungen von Kindern über den Tod und das Leben nach dem Tod. In R. Englert/H. Kohler-Spiegel/N. Mette/E. Naurath/B. Schröder/F. Schweitzer (Hg.): *Was letztlich zählt – Eschatologie. Jahrbuch der Religionspädagogik* 26. Neukirchen-Vluyn 2010, 43–49.

Misailidi, P./Kornilaki, E. N.: Development of Afterlife Beliefs in Childhood: Relationship to Parent Beliefs and Testimony. In: *Merrill-Palmer Quarterly* 61/2 (2015), 290–318.

Nagy, M.: The Child's Theories Concerning Death. In: *Journal of Genetic Psychology* 73 (1948), 3–27.

Piaget, J.: *Meine Theorie der geistigen Entwicklung*. Frankfurt a. M. 1983.

Panagiotaki, G./Hopkins, M./Nobes, G./Ward, E./Griffiths, D.: Children's and Adults' Understanding of Death: Cognitive, Parental, and Experiental Influences. In: *Journal of Experimental Child Psychology* 166 (2018), 96–115.

Plieth, M.: *Kind und Tod: Zum Umgang mit kindlichen Schreckensvorstellungen und Hoffnungsbildern*. Neukirchen 2001.

Poltorak, D./Glazer, J.: The Development of Children's Understanding of Death. In: *Child and Adolescent Psychiatric Clinics of North America* 15/3 (2006), 367–574.

Ramachers, G.: *Entwicklung und Bedingungen von Todeskonzepten beim Kind*. Frankfurt a. M. 1994.

Röseberg, F.: »Musst Du jetzt sterben?« – Kinder und

Jugendliche als Angehörige von Sterbenden. In: *Bundesgesundheitsblatt* 60 (2017), 82–88.
Rosengren, K. S., Gutierrez, I. T., Schein, S. S.: Cognitive Models of Death. In: *Monographs of the Society for Research in Child Development* 79/1 (2014), 83–96.
Slaughter, V.: Young Children's Understanding of Death. In: *Australian Psychologist* 40/3 (2005), 179–186.
Slaughter, V./Griffiths, M.: Death Understanding and Fear of Death: A Review of Three Components of the Death Concept. In: *Clinical Child Psychology and Psychiatry* 12, (2007), 525–536.
Streib, H./Klein, C.: Todesvorstellungen von Jugendlichen und ihre Entwicklung. In R. Englert/H. Kohler-Spiegel/N. Mette/E. Naurath/B. Schröder/F. Schweitzer (Hg.): *Was letztlich zählt – Eschatologie. Jahrbuch der Religionspädagogik* 26. Neukirchen-Vluyn 2010, 50–75.
Talwar, V.: Talking to Children about Death in Educational Settings. In V. Talwar/P. L. Harris/M. Schleifer (Hg.): *Children's Understanding of Death. From Biological to Religious Conceptions.* Cambridge 2011, 98–115.
Vasik, A.: Die Todesthematik in der modernen Kinder und Jugendliteratur. München 2011.
Vianello, R./Lucamante, M.: Children's Understanding of Death According to Parents and Pediatricians. In: *Journal of Genetic Psychology* 149/3 (1988), 305–316.
Wass, H.: Die Begegnung von Kindern mit dem Tod. In: J. Wittkowski (Hg.): *Sterben, Tod und Trauer.* Stuttgart 2003, 87–104.
Watson-Jones, R. E./Busch, J. T. A./Harris, P. L./Legare, C. H.: Does the Body Survive Death? Cultural Variation in Beliefs About Life Everlasting. In: *Cognitive Science* 41 (2017), 455–476.
Wittkowski, J.: *Psychologie des Todes.* Darmstadt 1990.

### Weiterführende Literatur

Rosengren, K. S./Miller, P. J./Gutierrez, I. T./Chow, P. I./Schein, S. S./Anderson, K. N.: *Children's Understanding of Death: Towards a Contextualized and Integrated Account. Monographs of the Society for Research in Child Development.* Boston 2014.
Talwar, V./Harris, P. L./Schleifer, M. (Hg.): *Children's Understanding of Death. From Biological to Religious Conceptions.* Cambridge 2011.

*Stephanie Reuter*

# 21 Tod, Sterben und Geschlecht

## 21.1 Der Zusammenhang von Tod, Sterben und Geschlecht als Thema der Geschlechterforschung

Während der Zeit der Herausbildung der Geschlechterstudien aus den feministischen Studien und ihrer Etablierung an den Universitäten in den 1980er Jahren wuchs die philosophische, medizinische und medizinethische, die soziologische, historische und kulturwissenschaftliche Literatur zum Thema ›Tod‹ beständig an. In diesem Zeitraum, in dem sich mithilfe der als philosophische Kategorie bzw. als Wissenskategorie verstandenen ›Kategorie Geschlecht‹ neue Perspektiven auf gesellschaftliche, epistemologische, historische, ästhetische und geschlechterpolitische Fragen eröffneten, stand das Thema Tod und das Lebensende nur sehr selten im Mittelpunkt von feministischen Forschungsprojekten und gehörte auch nicht zum Mainstream der Diskurse in der feministischen Theorie und Philosophie und in den Geschlechterstudien. Ebenso wenig finden sich in den einschlägigen geschlechtertheoretischen Handbüchern und Lexika Eintragungen zu ›Tod‹ oder ›Sterben‹. Es gibt keine feministische Untersuchung zum Thema ›Tod‹, die den philosophischen, soziologischen oder historischen Texten von Kierkegaard, Simmel, Heidegger, Sartre, Levinas, Jankélévitch, Ariès, Vovelle, Elias, Canetti, Macho u. a. vergleichbar wäre.

Es gibt keine systematische Frage nach dem ›Denken des Todes‹. Eine bezeichnende Ausnahme bildet das Werk von Simone de Beauvoir (s. Abschn. 21.5: »Feministische Thanatologie?«). Die feministische Theorie und auch die Geschlechterstudien haben sich in den letzten 40 Jahren allerdings in verschiedensten Disziplinen und Wissensgebieten, in Forschungsfeldern und vor allem in ethischen Reflexionen zu bestimmten Praxisbereichen *implizit* mit dem Thema ›Tod‹ auseinander gesetzt – im Kontext der Aufarbeitung von Geschichte und Gegenwart von Weiblichkeitsmythen und Weiblichkeitskonstruktionen und der Frage nach der Geschlechterdifferenz. In den Texten dieser Disziplinen ist das Thema ›Tod‹ aus ganz unterschiedlichen Perspektiven behandelt worden, und so ist der ambivalente Erkenntnisgegenstand ›Tod‹ jeweils ein anderer.

Zunächst sind es in den 1970er Jahren vor allem allgemeine philosophische und kulturkritische, historische und soziologische feministische Analysen zum Geschlechterverhältnis und zur Geschlechterdifferenz, die den theoretischen Rahmen der Todesthematik für die folgenden Jahrzehnte bestimmen. Diese beeinflussen gegen Ende der 1970er und Anfang der 1980er Jahre die normativ weitreichenden psychoanalytischen Deutungsmuster der Geschlechterdifferenz, die mit kulturellen Metaphern des Todes und des Lebens arbeiten. Diese Deutungsmuster geben einen der Anstöße zu den Ende der 1980er Jahre entstehenden Texten der feministischen Wissenschaftstheorie und Wissenschaftskritik und gehen in deren theoretische Grundlagen ein. Alle diese impliziten Thematisierungen des Todes sind nicht unabhängig von der lange aufrechterhaltenen These der Verdrängung des Todes in der Moderne und der neuen Sichtbarkeit von Phänomenen des Todes in der Postmoderne zu verstehen. Literaturwissenschaftliche und kunsthistorische, kultur- und medienwissenschaftliche Texte der Geschlechterforschung von den 1990er Jahren bis heute werden von der stark anwachsenden Disziplin der feministischen Altersforschung und den kritischen philosophischen, ethischen und kulturwissenschaftlichen Begleitdiskursen zu Medizinethik, Bioethik und der mörderischen Gewalt in Kriegen ergänzt.

Vor allem in den Letzteren wird der Zusammenhang von Tod, Sterben und Geschlechterdifferenz für ethische (und politische) Diskussionen unübersehbar.

## 21.2 Geschichte, feministische Kulturkritik und Tod

Im Zentrum der kritischen Frage nach der Geschichte des hierarchischen Geschlechterverhältnisses, nach Geschichte und Gegenwart von Weiblichkeits- und Männlichkeitsmythen stand der Naturbegriff als Teil des dualistischen Begriffspaares ›Natur‹ – ›Kultur‹. Die Weiterentwicklung dieses Naturbegriffs in der Baconschen Tradition, die als Hauptrichtung der europäischen Wissenschaftstradition und des szientistischen Positivismus von der feministischen Theorie identifiziert und deren inhärentes Fortschrittsdenken kritisiert wurde, war verknüpft mit der Bändigung und Zurichtung der Natur durch die instrumentellen Wissenschaften und damit zugleich an ein hierarchisches Geschlechterverhältnis gebunden. Dieser Begriff endlosen Fortschritts, dessen feministische Analyse von den Arbeiten der kritischen Theorie beeinflusst sind, wurde und wird genährt durch die – zunächst von Simone de Beauvoir 1949 nur implizit und uneindeutig kritisierte, von der späteren feministischen Theorie scharf angegriffene – Hoffnung auf die


H. Wittwer/D. Schäfer/A. Frewer (Hg.), *Sterben und Tod. Ein interdisziplinäres Handbuch 2. Auflage*,
https://doi.org/10.1007/978-3-476-05761-7_21

Negation des Todes, auf die zumindest technische Überwindung der Sterblichkeit, die damit dem metaphysischen Glauben an die Unsterblichkeit verhaftet bleibt. Die feministische Kritik zielte auf eben die Verknüpfung des geschichtlichen wissenschaftlichen Fortschrittsdenkens und des geschichtlichen Denkens der Geschlechterdifferenz. Diese Kritik beruht auf der kulturtheoretischen Annahme, dass Kultur immer gebunden ist an das Wissen um die Sterblichkeit und dieses wiederum an eine Differenzierung der Geschlechter. Die Beziehung zwischen Geschlechterdifferenz und Tod wird z. B. von Beauvoir in *Das andere Geschlecht* (1949) wegweisend beschrieben durch die unterschiedliche Stellung der Geschlechter zum Tod und zur Endlichkeit in der Geschichte. Die Leben gebenden, gebärenden Frauen werden als Mütter, als Körper, als Natur mit der Vergänglichkeit, mit dem Tod identifiziert, die kriegerischen, todbringenden Männer mit kulturellem Fortschritt und Leben. Wie Thomas Macho bemerkt (1987, 238 und 246 f.), findet sich dieser Vorstellungszusammenhang – die Mutter als Schoß des Lebens und als Grab, der Tod als Geburt, und die Geburt als Tod – in nahezu jeder Mythologie (vgl. auch Bronfen 1996).

## 21.3 Feministische Wissenschaftskritik und Tod

Für die Wissenschaftskritik lassen sich grob drei Phasen unterscheiden:

1. Für die erste Phase steht stellvertretend für andere Françoise d'Eaubonne, die in *Feminismus oder Tod* (1975; frz. 1974) den Begriff des Ökofeminismus prägte. D'Eaubonne ruft zu einer Revolution auf, die sowohl das Geschlechterverhältnis als Herrschaftsverhältnis als auch das Verhältnis von Kultur und Natur aufbricht, ein Verhältnis, in dem das mechanistisch-instrumentelle Denken, die mit Männlichkeit assoziierte Kultur, sich der mit Weiblichkeit assoziierten Natur bemächtigt hat. Todbringend ist hier die Kultur, die ihrerseits den Tod an die Natur gebunden hatte, an die Weiblichkeit. Mary Daly, Audre Lorde und Adrienne Rich streben als Lösung eine Aufwertung der vorher abgewerteten Natur und des Körpers an, des Lebens gegenüber dem Tod. Die geschichtlichen Metaphern des Todes in ihrer Ambivalenz und Paradoxie werden nicht weiter bearbeitet.

2. In der zweiten Phase, den 1980er Jahren, wird – hier sei stellvertretend für andere Carolyn Merchant mit *Der Tod der Natur* genannt – die Ablösung des organischen Weltbildes durch das Baconsche mechanistische instrumentelle Denken im 16. und 17. Jh., der Übergang von Natur zu toter Materie und die Weiterentwicklung des mechanistischen Denkens herausgearbeitet. Die Dualismenbildung Natur/Kultur, Tod/Leben, Materie/Form etc. und die entsprechenden geschlechtlichen Zuschreibungen und Symbolisierungen werden – gegen eine Ontologisierung – als sozialer historischer Prozess beschrieben.

3. Donna Haraway (1995) und andere Autorinnen arbeiten in den 1990er Jahren an der Auflösung der dualistisch gefassten Denkfiguren selbst. Haraway sucht Metaphern des Todes und stellt diese in neue Kontexte, um zu sehen, wo und was sie bewirken. Vor allem hier kann die heutige Diskussion der Fragen des Lebensendes anknüpfen.

## 21.4 Psychoanalyse, Geschlecht und Tod

Eine der Referenzdisziplinen der wissenschaftskritischen Arbeiten mit ihren Infragestellungen dualistisch verfasster und geschlechtlich konnotierter Kategoriensysteme und dem Aufarbeiten der Relevanz der Geschlechter für die Konstitutionsbedingungen von Wissen und die in die Begründungszusammenhänge von Wahrheit und Wissen eingehenden historischen und kulturellen Prämissen ist bis heute die Psychoanalyse. Französische Psychoanalytikerinnen arbeiteten sich an der Freudschen These ab, dass die Todesdrohung eine vom symbolischen Vater in ödipales Begehren eingebundene Kastrationsdrohung ist. Janine Chasseguet-Smirgel kritisiert so in ihren Untersuchungen über weibliche Sexualität zwar die Weiblichkeitstheorie Freuds, indem sie den ›Penisneid‹ des Mädchens nicht als Männlichkeitsforderung, sondern als Revolte gegen die allmächtige Mutter deutet, verbleibt aber wie andere Theoretikerinnen auch mit ihrer Polarisierung von Präödipalität und Ödipalität in der Deutungsopposition einer destruktiven archaisch-mütterlichen Welt der Regression und Perversion gegenüber einer väterlichen Welt des Denkens, der Wirklichkeit und der Gesetzmäßigkeiten und damit den kulturellen Deutungsmustern der geschlechtlich konnotierten Metaphern von Tod und Leben. Gegen deren Wirkungsmacht gerichtet und damit Referenzpunkt der oben genannten wissenschaftskritischen Arbeiten sind bis heute die folgenreichen Veröffentlichungen vorwiegend US-amerikanischer Psychoanalytikerinnen zur Genese der sozialen Geschlechtscharaktere und zu deren hartnäckigem Weiterbestehen. Nancy Chodorov (1985) und Dorothy Dinnerstein (1979), etwas später auch Carol Gilligan (1988), arbeiten heraus, dass die Abgrenzung von der ersten Bezugsperson, die für beide Geschlechter in der Regel eine Frau ist, in der Identifizierung und Abgrenzungsbewegung für beide Geschlechter anders verläuft. Für Jungen basiert, so Chodorov, die Ausbildung der Geschlechtsidentität auf der Abwehr alles Weiblichen. Dass Frauen reale Projektionsflächen für Bedürfnisse und Frustrationen sind und, so kann man ergänzen, auch für abgewehrte Todesangst, der Schutz der »männliche(n) Position gegen Instabilität und Ambivalenz« (Bischoff 2002, 62), das lässt sich, so der vereinfachende Schluss dieser Theoretikerinnen, die damit innere Bindungen direkt mit sozialen Geschlechtercharakteren verknüpfen, durch eine Veränderung der Kinderbetreuung und realen Beziehungsstrukturen gestaltend verändern.

Jessica Benjamin knüpft hier an, erweitert die Analyse der familiären Beziehungen um die gesellschaftliche Organisation und begreift die Tiefenstruktur des Geschlechterverhältnisses als binären Gegensatz, der den psychischen und kulturellen Repräsentanzen gemeinsam ist (vgl. Benjamin 1993, 210). Diese Tiefenstruktur versucht sie mit dem Hegelschen Anerkennungsmodell der Herr-Knecht-Dialektik aus dem Selbstbewusstseinskapitel der *Phänomenologie des Geistes* zu verstehen. Dieses Modell hatte Beauvoir 1949 dazu benutzt, die Geschlechterdifferenz und das Geschlechterverhältnis philosophisch zu analysieren. Diesem Anerkennungsmodell notwendig eingeschrieben ist die Todesdrohung, die Erfahrung der Todesfurcht, die Todesbewältigung. Zentral für die feministische Diskussion wurde aber nur die Interpretation von Herrschaft mit ihrer Dialektik von Autonomie und Abhängigkeit.

## 21.5 Feministische Thanatologie?

Die *wissenschaftskritische* Verengung der Beauvoirschen kulturkritischen Thesen zum Mythos Frau und die Ablehnung von Beauvoirs existenzphilosophischen Ausführungen, die Ausblendung des Stellenwertes der Todesproblematik in *Das andere Geschlecht* und in Beauvoirs Gesamtwerk durch die feministische Theorie waren möglicherweise Gründe dafür, dass eine feministische Diskussion der in der zweiten Hälfte des 20. Jhs. explosionsartig ansteigenden philosophischen, historischen und soziologischen Thanatologie nicht stattgefunden hat.

Neben den wissenschaftskritischen Analysen hielt sich länger als in den anderen Diskursfeldern in der feministischen Diskussion hartnäckig die mittlerweile stark angegriffene These von der ›Verdrängung des Todes‹ in unseren modernen, nach Unsterblichkeit strebenden Gesellschaften, die erstens auf die französischen mentalitätshistorischen Untersuchungen von Ariès (1980) und Vovelle (1983) und die zivilisationstheoretischen Arbeiten von Norbert Elias (1982) zurückgeht und zweitens auf den Einfluss der philosophischen Thanatologie im 20. Jh., die mit der Existenzphilosophie und deren Hauptvertreter Heidegger einen Höhepunkt erreicht hat. Dessen fundamentalontologische Analytik des Todes als »Seinsmöglichkeit, darin es um das Sein des je eigenen Daseins schlechthin geht«, das »die Ganzheit des Daseins konstituiert« (Heidegger 1977, 240), verinnerlicht den Tod als dem Menschen vorbehalten und in seiner Subjektivität gründend: Erst in der Übernahme seines endlichen Seins gewinnt der Mensch die Eigentlichkeit seines Daseins, dies ist eine verdeckt ethisch ausgerichtete Aussage. Heidegger verabsolutiert in *Sein und Zeit* pathetisch die Endlichkeit – der Einfluss des Ersten Weltkriegs und das Männlichkeitsideal sind direkt greifbar – der Tod ist konstitutiv für das Dasein und den Sinn des Daseins; von dort her bestimmt Heidegger das alltägliche Ausweichen der Menschen vor dem Wissen um ihr Sein als »Sein zum Tode« als einen defizienten Modus, der den Tod verdrängt.

Die feministische Dekonstruktion der Prämissen naturwissenschaftlicher Epistemologien und Forschungszusammenhänge und die Kritik an gesellschaftspolitisch relevanten Anwendungen naturwissenschaftlicher Forschungsergebnisse im Bereich von Medizin und Technik können als Versuch gelesen werden, der expliziten oder impliziten ethischen Aufforderung nachzukommen, den eigenen Tod nicht länger zu verdrängen. Feministische Utopien der 1970er Jahre, feministische Selbstsorgekonzepte und Entwürfe des guten Lebens beinhalten konsequenterweise das Akzeptieren des Todes als Teils des Lebens. Ganz anders die Existenzphilosophin Beauvoir. Für Beauvoir ist das Todesthema ein oft nicht zur Kenntnis genommener Schlüssel zu ihrem Werk, auch zum anderen Geschlecht. Mit *Das andere Geschlecht* (1951; frz. 1949) nimmt sie inhaltlich und kategorial in der Existenzphilosophie eine Sonderstellung ein. Und auch ihre Thematisierung des Todes, die eine widerspruchsvolle Entwicklung durchläuft und von ihr in ganz unterschiedlichen Formen behandelt wird, steht sowohl mit ihrer Rezeption der Hegeldeutung Kojèves und seines auf Todesbewältigung aufbauenden kulturgeschichtlichen Modells innerhalb ihrer Analyse der Entstehung des hierarchischen Geschlechterverhältnisses im anderen Geschlecht als auch mit ihrer leidenschaftlichen Rebellion (der frühen Romane und der Autobiographien) gegen den metaphysischen Schrecken des Todes, den Skandal der sterblichen Existenz außerhalb der Heideggerschen Tradition. Sie reflektiert in ihrem Roman *Alle Menschen sind sterblich* (1949; frz. 1946) über die Folgen der Unsterblichkeit für die menschliche Existenz, ein literarisches Experiment, das in der akademischen Philosophie und Thanatologie mehrfach aufgegriffen wurde (z. B. von K.-O. Apel, Walter Schulz und Thomas Macho).

Sie stellt sich – mit einer großen Ambivalenz – dem verändernden Einfluss der Erfahrung der historischen Ereignisse auf das in Sprache nicht übersetzbare Phänomen Tod (v. a. des millionenfachen Mordens im Zweiten Weltkrieg in ihren *Memoiren*) und formuliert, Canetti nicht unähnlich (vgl. Canetti 2003), den Schrecken vor dem Tod als den der Überlebenden in ihrem ›Sein gegen den grausamen Tod‹. Sie thematisiert das Verhältnis von Geschichte, Erinnerung und Zeugenschaft – auch dies mit einer großen Ambivalenz. Sie untersucht in ihrem Essay *Das Alter* die Abhängigkeit alter Menschen in ihren Vergänglichkeitserfahrungen der Körper als demütigend abhängig von Klasse und Geschlecht. Sie beschreibt in *Ein sanfter Tod* (1965; frz. 1964), einem Bericht über ihre Erfahrung des Sterbens ihrer Mutter, den durch die Wissenschaften veränderten technischen Umgang mit Sterbenden und den die Angehörigen überfordernden medizinethischen Problemen. Sie entwirft hier aber auch eine ethisch relevante dialogische Situation zwischen sterbender Mutter und überlebender begleitender Tochter mit ihren kaum aushaltbaren Paradoxien. Weder versucht sie, den Tod zu ontologisieren, noch gibt es für sie einen *natürlichen* Tod. Sie hat damit für eine Thematisierung von ›Tod und Geschlecht‹ wichtige Diskussionen begonnen, die allerdings nur an wenigen Punkten durch die neuere Geschlechterforschung weitergeführt wurden.

Eine bekannte Ausnahme bildet die Anglistin Elisabeth Bronfen, die in *Nur über ihre Leiche* (1996) über die Rolle von weiblichen Leichen im Schaffen männlicher Künstler und Autoren arbeitete und herausgestellt hat, dass über die tote Frau, das ›poetischste aller Sujets‹, Todesängste und Todessehnsüchte ausformuliert und gebannt werden. Arbeitete sie in ihrem ersten Buch u. a. auch unter Rückgriff auf Beauvoir die psychologischen und ästhetischen Dimensionen des Zusammenhangs von »Weiblichkeit und Tod« (Bronfen 1996, 3 ff.) heraus, so versucht sie in ihrer kulturgeschichtlichen neuen Lektüre der Hysterie in *Das verknotete Subjekt* (Bronfen 1998) durch die Markierung jedes Subjekts durch den Omphalos, den Nabel als Knoten von Maternität, Mortalität und Materialität, eine »Grundstruktur einer nicht verheilten Wunde« zu finden, die »filmische, literarische und künstlerische Narrative« (Braun 2002, 297) prägt.

## 21.6 Die neue Sichtbarkeit der toten Körper

Die den Tod nicht vereindeutigende Arbeit mit den ›Metaphern des Todes‹ ist auch für die Geschlechterstudien angesichts der machtvollen Rückkehr der Toten und der »neuen Totentänze« (Macho 2007, 20) im 21. Jh. eine große Herausforderung. Schwerpunkte der geschlechtertheoretischen Arbeiten liegen zurzeit in den Kulturwissenschaften, den Film- und Medienwissenschaften. Gemeinsames Thema dieser Studien ist die Frage, wie sich die Medialisierung des Verhältnisses von Tod und Leben in Fotografie, Film und Literatur und die Akte der Medialisierung selbst analysieren lassen. Die geschlechtertheoretischen Reflexionen untersuchen z. B. Fernsehserien wie *Six Feet Under*, Pathologieserien, die Ausstellung *Körperwelten* und deren Wirkung, Filme, Fotografien sowie sich verändernde Bestattungs- und Trauerrituale.

So analysiert die Amerikanistin Gabriele Dietze (2005) beispielsweise anhand von Kinofilmen die Nicht-Abbildbarkeit und die widerständige Materialität der Leiche in visuellen Medien. Sie arbeitet die ›Trotzdem-Präsenz‹ der Leiche anhand der Lektüre von Totenbettfotografien, Folter- und Hinrichtungsbildern heraus und zeigt auf, dass ein Medialisierungstabu gegenüber der »Real time«-Repräsentation von gewaltsamem Tod besteht. Die Filmwissenschaftlerin Gertrud Koch zeigt unter Bezugnahme auf Michel Foucaults Definition des Rechts, »leben zu ›machen‹ und sterben zu ›lassen‹«, als das Recht der Biomacht in Abgrenzung zu dem der Souveränitätsmacht, nämlich »sterben zu ›machen‹ und leben zu ›lassen‹« (Foucault 1999, 277 f.), die Teilhabe des Kinos durch seine ästhetische Form an eben der von Foucault beschriebenen »Ausformulierung der neuen Bedeutung, die das Leben und das Sterben unter Bedingungen einer auf die Optimierung des Lebens und die Privatisierung des Sterbens ausgerichteten Macht erhält« (Deuber-Mankowsky 2001, 21). Die Technik der Reproduktion macht das Kino zu einer »Veranstaltung, in der tote Körper lebendig erhalten werden und lebende Körper einen ewigen Tod erfahren« (Koch 2009, 60), sie verwischt die Differenz zwischen »seelenloser Leiche und animiertem Körper« (ebd.).

Die Änderungen bis hin zur Einbeziehung des Internets in der Begräbniskultur, Kulturtechniken des Alltags, die mit Tod und Trauerritualen, Begräbnis- und Erinnerungspraxen umgehen, beschreiben feministische empirische Kulturwissenschaftlerinnen wie z. B. Traute Helmers anhand des Beispiels anonymer Begräbnisse (vgl. Helmers 2005a und 2005b). Sie zeigt auf, wie das kultur- und sozialgeschichtlich Gewordene der Rituale und Objekte mit den Geschlechterverhältnissen und der Geschichte der Medien verschränkt ist.

## 21.7 Praxis- und Wissensfelder: ethische Perspektiven

Für die Geschlechterverhältnisse sind die Wissensfelder ›Körper‹, ›Sexualität‹, ›Leben‹, ›Identität‹ konstitutiv und praxisrelevant. Nun finden in Teilen eben dieser Wissensfelder die öffentlichen Diskussionen um das Lebensende statt, die auf die Veränderungen von Wissen in Medizin und Technik (v. a. der Transplantations- und Reproduktionsmedizin) reagieren. Bislang beschäftigen sich die Diskussionen der Gender Studies und der Genderethik vor allem mit dem Lebensanfang und der Reproduktionsmedizin.

Sozialpolitische und juridische Entscheidungen, ökonomische, medizinische und medial geschaffene Fakten verschränken sich in den medizinethischen, bioethischen und sozialethischen Debatten um Suizid, Transplantationspraxis, Sterbehilfe, Patient/innenverfügung und deren Verrechtlichung. Deutlicher noch als das Thematisieren des Todes in den oben ausgeführten Themenfeldern und Disziplinen zeigt der Blick auf das reale Sterben alter und junger Menschen, dass die Einbeziehung der Kategorie ›Geschlecht‹ in die Dekonstruktion der Todesmetaphern in deren Zentrum zielt.

Soziologische Fragen nach den Verschiebungen der Todeskonstruktionen durch die Medizin, der Verschiebung der Grenzen zwischen Lebenden und Toten sind auch Fragen nach den historischen wie aktuellen Veränderungen der Körperkonstruktionen. Besonders deutlich haben das Gesa Lindemann für die Intensivmedizin (Lindemann 2002) sowie Anna Bergmann (2004) und Vera Kalitzkus (2005) u. a. für die Praxis der Transplantationsmedizin getan.

Die Ethnologin Vera Kalitzkus fragt als eine der ganz wenigen Ethiker/innen danach, wie geschlechtsspezifische Unterschiede im Sterben von Männern und Frauen aussehen. Das Thema ist nach wie vor eine Forschungslücke. Das Sterben in der heutigen Gesellschaft wandelt sich aber aufgrund medizintechnischer, gesellschaftlicher wie demographischer Veränderungen beständig. Hospizbewegung und Palliativmedizin haben zunehmend Verbreitung gefunden. Darüber hinaus stellt sich im Zuge der Einführung der DRGs (*diagnostic related groups*) vermehrt die Frage ambulanter Betreuung von Patienten, die sich in ihrer letzten Lebensphase befinden.

Die zu erwartenden Veränderungen erfordern, so Kalitzkus, neue Strukturen zur Betreuung Sterbender. Dies macht es notwendig, mehr über die Einstellungen und Bedürfnisse Sterbender und ihrer Angehörigen zu erfahren. Die Perspektive schwerstkranker Patienten/innen und ihrer Angehörigen wurde bisher kaum untersucht, eine geschlechtsspezifische Perspektive noch seltener eingenommen. Die höhere Lebenserwartung von Frauen wie auch die geschlechtspezifische Rollenverteilung, die Frauen die Rolle der Fürsorgenden, jedoch weniger der zu Versorgenden zuweisen, legen nahe, dass Frauen aus demographischen Gründen unter anderen Bedingungen (z. B. bezüglich des Sterbeortes und der verfügbaren Betreuung) sterben und sie biographiebedingt andere Bedürfnisse (z. B. Schamgrenzen etc.) und Ansichten haben als Männer. Insbesondere das weibliche Rollenverständnis als primär Fürsorgende dürfte es Frauen erschweren, Hilfe anzunehmen, und den Wunsch verstärken, niemandem zur Last zu fallen. Qualitative Erhebungen in diesem Rahmen, die nach der Geschlechterdifferenz fragen, ohne sie gleichzeitig nicht nur vorauszusetzen, sondern sie weiter fortzuschreiben, sind in den Gender Studies nicht unumstritten. Vor allem dann, wenn sie – ethisch problematisch – prädiktiv mit Vorstellungen ›guten Sterbens‹ inhaltlich gefüllt sind. Diese Gefahr wiederum besteht in all den einzelnen Disziplinen, die hier zu Wort kommen, arbeiten sie doch alle an den in unserer Gesellschaft virulenten Todesvorstellungen mit.

Dass Forschungsvorhaben, die sich dieses Themas annehmen, dringend erforderlich sind, zeigen die Bezüge, die Gesa Lindemann am Beispiel des ›Hirntods‹ herstellt. Ihre Frage nach den ›sozio-technischen Konstruktionen‹ von Leben und Tod zielt ebenso auf die Grundlagen der Lebenswissenschaften und der Bioethik (vgl. Lindemann 2002 und 2005). Es geht um die Fragen, wer eine (menschliche) Person ist, welche

Körper lebendig genug sind, damit sie in ihrer Bedürftigkeit anerkannt werden müssen. Schon der Bericht Beauvoirs über das Sterben ihrer Mutter lässt sich als literarischer Quellentext für aktuelle Untersuchungen lesen. Die medizinischen (Kultur)Techniken, die über Leben und Tod entscheiden, haben ihre Wurzeln u. a. in der anthropologisch bedeutsamen Anatomie als der Grundlagenwissenschaft der modernen Medizin. Anna Bergmann beschreibt und diskutiert hierzu Tabubrüche in der Transplantationsmedizin und thematisiert kulturanthropologisch begründete Konflikte, die aus der Kollision der Transplantationsmedizin mit Sterberitualen und Regeln des Totenkults entstehen (vgl. Bergmann 2004).

Ein in der Öffentlichkeit viel diskutiertes und 2009 vom Bundestag rechtlich geregeltes Thema ist die Patientenverfügung (s. Kap. 38: »Patientenverfügung«). Die Untersuchungen von Burkert (2001), Gehring (1996) und andere Arbeiten der im deutschen Sprachraum noch jungen gender-theoretischen Altersforschung haben gezeigt, dass die Adressatinnen der Patientenverfügungen aufgrund der unterschiedlichen Altersstruktur in der Regel Frauen sind – Frauen leben länger als Männer, sie sind auch als Töchter oder Ehefrauen die Pflegenden und es sind vor allem Frauen, die die Altenheime bewohnen. Wie bei den kulturwissenschaftlichen Perspektiven auf die neue Sichtbarkeit der toten Körper sind auch die philosophischen und ethischen Perspektiven auf die rechtlichen Regulierungen des Sterbevorgangs mit all seinen psychologischen Folgen auf die Arbeiten Foucaults zur Biopolitik und zu Gouvernementalität bezogen. Die politischen und ethischen Befürchtungen bevölkerungspolitischer Selektionen auch am Lebensende, die faktisch am Lebensanfang bereits verstärkt umgesetzt werden, finden ihre Entsprechung in der Angst der Einzelnen vor dem Sterben in Schmerzen und Einsamkeit, in der Angst, anderen zur Last zu fallen und Geld zu kosten: Ängste, die den Ökonomisierungsschüben der Gesellschaft geschuldet sind, der wachsenden Kontrolle einerseits bei gleichzeitiger Zuweisung der Verantwortung an die Einzelnen andererseits.

Der hier gegebene Überblick kann aufgrund der Breite und Vielfalt des Themas den Stand der Forschung zu Tod und Sterben in den Geschlechterstudien nicht vollständig darstellen, zeigt aber, dass das Thema ›Tod‹ zentraler, wenn auch oft versteckter Referenzpunkt vieler geschlechtertheoretischer und geschlechterethischer Arbeiten ist. Und er zeigt auch, dass die geschlechtertheoretische Perspektive aus den Wissensfeldern und den Untersuchungen von Tod und Sterben nur um den Preis einer Wahrnehmungsverzerrung der Wirklichkeit ausgeschlossen werden kann. Ohne die Kategorie ›Geschlecht‹ als Wissenskategorie und als erkenntniskritisches Instrument können weder die Geschichte des Todes und der Todesmetaphern noch die heutigen Praxisfelder der Ethik angemessen analysiert werden. Und ohne die selbstreflexive Arbeit an den Metaphern des Todes können auch die Geschlechterstudien die Wissens- und Praxisfelder, die für die Geschlechterverhältnisse konstitutiv sind, nur verkennen. Dies schließt die bislang in der Geschlechterstudien nur am Rande beachteten Themen ein: ethische und politische Reflexionen auf das Sterben der Anderen, vor allem das gewaltsame und gewollte und obszön dargestellte, auf die nicht auflösbaren Paradoxa, mit denen das Nachdenken über den Tod konfrontiert, mit dem Skandal des Todes, dem Schrecken des Todes, den gefährlichen Affirmationen des Todes.

### Literatur


Ariès, P.: *Geschichte des Todes.* München/Wien 1980 (frz. 1978).

Beauvoir, S. de: *Alle Menschen sind sterblich.* Reinbek 1949 (frz. 1946).

Beauvoir, S. de: *Das Alter.* Reinbek 1977 (frz. 1970).

Beauvoir, S. de: *Das andere Geschlecht.* Reinbek 1951 (frz. 1949).

Beauvoir, S. de: *Ein sanfter Tod.* Reinbek 1965 (frz. 1964)

Benjamin, J.: *Die Fesseln der Liebe.* Frankfurt a. M. 1993 (engl. 1988).

Bergmann, A.: *Der entseelte Patient. Die moderne Medizin und der Tod.* Berlin 2004.

Bischoff, D.: Dekonstruktiver Feminismus. In: *Kroll* 2002, 62–63.

Braun, A. K.: Omphalos. In: *Kroll* 2002, 297.

Bronfen, E.: *Nur über ihre Leiche. Tod, Weiblichkeit und Ästhetik.* München 1996 (engl. 1992).

Bronfen, E.: *Das verknotete Subjekt.* Berlin 1998.

Burkert, E.: Frauen als Zielgruppe von Patientinnenverfügungen und Sterbehilfe – zwischen Selbstbestimmungsversprechen und Bevölkerungspolitik. In: *Beiträge zur feministischen Theorie und Praxis* 24 (2001), 93–113.

Canetti, E.: *Über den Tod.* Mit einem Nachwort v. Th. Macho. München/Wien 2003.

Chasseguet-Smirgel, J.: *Psychoanalyse der weiblichen Sexualität.* Frankfurt a. M. 1974 (frz. 1964).

Chodorow, N.: *Das Erbe der Mütter. Psychoanalyse und Soziologie der Geschlechter.* München 1985 (engl. 1976).

Deuber-Mankowsky, A.: Geschlecht als philosophische Kategorie. In: Dies./U. Konnertz (Hg.): *Gender Studies und Interdisziplinarität. Die Philosophin* 12. Jg. (2001), H. 23, 11–30.

Dietze, G.: Killing Time – Medialisierung und Tod. In: A.

Deuber-Mankowsky/U. Konnertz (Hg.): *Tod und Geschlecht. Die Philosophin* 16. Jg. (2005), H. 31, 18–28.
Dinnerstein, D.: *Das Arrangement der Geschlechter*. Stuttgart 1979 (engl. 1976).
Eaubonne, F. de: *Feminismus oder Tod*. München 1975 (frz. 1974).
Elias, N.: *Über die Einsamkeit der Sterbenden in unseren Tagen*. Frankfurt a. M. 1982.
Foucault, M.: *In Verteidigung der Gesellschaft*. Frankfurt a. M. 1999 (frz. 1996).
Gehring, P.: Das schöne neue Sterben. Todesherstellung mit Patientinnentestament. In: *Ihrsinn* 14 (1996), 21–36.
Gilligan, C.: *Die andere Stimme. Lebenskonflikte und Moral der Frau*. München 1988.
Haraway, D.: *Die Neuerfindung der Natur. Primaten, Cyborgs und Frauen*. Frankfurt a. M. 1995 (engl. 1991).
Heidegger, M.: *Sein und Zeit* [1927]. Tübingen 1977.
Helmers, T.: *Anonym unter grünem Rasen. Eine kulturwissenschaftliche Studie zu neuen Formen von Begräbnis- und Erinnerungspraxis auf Friedhöfen*. Oldenburg 2005a.
Helmers, T.: Anonym unter grünem Rasen. Eine kulturwissenschaftliche Studie zu neuen Begräbnis- und Erinnerungsformen auf Friedhöfen. In: A. Deuber-Mankowsky/U. Konnertz (Hg.): *Tod und Geschlecht. Die Philosophin* 16. Jg. (2005b), H. 31, 29–41.
Kalitzkus, V.: Geschlechtsspezifische Unterschiede im Sterben von Männern und Frauen. Exploration eines kaum erforschten Themenfeldes. In: A. Deuber-Mankowsky/U. Konnertz (Hg.): *Tod und Geschlecht. Die Philosophin* 16. Jg. (2005), H. 31, 42–54.
Koch, G.; Der unsterbliche Körper. Kino und Todesangst. In: A. Deuber-Mankowsky/C. F. Holzey/A. Michaelsen (Hg.): *Der Einsatz des Lebens. Lebenswissen, Medialisierung, Geschlecht*. Berlin 2009, 57–69.
Kroll, R. (Hg.): *Metzler Lexikon Gender Studies – Geschlechterforschung*. Stuttgart/Weimar 2002.
Lindemann, G.: *Die Grenzen des Sozialen. Zur sozio-technischen Konstruktion von Leben und Tod in der Intensivmedizin*. München 2002.
Lindemann, G.: Grenzziehungen. Ein Gespräch mit Gesa Lindemann. In: A. Deuber-Mankowsky/U. Konnertz (Hg.): *Tod und Geschlecht. Die Philosophin* 16. Jg. (2005), H. 31, 69–83.
Macho, T.: *Todesmetaphern. Zur Logik der Grenzerfahrung*. Frankfurt a. M. 1987.
Macho, T.: Neue Totentänze. In: T. Knott/P. Unfried: *Endlich. Tod – kein Tabu mehr*. Berlin 2007, 20–24.
Merchant, C.: *Der Tod der Natur. Ökologie, Frauen und neuzeitliche Naturwissenschaft*. München 1987 (engl. 1980).
Vovelle, M.: *La mort et l'Occident*. Paris 1983.

## Weiterführende Literatur

Becker, R./Kortendiek, B.: *Handbuch Frauen- und Geschlechterforschung. Theorie, Methoden, Empirie*. Wiesbaden 2004.
Braun, Ch. v./Stephan, I. (Hg.): *Gender Studien. Eine Einführung* [2000]. Stuttgart/Weimar [2]2006.
Braun, Ch. v./Stephan, I. (Hg.): *Gender@Wissen. Ein Handbuch der Gender-Theorien*. Köln/Weimar/Wien 2005.
Cline, S.: *Frauen sterben anders. Wie wir im Leben den Tod bewältigen*. Bergisch-Gladbach 1997.
Gehring, P.: *Theorien des Todes. Zur Einführung*. Hamburg 2010.
Gehring, P./Rölli, M./Saborowski, M. (Hg.): *Ambivalenzen des Todes. Wirklichkeit des Sterbens und Todestheorien heute*. Darmstadt 2007.
Groß, D./Glahn, J./Tag, B. (Hg.): *Die Leiche als Memento mori. Interdisziplinäre Perspektiven auf das Verhältnis von Tod und totem Körper*. Frankfurt a. M. 2010.
Konnertz, U.: Die Verdrängung des Todes. In: Dies. (Hg.): *Weibliche Ängste. Ansätze feministischer Vernunftkritik*. Tübingen 1989, 53–97.
Konnertz, U.: Abschlussbericht. Projekt: *Feministische Ethik/Gender Ethik am IZEW, Universität Tübingen*. In: http://www.izew.uni-tuebingen.de/pdf/genderethik_abschlussbericht_2006.pdf (24.06.2010).
Konnertz, U./Haker, H./Mieth, D. (Hg.): *Ethik Geschlecht Wissenschaft. Der ethical turn in den Geschlechterstudien*. Paderborn 2006.
Macho, T.: Tod und Trauer im kulturwissenschaftlichen Vergleich. In: J. Assmann (Hg.): *Der Tod als Thema der Kulturtheorie*. Frankfurt a. M. 2000, 91–120.

*Ursula Konnertz*

# 22 Unsterblichkeit – biologisch

Frei nach Virchow kann man biologische Unsterblichkeit mit *Omnis cellula e cellula* (Alle Zellen (kommen) aus Zellen) verstehen. Alles Leben ist schließlich abgeleitet aus den ersten Lebensformen, die vor fünf Milliarden Jahren entstanden sind. Wichtig ist hierbei, dass die Erbsubstanz in ›unsterblicher‹ Weise übertragen wird. Dabei führen Veränderungen in der Erbsubstanz – bei fast allen modernen Lebewesen ist dies die DNS – zur Evolution der verschiedenen Arten. Der Freiburger Zoologe August Weismann entwickelte in den 1890er Jahren das Konzept des Keimplasmas, welches besagt, dass nur die Keimzellen die Erbsubstanz an die Nachkommen übertragen (Weismann 1892). Dabei werden die Keimzellen durch die bis heute als ›Weismanngrenze‹ bezeichnete Trennung vom Soma (also der Gesamtheit der Körperzellen) abgeschirmt. Keimzellen können also das Genom in theoretisch unendlicher Weise über die Generationen perpetuieren. Überträger der Erbinformation und damit Erhalter einer biologischen Art sind also ausschließlich die Keimzellen. Hingegen hätte eine Unsterblichkeit des Somas keinen positiven Einfluss auf die evolutionäre Fitness (also den Grad der Angepasstheit, die es ermöglicht, Nachkommen zu generieren). Basierend auf Weismanns Überlegungen entwickelte der englische Zoologe Tom Kirkwood die *disposable soma theory*, die besagt, dass das Soma entbehrlich wird, sobald die Gene an die nächste Generation vererbt worden sind (Kirkwood/Cremer 1982). Hieraus folgt die natürliche Sterblichkeit des Somas. Das Soma muss demnach so lange erhalten und repariert werden, bis Nachkommen selbstständig die Spezies fortsetzen können (Schumacher 2015).

## 22.1 Unsterblichkeit des Körpers ist evolutionsbiologisch widersinnig

Limitierend für die Lebensdauer eines Individuums sind üblicherweise äußere Mortalitätsfaktoren. Dies können andere Lebensformen sein, wie etwa Fressfeinde, aber auch Infektionen oder Umweltfaktoren, wie etwa Kälte oder Nahrungsmangel. Die Hausmaus *Mus musculus* etwa überlebt in ihrem natürlichen Habitat selten länger als sechs bis acht Monate. In dieser Zeit also müssen genügend Nachkommen gezeugt worden sein, um die Art zu erhalten. Die Geschlechtsreife wird nach sechs Wochen erreicht. Eine Erhaltung der Körperfunktion und damit eine Lebensdauer von vielen Jahren würde also kaum einen Effekt auf die Erhaltung der Spezies, sprich die Weitergabe der Gene haben können. Wenn eine solche Erhaltung des Somas hingegen zulasten der schnellen und frühzeitigen Reproduktion, etwa durch die Umwidmung von Ressourcen von der Reproduktion zu somatischer Erhaltung, mit sich brächte, würden lebensverlängernde Genvarianten rasch ausselektiert. Denn sie hätten deutliche Selektionsnachteile gegenüber Genvarianten, die es den Mäusen erlauben, schon frühzeitig und vor einem Ausschluss durch ein hohes Mortalitätsrisiko Nachkommen zu produzieren. *Mus musculus* wird heute in Laboren in der ganzen Welt gezüchtet und dient als wichtiges Tiermodell der biologischen und medizinischen Forschung. In der Laborhaltung sind die Tiere weitgehend vor äußeren Mortalitätsfaktoren geschützt. Im Schutze der Laborhaltung können die Tiere eine Lebensdauer von zwei bis drei Jahren erreichen. Dabei zeigen die Tiere Alterungserscheinungen und Pathologien, die dem Menschen sehr ähnlich sind. Eine solche Lebensdauer hat aber in der Evolutionsgeschichte dieser Art keinerlei Rolle gespielt, denn zum einen verhinderte die äußere Mortalität, dass ein solches Alter überhaupt erreicht wurde, und zum anderen waren die Gene bereits lange vor einem solchen Alter über mehrere Generationen weitergegeben worden.

Beim Menschen ist davon auszugehen, das drei bis vier Lebensjahrzehnte des somatischen Lebens notwendig sind, um die Spezies fortzusetzen. Bei einfacheren Spezies genügt oft schon ein einzelner Reproduktionszyklus, um die parentale Generation überflüssig für den weiteren Fortbestand der Art werden zu lassen. Beim Menschen kommt hier noch die essenzielle Übertragung von Fertigkeiten, seien es solche zum Überleben oder selbst kultureller Art, hinzu. Denn bei höheren Tieren haben neben den Genen auch gelernte Fähigkeiten einen maßgeblichen Einfluss auf die evolutionäre Fitness. Bei Mitte dreißig, bei Herausrechnen der Kindersterblichkeit Mitte vierzig, lag bis zum Einsetzen des demographischen Wandels vor etwa 150 Jahren auch die durchschnittliche Lebenserwartung des Menschen. Die Mechanismen der Erhaltung der Körperfunktionen, etwa Reparatursysteme des Erbguts und Erneuerung molekularer Strukturen, aber auch der Regenerationsfähigkeiten von Geweben oder der Funktionserhalt von Nervenzellen, sind von den Genen festgelegt, die die Bestandteile der verschiedenen Reparatur- und Erhaltungssysteme kodieren. Obwohl die grundlegenden Mechanismen von Reparatursystemen in der Evolutions-


H. Wittwer/D. Schäfer/A. Frewer (Hg.), *Sterben und Tod. Ein interdisziplinäres Handbuch 2. Auflage*,
https://doi.org/10.1007/978-3-476-05761-7_22

geschichte erhalten blieben, ist für jede Spezies eine bestimmte Kombination aus ›Reparaturgenen‹ typisch. Diese hat sich ausgebildet unter dem spezifischen Selektionsdruck, unter dem sich eine Spezies entwickelt hat. So haben etwa Mikroorganismen, die an eine strahlungsintensive Umwelt angepasst sind, höchst effiziente DNA-Reparaturmechanismen, die die menschlichen weit in den Schatten stellen. Die menschlichen Reparatursysteme sind so angepasst, dass sie drei bis vier Jahrzehnte hinreichend die Körperfunktionen erhalten können. Bei angeborenen Fehlfunktionen in Genen, die Reparaturfaktoren kodieren, kann es schon im Kindesalter zur Alterung kommen (Schumacher/Garinis/Hoeijmakers 2008). Hier zeigt sich zum einen, dass die DNS-Reparatur ein wichtiger Prozess ist, um die Funktionen des Körpers zu erhalten und den Alterungsprozess zu verzögern, und zum anderen, dass DNS-Beschädigungen ursächlich für den fortschreitenden Alterungsprozess und die Entstehung altersbedingter Krankheiten sind.

## 22.2 Die Begrenzung der menschlichen Lebensdauer

Auch in der menschlichen Evolutionsgeschichte spielten äußere Mortalitätsfaktoren eine bedeutende Rolle. Vor allem bezüglich Infektionskrankheiten als maßgeblichem Mortalitätsrisiko des Menschen hat es in den vergangenen 150 Jahren durch verbesserte Hygiene und die Entdeckung von Impfstoffen bedeutende Veränderungen gegeben. So liegt heute die durchschnittliche Lebenserwartung in Deutschland bei circa 80 Jahren. Eine Analyse der Lebenserwartung seit 1900 hat in der Tat eine kontinuierliche Steigerung, nur unterbrochen von den zwei Weltkriegen, gezeigt. Hier wurde aber auch deutlich, dass seit den 1990er Jahren bei der extremen Langlebigkeit Hochbetagter keine neuen ›Rekorde‹ mehr aufgestellt worden sind, nachdem die Französin Jeanne Calment im Alter von 122 Jahren verstarb (Dong/Milholland/Vijg 2016). Auch wenn derzeit eine lebendige Debatte dazu geführt wird, ist, basierend auf den demographischen Daten, von einer maximalen Lebensdauer des Menschen auszugehen, die nach der derzeitigen Datenlage etwa bei 115 Jahren liegen dürfte. Ursächlich ist hierbei, dass die Gene zur Reparatur der menschlichen Zellen und dem Erhalt von Gewebsfunktionen nur auf die Erhaltung somatischer Funktionen für drei bis vier Jahrzehnte selektiert wurden, denn die heutige Lebenserwartung spielte in der Evolutionsgeschichte des Menschen keinerlei Rolle. Der Zoologe Peter Medawar erkannte bereits in den frühen 1950er Jahren, dass der negative Effekt von Genen sichtbar wird, wenn eine Lebenszeit erreicht wird, die in der Evolutionsgeschichte keinerlei Bedeutung hatte (Medawar 1952). Dabei zeigt sich das von George C. Williams geprägte Konzept der antagonistischen Pleiotropie, die beschreibt, dass Gene, die für ihren positiven Effekt in frühen Lebensphasen selektiert wurden, einen negativen Effekt in späten, nicht zur Fitness beitragenden Lebenszeiten haben können (Williams 1957). Aus diesem Grund ist der Mensch auf die heutige Lebenserwartung nicht ausgerichtet und ist deshalb gegen das Einsetzen altersbedingter Krankheiten nicht gerüstet.

## 22.3 Sterblichkeit – vom Einzeller bis zum Säuger

Die Sterblichkeit ist auch in der Artenvielfalt viel weiter verbreitet als zunächst angenommen. Aus der *disposable soma theory* geht hervor, dass nur bei einer Trennung zwischen Soma und Keimbahn das Soma sterblich sein würde, weil die Keimbahn in unsterblicher Weise die Gene weitervererbt. Untersuchungen an einzelligen Lebewesen aber haben auch hier einen Alterungsprozess aufgedeckt. Der Hefepilz *Saccharomyces cerevisiae*, seit Jahrtausenden zur Brotherstellung und zum Bierbrauen verwendet, spielt in der biologischen Forschung eine zentrale Rolle. Denn obwohl ein Pilz, verfügt er über zelluläre Eigenschaften, die auch bei pflanzlichen und tierischen Zellen vorhanden sind. *S. cerevisiae* teilt sich durch das Abknospen einer Tochterzelle. Als man nun die weiteren Zellteilungen der Mutter- und der Tochterzelle verfolgte, stellte sich heraus, dass die Mutterzelle weniger weitere Tochterzellen generieren konnte als die Tochterzelle. Der schwedische Biologe Tomas Nyström konnte auf der molekulare Ebene zeigen, dass ältere Eiweiße in der Mutterzelle zurückgehalten werden, während der Tochterzelle neu hergestellte übertragen werden (Aguilaniu/Gustafsson/Rigoulet u. a. 2003). Darüber hinaus entdeckten Leonard Guarente und David Sinclair, dass sich in der Mutterzelle mit der Zeit auch bestimmte Nukleinstrukturen ansammeln, die den Alterungsprozess beschleunigen (Sinclair/Guarente 1997). Aus diesen Untersuchungen modifizierte man das Konzept in der Weise, dass Alterung keine Trennung von Keimbahn und Soma benötigt, sondern eine Asymmetrie aus Sterblichkeit der Mutterzelle und Unsterblichkeit der Tochterzelle.

Aber auch dieses Konzept musste erweitert werden, als Eric Stewart das Schicksal des Bakteriums *Escherichiae coli* verfolgte (Stewart/Madden/Paul u. a. 2005). *E. coli*-Zellen wachsen zu einer stabförmigen Struktur und teilen sich in der Mitte. Die beiden Tochterzellen erhalten so einen alten Pol und bilden aus der Mitte der Mutterzelle jeweils einen neuen Pol. Teilen sich nun die beiden Tochterzellen wieder, so wird jeweils eine den ursprünglichen Pol der Großmutterzelle, die andere hingegen den Pol, der sich erst bei der Mutter gebildet hatte, bekommen. Und in der Tat, die Nachkommen, deren Pole neuer sind, können mehr Generationen herstellen als die Träger älterer Pole. Mathematisch lässt sich auch der evolutionäre Vorteil der Trennung von alt und jung beweisen, weil die jüngeren Zellen eine größere Zahl von Generationen bilden können, als wenn alte und junge Moleküle gleich zwischen den Nachkommen aufgeteilt werden.

## 22.4 Die Unsterblichkeit der Gene

Somit lässt sich schon bei den einfachsten Organismen feststellen, dass die Verjüngung einen evolutionären Vorteil hat und sehr ursprünglich in der Biologie aufgetreten ist. Aus der Verjüngung der einen Nachkommenzelle ergibt sich aber automatisch auch die andere gealterte zweite Nachkommenzelle. Bei Menschen ist das grundsätzliche Äquivalent die Bildung von Keimzellen. Diese sind unsterblich in dem Sinne, dass sie die genetische Information in nicht endender Weise weitervererben können. Selbst Eizellen sind bereits Jahrzehnte alt, da sie während der weiblichen Embryonalentwicklung generiert werden. Bei der Befruchtung allerdings wird ihre biologische Uhr wieder auf null gestellt, und ein neues somatisches Leben entsteht. Dieser Vorgang kann sich somit grundsätzlich unendlich fortsetzen. Als unsterblich kann somit aber ausschließlich die im Erbgut enthaltene Information angesehen werden. Hierbei sollte man natürlich bedenken, dass grundsätzlich auch der gesamte Pool der menschlichen Erbinformation sterblich ist, denn Spezies sterben durchaus auch aus. Hierbei ist das Erbgut auch keine feste Größe, denn es ist auch ständigen Veränderungen ausgesetzt und wird auch immer in unterschiedlichen Kombinationen aus mütterlichem und väterlichem Genom vorkommen. Vielmehr ist es der Genpool, also die Gesamtheit der Genvarianten einer Spezies, der unsterblich sein kann.

Da nun in der Biologie eine Verjüngung auf natürlichem Weg insbesondere bei der Bildung der Zygote durch die Befruchtung der Eizelle in unendlicher Weise stattfinden kann, stellt sich die Frage, ob solche grundsätzlichen Verjüngungsmechanismen auch auf somatische Zellen und schlussendlich auch auf den menschlichen Körper in seiner Gesamtheit angewendet werden könnten.

## 22.5 Verjüngung durch ›Reprogrammierung‹

Stammzellen existieren in verschiedenen Geweben und stellen Muskeln, Darm, Haut und andere Gewebearten nicht nur nach Verletzungen, sondern auch als ganz normaler homöostatischer Prozess wieder her. Eine Stammzelle kann sich entweder symmetrisch teilen und zwei Stammzellen generieren oder asymmetrisch eine Stammzelle und eine spezialisierte Zelle herstellen. Den japanischen Stammzellforschern Kazutoshi Takahashi und Shinya Yamanaka gelang es sogar, Stammzellen aus spezialisierten menschlichen Körperzellen durch ›Reprogrammierung‹ herzustellen (Takahashi/Tanabe/Ohnuki u. a. 2007). Dabei kommt es auch zur Verjüngung, denn durch eine solche Reprogrammierung konnten sogar Oogonien, also Keimzellen, aus spezialisierten Körperzellen hergestellt werden (Yamashiro/Sasaki/Yabuta u. a. 2018).

Es zeigt sich hier also in der biologischen Forschung, dass die Verjüngungsmechanismen grundsätzlich auch auf somatische Zellen angewendet werden können. Medizinisch ist dies wichtig, da so durch zukünftige Stammzelltherapien wichtige Organfunktion wieder hergestellt werden könnten. Es ergibt sich hieraus sicherlich auch die Frage, ob es durch solche Ansätze auch möglich erscheint, das Soma unsterblich zu erhalten. Hier ist zu bedenken, dass eine solche Unsterblichkeit bislang noch nicht einmal in einem primitiven Organismus unter Laborbedingungen erzielt werden konnte. Auch wenn es mittlerweile durch eine Reihe von genetischen und pharmakologischen Interventionen gelungen ist, den Alterungsprozess zu verlangsamen und etwa bei Fadenwürmern die Lebensdauer zu verzehnfachen und selbst bei Mäusen eine fünfzigprozentige Verlängerung des Lebens zu erreichen, so zeigen doch auch sämtliche der langlebigen Tiere Alterung, auch wenn diese verzögert ist. Theoretisch hingegen gibt es aber keinen Grund davon auszugehen, dass eine Verjüngung auch sämtlicher somatischer Strukturen nicht grundsätzlich möglich sein könnte. Unsterblichkeit im engeren Sinne ist aber schon deshalb unmöglich, weil natürlich jede biologische Struktur, ob Keimzellen oder Bakterien, jederzeit sterben kann. Diese Sterblichkeit ergibt sich aus den einfachsten Grundsätzen der Thermodynamik, denn allein zur Lebenserhaltung sind permanent funktionierende homöostatische Prozess notwendig, die makromolekulare Strukturen im dynamischen Gleichgewicht halten.

So bleibt festzuhalten, dass in der Biologie die Sterblichkeit eine natürliche Eigenschaft von Organismen und selbst einzelner Zellen ist, verjüngte Tochterzellen oder Keimzellen sich aber unter Vermeidung von Mortalität unsterblich fortsetzen und so Spezies erhalten, verändern, und neue Arten generieren können.

## Literatur

Aguilaniu, H./Gustafsson, L./Rigoulet, M./Nyström, T.: Asymmetric inheritance of oxidatively damaged proteins during cytokinesis. In: *Science* 299/5613 (2003), 1751–1753. http://doi.org/10.1126/science.1080418.

Dong, X./Milholland, B./Vijg, J.: Evidence for a limit to human lifespan. In: *Nature* 538/7624 (2916), 1–9. http://doi.org/10.1038/nature19793.

Kirkwood, T. B./Cremer, T.: Cytogerontology since 1881: a reappraisal of August Weismann and a review of modern progress. In: *Human genetics* 60/2 (1982), 101–121.

Medawar, P. B.: *An Unsolved Problem of Biology*. London 1952.

Schumacher, B.: *Das Geheimnis des menschlichen Alterns*. München 2015.

Schumacher, B./Garinis, G. A./Hoeijmakers, J. H. J.: Age to survive: DNA damage and aging. In: *Trends in Genetics* (TIG) 24/2 (2008), 77–85. http://doi.org/10.1016/j.tig.2007.11.004.

Sinclair, D. A./Guarente, L.: Extrachromosomal rDNA circles – a cause of aging in yeast. In: *Cell*, 91/7 (1997), 1033–1042.

Stewart, E. J./Madden, R./Paul, G./Taddei, F.: Aging and death in an organism that reproduces by morphologically symmetric division. In: *PLoS Biol* 3/2 (2005), e45. http://doi.org/10.1371/journal.pbio.0030045.

Takahashi, K./Tanabe, K./Ohnuki, M./Narita, M./Ichisaka, T./Tomoda, K./Yamanaka, S.: Induction of pluripotent stem cells from adult human fibroblasts by defined factors. In: *Cell* 131/5 (2007), 861–872. http://doi.org/10.1016/j.cell.2007.11.019.

Weismann, A.: *Das Keimplasma*. Jena 1892.

Williams, G. C.: Pleiotropy, Natural Selection, and the Evolution of Senescence. In: *Evolution* 11/4 (1957), 398–411. http://doi.org/10.2307/2406060.

Yamashiro, C./Sasaki, K./Yabuta, Y./Kojima, Y./Nakamura, T./Okamoto, I./Yokobayashi, S./Murase, Y./Ishikura, Y./Shirane, K./Sasaki, H./Yamamoto, T./Saitou, M.: Generation of human oogonia from induced pluripotent stem cells in vitro. In: *Science* 362/6412 (2018), 356–360. http://doi.org/10.1126/science.aat1674.

*Björn Schumacher*

# 23 Unsterblichkeit – medizingeschichtlich

Dem ersten Anschein nach hat Medizin mit Unsterblichkeit keine Berührungspunkte. Als ›Kunst‹ (*techné/ars*) und ›Wissenschaft‹ (*scientia*) beruft sich die abendländische Heilkunde seit der griechisch-römischen Antike in erster Linie auf Empirie und rationales Denken. Sie fokussiert in Geschichte und Gegenwart klar auf das Diesseits des Menschen und ignoriert oder verweigert in aller Regel jede metaphysische oder transzendente Aussage über den Tod hinaus: Ist er eingetreten, so ist ihr Heilauftrag beendet. Das Ziel, den Tod infolge von Krankheit mit medizinischen Mitteln dauerhaft zu verhindern, wurde und wird in der seriösen Medizin ebenfalls nur selten ernsthaft diskutiert. Aber gerade weil die – womöglich determinierte – Fragilität und Sterblichkeit des Menschen das wesentliche Movens medizinischen Handelns bilden, konnte Unsterblichkeit als utopisches Gegenbild verschiedentlich wirksam werden: (1.) im Selbst- und Weltverständnis der Heilkunde, (2.) im mythischen und (3.) insbesondere im (para-)medizinischen Diskurs um Langlebigkeit und Verjüngung.

## 23.1 Unsterblichkeit im medizinischen Selbst- und Weltverständnis

Medizinische Deontologie vermittelt seit der griechisch-römischen Antike ein Bild von der Heilkunde, in dem sich Bescheidenheit angesichts eines letztlich unabwendbaren Todes (niedergelegt z. B. in der sprichwörtlichen Sentenz des hochmittelalterlichen Regimen sanitatis Salernitatum, cap. LX: *Contra vim mortis non est medicamen in hortis*; ed. De Renzi V, 102) mit beachtlichem Selbstbewusstsein mischt. Schon der erste hippokratische Aphorismus stellt dem kurzen Leben (*vita brevis*) die langlebige (ewige?) Kunst (*ars longa*) gegenüber, vielleicht in dem Sinne: Solange Menschen (vorzeitig) sterben, wird es Medizin geben. Nicht der Patient, wohl aber die Heilkunst gewinnt damit ein Stück Ewigkeit. Noch 1990 vertrat der Heidelberger Pathologe Wilhelm Doerr diesen metaphysischen Bezug: Jegliches Arzttum »ist der Dienst an der ewigen Kunst; diese reicht überindividuell weit über die Spanne unseres eigenen Lebens«.

Eine andere Möglichkeit, das Ewige in medizinisches Handeln zu implementieren, wählte das fortgeschrittene 19. Jh.: Unter dem Banner des Fortschritts plädierten führende Ärzte wie Rudolf Virchow für positivistische, später auch monistische Positionen: Nur das Nachweisbare sollte erkenntnistheoretisch Berücksichtigung finden. Die Endlichkeit des Körpers als des individuellen Lebensträgers wurde von Ärzten wie Jakob Moleschott in einen vielfältigen ›Kreislauf des Lebens‹ eingebunden, der als materialistischer Ersatz für religiöse Vorstellungen von Ewigkeit imponiert.

Noch wesentlich konkreter und seit vielen Jahren erprobt ist eine weitere Strategie der praktischen Medizin, dem unausgesprochenen Ziel der Unsterblichkeit näher zu kommen: Sie erkennt zwar die Grenze des Todes prinzipiell an, ersetzt sie aber implizit durch untergeordnete Limitierungen des Lebens, gegen die sie therapeutisch vorgehen kann. Ein an sich tödliches Nierenversagen kann beispielsweise durch Dialyse für längere Zeit kompensiert werden. Dieses Prinzip gilt im Grunde auch für Alterungsvorgänge: Zwar kann der Organismus als Ganzes nicht verjüngt werden, aber beispielsweise können durch Implantationen und Transplantationen einzelne Organe ersetzt werden, mit der Folge einer partiellen Verjüngung. Auf diese Weise wird die Utopie der Unsterblichkeit partikularisiert oder umgekehrt, wie es Zygmunt Bauman formulierte, Mortalität dekonstruiert: Klinische Medizin ziele darauf ab, »to dissolve the issue of the struggle against death in an ever growing and never exhausted set of battles against particular diseases and other threats to life« (Bauman 1992, 10). Diese Strategie beschränkt sich jedoch nicht auf die moderne Medizin, sondern begleitet sie diskursiv seit vielen Jahrhunderten. Bereits in Spätantike und frühem Mittelalter war das medizinische Agieren gegen den Tod manchen christlichen Schriftstellern suspekt. Die menschliche Heilkunde galt bisweilen auch deshalb als heidnischer Unglaube, weil sie die von Gott prädestinierte Lebenslänge (vgl. Mt 6,27) missachte (Kudlien 1988). Das um 800 entstandene Lorscher Arzneibuch, eines der frühesten Beispiele für Klostermedizin, beginnt daher mit einer theologischen Rechtfertigung der Heilkunde gegen das Argument, man habe es nicht nötig, von Ärzten geheilt zu werden, wo man doch von Gott umsorgt werde (vgl. 1 Ptr 5,7). Auch der jüdische Arztphilosoph Maimonides (12. Jh.) verteidigte in einem Responsum auf die Frage nach der Relevanz des orthodox-islamischen *adjal* (festgesetzte Lebensspanne) die Möglichkeiten medizinischer Therapie als gottgewollt; Krankheiten und Unfälle verkürzten die natürliche Spanne des Lebens, während vernunftgeleitete Heilkunde dazu beitrage, dass sie erreicht werden könne. Um die natürliche Lebenslänge zu bestimmen,

J. B. Metzler © Springer-Verlag GmbH Deutschland, ein Teil von Springer Nature, 2020
H. Wittwer/D. Schäfer/A. Frewer (Hg.), *Sterben und Tod. Ein interdisziplinäres Handbuch 2. Auflage*,
https://doi.org/10.1007/978-3-476-05761-7_23

nutzten vormoderne Ärzte häufig die in der Bibel vorgegebenen maximalen Lebensspannen (z. B. Gen 6,3: 120 Jahre; Ps 90,10: 70–80 Jahre; s. u.). Noch herausfordernder waren im christlich-jüdischen Kontext die früher wörtlich verstandenen Angaben hoher Lebensalter der vorsintflutlichen Menschen (*praediluviani*; max. 969 Jahre bei Methusalem), die zu medizinischen Spekulationen über deren bessere Lebensbedingungen und -weisen (z. B. vegetarische Kost, reine Luft, sexuelle Enthaltsamkeit) führten; die Diskrepanz zu aktuellen Höchstlebensaltern wurde mit Hilfe moralischer, aber eben auch medizinischer Argumente erklärt und daraus eine Legitimation medizinischen Handelns abgeleitet. Nur sehr selten gingen Ärzte über diese Lebensgrenzen hinaus. Ein interessantes Beispiel aus der Spät-Renaissance findet sich in dem Traktat *De vita hominis ultra CXX. annos protrahenda* (Erstdruck 1550), in dem der Arzt und Philologe Tommaso Rangone behauptete, menschliches Leben sei auch jenseits dieser biblisch vorgegebenen Spanne (120 Jahre) möglich: Die anatomische, physiologische und theologische Sonderstellung des Menschen, seine Himmelsnatur, prädestiniere ihn zur Unsterblichkeit.

## 23.2 Mythische Vorstellungen im medizinischen Kontext

Bereits in der vorderorientalischen Gilgamesch-Erzählung, die Rilke ein ›Epos der Todesfurcht‹ nannte (Brief an Helene von Nostiz vom 31.12.1916), sucht der Held nach einem Mittel gegen den Tod. Der unsterbliche Uta-na'ištim verrät ihm eine Pflanze, die Menschen verjüngt und die Gilgamesch bei einem Tauchgang vom Grunde des Meeres pflücken kann. Aber auf seiner Heimreise stiehlt ihm eine Schlange dieses Wundermittel. So gilt weiterhin die Feststellung der Siduri aus der jenseitigen Welt: »Das [ewige] Leben, was du suchst, wirst du sicher nicht finden! / Als die Götter die Menschheit erschufen, / teilten den Tod sie der Menschheit zu, / nahmen das Leben für sich in die Hand.« (10. Tafel, Übersetzung A. Schott). Das im Mythos verheißene Phytopharmakon gegen den Tod verweist bereits auf einschlägige *Materia medica* und das Bemühen der Heilkunde, mit Hilfe von Natur und Technik das scheinbar Unmögliche zu erreichen. Weitere antike Mythen um Tithonus oder die Cumäische Sibylle diskreditieren das Ziel der Unsterblichkeit als unerträgliche Last oder Strafe. Doch erst im Asklepios-Mythos (5. Jh. v. Chr.) gewinnt diese Skepsis einen unmittelbaren Bezug zur Medizin: Der Halbgott wird durch einen Blitz des Zeus erschlagen, als er es wagt, einen Sterbenden (oder schon Verstorbenen) zu heilen. Pindar kommentierte dies mit einer doppelten Aufforderung, die die Einstellung der vormodernen Medizin bereits gut charakterisiert: »Streb nicht, meine Seele, nach Leben ohne Tod, [aber] die Handlungsmöglichkeit [das erfinderische Tun] schöpf aus« (3. Pythische Ode 56–61, Übersetzung nach D. Bremer).

Neben Unsterblichkeit thematisieren Mythen – in absteigender Rangfolge menschlicher Wunschvorstellungen – auch Verjüngung und Langlebigkeit. Das diesbezüglich kaum differenzierte Bemühen des Gilgamesch erinnert an die Suche nach dem verlorenen irdischen Paradies, die in Mittelalter und Früher Neuzeit ein wichtiges Motiv für Entdeckungsreisen war, denn mit dem Wiederfinden erhoffte man sich Zugang zum ewigen Leben. Vormoderne Ärzte wie Paracelsus, Francisco de Vallés oder Johan Baptista van Helmont vermuteten im paradiesischen ›Baum des Lebens‹ ein entscheidendes Heilmittel und suchten nach Analoga aus dem Pflanzenreich (z. B. Zeder, Wacholder, Myrobalane). – Die Suche nach dem Garten Eden stand ferner in engem Bezug zur Suche nach der verlorenen Jugend. Im mythischen Motiv des Jungbrunnens, in den sich angeblich die Nymphe Iuventas (Hebe) verwandelte, hat dieses Streben symbolträchtige Gestalt gewonnen. Es war daher auch für die von der Medizin unterstützte Entwicklung der europäischen Badekultur von besonderer Bedeutung. – Ein weiteres mythisches Vorbild für die Wiedergewinnung von Unsterblichkeit und Verjüngung waren die Tafelfreuden der olympischen Götter. Nach der griechischen Sage wurden ihnen Nektar und Ambrosia gereicht. Als ›Tischpersonal‹ dienten den Olympiern wiederum Hebe, die personifizierte Jugend, und der Götterliebling Ganymed, der aufgrund seiner Schönheit schon im jugendlichen Alter Unsterblichkeit erlangte. *Honig(nektar)* galt als leichtverdauliche Greisenkost mit lebensverlängernden und verjüngenden Eigenschaften. Mit dem Namen der Götterspeise *Ambrosia* bezeichnet der spätrömische Arzt Galen (De sanitate tuenda V 6; ed. Kühn VI 341) Medikamente, die ähnlich wie der Theriak aus verschiedensten aromatischen Bestandteilen zusammengesetzt waren und auf alte Menschen günstig wirken sollten. Ein weiteres von Galen zitiertes Kompositum mit dem einschlägigen Namen *Athanasia* (Unsterblichkeit) erwähnt bereits der griechische Geschichtsschreiber Diodorus Siculus (Bibliotheca historica I 25, 6): Dieses Mittel benutzte angeblich die ägyptische Göttin Isis zur Wiederbelebung und Vergöttlichung ihres Sohnes Horus.

Aus Mythen abgeleitete medizinische Maßnahmen, die dauerhafte Verjüngung versprachen, konnten aber auch wesentlich drastischer sein. Berühmt war seit der Antike das Vorgehen Medeas. Ovid zufolge (Metamorphosen VII, 159–296) verwandelte die Zauberin ihren greisen Schwiegervater Aeson in einen jungen Mann: Sie ließ nämlich das Blut des Alten durch eine Wunde an der Kehle ausströmen und ersetzte den Lebenssaft durch einen Sud aus Kräutern, Steinen und Organen langlebiger Tiere, die sie auf magische Weise gewonnen hatte. Die dahinter stehende Idee, das verbrauchte Alte durch Neues zu ersetzen, war auch in der Heilkunde verbreitet. Mittelalterliche Ärzte wie Arnald von Villanova (1963, 13 f., 20, 24) empfahlen den allmählichen Ersatz verbrauchten Blutes durch frisches; der Körper sollte zunächst abnehmen und dann mit Hilfe guter Nahrungsmittel wieder aufgebaut werden. Medeas Idee des Blutaustauschs wurde durchaus auch wörtlich genommen: Besonders Vertreter am Rande der Heilkunde empfahlen das Trinken von Blut eines jungen Menschen – mitunter direkt aus der Ader – als verjüngendes Mittel. Bei den Transfusionsversuchen des 17. Jhs. wollte man alten Menschen Tierblut direkt in die Blutgefäße übertragen (Ettmüller (1682/1736). Aber auch eine äußerliche Behandlung mit dem kostbaren Saft wurde propagiert. Bäder in Menschenblut galten seit der Antike als Therapeutikum für Hautkrankheiten. Zur äußerlichen Verjüngung sollen sie angeblich auch von Tyrannen benutzt worden sein – deren ›Blutbäder‹ hätten damit auch eine wörtliche Bedeutung.

## 23.3 (Para-)Medizinischer Diskurs um Verjüngung und Langlebigkeit

In der Frühen Neuzeit basieren Verfahren, die auf Verjüngung und Langlebigkeit abzielen, nur noch selten auf Mythen; im Vordergrund steht vielmehr die spekulative Weiterentwicklung bereits vorhandener (patho-)physiologischer Konzepte. Beispielsweise ging der Galenismus, eine bis Mitte des 17. Jhs. an der Universität vorherrschende medizinische Theorie, von einem fortwährenden Verlust von Wärme und Feuchtigkeit im Organismus während des Lebens aus. Daher wurde durchaus ernsthaft angenommen, dass durch ein enges Beisammensein von jungen und alten Menschen Lebenswärme, -atem oder -feuchtigkeit nach dem sympathetischen Prinzip (Fehlendes wird angezogen) von jung zu alt übertragen werden könne und Letztere dadurch verjüngt werden könnten. Frühneuzeitliche Autoren zogen gerne das Beispiel des greisen Königs David heran, der durch den Körper seiner jungen Pflegerin Abisag von Sunem erwärmt werden sollte (1. Kön 1, 1–4). Das nach der jungen Frau benannte Verfahren des Sunamitismus wurde von führenden Medizinern empfohlen.

Die Verjüngung von Menschen war ferner – analog zur Verwandlung von Metallen – ein wesentliches Hauptziel alchemistischer Verwandlungskünste (Transmutation). Insbesondere Paracelsus zieht eine unmittelbare Parallele zwischen Metallurgie und Revitalisierung, wenn er von einer Reduktion und ›Entrostung‹ des alten Menschen spricht (Liber de renovatione et restauratione; Peuckert I 451). Zur Herstellung solcher Mittel wurden häufig lebensverlängernde Grundstoffe durch geheime Verfahren in Essenzen, Elixire, Geheimmittel (Arkana) und andere angeblich hochpotente Wirkstoffe umgewandelt. Darüber hinaus gab es auch alchemistische Erzeugnisse, die als Universal- und zugleich Verjüngungsmittel eingesetzt wurden, etwa der Stein der Weisen (*Lapis philosophorum*) oder das Trinkgold (*Aurum potabile*). Paracelsus ging in seinen frühen Jahren prinzipiell von der Möglichkeit der Unsterblichkeit aus, machte aber für die Praxis zahlreiche Einschränkungen und verlegte in seinen späteren laientheologischen Schriften den Fokus vom langen auf das *selige* Leben des unsterblichen neuen Leibs (*Corpus spirituale*), der aus Gott geboren und durch die Hostie, das *arcanum dei*, ernährt werde.

Noch viele andere Stoffe und Lebewesen aus den ›drei Reichen der Natur‹ (Tiere, Pflanzen und ›Mineralien‹) wurden seit der Antike als lebensverlängernde und verjüngende Mittel angepriesen. Die alten Texte nennen vor allem solche, die – wie das ›unvergängliche‹ Gold oder makellose Perlen – aufgrund besonderer Eigenarten und Eigenschaften selbst im Ruf der Langlebigkeit standen. Darin spiegelt sich ein ausgeprägtes Analogie-Denken – Gleiches wird mit Gleichem behandelt (*similia similibus*). Medikamente wurden aus den jährlich mausernden Vögeln, sich häutenden Schlangen oder den Hirschen hergestellt, deren Geweih nachwächst, nachdem sie es abgestoßen haben. Ferner galten alle Stoffe, die zur Leichenkonservierung nützlich waren, als potente Lebensretter und -verlängerer, beispielsweise Aloe und Ambra, aber auch stark duftende Pflanzen wie Rosmarin und Wacholder – und insbesondere die Mumie selbst.

Ende des 19. Jhs. erweckte die Gabe von Keimdrüsenextrakten ungeheure Hoffnungen bezüglich einer Verjüngung des Körpers. Ohnehin sah eine breite abendländische Tradition im Umgang mit körpereigenem Samen eine wesentliche Ursache für vorzeitige oder späte Alterung. Doch hier ging es offensichtlich um weitere, noch unbekannte Körpersubstanzen, die womöglich Samenproduktion und Alterung gleichzeitig steuerten. Anstelle eines spekulativen pharmakologischen Ersatzes wollte beispielsweise der österreichische Physiologe Eugen Steinach die körpereigene ›Pubertätsdrüse‹ (Testosteron produzierende Leydig-Zellen im Hoden) etwa durch Unterbindung des Samenstrangs stimulieren. Positive Ergebnisse all dieser Operationen waren im Tierversuch häufig zu sehen, beim Menschen – nach anfänglichem Optimismus – jedoch niemals dauerhaft.

Anti-Ageing, Verjüngung und Lebensverlängerung im Sinne partikulärer Unsterblichkeit bilden von Gilgamesch bis zur Gegenwart eine Grauzone, die mehr als andere therapeutische Bereiche zwischen seriöser Medizin und alternativen Heilverfahren angesiedelt und heftig umkämpft ist. Der Grund liegt auf der Hand: Offensichtlich unzureichende Angebote, den letzten Lebensabschnitt erfolgreich zu ›therapieren‹, treffen auf ein hohes Potenzial an Ängsten und Wünschen im alternden Menschen. Diese Spannung lässt auch und gerade medizinische Laien – von Gilgamesch bis heute – nach einem geeigneten Mittel suchen, das unausgesprochen auch auf Unsterblichkeit abzielt. Und gerade Laien stehen radikalen Lösungen nicht selten offener gegenüber als Experten: Mitte des 18. Jhs. entwickelte der Mathematiker Pierre Moreau de Maupertuis eine Idee, wie man bis zu 800 Jahre leben könne: Man müsse nur die Selbstkonsumption (also den körpereigenen Verbrauch) durch Unterkühlung des Menschen und Verstopfen seiner Hautporen mit einer Art Firnis drosseln. Damit nimmt Moreau moderne spekulative Ideen von konservierenden Verfahren wie der Kryonik vorweg. Viele Anbieter und Konsumenten vergessen aber typischerweise über dem Wunsch die Folgen solcher Utopien für den Menschen, die schon der Arzt Christoph Wilhelm Hufeland (1860, 174) erkannte: Es brauche zu dieser Lebensverlängerung nichts weiter als die Kunst, jemanden halb zu töten.

### Literatur


Arnald von Villanova: *Il libro di Arnaldo da Villanova sul modo di conservare la gioventù e ritardare la vecchiaia.* Übers. von Clodomiro Mancini/Gino Fravega. Genova 1963.

Bauman, Zygmunt: *Mortality, Immortality and Other Life Strategies.* Cambridge 1992.

Doerr, Wilhelm: Ars longa, vita brevis. Von den wirklichen Aufgaben des Studiums der Heilkunde. In: *Ars longa, vita brevis: Problemgeschichte kritischer Fragen* II. Hg. von W. Doerr. Heidelberg 2013, 1–10.

Ettmüller, Michael: Dissertatio de chirurgia transfusoria, communicata 1682. In: *Ibidem, Opera medica theorico-practica.* Bd. 4. Genevae 1736, 834–856.

Haycock, David Boyd: *Mortal Coil. A short history of living longer.* New Haven/London 2008.

Hufeland, Christoph Wilhelm: *Makrobiotik oder die Kunst, das menschliche Leben zu verlängern.* 8. Aufl. Berlin 1860.

Kudlien, Fridolf: Heilkunde. In: *Reallexikon für Antike und Christentum.* Bd. 14. Stuttgart 1988, 223–49, hier 243–45.

Maimonides: *Über die Lebensdauer. Ein unediertes Responsum.* Hg., übers. und erl. von G. Weil. Basel/New York 1953.

Moleschott, Jakob: *Der Kreislauf des Lebens. Physiologische Antworten auf Liebig's Chemische Briefe.* Mainz 1852.

Schäfer, Daniel: Auf der Suche nach der Überwindung des Todes. Medizinische Spekulationen im kulturellen Kontext. In: *Endlichkeit, Medizin und Unsterblichkeit.* Hg. von A. Hilt/I. Jordan/A. Frewer. Stuttgart 2010, 19–32.

Schäfer, Daniel: *Der Tod und die Medizin. Kurze Geschichte einer Annäherung. Heidelberg 2015.*

Schäfer, Daniel: Vita brevis – ars longa. Endlichkeit und Ewigkeit in medizin(histor)ischer Perspektive. In: *Hermeneutische Blätter* 1 (2016), 110–122.

Stoff, Heiko: *Ewige Jugend. Konzepte der Verjüngung vom späten 19. Jahrhundert bis ins Dritte Reich.* Köln 2004.

Stoll, Ulrich: Das ›Lorscher Arzneibuch‹. In: Gundolf Keil, Paul Schnitzer (Hg.): *Das ›Lorscher Arzneibuch‹ und die frühmittelalterliche Medizin. Verhandlungen des Medizinhistorischen Symposiums im September 1989 in Lorsch.* Lorsch 1991, 29–80.


*Daniel Schäfer*

# 24 Unsterblichkeit – theologisch

## 24.1 Begriffliche und wissenschaftstheoretische Einordnung

Unsterblichkeit im landläufigen Sinn meint eine todlose, endlos durch die Zeit andauernde Existenz. Oft, gerade in spezifisch religiösen Zusammenhängen, wird das Wort auch – etwas unpräzise – als Chiffre für die Erwartung eines Seins der Person bei Gott im oder nach dem biologischen Tod gebraucht. Das solcherart erwartete ›ewige Leben‹ wäre dann der Gehalt der Unsterblichkeitshoffnung: Unsterblichkeit durch Auferweckung. Beiden Vorstellungen gemeinsam ist die Überzeugung, dass Sterben und Tod nicht das letzte Wort über das menschliche Geschick haben. Das erklärt die eminent existenzielle Dimension des Unsterblichkeitsbegriffs. Er ist ein kritischer Reflex auf die vielfältigen Limitationen unserer irdischen Seinsweise – und als solcher beständig dem Vorwurf des Eskapismus oder der Projektion ausgesetzt.

Im theologischen Diskurs ist der Begriff ›Unsterblichkeit‹ von den Begriffen ›Ewigkeit‹ auf der einen und ›Endlichkeit‹ auf der anderen Seite abzugrenzen. Ewigkeit und Unendlichkeit im strengen Sinn des Wortes kommen einzig Gott zu. Er ist es, der »allein die Unsterblichkeit besitzt« (1 Tim 6,16), dem sie also in einem essentiellen und unmittelbaren Sinn zu eigen ist. Alles Gewordene hingegen ist begrenzt und endlich. Gleichwohl schließt die Endlichkeit des Geschöpflichen nicht in jedem Fall seine Unsterblichkeit aus. So ist in klassischer theologischer Schuldiktion die menschliche Seele zwar als geschaffen und insofern endlich, gleichwohl aber als unzerstörbar und insofern unsterblich zu bezeichnen. Freilich ist nach dem Gesagten diese Art der Unsterblichkeit keine Eigenschaft unter anderen, die einer geschaffenen Entität als solcher zukäme (substantielle Unsterblichkeit). Sie ist vielmehr Implikat des Gottesglaubens, da sie als von Gott verliehene geglaubt wird (geschenkte, dialogische, relationale oder theonome Unsterblichkeit).

Inhaltlich wird das Thema zumeist in der Schöpfungslehre, der theologischen Anthropologie sowie der Eschatologie verhandelt. Dabei sind die jeweiligen theologischen Theoriemodelle abhängig von den sie tragenden philosophischen und weltanschaulichen Hintergrundannahmen. Ändern sich diese, bleibt das nicht ohne Folgen für die Plausibilität des entsprechenden theologischen Denkmodells. Deshalb ist ihr erkenntnistheoretischer Status begrenzt. Sie haben die Aufgabe, aus Schrift und Tradition herrührende Glaubensaussagen auf Basis des aktuellen wissenschaftlichen Sachstands kritisch zu reflektieren und gegebenenfalls unter Hinzuziehung entsprechender Konvenienzargumente zu plausibilisieren. Davon unberührt bleibt die religions- oder konfessionsinterne Gewichtung dieser Glaubensaussagen, die im Falle der Unsterblichkeit der Seele mit Blick auf das Lehramt der katholischen Kirche z. B. sehr hoch ist (DH 1440).

## 24.2 Tod und Unsterblichkeit

Sieht man von etwas randständigen Aspekten (Angologie, vorneuzeitliche kosmologische Auffassungen) ab, konzentriert sich das Thema Unsterblichkeit in theologischer Hinsicht auf die Frage nach der Unsterblichkeit des Menschen. Als solches steht es scheinbar in härtestem Kontrast zum allgemeinen, unausweichlichen und gewissen Faktum des Sterbenmüssens und des Todes. Versucht eine christliche Theologie beides denkerisch zu vermitteln, gerät sie in modellsystematisch nicht restlos auflösbare Dilemmata, die sowohl den Begriff des Todes als auch dessen Verhältnis zur erhofften Fortexistenz bei Gott betreffen.

Was das Letztere anbelangt, so lässt sich das Problem als Kontinuität-Diskontinuität-Dilemma bezeichnen: Einerseits ist der Tod als das Ende des Lebens in seiner ganzen, auch existenziellen Härte theologisch anzuerkennen. Andererseits impliziert die christliche Hoffnung auf nachtodliche Fortexistenz bei Gott ein Moment personaler Identität über den Hiatus des Todes hinweg, das diesen nicht ausschließlich als Ende oder Abbruch, sondern als Übergang und Passage verstehen lässt. Diskontinuität zum Bisherigen ist die Möglichkeitsbedingung von Erlösung, Kontinuität gewährleistet Identität. Die These von der Unzerstörbarkeit der individuellen Einzelseele ist als Versuch zu verstehen, in diesem Dilemma zu vermitteln. Sie fungiert als Identitätsträger, ohne dass damit die Sterblichkeit des Menschen als *conditio humana* negiert würde (kirchliche Ablehnung der Seelenpräexistenz [DH 403], Betonung der Geschaffenheit der Seele [DH 190, 201] und der Gnadenhaftigkeit der göttlichen Gabe der Unsterblichkeit [DH 1978]). Gegen eine sich gleichwohl entwickelnde Überbetonung des individuellen Unsterblichkeitsglaubens in christlicher Frömmigkeit und Theologie wendet sich dann im 20. Jh. die sogenannte Ganztodtheorie. Diese in der evangelischen Theologie vertretene Anschauung weist


H. Wittwer/D. Schäfer/A. Frewer (Hg.), *Sterben und Tod. Ein interdisziplinäres Handbuch 2. Auflage*,
https://doi.org/10.1007/978-3-476-05761-7_24

die Unsterblichkeitslehre als unbiblisch und unreformatorisch zurück und vertritt demgegenüber die Auffassung vom Tod des ganzen Menschen nach Leib und Seele. Sie kann aber ihrerseits das Moment der persistierenden Identität nicht mehr deutlich machen und Auferweckung nur noch als völlige Neuschöpfung der Person *ex nihilo* denken. Daher ist in der aktuellen evangelischen Theologie ein Abrücken von der Ganztodtheorie zu beobachten. Konfessionsübergreifend strittig bleibt, ob der Seelenbegriff zur Sicherung personaler Identität prä- und postmortal notwendig oder entbehrlich ist.

Mit diesem Befund korreliert eine gewisse Vielschichtigkeit im Todesbegriff bzw. in der Todeseinstellung: Ist der Tod als das Ende des Lebens zu betrauern und zu bekämpfen, als natürlicher Teil der gottgewollten Schöpfung nüchtern hinzunehmen oder als Tor zum ewigen Leben freudig zu begrüßen? Schon biblisch sind hier unterschiedliche, nicht bruchlos zu systematisierende Traditionslinien zu unterscheiden. Alttestamentlich reichen sie von realistischer Todesakzeptanz (Gen 25,8: Abraham stirbt »betagt und lebenssatt«) bis zur klaren Opposition von Gott und Tod (Weish 1,13: »Gott hat den Tod nicht gemacht«; Jes 25,8: Gott »hat den Tod für immer verschlungen«), neutestamentlich von der Verspottung des in Christus ein für alle Mal besiegten Todes (1 Kor 15,26.55) und vom Tod als Straffolge der Sünde (Röm 5,12; Röm 6,23) bis hin zu gewissen Formen der Todessehnsucht, um beim auferstandenen Christus zu sein (2 Kor 5,2.8; Phil 1,21.23).

Systematisch-theologisch hilft die Unterscheidung zwischen natürlichem Tod und Straftod der Trennung von Gott nur bedingt. Vielmehr wird man an der grundsätzlichen Negativität des Todes festhalten, sich jeglicher Thanatodizee verweigern und den Verheißungscharakter der biblischen Schriften hervorheben. Dieser liegt aber nicht im Unsterblichkeitsglauben als solchem, sondern in der durch Gott gewährten Überwindung des Todes. Theologisch wird man hier mit dem Gottesbegriff – Gott ist der ›Herr des Seins‹ (Schelling); er ist ein Gott des Lebens und nicht der Toten (vgl. Mk 12,27) – und mit der Überwindung des Todes in der Auferstehung Jesu Christi argumentieren, philosophisch außerdem auf den Umstand verweisen, dass jeder Akt unbedingter Solidarität bereits eine Negation des Todes impliziert (Gabriel Marcel: ›Einen Menschen lieben, heißt sagen: du wirst nicht sterben‹).

Insofern das Theologumenon einer unsterblichen Seele keine Absage an die Endlichkeit und Sterblichkeit des Menschen bedeutet, sondern lediglich die Persistenz eines Kontinuitäts- und Identitätsträgers über die Grenze des menschlichen Todes hinweg behauptet, greift der Projektionsvorwurf ebenso wie der Einwand betreffs der Langeweile und Sinnlosigkeit einer todlosen Existenz (Bernard Williams) ins Leere. Es geht nicht um die endlose Verlängerung, sondern um die Hoffnung auf Sinn und Vollendung der irdischen Existenz, die alsdann in einer todesjenseitigen Seinsweise bei Gott aufgehoben erhofft wird. Entsprechend differenziert wird eine theologische Auseinandersetzung mit den Unsterblichkeitserwartungen im Transhumanismus ausfallen.

## 24.3 Unsterblichkeit und Auferweckung

Obwohl es gewisse Bedeutungsüberschneidungen gibt, ist die Unsterblichkeitsidee von der Erwartung einer leiblichen Auferweckung aus dem Tod zu unterscheiden. Das Theorem der Seelenunsterblichkeit darf »nicht dazu verleiten, die österliche Auferstehungsbotschaft zu einer bloßen Ergänzungsvorstellung degenerieren zu lassen« (Faber 2012, 664 f.). Im Zentrum des Auferweckungsgedankens steht die eschatologische Vollendung der ganzen, immer auch leiblich verfassten Person in ihrer geschichtlichen Gewordenheit, ihrer welthaften Verfasstheit und ihren sozialen Bezügen bei Gott. Es geht christlicher Hoffnung um die Rettung der ganzmenschlichen Existenz aus dem Tod, nicht um gnostizistische Leibfeindlichkeit oder Weltflucht.

Das alte Israel entsagt über lange Jahrhunderte einer solchen eschatologischen Hoffnung. Mit der Herausbildung des exklusiven Monotheismus in der Zeit des babylonischen Exils (6. Jh. v. Chr.) bricht sich dann die Überzeugung Bahn, dass auch die Toten dem Herrschaftsbereich JHWHs zugehören. Zur Ausbildung einer ausdrücklichen und individuellen Auferweckungshoffnung kommt es jedoch erst im Zuge der hellenistischen Religionsverfolgungen im 2. Jh. v. Chr., als sich die ganzheitliche hebräische Anthropologie – *nephesch* (Seele) meint den ganzen Menschen in seiner Lebendigkeit und Lebenskraft – mit apokalyptischem Gedankengut zur Hoffnung auf leibliche Errettung aus dem Tod verbindet: Auferweckungshoffnung ist im Ursprung Märtyrerhoffnung, ist Hoffnung auf Gottes Gerechtigkeit, der der Tod keine Grenze zu setzen vermag (Dan 12,2; 2 Makk 7). Um eine philosophische Unsterblichkeitslehre auf Basis eines Leib-Seele-Dualismus geht es dabei nicht, das spielt eher in hellenistisch geprägten Texten eine Rolle (Weish 2,23; 3,1–4; 9,15); in diesen Weisheitsschriften findet sich aber auch radikale Kritik am Unsterblichkeitsgedanken (Koh 3,19–21).

Das Neue Testament übernimmt diese ganzheitliche Hoffnung auf leibliche Auferweckung, bindet sie jedoch zurück an das Zeugnis von der Auferstehung Jesu Christi. Die Ostererzählungen fokussieren dabei auf die Spannung zwischen personaler Identität und radikaler Transformation des Auferstandenen. Für Paulus dient das eschatologische Handeln Gottes am Gekreuzigten als Wirk- und Exemplarursache für die Erwartung einer universalen Totenerweckung (1 Thess 4,13–18; 1 Kor 15,1–28). Wiewohl er den Unsterblichkeitsbegriff verwendet (1 Kor 15,53 f.), ist seine Hoffnung doch stets somatisch geprägt (1 Kor 15,35–49). Vereinzelte, stärker hellenistisch beeinflusste Passagen bei Paulus sind christologisch zentriert (2 Kor 5,1–10; Phil 1,23–25). Insgesamt lassen sich die vielfältigen neutestamentlichen Themenbezüge nicht einheitlich systematisieren. Wenn allerdings von Todesüberwindung die Rede ist, dann in Bezug auf die in Christus offenbar gewordene rettende Macht Gottes (Mt 10,28; Joh 11,25 f.; Joh 14,2–6). In diesem Sinn kennt das Neue Testament nicht nur den Gedanken einer Auferstehung im Moment des Todes (Lk 23,43), sondern auch der Entmachtung des Todes noch vor dem biologischen Ableben, z. B. als Taufgewinn (Röm 6,1–11) und Frucht des Glaubens (Joh 3,16–18; Joh 6,47–51) und der Liebe (1 Joh 3,14).

Nochmals stärker an platonisches und neuplatonisches Gedankengut schließen patristische Entwürfe an, die die eschatologische Erwartung mit Hilfe der Seelenunsterblichkeit zu plausibilisieren versuchen (Athenagoras, Gregor v. Nyssa, Augustinus). Im Hochmittelalter kommt es zu einer umfassenden Systematisierung der Eschatologie, die unterschiedliche Theorieelemente und Denkformen zu synthetisieren versucht. Die Seele, so z. B. Thomas von Aquin (STh I q 76 a 4) und mit ihm die ganze theologische und lehramtliche Tradition (DH 902) in Aufnahme des aristotelischen Hylemorphismus, ist die einzige und substantielle Form des Körpers: *anima forma corporis*. Sie ist das Lebens-, Wirk- und Strukturprinzip des Leibes, in dem sie ihren Selbstausdruck findet. Sie ist es auch, die den Leib allererst aktuiert und verwirklicht; denn, so wiederum Thomas, es ist die Form, die das Sein verleiht: *forma dat esse* (ScG II, 68; ScG IV, 81). Gleichwohl ist die Konsequenz dieser engsten Bezogenheit von Seele und Leib im Aristotelismus, das Zugrundegehen auch der Seele im Tod des Menschen nämlich, untragbar. Folglich hält man – nun platonisch argumentierend – an der Unsterblichkeit der menschlichen Geistseele fest, versteht diese also nicht nur als Wirkprinzip des Leibes, sondern zugleich als einfache, intelligible und wahrheitsfähige (und daher unzerstörbare, unsterbliche) Substanz, die sich im Tod vom Leib trennt und als *anima separata* in einem Zwischenzustand die universale Totenerweckung am Ende der Zeit erwartet.

Neben den klassischen philosophischen Einwänden gegen den Substanzdualismus (Identitätsproblem, Interaktionsproblem) führt dieser Syntheseversuch aber zu einer eschatologisch zweigestuften Ontologie mit erheblichen konzeptinternen Spannungen. Einerseits ist die vom Leib getrennte, unsterbliche Seele – platonisch gedacht – im Purgatorium (Fegefeuer) der Strafe und Reinigung fähig sowie den Fürbitten der Gläubigen zugänglich (DH 838, 856, 1304) bzw. im Stand der Vollendung der vollen Seligkeit und Gottesschau teilhaftig (DH 1000). Eine nachfolgende, leibliche Auferweckung wird damit eigentlich entbehrlich. Andererseits ist die *anima separata* – aristotelisch und thomistisch gedacht – gerade nicht die Person, nicht der Mensch, nicht dessen Ich und darüber hinaus aufgrund ihrer bleibenden Leibbezogenheit in einem ontologisch derart tief defizitären Zustand, dass fraglich ist, wie hier volle Seligkeit und Gottesschau denkbar sein sollten.

Zum Entscheid in dieser Frage gehalten, wird man die aristotelische Intuition stark machen, weil sie dem biblischen Menschenbild und der biblisch bezeugten Hoffnung auf Errettung des ganzen, immer leiblich verfassten Menschen aus dem Tod besser entspricht. Dies trägt auch dem Umstand stärker Rechnung, dass theologisch angemessen (wenn überhaupt, dann nur) von geschenkter, relationaler oder dialogischer, nicht aber von substantieller Unsterblichkeit der Seele oder gar des Menschen zu sprechen ist. Nimmt man hinzu, dass – weil der entscheidende Identitätsträger nicht das materielle Substrat, sondern das dieses belebende Strukturprinzip ist – eine physizistische Restitution postmortal nicht gefordert ist, so ließe sich das Theorem der (durch den Tod hindurch geretteten, daher theonom geschenkten) ›Unsterblichkeit durch Auferweckung‹ wie folgt bestimmen: Leibliche Auferweckung ist zu verstehen als die von Gott wunderbar herbeigeführte, radikale Verwandlung der geschichtlich so und nicht anders gewordenen, leibseelisch realisierten, einen und einzigartigen Lebensgestalt einer menschlichen Person im Augenblick des Todes in die Gestalt eschatologischer Herrlichkeit.

**Literatur**


Berner, U./Heesch, M./Scherer, G.: Unsterblichkeit. In: *Theologische Realenzyklopädie* (TRE). Bd. 34. Berlin 2002, 381–397.

Brüntrup, G./Rugel, M./Schwartz, M. (Hg.): *Auferstehung des Leibes – Unsterblichkeit der Seele*. Stuttgart 2010.

Denzinger, H.: *Enchiridion symbolorum definitionum et declarationum de rebus fidei et morum. Kompendium der Glaubensbekenntnisse und kirchlichen Lehrentscheidungen*. Unter Mitarbeit von Helmut Hoping. Hg. von Peter Hünermann. Freiburg [3]92001 (zit. DH).

Faber, E.-M.: Unsterblichkeit der Seele. In: W. Beinert/B. Stubenrauch (Hg.): *Neues Lexikon der katholischen Dogmatik*. Freiburg 2012, 663–665.

Friedli, R./Zachhuber, J./Heiligenthal, R./Rosenau, H./Thiede, W./Kohn, L.: Unsterblichkeit. In: H. D. Betz/D. S. Browning/B. Janowski/E. Jüngel (Hg.): *Religion in der Geschichte und Gegenwart* (RGG). Bd. 8. Tübingen [4]2005, 795–802.

Greshake, G./Kremer, J.: *Resurrectio mortuorum. Zum theologischen Verständnis der leiblichen Auferstehung*. Darmstadt [2]1992.

Remenyi, M.: *Auferstehung denken. Anwege, Grenzen und Modelle personaleschatologischer Theoriebildung*. Freiburg 2016.

Runggaldier, E.: Seele und Unsterblichkeitshoffnung. In: *Theologie und Philosophie* 83 (2008), 562–573.

Scherer, G./Ott, M./Sonnemans, H.: Unsterblichkeit, Unsterblichkeit der Seele. In: W. Kasper/K. Baumgartner/H. Bürkle u. a. (Hg.): *Lexikon für Theologie und Kirche* (LthK). Bd. 10. Freiburg i. Br. [3]2001, 432–435.


*Matthias Remenyi*

# 25 Unsterblichkeit – philosophisch

## 25.1 Historischer Überblick

Der Tod und die Frage, was uns nach ihm erwartet, haben die *abendländische* Philosophie, um die es hier ausschließlich gehen soll, schon seit ihren Anfängen beschäftigt. Dabei stand gut 2000 Jahre lang das Problem der Unsterblichkeit *der Seele* im Mittelpunkt des Interesses (vgl. zum historischen Überblick Huonder 1970; Scherer 1979, Kap. III). Die Frage nach der Möglichkeit der Fortexistenz nach dem Tod wurde ganz selbstverständlich so verstanden, dass sie das *geistige* oder *seelische* Weiterleben betrifft. Hingegen wurde die Annahme, dass Menschen einmal die *körperliche* Unsterblichkeit erlangen könnten, in der Philosophie bis vor wenigen Jahrzehnten niemals ernsthaft in Erwägung gezogen. Vielmehr galt körperliche Sterblichkeit beispielsweise im Altertum so sehr als wesentliches Merkmal der Menschen, dass diese gelegentlich einfach als »die Sterblichen« (Altgriech.: *hoi brotoi*) im Unterschied zu den unsterblichen Göttern bezeichnet wurden. Die Konzentration auf das Problem der Unsterblichkeit der Seele und die Ausklammerung der Frage nach der körperlichen Unsterblichkeit beruhten in der Regel auch auf der anthropologischen Annahme, dass die Seele oder der Geist das ist, was das Wesen des Menschen ausmacht, während sein Körper nur die vergängliche Hülle dieses Wesens bildet. Diese Geringschätzung des Leibes, die sich bei Platon stellenweise bis zur Leibfeindlichkeit steigert, erklärt sicherlich teilweise, warum die Philosophen lange Zeit kein Interesse an der Möglichkeit der körperlichen Unsterblichkeit hatten.

Das Problem der Unsterblichkeit der Seele beherrschte das philosophische Nachdenken über den Tod bis in die Neuzeit hinein. Dabei wurde im Mittelalter die ursprüngliche christliche Lehre von der Auferstehung des Fleisches teilweise durch platonisches und aristotelisches Gedankengut überformt (s. Kap. 24: »Unsterblichkeit – theologisch«). Im Zuge der sich über mehrere Jahrhunderte erstreckenden Säkularisierung der Philosophie und ihrer Emanzipation von der Theologie verlor das Problem der Unsterblichkeit der Seele nach und nach an Bedeutung. Diese Marginalisierung des Problems in der Philosophie erreichte ihren Höhepunkt in der ersten Hälfte des 20. Jhs. Bezeichnend dafür ist die Tatsache, dass Martin Heidegger in seiner berühmten Analyse des ›Seins zum Tode‹ das Thema in einem Absatz als irrelevant für die Philosophie des Todes abtat: »Die ontologische Analyse des Seins zum Ende greift [...] keiner existenziellen Stellungnahme zum Tode vor. Wenn der Tod als ›Ende‹ des Daseins, das heißt des In-der-Weltseins bestimmt wird, dann fällt damit keine ontische Entscheidung darüber, ob ›nach dem Tode‹ noch ein anderes, höheres oder niedrigeres Sein möglich ist, ob das Dasein ›fortlebt‹ oder gar, sich ›überdauernd‹, ›unsterblich‹ ist. Über das ›Jenseits‹ und seine Möglichkeit wird ebensowenig entschieden wie über das ›Diesseits‹, [...].« (Heidegger 1993 [1927], 247 f.)

Seit etwa 1970 kann man jedoch ein wiedererwachtes und wachsendes Interesse der Philosophie an der Frage nach der Möglichkeit einer Fortexistenz nach dem Tod konstatieren. Charakteristisch für die neuere Debatte ist, dass nicht mehr nur die Unsterblichkeit der Seele, sondern auch die körperliche Unsterblichkeit thematisiert wird. Außerdem hat auch die analytische Philosophie, in der existenzielle Fragen lange unter dem Verdacht standen, bloße ›Scheinprobleme‹ zu sein, das Thema für sich entdeckt.

## 25.2 Zwei Arten von Argumenten für die Unsterblichkeit der Seele: ontologische und ethische

Für die These, dass die Seele des Menschen unsterblich ist, sind Argumente verschiedener Art vorgebracht worden (vgl. zum Überblick Edwards 1997). Als besonders einflussreich haben sich das ontologische und das ethische Argument erwiesen. Die ontologische Begründung besagt in ihrem Kern, dass die Unsterblichkeit bzw. Unzerstörbarkeit der Seele aus ihrem Wesen folgt. Die ethischen Argumente beruhen hingegen auf der Annahme, dass der Glaube an die Unsterblichkeit der Seele und die Furcht vor einem postmortalen Gericht notwendig für den Bestand der Moral oder des Rechts seien. Menschen, die nicht daran glauben, dass sie eine unsterbliche Seele haben und dass diese nach dem Tod für ihre Taten belohnt oder bestraft werden wird, hätten keine hinreichenden Motive dafür, moralische Regeln oder rechtliche Normen einzuhalten. Nur die Aussicht auf die nach dem Tod zu erwartenden göttlichen Strafen könne die Menschen mit Sicherheit im Zaum halten. – Die ontologischen und die ethischen Argumente schließen sich durchaus nicht aus. Sie sind miteinander vereinbar und wurden von einigen Autoren miteinander verknüpft.

Dies gilt z. B. für Platon, dem wir die erste systematische Erörterung des Problems der Unsterblichkeit


H. Wittwer/D. Schäfer/A. Frewer (Hg.), *Sterben und Tod. Ein interdisziplinäres Handbuch 2. Auflage*,
https://doi.org/10.1007/978-3-476-05761-7_25

der Seele verdanken. In seinem außerordentlich wirkmächtigen Dialog *Phaidon* lässt er den literarischen Sokrates mehrere Beweise für die Unsterblichkeit der Seele vortragen (Platon 1987). Diese Beweise sind teilweise in starkem Maße von Platons Metaphysik und Erkenntnistheorie abhängig und aufgrund dieser Abhängigkeit für andere Denker nicht ohne Weiteres anschlussfähig (vgl. zur Interpretation der Beweise Frede 1999; Müller 2011). Der einflussreichste dieser Beweise ist das Argument aus der *Einfachheit der Seele* (vgl. Platon 1987, 35–44 [78b–84b]), das auf zwei Prämissen beruht. Erstens wird vorausgesetzt, dass einfache Dinge, d. h. Dinge, die nicht aus Teilen bestehen, weder entstehen noch vernichtet werden können, weil Entstehung jeweils das Zusammengesetztwerden aus Teilen und Vernichtung der Zerfall in Bestandteile ist. Die zweite Voraussetzung lautet, dass die Seele eine einfache, immaterielle Substanz ist. Aus beiden Prämissen folgt, dass alle Seelen, die jetzt existieren, schon immer existiert haben und immer existieren werden. Auf den einzelnen Menschen bezogen bedeutet das, dass seine Seele schon ewig vor seiner Geburt existierte und auch nach seinem Tod fortexistieren wird. Im Verlauf der unendlichen Zeit verbinden sich Platon zufolge die einzelnen Seelen nacheinander mit verschiedenen menschlichen und tierischen Körpern. Offensichtlich unterscheidet sich diese Auffassung darin von der christlichen Lehre der Unsterblichkeit der Seele, dass bei Platon keine exklusive Beziehung eines einzigen Körpers zu einer Seele besteht. Außerdem überlebt Platon zufolge die Seele nicht nur den Tod des Körpers, sondern sie geht seiner Entstehung auch voraus. Genau genommen, will Platon also nicht die *persönliche Unsterblichkeit der Seele*, sondern deren *unpersönliche Unvergänglichkeit* beweisen. Platons Beweis aus der Einfachheit der Seele hat sich im Verlauf der Geschichte als überaus einflussreich erwiesen. So argumentiert beispielsweise auch René Descartes am Beginn der Neuzeit mit der Einfachheit der Seele, um ihre Unsterblichkeit zu beweisen (vgl. Descartes 1994 [1641], 7 und 74).

Das ontologische Argument ist in sich schlüssig. *Wenn* seine Prämissen wahr sind, dann ist auch seine Konklusion wahr. Allerdings ist zumindest eine der beiden Voraussetzungen äußerst umstritten: Es versteht sich durchaus nicht von selbst, dass es neben körperlichen Substanzen auch Seelen als immaterielle Substanzen gibt. Somit beruht das ontologische Argument auf einer ebenso starken wie umstrittenen Voraussetzung: der *dualistischen Anthropologie*. Es ist daher nicht verwunderlich, dass sich die Kritik an der Lehre von der Unsterblichkeit der Seele häufig auf die Annahme konzentriert hat, dass Seelen überhaupt existieren (vgl. z. B. Hume 1984 [1751], 79 f.).

Das moralische Argument, das sich ebenfalls bereits bei Platon findet, nämlich im sogenannten ›Mythos des Er‹ in der *Politeia* (vgl. Platon 1982, 459–467 [614b–621b]), wird in der Neuzeit von mehreren Autoren vorgetragen. So heißt es etwa in Thomas Morus' *Utopia* von 1516 über den mythischen Staatsgründer Utopos: Er »stellte es jedem einzelnen frei, was er glauben wolle; nur eins verbot er feierlich und streng: so tief unter die Würde der Menschen zu sinken, daß man meine, auch die Seele gehe mit dem Leibe zugrunde oder die Welt nehme ohne jede Vorsehung aufs Geratewohl ihren Lauf« (Morus 2001, 98). Dieses Verbot wird folgendermaßen begründet: »Denn wer könnte daran zweifeln, daß der die Staatsgesetze seines Vaterlands entweder insgeheim mit List und Tücke umgehen oder gewaltsam außer Kraft zu setzen versuchte, sofern es seinen persönlichen Wünschen dienlich wäre, der über die Gesetze hinaus nichts fürchtet und über sein körperliches Dasein hinaus keine weitere Hoffnung hegt?« (Ebd., 98 f.) Die entscheidende Voraussetzung dieses Arguments besagt, dass die Androhung *diesseitiger* Strafen nicht dazu ausreicht, Menschen von bösen Taten abzuschrecken.

Eine andere, theoretisch anspruchsvollere Version des moralischen Arguments findet sich bei Immanuel Kant. In seiner *Kritik der reinen Vernunft* von 1781 zählt Kant den Schluss vom Selbstbewusstsein des Denkenden auf die Existenz einer Seele als denkende Substanz zu den sogenannten ›Paralogismen‹, d. h. zu den Fehlschlüssen der reinen spekulativen Vernunft. Aus der Tatsache allein, dass wir als Denkende uns unserer selbst bewusst sind, folge nicht, dass wir über eine immaterielle Seele verfügen. Allerdings könne die theoretische Vernunft ebenso wenig die entgegengesetzte Annahme, dass es keine Seelen gibt, beweisen. Auf der Grundlage der Annahme, dass das Problem der Existenz der Seelen theoretisch prinzipiell unlösbar ist, entwickelt Kant in der *Kritik der praktischen Vernunft* von 1788 das ›Postulat‹ der Unsterblichkeit der Seele. Unter einem ›Postulat‹ versteht Kant einen Satz, der sich theoretisch ebenso wenig wie sein Gegenteil beweisen lässt, den wir aber aus diesem Grund mit Bezug auf unsere moralischen Zwecke, also in praktischer Absicht für wahr halten *dürfen* und aus einem moralischen Grund für wahr halten *sollen*. Das Postulat der Unsterblichkeit der Seele ist erforderlich, weil es uns als endlichen Wesen unmöglich ist, in unserem endlichen Leben moralische Vollkommenheit zu erreichen. Damit zumindest die unendliche Annäherung an das Ideal der moralischen Vollkommenheit möglich ist, müssen wir annehmen, dass unsere Seelen ewig existieren (vgl. Kant 1961 [1788], 194–197).

In der Gegenwart findet die moralische Begründung der Unsterblichkeit der Seele kaum noch Anhänger. Dies dürfte damit zusammenhängen, dass die Erfahrungen der letzten Jahrhunderte gezeigt haben, dass auch Menschen, die nicht an die Fortexistenz der Seele glauben, moralisch integer sein können.

## 25.3 Die Debatte über die körperliche Unsterblichkeit

Der beschleunigte Fortschritt der Naturwissenschaften am Ende des 19. und am Beginn des 20. Jhs. führte dazu, dass die Erlangung der körperlichen Unsterblichkeit, die bis dahin nur ein Traum und ein Projekt der Alchemie gewesen war (s. Kap. 23: »Unsterblichkeit – medizingeschichtlich«), in den Bereich dessen rückte, was sich möglicherweise technisch realisieren ließe. Dadurch wurden zwei Fragen aufgeworfen: (i) Wie wäre es, körperlich unsterblich zu sein, d. h. wie würden sich Unsterbliche fühlen? (ii) Ist die Erlangung der körperlichen Unsterblichkeit wünschenswert? Diese Fragen wurden zunächst von mehreren Schriftstellern in der Form literarischer Gedankenexperimente beantwortet (vgl. Čapek 1977 [1922]; de Beauvoir 1990 [1946]; Borges 1992 [1947]). Seit Beginn der 1970er-Jahre wurden diese Fragen auch von der Philosophie aufgegriffen. Wegweisend war dabei Bernard Williams' Aufsatz über die »Langeweile der Unsterblichkeit« (Williams 2001). Williams vertrat die These, dass unsterblichen Menschen im Verlauf der Zeit notwendigerweise die kategorischen Wünsche ausgehen würden. Das sind diejenigen Wünsche, die unserem Leben seinen Sinn verleihen. Williams' These hat eine Vielzahl von Antworten provoziert. Zahlreiche Autoren bemühen sich seither um den Nachweis, dass ein unendliches körperliches Leben durchaus nicht langweilig sein müsste, sondern vielmehr lebenswert sein könnte (vgl. z. B. Fischer 2013).

Eine bemerkenswerte Eigenheit der neueren Debatte über die körperliche Unsterblichkeit besteht darin, dass weitgehend Einigkeit darüber besteht, dass Menschen *niemals unsterblich sein können*. Da Sterblichkeit eine notwendige Eigenschaft aller Lebewesen ist, ist die Erlangung der körperlichen Unsterblichkeit unmöglich (s. Kap. 22: »Unsterblichkeit – biologisch«; Wittwer 2004, 24–26). Diejenigen, die dennoch von der Möglichkeit der körperlichen Unsterblichkeit sprechen, räumen in der Regel ausdrücklich ein, dass die sogenannten ›Unsterblichen‹ jederzeit sterben könnten (vgl. Harris 2009, 178; Kreuels 2015, 33, Fußnoten 52, und 34). Unter ›Unsterblichkeit‹ verstehen sie nur die Eigenschaft von Menschen, dass ihr Leben aufgrund der Verhinderung des Alterns nicht mehr allein aufgrund der Folgen des Alterungsprozesses enden könnte. Diese potenziell langlebigen Menschen könnten aber nach wie vor an Krankheiten, durch Unfälle oder Tötungen sterben. Es darf zumindest bezweifelt werden, ob es sinnvoll ist, Menschen, die jederzeit sterben können, als ›Unsterbliche‹ zu bezeichnen. Genau genommen, geht es den Autoren, die von der Unsterblichkeit Sterblicher sprechen, gar nicht nicht um das Problem der Unsterblichkeit, sondern um die Frage, ob die radikale technische Lebensverlängerung moralisch erlaubt oder sogar geboten ist (s. Kap. 27:. »Lebensverlängerung – philosophisch«).

Obwohl es gute Gründe für die Annahme gibt, dass Menschen notwendigerweise sterblich sind, kann es lehrreich sein, darüber nachzudenken, wie das Leben körperlich unsterblicher Menschen beschaffen wäre. Wenn sich dabei herausstellen sollte, dass es nicht erstrebenswert ist, unsterblich zu sein, dann scheint daraus *ex negativo* zu folgen, dass unsere Sterblichkeit dem Anschein zum Trotz etwas Gutes ist oder dass es mit anderen Worten besser ist, sterblich als unsterblich zu sein (vgl. Williams 2001). Das Nachdenken über die Unsterblichkeit kann uns somit zu einer besser begründeten Bewertung unserer Sterblichkeit verhelfen.

## 25.4 Die Renaissance der Diskussion über die Unsterblichkeit der Seele

Innerhalb der Hauptströmungen der Gegenwartsphilosophie galt die Idee der Unsterblichkeit lange Zeit als durch den wissenschaftlichen Fortschritt überholt und widerlegt. Seit einiger Zeit mehren sich jedoch wieder die Stimmen der Philosophen, die eine körperlose geistige Fortexistenz nach dem Tod für möglich halten. Dabei werden die Akzente verschieden gesetzt. So wird bspw. betont, dass »der Hirntod eine absolute Erkenntnisschwelle für die Frage der möglichen Fortexistenz einer menschlichen Person ist« (Tetens 2016, 19), sodass wir Lebende niemals mit Sicherheit sagen könnten, ob wir nach dem Tod körperlos weiterexistieren werden oder nicht. Gelegentlich wird auch die heute weitverbreitete Annahme in Frage gestellt, dass *nur* das Gehirn der Sitz des Bewusstseins sein kann und dass daher Bewusstsein ohne ein funktionierendes Gehirn unmöglich ist (vgl. Strasser 2004). Andere Autoren gehen noch einen Schritt weiter, indem sie nachzuweisen versuchen, dass eine körperlose Fortexistenz nach dem Tod widerspruchsfrei denkbar und sogar innerhalb bestimmter Grenzen vorstellbar sei (vgl. Müller 2010). Auffällig ist dabei, dass die Verfechter der Möglichkeit der Unsterblichkeit der Seele offenbar als selbstverständlich voraussetzen, dass es wünschenswert ist, nach dem Tod des Körpers als immaterielle Seele weiterzuexistieren. Diese Annahme versteht sich jedoch keineswegs von selbst. Wenn man genauer darüber nachdenkt, was eine körperlose Seele tun und nicht tun kann, könnte sich herausstellen, dass die ewige Fortexistenz als Seele weit weniger erstrebenswert ist, als oft angenommen wird (vgl. Wittwer 2016).

### Literatur


Borges, J. L.: Der Unsterbliche [1947]. In: Ders.: *Das Aleph.* Werke in 20 Bdn. Bd. 6. Frankfurt a. M. 1992, 11–28.

Čapek, K.: *Die Sache Makropulos* [1922]. Berlin (Ost) 1977.

de Beauvoir, S.: *Alle Menschen sind sterblich* [1946]. Reinbek bei Hamburg 1990.

Descartes, R.: *Meditationen über die Grundlagen der Philosophie mit den sämtlichen Einwänden und Erwiderungen* [1641]. Hg. von A. Buchenau. Hamburg 1994.

Edwards, P.: Introduction. In: Ders.: *Immortality.* Amherst, NY 1997, 1–70.

Fischer, J. M.: Immortality. In: B. Bradley/F. Feldman/J. Johansson (Hg.): *The Oxford Handbook of Philosophy of Death.* Oxford/New York 2013, 336–354.

Frede, D.: Platons »Phaidon«. *Der Traum von der Unsterblichkeit der Seele.* Darmstadt 1999.

Harris, J.: Anmerkungen zur Unsterblichkeit. Die Ethik und Gerechtigkeit lebensverlängernder Maßnahmen. In: M. Weber/S. Knell (Hg.): *Länger leben? Philosophische und biowissenschaftliche Perspektiven.* Frankfurt a. M. 2009, 174–209.

Heidegger, M.: Sein und Zeit [1927]. Tübingen [17]1993.

Hume, D.: Über die Unsterblichkeit der Seele [um 1751]. In: Ders.: *Die Naturgeschichte der Religion.* Hg. von L. Kreimendahl. Hamburg 1984, 79–87.

Huonder, Q.: *Das Unsterblichkeitsproblem in der abendländischen Philosophie.* Stuttgart u. a. 1970.

Kant, I.: *Kritik der praktischen Vernunft* [1788]. Hg. von J. Kopper. Stuttgart 1961.

Kreuels. M.: *Über den vermeintlichen Wert der Sterblichkeit. Ein Essay in analytischer Existenzphilosophie.* Berlin 2015.

Müller, J. (Hg.): *Platon. Phaidon.* Berlin 2011.

Müller, O.: ›Warte, bis du stirbst!‹ Dualistische Hausaufgaben von Moritz Schlick. In: F. O. Engler/M. Iven (Hg.): Moritz Schlick. *Ursprünge und Entwicklungen seines Denkens.* Berlin 2010, 11–71.

Platon: *Der Staat* [nach 387 v. u. Z.]. Hg. von K. Vretska. Stuttgart 1982.

Platon: *Phaidon* [zw. 385 und 378 v. u. Z.]. Hg. von A. Graeser. Stuttgart 1987.

Scherer, G.: *Das Problem des Todes in der Philosophie.* Darmstadt 1979.

Strasser, P.: *Gibt es ein Leben nach dem Tod? Gehirne, Computer und das wahre Selbst.* München 2004.

Tetens, H.: Der Tod – ein hoffnungsloser Fall? – Eine kleine Erkenntnistheorie des Todes. In: S. Gosepath/M. Remenyi (Hg.): »... *dass es ein Ende mit mir haben muss«. Vom guten Leben angesichts des Todes.* Münster 2016, 9–20.

Williams, B.: Die Sache Makropulos: Reflexionen über die Langeweile der Unsterblichkeit. In: Ders.: *Probleme des Selbst.* Stuttgart 2001, 133–162.

Wittwer, H.: Ist die Erlangung der Unsterblichkeit wünschenswert? In: S. Gosepath/M. Remenyi (Hg.): »... *dass es ein Ende mit mir haben muss«. Vom guten Leben angesichts des Todes.* Münster 2016, 75–101.

Wittwer, H.: Risiken und Nebenwirkungen der Lebensverlängerung. Eine Antwort auf die wissenschaftliche Preisfrage »Welt ohne Tod – Hoffnung oder Schreckensvision?«. In: H.-J. Höhn (Hg.): *Welt ohne Tod – Hoffnung oder Schreckensvision?* Göttingen 2004, 19–58.


*Héctor Wittwer*

# III Allgemeine Haltungen und Umgangsweisen

# 26 Lebensverlängerung – medizingeschichtlich

## 26.1 Einführung: *Anti-Aging* oder lebensverlängernde Maßnahmen?

In einer Schrift zweier US-amerikanischer Protagonisten der *Anti-Aging*-Bewegung findet man folgendes enthusiastische Versprechen: »Indem Sie Ihren Mangel an Wachstumshormonen ausgleichen, können Sie Ihre Vitalität, Ihre Gesundheit, Ihr äußeres Erscheinungsbild und Ihre Sexualität wiedererlangen. Zum ersten Mal in der Geschichte der Menschheit gelingt es uns, in den Alterungsprozess einzugreifen, viele Aspekte von Jugendlichkeit wiederherzustellen, Krankheiten zu verhindern, die Lebensqualität grundlegend zu verbessern, ja vielleicht sogar die Lebensspanne zu verlängern. Der ›Jungbrunnen‹ befindet sich in den Körperzellen eines jeden von uns« (Klatz/Kahn 1998, 15; übers. K. G.). Der hier als neu und revolutionär dargestellte Versuch, in den menschlichen Alterungsprozess einzugreifen, um eine Verjüngung und im Idealfall sogar eine Verlängerung der Lebensspanne zu erzielen, ist keineswegs eine Neuheit der 1990er Jahre. Vielmehr lässt sich der Menschheitstraum von der Lebensverlängerung bis weit in die Geschichte zurückverfolgen, was auch seinen Ausdruck in zahlreichen Mythen zu diesem Thema gefunden hat (Gruman 2003, 29–42). Wohl änderten sich die Motive wie die Methoden, doch immer war dieses Bestreben untrennbar verknüpft mit zeitgenössischen Konzepten von Alter und Jugend sowie Vorstellungen von Sterben und Tod (Haber 2004, 515, 520).

Bei der Diskussion über sogenannte ›lebensverlängernde Maßnahmen‹ geht es meist um das Gegenteil von Lebensverlängerung, nämlich um die Beendigung oder den Verzicht auf (intensiv-)medizinische Therapiemaßnahmen mit der Intention, den Sterbeprozess für den Patienten nicht künstlich zu verhindern oder hinauszuzögern. Der Begriff der ›lebensverlängernden Maßnahmen‹ mit dieser spezifischen Bedeutung hat sich erst im Kontext der Debatte über ›passive Sterbehilfe‹ und Patientenverfügungen seit etwa Mitte der 1990er Jahre etabliert und spiegelt zentrale Fragen und Probleme der modernen Intensivmedizin. Der Schwerpunkt dieses Beitrags liegt dagegen auf den medizinischen Methoden der Lebensverlängerung im 20. Jh. Dabei muss zwischen der Lebensverlängerung als Methode und Effekt modifizierter Lebensbedingungen sowie Gesundheitsvorsorge einerseits und der Verjüngung als Verabsolutierung von juveniler Leistungsfähigkeit andererseits unterschieden werden. Die Lebensverlängerung wird nur dann als ein erstrebenswertes Ziel angesehen, wenn sie als ›aktives Alter‹ mit ebenso verlängerter Jugendlichkeit verbunden scheint (Denninger/Van Dyk/Lessenich u. a. 2014).

## 26.2 Vormoderne Wege zu einem längeren Leben

Über Jahrhunderte hinweg prägten Mythen die Vorstellung der Menschen von Langlebigkeit. Bis Sterbetafeln die tatsächliche menschliche Lebensspanne verlässlich dokumentierten – dies ist erst seit rund 300 Jahren in einigen Ländern der Fall –, glaubte man, dass die Menschen in der Vergangenheit wesentlich länger gelebt hatten. Eine Lebensspanne von mehreren hundert Jahren, wie sie im Alten Testament für eine Reihe vorsintflutlicher Personen beschrieben ist, allen voran Methusalem mit 969 Jahren (Gen 5, 21), glaubten Protagonisten der Lebensverlängerung durchaus wieder erreichen zu können. Einflussreich waren auch Geschichten von ungewöhnlich alten Menschen in anderen Teilen der Welt. Mit zunehmenden völkerkundlichen Kenntnissen setzte sich diese Vorstellung nur mehr indirekt in utopischen Ideen fort. Eine dritte Gruppe von Mythen rankt sich um die Idee einer ungewöhnlichen Substanz mit lebensverlängernden Eigenschaften. Der Prototyp dafür ist die Darstellung vom ›Jungbrunnen‹, dessen Wasser verjüngende Wirkung hat (Gruman 2003, 29–40; zur Geschichte des Jungbrunnens vgl. auch Franke/Schade 1998). Diese Texte wirkten im Laufe der Geschichte bis in die Gegenwart als Stimulanzien und manchmal geradezu als Vorbilder für Forschungen zur Lebensverlängerung (Gruman 2003, 42).

Bis ins 19. Jh. hinein herrschte die Vorstellung von einer festgelegten Menge an Lebenssubstanz, die der Mensch im Laufe seines Lebens verbrauche. Viele Methoden der Lebensverlängerung beruhten darauf, die-


H. Wittwer/D. Schäfer/A. Frewer (Hg.), *Sterben und Tod. Ein interdisziplinäres Handbuch 2. Auflage*,
https://doi.org/10.1007/978-3-476-05761-7_26

se Lebenssubstanz durch äußere Einflüsse wie die Einnahme besonderer Präparate zu vermehren. Dazu gehören beispielsweise die Elixiere der mittelalterlichen und frühneuzeitlichen Alchemie (Gruman 2003, 105–115). Einer anderen Tradition lag die Vorstellung zugrunde, dass die Lebenssubstanz zwar nicht künstlich vermehrt, ihr Verbrauch aber durch bestimmte Maßnahmen verlangsamt werden könne. Im 16. Jh. begründete der Italiener Alvise Cornaro (1484?–1566) mit seiner 1558 erschienenen Schrift *Vom maßvollen Leben oder die Kunst, gesund alt zu werden* eine lange und einflussreiche hygienische Tradition der Lebensverlängerung, die sich in zwei wesentlichen Punkten von vorhergehenden diätetischen Konzepten unterschied: Zum einen basierte sie auf dem Gedanken des Individualismus, da sie besagte, dass jeder Mensch durch seine persönliche Verhaltensweise (Ernährung, Meidung von Genussmitteln etc.) in der Lage sei, die Länge seines Lebens zu beeinflussen (vgl. Cornaro 1997). Zum anderen bezeichnete Cornaro das Alter explizit als eine glückliche Phase des Lebens, sofern es nicht von Krankheit überschattet werde. Er wollte keine Verjüngung, sondern bei guter Gesundheit alt werden, um schließlich eines ›natürlichen‹ Todes zu sterben (vgl. Gruman 2003, 116–122; Schäfer 2004, 85, 104 f., 118, 295, 301).

## 26.3 Verjüngungspraxis um 1900

Zwischen etwa 1890 und 1930 hatte das Thema ›Lebensverlängerung‹ in Europa und den USA Hochkonjunktur. Die vielfältigen Theorien und Methoden dieser Zeit entstanden vor dem Hintergrund eines erneuerten Jugendkultes und der allgemein verbreiteten Angst vor einer ›Degeneration der Menschheit‹. Im Unterschied zu den Ideen Cornaros war nun das erklärte Ziel die Verjüngung des Menschen (Stoff 2004, 13–17). Das Alter sollte soweit wie möglich abgeschafft werden. Dahinter stand die einseitige Betonung eines durch Krankheit und zunehmenden Verfall gekennzeichneten unerwünschten Altersbildes. Die sich in diesen Jahren rasant entwickelnde naturwissenschaftliche Medizin bot neue Erkenntnisse und Theorien (die Zelle als Grundbaustein aller Lebewesen, die Identifizierung einer Reihe von Bakterien als Krankheitserreger, die Lehre von der inneren Sekretion u. v. m.), in deren Kontext auch der menschliche Alterungsprozess materialistischer denn je beurteilt wurde. Altern galt in erster Linie als pathologischer Prozess, der mit naturwissenschaftlichen Methoden verhindert oder rückgängig gemacht werden sollte (Cole 1992, 175; Göckenjan 2000, 263 ff.).

Im Jahr 1889 verkündete der greise Neurologe Charles-Édouard Brown-Séquard (1817–1894) vor einem wissenschaftlichen Publikum, sich durch Injektionen mit einem Extrakt aus Hoden junger Hunde und Meerschweinchen erfolgreich verjüngt zu haben. Dahinter stand Brown-Séquards Theorie, dass die Samenflüssigkeit Substanzen enthalte, die einen verjüngenden Effekt auf das Nervensystem und andere Organe habe. Er selbst beschrieb eine deutliche Zunahme körperlicher Energie und geistiger Frische (Brown-Séquard 1889). Brown-Séquards Selbstversuch erzeugte großes öffentliches Interesse, andere Ärzte folgten seinem Beispiel, und eine Pharmafirma begann ein Produkt namens ›Spermin‹ zu produzieren. Doch die Sensation endete bald in der Enttäuschung, dass die Verjüngungseffekte nur von kurzer Dauer waren. Dennoch fand seine Methode weltweite Nachahmer wie den US-amerikanischen Chirurgen Leo L. Stanley, der um 1920 tausend Patienten ein aus Tierhoden hergestelltes Präparat injizierte und positive Effekte beschrieb (Cole 1992, 179 f.). Aus heutiger Sicht handelte es sich vermutlich um reine Placebowirkung, da tierisches Gewebe vom menschlichen Körper in der Regel abgestoßen und verdaut wird und keine hormonelle Wirksamkeit entfalten kann (Haycock 2008, 169–172).

Der russische Zoologe und Mediziner Elias Metschnikoff (1845–1916), der für seine Forschungen zur zellulären Immunabwehr (Phagozytose) 1908 den Nobelpreis erhielt, glaubte, dass der Alterungsprozess auf zellulärer Ebene stattfinde, nämlich als Resultat einer langsamen Selbstvergiftung des Organismus durch Fäulnisprozesse im Darmtrakt (aufgrund der dortigen Besiedelung mit Bakterien). Die durch die bakteriellen Gifte geschädigten Körperzellen würden von Fresszellen (Makrophagen) abgebaut, was schließlich zu den unterschiedlichsten Alterserscheinungen führe. Als Therapie, die er auch selbst praktizierte, empfahl Metschnikoff eine milchsäurereiche Ernährung mit Sauermilch, Joghurt etc., um so den Fäulnisprozessen im Darm zu begegnen. Eine radikale Alternative war die operative Entfernung des Dickdarms, der seiner Ansicht nach ein überflüssiges Relikt darstellte. Metschnikoff war überzeugt, dass die Menschen so eine Lebensspanne von 140 Jahren erreichen könnten und dann friedlich eines ›natürlichen‹ Todes sterben würden. Seine Methode führte er in den *Studien über die Natur des Menschen* (1904) und in *Beiträge zu einer optimistischen Weltauffassung* (1908) aus. Metschnikoffs Theorie erregte Aufsehen und induzierte weitere Untersuchungen – spätere Forschungen konnten jedoch den Einfluss von Bakterien auf den menschlichen Alterungsprozess nicht bestätigen (Cole 1992, 186–189; Haycock 2008, 159–169).

Auch der US-amerikanische Alternsforscher Charles A. Stephens (1844–1931) vertrat eine zytologische Theorie des Alterns. Zellen in mehrzelligen Organismen wie dem Menschen seien unter idealen Bedingungen unsterblich – nur seien diese Bedingungen, nämlich die Zellernährung und Zellstimulation, mangelhaft und müssten durch menschlichen Eingriff optimiert werden. Diese Theorie schien durch den Physiologen und Chirurgen Alexis Carrel (1873–1944) gestützt zu werden. Für seine erfolgreichen Versuche, tierisches und menschliches Gewebe *in vitro* über einen längeren Zeitraum am Leben zu erhalten (vgl. Carrel 1912), wurde ihm 1912 der Nobelpreis für Medizin verliehen. Stephens' Glaube an die Macht der Naturwissenschaften war radikal: In *Natural Salvation. The Message of Science, Outlining the First Principles of Immortal Life on Earth* und weiteren Schriften entwarf er die Vision einer unsterblichen Menschheit (Stephens 1903, 203, 210). Stephens' Wirkung muss als begrenzt bezeichnet werden, doch ist er ein Beispiel für eine radikale Position innerhalb des Spektrums der ›Verjüngungsforscher‹ (Cole 1992, 175–178).

Zwei Ärzte sorgten schließlich um 1920 mit ihren Verjüngungsexperimenten für internationales Aufsehen: der russischstämmige Chirurg Serge Voronoff (1866–1951) und der österreichische Physiologe Eugen Steinach (1861–1944). Während Voronoff ab 1917 Teile von Affenhoden (in Ermangelung menschlicher Organe) in die Hoden der männlichen Patienten transplantierte, favorisierte Steinach die Methode der *Vasoligatur*, d. h. die Unterbindung des Samenleiters. Doch auch er nutzte die Transplantation von Keimdrüsen, besonders bei Frauen (zur Geschichte der Organtransplantation vgl. Schlich 1998). Die auf den ersten Blick sehr ähnlichen Methoden dieser beiden Wissenschaftler unterschieden sich jedoch in den postulierten Wirkmechanismen fundamental. Voronoff machte die mit zunehmendem Alter abnehmende Spermienproduktion für das Altern verantwortlich, gewissermaßen in der Tradition Brown-Séquards und älterer Vorstellungen von einer vitalisierenden Substanz (Voronoff 1926). In Steinachs Theorie spielten die Spermien (bzw. die Eizellen bei der Frau) überhaupt keine Rolle. Ihn interessierte nicht der Samen produzierende Anteil des Hodens, sondern die bis dato als bloße Stützsubstanz angesehenen Leydigschen Zwischenzellen. Diese von ihm als ›Pubertätsdrüse‹ bezeichneten Zellen produzierten laut Steinach Hormone, die für die Pubertät und die sexuelle Entwicklung insgesamt verantwortlich seien. Seine Methode der Verjüngung basierte auf der Annahme, dass die mit zunehmendem Alter nachlassende Aktivität der ›Pubertätsdrüse‹ sämtliche Alterserscheinungen des Menschen verursache. Deshalb müsse man entweder eine junge Keimdrüse (mit aktiver Pubertätsdrüse) implantieren oder beim Mann durch Unterbindung des Samenleiters mit nachfolgender Atrophie der Samenkanälchen eine Reaktivierung der ›Pubertätsdrüse‹ erzielen. Bei der Frau war die Bestimmung der ›Pubertätsdrüse‹ schwieriger; insgesamt konzentrierte sich diese Art der Verjüngungsbehandlung überwiegend auf das männliche Geschlecht. Es wurden aber auch Frauen analog durch Implantation von Eierstöcken behandelt. Steinachs Theorie ist in zweierlei Hinsicht bemerkenswert: Zum einen entkoppelte sie die Fortpflanzung von der Sexualität, und zum anderen führte sie den menschlichen Alterungsprozess in seiner ganzen Komplexität auf die Wirkung von Hormonen zurück (Steinach 1920). Sowohl die Methoden als auch die vermeintlichen Therapieerfolge wurden kontrovers diskutiert, innerhalb der Ärzteschaft überwiegend abgelehnt und überdauerten die 1930er Jahre nicht (Stoff 2004, 39–55; Sengoopta 2006; Haycock 2008, 175–187). Dennoch begründeten Voronoff und Steinach für einige Zeit einen regelrechten Verjüngungsboom, der auch jenseits des Atlantiks eifrige und z. T. äußerst geschäftstüchtige Anhänger fand, wie den US-Amerikaner John Brinkley (1885–1942), der mit einem zweifelhaften Arztdiplom und der Transplantation von Ziegenhoden Millionär wurde (Haber 2004, 518).

In den zeitgenössischen Kontext der Angst vor Degeneration gehörte auch die Rassenhygiene bzw. Eugenik, die nicht auf der Ebene des Individuums ansetzte, sondern mit Hilfe bevölkerungspolitischer Maßnahmen die Verbesserung des Erbguts einer ganzen Bevölkerungsgruppe zum Ziel hatte und damit indirekt auch auf Verjüngung und Lebensverlängerung – im Sinne einer ›Verjüngung des Volkskörpers‹ – abzielte (Stoff 2004, 169 f.; Schmorrte 1990, 33 ff.).

Parallel zu diesen im engeren Sinne medizinischen Verjüngungsmethoden entwickelte sich um 1900 als Teil der Lebensreform-Bewegung die Körperkultur. Diese verknüpfte rassenhygienische mit individualhygienischen Elementen zu einem Programm der ›Reinigung des Volkskörpers‹. Anhänger der Körperkultur glaubten daran, dass Schönheit und Jugend durch ›natürliche‹ Einflüsse wie die systematische Exposition gegenüber Sonne, Licht und Wasser, aber auch durch Willenskraft zu erreichen seien. ›Künstliche‹ Verjüngungsverfahren wie die oben beschriebenen lehnte diese Bewegung allerdings strikt ab (Stoff 2004, 301–337).

## 26.4 Gegenwart und Zukunft der Lebensverlängerung

Seit den 1980er Jahren ist der Wunsch nach ewiger Jugend wieder in aller Munde, nun unter dem Etikett des *Anti-Aging*. Jugendlichkeit ist zum Konsumartikel geworden. Parallelen zu der Verjüngungsbewegung um 1900 bestehen darin, dass das Alter nicht nur als individuell unerwünschter, ausschließlich negativ besetzter Zustand dargestellt wird, sondern dass darüber hinaus die Zunahme der älteren Bevölkerung als Bedrohungsszenario (›demographische Krise‹) interpretiert wird. Eine weitere Parallele ist die optimistische Wissenschaftsgläubigkeit, dass Jugendlichkeit als Dauerzustand und eine deutlich längere Lebensspanne schon heute realisierbar seien. Einige Visionäre halten selbst die Unsterblichkeit des Menschen in nächster Zukunft für möglich. Auch die Konflikte zwischen der ›Schulmedizin‹ und Vertretern der *Anti-Aging*-Szene einschließlich der entsprechenden Klischees erinnern an die Jahre um 1900: Während Letztere die ›Schulmedizin‹ für altmodisch und zögerlich erklären, wirft Erstere der *Anti-Aging*-Bewegung unwissenschaftliche Methoden und reines Profitdenken vor (Haber 2004, 520 f.). In den Behandlungsangeboten der *Anti-Aging*-Anbieter vereinen sich Ergebnisse neuester biologischer und medizinischer Forschung mit traditionellen Methoden der Lebensverlängerung in modernem Gewand: Hormonbehandlung, plastische Chirurgie, Nahrungsergänzungsmittel, Fitness-Trainingsprogramme, Vermeidung von Genussmitteln, Wellness u. v.m (Jacobi/Biesalski/Gola u. a. 2004, 248–298; Schicktanz/Schweda 2012; Pfaller 2016).

Weitgehend unabhängig von den bisher beschriebenen Bemühungen um Verjüngung und Lebensverlängerung stieg die durchschnittliche Lebenserwartung der Weltbevölkerung in den vergangenen 200 Jahren um mehr als das Doppelte an (Riley 2001, 1; vgl. auch Imhof 1996; s. Kap. 16: »Sterberate«). In Deutschland betrug die durchschnittliche Lebenserwartung im Jahr 2017 für Jungen bei Geburt 78,4 und für Mädchen 83,2 Jahre (Statistisches Bundesamt 2018). Die höhere Lebenserwartung von Frauen gilt derzeit für alle Lebensalter (Finch 2007, 310), die Ursachen dafür sind umstritten. Der größte Gewinn an zusätzlichen Lebensjahren resultiert aus der Abnahme der Kindersterblichkeit infolge hygienischer Maßnahmen, besserer Ernährung und besserer medizinischer Methoden. Unabhängig davon steigt jedoch in den westlichen Industrieländern seit etwa dreißig Jahren stetig die Lebenserwartung und damit auch die Zahl der alten und sehr alten Menschen an (Robine 2006, 9). Das Schlagwort von der ›demographischen Krise‹ ist seit Jahren omnipräsent. Ob diese Entwicklung kontinuierlich anhalten wird oder die maximale menschliche Lebensspanne bei ca. 120 Jahren liegt, ist unter Fachleuten umstritten (Haycock 2008, 223). Jedenfalls steht dem verbreiteten Wunsch nach einem längeren Leben in jugendlicher Frische die Realität einer hohen Lebenserwartung, allerdings mit einer langen Phase des höchsten Lebensalters (*oldest old age*) gegenüber. Die biologische und medizinische Forschung der letzten Jahrzehnte brachte viele neue Erkenntnisse über den Alterungsprozess. Potenzielle Eingriffsmöglichkeiten in diesen Prozess zur Verjüngung und Lebensverlängerung des Menschen könnten in Zukunft die Gentherapie, die Stammzelltherapie oder das Klonen (der Klon als lebendes ›Ersatzteillager‹) sein (Haycock 2008, 230–238). Sowohl die steigende Lebenserwartung als auch Zukunftsszenarien der Verjüngung und Lebensverlängerung mittels biomedizinischer Methoden (vgl. dazu Healey/Rayner 2009) sind jedoch ein keineswegs sicheres Privileg der Menschen in den wohlhabenden Industrieländern, denn sie korrelieren in hohem Maße mit den sozioökonomischen und politischen Bedingungen. So sinkt in einigen Ländern seit Jahren die Lebenserwartung infolge schlechterer Gesundheitsversorgung und der Ausbreitung von Infektionskrankheiten wie der Tuberkulose. Dieser Trend könnte sich weltweit durch Klimawandel, Umweltverschmutzung und Wassermangel fortsetzen und ein Leben über achtzig zum Vorrecht einer Elite machen, die sich gesunde Lebensbedingungen und eine gute medizinische Versorgung leisten kann (Finch 2007, 406–413).

## 26.5 ›Lebensverlängernde Maßnahmen‹

Der Begriff ›lebensverlängernde Maßnahme‹, der teilweise auch synonym mit ›lebenserhaltende Maßnahme‹ gebraucht wird, erhielt seine heutige spezifische

Bedeutung im Kontext der Debatte über ›passive Sterbehilfe‹ (Therapiebegrenzung; s. Kap. IV.3) und Folgen der Intensivmedizin. Die flächendeckende intensivmedizinische Versorgung, wie sie sich in Deutschland im Laufe der 1960er und 70er Jahre etablierte, brachte als Kehrseite der neuen Möglichkeiten der Lebensrettung und Therapie auch neue ethische Konflikte hervor. Neben den erfolgreich behandelten Patienten überlebten nun erstmals in größerer Zahl Menschen mit schweren Verletzungen und Erkrankungen und deren chronischen Folgen, einschließlich neurologischer Ausfälle bis hin zum Wachkoma (Lawin/Opderbecke 2003, 233 ff.; vgl. auch Schüttler 2003; Zink 2006; Schellong 2001; Eisenberg 1997; Grosclaude 2002; s. Kap. 11: »Koma«). Aus ärztlicher Perspektive stellte sich in solchen Fällen die Frage nach dem Sinn der Fortsetzung aller medizinisch möglichen Maßnahmen, und bei den Angehörigen solcher Patienten entstand in manchen Fällen der Wunsch, die intensivmedizinische Therapie zu beenden, um den Menschen ›in Ruhe‹ sterben zu lassen. Die besondere Problematik besteht darin, dass die Betroffenen selbst nicht mehr in der Lage sind, sich zu ihren Wünschen zu äußern. Der Fall der Patientin Karen Quinlan aus dem Jahr 1975 setzte ethische und rechtliche Maßstäbe für das Recht des Patienten auf die Beendigung lebensverlängernder oder lebenserhaltender Maßnahmen. Nachdem das behandelnde Krankenhaus den Wunsch des Adoptivvaters abgelehnt hatte, bei seiner seit mehreren Monaten ohne ersichtliche Besserung ihres Zustandes im Koma liegenden Tochter die Beatmungsmaschine abzustellen, kam es zu einem Rechtsstreit. Das in letzter Instanz gefällte Urteil des Obersten Gerichtshofs von New Jersey verfügte, die künstliche Beatmung abzustellen mit der Begründung, man dürfe in hoffnungslosen Fällen auf ›außerordentliche Mittel‹ verzichten (vgl. Baker 1994, 859 f.).

In Deutschland fand die Debatte über Sterbehilfe, Beendigung lebensverlängernder Maßnahmen bei Schwerstkranken und die Ermittlung des Patientenwillens ihren Niederschlag in verschiedenen ärztlichen Richtlinien, so in den zuletzt 2011 überarbeiteten *Grundsätzen der Bundesärztekammer zur ärztlichen Sterbebegleitung* (BÄK 2011) und in der *Leitlinie zu Grenzen der intensivmedizinischen Behandlungspflicht* der Deutschen Gesellschaft für Anästhesiologie und Intensivmedizin. Meilensteine waren die Urteile des Bundesgerichtshofs von 1994 (Behandlungsabbruch bei einer Wachkomapatientin, die nicht unmittelbar im Sterben lag) und 2003 (über Patientenverfügungen) sowie im Jahr 2006 die Stellungnahme zum Thema Patientenverfügung durch den Nationalen Ethikrat (Nationaler Ethikrat 2005). Das Dritte Gesetz zur Änderung des Betreuungsrechts regelt seit 2009 die Anerkennung der Patientenverfügung (Deutscher Bundestag 2009). Auffällig ist, dass nur in einem dieser einschlägigen Dokumente präzisiert wird, was konkret unter lebensverlängernden Maßnahmen zu verstehen ist, nämlich in den intensivmedizinischen Leitlinien: »Die Wiederherstellung und Aufrechterhaltung vitaler Funktionen durch intensivmedizinische Verfahren [...], insbesondere Reanimation, apparative Dauerbeatmung, Hämodialyse und parenterale Ernährung« (DGAI 1999, 558 ff.). Eine einheitliche Definition des Begriffs existiert bisher nicht und wurde auch in den dem Patientenverfügungsgesetz von 2009 nachfolgenden medizinethischen Debatten nur ansatzweise erarbeitet (Marckmann/Sandberger/Wiesing 2010).

### Literatur


Baker, R.: The History of Medical Ethics. In: W. F. Bynum/R. Porter (Hg.): *Companion Encyclopedia of the History of Medicine.* Bd. 2. London/New York 1994, 852–887.

Brown-Séquard, C. E.: The Effects Produced on Man by Subcutaneous Injections of Liquid Obtained from the Testicles of Animals. In: *The Lancet* 2 (1889), 105–107.

Bundesärztekammer (BÄK): *Grundsätze der Bundesärztekammer zur ärztlichen Sterbebegleitung* (2011). In: https://www.bundesaerztekammer.de/fileadmin/user_upload/downloads/Sterbebegleitung_17022011.pdf (23.03.2019).

Carrel, A.: On the Permanent Life of Tissues Outside of the Organism. In: *Journal of Experimental Medicine* 15 (1912), 516–528.

Cole, Th. R.: *The Journey of Life. A Cultural History of Aging in America.* Cambridge 1992.

Cornaro, A.: *Vom maßvollen Leben oder die Kunst, gesund alt zu werden* [1558]. Hg. und eingel. von K. Bergdolt. Heidelberg 1997.

Denninger, T./Van Dyk, S./Lessenich, S./Richter, A. S.: *Leben im Ruhestand: zur Neuverhandlung des Alters in der Aktivgesellschaft.* Bielefeld 2014.

Deutsche Gesellschaft für Anästhesiologie und Intensivmedizin (DGAI)/Berufsverband Deutscher Anästhesisten: *Leitlinie zu Grenzen der intensivmedizinischen Behandlungspflicht* (1999). In: Der Anaesthesist 48/4 (1999), 207–217.

Deutscher Bundestag: Drittes Gesetz zur Änderung des Betreuungsrechts. In: Jahrbuch für Wissenschaft und Ethik 14 (2009), 363–366.

Eisenberg, M. S.: *Life in the Balance. Emergency Medicine and the Quest to Reverse Sudden Death.* New York/Oxford 1997.

Finch, C. E.: *The Biology of Human Longevity. Inflammation, Nutrition, and Aging in the Evolution of Lifespans.* Amsterdam/Boston/Heidelberg 2007.

Franke, B./Schade, S.: Jungbrunnen und andere »Erneuerungsbäder« im 15. und 16. Jahrhundert. In: R. van Dülmen (Hg.): *Erfindung des Menschen. Schöpfungsträume und Körperbilder 1500–2000*. Wien/Köln/Weimar 1998, 197–212.

Göckenjan, G.: *Das Alter würdigen. Altersbilder und Bedeutungswandel des Alters*. Frankfurt a. M. 2000.

Grosclaude, M. (Hg.): *Vers une histoire de la réanimation*. Paris 2002.

Gruman, G. J.: *A History of Ideas About the Prolongation of Life* [1966]. New York 2003.

Haber, C.: Life Extension and History. The Continual Search for the Fountain of Youth. In: *Journal of Gerontology. Biological Sciences* 59 (2004), 515–522.

Haycock, D. B.: *Mortal Coil. A Short History of Living Longer*. New Haven/London 2008.

Healey, P./Rayner, St. (Hg.): *Unnatural Selection. The Challenges of Engineering Tomorrow's People*. London/Sterling 2009.

Imhof, A. E.: *Die Zunahme unserer Lebensspanne seit 300 Jahren und ihre Folgen*. Stuttgart/Berlin/Köln 1996.

Jacobi, G./Biesalski, H. K./Gola, U./Huber, J./Sommer, F./Hahn, H./Gusta, P./Schirrmacher, F./Baake, N./Beutel, M. E./Brähler, E. (Hg.): *Anti-Aging für Männer. Strategien für den ganzen Mann*. Stuttgart 2004.

Klatz, R./Kahn, C.: *Grow Young with HGH. The Amazing Medically Proven Plan to Reverse Aging*. New York 1998.

Lawin, P./Opderbecke, H. W.: Die Entwicklung der Intensivmedizin im Rahmen der Anästhesiologie in der Bundesrepublik Deutschland. In: J. Schüttler (Hg.): *50 Jahre Deutsche Gesellschaft für Anästhesiologie und Intensivmedizin. Tradition und Innovation*. Berlin/Heidelberg/New York 2003, 233–259.

Marckmann, G./Sandberger, G./Wiesing, U.: Begrenzung lebenserhaltender Maßnahmen. In: Deutsche Medizinische Wochenschrift 135 (2010), 570–574.

Metschnikoff, E.: *Studien über die Natur des Menschen. Eine optimistische Philosophie*. Leipzig 1904.

Nationaler Ethikrat: Patientenverfügung – ein Instrument der Selbstbestimmung. Stellungnahme. Berlin 2005.

Pfaller, L.: *Beiträge zu einer optimistischen Weltauffassung*. Leipzig 1908.

Pfaller, L.: *Anti-Aging als Form der Lebensführung*. Wiesbaden 2016.

Riley, J. C.: *Rising Life Expectancy. A Global History*. Cambridge/New York 2001.

Robine, J. M.: Research Issues on Human Longevity. In: Ders./E. Crimmins/S. Horiuchi/Z. Yi (Hg.): *Human Longevity, Individual Life Duration, and the Growth of the Oldest-Old Population*. Dordrecht 2006, 7–42.

Schäfer, D.: *Alter und Krankheit in der frühen Neuzeit. Der ärztliche Blick auf die letzte Lebensphase*. Frankfurt a. M./New York 2004.

Schellong, S. M.: Die künstliche Beatmung und die Entstehung des Hirntodkonzepts. In: Th. Schlich/C. Wiesemann (Hg.): *Hirntod. Zur Kulturgeschichte der Todesfeststellung*. Frankfurt a. M. 2001, 187–208.

Schicktanz, S./Schweda, M. (Hg.): *Pro-Age oder Anti-Aging? Altern im Fokus der modernen Medizin*. Frankfurt a. M./New York 2012.

Schlich, Th.: *Die Erfindung der Organtransplantation. Erfolg und Scheitern des chirurgischen Organersatzes (1880–1930)*. Frankfurt a. M./New York 1998.

Schmorrte, St.: Alter und Medizin. Die Anfänge der Geriatrie in Deutschland. In: *Archiv für Sozialgeschichte* 30 (1990), 15–41.

Schüttler, J. (Hg.): *50 Jahre Deutsche Gesellschaft für Anästhesiologie und Intensivmedizin. Tradition und Innovation*. Berlin/Heidelberg/New York 2003.

Sengoopta, Ch.: *The Most Secret Quintessence of Life. Glands, Sex, and Bodies, 1850–1950*. Chicago 2006.

Statistisches Bundesamt: *Pressemitteilung Nr. 404 vom 18. Oktober 2018*. In: https://www.destatis.de/DE/Presse/Pressemitteilungen/2018/10/PD18_404_12621.html;jsessionid=65FC5F5A6B57951A278EE414464EBFF9.internet741 (29.03.2019).

Steinach, E.: Verjüngung durch experimentelle Neubelebung der alternden Pubertätsdrüse. In: *Archiv für die Entwicklungsmechanik der Organismen* 46 (1920), 557–610.

Stephens, Ch. A.: *Natural Salvation. The Message of Science. Outlining the First Principles of Immortal Life On Earth*. Norway Lake 1903.

Stoff, H.: *Ewige Jugend. Konzepte der Verjüngung vom späten 19. Jahrhundert bis ins Dritte Reich*. Köln/Weimar/Wien 2004.

Voronoff, S.: *Verhütung des Alterns durch künstliche Verjüngung. Transplantation der Geschlechtsdrüsen vom Affen auf den Menschen*. Berlin 1926.

Zink, B. J.: *Anyone, Anything, Anytime. A History of Emergency Medicine*. Philadelphia 2006.

*Karin Geiger / Heiko Stoff*

# 27 Lebensverlängerung – philosophisch

Die Unsterblichkeit auf Erden im Zustand ewiger Jugend ist ein alter, kulturübergreifender Menschheitstraum. Neue wissenschaftliche Erkenntnisse und Technologien stellen gegenwärtig in Aussicht, den alten Wunsch zu verwirklichen, die Lebensspanne durch die Manipulaton des Alterungsprozesses zu verlängern. Dadurch wurde eine rege Kontroverse in der Bioethik ausgelöst, deren Kontexte die Biogerontologie, der demographische Wandel und die Debatte um die technische Verbesserung der menschlichen Natur (*enhancement*) sind (für eine deutschsprachige Übersicht vgl. Knell/Weber 2009).

## 27.1 Die biologischen und evolutionstheoretischen Grundlagen

Neue Grundlagenkenntnisse über den Alterungsprozess und ihre mögliche technische Anwendung scheinen den Traum eines langen, alterslosen Lebens in absehbarer Zeit wahr werden zu lassen. Der Biogerontologie, der Erforschung der biologischen Grundlagen des Alterns, kommt bei der Frage, ob solche oder ähnliche Versprechen gehalten werden können oder nicht, eine Schlüsselrolle zu. Neben den Zeugnissen der literarischen oder religiösen Einbildungskraft des Menschen sind die Quellen der gegenwärtigen Verheißung eines alterslosen und endlos ausgedehnten Lebens daher das molekularbiologische Grundlagenwissen und die Möglichkeit, es biotechnisch anzuwenden. Für die philosophische Analyse und Bewertung ist es deswegen wichtig, den aktuellen biologischen, biomedizinischen und biotechnologischen Rahmen und seine Grundbegriffe zu berücksichtigen. Denn die Grenzen und die Bedeutung dessen, was in Zukunft technisch und medizinisch möglich sein wird, werden vor allem von der Biologie des Alterns definiert (für die folgende Darstellung vgl. Arking 2019; Carnes 2008; Kirkwood 2005).

Für die Erfolgsaussichten und die nötige Vorgehensweise sind dabei die evolutionstheoretischen Grundlagen entscheidend. Diesen zufolge hat sich der Alterungsprozess entwicklungsgeschichtlich nicht durch natürliche Selektion herausgebildet. Entgegen einer lange herrschenden Vorstellung gibt es kein genetisches Programm für das biologische Altern, das nach evolutionären Gesetzmäßigkeiten eine Funktion beim Überleben der jeweiligen Spezies besitzt. Biologisches Altern ist vielmehr das Resultat davon, dass einem Organismus für Reproduktion und die Aufrechterhaltung von Reparaturprozessen auf molekularer Ebene nur begrenzte Ressourcen zur Verfügung stehen (sog. *Disposable-soma*-Theorie; vgl. bes. Kirkwood 2005).

Biogerontologen folgern daraus, dass der menschliche Körper zwar nicht so gebaut sei, dass er endlos erhalten werden könne, aber auch nicht so, dass er zu einem bestimmten Zeitpunkt nach einem genetischen Plan versagen müsse. Da der Alterungsprozess also lediglich ein Nebenprodukt genetischer Programme ist, ist er der Theorie nach flexibler als noch vor einiger Zeit angenommen, wie auch praktisch in Versuchen mit mehreren Labororganismen (Hefe, Nematoden, Fruchtfliegen, Mäuse, Ratten und Rhesusaffen) gezeigt wurde. Vereinfacht wiedergegeben, folgen die korrespondierenden Erklärungen auf molekularer Ebene zwei Mustern: (1) der Entropie oder dem Verlust der Ordnung auf molekularer Ebene, der Akkumulation von Schäden und Abfallprodukten des Stoffwechsels und (2) dem parallelen Nachlassen und Versagen zellulärer Reparaturmechanismen zum Erhalt der Funktionalität.

Aus diesem biogerontologischen Zusammenhang sind für die philosophische Analyse die folgenden Begriffe relevant: Die ›mittlere Lebensspanne‹ ist die durchschnittlich erreichte Lebensdauer einer bestimmten Population. Die ›maximale Lebensspanne‹ einer Art soll hier als die maximal beobachtete Lebensspanne eines Individuums dieser Art verstanden werden. Ein ›extrinsischer Tod‹ erfolgt durch äußere Ursachen, wie Unfälle oder Infektionskrankheiten, im Gegensatz zu den inneren Ursachen, wie genetischen Erkrankungen oder degenerativen, alternsbedingten Erkrankungen, die einen ›intrinsischen Tod‹ herbeiführen können. In einem sehr allgemeinen Sinn ist ›Altern‹ das, was einem Organismus im Laufe der Zeit widerfährt bzw. ›chronologisches Altern‹. ›Biologisches Altern‹ wird definiert als eine Reihe von kumulativen, progressiven, intrinsischen und schädlichen funktionalen und strukturellen Veränderungen, die sich ab der Reproduktionsreife zeigen und schließlich zum Tod führen können. ›Seneszenz‹ schließlich umfasst die Prozesse, die den Veränderungen zugrunde liegen, welche insgesamt das biologische Altern ausmachen. ›Langlebigkeit‹ wiederum sei die genetisch bestimmte Leistungsfähigkeit von Reparaturmechanismen über den artspezifischen Zeitpunkt der Reproduktion hinaus.


H. Wittwer/D. Schäfer/A. Frewer (Hg.), *Sterben und Tod. Ein interdisziplinäres Handbuch 2. Auflage*,
https://doi.org/10.1007/978-3-476-05761-7_27

Daraus ergeben sich zwei grundsätzlich verschiedene Strategien für Eingriffsmöglichkeiten. Die erste Möglichkeit besteht darin, Schäden auf molekularer Ebene zu begegnen, d. h. der Seneszenz entgegenzuwirken. Die zweite Möglichkeit ist, genetische Mechanismen zu nutzen, die Reparaturmechanismen aufrechterhalten, d. h. die Langlebigkeit zu erhöhen. Die philosophische und bioethische Kontroverse entzündet sich nun daran, welche Ziele bei der Entwicklung solcher Eingriffsmöglichkeiten verfolgt werden sollen.

## 27.2 Der demographische Wandel und die Ziele neuer biogerontologischer Interventionen

In den letzten 160 Jahren hat bei Frauen die Lebenserwartung bei ihrer Geburt jährlich stetig um drei Monate zugenommen. Gleichzeitig abnehmende Geburtenraten führen zum sogenannten Phänomen der ›alternden Gesellschaft‹, das nicht zuletzt dazu beigetragen hat, dass man seit den 1960er Jahren der biogerontologischen Forschung ein gesteigertes Interesse entgegengebracht hat und entsprechende Forschungsmittel bereitgestellt wurden. Der stetig wachsende Anteil älterer Bürger/innen in der Gesellschaft – im Zeitraum von 2000 bis 2025 soll sich global die Zahl der über 60-Jährigen verdoppeln (Kalache u. a. 2005) – führt zur Befürchtung, dass die Rentenkassen und das Gesundheitswesen mit den steigenden Kosten überfordert sein könnten. Wie sehr die Kosten letztlich steigen, ist u. a. auch abhängig vom Erfolg neuer Möglichkeiten, altersbedingte Erkrankungen zu therapieren. Eine Verlängerung der maximalen menschlichen Lebensspanne erscheint jedoch vor diesem Hintergrund wenig wünschenswert.

In diesem Kontext ist das am wenigsten kontroverse von drei grundlegenden biogerontologischen Zielen (vgl. dazu Juengst/Binstock/Mehlmann u. a. 2003) das ›gesunde Altern‹ (*well-aging*), wobei die Phase der chronischen Erkrankungen im Alter komprimiert (*compressed morbidity*) werden soll, ohne dass die durchschnittliche menschliche Lebensspanne steigt. Das zweite Ziel ist das ›verlangsamte Altern‹ (*decelerated aging*), das mit einer ansteigenden durchschnittlichen oder sogar maximalen menschlichen Lebensspanne einhergehen würde. Schließlich ist das dritte und ehrgeizigste Ziel, den Alterungsprozess anzuhalten (*arrested aging*) und damit ein altersloses, endloses Leben zu ermöglichen.

Für zahlreiche Biogerontologen ist allerdings weder das erste noch das dritte Ziel realistisch. Denn eine tatsächlich erfolgreiche Behandlung altersbedingter Erkrankungen verlängere unweigerlich die durchschnittliche Lebensspanne und möglicherweise sogar die maximale. Die Komplexität der zahlreichen Prozesse, die mit der Seneszenz einhergehen, verhindere, dass das dritte Ziel in absehbarer Zeit erreicht werden könne. Eine Gruppe prominenter Forscher ruft unter dem Stichwort einer ›Langlebigkeitsdividende‹ (im engl. Original: *longevity dividend*) zu gesellschaftlichen Investitionen in die biologische Alternsforschung auf (Olshansky/Martin/Kirkland 2016). Als Resultat solcher Investitionen sei in den nächsten Jahrzehnten eine moderate Lebensverlängerung von etwa sieben Jahren bei einer deutlich verbesserten Gesundheit im Alter zu erwarten. Einer radikalen Lebensverlängerung erteilen diese Experten eine Absage, die eine breite Strömung ihrer Wissenschaft repräsentieren. Zudem blieben immer noch die Ursachen extrinsischer Mortalität bestehen, auch wenn sich die intrinsischen Ursachen erfolgreich eindämmen lassen, so dass Unsterblichkeit unerreichbar sei. Zwischen den einzelnen Zielen bestünden also eher graduelle Unterschiede als qualitative Sprünge. In der ethischen Debatte ist es daher legitim, allgemein ein immer mehr verzögertes Altern bei einer langsam, aber stetig ansteigenden durchschnittlichen und maximalen Lebensspanne als langfristiges Ziel zu berücksichtigen.

Grundsätzlich werden in der einschlägigen ethischen Debatte eine individuelle und eine gesellschaftliche Perspektive unterschieden (Jonas 1992). Bereits der demographische Wandel macht deutlich, dass auf gesellschaftlicher Ebene zumindest von der radikalen Lebensverlängerung intuitiv keine wünschenswerten Wirkungen zu erwarten sind. Elementarer ist jedoch die Frage, ob eine Verlangsamung des Alternsprozesses und eine Verlängerung der Lebensspanne überhaupt aus der Sicht des Individuums erstrebenswert sind.

## 27.3 Argumente aus individueller Perspektive

Zwei Lager stehen sich hier gegenüber, die häufig ›Apologeten‹ (Gegner einer Verlängerung der Lebensspanne) bzw. ›Prolongevitisten‹ (Befürworter) genannt werden. Prolongevitisten können sich dabei unmittelbar auf die negativen Begleiterscheinungen der Seneszenz und die allgemeine Wertschätzung der Langlebigkeit berufen. Die apologetische Argumentationsstrategie dagegen besteht im Versuch, zu zeigen, dass ein deutlich verlängertes Leben mit verlangsamtem Altern die Bedingungen für ein gutes und gelungenes Leben nicht erfüllen kann.

Nach den oben genannten biogerontologischen Definitionen sind Altern und Seneszenz schlicht Verfallsprozesse, was aus geisteswissenschaftlicher Sichtweise des Lebenszyklus einseitig erscheinen muss. Eine Einseitigkeit, die eine unangemessene Pathologisierung und sich anschließende Medikalisierung des Alterns nach sich ziehen kann. So werden degenerative Begleiterscheinungen des Alterns durch einen Zuwachs in anderen Bereichen kompensiert, vor allem durch den Zuwachs an Lebensklugheit und Erfahrung. Der Alterungsprozess sei dementsprechend eine Erfahrung, die notwendig zu einem menschlichen Leben im vollen Sinn gehöre. Er eröffne das Verständnis für Vergehen, Wandel und Erneuerung als existenzielle Grunderfahrungen und sei als Ablösungsprozess und als Vorbereitung auf den Tod unabdingbar. Das Alter und das hohe Alter seien also sinnvolle und wichtige Lebensphasen, die nicht bekämpft werden sollten – Sichtweisen, die auch empirisch belegt werden können (vgl. Amrhein/Backes 2008).

Prolongevitisten argumentieren, ein längeres und mit Hilfe von Eingriffen in Alternsprozesse auch gesünderes Leben biete mehr Zeit für positive Erfahrungen oder Tätigkeiten. In der bioethischen Debatte wird dabei allgemein vorausgesetzt, dass die materiellen und körperlichen Bedingungen dafür bei einer deutlich längeren durchschnittlichen Lebensspanne gegeben sind. Nach apologetischer Ansicht ließe sich jedoch weder die menschliche Identität noch die positive Qualität von Erfahrungen und Tätigkeiten auf Dauer erhalten. Im Anschluss an Bernard Williams wurde behauptet, dass eine menschliche Person, die über einen sehr langen Zeitraum existierte (nach Glannon sei damit schon ab 200 Jahren zu rechnen), ihre Identität verlieren würde (Williams 1973; Glannon 2002). Damit fiele die Voraussetzung weg, dass eine Person tatsächlich über einen entsprechend langen Zeitraum positive Erfahrungen machen könnte, da es auf Dauer nicht mehr die Erfahrungen dieser Person wären. Eine zweite Voraussetzung bestünde darin, dass positive Erfahrungen sich über die ganze Spanne des verlängerten Lebens wiederholen ließen. Auch dies wurde von Apologeten im Anschluss an Williams bestritten, wie z. B. von Daniel Callahan (1995). Williams geht davon aus, dass eine Person nur eine begrenzte Menge von sinnvollen Erfahrungen machen kann. Ist dies geschehen (bei Williams nach Ablauf einiger Jahrhunderte), tritt eine unerträgliche Langeweile ein. Callahan radikalisiert diesen Standpunkt noch. Ihm zufolge könnten alle Erfahrungen oder Tätigkeiten, die für ein erfülltes Leben relevant seien, innerhalb einer Lebensspanne von 70 bis 80 Jahren gemacht werden. Es sind zwar auch darüber hinaus positive Erfahrungen möglich, diese fielen jedoch nicht ins Gewicht. Daher seien im Gesundheitswesen und in der Forschung andere Prioritäten zu setzen, als den Alternsprozess zu bekämpfen und die durchschnittliche Lebensspanne zu verlängern.

Obwohl selbst die erfolgreiche Bekämpfung intrinsischer Todesursachen mindestens zum gegenwärtigen Zeitpunkt unrealistisch ist, berücksichtigen viele Kommentatoren diese Zielrichtung zumindest als hypothetischen Fluchtpunkt der Debatte. Die Verknüpfung von Altern mit dem Gedanken des Todes lege dies u. a. nahe. Die Prolongevitisten sind hier gespalten. Während manche die Frage, ob der Tod ein zu bekämpfendes Übel sei, für irrelevant halten, bejahen dies andere ausdrücklich als – wenn auch utopisches – Ideal. Der Tod sei ein Übel, da er den Wert des menschlichen Lebens negiere (vgl. Overall 2003).

Die apologetische Gegenposition beruht auf anthropologischen, tugendethischen und ästhetischen Argumenten zur Bedeutung von ›Endlichkeit‹ als zeitlicher Begrenztheit und ›Sterblichkeit‹ für die menschliche Existenz. Ohne die bewusste Akzeptanz dieser doppelten Begrenzung könne die menschliche Tätigkeit nicht ihren vollen Wert entfalten. Dringlichkeit, Einzigartigkeit, der Druck der Vergänglichkeit bewirkten den Ansporn zu menschlichen Leistungen, die wir bewundern und deren Schönheit wir schätzen würden. Ein sehr langes und gleichförmiges Leben, in dem Endlichkeit, Tod und Altern verdrängt würden, sei unstrukturiert und reizlos, wie ein Theaterstück ohne Höhepunkte und Akte (Kass 2003).

## 27.4 Argumente aus gesellschaftlicher Perspektive

Aus gesellschaftlicher Perspektive werden vorrangig entweder befürchtete negative Folgen oder Gerechtigkeitsaspekte diskutiert. Vor dem Hintergrund des demographischen Wandels würde eine Verlängerung der menschlichen Lebensspanne global zu einer dramatischen Überbevölkerung führen und gleichzeitig zu einem Zusammenbruch der sozialen Sicherungssysteme. Die Alternative wäre ein ›Ende der Fortpflanzung‹ mit ebenfalls unabsehbaren negativen Folgen. Außerdem warnen Apologeten vor einer Blockade gesellschaftlicher Positionen für die nachrückenden Generationen und vor einem gesellschaftlichen Stillstand und Erlahmen der Innovationskraft. Beidem halten Prolongevitisten entgegen, dass dieser Wandel so lange dauere, dass Überbevölkerung nicht zu befürchten sei und sich die Lebenswelt anpassen könne. Außerdem seien die technischen Möglichkeiten, den Alternsprozess zu verlangsamen und die Lebensspanne so zu verlängern, voraussichtlich zunächst ohnehin nur wenigen zugänglich, so dass sich auch die befürchteten Folgen in Grenzen halten würden. Gerade dieser eingeschränkte Zugang verschärft jedoch für viele Apologeten – und nicht nur für diese – bereits existierende nationale und globale gesundheitliche Ungleichheiten. Bei der damit verknüpften Problematik der distributiven Gerechtigkeit wird vorausgesetzt, dass ein allgemeiner Zugang zu einschlägigen Eingriffsmöglichkeiten zu kostspielig und daher unrealistisch sei. Auf dieser Grundlage wird gegen Forschung in eine entsprechende Richtung oder generelle Einschränkung des Zugangs argumentiert (Ehni 2013).

Teilweise wird argumentiert, dass ein solcher universaler Zugang kein Bestandteil der öffentlichen Gesundheitsversorgung sein müsse, da es sich beim Altern nicht um eine Krankheit handle. Aber hinsichtlich des oben skizzierten biogerontologischen Wissensstandes lässt sich die Verlangsamung des biologischen Alterungsprozesses kaum von der Prävention altersbedingter Erkrankungen unterscheiden. Dann wären auch Forderungen berechtigt, die entsprechenden medizinischen Interventionen zum Bestandteil des öffentlichen Gesundheitswesens zu machen. Bei einer moderaten Lebensverlängerung und gleichzeitig verbesserten Gesundheit im Alter wäre es prinzipiell möglich, dass die gesellschaftlichen Folgen zunächst einmal positiv in einem verbesserten Potenzial des Alters und in geringeren Kosten für soziale Sicherungssysteme bestehen würden – ohne Überbevölkerung. So lautet jedenfalls die bereits erwähnte Argumentation um die sogenannte ›Langlebigkeitsdividende‹ (Olshansky/Martin/Kirkland 2016).

John Harris setzt außerdem die Lebensverlängerung durch die Verzögerung des Alternsprozesses mit Lebensrettung gleich und hält es daher für moralisch geboten, die entsprechenden Interventionen so vielen zur Verfügung zu stellen wie möglich. Es sei allerdings auch nicht ungerecht, wenn nicht für alle der Zugang zu entsprechenden technischen Möglichkeiten gewährleistet werden kann (Harris 2007). Dieses Verständnis von ›Lebensrettung‹ lässt sich allerdings aufgrund seiner begrifflichen Unschärfe schwer aufrechterhalten (Wittwer 2009).

## 27.5 Fazit

Apologeten argumentieren, dass aus individueller Sicht das Altern und die jetzige durchschnittliche Lebensspanne zu einem menschlichen Leben im vollen Sinn gehören. In einer pluralistischen Gesellschaft werden solche Argumente kaum allgemeine Akzeptanz finden, wie die Gegensätze der bioethischen Debatte zeigen. Schwerer wiegen mögliche gesellschaftliche Folgen sowie das Gerechtigkeitsproblem, das schwer zu lösen ist, wenn entsprechende Eingriffsmöglichkeiten in den Alternsprozess bereits vorliegen. Notwendig ist, dass solche Eingriffsmöglichkeiten rechtzeitig auf ihre möglichen wünschenswerten gesellschaftlichen Konsequenzen hin geprüft und bereits in der Forschung entsprechende Prioritäten gesetzt werden.

### Literatur


Amrhein, L./Backes, G.: Alter(n) und Identitätsentwicklung. Formen des Umgangs mit dem eigenen Älterwerden. In: *Zeitschrift für Gerontologie und Geriatrie* 41 (2008), 382–393.

Arking, R.: *Biology of Longevity and Aging. Pathways and Prospects.* (4. Aufl.) New York u. a. 2019.

Callahan, D.: *Setting Limits. Medical Goals in an Aging Society.* Washington 1995.

Carnes, B. A.: Does Senescence Give Rise to Disease? In: *Mechanisms of Ageing and Development* 129 (2008), 693–699.

Ehni, H.-J.: A ›Longevity Dividend‹ for All? In: M. Schermer/W. Pinxten (Hg.): *Ethics, Health Policy and (Anti-) Aging: Mixed Blessings.* Berlin 2013, 225–236.

Glannon, W.: Identity, Prudential Concern, and Extended Lives. In: *Bioethics* 16 (2002), 266–283.

Harris, J.: *Enhancing Evolution. The Ethical Case for Making Better People.* Princeton/Oxford 2007.

Jagger, C./Gillies, C./Moscone, F./Cambois, E./Van Oyen, H./Nusselder, W./Robine, J.-M.: Inequalities in Healthy Life Years in the 25 Countries of the European Union in 2005. A Cross-national Meta-regression Analysis. In: *The Lancet* 372 (2008), 2124–2131.

Jonas, H.: The Burden and Blessing of Mortality. In: *Hastings Center Report* 22 (1992), 34–40.

Juengst, E. T./Binstock, R. H./Mehlmann, M. J./Post, St. G./Whitehouse, P.: Biogerontology, ›Anti-aging Medicine‹, and the Challenges of Human Enhancement. In: *Hastings Center Report* 33 (2003), 21–30.

Kalache, A./Barreto, S. M. B./Keller, I.: Global Ageing. In: V. L. Bengtson/P. G. Coleman/Th. B. L. Kirkwood (Hg.):

*The Cambridge Handbook of Age and Ageing*. Cambridge 2005, 30–46.
Kass, L. R.: Ageless Bodies, Happy Souls. In: *The New Atlantis* 1 (2003), 9–28.
Kirkwood T. B. L.: Understanding the Odd Science of Aging. In: *Cell* 120 (2005), 437–447.
Knell, S./Weber, M. (Hg.): *Länger leben? Philosophische und biowissenschaftliche Perspektiven*. Frankfurt a. M. 2009.
Olshansky, S. J./Martin, G. M./Kirkland, T.: Aging. The longevity dividend. New York 2016.
Overall, Ch.: *Aging, Death, and Human Longevity. A Philosophical Inquiry*. Berkeley/Los Angeles 2003.
Williams, B.: The Makropulos Case. Reflections on the Tedium of Immortality. In: Ders.: *Problems of the Self*. Cambridge 1973, 82–100.
Wittwer, H.: Warum die direkte technische Lebensverlängerung nicht moralisch geboten ist. In: Knell/Weber 2009, 210–232.

*Hans-Jörg Ehni*

# 28 *Ars moriendi* – Ritual- und Textgeschichte

Die seelsorgerliche Sterbebegleitung hat im Christentum eine lange Tradition, die bis in die Antike zurückreicht. Im Laufe des Mittelalters gewinnt die Sterbestunde zunehmend an Bedeutung für das ewige Heil bzw. die ewige Verdammung der menschlichen Seele. Handreichungen für Sterbende und für Seelsorger am Sterbebett entwickeln sich zu einer eigenen Literaturgattung; diese wird in der Reformationszeit in veränderter Form fortgeführt. Im Folgenden wird ein Überblick zur Sterbeseelsorge im deutschsprachigen Raum während des Spätmittelalters und insbesondere der Reformation gegeben. Es folgen Bemerkungen zur Entwicklung der Gattung in Frankreich und England. Abschließend wird ein Blick auf die Gegenwart geworfen.

## 28.1 Die *Ars moriendi* im Spätmittelalter

Im Mittelalter war es weniger leicht, den Tod zu verdrängen, als im 21. Jh. Häufig auftretende Pestwellen rafften auch Kinder und junge Menschen hinweg. Frauen starben durch Geburt und Wochenbett. Für einen jeden konnte die Infektion einer kleinen Wunde den Tod bringen. In der Regel starb man zu Hause; als glücklich galten diejenigen, die von Familienmitgliedern umgeben waren, keinen plötzlichen Tod erlitten sowie durch geistliche Betreuung vorbereitet sterben konnten.

Wie sich diese Betreuung Sterbender in Anwesenheit eines Priesters gestaltete, kann man den liturgischen Handbüchern, wie z. B. dem *Rituale* des Bischofs Heinrich I. von Breslau aus dem 14. Jh., entnehmen. Der Kranke beichtete seine Sünden, empfing die Eucharistie und die letzte Ölung. Es wurden Psalmen und eine Litanei gesprochen. Über den Verstorbenen wurde die *Commendatio animae* (Anbefehlung der Seele) gebetet. Die liturgische Sprache war das Latein (Franz 1912, 32–39).

Besonders wichtig bei der Betreuung der Sterbenden war die Beichte, denn auf das ewige Heil seiner Seele konnte nur derjenige hoffen, der vor seinem Tod einem Priester jede einzelne von ihm begangene Todsünde gebeichtet hatte. Darüber hinaus lehrten die Theologen des späten Mittelalters, dass auch der Mensch, dem es gelungen war, sich alle seine Todsünden ins Gedächtnis zu rufen und sie zu beichten, nicht wissen konnte, ob Gott ihn in den Stand der Gnade erhoben hatte. Und selbst wenn er den Gnadenstand erlangt hatte, konnte er nicht sicher sein, ob es ihm gelingen würde, den dämonischen Versuchungen der Todesstunde zu widerstehen und damit bis zum Tod in diesem Stand zu verharren (Grosse 1994, 35–41). Nur demjenigen, der bis zu seinem Ende im Gnadenstand verharrte, wurde nach der Reinigung seiner Seele im Fegefeuer das Seelenheil zuteil.

Da es in der Todesstunde um eine Entscheidung über das ewige Seelenheil ging und Defizite in der Sterbeseelsorge erkannt wurden, reagierten Reformkräfte hauptsächlich aus dem Bereich der Universität mit der Zusammenstellung älterer und neuerer Texte zu praxisorientierten Sterbeprovisuren: Hier liegt der Ursprung der sogenannten *Ars-moriendi*-Literatur. Als wegweisendes Beispiel dieser neuen Gattung gilt u. a. der ihr den Namen verleihende dritte Teil *De arte moriendi* des *Opus Tripartitum* (um 1408) von Johannes Gerson (1363–1429). Dieser ursprünglich für junge Geistliche verfasste Text besteht aus vier Teilen: Der erste ermahnt den Sterbenden, sich Gott zu unterwerfen und ihm zu vertrauen, der zweite enthält Fragen nach seinem Glauben, der dritte bietet für das Sterbebett geeignete Gebete, und in dem letzten findet der Sterbeseelsorger Anweisungen für das Verhalten am Sterbebett (vgl. Rudolf 1957, 66–67). Ein wichtiger Vorläufer, der in Gersons und viele andere Sterbetraktate integriert wurde, war die *Admonitio morienti et de peccatis suis nimium formidanti*, die Anselm von Canterbury (1034–1109) zugeschrieben wird. Dieses Sterberitual fragt den Sterbenden nach seinem Glauben und ermahnt ihn, in seiner Sterbestunde auf die Verdienste Christi zu vertrauen (Schäfer 1995, 15–44).

Da mit professioneller Sterbebegleitung nicht immer gerechnet werden konnte, erschien es auch Laien im Blick auf das Heil der Seele lebenswichtig, sich auf das Sterben schon bei guter Gesundheit vorzubereiten und rechtzeitig einen Freund bitten zu können, Beistand beim Sterben zu leisten. Zu diesen Zwecken entstand eine populäre und zunehmend volkssprachliche Sterbeliteratur. Bekanntestes Beispiel dieser Gattung ist die am Anfang des 15. Jhs. verfasste und mit Holzschnitten illustrierte sogenannte ›Bilder-Ars‹. Dieses Werk lehrt, dass am Sterbebett der Teufel um die Seele ringt und sie mit schweren Anfechtungen quält. Es gilt, auf diese Anfechtungen vorbereitet zu sein. Der Christ soll die Fragen nach seinem Glauben beantworten und die drei Sterbesakramente empfangen. Anschließend soll er sich der Meditation der *Passio Christi* widmen, die das beste Mittel sei, die Anfech-


H. Wittwer/D. Schäfer/A. Frewer (Hg.), *Sterben und Tod. Ein interdisziplinäres Handbuch 2. Auflage*,
https://doi.org/10.1007/978-3-476-05761-7_28

tungen zu überwinden (Rudolf 1957, 71; Weil 1922, a$^v$-b$^r$). Es folgen fünf Paare von Holzschnitten, die jeweils zuerst die fünf teuflischen Anfechtungen veranschaulichen: den Unglauben, die Verzweiflung, die Ungeduld, die Überheblichkeit und den Geiz. Jeder dieser fünf Anfechtungen stellt diese Schrift bildhaft eine Tröstung gegenüber, d.h. einen Ratschlag, wie der jeweiligen Anfechtung zu widerstehen sei. Die Anfechtung der Verzweiflung etwa besteht darin, dass der Teufel dem Sterbenden vorwirft, Todsünden begangen und Werke der Barmherzigkeit vernachlässigt zu haben. Dagegen versichert der Engel dem Sterbenden, Gottes Güte übertreffe alle Sünde, und muntert ihn auf, nicht der Verzweiflung nachzugeben, sondern auf Gottes Barmherzigkeit zu hoffen (Weil 1922, d$^r$-e$^v$). Doch Gewissheit des Heils wird dem Sterbenden nicht versprochen. Es wird ihm selbst überlassen, den Versuchungen nachzugeben oder am Glauben festzuhalten und dadurch zum Erlangen seines Heils beizutragen (Grosse 1994, 231-234).

Auch die Seelen derjenigen, denen es gelang, im Gnadenzustand zu sterben, sollten zuerst im Fegefeuer verweilen, in dem die lässlichen Sünden getilgt wurden. Damit Sterbende diese schmerzliche Zeit der Läuterung verkürzen konnten, bot die Kirche ihnen gegen eine Spende Indulgenzen (Ablässe) an, ermunterte sie, in ihren Testamenten Messen für die eigene Seele zu stiften, und lehrte sie, Almosen an Personen zu verteilen, die für ihre Seelen Fürbitte leisten sollten. Diese Bräuche führten bei vielen Christen zu der Vorstellung, dass das Seelenheil zu kaufen sei. Sie veranlassten auch Martin Luther, gegen Missstände wie diesen zu opponieren.

## 28.2 Luthers »*Ein Sermon von der Bereitung zum Sterben*« (1519)

Martin Luther (1483-1546) verwarf den Gedanken, dass das Heil ungewiss sei und der Mensch zum eigenen Heil beitragen könne. Er lehrte, dass der gläubige Christ seines Heils durchaus sicher sein könne, denn es sei allein durch Glauben an den gnädigen Gott und seine Verheißung der Vergebung der Sünden als Geschenk zu erhalten. Luthers sogenannte Rechtfertigungslehre wurde zum integralen Bestandteil seiner Unterweisung zur Sterbebereitung.

In seinem *Sermon von der Bereitung zum Sterben* (1519) ermahnt Luther im Einklang mit der spätmittelalterlichen *Ars moriendi* den Sterbenden, sein Testament zu machen, sich mit seinen Mitmenschen zu versöhnen und die Sterbesakramente zu empfangen. In Luthers Ermahnung zur Beichte findet man jedoch bereits einen wesentlichen Unterschied zur spätmittelalterlichen Tradition: Sterbende mussten nur die Sünden beichten, die ihr Gewissen am schwersten belasten. Der Rest des *Sermons* besteht aus Unterricht über die Bedeutung der Sakramente. Die Sterbesakramente verstehe man am besten, wenn man erkenne, dass sie Christen helfen, die teuflischen Anfechtungen am Sterbebett zu überwinden, namentlich die Bilder des Todes, der Sünde und der Hölle; diese Bilder entsprechen der spätmittelalterlichen Anfechtung der Verzweiflung. Luther rät insbesondere zur Passionsmeditation. Wird man von Tod, Sünde und Hölle angefochten, solle man an den Leidenstod Christi denken, durch den Tod und Sünde überwunden sind und dem Christen ewiges Leben erworben worden ist. Am Schluss ermuntert der Reformator Sterbende, die Sakramente mit Freude zu empfangen und auf die von Christus geschenkte Heilsgewissheit zu vertrauen. So übernimmt er bekannte Motive der *Ars moriendi*, widerspricht jedoch entschieden der traditionellen Lehre von der Heilsungewissheit (Reinis 2007, 47).

## 28.3 Reformatorische Sterbeunterweisung bis 1540

Ähnlich wie für Luther war auch für seine Kollegen das Sterbebett eine letzte Gelegenheit, Unterricht in der christlichen Lehre und vor allem in der Rechtfertigung durch den Glauben zu geben. Weit über 100 reformatorische Sterbebücher aus dem deutschen Sprachraum sind aus dem 16. Jh. überliefert; viele von ihnen wurden in zahlreichen Ausgaben verlegt (vgl. Schottroff 2012, 107-135). Die große Zahl der Schriften in dieser Gattung belegt ihren wichtigen Beitrag zur Verbreitung der reformatorischen Lehre.

Die ersten 15 reformatorischen Sterbebücher, die im Jahrzehnt nach Luthers *Sermon* entstanden, lassen sich in drei Kategorien einteilen: Sermone zum Thema Sterbevorbereitung, Anleitungen zur Seelsorge am Sterbebett und Sterbeunterricht in Zusammenfassungen reformatorischer Lehre (Reinis 2007, 11-12). Zur ersten Gruppe, der auch Luthers *Sermon* zuzuordnen ist, zählen noch sechs weitere Werke: Johannes Oecolampadius' *Nunc dimittis* (1521), Georg Spalatins *Eine Troestung an Hertzog Friderich* (1525), Thomas Venatorius' *Ein kurtz vnterricht* (1527) und die jeweiligen Sterbebücher von Steffan Castenbaur [Agricola] (1523), Georgius Mohr (1524) und Johannes Bugenhagen (1527). In gedruckter Form sind sie zur langfristigen Sterbevorbereitung oder auch zum Lesen oder Vorlesen am Sterbebett geeignet. Geschrieben jedoch wurden sie ursprünglich auch für andere Zwecke. Oecolampadius' *Nunc dimittis* wurde z. B. zuerst als Predigt im Brigittinerkloster bei Altenmünster vorgetragen; Castenbaur schrieb seinen *Sermon vom Sterben* vermutlich, um sich selbst im Gefängnis zu trösten.

Zur zweiten Gruppe gehören fünf Schriften, die Unterweisungen enthalten, wie man sich konkret am Sterbebett verhalten soll. Eine davon, die *Form vnd Gstalt* (1525 oder 1526) des Johannes Oecolampadius, ist ein liturgisches Handbuch für Pfarrer. Der Teil dieses Handbuchs, der von der Betreuung der Sterbenden handelt, enthält drei lehrhafte, an die Sterbenden zu richtende Ansprachen, Gebete, ein Sündenbekenntnis und eine Anleitung zur Spende des Abendmahls. Seine etwas früher erschienene Schrift, *Ain Lettaney* (1520 oder 1523), ist ein langes Gebet, das den Kranken von einem Laien vorgelesen werden kann. Die *Troestung* (1527), die Wenzel Linck zugeschrieben wird und als Bestandteil von Luthers *Betbüchlein* erschien, und Johannes Odenbachs *Ein Trost Büchlin fur die Sterbenden* (1528) enthalten beide ausdrückliche Anweisungen an einen Sterbeseelsorger. Da diese Schriften keinerlei Anleitung zur Abendmahlsspende enthalten, ist davon auszugehen, dass dieser ein Laie ist. Die anonyme *Euangelisch lere* (1523) ist von Sterbenden selber zu gebrauchen; sie unterrichtet sie, wie sie als Lutheraner in einer Stadt leben und sterben sollen, wo lutherischer Gottesdienst, Predigt und Sterbebegleitung verboten sind.

Die dritte Gruppe besteht aus vier Werken, die man als ›Zusammenfassungen reformatorischer Lehre‹ beschreiben kann; diese bieten aber auch umfassende Unterweisung zum Thema ›Sterben‹. Nach fünf Wochen Predigttätigkeit in Zwickau im Jahr 1523 fasste Kaspar Güttel seine Predigten in zwei Flugschriften zusammen. Diese enthalten Ansprachen über christliches Leben und Sterben. Jakob Otters *Christlich leben und sterben* (1528) ist offensichtlich eine Zusammenfassung seiner entsprechenden Tätigkeit in Neckarsteinach. Johannes Diepold, der vor Einführung der Reformation in Ulm gepredigt hat, behandelt die Themen ›Abendmahl‹ und ›Sterben‹. Johannes Borner bietet zusätzlich Unterricht über Beichte und Buße und ein in Thesen zusammengefasstes Glaubensbekenntnis.

Die Anleitungen der nächsten Generation lutherischer Reformatoren (1530–40) weichen von den Anweisungen ihrer Vorläufer thematisch wenig ab. Im Umfang aber wachsen die späteren Anweisungen zu regelrechten Materialsammlungen an. Es werden Formulare zusammengestellt für »Begrüßungsworte, individuelle Ansprachen je nach Person, Beichtformulare in unterschiedlicher Länge, kommentierte Sprüche, auch Liedstrophen, eine Vielzahl von Gebeten samt Auslegungen, Segenswünsche, Ermahnungen an die Versammelten und vieles mehr« (Resch 2006, 209). Anleitungen zur Sterbeseelsorge werden in Kirchenordnungen aufgenommen; diese wiederum wirken standardisierend auf spätere Sterbebücher ein (vgl. ebd., 132–134). Das Hauptanliegen der Sterbeseelsorge besteht jedoch nach wie vor darin, Sterbende im Glauben zu unterweisen und sie mittels der Lehre der Rechtfertigung durch den Glauben zu trösten.

## 28.4 Themen der reformatorischen Sterbebücher

*Anfechtung in der Sterbestunde:* Thematisch orientieren sich Güttel, Borner, Venatorius und Linck an Luthers Sterbesermon. Güttel und Borner übernehmen verkürzt Luthers drei Anfechtungen und Tröstungen. Sterbende in Otters Schrift haben nur mit zwei Anfechtungen zu kämpfen: Sie fürchten den leiblichen Tod und ihre begangenen Sünden. Otter versichert ihnen, dass sie in Gottes Hand sicher seien, dass sie auf die Auferstehung hoffen dürfen und Christus bereits Sünde, Tod und Hölle überwunden habe. Odenbachs Sterbende werden mit ihren Sünden und mit physischen Schmerzen angefochten. Auch sie werden mit Christi Sieg getröstet; ihre Schmerzen dagegen seien ihnen von Gott als Züchtigung auferlegt. Oecolampadius scheint Luthers *Sermon* nicht gekannt zu haben. In seinem *Nunc dimittis* besteht die Anfechtung der Christen darin, dass sie nicht bereit sind, den ihnen bevorstehenden Tod anzunehmen. Oecolampadius tröstet sie mit dem Gedanken, dass Gott ihnen die große Gabe des Heils oder der Rechtfertigung schenkt.

Der anonyme Verfasser der *Euangelisch lere* entwickelt das Thema der Anfechtung auf durchaus selbstständige Weise. Wie bei Luther ist der Teufel der Verursacher der Anfechtung. Vermittler der Anfechtung ist jedoch der Priester, der zu erforschen versucht, ob der Sterbende ein ›guter Christ‹ oder ein ›lutherischer‹ Ketzer sei. Der fingierte Dialog zwischen dem Priester und dem Sterbenden ist lehrhaft und unterhaltsam zugleich. Auf die Frage, »glaubstu auch das siben sacrament synd?« soll der Sterbende antworten:

»ich glaub was ein cristen mensch glauben soll / vnd darumb so hab ich begert der sacrament da ich sie nit verachten wil / vnd wan ir hundert wern / ich wolt sie fur sacrament halten / vnd beger ir wolt von solicher matery nit wider mit mir disputirn ich bin jm zu einfeltig etc.« (*Euangelisch lere* 1523, [Aiv]$^{v}$). Der Sterbende täuscht dem Priester vor, ein einfältiger Gläubiger zu sein und von Luthers Lehre nichts zu wissen. Dadurch bleibt er bei seiner lutherischen Überzeugung und kann doch auf eine ›ehrliche‹ Beerdigung neben den Seinen auf dem Kirchhof hoffen (Reinis 2007, 248–249).

*Sterbetrost in den Sakramenten*: Den am Sterbebett angefochtenen Christen bieten die Reformatoren Trost auch in ihrer Sakramentenlehre. Luther schrieb in seinem Sterbesermon, dass die Sterbesakramente – Buße, Kommunion und Ölung – ein Zeichen dafür seien, dass Christus Tod, Sünde und Hölle überwunden habe und dass Christen deshalb ihres Heils gewiss sein können. Trost aufgrund der Verheißungen Christi beim Abendmahl zu spenden, war eine Neuerung gegenüber der spätmittelalterlichen Tradition, nach der nur Christen, die sich mittels einer vollkommenen Beichte ihrer Todsünden auf das Abendmahl vorbereitet hatten, Vergebung ihrer Sünden erhielten (Reinis 2007, 250).

Auch andere Reformatoren verwiesen auf die in der reformatorischen Abendmahlslehre enthaltene Heilsgewissheit. Johannes Bugenhagen und der anonyme Verfasser der *Euangelisch lere* führten die Worte der Einsetzung des Abendmahls an und lehrten, dass das Sakrament die Vergebung der Sünden verheiße und demnach mit Glauben aufzunehmen sei. Dabei bezogen sie sich auf Luther. Oecolampadius' Lehre vom Abendmahl in seiner *Form vnd Gstalt* scheint dagegen auf der Lehre des Züricher Reformators Huldrych Zwingli (1484–1531) zu beruhen. Im Einklang mit Zwingli lehrt er, dass Christen durch ihre Teilnahme am Abendmahl bezeugen, dass sie Glieder des Leibes Christi geworden und in Christus ›eingeleibt‹ sind. Auf ähnliche Weise lehrt Otter in seinem *Christlich leben und sterben*, dass Christen mit ihrer Teilnahme am Abendmahl ihren Glauben vor ihren Brüdern bezeugen. In seinem zweiten, im Jahr 1534 erschienenen Sterbebuch, *Ein kurtzer bericht*, lehnt Otter die Abendmahlsspende am Sterbebett jedoch entschieden ab. Damit schließt er sich der reformierten Skepsis an, die Sterbesakramente seien ein ›papistisches‹ Brauchtum, welches das Volk verführe.

Auch in der Erinnerung an das Sakrament der Taufe bieten die Reformatoren Trost für Sterbende. In Luthers Sterbesermon wird die Taufe zwar nicht erwähnt, doch kurz nach Entstehung des Sermons veröffentlichte der Reformator seine Überlegungen zu diesem Thema. Güttel, Linck, Otter und Venatorius folgen Luther, indem sie lehren, dass der leibliche Tod die Vollendung der eigenen Taufe mit sich bringe. Venatorius schreibt darüber hinaus, dass die Taufe ein Zeichen dafür sei, dass Christus den Sterbenden Hilfe im Kampf gegen die Anfechtungen leiste. Taufe als Trostgrund ist ebenfalls eine reformatorische Neuerung (Reinis 2007, 250).

*Passionsmeditation am Sterbebett:* Zusätzlich zum Thema der Anfechtung wird auch die spätmittelalterliche Passionsmeditation in die reformatorischen Sermone aufgenommen und umgestaltet. Die herkömmliche Passionsbetrachtung verfolgte zwei Ziele: die Schmerzen Christi mitzuempfinden (*compassio*) und dadurch dazu bewegt werden, das eigene Leben und Sterben im Einklang mit der Passion zu gestalten (*imitatio*). Durch die eigenen Bestrebungen wurden die Verdienste Christi am Kreuz den Christen zuteil (Reinis 2007, 35–36). Bei mehreren Reformatoren findet man das Thema der Passionsmeditation wieder, doch tritt an Stelle des Verdienstgedankens die Rechtfertigungslehre und die aus ihr hervorgehende Heilsgewissheit. Luther zufolge bestätigt die Passionsbetrachtung Christen, dass Christi Sieg über Sünde, Tod und Hölle auch ihnen den Sieg über die üblen Mächte gewähre. Güttel und Linck folgen Luther in ihren Ermahnungen an Sterbende, den Abstieg Christi in die Hölle zu betrachten und dabei zu glauben, dass durch seinen Abstieg ihre eigene Hölle besiegt und ihr Heil gesichert sei.

Castenbaur integriert in sein *Sterbebuch* eine Anleitung zur Passionsmeditation in 86 Thesen. Ähnlich wie Luther in seinem *Sermon von der Betrachtung des heiligen Leidens Christi* (1519) behauptet er, die Passionsbetrachtung gebe Christen zu verstehen, dass sie selbst für das Leiden Christi mitverantwortlich seien und sie darüber Schmerzen zu empfinden hätten (*compassio*). Weiter sollen und dürfen Christen glauben, dass durch das Leiden Christi ihre Sünden bereits überwunden und vergeben sind.

Der *imitatio*-Gedanke findet sich in der anonymen *Euangelisch lere* wieder, in welcher Sterbende ermahnt werden, auf dem Sterbebett sich Christus als Vorbild zu nehmen. Wie Christus seinen Verfolgern vergab, so sollten auch sie ihren Schuldigern vergeben. Wie Christus rief: »Mein Gott, mein Gott, warum hast du mich verlassen?« (Mt 27, 46; Mk 15, 34), so hätten auch sie zu rufen, »her v(er)laß mich nit in meinen tods no(e)ten.« Wie Christus seine Seele in die Hand seines Vaters empfahl, so sollten auch sie sagen: »in deine hennd / befilhe ich mein arme seel« (*Euangelisch lere* 1523, Aiij[r]). Ähnliche Anleitungen zur *imitatio* Christi sind auch bei Odenbach und in Oecolampadius' *Form vnd Gstalt* zu finden.

Während die Motive der Anfechtung und der Passionsbetrachtung der reformatorischen Lehre angepasst werden mussten, wurden andere Themen unverändert aufgenommen. In Güttels Sterbebuch ist ein besonderer Reichtum biblischer, zum Teil schon im Spätmittelalter verwendeter Trostgründe zu finden, etwa die Worte von Paulus, »Ich habe Lust, aus der Welt zu scheiden und bei Christus zu sein« (Phil 1, 23), die Vorstellung des Todes als Erlösung von Krankheit und einem bitteren Leben (Sir 30, 17), der Vergleich des Lebens mit einem Darlehen, das mit dem Tod getilgt wird (Hiob 1, 21), und der Gedanke, dass man im Sterben das erfüllt, was man täglich im Vaterunser gebetet hat: »Dein Wille geschehe wie im Himmel so auf Erden« (Mt 6, 10) (vgl. Reinis 2007, 251–253).

*›Entdramatisierung‹ und ›Entritualisierung‹ der Sterbestunde:* Die reformatorische Lehre der Heilsgewissheit führte zu einer bedingten ›Entdramatisierung‹ der Sterbestunde. Gläubige, die sich zeitlebens mit dem Tod auseinandergesetzt hatten, brauchten weder Tod noch Verdammnis zu fürchten. Der Tod und der Zustand des Verstorbenen wurden wieder häufig als ›Schlaf‹ bezeichnet (vgl. Resch 2006, 217–218). Auch eine ›Entritualisierung‹ des Sterbens fand statt: »Alles, was das Mittelalter noch an Hilfen anderer Art, wie das Vorhalten des Kruzifixes, des Weihwassers und geweihter Kerzen, das Vorlesen von Heiligenlegenden, kannte, ist abgeschafft« (Mohr 1964, 288, zit. nach Resch 2006, 215). Das Fegefeuer wurde als Erfindung scholastischer Lehrer verworfen, wodurch das Stiften von Seelenmessen, der Kauf von Indulgenzen und das Verteilen von Almosen an Personen im Austausch gegen Fürbitten für die Erlösung der eigenen Seele aus dem Fegefeuer überflüssig wurden.

Stattdessen empfingen sterbende Protestanten Unterricht in der Lehre der Rechtfertigung, und zwar in ihrer Muttersprache. Sie wurden nüchtern angewiesen, in ihrem Testament nicht mehr für das eigene Seelenheil, sondern für ihre Hinterbliebenen zu sorgen. Sie wurden ermuntert, ihre Sünden zu beichten, vor allem diejenigen, die ihre Gewissen belasteten. Die Vergebung der Sünden wurde ihnen zugesprochen, verbunden mit der Versicherung, dass ihr Heil gewiss sei. Als Zeichen der Heilsgewissheit wurde ihnen das Abendmahl gespendet. Wenn es die Zeit erlaubte, wurden ihnen Bibelsprüche vorgelesen und Kirchenlieder vorgesungen. Laien konnten Unterricht geben und notfalls auch die Beichte abnehmen; für die Spende des Abendmahls aber waren die Dienste eines Pfarrers weiterhin erforderlich (Resch 2006, 132–136).

## 28.5 Die christliche *Ars moriendi* vom 16. Jahrhundert bis heute

In der zweiten Hälfte des 16. Jh. entstehen im deutschsprachigen Raum neben lutherischen auch reformierte Sterbebücher. Die Gottesdienstordnung des Genfer Reformators Johannes Calvin (1509–1564) sieht bereits 1542 vor, dass man Sterbende tröstet, indem man ihnen den Sinn ihrer Krankheit erklärt und sie aufgrund der heiligen Schrift zur Beichte und zum Glauben ermahnt (Carbonnier-Burkard 2000, 376). Die Heidelberger Theologen Simon Stenius, Daniel Tossanus und Zacharias Ursinus veröffentlichen Sterbeanleitungen (1593, 1596 bzw. 1564). In diesen Schriften wird die *Ars moriendi* zunehmend zu einer *Ars vivendi* (Kunst des Lebens); Gegenstand der Betrachtung ist weniger der sterbende Christ als das Sterben seiner Sünden im Laufe seines Lebens. Die die lutherischen Sterbebücher kennzeichnende Heilsgewissheit ist jedoch fester Bestandteil dieser reformierten Bücher. Im Einklang mit den lutherischen Autoren bieten die calvinischen Gelehrten auch Trost mittels Verweis auf die Sakramente der Taufe und des Abendmahls. Neu dagegen ist in den reformierten Sterbebüchern eine gewisse Angst, die aus Calvins Lehre der Prädestination entsteht (Selderhuis 2015, 121). Bei Stenius fragt der Teufel den Sterbenden, wie er denn wisse, dass er unter den Erwählten sei. Dieser antwortet, dass er aufgrund seines Glaubens wisse, dass er zur Herde Christi Jesu gehöre (ebd., 113). Ein weiterer Unterschied entsteht aus Calvins Lehre vom Bunde Gottes mit den Menschen. In den Calvinischen Sterbebüchern ist der Bund ein wichtigerer Grund des Trostes als die Leiden Christi (ebd., 122).

Auch in Frankreich entwickelt sich in der zweiten Hälfte des 16. Jh. eine reformierte Sterbeliteratur. In den Jahren 1560 bis 1770 verfassen französische Pfarrer etwa 50 Sterbebücher. Unter ihnen sind verschiedene Gattungen vertreten: theologische Traktate, Meditationen, Dialoge mit dem Kranken und Predigten. Sämtliche Bücher enthalten Gebete und Auszüge aus der Heiligen Schrift, insbesondere aus den Psalmen, die mit den Kranken zu lesen sind (Carbonnier-Burkard 2000, 376). Am erfolgreichsten ist das Werk *Les consolations de l'âme fidèle contre les frayeurs de la mort* (1651) von Charles Drelincourt (ebd., 366). Wie die deutschen reformierten Sterbebücher befassen sich auch die französischen mehr mit der *Ars vivendi* als der *Ars moriendi*. Die Seelsorge am Sterbebett besteht aus Ermahnungen zur Beichte. Daraufhin werden die Sterbenden mit der Lehre getröstet, dass ihre Sünden wahrhaftig von Jesus Christus vergeben seien. Das Motiv des Trostes dominiert die reformierten Sterbebücher so sehr, dass diese eher wie Trostbücher als wie Sterbebücher wirken (ebd., 378–379).

Eine zeitgleiche Entwicklung ist in England zu beobachten, wo nach 1550 calvinische, katholische und anglikanische Sterbebücher erscheinen. In seinem Bestseller, *The Sicke Mannes Salve* (1561) schildert der Calvinist Thomas Becon die Todesstunde als Kampf mit der Welt, dem Fleisch und dem Teufel. Er verlangt von Sterbenden eine strenge moralische Lebensführung und warnt vor katholischen Irrtümern (Beaty 1970, 112–113). Der Jesuit Robert Parsons hingegen nimmt in seinem Werk *The First Booke of Christian Exercise* (1582) Impulse aus den *Geistlichen Exerzitien* Ignatius von Loyolas auf, indem er zur religiösen Meditation als Vorbereitung auf den Tod anleitet (ebd., 157–159). Seinen Höhepunkt erreicht die Gattung mit der Veröffentlichung von *The Rule and Exercises of Holy Dying* (1651) von Jeremy Taylor. In diesem umfangreichen anglikanischen Sterbebuch wird die Kunst des Sterbens mit der des Lebens verbunden. Der wohlwollende Pastor muntert seine Leser ausführlich zu einem Gott gewidmetem Leben auf. Zum Schluss erklärt er ihnen, wie sie sich vor der Ankunft ihres Pastors auf ihrem Sterbebett zu verhalten hätten und wie sie dem Pastor beichten und von ihm das Abendmahl erhalten sollten (ebd., 197, 237–240).

Einer der frühesten Beiträge der katholischen Gegenreformation stammt von der Feder des deutschen Jesuiten Petrus Canisius, der einflussreiche Katechismen verfasste. Versehen mit dem Titel »Gebett, Underweisung und Fragstuck für sehr krancke und sterbende Menschen«, ist der Text im Anhang zur deutschen Fassung von Canisius' *Betbuch und Catchismus* (1568) zu finden. Wie in den mittelalterlichen Texten wird der Schwerpunkt hier auf die Begleitung der Kranken in ihrer Sterbestunde gesetzt. Die Freunde der Kranken bereiten sie mit Hilfe von 19 Fragen auf die Buße vor. Danach ermuntern sie sie standhaft, im katholischen Glauben zu verharren, in welchem mit Sicherheit die Vergebung ihrer Sünden, Gottes Gnade, und ewiges Leben zu finden seien (Pabel 2013, 23–24).

In Italien äußert sich Kardinal Robert Bellarmin mehrmals zum Thema der Sterbeseelsorge, u. a. in den Schriften *De contemplatione mortis*, *De arte bene moriendi*, *Praxis preparationis ad mortem sancte morte disarmata* und *La preparazione alla morte*. Das *Horologium auxiliaris tutelaris Angeli* Jeremias Drexels, Hofprediger des Kurfürsten Maximilian I., erscheint 1631 in Köln (vgl. Vovelle 1983, 291–292). Das vom Tridentiner Konzil 1614 veröffentlichte *Rituale Romanum* standardisiert die kirchliche Betreuung von Kranken und Sterbenden mit ausführlichen liturgischen Anleitungen in lateinischer Sprache (Sodi 2004).

Evangelische und katholische Sterbeseelsorge im ausgehenden 20. Jh. basieren auf traditionellen Mustern. Im *Evangelischen Gesangbuch* findet man eine kurze Anleitung zur Seelsorge am Sterbebett: »Wir begleiten den Sterbenden mit dem biblischen Wort, mit Liedstrophen, dem Vaterunser, mit Wachen und Beten, Beichte und Abendmahl. [...] Wenn das Ende naht, erweisen wir dem Sterbenden den letzten Dienst mit dem Sterbesegen« (*Evangelisches Gesangbuch* 1993, 941). Die im Reformationszeitalter üblich gewordene Unterweisung in der Rechtfertigungslehre bleibt aus; die Botschaft der Heilsgewissheit geht jedoch aus den angeführten Bibelsprüchen hervor (ebd., 947). Evangelische Geistliche bieten Sterbenden die Gelegenheit zur Beichte und spenden ihnen, wenn sie es wünschen, das Abendmahl. Katholische Liturgien zum Gebrauch am Kranken- und Sterbebett findet man im liturgischen Handbuch *Die Feier der Krankensakramente* (1994). Das katholische Ritual für Sterbende unterscheidet sich von dem evangelischen im Wesentlichen darin, dass nach der Beichte und vor dem Abendmahl noch die Krankensalbung gespendet wird. Die liturgische Sprache ist seit dem Zweiten Vatikanischen Konzil die Muttersprache des Kranken. Für die weitere Begleitung Sterbender enthält das liturgische Handbuch u. a. auch Schriftworte, Kurzgebete, eine Sterbelitanei und ein Rosenkranzgebet (*Die Feier* 1994, 133, 151–153).

Im Gegensatz zum Mittelalter und zur Reformationszeit wird die Welt im 20. Jh. zu einem multikulturellen und -religiösen Raum. Für die Begleitung von Sterbenden und die Seelsorge an ihren Angehörigen wird dadurch die Vermittlung eines »Basiswissen[s] von den religiös-kulturellen Traditionen bezogen auf den Umgang mit Sterben, Tod und Trauer« notwendig. Bei Heller (2003) findet man eine für Mediziner und Hospizarbeiter bestimmte Einführung in die Vorstellungen von Sterben und Tod in den fünf Weltreligionen. Doch es nimmt auch die Zahl solcher Menschen zu, die sich zu keiner traditionellen Religion bekennen. Merrill Collett berichtet in seinem Buch *Bleibe nah und tue nichts* (2000) über Erfahrungen, die er während einer zweijährigen ehrenamtlichen Tätigkeit als Sterbebegleiter in San Francisco gesammelt hat. Im von buddhistischen Mönchen geleiteten Hospiz, in dem er arbeitete, erhalten Sterbende ›spirituelle‹ Pflege. Collet schreibt, dass eine sterbende Person viele Fragen habe, z. B. ›Warum ist das mir passiert?‹ und ›Was geschieht nach dem Tod?‹. Der Sterbebegleiter habe seine eigenen Antworten nicht aufzudrängen. Stattdessen bestehe die spirituelle Pflege darin, mit voller Aufmerksamkeit und mit ganzem Herzen zuzuhören. Indem der Sterbebegleiter zuhöre und zu verstehen versuche, helfe er oder sie dem Sterbenden, Antworten auf die eigenen Fragen zu finden (vgl. Collett 2000, 53-54). So liegt es auf der Hand, dass sich im 20. Jh. im Anschluss an die im Reformationszeitalter eingetretene bedingte Entdramatisierung und Entritualisierung der Sterbestunde eine ›Entdogmatisierung‹ vollzieht.

Ein solcher Schluss bedarf jedoch am Anfang des 21. Jh. einer gewissen Relativierung, denn im englischsprachigen Raum zeichnet sich gegenwärtig eine relativ neue, dezidiert christliche Entwicklung ab. Für diese Entwicklung soll der Amerikaner und presbyteranische Theologe Allen Verhey, Autor der *Christian Art of Dying* (2011), ein Beispiel sein. Verhey entwirft eine zeitgenössische *Ars moriendi* indem er bewusst Impulse sowohl aus der mittelalterlichen *Ars moriendi* als auch aus seiner eigenen theologischen Betrachtung des Sterbens Christi schöpft. In einer Zeit, in der Sterbende sich oft passiv in die Hände ihrer Ärzte begeben und bis zuletzt auf Genesung hoffen, ermuntert er Christen, den nahenden Tod anzuerkennen, so wie es die *Ars moriendi* seit jeher empfiehlt, und danach zu streben, ihn nach Möglichkeit aktiv zu bewältigen. Sterbende, schreibt Verhey, haben Entscheidungen zu treffen, die nicht nur medizinischer, sondern auch geistiger Art sind (Verhey 2011, 137). Nach Verheys Meinung sollen Kranke verschiedene Behandlungsoptionen mit ihren Ärzten besprechen, um solche Entscheidungen zu treffen, die es ihnen erlauben, ihre letzten Tage mit ihren geliebten Menschen zu verbringen, um gebührend Abschied von ihnen nehmen zu können. Christliche Gemeinschaften sollen kranke Menschen in diesen Gesprächen unterstützen. Sie sollen auch Seelsorge in Form von gemeinschaftlicher Schriftlektüre, Gebet und Feier der Sakramente bieten. Der letzte Lebensabschnitt eines Christen soll wie ein letztes Buchkapitel sein, welches »Zuversicht in Gott, Treue gegenüber Gottes Absichten und solche Liebe und Versöhnung, welche in Einklang mit Gottes Absichten sind, offenbart« (ebd., 390).

## Literatur


Beaty, N. L.: *The Craft of Dying. A Study in the Literary Tradition of the ars moriendi in England.* New Haven/London 1970.

Carbonnier-Burkard, M.: *Les manuels réformés de préparation à la mort. Revue de l'histoire des religions* 217/3 (2000), 363-380.

Collet, M.: *Bleibe nah und tue nichts. Eine spirituelle und praktische Anleitung zur Sterbebegleitung.* Düsseldorf 2000 (engl. 1997).

*Euangelisch lere vnd vermanung / eines sterbenden menschen / zuo den sacramenten vnd letzter hinfart.* Leipzig 1522 oder 1523.

*Evangelisches Gesangbuch.* Ausgabe für die Evangelische Landeskirche Anhalts, die Evangelische Kirche in Berlin-Brandenburg, die Evangelische Kirche der schlesischen Oberlausitz, die Pommersche Evangelische Kirche, [und] die Evangelische Kirche der Kirchenprovinz Sachsen. Berlin/Leipzig 1993.

*Die Feier der Krankensakramente.* Hg. im Auftrag der Bischofskonferenzen Deutschlands, Österreichs und der Schweiz sowie der (Erz-)Bischöfe von Bozen-Brixen, Lüttich, Luxemburg und Straßburg. Solothurn/Düsseldorf 1994.

Franz, A. (Hg.): *Das Rituale des Bischofs Heinrich I. von Breslau.* Freiburg i. Br. 1912.

Grosse, S.: *Heilsungewißheit und Scrupulositas im späten Mittelalter. Studien zu Johannes Gerson und Gattungen der Frömmigkeitstheologie seiner Zeit.* Tübingen 1994.

Heller, B.: *Aller Einkehr ist der Tod. Interreligiöse Zugänge zu Sterben, Tod und Trauer.* Freiburg i. Br. 2003.

Luther, M.: Eyn Sermon von der Bereytung zum Sterben [1519]. In: Ders.: *Luthers Werke. Kritische Gesamtausgabe.* Hg. von J. F. K. Knaake u. a. Bd. 2. Weimar 1884, 685-697.

Mohr, R.: *Protestantische Theologie und Frömmigkeit im Angesicht des Todes während des Barockzeitalters hauptsächlich auf Grund hessischer Leichenpredigten.* Marburg 1964.

Pabel, H. M.: Fear and Consolation. Peter Canisius and the Spirituality of Dying and Death. In: *Studies in the Spirituality of Jesuits* 45/1 (2013), 1-32.

Reinis, A.: *Reforming the Art of Dying. The ars moriendi in the German Reformation, 1519-1528.* Aldershot 2007.

Resch, C.: *Trost im Angesicht des Todes. Frühe reformatorische Anleitungen zur Seelsorge an Kranken und Sterbenden.* Tübingen/Basel 2006.

Rudolf, R.: *Ars moriendi. Von der Kunst des heilsamen Lebens und Sterbens.* Köln/Graz 1957.

Schäfer, D.: *Texte vom Tod. Zur Darstellung und Sinngebung des Todes im Spätmittelalter.* Göppingen 1995.

Schottroff, L.: *Die Bereitung zum Sterben. Studien zu den frühen reformatorischen Sterbebüchern.* Göttingen 2012.

Selderhuis, H. J.: Ars Moriendi in Early Modern Calvinism.

In: T. Rasmussen/J. Ø. Flaeten (Hg.): *Preparing for Death, Remembering the Dead.* Göttingen 2015, 109–122.

Sodi, M. (Hg.): *Rituale Romanum Editio Princeps 1614.* Città del Vaticano 2004.

Verhey, A.: *The Christian Art of Dying. Learning from Jesus.* Grand Rapids, Michigan 2011.

Vovelle, M.: *La mort et l'Occident de 1300 à nos jours.* Paris 1983.

Weil, E. (Hg.): *Die deutsche Übersetzung der Ars moriendi des Meisters Ludwig von Ulm um 1470.* Faksimiledruck. München-Pasing 1922.

### Weiterführende Literatur

Albert-Zerlik, A.: *Liturgie als Sterbebegleitung und Trauerhilfe. Spätmittelalterliches Erbe und pastorale Gegenwart.* Tübingen/Basel 2003.

Appel, H.: *Anfechtung und Trost im Spätmittelalter und bei Luther.* Leipzig 1938.

Atkinson, D. W. (Hg.).: *The English ars moriendi.* New York 1992.

Becker, H. (Hg.): *Liturgie im Angesicht des Todes. Reformatorische und katholische Traditionen der Neuzeit.* Teil 1 und 2. Pietas Liturgica 13–14. Tübingen/Basel 2004.

Houlbrooke, R.: *Death, Religion, and the Family in England, 1480–1750.* Oxford 1998.

Neher, P.: *Ars moriendi – Sterbebeistand durch Laien. Eine historisch-pastoraltheologische Analyse.* St. Ottilien 1989.

O'Connor, M. C.: *The art of dying well. The development of the ars moriendi.* New York 1942.

Olson-Dopffel, B. S.: *Pastoral Care of the Sick, the Dying and the Bereaved in early Swiss and South German Protestantism.* Ph.D. Diss. Edinburgh 1977 [Typoskript].

Roebbelen, P.: *Mercy. Life in the Season of Dying.* Brewster, Massachusetts 2018.

Sundmark, S. F.: *Sjukbesök och dödsberedelse. Sockenbudet i svensk medeltida och reformatorisk tradition.* Skellefteå 2008.

Speerstra, K./Anderson, H.: *The Divine Art of Dying. How to Live Well While Dying.* Studio City, California 2014.

Vogt, Ch. P.: Art of Dying (Ars Moriendi). In: C. D. Bryant/D. L. Peck (Hg.): *Encyclopedia of Death and the Human Experience.* Bd. 1. Los Angeles, California 2009, 70–72.

Walters, K.: *The Art of Dying and Living. Lessons from the Saints of Our Time.* Maryknoll, New York 2011.

*Austra Reinis*

# 29 *Ars moriendi* – philosophisch

## 29.1 Kritik der philosophischen Sterbenskunst: Nicht überrascht werden vom Tod und ›aktivisch‹ sterben?

Christina von Schweden fasste das Thema der im Mittelalter entstandenen *Ars moriendi* in den Aphorismus zusammen: »Die Stunde des Todes ist die Stunde der Wahrheit« (Christina v. Schweden 1967, 98). Die europäische Philosophie hat indes keine eigentliche ›Kunst des Sterbens‹ im Sinne lebenspraktischer Anleitungen ausgeprägt, ebenso wenig wie eine ›Kunst des Lebens‹. Ansprüche auf ›Lebenskunst‹ und ›Sterbenskunst‹ wurden im christlichen Europa außerhalb philosophischer Kontexte erhoben, wobei man sich auf philosophische Lehren oder Überlegungen beziehen konnte. Diese Art der Bezugnahme auf eine philosophische oder von Weisheit bestimmte ›Sterbenskunst‹ außerhalb der Philosophie vermag ein besonders erhellendes Licht zu werfen auf das, was gern mit einer philosophischen Todesbewältigung verbunden wurde, wobei man sich über die Uneinlösbarkeit der Ansprüche keinen Illusionen hingab. Zwei Autoren der französischen Klassik des späten 17. Jhs. sind in diesem Zusammenhang aufschlussreich.

»Der Tod überrascht den Weisen nicht; / der ist stets bereit zu gehen, / da er es verstand die Zeit zu bemerken, / Wo man sich zu diesem Übergang entschließen muss« (»La Mort ne surprend point le sage; / Il est toujours prêt à partir, / S' étant su lui-même avertir / Du temps où l' on se doit résoudre à ce passage«). So urteilt 1668 Jean de La Fontaine (de La Fontaine 2002, 233 [*Fabeln*, 8.1]). Hier wird teils bewundernd, teils ironisch angespielt auf eine Art Gelernthaben des Umgangs mit der Möglichkeit des eigenen Todes. Dem Weisen (der nicht Philosoph sein muss, da dieser ja die Weisheit laut Platon nur sucht, aber nicht besitzt) wird eine Art von Todes- oder Sterbenskunst oder Sterbensweisheit zugesprochen, die darin besteht, vom *eigenen Tod nicht überrascht* zu werden. La Rochefoucauld, ein Freund La Fontaines und einer der bekanntesten europäischen ›Moralisten‹, notierte 1678: »Es heißt uns zu schmeicheln, wenn wir glauben, der Tod erscheine uns aus der Nähe, wie wir über ihn aus der Ferne geurteilt haben« (»C' est nous flatter, de croire que la mort nous paraisse de près ce que nous en avons jugé de loin«) (La Rochefoucauld 1967, 115). La Fontaine selbst bestätigt diesen Unterschied zwischen einem fernen und einem nahen Tod mit seiner Fabel *Der Tod und der Holzfäller* (Fabeln, 1.16): Ein armer Holzfäller wünscht sich den Tod und bittet ihn, als dieser wirklich auftritt, ihm dabei zu helfen, seine Last wieder auf den Rücken zu heben. »Der Tod kommt, alles zu heilen«, schreibt La Fontaine (2002, 80). Wenn die Sterbenskunst der Philosophie, so dürfen wir La Fontaine und La Rochefoucauld hier verstehen, besagen soll, die Überraschung des eigenen Todes fernzuhalten, so verwechselt sie Todesmöglichkeit mit Todeswirklichkeit. Die zitierte Fabel 8.1 bezieht sich auch noch auf einen zweiten Anspruch einer Sterbensweisheit: Der Weise setzt an die Stelle des Sterbens, verstanden als Erleiden des Todes, den Entschluss des Hinausgehens aus dem Leben. Solange damit kein Suizid gemeint wird, bestünde die Kunst des Sterbens darin, das Erleiden in ein Tun, in ein Wollen dessen zu übersetzen, was einem widerfährt, in ein *aktives Scheiden aus dem Leben*. Doch das setzt die Unbeugsamkeit eines Entschlusses voraus. Dagegen lässt sich aber mit La Rochefoucauld einwenden: »Weder die Sonne noch der Tod lassen sich unbeugsam anschauen« (»Le soleil ni la mort se laissent regarder fixement«) (1967, 13). Der Autor geht noch weiter: Die Todesverachtung sei in Wirklichkeit »die Furcht, ihm [dem Tod] ins Auge zu schauen« (ebd.). Sie sei wie jenes Band, das man denen umbindet, die zum Schafott geführt werden (ebd.).

## 29.2 Montaignes Denkwege eines Sterbenlernens

Wie haben es die Philosophen nun selbst gehalten in Bezug auf Sterben und Tod? Michel Eyquem de Montaigne gilt als einer der bekanntesten Vertreter einer philosophischen ›Sterbenskunst‹, obwohl es streng genommen weder eine philosophische Sterbens- noch eine derartige Lebenskunst gibt. Er reaktiviert mit seinem »Philosophieren heißt sterben lernen« (»philosopher, c' est apprendre à mourir«) (Montaigne 1962, 79 [Essays, 1.20]) – bei gleichzeitiger genereller Ablehnung von Cicero, bei dem sich *lediglich Wind* finde (ebd., 393 [Essays, 2.10]) – ein Philosophieverständnis, das am Ende der Römischen Republik fast die verbreitete Lehrbuchdefinition der Philosophie darstellte, eben ein *discere mori* (lernen zu sterben), wie es Cicero belegt (Cicero 1979, 70 f. [*Tusculanes*, I.75]). Begonnen hatte Platon damit, das Philosophieren als *meléte tou thanátou* (Sorge, Fürsorge, Übung im Hinblick auf den Tod) zu verstehen (Platon 1962, 32 [81a]).

Montaigne liefert zunächst eine in sich schlüssige

J. B. Metzler © Springer-Verlag GmbH Deutschland, ein Teil von Springer Nature, 2020
H. Wittwer/D. Schäfer/A. Frewer (Hg.), *Sterben und Tod. Ein interdisziplinäres Handbuch 2. Auflage*,
https://doi.org/10.1007/978-3-476-05761-7_29

philosophische Sterbenslehre: Wir haben erstens die Möglichkeit, uns im Lebensvollzug beständig an die Todesvorstellung zu gewöhnen und damit jenen ›frenetischen Schrecken‹ zu verlieren, der uns überkommen mag, wenn wir uns nicht beständig an die Todesvorstellung gewöhnen (vgl. Montaigne 1962, 86 [1.20]). Zweitens gilt: Die Natur selbst hat ein Mittel gefunden, uns nach und nach mit dem Sterben vertraut zu machen, nämlich das Altern. Drittens: Die Natur hat uns ein sterbliches Leben gegeben. Hätten wir nicht den Tod erhalten von der Natur, so würden wir sie dafür verfluchen, dass sie ihn uns vorenthielt. Montaigne greift hier eine Vorstellung des antiken Schriftstellers Lukian auf, dem zufolge der Kentaur Chiron ein sterbliches Leben erbat, um der langweiligen Unsterblichkeit zu entkommen (Lukian 1970, 203). Mit der Abfolge dieser drei Argumente kann Montaigne beanspruchen, sich von den beiden philosophischen Todesdiskursen zu entfernen, die seit der Antike maßgeblich waren, nämlich dem *Todesinteresse* bei Platon (der Tod erscheint als befreiendes Durchgangsstadium zur Befreiung der Seele vom Leib) und dem *Todesdesinteresse* bei Epikur und Lukrez (der Tod geht uns nichts an, weil er nicht erfahrbar ist). Montaignes Philosophieren als Sterbenlernen beinhaltet gegen Epikur und Lukrez, dass der Tod uns durchaus etwas angeht, und gegen Platon, dass er nicht in einen Zustand führt, wo die Seele ohne Leib ganz bei sich sein würde. Daneben wird deutlich, dass hier von Seiten der Philosophie tatsächlich beansprucht wird, was im 17. Jh. La Fontaine und La Rochefoucauld bezweifeln werden: dass wir lernen können, vom eigenen Sterben nicht überrascht zu werden (infolge dauernden Vorstellens des Todes, erleichtert durch die Erfahrung des Alterns), und dass wir befähigt sind, das Erleiden des Todes in Aktivität zu übersetzen (wir wollen nicht auf endlose Zeit am Leben bleiben, sondern wir wollen grundsätzlich ein sterbliches Leben). Doch Montaigne müsste einen hohen Preis zahlen für seine drei Argumente: Der Tod wäre das Ziel des Menschenlebens. Ist der Tod aber *das Ziel* (*le but*) des Daseins, dann scheint das Leben entwertet, weil es um des Todes willen gelebt würde. Montaigne, beständig bemüht um Selbstkorrektur, ändert daher später die Todesdefinition ab: Der Tod sei nur *das Ende* (*le bout*), nicht aber das Ziel des Lebens (1962, 1028 [3.12]). Damit jedoch nähert sich Montaigne faktisch wieder dem Todesdesinteresse des Epikur und Lukrez (vgl. Taureck 2004).

## 29.3 Was Epikur und Lukrez übersahen

Epikur und Lukrez schufen die philosophischen Grundlagen dafür, dass wir heute das Menschenleben als individualisierte Einmaligkeit verstehen. Von Epikurs zahlreichen Veröffentlichungen besitzen wir nur Briefe und Fragmente. Dank des Lehrgedichts *De rerum natura* seines späten Nachfolgers Lukrez aus römischer Zeit sind wir indes recht umfassend informiert über Epikurs Lehren. Epikur wurde von allen antiken philosophischen Strömungen und vom späteren Christentum vehement abgelehnt. Dante versetzte ihn in die Hölle. Wie erklärt sich die Intensität dieser Ablehnungen?

Bei Epikur und Lukrez fällt zunächst auf, dass sie einen Kosmos vorstellen, der an Sinnlosigkeit für uns Menschen nichts zu wünschen übrig lässt. Was existiert, sind gleichartige, unteilbare, unentstandene und unvergängliche Partikel, die sich in unendlicher Zeit in einem unendlichen Raum gradlinig und ziellos bewegen und aus deren vergänglichen Zusammensetzungen alle Dinge und Lebewesen bestehen. Getrennt sind die Materiepartikel durch einen leeren Raum. Es besteht kein Determinismus in diesem All, denn die Atome können von ihrer Bahn abweichen. Auch wird kein Atheismus geboten, sondern es existieren Götter, nur kümmern sich diese nicht um die Menschen, sondern leben entfernt von der Erde ihre eigene Vollkommenheit. Aristoteles hatte zuvor auch eine Gottheit außerhalb der Welt angenommen, die nur mit dem Denken ihrer selbst beschäftigt ist und sich um nichts anderes als um sich kümmert. Während jedoch Aristoteles das die Metaphysik begründende Argument hinzufügte: Diese Vollkommenheit wird von allem Übrigen angestrebt, das ebenso vollkommen sein möchte wie dieses, so streicht Epikur genau dieses Motiv des Nachstrebens. Die Götter sind sich und die Menschen ebenso sich selbst überlassen.

Die Menschen finden bei Epikur kein Ziel vor, das sie zu erreichen hätten. Sie sind von Natur aus zu nichts bestimmt. Es fehlt jedes Ziel und jede Bestimmung. Wenn dies trostlos und sinnlos erscheint, so bildete es für Epikur jedoch die Chance, unser Leben selbstbestimmt zu führen. Die Abwesenheit natürlicher Funktionen, die wir zu erfüllen hätten, würde unsere Freiheit nur behindern. Doch es gilt: »Die größte Frucht der Selbstgenügsamkeit ist die Freiheit« (Epikur 2002, 266 [Sent. Vat. 77]).

Die Abwesenheit von natürlichem Sinn entspricht bei Epikur also der Freiheit von menschlicher Sinngebung. Daher entzieht sich Epikur auch der antiken

Schicksalsbindung und ihrer Bereitschaft, Zufälliges zu Notwendigem zu erklären (die Zufälligkeit betont Lukrez; vgl. Lukrez 1994, 104 [2.1058 f.]). Mehr noch, Epikur ist derjenige antike Denker, der zusammen mit Lukrez von allen Denkern uns nah ist, so nah vielleicht, dass ihm jenes Andere und Fremde fehlt, das eine Voraussetzung dafür bildet, von ihm noch etwas lernen zu wollen und lernen zu können.

Epikur und Lukrez bemerken nun mit aller wünschbaren Deutlichkeit, dass, wenn wir frei von vorgegebenen Bindungen unser Leben bestimmen, wir natürlicherweise unsere künftige Lebenszeit nicht in unserer Macht haben. Mehr noch, im Horizont unserer Zukunft erscheint auch immer wieder unser Lebensende. Doch trifft es zu, dass wir damit nicht zurechtkommen, dass der Tod uns bedroht und als Zerstörung all dessen schreckt, was wir aufzubauen fähig sind? Epikur und Lukrez verneinen dies mit zuvor nicht bekannten Gründen. So wird verständlich, weshalb diese Philosophie nicht beliebt war: Sie gibt uns zu viel Freiheit und nimmt der Gesellschaft alle Droh- und Strafmittel. Niemand kann nunmehr gezwungen werden zur Führung eines gott- oder naturbestimmten Lebens; niemand vermag mehr mit dem Tod bedroht zu werden; niemand erwartet ein Gericht der Götter. Das, was wir als Strafen im Jenseits vorstellen, gibt es nicht, dafür aber machen sich die Menschen das Leben hier und jetzt zur Qual (vgl. Lukrez 1994, 158 f. [3.1009 ff.]).

Doch weshalb verliert der Tod jenen Zug, der ihn als »das schauerlichste der Übel« (*to phrikodéstaton tôn kakôn*) (Epikur 2002, 218 f. [Brief an Menoikoeus 125]) für uns Menschen erscheinen lässt? Bisher gab es nur zwei philosophische Antworten: Tod bietet, wenn er nicht Erlöschen ist, die Chance des Eintritts in ein gesteigertes Leben (Sokrates, Platon). Oder er betrifft die Individuen, nicht aber die Gattung (Aristoteles). An dieser Stelle fällt die philosophische Originalität Epikurs auf. Er findet einen anderen, dritten Bezug zum Tod, der den Gedanken des Erlöschens aufgreift und fortführt. Leben heißt Wahrnehmen, Tod heißt Wahrnehmungsentzug. »Der Tod, das schauerlichste der Übel, geht uns nichts an (*outhén pros hemâs*), weil, wenn wir da sind, der Tod nicht da ist und wenn der Tod da ist, wir nicht sind« (ebd.). Der Tod vermag uns also nicht zu betreffen. Wir existieren nicht mehr, wenn er da ist. Er kommt gleichsam, wenn er uns etwas angehen, wenn er uns betreffen wollte, zu spät, weil es uns nicht mehr gibt. Er nimmt uns die Sehnsucht nach Unsterblichkeit und macht unser sterbliches Leben köstlich, so dass wir es verlassen können wie ein nach einem Mahl gesättigter Gast (vgl. Lukrez 1994, 155 [3.938]). Die Länge des Lebens sagt also nichts über dessen Wert. Bereits Demokrit hatte geschrieben: »Weil die Unverständigen den Tod fürchten, wollen sie alt werden« (zit. nach Diels/Kranz 1969, 187 [Fragment B 206]). Epikur bemerkt, es komme, wie beim Genuss einer Speise, nicht auf die Menge an, sondern auf den Geschmack (Epikur 2002, 218 f. [Brief an Menoikeus 126]).

So modern, wie Epikur bleibt, so problematisch ist sein Satz, der Tod gehe uns nichts an. Sicherlich, wenn der Tod Verlöschen ist, dann wäre dies unabänderlich. Doch woher wissen wir, ob der Tod nichts als Verlöschen unseres Daseins ist? Selbst wenn wir sicher wären, dass er Verlöschen bringt, gälte: Er geht uns als Verlöschen an. Denn wir müssen diese unsere Ansicht nicht nur erreichen, so dass der Tod uns als Thema unseres Nachdenkens angeht. Jede Ansicht will jedoch erneuert, geprüft und gefestigt sein. Also sind wir erneut mit dem Tod beschäftigt. Folglich geht uns der Tod als das an, was uns später nicht betreffen wird. Eine *ars moriendi* bleibt unvermeidlich.

## 29.4 Platon und die Entdeckung des Sokrates

Der Tod gilt im *Phaidon* als beglückende Befreiung der Seele von ihrer Verbindung mit dem Leib. Doch es gelingt Platon nicht zu beweisen, dass die einzelne Seele jedes Menschen nicht wirklich zu sterben und nicht zu vergehen vermag. Die Rede von der »Lösung und Abscheidung der Seele vom Leib« (*lysis kai chorismos psyches apo somatos*) (Platon 1962, 20 [67d]) wird als Reinigung (*katharsis*) verstanden, so dass der Eindruck entsteht, hier verbinde Sokrates das Sterben mit der Katharsis der griechischen Mysterienreligion. Diese Deutung wird als ein Beleg dafür gesehen, dass Platon keine ungeschriebene Lehre, sondern statt einer Lehre die Unsagbarkeit der griechischen Mysterienkulte anstrebe (vgl. Schäfer 2001, 83 f., 223 ff.). Dieser Deutung steht indes entgegen, dass Platon die Einrichtung von Mysterienkulten in seinem von Philosophen regierten Gemeinwesen mit dem Argument verweigert, dass Mysterienkulte auch dazu dienen können, dass sich Ungerechte ihr Heil durch Einweihungen erschleichen (vgl. Platon 1964c, 103 [366a]). Die Rede von der Trennung des Körpers und der Seele könnte auf eine verdeckte Metapher hinauslaufen: Der Tod gleicht jenem Zustand, welchen der Philosophierende erreichen kann, indem er sich diszipliniert (vgl. Ebert 2004, 142 ff.).

Vielleicht dachte Platon eher daran, dass nach dem Tod die *psyché* irgendwann an ein Ende gelangt, das sie selbst möchte, weil sie dann ihre ausgeschöpften Möglichkeiten erkennt. Es wird neuerdings auf Platons Schüler Philippos von Opus verwiesen, der in seiner *Epinomis* von der Möglichkeit spricht, dass jeder eine »langwährende Lebensdauer« erhält, »die jedem für sein Leben ausreicht (*hikanon hekasto zoes*), ohne dass er noch eines irgend längeren [Lebens] bedürfte« (zit n. Ebert 2004, 414). Es spricht nichts ausdrücklich dagegen, dass diese Vorstellung einer vom Betroffenen akzeptierbaren Lebensausdehnung auch von Platon bejaht werden könnte (ebd., 412 ff.).

Im *Kratylos* (403a–404b) lernt die *psyché* im Hades weiter von ›Hades‹, dessen Name als ›alles Wissender‹ im Gegensatz zur seiner damaligen Etymologie als ›Unsichtbarer‹ (*a-eidés*) ausgelegt wird. In einem seiner tiefsinnigsten Mythen versteht Platon daher den Hades nicht nur als Ort des Weiterlebens, sondern des Weiterlernens, das heißt der Begierde, weiser zu werden, indem man den Worten des Hades lauscht, der alles weiß (vgl. Platon 1965, 145 f.).

Ausgangspunkt der platonischen Überlegungen zum Umgang mit dem Tod ist der Schluss der *Apologie des Sokrates*. Sokrates sagt dort zu den Geschworenen, die ihn zum Tode verurteilten, das Sterben sei notwendig entweder Verlöschen oder Aufleben (Platon 1964a [40c–d]. Das Verlöschen ist ein traumloser Schlaf, das Aufleben eine Reise zu einem vollständig gerechten Gericht. Diese Metaphern sollen sich auf Ereignisse beziehen, doch wir kennen die Bedingungen dieses Bezuges nicht. In beiden Fällen, so Sokrates, sei der Tod nicht das, was die Gesellschaft will: ein zu fürchtendes Übel. Wenn der Tod aber kein zu fürchtendes Übel ist – und diesen Schluss legt Sokrates seinen Richtern unausgesprochen nahe – dann verliert der Staat sein größtes Machtmittel, nämlich die Bedrohung seiner Bürger mit dem Tod. So mündet, von der Platonliteratur noch immer nicht aufgenommen, die philosophische ›Sterbenskunst‹ des Sokrates in eine diskursive Entmachtung der Todesgewalt des Staates. Dass Sokrates nicht die ihm angebotene Flucht wählt, sondern sich dem Todesurteil unterwirft (vgl. Platon 1964b, 35 ff.), widerspricht seiner begrifflichen Entmachtung der staatlichen Todesgewalt aus zwei Gründen nicht: Er ist überzeugt, dass es moralisch angemessener ist, Übel zu erdulden als Übel zu tun, und er unterstellt seine Verurteilung unter ein postmortales und übermenschliches Gericht, das nicht mehr Wettbewerb mit Unwiderruflichkeit verbindet (das Todesurteil konnte nicht mehr angefochten werden, Revision war ausgeschlossen), sondern das Wahrheit mit Gerechtigkeit verknüpft (vgl. Platon 1964b, 30 f. [40c–42a]).

## 29.5 Seneca: Der Todesvollzug geschieht im Lebensvollzug

Aus der spätantiken römischen Philosophie verdanken wir Lucius Annaeus Seneca einige Ansichten über das Sterben, die hinausgehen über Platon und Epikur. Grundlegend dürfte dabei die unscheinbar wirkende Bemerkung sein: »*Ich werde sterben* heißt: Ich werde aufhören krank sein zu können, ich werde aufhören, in Ketten gefesselt werden zu können, ich werde aufhören, sterben zu können« (»Morirar: hoc dicis, desinam aegrotare posse, desinam alligari posse, desinam mori posse« (Seneca 1995 I, 128 [24.17]). Das Sterben, so Seneca, beraubt uns trivialerweise aller Möglichkeiten des Lebens. Unter diesen Möglichkeiten lässt sich indes eine entdecken, auf die wir nicht aufmerksam würden, wenn wir den Tod nicht ins Auge fassten, nämlich das Sterbenkönnen. Lebensvollzug heißt somit auch stets, sterben zu können. Wenn dies zutrifft, dann hat Seneca dem menschlichen Lebensvollzug einen Sterbensvollzug eingeschrieben, der bei Platon noch nicht ausdrücklich vorkam. Daher kann Seneca verallgemeinern und bemerken: »Wir sterben täglich. Denn täglich wird ein Lebensteil versenkt, und während wir wachsen, nimmt das Leben ab [...] diesen Tag, den wir leben, wir teilen ihn mit dem Tod« (»Cotidie morimur; cotidie demitur aliqua pars vitae et tunc quoque cum crescimus vita decrescit [...] hunc ipsum quem agimus diem cum morte dividimus«) (Seneca 1995. Bd. I, 130 [24.20]). Der Rat an Lucilius, »was du auch unternimmst, blicke dich um nach dem Tod« (»quidquid facies, respice ad mortem«) (ebd. Bd. II, 940 [113.27]), ist daher nicht moralisch-imperativisch, sondern eher als Aufforderung zur Einsicht zu verstehen in das, was sich stets vollzieht, in den Lebens- als Todesvollzug.

## 29.6 Kritik der beanspruchten Todesbereitschaft

Die Stoiker – Epiktet, Seneca, Marc Aurel – fordern, jeder solle sein Verhalten und seine Einstellungen so organisieren, wie wenn er jederzeit sogleich aus dem Leben scheiden müsse. Besonders nachdrücklich notiert Marc Aurel: »Im Gedanken an die Möglichkeit, gleich jetzt aus dem Leben zu scheiden, alles tun, sagen und denken« (1974, 47 [1.2.1]). Diese Forderung führt indes auf einen leeren Heroismus, denn der Tod steht ja nicht wirklich jederzeit bevor. Soll gemeint sein, dass man künftig zu sterben bereit sein solle, so kennt niemand in der Gegenwart die Bedingungen, unter denen er künftig zum Sterben bereit sein würde.

## 29.7 Drei Phasen einer kulturellen Todesamnesie

Trotz wiederholter Appelle verlieren Neuzeit und Moderne eine Todesbearbeitung, welche Motive Platons, Senecas oder Montaignes aufgreift und fortsetzt. Trotz z. B. der *Hamlet*-Tragödie Shakespeares und ihrer Erneuerung einer begründeten Todesfurcht kommt es zu verschiedenen Diagnosen eines kulturellen Todesentzuges. Preis der politisch notwendigen Umwälzung der Französischen Revolution sei ein Tod »ohne Umfang und Erfüllung« (Hegel 1952, 418). Preis einer anonymisierten Gesellschaft sei der Entzug des Todesbezuges in der alltäglichen Kommunikation. (Heidegger 1963, zugleich bereits mit latent antidemokratischer Tendenz). Hinzuzunehmen ist eine unsere Kultur inzwischen prägende Besonderheit der medialen Inszenierung von Tod als Tötung: In der antiken Tragödie, bei Shakespeare und bis hin zu Charles Dickens waren Mord und Tötung verbunden mit einer quälenden Rückkehr der Getöteten im Bewusstsein der Täter. Die kollektive Phantasie und Nachfrage nach Kriminalem (Romane, Filme) verfährt dagegen so, dass der Todesbezug im Mordereignis gleichsam mitgetötet wird. Die Toten kommen nicht zurück wie der Geist Banquos. Dies lässt sich als Symptom einer Verweigerung deuten, Tod mit dem Gedanken des Sterbenlernens zu verbinden (vgl. Taureck 2004, 216 ff.).

## 29.8 Unterwegs zu einer metaphorischen Todesverständigung

Dieser medial eingeübten Verweigerung, den Tod zu verbinden mit der Möglichkeit eines Lernens des Sterbens, wird neuerdings aus philosophischer Sicht eine weit ausholende Argumentation von der Möglichkeit des Sterbenlernens entgegengesetzt. Da ›Lernen‹ Erfahrung eines gegenwärtigen Zusammenhanges und Folgerungen aus ihnen meint, ist ›sterben lernen‹ metaphorisch zu verstehen. Dies ist entweder trivial – de Sade spricht in diesem Sinn materialistisch von einem »imaginären« Tod, der nur »bildlich ohne Realität existiert«, verfängt sich aber unwillentlich in bildlichen Bezugnahmen auf eine nicht sterbende Materie (zit. nach Dupouey 2004, 51 ff.) – oder verweist auf intrinsische Bezüge zwischen Metaphern- und Todesbezug. Als intrinsischer Bezug zwischen Metapher und Tod wird der Kontinuitätsentzug vorgeschlagen. Das metaphorische Prädikat, das dem Subjekt epistemisch unmöglicherweise zukommen kann, setzt, wie der Tod, Entzug von Bestimmung voraus. Wie der Tod beruht die Metapher auf der Voraussetzung eines Entzuges von Bestimmtheit. Im Fall der Todesmetaphorik sagen die metaphorischen Prädikate etwas über den Tod, das seine Bestimmungslosigkeit ersetzt durch etwas, das vertraut wirkt und zugleich fremd bleibt: Der Tod ist Schlaf oder Reise (Platon); er ist eine Stadt ohne schützende Mauern (Epikur); zu ihm begibt man sich wie ein gesättigter Gast nach einem Gastmahl (Lukrez); er ist das, was wir mit unserem Leben bauen (Montaigne); er ist der Kapitän eines Schiffes auf der Fahrt in den Abgrund des Unbekannten und Neuen (Baudelaire).

Diese kritisch-ikonologische Deutung dient nicht einer *Ars moriendi* als Lehre oder lebenspraktischer Anleitung, sondern versteht sich als Modernisierung unserer intersubjektiven Bezugnahmen auf Tod und Sterben. Sie beansprucht zugleich, zweierlei aufzunehmen und zu verdeutlichen: Todesbewertung und Wahrhaftigkeit. Der Tod wird als Raub bestehenden Glücks bewertet oder als Raub der verbleibenden Chancen, glücklich zu werden. Wahrhaftigkeit im Todesbezug besagt: Ich möchte nicht sterben, weiß aber, dass ich sterben werde, und bin bestrebt, alles bisher einzig von mir allein über mich Gewusste anderen mitzuteilen, weil mein Leben nach meinem Ableben dem Urteil anderer unabänderlich passiv ausgesetzt sein wird (vgl. Taureck 2004).

Diese Haltung kann sich mit einer Vermeidung eines ›Müssens‹ verbinden zugunsten dessen, was wir im Hinblick auf Tod und Sterben nicht müssen, sondern wollen (vgl. Tugendhat 2006). Sie vermag sich ebenso zu verbinden mit dem Votum für eine ›denkende Trauer‹, die nicht nur Egozentrik, sondern auch ›Altrozentrik‹ und die destruktiven Folgen beider zu vermeiden sucht (vgl. Liebsch 2006, 290 und pass.).

### Literatur

Christina von Schweden: *Memoiren, Aphorismen*. München 1967.

Cicero: *Gespräche in Tusculum*. Lat/dt. München 1979.

Diels, H./Kranz, W. (Hg.): *Die Fragmente der Vorsokratiker*. Bd. II. Dublin/Zürich 1969.

Dupoey, P. (Hg.): *La mort*. Paris 2004.
Ebert, Th.: *Platon. Phaidon*. Übersetzung und Kommentar v. Th. Ebert. Göttingen 2004.
Epikur: *Lettres et Maximes*. Gr./frz. Paris 2002.
Hegel, G. W. F.: *Phänomonologie des Geistes* [1807]. Hamburg 1952.
Heidegger, M.: *Sein und Zeit* [1927]. Tübingen 1963.
La Fontaine, J. de: *Fables*. Paris 2002.
La Rochefoucauld: *Maximes* [1678]. Paris 1967.
Liebsch, B.: *Revisionen der Trauer in philosophischen, geschichtlichen, psychoanalytischen und ästhetischen Perspektiven*. Weilerswist 2006.
Lukian: Totengespräche. In: Ders.: *Götter, Tote und Hetären*. Leipzig 1970.
Lukrez: *Vom Wesen des Weltalls*. Berlin/Weimar 1994.
Marcus Aurelius: *Wege zu sich selbst*. Zürich/München 1974.
Montaigne: *Œuvres complètes*. Paris 1962.
Platon: Phaidon. In: Ders.: *Sämtliche Werke*. Bd. III. Reinbek 1962.
Platon: Apologie des Sokrates. In: Ders.: *Sämtliche Werke*. Bd. I. Reinbek 1964a.
Platon: Kriton. In: Ders.: *Sämtliche Werke*. Bd. I. Reinbek 1964b.
Platon: Politeia. In: Ders.: *Sämtliche Werke*. Bd. II. Reinbek 1964c.
Platon: Kratylos. In: Ders.: *Sämtliche Werke*. Bd. II. Reinbek 1965.
Schäfer, Ch.: *Platons unsagbare Erfahrung. Ein anderer Zugang zu Platon*. Basel 2001.
Seneca, L. A.: *Briefe an Lucilius*. Lat/it. 2 Bde. Mailand 1995.
Taureck, B. H. F.: *Philosophieren: Sterben lernen? Versuch einer ikonologischen Modernisierung unserer Kommunikation über Tod und Sterben*. Frankfurt a. M. 2004.
Tugendhat, E.: *Über den Tod* [1986]. Frankfurt a. M. 2006.

*Bernhard H. F. Taureck*

# 30 *Ars moriendi* – aktuelle Wiederentdeckung

*Ars moriendi* ist, natürlich jenseits seines historischen Kontextes (s. Kap. 28: »Ars moriendi – Ritual- und Textgeschichte«), ein Modellbegriff geworden, der zu verstehen suggeriert, dass und wie man mit dem Sterben umgehen kann. Sterben war immer schon eine ernste und traurige Angelegenheit, aber erst am Ende des Mittelalters wurde es zu einem Drama (s. Kap 8: »Sterbeprozess – medizingeschichtlich«; Aries 1976, 159 f.). Genau das ist unser Problem: Wie gehen wir mit dem Phänomen Sterben um? Und sind die alten Muster z. B. der Ars moriendi Muster für heute?

Eine Allegorie ist die Deutung eines abstrakten Begriffs durch ein vergleichbares Bild, sie soll und kann uns hier weiterhelfen. Kann man Sterben durch Bilder plastisch machen? Geradezu hölzern und nichtssagend ist die Umschreibung des Problems ›Sterben‹ durch den bioethischen Begriff der *medical decisions at the end of life* (MDEL) als Zusammenfassung der verschiedensten Entscheidungen am Lebensende. Nicht ein Hauch von Problemlösung! Die meisten der angebotenen, vermeintlichen Problemlösungen nähern sich einer juristischen Skizze.

Denken wir an die sieben verschiedenen klinischen Situationen: so 1. die Sterbebegleitung, 2. die passive Sterbehilfe, 3. den Behandlungsverzicht mit der Reduzierung der vorgesehenen Behandlungsmaßnahmen und des totalen Behandlungsabbruchs, 4. die terminale Sedierung, 5. die indirekte Sterbehilfe, 6. die aktive Sterbehilfe (≈ Euthanasie) (s. Kap. 40, 41 und 42) und 7. den medizinisch assistierten Suizid. Diese Liste enthält im Wesentlichen Kriterien der Kausalität des Todeseintritts. Ist Kausalität überhaupt ein ethisches Kriterium? Gemeint ist hier die Frage, wie viel aktive Momente der medizinischen Maßnahme zugrunde liegen (nicht die vier Ebenen der Kausalität bei Thomas von Aquin), gemeint ist hier ein juristisches Kriterium. Ethische Kriterien im Vollsinne sind auch die Fragen nach der Autonomie der Entscheidung, nach den Interessen des Patienten und nach der Bewusstheit des Patienten über das, was auf ihn zukommt.

## 30.1 Defizite der Sterbehilfe

Es fällt auf, dass die Überlegungen zur Kausalität vornehmlich ein Ethos der Akteure sind, aber die gerade genannten ethischen Kriterien betreffen den Sterbenden eher nicht. Die Ausblendung dieser Perspektive ist ein echter Strukturfehler. Verantwortliches Handeln am Lebensende, sei es für den Behandler oder den Sterbenden selber, wenn er bei Bewusstsein ist, braucht eine Perspektivenergänzung, und dafür kann man die *Ars moriendi* als Muster verwenden.

Für Verwirrung sorgt die Vielfalt der unzeitgemäßen Bilderszenen mit Teufeln, Engeln, Heiligen und Gott. Kann der moderne Mensch etwas damit anfangen? Zunächst eher kaum. Einerseits argumentiert man religionsfrei; andererseits wird Sterben und Tod etwas Mystisches, Unbekanntes und Geheimnisvolles mit großer Bedeutung beigemessen. »Wenn wir Verfall und Tod nicht eigentlich ›verstehen‹ können, wie sollen wir dann [...] dem Untergang entgegenleben, ohne zu verzweifeln?« (Kamlah 1976, 12). Auch wenn die historische *Ars-moriendi*-Literatur religiös geprägt ist, kann sie doch einer pluralistisch geprägten Zeit vieles sagen, was die Botschaft vom Leben nach dem Tod in unserer Zeit neu belebt.

Aber genau das ist das Problem. Entscheidungsdilemmata am Lebensende zu lösen kann nur gelingen, wenn man sich über Hintergrund und Bedeutung des Sterbens Gedanken gemacht hat. Grund dafür ist erstens, dass jede Entscheidung am Lebensende auf einem Bild vom guten Sterben fußt, auch wenn das dem Entscheidungsträger nicht bewusst ist. Zweitens braucht ein Sterbender, will er diese terminale Phase als sinnvolle Phase betrachten, die Integration aller Maßnahmen in ein für ihn verstehbares Bild vom guten Sterben. Insofern ist die *Ars moriendi* ein Angebot, die Lösungen zur Euthanasie bzw. Sterbehilfe nicht zur Technik ohne Spiritualität verkommen zu lassen. Konsequenz einer solchen Deprivation ist die Legalisierung der Euthanasie, ohne das Angebot einer fantasievollen und kreativen Palliativarbeit zu registrieren (vgl. Becker/Xander 2008).

## 30.2 Konflikttypen

Die Wahrnehmung des Sterbens begann mit den Arbeiten der Sterbeforscherin Elisabeth Kübler-Ross. Mit ihr verbindet man die Aufteilung des Sterbeprozesses in fünf Phasen. Die Phasenaufteilung spielt gegenwärtig kaum noch eine Rolle, weil sie als eine Art Ordnungsschema verstanden wird. Dabei repräsentieren sie Konflikttypen. Aber genau da liegt die Vergleichbarkeit des mittelalterlichen Musters der *Ars moriendi* mit der aktuellen Sterbeproblematik.


H. Wittwer/D. Schäfer/A. Frewer (Hg.), *Sterben und Tod. Ein interdisziplinäres Handbuch 2. Auflage*,
https://doi.org/10.1007/978-3-476-05761-7_30

| Kübler-Ross | Ars moriendi |
|---|---|
| Nicht-wahr-haben-Wollen | Krise des Glaubens |
| Zorn | Krise der Hoffnung |
| Verhandeln | Krise der Geduld |
| Depression | Krise der Selbstakzeptanz |
| Akzeptanz | Loslassenkönnen |

Interessant ist die Beobachtung der Fünfer-Aufteilung: Fünf Phasen in der modernen Thanatologie sind auf den ersten Blick zwar nicht ganz identisch mit den fünf Konflikttypen, welche die *Ars moriendi* in fünf Anfechtungen (*temptationes*) und Ermutigungen (*bonae inspirationes*) beschreibt. Die Ähnlichkeit scheint zwar im Wesentlichen formal zu sein, aber sie ist mehr: sie beschreibt Konflikttypen.

Gemeinsam ist den Ansätzen von Kübler-Ross und der *Ars moriendi* die Konfliktarbeit. Sterben geht nicht ohne die Bewältigung von Konflikten, was insofern überraschend ist, als selbst das Mittelalter Probleme anerkennt, wo man ihm doch eher naive Gläubigkeit am Lebensende zutraut. Konflikte zuzulassen scheint in einer liberalen und pluralen Gesellschaft wie der unseren normal zu sein, aber nur ›scheinbar‹, wenn man an die vielen Probleme und Vorurteile denkt, denen man in Ethik-Konsilen, in der finanziellen Verteilung der Gesundheitsmittel am Lebensende oder in der Palliativarbeit begegnet.

## 30.3 Sorgestruktur der Medizin

Interessant ist die Einordnung der *Ars moriendi* als *the art of living* (ars vivendi) (von Engelhardt 2003, 1060). Sterbehilfe ist Lebenshilfe, nicht das Versacken in Trauer, das erklärt am deutlichsten das Konzept *Care*. Sorge stellt Hilfsmittel bereit, die das Wesen der Person bewahren bzw. entwickeln helfen. Die *Ars moriendi* in ihrer mittelalterlichen Grundform ist also nicht eine Ratgeberliteratur à la ›Man tue erstens, zweitens, drittens,...‹, sondern der Versuch einer Sterbeassistenz oder, grundsätzlich (vgl. Jecker/Reich 2004) formuliert: der Versuch, Personalität zu wahren, wo sie unterzugehen droht.

Zwei Aspekte der aktuellen Sterbehilfedebatte machen die Sorgestruktur besonders nötig: (I) Die Ethik der Entscheidungen am Lebensende orientiert sich vorwiegend an der juristischen und ethischen Zulässigkeit und weniger an Sinn und Beziehung, die ein Sterbenskranker in seiner letzten Phase erfahren. Lösen unsere Debatten unsere (!) moralischen Probleme anstatt die des Sterbenden? Das würde bedeuten, dass man sie allein lässt und ihnen die Möglichkeiten einer individuellen wie kollektiven Sinngebung vorenthält. (II), Sterben wird eher selten als medizinische Sorgeaufgabe gesehen. Arztsein verkommt, wenn der Arzt zur Hilfe für Sterbende weder kompetent ist noch sozioökonomisch unterstützt wird (Dörner 2008).

## 30.4 Bildlosigkeit des Sterbens

*Ars moriendi* ist nicht die naive Darstellung von Gott, Engeln, Teufeln und Heiligen, sondern der Versuch, sich in einer Zeit der Angst auf Eckpunkte der Realität zu besinnen und dadurch Angst zu bewältigen. Was ist das Besondere an dieser Kultur der Angstbewältigung? Nur Bilder ermöglichen Vorstellung und Verstehen, und Verstehen ist der erste Schritt zum Be-Greifen. Der Pseudorealismus des ›jeder muss einmal sterben‹, der vor solchen Plattitüden nicht zurückschreckt, übersieht die Angst und versucht nicht zu verstehen. Als erster wichtiger Schritt bei der Rezeption der *Ars moriendi* imponiert die Verbildlichung des Sterbens, als zweiter die Darstellung dessen, was dadurch im Menschen ausgelöst wird. Bilder werden nicht einfach rezipiert und dann gespeichert, sie affizieren Denken, Fühlen und Handeln, d. h. die Beziehungen zu Mit- und Umwelt des Betroffenen, wenn diese Person diesen Affektionsvorgang nicht blockiert oder abbricht.

Extrem verwerfliches Verhalten trifft oft auf den Kommentar: ›Das ist ja unvorstellbar!‹ Vorstellbarkeit ist Voraussetzung für Akzeptanz. Wer sich Sterben in all seinen Dimensionen (nicht nur in seinen psychologischen Phasen) nicht vorstellen kann, kann es auch nicht akzeptieren. Wenn unsere gegenwärtige Kultur so wenig überzeugende Bilder vom Sterben hat, spricht das für eine dominante Kultur der Todesverdrängung; keine Bilder vom Sterben zu haben bedeutet, sich Sterben nicht vorstellen, geschweige denn es akzeptieren zu können.

## 30.5 Ausblendung der Mystik

Eine neue und sehr plausible Erklärung der Entstehung einer *Ars moriendi* gibt den Nürnberger Dominikanermönch Eberhardus Mardach als Autor an (Palmer 1993). Bezüglich dieses dominikanischen Einflusses muss der heterogene Kontext mitgedacht werden: Es gab nicht nur die theologischen Auseinandersetzungen zwischen der wissenschaftlichen Schultheologie und der monastischen Theologie, sondern auch die Übertragung der seelsorgerlichen Begleitung laikaler Bewegungen durch die Amtskirche, und darüber hinaus die Verurteilung der dominikanischen Mystiker wie Meister Eckhart, Heinrich Seuse und Johannes Tauler.

Meister Eckhart lehrt, dass auch alltägliche Dinge ihre mystische Bedeutung haben können, wenn man hinter ihnen eine personale Bestimmung entdeckt und sie verinnerlicht. Dahinter steht seine ›Technik‹ der Übung, d. h. der ständigen Wiederholung, und des Aufbaus eines *habitus* (vgl. Langer 2006, 328). In dieser Spiritualität ist nicht die Leistung der Meditationspraxis wichtig, sondern die Bereitschaft zum Sich-einlassen. Der so Meditierende verfügt auf diese Weise nicht über das Schicksal, sondern schickt sich dahinein und söhnt sich mit ihm aus (ebd., 239).

Nicht die Überzeugung von der bevorstehenden Auferstehung ist der Punkt, der die *Ars moriendi* von der gegenwärtigen Sterbehilfedebatte unterscheidet: Sterben ist das, was sich der ubiquitären Kontrollideologie der Moderne entzieht. Die *Ars moriendi* sieht Sterben als das im Menschen ›Ankommende‹. Nicht darin liegt das ›Anstößige‹, sondern in der Sensibilität und Bereitschaft, Hintergründiges wahrzunehmen, die uns Heutigen verlorengegangen sind.

Zudem gilt Sterben gegenwärtig als ein Prozess, der sich der Kontrolle durch Institutionen wie Medizin, Kassen und Behörden entzieht. Aber die Frage bleibt damit im Raum stehen, wem denn eigentlich der Sterbende gehört – denen, die sein Sterben kontrollieren, oder denen, die aus einem physiologischen bzw. pathologischen Vorgang ›ihr‹ Sterben machen. Statt das Sterben zum strategischen Problem entarten zu lassen, sollte man den Sterbenden besser nachdenken, imaginieren und fantasieren lassen. Vielleicht würde Mystik Bilder in ihm mitleben lassen, die bisher nicht mitleben durften, weil sie nicht in die aktuelle Geisteslandschaft passten.

## 30.6 Palliative Care und Spiritualität der Ars Moriendi

Nicht dass die Palliativmedizin von der *Ars moriendi* entdeckt worden wäre, aber sie beschreibt eine wichtige Dimension. Laut einer Definition der WHO von 2002 ist sie »ein Ansatz zur Verbesserung der Lebensqualität von Patienten und ihren Familien, die mit Problemen konfrontiert sind, welche mit einer lebensbedrohlichen Erkrankung einhergehen. Dies geschieht durch Vorbeugen und Lindern von Leiden durch frühzeitige Erkennung, sorgfältige Einschätzung und Behandlung von Schmerzen sowie anderen Problemen körperlicher, psychosozialer und **spiritueller** [Fettdruck, F. J. I.] Art.«

Für unseren Zusammenhang ist der Passus in der Definition wichtig, der Erkennung, Einschätzung und Behandlung von Problemen, vor allem von Problemen spiritueller Art, als zentrale Aufgabe der Palliativen Medizin festlegt. Was aber ist die spirituelle Dimension? Es wird eine Verschiebung auf Werte des Universalismus (globale Werte) und Benevolenz (Gutes-tun für andere) bei Sterbenden beobachtet, die im Gegensatz zu den selbstbezogenen Prioritäten der gesunden Allgemeinbevölkerung steht (vgl. Borasio 2012, 89 f.).

Was die Spiritualität angeht, ist damit leider sehr bald eine Belanglosigkeit gemeint, weil es nur um ›religiöse‹ Werte zu gehen scheint. Spiritualität bedeutet mehr. Sie ist laut Beschreibung des dänischen Philosophen Kierkegaard das Verhältnis des Menschen, hier des sterbenden Menschen, zu seinem Ich, krampfhaft zu versuchen, etwas zu sein, das er eigentlich nicht ist. Genau das bezeichnet Kierkegaard als Krankheit zum Tode, nicht einfach als Krankheit mit infauster Prognose. Gemeint ist damit die Gelassenheit, die nicht in Angst und Verzweiflung versiegt, sondern: »vermöge des Ewigen hat das Selbst den Mut, sich selbst zu verlieren« (Kierkegaard 1956, 100). Das Ewige ist nicht wie das ewige Leben etwas, das von außen kommt, sondern etwas, das im Menschen grundgelegt ist. Genauer beschreibt Kierkegaard das als dreifaches Verhältnis, das »zwischen Endlichkeit und Unendlichkeit, zwischen Möglichkeit (Freiheit) und Notwendigkeit [d. h. alltäglicher Zwang, F. J. I.] sowie zwischen Zeitlichkeit und Ewigkeit«. Den schwermütigen Kierkegaard interpretierend bedeute die Balance des Verhältnisses nach Guardini (1949, 59), »dieses Leben der Grenze auf sich zu nehmen und durchzutragen«.

Eine spirituelle Kultur braucht »den Blick auf die eigene Endlichkeit« (ebd., 97) oder viel allgemeiner: den sehr alten Terminus einer *ethics of finitude* (Pellegrino 1989, 164). Die spirituelle Kultur ist keine Technik, sondern die Bereitschaft des ganzen Teams inklusive der Verwandten, sich in die Perspektive des Sterbenden einzufühlen. Die kann durchaus eine humorvolle sein und ist es gelegentlich auch (vgl. Borasio 2012, 96), vor allem wenn man bedenkt, dass ›Humor ist, wenn man trotzdem lacht‹. Dieses Trotzdem hat eine spirituelle Dimension.

## 30.7 Ratschläge der *Ars moriendi* – aktuelle Optionen

Sterben ist ein Prozess, der bei anderen und bei sich selbst jederzeit – und nicht erst in Todesnähe – wahrgenommen werden kann, wenn man nur aufmerksam auf ihn achtet. Es macht nachdenklich, dass es – wohl inspiriert durch die *Ars moriendi* – eine in der Frühen Neuzeit immer stärker werdende Tradition der *meditatio mortis* gab (sprachwissenschaftliche Belege bei Wodianka 2004). Sie ist »eine Meditation über das eigene Leben, bei der sich der Meditierende aus der Perspektive des meditativ ins Leben vorverlegten Todes als für sein persönliches Heil verantwortliches Individuum ins Blickfeld rückt« (ebd., 2). Folgende Grundaussagen muss man bei der Lektüre der alten Blockbücher verstehen; ihre Relevanz für die Gegenwart ist unübersehbar.

*Ich-sein-Dürfen des Sterbenden*: In den Bildern der *Ars moriendi* häufen sich die Darstellungen von überirdischen Wesen. Entgegen der üblichen Annahme, dass sie dem Betrachter Angst machen, ist zu betonen: Teufel und Dämonen z. B. figurieren als Allegorien der Selbstentfremdung, sie stellen den Untergang der Möglichkeit dar, Mensch zu sein; Engel sind Typen des erlösten Menschen. Die *Ars moriendi* suggeriert, dass der Sterbende dem Sog der Selbstentfremdung widerstehen kann und unbesiegbar sein wird. Man darf die Symbolik nicht verkennen.

Gegenwärtig soll nicht gefragt werden, ob Gott, Engel oder Teufel existieren; die Frage ist, ob und wie ein gelungenes Leben im Angesicht des Todes möglich ist. Vertrauen in die eigene Integrität ist einerseits unabdingbare Voraussetzung dafür, dass der Sterbende nicht, wie ihm die Bilder von Teufeln, also auch entsprechende Phantasien, suggerieren, in ein Sich-selbst-fremd-Werden abrutscht. Selbstakzeptanz ist die Grundlage für selbstbestimmte Entscheidungen des Sterbenden, sei es im Hinblick auf Probleme der Behandlung, sei es im Hinblick auf Interaktionen mit Freunden, Verwandten und Helfern.

*Akzeptanz des eigenen ›Schattens‹*: Als ›Schatten‹, ein Ausdruck aus der Tiefenpsychologie C. G. Jungs, bezeichnen wir jenen Teil der Persönlichkeit, den wir selber und auch andere Menschen nicht wahrnehmen und der folglich auch nur schwerlich ›mitleben‹ darf. Ähnlich verhält es sich in der *Ars moriendi*: Der Betroffene selbst und die Menschen um ihn herum werden nicht durch irgendein, auch nicht durch ein vermeintlich christliches Ideal zum idealen Sterbeverhalten gedrängt. Der Sterbende darf sein, wie er ist, sein Schatten darf ›mitleben‹. Man denke nur an Suizidfantasien, Schreien, kriminelle Akte in Text und Bildern zu den typischen Versuchungssituationen, mit denen der Mensch in seiner terminalen Phase zu rechnen hatte. Die *Bilder-Ars* drängte ihn gleichsam, seine Probleme realistisch anzuerkennen, bevor er sich der Herausforderung des christlich-humanistischen Ideals stellen konnte. Nicht dass der Mensch so war, wie er in der *Ars moriendi* und ihren ganz und gar nicht christlichen Idealen entsprechend dargestellt wurde, war das Problem, sondern dass er angesichts des massenhaften und unabwendbaren unnatürlichen Sterbens den Mut verlieren könnte, an seinem Schicksal zu arbeiten.

*Freundschaftliche Sterbeassistenz*: In der *Bilder-Ars* taucht implizit »die Figur des ›amicus‹ auf, eines Freundes, der zur Sterbeassistenz bereit ist« (Goez 1981, 105). Der Freund braucht kein professioneller Helfer zu sein, wichtig ist nur, dass es ihn gibt und dass er dem Sterbenden nahesteht. Seine Aufgabe der Vorbereitung beginnt bereits in gesunden Tagen; den Sterbenden muss er vor Schmeichlern schützen, vor den sogenannten Wurzelsünden – keinesfalls identisch mit den sogenannten Lastern, weil sie Fehlverhalten erst auslösen – warnen; er muss ihm helfen, dem Problem des Sterbens nicht auszuweichen und vor lauter Todesangst den Tod nicht zu karikieren. Die Bedeutung der Angehörigen und Freunde in der Begleitung Sterbender wird weithin in der Medizin anerkannt; anerkannt wird jedoch nicht die Aufgabe, dass der ›Freund‹ des Sterbenden selber Begleitung und Unterstützung braucht, trotz des Sterbens ein guter ›Freund‹ und dabei gelassen zu sein. Umgang mit dem Sterben beinhaltet kommunikative wie auch personale Dimensionen.

Sterben im Hochmittelalter lässt sich als sozialer Vorgang beschreiben; durch Seuchen (und anderes, z. B. wirtschaftliche Depressionen, Kriege etc.) wird es zum unkalkulierbaren Massenphänomen, das sich oft in Abwesenheit der Angehörigen und Repräsentanten wichtiger, den Sterbenden tragender Institutionen vollzieht. Die *Ars moriendi* spiegelt einen radikalen Szenenwechsel wider. Geborgenheit in einem Kontext sinnentstellter epidemischer, meist letaler Krankheitsverläufe zu bewahren, ist eine extreme Herausforderung an die früher tragenden Sinnsysteme; der soziale Hintergrund des Sterbens hat seine Stützfunktion verloren. Als ein Fazit dieser Literaturgattung nennt Imhof, dass sie »Kunst des Alleinsterbens« (Imhof 1996, 6) ist. Man konnte auf Hilfe beim Sterben nicht rechnen, zumal Seuchen wie die Pest tendenziell eine Entsolidarisierung auslösten. Sich auf das Sterben vorzubereiten konnte nur dann sinnvoll sein, wenn man sich auf das Alleinsterben vorbereitete. Sterben im Krankenhaus ist auch heute vielfach ein einsames Sterben.

*Schutz des Sterbenden vor seinen Verwandten*: Gegenwärtig gilt in der ambulanten und stationären Betreuung Sterbender die Maxime, Menschen in dieser Phase nicht allein zu lassen. Das ist grundsätzlich sicher richtig, aber daraus wird schnell die Anweisung, dem Sterbenden rund um die Uhr die Anwesenheit gutmeinender Menschen zu bescheren. Auch das muss spezifiziert werden: Hat die Anwesenheit von Menschen die Funktion der Ablenkung oder der Solidarität, und ist Solidarität ohne ein wirkliches Zu-sich-selber-Finden möglich?

Vor der Anwesenheit von Angehörigen und Freunden warnt die *Ars moriendi* nur insofern, als sie instrumentalisiert werden und den Sterbenden von sich ablenken. In dieser Hinsicht ist festzuhalten, dass sie für den Sterbenden eine Gefahr sind. Hinzu kommt die Gefahr, dass viele ihre Aufgabe nicht verstehen, weswegen in der Palliativmedizin eine Schulung und Aufklärung der Angehörigen essentiell ist. Die *Ars-moriendi*-Literatur wollte in ihrer Zeit dem Begleiter des Sterbenden helfen, seine Aufgabe zu verstehen und zu wissen, was auf ihn zukommt. Angehörige tragen nicht nur dazu bei, die Vereinsamung des Sterbenden zu bekämpfen, sondern auch zu verhindern, dass er sich frei fühlt ›wegzugehen‹. Wenn Angehörige diese Akzeptanz nicht schaffen, wird sie dem Sterbenden zusätzlich schwer gemacht. Auch Angehörige müssen wissen, welche Konflikte der Sterbende zu bestehen hat, wie sie ihm dabei helfen und wo sie ihm dabei im Wege stehen.

## Literatur

Ariés P.: Der ins Gegenteil verkehrte Tod. Die Veränderung der Einstellungen zum Tod in den westlichen Gesellschaften. In: Ders.: *Studien zur Geschichte des Todes im Abendland*. München/Wien 1976, 157–189.

Becker, G./Xander, C.: Partizipative Entscheidung statt Autonomie in der Palliativmedizin. In: Franz J. Illhardt (Hg.): *Die ausgeblendete Seite der Autonomie. Kritik eines bioethischen Prinzips*. Münster 2008, 47–63.

Borasio, G. D.: *Über das Sterben. Was wir wissen. Was wir tun können. Wie wir uns darauf einstellen*. München [5]2012.

Engelhardt, D. von: Health and Disease. In: Stephen G. Post (Hg.): *Encyclopedia of Bioethics* Bd. 2. New York [3]2003, 1057–1064.

Dörner, K.: Alles dreht sich um den autonomen Patienten, aber was ist ein guter Arzt? – Ein ausgeblendeter Diskurs. In: Franz J. Illhardt (Hg.): *Die ausgeblendete Seite der Autonomie. Kritik eines bioethischen Prinzips*. Münster 2008, 165–176.

Goez, W.: Luthers ›Ein Sermon von der Bereitung zum Sterben‹ und die spätmittelalterliche Ars moriendi. In: *Lutherjahrbuch* 48 (1981), 97–114.

Guardini, R.: *Vom Sinn der Schwermut*. Zürich 1949.

Imhof, A. E.: *Erfüllt leben – in Gelassenheit sterben – eine Ars moriendi für unsere Zeit* (1996). In: web.fu-berlin.de/aimhof/amd.htm.

Jecker, N. S./Reich, W. T.: Contemporary Ethics of Care. In: Stephen G. Post (Hg.): *Encyclopedia of Bioethics* Bd. 1. New York [3]2003, 367–374.

Kamlah, W.: *Meditatio mortis. Kann man den Tod ›verstehen‹, und gibt es ein ›Recht auf den eigenen Tod‹?* Stuttgart 1976.

Kierkegaard, S.: Die Krankheit zum Tode. In: *Philosophisch-theologische Schrift: Die Krankheit zum Tode. Furcht und Zittern. Die Wiederholung. Der Begriff der Angst*. Köln 1936, 5–177.

Langer, O.: *Christliche Mystik im Mittelalter. Mystik und Rationalisierung – Situationen eines Konflikts*. Darmstadt 2004.

Palmer, N. F.: Ars moriendi und Totentanz. Zur Verbildlichung des Todes im Spätmittelalter. In: Arno Borst/Gerhart von Graevenitz/Alexander Patschovsky/Karlheinz Stierle (Hg.): *Tod im Mittelalter*. Konstanz 1993, 313–329.

Pellegrino E. D.: Withholding and Withdrawing Treatment. In: *Ethics at the Bedside. Clinical Neurology* 35 (1989), 164–184.

Reich, W. T.: Care. History of the Notion. In: Stephen, G. Post (Hg.): *Encyclopedia of Bioethics* Bd. 1. New York u. a. 2004, 349–361.

Wodianka, S.: *Betrachtungen des Todes. Formen und Funktionen der ›meditatio mortis‹ in der europäischen Literatur des 17. Jahrhunderts*. Tübingen 2004.

## Weiterführende Literatur

Illhardt, F. J.: ›Des Menschen Wille ist sein Himmelreich‹ (Cervantes). Selbstverwirklichung und Selbstbestimmung. Herausforderungen des Sterbenden? In: Matthias Mettner/Regula Schmitt-Mannhart (Hg.): *Wie ich sterben will. Autonomie, Abhängigkeit und Selbstverantwortung am Lebensende. Beiträge zur Debatte um die Sterbehilfe und Suizidbeihilfe*. Zürich 2003, 85–99.

Kübler-Ross, E.: *Interviews mit Sterbenden*. Stuttgart 1977 (engl. 1969).

Reudenbach, B.: Tod und Vergänglichkeit in Bildern des Spätmittelalters und der frühen Neuzeit. In: Richard von Dülmen (Hg.): *Erfindung des Menschen. Schöpfungsträume und Körperbilder*. Wien/Köln/Weimar 1998, 73–92.

*Franz Josef Illhardt*

# 31 Todesfurcht als Thema der Philosophie

## 31.1 Ein anthropologisches Faktum

Mit an Gewissheit grenzender Wahrscheinlichkeit befällt die Todesfurcht jeden Einzelnen irgendwann in seiner Existenz. Kollektive können den Tod allerdings ebenso fürchten und sich vor ihm ängstigen, obzwar die kollektive Todesfurcht eher periodisch und als Folge außergewöhnlicher Ereignisse auftritt. Die spätmittelalterlichen Pestepidemien haben zu sozialen und religiösen Verwerfungen geführt, die Menschen zu Hysterien und gar Pogromen veranlassten (vgl. Delumeau 1989; Bergdolt 1994; Geary 1994). Todesfurcht ist demzufolge eine Art anthropologischer Konstante. Sie muss allerdings von der Angst vor dem Sterben unterschieden werden. Wir ängstigen uns vor dem Sterben, weil wir es aus der Erfahrung mit dem Sterben Dritter – also aus der Distanz – kennen. Todesgefahr ruft ebenfalls Todesangst hervor. Die Angst hat einen Anlass, sie entsteht in Situationen, sie ist konkret. Todesangst ist allerdings nichts genuin Menschliches. Auch Tiere kennen sie. Die Furcht richtet sich aber auf etwas, das ebenso unbestimmt wie sicher ist – auf den Tod. Todesfurcht hat mit unserem Wissen um den Tod zu tun. Dieser bildet den Horizont unserer Existenz. Was die Begriffsverwendung betrifft, wird die Unterscheidung zwischen Todesangst und Todesfurcht semantisch häufig anders verstanden, wie beispielsweise bei Sören Kierkegaard: Furcht bezieht sich bei ihm auf etwas Bestimmtes, Angst auf etwas Unbestimmtes – auf das ›Nichts‹ (Kierkegaard 1971, 219). Thomas Nagel hat die Todesfurcht ebenso prägnant wie ironisch erfasst: »Manchmal wird behauptet, es sei der Vorgang des *Sterbens*, den wir in Wirklichkeit fürchten. Aber im Prinzip hätte ich ja nichts am Sterben auszusetzen, würde ihm nicht der *Tod* folgen« (Nagel 1996, 19). Es überrascht deshalb kaum, dass die Todesfurcht den Menschen zu Vorstellungen und Phantasien darüber nötigt, wie sie überwunden werden kann. Solche Vorstellungen haben oft eine postmortale Signatur. »Den Menschen«, so Lichtenberg, habe die Natur »fast instinktmäßig gegen die Furcht vor dem Tode gewaffnet, durch Glauben an Unsterblichkeit« (Lichtenberg 1973, 126). Unsterblichkeitsvorstellungen erleben heutzutage – vor allem im Zusammenhang mit dem ›Posthumanismus‹ – eine erstaunliche Renaissance und werden teilweise philosophisch verteidigt (vgl. Kreuels 2015). Phantasien über den postmortalen Zustand vermögen aber die Furcht auch zu intensivieren: Die Unsterblichkeit kann in den verschiedensten Zuständen erfolgen – im Himmel oder in der Hölle –, und es ist darüber hinaus fraglich, ob nicht die Unsterblichkeitsvorstellung ihrerseits bei genauerem Hinsehen Furcht einflößend ist. Verschiebungstaktiken inmitten des Lebens können jedoch ebenso eine Rolle spielen: »Die Guten leben länger« (Sprangel 1983, 116) hieß eine bekannte Devise, deren Glaubwürdigkeit sich jedoch kaum empirisch festigen ließ, weshalb sie im späten Mittelalter zerbrach.

Die Vorstellung, die Länge des Lebens sei ein wirksames Remedium gegen die Furcht, wurde aber bereits von Augustinus leidenschaftlich bekämpft. Für den Theologen wiegt dagegen das Argument schwer, dass das Leben der Guten zwar nicht länger währt, diese aber nach dem Tod bei Gott sein werden: »Ich weiß wohl, wie rasch man mit der Wahl im reinen ist und ein langes Leben mit der beständigen Furcht jedes möglichen Todes dem einmaligen Sterben und der Beseitigung aller Furcht vor dem Tode vorzieht. Aber mag davor auch des Fleisches Sinn, aus Schwäche ängstlich, zurückbeben, des Geistes Vernunftschluss, sorgsam entwickelt, lehrt etwas anderes. Für einen schlimmen Tod ist er nicht zu erachten, dem ein gutes Leben vorausgegangen ist. Also sollen sich die dem Tode unrettbar Verfallenen nicht viel darum kümmern, was ihren Tod herbeiführt, wohl aber darum, wohin sie der Tod führt. Da nun die Christen wissen, dass der Tod des frommen Armen bei den Hunden, die ihn beleckten, weit besser war als der des gottlosen Reichen in Purpur und Byssus, was haben jene schauerlichen Todesarten den Toten geschadet, die gut gelebt haben?« (Augustinus 1911, 11).

Es ist aber in Wahrheit die Struktur der Todes*furcht*, die es so schwer macht, sie zu zügeln. Während die Angst sich auf ein Etwas richtet, so unklar und unvorhersehbar es im Einzelnen sein mag, verhält es sich bei der Furcht anders. Als ›negativer Erwartungseffekt‹ entbehrt Furcht jeder Objektbestimmtheit. Sie kennt Ernst Bloch zufolge drei Modi: den Schrecken, der sich jäh einstellt, das Entsetzen, das, wie Bloch sagt, »gesteigert konzentriert« ist, und den »absolut negativen Erwartungseffekt [...]: die Verzweiflung« (Bloch 1977. Bd. 1, 125). Man kann also von drei Steigerungen ausgehen, in denen sich die Todesfurcht jeweils manifestiert. Aufgrund ihrer tiefen existenziellen Verwurzelung lässt sich die Todesfurcht gesellschaftlich oder kulturell nie ganz aufheben, denn der Tod hat mit ›Natur‹, mit unserer Natur zu tun, »wes-


H. Wittwer/D. Schäfer/A. Frewer (Hg.), *Sterben und Tod. Ein interdisziplinäres Handbuch 2. Auflage*,
https://doi.org/10.1007/978-3-476-05761-7_31

halb nach abgeschaffter Armut und Lebenssorge sich die Todessorge besonders hart erhebt, gleichsam ohne das Unterholz übriger, banaler Depressionen« (ebd. Bd. 3, 1381).

Aber gerade weil die Todesfurcht naturbedingt erscheint, hat man oft Trost in dem Gedanken gesucht, dass der Tod nach dem Ende unserer Natur, also nach dem Sterben, jeden Schrecken verlieren muss, weil kein Subjekt des Schreckens mehr übrig sein wird. Kurz und durchaus hart bringt Norbert Elias dieses Phänomen der Todesfurcht auf den Punkt: »Der Tod ist ein Problem der Lebenden. Tote Menschen haben keine Probleme« (Elias 1982, 10). Der Grund ist ebenso einfach wie einleuchtend: Nur Menschen sind zur Reflexion fähig und deshalb mit der zweifelhaften Begabung ausgestattet, um ihren eigenen Tod zu wissen (auch wenn sie ihn nicht kennen). Es ist somit »nicht eigentlich der Tod an sich [...], der Furcht und Schrecken verbreitet, sondern die vorwegnehmende Vorstellung zum Tode« (ebd., 70).

## 31.2 Strategien der Therapie

Die berühmteste Fassung dieses philosophischen Therapieangebots findet sich in Epikurs Brief an Menoikeus: »Gewöhne dich auch an den Gedanken, daß es mit dem Tode für uns nichts auf sich hat. Denn alles Gute und Schlimme beruht auf Empfindung; der Tod aber ist die Aufhebung der Empfindung. [...] Denn das Leben hat für den nichts Schreckliches, der sich wirklich klar gemacht hat, daß in dem Nichtleben nichts Schreckliches liegt. Wer also sagt, er fürchte den Tod, nicht etwa weil er uns Schmerz bereiten wird, wenn er sich einstellt, sondern er uns jetzt schon Schmerz bereitet durch sein dereinstiges Kommen, der redet ins Blaue hinein. Denn was uns, wenn es sich wirklich einstellt, nicht stört, das kann uns, wenn man es erst erwartet, keinen anderen als nur einen eingebildeten Schmerz bereiten. Das angeblich schaurigste aller Übel also, der Tod, hat für uns keine Bedeutung; denn solange wir noch da sind, ist der Tod nicht da; stellt sich aber der Tod ein, so sind wir nicht mehr da. Er hat also weder für die Lebenden Bedeutung noch für die Abgeschiedenen, denn auf jene bezieht er sich nicht, diese aber sind nicht mehr da« (zit. nach Laertius 1967, 281, Abschn. 124–126).

Macht und Ohnmacht dieses Arguments wurden oft diskutiert (vgl. Wallach 1976; Silverstein 1980; Esser 2016). Seine Überzeugungskraft hängt mit dem simplen Gedanken zusammen, dass der Tod nur dann als etwas Störendes und Beängstigendes empfunden werden kann, wenn er eben empfunden wird. Dies ist aber nicht der Fall. Die Ohnmacht des Gedankens hat aber mit dem Sachverhalt zu tun, dass die Vorwegnahme des Todes scheinbar unausrottbar ist, weshalb der Tod im Leben (und nur im Leben) gleichsam vorausempfunden werden kann. Aus der Perspektive eines konsequent rationalisierenden Umgangs mit dem Tod kann das epikureische Argument freilich überzeugen.

Nicht wenige sind Epikur – zumindest in Teilen seiner Argumentation – gefolgt. So beispielsweise Montaigne, für den das *Memento mori* eine lebenslange Übung bleibt. Nicht die Flucht vor dem Tod, auch nicht jene in das Vergessen, hilft uns weiter, sondern es gibt möglicherweise Abhilfe, wenn wir uns mit ihm vertraut machen: »Stellen wir ihn jeden Augenblick und in jeder Gestalt vor unser inneres Auge« (Montaigne 1953, 129). Seine beständige Vergegenwärtigung gleicht einer Übung in Furchtabbau und in Freiheitsgewinn. »Es ist ungewiß, wo der Tod uns erwartet; erwarten wir ihn überall. Die Besinnung auf den Tod ist Besinnung auf die Freiheit. Wer sterben gelernt hat, der hat das Dienen verlernt. Sterben zu wissen, befreit uns von aller Unterwerfung, und allem Zwang. Das Leben hat keine Übel mehr für den, der recht begriffen hat, daß der Verlust des Lebens kein Übel ist« (ebd., 129). Das Leben ist nämlich nur ein relatives Gut – »ein Ort des Wohls und des Übels, je nachdem« (ebd., 138) –, und es gäbe nichts Schlimmeres, als das Leben endlos führen zu müssen.

Hegel hat dem Gedanken Epikurs immerhin attestiert, ›in Ansehung des Unmittelbaren‹, also hinsichtlich des direkten Lebensgefühls, richtig zu sein. »Es ist ein geistreicher Gedanke, die Furcht ist entfernt. Das Negative, das Nichts ist nicht hereinzubringen, festzuhalten im Leben, das positiv ist; es ist nicht sich selbst damit zu quälen« (Hegel 1970b, 331). Es bleibt jedoch der Zweifel, ob ›geistreiche‹ Gedanken das Existenzgefühl beruhigen können.

Der rationalistische Zugang ist aber immer wieder versucht worden, so etwa bei Spinoza. Eine rationale Lebensführung will die Selbsterhaltung, weshalb sie sich nicht von den Affekten wie beispielsweise von der Todesfurcht blenden lässt. »Der freie Mensch, das heißt der Mensch, der allein nach der Leitung der Vernunft lebt, wird nicht von der Furcht vor dem Tode geleitet, sondern begehrt unmittelbar das Gute, das heißt er begehrt zu handeln, zu leben und sein Sein zu erhalten auf der Grundlage des Suchens nach dem eigenen Nutzen« (Spinoza 1976, 247, IV, Lehrsatz 67). Für Spinoza sind nur Freude und Begierde Affekte, die von der Vernunft geleitet werden und für die menschlichen Handlungen konstruktiv sein können. Dagegen ist die Furcht ein unvernünftiger Affekt, eine negative und daher unproduktive Antriebsfeder.

Ein ferner Nachklang des epikureischen Arguments findet sich bei Ludwig Wittgenstein. Dieser bezweifelt grundsätzlich die Hilfsangebote, die der Todesfurcht angeboten werden, indem man sie auf den Ewigkeits- oder Unsterblichkeitsgedanken hinlenkt. Im Zentrum steht auch hier das Argument, dass der Tod außerhalb der Möglichkeit der Erfahrbarkeit steht: »Wie auch beim Tod die Welt sich nicht ändert, sondern aufhört. Der Tod ist kein Ereignis des Lebens. Den Tod erlebt man nicht. Wenn man unter Ewigkeit nicht unendliche Zeitdauer, sondern Unzeitlichkeit versteht, dann lebt der ewig, der in der Gegenwart lebt. Unser Leben ist ebenso endlos, wie unser Gesichtsfeld grenzenlos ist. Die zeitliche Unsterblichkeit der Seele des Menschen, das heißt also ihr ewiges Fortleben nach dem Tode, ist nicht nur auf keine Weise verbürgt, sondern vor allem leistet diese Annahme gar nicht das, was man immer mit ihr erreichen wollte. Wird dann dadurch ein Rätsel gelöst, daß ich ewig fortlebe? Ist denn dieses ewige Leben dann nicht ebenso rätselhaft wie das gegenwärtige?« (Wittgenstein 1979, 113).

Die Todesfurcht ist unausweichlich und primär an das *individuelle* Bewusstsein gebunden, weshalb nicht wenige Übungen ihrer Temperierung empfehlen, diesen individuellen Horizont zu verlassen und sich mit dem Gedanken eines Größeren vertraut zu machen. Wer das individuelle Leben lediglich als Teil eines größeren Ganzen aufzufassen lernt, wird sich auch leichter vom individuellen Tod befreien können. Ludwig Feuerbach hat diese Sichtweise exemplarisch formuliert: »Der Tod ist nichts anderes als die Handlung, worin du dein Bewußtsein wieder andern zurückgibst und einhändigst. Dein Wissen tritt in ihm wieder aus dich hinaus, dein eignes Wissen wird, wie anfangs, wieder nur ein Wissen der Andern von dir, ein Wissen, das jetzt Erinnerung, Andenken, Gedächtnis ist. Das Bewußtsein ist gleichsam ein Amt, das du während des Lebens verwaltet hast; im Tode liegst du es nieder« (Feuerbach 1975, 207). Aber auch hier gilt, dass der Gedanke existenziell angeeignet werden muss.

## 31.3 Existenzialisierung des Todes und Transformation der Todesfurcht

Martin Heidegger verdanken wir eine eigenwillige Beschreibung des Todesphänomens, eben des individuell angeeigneten Todesgedankens. »Der Tod ist die Möglichkeit der schlechthinnigen Daseinsunmöglichkeit. So enthüllt sich der Tod als die eigenste, unbezügliche, unüberholbare Möglichkeit« (Heidegger 1979, 250). Die Todesfurcht wurzelt jedoch in einer fundamentalen Struktur des menschlichen Daseins: »Das Sterben gründet hinsichtlich seiner ontologischen Möglichkeit in der Sorge« (ebd., 252). Aber der Tod ist nicht nur (und nicht wesentlich) das Ende des Daseins, sondern vielmehr ein Verhältnis zu diesem Ende: »Der Tod *ist* als Ende des *Daseins* im Sein dieses Seiende *zu* seinem Ende« (ebd., 258 f.). Der Tod kann gleichsam vorweggenommen werden, und somit kann die Befindlichkeit der Angst überwunden werden, obzwar die Angst zunächst den Zugang zum existenziellen Tod ermöglicht. Nur wo diese Angst »in feige Furcht verkehrt« wird, verfehlen wir den Tod. Es gibt nämlich ein »eigentliches Sein zum Tode«: »Das Vorlaufen enthüllt dem Dasein die Verlorenheit in das Man-selbst und bringt es vor die Möglichkeit, auf die besorgende Fürsorge primär ungestützt, es selbst zu sein, selbst aber in der leidenschaftlichen, von den Illusionen des Man gelösten, faktischen, ihrer selbst gewissen und sich ängstigenden Freiheit zum Tode« (ebd., 266). Heidegger bekämpft die Todesfurcht durch ihre Verachtung. Wer sich der Todesangst stellt und in ihr das eigentliche Leben ergreifen will, hat sich gelöst vom feigen Dasein des ›Man‹. Peter Sloterdijk hat in diesem Zusammenhang zu Recht von einem »heroischen Inquietismus« (Sloterdijk 2016, 214) gesprochen.

In existenzphilosophischer Sicht wird die Todesfurcht oder das ›Leiden am Ende‹ auch von Karl Jaspers als eine Art »Vergewisserung der Existenz« beschrieben (Jaspers 1973, 220). Dabei handelt es sich in jedem Fall um *meinen* Tod, der im Gegensatz zum Tod des Anderen für mich unerfahrbar ist und »absolutes Nichtwissen« (ebd., 222) bedeutet. Jaspers, der nicht an dieser Stelle von der Furcht, sondern von der ›Angst‹ spricht, unterscheidet zwei Arten der Angst oder eine ›zweifache Angst‹: die ›Daseinsangst‹ und die ›existenzielle Angst‹. Die Daseinsangst ist ›Angst vor dem vitalen Nichtdasein‹, also eine Angst, die sich zu ›Lebensgier‹ verdichten kann. ›Das empirische Dasein‹ wird dann ›absolut‹ gesetzt, damit die Angst sich überdecken lässt. Der Tod betrifft hier das Ende des vitalen Daseins. Aber die ›Angst existenziellen Nichtseins‹, die zweite Art der Angst, unterscheidet sich davon radikal. Eigentümlicherweise thematisiert Jaspers vor allem den Modus ihrer Überwindung, nämlich die »Seinsgewissheit der Existenz« (ebd., 226). Diese Gewissheit kann den Einzelnen ›in augenblicklicher Gegenwart‹ erfassen, in Momenten der Entschiedenheit und der unmittelbaren Selbstgewissheit, trotz der gleichzeitigen Angst und ›Verzweifelung‹: »Nur aus der Verzweifelung wird die Seinsgewissheit geschenkt. Unser Seinsbewusstsein hat den Charakter, daß nur ist, wer dem Tod ins Angesicht sah. Eigentlich er selbst ist, wer als Erscheinung sich wagte« (ebd., 227). Der zweifachen Angst wegen erscheint der Schrecken des Todes ebenfalls in zweifacher Gestalt – als ›Dasein, das nicht eigentlich ist‹, im Falle der Daseinsangst und als ›radikales Nichtsein‹ im Falle der existenziellen Angst. Uneigentliches Dasein meint für Jaspers ›die Qual des Nichtsterbenkönnens‹, während die Bedrohung, die vom ›radikalen Nichtsein‹ ausgeht, »der Schrecken ist«, der sich einstellt »in dem Maße, als ich nicht gelebt, d. h. nicht entschieden habe und darum kein Sein des Selbst gewann; Ruhe in dem Maß, als ich Möglichkeit verwirklichte« (ebd., 228).

Die existenzphilosophische Betrachtung widerspricht gewissermaßen dem epikureischen Argument, der Tod sei nicht erfahrbar. Seine Existenzialisierung – also die Möglichkeit seiner individuellen Aneignung und das Recht, das die Qualität der Vorausempfindung des Daseinsendes beansprucht – macht den Tod zwar nicht zugänglich, aber als das (vermeintliche) Negativum des Lebens wird er eine immerhin erfahrbare Bezugsgröße. Vladimir Jankélévitch spricht deshalb zu Recht von dem »empirisch-metaempirische[n] Ungeheuer, das man Tod nennt«, von »etwas Metaempirische[m], das erfahrungsgemäß eintritt« (Jankélévitch 2005, 13). Vor diesem Hintergrund wird die Todesfurcht wiederum verständlich, und man kann dem Wunsch, weiterleben zu wollen, mit Wohlwollen und mit der Haltung des Tröstenwollens begegnen. »In dem Maße also, wie der Tod die Abwesenheit von Zukunft, die Zerstörung von jeder Zukunft, von jeder Art von Künftigkeit, wie sie auch immer sei, ist, erregt der Tod Verzweiflung. Es ist nicht zweifelhaft, dass diese Verlängerung nämlich der Trost ist, den wir suchen« (Jankélévitch 2003, 21).

## 31.4 Möglichkeit und Unmöglichkeit des Trostes

Hans Blumenberg hat in der großen Anthropologie, die er hinterlassen hat, in der *Beschreibung des Menschen*, auf das Phänomen der Todesfurcht mit einer Reflexion über das ›Trostbedürfnis‹ und über die ›Untröstlichkeit des Menschen‹ reagiert. Des Trostes bedürftig ist demzufolge ein Wesen, dem »in einer sehr elementaren Weise überhaupt nicht geholfen werden« kann (Blumenberg 2006, 626). Trost rückt immer an die Stelle von Hilfe, die nicht geleistet werden kann. Aber gerade im Hinblick auf den Tod können wir uns nicht wirklich helfen lassen, weshalb der Trost hier wie nirgends sonst gefragt ist. Blumenberg weist aber auf den Sachverhalt hin, dass Trost fast immer »eine Vermeidung von Bewusstsein« (ebd., 629) darstellt. Wenn aber die Todesfurcht Menschen wegen ihres Bewusstseins gleichsam inkorporiert ist, dann ist Trost hier ebenso nötig wie letztlich zum Scheitern verurteilt. Dennoch: »Der Mensch ist das Wesen, welches ›trotzdem‹ zu leben vermag. Trostbedürftigkeit und Tröstungsfähigkeit sind Instrumente dieser Position inmitten der Negation« (ebd., 633). Der Trost muss dem Wissen also abgetrotzt werden, und das kann im Grunde nur gelingen, wenn wir uns von der Realität, hier also von der Realität des Todes, zeitweilig abschirmen. Der Trost beruht »auf der Fähigkeit zur Illusion, auf der zumindest momentanen und vom gesunden Subjekt jederzeit zurücknehmbaren Regression auf infantile Stufen des Realitätsverhältnisses« (ebd., 638). Andererseits kann die Furcht auch durch ein geradezu konträres Verhalten gebändigt werden – durch ein ganz und gar nicht regressives Standhalten angesichts der Versuchung, in der Welt überall ›Sinn‹ antreffen zu wollen. Blumenberg riskiert den Gedanken, dass eine Welt, die überall voller Sinn und Bedeutung wäre, auch für den Tod keineswegs tröstlich wäre. Sinn und Bedeutung müssen nämlich an sich noch überhaupt nichts Positives implizieren (vgl. Blumenberg 1987).

### Literatur

Augustinus, A.: *Der Gottesstaat*. Bd. 1. Kempten/München 1911.

Bergdolt, K.: *Der Schwarze Tod in Europa. Die Große Pest und das Ende des Mittelalters*. München 1994.

Bloch, E.: *Das Prinzip Hoffnung*. Bd. 1–3. Frankfurt a. M. 1977.

Blumenberg, H.: *Die Sorge geht über den Fluss*. Frankfurt a. M. 1987.

Blumenberg, H.: *Beschreibung des Menschen*. Frankfurt a. M. 2006.
Delumeau, J.: *Angst im Abendland. Die Geschichte kollektiver Ängste im Europa des 14. bis 18. Jahrhunderts*. Reinbek 1989.
Elias, N.: *Über die Einsamkeit der Sterbenden in unseren Tagen*. Frankfurt a. M. 1982.
Esser, A. M.: Der Tod geht uns nichts an? – Die Täuschung des Epikur und die Verführung ›abstrakt‹ zu denken. In: S. Gosepath/M. Remenyi (Hg.): *»... dass es ein Ende mit mir haben muss«. Vom guten Leben angesichts des Todes*. Münster 2016, 45–74.
Feuerbach, L.: Gedanken über Tod und Unsterblichkeit. In: Ders.: *Frühe Schriften (1828–1830). Werke in 6 Bänden*. Hg. von E. Thies. Frankfurt a. M. 1975.
Geary, P. J.: *Living with the Dead in the Middle Ages*. Ithaca/London 1994.
Hegel, G. W. F.: Über die wissenschaftlichen Behandlungsarten des Naturrechts, seine Stelle in der praktischen Philosophie und sein Verhältnis zu den positiven Rechtswissenschaften. In: Ders.: *Jenaer Schriften (1801–1807)*. Werke. Bd. 2. Frankfurt a. M. 1970a, 434–522.
Hegel, G. W. F.: Vorlesungen über die Geschichte der Philosophie. In: Ders.: *Werke*. Bd. 19. Frankfurt a. M. 1970b.
Heidegger, M.: *Sein und Zeit* [1927]. Tübingen 1979.
Jankélévitch, V.: *Kann man den Tod denken?* Wien 2003.
Jankélévitch, V.: *Der Tod*. Frankfurt a. M. 2005.
Jaspers, K.: *Philosophie II. Existenzerhellung*. Berlin/Heidelberg/New York 1973.
Kierkegaard, S.: *Der Begriff Angst*. Werkausgabe I. Düsseldorf/Köln 1971, 175–382.
Kreuels, M.: *Über den vermeintlichen Wert der Sterblichkeit. Ein Essay in analytischer Existenzphilosophie*. Berlin 2015.
Laertius, D.: *Leben und Meinungen berühmter Philosophen*. Hg. von K. Reich. Hamburg 1967.
Lichtenberg, G. Ch.: *Werke*. Hamburg 1973.
Montaigne, M. de: *Essais*. Hg. von H. Lüthy. Zürich 1953.
Nagel, Th.: *Letzte Fragen*. Bodenheim 1996.
Rieff, D.: *Tod einer Untröstlichen. Die letzten Tage von Susan Sontag*. München 2009.
Silverstein, H. S.: The Evil of Death. In: *Journal of Philosophy* 77 (1980), 401–424.
Sloterdijk, P.: Heideggers Politik: Das Ende der Geschichte vertagen. In: Ders.: *Was geschah im zwanzigsten Jahrhundert?* Berlin 2016, 209–252.
Spinoza, B. de: *Die Ethik nach geometrischer Methode dargestellt*. Hg. von C. Gebhart. Hamburg 1976.
Sprangel, R.: Alter und Todesfurcht nach der spätmittelalterlichen Bibelexegese. In: H. Braet/W. Verbeke (Hg.): *Death in the Middle Ages*. Leuven 1983, 107–116.
Wallach, B. P.: *Lucretius and the Diatribe against the Fear of Death. De rerum natura III 830–1094*. Leiden 1976.
Wittgenstein, L.: *Tractatus logico-philosophicus. Logisch-philosophische Abhandlung*. Frankfurt a. M. 1979.

## Weiterführende Literatur

Ahrensdorf, P. J.: The Fear of Death and the Longing for Immortality. Hobbes and Thucydides on Human Nature and the Problem of Anarchy. In: *The American Political Science Review* 94 (2000), 579–593.
Davies, D. J.: *Brief History of Death*. Oxford 2005.
Fraser, J. G.: *The Fear of the Dead in Primitive Religion*. London 1933.
Green, O. H.: Fear of Death. In: *Philosophy and Phenomenological Research* 43 (1982), 99–195.
Hamm, B.: *The Reformation of Faith in the Context of Late Medieval Theology and Piety*. Leiden/Boston 2004.
Malpas, J./Solomon, R. C. (Hg.): *Death and Philosophy*. New York 1998.
Seidel, Th. A./Schacht, U. (Hg.): *Tod, wo ist dein Stachel? Todesfurcht und Lebenslust im Christentum*. Leipzig 2017.
Wils, J.-P.: *ars moriendi. Über das Sterben*. Frankfurt a. M. 2007.
Wils, J.-P.: *Das Nachleben der Toten. Philosophie auf der Grenze*. Paderborn 2019.
Wils, J.-P.: *Sterben. Zur Ethik der Euthanasie*. Paderborn 1999.
Yalom, I. D.: *In die Sonne schauen: Wie man die Angst vor dem Tod überwindet*. München 2010.

*Jean-Pierre Wils*

# 32 Abwehr- und Bewältigungsstrategien gegenüber Sterben und Tod

## 32.1 Stress: Abwehr und Bewältigung

Die Begriffe ›Abwehr‹ und ›Bewältigung‹ lassen sich am besten im Kontext des Stress-Modells einführen und voneinander abgrenzen. ›Stress‹ ist der psychosomatische Fachbegriff, den die Umgangssprache am häufigsten verwendet. Ursprünglich bezeichnet dieses Konzept eine unspezifische Belastungsreaktion des Organismus mit den Stadien Alarm, Widerstand und Erschöpfung (vgl. Selye 1953). Die Fachsprache unterscheidet – strenger als die global von ›Stress‹ redende Umgangssprache – verschiedene *Stressoren*: (meist äußere) Bedingungen, die das *Stressgeschehen* auslösen. Stressoren können *proximal* sein: organismusnahe Reiz- und Wirkungsbedingungen, oder *distal*: antezedierende Bedingungen, die physikalisch-technisch oder beschreibend-aufzählend erfasst werden (vgl. Erdmann/Janke 2008). Zum Beispiel entspricht der proximale Stressor ›Sauerstoffmangel‹ den distalen Stressoren ›Geburt‹, ›Verschüttung‹, ›Höhenaufenthalt‹ usw. Nicht jeder Stressor führt bei jedem Organismus zu demselben Stressgeschehen. Zu einer vollständigen Beschreibung des Stressgeschehens gehören deshalb der jeweilige *psychische und somatische Zustand* des Organismus, auf den der Stressor einwirkt, subjektive Wahrnehmungs- und Reaktionsweisen sowie die jeweilige organismische Situation innerhalb einer definierten Umwelt (vgl. ebd.). Die *emotionale Valenz* von Stress kann neutral, positiv (Eu-Stress: Freude, Vergnügen, Ekstase) oder negativ sein (Dis-Stress: Angst, Furcht, ohnmächtige Überwältigung). Je nach *Bewältigungsergebnis* kann Stress auch nach (vorübergehender) Belastung entweder in Anpassung oder in Krankheit (*Stress-Folgestörungen*) münden. In der Pathophysiologie wird eine Reihe von Stresserkrankungen beschrieben, z. B. die Kreislauf-Zentralisation im Schock oder das Stress-Ulcus. Aus der Psychopathologie sind als Beispiel post-traumatische Belastungsstörungen (*PTSD: Posttraumatic Stress Disorder*) zu nennen.

Das Konzept der *Abwehr* stammt aus der Medizin und wird dort z. B. in der Immunologie gebraucht. Krankheiten lösen Angst, Trauer, Ärger und andere Gefühle aus, die erfahrungsgemäß mit psychischen Abwehrmechanismen als Bewältigungsstrategien einhergehen. Ist die Affektabwehr zu stark ausgeprägt, etwa wenn kein »middle knowledge« (Weisman 1979, 49 f.), sondern totale Verleugnung vorliegt, verhindert dies ein konstruktives Gesundheitsverhalten in Kooperation mit den Ärzten. Schließlich können Abwehrmechanismen körperliche Symptome von Bronchialasthma und anderen psychosomatischen Krankheiten auslösen (vgl. Kreitler 2004).

Gemäß der ursprünglichen psychoanalytischen Theorie beruht der Abwehrprozess auf der Löschung von Angst als einem negativen Affektsignal, ausgelöst durch konflikthafte Triebbefriedigungsversuche. Gegenüber einem einseitig rationalistischen Menschenbild, das kognitive Problemlösungsstrategien betont, berücksichtigt die psychoanalytische Anthropologie die Emotionalität des Menschen (vgl. Beutel 1988; Frick 2009a). Neuere psychoanalytische Ansätze sehen die Abwehren im neurobiologischen und kybernetischen Kontext als Prozeduren einer mentalen Organisation mit bestimmten Bereichen (Modulen), die Monitor- und Regulierungsfunktionen haben, parallel arbeiten und durch affektive und kognitive Informationen vernetzt sind (vgl. Moser 2009). Zu den Modulen rechnet Moser u. a. Transformation, Relation und Antizipation. Das Modul *Antizipation* enthält (vorwiegend implizites) Beziehungswissen, das im Hinblick auf bevorstehende Situationen gespeichert wird. Hoffnung und Befürchtung sind die wichtigsten Affektgruppen dieses Moduls, die in mehr oder minder abgewehrter Form in die Beziehungsgestaltung einfließen. Die psychoanalytische Theoriesprache nähert sich hier kognitiven Ansätzen, z. B. der Theorie der persönlichen Konstrukte (vgl. Kelly 1955).

Die *Cognitive Orientation Theory* hilft, Coping- von Abwehrmechanismen zu unterscheiden: Copingmechanismen sind bewusste Verarbeitungsprogramme für gesundheitliche Stressoren. Abwehrmechanismen sind hingegen unbewusste Lösungsprogramme für Konflikte zwischen kognitiven Clustern (vgl. Kreitler/Kreitler 2004). »This question of terminology, defense vs. coping, is a mixture of questions of preference, definition, and science« (Perry/Beck/Constantinides u. a. 2009, 124). Was den Streit über die Frage betrifft, ob die Psychoanalyse den Ansprüchen an wissenschaftliche Forschung und Theorie (*science*) genügt, so litt die psychoanalytische Theoriebildung lange Zeit unter der fehlenden Operationalisierbarkeit der Abwehrmechanismen und anderer zentraler Konstrukte. Dies hat sich in der neueren Forschung geändert. So kann mithilfe der *Defense Mechanism Rating Scale* die individuelle Abwehrgestaltung in eine Hierarchie zwischen reifen Abwehrmechanismen (z. B.

J. B. Metzler © Springer-Verlag GmbH Deutschland, ein Teil von Springer Nature, 2020
H. Wittwer/D. Schäfer/A. Frewer (Hg.), *Sterben und Tod. Ein interdisziplinäres Handbuch 2. Auflage*,
https://doi.org/10.1007/978-3-476-05761-7_32

Humor, Altruismus, Selbst-Beobachtung) und unreifen (z. B. Entwertung, Projektion) oder gar psychotischen eingeordnet werden. Bei erfolgreicher Psychotherapie kommt es zu einer relativen Zunahme reifer Abwehrmechanismen. Wird gleichzeitig das mehr oder minder adaptive Coping im Behandlungsverlauf gemessen, so lassen sich Unterschiede, aber auch Konvergenzen in der Entwicklung von Abwehr und Coping zeigen (vgl. Perry/Beck/Constantinides u. a. 2009).

Die klassische Abwehrtheorie betrachtet das Auftreten von Signalangst als bewusstseinsfähiges Symptom für die beginnende Abwehr eines Triebkonflikts. Gilt bewusstwerdende Todesangst als Versagen der Abwehr und ihrer Schutzfunktion, oder ist Todesangst ein Zeichen seelischer Gesundheit (Tomer 1994)? Im Sinne der Hierarchie von mehr oder minder adaptiven Abwehr- und Copingvorgängen lautet eine vorläufige Antwort: Es kommt auf die Reife der ins Spiel kommenden Abwehr an. Eher unreife Abwehr von Todesangst kann sich in (mikro-)suizidalen Tendenzen zeigen, im Rückzug aus Beziehungen, Sexualität und Lebensfreude, nicht wegen eines Todestriebes oder angeborener Todeswünsche gegen das Selbst, sondern um sich aktiv vor der befürchteten Passivität des Sterbens zu schützen (vgl. Firestone 1994). Firestone nimmt eine lebenslange Abwehr von Todesangst an: Durch frühe Frustration und emotionale Entbehrung entwickle sich eine imaginierte Verbindung mit der Mutter als Kern-Abwehr. Durch die spätere Entdeckung der Sterblichkeit (jener der Eltern, aber auch der eigenen) entstehe »a general tendency to withdraw libido or genuine feeling for themselves and others, in favor of defenses and self-parenting behaviors that shield them from the consciousness of being alone and exposed to death« (ebd., 222).

Die Theorie der persönlichen Konstrukte (Kelly 1955) erklärt auf andere Weise, wie die Bedrohung durch Sterben und Tod antizipiert und bewältigt wird und wie trotz dieser Bedrohung Vitalität und Bezogenheit möglich sind. Die Theorie der persönlichen Konstrukte ermöglicht die Unterscheidung verschiedener Orientierungen gegenüber dem Tod und verschiedener Antworten auf die Frage nach dem Sinn im Tod. Ein Todesfall kann z. B. als ›sinnlos‹ oder ›lohnend‹, als ›tragisch‹ oder als ›glücklich‹ interpretiert werden: »*Angst vor dem Tod* ist Ausdruck der Unfähigkeit, den Tod zu verstehen und als persönlich bedeutsam zu interpretieren, weil die erforderlichen Konstrukte fehlen. Vielfach wird die Aussicht des Todes auch als Bedrohung erlebt. Die Aussicht des Todes ist weniger bedrohlich, wenn der Tod als Bestandteil des Lebens verstanden wird; die Aussicht des Todes ist sehr bedrohlich, wenn Leben und Tod als inkompatibel erlebt werden« (Wittkowski 1990, 25).

## 32.2 Konvergenz verschiedener Theorien

»*Ein Hund der stirbt und der weiß daß er stirbt wie ein Hund und der sagen kann daß er weiß daß er stirbt wie ein Hund ist ein Mensch*« (Fried 1964, 120). Mit den Säugetieren und mit manchen Vögeln teilen wir das System des Bindungsverhaltens, das im Trauerprozess angesichts von Sterben und Tod aktiviert wird. Aber nur der Mensch ›weiß‹ vom Tod, und er entwickelt (psychoanalytisch gesprochen) vielfältige Abwehrmechanismen gegenüber dem eigenen und dem artspezifischen, mehr oder minder unbewussten ›Wissen‹. Abwehr als Schutz vor destruktiven oder gefährlichen Aspekten des Unbewussten dient (lerntheoretisch gesprochen) der Verarbeitung (*Coping*) des letztlich Unwissbaren, Unausdenklichen, es ist also ein Bewältigungsversuch. Das Tier erleidet den Tod, instinkthaft mag es sich noch im Sterben gegen diesen aufbäumen und wehren. Vor dem Tod hat es sich noch fortgepflanzt und darin die Aufgabe bewältigt, das Weiterleben der Art zu sichern. All dies trifft auch auf den Menschen zu, doch möchte der Mensch dieses naturhaft auferlegte Todesschicksal fühlen und denken (kognitiv-affektiv mentalisieren), erinnern, verarbeiten, gestalten, bewältigen, in seine Gewalt und Verfügung bringen, kontrollieren. Seine Sexualität ist nicht nur (durch Trieb und Lustprämie gesicherter) Beitrag des sterblichen Individuums zum Weiterleben der Art. Nur der Mensch symbolisiert den geliebten Menschen über Abschied und Tod hinaus. Im Folgenden sollen fünf theoretische Modelle des Umgangs mit Sterben und Tod des anderen skizziert werden: die Bindungstheorie (s. Abschn. 32.3), die Copingtheorie (s. Abschn. 32.4), die Psychoanalyse (s. Abschn. 32.5), das Duale Prozess-Modell (s. Abschn. 32.6) und die Sterbetrauer (s. Abschn. 32.7). In der Diskussion ist dann zu fragen, ob Trauer Festigung oder Lösung von Bindung bedeutet.

## 32.3 Die Bindungstheorie

John Bowlby versteht unter ›Bindung‹ (*attachment*) ein Verhaltenssystem, das im Kleinkindalter Sicherheit und Versorgung gewährleistet und lebenslang auf

Anforderung zur Verfügung steht, z. B. beim Eingehen einer neuen Beziehung, bei Krisen, Trennungen, Verlust und Trauer (vgl. Bowlby 1980). ›Innere Arbeitsmodelle‹, d. h. verinnerlichte und mentalisierte Bindungsmuster, werden dann aktiviert. Bowlby forderte schon in den 1950er Jahren eine kritische Neukonzeption der psychoanalytischen Abwehrlehre und nahm damit Erkenntnisse der Copingforschung, der Psychotraumatalogie, aber auch der neueren psychoanalytischen Theoriekonzeption vorweg. Bowlby konzipierte seine Abwehrformen im Hinblick auf die Informationsverarbeitung. Er sprach vom *defensiven Ausschluss* (*defensive exclusion*), der sich als *deactivation* (psychoanalytisch: ›Verdrängung‹) und als *cognitive disconnection* (psychoanalytisch: ›Spaltung‹) zeigen kann. Schließlich prägte er den Begriff der *abgetrennten Systeme* (*segregated systems*), mentaler Prozesse, die durch den Zusammenbruch des Bindungssystems entstehen und die sich im ›Ausschluss von Information‹, in der Dissoziation als dem Leitsymptom posttraumatischer Störungsbilder manifestieren (vgl. Buchheim/Kächele 2007).

Empirische Forschungsergebnisse stützen die Hypothese, dass sicher gebundene Säuglinge und Kleinkinder eher ihre reflexive Funktion bzw. ihre Mentalisierungsfähigkeit entwickeln als unsicher gebundene (vgl. Fonagy/Gergely/Jurist u. a. 2002). Trauer entsteht durch den Verlust einer Bindungs-Beziehung: Wie Tierjunge reagieren auch Menschenkinder mit den von Bowlby beschriebenen Modalitäten: Protest, Ausschauhalten nach Wiederannäherung der Bindungsperson bei Trennung und mit Verzweiflung, wenn diese definitiv abwesend (verloren) zu sein scheint. Dasselbe emotionale System kann auch beim Verlust eines Partners mobilisiert werden, vor allem aber beim Verlust eines Kindes: Sorge und Gewähren von Schutz gelten dem Kind noch über dessen Tod hinaus, z. B. im Versorgen der Leiche und im Umgang mit den (inneren) Bindungs-Repräsentanzen (vgl. Weis 2001). Die Bindungsbeziehung kann eine positive oder negative affektive Färbung haben. Gefühle von Schuld, Wut, Angst können sich (möglicherweise projiziert auf andere) mit den Modalitäten Protest und Verzweiflung verbinden. Die bleibenden Repräsentationen des Selbst und der Bindungsfiguren sowie die damit verbundenen Gefühle sind entscheidend für die über den Tod andauernde Beziehung zu diesen Personen. Auch der (gegenseitige) Abschied am Lebensende ist davon bestimmt, ob bei den Betroffenen ein sicherer, vermeidender, ambivalenter oder desorganisierter Bindungsstil vorherrscht. Die Behandler, etwa auf einer Palliativstation, sollten darauf mit differenzierten Interventionen eingehen (vgl. Petersen/Köhler 2005). Sicher gebundene Menschen verabschieden sich leichter. Dass sie in Bildern, Erinnerungen, Stimmungen an der vermissten Person ›hängen‹, steht dazu nicht im Widerspruch, sondern ist als eine Ressource einzustufen: »For secure people, it may be the case that when they experience the pain of loss, they draw on positive memories or experiences with their partner in a way that brings them solace and comfort. Moreover, it may be the case that they come to experience a ›continuing bond‹ with the deceased individual, allowing them to use the deceased individual as a secure base despite the person's physical absence« (Fraley/Bonanno 2004, 887).

## 32.4 Copingtheorie

Wird das englische *Coping* als ›Bewältigung‹ übersetzt, so suggeriert dies ein zufriedenstellendes Coping-Ergebnis. Bewältigung bedeutet, sich nicht überwältigen zu lassen. Coping ist jedoch nicht immer erfolgreich und stellt nur eine Weise der Anpassung an Verlustereignisse dar. Auch die Abwehr ist Teil des Bewältigungsverhaltens, insofern sie der Stabilisierung des Ich dient und dessen Bedürfnissen nach Rückzug, Regression, Konfliktlösung usw. Rechnung trägt. Wegen der wechselseitigen Ergänzung von Coping und Abwehr ist es sinnvoller, das Bewältigungsverhalten nicht nur nach dem Bewältigungsergebnis (erfolgreiche oder nicht erfolgreiche Anpassung) zu beurteilen, sondern nach dem kurz-, mittel- oder langfristigen Prozess der Stressbewältigung (vgl. Beutel 1988; Steffens/Kächele 1988). Coping ist jener Teil des Bewältigungsverhaltens, den wir mit Interventionen beeinflussen können, die sich auf das bewusste Handeln und Wahrnehmen beziehen (Folkman 2001). Man unterscheidet die folgenden Coping-Stufen:

1. Die primäre Einschätzung hilft dem Betroffenen, das Problem und seine Bedeutung für die eigene Person zu erkennen, zu umschreiben (abzugrenzen), zu benennen und sich über die eigenen Ressourcen klar zu werden (vgl. Lazarus/Folkman 1984). Das Wahrnehmen des Sterbeprozesses bei sich oder bei anderen kann Nicht-Wahrhaben-Wollen, Bagatellisieren oder sonstige verleugnende Reaktionen hervorrufen. Diese werden in der Psychoanalyse als (schützende) Abwehrmechanismen bezeichnet. Darüber darf jedoch nicht vergessen werden, dass sie zumindest teilweise einen adaptiven Charakter haben.

2. Die sekundäre Einschätzung bezieht sich auf das Ausmaß, in dem die aufgetretenen Probleme kontrolliert werden können. Besteht der Eindruck einer hohen Eigen- oder Fremd-Kontrolle (z. B. einer wirksamen ärztlichen Behandlung), so steht das *problembezogene Coping* im Vordergrund: Information, Wahl der Mittel, Anwendung entsprechender Methoden usw. Ist der Kontroll-Eindruck eher niedrig, so wird das *emotionsbezogene Coping* wichtiger, also der Umgang mit Gefühlen, die durch ein Problem ausgelöst werden, insbesondere dann, wenn es nicht beherrschbar erscheint (vgl. Frick 2009b). In der klassischen Copingtheorie bezieht sich Problem-fokussiertes Coping auf die Stressoren, Emotions-fokussiertes Coping auf den eigenen Zustand, der allerdings nicht auf die emotionalen Aspekte reduziert werden sollte (vgl. Erdmann/Janke 2008). In der Nomenklatur der Copingtheorie könnte man die Abwehr als unbewusstes Emotions-fokussiertes Coping bezeichnen.

Das klassische Coping-Modell geht davon aus, dass ein gutes Bewältigungsergebnis (Problemlösung, emotionale Ausgeglichenheit) im Sinne einer positiven Rückkoppelung ein adaptives Coping aufrechterhält. Andernfalls entsteht Dis-Stress, im Extremfall eine Traumatisierung. So war bei manchen Angehörigen von Tsunami-Opfern die Belastung so massiv, plötzlich und überfordernd, gleichzeitig aber das trauernde *Begreifen* bei fehlendem Leichnam unmöglich, dass eine posttraumatische Belastungsstörung den normalen Trauerprozess unmöglich machte. Von *spirituellem* (*meaning-based*) Coping spricht man dann, wenn trotz eines zunächst ungünstigen Bewältigungsergebnisses eine Problemverarbeitung durch eine kreative Auseinandersetzung mit der Sinnfrage (vgl. Folkman/Greer 2000) gelingt, psychoanalytisch betrachtet durch ein Betrauern von Allmachtsfantasien (vgl. Frick 2009a).

## 32.5 Psychoanalyse

Der Titel von Freuds 1915 erstmals erschienener, bahnbrechender Arbeit *Trauer und Melancholie* (1946) enthält zwei Begriffe, deren Vieldeutigkeit wichtig für unser Thema ist. ›Trauer‹ bezieht sich auf den Verlust eines Objektes des trauerndes Ichs: Unter ›Objekt‹ versteht Freud nicht nur eine verstorbene geliebte Person, sondern auch Gegenstände, Werte und Lebensmöglichkeiten. ›Trauer‹ kann im Deutschen synonym mit ›Traurigkeit‹ (*sadness*) gebraucht werden und außerdem für den Verlust (*bereavement*) sowie für die individuelle, sozial und kulturell überformte Trauer*arbeit* (*grief*, *mourning*) stehen.

Trotz der physikalistischen Sprache von Libido, Besetzung und Energie ist Freuds Modell anschlussfähig, auch in Bezug auf die Bindungstheorie. Durch die Besetzung binden wir uns an ein Objekt. Im Falle eines Verlusts besteht die Trauerarbeit in der Rücknahme der Besetzung, zunächst aber in einer Über-Besetzung, wie Freud die verstärkte, z. B. schmerzhafte oder ambivalente Präsenz des Liebesobjekts im mentalen Raum umschreibt.

In der Trauer, so Freud, wird die Welt arm und leer, in der Melancholie hingegen das Ich selbst. Die *Melancholie* charakterisiert Freud »durch eine tief schmerzliche Verstimmung, eine Aufhebung des Interesses für die Außenwelt, durch den Verlust der Liebesfähigkeit, durch die Hemmung jeder Leistung und die Herabsetzung des Selbstgefühls, die sich in Selbstvorwürfen und Selbstbeschimpfungen äußert und bis zur wahnhaften Erwartung der Strafe steigert« (Freud 1946, 429). Das herabgesetzte Selbstgefühl, also die narzisstische Komponente, ist spezifisch für die Melancholie, alle anderen Charakteristika beobachtet Freud auch bei der Trauer.

Melancholie im Sinne Freuds ist weder mit dem kulturgeschichtlichen Phänomen gleichen Namens noch mit klinischen Depressions-Syndromen deckungsgleich. Aus heutiger Sicht (vgl. Hirsch 2004) kann die melancholische ›Überbesetzung‹ verstanden werden (1) als narzisstische Transformation der Beziehung zu einem verlorenen und verinnerlichten Objekt, das einen Leidenszustand aufrechterhält; (2) als traumatische Reaktion auf einen Verlust, der irreparabel ist und nicht betrauert werden kann, wie dies bezüglich der Ereignisse am 11. September 2001 beschrieben wurde (vgl. Lemma/Levy 2004).

## 32.6 Duales Prozess-Modell

Freuds Modell der (gelungenen) Trauerarbeit wird oft einseitig als Auflösung einer unwiederbringlichen Objektbeziehung verstanden. Das Duale Prozess-Modell geht davon aus, dass Trauerarbeit zwischen Akzeptanz des Verlusts und wiederherstellenden Tendenzen, zwischen positiver und negativer Einschätzung des erlittenen Verlustes hin- und heroszilliert. Gegenüber einem einseitigen Defizitmodell der Trauer betont dieses Modell also deren gestaltende Aspekte. Das Duale Prozess-Modell steht damit im Einklang mit der Theorie der persönlichen Konstrukte, nimmt jedoch auch ausdrücklich Bezug auf die Bindungstheorie (vgl. Stroebe/Schut/Boerner 2010).

## 32.7 Die mitten im Leben beginnende Sterbetrauer

Die bisher besprochenen Modelle legen den Akzent der Verarbeitung bzw. der Bewältigung von Sterben und Tod auf den bereits eingetretenen Verlust und auf ein von dem oder den trauernden Subjekt(en) verschiedenes, verlorenes Objekt. Der interaktive Aspekt des Sich-voneinander-Verabschiedens kommt über dieser Einengung ebenso zu kurz wie die Trauerarbeit des Sterbenden selbst (im Folgenden kurz ›Sterbetrauer‹ genannt). Michel de M'Uzan hat die ›Übergangs-Arbeit‹ (*travail de trépas*) der Sterbenden in einfühlsamen Analysen untersucht. Bewältigung von Sterben und Tod geschieht schon lange vor der Terminalphase innerhalb eines komplexen Beziehungsgeschehens zwischen dem Sterbenden, den Pflegenden und den Angehörigen. Sowohl bei Angehörigen als auch bei Ärzten und Pflegenden kann es zu schweren Belastungs-, Hilflosigkeits- und Erschöpfungszuständen kommen, die umso besser verarbeitet werden, je klarer die unbewussten Aspekte der dabei auftretenden Übertragungs- und Gegenübertragungsvorgänge verstanden werden. Wenn also der Sterbende »verlangt, dass man seinen Tod beschleunigt, so versteht er es gleichzeitig, fast unmerklich eine andere Bitte auszudrücken, die es zu entschlüsseln gilt. In der Tiefe erwartet der Sterbende, dass man sich dieser Beziehung nicht entzieht, diesem gegenseitigen Engagement, das er in fast geheimer Weise und manchmal, ohne es zu wissen, vorschlägt und von dem der Verlauf des *travail de trépas* abhängen wird. In der Tat lässt er sich auf eine letzte Beziehungserfahrung ein, ich vermute in einer Art Gattungswissen der Menschheit. Während die Bindungen, die ihn mit anderen verknüpfen, dabei sind, sich völlig aufzulösen, wird er paradoxerweise von einer machtvollen, unter bestimmter Rücksicht leidenschaftlichen Bewegung ergriffen« (de M'Uzan 1977, 185).

## 32.8 Diskussion

Ein kulturell ritualisierter und persönlich ausgestalteter Bewältigungsversuch der Belastung durch Sterben und Tod ist die von Freud so benannte kognitive und affektive *Trauerarbeit*. Die ›Trauer-Schleuse‹ (vgl. Weber/Weiher/Smeding 2008) ist ein Modell für den Einstieg in den Gesamtprozess von Abwehr und Bewältigung, von Aufrechterhaltung und Lösung der Bindung zu einem geliebten Menschen. Eine Schleuse hilft einem Schiff, einen Niveauunterschied im Wasserlauf unbeschadet zu überwinden, anstatt von der Gewalt eines Wasserfalls fortgerissen zu werden. Die ›Schleuse‹ der Todestrauer, von der hier die Rede ist, steht zwischen der mitten im Leben, d. h. lange vor der eigentlichen Terminalphase beginnenden Sterbetrauer einerseits und der Weiterlebetrauer mit ihren loslassenden und rekonstruktiven Aspekten andererseits. Wie jede Schleuse hat die Trauerschleuse zwei Tore, ein sterbeseitiges und ein beerdigungsseitiges Tor. Die sterbeseitige Tür wird vom Arzt geschlossen, der objektiv den Tod eines Menschen feststellt, der gerade noch lebte und möglicherweise noch warm ist. In der beidseits geschlossenen Schleusenkammer befinden sich dann der tote Mensch und die gerade in die Todestrauer eintretenden Angehörigen (Verwandte, Freunde, vielleicht helfende oder zufällig anwesende andere Personen). Die Schleusenkammer ist ein Zeit-Raum, den die Betroffenen brauchen, um zu *begreifen*, was geschehen ist. Der oder die Tote ist für sie keine Leiche im Sinne der Objektivierung durch Ärzte, Krankenschwestern, Bestatter usw., sondern der Leib eines Menschen, den sie gerade verlieren, dem sie sich mit ihren Ausdrucksformen zuwenden: ihn berühren, waschen, kämmen, streicheln, küssen usw. Irgendwann wird das bestattungsseitige Tor der Trauerschleuse geöffnet, oft durch die für den Leichentransport Zuständigen. Durch dieses Tor verlassen also ein zur Bestattung vorgesehener Leichnam und ›Hinterbliebene‹ die Trauerschleuse. Es beginnt die Zeit der Weiterlebetrauer.

Der beschriebene idealtypische Ablauf kann auf vielfältige Weise kulturell, sozial und politisch normiert, modifiziert oder gestört werden. So werden Zugehörige am Kontakt mit dem Leichnam gehindert, wenn dieser von Bestattern, Rechtsmedizinern oder anderen Professionellen für entstellt und ›nicht schön genug‹ gehalten wird (durch Verwesung, Unfallfolgen, Verstümmelung usw.). Das gesamtgesellschaftlich beobachtbare ›Verschwinden der Leiche‹ (vgl. Saake 2003) wird im Einzelfall oft mit Rücksicht auf die Hinterbliebenen begründet, die ›geschont‹ werden sollen. In dieser Hinsicht besteht noch Forschungsbedarf. Erfahrungen mit Großschadensfällen sprechen jedoch eher dafür, dass traumatische Reaktionen auf Verlustereignisse durch Vermeiden bzw. ›Ersparen‹ der normalen Trauerschleuse gefördert werden.

Betrachten wir nun den gesamten und interpersonalen Verlauf des Trauerprozesses, dessen Dreh- und Angelpunkt die Trauerschleuse darstellt. Besteht gelungene Trauerarbeit, d. h. Bewältigung von Sterben und Tod, im Aufrechterhalten oder in der Lösung von Bindung? Von Freud über die Bindungstheorie bis zur aktuellen Trauerforschung reichen die Versuche, zwischen der Kontinuitäts- und der Diskontinuitätsthese zu entscheiden bzw. beide Ansätze zu verbinden.

Freuds Leben und Denken war immer wieder von einschneidenden Verlustereignissen überschattet: Der frühe Verlust seines Bruders, der Tod ›des Alten‹ (des Vaters), der die Selbstanalyse auslöste, die Erschütterung über die Selbstzerstörung der europäischen Kulturnation im Ersten Weltkrieg. In den 1920er Jahren musste er sich mit den schrecklichen Verlusten seiner Tochter Sophie und ihres kleinen Sohnes Heinz, sowie mit dem sich über Jahre entwickelnden Gaumenkarzinom auseinandersetzen. Am Todestag seiner 1920 verstorbenen Tochter Sophie antwortet Freud seinem Freund Binswanger, der ihm gerade den Tod seines 20-jährigen Sohnes Robert mitgeteilt hat: »Man weiß, daß die akute Trauer nach einem solchen Verlust ablaufen wird, aber man wird ungetröstet bleiben, nie einen Ersatz finden. Alles, was an die Stelle rückt, und wenn es sie auch ganz ausfüllen sollte, bleibt doch etwas anderes. Und eigentlich ist es recht so. Es ist die einzige Art, die Liebe fortzusetzen, die man ja nicht aufgeben will« (Freud/Binswanger 1992, Brief vom 12.04.1929).

Dieser Brief ist ein bewegendes Argument für die Kontinuitätsthese. Auf den ersten Blick scheint Freud hier der mit der Trauerarbeit verbundenen Diskontinuitätsthese zu widersprechen. Fragen wir deshalb abschließend, wie sich Trauer und Abschied zu bleibender Präsenz und zu mentalisiertem (d. h. durch innere Bilder symbolisiertem) Verlust verhalten. Die gelungene Bewältigung von Sterben und Tod besteht weder im Losreißen vom gemeinsamen Leben, von einem geliebten Menschen noch in der Überflutung durch innere oder äußere Bilder. Sie greift auf bereits vorhandene persönliche Konstrukte (Kelly 1955) zurück (z. B. Jenseitsvorstellungen, kulturell geprägte und ritualisierte Sprachformen), die im Entstehen innerer Bilder nicht nur kognitiv, sondern auch affektiv angereichert werden. Mit wem wir wirklich verbunden waren – und d. h. auch: verbunden bleiben –, von dem träumen wir noch nach Jahrzehnten. Die Beziehung zu ihm oder ihr reißt nicht ab, sie wird nicht eingefroren, sondern sie entwickelt sich. Kontinuität und Diskontinuität der Beziehung zur verlorenen Bezugsperson sind komplementäre Gegensätze: »Nur, was richtig betrauert werden kann, kann richtig symbolisiert werden« (Segal 1991, 60).

**Literatur**


Beutel, M.: *Bewältigungsprozesse bei chronischen Erkrankungen*. Weinheim 1988.

Bowlby, J.: *Loss. Sadness and Depression* (Attachment and loss 3). New York 1980.

Buchheim, A./Kächele, H.: Nach dem Tod der Eltern. Bindung und Trauerprozesse. In: *Forum der Psychoanalyse* 23 (2007), 149–160.

Erdmann, G./Janke, W.: *SVF – Stressverarbeitungsfragebogen – Stress, Stressverarbeitung und ihre Erfassung durch ein mehrdimensionales Testsystem. Handbuch*. Göttingen u. a. 2008.

Firestone, R. W.: Psychological Defenses Against Death Anxiety. In: R. A. Neimeyer (Hg.): *Death Anxiety Handbook. Research, Instrumentation, and Application*. Washington 1994, 217–241.

Folkman, S.: Revised Coping Theory and the Process of Bereavement. In: M. S. Stroebe/R. O. Hansson/W. Stroebe/H. Schut (Hg.): *Handbook of Bereavement Research. Consequences, Coping, and Care*. Washington 2001, 563–584.

Folkman, S./Greer, S.: Promoting Psychological Well-being in the face of Serious Illness. When Theory, Research and Practice Inform each other. In: *Psycho-Oncology* 9 (2000), 11–19.

Fonagy, P./Gergely, G./Jurist, E. L./Target, M.: *Affect Regulation, Mentalization, and the Development of the self*. New York 2002.

Fraley, R. C./Bonanno, G. A.: Attachment and Loss. A Test of three Competing Models on the Association between Attachment-Related Avoidance and Adaptation to Bereavement. In: *Personality and Social Psychology Bulletin* 30 (2004), 878–890.

Freud, S.: Trauer und Melancholie [1915]. In: Ders.: *Gesammelte Werke*. Hg. von A. Freud/E. Bibring/W. Hoffer u. a. London 1946, 427–446.

Freud, S./Binswanger, L.: *Briefwechsel 1908–1938*. Frankfurt a. M. 1992.

Frick, E.: *Psychosomatische Anthropologie. Ein Lehr- und Arbeitsbuch für Unterricht und Studium (unter Mitarbeit von Harald Gündel)*. Stuttgart 2015.

Frick, E.: Selbstheilungs-Ressourcen aktivieren. Krankheitsverarbeitung (Coping). In: P. Heußner/A. Sellschopp/M. Fegg u. a. (Hg.): *Manual Psychoonkologie*. München u. a. 2009, 68–73.

Fried, E.: *Warngedichte*. München 1964.

Hirsch, M.: *Psychoanalytische Traumatologie – Das Trauma in der Familie. Psychoanalytische Theorie und Therapie schwerer Persönlichkeitsstörungen*. Stuttgart/New York 2004.

Kelly, G. A.: *The Psychology of Personal Constructs*. New York 1955.

Kreitler, S.: Defense Mechanisms and Physical Health. In: U. Hentschel/G. Smith/J. G. Draguns u. a. (Hg.): *Defense*

*Mechanisms. Theoretical, Research and Clinical Perspectives*. Amsterdam u. a. 2004, 477–519.
Kreitler, S./Kreitler, H.: The Motivational and Cognitive Determinants of Defense Mechanisms. In: U. Hentschel/G. Smith/J. G. Draguns u. a. (Hg.): *Defense Mechanisms. Theoretical, Research and Clinical Perspectives*. Amsterdam u. a. 2004, 195–238.
Lazarus, R. S./Folkman, S.: *Stress Appraisal and Coping*. New York 1984.
Lemma, A./Levy, S. (2004). The Impact of Trauma on the Psyche. Internal and External Processes. In: A. Lemma (Hg.): *The Perversion of Loss. Psychoanalytic Perspectives on Trauma*. London/Philadelphia 2004, 1–20.
Moser, U.: *Theorie der Abwehrprozesse*. Frankfurt a. M. 2009.
M'Uzan, M. de: Le travail de trépas. In: Ders.: *De l'art à la mort*. Paris 1977, 182–199.
Perry, J. C./Beck, S. M./Constantinides, P./Foley, J. E.: Studying Change in Defensive Functioning in Psychotherapy Using the Defense Mechanism Rating Scales. Four Hypotheses, four Cases. In R. A. Levy/J. S. Ablon (Hg.): *Handbook of Evidence-Based Psychodynamic Psychotherapy. Bridging the Gap between Science and Practice*. Totowa 2009, 121–153.
Petersen, Y./Hloucal, T.-M.: Feinfühligkeit als bindungsorientiertes Interventionskonzept in Palliative Care. In: E. Frick/R. T. Vogel (Hg.): *Den Abschied vom Leben verstehen. Psychoanalyse und Palliative Care*. Stuttgart 2017, 13–29.
Saake, I.: Vom Verschwinden der Leiche. Auf soziologischer Spurensuche bei Bestattern, Pathologen und einem Plastinateur. In: N. Fischer (Hg.): *Totenfürsorge – Berufsgruppen zwischen Tabu und Faszination*. Stuttgart 2003, 67–88.
Segal, H.: *Traum, Phantasie und Kunst*. Stuttgart 1991.
Selye, H.: *Stress*. Reinbek 1953.
Steffens, W./Kächele, H.: Abwehr und Bewältigung – Mechanismen und Strategien: Wie ist eine Integration möglich? In: Dies. (Hg.): *Bewältigung und Abwehr. Beiträge zur Psychologie und Psychotherapie schwerer körperlicher Krankheiten*. Berlin/Heidelberg/New York 1988, 1–50.
Stroebe, M. S./Schut, H./Boerner, K.: Continuing Bonds in Adaptation to Bereavement. Toward Theoretical Integration. In: *Clinical Psychology Review* 30 (2010), 259–268.
Tomer, A.: Death Anxiety in Adult Life – Theoretical Perspectives. In: R. A. Neimeyer (Hg.): *Death Anxiety Handbook. Research, Instrumentation, and Application*. Washington 1994, 3–30.
Weber, M./Weiher, E./Smeding, R.: Arzt und Trauer. In: *Medizinische Klinik* 103 (2008), 532–539.
Weis, R. S.: Grief, Bonds, and Relationships. In: M. S. Stroebe/R. O. Hansson/W. Stroebe/H. Schut (Hg.): *Handbook of Bereavement Research. Consequences, Coping, and Care*. Washington 2001, 47–62.
Weisman, A. D.: *Coping with Cancer*. New York 1979.
Wittkowski, J.: *Psychologie des Todes*. Darmstadt 1990.

*Eckhard Frick*

# 33 Einstellungen zu Sterben und Tod

Dass das Sterben und der Tod den Menschen schon immer fasziniert und beschäftigt haben, kann unschwer an der Fülle philosophischer und künstlerischer Auseinandersetzungen mit diesen Themen abgelesen werden. Es ist sogar argumentiert worden, Religionen und Kultur hätten sich überhaupt nur deshalb entwickelt, weil die im Laufe der Evolution stetig zunehmenden kognitiven Kapazitäten dem Menschen die Einsicht in die eigene Sterblichkeit ermöglichten und das drängende Bedürfnis nach sich zogen, einen das eigene Leben transzendierenden Sinnzusammenhang zu schaffen (vgl. Becker 1973; von Barloewen 1996). Aber auch für das einzelne Individuum sind die Themen ›Sterben‹ und ›Tod‹ von großer Bedeutung: Die Unausweichlichkeit des Todes sowie mit dem medizinisch-technologischen Fortschritt einhergehende Veränderungen des Sterbens erfordern es, dass der Mensch dazu gedanklich und gefühlsmäßig Stellung bezieht. Der vorliegende Beitrag soll einen Überblick geben über die psychologischen Erkenntnisse darüber, welcher Art diese Einstellungen sein können, wodurch sie beeinflusst sind und welche Konsequenzen sie haben.

## 33.1 Die Mehrdimensionalität von Einstellungen

Der Einstellungsbegriff bezeichnet das Verhalten beeinflussende kognitive und emotionale Haltungen bzw. Stellungnahmen zu einem Gegenstand (Werth/Mayer 2008). Dabei muss allerdings beachtet werden, dass der Gegenstand, auf den sich die Bewertung beziehen soll, exakt spezifiziert werden muss. Um Einstellungen also aussagekräftig erheben zu können, müssen sie möglichst spezifisch erfragt werden. So können Einstellungen gegenüber einem Gegenstand (z. B. einer Institution wie einer Partei) von denen gegenüber einem spezifischeren Aspekt desselben Gegenstands (z. B. einem Repräsentanten dieser Partei) abweichen. Dementsprechend muss theoretisch begründet und präzise festgelegt werden, worauf sich die untersuchten Einstellungen beziehen sollen.

Die Forschung zu Einstellungen gegenüber Sterben und Tod fokussiert dabei im Wesentlichen die affektive Komponente von Einstellungen. Der allgemeinen Definition des Einstellungsbegriffs folgend, sollte die Untersuchung spezifischer Einstellungen gegenüber Sterben und Tod aber auch die Dimension der positiven affektiven Bewertung berücksichtigen und sich nicht, wie zu den Anfangszeiten thanatologischer Forschung, auf rein negative Einstellungen beschränken (Wittkowski 1990). Psychologische Befunde zu Einflussfaktoren (z. B. Erleben von Todesfällen nahestehender Personen), die auf Einstellungen gegenüber Sterben und Tod einwirken, und Auswirkungen von Einstellungen zu Sterben und Tod auf Verhalten und Erleben werden in späteren Abschnitten thematisiert.

## 33.2 Inhaltliche Präzisierung von Einstellungen gegenüber Sterben und Tod

Sterben und Tod sind untrennbar miteinander verbunden – warum also ist es für die psychologische Betrachtung erforderlich, zwischen Einstellungen gegenüber dem Sterben und gegenüber dem Tod zu unterscheiden? Collett und Lester (1969) haben erstmalig darauf hingewiesen, dass es sich trotz ihrer Untrennbarkeit bei ›Sterben‹ und ›Tod‹ um eigenständige Gegenstände handelt: Das Sterben bezeichnet den *Prozess*, der im Tod bzw. dem *Zustand* des Totseins mündet. Diese Unterscheidung macht deutlich, dass die Haltung gegenüber diesen beiden Aspekten durchaus verschieden ausfallen kann: Es ist denkbar, dass die Vorstellung vom Prozess des Sterbens weniger oder stärker Furcht erregend wirkt als die Vorstellung vom Zustand des Totseins.

Auch empirisch lässt sich diese Differenzierung aufzeigen. In faktorenanalytisch konstruierten Fragebögen zu den Themen ›Sterben‹ und ›Tod‹ ergeben sich jeweils voneinander unabhängige Fragenkomplexe zu Einstellungen gegenüber dem Sterben einerseits und dem Tod andererseits (vgl. Neimeyer/Moser/Wittkowski 2003 für einen Überblick über entsprechende Messmethoden). Darüber hinaus weisen Einstellungen gegenüber dem Sterben bzw. dem Tod nicht notwendigerweise gleichartige Zusammenhänge zu anderen psychologischen Konstrukten auf. So korrelieren z. B. Einstellungen gegenüber dem Tod positiv mit Religiosität (Sinn und Sicherheit durch Glauben) und dem Glauben an Gott, während sich für Einstellungen gegenüber dem Sterben eine negative Beziehung zu Religiosität und kein Zusammenhang zum Glauben an Gott zeigt (Wittkowski/Baumgartner 1977). Solche differenziellen Zusammenhänge verdeutlichen, dass es sich um zwar verwandte, aber doch getrennte Einstellungen handelt.

Wenn im Folgenden nicht ausdrücklich darauf hingewiesen wird, dass Einstellungen gegenüber Sterben


H. Wittwer/D. Schäfer/A. Frewer (Hg.), *Sterben und Tod. Ein interdisziplinäres Handbuch 2. Auflage*,
https://doi.org/10.1007/978-3-476-05761-7_33

*und* Tod behandelt werden, beschränkt sich die Darstellung auf Einstellungen gegenüber dem Tod. Um dies sogar noch genauer zu spezifizieren, sollen Einstellungen gegenüber dem *eigenen* Tod thematisiert werden, im Gegensatz zu Einstellungen zum Tod anderer Personen (Collett/Lester 1969), die beispielsweise in der kindlichen Entwicklung eines Verständnisses vom Tod eine Rolle spielen, wo zwischen dem Verständnis der eigenen Sterblichkeit und der Sterblichkeit anderer unterschieden werden kann (Slaughter 2005; s. Kap. 20: »Herausbildung des Todeskonzepts bei Kindern«).

## 33.3 Affektive Komponenten von Einstellungen gegenüber Sterben und Tod

Von besonderem Interesse für die Untersuchung von Einstellungen gegenüber Sterben und Tod sind die affektiven Bewertungen, mit denen diese Themen verknüpft sind. Dabei ist offensichtlich, dass es eine Vielzahl von Gründen gibt, aus denen der Tod Furcht erregend wirkt. Diese sind zum Teil auf das eigene Selbst bezogen, zum Teil sozialer Natur (Florian/Kravetz 1983): Unter anderem listet Wittkowski (1990) die Angst vor dem Unbekannten und Ungewissen auf, das Unbehagen bei der Vorstellung, dass der eigene Körper nicht mehr existieren wird, und das Bedauern, wichtige Lebensziele nicht mehr verwirklichen zu können. In einer groß angelegten Untersuchung wurden spontane Assoziationen mit dem Begriff ›Tod‹ erfragt, so dass sich ein detailliertes Bild davon ergibt, welche Befürchtungen damit verbunden sind (DiMola/Crisci 2001). Eine zentrale Rolle spielen hierbei Sorgen wegen der negativen Konsequenzen für die Hinterbliebenen. Die Thematisierung solcher negativer emotionaler Bewertungen dominiert die psychologische Forschung zum Thema ›Tod‹.

Dabei wird in der psychologischen Terminologie eine Unterscheidung gemacht zwischen zwei Begriffen, die umgangssprachlich synonym verwendet werden (Wittkowski 1990): Während ›Todesangst‹ in einem Moment aktueller Bedrohung des eigenen Lebens empfunden wird, bezeichnet ›Angst vor dem Tod‹ die emotionale Reaktion auf den antizipierten Zustand des Totseins. Es versteht sich von selbst, dass es sich aus ethisch-moralischen Gründen verbietet, Menschen in einen Zustand subjektiv erlebter Todesangst zu versetzen, und auch die Befragung von Personen, die ihren eigenen Tod vor Augen haben (z. B. aufgrund einer unheilbaren Krankheit), nur bedingt zulässig ist (vgl. z. B. Schuler 1984 zu zentralen forschungsethischen Fragen, die sich bei den Themen Sterben und Tod stellen), so dass die psychologische Forschung sich überwiegend der Antizipation des eigenen Todes und somit der Angst vor dem Tod widmet.

Neben diesen negativen emotionalen Einstellungen gegenüber Sterben und Tod gibt es allerdings auch eher positive Haltungen, die man einnehmen kann. Laut Ochsmann (1991) ist Angst vor dem Tod nicht einmal, wie man es wohl intuitiv annehmen würde und wie es die Terror Management Theory postuliert (Becker 1973; Solomon/Greenberg/Pyszczynski 2004), die am stärksten ausgeprägte Reaktion auf den Gedanken an den eigenen Tod: Verschiedene Autoren haben eine Vielzahl von Haltungen identifiziert und beschrieben, von denen nicht wenige keine negativen Emotionen beinhalten. Wie bereits erwähnt, fokussiert der Großteil der psychologischen Forschung zum Themenbereich Sterben und Tod jedoch auf den emotional negativen Einstellungselementen, obwohl z. B. Verfahren zur Messung akzeptierender Einstellungen gegenüber Sterben und Tod vorliegen (vgl. Neimeyer/Moser/Wittkowski 2003). Es sind allerdings verstärkte Bestrebungen zu verzeichnen, die Akzeptanz-Dimension in Theoriebildung und Forschung einzubeziehen (Wittkowski 2005; Wong 2008; Wong/Tomer 2011).

Wong (2000) unterteilt eher affektiv positive Haltungen in drei unterscheidbare Facetten der Akzeptanz des eigenen Todes: Seinem Modell zufolge ist für vermeidungsorientierte Akzeptanz charakteristisch, dass der Tod als eine Möglichkeit zur Flucht aus einem subjektiv unerträglichen Leben ohne Hoffnung auf Besserung willkommen geheißen wird. Dementsprechend ist eine Bejahung von Suizid oder Sterbehilfe bei Personen mit ausgeprägter vermeidungsorientierter Akzeptanz zu erwarten. Neutrale Akzeptanz hingegen zeichnet sich dadurch aus, dass das Sterben und der Tod als notwendiger Bestandteil der menschlichen Existenz anerkannt werden. Hierbei handelt es sich um eine affektive Anpassung an die kognitive Einsicht in die Unausweichlichkeit des eigenen Todes. Dieser wird allerdings weder begrüßt noch gefürchtet, sondern schlicht als Tatsache hingenommen. Damit entspricht die neutrale Akzeptanz wohl am ehesten einem umgangssprachlichen Verständnis von Akzeptanz. Wenn der Glaube an eine glückliche Existenz nach dem Sterbevorgang stark ausgeprägt ist und ein übergeordneter Sinn im eigenen Leben und dem Tod gesehen wird, liegt annäherungsorientierte Akzeptanz vor. Dementsprechend ist es laut Wong (2008) möglich und erstrebenswert, dass die Einsicht in die eigene Sterblichkeit einen Sinnsucheprozess in Gang setzt und zu einem intensiveren Leben und einem ruhigeren Sterben führt.

## 33.4 Stabilität von und Einflussfaktoren auf Einstellungen gegenüber Sterben und Tod

Die Themen ›Sterben‹ und ›Tod‹ sind über die gesamte Lebensspanne hinweg für den Menschen von Bedeutung, nicht nur für Ältere oder im Falle schwerer Erkrankungen (Feifel 1990). Die Art der Auseinandersetzung mit diesen Themen verändert sich im Laufe des Lebens allerdings: Während in der Kindheit zunächst ein Verständnis der Konzepte ›Sterben‹ und ›Tod‹ ausgebildet werden muss (Slaughter 2005; s. Kap. 20: »Herausbildung des Todeskonzepts bei Kindern«), variieren Einstellungen gegenüber Sterben und Tod im Erwachsenenalter in Abhängigkeit unterschiedlicher Einflussfaktoren. Dabei sind vor allem vier bedeutsame Einflussgrößen diskutiert worden, die im Folgenden näher beschrieben werden sollen: Alter, Geschlecht, Religiosität sowie Erfahrungen und Konfrontation mit Sterben und Tod. Mit kultureller Herkunft wird eine fünfte Größe zunehmend stärker erforscht (Doka/Neimeyer/Wittkowski u. a. 2016): Entsprechende Befunde werden, sofern vorhanden, unter die oben aufgelisteten Punkte subsumiert.

Der naheliegenden Frage, ob das Lebensalter einen Einfluss auf die Haltung gegenüber Sterben und Tod hat, ist in der Forschung intensiv nachgegangen worden, so dass eine Vielzahl empirischer Befunde vorliegt. Diesen liegt die Annahme zugrunde, dass im höheren Alter die Themen ›Sterben‹ und ›Tod‹ präsenter werden und dadurch eine Auseinandersetzung damit dringlicher. Tatsächlich ist die Intensität der gedanklichen Beschäftigung mit Sterben und Tod im höheren Erwachsenenalter stärker als in jüngeren Jahren (Thorson/Powell 2000). Dabei kann vermutet werden, dass gedankliche Auseinandersetzung zu einer Bewältigung von entsprechenden Ängsten und Befürchtungen führt (solange es sich bei den Gedanken nicht um lähmendes, passives Grübeln über den Furcht erregenden Gegenstand handelt).

Welchen Effekt hat nun das Lebensalter auf Einstellungen gegenüber Sterben und Tod? Im Allgemeinen lässt sich aus den empirischen Ergebnissen das folgende Bild ableiten (Thorson/Powell 2000; Wittkowski 2005): Im mittleren Erwachsenenalter zeigt die Angst vor dem Tod einen Höhepunkt und nimmt dann im höheren Erwachsenenalter ab, bis sie ein stabiles Niveau erreicht. Allerdings präsentieren Russac, Gatliff, Reese und Spottswood (2007) insofern ein abweichendes Ergebnis, als nur Frauen im mittleren Erwachsenenalter eine erhöhte Angst vor dem Tod berichten, aber ansonsten eine über die Lebensspanne hinweg abnehmende Angst vor dem Tod. Dabei scheint es aber besonders im höheren Erwachsenenalter eine große Varianz in der Stärke der Angst vor dem Tod zu geben, die von vielen Wirkfaktoren beeinflusst wird. So sind im höheren Erwachsenenalter der Einfluss von Variablen wie psychischer und körperlicher Gesundheit, Eigenständigkeit und wahrgenommenem Lebenssinn gut belegt (Fortner/Neimeyer/Rybarczyk 2000). Bezüglich des Lebenssinnes lässt sich in einer neueren Untersuchung mit älteren Personen aus Deutschland, Kamerun und Tschechien nachweisen, dass Ich-Integrität, d. h. eine den eigenen Lebensweg mit seinen Höhen und Tiefen akzeptierende Lebensbilanz, mit einer reduzierten Angst vor dem Tod einhergeht (Busch/Hofer/Poláčková Šolcová u. a. 2018). Interessanterweise berichten auch junge Erwachsene desto weniger Angst vor dem Tod, je stärker sie einen Sinn in ihrem Leben wahrnehmen (Lyke 2013). Persönliche – wie z. B. Ich-Integrität – oder soziale Ressourcen sowie Vulnerabilitäten spielen auch bei der Vorhersage der Angst vor dem Tod eine wichtige Rolle: Eine ausgeprägte Angst vor dem Alterungsprozess z. B. geht mit einer negativeren Einstellung gegenüber dem Tod einher (Benton/Christopher/Walter 2007), während ein schlechter Gesundheitszustand vor allem dann mit der Angst vor dem Tod zusammenhängt, wenn soziale Unterstützung fehlt (Hofer/Busch/Poláčková Šolcová u. a. 2017).

Alternativ zum tatsächlichen Lebensalter wird in manchen Untersuchungen die subjektiv empfundene Entfernung vom eigenen Tod als kritische Variable betrachtet. Welchen Einfluss diese Größe auf menschliches Verhalten hat, thematisiert die *Socioemotional Selectivity Theory* (Carstensen/Isaacowitz/Charles 1999): Mit abnehmender subjektiv wahrgenommener Entfernung vom eigenen Tod werden unmittelbar emotional belohnende gegenüber sich erst längerfristig auszahlenden Zielen und Verhaltensweisen bevorzugt. In einer Studie, die den Einfluss von empfundener Lebenszeit auf die Angst vor dem Tod untersucht, haben Power und Smith (2008) einen derartigen Interaktionseffekt identifiziert, dass Männer bei hoher subjektiver Entfernung zum Tod besonders negative Einstellung diesem gegenüber angeben. Dieser Befund passt zu dem Erklärungsansatz nach Thorson und Powell (2000), dass die zunehmend intensivere Auseinandersetzung mit der Todesthematik in einer Bewältigung der Angst vor dem Tod resultiert.

Unterscheiden sich Männer und Frauen hinsichtlich ihrer Einstellungen gegenüber Sterben und Tod? Dieser Frage haben sich viele Untersuchungen gewidmet. Die entsprechenden Ergebnisse variieren zwar je nach eingesetztem Erhebungsinstrument, insgesamt jedoch lässt sich ein stabiler Geschlechtseffekt dahingehend finden, dass Frauen von mehr Angst vor dem Tod berichten als Männer (Kastenbaum 2000). Dieser vielfach replizierte Befund (z. B. Henrie/Patrick 2014; MacLeod/Crandall/Wilson u. a. 2016) bleibt auch unter Kontrolle verschiedener Variablen wie z. B. dem Ausmaß sozial erwünschten Antwortverhaltens bzw. depressiver Symptomatik bestehen (Eshbaugh/Henninger 2013). Zudem scheint der Geschlechtsunterschied auch über verschiedene Kulturen hinweg robust zu sein (vgl. z. B. Suhail/Akram 2002 für eine pakistanische und Roshdieh/Templer/Cannon u. a. 1998 für eine iranische Stichprobe, wohingegen Okafor 1994/95 für Nigeria nur tendenzielle Geschlechtsunterschiede aufzeigt). Interessanterweise scheint der Unterschied zwischen den Geschlechtern mit zunehmendem Alter der Befragten abzunehmen (s. Fortner/Neimeyer/Rybarczyk 2000 für einen Überblick über Studien mit älteren Probanden; vgl. auch Busch/Hofer/Poláčková Šolcová u. a. 2018, die in ihrer kulturvergleichenden Stichprobe nur einen geringen Geschlechtsunterschied nachweisen). Einschränkend sollte jedoch hinzugefügt werden, dass diese Befundlage nicht notwendigerweise bedeutet, dass Männer tatsächlich weniger Angst vor dem Tod empfinden als Frauen; möglicherweise ist einfach ihre Bereitschaft geringer, diese Angst in einer Befragungssituation zuzugeben. Eventuell könnten sich Geschlechtsunterschiede auch auf spezifische Befürchtungen hinsichtlich des Sterbens und Todes zurückführen lassen. Beispielsweise berichten Russac und Kollegen (2007) sowie Power und Smith (2008) übereinstimmend, dass Frauen eine höhere Angst vor dem Tod ihnen nahestehender Personen angeben. Genaue Erörterungen der Frage nach Geschlechtsunterschieden hinsichtlich Einstellungen gegenüber Sterben und Tod sollten also den exakten Frageinhalt berücksichtigen, um einen möglichst detaillierten Vergleich durchführen zu können.

Aufgrund der Tatsache, dass alle Religionen Antworten auf Fragen nach dem Jenseits geben (von Barloewen 1996), ist es nicht verwunderlich, dass Religiosität eine intensiv beforschte Einflussgröße auf Einstellungen gegenüber Sterben und Tod ist. Dabei ist die Vorhersage nicht so eindeutig, wie es erscheinen mag (Kastenbaum 2000): Zunächst einmal kann sich Religiosität auf unterschiedliche Weisen äußern, die in der psychologischen Forschung getrennt werden sollten, da sie unterschiedliche Auswirkungen auf Verhalten und Erleben haben. Während extrinsische Religiosität den Glauben eher als Mittel zum Zweck einsetzt (z. B. Erlebnis einer Gemeinschaft, Schutz), handelt es sich bei intrinsischer Religiosität um eine tiefer in der Persönlichkeit verankerte Sinnsuche. Extrinsische Religiosität hängt positiv mit der Angst vor dem Tod zusammen (vgl. Ellis/Wahab 2013 für einen Überblick), intrinsische Religiosität hingegen negativ mit der Angst vor dem Tod (Ellis/Wahab 2013; Jong/Ross/Philip u. a. 2018) und positiv mit der annäherungsorientierten Akzeptanz des Todes (Ardelt 2003). Zwar scheint der negative Zusammenhang zwischen intrinsischer Religiosität und Angst vor dem Tod empirisch gut belegt, jedoch lässt sich ein umgekehrt U-förmiger Zusammenhang nicht ausschließen. So argumentieren Jong u. a. (2018), dass die Angst vor dem Tod für Menschen im mittleren Spektrum der Religiosität am stärksten sein sollte, weil diese Menschen sich am unsichersten sind, was sie nach dem Tode erwarten mag.

Allerdings können konkrete religiöse Vorstellungen einen entscheidenden Einfluss auf den Zusammenhang von Religiosität und Angst vor dem Tod nehmen: Religion kann sowohl eine beruhigende und Angst reduzierende Wirkung haben (Hoffnung auf eine gute Existenz im Jenseits) als auch eine abschreckende und Furcht einflößende (Angst vor einer strafenden Instanz im Jenseits). Entsprechend lässt sich z. B. zeigen, dass religiöse Personen weniger Angst vor dem Unbekannten angeben (Power/Smith 2008) bzw. die Vorstellung von Gott als nachsichtig und zur Vergebung bereit mit einem geringen Ausmaß an Angst vor dem Tod assoziiert ist (Krause 2015).

Wichtig zu betonen ist, dass die bisherige Forschungsliteratur vorwiegend Stichproben christlichen Glaubens thematisiert. Zu klären, inwieweit sich die beschriebenen Zusammenhänge auch für andere Religionen bestätigen, wird Aufgabe zukünftiger Forschung sein. Bisherige Befunde lassen zwar einerseits auf Gemeinsamkeiten, andererseits aber auch auf Unterschiede schließen. So weist Lin (2003) in verschiedenen religiösen und kulturellen (USA und Taiwan) Kontexten jeweils einen positiven Zusammenhang zwischen Religiosität und Todesakzeptanz nach. Und auch Wong, Fung und Jiang (2015) berichten, dass sowohl bei chinesischen Buddhisten als auch bei chinesischen Christen intrinsische Religiosität mit weniger Angst vor dem Tod und mehr Akzeptanz des Todes einhergeht. Allerdings war in der buddhistischen, nicht jedoch der christlichen Stichprobe auch der Zusammenhang zwischen extrinsischer Religiosität und Akzeptanz des Todes statistisch bedeutsam. Diese Befunde legen nahe, dass sich die Zusammenhänge zu Einstellungen gegenüber Sterben und Tod zwischen Religionen unterschiedlich darstellen könnten.

Eine weitere wichtige Größe, die Einstellungen gegenüber Sterben und Tod beeinflussen kann, ist die Erfahrung, die ein Mensch im Umgang mit Sterben und Tod hat. Entsprechend wird angenommen, dass das Bild vom Tod, das ein Individuum hat, »abhängig [...] von seiner spezifischen Todes-/Lebenserfahrung« ist (Langen/Rosemeier 1984, 306). Die Autoren belegen diese Annahme, indem sie zeigen, dass Personen, die viel Erfahrung mit todesthematischen Erfahrungen haben (z. B. Pflege oder Verlust von nahestehenden Menschen), eine weniger negative Haltung gegenüber dem Tod einnehmen. Dass dieser Effekt nicht in allen Studien repliziert werden konnte (z. B. Franke/Durlak 1990), lässt sich mit wichtigen Charakteristika der Situation, in der die todesthematischen Erfahrungen gemacht werden, erklären (Bluck/Dirk/Mackay u. a. 2008): In unterstützenden und angstfreien Kontexten, die eine persönliche Auseinandersetzung mit der Todesthematik erlauben, können solche Erfahrungen zu einer reduzierten Angst vor dem Tod führen. Ein solcher situationsbezogener Fokus würde auch eine Reanalyse jener Fälle erlauben, in denen Erfahrungen im Umgang mit Sterben und Tod keinen Einfluss zeigen auf Einstellungen gegenüber Sterben und Tod und auf diese Weise Unterschiede zwischen kulturellen Gruppen aufklären (vgl. Okafor 1994/95, der in einer nigerianischen Stichprobe keinen Einfluss von todesthematischer Erfahrung nachweisen konnte).

Die Annahme, dass also die Angst vor dem Tod durch positive Erfahrungen reduziert werden kann, bildet die Grundlage für *death education* Programme, in denen durch entsprechend angeleitete Übungen eine akzeptierendere Haltung gegenüber dem Tod gefördert werden soll (vgl. Wass 2004 sowie Kap. 52: »Death Education«) und die sich häufig an diejenigen Berufsgruppen richten, die in ihrem Berufsleben mit Sterben und Tod umgehen werden (z. B. McClatchey/King 2015). Auch gibt es therapeutische Ansätze, durch die Menschen am Ende ihres Lebens eine weniger angstvolle Sicht auf den Tod entwickeln sollen (Lo/Hales/Jung u. a. 2014).

## 33.5 Konsequenzen von Einstellungen gegenüber Sterben und Tod

Die Auswirkungen, die der Gedanke an den eigenen Tod haben kann, sind der Fokus der äußerst intensiv beforschten *Terror Management Theory* (Burke/Martens/Faucher 2010; Solomon/Greenberg/Pyszczynski 2004). Vorteil dieser Forschungsrichtung ist, dass konkretes Verhalten, das durch den Gedanken an den eigenen Tod ausgelöst oder verstärkt wird, in einem experimentellen Rahmen betrachtet wird. Zentrale Erkenntnis dieses Ansatzes ist, dass selbstwertförderliches Verhalten und die Identifikation mit selbsttranszendenten Wertvorstellungen der Bewältigung der Angst vor dem Tod dienlich sind (Burke/Martens/Faucher 2010). Allerdings vernachlässigt dieser theoretische Ansatz die Unterschiedlichkeit emotionaler Einstellungen gegenüber Sterben und Tod und geht von der einseitigen Annahme aus, die dominante Reaktion auf die Erkenntnis der eigenen Sterblichkeit sei Furcht, die abgewehrt werden müsse.

Auch abseits der Forschung zur *Terror Management Theory* ist die Annahme, dass sich Einstellungen gegenüber dem Tod auf das menschliche Erleben und Verhalten auswirken, untersucht worden. Beispielsweise lässt sich aus den Einstellungen gegenüber dem Tod bei älteren Patienten mit psychischen oder somatischen Beschwerden vorhersagen, ob sie einen Todeswunsch berichten oder nicht: Angst vor dem Tod zeigte dabei einen negativen, annäherungsorientierte Akzeptanz hingegen einen positiven Zusammenhang (Bonnewyn/Shah/Bruffaerts u. a. 2016). Zudem zeigten Lockhart und Kollegen (2001), dass die Angst vor dem Tod und eine vermeidungsorientierte Akzeptanz das Ausmaß der Sorge bezüglich lebenserhaltender medizinischer Behandlungsmaßnahmen vorhersagt.

Untersuchungen, in denen Menschen befragt wurden, die sich tatsächlich mit dem Tod konfrontiert sahen, konnten ebenfalls zeigen, welch bedeutsame Rolle Einstellungen gegenüber dem Tod im Umgang mit einer solchen Konfrontation spielen. Beispielsweise verringerte sich die Wahrscheinlichkeit, dass chronisch kranke Personen eine Patientenverfügung erstellt haben, mit dem Ausmaß ihrer Angst vor dem Tod (Dobbs/Emmett/Hammarth u. a. 2012). Ähnlich zeigten Knight und Elfenbein (1996), dass hohe Angst vor dem Tod mit einem vermeidenden Gesundheitsverhalten einhergeht (z. B. geringer Wunsch nach umfassender Aufklärung durch Mediziner). Bei Frauen, die vor Kurzem ein Kind verloren hatten, zeigte sich ein Zusammenhang zwischen Angst vor dem Tod (nicht aber vor dem Sterben) und der Intensität der Trauerreaktion: Je mehr der Tod gefürchtet wurde, desto intensiver wurde der Verlust des Kindes betrauert (Barr/Cacciatore 2008). Somit erlaubt die Kenntnis von Einstellungen zu Sterben und Tod eine Vorhersage des Erlebens und Verhaltens einer Person während der Konfrontation mit Sterben und Tod, was wiederum eine verbesserte Betreuung ermöglichen kann.

Aber auch bei Menschen, deren Beruf Konfrontationen mit Sterbenden mit sich bringt, bleibt die eigene Haltung gegenüber dem Tod nicht ohne Auswirkung. So konnten Schulz und Aderman (1978) zeigen, dass Ärzte mit stark ausgeprägter Furcht vor dem Tod bei schwer erkrankten Patienten mehr medizinische Maßnahmen durchführten und die Verweildauer ihrer Patienten im Krankenhaus länger war. Eine ablehnende Haltung gegenüber dem Tod führte also zu einer Weigerung, den Sterbeprozess eines Patienten zu akzeptieren. Je stärker die Angst vor dem Tod bei Sozialarbeitern ausgeprägt ist, desto weniger bereitwillig kommunizieren sie mit krebskranken Patienten über die Möglichkeiten einer Patientenverfügung (Peck 2009). Zudem weist Bernstein (2001) darauf hin, dass die eigene Einstellung gegenüber dem Tod die psychotherapeutische Behandlung von suizidalen Patienten beeinflusst. Ähnlich hängt das Ausmaß an Angst vor dem eigenen Tod negativ mit der Bereitwilligkeit, im Beruf mit älteren Personen zusammenzuarbeiten, zusammen (Mejia/Hyman/Behbahani u. a. 2018). Auch hier zeigt sich der praktische Nutzen der Erforschung von Einstellungen gegenüber Sterben und Tod: Entsprechende Diagnostik kann z. B. bei der Auswahl ehrenamtlich oder professionell in der Sterbebegleitung tätiger Personen wichtige Erkenntnisse über deren Eignung liefern.

## 33.6 Zusammenfassung

Der vorliegende Beitrag hat, ausgehend von einer allgemeinen Definition des Einstellungsbegriffs, Einstellungen gegenüber Sterben und Tod beleuchtet. Nach einer begrifflichen Präzisierung wurden unterschiedliche emotionale Haltungen (einerseits Furcht, andererseits Akzeptanz) erläutert. Anschließend wurden die in der entsprechenden Forschungsliteratur besonders häufig diskutierten Einflussfaktoren dargelegt, die auf Einstellungen zu Sterben und Tod einwirken. Zuletzt wurde gezeigt, auf welche Weise Einstellungen gegenüber Sterben und Tod das Verhalten und Erleben von Menschen beeinflussen können. Solche Verhaltenskonsequenzen zeigen, dass psychologische Forschung zu Einstellungen gegenüber Sterben und Tod »anwendungspraktische und sozialpolitische Bedeutung« (Wittkowksi 2005, 76) hat, weil sie dazu beitragen kann, die professionelle Betreuung von Personen, die sich mit Sterben und Tod konfrontiert sehen, zu verbessern.

### Literatur


Ardelt, M.: Effects of Religion and Purpose in Life on Elders' Subjective Well-being and Attitudes toward Death. In: *Journal of Religious Gerontology* 14 (2003), 55–77.

Barloewen, C. von: Der lange Schlaf. Der Tod als universelles Phänomen der Weltkulturen und Weltreligionen. In: Ders. (Hg.): *Der Tod in den Weltkulturen und Weltreligionen*. München 1996, 9–91.

Barr, P./Cacciatore, J.: Personal Fear of Death and Grief in Bereaved Mothers. In: *Death Studies* 32 (2008), 445–460.

Becker, E.: *The Denial of Death*. New York 1973.

Benton, J. P./Christopher, A. N./Walter, M. I.: Death Anxiety as a Function of Aging Anxiety. In: *Death Studies* 31 (2007), 337–350.

Bernstein, A.: Love and Death: Letting Go. In: *Modern Psychoanalysis* 26 (2001), 257–268.

Bluck, S./Dirk, J./Mackay, M. M./Hux, A.: Life Experience with Death: Relation to Death Attitudes and to the Use of Death-related Memories. In: *Death Studies* 32 (2008), 524–549.

Bonnewyn, A./Shah, A./Bruffaerts, R./Demyttenaere, K.: Are Religiousness and Death Attitudes Associated with the Wish to Die in Older People? In: *International Psychogeriatrics* 28 (2016), 397–404.

Burke, B. L./Martens, A./Faucher, E. H.: Two Decade of Terror Management Theory: A Meta-Analysis of Mortality Salience Research. In: *Personality and Social Psychology Review* 14 (2010), 155–195.

Busch, H./Hofer, J./Poláčková Šolcová, I./Tavel, P.: Generativity Affects Fear of Death Through Ego Integrity in German, Czech, and Cameroonian Older Adults. In: *Archives of Gerontology and Geriatrics* 77 (2018), 89–95.

Carstensen, L. L./Isaacowitz, D. M./Charles, S. T.: Taking Time Seriously: A Theory of Socioemotional Selectivity. In: *American Psychologist* 54 (1999), 165–181.

Collett, L.-J./Lester, D.: The Fear of Death and the Fear of Dying. In: *Journal of Psychology* 72 (1969), 179–181.

DiMola, G./Crisci, M. T.: Attitudes Towards Death and Dying in a Representative Sample of the Italian Population. In: *Palliative Medicine* 15 (2001), 372–378.

Dobbs, D./Emmett, C. P./Hammarth, A./Daaleman, T. P.: Religiosity and Death Attitudes and Engagement of Advance Care Planning Among Chronically Ill Older Adults. In: *Research on Aging* 34 (2012), 113–130.

Doka, K. J./Neimeyer, R. A./Wittkowski, J./Vallerga, M./Currelley, L.: Productivity in Thanatology: An International Analysis. In: *Omega* 73 (2016), 340–354.
Ellis, L./Wahab, E. A.: Religiosity and Fear of Death: A Theory-Oriented Review of the Empirical Literature. In: *Review of Religious Research* 55 (2013), 149–189.
Eshbaugh, E./Henninger, W.: Potential Mediators of the Relationship between Gender and Death Anxiety. In: *Individual Differences Research* 11 (2013), 22–30.
Feifel, H.: Psychology and Death – Meaningful Rediscovery. In: *American Psychologist* 45 (1990), 537–543.
Florian, V./Kravetz, S.: Fear of Personal Death: Attribution, Structure, and Relation to Religious Belief. In: *Journal of Personality and Social Psychology* 44 (1983), 600–607.
Fortner, B. V./Neimeyer, R. A./Rybarczyk, B.: Correlates of Death Anxiety in Older Adults: A Comprehensive Review. In: A. Tomer (Hg.): *Death Attitudes and the Older Adult: Theories, Concepts, and Applications*. New York 2000, 95–108.
Franke, K. J./Durlak, J. A.: Impact of Life Factors upon Attitudes towards Death. In: *Omega* 21 (1990), 41–49.
Henrie, J./Patrick, J. H.: Religiousness, Religious Doubt, and Death Anxiety. In: *International Journal of Aging and Human Development* 78 (2014), 203–227.
Hofer, J./Busch, H./Poláčková Šolcová, I./Tavel, P.: Relationship Between Subjectively Evaluated Health and Fear of Death among Elderly in Three Cultural Contexts: Effects of Internal and External Resources. In: *International Journal of Aging and Human Development* 84 (2017), 343–365.
Jong, J./Ross, R./Philip, T./Chang, S.-H./Simons, N./Halberstadt, J.: The Religious Correlates of Death Anxiety: A Systematic Review and Meta-Analysis. In: *Religion, Brain & Behavior* 8 (2018), 4–20.
Kastenbaum, R. J.: *The Psychology of Death*. New York 2000.
Knight, K. H./Elfenbein, M. H.: Relationship of Death Anxiety/Fear to Health-seeking Beliefs and Behaviors. In: *Death Studies* 20 (1996), 23–31.
Krause, N.: Trust in God, Forgiveness by God, and Death Anxiety. In: *Omega* 72 (2015), 20–41.
Langen, U./Rosemeier, H.-P.: Das Todeskonzept in Abhängigkeit von der Erfahrung, die Personen im Umgang mit Phänomenen haben, die den Tod betreffen. In: J. Howe/R. Ochsmann (Hg.): *Tod – Sterben – Trauer*. Frankfurt a. M. 1984, 306–313.
Lin, A. H.-M. H.: Factors Related to Attitudes towards Death among American and Chinese Older Adults. In: *Omega* 47 (2003), 3–23.
Lo, C./Hales, S./Jung, J./Chiu, A./Panday, T./Rydall, A./Nissim, R./Malfitano, C./Petricone-Westwood, D./Zimmermann, C./Rodin, G.: Managing Cancer and Living Meaningfully (CALM): Phase 2 Trial of a Brief Individual Psychotherapy for Patients with Advanced Cancer. In: *Palliative Medicine* 28 (2014), 234–242.
Lockhart, L. K./Bookwala, J./Fagerlin, A./Coppola, K. M./Ditto, P. H./Danks, J. H./Smucker, W. D.: Older Adults' Attitudes toward Death: Links to Perceptions of Health and Concerns about End-of-life Issues. In: *Omega* 43 (2001), 331–347.
Lyke, J.: Associations among Aspects of Meaning in Life and Death Anxiety in Young Adults. In: *Death Studies* 37 (2013), 471–482.
MacLeod, R./Crandall, J./Wilson, D./Austin, P.: Death Anxiety among New Zealanders: The Predictive Role of Gender and Marital Status. In: *Mental Health, Religion & Culture* 19 (2016), 339–349.
McClatchey, I. S./King, S.: The Impact of Death Education on Fear of Death and Death Anxiety Among Human Services Students. In: *Omega* 71 (2015), 343–361.
Mejia, M./Hyman, S. M./Behbahani, S./Farrell-Turner, K.: Death Anxiety and Ageist Attitudes Are Related to Trainees' Interest in Working with Older Adults. In: *Gerontology & Geriatrics Education* 39 (2018), 341–356.
Neimeyer, R. A./Moser, R. P./Wittkowski, J.: Untersuchungsverfahren zur Erfassung der Einstellungen gegenüber Sterben und Tod. In: J. Wittkowski (Hg.): *Sterben, Tod und Trauer – Grundlagen, Methoden, Anwendungsfelder*. Stuttgart 2003, 52–83.
Ochsmann, R.: Todesfurcht und ihre Auswirkungen. Wenn die eigene Sterblichkeit bewusst wird .... In: Ders. (Hg.): *Lebens-Ende. Über Tod und Sterben in Kultur und Gesellschaft*. Heidelberg 1991, 119–136.
Okafor, T. R. U.: Death Attitudes, Gender and Death Experience: The Nigerian Evidence. In: *Omega* 30 (1994/95), 67–78.
Peck, M. R.: Personal Death Anxiety and Communication About Advance Directives Among Oncology Social Workers. In: *Journal of Social Work in End-of-life & Palliative Care* 5 (2009), 49–60.
Power, T. L./Smith, S. M.: Predictors of Fear of Death and Self-mortality: An Atlantic Canadian Perspective. In: *Death Studies* 32 (2008), 253–272.
Roshdieh, S./Templer, D. I./Cannon, D. I./Canfield, M.: The Relationships of Death Anxiety and Death Depression to Religion and Civilian War-Related Experiences in Iranians. In: *Omega* 38 (1998), 201–210.
Russac, R. J./Gatliff, C./Reece, M./Spottswood, D.: Death Anxiety across the Adult Years: An Examination of Age and Gender Effects. In: *Death Studies* 31 (2007), 549–561.
Schuler, H.: Zehn Thesen zu forschungsethischen Problemen in der Thanato-Psychologie. In: J. Howe/R. Ochsmann (Hg.): *Tod – Sterben – Trauer*. Frankfurt a. M. 1984, 36–42.
Schulz, R./Aderman, D.: Physician's Death Anxiety and Patient Outcomes. In: *Omega* 9 (1978), 327–332.
Slaughter, V.: Young Children's Understanding of Death. In: *Australian Psychologist* 40 (2005), 179–186.
Solomon, S./Greenberg, J./Pyszczynski, T.: The Cultural Animal: Twenty Years of Terror Management Theory and Research. In: J. Greenberg/S. L. Koole/T. Pyszczynski (Hg.): *Handbook of Experimental Existential Psychology*. New York 2004, 13–34.
Suhail, K./Akram, S.: Correlates of Death Anxiety in Pakistan. In: *Death Studies* 26 (2002), 39–50.
Thorson, J. A./Powell, F. C.: Death Anxiety in Younger and Older Adults. In: A. Tomer (Hg.): *Death Attitudes and the Older Adult: Theories, Concepts, and Applications*. New York 2000, 123–136.
Wass, H.: A Perspective on the Current State of Death Education. In: *Death Studies* 28 (2004), 289–308.

Werth, L./Mayer, J.: *Sozialpsychologie.* Berlin 2008.
Wittkowski, J.: *Psychologie des Todes.* Darmstadt 1990.
Wittkowski, J.: Einstellungen zu Sterben und Tod im höheren und hohen Erwachsenenalter: Aspekte der Grundlagenforschung. In: *Zeitschrift für Gerontopsychologie & -psychiatrie* 18 (2005), 67–79.
Wittkowski, J./Baumgartner, I.: Religiosität und Einstellung zu Tod und Sterben bei alten Menschen. In: *Zeitschrift für Gerontologie* 10 (1977), 61–68.
Wong, L. P./Fung, H. H./Jiang, D.: Associations Between Religiosity and Death Attitudes: Different Between Christians and Buddhists? In: *Psychology of Religion and Spirituality* 7 (2015), 70–79.
Wong, P. T. P.: Meaning of Life and Meaning of Death in Successful Aging. In: A. Tomer (Hg.): *Death Attitudes and the Older Adult: Theories, Concepts, and Applications.* New York 2000, 23–35.
Wong, P. T. P.: Meaning Management Theory and Death Acceptance. In: A. Tomer/G. T. Eliason/Ders. (Hg.): *Existential and Spiritual Issues in Death Attitudes.* Mahwah 2008, 65–87.
Wong, P. T. P./Tomer, A: Beyond Terror and Denial: The Positive Psychology of Death Acceptance. In: *Death Studies* 35, 99–106.

**Weiterführende Literatur**

Wittkowski, J. (Hg.): *Sterben, Tod und Trauer – Grundlagen, Methoden, Anwendungsfelder.* Stuttgart 2003.

*Holger Busch*

# 34 Trauer – kulturhistorisch

## 34.1 Definition

Trauer als kulturhistorisches Phänomen umfasst die symbolischen, rituellen und materiellen Zeugnisse in Bezug auf das Ableben und den Verlust eines Menschen. ›Trauerkultur‹ bezeichnet die praktischen Handlungsweisen im Umgang mit dem Verstorbenen (Leichenpflege und Begräbnis), die soziale Ausgestaltung des krisenhaften Ereignisses (gesellschaftlich verbindliche Regeln der Reintegration der Hinterbliebenen) sowie die Bewältigung der mentalen Auswirkungen des Verlusts (Praktiken des Gedenkens). Das in den unterschiedlichen Epochen geübte Trauerverhalten strukturierte die Trennungs- und Wiedereingliederungsphasen und bettete den Tod jenseits der individuellen Verlusterfahrung in die kulturelle Ordnung der jeweiligen Gesellschaft ein. Während für den deutschen Kulturraum des Mittelalters die liturgische Memorialkultur maßgeblich war, differenzierte sich mit dem Beginn der Neuzeit eine auf das diesseitige Individuum bezogene Bestattungs- und Gedenkkultur aus. In der Moderne erfuhr die Trauerkultur eine emotional-bürgerliche Ausprägung, was in der Verdrängung des religiös fundierten Totenbrauchtums durch eine Vielzahl möglicher Trauerstrategien gipfelte.

## 34.2 Trauerkultur in der Vormoderne

Die christliche Trauerkultur des Mittelalters fußte auf der Vorstellung einer unauflöslichen Einheit der Lebenden und der Toten. Das über die liturgische Dimension hinausgehende soziale Handeln der *memoria* diente der Stabilisierung dieser Gemeinschaft (Oexle 1995, 39). Nachbarschaften, Bruderschaften oder Gilden als Träger der Totenfürsorge sahen sich zu posthumen Diensten für die Verstorbenen verpflichtet: Messopfer, Ablasskauf und gute Werke, etwa das Austeilen von Almosen an Arme, die dadurch zur Gebetshilfe angehalten wurden, sollten den Seelen der Verstorbenen Erleichterung und Abkürzung ihrer Leiden im Fegefeuer bringen (Ohler 1990, 163–167). Wer selbst die Fürsorge der Lebenden für die Verstorbenen mitgetragen hatte, konnte dem als Übergang interpretierten Sterben zuversichtlich entgegensehen. Wenn auch der eigentliche Zweck der Totenfürsorge das Bemühen um das Seelenheil war, so boten die regelmäßig wiederkehrenden rituellen Zeremonien doch auch die Möglichkeit der persönlichen Trauerbewältigung.

Das Christentum hatte die Toten auf das geweihte Areal rund um die Kirchen und damit in das Zentrum des religiösen und gesellschaftlichen Lebens geholt. Die Kirchhöfe als sakral wie profan genutzte Räume ließen den Lebenden das Wissen um die Vergänglichkeit des irdischen Daseins stets präsent erscheinen. Je nach sozialem Prestige wurden auf den Kirchhöfen und – für sozial Privilegierte unter Missachtung entsprechender Verbote – auch in den Kirchen Gräber angelegt. Dabei hatte ein Platz in der Nähe der Altäre, in denen Reliquien verwahrt wurden, eine besonders hohe Wertigkeit. Von der Fürbitte der dort verehrten Heiligen erhoffte man sich Beistand auf dem Weg zum Jüngsten Gericht (Sörries 2003).

Wie die liturgischen Formen der Gebetsfürsorge, so schufen auch die Grabdenkmäler einen Konnex zwischen den Lebenden und den Toten. Die familiäre Solidargemeinschaft fand seit der Renaissance ihren materiellen Ausdruck in privilegierten Erbbegräbnissen. Während sich Angehörige der Ober- und Mittelschicht auf den Kirchhöfen Ruhestätten aneigneten, die zunehmend namentlich durch Leichensteine identifizierbar waren, blieb für die Mehrzahl der Menschen bis in die Neuzeit hinein ein zeichenloses oder mit einfachen Holzkreuzen gekennzeichnetes Grab, häufig ein Massengrab, die Regel. Für die Heilserwartung musste dies keinen Makel darstellen, war doch das christliche Totengedenken nicht auf die Materialität der konkreten Gräber bezogen, sondern an die spirituell-verbale Namensnennung in der liturgischen *memoria* gebunden. Ungetaufte Kinder wurden auf christlichen Bestattungsplätzen gar nicht oder auf abgelegenen Bereichen in aller Stille begraben, Selbstmörder und Verbrecher wurden außerhalb der Ortschaften verscharrt, was einer doppelten Bestrafung gleichkam.

In dem als Wirtschaftsgemeinschaft angelegten vormodernen Familienverband brachte der Tod vor allem eine materielle Verunsicherung mit sich. Der Eintritt in den rechtlichen Status einer Witwe, eines Witwers oder eines Waisen forderte eine Neuregelung der ökonomischen Verhältnisse; aber auch die soziale und die biologische Fortexistenz der Familie war zu sichern. Die Trauerzeit hatte für die Hinterbliebenen den Charakter einer Bußzeit, die mit einer Phase des weitgehenden Ausschlusses aus der Gemeinschaft verbunden war (Jussen 1995, 217). Sie wurde durch die Einhaltung verbindlicher Verhaltensweisen wie des Fernbleibens von Festen und durch äußere Merk-

J. B. Metzler © Springer-Verlag GmbH Deutschland, ein Teil von Springer Nature, 2020
H. Wittwer/D. Schäfer/A. Frewer (Hg.), *Sterben und Tod. Ein interdisziplinäres Handbuch 2. Auflage*,
https://doi.org/10.1007/978-3-476-05761-7_34

male wie die Einhaltung regional unterschiedlicher Kleidervorschriften demonstriert. Die Dauer der Trauerzeit hing von der sozialen Stellung und dem Verwandtschaftsgrad zu dem Verstorbenen ab. Für einen Witwer galt im 18. Jh. eine Trauerzeit von sechs Monaten; die Wiederverheiratung konnte aber schon innerhalb kürzerer Frist erlaubt werden, um der Krise seiner häuslichen Wirtschaftsführung beizukommen. Für Frauen war wegen der Möglichkeit einer Schwangerschaft eine Trauerzeit von mindestens neun Monaten verpflichtend. Kinder sollten nur kurz oder gar nicht betrauert werden. Mit regionalen Unterschieden war die Trauerzeit in die Phasen der Voll-, Halb- und Austrauer unterteilt, wobei durch farbige Bänder an den weiblichen Trauerhauben in der letzten Phase die Bereitschaft zur Wiederverheiratung signalisiert werden konnte. Anders als Männer legten besonders ältere Witwen ihre Trauerkleidung häufig nie wieder ab (Heller-Winter 1984). Die in Schwarz – der Farbe der Entsagung – gehaltene Trauerkleidung musste von der Trauerfamilie auch weiteren Angehörigen zur Verfügung gestellt werden und gehörte aufgrund der damit verbundenen hohen Kosten zum immer wieder reglementierten Bestattungspomp.

Trotz des auf ökonomische Stabilität ausgerichteten Familienkonzepts und trotz vielfacher Todeserfahrungen aufgrund von Kriegen, Seuchen und hoher Kindersterblichkeit kann auch in der Vormoderne von einer emotionalen Gefühlsstruktur innerhalb der Familie ausgegangen werden. Während die altchristliche *memoria* die persönliche Trauerbewältigung nicht intendierte – sie aber auch nicht ausschloss –, veränderte der aufkommende Protestantismus im Übergang zur Frühen Neuzeit die religiöse Verbundenheit der Lebenden mit den Toten. Mit Luthers Lehre der *sola gratia* wurde das Heil der Verstorbenen allein der Gnade Gottes zugewiesen, was die liturgische *memoria* überflüssig machte. Während im Katholizismus die Sorge um das Seelenheil weiterhin bestimmend blieb, eröffnete der Protestantismus eine Trauerkultur, die den Verstorbenen mit seinen diesseitigen Leistungen sowie den Trost für die Hinterbliebenen in den Mittelpunkt stellte. Grabdenkmäler und Epitaphe entwickelten sich in der Frühen Neuzeit zu Medien des stilisierten, aber auch individuellen Schmerzes (s. Kap. 49: »Grabinschriften«). Sie belegen, dass selbst der Tod von Kindern, auch der Mädchen, für die betroffenen Familien als Verlust empfunden wurde. Die wegen ihrer Erbauungs- und Trostfunktion in der protestantischen Oberschicht verbreiteten Leichenpredigten (s. Kap. 46: »Leichenpredigten«) zeugen von den frühbürgerlichen Individualisierungstendenzen in Bezug auf Tod und Trauer.

Der Prozess des Begrabens war in ein strenges Zeremoniell eingebunden, das einem Trauerfall eine feste Struktur gab und im Stadium der Verunsicherung Orientierung bot. Die darin praktizierten Riten versinnbildlichten in vielfältiger Weise den Loslösungs- und Wiedereingliederungsprozess und sollten den Hinterbliebenen helfen, den Übergang zum zukünftigen Leben ohne den Verstorbenen zu meistern (Metken 1984b, 72 ff.). Zünfte, Bruderschaften und der nachbarschaftliche Verband waren die Träger der Totenfürsorge. Sie kleideten den Verstorbenen an und besorgten seine Aufbahrung. Die Teilnahme an Leichenbegängnissen, die bis weit in die Neuzeit als gesellschaftliche Verpflichtung innerhalb der örtlichen Gemeinschaft betrachtet wurde, verstand sich auch als Ehrendienst gegenüber dem Verstorbenen. Während der von Nachbarn und Angehörigen gehaltenen Totenwache im Trauerhaus bestand die Gelegenheit eines intensiven Abschiednehmens. Bevor der Sarg vernagelt und der Verstorbene den Blicken der Angehörigen entzogen wurde, führte die Aussegnung alle Beteiligten in den neuen Status ein, den sie durch den Tod erlangt hatten. Totenglocken, die nach dem Eintritt des Todes und während der Trauerprozession läuteten, kommunizierten das Ereignis über den engen Sozialverband hinaus und machten es zu einer öffentlichen Angelegenheit. Der Prozessionszug zum Begräbnisplatz, im ländlichen Bereich bis in die zweite Hälfte des 19. Jhs. von Klagefrauen begleitet, die den Schmerz rituell visualisierten, symbolisierte am offensichtlichsten die Phase der Loslösung. Zur Leichenfolge zählten auch Arme, die im katholischen Bereich zur Gebetsfürsorge herangezogen wurden. Psalmen singende Schüler übernahmen eine wichtige Aufgabe der Trostverkündigung. Während die evangelische Leichenpredigt die Würdigung des Verstorbenen und die Erbauung der Hinterbliebenen in den Mittelpunkt stellte, war es in der katholischen Totenmesse die Sorge um das Seelenheil. Das Einlassen des Sarges in das Grab besiegelte den Trennungsakt. Der ›Leichenschmaus‹, bei dem die strengen Formen aufgehoben waren und das gesellige Miteinander bis zum Exzess betrieben werden konnte, beendete diese Trauerphase und leitete endgültig in die neue Situation über.

Die Ausgestaltung der Leichenbegängnisse und die unterschiedliche Länge und Intensität des ›Verläutens‹ demonstrierten den sozialen Status des Verstorbenen und seiner Familie und waren in der ständischen Gesellschaft stark reglementiert. Bei fürstlichen oder staatstragenden Personen diente das Trauerzeremoniell außerdem zur Stabilisierung der dynastischen oder politischen Herrschaft. Wiederholt unbeachtet gebliebene obrigkeitliche Versuche, den von unteren sozialen Schichten übernommenen Bestattungspomp einzudämmen, zeugen von der Wertigkeit, die der Symbolkraft der Leichenbegängnisse beigemessen wurde. Ausgenommen von der öffentlichen Beisetzung waren Kinder und oft auch Arme, die ›ohne Sang und Klang‹ bestattet wurden.

## 34.3 Wandel in der Moderne

Seit der Reformation hatte sich das Heilsversprechen theologisch vom Ort der Bestattung gelöst, was eine Verlegung der Begräbnisplätze möglich machte. Mit ersten Neuanlagen außerhalb der Städte begann Anfang des 16. Jhs. das Ende der räumlichen Verbindung von Lebenden und Toten und damit der lokalen Einheit von Kirche, Grab und Trauer (Fischer 2001, 42). Aber erst die Aufklärung mit ihren rationalen Prinzipien von Ordnung und Zweckmäßigkeit und ein neues Hygienebewusstsein bewirkten an der Epochenschwelle zur Moderne einen veränderten Umgang mit dem Tod und den Toten. Bürokratisierung und Medikalisierung bestimmten seither den gesellschaftlichen Umgang mit den Verstorbenen. Wissenschaftliche Erkenntnisse führten dazu, dass die verwesenden Leichen als Gefahrenquellen begriffen wurden, vor deren schädlichen Ausdünstungen die Lebenden zu schützen waren. Zunächst in den Städten, seit dem 19. Jh. auch in ländlichen Regionen setzte eine von aufgeklärten Vorstellungen geprägte Medizinalbürokratie gegen den Widerstand der alten Oberschicht und der Geistlichen, die an der tröstenden Verbindung von Kirche und Grab festhalten wollten, die Anlage außerhalb liegender, zunächst wenig ästhetischer ›Leichenäcker‹ durch (Happe 2003a). Die Sicherheit des genealogischen Verbandes in der Ober- und Mittelschicht musste jedoch nicht aufgegeben werden, da neben zeitlich befristeten Reihengräbern käufliche Familiengrabstätten geschaffen wurden. Dass anstelle einer Hoffnung auf eine Rettung im Jenseits nun eine Fixierung auf das Diesseits existenziell wurde, belegt die um sich greifende Angst vor dem Scheintod (s. Kap. 10: »Scheintod«), die in den 1790er Jahren die Errichtung erster Leichenhallen zur Folge hatte.

Im 19. Jh. bestimmte eine auf die bürgerliche Familie bezogene, gezähmte Trauer den Umgang mit dem Tod. Als Kompensation für die mit fortschreitender Säkularisation entschwindende Auferstehungshoffnung erfuhr ein bürgerlicher Erinnerungskult seine Blütezeit. Im Rückgriff auf das klassische Vorbild vom Schlaf als Bruder des Todes wurde die Vorstellung der ›ewigen Ruhe‹ populär. Trotz des Zugeständnisses von Emotionalität sollte der Verlust naher Angehöriger gefasst und mit Würde getragen werden. Die Begräbnisplätze wandelten sich zu Sepulkrallandschaften, die Pietät und romantische Naturästhetik verbanden und in denen die Furcht vor einem endgültigen Exitus von der Trostvorstellung des ›ewigen Schlafes‹ kaschiert werden sollte. An der Wende vom 19. zum 20. Jh. bildeten besonders die Park- und Waldfriedhöfe einem prestigebewussten Bürgertum die Kulisse für die Präsentation seiner in monumentale Grabdenkmäler gegossenen Gefühlsregungen (Happe 2003b). Während das auf Dauer angelegte Familiengrab die generationenübergreifende Erinnerungsgemeinschaft hervorhob und damit der Trauerbewältigung einen überzeitlichen Rahmen gab, ließ das auf eine begrenzte Ruhezeit angelegte Reihengrab eine derartige Traditionsbildung nicht zu. Auch auf den modernen Friedhöfen herrschte daher eine unüberwindliche soziale Differenzierung. Die bürgerliche Verinnerlichung der Gefühle materialisierte sich am deutlichsten in der Grabmalskunst. Antike Skulpturen, die mit ihren melancholischen Gesten dem neuen Ideal entsprachen, gaben die visuellen Vorbilder: Die ›Trauernde‹ ist eine der häufigsten sepulkralen Figuren des bürgerlichen Zeitalters und repräsentiert wie keine andere die kultivierte Empfindung des ›sanften Todes‹ (vgl. Fischer 2005a). Zum Ideal der Kleinfamilie als emotionaler Liebesgemeinschaft gehörte die Hoffnung auf ein Wiedersehen nach dem Tod, was in zahlreichen Grabinschriften verbalisiert wurde.

Mit der gesteigerten emotionalen Bedeutung der Kernfamilie verbreitete sich die Anfertigung individueller Erinnerungsstücke. Dass der Verlust von Kindern mit großer Emotionalität verbunden war, belegen die im 19. Jh. vermehrt anzutreffenden bildlichen Darstellungen trauernder Eltern am Sarg oder Grab. Aus Haaren, dem Symbol der Lebenskraft, wurden feine Schmuckarbeiten und Trostbilder geknüpft, die für die Hinterbliebenen eine über den Tod reichende haptische Präsenz ermöglichten. Den gleichen Zweck erfüllten Totenkränze aus künstlichen Blumen, die den Leichnam oder den Sarg von Unverheirateten und Kindern schmückten. Häufig mit volksfrommen Sprüchen angereichert, hielten diese anschließend als Zimmerdenkmale das Andenken an die Verstorbenen wach. Totenmasken aus Gips sollten gemäß der romantischen Auffassung die Menschenseele im Augenblick des Todes unverstellt zeigen, blieben aber ein Erinnerungsmedium begüterter Schichten. Seit dem Aufkommen der Fotografie wurden Abbildungen des im Kreise der Familie aufgebahrten Leichnams populär. Ein zunächst ebenfalls im bürgerlichen Milieu anzutreffendes Trauersymbol, der üppige Blumenschmuck, fand mit Verzögerung auch im ländlichen Bereich seine Verbreitung. Die Trauerutensilien belegen eine veränderte symbolische Kommunikation, in der die transzendente Memorialleistung einer auf das Trostbedürftnis der Hinterbliebenen ausgerichteten Erinnerung wich. Die zeremonialen Bestattungsriten, die sich bis ins 20. Jh. weitgehend erhalten hatten, fanden nun ihren emotionalen Höhepunkt am offenen Grab, wo Grabreden die Leistungen des Verstorbenen würdigten.

Mit dem sukzessiven allgemeinen Verlust des Auferstehungsglaubens boten religiöse Motive und zur Konvention gewordene christliche Rituale keinen Trost mehr. Rationale Einstellungen bereiteten überdies brauchtümlichen Handlungen, die ursprünglich aus einer archaischen Angst vor Wiedergängern vollzogen worden waren, ein Ende. Eine pragmatisch-rationalistische Einstellung machte die Zulassung der modernen Feuerbestattung möglich, die in Deutschland 1878 mit der Eröffnung des ersten Krematoriums in Gotha ihren Anfang nahm. Die Feuerbestattung war gegen den beträchtlichen Widerstand der Kirchen eingeführt worden, denen die materialistische Sichtweise auf den Leichnam und der Verlust christlicher Trauersitten widerstrebten (Fischer 1996). Nicht zuletzt aufgrund der eklatanten gesellschaftlichen Verwerfungen wurde die Abkehr von dem tradierten Totenbrauchtum in der zweiten Hälfte des 20. Jhs. nicht mehr als Tabubruch empfunden. Den Kirchen ging die Definitionsmacht über die diesseitigen ›letzten Dinge‹ zunehmend verloren.

Immer größeren Einfluss auf das Trauergeschehen gewannen seit Beginn des 20. Jhs. kommerzielle Bestattungsunternehmen, denen die diskrete Beseitigung der toten Körper in die Hände gelegt wurde. Dem sozialen Miteinander der ersten Trauerphase des Loslösens war damit ein Ende gesetzt. Als Orte des Abschieds wurden anstelle der Sterbehäuser Aussegnungshallen und Trauerräume der Bestattungsunternehmen flächendeckend institutionalisiert. Die zum Hindernis gewordenen öffentlichen Trauerzüge nahmen mit der Verbreitung des Individualverkehrs seit den 1950er Jahren ihr Ende. Die Kleiderkonventionen sind seit den 1960er Jahren zunehmend aufgeweicht; Trauerkleidung hat ihre soziale Funktion eingebüßt und ist auch für Hinterbliebene nur noch während der Bestattungsfeier üblich. Der sichtbare Abschied ist damit aus dem öffentlichen Raum verdrängt. Kirchliche Zeremonien werden immer weniger wahrgenommen, und kollektive Gedenktage – das katholische Allerseelen und der evangelische Ewigkeitssonntag – verlieren ihre Verbindlichkeit. Die Aufgabe der Familienbegräbnisse und die stark ansteigende Zahl (anonymer) Feuerbestattungen tragen der zunehmend mobilen Gesellschaft Rechnung, in der die familiäre Erinnerungsgemeinschaft ihr Gewicht verloren und somit auch der gemeinschaftliche Ort der letzten Ruhe seine Symbolkraft als generationsübergreifender Trostort eingebüßt hat.

Während öffentliche Äußerungen von Trauer und Schmerz durch ein »überhöhtes Zivilisationstabu« (Elias 1982, 47) stark zurückgenommen werden, differenziert sich an der Wende zum 21. Jh. die Trauerkultur weiter aus. Hinterbliebene von Verkehrsopfern errichten am Unglücksort Holzkreuze und schmücken sie mit persönlichen Botschaften und Erinnerungsstücken, was der Trauerbewältigung, aber auch der Mahnung dienen soll (Löwer 1999). Die Hospizbewegung (s. Kap. 43: »Hospiz/Palliativmedizin«) erprobt aus zivilem Engagement heraus selbstbestimmte Trauerzeremonien. Im Internet etablieren sich virtuelle Friedhöfe, die sich als Teil eines globalen Kommunikationsnetzes verstehen und die Funktionen eines realen Friedhofs als Ort der Trauer und des sozialen Austauschs insbesondere für Angehörige einer mobilen Bildungselite bieten (Fischer 2001, 55). Die Materialität des tatsächlichen Grabes spielt bei dieser Art des Gedenkens keine Rolle mehr.

### Literatur

Elias, N.: *Über die Einsamkeit der Sterbenden in unseren Tagen.* Frankfurt a. M. 1982.

Fischer, N.: *Vom Gottesacker zum Krematorium. Eine Sozialgeschichte der Friedhöfe in Deutschland seit dem 18. Jahrhundert.* Köln/Weimar/Wien 1996.

Fischer, N.: Zur Geschichte der Trauerkultur in der Neuzeit. In: Herzog 2001, 41–57.

Fischer, N.: Sanfter Abschied: Die »Trauernde« – Über Tod und Geschlecht im bürgerlichen Zeitalter. In: A. Lutz (Hg.): *Geschlechterbeziehungen in der Neuzeit. Studien aus dem norddeutschen Raum.* Neumünster 2005, 179–191.

Happe, B.: Ordnung und Hygiene. Friedhöfe in der Aufklärung und die Kommunalisierung des Friedhofswesens. In: *AG Friedhof und Denkmal* 2003a, 83–110.

Happe, B.: Ästhetisierung und Repräsentation. Die neuen Parkfriedhöfe des ausgehenden 19. Jahrhunderts. In: *AG Friedhof und Denkmal* 2003b, 111–144.

Heller-Winter, E.: Trauerkleidung. In: Metken 1984a, 186–195.
Herzog, M. (Hg.): *Totengedenken und Trauerkultur. Geschichte und Zukunft des Umgangs mit Verstorbenen.* Stuttgart 2001.
Jussen, B.: Dolor und Memoria. Trauerriten, gemalte Trauer und soziale Ordnung im späten Mittelalter. In: Oexle 1995, 207–252.
Löwer, A.: *Kreuze am Straßenrand. Verkehrstod und Erinnerungskultur.* Frankfurt a. M. 1999.
Metken, S. (Hg.): *Die letzte Reise. Sterben, Tod und Trauersitten in Oberbayern.* München 1984a.
Metken, S.: Zeremonien des Todes. Sterberiten und Trauergepräge in München und Oberbayern. In: Dies.: 1984b, 72–95.
Oexle, O. G. (Hg.): *Memoria als Kultur.* Göttingen 1995.
Ohler, N.: *Sterben und Tod im Mittelalter.* München 1990.
Sörries, R.: Der mittelalterliche Friedhof. Das Monopol der Kirche im Bestattungswesen und der so genannte Kirchhof. In: *AG Friedhof und Denkmal* 2003, 27–52.

## Weiterführende Literatur

Arbeitsgemeinschaft Friedhof und Denkmal/Zentralinstitut und Museum für Sepulkralkultur (Hg.): *Raum für Tote. Geschichte der Friedhöfe von den Gräberstraßen der Römerzeit bis zur anonymen Bestattung.* Braunschweig 2003.
Ariès, Ph.: *Geschichte des Todes.* München/Wien 1980 (frz. 1977).
Fischer, N./Herzog, M. (Hg.): *Nekropolis. Der Friedhof als Ort der Toten und der Lebenden.* Stuttgart 2005.
Kammeier-Nebel, A./Fischer, N.: Familie, Tod und Trauerkultur. Sozialgeschichtliche Überlegungen zum Wandel von Gefühlsstrukturen im nachreformatorischen Deutschland. In: E. Kleinau/K. Schmersahl/D. Weickmann (Hg.): *Denken heißt Grenzen überschreiten. Beiträge aus der sozialhistorischen Frauen- und Geschlechterforschung.* Hamburg 1995, 65–83.
Sörries, R. (Bearb.): *Großes Lexikon der Bestattungs- und Friedhofskultur, Wörterbuch zur Sepulkralkultur. Volkskundlicher Teil: Von Abdankung bis Zweitbestattung.* Braunschweig 2002 (darin zahlreiche Literaturhinweise).

*Bärbel Sunderbrink*

# 35 Trauer – psychologisch

Die systematische professionelle Beschäftigung mit dem Phänomen der Trauer, sei es wissenschaftlich durch Beschreibung und Erklärung, sei es anwendungsorientiert in Form von Interventionen, hat eine vergleichsweise kurze Geschichte, die sich grob in drei Abschnitte einteilen lässt. Die Initialzündung am Beginn des 20. Jhs. bestand in Freuds Schrift *Trauer und Melancholie* (1917/1946), welche die Mechanismen und Auswirkungen eines Objektverlusts aus (spekulativer) psychoanalytischer Sicht darstellt. Der Beginn empirischer Forschung in diesem ersten Abschnitt der Trauerforschung wird mit Lindemanns Arbeit über *Symptomatology and Management of Acute Grief* (1944) verknüpft, die eine Reaktion auf den Brand in einem Bostoner Nachtclub war, bei dem etwa 500 Menschen ihr Leben verloren hatten. In der zweiten Hälfte des 20. Jhs. dominierte zunächst die systematische Dokumentation der Erscheinungsformen und der Dauer der Trauer beim Einzelnen. Diese intrapersonale Perspektive wurde dann um eine interpersonale erweitert, die soziale Risikofaktoren, Auswirkungen des Trauerns auf das soziale Beziehungsgefüge und die Wirksamkeit von Interventionen in den Blick nahm. Allmählich erfolgte ein Zuwachs an empirischen Kenntnissen, die Anzahl und Qualität der Untersuchungsverfahren nahm zu, und es wurden verfeinerte Untersuchungspläne verwendet. Allerdings waren empirische Arbeiten in diesem zweiten Abschnitt meist gegenstandsgeleitet. Um die Jahrtausendwende erfolgte eine Hinwendung zu jenen biologischen, psychischen und sozialen Prozessen, welche den Erscheinungsformen der Trauer einerseits zugrunde liegen und sie andererseits auslösen können. Schlagworte der nunmehr stärker theoriegeleiteten Forschung (kognitive Stresstheorie, Bindungstheorie) sind Auswirkungen, Bewältigung und Intervention(en). Einen umfassenden Überblick über nahezu alle Aspekte von Forschung und Praxis im Bereich des Trauerns bietet die Handbuch-Trilogie von M. Stroebe und ihren Kollegen (Stroebe/Stroebe/Hansson 1993; Stroebe/Stroebe/Hansson/Schut 2001a; Stroebe/Stroebe/Hansson/Schut 2008a) sowie in deutscher Sprache die Monographie von Znoj (2012).

Im Anschluss an eine allgemeine Kennzeichnung der Trauer werden im Folgenden komplizierte Trauer, die Folgen des Verlusterlebens für Gesundheit und Lebenserwartung, positive Wirkungen des Verlusterlebens sowie Interventionen für Trauernde und die Frage ihrer Wirksamkeit behandelt. Das Kapitel schließt mit einem Blick auf zukünftige Aufgaben in diesem Feld. Wegen Theorien zur Erklärung des Trauerns und Methoden der Trauerforschung sei auch auf Kapitel 6 in diesem Handbuch verwiesen.

## 35.1 Allgemeine Kennzeichnung von Trauer(n)

›Trauer‹ bezeichnet die natürliche Reaktion auf das Erleben eines Verlusts bzw. die Bewältigung einer Verlusterfahrung. In der Regel handelt es sich dabei um den Verlust einer Bezugsperson durch deren Tod, prinzipiell kommen aber auch andere Verlustobjekte in Betracht (z. B. ein Körperteil, die Heimat, das Ende eines Lebensabschnitts, die Hoffnung auf eine Karriere). Man unterscheidet den Trauerfall mit seinen objektiven Merkmalen, die kognitiven und emotionalen Reaktionen darauf, die spezifischen Verhaltensweisen des Trauerns sowie körperliche Erscheinungsformen (z. B. Herz-Kreislauf-Störungen). Den ersten drei dieser Aspekte entsprechen im Englischen die Begriffe *bereavement*, *grief* und *mourning*. Trauern ist somit ein mehrdimensionales Phänomen, das interindividuell und interkulturell große Unterschiede aufweist; beispielsweise erleben manche Menschen nach dem Tod einer Bezugsperson keinen Kummer. Wenngleich per se nicht als Krankheit aufgefasst, ist Trauern mit dem Risiko einer behandlungsbedürftigen somatischen und/oder psychischen Störung verbunden.

Trauerreaktionen können als Symptome der Anpassung an eine neue innere und äußere Lebenssituation aufgefasst werden. Die meisten Menschen erreichen nach ein bis zwei Jahren die Wiederherstellung von Wohlbefinden und Funktionsfähigkeit, wenngleich sie in bestimmten Hinsichten verändert bleiben. Die Vorstellung eines fortschreitenden Verlaufs mit einer allmählichen Abnahme der anfänglichen Beeinträchtigungen ist im Prinzip nach wie vor gültig (Stroebe/Hansson/Schut u. a. 2008b). Dabei ist mit erheblichen interindividuellen Unterschieden in den emotionalen Begleiterscheinungen zu rechnen, und es sind Differenzierungen angebracht. So konnten Wittkowski/Scheuchenpflug (2015) zeigen, dass innerhalb der ersten zwei Jahre nach dem Verlust für akute emotionale und kognitive Beeinträchtigungen sowie für das Empfinden der Nähe zur verstorbenen Person eine *Intensivierung* stattfindet, auf die dann eine *Abschwächung* folgt. An diesen umgekehrt u-förmigen Verlauf schließt sich nach drei und mehr Jahren ein allmähliches Abklingen an.


H. Wittwer/D. Schäfer/A. Frewer (Hg.), *Sterben und Tod. Ein interdisziplinäres Handbuch 2. Auflage*,
https://doi.org/10.1007/978-3-476-05761-7_35

Es gibt mehrere Phasenmodelle des Trauerverlaufs, die aus der Praxis der Trauerberatung und -therapie hervorgegangen sind und die zum Teil auch Aufgaben enthalten, die der oder die Trauernde bei günstigem Verlauf in der Regel erledigt (Worden 1986). Eine allgemein gültige, stets gleiche Abfolge von Trauerreaktionen ist bei Beachtung üblicher methodischer Anforderungen nicht nachweisbar. Das auf Freud (1917/1946) zurückgehende Konzept der ›Trauerarbeit‹, die mit der Lösung der Bindung an die verstorbene Person ihren Abschluss findet, ist vom Konzept der fortdauernden Bindungen (Klass/Silverman/Nickman 1996; Klass/Steffen 2018) abgelöst worden. Insofern gibt es zwar eine ›Erholung‹ des Trauernden, der sich wieder den verschiedenen Lebensinhalten zuwenden kann, ein Rest von Trauern bleibt jedoch lebenslang erhalten.

Unterschiede in der Dauer, Intensität und Qualität des Trauerprozesses ergeben sich aus der Beziehungsqualität, die zwischen der verstorbenen Person und dem Hinterbliebenen bestand (Partner, Eltern-Kind, Geschwister), dem Alter bzw. Entwicklungsstand der verlorenen Person einerseits und des Hinterbliebenen andererseits (Kind, Jugendlicher, Erwachsener) sowie aus der Todesart (Krankheit, Unfall, Verbrechen, Suizid; s. Wittkowski/Scheuchenpflug 2016). Bei Gleichheit anderer Bedingungen wird der krankheitsbedingte Tod der betagten Großeltern von deren (erwachsenen) Enkeln als vergleichsweise wenig belastend erlebt. Sehr starke Auswirkungen hat hingegen der Suizid des eigenen Kindes auf seine Eltern sowie der Tod eines Elternteils auf ein Kind. Ein integratives Modell der Risiko- und Schutzfaktoren zur Vorhersage des Trauerns bieten Stroebe/Folkman/Hansson u. a. (2006).

Als eine Sonderform der Trauer kann man das Erleben des Verlustes eines Menschen durch dessen Tod im Kontext fehlender gesellschaftlicher Anerkennung oder gar Ächtung betrachten (*disenfranchised grief*; vgl. Doka 1989). Mit diesem Konzept wird der soziale Aspekt des Trauerns betont. Dem Trauernden wird kein Recht auf seine Trauer und ihren öffentlichen Ausdruck zugestanden; daher steht das subjektive Empfinden des Trauernden im Gegensatz zu den Trauerregeln seiner Bezugsgruppe. Ein zentrales Merkmal sozial nicht anerkannter Trauer ist der Mangel an kollektiver Empathie, unter dem die Betroffenen in der Regel leiden. Sozial nicht anerkanntes Trauern kommt vor, wenn die Beziehung zum Verstorbenen sozial nicht akzeptiert ist (z. B. bei einem gleichgeschlechtlichen Partner), wenn der Verlust als unbedeutend angesehen wird (z. B. der Tod eines Haustiers), wenn sich der Verstorbene in einem sozial geächteten Milieu aufgehalten hatte (z. B. in der Drogenszene mit AIDS als Folge) oder wenn die Ausdrucksformen der Trauer zu sehr von gesellschaftlichen Normen abweichen. Eine weitere Sonderform ist die antizipatorische Trauer, die durch einen erwarteten Verlust ausgelöst wird (vgl. Rando 2000). Der Trauerprozess beginnt also bereits, bevor der Tod der Bezugsperson eingetreten ist. Schließlich gibt es noch mehrdeutiges Trauern (*ambiguous loss*; vgl. Boss 1999) in Fällen, in denen die verlorene Person entweder lebt (z. B. nach einer Trennung) oder ihr Leichnam nicht auffindbar war, etwa als Opfer eines Unfalls oder als Soldat.

## 35.2 Komplizierte Trauer

Kommt es zu klinisch bedeutsamen Abweichungen hinsichtlich Intensität und Dauer allgemeiner und spezifischer Trauerreaktionen von der jeweiligen kulturellen Norm der trauernden Person und infolgedessen zu nachhaltigen Beeinträchtigungen im sozialen, beruflichen oder anderen Funktionsbereichen, spricht man von komplizierter (auch: abnormer, chronischer, pathologischer, problematischer, traumatischer) Trauer (Stroebe/Schut/van den Bout 2013; Znoj 2016) bzw. seit Kurzem von einer Anhaltenden Komplexen Trauerstörung (Falkai/Wittchen 2015). Symptome der Komplizierten Trauer (KT) sind ein lang andauernder starker Trennungsschmerz sowie traumatische Beeinträchtigungen. KT wird als eigenständige diagnostische Kategorie angesehen, die sich von normaler Trauer, von verlustbezogener Depression und Angst sowie von einer Posttraumatischen Belastungsstörung unterscheidet (Prigerson/Jacobs 2001). Eine Übersicht über empirisch begründete Risikofaktoren für KT bieten Burke/Neimeyer (2013).

Die Prävalenz komplizierter Trauer wird in internationalen Studien auf 15 bis 20 Prozent geschätzt (Bonanno/Wortman/Nesse 2004). In einer repräsentativen Stichprobe der deutschen Bevölkerung fanden Kersting/Brähler/Glaesmer u. a. (2011) für Personen im Allgemeinen ($N = 2520$) eine Prävalenz von 3,7 % und speziell für Personen nach dem Verlust einer bedeutenden Bezugsperson ($N = 1445$) eine Prävalenz von 6,7 %.

## 35.3 Auswirkungen des Verlusterlebens auf Gesundheit und Lebenserwartung

Es kann als gesichert gelten, dass trauernde Menschen gesundheitliche Beeinträchtigungen erfahren (vgl. Center for the Advancement of Health 2004): Sie haben ein erhöhtes Risiko, eine Depression, eine Angststörung oder andere psychiatrische Störungen auszubilden sowie körperliche Erkrankungen einschließlich Infektionen zu bekommen; sie suchen häufiger als andere Menschen Ärzte auf, sind häufiger im Krankenhaus, nehmen mehr Medikamente ein und haben mehr Krankheitstage als Nicht-Trauernde. Trauernde haben ein erhöhtes Sterblichkeitsrisiko, insbesondere auch durch Suizid. Das höchste Risiko besteht in den ersten Wochen und Monaten nach dem Verlust, und Männer sowie jüngere Trauernde haben ein höheres Sterblichkeitsrisiko als Frauen und ältere Trauernde. Eine ausgeprägte Symptomatik am Beginn des Trauerprozesses korreliert positiv mit langfristigen Komplikationen bzw. behandlungsbedürftigen Störungen (Stroebe/Hansson/Stroebe u. a. 2001b). Diese Aussagen gelten in erster Linie für verwitwete Personen, *mutatis mutandis*, aber auch für alle von einem Verlust Betroffenen. Allgemein lassen sich als schädigende bzw. protektive Faktoren unterscheiden (Center for the Advancement of Health 2004): die Umstände des Todes (z. B. plötzlich oder erwartet); Personenmerkmale (z. B. emotionale Labilität, Religiosität); interpersonale Faktoren (in erster Linie soziale Unterstützung). Derzeit ist es nicht möglich, eine Unterscheidung in kurz-, mittel- und langfristige Gesundheitsfolgen vorzunehmen sowie das Sterblichkeitsrisiko entsprechend differenziert einzuschätzen.

Was speziell Trauer(n) nach dem Verlust des (Ehe-) Partners betrifft, so liegen Belege dafür vor, dass das Mortalitätsrisiko Verwitweter nur im ersten halben Jahr nach Eintritt des Verlusts erhöht ist, sich danach aber nicht von demjenigen von nicht trauernden Vergleichspersonen unterscheidet (Stroebe/Stroebe 2005). Bei der Trauer um den Verlust des eigenen Kindes (im Kindesalter) zeigen Mütter stärkere Reaktionen als Väter (Dyregrov 1990; Lang/Gottlieb/Amsel 1996), beim Trauern um den Verlust eines erwachsenen Kindes besteht kein Unterschied zwischen den Eltern (Nolen-Hoeksema/Larson 1999, 110–112). Es kann als sicher gelten, dass nicht der Verlust eines Elternteils für sich genommen für die Ausbildung späterer Störungen verantwortlich ist. Bedingungen, die den potenziell schädigenden Effekt eines Elternverlusts auf ein Kind moderieren, dürften Persönlichkeitsmerkmale des Kindes, das Verhalten des verbliebenen Elternteils, allgemein die Verfügbarkeit sozialer Unterstützung (z. B. durch Großeltern) sowie die Kontinuität der Lebensumstände sein (Oltjenbruns 2001, 111). In verschiedenen Studien wurden bei Kindern nach dem Verlust eines Geschwisterkindes Appetitmangel, Albträume, geringere soziale Kompetenz als bei Vergleichspersonen sowie kurzfristig vermehrte Verhaltensauffälligkeiten (insbesondere nach außen gerichtete Aggression) beobachtet, die jedoch mit der Zeit abnahmen. Speziell Jugendliche zeigten nach dem Verlust eines Elternteils mittelfristig verstärkte Angst und Depression, Alkoholmissbrauch, Delinquenz und Schulversagen. Bei Verlust eines Bruders oder einer Schwester zeigen jüngere Jugendliche mehr körperliche Beschwerden, ältere Jugendliche hingegen stärkere psychische Beeinträchtigungen (Balk/Corr 2001).

## 35.4 Positive Wirkungen des Verlusterlebens

Trauer weist nicht ausschließlich beeinträchtigende Merkmale auf. Vielmehr gibt es Belege für einen Zugewinn an positiven Erlebensmöglichkeiten als Resultat eines kritischen Lebensereignisses im Allgemeinen (vgl. Filipp/Aymanns 2010, 115–122) wie auch des Trauerns im Besonderen. Persönliches Wachstum nach einem Verlust kann u. a. in einer größeren Wertschätzung des eigenen Lebens, in verbesserter Empathiefähigkeit sowie in einem Zuwachs an innerer Stärke und Selbstvertrauen zum Ausdruck kommen (Volkan/Zintl 2000, 45–48). In der Studie von Wittkowski/Scheuchenpflug (2015) zeigte sich deskriptiv, d. h. ohne inferenzstatistische Absicherung, für Persönlichkeitsentwicklung/Wachstum sowie für Zunahme an Empathie für andere nach einem anfänglichen Absinken eine stetige Intensitätszunahme über einen Zeitraum von zwei Jahren hinaus.

## 35.5 Theoretische Ansätze

Es gibt unterschiedliche Ansätze zur Erklärung des Verlusterlebens. Aus Sicht der *Psychoanalyse* (Freud 1917/1946) besteht die ›Trauerarbeit‹ darin, psychische Energie (Libido) von der verstorbenen Person abzuziehen (›Katharsis‹), so dass sie für neue Objektbesetzungen verfügbar ist. Die *Bindungstheorie* (Bowlby 1983) postuliert, dass Bindungen (z. B. zwischen

Mutter und Kind) biologisch determiniert sind und dass auf eine vorübergehende Trennung wie auch auf den dauerhaften Verlust prinzipiell die gleiche Reaktion erfolgt. Die Symptome des Trauerns, allen voran der Trennungsschmerz, ergeben sich aus der Art und der Intensität der gefühlsmäßigen Bindungen des Hinterbliebenen an die verstorbene Person. Dies wird durch die *evolutionstheoretische Sicht* (Archer 1999) gestützt. Demnach sind Kummer und die Suche nach der verlorenen Person für das Fortbestehen der Gruppe bzw. Art nützlich, weil sie im Falle der Trennung zum Wiederfinden führen können und im Falle des Todes durch Helfen und Trösten den Zusammenhalt stärken. Die *kognitive Stresstheorie* (Folkman 2011) betrachtet den Verlust einer geliebten Person als eines unter zahlreichen anderen kritischen Lebensereignissen. Sie interessiert sich für die gedanklichen Bewertungen, die dieses Ereignis subjektiv zum Stressor machen, sowie für die nachfolgenden (unwillkürlichen) psychischen Bewältigungsprozesse (Coping). Dabei spielen auch Risikofaktoren und schützende Faktoren (Resilienz) eine Rolle. In einer gewissen Nähe dazu steht der *konstruktivistische Ansatz* (Neimeyer 2001). Hier besteht der zentrale psychische Vorgang des Trauerns darin, dem Verlusterleben sowie dem veränderten Leben ohne die verstorbene Person einen Sinn zu verleihen. Im günstigen Fall führt die Rekonstruktion von Sinn zu einem neuen Narrativ des Hinterbliebenen in seiner Beziehung zum Verstorbenen.

Zwei theoretische Ansätze verdienen nähere Betrachtung. Das *Dual Process Model of Coping With Bereavement* (DPM; Stroebe/Schut 1999) postuliert, dass die Auseinandersetzung mit dem Verlust in Form kognitiver Umstrukturierung nur die eine Seite der Bewältigung ist, nämlich die Orientierung auf den Verlust. Die andere Seite ist auf Erholung ausgerichtet, indem der/die Betroffene sich neuen (oder auch alten) Aufgaben und Beziehungen zuwendet. Diese beiden Vorgänge werden nicht als Alternative verstanden, hinsichtlich derer sich Individuen unterscheiden; vielmehr laufen sie alternierend bzw. oszillierend in ein und demselben Trauernden ab. Die Vermeidung beeinträchtigender Gedanken und Gefühle gewährleistet die Bewältigung alltäglicher Anforderungen; die Hinwendung zum Verlust fördert die mentale Rekonstruktion der Beziehung zu der verstorbenen Person. Das Oszillieren beider Prozesse ermöglicht eine ausgewogene Erholung. Das *Two-track Model of Bereavement* (TTM; Rubin 1999) sieht gleichfalls zwei Dimensionen vor. Die eine betrifft das biopsychosoziale Funktionieren des Menschen nach einem Verlust. Die andere ist die fortdauernde Beziehung zum Verstorbenen. Diese zweifache Perspektive auf die Anpassung an die Situation eines Verlusts kann gleichermaßen hilfreich für die (klinische) Diagnosestellung wie für Interventionen sein.

## 35.6 Untersuchungsverfahren zur Erfassung des Trauerns

In englischer Sprache gibt es zahlreiche allgemeine und spezielle Fragebogenverfahren zur Erfassung des Trauerns (s. die Übersichten bei Kersting/Fisch/Suslow u. a. 2003; Neimeyer/Hogan/Laurie 2008). Erstere erheben den Anspruch, den normalen Trauerprozess umfassend und bei trauernden Populationen jeder Art abzubilden, Letztere zielen spezifische Aspekte des Trauerprozesses und/oder bestimmte Gruppen Trauernder an. Das *Inventory of Complicated Grief* ist inzwischen in einer deutschsprachigen Version verfügbar (Lumbeck/Brandstätter/Geissner 2012).

Das *Würzburger Trauerinventar* (WüTi; Wittkowski 2013) ist derzeit der einzige allgemeine, d. h. hinsichtlich seines Messanspruchs unspezifische Fragebogen zur Erfassung des Erlebens nach dem Verlust einer Bezugsperson in deutscher Sprache. Das Verfahren wurde nach den Grundsätzen der Klassischen Testtheorie konstruiert. Es besteht aus 24 Feststellungen, die die Aussage »Ich habe einen Verlust erlitten, weil er/sie nicht mehr lebt. Während der letzten 14 Tage ...« vervollständigen und die sich fünf Skalen zuordnen lassen: Akute emotionale und kognitive Beeinträchtigungen, allgemeine Persönlichkeitsentwicklung/Wachstum, Schuldgefühle/Selbstvorwürfe, Zunahme von Sensibilität/Empathie für andere und Nähe zur verstorbenen Person. Für diese Skalen stehen Prozentrang-Normen für Frauen und Männer zur Verfügung. Die Interkorrelationen der Skalen bestätigen die Konstruktvalidität des Verfahrens. Korrelationen der Skalen mit einer Depressionsskala zeigen seine differenzielle Validität. Das WüTi ist kein zusätzliches Verfahren zur Erfassung von Depression, sondern bildet Trauern als eigenständiges Merkmal ab.

## 35.7 Interventionen für Trauernde und die Frage ihrer Wirksamkeit

Personen, die sich mit einem Verlusterlebnis auseinandersetzen, werden in drei Kategorien unterteilt, denen sich die entsprechenden Interventionen zuordnen lassen: (a) Solche mit einem normal/unauffällig verlaufenden Trauerprozess; hier ist Trauerbegleitung (primäre Intervention) angemessen. (b) Solche mit einem hohen Risiko eines abnormen Trauerverlaufs; hier ist Trauerberatung (sekundäre Intervention) indiziert, deren Aufgabe auch darin besteht, gefährdete Trauernde einer Trauertherapie zuzuweisen. (c) Solche mit komplizierter bzw. verzögerter Trauer; für diese Personen ist Trauertherapie (tertiäre Intervention) notwendig.

Wie wirksam sind Interventionen für Trauernde? Sind sie überhaupt wirksam? Jordan/Neimeyer (2003) geben eine Übersicht über die Ergebnisse von vier Metaanalysen zur Wirkung von Trauerinterventionen aus den Jahren 1999 bis 2001. Bei einer Metaanalyse werden die Daten aus vielen Einzelstudien zusammengefasst und als neuer, umfangreicher Datensatz mit den Methoden der Prüfstatistik analysiert; die wichtigste Größe bei der Ergebnisdarstellung ist die sogenannte Effektstärke. Durch die vier Metaanalysen wurden 87 Einzelstudien erfasst. Das allgemeine Ergebnis dieser Untersuchungen besteht darin, dass die wissenschaftlich nachweisbare Wirksamkeit formalisierter Interventionen für Trauernde (Trauerberatung, Trauertherapie) gering ist und weit unterhalb der Wirksamkeit der meisten anderen Arten psychotherapeutischer Interventionen liegt. In einer eigenen Metaanalyse von Currier/Neimeyer/Berman (2008) auf der Grundlage von 61 Studien, die alle eine Kontrollgruppe enthielten und Wirksamkeitsmessungen zu Beginn der Intervention, an ihrem Ende sowie mit zeitlichem Abstand (*follow-up*) vorgenommen hatten, ergab sich als Gesamteffekt, dass Intervention am Ende der Behandlung zwar wirksamer ist als keine Intervention, dass sich jedoch in der Nachuntersuchung keine Wirkung mehr nachweisen lässt. Ferner ergibt sich als Schätzung, dass 38 Prozent der Klienten ohne jegliche Intervention Verbesserungen in höherem Ausmaß erzielt hätten, als dies mit Trauerberatung der Fall gewesen wäre. Mit anderen Worten: Trauertherapie hat keine dauerhafte Wirkung, und Trauerberatung ist zu einem nicht geringen Anteil sogar kontraproduktiv. Bemerkenswert ist ferner, dass die niedrigschwelligen Interventionen der Trauerbegleitung und -beratung keine präventive Wirkung haben. Bereits früher hatten Schut/Stroebe/van den Bout u. a. (2001) in einer kritischen Bilanzierung der einschlägigen Literatur gezeigt, dass die Wirksamkeit von Interventionen für die drei Kategorien von Trauernden unterschiedlich ist: Die Wirksamkeit primärer Intervention ist nicht nachgewiesen, für sekundäre Intervention sind Effekte von allenfalls mäßiger Stärke und begrenzter Dauer nachgewiesen. Für tertiäre Intervention haben sich überwiegend positive Effekte gezeigt, wenngleich nur von mittlerer Stärke. Nach allen vorliegenden Befunden kann man also nicht pauschal bejahen, dass Interventionen für Trauernde wirksam sind.

Als einen der Gründe für diesen für die Zunft der Trauerberater und -therapeuten niederschmetternden Befund führen Jordan/Neimeyer (2003) sowie Currier/Neimeyer/Berman (2008) einen Mangel an theoretischer bzw. konzeptioneller Stringenz der durchgeführten Interventionen an. Aus den inspizierten Studien ist vielfach nicht ersichtlich, in welcher Weise die betreffende Intervention aus einer Theorie oder aus anderen Konzepten der Trauerforschung entwickelt wurde und ob sie entsprechenden Forschungsergebnissen Rechnung trägt. Es hat vielmehr den Anschein, als würden verschiedene Formen der Psychotherapie als Routineintervention durchgeführt in der Annahme, sie seien auch für die Besserung trauerspezifischer Beeinträchtigungen geeignet.

## 35.8 Herausforderungen in der Zukunft

Die andauernde Kluft zwischen Forschern und Praktikern zieht sich wie ein roter Faden durch die kurze Geschichte der professionellen Beschäftigung mit der Trauer. Die Wissenschaftler vermögen den Praktikern kaum verwendbare Hinweise zu geben, die in Trauerbegleitung, -beratung und -therapie Tätigen vermögen die Erkenntnisse der Forschung meist nicht für ihre Arbeit nutzbar zu machen. Die Überwindung dieser Informationsbarriere ist daher dringend geboten. Konkrete Vorschläge dazu setzen beim erfahrungsbasierten Wissen der Praktiker (im Gegensatz zu evidenzbasiertem Wissen) an (vgl. Center for the Advancement of Health 2004).

Von immenser praktischer wie auch gesundheitspolitischer Bedeutung ist die Frage der Wirkungsweise von Interventionen für Trauernde. Hier geht es um die Zuordnung von Beschwerden und Interventionsform (Stroebe/Hansson/Stroebe u. a. 2001b). Welche Art der Behandlung ist wann (d. h. zu welchem Zeitpunkt innerhalb des Trauerprozesses) und für wen die angemessene? Solange es empirische Belege dafür gibt, dass Interventionen für Trauernde in einem nennenswerten Ausmaß eine schädigende Wirkung haben (Center for the Advancement of Health 2004; Stroebe/Hansson/Schut u. a. 2008b), kann man nicht länger pauschal von deren Nutzen ausgehen. Ähnlich wie in den 1950er Jahren, als sich die Vertreter der psychoanalytischen Psychotherapie dem Vorwurf der Wirkungslosigkeit ausgesetzt sahen, liegt die Beweislast für die positive Wirkung der Interventionen in Zukunft bei den Praktikern der Trauerberatung und -therapie.

### Literatur


Archer, J.: *The Nature of Grief. The Evolution and Psychology of Reactions to Loss*. London 1999.

Balk, D. E./Corr, C. A.: Bereavement during Adolescence. A Review of Research. In: Stroebe/Hansson/Stroebe/Schut 2001, 199–218.

Bonanno, G. A./Wortman, C. B./Nesse, R. M.: Prospective Patterns of Resilience and Maladjustment during Widowhood. In: *Psychology and Aging* 19 (2004), 260–271.

Boss, P.: *Ambiguous Loss: Learning to Live with Unresolved Grief*. Cambridge 1999.

Bowlby, J.: *Verlust, Trauer und Depression*. Frankfurt a. M. 1983.

Burke, L./Neimeyer, R. A.: Prospective Risk Factors for Complicated Grief. In: Stroebe/Schut/van den Bout 2013, 145–161.

Center for the Advancement of Health: Report on Bereavement and Grief Research. In: *Death Studies* 28 (2004), 491–575.

Currier, J. M./Neimeyer, R. A./Berman, J. S.: The Effectiveness of Psychotherapeutic Interventions for Bereaved Persons. A Comprehensive Review. In: *Psychological Review* 134 (2008), 648–661.

Doka, K. J. (Hg.): *Disenfranchised Grief – Recognizing Hidden Sorrow*. Lexington 1989.

Dyregrov, A.: Parental Reactions to the Loss of an Infant. A Review. In: *Scandinavian Journal of Psychology* 31 (1990), 266–280.

Falkai, P./Wittchen, H.-U. (Hg.): *Diagnostisches und statistisches Manual psychischer Störungen DSM-5*. Göttingen 2015.

Filipp, S.-H./Aymanns, P.: *Kritische Lebensereignisse und Lebenskrisen. Vom Umgang mit den Schattenseiten des Lebens*. Stuttgart 2010.

Folkman, S.: *The Oxford Handbook of Stress, Health, and Coping*. New York 2011.

Freud, S.: Trauer und Melancholie [1917]. In: Ders.: *Gesammelte Werke*. Bd. X. London 1946, 427–446.

Jordan, J. R./Neimeyer, R. A.: Does Grief Counseling Work? In: *Death Studies* 27 (2003), 765–786.

Kersting, A./Brähler, E./Glaesmer, H./Wagner, B.: Prevalence of Complicated Grief in a Representative Population-based Sample. In: *Journal of Affective Disorders* 131 (2011), 339–343.

Kersting, A./Fisch, S./Suslow, T./Ohrmann, P./Arolt, V.: Messinstrumente zur Erfassung von Trauer – Ein kritischer Überblick. In: *Psychotherapie, Psychologie, Medizin* 53 (2003), 475–484.

Klass, D./Silverman, P. R./Nickman, S. L. (Hg.): *Continuing Bonds. New Understandings of Grief*. Philadelphia 1996.

Klass, D./Steffen, E. M. (Hg.): *Continuing Bonds in Bereavement. New Directions for Research and Practice*. London 2018.

Lang, A./Gottlieb, L. N./Amsel, R.: Predictors of Husbands' and Wives' Grief Reactions Following Infant Death. The Role of Marital Intimacy. In: *Death Studies* 20 (1996), 33–57.

Lindemann, E.: Symptomatology and Management of Acute Grief. In: *American Journal of Psychiatry* 101 (1944), 141–148.

Lumbeck, G./Branstätter, M./Geissner, E.: Erstvalidierung der deutschen Version des ›Inventory of Complicated Grief‹ (ICG-D). In: *Zeitschrift für Klinische Psychologie und Psychotherapie* 41 (2012), 243–248.

Neimeyer, R. A. (Hg.): *Meaning Reconstruction and the Experience of Loss*. Washington 2001.

Neimeyer, R. A./Hogan, N./Laurie, A.: The Measurement of Grief: Psychometric Considerations in the Assessment of Reactions to Bereavement. In: Stroebe/Hansson/Schut/Stroebe 2008, 133–161.

Nolen-Hoeksema, S./Larson, J.: *Coping with Loss*. Mahwah 1999.

Oltjenbruns, K. A.: Developmental Context of Childhood. Grief and Regrief Phenomena. In: Stroebe/Hansson/Stroebe/Schut 2001, 169–197.

Prigerson, H. G./Jacobs, S. C.: Traumatic Grief as a Distinct Disorder: A Rationale, Consensus Criteria, and a Preliminary Test. In: Stroebe/Hansson/Stroebe/Schut 2001, 612–645.

Rando, T.: Anticipatory Mourning. A Review and Critique of the Literature. In: Dies. (Hg.): *Clinical Dimensions of Anticipatory Mourning. Theory and Practice in Working with the Dying, their Loved Ones, and their Care Givers*. Champaign 2000, 17–50.

Rubin, S.: The Two-Track Model of Bereavement: Overview, Retrospect and Prospect. In: *Death Studies* 23 (1999), 681–714.

Schut, H./Stroebe, M. S./Van den Bout, J./Terheggen, M.: The Efficacy of Bereavement Interventions. Determining who Benefits. In: Stroebe/Hansson/Stroebe/Schut 2001, 705–737.

Stroebe, M. S./Folkman, S./Hansson, R. O./Schut, H.: The Prediction of Bereavement Outcome: Development of an Integrative Risk Factor Framework. In: *Social Science & Medicine* 63 (2006), 2440–2451.

Stroebe, M. S./Hansson, R. O./Schut, H./Stroebe, W. (Hg.): *Handbook of Bereavement Research and Practice. Advances in Theory and Intervention*. Washington 2008a.

Stroebe, M. S./Hansson, R. O./Schut, H./Stroebe, W.: Bereavement Research. 21st-century Prospects. In: Stroebe/Hansson/Schut/Stroebe 2008b, 577–603.

Stroebe, M. S./Hansson, R. O./Stroebe W./Schut, H. (Hg.): *Handbook of Bereavement Research. Consequences, Coping, and Care*. Washington 2001a.

Stroebe, M. S./Hansson, R. O./Stroebe W./Schut, H.: Introduction. Concepts and Issues in Contemporary Research on Bereavement. In: Dies. (Hg.) 2001b, 3–22.

Stroebe, M. S./Schut, H.: The Dual Process Model of Coping with Bereavement: Rationale and Description. In: *Death Studies* 23 (1999), 197–224.

Stroebe, M. S./Schut, H./van den Bout, J. (Hg.): *Complicated Grief. Scientific Foundations for Health Care Professionals*. London 2013.
Stroebe, M. S./Stroebe, W./Hansson, R. O. (Hg.): Handbook of Bereavement. Theory, Research, and Intervention. Cambridge 1993.
Stroebe, W./Stroebe, M. S.: Verwitwung. Psychosoziale und gesundheitliche Aspekte. In: R. Schwarzer (Hg.): Enzyklopädie der Psychologie. Themenbereich C. Serie X. Bd. 1: Gesundheitspsychologie. Göttingen 2005, 261–281.
Volkan, V. D./Zintl, E.: *Wege der Trauer. Leben mit Tod und Verlust*. Gießen 2000.
Wittkowski, J.: *Würzburger Trauerinventar (WüTi). Mehrdimensionale Erfassung des Verlusterlebens. Handanweisung*. Göttingen 2013.
Wittkowski, J./Scheuchenpflug, R.: Zum Verlauf ›normalen‹ Trauerns: Verlusterleben in Abhängigkeit von seiner Dauer. In: *Zeitschrift für Gesundheitspsychologie* 23 (2015), 169–176.
Wittkowski, J./Scheuchenpflug, R.: Trauern in Abhängigkeit vom Verwandtschaftsverhältnis zum Verstorbenen und von der Todesart. In: *Zeitschrift für Gesundheitspsychologie* 24 (2016), 107–118.
Worden, J. W.: *Beratung und Therapie in Trauerfällen. Ein Handbuch*. Bern 1986.
Znoj, H.: *Trauer und Trauerbewältigung. Psychologische Konzepte im Wandel*. Stuttgart 2012.
Znoj, H.: *Komplizierte Trauer*. Göttingen 2016.

## Weiterführende Literatur

Parkes, C. M.: *Love and Loss. The Roots of Grief and its Complications*. London 2006.
Parkes, C. M./Prigerson, H. G.: *Bereavement. Studies of grief in adult life*. London 2010.

*Joachim Wittkowski*

# 36 Glaube an eine Fortexistenz nach dem Tod

## 36.1 Seelenvorstellungen und postmortale Fortexistenz: ein Spektrum

Nicht alle Gesellschaften besitzen die Vorstellung einer einheitlichen, dem Leib gegenüber selbstständigen und dann eventuell nach dem Tod fortbestehenden Seele. Sehr häufig ist in älteren, vor allem indigenen Religionen dagegen die Annahme einer Mehrzahl von ›Seelen‹ mit unterschiedlichen Funktionen (Atem- oder Hauchseele, Schattenseele, Knochenseele, Körperseele, Blutseele, Frei- oder Exkursionsseele etc., unterschieden je nachdem, was als primärer Sitz einer Seele gilt). Diese haben in den entsprechenden Sprachen auch unterschiedliche Namen. Erst im Zuge längerer religionsgeschichtlicher Entwicklungen wird *eine* Seele zum Inbegriff des psychischen ›Innenraums‹ mit Gefühlen, Willensäußerungen und Denkbewegungen (vgl. Frenschkowski 2007 mit Literatur zur Geschichte der Seelenvorstellungen). Korrespondierend zu diesen divergierenden Anthropologien lassen sich verschiedene Vorstellungen einer Fortexistenz der Persönlichkeit oder einer Personmitte über den Tod hinaus beschreiben. Der Tote kann fortexistieren als Ahnengeist bzw. im Kollektiv der Ahnen, als geehrter ›Name‹ im Ruhm seiner Taten, in seinen Nachkommen, aber auch als Wiedergänger oder Gespenst; er kann in ein Jenseits eingehen oder über eine Wiedergeburt im Diesseits wiederkehren. Das Jenseits kann mehr oder weniger als Fortsetzung des Diesseits erscheinen, es kann ein düsterer und dunkler Ort des Vergessens sein oder auch ein Paradies. Auch das Grab ist nicht selten ein Ort fortgesetzter Präsenz, weshalb es in manchen Kulturen von den Angehörigen zu feststehenden Zeiten aufgesucht wird. In archaischen Religionen kann es auch regressiv als Uterus der Erdmutter (*regressus ad uterum*) interpretiert werden, obwohl die Zeugnisse hierfür oft mehrdeutig sind. Auch die begleitenden Rituale sind in hohem Maße mehrdeutig: Zusammenbinden der Leiche kann z. B. sowohl als Herstellung eines postmortalen Embryonalzustandes wie als Verhinderung von Wiedergängertum gedeutet werden.

In den Hochreligionen ist das Jenseits ausnahmslos ein ethisch differenzierter Ort, oft mit einer Vielzahl von Höllen und Himmeln, denen ein Totengericht vorangeht. Im Zentrum der Hoffnung auf eine Fortexistenz kann aber auch eine Auferstehung stehen, die eher spirituell, aber auch massiv leiblich verstanden werden kann (Zoroastrismus, Judentum, Christentum, Islam). Schließlich existieren Konzepte eines Eingehens des Individuums in eine kosmische oder göttliche ›Ganzheit‹, bei denen ein persönliches Fortbestehen aus der Mitte rückt. Daneben sind archaische Vorstellungen wie diejenigen vom ›lebenden Leichnam‹ zu bedenken, wonach der oder die Tote oder ein Teil von ihm oder ihr eine äußerst reduzierte Existenz im Grab führt bzw. der Leichnam eine Rechtsperson bleibt. In diesem Fall kann dieser also z. B. bestraft werden, was noch im mittelalterlichen Recht gelegentlich belegt ist. Diese Vorstellungen wirken als Motive auch in Kulturen nach, in denen sie ihr assoziatives Umfeld teilweise verloren haben und in denen sie daher als *survivals* in Spannung zu herrschenden Konzepten stehen. Das Verhältnis zwischen Diesseits und Jenseits (für die es oft keine zusammenfassenden Begriffe gibt), vor allem die ›Wertigkeit‹ des Jenseits im symbolischen Gesamtsystem einer Religion, kann dabei ebenfalls erheblich divergieren. Weiter hat die Religionswissenschaft den komplexen und oft ambivalenten Platz dieser Konzepte im Gesamtrahmen der jeweiligen Kulturen zu berücksichtigen. Eine Vorstellungswelt über eine Fortdauer der Person kann ungebrochen-mythologisch zur Sprache kommen, sie kann skeptisch hinterfragt werden, sie kann verblassen oder an Vitalität gewinnen, in Form neuer Interpretationen neue Gestalt gewinnen, sie kann geleugnet werden oder sich mit anderen Konzepten zu zahlreichen Zwischenformen zusammenfügen. Auch in Industrie- und Konsumgesellschaften ist das Vorstellungsgeflecht um eine Fortexistenz nach dem Tod ständig in Veränderungen begriffen. Schließlich sind die bedeutenden Unterschiede in den Legitimations- und Begründungsszenarien Gegenstand religionswissenschaftlicher Forschung.

## 36.2 Wie entstehen Vorstellungen von einer Fortexistenz nach dem Tode? Religionswissenschaftliche und theologische Modelle

Die mit dem Thema ›Religion‹ befassten Wissenschaften haben verschiedene Modelle dafür vorgeschlagen, wie es in den unterschiedlichen Kulturen zur Überzeugung einer Fortexistenz gekommen ist. Während das 18. Jh. gern einen Ausgangspunkt beim fragenden Subjekt und der Furcht vor dem Unbekannten suchte, dachte das 19. und frühe 20. Jh. z. B. an Traumerfah-


H. Wittwer/D. Schäfer/A. Frewer (Hg.), *Sterben und Tod. Ein interdisziplinäres Handbuch 2. Auflage*,
https://doi.org/10.1007/978-3-476-05761-7_36

rungen, Halluzinationen (Verlust der Realitätskontrolle in der Trauersituation) u. Ä., aus denen der Glaube an Totengeister entstanden sei (so der Kulturanthropologe E. B. Tylor im 19. Jh.). Marxistische Deutungen haben in der Ideenwelt um ein Jenseits gesellschaftskritisch Projektionen gesellschaftlicher Zustände gesehen, welche der Stabilisierung von Herrschaftsinteressen oder der Vertröstung dienten (Religion als ›Opium des Volkes‹). In christlich-theologischen Diskursen auch der Moderne steht dagegen hinter Jenseitshoffnungen letztlich ein Offenbarungsakt, der jedoch rationaler Durchdringung und Hinterfragung durchaus zugänglich ist und insbesondere mit dem Gottesbild zusammenhängt. Die Gerechtigkeit Gottes verlange eine in der Immanenz des gegenwärtigen Lebens nicht präsente Umsetzung, und die Ausgerichtetheit des Menschen auf Gottes Transzendenz entspricht der Notwendigkeit einer letzten Erfüllung in einem *Eschaton* (letzten Zustand), die in einem vergänglichen Leben nicht möglich ist. Die Hoffnungen auf ein Leben nach dem Tode sind dabei ein Korrelat der Gotteserfahrung: Ausweis, Unterpfand der Ewigkeit ist im Kontext der christlichen Theologien Gott selbst, dessen Bund mit dem Menschen in Jesus Christus auf Dauer und transzendente Erfüllung angelegt ist. Einen besonderen Stellenwert nimmt dabei das Osterzeugnis der frühen Christen ein (exemplarisch 1. Kor 15, 1–11).

Die Religionswissenschaft kann so nicht fragen, da sie als empirische Kulturwissenschaft nur beschreiben kann, wie sich religiöse Hoffnungen auswirken und geschichtlich entwickeln: Fragen letztlicher religiöser Wahrheit sind ihr methodisch nicht zugänglich. In der jüngeren religionswissenschaftlichen Forschung sind komplexe Modelle üblich, die zwar ein visionär-ekstatisches Element ansetzen, aber vor allem die imaginative Funktion von Jenseitsbildern im gesellschaftlichen Gesamtzusammenhang zur Geltung bringen, ohne sie als Symbolsysteme direkt oder ausschließlich aus sozialen Strukturen ableiten zu wollen. In jüngster Zeit wird verstärkt nach biologisch-evolutionären Wurzeln religiöser Rituale, Symbolwelten und Erfahrungen gefragt. Dieser Ansatz beim ›Überlebenswert‹ von Religion hat bisher jedoch noch keine allgemein konsensfähigen Modelle hervorgebracht und bedarf weiterer empirischer Grundlegung.

Besonderes Interesse hat das ›Erfahrungselement‹ hinter Jenseitsbildern gefunden. In den nordasiatischen Religionen reist der Schamane als religiöser Ekstaseexperte in das Jenseits, um die Seelen von Kranken oder sonst ›Verirrten‹ zurückzuholen. Die Trancereisen der Schamanen wurden von Mircea Eliade und anderen als eine wesentliche Quelle für Jenseitstopographien vermutet. Etwas verallgemeinert kann man sagen, dass visionäre Erfahrungen in Beziehung zur Anderwelt des Jenseits stehen und mit einiger Sicherheit von Einfluss gewesen sind (allgemein zur Rolle von Träumen und Visionen in der Religionsgeschichte vgl. Frenschkowski 2002 und 2003). Auch bewusstseinerweiternde Drogen spielen nachweislich in zahlreichen Religionen eine Rolle (*Amanita muscaria*, *Cannabis sativa* bzw. *indica*, *Papaver somniferum*, *Hyoscyamus niger*, *Banisteriopsis caapi*, *Lophophora williamsii* u. v. a.), und müssen daher mitbedacht werden.

Im Gegensatz zu den entwicklungsgeschichtlichen Annahmen des 18. und 19. Jhs. ist mit einem rein spekulativen Element kaum zu rechnen. Religion ist kein Versuch, allgemeine Fragen spekulativ zu beantworten, sondern stellte einen Modus der intellektuellen, rituellen und imaginativen Verarbeitung spezifischer Erfahrungen dar. Die ältere Forschung sprach hier gerne von Erfahrungen des ›Heiligen‹, doch kann die Vielschichtigkeit der religiösen Konzepte kaum in einer einheitlichen (noch dazu europäischen) Terminologie auf einen Nenner gebracht werden. Die theologischen Systeme sind in den Religionen meist jünger als die Mythologien und dienen ihrer Interpretation. Einflussreich waren schließlich mit großer Wahrscheinlichkeit auch Nahtoderfahrungen und *Out-of-the-body-experiences*, deren Ablauf und Symbolwelt kulturell teilweise variabel sind, die aber auch manche Konstanten aufweisen (die Details sind in der Forschung in hohem Maße umstritten). Walter F. Otto (1874–1958) hat als einen weiteren Faktor den fast global verbreiteten Gespensterglauben und die hinter ihm stehenden Erfahrungsmuster plausibel gemacht, die nur in parapsychologischen Kategorien beschrieben werden könnten (vgl. Otto 1981). In jedem Fall imaginieren Jenseitsmythologien in symbolischen Topographien das Jenseits als Gegenwelt, konsequente Fortsetzung und Steigerung diesseitiger Wirklichkeit (zum Teil ohne deren Mängel), Ort einer diesseitig nicht auffindbaren Gerechtigkeit, Verwirklichungsort von Sehnsuchtsbildern und anderes mehr. Utopische wie auch regressive Elemente können sich, müssen sich aber nicht in diese Bilder und Ideen einspielen.

Eine wesentliche Beobachtung der Religionswissenschaft ist dabei das oft konkurrenzlose Mit- und Nebeneinander stark divergierender Modelle einer Fortexistenz nach dem Tod in einzelnen religiösen Kontexten. Auferstehung des Leibes und Unsterblichkeit der Seele koexistieren etwa in Christentum, Judentum und Islam (mit wechselndem Schwergewicht) genauso problemlos wie Jenseitsfahrt der Seele und Totenkult am Grab als einem Ort fortdauernder Präsenz des Toten in anderen Religionen. Genauso wichtig wie die Bildwelten des Jenseits sind Riten und Brauchtum, in denen sich die fortdauernde Auseinandersetzung der Lebenden mit den Toten ausdrückt. Die Rituale bringen dabei ganz unterschiedliche Gefühle zur Sprache (Trauer, Zorn, Furcht, Hoffnung); vor allem inszenieren und vollziehen sie in unterschiedlicher Intensität eine Trennung der Lebenden von den Toten. Auch diese Verhaltensweisen wurden evolutionsbiologisch gedeutet als Ambivalenzkonflikt zwischen Entfernung eines Infektionsträgers aus dem Revier und Fürsorgeimpulsen auch noch am toten Artgenossen (bei Primaten sind beide bezeugt, vgl. Baudy 2001, 213).

Komplementär zu der kulturgeschichtlichen Frage nach der frühen Geschichte (nicht unbedingt den ›Ursprüngen‹) von Jenseitsbildern ist die nach den Legitimationsmustern zu stellen, in denen Religionen selbst ihre Symbolwelten zur Sprache bringen. In den monotheistischen Religionen sind Jenseitsbilder oft Gegenstand von grundlegenden Offenbarungen (etwa Mohammeds Koran), neben die (z. B. in der mittelalterlichen klösterlichen Visionskultur) eine Vielzahl bestätigender Zeichen und Jenseitsreisen treten kann. In vielen mythologischen Systemen macht ein Jenseits eine innere Essenz des Diesseits sichtbar. In archaischen Religionen ist das Totenreich auch öfters eine Art Parallelwelt, eine verbesserte Variante dieser Welt, eine Ersatzheimat (Baudy 2001, 216 f.). Der Begriff der ewigen Jagdgründe ohne Krankheiten, mit reichem Wildtierbestand für die Jagd als Inbegriff indianischer Hoffnungen (z. B. der Komanchen) ist jedoch eine europäische und amerikanische vereinfachende Formel (zuerst bei James Fenimore Cooper für seinen erfundenen Stamm der Mohikaner: »happy hunting grounds«), während bei den meisten Stämmen komplexere und durchaus divergierende Vorstellungen anzutreffen waren. So glaubten die Cheyenne, dass die Seelen über die Milchstraße in das Reich eines Himmelsgottes wanderten, während die Irokesen eher mit einer Begleitung der Lebenden durch die schattenhaften Toten rechneten; auch bereits bei diesen Völkern koexistieren vielfach divergierende Modelle. Mögliche erste Anfänge eines Glaubens an ein Jenseits sind uns ethnologisch nicht greifbar, und die Vermutung, dass sie mit den paläolithischen Anfängen von Bestattungswesen und Grabbeigaben zusammenhängen, ist plausibel, aber nicht beweisbar. Grabbeigaben werden oft zerstört; sie sollen den Toten sozusagen in ihrer ›toten Form‹ begleiten.

## 36.3 Topographien des Jenseits

In den Religionen der Hochkulturen entwickeln sich hochdifferenzierte Topographien und Mythologien des Jenseits. Mircea Eliade (vgl. Eliade 1978–1991) hat auf die paradoxe Beobachtung aufmerksam gemacht, dass in vielen Religionen der Tote gleichzeitig in einem Jenseits und im Grab existiert (wobei beide Orte auch ineinander übergehen können). Dies erklärt sich aus den komplexen Seelentheorien der älteren Religionen (s. o.; auch Frenschkowski 2007). Doch steht neben solchen archaischen Konzepten schon in den ältesten bezeugten Religionen eine Topographie des Jenseits, welche dieses oft als labyrinthischen, initiatorischen Ort zeigt. Im alten Ägypten wird *Duat* im ›Westen‹ imaginiert (Affinität zu Wüste und Sonnenuntergang), aber auch ›unter‹ der Erde. Die Sonnenbarke fährt nachts durch die Unterwelt, einen Ort dämonischer Gefährdung. Privilegierte Tote dürfen auf ihr mitreisen und befinden sich auch sonst in Gemeinschaft mit dem Unterweltgott Osiris. Bestehen sie Prüfung und Seelenwägung, können sie in Sechet-Iaru, dem wasserreichen ›Gefilde der Binsen‹, leben, einer himmlischen Welt (detaillierte Beschreibung im *Totenbuch der Ägypter* [Hornung 1997], Spruch 149). Grabkult und Erhaltung des Leichnams tragen wesentlich zur Ermöglichung dieser jenseitigen Existenz bei, wobei die freie Bewegungsfähigkeit der Ba-Seele ein wichtiges, rituell zu erhaltendes Gut ist (ebd., Spruch 91). Die ägyptische Vorstellungswelt, gut bekannt aus zahlreichen den feudalen Toten bzw. dem Pharao mitgegebenen standardisierten Texten (*Totenbuch* u. v. a.), ändert sich dabei im Laufe der ägyptischen Geschichte mehrfach. Unter anderem werden ursprünglich dem Pharao vorbehaltene Vorstellungen auf den ›normalen‹ Toten übertragen. Im ›negativen Sündenbekenntnis‹ (Hornung 1997, Spruch 125) versichert der Tote seine Rechtschaffenheit, um in ein heilvolles Jenseits eingehen zu können.

Andere Imaginationen kennen z. B. eine ›Toteninsel‹, die (gut bezeugt z. B. in der keltischen Tradition) meist im westlichen Ozean liegt. Die Inseln der Seligen (griech. *eudaimones nesoi*, lat. *fortunatae insulae*) galten als Ort der Heroen und Stätten einer Fortsetzung ihres Lebens mit Gelagen, Krieg und Jagd. Später werden sie mit dem fruchtbaren Gefilde *Elysion* verbunden und zum Ort der Gerechten ausgeweitet (vgl. Sourvinou-Ingwood 1997; Frenschkowski 2016). Ein teils keltisch, teils antik geprägtes mittelalterliches Vorstellungsgeflecht von halbmythischen Inseln im Westen (Antilia, Hy-Brazil, Brendans Inseln) hat das frühe Amerika-Bild stark geprägt und geht zum Teil auf ältere Ideen von Paradies- und Toteninseln zurück. So berichtet Prokop von Caesarea (6. Jh.) von ›Seelenüberfahrten‹ von der Bretagne auf die Toteninsel Brittia (*Bellum Gothorum* 4, 20). Wieder ein anderes Element halbmythischer Jenseitstopographien sind Orte des Übergangs in ein Totenreich: so in der Antike Lebadeia in Böotien und Cumae in Campanien, im Mittelalter »St. Patrick's Purgatory« (heutiger Name) auf einer Insel in Lough Dergh (County Donegal, Irland). Sage, Legende und Märchen kennen zahlreiche solche Berührungspunkte zwischen Diesseits und Jenseits bzw. diesseitige Bereiche, die ein Jenseits bereits repräsentieren. Mit einer gewissen Plausibilität lassen sich manche Megalithbauten als symbolische Repräsentationen des Totenreichs deuten (Malta).

In der griechischen religiösen Strömung der Orphik entsteht in spätklassischer und hellenistischer Zeit eine eigene Textgruppe der ›Totenpässe‹, die, meist auf dünne Goldtäfelchen geritzt, dem Toten mit ins Grab gegeben werden (vielleicht wurden sie vorher in einer Einweihungshandlung überreicht). Viele dieser ›Totenpässe‹ wurden in Süditalien (*Magna Graecia*) gefunden, das in der klassischen Antike griechischsprachig war. Diese Goldtafeln beschreiben ausführlich den gefährdeten Weg der Seele in ein himmlisches Jenseits, wobei eine stabile Symbolik von Quellen, Unterweltflüssen, Zypressenbäumen, Hainen etc. spricht und Jenseitswächter mit bestimmten Passwörtern und Identifikationsformeln beschwichtigt werden müssen (»Ich bin ein Sohn der Erde und des gestirnten Himmels: ich dürste und bin am Sterben. Gebt mir frisches Wasser aus dem See des Gedächtnisses [...]« (kommentierte Ausgabe: Bernabé 2008, hier 9).

## 36.4 Jenseitsreisen

In späteren Traditionen sind Jenseitsreisen hervorgehobene Ereignisse im Leben religiöser Heroengestalten (Odysseus, Aeneas und Orpheus sind bekannte antike Beispiele). Diese werden niemals dazu benutzt, ein Jenseits zu ›beweisen‹, sondern setzen dieses als selbstverständlichen Referenzrahmen voraus. Sie dienen der Beschaffung spezifischen Wissens (Odysseus) oder inszenieren die Unmöglichkeit, den Tod letztlich zu besiegen. So will Orpheus seine verstorbene Frau Eurydike zurückholen, scheitert aber an der paradoxen Forderung der Götter, sich auf dem Rückweg nicht nach ihr umzusehen. Bereits altorientalische Erzählungen berichten vom Abstieg eines Heros oder einer Gottheit zum Palast der Unterwelt, wobei meist die Unterweltgöttin stärker im Mittelpunkt der Bildwelt steht als der Unterweltgott. Im »Er-Mythos« Platons (vgl. *Politeia*, 614b–621d) beschreibt der Pamphylier Er, der im Krieg getötet wurde, aber nach zwölf Tagen auf dem Scheiterhaufen wiedererwachte, seine Jenseitsreise. Ers Seele verlässt im Tod den Körper und gelangt an einen Ort des Übergangs zu Himmel und Unterwelt. Totenrichter legen fest, welchen Weg die Seele gehen darf. 1000 Jahre wandern die Seelen umher, wobei Platon die Strafen der Übeltäter (etwa von Tyrannen) eingehend beschreibt und eine komplexe kosmologische Symbolik einbindet (›Spindel der Notwendigkeit‹). In einer Kombination von Losverfahren und eigener Wahl bestimmt sich das neue Leben der Seelen (die z. B. auch als Tiere wiedergeboren werden können). Bevor sie dieses antreten können, müssen sie vom Wasser des Vergessens trinken. Er jedoch erwacht auf dem Scheiterhaufen. In diesem Mythos ist gut sichtbar, wie im Zuge der Religionsgeschichte das Jenseits zu einem ethisch differenzierten Ort wird. Das gilt weder für den homerischen Hades noch für andere archaische Konzepte eines Totenreiches. In Griechenland sind es u. a. die Mysterienkulte, die ein differenziertes Jenseits imaginieren. Das Geschick der Seelen ist nicht mehr identisch, sondern u. a. vom Vollzug kultischer Einweihungshandlungen abhängig, während auf Übeltäter breit ausgemalte Höllenstrafen warten. In den Erlösungsreligionen der Spätantike wird das Jenseits weiter soteriologisch ausdifferenziert und definiert. Zugleich gewinnt es langsam und in unterschiedlichem Maße ein Übergewicht über das Diesseits als Ort wahren, authentischen oder ewigen Lebens.

Aber auch in Homers *Odyssee* (11. Gesang, *Nekyia*) und in Vergils *Aeneis* (6. Buch) dringt der Held für kurze Zeit in ein Jenseits ein, um bestimmte Informationen zu erhalten. Das Motivfeld eines solchen vorübergehenden Aufenthaltes in einem Jenseits lebt symbol- und metaphernspendend fort, z. B. in Thomas Manns Schilderung von Hans Castorps Schneetraum in seinem Roman *Der Zauberberg* von 1924 oder in James Joyces *Ulysses* (1922), wo die *Nekyia*-Episode der *Odyssee* in das moderne Dublin des Jahres 1904 übertragen wird.

Jenseitsreisen sind im Alten Orient, im vorislamischen Iran, im hellenistischen Judentum (*Äthiopischer Henoch*, v. a. Kap. 6–36; dort mit deutlicher Zivilisationskritik verbunden) ebenso verbreitet wie im Hinduismus oder in nahezu allen anderen Religionen. Zu unterscheiden sind *Katabasis* (Abstieg in ein Totenreich) und *Anabasis* (Himmelfahrt, Aufstieg der Seele, seltener des ganzen Menschen in einen ›Himmel‹). Hinter beiden werden vielfach ekstatische Erfahrungen stehen: Paulus (2. Kor 12, 1–6) weiß z. B. nicht sicher, ob seine Entrückung in den dritten Himmel, in dem er »unaussprechliche Worte« hörte, körperlich oder ausschließlich seelisch geschah. Die Erfahrung bleibt ihm auch selbst ein Stückweit rätselhaft. In anderen Kontexten wird die Jenseitsreise eines Lebenden asketisch, rituell oder magisch vorbereitet. Doch wird das Motivfeld auch rein literarisch überliefert, ohne dass man an Ekstasetechniken denken wird. Im Islam ist Mohammeds ›Nachtfahrt‹ (*Koran*, Sure 17) Gegenstand reicher nachkoranischer Legendenbildung über eine Himmelsreise (*al-mi'raj*) auf dem geflügelten Pferd Al-Buraq geworden. Erzählungen von einem Seelenaufstieg können den Aspekt der Jenseitsreise völlig zurückdrängen zugunsten einer mystischen Annäherung an die Gottheit (so schon in der frühmittelalterlich-jüdischen Hekhalotliteratur, welche die Gottesbegegnung als monarchische Audienz in kosmischen Dimensionen imaginiert). Im christlichen Kontext ist eine Leben und Tod, Diesseits und Jenseits umspannende Gesamtinterpretation des menschlichen Lebens verbreitet, welche dieses als eine vielfach gefährdete Reise oder Pilgerfahrt deutet, so z. B. in John Bunyans *The Pilgrim's Progress* (1678), dem in der englischsprachigen Welt nach der Bibel meistgedruckten Buch.

## 36.5 Nekromantie und *Channeling*: Integrierter vs. delegitimierter Umgang mit den Toten

In Spannung zu einem ›regulären‹ Totenritual hofft die weit verbreitete Praxis der Nekromantie (Totenbeschwörung) auf ein übernatürliches Wissen der Toten. Ein biblisches Beispiel ist die Erzählung von der Hexe von Endor (1. Sam 28, bes. V. 6: Saul sucht den Kontakt mit den Toten, als sich ihm alle anderen Mittel mantischer Vergewisserung verweigern). Magische Subkulturen, oft durch die Mainstream-Kultur delegitimiert, haben eine besondere Affinität zum ›Bereich der Toten‹. Diese kann sich etwa als Inkubation (Schlaf auf Totengräbern) oder als förmliche Besessenheit durch Totenseelen äußern, die im Ritual umgesetzt wird. Inkubationsriten sind in der Antike vor allem mit dem Heros Asklepios verbunden, und werden auch in christlichen Kirchen vor allem Griechenlands forgeführt. Fast immer erhoffen die Lebenden dabei von den Toten Rat und esoterisches Wissen, auch über die Zukunft. Dabei existieren viele soziale Gestaltungen zwischen Integration und (häufig) Delegitimation durch eine Mehrheitsreligion. Eine neuzeitliche direkte Form des Umganges mit den Toten stellt der Spiritismus dar (s. u.), der im späten 19. und 20. Jh. vor allem in Südamerika zur Bildung eigener großer Religionsgemeinschaften geführt hat (Kardecianer). Durch Medien (heute oft *Channels* genannt) übermittelte ›Botschaften‹ aus dem Jenseits spielen sowohl in den meisten asiatischen Religionen als auch in vielen neuen religiösen Bewegungen eine wichtige Rolle (z. B. in der 1926 begründeten vietnamesischen Caodai-Religion), vor allem in der Esoterik-Szene, in der die Grenzen zwischen Jenseits, außerirdischen Welten und geistigen Räumen oft verschwimmen.

## 36.6 Die Ethisierung des Jenseits: Das Gericht über die Toten

Die bereits angesprochene Tendenz einer Ethisierung des Jenseits konkretisiert sich in Szenen eines Gerichtes über die Toten. Dieses kann unmittelbar nach dem Tod stattfinden: So kennt der Islam eine Totenbefragung durch Engel und eine erste ›Grabesstrafe‹ (den Bösen wird das Grab ›eng‹ gemacht, den Guten ›weit‹), ehe es nach der allgemeinen Totenauferstehung zu einem Weltgericht kommt, bei dem das eigentliche Urteil über die Toten gesprochen wird. Daneben übernimmt Mohammed auch die von der apostol.-assyr. Kirche des Ostens (Nestorianern) wohl bis zum 12. Jh. vertretene Lehre vom Seelenschlaf der Gerechten bis zur Auferstehung (Sure 50, 20 f.). Ein erstes Totengericht im Grab kennen auch manche jüdisch-kabbalistische Lehren.

Verbreiteter ist (in Judentum, Christentum, Islam und den meisten von diesen abhängigen neueren Religionen) die Erwartung eines Weltgerichts im Rahmen eines apokalyptischen Geschichtsbildes. Dieses Gericht über die Toten findet nach der allgemeinen Totenauferstehung statt und bildet den Übergang zur Weltvollendung; es gehört zu den zentralen Lehren der ›abrahamischen‹ Religionen. Doch kennen auch andere religiöse Traditionen forensische Szenarien nach dem Tod, so die altägyptische Religion eine ›Seelenwägung‹. ›Höllenrichter‹ stellen einen eigenen Typ von Göttern des Totenreiches dar; insbesondere im ostasiatischen Buddhismus sind sie wichtige Gestalten des Jenseitsbildes einschließlich des populären Erzählgutes in China, Japan etc. (Pu Songling: »Der Richter«, in: *Liaozhai Zhiyi*, 1679/1707). In der klassischen Antike sind die ehemals wegen ihrer Gerechtigkeit verehrten Könige Aiakos, Minos und Rhadamanthys als Totenrichter bekannt.

Das christliche Neue Testament setzt ein Gericht über die Toten einerseits als selbstverständlich voraus: »Wir müssen alle offenbar werden vor dem Richterstuhl Christi, damit jeder seinen Lohn empfange für das, was er getan hat bei Lebzeiten, es sei gut oder böse« (Paulus, 2. Kor 5, 10). Andererseits wird das Gericht für die Christen vom Lohn- und Verdienstgedanken abgekoppelt, indem die Namen der Christen in das ›Buch des Lebens‹ eingetragen sind (Lk 10, 20; Apk 20, 12). Diese Symbolik drückt eine Bewahrung im Weltgericht aus. Eine spezielle Gestalt der Weltgerichts- und Auferstehungsidee ist ihre Verwendung als Interpretation einer gegenwärtigen Entscheidungssituation (Joh 5, 19–21: ›präsentische Eschatologie‹). Ihre Besonderheit empfängt die christliche Variante der Weltgerichtsbilder insbesondere durch die Identifikation des Weltrichters mit Christus, künstlerisch umgesetzt z. B. in der Sixtinischen Kapelle (Enthüllung der Fresken Michelangelos 1512). Die Lehre vom Weltgericht – Erbe der jüdischen Apokalyptik und auch in der Botschaft des historischen Jesus grundlegend – besagt, dass Gott alle Menschen zur Verantwortung rufen wird. Im Gegensatz zu modernen christentumskritischen Projektionen war dies für die frühen Christen kein Gegenstand der Furcht, sondern der Hoffnung. Gott wird der Realität des Bösen nicht das letzte Wort lassen, sondern seine Macht zerbrechen und damit Recht aufrichten. Jesus identifiziert sich als Weltrichter mit den Armen, Hungernden, Kranken und Gefangenen: »Was ihr einem dieser meiner geringsten Brüder getan habt, habt ihr mir getan« (Mt 25, 40). Im sozialkritischen Gleichnis Jesu vom reichen Mann und vom armen Lazarus (Lk 16, 19–31), einer wichtigen Quelle populärer Jenseitsvorstellungen, wird in paradoxer Weise das jenseitige Geschick nicht an das Verhalten, sondern an Armut und Reichtum gekoppelt, weil der Reiche in die Hölle kommt, der Arme jedoch in ›Abrahams Schoß‹ über sein trauriges Leben getröstet wird. Einflussreichste Quelle für die Bildwelt um Himmel und Hölle wird jedoch die Johannesoffenbarung (um 95 n. Chr.), die später als letztes Buch der Bibel den neutestamentlichen Kanon abschließt (zum Weltgericht vgl. dort Kap. 19). Auch spätere Jenseitsdichtungen in Christentum, Judentum und Islam dienen fast ausnahmslos paränetischen und doxologischen Absichten, nicht primär spekulativen.

## 36.7 Bilder von Himmel und Hölle

Entfaltete Bildwelten von Himmel(n) und Hölle(n) (beide oft in der Mehrzahl) kennen u. a. das Judentum, das Christentum und der Islam, der Hinduismus und in besonderer Ausführlichkeit der Buddhismus, vor allem des ›großen Fahrzeuges‹ (*Mahāyāna*). In Hinduismus und Buddhismus sind dies aber wegen der Reinkarnationslehre immer nur vorübergehende Zustände (auch wenn der Aufenthalt gewaltige Zeiträume, ja Millionen von Jahren dauern kann). Auch die orphischen und pythagoreisch-platonischen Traditionen der altgriechischen Religion entwickeln bereits detaillierte Höllenbilder, aus denen später das Christentum schöpft. Christliche Fantasie hat sich Himmel und Hölle gerne ausgemalt, wohl wissend darum, dass dies nur symbolische Bilder sind (vgl. die klassische Darstellung bei Augustinus, *De civitate dei*, Buch 20–22). So erzählt die mittelalterliche Vision des Bauern Thurkill, dass die Verdammten der Hölle jeden Samstagabend ihr eigenes Leben als Theaterstück vor den Dämonen aufführen müssen: Das Böse erschöpft sich in endloser Wiederholung unter dem Zwang des Gewesenen, während das Gute durch Gottes Gnade durch die Vergangenheit nicht festgelegt ist. Ergänzt werden die Bilder von Himmel und Hölle im hohen Mittelalter durch andere Jenseitsorte. Nur einen marginalen Rang nehmen Vorstellungen von einem leidlosen *Limbus* der ungetauft verstorbenen Kinder und eventuell der ›gerechten Heiden‹ ein, denen die volle Gottesschau nicht zuteil werden kann. Wichtiger wird das Fegefeuer (*Purgatorium*), ein Reinigungs- und Vorbereitungsort für den Himmel (der Begriff ist geprägt durch 1. Kor 3, 12–15) für jene, die noch lässliche (leichte, vor dem Tod nicht gebeichtete) Sünden haben. Bereits die alte Kirche kennt das *Refrigerium*, einen Erfrischungsort der Seelen während ihrer Wartezeit auf die Auferstehung. Papst Gregor der Große (gest. 604) entfaltet die Lehre vom Läuterungsort, der im hohen Mittelalter als Fegefeuer stabiler Teil der katholischen Kirchenlehre wird. Wichtig ist, dass den Seelen im Fegefeuer Fürbitte und Ablass zugute kommen können; der Streit um den Ablass spielte bekanntlich eine Rolle bei der Entstehung des Protestantismus. Die Orthodoxie und später der Protestantismus lehnen die Lehre vom Fegefeuer ab. Der katholische Volksglaube erzählt zudem vielfach von den ›armen Seelen‹, die ihre (grundsätzlich im Gegensatz zu Höllenstrafen zeitlich befristete) Fegefeuerpein an unheimlichen und verfluchten Orten u. Ä. zubringen, z. B. als spukende Geister.

Im Hochmittelalter erreicht das *Imaginarium* des dreigeteilten Jenseits kulturelle Stabilität. Inbegriff des Himmels ist die *Visio beatifica*, die seligmachende direkte Schau Gottes, in der die Gottebenbildlichkeit des Menschen ihr letztes Ziel findet. Einen Höhepunkt literarischer Gestaltung bildet die traditionelle symbolische Jenseitstopographie in Dante Alighieris (1265–1321) *La divina commedia* (*Die göttliche Komödie*), einem symbolischen Bericht von einer Reise durch drei Bereiche (*Inferno*, *Purgatorio*, *Paradiso*). Im Danteschen Weltbild liegt die Hölle unter der Nordhalbkugel der Erde, während der Läuterungsberg sich aus dem Ozean der Südhalbkugel erhebt. Nur die Hölle ist der Ort ohne Hoffnung (*Inferno*, Canto 3). In Himmel und Hölle kommt das innere Wesen dessen zum äußeren Ausdruck, was ein Mensch zu Lebzeiten bereits gewesen ist. Er wird gewissermaßen in dem fixiert, was zu sein er oder sie gewählt hat: Die Ehebrecher etwa werden zusammengebunden und müssen sich ewig ohne Möglichkeit der Distanz anschauen. Die ›Strafen‹ und ›Belohnungen‹ in Dantes Jenseits sind also sich gewissermaßen von selbst ergebende Konsequenzen dessen, was der Mensch im Leben zu sein gewählt hat. Sie stehen damit traditionsgeschichtlich in der Folge der antiken Metamorphosen-Dichtungen (Ovid ist nur das bekannteste Beispiel), in denen Menschen durch den Willen der Götter äußerlich in das verwandelt werden, was sie in gewisser Hinsicht innerlich schon waren. Auch die islamische Welt kennt ähnlich ausführliche Kosmos- und Jenseitsreisen der Seele, die am Ende in eine mystische Gotteserfahrung einmünden, so das *Buch der Leiden* des persischen Dichters Faridoddin Attar (Anfang des 13. Jhs.) oder die neuplatonisch-philosophisch geprägte Himmelsreise des Avicenna (bzw. Ibn Sina, 980–1037), des bedeutendsten islamischen Arztes, die über hebräische Bearbeitungen in Europa bekannt wurde. Umstritten ist, in welchem Umfang Dante selbst von islamischen Quellen abhängig ist, die z. T. durchaus in lateinischen und sogar italienischen Übersetzungen vorlagen. Der Koran selbst kennt äußerst dingliche Darstellungen des Jenseits (als Garten und Feuerort), die von Muslimen heute z. T. symbolisch gedeutet werden (z. B. Sure 56, 11–40: Paradies; ebd., 42–56: Hölle). Umstritten war auch, inwiefern die Gottesschau (arab. *ru'yat Allāh*) ein sinnlicher oder intelligibler Vorgang sei (unter Berufung auf Sure 75, 22 f. bzw. 6, 103).

## 36.8 Die Auferstehung von den Toten

Wie erwähnt, koexistieren in vielen Gesellschaften unterschiedliche, oft scheinbar kaum vereinbare Konzepte einer Fortexistenz nach dem Tod oder eines ewigen Lebens. So stehen durch die gesamte Christentumsgeschichte hindurch Hoffnungen auf die Auferstehung des Leibes, d. h. einer eschatologischen Wiederherstellung des ganzen Menschen neben der eher philosophischen Idee einer Unsterblichkeit der Seele. Auch die Lehre von der Auferstehung hat dabei eine längere Vorgeschichte. Älteste Anknüpfungen lassen sich in archaischen, insbesondere jägerzeitlichen Vorstellungen geltend machen. Hier gelten vielfach die Knochen als Träger menschlicher, aber auch tierischer Identität, die daher bei der Jagd nicht zerstört werden dürfen, damit Mensch und Tier ›wiederkehren‹ können. Deutlicher ist die israelitisch-jüdische Vorgeschichte. Im Alten Testament wird die Unterwelt (hebr. *Sche'ol*, stets ohne Artikel, also Eigenname) weitgehend noch als Ort der Vergessens imaginiert, als staubiger, düsterer, trostloser Ort, an dem Gott nicht ist, ähnlich dem griechischen *Hades*. Als ›Machtsphäre‹ oder Kraftfeld reichen Tod und Unterwelt in Form von Krankheit, Leid oder Sorge in den Bereich des Lebens hinein (vgl. Ps 18, 5–7; 88 u. ö.). Der Fromme hofft in den Klagepsalmen auf (diesseitige) Errettung aus diesem Machtbereich des Todes. Doch entwickelt sich im Laufe der israelitischen Religionsgeschichte langsam die Überzeugung, dass Jahwe auch im Totenreich herrscht und daher auch die Toten nicht aus seinem Heilsbereich fallen (vgl. Ps 73, 23–26; 139, 8 u. ö.). Eine symbolische Errettung aus dem Totenreich ist Jonas Bewahrung im Inneren eines Meeresmonstrums (Buch Jona im Alten Testament). Gegen Ende der alttestamentlichen Religionsgeschichte konkretisiert sich diese Überzeugung in der Hoffnung auf eine leibliche Auferstehung von den Toten, d. h. auf eine eschatologische Wiederherstellung und Erneuerung des ganzen Menschen als Einheit von Leib und Seele (vgl. Dan 12; 2. Makk 7 u. ö.). Diese Vorstellung ist auch im iranischen Zoroastrismus verbreitet, der wahrscheinlich für die Entwicklung der jüdischen Auferstehungshoffnung als eine Art Katalysator gewirkt hat.

In neutestamentlicher Zeit hat sich die Auferstehungslehre noch nicht völlig durchgesetzt (die religiöse Gruppe der Sadduzäer teilt sie nicht), wird aber im frühen Christentum als zentrale Referenzgröße der Hoffnung übernommen, wie ähnlich auch im rabbinischen Judentum. Dabei verbindet sie sich mit anderen Hoffnungsbildern einer gottbestimmten Weltvollendung. In der Johannesoffenbarung (um 95 n. Chr.) wird das Reich Gottes als goldene Stadt (›das himmlische Jerusalem‹) symbolisiert, die auf die Erde hinabkommt. Ihre Tore stehen immer offen, und ihre Bäume haben heilende Kräfte. (Symbolisch repräsentiert wird das himmlische Jerusalem in vielen Architektur- und Bildprogrammen durch das Kirchengebäude.) Mit diesen Bildern wird ein ganzheitlicher Heilszustand beschrieben: Nicht die Menschen kommen in den Himmel, sondern der Himmel kommt auf die Erde und verändert sie radikal. Dieser Zustand wird aber nicht durch innergeschichtliche, von Menschen geschaffene politische oder soziale Entwicklungen installiert, sondern durch Gott selbst geschaffen. Jesus ist der erste unter den Auferstandenen der Weltvollendung (»der Erstgeborene unter den Toten«, Kol 1, 18). Seine *Parusie* (›Ankunft‹) wird zum Auftakt der Heilszeit des ›Reiches Gottes‹. »Maran atha« beten die frühen Christen, »Herr, komm« (aramäisch). Das Neue Testament betont dabei, dass der Zeitpunkt der Parusie nicht berechnet werden kann (Lk 17, 20 f.), sondern diese kommt »wie ein Dieb in der Nacht«.

Die Auferstehungslehre wurde in der griechisch-hellenistischen Welt als erhebliche Irritation empfunden (vgl. dazu schon Apg 17, 32). Die platonisch-philosophische Tradition wertete ja den Leib als ›Gefängnis der Seele‹ (Wortspiel *soma*: ›Leib‹ – *sema*: ›Gefängnis‹) ab. Die Seele kann nach dem Tod in die himmlische Welt der Götter und Ideen aufsteigen (Himmelfahrt der Seele als Hoffnungsbild), oder sie muss sich einer Läuterung in der Unterwelt unterziehen, ehe sie auf die Erde zurückkehrt. In der Vorstellungswelt um die Auferstehung dagegen hat Gott den Menschen als Einheit von Leib und Seele geschaffen. Daher kann es kein wirkliches Menschsein ohne eine Form von Leib geben. Im Gegensatz zur platonischen Philosophie ist der Leib im christlichen Diskurs nicht Gefängnis der Seele, sondern Schöpfung Gottes. Auch im Reich Gottes wird es daher einen Leib geben, der sich vom vergänglichen Körper des irdischen Lebens durch seine Unvergänglichkeit unterscheidet (1. Kor 15). Die Überlieferungen der Evangelien von Jesu Auferstehung betonen seine Leiblichkeit mit der Auffindung des leeren Grabes und mit Details wie demjenigen, dass der Auferstandene auch isst, um seinen Jüngern zu demonstrieren, dass er kein Gespenst ist. Mit seiner Himmelfahrt tritt er ganz in den Bereich der göttlichen Transzendenz ein. Die Auferstehungshoffnung – die später der Islam übernimmt – lässt Christen nicht auf ein unbestimmtes ›Jenseits‹ hoffen, sondern auf ein von Gott geschaffenes neues Leben in Gemeinschaft mit ihm selbst und mit Jesus Christus.

## 36.9 Reinkarnationsmodelle

Ein alternatives Modell einer Fortexistenz ist die Wiedergeburt (Reinkarnation, Metempsychose). Zwar wurde sie Teil moderner Religionskulturen vor allem durch die Begegnung mit den asiatischen Religionen (verstärkt in den 1960er und 1970er Jahren), sie ist jedoch auch Teil abendländischer Traditionen (ausführlich dazu Zander 1999). Im antiken Griechenland kennen Pythagoreismus und Orphik eine Wiedergeburt der Seele (griech. *psyche*), und vor allem Platon integriert sie in seine Philosophie. Unter anderem im 10. Buch der *Republik* (Er-Mythos) und im Dialog *Phaidon* wird sie Teil einer ausführlichen Jenseitsmythologie (s. o.). Im Judentum wurden Reinkarnationsvorstellungen vor allem in der mittelalterlichen Mystik (Kabbala), im Christentum dagegen nur in wenigen Sondergruppen (manche Gnostiker, mittelalterliche Katharer) rezipiert. In der Alten Kirche öfter diskutiert, waren sie nie ein Baustein der christlichen Haupttraditionslinie.

In Indien ist die Lehre von einer Seelenwanderung in den ältesten vedischen Texten noch nicht bezeugt, aber z. B. in den *Upanishaden* (700–500 v. Chr.) bereits voll ausgeprägt. Sie verbindet sich im brahmanischen und hinduistischen Kontext mit den gesellschaftlichen Strukturen des Kastenwesens und wird zu einem zentralen Aspekt indischer Weltanschauung. Wiedergeburt ist auch als Tier, Gottheit oder andere Lebensform möglich. Erfahrungen von Ungerechtigkeit, Krankheit sowie Schicksalsschläge erscheinen als Konsequenz angesammelten Karmas aus vergangenen Leben, bis zu der Konsequenz, dass medizinische Lehrbücher konkrete Erkrankungen als Folge bestimmter sittlich schlechter Taten in einer Vorexistenz deuten. Im modernen Indien sind Legitimations- und Bestätigungsgeschichten über angebliche Erinnerungen aus vergangenen Leben sehr häufig.

Auch Reinkarnationsmodelle sind historisch gewachsen. In archaischen Kulturen existieren verbreitet Vorstellungen einer Wiederkehr, z. B. in Gestalt des eigenen Enkels (vgl. althochdt. *Eniklîn*, der ›kleine Ahn‹), oder in anderen (auch tierischen) Gestalten (oft nur in Einzelfällen). Ältere Texte sprechen in Indien davon, dass die Totenseelen im Rauch des Opfers bzw. der Leichenverbrennung zum Mond aufsteigen, wo über sie gerichtet wird, wobei die Seelen der Bösen von dort im Regen wieder auf die Erde herabkommen. In Religionen der Ureinwohner Australiens warten die Seelen an bestimmten Orten (Felsen, Wasserstellen) auf vorbeikommende Mütter, in deren Leib sie hineinschlüpfen können. Diese und ähnliche altertümliche Vorstellungen können in der Reinkarnationslehre weiterentwickelt und systematisiert worden sein, offenbar unabhängig voneinander in Griechenland und Indien.

Im Gegensatz zu einem verbreiteten Missverständnis rechnet der Buddhismus nicht mit der Weiterexistenz und Wiedergeburt einer unsterblichen Seele, sondern versteht die Wiedergeburt als Folge eines Kausalzusammenhanges, bei dem das in einem Leben angesammelte gute und schlechte Karma neues Leben erzeugt. Eine zwischen diesen Leben kontinuierliche Seelensubstanz existiert nicht (Lehre vom *anātman*, ›Nicht-Ich‹). In diesem speziellen Sinn wird mit potenziellen Wiedergeburten auch als Gottheit, Tier, Gespenst o. Ä. gerechnet. Die erstrebenswerteste Wiedergeburt ist im älteren Buddhismus in jedem Fall diejenige als Mönch, da nur er das *Nirvana* erreichen kann, das Erlöschen der Wiedergeburten. In einigen Varianten des *Mahāyāna*-Buddhismus, insbesondere im Reines-Land-Buddhismus (verbreitet in China, Japan u. a. Ländern) tritt das Bild eines paradiesischen Landes im Westen in den Mittelpunkt, in das der Gläubige durch Anrufung des transzendenten Buddhas *Amitabha* (japanisch *Amida*, daher auch *Amida*-Buddhismus) gelangen könne. Dieses ›reine Land‹, auch das ›Freudige‹ genannt (Sanskrit *sukhāvatī*, chinesisch *jílè*, japanisch *jōdo*), wird zur zentralen jenseitigen Referenzgröße. Es ist erfüllt von Mitleid und Erbarmen des *Boddhisattva* (›Erleuchtungswesen‹), der auf die vollständige Erleuchtung und damit auf das Aufhören der Wiedergeburten verzichtet, um andere Wesen auf den buddhistischen Heilsweg zu führen. Die Durchführung von sterbebegleitenden und Trauerriten ist dabei ein, vielerorts sogar *das* Haupttätigkeitsgebiet des buddhistischen Klerus, daneben die Ausübung von Schutzriten gegen die weithin gefürchteten umherirrenden missgünstigen Totengeister. Die Seelenwanderung als solche wird in allen alten Religionen ausnahmslos als Unglück, als Verhängnis verstanden, dem es zu entfliehen gilt (auch wenn es bessere und schlechtere Geburten gibt): Erst die Moderne interpretiert sie in einem evolutionistischen Paradigma als Gelegenheit zu Aufstieg und Vervollkommnung des Individuums (so in der 1875 in New York gegründeten Theosophischen Gesellschaft, in der sich die Reinkarnationslehre erst allmählich durchsetzte). Kritisch ist diese moderne Variante als Ausdruck narzisstischer Wunscherfüllung interpretiert worden.

## 36.10 Westliche Entwicklungen der jüngeren Moderne

Die westliche Moderne (nur diese kann hier aus Platzgründen dargestellt werden) hat radikale Veränderungen gegenüber traditionellen Jenseitsbildern mit sich gebracht, die freilich vielen Menschen oft gar nicht als ein Verlassen christlicher Paradigmen ins Bewusstsein treten. Damit ist nicht in erster Linie jener Teil der Bevölkerung gemeint, der an kein Jenseits glaubt, sich zu einem Agnostizismus bekennt oder asiatische Modelle synkretistisch mit christlichen verbindet. Gelegentliche Skepsis in Hinsicht auf eine Fortexistenz hat es durchaus schon immer gegeben, jedenfalls in allen differenzierten Kulturen (wir kennen z. B. aus der römischen Antike viele entsprechende Stimmen). Die wichtigeren Verlagerungen sind jedoch anderer Art.

Das Schwinden religiöser Bildung, verbunden mit dem Autonomiestreben der Aufklärung, hat die Höllenvorstellung anstößig werden lassen, wie schon von Theologen im 18. Jh. und dann außerhalb kirchlicher Diskurse im 19. Jh. vielfach formuliert worden ist. Damit blieb als Jenseitsort allein der Himmel, was faktisch eine Entethisierung des Jenseits bedeutet. Damit hat sich die in der Alten Kirche ausführlich diskutierte, aber als mit dem Freiheitsgedanken nicht zu vereinbarende und darum verworfene Allversöhnungslehre in der Volksfrömmigkeit faktisch durchgesetzt. Diese Entwicklung trifft den Katholizismus mit Verzögerung gegenüber protestantischen Kirchen, aber ergreift längst auch in ihm die Bevölkerungsmehrheit. Das ethisch differenzierte Jenseits, gemeinsames Erbe von Juden, Christen und Muslimen, verschwindet damit aus der Imagination, nachdem es ähnlich bereits dem übernatürlichen Inventar des Jenseits, den Engeln und Dämonen, ergangen ist. Dabei sind natürlich erhebliche soziale, nationale und regionale Unterschiede zu bedenken. Dies ist zuerst eine religionsgeschichtliche Beobachtung, deren kritische Würdigung in einem theologischen Diskurs hier nicht zu diskutieren ist. Mit dem Zurücktreten von differenzierten Bildern von Himmel und Hölle wird der ›Himmel‹ zu einer vage-allgemeingültigen Metapher für einen Raum postmortaler Potenzialität. Motive der Familienzusammenführung, der Gemeinschaft mit den ›Lieben‹ (die in der genuin christlichen Tradition nur eine periphere Rolle spielen) drängen sich in den Vordergrund, resultierend aus der bürgerlichen Aufwertung der Kleinfamilie. Aus dem christlichen Ort der Verantwortung, Verewigung gelebten Lebens und der Gottesbegegnung wird in einer postchristlichen Moderne ein imaginativer Fluchtpunkt potenzieller postmortaler Zukünfte, die Affinität zum Phantastischen und Virtuellen haben. Die Jenseitsorientierung der Welt- und Hochreligionen gerät in der Moderne in eine Krise, und zwar nicht nur, weil die Faktizität des Jenseits für viele Menschen an Plausibilität verliert, sondern weil eine solche Orientierung an einem Ort des ›Anderen‹ selbst zum ethischen Problem wird (D. Bonhoeffer): Jenseitssehnsucht gilt in säkularisierten Kontexten als moralisch defizitär. Zugleich werden Himmel und Hölle zu Metaphern: »Die Hölle, das sind die anderen« (so in Jean-Paul Sartres Stück *Geschlossene Gesellschaft* von 1944), oder sie werden zu komplementären Symbolen geistiger Zustände (so schon bei William Blake: *The Marriage of Heaven and Hell*, 1793).

Diese Entwicklungen (die vom 18. bis zum 21. Jh. kontinuierlich wahrzunehmen sind) werden flankiert von weiteren Verschiebungen. In der westlichen Esoterik (aus der die New-Age-Szene der 1960er und 1970er Jahre nur einen kleinen Ausschnitt darstellt) wird der tendenziell statische Charakter des traditionellen Jenseits aufgegeben, eine Tendenz mit erheblichen Konsequenzen. Das Jenseits wird zu einem Ort spiritueller Weiterentwicklung (vgl. Hermann Hesses Gedicht »Stufen« von 1941). Häufig ist dabei die Verbindung mit reinkarnatorischen Ideen (s. o.). Dieses Modell entsteht ab Mitte des 19. Jhs. in Spiritismus und Theosophie im Schatten des Evolutionsparadigmas, das zu dieser Zeit quasi experimentell auf alle Kulturbereiche angewandt wird (Sozialdarwinismus). Falls überhaupt Höllenimaginationen zugelassen werden, werden sie nur als mindere oder niedere Formen der spirituellen Entwicklung gedeutet. Im Zuge der Pluralisierung von Religion und der Infragestellung christlicher Modelle im 19. Jh. wurden Praktiken wie der Spiritismus gesellschaftlich breit rezipiert; dieser war zwischen 1848 und etwa 1890 eine ausgesprochene Mode mit Millionen von Anhängern. Sein Jenseitsbild (*Summerland*) versteht das Jenseits ganz als Ort einer Weiter- und Höherentwicklung der Seele. In den esoterischen Weltanschauungen der jüngeren Zeit ist dies nahezu Konsens, sofern sie nicht ohnehin reinkarnatorisch denken. Doch wächst die Verbreitung reinkarnatorischer Vorstellungen nur wenig an. Dem collagenartigen Nebeneinander verschiedenartiger Seelenvorstellungen in der Moderne entspricht ein ähnliches Neben- und Ineinander von Jenseitsbildern. Nach verschiedenen neueren Meinungsumfragen (2010–2018; Allensbach, EMNID, Kantar Public u. a.) glaubt nur etwas mehr als ein Drittel der Deutschen an ein Jenseits in einem christlichen Sinn. Der Glaube an ein Jenseits ist zudem stark milieuabhängig und findet sich paradoxerweise stärker sowohl bei Geringverdienden wie bei überdurchschnittlich verdienenden Menschen (während Skepsis eher ein Kennzeichen des Mittelstandes ist), eher bei solchen mit Familie als bei Singles, eher in Westdeutschland als im Osten, nicht jedoch eher bei Älteren als bei Jüngeren. Glaubensvorstellungen wie die Auferstehung und die Hölle sind nur noch wenig verbreitet (wenige Prozentpunkte, auch bei Kirchenmitgliedern). Alle diese Aussagen sind wie bei allen Meinungsumfragen mit begrenzter Teilnehmerzahl cum grano salis zu sehen, zumal bei sensiblen Themen mit Segmentierungsphänomenen zu rechnen ist (Menschen antworten situationsbezogen anders als z. B. im persönlichen Umfeld). Wichtig ist die Beobachtung, dass diese Umfragen auch in den westlichen Industrienationen radikal unterschiedlich ausfallen, Säkularisierung also in globaler Betrachtung ein regional und milieubezogen deutlich divergentes Phänomen ist. Die ältere These, dass Säkularisierung einheitlich und geradlinig verläuft, ist empirisch widerlegt.

Während die Moderne seit der Aufklärung trotz solcher Erscheinungen insgesamt durch einen ideologischen und rituellen Jenseitsverlust gekennzeichnet ist, führt das Nebeneinander verschiedener traditioneller Modelle von Tod und Sterben in den postmodernen multireligiösen Konsumgesellschaften einerseits zu einem synkretistischen Umgang mit Sterbebegleitung und Trauer, andererseits im Zuge starker Rekonfessionalisierung (die ein Kennzeichen multireligiöser Gesellschaften nach einer Phase ökumenischer Annäherung ist) zu einem Wiederentdecken traditioneller Praktiken. Der weitgehende Ritualverlust im Umfeld des Todes (Valetsegen, Hausabendmahl, Aussegnung, Allerseelentag etc.) führt zu einer Suche nach neuen Ausdrucksformen einer religiösen Vergewisserung und einer bewussten Begegnung mit Sterbenden und Gestaltung des Todes (etwa in der Hospizbewegung; s. dazu Kap. 43). Auch der Wunsch, ›in Frieden zu sterben‹, erschöpft sich nicht in der Furcht vor Einsamkeit und Schmerz, sondern umfasst die Motive der abschließenden Sinngebung des eigenen Lebens und des Verlangens, Unabgeschlossenes ›zu Ende zu bringen‹. In älteren Kulturen führt ›Unabgeschlossenes‹ (Schulden, Unausgesprochenes, Unvergebenes) zu einem ›Haften‹ am Diesseits, das in gespenstisches Wiedergängertum einmünden kann. Diese archaischen Motive wirken untergründig bis in die Moderne.

Es ist bemerkenswert, dass die populäre Imagination einer postchristlichen Vorstellungswelt sich von der Hölle weitgehend verabschiedet, aber am ›Himmel‹ festhält: Die im Christentum zentrale ethische Differenzierung des Jenseits verschwindet faktisch wieder, während gleichzeitig das Bild- und Symbolinventar einer Trivialisierung unterliegt. Diese Entwicklung geht einher mit einer Rückverwandlung der Gesellschaft von einer *guilt-culture* (einer am Konzept von Schuld und Gewissen orientierten Gesellschaft) zu einer *shame-culture* (die an Konzepten wie Status, Ehre, öffentlicher Beschämung und subjektiver Scham orientiert ist). Das Modell der *shame-* und *guilt-cultures* wurde von Ruth Benedict gegen Ende des Zweiten Weltkrieges zur Erklärung der Unterschiede zwischen amerikanischer und japanischer Gesellschaft entwickelt (R. Benedict: *The Chrysanthemum and the Sword*, 1946/2000), und später von E. R. Dodds (*The Greeks and the Irrational*, 1951/1973) zur anthropologischen Erklärung von Verschiebungen im Wertesystem des antiken Griechenland weiterentwickelt. Ein ethisch ausdifferenziertes Jenseits entspricht kulturmorphologisch eher einer *guilt-culture*, während z. B. Feudalgesellschaften großen Wert auf ein Überleben von Name und Prestige legen. Natürlich können beide Symbolsysteme auf verschiedenen sozialen Niveaus oder in verschiedenen Milieus koexistieren.

## 36.11 Ewigkeit

›Ewigkeit‹ ist ein religiöses Konzept, das in besonderer Weise das Interesse der Philosophie gefunden hat. In neueren Modellen ist ›Ewigkeit‹ dabei meist nicht einfach eine ins Endlose fortgesetzte Zeit und insofern nicht einfach ›Unsterblichkeit‹. Diese hätte eher etwas Erschreckendes: Könnten wir nach einer Million oder einer Milliarde Jahren, die ein irdisches Leben zu einer bedeutungslosen, minimalen Episode schrumpfen ließen, noch mit dem Menschen identisch sein, der wir jetzt sind? Andererseits wird Vergänglichkeit allgemein menschlich als Fluch erfahren, nichts Gutes und Schönes festhalten zu können. Auf jede erfreuliche Erfahrung folgen Sorgen, und eine Existenz ohne Angst vor möglichen Zukünften gibt es in einem ›Diesseits‹ nicht. Auch das Altwerden in Gesundheit und Lebensfreude wird mit dem Sterben der anderen erkauft, die wir gehen sehen. ›Ewigkeit‹ beschreibt demgegenüber in der Tradition eine Existenzweise, für die all dies nicht gilt. Der römische Philosoph Boëthius hatte in neuplatonischer Tradition Ewigkeit als das *nunc stans* definiert (›das stabile Jetzt‹), in dem ein Vergehen des Guten und Erfreulichen nicht befürchtet werden muss, die Zukunft nicht mit Angst besetzt und das Leben selbst ein unbegrenzter Besitz ist (*De consolatione philosophiae*, 524 n. Chr.). Der evangelische Theologe Friedrich Daniel Schleiermacher (1768–1834) hatte, vielleicht über sein Aussageziel hinausschießend, formuliert: »Mitten in der Endlichkeit Eins werden mit dem Unendlichen und ewig sein in einem Augenblick, das ist die Unsterblichkeit der Religion« (*Über die Religion, Reden an die Gebildeten unter ihren Verächtern*, 1799, 2. Rede).

Andere Stimmen haben dabei die Ewigkeit des Himmels als eines aktiven Ortes betont, so der Dichter William Butler Yeats: »The music of heaven is full of the clashing of swords« (mündlich nach einer Erinnerung von Desmond McCarthy; vgl. Jeffares 1977, 433); »That is the joy of heaven, continual battle« (Ders., in: The Unicorn from the Stars, 1908, in: Yeats 1977, 381). Auch im christlichen Kontext bleibt die spezifische Qualität der Ewigkeit über ihre Entgrenzung von Zeitlichkeit hinaus wesentlich. Eine schlichte Fortsetzung (oder Steigerung) diesseitiger Persönlichkeitsimpulse und -anteile ins Unendliche wäre in dieser Sicht eine Definition von Hölle. Die *Visio beatifica*, die Schau Gottes, befreit den Menschen dagegen aus den Bindungen an seine Vergangenheit und von seiner Konzentration auf sich selbst. In der Personalität des biblischen Gottes und seiner Ewigkeit gewinnt daher nach christlicher Überzeugung die Hoffnung auf eine Ewigkeit des Menschen ihre eigentliche Gestalt.

### Literatur

Baudy, G.: Tod. In: H. Cancik (Hg.): *Handbuch religionswissenschaftlicher Grundbegriffe*. Bd. 5. Stuttgart 2001, 207–226.

Benedict, R.: *The Chrysanthemum and the Sword. Patterns of Japanese Culture* [1946]. Rutland 2000.

Bernabé, A./Jiménez San Cristóbal, A. I.: *Instructions for the Netherworld. The Orphic Gold Tablets*. Leiden/Boston 2008.
Dodds, E. R.: *The Greeks and the Irrational* [1951]. Berkeley 1973.
Eliade, M.: *Geschichte der religiösen Ideen*. 3 Bde. Freiburg i. Br. u. a. 1978–1991 (frz. 1976–1983).
Frenschkowski, M.: Traum I.-V. In: H. R. Balz u. a. (Hg.): *Theologische Realenzyklopädie*. Bd. 34. Berlin/New York 2002, 28–46.
Frenschkowski, M.: Vision I.-V. In: H. R. Balz u. a. (Hg.): *Theologische Realenzyklopädie*. Bd. 35. Berlin/New York 2003, 117–147.
Frenschkowski, M.: Seele. In: R. W. Brednich u. a. (Hg.): *Enzyklopädie des Märchens*. Bd. 12. Berlin 2007, 476–489.
Frenschkowski, M.: Fortunatae Insulae. Die Identifikation mythischer Inseln mit realen geographischen Gegebenheiten in der griechischen und römischen Antike. In: R. von Bendemann, A. Gerstenberg, N. Jaspert u. a. (Hg.): *Konstruktionen mediterraner Insularitäten*. Paderborn 2016 (Mittelmeerstudien 11), 43–73.
Hornung, E. (Hg.): *Das Totenbuch der Ägypter*. Düsseldorf/Zürich 1997.
Jeffares, A. N. (Hg.): *W. B. Yeats. The Critical Heritage* [1977]. London 1997.
Otto, W. F.: *Die Manen oder von den Urformen des Totenglaubens* [1923]. Darmstadt $^4$1981.
Pu Songling (Pu Sung-ling): *Aus der Sammlung Liao-dschai-dschi-yi*. 5 Bde. Zürich 1987–1992.
Sourvinou-Ingwood, Ch.: Elysion. In: H. Cancik u. a. (Hg.): *Der Neue Pauly*. Bd. 3. Stuttgart 1997, 1004–1005.
Yeats, W. B.: *The Collected Plays*. London 1977.

## Weiterführende Literatur

Alt, K.: Diesseits und Jenseits in Platons Mythen von der Seele. In: *Hermes* 110 (1982), 278–299; 111 (1983), 337–368.
Assmann, J.: *Tod und Jenseits im alten Ägypten*. München 2001.
Assmann, J./Trauzettel, R. (Hg.): *Tod, Jenseits und Identität. Aspekte einer kulturwissenschaftlichen Thanatologie*. Freiburg i. Br. u. a. 2002.
Avery-Peck, A. J./Neusner, J. (Hg.): *Judaism in Late Antiquity. Bd. 4: Death, Life-After-Death, Resurrection and the World-to-Come in the Judaisms of Antiquity*. Leiden 2000.
Bergunder, M.: *Wiedergeburt der Ahnen*. Münster 1994.
Braun, H.-J.: *Das Jenseits. Die Vorstellungen der Menschheit über das Leben nach dem Tod*. Frankfurt a. M. 2000.
Bremmer, J. N.: *The Rise and Fall of the Afterlife*. London 2002.
Brück, M. von: *Ewiges Leben oder Wiedergeburt? Sterben, Tod und Jenseitshoffnung in europäischen und asiatischen Kulturen*. Freiburg i. Br. 2007.
Cardena, E./Lynn, St. Jay/Krippner, S. (Hg.): *Varieties of Anomalous Experience. Examining the Scientific Evidence*. Washington 2000.
Dinzelbacher, P.: *Die letzten Dinge. Himmel, Hölle, Fegefeuer im Mittelalter*. Freiburg i. Br. 1999.
Dinzelbacher, P.: *Himmel, Hölle, Heilige. Visionen und Kunst im Mittelalter*. Darmstadt 2002.
Dinzelbacher, P.: *Von der Welt durch die Hölle zum Paradies. Das mittelalterliche Jenseits*. Paderborn u. a. 2007.
Doniger O'Flaherty, W.: *Karma and Rebirth in Classical Indian Tradition*. Berkeley 1980.
Elkaisy-Friemuth, M./Dillon, J. M. (Hg.): *The Afterlife of the Platonic Soul. Reflections on Platonic Psychology in the Monotheistic Religions*. Leiden 2009.
Haussig, H. W. (Hg.): *Wörterbuch der Mythologie*. Stuttgart 1965.
Hutter, M. u. a.: Jenseitsvorstellungen. In: H. D. Betz u. a. (Hg.): *Religion in Geschichte und Gegenwart*. Bd. 4. Tübingen $^4$2001, 404–413.
Jezler, P. u. a.: *Himmel, Hölle, Fegefeuer. Das Jenseits im Mittelalter*. München $^2$1994.
Lang, B.: *Himmel und Hölle. Jenseitsglaube von der Antike bis heute*. München $^2$2009.
Linke, B. M.: *Die Welt nach der Welt. Jenseitsmodelle in den Religionen*. Frankfurt a. M. $^2$2002.
Lurker, M.: *Lexikon der Götter und Dämonen*. Stuttgart $^2$1989.
Pannenberg, W.: *Systematische Theologie*. Bd. 3. Göttingen 1993.
Radermacher, L.: *Das Jenseits im Mythos der Hellenen. Untersuchungen über antiken Jenseitsglauben*. Bonn 1903.
Stock, K.: *Die Zukunft der Erlösung. Zur neueren Diskussion um die Eschatologie*. Gütersloh 1994.
Tworuschka, U.: *Heilige Wege. Die Reise in den Religionen*. Frankfurt a. M. 2002.
Zander, H.: *Geschichte der Seelenwanderung in Europa*. Darmstadt 1999.

*Marco Frenschkowski*

# 37 Tod und Sterben in der Bildenden Kunst

Der Tod und die Bildende Kunst stehen seit Urzeiten, ungeachtet unterschiedlicher kultureller Kontexte und weltanschaulicher bzw. religiöser Überzeugungen, in enger Verbindung. Von der archaischen Antike bis zur Malerei, Skulptur, Photographie und Architektur des 20. Jhs. inspirierte das Ende des Lebens die künstlerische Phantasie.

## 37.1 Antike

Nicht nur die ägyptische Kunst und Architektur waren ganz wesentlich vom Jenseitsgedanken beherrscht. Der Gräberkult spielte auch in der späteren Antike – im achämenidischen Persien, im archaischen und klassischen Griechenland, in Kreta, bei den Etruskern, Nabatäern, Ptolemäern und Sassaniden – eine herausragende Rolle. Mythos, Religion und Literatur der Griechen und Römer kreisten – von den Kampfszenen bei Homer bis zu den Unterweltserfahrungen des Admetos, Herakles oder Äneas – immer wieder um das Schicksal Verstorbener. Die Herstellung von Totenmasken und die Inszenierung der Leichenfeiern beschäftigten Künstler über Jahrhunderte. Funeralien wurden, wie Cassius Dio (LVI, 34) am Beispiel des Augustus demonstrierte, nicht selten zur kunstvollen *Apotheose* (vgl. Herodian: *Geschichte des Kaisertums nach Marc Aurel*, IV, 2) hochstilisiert. Die Via Appia zeugt noch heute auf beeindruckende Weise von der römischen Begräbniskultur. Vor allem entwickelte sich im *Imperium Romanum* – im heidnischen wie christlichen Umfeld – eine großartige Sarkophagkunst (s. Kap. 47: »Sarg«). Auch die *Allegorie* des Todes blühte. Im griechischen Kulturkreis wurde er z. B. als bärtiger Alter mit Flügeln personifiziert, während er in römischer Zeit häufig als Genius mit gesenkter Fackel, aber auch als Skelett erschien.

## 37.2 Frühes Christentum

Im frühchristlichen Umfeld, auf Sarkophagen und in der Katakombenmalerei waren vor allem alt- und neutestamentliche ›Rettungsszenen‹ beliebt. Hohes Niveau hatte, nicht nur im koptischen Umfeld, die Porträtkunst. Alttestamentarische Todesszenen (Adam, Noah, Saul, die Feinde Israels) wurden bis weit in die Renaissance dargestellt. Über den Gräbern von Märtyrern und Heiligen entstanden bereits im 4. und 5. Jh. respektable Gedenkkapellen (Memorien) und Kirchen. In deren Umfeld entwickelten sich Wallfahrtsorte, die umfangreiche künstlerische Planungen erforderten. Die Präsenz der Reliquien eines prominenten Heiligen konnte zu Reichtum, Blüte und Kunstentwicklung eines Gemeinwesens beitragen (vgl. Markus in Venedig, Nikolaus in Bari, Agatha in Catania). Das Christentum sah sich, ungeachtet vieler theologischer Streitfragen (Schicksal der Seele im Moment des Todes, Universalgericht, Partikulargericht), bewusst als Überwinder des Todes. Der ›Tod Mariens‹ wurde in der byzantinischen Tradition (*koimesis*) als Annahme der (kindförmigen) Seele durch Christus dargestellt (im Osten erstmals in Ateni/Georgien 906, im Westen u. a. in Straßburg 1230, Venedig/Frari 1339). Im Spätmittelalter wurde der Marientod zum Prototyp des guten Todes: Die Jungfrau stirbt wohl vorbereitet in einem zeitgenössischen, ›bürgerlichen‹ Ambiente, von trauernden Aposteln umgeben.

## 37.3 Mittelalterliche Darstellungen christlicher Motive

Erst im 7. Jh. ist – zunächst im byzantinischen Kulturraum (Sinaikloster) – der tote Christus am Kreuz nachweisbar, nachdem er zuvor (im Westen teilweise noch bis zum 13. Jh.) als Sieger, ja triumphierend im Königsgewand (*Kolobium*) dargestellt worden war. Auch der menschliche Schädel (*Golgatha* = Schädelstätte) unter dem Kreuz symbolisierte die Überwindung des Todes. Im Sinne des Konzils von Chalkedon (451), das den *Monophysitismus* verurteilte, stellte man im Osten früh auch den menschlich leidenden Erlöser heraus. Mit dessen Abstieg in den Limbus (*Anastasis*) wurde die Auferstehung der dort wartenden alttestamentarischen Gerechten – von Adam bis zu Johannes dem Täufer – möglich (vgl. San Marco/Venedig, Torcello). Heilig-Grab-Rotunden nach dem Vorbild von Jerusalem gab es im Westen seit dem hohen Mittelalter, sogenannte ›Heilige Gräber‹ in Kirchen seit dem 14. Jh. Auch die dargestellten Totenerweckungen Christi (vgl. Lazarus, Jüngling von Naim, Tochter des Jairus) symbolisierten die Überwindung des Sterbens. Ebenso glorifizierten viele Martyriumsszenen den Tod als Moment des Sieges. In zahlreichen Barockgemälden (häufig Deckenfresken) dominierte entsprechend die Aufnahme des Märtyrers (s. Kap. 70: »Freiwilliges Opfer des Lebens«) in


H. Wittwer/D. Schäfer/A. Frewer (Hg.), *Sterben und Tod. Ein interdisziplinäres Handbuch 2. Auflage*,
https://doi.org/10.1007/978-3-476-05761-7_37

den Himmel. Das Motiv des Jüngsten Gerichts ist, von einigen Vorformen abgesehen, umfassend erstmals im karolingischen Umfeld (Müstair) nachweisbar. An den Weltgerichtsportalen von Amiens, Reims und Paris erschien im 13. Jh. der Todesreiter der Apokalypse (Apk 6, 8). Das Schicksal des Menschen *post mortem* augenscheinlich zu machen, war die theologisch-didaktische Absicht. Das universale Gericht wurde auch noch dargestellt, nachdem Papst Benedikt XII. (1336) die Vorstellung des unmittelbar nach dem individuellen Tod stattfindenden ›Partikulargerichts‹ propagiert hatte (Schongauer, Luca Signorelli, Michelangelo). Angesichts des gefürchteten plötzlichen Todes (*mors improvisa*) wurden zunehmend auch die Qualen der Hölle (später auch des Fegefeuers) akzentuiert, aber auch die Freuden des Paradieses.

## 37.4 *Ars moriendi* und Totentanz

Spätestens seit 1348, als die Große Pest Europa überrollte, wurde die europäische Malerei von der *Ars moriendi* (s. Kap. 28: »Ars moriendi – Ritual- und Textgeschichte«) beeinflusst. Besonders einschüchternd dürfte das Motiv des ›Triumphs des Todes‹ gewirkt haben. Als Reiter mit Lanze oder Pfeil und Bogen, als Spielmann, Schnitter, Musikant, verführerische Frau (in den romanischen Sprachen ist er weiblichen Geschlechts!), als Totengräber oder Rattenfänger erschien der Tod auf unzähligen Fresken in Dorfkirchen, Kapellen oder auf Friedhofsmauern. Als Vorgängermotiv gilt die erstmals 1285 (Meditationsbuch der Maria von Brabant) nachweisbare ›Begegnung der drei Lebenden und Toten‹ (u. a. Atri, Melfi, Wismar, Überlingen), die nicht selten, wie in Pisa, in die Ikonographie des ›Triumphs des Todes‹ eingebunden wurde. Viele Darstellungen des triumphierenden Todes (Bozen, Pisa, Florenz, Siena) entstanden allerdings bereits in den Jahren vor der Pest, als besonders Mittelitalien von zahlreichen Katastrophen erschüttert wurde (Unwetter, Missernten, Seuchen). Das Vorbild für spätere literarische Bearbeitungen stammte von Petrarca (1358). Im Kontext des ›Vanitas-Motivs‹ erschien der Tod häufig mit einer Sanduhr (vgl. Dürers *Ritter, Tod und Teufel*). Weitere Attribute waren der Pfeil (vgl. auch *Ilias* I, 46 ff.), seltener die Sense. Als Skelett beeindruckte er auf unzähligen Gräbern und Gemälden. Bei Hans Baldung Grien und Nikolaus Manuel Deutsch erscheint er mit der jungen Frau, bei Dürer mit dem Landsknecht, bei Lucas van Leyden mit der Familie, bei Holbein dem Älteren mit dem Arzt, bei Bosch mit dem Geizigen. In vielen Renaissance-Bildern finden sich, häufig versteckt, ›Vanitas-Motive‹ (Sanduhr, vergilbte Blätter, Totenschädel, Raben und andere Todesvögel, welke Blumen, Zeichen der Alterung, kranke Menschen und Tiere). Das vor allem in Deutschland und Italien verbreitete Motiv der *Pietà*, der Präsentation des toten Heilands auf dem Schoß Mariens, verlangte vom Künstler eine subtile, besonders würdevolle Darstellung des Leichnams.

Dagegen scheint das Motiv des Totentanzes, dessen Ursprünge in der geistlichen Literatur des 12. und 13. Jhs. lagen, erst einige Jahrzehnte nach dem Schwarzen Tod in der Malerei angekommen zu sein. Die ältesten erhaltenen Beispiele sind kurz nach 1400 datierbar (La-Chaise-Dieu 1410, Palermo 1416). Fast zeitgleich (1424) entstand der 1529 zerstörte, durch Nachzeichnungen bekannte Zyklus auf dem Friedhof des ehemaligen Pariser Franziskanerkonvents SS. Innocents. Das Motiv wurde vor allem – vielfach variiert – in der Freskenmalerei des 15. und 16. Jhs. umgesetzt (u. a. Palermo, Pinzolo, Carisolo, Hrastovlje/Istrien, Kermaria/Bretagne, Meslay-le-Grenet/Picardie, Bern, Basel, Straßburg, Berlin, Lübeck, Reval, Clusone, Metnitz/Kärnten). Dazu gab es zahlreiche gedruckte Ausgaben (*Heidelberger Totentanz*). Zweifellos nahmen Geistliche in Predigten auf die eindringlichen Bilder Bezug. In Clusone bei Bergamo (1485) vermengte der Künstler (de Baschenis) das Motiv mit demjenigen des ›Triumphs des Todes‹. Die Leichname verlassen – unter dem triumphierenden Tod, dem auch viele irdische Würdenträger huldigen (König, Papst, Doge von Venedig) – ein Beinhaus und schreiten gemeinsam zur Hölle. Die Verstrickung von Sünde und Tod war für dieses Sujet, das bis zur Barockzeit, ja in der Volkskultur bis ins 19. Jh. populär blieb, charakteristisch. In Wolgast (Vorpommern) entstand um 1700 ein protestantischer Totentanz. Der Papst erscheint, zusammen mit dem türkischen Sultan, als Assistent des Antichristen. 1791 vollendet Daniel Nikolaus Chodowiecki seine Totentanzfolge. Im 19. und 20. Jh. wurde das Motiv des Totentanzes in allegorisch-anklagender, aber auch karikierender oder satirischer Form wieder aufgenommen (Wilhelm Kaulbach, Alfred Rethel, Ernst Barlach, Max Slevogt, Max Klinger, Jean Tinguely, Lovis Corinth, Frans Masereel, Joseph Sattler, Tobias Weiss, Albin Egger-Lienz, Otto Dix, Alfred Hrdlicka, A. Paul Weber, HAP Grieshaber, Harald Naegeli). Das religiös bestimmte *Memento mori* hatte seine Bedeutung verloren.

## 37.5 Sepulkralkunst und Skelettdarstellungen

Zur Mitte des 14. Jhs. verbreitete sich in Westeuropa eine individuelle, differenzierte Grabkultur (s. Kap. 49: »Grabinschriften«), die ihre Vorläufer im päpstlichen, kaiserlichen und bischöflichen Umfeld des 13. Jhs. hatte. Die Elite wünschte sich ihre Grablegen bevorzugt in Bettelordenskirchen. Im Moment des Todes wollte man arm erscheinen und von Fürbitten profitieren. Philippe Ariès (1984) unterscheidet den *Gisant* (erstes Beispiel der Abt Isarn in St. Victor in Marseille, 11. Jh.), den *Priant* und das bloße Epitaph als Grundformen, die bis zur Barockzeit vielfältige (und regional unterschiedliche) Entwicklungen erfuhren. In der italienischen Früh- und Hochrenaissance erfährt die Sepulkralkunst einen spezifisch ›humanistischen‹ Höhepunkt (vgl. Kirchen in Verona, Florenz [Santa Croce, Santa Maria Novella], Venedig [Frari-Kirche, Santi Giovanni e Paolo], Rom [Santa Maria del Popolo, Santa Maria sopra Minerva]). Herausragende Persönlichkeiten erhalten prunkvolle Gräber (meist um einen Gisant gruppiert), was durch eine kunstvolle Inschrift begründet wird. Allerdings blieb dieser Grabtypus – selbst innerhalb der Eliten – einer Minderheit vorbehalten.

In Italien erhält der ummauerte *Camposanto* seine spezifische Prägung. Sein Export (Salzburg, Halle) bleibt die Ausnahme. Das Barockgrab zeigt nicht nur weltlichen Glanz, der auf die himmlischen Freuden verweist, sondern symbolisiert gleichzeitig die *vanitas* alles Irdischen. Das Motiv des verdeckten Gerippes, das von Würmern zerfressen wird, war zwar schon – als Rückseite bzw. Spiegelseite des ›Fürsten der Welt‹ (Straßburg, Freiburg, Basel) oder von ›Frau Welt‹ (Worms) – in der Kathedralskulptur des 13. Jhs. bekannt, wird nun aber zum Symbol der Vergänglichkeit schlechthin. Noch der *Mirroir de la vie et de la mort* (17. Jh. Paris) zeigt eine junge Frau halb als Schönheit, halb als Skelett. Eine assoziative Nähe zum Eros war unübersehbar. Die makabren, aus menschlichen Knochen geformten Gewölbe und Skulpturen in Rom (Santa Maria della Concezione) und Kuttenberg (Böhmen) trafen den Zeitgeist: Tod und Schönheit verbinden sich, doch ist der Prunk nur die Kehrseite des Todes. Auch die expressiven Wachsmoulagen Gaetano Zumbos zum Pestalltag (Neapel, spätes 17. Jh.) unterstreichen dessen ebenso zerstörerische wie verführerische Gewalt.

## 37.6 Medizinische Einflüsse

In der Malerei der Spätgotik bzw. italienischen Frührenaissance werden Tod und Sterben vor allem in Heiligenviten dargestellt. Viele Haus- und Andachtsbücher zeigen das ideale Sterben des Christen, der von Geistlichen, Mitgliedern von Pflegeorden, Angehörigen und zuweilen Ärzten umgeben ist, die sich allerdings traditionell vom Sterbebett zurückzogen (Ausnahmen bildeten Leibärzte von Päpsten und hohen Geistlichen, Kaisern und Königen). Nicht selten wurden prominente Verstorbene (Kaiser, Könige) für die Leichenfeier, da die Anreise der Trauergäste Zeit erforderte, in Wachs oder anderen Materialien modelliert. In der medizinischen Fachliteratur erscheinen Leichendarstellungen vereinzelt ab dem 13. Jh. Die frühesten Sektionsdarstellungen, die einen primitiven Schematismus übertrafen, waren Illustrationen mittelalterlicher Dichtungen, die sich mit der Vita Neros beschäftigten (z. B. Jansen Enikel, Boccaccio), der nach der Überlieferung seine eigene Mutter hatte sezieren lassen. Qualitätsvolle medizinische Darstellungen finden sich erst um 1500, als zahlreiche Maler (Verrochio, Michelangelo, Leonardo) an Sektionen teilnahmen und Vesal seine bahnbrechenden Werke von herausragenden Künstlern wie Jan van Kalkar und Tizian illustrieren ließ. Im 16. und 17. Jh. wurden Sektionen auch als öffentlich-makabre Spektakel inszeniert (Padua, Heidelberg). Mantegnas *Toter Christus* in der Pinacoteca di Brera (ca. 1490) bestach durch einen krassen Naturalismus. In der Malerei des 16., 17. und 18. Jhs. findet man zunehmend auch makabre Szenen aus dem Pestalltag. Dank der humanistischen Begeisterung für die Antike kehrten ferner alte Motive – etwa der Tod des Seneca, des Vergil, des Augustus oder Belizar – in die Bildende Kunst zurück.

## 37.7 Wandel nach 1800/in der Moderne

Im 18. Jh. beherrschte zunächst noch – nicht nur in katholischen Ländern – das barocke Grabmal die Szene. Pigalles Straßburger Tumbe für Moritz von Sachsen oder Canovas Grabkompositionen in Wien und Venedig stehen für viele Beispiele. Tödlein, Betrachtungssärglein, Skelettminiaturen, Totenkopfschmuck und andere Memento-mori-Gegenstände fanden noch bis etwa 1800 ihr Publikum. Aufklärung und Französische Revolution veränderten die Mentalitäten allerdings rasch. Viele Intellektuelle negierten die alten Fragen nach Gott und dem Jenseits. Der Tod imponierte nun, wenn nicht als radikales Ende, als eine Art ewiger Schlaf, was zweifellos dem adligen wie bürgerlichen Publikumsgeschmack des 19. Jhs. entgegenkam. Er mutierte vom *Absolutum* menschlicher Existenz zum Etikettenproblem der trauernden Umwelt. Auch Prominente wurden nun, Bischöfe ausgenommen, nicht mehr in der Kirche bestattet, sondern auf entfernten Friedhöfen, meist (wie es der Hygiene der Aufklärung entsprach) außerhalb der Städte und Dörfer. Hier herrschte bald die neoklassizistische Grabkultur vor, welche die kühle, schöne Darstellung nach antikem Vorbild suchte (Paris, Wien, Triest u. a.).

Allerdings nahmen die Romantiker und einige frühe Naturalisten (Menzel, Waldmüller) das Todesthema z. T. in sehr traditioneller Weise auf. In einer Nische der Militär- und Schlachtenmalerei, die häufig Staatspropaganda war, fand sich die heroisierte Todesdarstellung wieder, die sich u. a. auf Altdorfer, Michelangelo und Leonardo berief. Rühmliche Ausnahmen bildeten Géricaults *Untergang der Medusa* (1818) oder Menzels *Aufbahrung der Märzgefallenen* (1848). Angesichts neuer Kriegserfahrungen (Krimkrieg 1856, Deutsch-Französischer Krieg 1870) kam es, was die Darstellung von Tod und Sterben betraf, allerdings zu einer revolutionären Wende. Bereits Géricault hatte grausame Hinrichtungen gezeichnet und Rowlandson das Sterben in den Napoleonischen Kriegen karikiert. Böcklin, Ensor, Doré und die Symbolisten betonten gegen 1900 eine vieldeutige, düstere Todessymbolik.

Im Schlepptau der Literatur tendierte der künstlerische Expressionismus nach 1900, vor allem aber nach dem Ersten Weltkrieg zu einer Todesdarstellung von bestürzender Intensität. Arpad Schmidhammer hatte einen *Totentanz der Politik* entworfen, Otto Dix den Zyklus *Der Krieg*. Dessen Grauen inspirierten auch Maler/innen wie Klinger, Kollwitz, Beckmann und Grosz. Der Massentod der Soldaten wurde ein herausragendes Thema der Bildenden Kunst, in der klassische Schönheit, Harmonie und Transzendenz verpönt waren. Vorbilder waren nun eher Goya, Füssli und Daumier. Nach dem Zweiten Weltkrieg entstanden, z. T. unter bewusstem Rückgriff auf das Mittelalter, einige erstaunliche Totentänze (vgl. Hohenberg, Ebnat, Stein/Jauntal). Alte Themen wie ›Der Tod und das Mädchen‹ wurden u. a. von Janssen, Beuys und Dali aufgegriffen. Die tödlichen Katastrophen, welche Europa durch die Nationalsozialisten und Stalinisten erfuhr, sprengten freilich jede künstlerische Erfahrung. Mahnmäler der Massentötungen entstanden. Die Säkularisierung und religiöse Reduktion Europas führte dazu, dass der Tod auch in Kirchen, in der Pädagogik, in der Politik und Kunst seinen existenziellen Charakter verlor. In der Fotografie wurde das Thema Tod und Sterben, eng verbunden mit der Problematik des Alterns, jüngst wieder aktuell. Ob die Plastination menschlicher Leichen (von Hagens), die nicht nur in Deutschland Hunderttausende in makabre Ausstellungen lockte, zur Bildenden Kunst zu zählen ist, blieb – ungeachtet der in der Gegenwartskunst vorherrschenden Tendenz zu Provokation und Tabubruch – bis heute umstritten.

### Literatur

Ariès, Ph.: *Bilder zur Geschichte des Todes*. München/Wien 1984 (frz. 1977).

### Weiterführende Literatur

Bergdolt, K.: Totentanz und Ars moriendi im Spätmittelalter. In: *Forum MUL – Medizinische Universität Lübeck* 3 (1996), 3–16.

Block, W.: *Der Arzt und der Tod in Bildern aus sechs Jahrtausenden*. Stuttgart 1966.

Brenk, B.: Weltgericht. In: E. Kirschbaum (Hg.): *Lexikon der christlichen Ikonographie*. Bd. 4. Freiburg i. Br. 1972, 513–523.

Condrau, G.: *Der Mensch und sein Tod. Certa moriendi condicio*. Zürich 1991.

Frey, W./Freytag, H. (Hg.): *Ihr müsst alle nach meiner Pfeife tanzen. Totentänze vom 15. bis 20. Jh. aus den Beständen der Herzog August Bibliothek Wolfenbüttel und der Bibliothek Otto Schäfer Schweinfurt*. Wolfenbüttel 2000.

Guthke, K. S.: *Ist der Tod eine Frau? Geschlecht und Tod in der Kunst und Literatur*. München 1997.

Hohl, H.: Tod des Gerechten. In: E. Kirschbaum (Hg.): *Lexikon der christlichen Ikonographie*. Bd. 4. Freiburg i. Br. 1972, 332.

Hülsen-Esch, A. von/Westermann-Angerhausen, H. (Hg.): *Zum Sterben schön. Alter, Totentanz und Sterbekunst von 1500 bis heute* (Ausstellungskatalog). Köln 2006.

Locher, H.: *Deutsche Malerei im 19. Jahrhundert*. Darmstadt 2005.

Maio, G.: Tod. In: W. E. Gerabek/B. D. Haage/G. Keil/W. Wegner (Hg.): *Enzyklopädie der Medizingeschichte*. Berlin/New York 2005, 1400–1402.

Meiss, M.: *Painting in Florence and Siena after the Black Death. The Arts, Religion and Society in the Mid-Fourteenth Century*. Princeton 1951.

Myslivec, J.: Tod Mariens. In: E. Kirschbaum (Hg.): *Lexikon der christlichen Ikonographie*. Bd. 4. Freiburg 1972, 333–338.

Plotzek, J. M./Winnekes, K./Kraus, St./Surmann, U. (Hg.): *Ars vivendi – Ars moriendi. Die Kunst zu leben – Die Kunst zu sterben* (Ausstellungskatalog des Kölner Diözesanmuseums). München 2002.

Rosenfeld, H.: Tod. In: E. Kirschbaum (Hg.): *Lexikon der christlichen Ikonographie*. Bd. 4. Freiburg i. Br. 1972, 327–332.

Schlosser, J. von: *Tote Blicke. Geschichte der Portraitbildnerei*

*in Wachs. Ein Versuch*. Hg. von Thomas Medicus. Berlin 1993.
Schuster, E. (Hg.): *Das Bild vom Tod. Graphik-Sammlung der Heinrich-Heine-Universität Düsseldorf.* Recklinghausen 1992.
Tod. In: *Lexikon christlicher Kunst. Themen. Gestalten. Symbole.* Freiburg i. Br./Basel/Wien 1980, 312–314.
Wunderlich, U.: *Der Tanz in den Tod. Totentänze vom Mittelalter bis zur Gegenwart.* Freiburg i. Br. 2001.

*Klaus Bergdolt*

# IV Konkrete Ausdrucks- und Umgangsformen

# 38 Patientenverfügung

## 38.1 Begriff der Patientenverfügung

Eine Patientenverfügung ist eine von einem einwilligungsfähigen Volljährigen schriftlich verfasste Erklärung, in der er für den Fall seiner Einwilligungsunfähigkeit festlegt, ob er in bestimmte, zum Zeitpunkt der Festlegung noch nicht unmittelbar bevorstehende Untersuchungen seines Gesundheitszustandes, Heilbehandlungen oder ärztliche Eingriffe einwilligt oder sie untersagt. Mit dieser sogenannten Legaldefinition beschreibt der Gesetzgeber in § 1901 a Abs. 1 des Bürgerlichen Gesetzbuches (BGB) das rechtliche Instrument, mit dem sichergestellt werden soll, dass der Wille von Menschen am Lebensende respektiert wird. Die Patientenverfügung ist erst seit dem Inkrafttreten des 3. Betreuungsrechtsänderungsgesetzes am 1. September 2009 (BGBl I 2009, 2286) gesetzlich geregelt. Der Gesetzgeber hat die entsprechenden Normen in §§ 1901 a, 1901 b und 1904 BGB dem Betreuungsrecht – und nicht den Regelungen zur Persönlichkeit oder Willenserklärung – zugeordnet.

Vorausgegangen war eine mehrjährige Debatte in der gesamten Gesellschaft, die sich vor allem daran entzündet hatte, dass es keine gesetzliche Regelung sondern nur höchstrichterliche Entscheidungen gab. Ungeklärt ist, ob das auch ein Grund dafür ist, dass bisher weniger als 20 % der Bevölkerung eine Patientenverfügung haben.

## 38.2 Andere Vorsorgeverfügungen: Vorsorgevollmacht und Betreuungsverfügung

Zu unterscheiden ist die Patientenverfügung von der Vorsorgevollmacht und der Betreuungsverfügung. Mit einer Vorsorgevollmacht kann jeder für den Fall, dass er selbst seine Angelegenheiten nicht mehr regeln kann, einen Bevollmächtigten bestimmen (§ 1901 c S. 2 BGB). Dessen Aufgabenkreis soll er dabei so genau wie möglich beschreiben. Zulässig sind auch mehrere Bevollmächtigte für jeweils unterschiedliche Regelungsbereiche. Ein Betreuer ist zu bestellen, wenn ein Volljähriger aufgrund einer psychischen Krankheit oder einer körperlichen, geistigen oder seelischen Behinderung seine Angelegenheiten ganz oder teilweise nicht besorgen kann (§ 1896 BGB). In einer Betreuungsverfügung kann der Betreffende Vorschläge zur Auswahl des Betreuers oder Wünsche zur Wahrnehmung der Betreuung äußern (§ 1901 c S. 1 BGB). Ist durch eine Vorsorgevollmacht ein Bevollmächtigter bestimmt, bedarf es keiner Betreuerbestellung für den entsprechenden Bereich.

## 38.3 Die Rechtslage vor dem Inkrafttreten des Gesetzes

Dokumente, Schriftstücke oder auch Verfügungen, in denen Patienten niedergeschrieben hatten, wie sie in einer Situation, in der sie nicht mehr selbst entscheiden können, behandelt – oder eben nicht behandelt – werden wollen, gab es schon vor dem 3. Betreuungsrechtsänderungsgesetz. Sie sind auch weiterhin gültig. Während die Vorsorgevollmacht und die Betreuungsverfügung im BGB geregelt waren, fehlte es an Vorschriften über die Patientenverfügung, insbesondere über ihre Verbindlichkeit für die Ärzte. Der Bundesgerichtshof hatte in zwei zivilrechtlichen Entscheidungen aus den Jahren 2003 (Beschl. v. 17. März 2003, Az. XII ZB 2/03) und 2005 (Beschl. v. 8. Juni 2005, Az. XII ZR 177/03) klargestellt, dass der Wille des Patienten am Lebensende – sowohl der schriftlich fixierte als auch der mutmaßliche – zu beachten sei. Eine dritte Entscheidung eines BGH-Strafsenats (Urteil v. 13.09.1994, Az. 1 StR 357/94) hatte hingegen in dem Fall eines unheilbar kranken Patienten vor dem Beginn des Sterbevorgangs den Abbruch einer ärztlichen Behandlung oder Maßnahme entsprechend dem mutmaßlichen Willen des nicht mehr einwilligungsfähigen Patienten nur *ausnahmsweise* für zulässig erachtet. Vereinzelte Formulierungen dieser drei BGH-Entscheidungen finden sich im aktuellen Gesetzestext wieder.

Wie breit das Spektrum der Auffassungen im politischen Raum war, zeigt sich an den vier Vorschlägen zur Regelung dieser Materie (Bundestagsdrucksachen 16/8442, 16/11360, 16/11493 und 16/13379), in denen die wichtigsten Fragen zu Entscheidungen am Lebensende jeweils unterschiedlich beantwortet wur-


H. Wittwer/D. Schäfer/A. Frewer (Hg.), *Sterben und Tod. Ein interdisziplinäres Handbuch 2. Auflage*,
https://doi.org/10.1007/978-3-476-05761-7_38

den. Ihre Inhalte reichten von der Ablehnung, die Patientenverfügung überhaupt gesetzlich zu regeln, weil die Richtlinien der Bundesärztekammer und die entsprechenden höchstrichterlichen Entscheidungen genügten, über Vorschläge, die eine verpflichtende vorherige Aufklärung durch einen Arzt vorsahen, eine notarielle Beglaubigung, eine regelmäßige Erneuerung bzw. eine zeitlich befristete Geltung verlangten, bis hin zu der Einschränkung, dass Patientenverfügungen nur für unheilbare, tödliche Krankheiten anwendbar sein sollten.

## 38.4 Die gesetzlichen Regelungen im Einzelnen

Die in die §§ 1901 a ff. BGB eingefügten Regelungen sind letztlich ein Kompromiss zwischen den beiden Extremen. Eine Patientenverfügung kann jeder einwilligungsfähige Volljährige verfassen. Damit können nach dem Wortlaut des Gesetzes keine einwilligungsfähigen Minderjährigen eine wirksame Patientenverfügung erstellen. Allerdings wird man von ihnen fixierte Willenserklärungen zur Bestimmung ihres mutmaßlichen Willens heranzuziehen haben.

Entscheidend ist, dass die Verfügung *schriftlich* festgehalten wird. In ihr kann der Betreffende festlegen, in welche bestimmten Untersuchungen, Heilbehandlungen oder ärztlichen Eingriffe, die noch nicht unmittelbar bevorstehen, er einwilligt. Sein Betreuer hat dann zu prüfen, ob diese Festlegungen auf die eingetretene Lebenssituation zutreffen. Ist das der Fall, muss er dem in der Patientenverfügung niedergelegten Willen des Patienten Ausdruck und Geltung verschaffen, d. h. Sorge dafür tragen, dass die behandelnden Ärzte diesen Willen erfahren und ihm entsprechend handeln. Nicht verlangt werden dürfen verbotene Maßnahmen wie beispielsweise eine aktive Sterbehilfe. Auch die Grundversorgung, also Schmerzlinderung und Körperpflege, sowie eine menschenwürdige Behandlung überhaupt bleiben von einer solchen Verfügung unberührt. Darüber hinaus gilt eine Patientenverfügung auch für Maßnahmen in der Notfallmedizin.

Da das Gesetz ausdrücklich von *bestimmten* Untersuchungen, Behandlungen und Eingriffen spricht, bleibt abzuwarten, ob es in den überwiegenden Fällen den Menschen gelingt, eine Patientenverfügung zu verfassen, die den Ansprüchen des § 1901 a Abs. 1 BGB genügt (vgl. Lange 2009, 543). Befürworter einer ärztlichen Pflichtberatung zweifeln daran, so dass in jedem Fall zu empfehlen ist, eine Patientenverfügung nur nach ausreichender Beratung durch einen entsprechend kompetenten Arzt zu verfassen.

Eine Patientenverfügung kann von ihrem Verfasser jederzeit widerrufen werden, und zwar formlos. Dass dies möglicherweise zu Problemen führen kann, wird besonders deutlich, wenn man berücksichtigt, dass mittlerweile vorgeschlagen wurde, ein zentrales Register, ähnlich dem für Vorsorgevollmachten gem. § 78 a Bundesnotarordnung, einzurichten (vgl. Olzen 2009, 362). Dann gäbe es nämlich unter Umständen eine schriftliche Verfügung, deren Inhalt aber vom Verfasser längst widerrufen wurde, ohne dass dieser Widerruf im Register vermerkt ist.

Gibt es keine Patientenverfügung oder treffen die Festlegungen in einer vorhandenen Verfügung nicht auf die gegebene Situation zu, hat der Betreuer den mutmaßlichen Willen des Betreffenden festzustellen und dann zu entscheiden, ob er in die Maßnahme einwilligt oder sie untersagt. Das Gesetz schreibt auch vor, wie der mutmaßliche Wille zu ermitteln ist: Anhand konkreter Anhaltspunkte muss der Betreuer diesen Willen feststellen. Zu berücksichtigen sind insbesondere mündliche oder schriftliche Äußerungen, ethische oder religiöse Überzeugungen und sonstige persönliche Wertvorstellungen.

Ausdrücklich erklärt das Gesetz, dass es nicht auf Art und Stadium der Erkrankung ankommt. Das bedeutet, dass weder der Sterbevorgang begonnen haben, noch die Krankheit überhaupt tödlich sein muss, so dass der Wille des Patienten auch gilt, wenn er im Koma liegt oder an Demenz leidet.

Des Weiteren darf niemand verpflichtet werden, eine Patientenverfügung zu errichten; mehr noch, sie darf nicht zur Bedingung eines Vertragsschlusses gemacht werden. Hier wird also besonderes Augenmerk darauf zu legen sein, dass man zwar empfehlen kann, eine Patientenverfügung zu verfassen, die Freiwilligkeit in jedem Fall aber erhalten bleiben muss.

In § 1901 b BGB wird der behandelnde Arzt verpflichtet zu prüfen, welche ärztliche Maßnahme im Hinblick auf den Gesamtzustand und die Prognose des Patienten indiziert ist. Gemeinsam mit dem Betreuer hat er dann diese indizierte Maßnahme unter Berücksichtigung des Patientenwillens zu erörtern, so dass der Betreuer auf dieser Grundlage entscheiden kann. Diese im Grunde selbstverständliche Pflicht des Arztes ist auch als ›dialogisches Moment‹, das Ganze als ›dialogischer Prozess‹ bezeichnet worden. Dabei sollen auch die nahen Angehörigen und sonstigen Vertrauenspersonen des Patienten gehört werden, sofern dies ohne Verzögerung möglich ist. Deutlich wird damit, dass möglichst alle Quellen erschlossen werden sollen, um den Willen oder den mutmaßlichen Willen als Grundlage einer Entscheidung festzustellen.

Neu gefasst wurden auch die Aufgaben des Gerichts, das nicht mehr Vormundschafts-, sondern *Betreuungsgericht* heißt. Wie bisher muss das Gericht die Einwilligung des Betreuers genehmigen, wenn dieser in eine riskante Maßnahme einwilligt (vgl. § 1904 Abs. 1 BGB), es sei denn, dass mit dem Aufschub eine Gefahr verbunden ist. Verweigert der Betreuer die Einwilligung in eine medizinisch angezeigte Maßnahme (Untersuchung, Behandlung, Eingriff) und besteht die Gefahr, dass der Betreute deshalb stirbt oder einen länger dauernden gesundheitlichen Schaden erleidet, muss das Gericht dies ebenfalls genehmigen (vgl. § 1904 Abs. 2 BGB). Wirksam wird diese Entscheidung erst zwei Wochen nach der Bekanntgabe (§ 287 Abs. 3 Gesetz über das Verfahren in Familiensachen und in den Angelegenheiten der freiwilligen Gerichtsbarkeit [FamFG]). Der Richter muss diese Genehmigung erteilen, wenn Einwilligung, Nichteinwilligung oder Widerruf dem Willen, also dem ausdrücklichen oder mutmaßlichen Willen des Betreuten entspricht (§ 1904 Abs. 3 BGB). Auf die Auffassung des Richters, mag sie auch noch so vernünftig sein, kommt es nicht an, da der Wille *des Patienten* entscheidet.

Nach § 1904 Abs. 4 BGB bedarf es dieser Genehmigung nicht, wenn Arzt und Betreuer sich einig darüber sind, mit der Entscheidung dem Willen des Betreuten zu entsprechen. Genauer heißt das sogar: Das Gericht braucht gar nicht erst eingeschaltet zu werden. Hier besteht also eine erhebliche Verantwortung für Betreuer und Ärzte, die in schwierigen Fällen den Weg der Entscheidungsfindung dokumentieren sollten. Die Gefahr des Missbrauchs scheint nicht größer zu sein als in anderen Bereichen, jedenfalls dann, wenn man vom Regelfall ausgeht, dass der Betreuer die Interessen des Patienten vertritt und der Arzt seinem Ethos verpflichtet ist.

Auch das Verfahren für die Genehmigung wurde geregelt. Das Gericht soll bei Entscheidungen nach § 1904 Abs. 2 BGB die Beteiligten anhören (vgl. § 298 Abs. 2 FamFG). Es muss stets einen Verfahrenspfleger bestellen, also eine Person, die die Interessen des Betroffenen (nur) im Verfahren vertritt, und es hat ein Sachverständigengutachten einzuholen, das nicht von dem behandelnden Arzt stammen soll.

Das Gesetz legt in allen drei Paragrafen ausdrücklich fest, dass die für den Betreuer geltenden Regelungen auch für den Bevollmächtigten gelten. Für Maßnahmen nach § 1904 Abs. 1 S. 1 BGB, also die Einwilligung in eine Untersuchung, Behandlung oder einen Eingriff, oder § 1904 Abs. 2 BGB, also die Nichteinwilligung oder den Widerruf der Einwilligung in eine Untersuchung, Behandlung oder einen Eingriff, bedarf es einer schriftlich erteilten Vollmacht des Patienten, die diese Maßnahmen ausdrücklich umfassen muss (vgl. § 1904 Abs. 5 BGB).

## 38.5 Auswirkungen

Wie sich das neue Gesetz langfristig in der rechtlichen Praxis auswirkt, kann bisher nicht gesagt werden. Gab es vor der gesetzlichen Regelung nur wenige Entscheidungen, so werden es, trifft die Annahme zu, dass nunmehr Klarheit geschaffen wurde, noch weniger Entscheidungen sein, die die Gerichte zur Verbindlichkeit einer Patientenverfügung treffen müssen. Allerdings ist aufgrund der ausdrücklichen Zuweisung der Genehmigungskompetenz an die Betreuungsgerichte anzunehmen, dass vermehrt Entscheidungen in Einzelfällen zu treffen sind, nämlich darüber, ob das, was der Betreuer, abweichend von der Auffassung des Arztes, für den Willen des Patienten hält, tatsächlich diesem entspricht (vgl. Meyer-Götz 2009, 366).

## 38.6 Vorteile der Regelung und Probleme, die geblieben sind

Insgesamt lässt sich das Gesetz positiv bewerten, allein schon deshalb, weil mit ihm ein Bereich gesetzlich geregelt wurde, der zwei elementare Rechte betrifft: das Recht auf Leben und körperliche Unversehrtheit und das Recht auf ein selbstbestimmtes Sterben in Würde, also Lebensschutz und Autonomie. Eine Autonomie, die jedem die Möglichkeit gibt, für sein Lebensende Vorkehrungen zu treffen, die beachtet werden müssen, aber auch die Möglichkeit, jemanden konkret zu bestimmen, der in diesem Fall zu handeln bereit und in der Lage ist. Insoweit ist die schriftliche *Patientenverfügung* der formulierte Wille, ein in einer *Vorsorgevollmacht* bestimmter Bevollmächtigter jedoch Mund und Arm, um diesem Willen des Patienten Ausdruck und Geltung zu verschaffen. Es ist daher zu empfehlen, beide Instrumente miteinander zu verbinden.

Wenn das Gesetz verlangt, dass der Betreuer und der Bevollmächtigte dem Willen des Patienten Ausdruck und Geltung zu verschaffen haben, so ist zum einen das Problem geblieben, eben diesen Willen festzustellen. Auch ein schriftlich festgehaltener Wille geht nicht immer eindeutig aus der Patientenverfügung hervor. Vielmehr ist der Wille in einen Text, unter Umständen auch nur in ein Formular gekleidet und muss ermittelt werden. Für den mutmaßlichen Willen hat das Gesetz (s. Abschn. 38.4: »Die gesetzlichen Regelungen im Einzelnen«) ausdrücklich angeordnet, wie das zu geschehen hat. Es erscheint sinnvoll, diese Auslegungsmaßstäbe ebenfalls heranzuziehen, wenn der Text der Patientenverfügung zur Interpretation Raum gibt.

Zum anderen ist ein viel grundsätzlicheres Problem geblieben, das die Befürworter einer restriktiveren Regelung gesehen haben: Der Wille des Patienten, den er in seiner Patientenverfügung festhält, ist insoweit auch nur ein mutmaßlicher, als der Betreffende annimmt, sein Wille werde zu dem Zeitpunkt, an dem seine Patientenverfügung gelten soll, tatsächlich so sein, wie er ihn formuliert hat (vgl. Höfling 2009, 2850). Ändert sich der Wille des Betreffenden, nachdem er diesen schriftlich niedergelegt hat, ohne dies auf irgendeine Art kundzutun, unter Umständen, weil er es nicht mehr vermag, so bleibt er an die Erklärung gebunden. Als Beispiel führt man hier gelegentlich den dementen Patienten an, der vor dem Beginn der Demenz verfügt hat, bestimmte medizinische Maßnahmen bei einer Krankheit im Falle einer fortgeschrittenen Demenz zu unterlassen. Empfindet er dann – für sein Umfeld sichtbar – Lebensfreude trotz seiner kognitiv eingeschränkten Situation, erkrankt er jedoch, so dass die oben genannten, von ihm abgelehnten Maßnahmen indiziert sind, hieße eine Verbindlichkeit einer solchen Verfügung, darüber hinwegzugehen, dass der natürliche Wille – als schlichter Überlebenswille – ignoriert würde. Hier ließe sich auf den mutmaßlichen Willen abstellen.

Hinzu kommt, dass manchmal auch der Arzt der bessere Interessenvertreter ist, weil er aus medizinischer Sicht viel besser weiß, was ein Betreuer unter Umständen nicht einmal auszudrücken vermag. Deshalb ist die Kommunikation zwischen allen Beteiligten gefordert. Gesetzlich ist sie angelegt in der Pflicht des Arztes, mit dem Betreuer zu erörtern, was zu geschehen hat, sowie in den Anhörungsrechten, die im FamFG festgelegt sind.

Letztlich bleibt als unlösbares Problem bestehen, dass die Autonomie immer dann eine unvollständige und begrifflich keine Autonomie mehr ist, wenn sie eines anderen Menschen bedarf. Sobald ein Mensch bei der Umsetzung seines Willens von anderen abhängig ist – in Fällen der Patientenverfügung von einem Betreuer oder Bevollmächtigtem, einem Arzt und unter Umständen einem Richter, macht dies deutlich, dass unsere Verfasstheit als soziale Wesen die völlige Autonomie sogar ausschließt.

### Literatur


Höfling, W.: Das neue Patientenverfügungsgesetz. In: *Neue Juristische Wochenschrift* 62 (2009), 2849–2852.

Lange, W.: Das Patientenverfügungsgesetz – Überblick und kritische Würdigung. In: *Zeitschrift für Erbrecht und Vermögensnachfolge* 16 (2009), 537–544.

Meyer-Götz, H.: Patientenverfügung – Was nun? In: *Neue Justiz* 9 (2009), 363–367.

Olzen, D.: Die gesetzliche Neuregelung der Patientenverfügung. In: *Juristische Rundschau* 9 (2009), 354–362.


### Weiterführende Literatur


Beckmann, R.: Patientenverfügungen. Entscheidungswege nach der gesetzlichen Regelung. In: *Medizinrecht* 27 (2009), 582–586.

Bühler, E./Stolz, K.: Das neue Gesetz zu Patientenverfügungen in der Praxis. In: *Betreuungsrechtliche Praxis* 6 (2009), 261–265.

Frewer, A./Fahr, U./Rascher, W. (Hg.): *Patientenverfügung und Ethik. Beiträge zur guten klinischen Praxis.* Würzburg 2009.

Hufen, F.: *Geltung und Reichweite von Patientenverfügungen – Der Rahmen des Verfassungsrechts.* Baden-Baden 2009.

Lange, W.: *Inhalt und Auslegung von Patientenverfügungen – Grundlagen für eine rechtsfehlerfreie Gestaltung.* Baden-Baden 2008.

Lipp, V.: *Handbuch der Vorsorgeverfügungen.* München 2009.

Müller, G./Renner, Th.: *Betreuungsrecht und Vorsorgeverfügungen in der Praxis.* Münster 2008.

Trimborn von Landenberg, D.: *Kontrolle und Durchsetzung von Vorsorgeverfügungen.* Bonn 2008.

Winkler, M.: *Vorsorgeverfügungen.* München $^{3}$2007.


*Christoph Mandla*

# 39 Sterbebegleitung

## 39.1 Definition und Begriffsbestimmungen

Unter dem Begriff ›Sterbebegleitung‹ werden zumeist alle diejenigen Tätigkeiten und Maßnahmen zusammengefasst, die dazu dienen, einem Menschen in seiner letzten Lebensphase Unterstützung zu geben und Beistand zu leisten. Im Sinne einer Orientierung am ganzen Menschen, die körperliche, seelische und soziale Dimensionen umfasst, zählt dazu eine angemessene medizinische und pflegerische Betreuung ebenso wie sozialer, seelischer und spiritueller Beistand. Gelegentlich wird der Begriff Sterbebegleitung allerdings auch in einem engeren Sinn dahingehend verstanden, dass er vornehmlich die seelsorgerisch-spirituellen Aspekte des angemessenen Umgangs mit Sterbenden bezeichnet (vgl. Fasselt 2000). Zum Zweck begrifflicher Klarheit sollte hier eher von Sterbebegleitung im engeren Sinn gesprochen werden. Im Folgenden ist, wenn von ›Sterbebegleitung‹ die Rede ist, der umfassendere Begriff gemeint.

Sterbebegleitung in diesem weiten Sinn ruht auf den beiden Säulen der Palliativmedizin und der Hospizarbeit, wobei auch hier eine begriffliche Klärung vonnöten ist, da der englische Begriff der *palliative care* bereits die Palliativmedizin im engeren Sinne und die Hospizarbeit umfasst. Er wäre dementsprechend mit dem hier gebrauchten Begriff der Sterbebegleitung im weiten Sinne größtenteils deckungsgleich.

## 39.2 Grundgedanken palliativer und hospizlicher Sterbebegleitung

Die ethische und soziale Ausrichtung der Sterbebegleitung, wie sie sich in der Hospizbewegung und den Ansätzen der Palliativmedizin äußert, stellt nicht zuletzt eine Reaktion auf das Unbehagen am Umgang der modernen Gesellschaft mit dem Sterben dar. Dieser Umgang ist nach wie vor durch eine verbreitete Verdrängung des Todes gekennzeichnet, die sicherlich zu beträchtlichen Teilen Ausfluss des schwindenden Glaubens an ein ewiges Leben nach dem Tod ist. Wo mit dem Tod keine andere Perspektive mehr verbunden ist als die radikale Perspektivlosigkeit des eigenen Nichtseins, da verliert der Tod und damit auch die Vorbereitung auf ihn für viele Menschen jeglichen Sinn und wird in der Folge aus der Mitte des gesellschaftlichen Lebens an dessen äußersten Rand verschoben. Damit einher geht eine, insbesondere im 19. und 20. Jh. zu konstatierende Fokussierung der Medizin auf die Kuration und eine Reduktion des Menschen auf die körperlich-biologischen Aspekte seiner Existenz. Der Tod wird in einer solchen einseitig kurativ und biologisch gedachten Medizin schließlich nicht mehr als natürliches und unvermeidliches Ende des menschlichen Lebens verstanden, das die Medizin allenfalls hinausschieben kann, sondern zunehmend als das Resultat eines mit allen Mitteln zu vermeidenden Versagens der Medizin.

Zusammen mit den gesteigerten Handlungsmöglichkeiten der modernen Medizin bringen diese Entwicklungen einen vielschichtigen Komplex von Befürchtungen vor einem ›unwürdigen Sterben‹ hervor. Darunter fällt die Furcht vor einem anonymen und einsamen Sterben im Krankenhaus oder Pflegeheim ebenso, wie die Angst vor Kontrollverlust und Ausgeliefertsein an eine, in Anbetracht des nahenden Todes, sinnlose medizinisch-technische Überversorgung.

Sterbebegleitung bemüht sich, auf die damit aufgeworfenen Fragen angemessene Antworten zu geben. Das bedeutet zunächst, dass der Sterbende oder Schwerkranke selbst mit seinen individuellen Bedürfnissen und Wünschen im Mittelpunkt aller Bemühungen steht und generell ein *high-person-low-tech*-Ansatz verfolgt wird. Die Grundidee der Sterbebegleitung ist insofern ›ganzheitlich‹, als alle für die Sterbesituation relevanten Aspekte – seien sie medizinischer, pflegerischer, psychosozialer oder spiritueller Natur – berücksichtigt und miteinander vernetzt werden. Johann-Christoph Student identifiziert vor diesem Hintergrund fünf Merkmale, die das Hospizkonzept und mithin die Sterbebegleitung überhaupt kennzeichnen (vgl. Student 1999, 24–26; ähnlich Deutscher Hospiz- und Palliativverband e. V.: Leitsätze):

- die Zentrierung aller Maßnahmen auf den Betroffenen und seine Angehörigen
- die Multidisziplinarität des betreuenden Teams
- die Einbeziehung ehrenamtlicher Helferinnen und Helfer
- eine gute palliativmedizinische Schmerztherapie und Symptomkontrolle
- die Kontinuität der Fürsorge für die betroffene Gruppe, die sich unter anderem in Erreichbarkeit rund um die Uhr und Trauerbegleitung auch nach dem Tod des Betroffenen äußert

Entsprechend dem weit verbreiteten Wunsch, zu Hause oder in einem ansonsten vertrauten Umfeld zu sterben, vertritt die Hospizbewegung zudem den Grund-

J. B. Metzler © Springer-Verlag GmbH Deutschland, ein Teil von Springer Nature, 2020
H. Wittwer/D. Schäfer/A. Frewer (Hg.), *Sterben und Tod. Ein interdisziplinäres Handbuch 2. Auflage*,
https://doi.org/10.1007/978-3-476-05761-7_39

satz ›ambulant vor stationär‹, wonach stationäre Hospize und Palliativstationen nur dann einspringen, wenn eine angemessene palliative Versorgung zu Hause nicht möglich ist (vgl. Deutscher Hospiz- und PalliativVerband e. V.: Leitsätze).

Sterbebegleitung stellt stets hohe Anforderungen an die kommunikative Dimension medizinischer, pflegerischer und seelsorgerischer Tätigkeit. Obgleich diese Dimension nie vernachlässigt werden darf, tritt sie doch in Situationen schwerer Krankheit und/oder Todesnähe, in denen die Medizin nicht mehr kurativ, sondern nur noch lindernd tätig werden kann, noch stärker in den Mittelpunkt und umfasst den unmittelbar Betroffenen ebenso wie dessen Freunde und Angehörige in ihrer Trauer und Angst. Menschen, die dem Sterbenden nahestehen und nicht zuletzt die Begleiter selbst, sind zudem insofern ›Mit-Betroffene‹, als sie in der Sterbebegleitung immer auch mit ihrer eigenen Sterblichkeit konfrontiert sind. Der Palliativmedizin kommt in diesem Zusammenhang die wichtige Rolle zu, die kurative Fokussierung der modernen Medizin aufzubrechen und sie auf diese Weise wieder an das Sterben anzunähern. Insofern Palliativmedizin ihrer Grundausrichtung nach das Sterben nicht als Folge eines medizinischen Versagens begreift, sondern als unvermeidbaren natürlichen Prozess, stellt sie mithin eine Chance für die Medizin insgesamt dar.

## 39.3 Ethische Perspektiven I: Selbstbestimmung und Fürsorge

In der politischen und ethischen Debatte um den angemessenen Umgang mit Menschen am Lebensende wird dem Selbstbestimmungsrecht in der Regel eine entscheidende, wenn nicht die zentrale Rolle zugesprochen. Allerdings ist gerade in dieser Debatte häufig eine Fokussierung auf den negativen Aspekt des Selbstbestimmungsrechts, d. h. auf die Frage des Unterlassens medizinischer Maßnahmen festzustellen. Dieser negative Aspekt des Selbstbestimmungsrechts reflektiert die bereits angesprochene Angst vor einer sinnlosen und belastenden Überversorgung am Lebensende. Aus der Sicht einer angemessenen Sterbebegleitung stellt eine einseitig auf das Unterlassen ausgerichtete Auslegung des Selbstbestimmungsrechts allerdings ebenso eine problematische Verkürzung dar (vgl. Tolmein 2006).

Gerade in dem – nicht selten auch unfair verwendeten – Schlagwort ›Apparatemedizin‹ kommen zwei verschiedene Sorgen zum Ausdruck: Zum einen die Furcht vor einem Verlust der Kontrolle und einer Missachtung des Selbstbestimmungsrechts, dann aber auch die Sorge, in der Grenzsituationen einer schweren Krankheit auf den Körper und dessen rein biologische Prozesse reduziert zu werden. Das gemeinsame Motiv hinter beiden Befürchtungen ist offensichtlich, nicht mehr in einem umfassenden Sinn als Person und Subjekt angesprochen zu sein und so gewissermaßen aus dem Raum der intersubjektiven Begegnung herauszufallen. Und das ist wohl umso gravierender, als das eigene Subjektsein, ebenso wie das Eingebundensein in interpersonale Verhältnisse, gerade in der Situation der Todesnähe, in der sich der Kreis des eigenen Lebens schließt, in einer besonderen Weise relevant werden.

Dabei geht die Furcht vor der Überversorgung einher mit einer mindestens ebenso realen und durchaus begründeten Angst vor Einsamkeit, unzureichender Pflege oder Symptomkontrolle, Hilflosigkeit und nicht zuletzt vor dem Alleingelassen-Sein mit dem nahenden Tod. Gerade Situationen des Sterbens und der schweren Krankheit konfrontieren den Menschen mit einer unüberwindbaren Grenze des Kontrollierbaren und Machbaren. Wirkliche Selbstbestimmung am Lebensende bedeutet vor diesem Hintergrund auch und vielleicht in erster Linie das Eingehen auf die Wünsche und Bedürfnisse des Schwerkranken oder Sterbenden, die sich immer nur in interpersonalen Kontexten verwirklichen lassen. Sie ist insofern nicht im Alleingang realisierbar, sondern angewiesen auf die Fürsorge durch andere Menschen, wie überhaupt der Mensch als auf Andere angewiesenes Beziehungswesen in der existenziellen Situation des Sterbens oder der schweren Krankheit in den Vordergrund rückt. Die Leitgedanken der Sterbebegleitung beruhen insofern wesentlich auf dem Konzept einer Fürsorgeethik bzw. *care ethics* (vgl. Barnes 2012), bei der die angemessene interpersonale Antwort auf Hilfebedürftigkeit im Mittelpunkt steht.

Aus ethischer Sicht sprechen, nicht zuletzt angesichts des demographischen Wandels, insofern sehr gute Argumente für einen Ausbau der Sterbebegleitung. Mit dieser Einsicht war und ist zumeist unmittelbar die politische Forderung nach Ausbau und Unterstützung der Strukturen und Organisationen der Sterbebegleitung und der Verbesserung von deren Finanzierung verbunden. Der Gesetzgeber hat diese Forderungen in dem seit 2015 geltenden »Hospiz- und Palliativgesetz« aufgegriffen, das die finanziellen und institutionellen Rahmenbedingungen von Hospizarbeit und Palliativversorgung entscheidend verbessert. Ungeachtet der Tatsache, dass ein solcher Ausbau palliativer und hospizlicher Versorgung begrüßenswert ist, müssen entsprechende politische Diskussionen allerdings immer auch in den weiteren Rahmen der Debatte um Fragen der Verteilungsgerechtigkeit im Gesundheitswesen gestellt werden, insbesondere im Hinblick auf die Verteilung der vorhandenen Ressourcen auf die verschiedenen Versorgungsbereiche Prävention, Kuration und Palliation.

## 39.4 Ethische Perspektiven II: Sterbebegleitung und aktive Sterbehilfe

Insbesondere im deutschsprachigen Raum (zu den Unterschieden zwischen der deutschen und der niederländischen Hospizbewegung in dieser Frage siehe Jordan 2007, 203 f.) wird die Sterbebegleitung in Form von Hospizarbeit und Palliativmedizin häufig in einen direkten Bezug zur Frage nach einer eventuellen Legalisierung der aktiven Sterbehilfe gesetzt. So beziehen die wichtigen Verbände und Protagonisten der Hospiz- und Palliativbewegung in der Regel dezidiert Position gegen eine Zulassung der aktiven Sterbehilfe Stellung und verweisen im Gegenzug auf die Möglichkeiten der Sterbebegleitung (vgl. Deutscher Hospiz- und PalliativVerband e. V.: Selbstverständnis). Auch von Politikern, Kirchen, Ärzte-, Sozial- und Pflegeverbänden wird in mehr oder weniger vergleichbarer Form der Ausbau von Hospizarbeit und Palliativmedizin als Alternative zur Legalisierung der aktiven Sterbehilfe verfochten. Als Argument gegen die Zulassung aktiver Sterbehilfe gebraucht, geht diese Überlegung zumeist davon aus, dass der Ruf nach aktiver Sterbehilfe wesentlich auf der Unkenntnis der Möglichkeiten und dem noch unzureichenden Angebot an hospizlicher und palliativer Sterbebegleitung beruhe. Ein weiterer Ausbau dieser Angebote und bessere Informationen über sie würden daher eine Legalisierung der aktiven Sterbehilfe überflüssig machen und auch den Ruf nach einer solchen Legalisierung zum Verschwinden bringen (vgl. Sitte 2015; Lübbe 2015; Spaemann 2015). In diesem Sinn gaben etwa EKD und Deutsche Bischofskonferenz 2003 bzw. 2011 gemeinsam eine Textsammlung heraus, die den programmatischen Titel trägt: »Sterbebegleitung statt aktiver Sterbehilfe« (Deutsche Bischofskonferenz/Evangelische Kirche in Deutschland $^{2}$2011) und die Enquete-Kommission »Ethik und Recht der modernen Medizin« des Deutschen Bundestages bemerkt: »Die nachvollziehbaren Ängste vieler Menschen vor Fremdbestimmung, Einsamkeit und Schmerzen am Lebensende [...] bedürfen dringend einer überzeugenden Antwort. [...] Diese Antwort wird entscheidenden Anteil daran haben, die in der Bevölkerung teilweise vorhandene hohe Zustimmungsbereitschaft zur Legalisierung der aktiven Sterbehilfe zurückzudrängen. Die Legalisierung der Tötung auf Verlangen [...] kann nicht im Interesse der Gesellschaft liegen. Vielmehr muss es Aufgabe der Politik sein, die Verbesserung der medizinischen, pflegerischen und psychosozialen Bedingungen in der letzten Lebensphase anzustreben« (Enquete-Kommission Ethik und Recht der modernen Medizin 2004b, 3). Eine Legalisierung aktiver Sterbehilfe wird vor diesem Hintergrund von manchen Autoren auch deshalb abgelehnt, weil sie von einer Verbesserung der Lage Schwerkranker und Sterbender zugunsten einer scheinbar ›einfacheren Lösung‹ ablenken könnte (vgl. Husebø, in: Klaschick/Husebø 2003, 109). Ob dieser Effekt sich empirisch bestätigen lässt, ist allerdings unklar. So weisen Chambaere und Bernheim auf Daten aus den Benelux-Ländern hin, die nahelegen, dass die Zulassung aktiver Sterbehilfe nicht zulasten eines Ausbaus der Palliativversorgung geht (Chambaere/Bernheim 2015).

So einleuchtend Argumente, die die Sterbebegleitung als Alternative zur (aktiven) Sterbehilfe ins Spiel bringen, auf den ersten Blick sein mögen, weisen sie doch auch einige problematische Aspekte auf. Zum einen könnte die Verbindung, die zwischen Sterbebegleitung und aktiver Sterbehilfe hergestellt wird, den Eindruck erwecken, bei Forderungen nach einer Verbesserung palliativer und hospizlicher Versorgung wären diese nicht Selbstzweck, sondern lediglich Mittel zum Zweck einer Verhinderung der Legalisierung aktiver Sterbehilfe. Zum anderen weist das Argument, sofern es tatsächlich als das zentrale Argument gegen die Legalisierung der aktiven Sterbehilfe fungieren sollte, die systematische Schwierigkeit auf, dass eine Alternative zu einer spezifischen Handlung oder Gesetzgebung nur dann zu bevorzugen ist, wenn diese Handlung oder Gesetzgebung bereits unabhängig von der Tatsache, dass eine Alternative existiert, als moralisch falsch, oder zumindest problematisch, bewertet wird. Die Existenz einer alternativen Handlungsoption stellt mithin für sich genommen noch kein Argument gegen eine Handlung oder Gesetzgebung dar; vielmehr setzt sie umgekehrt überzeugende Argumente gegen diese Handlung bzw. Gesetzgebung schon voraus.

Eines der Argumente gegen die aktive Sterbehilfe zielt in diesem Zusammenhang darauf ab, den Wunsch nach aktiver Sterbehilfe als einen im Grunde

›uneigentlichen‹ Wunsch zu interpretieren, der eigentlich und richtig verstanden der Wunsch nach Zuwendung, Beistand und umfassender Symptom- und Schmerzkontrolle am Lebensende sei. Würden diese in hinreichender Weise angeboten, so würde auch der Wunsch nach Selbsttötung oder Tötung auf Verlangen verschwinden. Einige Autoren gehen in diesem Zusammenhang sogar so weit, den Sterbewunsch als etwas aufzufassen, das letztlich nur aus psychiatrischer Sicht zu verstehen sei (so etwa Klie/Student 2007). Die offenkundige Gefahr solcher Überlegungen liegt darin, dass sie in Form einer paternalistischen Vorentscheidung als akzeptable und nachvollziehbare Motive für einen Sterbewunsch nur diejenigen Ängste und Probleme gelten lassen, denen auch oder besser mit adäquater hospizlicher und palliativer Betreuung begegnet werden kann, während andere mögliche Motive wie z. B. radikale Sinnlosigkeitserfahrungen angesichts des bevorstehenden Todes oder der Wunsch, den Angehörigen in einer bestimmten Weise in Erinnerung zu bleiben, mehr oder weniger als ›unauthentisch‹ und ›uneigentlich‹ aus dem Kreis akzeptabler Motive ausgeschieden werden. Dementsprechend bedürfte es zur Untermauerung einer derart weitreichenden These zumindest weiterer empirischer und theoretischer Forschung, wenn das skizzierte Argument denn tatsächlich eine im engeren Sinn ethische Relevanz für die Frage nach der Legalisierung aktiver Sterbehilfe entfalten sollte.

Gleichwohl wird man vermutlich davon ausgehen können, dass hinter dem Sterbewunsch zumindest in der überwiegenden Mehrzahl von Fällen die Furcht vor oder die tatsächliche Erfahrung von Einsamkeit und Schmerz steht. In derartigen Fällen wird also nicht das Weiterleben selbst abgelehnt, sondern ein Weiterleben unter bestimmten Bedingungen und mit bestimmten Einschränkungen. Wo das der Fall ist, erscheint in der Tat die Sterbebegleitung vorzugswürdig gegenüber der aktiven Sterbehilfe oder dem assistierten Suizid, wenn es denn Optionen gibt, die Lebensqualität des bzw. der Betroffenen so weit zu verbessern, dass sie vom Sterbewunsch abrückt. Jenseits der ethischen Fragestellung im engeren Sinn kann es schließlich in politisch-pragmatischer Hinsicht klug sein, einen tiefgreifenden gesellschaftlichen Konflikt dadurch zu entschärfen, dass man einer ethisch unumstrittenen Handlungsoption, wie dem Ausbau der palliativen und hospizlichen Versorgung, den Vorrang vor einer umstrittenen und die Gesellschaft tendenziell spaltenden Handlungsoption wie der Legalisierung aktiver Sterbehilfe gibt.

### Literatur


Barnes, M.: *Care in everyday life. An ethic of care in practice.* Bristol 2012.

Bonelli, J./Prat, E. H. (Hg.): *Leben – Sterben – Euthanasie?* Wien/New York 2000.

Brand, M. (Hg.): *Sterbehilfe oder Sterbebegleitung? Die Debatte.* Freiburg i. Br./Basel/Wien 2015.

Brysch, E./Höfling, W. (Hg.): *Recht und Ethik der Palliativmedizin.* Berlin 2007.

Chambaere, K./Bernheim, J. L.: Does legal physician-assisted dying impede development of palliative care? The Belgian and Benelux experience. In: *Journal of Medical Ethics* 41/8 (2015), 657–60.

Deutsche Bischofskonferenz/Evangelische Kirche in Deutschland (Hg.): *Sterbebegleitung statt aktiver Sterbehilfe.* Gemeinsame Texte 17. Hannover/Bonn ²2011.

Deutscher Hospiz- und PalliativVerband e. V.: *Leitsätze für die Hospiz- und Palliativarbeit* (Beschluss der Mitgliederversammlung vom 05.12.2007). In: https://www.dhpv.de/ueber-uns_der-verband_leitsaetze.html (15.04.2019).

Deutscher Hospiz- und PalliativVerband e. V.: *Selbstverständnis.* In: https://www.dhpv.de/selbstverstaendnis.html (15.04.2019).

Deutscher Hospiz- und PalliativVerband e. V.: *Hospizarbeit und Palliativmedizin.* In: https://www.dhpv.de/themen_hospiz-palliativ.html (15.04.2019).

Enquete-Kommission Ethik und Recht der modernen Medizin des Deutschen Bundestages: *Zwischenbericht Verbesserung der Versorgung Schwerstkranker und Sterbender in Deutschland durch Palliativmedizin und Hospizarbeit* (BT-Drs. 15/5858). Berlin 2004a.

Enquete-Kommission Ethik und Recht der modernen Medizin des Deutschen Bundestages: *Zwischenbericht Verbesserung der Versorgung Schwerstkranker und Sterbender in Deutschland durch Palliativmedizin und Hospizarbeit – Kurzfassung.* Berlin 2004b.

Fasselt, G.: Sterbebeistand/Sterbebegleitung. In: Korff W./Beck L./Mikat P. (Hg.): *Lexikon der Bioethik.* Gütersloh 2000, 440–444.

Hoffmann, T. S./Knaup, M. (Hg.): *Was heißt: In Würde sterben? Wider die Normalisierung des Tötens.* Wiesbaden 2015.

Husebø, S./Klaschik, E.: *Palliativmedizin* [1997]. Berlin/Heidelberg/New York ³2003.

Jordan, I.: Hospizbewegung in Deutschland und den Niederlanden. Palliativversorgung und Selbstbestimmung am Lebensende. In: *Kultur der Medizin.* Bd. 22. Frankfurt a. M./New York 2007.

Klie, T./Student, J.-Ch.: *Sterben in Würde. Auswege aus dem Dilemma der Sterbehilfe.* Freiburg i. Br. 2007.

Kübler-Ross, E.: *Interviews mit Sterbenden* [1971]. München 2001.

Lübbe, A. S.: Palliativmedizin als Angebot gegen eine Normalisierung des Tötens. In: T. S. Hoffmann/M. Knaup (Hg.): *Was heißt: In Würde sterben? Wider die Normalisierung des Tötens.* Wiesbaden 2015, 151–170.

Nationaler Ethikrat: *Selbstbestimmung und Fürsorge am Lebensende.* Berlin 2006.

Rest, F.: *Sterbebegleitung statt Sterbehilfe.* Freiburg i. Br. 1997.

Rest, F.: *Sterbebeistand – Sterbebegleitung – Sterbegeleit* [1989]. Stuttgart 52006.
Saunders, C.: *Brücke in eine andere Welt. Was hinter der Hospizidee steht.* Freiburg i. Br. 1999 (engl. 1981).
Sitte, T.: Lebenshilfe, Sterbehilfe, Tötungshilfe. Palliative Versorgung statt Beihilfe zum Suizid oder Tötung auf Verlangen. In: Brand, M. (Hg.): *Sterbehilfe oder Sterbebegleitung? Die Debatte.* Freiburg i. Br./Basel/Wien 2015, 10–28.
Spaemann, C.: Patientenautonomie und unerträgliches Leid. Sterbehilfe auf tönernen Füßen. In: Hoffmann, T. S./Knaup, M. (Hg.): *Was heißt: in Würde sterben? Wider die Normalisierung des Tötens.* Wiesbaden 2015, 171–188.
Student, J.-C.: *Das Hospiz-Buch* [1989]. Freiburg i. Br. $^{4}$1999.
Tolmein, O.: *Keiner stirbt für sich allein. Sterbehilfe, Pflegenotstand und das Recht auf Selbstbestimmung.* München 2006.

*Markus Rothhaar*

# 40 Sterbehilfe – medizinethisch

## 40.1 Verschiedene Bedeutungen des Begriffs ›Sterbehilfe‹

Der Begriff ›Sterbehilfe‹ ist vieldeutig. Bedeutung und Inhalt überschneiden sich mit dem der Euthanasie (s. Kap. 56: »Euthanasie aus Sicht der Medizingeschichte«) und der Sterbebegleitung (s. Kap. 39: »Sterbebegleitung«). Die Vieldeutigkeit der Begriffe ist auch Ausdruck der ethischen Herausforderung, die mit der Betreuung von Patienten am Lebensende verbunden ist. Sie betrifft die Frage, ob die Herbeiführung des Todes von Patienten Gegenstand medizinischer Handlungen sein soll oder darf. Unter der Voraussetzung des Tötungsverbotes ist die Entscheidung zur Herbeiführung des Todes, in der Sprache der Kritiker solcher Handlungen: zum *Töten*, ein zivilisatorischer Bruch. Von den Befürwortern wird eine Reihe von Gründen aufgeführt, die solche Handlungen rechtfertigen sollen (aktive Sterbehilfe, Hilfe zur Selbsttötung). Der Begriff der Sterbehilfe umfasst daher verschiedene Komponenten, die insbesondere in der Vergangenheit und vornehmlich in der juristischen Literatur und der Rechtsprechung, so formuliert wurden: die *Hilfe beim Sterben* und die *Hilfe zum Sterben*. Letztere Teilbedeutung ist mit dem Begriff der Euthanasie sinnverwandt. Sie bezeichnet nicht allein den guten Tod als ein Ziel, sondern auch Handlungen, die den Tod herbeiführen bzw. beschleunigen sollen. Hilfe beim Sterben umfasst dagegen die medizinischen Handlungen und alle Formen des Sterbebeistandes. Diese Aspekte werden klarer und eindeutig mit dem Begriff der Sterbebegleitung bezeichnet.

In der jüngeren Zeitgeschichte hat der Begriff der Sterbehilfe einen Bedeutungswandel erfahren, der nicht zuletzt die Konflikte und Auseinandersetzungen über die ethische und rechtliche Zulässigkeit der aktiven Sterbehilfe widerspiegelt (vgl. Benzenhöfer 2009, 118 ff.). Seit den 1970er Jahren und seit der zunehmenden historischen Aufarbeitung der eugenisch und rassistisch motivierten Verbrechen durch Ärzte während der Nazizeit war es in Deutschland verpönt, von Euthanasie im Zusammenhang mit medizinischen Handlungen am Lebensende zu sprechen. Mit dem Aufkommen der Diskussion über die aktive Euthanasie wurde wegen dieser negativen Konnotation *aktive Sterbehilfe* als Synonym im Deutschen verwendet. Ursprünglich wurde unter ›Sterbehilfe‹ jedoch das verstanden, was heute ›Sterbebegleitung‹ heißt. Doch werden die Worte heute im öffentlichen Raum, in der Presse oder bei Diskussionen unter medizinischen Laien nicht selten unscharf gebraucht (Lutterotti 1989, 1086).

Gelegentlich wird von Befürwortern der Liberalisierung der Herbeiführung des Todes (aktive Sterbehilfe, Hilfe zum Suizid) im Blick auf Deutschland behauptet, dass die Diskussion nicht frei sei wegen der historischen Belastungen und Verbrechen. Die langanhaltende Diskussion um ein Gesetz zum Verbot geschäftsmäßiger Suizidassistenz in Deutschland belegt hingegen, dass die Vermeidung des Begriffes *Euthanasie* die ethische Debatte erst ermöglicht durch Verzicht auf den in Deutschland historisch belasteten Begriff.

Die Weise, wie medizinische Handlungen am Lebensende bezeichnet werden, spielt auch in der internationalen Literatur zur Medizinethik eine wesentliche Rolle. So hat sich mittlerweile die Bezeichnung *Assistance in dying, assisted dying* und *Physician-assisted Suicide* für Handlungen, die den Tod eines Patienten herbeiführen sollen, eingespielt (Orentlicher 2016). Unter dem Stichwort lässt sich derzeit eine Fülle von Untersuchungen und Stellungnahmen in der medizinethischen Literatur zum Thema finden. Dies liegt u. a. an der erst kürzlich erfolgten Einführung entsprechender Gesetze in Kanada und einigen Bundesstaaten der USA sowie im Bundesstaat Victoria in Australien. Der Begriff Assis*tance in Dying* kann jedoch mit Recht kritisiert werden, weil er Neutralität suggeriert und die Herbeiführung des Todes als Hilfe (*assistance*) deklariert. Es ist daher notwendig bei der Darstellung diese Konnotationen im Blick zu behalten.

Sterbehilfe im Sinne der Sterbebegleitung muss hier nicht erörtert werden (s. Kap. 39: »Sterbebegleitung«). Wegen der verbreiteten Unschärfe der Begriffe und der insbesondere im Alltag der Medizin dadurch verursachten Unsicherheit der Handelnden empfiehlt es sich, dem Begriff ›Sterbebegleitung‹ den Vorrang zu geben, wenn die entsprechenden Inhalte und Bedeutungen ausgedrückt werden sollen

Die normative Beurteilung der Sterbehilfe und der Streit über die Zulässigkeit ihrer verschiedenen Formen ist darüber hinaus eng verknüpft mit Entscheidungen über Begrenzungen lebenserhaltender Behandlungen bei Patienten ohne Aussicht auf Heilung am Ende des Lebens. Die technischen Eingriffsmöglichkeiten haben den Tod nicht nur ›verwildert‹ (vgl. Ariès 1989). Sie haben den Tod verlangsamt (Römelt 2006). So eröffnet der technologische Fortschritt ein Zeitfenster, in dem über die Einleitung und Fortfüh-


H. Wittwer/D. Schäfer/A. Frewer (Hg.), *Sterben und Tod. Ein interdisziplinäres Handbuch 2. Auflage*,
https://doi.org/10.1007/978-3-476-05761-7_40

rung potenziell lebenserhaltender Maßnahmen zu entscheiden ist. Dies gilt in nahezu jedem Sterbefall, denn die Medizin hält für jede klinische Situation Behandlungsmodalitäten bereit, deren Einsatz im technischen Sinne effektiv ist. Ihr Nutzen für die Patienten im Sterben muss aber nicht selten angezweifelt werden. Ärztlich begleitete Sterbefälle, ob im Krankenhaus oder zu Hause, gehen notwendig mit einer Entscheidung über die Zurückhaltung oder Beendigung medizinischer Maßnahmen einher (vgl. etwa Van der Heide 2003). Wegen dieser Gegebenheiten zählt die Begrenzung medizinischer Maßnahmen zu einer notwendigen Routine der Begleitung von Patienten am Lebensende.

In den vergangenen Jahrzehnten wurde die Frage der Rechtfertigung wie auch der rechtlichen Zulässigkeit solcher Entscheidungen unter Verwendung der Begriffe ›passive Euthanasie‹, in Deutschland ›passive‹ und ›indirekte aktive Sterbehilfe‹ zu beantworten versucht. Doch haben sich diese Begriffe als wenig hilfreich erwiesen. Mehr noch, sie haben nicht unwesentlich zu einer Verwirrung der Begriffe beigetragen (dazu Nationaler Ethikrat 2006 und Sahm 2000).

Der Wandel des Gebrauchs des Begriffs ›Sterbehilfe‹ lässt sich anhand der einschlägigen Dokumente nachvollziehen, in denen die Ärzteschaft in Deutschland (aber auch in anderen Ländern) ihre ethische Position zu den ärztlichen Pflichten bei der Begleitung Sterbender niedergelegt hat (Sahm 2000 und 2005). Dies betrifft vornehmlich die erwähnten, mit einem Beiwort versehenen Varianten von Sterbehilfe, die passive und indirekte aktive Sterbehilfe.

Bei der Betrachtung sind die aktive Sterbehilfe und die Assistenz beim Suizid zu unterscheiden. Sie sind in medizinischer Hinsicht, ethisch und rechtlich gesondert zu erörtern. In jüngster Zeit werden auch der freiwillige Verzicht auf Nahrung und Flüssigkeit am Lebensende und die damit verbundenen ethischen Herausforderungen diskutiert. Insbesondere die Abgrenzung zur Assistenz beim Suizid im Rahmen der Begleitung solchen Verzichtes ist Gegenstand einschlägiger Diskussion – und nicht zuletzt Herausforderung für Pflegende, Angehörige und Ärzte.

Obgleich die traditionelle Nomenklatur zur Bezeichnung medizinischer Handlungen am Lebensende (›passive Sterbehilfe‹, ›indirekte aktive Sterbehilfe‹) sich als ungeeignet für die ethische Beurteilung ärztlicher Handlungen am Lebensende erwiesen hat, findet sie noch immer gelegentlich Eingang in einschlägige Publikationen und wird in Diskussionen angeführt. Daher setzt eine angemessene medizinethische Erörterung der Sterbehilfe die Kritik der herkömmlichen Nomenklatur voraus.

## 40.2 Kritik der traditionellen und überkommenen Nomenklatur der Sterbehilfe (passiv – indirekt aktiv)

Traditionell wurde versucht, medizinische Handlungen am Lebensende in verschiedene Formen der Sterbehilfe zu unterteilen. Ziel war es, ethisch gebotene und gesetzlich zugelassene Kategorien von als verwerflich erachteten und verbotenen zu unterscheiden.

Der Bedeutungsgehalt der aktiven Sterbehilfe ist eindeutig. Es handelt sich dabei um die intendierte Tötung eines Patienten durch nicht indizierte medizinische Maßnahmen, etwa die Verabreichung einer Überdosis von Barbituraten. Die aktive Sterbehilfe ist ihrer Intention nach eine Tötungshandlung an einwilligungsfähigen (Tötung auf Verlangen) bzw. nicht einwilligungsfähigen Personen (voluntary/non voluntary euthanasia). Tötungen gegen den Willen gelten als Mord oder Totschlag.

Die Begriffe ›passive Sterbehilfe‹ und ›indirekte aktive Sterbehilfe‹ werden in den Medien und gelegentlich in der Rechtsprechung noch gebraucht, obgleich sie sich als untauglich erwiesen haben, medizinische Handlungen am Lebensende angemessen zu beschreiben. Beide Begriffe sind nicht Inhalt gesetzlicher Regelungen. Es gibt mithin keine Notwendigkeit, an den Begriffen festzuhalten. Das Konzept der passiven Sterbehilfe wurde Mitte der 1970er Jahre mit dem Aufkommen der Intensivmedizin entwickelt. Ziel war es, moralisch und rechtlich die als geboten und zulässig erachtete Reduktion und das Zurückhalten ärztlicher Maßnahmen bei Sterbenden von intendierten Tötungshandlungen zu unterscheiden.

Schon früh nach seiner Einführung wurde der Begriff der passiven Sterbehilfe einer eingehenden Kritik unterzogen. Entweder bestritt man die moralische Bedeutung der Unterscheidung von der aktiven Sterbehilfe oder seine Eignung zur Beschreibung medizinischer Handlungen überhaupt. In neuerer Zeit haben empirische Untersuchungen gezeigt, dass die Handelnden in der Medizin nicht in der Lage sind, die Konzepte angemessen im Alltag anzuwenden (vgl. etwa Beck 2008). Dieser Befund wurde von Befürwortern aktiver Sterbehilfe als ein Hinweis gewertet, dass kein moralisch bedeutsamer Unterschied zwischen aktiver Sterbehilfe einerseits und passiver bzw. indirekter aktiver Sterbehilfe andererseits bestehe (Birnbacher 1998; Rachels 1975). Damit rückten die Begriffe selbst in das Zentrum des Streites um die Zulässigkeit aktiver Sterbehilfe.

Dieser Umstand führte zu einer eingehenden Diskussion in der medizinischen Ethik und in der medizinischen Literatur über die Wahl angemessener Begriffe. Die Verbindung einer Normierung (erlaubt/verboten) mit einem Handlungsmodus (aktiv/passiv), wie sie in den Begriffen aufscheint, ist in praktischer Hinsicht wie auch handlungstheoretisch nicht einsichtig (Sahm 2000 und 2005). Der Tod kann auch durch Unterlassen herbeigeführt werden. Die herkömmliche Nomenklatur verschleiert die Intentionen. Die Deutsche Ärzteschaft weist sie daher zurück (Bundesärztekammer 1998, 2004 und 2011). Sie steht mit dieser Einschätzung nicht alleine. Andere Institutionen und Ärzteorganisationen gingen voraus, weitere folgten nach, etwa der Vorgänger des Deutschen Ethikrates, der Nationale Ethikrat und die Ethics Task Force der European Association of Palliative Care (Materstvedt/Clark/Ellershaw u. a. 2003; Nationaler Ethikrat 2006)

## 40.3 Alternative Nomenklatur: ›Änderung des Therapiezieles‹ statt ›passive Sterbehilfe‹

In ihrem einschlägigen Dokument, den Grundsätzen zur ärztlichen Sterbebegleitung, werden die Worte *passive Sterbehilfe* und *aktive Sterbehilfe* nicht mehr verwendet (Bundesärztekammer 1998, 2004 und 2011). Die Beendigung oder Nicht-Aufnahme einer medizinischen Handlung bei Patienten in der terminalen Lebensphase wird durch das Konzept der *Änderung des Therapiezieles* beschrieben. Diese Wortwahl erweist sich in praktischer und theoretischer Hinsicht als überlegen. In der terminalen Phase können auf den Lebenserhalt ausgerichtete Behandlungen den quälenden Sterbeprozess verlängern. Dann tritt die Pflicht zur Linderung der Beschwerden allein in den Vordergrund: Das Therapieziel ändert sich, weg vom Ziel des Lebenserhaltes, hin zur ausschließlich palliativen, lindernden Therapie. Diese alternative Nomenklatur rückt die Intention wieder in den Mittelpunkt. Ob das Behandlungsziel aktiv oder durch Unterlassen erreicht wird, ist zweitrangig.

Gleichzeitig statuiert die Ärzteschaft eine Pflicht zur Basisversorgung, die die Linderung von Beschwerden zur unverzichtbaren Aufgabe der Medizin erklärt. Und damit verbunden wird die *Routine* der Therapiezieländerung hervorgehoben. Sie gehört nicht zum Ausnahmefall, vielmehr zum Regelfall ärztlich-palliativer Praxis am Lebensende der Patienten. Kein Patient muss ungebührliche Übertherapie fürchten. Auf diese Weise wird auch die Notwendigkeit der Versorgung im Umfeld einer palliativen Kultur betont, vor deren Hintergrund die weitere medizinethische Diskussion um die Sterbehilfe zu betrachten ist.

Die Kategorie der *indirekten aktiven* Sterbehilfe wurde ebenfalls aufgegeben. Sie erweist sich als medizinisch überholt. Indirekte aktive Sterbehilfe bezeichnet herkömmlich die Zulässigkeit einer Schmerztherapie, auch wenn sie unbeabsichtigt das Leben der Betroffenen verkürzen könnte. Die Rate tödlicher unerwünschter Folgen bei der Schmerztherapie liegt weit unter der anderer medizinischer Interventionen, etwa der Gabe von Medikamenten zur Behandlung von Herzrhythmusstörungen oder etwa der vieler operativer Eingriffe. Diese Maßnahmen werden nicht in den Zusammenhang mit aktiver Sterbehilfe gestellt. Die Schmerztherapie unterliegt wie andere medizinischen Maßnahmen auch einer kunstgerechten Indikationsstellung. Da sie jedoch weitaus seltener als andere Interventionen der Medizin mit unerwünschten tödlichen Folgen einhergeht, gibt es keinen Grund, diese lindernde Behandlung in eine konzeptuelle Nähe zu Tötungshandlungen zu bringen, zumal sie vermutlich, inklusive des Grenzfalles der palliativen Sedierung, die Lebenszeit verlängert.

## 40.4 Der Streitfall: Aktive Sterbehilfe und professionelle Ethik

In nahezu allen entwickelten Ländern wird derzeit aktive Sterbehilfe von den jeweiligen nationalen Ärztegesellschaften wie auch vom Weltärztebund abgelehnt. Tötung auf Verlangen ist mit Strafe belegt (Council of Europe 2000; Weltärztebund 2019). Eine Ausnahme bilden die drei Beneluxstaaten und Kanada. Dort ist sie unter Beachtung bestimmter Kautelen straffrei.

Seit dem Jahr 2001 ist aktive Sterbehilfe in den Niederlanden liberalisiert, sofern die Ärzte eine Reihe von Bedingungen einhalten. Zuvor wurde aktive Sterbehilfe durch Ärzte bereits eine Reihe von Jahren toleriert, obgleich dies den Gesetzen widersprach. Ein Jahr später, im Jahr 2002, folgte Belgien mit einer entsprechenden Gesetzgebung. Im Jahr 2009 trat ein Sterbehilfegesetz in Luxemburg in Kraft. Exemplarisch für die in den Beneluxstaaten liberalisierte aktive Sterbehilfe kann die holländische Gesetzgebung herangezogen werden. Ein Arzt, der aktive Sterbehilfe leistet, bleibt straffrei, wenn eine Reihe von Kautelen eingehalten wird: Der Patient muss freiwillig und nach reiflicher Überlegung um Sterbehilfe bitten; das Leiden des Patienten muss nach Ansicht des Arztes ›aussichtslos‹ und ›unerträglich‹ sein; der Betroffene muss über seine Lage aufgeklärt sein; Arzt und Patient müssen zu der Überzeugung gelangt sein, dass es für dessen Situation keine andere annehmbare Lösung gibt; ein zweiter Arzt muss hinzugezogen werden, der den Patienten untersucht und zur Einhaltung der Sorgfalt Stellung nimmt; bei der Lebensbeendigung oder der Hilfe bei der Selbsttötung muss mit medizinischer Sorgfalt vorgegangen werden.

Veranlasst durch einen Urteilsspruch des höchsten Gerichtes wurde aktive Sterbehilfe in Kanada im Jahre 2016 zugelassen. Im Unterschied zu Regelungen in den Niederlanden und Belgien wurde in Kanada eine Fülle von Bedingungen – 27 Bestimmungen – als Voraussetzung für erforderlich erachtet.

Aus den Niederlanden und Belgien liegen wegen der nun mehr als fünfzehn Jahre bestehenden gesetzlichen Regelungen die meisten Erfahrungen vor. Sie belegen für beide Staaten eine dramatische Zunahme der Fälle aktiver Sterbehilfe. Die Versuche, die Zahl der Euthanasiefälle zu begrenzen, müssen als gescheitert betrachtet werden. Bei der Einführung wurden die Regelungen begründet mit der Absicht, eine ›letzte Zuflucht‹ (*last resort*) zu bieten für wenige Patienten mit unerträglichem Leiden. Mittlerweile wird in Belgien einer von fünfzehn nicht-plötzlichen Todesfällen durch aktive Sterbehilfe herbeigeführt. Für das Jahr 2019 wurden nach Angabe einer einschlägigen Regierungskommission 2655 Fälle berichtet (*Commission Fédérale de Contrôle et d'Évaluation de l'Euthanasie* 2020). Die rechtfertigenden Gründe für aktive Sterbehilfe wurden ständig ausgedehnt, etwa auch auf Fälle nicht lebensbedrohlicher Zustände wie das Vorhandensein mehrerer Erkrankungen oder nicht lebensbedrohlicher psychischer Leiden (Montero 2017). Ähnliche Zahlen werden aus den Niederlanden berichtet, wo ausweislich der letzten verfügbaren Statistiken jährlich mehr als 6000 Euthanasiefälle dokumentiert werden, entsprechend 4,5 % aller Todesfälle in den Niederlanden (Boer 2018). Aus beiden Ländern wird zudem ein übermäßiger Anstieg dessen beschrieben, was als kontinuierliche palliative Sedierung bezeichnet wird. Experten vermuten, dass es sich dabei um Fälle versteckter Euthanasie handelt, bei denen Ärzte sich den Aufwand für die vorgeschriebene Dokumentation und Berichterstattung aktiver Sterbehilfe ersparen wollen (Boer 2018; Sterckx/Raus 2017).

Oft wird behauptet, in Deutschland könne wegen der unter der Naziherrschaft begangenen Verbrechen unter dem Namen der ›Euthanasie‹ über Sterbehilfe nicht frei debattiert werden (Lunshof/Simon 2000). Diese Behauptung trifft nicht zu (Burleigh 2000). Als Beleg kann außerdem angeführt werden, dass trotz der Bezugnahme einiger Autoren auf den Nazi-Terror in akademischen Zirkeln im Rahmen der langanhaltenden, einer Entscheidung des Bundestages vorangehenden tagespolitischen Debatte über das Verbot geschäftsmäßiger Suizidassistenz die Befürworter wie Gegner assistierten Suizides keine Analogien und Bezüge zu den Naziverbrechen herstellten.

Von den Befürwortern aktiver Sterbehilfe werden im Wesentlichen zwei Gründe angeführt, die Tötungshandlungen an Patienten rechtfertigen sollen. Dies sind der Verweis auf das Selbstbestimmungsrecht der Betroffenen und die Konstatierung eines medizinischen Notstandes, dem allein mittels aktiver Sterbehilfe zu begegnen sei.

Das Autonomieargument hat in der niederländischen Diskussion eine bedeutende, aber nicht entscheidende Rolle gespielt. Es wird von den Gegnern der aktiven Sterbehilfe in zweifacher Hinsicht als Selbstwiderspruch angesehen. Zum einen kann die Beachtung des freien Willens eines Freiheitswesens nicht ohne Widerspruch zu dessen Auslöschung führen. Doch dieser auf Immanuel Kant zurückgehende Gedanke wird von einigen Autoren bestritten (vgl. z. B. Schöne-Seifert 2006). Zum zweiten belegen die von den Befürwortern regelhaft geforderten zusätzlichen Voraussetzungen (Vorliegen eines unerträglichen Leidens, bestätigt durch Ärzte) nach Ansicht der Gegner, dass die rechtfertigende Selbstbestimmung offenbar kein zureichender Grund ist, denn sie muss an weitere Bedingungen – hier den Leidenszustand – geknüpft sein. Der muss von Ärzten bestätigt werden. Doch enthält jede medizinische Beurteilung gleich der Indikationsstellung notwendig ein normatives Element. Diese vom Arzt verlangte wertende Beurteilung, ein Genehmigungsvorbehalt, hebt die Selbstbestimmung auf.

Andererseits ist eine implizite Aufgabe der Zusatzbedingung, d. h. der Notwendigkeit des Vorliegens einer terminalen Erkrankung, zu beobachten. Sie dokumentiert sich in der Aufweichung der als medizinisch bezeichneten Kriterien in der Praxis in den Niederlanden und Belgien, die bis hin zur zur bloßen Feststellung hohen Alters oder der Lebensmüdigkeit ohne Vorliegen anderer Krankheitszustände reicht (Boer 2018; Keown 2018; Montero 2017).

Erst in zweiter Linie sind Dammbruchargumente bedeutsam, die gegen die aktive Sterbehilfe angeführt werden. Aus Belgien und den Niederlanden liegen einschlägige Erfahrungen vor. In diesem Zusammenhang ist beachtlich, dass die wissenschaftlichen Begleituntersuchungen zur Praxis in den Niederlanden schon zu Beginn der Debatten über das Euthanasiegesetz ca. 1000 Fälle sogenannter unfreiwilliger Euthanasie in jedem Jahr belegten (van der Maas 1996). Auch aus Belgien wird ein beachtlicher Anteil von Fällen nicht-freiwilliger Euthanasie dokumentiert. Hinzu kommt der deutliche Anstieg der Zahl der Fälle aktiver Sterbehilfe in Belgien und den Niederlanden überhaupt und die erwähnte Erweiterung der aktiven Sterbehilfe auf Fälle nicht terminaler und psychischer Erkrankungen, ja auf den bloßen Zustand der Lebensmüdigkeit (Boer 2018; Montero 2017). Der von Gegnern der aktiven Sterbehilfe befürchtete Missbrauch der Praxis ist mithin bereits eingetreten.

Eine längere Tradition der Rechtfertigung der aktiven Sterbehilfe hat die Berufung auf einen Notstand, die Behauptung eines medizinisch nicht anders als durch eine Tötung zu lindernden Leidenszustands der Patienten. Dieses Motiv wird seit der Antike von Befürwortern angeführt. In Deutschland wurde in der Neuzeit eine Diskussion darüber bereits um das Jahr 1800 geführt, die zu dem berühmten Diktum Hufelands gegen die Zulassung der aktiven Sterbehilfe führte (Stolberg 2008).

Gewichtig sind in diesem Zusammenhang die Erfahrungen der medizinischen Praxis, die gegen das Motiv der Tötung aus Mitleid sprechen. Die Behauptung eines auf andere Weise nicht zu behandelnden Leidenszustandes, das heißt die Annahme einer Kollision sich widersprechender ärztlicher Handlungspflichten (Tötungsverbot versus Pflicht, Leiden zu lindern), entspricht nicht den medizinischen Sachverhalten. Mit den modernen Behandlungsformen der palliativen Medizin können Krankheitszustände der terminalen Phase fast immer einer Linderung zugeführt werden. In den wenigen verbleibenden Fällen hält die Palliativmedizin das Instrument der palliativen Sedierung bereit. Dabei werden bewusstseinstrübende Medikamente verabreicht mit dem Ziel, unerträgliches Leiden bei therapierefraktären Symptomen zu lindern (vgl. Müller-Busch 2004). Unbestritten ist, dass sich die palliative Sedierung in ihrer Motivation von aktiver Sterbehilfe grundlegend unterscheidet (vgl. Müller-Busch 2004; Rothärmel 2004). Sie ist allein auf die Linderung von Beschwerden gerichtet und zielt nicht darauf ab, das Leben zu beenden.

In diesem Zusammenhang ist der schon erwähnte Befund bedeutsam, dass sowohl aus den Niederlanden als auch aus Belgien eine hohe Zahl von Fällen kontinuierliche palliativer Sedierung berichtet wird (Boer 2018; Sterckx/Raus 2017). Dies betrifft bis zu 18 und 20 % aller nicht akuten Todesfälle. Sie wird dort als kontinuierliche Sedierung mit steigender Sedierungstiefe durchgeführt. Dies steht im Widerspruch zu den einschlägigen Empfehlung der Fachgesellschaften, die für die palliative Sedierung eine symptomorientierte, klinisch überwachte und reversible Sedierung vorsehen (Deutsche Gesellschaft für Palliativmedizin 2015). Zudem wird der Bedarf (ca. 18–20 % der Todesfälle als viel zu hoch eingeschätzt). Im Gegensatz zu der Praxis in Belgien und den Niederlanden handelt es sich bei der palliativen Sedierung, wie sie in der Palliativmedizin empfohlen wird, um eine an den Symptomen ausgerichtete, medizinisch kontrollierte Sedierung, die im Verlauf auch eine Reduktion der Medikation zulässt und dann eine Kommunikation der Patienten mit der Umgebung (wieder) ermöglicht. Vieles spricht dafür, dass diese Behandlung das Leben nicht verkürzt. Dagegen ist eine kontinuierliche Sedierung ohne Monitoring und ohne Einbeziehung möglicher Reversibilität nicht indiziert. Daraus erklärt sich die Beobachtung und die Behauptung, dass es sich bei der berichteten Praxis in den Niederlanden und Belgien um *versteckte* Fälle intendierter Tötungshandlungen handeln kann (Boer 2018; ten Have und Welie 2014; Sterckx/Raus 2017.

Für aktive Sterbehilfe gibt es nach Auffassung internationaler Gesellschaften für die Palliativmedizin keine medizinische Notwendigkeit im Sinne einer ärztlichen Indikation (Materstvedt/Clark/Ellershaw u. a. 2003). Zudem wird das Urteil darüber, ob ein nicht erträglicher und behandelbarer Zustand vorliegt, letztlich allein in die Hände der Ärzteschaft gelegt. Sie entscheidet schließlich über Tod und Leben. Dies widerspricht ärztlicher Ethik. Der Deutsche Ärztetag, die repräsentative Versammlung der Vertreter der deutschen Ärzteschaft, hat die aktive Sterbehilfe wiederholt als unethisch zurückgewiesen (vgl. etwa Bundesärztekammer 2011).

Auf Drängen sowohl der niederländischen Ärztegesellschaft als auch der entsprechenden Vertretung Kanadas hat der Weltärztebund im Jahre 2017 fünf Regionalkonferenzen in allen Erdteilen abgehalten.

Ziel der genannten Gesellschaften war es, den professionellen ethischen Kodex des Weltärztebundes zu ändern im Sinne einer Toleranz gegenüber aktiver Sterbehilfe (und auch dem ärztlich assistierten Suizid, s. u.). Dies wurde in den Regionalkonferenzen abgelehnt. Die niederländische und die kanadische Ärztegesellschaft haben daraufhin den Weltärztebund verlassen. Alle anderen Nationen stimmten überein, die Beteiligung von Ärzten bei aktiver Sterbehilfe (und der Suizidassistenz, s. u.) als nicht mit der ärztlichen professionellen Ethik vereinbar abzulehnen (Weltärztebund 2019).

## 40.5 Ärztlich assistierter Suizid und professionelle Ethik

Seit Jahren wird mit zunehmender Intensität auch in Deutschland über die ärztliche Assistenz bei der Selbsttötung (*physician assisted suicide*) gestritten. Ärztlich assistierter Suizid ist in den Niederlanden und in Kanada, die auch aktive Sterbehilfe entkriminalisiert haben, als ärztliche Praxis liberalisiert. In Belgien ist sie im Euthanasiegesetz nicht erlaubt, wird aber praktiziert. In der Schweiz ist die Assistenz beim Suizid durch Laien straflos. Das Vorliegen einer Erkrankung ist nicht gefordert. Doch distanziert sich die schweizerische Ärzteorganisation von dieser Position insofern, dass sie konstatiert, dass Suizidhilfe nicht von Ärzten verlangt werden kann. Und wenn Ärzte doch Suizidhilfe leisten, ein nach ärztlicher Einschätzung unerträgliches Leiden vorliegen muss (Schweizerische Akademie der Medizinischen Wissenschaften 2019). Neun US-Bundesstaaten (darunter Oregon, Maine, Minnesota, und der District of Columbia) und Kanada haben Regelungen eingeführt, die ärztliche Suizidassistenz zulassen. Ein neues Gesetz im Bundesstaat Victoria in Australien regelt die *Assistance in Dying*. Die Details des Gesetzes sehen vor, dass der Patient die tödliche Medikation selbst einnehmen muss. Daher ist das Gesetz faktisch eine Regelung zur Liberalisierung der ärztlichen Suizidassistenz.

Der Weltärztebund und die überwältigende Mehrzahl aller Ärzteorganisationen anderer Staaten lehnen die ärztliche Assistenz als nicht vereinbar mit der Ethik der Profession ab (Weltärztebund 2019). Auch die deutschen Ärztetage haben dies wiederholt bekräftigt (Bundesärztekammer 2011).

Wie schon bei der Behandlung der aktiven Sterbehilfe ausgeführt, wollen nicht alle Befürworter der Suizidassistenz diese Handlung abhängig davon machen, ob eine terminale Krankheit vorliegt. Nicht wenige Befürworter wollen Hilfe zum Suizid allein durch den Verweis auf die Selbstbestimmung rechtfertigen. Sie proklamieren, dass allein der Sterbewunsch maßgeblich sei (Sterbehilfe Deutschland 2009, so auch Exit Schweiz 2019).

In einem Urteil vom 26. Februar 2020 hat der zweite Senat des Bundesverfassungsgerichts einen Anspruch auf Assistenz bei der Selbsttötung als Ausfluss des allgemeinen Persönlichkeitsrechtes konstatiert und den neu geschaffenen § 217 StGB aufgehoben (Bundesverfassungsgericht 2020). Dabei kommt es – so das Urteil – allein auf die Sterbewilligkeit der Person an. Eine Bindung des nach Auffassung des Gerichtes grundrechtlich basierten Anspruchs an Krankheitszustände sei unzulässig. Mithin überschreitet das Urteil den Kontext medizinischen Handelns. Niemand, so das Verfassungsgericht, darf zur Assistenz beim Suizid verpflichtet werden. Medizinische Ethik muss sich in Folge zwei Anfragen stellen. 1. Soll Suizidassistenz auch weiterhin kein Bestandteil ärztlicher Praxis sein? 2. Soll medizinische Praxis und Kompetenz bei der Ausführung von Suiziden dienlich sein, auch wenn die Motive der Suizidwilligen unabhängig von medizinisch beschreibbaren Zuständen (etwa Vorliegen einer terminalen Erkrankung) sind?

Der Hintergrund: Mit Einführung des § 217 StGB im Jahre 2015 wurde geschäftsmäßige Suizidassistenz unter Strafe gestellt. Das Merkmal der Geschäftsmäßigkeit sollte als erfüllt gelten, wenn Personen oder Institutionen Suizidassistenz auf Wiederholung ausgerichtet anbieten, d.h. unabhängig davon, ob damit ein Gewinnstreben oder kommerzielles Interesse verbunden ist.

Die Begründung des von einer großen überparteilichen Mehrheit getragenen Gesetzes bestand in einer abstrakten Gefahrenabwehr. Denn wissenschaftliche Untersuchungen belegen, dass das Angebot der Suizidassistenz die Anzahl der Suizide ansteigen lässt (Sitte 2015). Die sonstige Suizidrate bleibt in Gesellschaften, in denen Suizidassistenz liberalisiert ist, unbeeinflusst. Das bedeutet, dass ein (mögliches) Angebot der Suizidassistenz nicht etwa Menschen vor Suizidhandlungen bewahrt, was gelegentlich als Begründung für die Liberalisierung der Suizidassistenz durch Ärzte angeführt wird. Umgekehrt ist das Angebot der Suizidassistenz ein unabhängiger Risikofaktor, der die Zahl der Suizide eher ansteigen lässt (Jones und Paton 2015).

Paradoxerweise hat das Bundesverfassungsgericht gleichzeitig das Anliegen des Gesetzgebers als legitim erachtet zu verhindern, dass sich der „Suizid in der Gesellschaft als normale Form der Lebensbeendigung durchsetzt“ (Bundesverfassungsgericht 2020).

Neben empirischen Befunden sind es grundlegende normative Entscheidungen und sozialphilosophische Argumente, die die Assistenz beim Suizid als unethisch erscheinen lassen. Dem wird in der gesellschaftlichen Diskussion und innerhalb der akademischen Medizinethik auch widersprochen (Birnbacher 2006; Vollmann 2015).

Im Rahmen der schon unter Abschn. 40.4 erwähnten Regionalkonferenzen des Weltärztebundes wurden die Gründe, die für eine Ablehnung ärztlicher Suizidassistenz grundlegend diskutiert. Die heute im Gegensatz zu früheren Zeiten verbreitete Anschauung, dass ein Suizident nicht moralisch zu verurteilen ist, gründet nicht auf sozialer Akzeptanz des Suizids, sondern korrespondiert mit einer *Enthaltung* eines wertenden Urteils über einen in Freiheit begangenen Suizid. Die Enthaltung des moralischen Urteils folgt notwendig aus der Achtung des Rechtes auf Bestimmung der Lebensführung (welches ein Recht, das Ende des Lebens zu bestimmen, einschließt) einerseits und der Achtung des grundlegenden Axioms jeder freien und solidarischen Gesellschaft, die Existenz seiner Mitglieder deren Nicht-Existenz vorzuziehen. Das Netz der Beziehungen, in dem jedes Leben steht, darf die Freiheit, die alleine Grund der Enthaltung eines Urteils ist, nicht beeinflussen. Je offener und direkter, d. h. professioneller das Angebot zur Suizidhilfe unterbreitet wird, desto mehr schränkt es eben diese Freiheit ein. Die Professionalität des Hilfsangebots beim Suizid suggeriert soziale Akzeptanz, wo doch nur Enthaltung des Urteils gemeint ist. Die Ursache dafür gründet in der grundsätzlichen Asymmetrie der Beziehung zwischen Patient und Arzt, in der Letzterer über die größere Machtfülle verfügt. Nicht zuletzt ist dies der Grund, warum Patienten den Ratschlägen ihrer Ärzte überwiegend folgen. Das professionelle Angebot der Suizidhilfe schränkt so die Freiheit der Entscheidung – durch Geneigtmachen in die Richtung der Lebensverneinung – ein. In der einschlägigen Literatur wird gelegentlich auch von einem *Nudging* gesprochen. Darunter versteht man den Sachverhalt, Personen für eine bestimmte Entscheidung geneigt zu machen. Die ärztliche Zustimmung, die Äußerung, dass die Haltung verständlich und einsichtig ist, ist selbst ein Faktor des *Nudgings.*

Von den Befürwortern ärztlicher Suizidassistenz wird auf das Recht zur selbstbestimmten Lebensführung verwiesen. Dabei ist jedoch zu beachten, dass die Suizidhandlung als solche nicht strafbewährt ist. Die Begründung für die Ablehnung der Suizidassistenz als ärztliche Handlung liegt in der Asymmetrie der Arzt-Patienten-Beziehung, in der die Befürwortung der Suizidhandlung durch den Arzt ein wesentlicher Faktor bei der Entscheidung ist. In einer freien Gesellschaft kann die Entscheidung eines ihrer Mitglieder, aus dem Netz der Solidargemeinschaft auszuscheiden, allenfalls zur Kenntnis genommen werden, niemals jedoch gutgeheißen werden. Denn eine freie und solidarische Gesellschaft muss die Existenz jedes ihrer Mitglieder ihrer Nicht-Existenz *vorziehen*. Kriterien für Fälle, in denen dies nicht gelten soll, kann es nicht geben, soll die Regel nicht aufgehoben werden. Diese Grundvoraussetzung ist u. a. Basis der Menschenrechte.

Angesichts dieser vorgetragenen Gründe auf der Ebene der Reflexion kommt den empirischen Befunden, die einen Anstieg der Zahl der Suizide nach Liberalisierung der Suizidassistenz belegen, besonderes Gewicht zu. Daher kann die Ärzteschaft die Suizidhilfe begründet als unärztlich zurückweisen (Weltärztebund 2019, Bundesärztekammer 2011). Zudem ist nach Einschätzung der Psychiater nur eine sehr geringe Zahl aller Suizide als Bilanzsuizid einzuordnen. Bei der großen Mehrzahl der Fälle liegen psychiatrisch zu beschreibende Zustände vor, die Hilfe zum Leben, d. h. ärztliche Behandlung präventiv notwendig machen. Zumal Suizidhandlungen regelhaft eine Phase der Ambivalenz vorausgeht. In dieser Phase ist ein Angebot der Suizidassistenz ein gefährlicher Faktor. In Deutschland begehen jedes Jahr einhunderttausend Personen eine Suizidhandlung. Zehntausend sterben an den Folgen. Von den anderen Neunzigtausend wiederholt die große Mehrzahl die Handlung nicht. In der jeder Suizidhandlung ambivalenten Phase wäre ein professionelles Angebot der Suizidassistenz gefährlich. Auch dies ist ein Faktor, der den Anstieg der Zahl der Suizide dort, wo Suizidassistenz liberalisiert ist, erklärt.

Ein weiterer Einwand gegen ein Verbot geschäftsmäßiger Suizidhilfe bedarf der Betrachtung. Es wurde behauptet, ein solches Verbot schränke die Behandlungsfreiheit in der Palliativmedizin ein. Ärzte sei es verwehrt, etwa Schmerzen adäquat zu behandeln, weil sie sich einem forensischen Risiko aussetzten. Dieser Einwand geht fehl, da die Palliativmedizin zur adäquaten Linderung nicht der intendierten Herbeiführung des Todes bedarf und ein forensisches Risiko sich nicht bestätigt (s. auch Abschn. 40.4: »Der Streitfall« und Sahm 2016).

Ärzte sind nicht verpflichtet, Angebote zur Assistenz beim Suizid zu unterbreiten. Insofern kann die Ärzteschaft frei entscheiden, ob sie ihre bisherige geltende, mit den Stellungnahmen des Weltärztebundes konforme ethische Position beibehalten will (Sahm 2020). Dem Gesetzgeber ist aufgegeben, wie im Urteil des Verfassungsgerichtes angeregt, andere Regelungen zur Prävention von Suiziden und zur Suizidvermeidung zu treffen.

## 40.6 Freiwilliger Verzicht auf Nahrung und Flüssigkeit

In Beziehung zum Streit um die Zulässigkeit der Suizidassistenz hat in einigen Ländern eine Debatte darüber eingesetzt, ob ein freiwilliger Verzicht auf Nahrung und Flüssigkeit eine Alternative sein kann (Ganzini 2003; Ivanovic 2014; Hoekstra 2015). Es ergeben sich Schwierigkeiten der normativen Abgrenzung dieser Handlungsweise vom Suizid. Allerdings gehört der Verzicht und die Unfähigkeit Nahrung und Flüssigkeit aufzunehmen zum Wesen fortgeschrittener Erkrankung und zum Versiegen der Lebenskräfte bei hochbetagten Menschen. In diesen Fallkonstellationen liegen die Kriterien einer bewussten Herbeiführung des Todes durch diesen Verzicht nicht vor. Vielmehr gleicht die Handlungsweise in der Mehrzahl der Fälle einem Behandlungsverzicht. Denn die betreffenden Personen und Patienten verzichten in dieser Lage auf die Überwindung der Hindernisse (psychischer, somatischer Art), die der Aufnahme von Nahrung und Flüssigkeit entgegenstehen.

Doch gibt es Grenzfälle, in denen Personen ohne Vorliegen wesentlicher Erkrankungen auf Nahrung und Flüssigkeit mit dem Ziel, den Tod herbeizuführen, verzichten möchten. In diesen Fällen stellt die Begleitung zur Symptomlinderung für Pflegeteams und behandelnde Ärzte eine Herausforderung dar. Auch in dieser Fallkonstellation kann mit gutem Grund der Verzicht auf Nahrung und Flüssigkeit als distinkt vom Suizid und als Handlungsweise eigener Art angesehen werden (Tolmein 2019; Duttge/Simon 2017; Sahm 2019). Denn Suizide sind im Gegensatz zum Verzicht auf Nahrung und Flüssigkeit einerseits durch eine äußere Einwirkung verursacht anzusehen (Strangulierung, Gebrauch von Schusswaffen, Einnahme tödlicher Medikamente, etc.). Beim freiwilligen Verzicht auf Nahrung und Flüssigkeit wird gerade auf die Einwirkung von außen verzichtet.

Darüber hinaus gibt es auch andere Handlungsweisen, die durch Unterlassung den Tod herbeiführen und dennoch nicht als Suizid bewertet werden. Dies trifft etwa zu auf den Verzicht auf akut lebensrettender Behandlungsmaßnahmen. Diese gilt jedoch als ethisch unproblematisch und durch die Selbstbestimmung der Personen gedeckt. So verzichten Menschen auf eine lebensrettende Chemotherapie oder eine Operation, Zeugen Jehovas verzichten u. U. auf die Gabe von Bluttransfusionen auch angesichts des Todes. Dennoch wird in diesem Zusammenhang nicht von Suizid gesprochen. Daher unterscheidet sich auch der freiwillige Verzicht von Nahrung und Flüssigkeit in dieser Weise vom Suizid.

Weiterhin ist bedeutsam, dass beim freiwilligen Verzicht auf Nahrung und Flüssigkeit der Tod nicht sofort eintritt. Es liegt ein Zeitraum von mehreren Tagen bis zu 14 Tagen bis zum Eintritt des Todes dazwischen. Die Entscheidung kann somit jederzeit zurückgenommen werden. Dies ist bei der Suizidhandlung typischerweise nicht der Fall.

Die Begleitung zur Symptomlinderung beim freiwilligen Verzicht auf Nahrung und Flüssigkeit kann dennoch mit einigen ethischen Herausforderungen konfrontieren. Im Falle des Verzichtes auf Nahrung und Flüssigkeit, der Ausdruck und Symptom fortgeschrittener Erkrankung und Hochbetagtheit ist, ist die Begleitung natürlich verpflichtend und ethisch unproblematisch. Nur in dem sehr seltenen Fall des bewussten Sterbefastens ohne Vorliegen einer Erkrankung kann auch eine suizidale Intention angenommen werden, wenn die Person handeln kann, sie muss um dieses Können wissen und ausdrücklich sich dafür entscheiden. Besteht im Vorfeld dieser Handlung ein Betreuungsverhältnis (etwa für Personen in einem Pflegeheim etc.), kann hier eine Symptomlinderung nicht verweigert werden. Eine palliative Begleitung bedeutet nicht, dass die Begleiter sich eine mögliche suizidale Intention zu eigen machen. Andererseits dürfen keine Anreize gesetzt werden, die Patienten zu dieser Handlungsweise motivieren. Daher muss die Begleitung in eine palliative und dem Leben zugewandte Kultur der jeweiligen Institution eingebettet sein.

Wird die Bitte, beim freiwilligen Verzicht auf Nahrung und Flüssigkeit begleitet zu werden, ohne Vorliegen einer Erkrankung von außen an Personen (etwa Hospizhelfer, Palliativteams, etc.) angetragen, ist natürlich die Freiwilligkeit dieses Wunsches zu prüfen. Ist der Wunsch als authentisch anzusehen, sind die Institutionen jedoch nicht verpflichtet, diese Unterstützung anzubieten. Vielmehr ist eine dem Leben zugewandte Betreuung zu offerieren. Hintergrund einer solchen Ablehnung ist es, nicht durch Anreize die Normalität der Handlungen und soziale Akzeptanz auszudrücken (Sahm 2019).

## Literatur


Augsberg F., Juristische Probleme des sogenannten Sterbefastens. In: *Zeitschrift für medizinische Ethik* (2019), 315-317.

Ariès, Ph.: *Geschichte des Todes*. München [4]1989.

Beck, S./van de Loo, A./Reiter-Theil, S.: A »little bit illegal«? Withholding and Withdrawing of Mechanical Ventilation in the Eyes of German Intensive Care Physicians. In: *Medicine, Health Care and Philosophy* 11 (2008), 7–16.

Benzenhöfer, U.: *Der gute Tod. Geschichte der Euthanasie und Sterbehilfe*. Göttingen 2009.

Birnbacher D.: Recht auf Sterbehilfe – Pflicht zur Sterbehilfe? In: F. J. Illhardt/H. W. Heiss/M. Dornberg (Hg.): *Sterbehilfe - Handeln oder Unterlassen*. Stuttgart 1998, 125–35.

Birnbacher D.: Die ärztliche Beihilfe zum Suizid in der ärztlichen Standesethik. In: *Aufklärung und Kritik*. Sonderheft 11 (2006), 7–19.

Bundesärztekammer: Grundsätze der Bundesärztekammer zur ärztlichen Sterbebegleitung. In: *Deutsches Ärzteblatt* 95 (1998), A 2365–2366.

Bundesärztekammer: Grundsätze der Bundesärztekammer zur ärztlichen Sterbebegleitung. In: *Deutsches Ärzteblatt* 101 (2004), A 1298–1299.

Bundesärztekammer: Grundsätze der Bundesärztekammer zur ärztlichen Sterbebegleitung. In: *Deutsches Ärzteblatt* 108 (2011), A346-348

Bundesverfassungsgericht: Urteil vom 26.2.2020 in: https://www.bundesverfassungsgericht.de/SharedDocs/Entscheidungen/DE/2020/02/rs20200226_2bvr234715.html

Burleigh, M.: Die Nazi-Analogie und die Debatten zur Euthanasie. In: A. Frewer/C. Eickhoff (Hg.): *»Euthanasie« und die aktuelle Sterbehilfe-Debatte. Die historischen Hintergründe medizininscher Ethik*. Frankfurt a. M./New York 2000, 408-423.

Commission Fédérale de Contrôle et d'Évaluation de l'Euthanasie: *Chiffres de l'annee 2019*. (2020). https://organesdeconcertation.sante.belgique.be/fr/documents/euthanasie-chiffres-de-lannee-2019 (27.9.2020)

Council of Europe: Empfehlung 1418 des Europarates. Schutz der Menschenrechte und der Würde des Todkranken und Sterbenden. In: A. Frewer/R. Winau (Hg.): *Ethische Kontroversen am Ende des menschlichen Lebens*. Erlangen/Jena 2000, 215–218.

Deutsche Gesellschaft für Palliativmedizin. *S3-Leitlinie Palliativmedizin für Patienten mit einer nicht heilbaren Krebserkrankung*. In: https://www.leitlinienprogramm-onkologie.de/leitlinien/palliativmedizin/ (27.02.2020).

Duttge G./Simon A., Begleitung beim freiwilligen Verzicht auf Nahrung und Flüssigkeit als (strafbare) Suizidhilfe. In: *Neue Zeitschrift für Strafrecht* (2017), 512-516.

Exit Schweiz. 2019. https://exit.ch/freitodbegleitung/voraussetzungen-einer-freitodbegleitung/ (27.02.2020).

Hoekstra, N. L./Strack, M./Simon, A.: Bewertung des freiwilligen Verzichtes auf Nahrung und Flüssigkeit durch palliativmedizinisch und hausärztlich tätige Ärztinnen und Ärzte. Ergebnisse einer Umfrage. In: *Zeitschrift für Palliativmedizin 16 (2015), 68-73.*

N. Ivanovic, N./Busche, D./Fringer, A.: *Voluntary stopping of eating and drinking at the end of life* – a ›systematic search and review‹ giving insight into an option of hastening death in capacitated adults at the end of life. In: BMC Palliative Care 13 (2014), 1.

Ganzini, L./Goy, E. R./Miller, L. L./Harvarth, T. A./Jackson, A./Deloret, M. A.: Nurses' experiences with hospice patients who refuse food and fluids to hasten death. In: *New England Journal of Medicine 349 (2003), 359-365.*

Jones D., Paton D. A. How Does Legalization of Physician-Assisted Suicide Affect Rates of Suicide. In: *Southern Medical Journal* 108 (2015) 599-604.

Kewon J.: *Euthanasia, Ethics and Public Policy*. Cambridge 22018, 117-120.

Lunshof J./Simon A: Die Diskussion um Sterbehilfe und Euthanasie in Deutschland von 1945 bis in die Gegenwart. In: A. Frewer/C. Eickhoff (Hg.): *»Euthanasie« und die aktuelle Sterbehilfe-Debatte. Die historischen Hintergründe medizininscher Ethik*. Frankfurt a. M./New York 2000, 237-250.

Lutterotti, M. v.: Sterbehilfe. In: A. Eser/M. v. Lutterottti/P. Sporken (Hg.): *Lexikon Medizin Ethik Recht*. Freiburg i. Br./Basel/Wien 1989. 1086–95

Materstvedt, L. J./Clark, D./Ellershaw, J./Forde, R./Gravgaard, A. M./Muller-Busch, H. C./Porta i Sales, J./Rapin, C. H./EAPC Ethics Task Force: Euthanasia and Physician-Assisted Suicide. A View from an EAPC Ethics Task Force. In: *Palliative Medicine* 17 (2003), 97–101.

Montero, E.: The Belgian Experience of Euthanasia since its legel Impelementation in 2002. In: Jones, D. A./Gastmans, C./Mackellar, C.: *Euthanasia and Assisted suicide*. Cambridge 2017, 26–48.

Müller-Busch, H. C.: Terminale Sedierung. Ausweg im Einzelfall, Mittelweg oder schiefe Ebene? In: *Ethik in der Medizin* 16 (2004), 369–377.

Nationaler Ethikrat: *Patientenverfügung – ein Instrument der Selbstbestimmung*. Berlin 2006. In: https://www.ethikrat.org/fileadmin/Publikationen/Stellungnahmen/Archiv/Stellungnahme_Selbstbestimmung_und_Fuersorge_am_Lebensende.pdf (27.02.2020).

Orentlicher D.: International Perspectives on Physician Assistance in Dying. In: *Hastings Center Report* 46 (2016), 6–7.

Rachels, J.: Active and Passive Euthanasia. In: *New England Journal of Medicine* 292 (1975), 78–80.

Römelt, J.: *Dem Sterben einen Sinn geben*. Sankt Augustin/Berlin 2006, 9.

Rothärmel, S.: Terminale Sedierung aus juristischer Sicht. Gebotener palliativmedizinischer Standard oder heimliche aktive Sterbehilfe? In: *Ethik in der Medizin* 16 (2004), 349–357.

Sahm, S.: Palliative Care versus Euthanasia. The German Position. The German General Medical Council's Princi-

ples for Medical Care of the Terminally Ill. In: *Journal of Medicine and Philosophy* 25 (2000), 195–219.
Sahm, S.: Sterbehilfe in der aktuellen Diskussion – medizinische und medizinisch-ethische Aspekte. In: *Zeitschrift für Lebensrecht* 14 (2005), 45–52.
Sahm, S.: Freiwilliger Verzicht auf Nahrung und Flüssigkeit und die Medizin am Lebensende. In: *Zeitschrift für medizinische Ethik* (2019), 211-226.
Sahm, S.: Keine Kriminalisierung der Palliativmedizin. In: *Zeitschrift für Medizinische Ethik* (2016) 62, 219-233.
Sahm, S. Ärztlich assistierter Suizid. Medizinische Ethik und suizidales Begehren. In: *Der Onkologe* (2020), 26: 443-448.
Schöne-Seifert, B.: Selbstbestimmte Lebensbeendigung als Selbstwiderspruch? Prüfung eines (kantianischen) Arguments gegen aktive Sterbehilfe und Suizid. In: C. Kaminsky/O. Hallich (Hg.): *Verantwortung für die Zukunft. Zum 60. Geburtstag von Dieter Birnbacher*. Münster 2006, 163–174.
Schweizerische Akademie der Medizinischen Wisssenschaften: *Umgang mit Sterben und Tod*. Bern 22019, 25-27.
Sitte T.,: Palliative Versorgung statt Beihilfe zum Suizid und Tötung auf Verlangen? Über eine mögliche Notwendigkeit lebensverkürzender Maßnahmen. Dissertation, Universität Saarland. Homburg/Saar 2015.
Sterbehilfe Deutschland. Satzung 2018. In: http://www.sterbehilfedeutschland.de/img/2018_01_Deutsche_Satzung.pdf (27.02.2020).
Sterckx, S./Raus, K.: The Practice of Continuous Sedation at the End of Life in Belgium. In: Jones, D. A./Gastmans, C./Mackellar, C.: *Euthanasia and Assisted suicide*. Cambridge 2017, 86-100.
Stolberg, M.: Two Pioneers of Euthanasia around 1800. In: *Hastings Center Report* 38/1 (2008), 19–22.
Ten Have, H./Welie J. V.: Palliative Sedation versus euthanasia: an ethical assessment. In: *Journal of Pain and Symptom Management*. 47 (2014), 123-126.
Tolmein, O:. Warum der Freiwillige Verzicht auf Nahrung und Flüssigkeit nicht als Selbsttötung im Sinne des § 217 StGB zu sehen ist – und welche rechtlichen Konsequenzen sich daraus ergeben. In: M. Coors/A. Simon/B. Alt-Epping (Hg.): *Freiwilliger Verzicht auf Nahrung und Flüssigkeit*. Stuttgart 2019, 133-147.
Van der Heide, A./Deliens, L./Faisst, K./Nilstun, T./Norup, M./Paci, E./van der Wal, G./van der Maas, P. J.: End-of-life Decision-Making in six European Countries. Descriptive Study. In: *Lancet* 62 (2003), 345–350.
Van der Maas, P. J./van der Wal, G./Haverkate, I./de Graaff, C. L./Kester, J. C./Onvuteaka-Philipsen, B. D./van der Heide, A./Bosma, J. M./Willems, D. L.: Euthanasia, Physician-Assisted Suicide, and Other Medical Practices Involving the End of Life in the Netherlands, 1990–1995. In: *New England Journal of Medicine* 335 (1996), 1699–1705.
Vollmann, J.: Aus Respekt vor der Selbstbestimmung. In: *Frankfurter Allgemeine Zeitung* vom 20.07.2015, 6.
Weltärztebund/ World Medical Association: *WMA Declaration on euthanasia and ohysician assisted suicide*. (2019) in: https://www.wma.net/policies-post/declaration-on-euthanasia-and-physician-assisted-suicide/ (27.9.2020).

## Weiterführende Literatur

Frewer, A./Eickhoff, C. (Hg.): *»Euthanasie« und die aktuelle Sterbehilfe-Debatte. Die historischen Hintergründe medizinischer Ethik*. Frankfurt a. M./New York 2000.
Jones, D. A./Gastmans, C./Mackellar, C.: *Euthanasia and Assisted suicide*. Cambridge 2017.
Kewon J.: *Euthanasia, Ethics and Public Policy*. Cambridge 22018.
Spaemann, R./Hohendorf G./Oduncu F.: Vom guten Sterben. Freiburg 22016.
Sahm, S.: *Sterbebegleitung und Patientenverfügung. Ärztliches Handeln an den Grenzen von Ethik und Recht*. Frankfurt a. M. 2006.

*Stephan Sahm*

# 41 Sterbehilfe – rechtswissenschaftlich

In seinem 1805 verfassten Entwurf einer allgemeinen Therapie beklagte der hallesche Arzt Johann Christian Reil, dass es zwar eine eigene Kunst, dem Menschen ins Leben zu verhelfen, gäbe, aber dafür, dass man erträglich wieder herauskomme, sei fast nichts getan. Diese über zweihundert Jahre alte Klage hat nichts von ihrer Aktualität eingebüßt, obwohl selten so intensiv über die Sterbehilfe im weitesten Sinne diskutiert wurde wie in den vergangenen Jahren. So bleibt in vielen Details anhaltende Ratlosigkeit, für die symptomatisch ist, dass alle juristische Kompetenz, die sich um eine Regelung bemüht hat, nicht wirklich zu einem durchschlagenden Erfolg gekommen ist. Trotz des Entwurfs eines Arbeitskreises deutscher, schweizerischer und österreichischer Strafrechtslehrerinnen und Strafrechtslehrer sowie einer eingehenden Befassung mit diesem Thema auf dem 56. Deutschen Juristentag (Otto 1986, D 9 ff.) ist ein Gesetzgebungsvorhaben des Bundestages für eine gesetzliche Regelung der Sterbehilfe zuletzt im Jahr 1986 gescheitert.

Eine ganze Reihe von Gerichtsentscheidungen, angefangen mit dem sogenannten *Wittig-Fall* (BGHSt 32, 367 ff.) aus dem Jahr 1984, gefolgt vom sogenannten *Wuppertaler Krankenschwesternfall* (BGHSt 37, 376 ff.) und nicht zuletzt auch die Vorgänge um den Arzt *Hackethal* und seine Patientin *Hermi Eckert* im Jahre 1987 (OLG München, NJW 1987, 2940) sowie die Entscheidung des ersten Strafsenats des BGH (BGHSt 40, 257 ff.) aus dem Jahr 1994, hat immer noch nicht dazu beigetragen, dass Patienten und Ärzten zuverlässige Leitlinien für die existenzielle Grenzsituation am Lebensende zur Verfügung stehen.

## 41.1 Die passive Sterbehilfe

Seit der Entscheidung des BGH aus dem Jahr 1994 (BGHSt 40, 257 ff.) wird zwischen der Hilfe zum Sterben und der Hilfe beim Sterben in den Fällen der passiven Sterbehilfe unterschieden. Während in den Fällen, die in der Rechtsprechung als Hilfe zum Sterben behandelt werden, das Grundleiden eines Kranken nach ärztlicher Überzeugung unumkehrbar sein und einen tödlichen Verlauf genommen haben muss und der Tod in kurzer Zeit eintreten wird (BGHSt 40, 257, 260), sind die Fälle der Hilfe beim Sterben anders gelagert. Mit der oben genannten Entscheidung hat die Rechtsprechung erstmals auch ausdrücklich die Zulässigkeit eines Behandlungsabbruchs bei einem entsprechenden Patientenwillen als Ausdruck der allgemeinen Entscheidungsfreiheit und des Rechts auf körperliche Unversehrtheit grundsätzlich anerkannt. Der BGH hebt hervor, dass der mutmaßliche Wille des Kranken entscheidend ist. Die Prüfung dieses mutmaßlichen Willens ist vor dem Hintergrund strenger Anforderungen vorzunehmen. Es komme, so der BGH, vor allem auf frühere mündliche oder schriftliche Äußerungen des Patienten, seine religiöse Überzeugung, seine sonstigen persönlichen Lebensvorstellungen, seine altersbedingte Lebenserwartung oder das Erleiden von Schmerzen an (BGHSt 40, 257 ff.). Dieses Urteil, das vor dem Inkrafttreten der Vorschriften über die Patientenverfügung (s. Kap. 38: »Patientenverfügung«) gesprochen wurde, hat damit erstmals auch zur Verbindlichkeit der Patientenverfügung überhaupt Stellung genommen.

Bei ihrer Entscheidung haben die Richter auch berücksichtigt, dass sich im Einzelfall trotz aller sorgfältiger Prüfung selten konkrete Umstände für die Feststellung des individuellen mutmaßlichen Willens des Kranken finden lassen. Für diesen Fall soll, so der BGH, auf allgemeine Wertvorstellungen zurückgegriffen werden, um die notwendigen Kriterien zu bilden. Hierbei mahnt der BGH Zurückhaltung an und verlangt, dass im Zweifel der Schutz des menschlichen Lebens Vorrang vor den persönlichen Überlegungen von Arzt, Angehörigen oder anderen Beteiligten genießt. Diese Entscheidung ist gerade für die Praxis in Fällen der Behandlung mit PEG-Sonden von nicht zu übersehender Bedeutung. Soweit sich behandelnde Ärzte oder Institutionen darauf berufen, dass es mit ihrem Gewissen nicht vereinbar sei, Patienten verhungern zu lassen – so argumentierte zum Beispiel die Klinik in dem im BGH-Urteil zugrunde liegenden Fall –, bleibt für die Rechtsprechung der Wille des Patienten maßgeblich (Laufs/Katzenmeier/Lipp 2009, XI Rdnr. 109). Freilich muss, so der BGH, in diesen Fällen die Basisbetreuung sichergestellt bleiben, wie es etwa in der Präambel der Grundsätze der Bundesärztekammer zur ärztlichen Sterbebegleitung ausgeführt wird.

In der Praxis kommt der Hilfe beim Sterben die größte Bedeutung zu. Der Verzicht auf lebensverlängernde Maßnahmen bei Sterbenden oder Patienten mit infauster Prognose steht immer unter dem ›Damoklesschwert‹ der strafrechtlichen Verfolgung als Tötungsdelikt. Regelmäßig ist zunächst davon aus-


H. Wittwer/D. Schäfer/A. Frewer (Hg.), *Sterben und Tod. Ein interdisziplinäres Handbuch 2. Auflage*,
https://doi.org/10.1007/978-3-476-05761-7_41

zugehen, dass der Arzt, der keine Maßnahmen zur Lebensverlängerung ergreift, wegen Totschlags, in der Regel durch Unterlassen (§ 13 StGB) belangt werden könnte. In diesem Zusammenhang wird darauf abgestellt, dass der Arzt aufgrund der Behandlungsübernahme verpflichtet sei, den Todeseintritt hinauszuzögern, wenn ihm die hierzu erforderlichen Möglichkeiten zur Verfügung stehen. Freilich wird viel zu selten die Frage gestellt, ob und inwieweit in einer Weiterbehandlung über das für das Individuum oft unerträgliche Maß hinaus eine Körperverletzung im Sinne des § 223 StGB gesehen werden muss. Maßgeblich hierfür wäre der Gedanke, dass mit der Ausweglosigkeit der weiteren Behandlung auch der bewusstlose Patient an dieser kein Interesse mehr haben kann, so dass die aus dem Behandlungsvertrag folgende strafrechtliche Garantenstellung des Arztes erlischt.

Wenn dem Arzt im Einzelfall eine solche Lebenserhaltungspflicht auferlegt ist, so kann der Verzicht auf weitere Maßnahmen nur dann unproblematisch sein, wenn der Patient in einer hoffnungslosen Situation sein tatsächliches Einverständnis zur Nichtaufnahme der Behandlung bzw. zu ihrem Abbruch erteilt hat. Ebenso ist der Arzt an den erklärten Willen des Patienten gebunden. Allerdings besteht für den Arzt eine Verpflichtung zur Behandlung nur so lange, wie vor dem Hintergrund der Therapiefreiheit überhaupt eine Indikation gegeben ist (Laufs/Katzenmeier/Lipp 2009, X Rdnr. 71). Umgekehrt hat sich der Arzt dem Wunsch des Patienten zu beugen, wenn dieser wünscht, alles in seiner Macht Stehende zur Lebensverlängerung zu tun. Hat der Patient seinen Willen dahingehend formuliert, nicht leiden zu wollen, so muss der Arzt, auch wenn er persönlich anderer Meinung ist, den wohlüberlegten und eindeutig geäußerten Willen des Patienten respektieren (BGHSt 11, 111, 114; BGHSt 37, 376, 378).

Diese Bindung des Arztes erklärt sich aus dem grundgesetzlich geschützten Selbstbestimmungsrecht des Patienten und ist Bestandteil seiner Würde, gerade wenn sich das Leben dem Ende zuneigt. Schließlich darf niemand für sich das Recht reklamieren, einem todkranken oder sterbenden Menschen die Pflicht aufzuerlegen, sein Leben unter für ihn unerträglichen Leiden oder Qualen fortzusetzen, wenn er konsequent den Wunsch hat, sich diesem Leid zu entziehen. Demzufolge ist für den Fall, dass der todkranke Patient nicht mehr selbst entscheiden kann, sein mutmaßlicher Wille und nicht das Ermessen des behandelnden Arztes der rechtliche Maßstab dafür, welche lebensverlängernden Maßnahmen zulässig sind und wie lange sie fortgesetzt werden dürfen. Der Vorrang des Selbstbestimmungsrechts wurde von der Rechtsprechung immer wieder herausgestellt: *voluntas aegroti suprema lex* (»Der Wille des Patienten ist das höchste Gesetz«; vgl. BGHSt 11, 111, 114; BGHSt 37, 376, 378; Lilie 1995, 273 und 276; Steffen 1996, 158).

Insbesondere bindet der gegen eine Behandlung gerichtete Wille des Patienten den Arzt selbst dann noch, wenn der Patient zwischenzeitlich das Bewusstsein verloren hat. Der BGH hat dazu ausgeführt: »Sterbehilfe ist nur entsprechend dem erklärten oder mutmaßlichen Patientenwillen durch die Nichteinleitung oder den Abbruch lebensverlängernder Maßnahmen zulässig, um dem Sterben seinen natürlichen, der Würde des Menschen gemäßen Verlauf zu lassen« (BGHSt 37, 376, 379). Sterbehilfe in diesem Sinne setzt – so der BGH – voraus, »dass das Grundleiden eines Kranken nach ärztlicher Überzeugung unumkehrbar (irreversibel) ist, einen tödlichen Verlauf angenommen hat und der Tod in kurzer Zeit eintreten wird«. Die Grundsätze der Bundesärztekammer zur ärztlichen Sterbebegleitung betrachten den vom Willen des sterbenden Patienten getragenen Verzicht oder Abbruch lebensverlängernder Maßnahmen als eine zulässige Behandlungsbegrenzung (Bundesärztekammer 2004, A 1298 ff.).

Wenn der BGH den mutmaßlichen Willen des Patienten dabei in den Vordergrund rückt, so ist zur Ermittlung dieses Willens an die entsprechenden Maßstäbe der Rechtsprechung anzuknüpfen. Der BGH hat dazu ausgeführt, dass »der Inhalt des mutmaßlichen Willens in erster Linie aus den persönlichen Umständen des Betroffenen, aus seinen individuellen Interessen, Wünschen, Bedürfnissen und Wertvorstellungen zu ermitteln« sei. »Objektive Kriterien, insbesondere die Beurteilung einer Maßnahme als gemeinhin vernünftig oder normal, so wie den Interessen eines verständigen Patienten üblicherweise entsprechend, haben keine eigenständige Bedeutung« (BGHSt 40, 257, 263). Unbefriedigend an diesen Maßstäben ist allerdings, dass sie in ihrer allgemeinen Art kaum zu hinreichenden Handlungsanleitungen für den konkreten Einzelfall führen. Gerade bei äußerungsunfähigen Patienten, die keine entsprechende Erklärung zuvor abgefasst haben, wird es schwierig sein, ihre persönlichen Umstände zu ermitteln. Maßstab für die individuellen Interessen und persönlichen Wertvorstellungen des Patienten können nur die Angaben der Angehörigen sein, soweit diese den Ärzten bekannt sind. Es wird nur wenige Fälle geben, in denen sich Arzt und Patient in vorangehenden Gesprächen über

Einzelheiten ausgetauscht haben. Hinzu kommt, dass häufig die objektiven Bedingungen in Krankenhäusern, aber auch beim Hausarzt derartig unzureichend sind, dass die Zeit für solche Gespräche fehlt. Ob sich in der Zukunft hieran etwas ändert, bleibt vor dem Hintergrund der Vorschriften zur Patientenverfügung abzuwarten (Gesetz zur Patientenverfügung – Drittes Gesetz zur Änderung des Betreuungsrechts, vom 18.06.2009).

Für den Fall, dass dem Arzt in der konkreten Situation keine Anhaltspunkte vorliegen, wie sich der Patient entschieden hat, wird in der Regel davon auszugehen sein, dass der Patientenwille mit dem übereinstimmt, was gemeinhin als normal und vernünftig angesehen wird (BGHSt 40, 257, 263). Der BGH versucht also gegenwärtig, einen Ausweg dadurch zu finden, dass er das Selbstbestimmungsrecht des Patienten einerseits betont und andererseits dann, wenn der Wille des Patienten nicht feststellbar ist, seine individuellen Interessen und Wünsche als Maßstab heranzieht. Auch wenn manchmal das Selbstbestimmungsrecht zu einer kaum zu ertragenden Last werden kann, setzt sich mehr und mehr der Aspekt durch, dass der Wille des Patienten Grund und zugleich Grenze für den ärztlichen Behandlungsauftrag ist und bleiben muss.

Eine wesentliche Rolle kommt in diesem Zusammenhang den Patientenverfügungen zu (s. Kap. 38: »Patientenverfügung«). Für den konkreten Einzelfall bedeutet das, dass der Arzt auch bei bestehender Indikation zur Behandlung eine Maßnahme abbrechen oder nicht mehr durchführen darf, wenn der Patient eine indizierte und angebotene lebenserhaltende Maßnahme ablehnt (BGHZ 163, 195, 197 f.; Wagenitz 2005, 671; Laufs/Katzenmeier/Lipp 2009, VI Rdnr. 103). Allerdings können Patientenverfügungen in dem Zusammenhang den Arzt nur so weit binden, wie er sich auf dem Terrain des rechtlich Zulässigen bewegt. Andersherum formuliert: Der Patient kann über die Patientenverfügung kein Verhalten von dem Arzt verlangen, das ihn in eine Strafbarkeit führen würde. Die Verbindlichkeit der Patientenverfügung findet ihre Grenze an dem strafrechtlich Zulässigen.

Bei alledem sollte man sich jedoch nicht von der künstlich geschaffenen Rechtsfigur eines ›abstrakt vernünftigen‹ Patienten leiten lassen, sondern sollte stets die Situation des konkret leidenden Patienten als Maßstab für ärztliches Handeln heranziehen. So wie wir allgemein bei der Aufklärung dem Patienten das Recht einräumen, sich gegen eine zu aufdringliche Aufklärung zu wehren, wird man immer erwägen müssen, wie man das Maß der Information im Einzelfall bestimmt, wenn der Patient am Lebensende ausdrücklich und, wie es in der Praxis viel häufiger sein wird, stillschweigend um Hilfe bittet. Der Arzt sollte den Wunsch des Patienten, nicht weiter mit lebensverlängernden Maßnahmen behandelt zu werden, dann respektieren, wenn der Kranke nicht nur infolge einer augenblicklichen Depression, sondern, bewusstseinsklar die Konsequenzen seiner Entscheidung überschauend, diesen äußert. Für die vielen anderen Fälle, in denen eine derart objektivierbare Entscheidung nicht mehr getroffen werden kann, muss Folgendes gelten: Ist sicher, dass das Endstadium einer unaufhaltbaren Krankheit begonnen hat, und äußert der Patient nicht selbst den Wunsch nach Verlängerung des Lebens um jeden Preis und mit allen möglichen medizinischen Mitteln, so kann der Arzt nicht verpflichtet sein, diese Behandlungsmethoden einzusetzen. Gleiches gilt in den Fällen, in denen man im Zusammenhang mit der Behandlung zu der Erkenntnis kommt, dass das Krankheitsbild so weit fortgeschritten ist, dass in absehbarer Zeit mit dem Eintritt des Todes gerechnet werden muss. In diesen Fällen soll – und das wird auch in den Grundsätzen der Bundesärztekammer zur ärztlichen Sterbebegleitung betont – eine Änderung des Behandlungszieles in Betracht gezogen werden (Bundesärztekammer 2004, A 1298).

Wird durch die Behandlung bestehendes Leiden nur noch verlängert, so sollten diese Maßnahmen durch eine palliativmedizinische Versorgung ersetzt werden. Dabei geht es um höchste Qualität von Palliativmedizin, einschließlich der erforderlichen pflegerischen Absicherung. Da in dieser Situation zwangsläufig der Schwerpunkt der Versorgung des Schwerstkranken beim Pflegepersonal liegen wird, empfiehlt es sich, wie auch die Erfahrung aus der Rechtsprechung lehrt, eine intensive Beratung im Team mit Ärzten, Pflegenden und Angehörigen vorzunehmen. Zu Recht wird in diesem Zusammenhang oft darauf hingewiesen, dass in solchen Fällen, insbesondere dann, wenn es sich um Patienten mit schwersten zerebralen Schädigungen handelt, der Wille kaum zu ermitteln ist.

Einigkeit ist darüber zu erzielen, dass die Lebenserhaltungspflicht dort ihre Grenzen finden muss, wo dem Menschen aufgrund unwiderruflichen Verlusts aller Reaktions- und Kommunikationsfähigkeit jede Möglichkeit weiterer Selbstwahrnehmung und Selbstverwirklichung genommen ist. Auch ohne das mutmaßliche Einverständnis des Betroffenen sind deshalb spätestens bei nachweislich irreversiblem Bewusstseinsverlust des Patienten ein Sterbenlassen und damit der Verzicht auf aktive Maßnahmen zur Lebensverlängerung zulässig.

Noch weitergehend könnte man freilich vertreten, dass Ärzte lebensverlängernde Maßnahmen nicht erst bei einem irreversiblen Verlust der Kommunikationsfähigkeit oder Umweltbezogenheit unterlassen dürfen. Wenn aggressive Eingriffe im terminalen Stadium nur noch eine kurzfristige, mit erheblichem Leiden verbundene Verlängerung des Lebens bewirken können, dann muss die Behandlung auf Linderung von Schmerz, Angst und Unruhe sowie auf Pflege und menschliche Zuwendung begrenzt werden. Die rechtlich beschränkte Unzumutbarkeit bloß sinnlosen Eingreifens begrenzt hier die Pflicht zur Behandlung. Allerdings muss bei einer unsicheren Prognose im Zweifel immer die Lebensverlängerung gewählt werden. Abzuwägen ist im Einzelfall zwischen dem möglichen Gewinn einer Lebensverlängerung mit den Belastungen, Schmerzen und Nebenfolgen der Therapie und der Leidensminderung für den Patienten. Eine wesentliche Rolle kommt in diesem Zusammenhang den allseits anerkannten Patientenverfügungen oder Patientenerklärungen zu.

## 41.2 Indirekte Sterbehilfe

An die soeben erörterten Fragen schließt sich unmittelbar der Problemkreis um die indirekte Sterbehilfe an. Die Rede ist von solchen Fällen, in denen es medizinisch indiziert ist, dem Sterbenden Präparate zur Schmerzlinderung zu verabreichen. Folge der Medikamentengabe ist nicht selten der als unbeabsichtigte Nebenfolge schneller eintretende Tod des Patienten. Der Patient hat dann Anspruch auf eine entsprechende Behandlung, wenn gerade die Verabreichung von Schmerzmitteln oder bewusstseinsdämpfenden Medikamenten von der ärztlichen Behandlungspflicht umfasst ist. Auch wenn ein modernes Regime der Schmerzbekämpfung heute nicht mehr notwendigerweise eine Lebensverkürzung zur Folge hat, bleiben doch bei schwersten Erkrankungen Fälle übrig, in denen Opiate oder andere Mittel verabreicht werden müssen, die lebensverkürzend wirken können. Zwar ist eine derartige Behandlungsmethode objektiv als aktive Tötung zu beurteilen, die, auch wenn sie auf ausdrückliches und ernstes Verlangen des Patienten zurückgeht, nach § 216 StGB bestraft werden kann. Heute herrscht jedoch weitgehend Einigkeit darüber, dass grundsätzlich in solchen Fällen die Leidensminderung derartig in den Vordergrund rückt, dass die Möglichkeit einer Lebensverkürzung als Nebenwirkung in Kauf zu nehmen ist. Entscheidend ist bei diesen Fällen jedoch immer der erklärte oder mutmaßliche Patientenwille. Dieser lässt die unerwünschte Folge zurücktreten. Zur Straflosigkeit kommt man freilich mit unterschiedlichen dogmatischen Begründungen. Angeführt wird, dass wegen der Handlungsintention schon der Tatbestand der Tötungsdelikte nicht gegeben sei. Andere führen hingegen an, dass es hier an einem Tötungsvorsatz fehle und Schutzzweckerwägungen das erlaubte Risiko tragen lassen (Eser 2006, Vorbem. zu § 211 ff., Rdnr. 26). Ein wesentlicher Aspekt ist weiterhin der rechtfertigende Notstand nach § 34 StGB, der zur Konkretisierung mit der Einwilligung kombiniert wird (Hirsch 1987, 609). Der BGH hat dazu ausgeführt, dass es wichtiger sei, dem Patienten zu ermöglichen, die letzten Lebenstage in Würde und Schmerzfreiheit zu erleben. Dies sei ein höherwertiges Rechtsgut als die Aussicht, unter schwersten, insbesondere sogenannten Vernichtungsschmerzen nur noch eine kurze Zeit länger leben zu müssen (BGHSt 42, 302 und 305). Der BGH betont, dass auch eine Rechtfertigung allein aus Notstand in Betracht kommen kann (BGHSt 46, 279 und 285). Im Einzelfall wird es hier schwierig sein, eine angemessene Balance zwischen den Handlungszielen zu finden. Je sicherer der Arzt sieht und erkennt, dass seine Maßnahme zwangsläufig zur Lebensverkürzung führt, und die Maßnahme der Lebensverkürzung auch stärker von der Motivation des handelnden Arztes getragen wird, desto eher nähert sich der Arzt der bis heute nach überwiegender Ansicht verbotenen aktiven Sterbehilfe.

*Grenzziehung zur aktiven Sterbehilfe*: Die aktive Sterbehilfe, die auf eine gezielte Lebensverkürzung ausgerichtet ist, muss an § 216 StGB gemessen werden. § 216 StGB verbietet ausdrücklich die Tötung auf Verlangen. Danach wird mit Freiheitsstrafe von sechs Monaten bis fünf Jahren bestraft, wer einen anderen, auch auf dessen ausdrückliches und ernstliches Verlangen hin, tötet. Spätestens jetzt wird deutlich, dass zwischen indirekter und aktiver Sterbehilfe nur ein schmaler Grat besteht, da letztlich auch indirekte Sterbehilfe eine Form der aktiven Sterbehilfe ist. Einzig die Intention des Handelnden ist der Maßstab für eine Unterscheidung. Ein solches Unterscheidungskriterium ist in der Praxis immer schwer zu ermitteln (Schöch 1997, 410; Schreiber 1986, 341). Hier lassen sich kaum noch haltbare Abgrenzungslinien für die Praxis aufstellen, da die Fälle in den einzelnen Sachverhalten sehr unterschiedlich sind und von einer großen Anzahl individueller Kriterien geprägt werden. Solange die Schmerzlinderung dominant bleibt, sind auch lebensverkürzende Maßnahmen zulässig und in vielen Fällen das angemessene Mittel. Es ist einzuräumen – und hier kann kaum juristischer Rat in pauschaler Art weiterhelfen –, dass die Grenzen im Einzelnen fließend sind und im konkreten Fall von seiner Grundkonstellation abhängen. In jedem Fall sollte sich der Arzt von seinem Behandlungsziel leiten lassen und vom ärztlich Notwendigen ausgehen. Jedenfalls kann man hier nicht unterstellen, dass die schwierigen juristischen Streitigkeiten als abschließend geklärt gelten dürfen.

**Literatur**

Bundesärztekammer: Grundsätze der Bundesärztekammer zur ärztlichen Sterbebegleitung. In: *Deutsches Ärzteblatt* 101 (2004), A 1298–1299.

Eser, A.: Vorbem. zu § 211 ff. In: A. Schönke/H. Schröder (Hg.): *Strafgesetzbuch Kommentar.* München 2006, 1768–1791.

Hirsch, H. J.: Behandlungsabbruch und Sterbehilfe. In: W. Küper/I. Puppe/J. Tenckhoff (Hg.): *Festschrift für Karl Lackner zum 70. Geburtstag am 18. Februar 1987.* Berlin 1987, 597–620.

Laufs, A./Katzenmeier, Ch./Lipp, V.: *Arztrecht.* München 2009.

Lilie, H.: Hilfe zum Sterben. In: E. Deutsch/E. Klingmüller/H. J. Kullmann (Hg.): *Festschrift für Erich Steffen zum 65. Geburtstag.* Berlin/New York 1995, 273–288.

Otto, H.: *Recht auf den eigenen Tod? Strafrecht im Spannungsverhältnis zwischen Lebenserhaltungspflicht und Selbstbestimmung. Gutachten D zum 56. Deutschen Juristentag.* München 1986.

Schöch, H.: Die erste Entscheidung des BGH zur sog. indirekten Sterbehilfe. In: *Neue Zeitschrift für Strafrecht* 17 (1997), 409–411.

Schreiber, H.-L.: Das Recht auf den eigenen Tod – zur gesetzlichen Neuregelung der Sterbehilfe. In: *Neue Zeitschrift für Strafrecht* 6 (1986), 337–345.

Steffen, E.: Noch einmal – Selbstverantwortetes Sterben? In: *Neue Juristische Wochenschrift* 49 (1996), 1581.

Verrel, T./Bannenberg, B./Heine, G./Höpfel, F./Huber, B./Jung, H./Lilie, H./Maihofer, W./Meier, B.-D./Radtke, H./Rengier, R./Rieß, P./Riklin, F./Rolinski, K./Rössner, D./Roxin, C./Schreiber, H.-L./Schüler-Springorum, H./Wolter, J./Kleiber, M./Lautenschläger, D./Lilie, U./Loick, H. M.: Alternativ-Entwurf Sterbebegleitung (AE-StGB). In: *Goltdammer's Archiv für Strafrecht* 152 (2005), 553–568.

Wagenitz, T.: Finale Selbstbestimmung? Zu den Möglichkeiten und Grenzen der Patientenverfügung im geltenden und künftigen Recht. In: *Zeitschrift für das gesamte Familienrecht* 9 (2005), 669–678.

*Hans Lilie*

# 42 Sterbehilfe – philosophisch

## 42.1 Probleme mit der Gegenwartsdiagnose

Um die Antwort auf die Frage, wie Menschen sterben müssen, können, dürfen und sollen, wird seit Jahrzehnten und mit zunehmender Heftigkeit gestritten. Die lebensweltlichen Auffassungen weisen dabei eine ähnliche Positionsvielfalt auf wie die philosophisch-ethischen Theorien. Allerdings überwiegt in den Ländern mit liberalen Demokratien die Tendenz, die erlaubten Sterbehilfemaßnahmen auszuweiten. Religiöse und weltanschauliche Auffassungen spielen dabei eine ebenso wichtige Rolle wie die ethischen Argumente im strikteren Sinne des Wortes (vgl. Jankélévitch 2005). Das überaus deutlich artikulierte Interesse an der Sterbehilfe steht in einem auffälligen Kontrast zu der vielerorts zu vernehmenden Klage, Sterben und Tod seien in der modernen Gesellschaft an den Rand der individuellen und kollektiven Aufmerksamkeit gedrängt. Diese Verdrängungsthese findet ihr Motiv nicht selten in der moralischen Ablehnung von Techniken der Sterbehilfe, die mit der eigenen, traditionellen Position nicht übereinstimmen. Der Ruf nach einer Liberalisierung der Sterbehilfe wird in solchen Fällen als die Folge eines Verlustes angemessener moralischer Orientierung aufgefasst, die es in vergangenen Zeiten, in denen von einer adäquaten Sichtbarkeit des Todes die Rede war, noch gegeben hat.

Aber gegen diese Sicht der Dinge sprechen mindestens zwei Gründe. Erstens: Eine moralisch motivierte Sicht auf die Gegenwart wird meistens mit großer Leichtigkeit und Treffsicherheit jene Praktiken selektieren, die der zugrunde liegenden normativen Einstellung entsprechen. Die Diagnose gerät dann schnell einseitig. Zweitens: Der unvoreingenommene empirische Blick zeigt ein heterogenes Bild. Die Feststellung von Thomas Macho und Kristin Marek, dass »keine bekannte Hochkultur darauf verzichtet [hat], den Tod und das Leben der Toten in allen Details auszumalen«, weil die Unvorstellbarkeit des Todes »keine Resignation, sondern vielmehr einen gewaltigen Sturm von Bildern und Visionen« (Macho/Marek 2007, 9) auslöst, trifft durchaus auch auf die Gegenwartskultur zu. Und die Details der Bilder und Vorstellungen, von denen die Rede ist, betreffen selbstverständlich auch das ›Leben der Sterbenden‹. Von einer vergangenen Epoche, in der Menschen gleichsam auf der Scheitelhöhe humanen Könnens gestorben wären, während bei zunehmender Modernisierung eine Entfremdung von einer solchen Sterbekultur konstatiert werden müsste, kann jedenfalls keine Rede sein. Die *Geschichte des Todes* von Philippe Ariès, um ein bekanntes Beispiel zu nennen, erweist sich mit ihrer These von der modernen »Verwilderung« des Todes als Folge eines »Triumphes der Medikalisierung« (Ariès 1980, 377) bzw. als Ergebnis der medizinischen Interventionen in den Prozess des Sterbens als ein Konstrukt, das auf eine genauere Analyse gänzlich verzichtet. Die *Geschichte des privaten Lebens* (Ariès/Duby 1989–93) dagegen zeigt uns vielmehr eine beträchtliche Vielfalt möglicher Sterbeweisen, deren Reichweite sich nicht allzu sehr von unseren heutigen Vorstellungen unterscheidet.

## 42.2 Kurzer philosophiehistorischer Abriss zur Sterbehilfe

Der dem Menschen angemessene Tod war bereits in der Antike Gegenstand philosophischer Existenzerhellung. Der Begriff *euthanatos* – das ›Zuteilwerden eines guten Todes‹ – taucht bereits im 5. Jh. v. Chr. in Texten, die sich mit dem Prozess des Sterbens befassen, auf. Das sanfte und leidfreie Sterben – der *exitus facilis* – wird zu einem besonnenen Ideal, das eine angemessene Vorbereitung im Laufe des Lebens erforderlich macht. Häufig ist es der Suizid (s. Kap. 60: »Selbsttötung – philosophisch«), der in Situationen unerträglichen Leidens empfohlen wird. Die Philosophie der Sterbehilfe kann bis weit in die Neuzeit vor allem als eine Geschichte der Philosophie des Suizids betrachtet werden. Eine eigenständige Beschäftigung mit anderen Formen der Sterbehilfe setzt erst spät ein. Der Kyniker Diogenes legt Antisthenes nahe, nachdem dieser ihn gefragt hat, wer ihn von seinen Qualen befreien könne, den Dolch zu gebrauchen (Diogenes Laertius 1967, Buch VI, 303). Als Folge der griechischen Aufklärung und im Zuge der daraus resultierenden Krise der überlieferten Mythen rückt die Selbsttötung in das Zentrum philosophisch begründeter Praktiken der Sterbehilfe. Der Aristoteles-Schüler Theophrast lobt Thrasyes von Marineia, weil dieser eine Giftmischung entdeckt habe, die ein qualvolles Sterben beschleunigen bzw. beenden könne. Erstmals taucht der Arzt als Helfer beim *exitus finalis* auf. In der Antike – so bei Epiktet wie auch bei Cornelius Nepos – wird auch auf die Möglichkeit eines Behandlungsverzichts und eines Behandlungsabbruchs aufmerksam gemacht. Rechtliche Regelungen, die Kriterien für die Zulässigkeit einer Selbsttötung bereitstellten, waren keine Seltenheit. Der einflussreiche Orphismus


H. Wittwer/D. Schäfer/A. Frewer (Hg.), *Sterben und Tod. Ein interdisziplinäres Handbuch 2. Auflage*,
https://doi.org/10.1007/978-3-476-05761-7_42

jedoch hat die Selbsttötung aus religiösen Gründen kategorisch abgelehnt: Gott habe dem Menschen einen Platz im Leben angewiesen, den dieser nicht ungestraft verlassen dürfe. Ähnliche Argumente finden sich bei den Anhängern des Pythagoras, die sowohl die Abtreibung als auch die Selbsttötung ablehnten. Ihr Einfluss auf den Eid des Hippokrates ist mittlerweile gut erforscht (vgl. Flashar 2016). Auch dieser berühmte Eid für Mediziner lehnt bekanntlich die Verabreichung von giftigen Medikamenten ab, womit zweifelsohne ein Verbot der Mitwirkung an Selbsttötungen gemeint ist (vgl. Beckmann 1995). Insgesamt aber kann man von einer gewissen Toleranz der Antike in Fragen der Selbsttötung bis hin zu deren Verteidigung ausgehen. Obwohl Platon der Selbsttötung insgesamt ablehnend gegenübersteht, scheint er in den *Nomoi* Verständnis für den »Selbstmörder« aufzubringen, falls es einen »Rechtsspruch«, »ein schweres Leiden nach dem Schicksal« oder »eine unabwendbare Schmach« gibt (Platon 1982a, 873c). In seinem Dialog *Der Staat* hat Platon darüber hinaus Überlegungen angestellt, die über den Nutzen von Heilungsversuchen befinden. Langwierige und erfolglose ›diätetische‹ Behandlungen werden abgelehnt. Asklepios habe »solche, die nicht imstande wären, in der Welt, wie sie ist, zu leben, nicht heilen zu dürfen [ge] glaubt, da es weder ihnen noch einem Staate fromme« (Platon 1982b, 407e).

Die Haltung der Stoa gegenüber Formen der Sterbehilfe lässt sich als liberal einstufen. Ein Leben gemäß der Natur impliziert eine rationale Lebensführung, was sich vor allem in der Affektbeherrschung angesichts des Todes zeigt. In der Stoa wird eine Existenzialisierung des Todesgedankens vollzogen, wobei die eigene Entscheidung über die Fortsetzung oder den Abbruch des Lebens eine hohe Dignität erhält. Diese Entscheidung gilt, etwa bei Horaz, geradezu als gottgleich. Berühmt und einflussreich sind die Briefe Senecas: »Nicht ist es eine wichtige Sache zu leben: alle deine Sklaven leben, alle Tiere – wichtig ist es, anständig zu sterben. [...] Sterben wollen kann nicht nur ein kluger Mensch oder tapferer oder unglücklicher, auch ein des Lebens überdrüssiger« (1984, 119 [Brief 77, 5]). Dem Männlichkeitsideal gemäß sollten Schmerz und Leiden bis zu einem gewissen Grad ausgehalten werden, aber sie haben keine Heilsbedeutung wie im Christentum. Das Verblassen der Götterwelt und ihre Aufhebung in die philosophische Abstraktion haben das ihre dazu beigetragen, den Umgang mit dem eigenen Sterben zu liberalisieren. Allerdings sollte nicht unterschätzt werden, in welchem Maße die Selbsttötung häufig eine erzwungene Strafmaßnahme » aus politischen Gründen« (Romm 2018, 39) war.

Bis auf wenige Ausnahmen werden die nun folgenden christlichen Autoren das Selbsttötungsverbot bzw. das Verbot, mit Krankheiten anders als in der Perspektive ihrer Heilung umzugehen, einschärfen. Mit schöpfungstheologischen Argumenten, die allesamt auf ein Besitz- und Verfügungsrecht des Schöpfers über sein Geschöpf hinauslaufen, wird die Selbstverfügung *in rebus mortis* strikt abgelehnt. Zwischen dem Verfügungsrecht Gottes und einer als Anmaßung empfundenen Selbsttötung existiert kein Kompromiss. In der mittelalterlichen Hochscholastik werden die ethischen Argumente verfeinert: Die Selbsttötung ist ein intrinsisches Übel, ein *in se malum*, das durch keinerlei Motive, Folgewirkungen oder Umstände hinsichtlich seiner moralischen Verwerflichkeit gemildert werden kann. Thomas von Aquin hat die katholische Lehre zusammengefasst und naturrechtlich gefestigt: Die Selbsttötung ist gegen das Naturgesetz bzw. gegen die in die Schöpfungsordnung eingelassene Triebfeder der Selbsterhaltung; der Selbstmörder entzieht sich den Pflichten gegenüber der Gemeinschaft; die Selbsttötung ist die Leugnung, dass das Leben ein Gottesgeschenk darstellt und der Verfügungsgewalt des Schenkers nicht entzogen werden kann (Aquin 1977, 415 [II–II, q. 64, art. 5c]). Ab dem 15. Jh. tauchen in den Handbüchern der Moraltheologen – bei Antonius von Firenze, Martin von Azpilcueta, Domingo de Soto oder Joannes de Lugo – zunehmend ethische Argumente auf, die keinen unmittelbaren theologischen Bezug mehr haben, obwohl sie einen christlichen Bezugsrahmen haben und von den kategorischen Verboten ihrer Vorgänger kaum abweichen. Wenn der Freitod und mit ihm jegliche Art der Lebensverkürzung durch Behandlungsverzicht »eine Vernichtung des Seins selber [darstellt], das als erstes geliebt werden muss« (Lugo 1869, 37 f.), entsteht allerdings die vorerst nur gedankliche Möglichkeit, über den Liebeszwang gegenüber dem ›Sein‹ ins Zweifeln zu geraten. Sowohl Erasmus von Rotterdam in seinem *Lob der Torheit* als auch Thomas Morus in seiner *Utopia* erlauben den Gedanken, dass der Suizid nicht unter allen Umständen verwerflich sei bzw. Schwerstkranken eine Beendigung ihres Lebens in Aussicht gestellt werden dürfe. Der Katholik Michel de Montaigne formuliert in seinem Essay »Ein Brauch der Insel Zia«: »Der freiwilligste Tod ist der schönste. Das Leben steht in fremder Macht, der Tod in unserer. [...] Das Leben ist eine Fron, wenn ihm die Freiheit zu sterben mangelt« (1986, 339).

Im 17. Jh. werden – *nota bene* wiederum in der Moraltheologie – ethische Distinktionen formuliert, die teilweise bis heute ihre Gültigkeit bewahrt haben: ›Tun‹ und ›Unterlassen‹, ›direkt‹ und ›indirekt‹, ›beabsichtigt‹ und ›unbeabsichtigt‹, ›gewöhnliche‹ und ›außergewöhnliche‹ Mittel. Nun kann es erlaubt sein, etwas zu tun oder zu unterlassen, was den Tod unabsichtlich zur Folge haben wird, wenn dies durch einen besonderen Grund gerechtfertigt werden kann. Die Perspektive des Betroffenen schiebt sich langsam in den Vordergrund (vgl. Jonsen 1982) und verdrängt auf längere Sicht das von dieser Perspektive abstrahierende Naturrecht. Obwohl der Suizid bei fast allen Autoren verboten bleibt, wird nun die Frage nach der Reichweite der Behandlungspflicht bzw. nach der Zulässigkeit eines Behandlungsabbruchs intensiv diskutiert. Paul Zacchias hat in seinem *Quaestionum medico-legalium opus absolutissimum* in der Mitte jenes Jahrhunderts grundlegende und zukunftsträchtige Kriterien eingeführt: die Notwendigkeit einer Behandlung, die Sicherheit im Hinblick auf ihr Resultat, die Unerträglichkeit der Behandlung, ihre möglichen Komplikationen und die Erlaubnis ungewöhnlicher Therapien. Damit rückt auf Dauer eine kasuistische Betrachtung an die Stelle naturrechtlicher und prinzipienverhafteter ethischer Reflexion (vgl. Jonsen/Toulmin 1988). Es ist aber vor allem die Aufklärung, die ihre Spitzen gegen die überlieferten Plausibilitäten richten wird. Montesquieu weist in den *Perserbriefen* auf die Partikularität des alt-europäischen Standpunkts und auf die Inkonsistenz des theologischen Arguments hin: »Will Gott, im Gegensatz zu allen Wohltätern, mich dazu zwingen, die Gnade anzunehmen, die mich bedrückt?« (1988, 139 f.). Der Umgang mit dem eigenen Sterben wird – bei allen Unterschieden im Einzelnen – auch bei d'Holbach, Rousseau und vor allem bei Hume in seinem fulminanten Essay *On Suicide* konsequent enttheologisiert und auf die (naturalistische) Grundlage von *Common-sense*-Überlegungen gestellt. Der Dissens über die Sterbehilfe gehört seitdem zu den Konstanten der philosophischen Ethik.

## 42.3 Philosophisch-ethische Argumente in der gegenwärtigen Diskussion

Im Zentrum der gegenwärtigen ethischen Debatte stehen drei Themen: Der Stellenwert und die Reichweite der ›Autonomie‹, die Angemessenheit herkömmlicher Unterscheidungen zur moralischen Qualifizierung der Sterbehilfe und das Erfordernis rechtlicher Regelungen bzw. deren Folgen für die Praktiken. Angesichts einer wachsenden Kluft zwischen den Auffassungen der Betroffenen und der mit deren Sterben Befassten einerseits und den bestehenden Rechtsvorschriften (v. a. StGB § 216) und parteipolitischen Standpunkten andererseits wird der Ruf nach einer Liberalisierung immer lauter. Ein einfaches ›Für oder Wider‹ ist jedoch weder zu erwarten noch anzustreben. Befürworter wie Gegner einer Liberalisierung haben vermutlich gute Argumente auf ihrer Seite.

Die sogenannte ›Patientenautonomie‹, also das Recht auf Selbstbestimmung, gehört zu den Eckpfeilern der Diskussion. Sie impliziert generell, dass Behandlungen ohne Einwilligung eines Patienten unzulässig sind. Während diese Maxime in normalen Behandlungsabläufen unproblematisch ist, existiert Unklarheit über ihre Reichweite und über den rechtsverbindlichen Charakter dieser Autonomie in den Extremfeldern der Sterbehilfe. Vor ihrer Überdehnung wird häufig zu Recht gewarnt (vgl. Mieth 2008). Es ist sinnvoll, von einem »funktionalen Begriff der Autonomie« (Holzem 1998, 337) auszugehen, da die Voraussetzungen der Selbstbestimmung – Reflexionsfähigkeit und Zurechenbarkeit – gerade bei Patienten im Allgemeinen und bei Sterbenden im Besonderen nicht immer gegeben sind. Willensbekundungen, die auf die Autonomie ihres Subjekts zum Zeitpunkt ihrer Niederschrift bzw. Mitteilung schließen lassen, sind grundsätzlich als verbindlich einzustufen. Auch wenn die Reduktion der Debatte auf den individual-ethischen Gesichtspunkt der Autonomie und auf deren Semantik von Entscheidung und Selbstbestimmung vermieden werden sollte, gibt es keinen Weg zu einem wie immer gearteten Paternalismus zurück (vgl. Rössler 2017).

Was das herkömmliche Kategoriengefüge betrifft, sollte dieses zunächst in Erinnerung gerufen werden: Sterbehilfe steht im Allgemeinen für die positive Qualität menschlichen Sterbens bzw. für deren Erleichterung. Die indirekte aktive Sterbehilfe findet dort statt, wo durch die Verabreichung von schmerzstillenden Mitteln oder therapeutisch motivierte Interventionen eine Lebensverkürzung billigend in Kauf genommen wird, obzwar Letztere nicht direkt intendiert wird. Die direkte aktive Sterbehilfe betrifft die gezielte, also direkt intendierte und auf Verlangen der betroffenen Person stattfindende Lebensbeendigung durch aktives Tun. Die passive Sterbehilfe beinhaltet den Verzicht auf lebensverlängernde Maßnahmen bzw. den Abbruch solcher Maßnahmen. Der assistierte Suizid betrifft die unter Zuhilfenahme einer dritten Person erfolgte Eigentötung, wobei die sogenannte Tatherrschaft bei der sterbenden Person liegt. Die Kritik an dieser Typisierung bezieht sich nicht auf deren prinzipielle Bedeutung, sondern auf ihre fallbezogene, also jeweilige Realitätsnähe bzw. -ferne. Situationen, in denen die Unterscheidungen nicht mehr greifen und die deshalb als unzureichend empfunden werden, sind nicht selten. Daher sind kompakte, ›dichte Beschreibungen‹ (vgl. Geertz 1983) mit hohem Konkretionsgrad erforderlich. Vor allem die Unterscheidung zwischen Tun und Unterlassen bzw. ›aktiv‹ und ›passiv‹ wird häufig in Zweifel gezogen. Dabei gilt es, zwischen einer ›normativen‹ und einer ›deskriptiven‹ Verwendung dieser Prädikate zu unterscheiden. »Von der Wirkung her gesehen sind [...] Auffassungen, die einen wertungsmäßigen Unterschied zwischen aktiver Sterbehilfe und Behandlungsabbruch in Zweifel ziehen, durchaus verständlich. Andererseits bleibt jedoch zu beobachten, dass der Behandlungsabbruch [...] seinem Verhaltenscharakter nach ein bloßes Unterlassen darstellt. Und dieses unterscheidet sich vom aktiven Tun jedenfalls in einem normativ erheblichen Punkt ganz wesentlich: Während aktive Erfolgsverursachung gleichsam per se – als Verletzung eines Tötungsverbotes – rechtlich relevant ist, wird erfolgsermöglichendes Unterlassen rechtlich bedeutsam überhaupt erst dann, wenn es pflichtwidrig ist: nämlich durch Nichterfüllung eines entsprechenden Lebenserhaltungsgebots« (Eser 1977, 94). Während das Lebenserhaltungs*gebot* keinen kategorischen Status hat, ist dies bei dem Tötungs*verbot*, also einer negativen Pflicht, durchaus strittig. Jedenfalls benötigt die Einschränkung dieses Verbots wesentlich stärkere Argumente für ihre Rechtfertigung als im Falle einer Abschwächung des Lebenserhaltungsgebots. Von der Handlungsphänomenologie her, also aus deskriptiver Sicht, können die Unterschiede zwischen Tun und Unterlassen nicht einfach auf die Unterscheidung zwischen ›aktiv‹ und ›passiv‹ in der oben skizzierten Typologie der Sterbehilfe projiziert werden. Was dort beispielsweise als ›passive Sterbehilfe‹ bezeichnet wird, muss im Falle eines Handlungsabbruchs als ein Tun und kann nur im Falle eines Behandlungsverzichts als ein Unterlassen qualifiziert werden (vgl. Birnbacher 1995).

Während über die moralische Erlaubtheit der passiven und der aktiv-indirekten Sterbehilfe kaum ein wirklicher Dissens vorhanden ist, gehen die Meinungen hinsichtlich der möglichen Legalisierung der aktiv-direkten Sterbehilfe, also der Tötung auf Verlangen, und des medizinisch assistierten Suizids weit auseinander. Sogar dort, wo man für die aktive und passive Sterbehilfe in einem konkreten Einzelfall bei identischen Rahmenbedingungen eine moralische Gleichwertigkeit, also eine Äquivalenz zu akzeptieren bereit ist, werden häufig starke Bedenken im Hinblick auf die zu befürchtenden negativen Auswirkungen einer allgemeinen Akzeptanz der aktiven Sterbehilfe formuliert. Die Integrität des Arztberufes könne bezweifelt werden; der Lebensschutz werde möglicherweise aufgeweicht; familiärer oder gesellschaftlicher Druck mache die Entscheidung des Patienten vertrauensunwürdig; Mitleidstötungen könnten um sich greifen (Schöne-Seifert 1996, 611). Auch im Hinblick auf den Suizid werden ähnliche Bedenken formuliert: Der Gewöhnungseffekt als Folge einer Normalisierung des assistierten Suizids ließe einen Rechtsfertigungszwang auf Seiten jener Menschen entstehen, die ihr Leben in mit den Selbsttötungswilligen vergleichbaren Umständen nicht beenden möchten. Empirische Bestätigungen für diese Befürchtungen, die auf Dammbruchargumenten beruhen, sind nicht leicht zu finden (vgl. Guckes 1997), aber lassen sich auch nicht generell von der Hand zu weisen. Fast überall dort, wo eine Liberalisierung der Sterbehilfe stattgefunden hat, nehmen sowohl die Zahlen als auch die Indikationen, die eine solche Hilfe legitimieren, zu. Vor allem das Kriterium des unzumutbaren und untragbaren Leidens erweist sich als schwer eingrenzbar. Das Leiden an der Sinnlosigkeit des weiteren Lebens auch dort, wo keinerlei lebensbedrohliche medizinische Indikation vorliegt, verschafft sich immer mehr Gehör.

Ausschlaggebend sind nicht zuletzt die ethischen Grundannahmen, die den Bewertungen der verschiedenen Formen der Sterbehilfe zugrunde liegen. Teleologische Ethiken mit ihrer Hervorhebung der Perspektive des individuellen ›guten‹ Lebens und solche utilitaristischer Signatur, aber auch die meisten Ethiken, die eine liberale Version von Grundrechten vertreten, neigen zu einer Befürwortung von Sterbehilferegelungen, die den medizinisch assistierten Suizid und die Tötung auf Verlangen unter der Bedingung von Sorgfältigkeitsbestimmungen zulassen. Naturrechtlich orientierte Ethiken und klassische deontologische Positionen, oftmals flankiert durch streng normativ gefasste Auslegungen der menschlichen Natur, beharren auf einer restriktiven Auslegung bestehender rechtlicher Regelungen.

## Literatur

Aquino, Th. von: *Summa Theologiae*. Bd. I–III. Madrid 1977.
Ariès, Ph.: *Geschichte des Todes*. München/Wien 1980 (frz. 1977).
Ariès, Ph./Duby, G. (Hg.): *Geschichte des privaten Lebens*. 5 Bde. Frankfurt a. M. 1989–93 (frz. 1985–87).
Borasio, G. D.: *Selbst bestimmt sterben: Was es bedeutet. Was uns daran hindert. Wie wir es erreichen können*. München 2018.
Beckmann, D.: *Hippokratischer Eid und ärztliche Verantwortung*. Frankfurt a. M. 1995.
Birnbacher, D.: *Tun und Unterlassen*. Stuttgart 1995.
Diogenes Laertius: *Leben und Meinungen berühmter Philosophen. Buch I–X*. Hamburg 1967.
Eser, A.: Lebenserhaltungspflicht und Behandlungsabbruch in rechtlicher Sicht. In: A. Auer/H. Menzel/Ders. (Hg.): *Zwischen Heilauftrag und Sterbehilfe. Zum Behandlungsabbruch aus ethischer, medizinischer und rechtlicher Sicht*. Köln/Berlin/München 1977, 82–101.
Flashar, H.: Hippokrates. Meister der Heilkunst. München 2016.
Geertz, C.: *Dichte Beschreibung. Beiträge zum Verstehen kultureller Systeme*. Frankfurt a. M. 1983.
Guckes, B.: *Das Argument der schiefen Ebene. Schwangerschaftsabbruch, die Tötung Neugeborener und Sterbehilfe in der medizinethischen Diskussion*. Stuttgart 1997.
Holzem, Ch.: *Patientenautonomie. Bioethische Erkundungen über einen funktionalen Begriff der Autonomie im medizinischen Kontext*. Studien der Moraltheologie. Bd. 11. Münster/Hamburg/London 1998.
Jankélévitch, V.: *Der Tod*. Frankfurt a. M. 2005 (frz. 1977).
Jonsen, A. R.: History of Medical Ethics. Western Europe in the Seventeenth Century. In: W. T. Reich (Hg.): *Encyclopedia of Bioethics*. Bd. 3. New York/London 1982, 954–956.
Jonsen, A. R./Toulmin, St.: *The Abuse of Casuistry*. Berkeley/Los Angeles/London 1988.
Lugo, J. de: *Disputationes scholasticae et morales*. Bd. VI. Hg. von J. B. Fournials. Paris 1869.
Macho, Th./Marek, K. (Hg.): *Die neue Sichtbarkeit des Todes*. München 2007.
Mieth, D.: *Grenzenlose Selbstbestimmung? Der Wille und die Würde Sterbender*. Düsseldorf 2008.
Montaigne, M. de: *Essais*. Hg. von Herbert Lüthy. Zürich 1986 (frz. 1580).
Montesquieu, Ch. L. de Secondat: *Perserbriefe*. Frankfurt a. M. 1988 (frz. 1721).
Platon: Nomoi/Gesetze. In: Ders.: *Sämtliche Werke*. Bd. 3. Hg. von Erich Loewenthal. Heidelberg 1982a, 215–694.
Platon: Politeia/Der Staat. In: Ders.: *Sämtliche Werke*. Bd. 2. Hg. von E. Loewenthal. Heidelberg 1982b, 5–408.
Rössler, B.: *Autonomie. Ein Versuch über das gelungene Leben*. Berlin 2017.
Romm, J.: Seneca und der Tyrann. Die Kunst des Mordens an Neros Hof. München 2018.
Schöne-Seifert, B.: Medizinethik. In: J. Nida-Rümelin (Hg.): *Angewandte Ethik. Die Bereichsethiken und ihre theoretische Fundierung*. Stuttgart 1996, 552–649.
Seneca, L. A.: Ad Lucilium Epistulae Morales/An Lucilius. Briefe über Ethik. In: Ders.: *Philosophische Schriften*. Bd. 4. Hg. von M. Rosenbach. Darmstadt 1984.

## Weiterführende Literatur

Battin, M. P.: *Ending Life. Ethics and the Way We Die*. Oxford 2005.
Dworkin, G./Frey, R. G.: *Euthanasia and Physician-assisted Suicide*. Cambridge 1998.
Frewer, A./Eickhoff, C. (Hg.): *»Euthanasie« und die aktuelle Sterbehilfe-Debatte. Die historischen Hintergründe medizinischer Ethik*. Frankfurt a. Main/New York 2016.
Macho, Th.: *Das Leben nehmen. Suizid in der Moderne*. Berlin 2017.
Wils, J.-P.: *Ars moriendi. Über das Sterben*. Frankfurt a. M. 2007.
Wils, J.-P.: *Das Nachleben der Toten. Philosophie auf der Grenze*. Paderborn 2019.
Wils, J.-P.: *Sterben. Zur Ethik der Euthanasie*. Paderborn 1999.
Wittwer, H.: *Das Leben beenden: Über die Ethik der Selbsttötung*. Paderborn 2019.

*Jean-Pierre Wils*

# 43 Hospiz/Palliativmedizin

## 43.1 Geschichte des Hospizes

Das Wort ›Hospiz‹ bedeutet ›Gastfreundschaft‹, ›Bewirtung‹, ›Herberge‹ oder ›Raststätte‹ und wurde von der lateinischen Bezeichnung *hospitium* abgeleitet. Seine Entwicklung beginnt im Rahmen der christlichen Tradition mit dem *Xenodochion* (Fremdenherberge) und führte zum Hospital des Mittelalters bis hin zum modernen Hospiz als speziellem Begleitungskonzept für Schwerkranke und sterbende Menschen.

Die moderne Hospizbewegung führt ihr Verständnis der Hospizarbeit auf mittelalterliche Hospize und Hospitäler zurück. Die Geschichte der Hospize hat ihre Vorläufer jedoch schon im Römischen Reich (Pichlmaier 1998, 233): Im 4. Jh. gegründete christliche Orden dienten Reisenden als Gaststätte und nahmen sich auch vereinsamter, kranker und im Sterben liegender Menschen an. Im 12. Jh. begannen Ritterorden, kranken und sterbenden sowie anderen hilfsbedürftigen Menschen Hospize als Herbergen anzubieten, die von Mönchen und Ordensschwestern geleitet wurden (Fasselt 1998, 235). Im Mittelalter wandelte sich das Hospiz zu einem Haus, in dem Sterbenden aus einer christlichen Perspektive begegnet wurde: Gegen den Tod sollte nicht gekämpft, sondern durch mitmenschlichen Beistand, Pflege und Seelsorge das mit dem Sterben einhergehende Leiden gelindert werden. Der Tod wurde als unausweichlich angesehen und eine höhere Instanz vorausgesetzt, die über Leben und Tod verfügte. Somit verbat sich jegliches Eingreifen in den Sterbeprozess (Buckingham 1993, 30). Während der Reformation veränderte sich die Idee des Hospizes; Klöster wurden geschlossen, mit ihnen auch die angeschlossenen Hospize, und es kam zu einer Abwertung der christlichen Caritas (Pichlmaier 1998, 234). Mit den neu gegründeten katholischen Pflegegemeinschaften wurde die karitative Aufgabe von Hospizen wiederbelebt. Im 17. Jh. gründete Vinzenz von St. Paul (1581–1660) in Paris das erste Hospiz namens Filles de la Charité. In Deutschland, in Kaiserswerth bei Düsseldorf, eröffnete der evangelische Pfarrer Theodor Fliedner (1800–1864) im Jahr 1836 ein Krankenhaus und ein Diakonissenmutterhaus, in dem man verarmten Kranken humanitäre Hilfe entgegenbrachte. Diesen Institutionen lag schon die moderne Hospizidee zugrunde, dass die Schmerzen von sterbenden Menschen gelindert werden sollten. Mary Aikenhead (1787–1858), eine irische Nonne und Gründerin der *Irish Sisters of Charity*, eröffnete 1879 das *Our Lady's Hospice* in Dublin. Aikenhead hatte die Idee, ein ruhiges, kleines Haus einzurichten, das sich zwar strukturell von einem Krankenhaus unterscheiden sollte, jedoch die gleiche Pflege für akut Kranke bieten sollte, und sie stellte ihr eigenes Haus als Hospiz zur Verfügung (Seitz/Seitz 2002, 167). Als Mitbegründerin gilt auch die Krankenschwester Florence Nightingale (1820–1919) (Pichlmaier 1998, 234). Zusammen mit ihr hatte Aikenhead ihre Ausbildung bei den *Filles de la Charité* in Paris absolviert. Nightingale wurde zudem in der Diakonissenanstalt Kaiserswerth mit den Grundlagen der Krankenpflege vertraut gemacht (Cachandt 2000, 123).

## 43.2 Die moderne Hospizidee

Private, karitative und christliche Einrichtungen griffen in England am Ende des 19. Jhs. die Idee des mittelalterlichen Hospizes auf: Spezielle Häuser für Sterbende und unheilbare Kranke entstanden, in denen die Menschen mit seelsorgerischem Beistand und mitmenschlicher Fürsorge gepflegt wurden. Hierdurch war das Wort ›Hospiz‹ zu neuem Leben erweckt worden (Buckingham 1993, 31). Schon im Jahr 1900 eröffneten die *Irish Sisters of Charity* in London den *St. Joseph's Convent*, 1905 war das Gründungsjahr des *St. Joseph's Hospice*, in dem die Krankenschwester Cicely Saunders, mit deren Namen die Hospizbewegung untrennbar verbunden ist, arbeitete. Saunders (1918–2005) wurde in diesem Hospiz die Not der Menschen bewusst, denen die kurative Medizin nicht mehr half; sie studierte Sozialarbeit und Medizin und gründete im Jahr 1967 das moderne *St. Christopher's Hospice* in Sydenham im Südosten Londons, das weltweit zum Vorbild für Institutionen im Sinne der modernen Hospizidee wurde.

Kennzeichnend für die moderne Hospizidee waren die Entwicklung eines umfassenden Pflegekonzeptes und die Erforschung der Schmerzbekämpfung (Pichlmaier 1998, 235; Student/Mühlum/Student 2004, 15). Saunders entwickelte im *St. Joseph's Hospice* die Prinzipien der Schmerzkontrolle und wurde damit die Initiatorin der modernen Hospizbewegung und Palliativmedizin.

J. B. Metzler © Springer-Verlag GmbH Deutschland, ein Teil von Springer Nature, 2020
H. Wittwer/D. Schäfer/A. Frewer (Hg.), *Sterben und Tod. Ein interdisziplinäres Handbuch 2. Auflage*,
https://doi.org/10.1007/978-3-476-05761-7_43

## 43.3 Hindernisse bei der Umsetzung der Hospizidee in Deutschland

In Europa breitete sich die Hospizidee erst nach dem Zweiten Weltkrieg – ausgehend von England – vor allem in Irland, Norwegen und der Schweiz aus. In Deutschland wurde die britische Hospizbewegung erstmals durch den im Juni 1971 im ZDF gesendeten Film »Noch 16 Tage. Eine Sterbeklinik in England« thematisiert. Die Darstellung des britischen *St. Christopher's Hospice* in den Medien hatte zur Folge, dass in der deutschen Öffentlichkeit ein Bild entstand, dem zufolge es sich bei Hospizen um ›Sterbekliniken‹ handelte, in denen sterbende Menschen in gewisser Weise ghettoisiert würden und das Pflegepersonal mit der Pflege sterbender Menschen überfordert wäre. Dieses Missverständnis war von dem Jesuitenpater Reinhold Iblacker, der den Film gedreht hatte, gegen seine wohlmeinende Intention durch das negativ anklingende Wort ›Sterbeklinik‹ im Titel ausgelöst worden und ließ sich während der 1970er Jahre hindurch nicht beseitigen (Seitz/Seitz 2002, 143). Die sogenannten ›Sterbekliniken‹ erschienen als Orte ohne Hoffnung und lösten in der Politik und bei den Kirchen zunächst eine Abwehrhaltung gegenüber der Hospizbewegung aus. In der Folge setzten sich Kirchen und Politik dafür ein, die Begleitung sterbender Menschen im Krankenhaus und im familiären Bereich zu fördern, um Menschen das Sterben zu erleichtern. Hospize wurden demgegenüber nicht gefördert (Golek 2001, 57). Es entstand ein Vorurteil, das Hospize in die gedankliche Nähe der NS-›Euthanasie‹ stellte, weil eine Verbindung zwischen der nationalsozialistischen ›Euthanasie‹-Praxis und der Bezeichnung ›Sterbeklinik‹ gezogen wurde (Fasselt 1998, 236).

Die ersten von der Öffentlichkeit weitgehend unbeachteten Pioniere der Hospizbewegung waren Mitarbeiter des Paul-Lechner-Krankenhauses in Tübingen, einer Klinik für Tropenmedizin und Innere Krankheiten. Bereits 1967 waren sie nach London gereist, um bei einem Besuch des *St. Christopher's Hospice* und des *St. Joseph's Hospice* die Grundlagen der Hospizarbeit kennenzulernen. Die Hospizidee beeindruckte die Ärzte und Pfleger so sehr, dass sie diese auch in ihrer Klinik umsetzen wollten. Zurück in ihrem Klinikalltag, machten sie es sich zur Aufgabe, Elemente der britischen Hospizidee wie Schmerztherapie, Symptomkontrolle, Sterbebegleitung und die Einbeziehung von Verwandten in die tägliche Arbeit im Krankenhaus zu übertragen (Seitz/Seitz 2002, 76; Godzik 2010, 7). Die deutsche Hospizbewegung blickt also auf einen schwierigen Start zurück, der sich auch in Konflikten mit den herkömmlichen Pflegestrukturen zeigte: Die beginnende Hospizbewegung berührte ein hochsensibles Arbeitsfeld und wurde vielleicht auch deshalb misstrauisch betrachtet. Mit der Pflege von sterbenden Menschen waren Krankenhäuser und Pflegeheime traditionell betraut, was sollte also durch Hospizarbeit verbessert werden (Golek 2001, 57)? Nur durch hohes Engagement und persönlichen Einsatz gelang es, erste Hospizinitiativen zu errichten.

## 43.4 Institutionelle Umsetzungen: Gründungen von Vereinen, Hospizen und Palliativstationen

Im Jahr 1983 wurde an der Chirurgischen Universitätsklinik in Köln eine Palliativstation eingerichtet, motiviert durch das Unbehagen einiger Ärzte darüber, dass in der Krebschirurgie die Nachsorge endete, wenn keine Heilungschancen mehr bestanden und es buchstäblich keinen Platz mehr gab für ›austherapierte‹ Patienten. Im Jahr 1985 wurde der Christophorus-Hospiz-Verein in München gegründet und in Aachen 1986 von der Priestergemeinschaft der Oratorianer das Hospiz Haus Hörn eingerichtet (Fasselt 1998, 236). Die Eröffnung des Hospizes Zum Heiligen Franziskus in Recklinghausen gelang 1987 (Overkämping 1997, 36). Neben stationären Hospizen entstanden nach und nach Hospizgruppen, die eine ambulante Betreuung der Sterbenden zu Hause ermöglichten und einen Hausbetreuungsdienst anboten. Im Jahr 1984 gründete Johann-Christoph Student die Arbeitsgruppe ›Zu Hause sterben‹ an der Evangelischen Fachhochschule in Hannover. In dem Artikel »Hospiz versus ›Sterbeklinik‹«, der 1985 in der Monatszeitschrift *Wege zum Menschen* erschien, legt er dar, dass es beim Thema ›Hospiz‹ nicht um die Schaffung neuer Einrichtungen ging, sondern um ein bestimmtes Konzept in der Begleitung schwer kranker und sterbender Menschen und um einen anderen Umgang mit Sterben und Tod: Es gehe eigentlich nicht darum, neue Institutionen zu schaffen, sondern darum, alte Traditionen menschlichen Umgangs mit Sterbenden wiederzuentdecken (Student 1985, 263).

Student ist Mitbegründer der Deutschen Hospizhilfe e. V., die 1988 als gemeinnütziger Verein gegründet wurde, um die Hospizbewegung in Deutschland durch gezielte Öffentlichkeitsarbeit und Sammlung von Spenden zu unterstützen (Student 1994, 41). 1985 wurde der bundesweite Verein »OMEGA – Mit dem

Sterben leben« von der Ärztin Petra Muschaweck ins Leben gerufen als eine überkonfessionelle, weltanschaulich ungebundene Gemeinschaft von Menschen, die sich für sterbende und trauernde Menschen einsetzen (Muschaweck 1997, 2). 1986 war Gründungsjahr der Internationalen Gesellschaft für Sterbebegleitung und Lebensbeistand (IGSL), die sich als überkonfessionelle Gemeinschaft versteht und sich dem Grundsatz der Sterbebegleitung als Lebensbeistand bis zuletzt verpflichtet fühlt. Erst im Jahr 1988 nahm sich die Generalsynode der Vereinigten evangelisch-lutherischen Kirchen Deutschlands (VELKD) des Themas ›Hospiz‹ an. Dadurch wurden Impulse zu einer Entwicklung von offiziellen Initiativen im Hospizbereich gegeben. Öffentliche Stellungnahmen der katholischen Kirche im Jahr 1991 und der evangelischen Kirche motivierten den Auftakt einer Hospizaktivität und eröffneten zugleich eine breite Unterstützung durch die Diakonischen Werke auf Landes- und Bundesebene (Student/Mühlum/Student 2004, 145). Zu Beginn der 1990er Jahre begann die Hospizbewegung, sich durch übergreifende Organisationen zu formieren. Zunächst schloss sich eine Reihe von unabhängigen Vereinen 1992 im Deutschen Hospiz- und Palliativverband e. V. zusammen. Der Deutsche Hospiz- und PalliativVerband e. V. (DHPV), damals Bundesarbeitsgemeinschaft Hospiz e. V., wurde als gemeinnütziger Verein für die bundesweite Interessenvertretung der Hospizbewegung in Deutschland gegründet und vertritt als Dachorganisation die bundesdeutschen Hospize gegenüber der Politik und den Verbänden. Mit der Gründung der Deutschen Hospiz Stiftung im Jahr 1995 und seit 2009 umbenannt in Deutsche Stiftung Patientenschutz auf Initiative der deutschen Assoziation des Malteserordens formierte sich eine Organisation, die Hospizinitiativen finanziell und durch Öffentlichkeitsarbeit unterstützt. Die unabhängige und überparteiliche Stiftung bürgerlichen Rechts finanziert sich ausschließlich aus Spenden und Mitgliedsbeiträgen.

## 43.5 Versorgungsmodelle der Hospizarbeit und Palliative-Care-Versorgung

Ambulante Hospizdienste bilden den eigentlichen Schwerpunkt in der Hospizarbeit. Der *Deutsche Hospiz- und Palliativführer* definiert ambulante Hospizeinrichtungen als Einrichtungen, die dem Grundsatz ›ambulant vor stationär‹ entsprechend durch individuelle Hilfe den Schwerstkranken das Sterben in gewohnter Umgebung ermöglichen (Sabatowski/Radbruch/Müller u. a. 2004, 13). Ambulante Hospizdienste entstehen aus dem Engagement und der Bereitschaft ehrenamtlicher Hilfskräfte, anderen Menschen Zeit und Begegnung zu schenken und dabei auch Angehörige zu unterstützen. Sie verstehen sich als Ergänzung zu ambulanten Pflegediensten, jedoch können Pflegeleistungen und Hausbetreuungsdienste durch ambulante Hospizdienste nicht ersetzt werden. Die enge Kooperation mit Sozial- und Diakoniestationen ermöglicht allerdings, dass viele Menschen zu Hause sterben können. Die Mitarbeiter des ambulanten Hospizdienstes kooperieren eng mit Hausärzten, Schmerztherapeuten, Seelsorgern und allen anderen, die in die Begleitung zu Hause eingebunden sind, und sie beraten auch zu Fragen der Schmerztherapie und Patientenverfügung. Der Deutsche Hospiz- und Palliativverband sowie die Landesarbeitsgemeinschaften Hospiz möchten eine adäquate ambulante Versorgung und Begleitung Sterbenskranker in Deutschland gewährleisten und haben deshalb inzwischen Definitionen und Qualitätskriterien zu den unterschiedlichen ambulanten Hospizdiensten vorgelegt, in denen die Kennzeichen der unterschiedlichen ambulanten Dienste aufgeschlüsselt sind: Neben pflegerischen Voraussetzungen werden hier Angebote zu Schulungen für ehrenamtliche Helfer, Öffentlichkeitsarbeit, Beratung in Fragen der palliativ-pflegerischen Maßnahmen, Praxisbegleitung und Supervision angeboten (vgl. den weiterführenden Link auf der Homepage des Deutschen Hospiz- und Palliativverbandes e. V.).

Stationäre Hospize sind eigenständige Häuser, in denen ganzheitliche Betreuung, also Pflege, ärztliche Versorgung sowie menschlicher und seelsorgerischer Beistand geleistet werden, wenn bei einem Patienten eine Heilung ausgeschlossen ist (Sabatowski/Radbruch/Müller u. a. 2004, 16). Die ärztliche Versorgung erfolgt durch niedergelassene Ärzte und Schmerztherapeuten oder durch die Hausärzte der Patienten, sofern diese eine schmerztherapeutische Ausbildung haben. Die Kooperation mit Fachärzten sowie Palliativstationen ist wesentlicher Bestandteil der stationären Hospizarbeit. Diese intensive Versorgung und Betreuung schwerstkranker Menschen ist nur mit dem Betreuungsschlüssel von mindestens einer Pflegekraft für einen Patienten zu leisten und wird entscheidend durch ehrenamtliche Mitarbeiter mitgetragen (Golek 2001, 67 f.). Zum Hospizteam gehören auch Sozialarbeiter, Seelsorger und Hauswirtschaftspersonal. Ihrem Selbstverständnis nach stellen stationäre Hospize eine Brücke zwischen Krankenhaus und dem Zuhause dar; wie im Krankenhaus sind hauptamtlich Ärzte und Pfleger angestellt, die jedoch eng mit ehrenamtlichen Mitarbeitern und den Angehörigen zusammenarbeiten. In der Regel verfügen stationäre Hospize deshalb über nur sechs bis zwölf Betten, möglichst in Einzelzimmern. Teilstationäre Hospize, auch Tageshospize genannt, bieten eine Ergänzung zur ambulanten Hospizarbeit. Sie sind entweder einem Hospiz zugeordnet oder eigenständige Institutionen (Sabatowski/Radbruch/Müller u. a. 2004, 17). Hier können Schwerstkranke zeitlich begrenzt aufgenommen werden. Durch dieses Angebot finden einerseits pflegende Angehörige eine Entlastung, andererseits wird auch das Lebensumfeld des Schwerstkranken durch einen Ortswechsel und die sozialen Kontakte mit anderen Menschen erweitert (Golek 2001, 69 f.).

Palliativstationen sind eigenständige spezialisierte Abteilungen, die an ein Krankenhaus angebunden oder in ein Krankenhaus integriert sind. Der Deutsche Hospiz- und PalliativVerband e. V. definiert diese Abteilungen als Einrichtungen mit ganzheitlichem, multiprofessionellem Betreuungsansatz, der zusätzlich zur palliativärztlichen und -pflegerischen Betreuung eng mit Berufsgruppen wie Seelsorgern, Sozialarbeitern und Psychologen, und oftmals auch Ehrenamtlichen kooperiert. Neben den kleineren und wohnlich eingerichteten Palliativstationen haben Konsiliardienste eine zunehmende Bedeutung, die palliativmedizinisch, oft multiprofessionell und einrichtungsübergreifend arbeiten und an Palliativstationen angebunden sind (vgl. https://www.dhpv.de/themen_palliativstationen.html (28.04.2019)).

Die ersten Zentren für Palliativmedizin mit stationärer und ambulanter Betreuung wurden in Bonn, Köln und München gegründet, mittlerweile gibt es sie in vielen Städten. Andere Einrichtungen bieten überwiegend eine stationäre Aufnahme an. Aufgenommen werden Patienten mit einer nicht heilbaren und fortgeschrittenen Erkrankung, die einer Krankenhausbehandlung bedürfen. Ein multidisziplinäres Team von Ärzten, Krankenpflegern, Physiotherapeuten, Seelsorgern, Sozialarbeitern, Psychologen und anderen Berufsgruppen kümmert sich gemeinsam um die Betreuung der Schwerkranken und Sterbenden. Dabei sind eine dauerhafte ärztliche Präsenz und ein Personalschlüssel von mindestens einem Krankenpfleger für einen Patienten sichergestellt. Das Ziel der Behandlung ist eine Entlassung des Patienten mit einer ausreichenden Symptombehandlung in seine häusliche Umgebung (Sabatowski/Radbruch/Müller u. a. 2004). Palliativmedizin wird in Deutschland seit Anfang der 1980er Jahre praktiziert. Seit 1983, dem Eröffnungsjahr der ersten Palliativstation an der Universitätsklinik in Köln, sind viele Palliativeinrichtungen hinzugekommen und in vielen Städten sind mittlerweile Hospizakademien entstanden, in denen Weiterbildungen für Mitarbeiter in Hospiz- und palliativmedizinischen Einrichtungen angeboten werden. Palliativmedizin ist mit 2009 als Querschnittsbereich, Pflichtlehr- und Prüfungsfach an allen medizinischen Fakultäten in Deutschland in der ärztlichen Ausbildung fest verankert.

Seit April 2007 ist die spezialisierte ambulante Palliativversorgung (SAPV) eine Leistung der gesetzlichen Krankenkassen. Sie soll dabei helfen, unheilbar Erkrankten mit komplexen Symptomen und einer Lebenserwartung von weniger als sechs Monaten ein Leben bis zum Tod in ihrer vertrauten häuslichen Umgebung und bei ihren Angehörigen zu ermöglichen. Für die Anwendung dieser Verordnung muss der Vertragsarzt bestätigen, dass der Patient an einer nicht heilbaren, fortschreitenden und schon so weit fortgeschrittenen Erkrankung leidet, dass dadurch seine Lebenserwartung begrenzt ist und er eine besonders aufwändige Versorgung benötigt, die ambulant erbracht werden kann (vgl. https://www.kbv.de/html/palliativversorgung.php (28.04.2019)). Eine Richtlinie des Gemeinsamen Bundesausschusses regelt die Verordnung, die Anspruchsvoraussetzungen, den Inhalt und den Umfang der spezialisierten ambulanten Palliativversorgung sowie die Zusammenarbeit der einzelnen Leistungserbringer (vgl. Richtlinie des Gemeinsamen Bundesausschusses zur Verordnung von spezialisierter ambulanter Palliativversorgung (Spezialisierte Ambulante Palliativversorgungs-Richtlinie/SAPV-RL vom 20. Dezember 2007), veröffentlicht im Bundesanzeiger 2008, 911). Bis zum Jahr 2016 war der Gemeinsame Bundesausschuss zuständig für eine jährliche Berichterstattung über die Umsetzung der SAPV-Richtlinie gegenüber dem Bundesministerium für Gesundheit. Seit 2017 ist der GKV-Spitzenverband gesetzlich verpflichtet, über die Entwicklungen der spezialisierten ambulanten Palliativversorgung (SAPV) und die Umsetzung der SAPV-Richtlinie des Gemeinsamen Bundesausschusses alle drei Jahre zu berichten (vgl.https://www.g-ba.de/richtlinien/64/ (28.04.2019)).

Zusätzlich gab es auf juristischer Ebene im Jahr 2015 mit dem Gesetz zur Verbesserung der Hospiz- und Palliativversorgung in Deutschland (Hospiz- und Palliativgesetz–HPG) rechtliche Neuerungen hinsichtlich des Patientenanspruches, am Lebensende hospizlich betreut zu werden. Überarbeitete Rahmenvereinbarungen zur stationären Hospizarbeit (§ 39a Abs. 1 Satz 4 SGB V) sowie eine eigene Rahmenvereinbarung für die stationäre Kinderhospizarbeit im oben genannten Gesetz traten am 01.05.2017 in Kraft. Die in § 132d Abs. 2 SGB V für die spezialisierte ambulante Palliativversorgung in Kraft getretenen Veränderungen werden kontrovers diskutiert.

## 43.6 Anspruch und Wirklichkeit? Zur Hospiz- und Palliative-Care-Versorgung in Deutschland

Seit 1997 wurde von der Deutschen Hospiz Stiftung, seit 2009 umbenannt in Deutsche Stiftung Patientenschutz regelmäßig eine Statistik veröffentlicht, in der bundesweit alle bekannten Hospiz- und Palliative-Care-Einrichtungen aufgezeichnet wurden. Inzwischen bietet die Deutsche Gesellschaft für Palliativmedizin die Internetplattform Wegweiser Hospiz- und Palliativversorgung Deutschland an, in der über 3000 bundesweite Einrichtungen und Angebote rund um Hospizarbeit und Palliativmedizin sowie der Stand und die Entwicklung von Hospizarbeit und Palliativmedizin erfasst werden (vgl. https://www.wegweiser-hospiz-palliativmedizin.de/ (28.04.2019)). Dazu zeigt der Deutsche Hospiz- und PalliativVerband e. V. auf seiner Website in Zahlen und Fakten die starke Ausweitung hinsichtlich der Hospiz- und Palliativarbeit auf. Neben einer großen Zunahme an Einrichtungen für Erwachsene und Kinder sowie von SAPV-Teams wird deutlich, dass wesentlich mehr Ärzte und Pflegekräfte palliativmedizinisch ausgebildet sind (vgl. https://www.dhpv.de/service_zahlen-fakten.html (28.04.2019)).

Die Wahrnehmbarkeit der deutschen Hospiz- und Palliativarbeit wird auch durch intensivierte Öffentlichkeitsarbeit unterstützt. Bis einschließlich September 2019 wurde drei Jahre lang das Projekt Koordinierungsstelle für Hospiz- und Palliativversorgung in Deutschland vom Bundesministerium für Familie, Senioren, Frauen und Jugend mit dem Ziel gefördert, eine verbindliche und nachhaltige Umsetzung der Charta zur Betreuung schwerstkranker und sterbender Menschen in Deutschland und ihrer Handlungsempfehlungen durch zielgerichtet Öffentlichkeitsarbeit, Vernetzung von Akteuren und Projekten der Hospiz- und Palliativversorgung und Dokumentation zu unterstützen (vgl. https://www.koordinierung-hospiz-palliativ.de/ (28.04.2019)).

Inzwischen sind deutlich sichtbare Fortschritte hinsichtlich der Zunahme und der Verbreitung von Hospizeinrichtungen zu verzeichnen. Der in den Anfängen der Hospizbewegung sehr stark formulierte Grundsatz ›ambulant vor stationär‹ wird inzwischen vor allem durch die Einbindung von ehrenamtlicher Hospiz- und Palliativarbeit akzentuiert. So ist laut Deutschem Hospiz- und Palliativverband ein besonderes Merkmal aktueller Hospizarbeit und Palliativversorgung in Deutschland die Tatsache, dass eine menschenwürdige Hospiz- und Palliativversorgung vor allem durch die Begegnung und enge Zusammenarbeit aller beruflich und ehrenamtlich engagierten Menschen entstehe. Die etwa 120.000 überwiegend ehrenamtlich engagierten Menschen, die unter dem Dach des Verbandes tätig sind, seien unersetzlich für die Hospizarbeit, weil nur mit ihnen die Bedingungen für ein würdevolles Sterben geschaffen und erhalten werden (vgl. https://www.dhpv.de/themen_hospiz-palliativ_ehrenamt.html (28.04.2019)).

Die Umsetzung der spezialisierten ambulanten Palliativversorgung (SAPV) wird konfliktreich diskutiert. Zwar sind in den meisten Bundesländern inzwischen SAPV-Strukturen aufgebaut, es gibt heute etwa 326 SAPV-Teams, über 30 davon für Kinder und Jugendliche (Kassenärztliche Bundesvereinigung, (05.06.2018)). Eine flächendeckende und gleichermaßen gute Umsetzung in allen Bundesländern ist jedoch laut Deutschem Hospiz- und Palliativverband bei Weitem noch nicht erreicht (vgl. ebd. (28.04.2019)).

### Literatur

Buckingham, R. W.: *Hospiz – Sterbende menschlich begleiten.* Freiburg i. Br. 1993.

Bundesministerium für Familie, Senioren, Frauen und Jugend: *Koordinierungsstelle für Hospiz- und Palliativversorgung Deutschland.* In: https://www.koordinierung-hospiz-palliativ.de/ (28.04.2019).

Cachandt, R.: Erkundigungen zur Hospizbewegung in Deutschland. In: R. Gronemeyer/E. H. Loewy (Hg.): *Die Hospizbewegung im internationalen Vergleich. Dokumentation des ersten Giessener Symposions vom 10. bis 12. Dezember 1999 zum Thema »Die Hospizbewegung im internationalen Vergleich«.* Gießen ²2000.

Deutsche Gesellschaft für Palliativmedizin: *Wegweiser Hospiz- und Palliativversorgung Deutschland.* In:https://www.wegweiser-hospiz-palliativmedizin.de/ (28.04.2019).

Deutsche Hospizstiftung: *HPCV-Studie. Hospizliche Begleitung und Palliative-Care-Versorgung in Deutschland 2008* (Sonder Hospiz Info Brief), 2009. In: http://www.hospize.de/docs/hib/Sonder_HIB_02_09.pdf.

Deutscher Hospiz- und PalliativVerband e. V.: *Aktuelles. Zahlen und Fakten.* In: https://www.dhpv.de/service_zahlen-fakten.html (28.04.2019).

Deutscher Hospiz- und PalliativVerband e. V.: *Themen. Ehrenamt – Die Stütze der Hospizbewegung.* In: https://www.dhpv.de/themen_hospiz-palliativ_ehrenamt.html (28.04.2019).

Fasselt, G.: Hospiz/Hospizbewegung. Teil 2. In: W. Korff/L. Beck/P. Mikat (Hg.): *Lexikon der Bioethik.* Bd. 2. Gütersloh 1998, 235–237.

Gemeinsamer Bundesausschuss: *Spezialisierte Ambulante Palliativversorgungs-Richtlinie.* In: https://www.g-ba.de/richtlinien/64/ (28.04.2019).

Godzik, P.: *Die Hospizbewegung in der Bundesrepublik Deutschland. Eine Dokumentation.* In: http://www.pkgodzik.de/Hospizbewegung %20in %20der %20BRD.pdf (01.04.2010).

Golek, M.: *Standort und Zukunft der ambulanten Hospizarbeit in Deutschland.* Münster 2001.

Kassenärztliche Bundesvereinigung: *Spezialisierte ambulante Palliativversorgung.* In: https://www.kbv.de/html/palliativversorgung.php (28.04.2019).

Muschaweck, P.: *OMEGA – Mit dem Sterben leben e. V. Konzept für die Begleitung Sterbender zu Hause oder im Hospiz.* Hannoversch-Münden 1997.

Overkämping, H.: Hospiz zum Hl. Franziskus e. V., Recklinghausen. In: Bundesministerium für Familie, Senioren, Frauen und Jugend (Hg.): *Die Hospizidee braucht keine Mauern. Auf dem Weg zu einem integrativen Hospizverständnis* (Fachtagung am 25.–26. April 1994 in Bonn). Stuttgart 1997, 35–39.

Patientenschutzorganisation Deutsche Hospizstiftung: *Hospiz- und Palliativstatistik.* In: http://www.hospize.de/servicepresse/hospizstatistik.html (01.04.2010).

Pichlmaier, H.: Hospiz/Hospizbewegung. Teil 1. In: W. Korff/L. Beck/P. Mikat (Hg.): *Lexikon der Bioethik.* Bd. 2. Gütersloh 1998, 233–235.

Sabatowski, R./Radbruch, L./Müller, M./Nauck, F./Zernikow, B.: *Hospiz- und Palliativführer 2004. Stationäre und ambulante Palliativ- und Hospizeinrichtungen in Deutschland.* Neu-Isenburg 2004.

Seitz, O./Seitz, D.: *Die moderne Hospizbewegung in Deutschland auf dem Weg ins öffentliche Bewusstsein. Ursprünge, kontroverse Diskussionen, Perspektiven.* Herbolzheim 2002.

Student, J. C.: Hospiz vs. »Sterbeklinik«. In: *Wege Zum Menschen* 37 (1985), 260–269.

Student, J. C. (Hg.): *Das Hospizbuch.* Freiburg i. Br. $^{3}$1994.

Student, J. C./Mühlum, A./Student, U.: *Soziale Arbeit in Hospiz und Palliative Care.* München 2004.

*Isabella Jordan*

# 44 Obduktion – medizingeschichtlich

## 44.1 Begriff

Der Begriff ›Obduktion‹ bezeichnet die ärztliche, fachgerechte Öffnung einer menschlichen Leiche. Sie schließt die Entnahme und Untersuchung von Körperteilen ebenso ein wie die äußere Wiederherstellung des Leichnams. Synonyme für Obduktion sind Sektion, Autopsie, innere Leichenschau und Nekropsie. Allerdings wird der Begriff der Nekropsie in der Fachliteratur bevorzugt für die Sektion von Tieren verwendet.

Zu unterscheiden sind die anatomische, die klinische und die forensische Sektion. Die anatomische Sektion bezeichnet die Zergliederung von Leichen (-teilen) für Lehre und Forschung. Sie wird heute in anatomischen Instituten durchgeführt. Die klinische Obduktion erfolgt zur Feststellung der Todesursache und zur Rekonstruktion des Sterbevorgangs. Darüber hinaus ist sie fester Bestandteil der Qualitätssicherung, also der Überprüfung ärztlichen Handelns im Hinblick auf Diagnose und Therapie. Sie dient zudem der Lehre und Ausbildung, der Erforschung der Verbreitung von Krankheiten in der Bevölkerung (Epidemiologie), der medizinischen Forschung und der Begutachtung. Die forensische, rechtsmedizinische bzw. gerichtsmedizinische Sektion wird staatsanwaltschaftlich bzw. gerichtlich angeordnet, wenn ein Verbrechen mit Todesfolge oder eine andere unnatürliche Todesursache vermutet wird und weiterer Klärungsbedarf besteht. Sie dient der Rechtssicherheit der Bürger und obliegt im Regelfall einem Rechtsmediziner (s. Kap. 45: »Obduktion – rechtsmedizinisch«).

## 44.2 Historische Entwicklung der Obduktion: Antike

Die Zergliederung toter Körper als Methode medizinischer Forschung lässt sich bis in die Antike zurückverfolgen. Bis zum 4. Jh. v. Chr. gab es, soweit aus den zeitgenössischen Quellen bekannt, keine planmäßig betriebenen anatomischen Sektionen. Der Leichnam war im antiken Griechenland von alters her religiös und magisch besetzt. Dies bedeutete u. a. eine Verehrung der Toten, Abschiedsriten und das Gebot, die Toten zu bestatten. Die Entehrung der Leiche war tabu. Aus der alltäglichen Erfahrungswelt, der Küche, der Gymnastik, der Opferpraxis, dem Sport, dem Krieg, durch die Beobachtungen von Wunden wie auch durch die Untersuchung von Kranken und deren Behandlung gewannen Ärzte ihre anatomischen Kenntnisse (Wittern 1995, 23 f.).

Die Anatomie im Sinne eines durch Sektionen gewonnenen, systematischen Wissens über den menschlichen Körper scheint dennoch eine griechische ›Erfindung‹ zu sein (Nutton 1996, 662). Die Philosophie des 4. und 3. Jhs. v. Chr. bereitete den Boden für die Erforschung des menschlichen Leichnams. Aristoteles (384–322 v. Chr.) beispielsweise entwickelte nicht zuletzt dank der Sektion und Vivisektion von Tieren die Biologie zu einem bedeutenden Zweig systematischer wissenschaftlicher Forschung weiter (Staden 1992, 232 f.; 1996, 72; Diallo-Danebrock/Abbas/Groß u. a. 2019, 93–100).

In der ersten Hälfte des 3. Jhs. v. Chr. wurde der Schritt von der Tieranatomie zur Menschenanatomie im ägyptischen Alexandria – einer 331 v. Chr. von Alexander dem Großen gegründeten Stadt – vollzogen. Die Griechen waren Kolonisatoren und grenzten sich von der unterworfenen Bevölkerung ab, die vermutlich für die Sektionen herangezogen wurde (Nutton 1995, 33). Es gab dort keine Demokratie wie in den griechischen Stadtstaaten, in denen die Humananatomie kaum durchsetzbar gewesen wäre. Die ptolemäischen Könige beherrschten das öffentliche Leben. Die Förderung der Wissenschaften war ihnen ein hohes Anliegen; sie stellten eine Bibliothek und ein Forschungszentrum sowie Leichen für die Sektion bereit (vgl. Staden 1992, 223). Herophilos von Chalkedon (ca. 330/320–260/250 v. Chr.) erforschte zum ersten Mal systematisch den menschlichen Leichnam. Sein jüngerer Zeitgenosse Erasistratos (4.–3. Jh. v. Chr.) setzte sein Werk fort. Beide sollen auch Vivisektionen an Strafgefangenen durchgeführt haben (Nutton 1995, 33). Zur Rechtfertigung für den Tabubruch wurde angeführt, Kenntnisse über den inneren Aufbau des Körpers seien zum Verständnis des Körpers unabdingbar und solches Wissen könne nur durch eigene, häufig wiederholte systematische Beobachtungen erworben werden. Der Arzt, der nicht mit der Lage, Farbe, Form, Größe und Anordnung der inneren Körperteile vertraut sei, nichts über ihre Konsistenz und Oberflächenbeschaffenheit wisse und nicht alle ihre Verbindungen, Ausstülpungen und Einbuchtungen kenne, sei unfähig, adäquate Heilmittel zu verabreichen (vgl. Staden 1992, 235 f.).

Ab der Mitte des 3. Jhs. v. Chr. sind keine Obduktionen menschlicher Leichen mehr verbürgt. Dies

J. B. Metzler © Springer-Verlag GmbH Deutschland, ein Teil von Springer Nature, 2020
H. Wittwer/D. Schäfer/A. Frewer (Hg.), *Sterben und Tod. Ein interdisziplinäres Handbuch 2. Auflage*,
https://doi.org/10.1007/978-3-476-05761-7_44

dürfte auf das Erstarken der Sektionsgegner unter den Ärzten – insbesondere seitens der Schule der ›Empiriker‹ (vgl. ebd.) – sowie allgemein auf wachsenden Widerstand gegenüber dem Tabubruch der Leichensektion zurückzuführen sein. Die Humananatomie verschwand bis zum Ende des Mittelalters aus dem Arsenal medizinischer Forschungsmethoden und wurde durch Tiersektionen ersetzt (Wittern 1999, 553).

In der römischen Kaiserzeit wurden wesentliche Grundlagen für die spätere anatomische Forschung gelegt. Galen von Pergamon (129?–216?), der berühmteste Arzt der römischen Kaiserzeit, systematisierte das antike medizinische Wissen und schuf ein medizinisches Lehrgebäude, das über das gesamte Mittelalter hinweg und bis weit in die Renaissance hinein Gültigkeit behalten sollte. Einen Teil davon bildeten die Systematisierung des anatomischen Wissens und die Etablierung einer Methodik anatomischer Forschungen am Tier. Galen selbst sezierte vorzugsweise Affen und Schweine. Eine Anatomie am Menschen, so Galen, werde nur möglich durch die Untersuchung gefallener Feinde, Hingerichteter oder Mordopfer und ausgesetzter Kinder. Außerdem ermöglichten tiefe Wunden und Geschwüre, Untersuchungen von Skeletten sowie chirurgische Eingriffe Einblicke in das Körperinnere (vgl. Garofalo/Leven 2005, 46). Galens Forschungen schlugen sich in Werken nieder, die sich mit der Durchführung von Sektionen befassten, so dass Anatomen in Mittelalter und Renaissance darauf aufbauen konnten.

## 44.3 Mittelalter und Renaissance

Vom Niedergang der Wissenschaften in der Spätantike war auch die Medizin betroffen. Hinzu kam, dass der bedeutende Kirchenvater Augustinus (354–430) die Anatomie in seiner Schrift *De civitate dei* negativ bewertete (vgl. Augustinus 2018, 22. Buch, Kap. 24). Nach Jahrhunderten ohne Humansektionen stammt die früheste bisher bekannte gesicherte Nachricht über die wissenschaftliche Sektion einer Leiche im lateinischen Mittelalter aus dem 13. Jh. In der Chronik des Salimbene von Parma (1221–nach 1288) wird eine Obduktion in Cremona erwähnt, bei der 1286 ein Seuchenopfer geöffnet und untersucht wurde (vgl. Wolff-Heidegger/Cetto 1967, 8). Die erste bekannte dokumentierte gerichtsärztliche Leichenöffnung fand 1302 in Bologna durch Bartolomeo da Varignana (gest. 1318) auf Anordnung eines Richters statt (French 1999, 13).

Im frühen 14. Jh. führte Mondino dei Luzzi (1275–1326) im Rückgriff auf die Antike die Lehrsektion an menschlichen Leichen in den medizinischen Unterricht an der Universität Bologna ein. Bis dahin hatten sich drei bedeutende geistesgeschichtliche Entwicklungen vollzogen (vgl. Schweikardt 2007, 290 ff.): Erstens entstanden ab ca. 1200 die Universitäten als neue geistige Zentren des Abendlands, in denen sich die Medizin neben Theologie, Jura und Philosophie als eine der vier klassischen Fakultäten etablierte. Dort konnte die Anatomie als Grundlagenfach betrieben werden. Zweitens war ein Teil des antiken Wissens im islamischen Kulturkreis bewahrt und weiterentwickelt worden. Durch südeuropäische Übersetzungszentren (Salerno, Toledo) wurde es seit dem 11. und 12. Jh. dem lateinischen Abendland wieder verfügbar gemacht, wenn auch mitunter in verkürzter und entstellter Form. Drittens vollzog sich im frühen und hohen Mittelalter der Aufstieg des Papsttums, das von seinem Anspruch her die höchste moralische Autorität der Christenheit verkörperte. Als Mondino im 14. Jh. mit Bezug auf Galen die Sektion menschlicher Leichen in den Studentenunterricht einführte, wurde dies von der Papstkirche toleriert, obwohl die Bulle *Detestandae feritatis* Papst Bonifaz' VIII. (1235–1303) aus dem Jahr 1299 verschiedentlich als Verbot der Lehrsektion interpretiert wurde (Wischnath 2006). Als Gründe für die Toleranz kann zum einen die seit dem 13. Jh. gültige theologische Doktrin von der Auferstehung des Leibes gelten: Der Körper würde auch nach einer Verstümmelung bei der Auferstehung durch Gottes Wunder in voller Blüte wiedererstehen (vgl. French 1999, 8 f.). Zum anderen hatte die Kirche als richterliche Gewalt selbst Interesse an der forensischen Anatomie, zum Beispiel an der Aufklärung von Todesursachen (ebd., 11, 13 und 34). So lag es nahe, die Lehrsektionen an den Universitäten nicht zu behindern.

Mondino konnte auf einen Teil der anatomischen Schriften Galens zurückgreifen (French 1999, 37). Dessen Autorität und hohe Wertschätzung der Anatomie hatten für ihn großes Gewicht. Mondinos 1316 herausgegebenes Anatomielehrbuch war als Anleitung entsprechend dem Ablauf einer Sektion gegliedert. Es wurde für über 200 Jahre zum Standardwerk des Anatomieunterrichts an den Universitäten (Wittern 1999, 554).

Bis zur Frühen Neuzeit hatte sich die Anatomie im Abendland als heuristische Methode in der Medizin etabliert. Für diesen entscheidenden Wandel steht die Epoche der Renaissance. Dort vollzog sich insbesondere die allmähliche Ablösung von der Autorität überlieferten Wissens hin zu seiner Überprüfung durch die eigene Wahrnehmung. ›Wiedergeburt der Antike‹ bedeutete u. a., sich mit den antiken Texten Galens intensiv auseinanderzusetzen und sich dessen eigene Ratschläge zunutze zu machen, nämlich die am Tier gewonnenen Befunde am Menschen zu überprüfen. Diesen Schritt vollzog Andreas Vesal (1514–1564) in Padua, einer der führenden oberitalienischen Universitäten, mit Hilfe von Sektionen menschlicher Leichen und Vivisektionen an Tieren. Er erkannte im Jahr 1539 durch die Übersetzung der anatomischen Schriften Galens, dass dieser alle seine aus der Sektion stammenden Erkenntnisse an Tieren gewonnen hatte. Hieraus erklärte sich die inzwischen immer größer werdende Zahl von Unterschieden zwischen Aussagen Galens und den auf Vesals eigener Wahrnehmung beruhenden Befunden. So verfasste Vesal sein 1543 veröffentlichtes Hauptwerk *De humani corporis fabrica* (Über den Bau des menschlichen Körpers). Damit schuf er eine neue Menschenanatomie und trat mit dem Anspruch auf, die Fehler Galens oder Missverständnisse bei seiner Überlieferung zu korrigieren (vgl. Wittern 1995, 46 f.).

Auch einfache Bürger zeigten sich damals der inneren Leichenschau gegenüber aufgeschlossen. Dass solche in Privathäusern vorgenommenen Leichenöffnungen bereits gegen Ende des 16. Jhs. keine Seltenheit waren, belegt unter anderem die Fallsammlung des berühmten Wundarztes Fabry von Hilden (1560–1634). Noch bevor Fabry als Wundarzt nach Köln kam, scheinen solche Obduktionen in der Domstadt nicht ungewöhnlich gewesen zu sein. Der Kölner Chronist Hermann von Weinsberg (1518–1597) berichtet beispielsweise in seinem kurzen Nachruf auf den berühmten Arzt Dr. Theodor Birckmann von dessen regelmäßiger Sektionstätigkeit. In derartigen Fällen waren die anwesenden Zuschauer entweder Betroffene – Familienangehörige oder Freunde des Toten – oder (seltener) anatomisch interessierte Laien, die mit den obduzierenden Ärzten und Chirurgen in einem freundschaftlichen Verhältnis standen. Der Wunsch, Näheres über die Todesursache eines Menschen, den man geliebt hatte, zu erfahren, war unter bestimmten Umständen offensichtlich größer als religiöse Bedenken oder Ängste vor einem Bruch mit Konventionen (Jütte 1991, 117 f.).

Ein wichtiges Rechtsdokument des 16. Jhs., das auch die Leichenschau betraf, war die *Peinliche Gerichtsordnung* (*Constitutio Criminalis Carolina*) Kaiser Karls V. von 1532. Diese sah vor, dass bei Todesfällen, in denen Gewaltanwendung als Ursache vermutet wurde, eine Leichenuntersuchung möglichst durch Fachleute, d. h. durch Wundärzte, erfolgen sollte. Die *Carolina* enthielt jedoch keine bindenden Vorschriften zur Sektion, sondern regelte vor allem die äußere Leichenschau. Die *Peinliche Gerichtsordnung* bildete die Basis für die Entwicklung der modernen Gerichtsmedizin, denn durch sie wurde es Usus, in zweifelhaften Todesfällen medizinisches Fachpersonal hinzuzuziehen (Groß 2002, 20). Bereits seit dem 16. Jh. lassen sich Bemühungen seitens der akademischen Medizin feststellen, die forensische Tätigkeit aus dem ursprünglichen Zuständigkeitsbereich der Wundärzte und Chirurgen in den ihren überzuleiten. Dieser Prozess war am Ende des 18. Jhs. zwar noch nicht abgeschlossen, aber doch weit fortgeschritten (Stukenbrock 2001, 146).

## 44.4 17. und 18. Jahrhundert

In der Frühen Neuzeit wurden an verschiedenen Universitäten und Ausbildungsstätten für Chirurgen anatomische Theater errichtet, in denen man öffentliche Obduktionen durchführte (Schramm/Schwarte/Lazardzig 2011). Bis zum 18. Jh. gelangten fast ausschließlich Leichen von Hingerichteten in die anatomischen Institute (Stukenbrock 2001, 243). In den Augen der Bevölkerung stand die anatomische Sektion des Hingerichteten aufgrund der massiven Verletzung seiner körperlichen Integrität auf einer Stufe mit den sonst üblichen postmortalen Strafmaßnahmen (s. Kap. 66: »Hinrichtung«). Diese Deutung der Ablieferung an die medizinischen Fakultäten blieb so lange unproblematisch, wie die Zahl der hingerichteten Verbrecher ausreichte, den Leichenbedarf der Universitäten zu decken. Seit der Mitte des 17. Jhs. wurden allerdings Todesstrafen immer seltener verhängt. Um genügend Anatomieleichen zu erhalten, ging man in der Folgezeit dazu über, den Kreis derjenigen Personen auszuweiten, deren Körper nach dem Tod der Anatomie zufielen. So wurde an vielen Orten bestimmt, dass Arme, die in Hospitälern oder von Almosen ihr Leben gefristet hatten, sowie verstorbene Gefangene, sofern sich keine Angehörigen meldeten, in die Anatomie kommen sollten. Weiterhin wurden Verordnungen erlassen, welche die Ablieferung von Selbstmördern, von Leichnamen unehelicher Kinder und von deren Müttern vorschrieben (Stukenbrock 2003, 230 f.).

Im 18. Jh. wurde die pathologische Anatomie, bisher allgemein-pathologischem Systemdenken untergeordnet, zur methodischen Grundlage der Krankheitsforschung erklärt (Eulner 1970, 111). Von großer Bedeutung war Giovanni Battista Morgagni (1682–1771), Professor der Anatomie in Padua. Er publizierte 1761 sein Hauptwerk *De sedibus et causis morborum per anatomen indagatis libre quinque* (Sitz und Ursachen der Krankheiten aufgespürt durch die Kunst der Anatomie), in dem er sich auf frühere Studien von Johann Wepfer (1620–1695) und Théophile Bonnet (1620–1689) stützte. Morgagni legte dar, dass Krankheitssymptome mit anatomischen Läsionen im Zusammenhang standen und dass pathologische Veränderungen in Organen für Krankheitsmanifestationen verantwortlich waren (vgl. Porter 1995, 410). An der Wende zum 19. Jh. legte François Xavier Bichat (1771–1802) dann in seinem Werk *Traité des membranes* von 1800 das Hauptaugenmerk auf die Gewebelehre (Histologie), die er aus Obduktions-Präparaten entwickelte (vgl. Porter 1995, 412). Zeitgleich wurde der Sektionsbefund in Verbindung mit klinischer Beobachtung und Statistik ein wichtiges Merkmal der Pariser Hospitalmedizin, in der die Grundlage der modernen Krankenhausmedizin gelegt wurde.

## 44.5 Institutionalisierung und Professionalisierung der Obduktion im 19. und 20. Jahrhundert

Um 1800 wurde die Sektion fester Bestandteil der Tätigkeit von Anatomen und Pathologen, die zunächst auch noch klinische Aufgaben hatten. Prosekturen entstanden neben den großen Krankenanstalten, obwohl noch lange Zeit viele Kliniker Wert darauf legten, selbst zu sezieren (Eulner 1970, 111). Zu Beginn des 19. Jhs. wurden erste Lehrstühle für pathologische Anatomie etabliert, so 1819 in Straßburg, 1836 in Paris und 1844 in Wien.

In den 30er und 40er Jahren des 19. Jhs. gab der Wiener Pathologe Carl von Rokitansky (1804–1878) Anstoß und Vorbild zu einer bisher nicht gekannten Ausbreitung der pathologisch-anatomischen Diagnostik (ebd.). Er führte im Laufe seiner beruflichen Tätigkeit ca. 60.000 Sektionen durch und trug so zu einem maßgeblichen Erkenntnisgewinn auf dem Gebiet der makroskopischen Pathologie bei (Prüll 1998, 573). Nun erst wurde die pathologische Anatomie auch im Alltag zur Grundlage der klinischen Diagnostik und der Nosologie (Eulner 1970, 111); gleichzeitig wurden vielerorts umfangreiche anatomisch-pathologische Sammlungen begründet, die den Bedeutungszuwachs von Pathologie und Obduktion auf eindrucksvolle Weise unterstrichen.

Ein weiterer Meilenstein war die Begründung der Zellularpathologie durch Rudolf Virchow (1820–1902) als wichtige Grundlage für eine naturwissenschaftlich orientierte Medizin. Zugleich wurde der Pathologie die Deutungshoheit über Krankheit und Gesundheit übertragen (vgl. Groß/Schäfer 2007, 65). Allgemeine Pathologie, pathologische Anatomie und Physiologie wurden als zusammengehörig postuliert und der Typ des Pathologischen Instituts geschaffen. In den 1860er Jahren entstanden Lehrstühle und Institute an den meisten Universitäten (Eulner 1970, 111).

Die forensische Sektion wurde in vielen deutschen Staaten gegen Ende des 18. und zu Beginn des 19. Jhs. gesetzlich geregelt. Ein Beispiel hierfür ist die *Preußische Criminal-Ordnung* von 1805 und 1848. Die dortige Festlegung einer Obduktion bei vermutetem nichtnatürlichem Tod wurde im Grundsatz nach der Reichsgründung von 1871 in die deutsche Strafprozessordnung von 1877 übernommen. Sie sah eine Leichenöffnung vor, die von einem Physikus und einem Chirurgen durchzuführen war. Stimmten Richter oder Physikus für eine Leichenöffnung, so musste sie stattfinden. Als mögliche Indikationen einer inneren Leichenschau wurden der Verdacht auf einen Straftatbestand, auf Selbstmord sowie ungeklärte Todesursachen angeführt (Groß 2002, 25; Steinmetzer/Groß/Schäfer 2007, 83).

Seit der Reichsgründung 1871 wurde in mehreren Anläufen versucht, die Sektion in Deutschland auf eine einheitliche gesetzliche Grundlage zu stellen. Im Gegensatz zur ehemaligen DDR gibt es in der Bundesrepublik bis heute kein bundeseinheitliches Gesetzeswerk, das die klinische Sektion regelt, da die Gesetzgebungskompetenz in diesem Bereich bei den Ländern liegt (vgl. Groß 2002, 62). Während klinische Obduktionen in Deutschland, soweit nicht anderweitig gesetzlich geregelt, meistens von der Zustimmung der Hinterbliebenen oder der zu Lebzeiten erteilten Zustimmung der Verstorbenen abhängig sind, werden forensische Sektionen staatsanwaltschaftlich bzw. gerichtlich angeordnet (s. Kap. 45: »Obduktion – rechtsmedizinisch«).

Demgegenüber dienen anatomische Sektionen heute vorrangig der Ausbildung von (angehenden) Medizinern. Diese Form der Sektion beschränkt sich nicht nur auf die drei Körperhöhlen. Auch kleinere Details gelangen zur Darstellung, da im Rahmen des Präparierkurses alle anatomischen Strukturen des

Körpers erlernt werden sollen. Eine Wiederherstellung des Leichnams ist anschließend nicht mehr möglich. Die Leiche wird am Ende einzeln und vollständig feuerbestattet. Für die anatomische Sektion kommen nur Leichen von Personen in Betracht, die sich bereits zu Lebzeiten für eine Körperspende entscheiden. Seit der Reduktion (1989) bzw. dem Wegfall des Sterbegeldes (2004) besteht in Deutschland ein deutliches Überangebot an Körperspenden. Dies wird u. a. mit der Übernahme bzw. der anteiligen Finanzierung der Beerdigungskosten durch die anatomischen Institute begründet (Schäfer/Groß 2009, 43).

## 44.6 Abnehmende Bedeutung der Sektion

Die Bundesärztekammer machte im Jahr 2005 darauf aufmerksam, dass die Sektionsraten in den letzten 50 Jahren weltweit deutlich zurückgegangen seien. Tatsächlich trifft diese Tendenz auf die Bundesrepublik Deutschland in besonderem Maße zu – gerade auch im Vergleich mit den übrigen deutschsprachigen Staaten (Bundesärztekammer 2005, 6; Tag 2011, 277–281). Nachdem die klinisch-pathologische Sektionsrate in der Bundesrepublik Deutschland 1980 noch bei 10 % gelegen hatte (Bundesärztekammer 2005, 10), wurde für die Jahre 1994 bis 1999 ein Rückgang der klinisch-pathologischen Sektionshäufigkeit von 4 % auf 3 % und eine gleichbleibend niedrige Frequenz rechtsmedizinischer Sektionen von 2 % und weniger ermittelt (Brinkmann/Du Chesne/Vennemann 2002, 791; Groß/Wilhelmy 2017, 396–401).

Als mögliche Ursachen für die abnehmenden Sektionsquoten aus dem Bereich der Klinik nannte die Bundesärztekammer die Annahme des behandelnden Arztes, eine Obduktion sei entbehrlich, die Angst vor der Aufdeckung eigener Fehler in Diagnostik bzw. Therapie, den mit den Obduktionen verbundenen Arbeits- und Zeitaufwand, eine zu lange dauernde oder nicht praxisnahe Beantwortung klinischer Fragen durch die Pathologie, Unterschätzung des Erkenntniswertes der Obduktion, unzureichende Ausbildung in der Pathologie während des Studiums, mangelnde Erfahrung im Umgang mit Angehörigen von Verstorbenen und fehlende Anleitung zu Aufklärungsgesprächen, inadäquate Belastung durch Obduktionen aufgrund unzureichender Kostenerstattung bei gleichzeitigem Sparzwang, den Wandel des Aufgabenfelds der Pathologie (von der Autopsie zur Diagnostik am Operationspräparat oder Biopsat), die geringe Attraktivität von Publikationen auf der Basis von Obduktionsergebnissen sowie eine unklare Rechtslage (Bundesärztekammer 2005, 8 f.). Besagte Aspekte werden auch von anderen Autoren thematisiert (Tag/Groß 2010; Groß/Wilhelmy 2017, 396–401; Petros/Wittekind 2014, 115–120; Friemann 2017, 358–360).

Weitere Erklärungsansätze, welche die gesellschaftliche und individuelle Ebene einbeziehen, beruhen auf der Annahme, dass die Zustimmung zur Obduktion bei den Betroffenen eine Bereitschaft zur Auseinandersetzung mit der Endlichkeit des Lebens voraussetzt. Sterben, Tod und Trauer würden jedoch seit Jahrzehnten aus dem Alltag ausgeklammert, so dass es Betroffenen schwerfalle, sich offen und vorbehaltlos mit der Sektion des eigenen Leichnams oder eines Angehörigen auseinanderzusetzen. Angeführt wird auch, dass die moderne Gesellschaft weitaus stärker individualisiert sei als in früheren Zeiten. Dies habe zur Folge, dass das Persönlichkeitsrecht des Einzelnen vielfach höher eingestuft werde als der potenzielle Nutzen einer klinischen Sektion für die Gemeinschaft. Mit dem Primat der persönlichen Freiheit drohe so zugleich ein Verlust gemeinschaftlich erlebbarer Sinnerfüllung. Zudem erweisen sich die Erfahrungen des ›Dritten Reiches‹, in dem gerade NS-Opfer vielfach widerrechtlich seziert wurden, als (historische) Hypothek – auch sie sind nach wie vor Diskussionsthema (Hildebrandt/Redies 2012).

Ein zumeist aufgrund mangelnder Aufklärung vorgetragenes Argument von Sektionsgegnern ist die Annahme, eine Sektion störe die Leichenruhe, führe zur Verstümmelung des Leichnams und verursache Störungen im rituellen und zeitlichen Ablauf der Bestattungszeremonien (Groß 2002, 88). Auch Vorbehalte, die auf der Annahme einer Verletzung des Pietätsempfindens und auf religiösen Einwänden beruhen, resultieren oftmals aus mangelnder Kenntnis der jeweiligen Glaubensregeln. Beispielhaft sei das Argument angeführt, dass die Aufhebung der körperlichen Unversehrtheit durch die Sektion eine Wiederauferstehung der Toten verhindere. Tatsächlich gelten in einigen Religionen teils erhebliche Vorbehalte gegen die Obduktion (Alhawari/Verhoff/Parzeller 2018, 182–190). Diese sind jedoch in vielen Fällen nicht grundsätzlicher Natur. Wesentlich ist für alle Religionen, dass eine Obduktion pietätvoll, sachverständig und innerhalb der zeitlichen Vorgaben durchgeführt wird (Steinmetzer/Groß/Schäfer 2007, 86).

Weitere Verunsicherungen haben ihre Ursache in der öffentlichen Diskussion um das Transplantationsgesetz, die verschärft wird durch eine zum Teil sensationsgeladene Berichterstattung über Organspende,

Hirntodkriterien (s. Kap. 12: »Hirntod – medizinisch«), Organhandel und Handel mit Leichenteilen. Auffällig ist in diesem Zusammenhang auch die Tatsache, dass in der medialen Berichterstattung die Themenbereiche klinische Sektion, forensische Sektion und Organspende vermischt werden.

Die Bundesärztekammer hat die Sektion als wesentliche Erkenntnisquelle der Medizin bezeichnet und sich entschieden zugunsten einer höheren Sektionsrate ausgesprochen. Sektionen seien unverzichtbar für die Qualitätssicherung der ärztlichen Behandlung, ermöglichten den Vergleich bewährter und neuer Therapiekonzepte und Medikamenten(neben)wirkungen, den Nachweis von Behandlungsfehlern wie auch die Entlastung von einem derartigen Vorwurf (Bundesärztekammer 2005, 6). Trotz moderner diagnostischer Verfahren sei die Rate klinisch relevanter Fehldiagnosen erheblich. Der Erkenntnisgewinn aus Sektionen ermögliche über den Weg zielgerichteter Gesundheitsmaßnahmen langfristig eine Kostenersparnis im Gesundheitswesen. Um eine zuverlässige Todesursachenstatistik zu erhalten, sei eine erhebliche Steigerung der klinischen Sektionsquote erforderlich. Nur eine exakte Todesursachenstatistik ermögliche eine gezielte Gesundheitsfürsorge. Unverzichtbar seien Sektionen auch für die ärztliche Aus-, Weiter- und Fortbildung (vgl. ebd., 43–49).

### Literatur


Alhawari, Y./Verhoff, M. A./Parzeller, M.: Hirntod, Organtransplantation und Obduktion aus der Sicht der Weltreligionen. In: *Rechtsmedizin* 28 (2018), 182–190 und 272–279.

Augustinus: Zweiundzwanzig Bücher über den Gottesstaat. In: *Bibliothek der Kirchenväter.* Eine Auswahl patristischer Werke in deutscher Übersetzung (2018). In: https://bkv.unifr.ch/works/9/versions/20/divisions/102946 (28.09.2020).

Brinkmann, B./Du Chesne, A./Vennemann, B.: Aktuelle Daten zur Obduktionsfrequenz in Deutschland. In: *Deutsche Medizinische Wochenschrift* 127 (2002), 791–795.

Bundesärztekammer: *Stellungnahme zur »Autopsie«. Langfassung* (2005). In: http://www.bundesaerztekammer.de/downloads/AutLang.pdf (28.09.2020).

Diallo-Danebrock, R./Abbas, M./Groß, D./Kellner, U.: Geschichte der anatomischen und klinischen Obduktion. In: *Der Pathologe* 40/1 (2019), 93–100.

Eulner, H.-H.: *Die Entwicklung der medizinischen Spezialfächer an den Universitäten des deutschen Sprachgebietes.* Stuttgart 1970.

French, R.: *Dissection and Vivisection in the European Renaissance.* Aldershot 1999.

Friemann, J.: Entwicklung der sozialgesetzlichen Grundlagen zur Finanzierung klinischer Obduktionen. In: *Pathologe* 38/5 (2017), 358–360.

Garofalo, I./Leven, K.-H.: Anatomie. In: K.-H. Leven (Hg.): *Antike Medizin. Ein Lexikon.* München 2005, 43–47.

Groß, D.: *Die Entwicklung der inneren und äußeren Leichenschau in historischer und ethischer Sicht.* Würzburg 2002.

Groß, D./Schäfer, G.: Die klinische Sektion und ihre gesellschaftliche Wahrnehmung. In: D. Groß/A. Esser/H. Knoblauch/B. Tag (Hg.): *Tod und toter Körper. Der Umgang mit dem Tod und der menschlichen Leiche am Beispiel der klinischen Obduktion.* Kassel 2007, 59–82.

Groß, D./Wilhelmy, S.: Klinische Obduktionen aus medizinethischer Sicht. In: *Pathologe* 38/5 (2017), 396–401.

Hildebrandt, S./Redies, C. (Hg.): Anatomy in the Third Reich. In: *Annals of Anatomy* 194/3 Special Issue (2012), 225–313.

Jütte, R.: *Ärzte, Heiler und Patienten. Medizinischer Alltag in der frühen Neuzeit.* München 1991.

Nutton, V.: Medicine in the Greek World, 800–50 BC. In: L. I. Conrad/M. Neve/V. Nutton/R. Porter/A. Wear: *The Western Medical Tradition. 800 BC to AD 1800.* Cambridge 1995, 11–38.

Nutton, V.: Anatomie (übers. v. L. v. Leppert-Bismarck). In: H. Cancik/H. Schneider (Hg.): *Der Neue Pauly. Enzyklopädie der Antike.* Bd. 1. Stuttgart/Weimar 1996, 662–667.

Petros, K./Wittekind, C.: Die Obduktion – ein Verfahren der Medizingeschichte? In: *Medizinische Klinik – Intensivmedizin und Notfallmedizin* 109 (2014), 115–120.

Porter, R.: The Eighteenth Century. In: L. I. Conrad/M. Neve/V. Nutton/R. Porter/A. Wear: *The Western Medical Tradition. 800 BC to AD 1800.* Cambridge 1995, 371–475.

Prüll, C.-R.: Aus der Geschichte der pathologisch-anatomischen Sektion. In: N. Stefenelli (Hg.): *Körper ohne Leben. Begegnung und Umgang mit Toten.* Wien/Köln/Weimar 1998, 569–579.

Schäfer, G./Groß, D.: Körperspende oder Tauschgeschäft? Der geldwerte Vorteil »gespendeter« Leichname und seine Bedeutung für die Einordnung des toten Körpers als Ressource. In: D. Groß (Hg.): *Die dienstbare Leiche. Der tote Körper als medizinische, soziokulturelle und ökonomische Ressource.* Kassel 2009, 42–45.

Schramm, H./Schwarte, L./Lazardzig, J. (Hg.): *Spuren der Avantgarde: Theatrum anatomicum. Frühe Neuzeit und Moderne im Kulturvergleich.* Berlin/New York 2011.

Schweikardt, Ch.: Taboe of erkende toegepaste wetenschap? Anatomie en viviesectie in de geneeskunde in de oudheid, middeleeuwen en renaissance. In: *Geschiedenis der Geneeskunde* 2 (2007), 288–294.

Staden, H. v.: The Discovery of the Body. Human Dissection and Its Cultural Contexts in Ancient Greece. In: *Yale Journal of Biology and Medicine* 65 (1992), 223–241.

Staden, H. v.: Alexandrien als das Zentrum der medizinischen Forschung. Herophilos und die frühe Menschenanatomie. In: H. Schott (Hg.): *Meilensteine der Medizin.* Dortmund 1996, 67–73.

Steinmetzer, J./Groß, D./Schäfer, G.: Zwischen Ablehnung und Akzeptanz. Der Blick auf die innere Leichenschau. In: D. Groß/A. Esser/H. Knoblauch/B. Tag (Hg.): *Tod und toter Körper. Der Umgang mit dem Tod und der menschlichen Leiche am Beispiel der klinischen Obduktion.* Kassel 2007, 83–97.

Stukenbrock, K.: *»Der zerstückte Cörper«. Zur Sozial-*

*geschichte der anatomischen Sektion in der frühen Neuzeit (1650–1800).* Stuttgart 2001.

Stukenbrock, K.: Unter dem Primat der Ökonomie? Soziale und wirtschaftliche Aspekte der Leichenbeschaffung für die Anatomie. In: J. Helm/Dies. (Hg.): *Anatomie. Sektionen einer medizinischen Wissenschaft im 18. Jh.* Wiesbaden 2003, 227–239.

Tag, B.: Obduktionen in der Schweiz, Deutschland und Österreich. In: Pathologe 32/4 (2011), 277–281.

Tag, B./Groß, D. (Hg.): *Der Umgang mit der Leiche. Sektion und toter Körper in internationaler und interdisziplinärer Perspektive.* Frankfurt a. M. 2010.

Wischnath, J. M.: Päpstliches Privileg für die medizinische Fakultät zur Vornahme von Sektionen. Rechtssicherheit für den anatomischen Unterricht. In: *38 Dinge – Schätze aus den natur- und kulturwissenschaftlichen Sammlungen der Universität Tübingen.* Nr. 11/38 (12.06.2020). In: https://www.unimuseum.uni-tuebingen.de/de/ausstellungen/archiv/38-dinge.html (28.09.2009).

Wittern, R.: Die Anfänge der Anatomie im Abendland. In: Th. Schnalke (Hg.): *Natur im Bild. Anatomie und Botanik in der Sammlung des Nürnberger Arztes Christoph Jacob Trew.* Erlangen 1995, 21–52.

Wittern, R.: Kontinuität und Wandel in der Medizin des 14. bis 16. Jhs. am Beispiel der Anatomie. In: W. Haug (Hg.): *Mittelalter und frühe Neuzeit. Übergang, Umbrüche und Neuansätze.* Tübingen 1999, 550–571.

Wolf-Heidegger, G./Cetto, A. M.: *Die anatomische Sektion in bildlicher Darstellung.* Basel 1967.

*Dominik Groß*

# 45 Obduktion – rechtsmedizinisch

## 45.1 Rechtlicher Hintergrund

Jede Obduktion stellt einen erheblichen Eingriff in die Integrität eines toten Menschen dar. Deshalb bedarf es für ihre Durchführung einer Rechtfertigung. Dass Obduktionen überhaupt durchgeführt werden, liegt im öffentlichen Interesse. Drei große Felder sind bundesgesetzlich geregelt worden. Es sind die Aufklärung schwerer Normverletzungen, der Schutz der Bevölkerung und das Erfordernis, die Lebensgrundlage der Hinterbliebenen abzusichern. Diese Obduktionen sind zulässig, weil sie kraft gesetzlicher Ermächtigung öffentlich-rechtlich angeordnet werden können (Deutsch/Spickhoff 2003).

Im Einzelnen handelt es sich um:

- §§ 87 ff. StPO (Gerichtliche Obduktion)
- § 25 Abs. 4 IfSG (Obduktion zu Bekämpfung übertragbarer Erkrankungen)
- § 10 Abs. Satz 6 FBG (Obduktion zur Feuerbestattung * – Obduktionsverweis auf §§ 87 ff. StPO)
- § 5 Abs. 3 Satz 1 (Amtsärztliche Obduktion**) §§ 103 ff. SGB VII (sozialversicherungsrechtliche Obduktion)

Die öffentlich-rechtlich, zumeist gerichtlich angeordneten Obduktionen stellen den geringeren Teil aller in Deutschland durchgeführten Obduktionen dar. Der Mehrzahl der Obduktionen liegen privatrechtliche Vereinbarungen zugrunde.

Dabei lassen sich sieben verschiedene Konstellationen unterscheiden:

- Die anatomische Obduktion (Lehre)
- Die wissenschaftliche Obduktion (Forschung)
- Die klinische Obduktion (Qualitätskontrolle)
- Die versicherungsrechtlich vereinbarte Obduktion (Lebens-, Unfallversicherung)
- Die privat beauftragte Obduktion (durch die Totensorgepflichtigen)
- Die privat angebotene Obduktion (Hilfsangebot an die Hinterbliebenen).
- Die Teil-Obduktion (postmortale Gewebe- und Organentnahme nach dem TPG)

## 45.2 Die Zielrichtung der Obduktion

In ihren Anfängen hat die anatomische Obduktion einen großen Einfluss auf die Entwicklung der naturwissenschaftlich orientierten Medizin ausgeübt. Inzwischen hat sich ihre Zielrichtung etwas gewandelt. Galt die anatomische Obduktion anfangs in ›forschender Neugier‹ (Putz, 1999) der Struktur der Organe selber und deren funktionellem Zusammenwirken, so gilt das moderne Forschungsinteresse überwiegend den Abläufen auf der molekulargenetischen Ebene. Die makroskopische Anatomie hat aber ihre Bedeutung für die Lehre behalten. Für heute lässt sich sagen, dass die Termini ›Obduktion‹ und ›Sektion‹ im anatomischen Sprachgebrauch nicht mehr geläufig sind. Es ist nicht nur eine Äußerlichkeit, wenn statt von Sektionssaal von Präpariersaal gesprochen wird. Der Präparierkurs mit speziellen Präparieranleitungen (Tillmann/Schünke 1993; Sasse/Stammler 1996) entspricht nicht der Obduktion mit Sektionsanleitungen (Virchow 1876; Hauser 1913), auch wenn der Titel dahingehend missverständlich sein kann (Hamperl 1967). Der tote Mensch wird in der Anatomie präpariert, und zwar erst dann, wenn er vollständig durch spezielle Alkohole fixiert ist. Dagegen erfolgt die Obduktion in Pathologie und Rechtsmedizin ohne vorherige Fixation der Toten, möglichst nahe am Todeszeitpunkt. Jede Organfixation wäre in der Rechtsmedizin für eine an die Obduktion anschließende chemisch-toxikologische Analyse störend. Kleinteiliges Präparieren wird regelmäßig in der Anatomie durch virtuelles Lernen ergänzt.

In den neueren Bestattungsgesetzen der Bundesländer finden sich Regelungen für die Durchführung der anatomischen Obduktion. Verwiesen sei auf das Niedersächsische Bestattungsgesetz (Nieders. BestG): Nach § 7a Abs. 1 Satz 1 erfolgt die anatomische Obduktion »zum Zweck der Lehre und Forschung über den Aufbau des menschlichen Körpers«. Und ausschließlich im Hinblick darauf »dürfen Leichenteile zurückbehalten werden« (§ 7a Abs. 2 Satz 2).

Prüll (2000) spricht im Hinblick auf die Obduktion von den sezierenden Fächern, nämlich der Anatomie, Pathologie und Gerichtsmedizin. Das mag in Anlehnung an die Unterteilung in klinisch-operative und konservative Fächer ein Gedanke sein. Aber keines dieser Fächer möchte sich unter den Oberbegriff ›Sezieren‹ subsumieren lassen. Es wäre ein zu enges Kriterium. Medizinhistorisch ist diese Einteilung vielleicht berechtigt. So wäre auch die Geschichte der Obduktion ohne die anatomische Obduktion, ohne das

* Hess. Friedhofs- und Bestattungsgesetz, letzte Änderung vom 23.08.2018 (GVBl., 381).

** Nieders. BestG, letzte Änderung vom 20.06.2018 (GVBl., 117).


H. Wittwer/D. Schäfer/A. Frewer (Hg.), *Sterben und Tod. Ein interdisziplinäres Handbuch 2. Auflage*,
https://doi.org/10.1007/978-3-476-05761-7_45

*Theatrum anatomicum*, nicht vorstellbar. Die Teilnahme an einer Obduktion, sei sie forensisch oder klinisch durchgeführt, hat auch heute noch für Außenstehende etwas vom Miterleben eines fast unerlaubten Vorgangs an sich. In ihren frühen Anfängen war der Besuch einer anatomischen Obduktion die Teilnahme an einem sorgfältig inszenierten gesellschaftlichen Ereignis. Um dem Genüge zu tun, wurde die Gestaltung der anatomischen Theater immer aufwändiger (Wolf-Heidegger 2000). Aufklärung und Frevel lagen eng beieinander. So war es nicht verwunderlich, dass kaum Menschen bereit waren, sich nach dem Tode für den anatomischen Unterricht zur Verfügung zu stellen. Nach Prüll (2000) wurde die Auswahl der Toten von Amtswegen für die Obduktion auch als deren indirekte Bestrafung durch Zerstörung verstanden. Die Folge war eine Verstärkung vorbestehender Ängste und Vorurteile gegen die Obduktion in der Gesellschaft. Als modernes Fortsetzen des *Theatrum anatomicum* und der öffentlichen Zurschaustellung des toten Menschen dürfte die Inszenierung anatomisch präparativ veränderter ganzer oder zergliederter toter Menschen nach erfolgter Kunststoffimprägnation (Plastination) in den Ausstellungen »Körperwelten« anzusehen sein (Saternus 1998), u. a. gezeigt im Landesmuseum für Technik und Kultur in Mannheim vom 30.10.1997 bis 01.03.1999, kontinuierlich bis ins Jahr 2019 in Berlin. Schnalke (1999) sprach dem medizinischen Ausstellungsmacher nicht den Ansatz einer Wissensvermittlung ab, verlangt aber von ihm eine ethische Abwägung zwischen dem Anliegen einer öffentlichen Präsentation und der Rücksichtnahme auf seine Objekte. Ausstellungsobjekte waren auch entkleidete Tote, die in sonderbaren Posen den Blicken einer großen Öffentlichkeit ausgesetzt waren. Nach dem Nieders. BestG § 7 Abs. 1 Satz 1 mit Stand vom 20.06.2018 (GVBl., 117) »ist es unzulässig, eine Leiche öffentlich auszustellen«. Bei den Plastinaten ging es ganz offensichtlich darum, einen Markt für den Handel mit solchen kunststoffdurchtränkten menschlichen Körperteilen zu schaffen. Dem standen jedoch bereits gesetzliche Regelungen entgegen. Auch wenn zu Lebzeiten eine schriftliche Verfügung ergangen wäre, nach eingetretenem Tod durch die Plastination zur Sache werden zu wollen, um dann auch vollständig oder teilweise veräußert werden zu können, hätte dem nicht gefolgt werden dürfen. Denn zunächst sind der tote Mensch (Leichnam) und dessen Organe zivilrechtlich als *res extra commercium* anzusehen (Dettmeyer 2006). Weiterhin ist nach § 1 Abschn. 2 TPG der Handel mit Organen eines toten Menschen untersagt. Dabei spielt der Verwendungszweck schon eine Rolle, denn ein menschliches Skelett darf erworben und gehandelt werden. An Organ- oder Gewebeproben, die durch technische Aufbereitung zu Medizinprodukten werden – Dura, Spalthaut, Knochenspan – ist grundsätzlich ebenfalls ein Eigentumserwerb unter Auflagen möglich (Dettmeyer 2007). Ein sozialer Zweck kann im Handel mit Plastinaten jedoch nicht erkannt werden.

Diese kommerzielle Form des Umgangs mit der menschlichen Leiche war jedoch für die Anatomie als medizinisches Fach nicht stilbildend. So gedenken in vielen Anatomischen Instituten die Studentinnen und Studenten nach Semesterende der Toten, an deren Körpern sie im Präparierkurs lernen und den Eingang in die Medizin finden durften, in der Form eines Dankgottesdienstes.

Hat ein Mensch zu Lebzeiten verfügt, dass sein Körper nach seinem Tode einem Anatomischen Institut für die Lehre zur Verfügung gestellt werde, dann hatte er damit aktiv die Wahrung oder auch Hebung medizinischer Standards im Blick. Für die werdenden Ärzte/Ärztinnen ist die postmortale Untersuchung selber, nämlich die Präparation mit dem Erkennen der inneren Organzusammenhänge, bereits das Ziel. Damit unterscheidet sie sich von den anderen Obduktionen, die stets zweckgerichtet, Mittel zum Ziel sind.

Das hauptsächliche Unterscheidungskriterium ist also das altruistische Überlassen des eigenen Körpers nach dem Tode gegenüber der kontrollierenden postmortalen Untersuchung auf Veranlassung hin. Zwar wird auch bei der klinischen Obduktion die Entscheidung dafür oder dagegen noch zu Lebzeiten getroffen, doch eben auf fremde Veranlassung hin.

Erschwert wird eine Zustimmung zur anatomischen oder wissenschaftlichen Obduktion durch ein vermeintliches Wissen über die Art der Durchführung der Obduktion, nämlich als eine umfangreiche Zerstörung des toten Menschen. So ist die anatomische Präparation eine subtile Darstellung bis in die Peripherie kleiner Nerven. Sie ist eine Zergliederung, aber eben keine Zerstörung des toten Menschen. Streng wird darauf geachtet, den toten Menschen noch als Ganzheit bei der Beerdigung durch Kremierung zu achten. Unrealistische Bilder von Zerstören und Unernst durch Präparation und Obduktion werden in Medien zur Hebung von Einschaltquoten und Verbreitung fälschlich als Ausdruck der gerichtlichen Obduktion generiert. Zu den alten tiefen Widerständen gegen die Obduktion treten also neue belastende Bilder hinzu. Gern werden die seinerzeit am Institut für Rechtsmedizin des Heidelberger Universitätsklinikums durchgeführten Leichenexperimente auf Beschleunigungsanlagen im Rahmen der Verkehrsunfallforschung als *pars pro toto* gegen die postmortale Medizin, speziell gegen den Umgang in der Rechtsmedizin bemüht. Vehement wurde in den Medien jede Berechtigung dafür zurückgewiesen. Die Antwort waren ethische Abwägungen in einem interdisziplinären Sammelband (Wellmer/Bockenheimer-Lucius 2000). Die heftige Polemik gegen die postmortalen Versuche in Verbindung mit der nachfolgenden Obduktion beruhte z. T. auch auf Unkenntnis. So wurde von einer Zerstörung des toten Menschen durch die Beschleunigungsversuche ausgegangen. Die Beschleunigung oder Verzögerung des angeschnallten Toten im Experiment (Sicherheitsgurt mit Sensoren) verlief jedoch in der Form einer gedämpften Schwingung. Der Kopf war gepolstert. Über eine Vielzahl weiterer Sensoren wurden Beschleunigung, Verzögerung und Exkursionen im Bereich von Kopf, Hals, Rumpf und Gliedmaßen registriert. Diese postmortalen Untersuchungen dienten ausschließlich der Gewinnung technischer Daten für die Entwicklung physikalischer (Dummy) und mathematischer Modelle zur Abbildung der Verletzungsmechanik (Appel 2000; Mattern 2000). Das Experiment abschließend erfolgte die Verletzungsanalyse, und zwar über eine wissenschaftliche Obduktion an einem Rechtsmedizinischen Institut. Es handelte sich also um ein Experiment, bei dem die Sicherung der Ergebnisse autoptisch oder radiologisch-autoptisch erfolgte. Für das Leichenexperiment mit der wissenschaftlichen Obduktion und für die klinische Obduktion gilt es immer aufs Neue, jeden Eindruck von Verheimlichung zu vermeiden, vielmehr »die partizipatorischen Bedürfnisse einer offenen, demokratischen Gesellschaft zu berücksichtigen« (Schlaudraff 2000).

Die Regelungen für die klinische Obduktion (synonym: Sektion, innere Leichenschau) sind landesgesetzlich geregelt. Nach dem Nieders. BestattG § 5 Absatz 2 muss für die Durchführung einer klinischen Obduktion eine vorherige mündliche oder schriftliche Einwilligung des Verstorbenen vorliegen oder der zu Lebzeiten von dem Verstorbenen geäußerte Wille über die Bestattungspflichtigen kundgetan werden.

Typisches Beispiel dafür wäre die Obduktionsklausel in einem Krankenhausaufnahmevertrag. Deutsch und Spickhoff (2003) verweisen unter Bezug auf §§ 305c und 307 BGB auf das Erfordernis, dass die Zustimmung nicht überraschend oder unangemessen erlangt werden dürfe, sondern mit der für eine Patientenaufklärung angemessenen Bedenkzeit eingeholt und vom Patienten ausdrücklich erklärt werden müsse. Die klinische Obduktion dient nach § 5 Abs. 1. Satz 1 Nieders. BestG »zur Feststellung des Todeszeitpunkts oder zur weiteren Klärung der Todesursache, zur Sicherung der Qualität ärztlichen oder pflegerischen Handelns, zur Gewinnung epidemiologischer Erkenntnisse, zur Beweissicherung oder zur Begutachtung für andere Zwecke«. In Abs. 1 wird dann in Zeile 2 ausgeführt, dass die Obduktion von einem/r Facharzt/Fachärztin (FA) für Pathologie oder Rechtsmedizin oder ein/er Arzt/Ärztin eines Instituts durchzuführen sei. Die Vorstellung allerdings, durch eine klinische Obduktion den Todeszeitpunkt näher eingrenzen zu können, dürfte auf einer Überschätzung der organisatorischen und methodischen Möglichkeiten durch den Landesgesetzgeber beruhen. Selbst in Kombination von Voruntersuchung am Fundort des toten Menschen und gerichtlicher Obduktion kann auch mit rechtsmedizinischen Methoden der Todeszeitpunkt in der Regel nur mit einer sehr großen statistischen Varianz eingegrenzt werden.

## 45.3 Die fachliche Anforderung an die Obduzenten

Im Hinblick auf die fachlichen Anforderungen an die Obduzenten unterscheiden sich klinische und gerichtliche Obduktion nicht wesentlich, organisatorisch jedoch nennenswert. Nach § 87 Abs. 2 StPO muss die gerichtliche Obduktion von zwei Ärzten vorgenommen werden. Allerdings muss nur »[e]iner der Ärzte ... Gerichtsarzt oder Leiter eines öffentlichen gerichtsmedizinischen oder pathologischen Instituts oder ein von diesem beauftragter Arzt des Instituts mit gerichtsmedizinischen Fachkenntnissen sein«. Als noch ausreichend anzusehen wäre damit die Qualifikation, die ein Assistenzarzt in der Pathologie mitbringt, auch wenn er nur temporär in der Rechtsmedizin tätig gewesen ist. Für den weiteren Arzt sind keine fachlichen Kriterien festgelegt. Er kann auch aus einem klinischen oder theoretischen Fach kommen. Diese Regelung hatte der Gesetzgeber offensichtlich als unbefriedigend angesehen und im Jahr 2010 eine Änderung beabsichtigt. In einem entsprechenden Referentenentwurf wurde u. a. auf die Rechtsmedizinische Facharztqualifikation abgestellt. Bei persönlicher Beauftragung des Direktors eines Rechtsmedizinischen Instituts blieb es auch im Sinne der Facharztweiterbildung möglich, einen am Institut angestellten

Arzt damit beauftragen zu können. Beide Ärzte sollten rechtsmedizinische Fachkenntnisse besitzen. Auch war es nicht mehr vorgesehen, Leiter Pathologischer Institute mit gerichtlichen Obduktionen zu beauftragen. In einer vom Bundesministerium der Justiz von der Bundesärztekammer erbetenen Stellungnahme wurde der Facharztstandard für Rechtsmedizin unabhängig von der Anbindung an ein Institut für Rechtsmedizin für geboten gehalten. Dem neuen Rechtsbegriff der ›rechtsmedizinischen Fachkenntnisse‹ stand die Bundesärztekammer abwartend gegenüber. Letztlich kam es nicht zu einer Neufassung des § 87 StPO. Damit besteht weiterhin die vom Gesetzgeber nicht gewünschte Regelung fort, wonach selbst ein Assistenzarzt in der Weiterbildung für das Fach Pathologie mit gerichtsmedizinischen Fachkenntnissen der erstbeauftragte Arzt für die Durchführung einer gerichtlichen Obduktion sein kann, ein habilitierter niedergelassener Facharzt für Rechtsmedizin jedoch nur als Zweitarzt tätig werden darf. Das wird auch in der Praxis so gehandhabt.

Dabei kann es eigentlich keine Frage sein, dass die gerichtliche Obduktion zentrale Aufgabe der Rechtsmedizin und nicht die der Pathologie ist. Diese Sicht leitet sich aus dem Weiterbildungskatalog zum Erwerben der Facharztqualifikation Rechtsmedizin ab. Jede/r FA muss den Beruf als FA EU-weit ohne Diskriminierung ausüben können. Ein Ausschluss von der zentralen Aufgabe dieses medizinischen Fachs wäre auch mittelbar nicht zulässig. In keiner medizinischen Disziplin ist eine höhere Qualifikation als die Facharztqualifikation erreichbar, also auch nicht in der Rechtsmedizin.

Nach § 5 Abs. 3 Satz 2 Nieders. BestG kann bei Nicht-Vorliegen einer Einwilligung eine Amtsärztin/Arzt eine Obduktion dann veranlassen, »wenn 1. diese erforderlich ist, um a) die Todesursache weiter aufzuklären oder b) einen außergewöhnlichen Befund oder Verlauf besser zu verstehen, und 2. das Interesse [...] der schutzwürdigen Belange der verstorbenen Person und ihrer Angehörigen überwiegt«.

Steht die Frage eines Fremdverschuldens, einer Intoxikation, eines Suizids, eines Behandlungsfehlers im Raum oder liegen bereits stärkere postmortale Veränderungen vor, wäre der rechtsmedizinische Facharztstandard zu verlangen. Der Landesgesetzgeber hat eigens in Satz 3 die autoptische Klärung der Todesursache bei unter-6-jährigen Kindern geregelt: »Die Amtsärztin oder der Amtsarzt soll die Leichenöffnung veranlassen, wenn bei einem Kind, das das 6. Lebensjahr noch nicht vollendet hat, die Todesursache nicht zweifelsfrei feststeht«. In Anlehnung an die Stellungnahme der Bundesärztekammer zum § 87 StPO wäre für eine solche amtsärztlich veranlasste Obduktion der rechtsmedizinische Facharztstandard zu verlangen, ohnehin bereits bei Vorliegen eines Minimaltraumas.

Das Hessische FBG hat die Qualifikation zur Durchführung der zweiten Leichenschau für eine Feuerbestattung in § 10 Abs. 9 Satz 2 dahingehend neu geregelt, dass sie durch eine/n Ärztin/Arzt eines öffentlichen Rechtsmedizinischen Instituts bzw. Öffentlichen Gesundheitsdienstes vorzunehmen ist. Bleiben auch danach noch Zweifel an der Todesart (Satz 6), sind die Ermittlungsbehörden einzuschalten. Dort wird dann über die Durchführung einer gerichtlichen Obduktion entschieden.

Zivilrechtlich obliegt es den Auftraggebern, ob für die private Lebens- oder Unfallversicherung die Aufträge an die Rechtsmedizin oder Pathologie ergehen. Dasselbe gilt für Obduktionen zur Klärung sozialversicherungsrechtlicher Fragen, auch nach dem IfSG. Allerdings ist es euphemistisch, in diesem Zusammenhang von einer Vereinbarung unter gleichen Vertragspartnern zu sprechen. Es handelt sich um eine zweckgerichtete Exploration, die keineswegs immer im Interesse des Versicherungsnehmers liegt.

Auf der anderen Seite kann die Durchführung einer Obduktion, wenn sie nämlich einem Gesprächsangebot dienen soll, auch ein Hilfsangebot an die Angehörigen darstellen (Saternus 2003).

## 45.4 Die Durchführung der Obduktion

Wenn auch in unterschiedlichem Umfang, so werden doch dem toten Menschen fortwirkende Persönlichkeitsrechte zuerkannt. Daraus ergab sich die Frage, ob und dann ggf. inwieweit eine Obduktion die daraus ableitbare Würde des Toten tangiert. Dazu hat das BVerfG in seinem grundlegenden Urteil vom 27.07.1993 (NJW 1994, 784) festgestellt »[...] Eine solche Untersuchung würdigt den Toten in seinem allgemeinen Achtungsanspruch, der ihm kraft seiner Menschenwürde zukommt und auch nach dem Tode Schutz genießt, nicht herab und erniedrigt ihn auch nicht«.

Der Umfang einer gerichtlichen Obduktion ergibt aus § 89 StPO insoweit, als sich die Untersuchung stets auf die Kopf-, Brust- und Bauchhöhle zu erstrecken habe, während sich die erforderliche Sorgfalt aus Regelungen für die Teilsektion im Transplantationsgesetz ableiten lässt. So besagt § 6 TPG Abs. 1 (letzte Änderung 28.07.2017, BGBl I, 2761): »Die Organ- oder Gewebeentnahme bei verstorbenen Personen und alle mit ihr zusammenhängenden Maßnahmen müssen unter Achtung der Würde des Organ- oder Gewebespenders in einer der ärztlichen Sorgfaltspflicht entsprechenden Weise durchgeführt werden«.

Weil sich die ärztliche Sorgfaltspflicht aus der Arzt-Patienten-Beziehung ergibt, kann sie nur mittelbar bei einem Eingriff in den Körper eines toten Menschen Anwendung finden. Eine adäquate ärztliche Sorgfalt ist somit nach dem TPG für die Teilobduktion des toten Menschen geboten. Dasselbe würde auf Teilsektionen zutreffen, so im Rahmen der klinischen Obduktion (Wittekind/Friemann 2017). Und es gäbe keinen Grund, eine vollständige Obduktion anders zu betrachten. Zu den damit zusammenhängenden Maßnahmen gehört auch die Wahrung der Diskretion und Beachtung der auch nach dem Tode fortbestehenden Schweigepflicht nach § 203 StGB.

Aus der Orientierung an der ärztlichen Sorgfaltspflicht ergibt sich, dass eine *ästhetische Obduktion* zu fordern ist. Das dient dem toten Menschen und wird dem Obduzenten in seinem eigenen ärztlichen Anspruch gerecht. Darunter ist nicht etwa ein Ersatz der Obduktion durch eine postmortale radiologische Diagnostik zu verstehen. Die Technik der radiologischen Diagnostik hat sich zunehmend verbessert, was allerdings nicht mit einer Minderung der Artefakthäufigkeit verbunden gewesen ist (Bornik/Heinze/Campana u. a. 2019). Im Hinblick auf das CT kommt hinzu, dass es sich nicht um eine einmalige Röntgenuntersuchung aus einer Richtung, sondern um eine rechnerbasierte Computer-Auswertung und -Bearbeitung von Röntgensignalen aus definierten Richtungen handelt. Zudem ist eine Nachbearbeitung möglich. Für eine forensische Verwertung bedarf aber alles, was verändert werden kann, der Kontrolluntersuchung mit einer unabhängigen Methode. Deshalb bleibt der unmittelbar erhobene Befund durch die gerichtliche Obduktion unverzichtbar. Dabei gilt es durchaus, nicht im Vertrauen auf den technischen Fortschritt die autoptischen Kenntnisse und Fertigkeiten zu verlieren. Tendenzen dazu sind in der Rechtsmedizin bereits wahrnehmbar.

Bei einer ästhetischen gerichtlichen Obduktion ist die Wahl der Zugänge für die innere Untersuchung so zu planen, dass ein Höchstmaß an Information bei einem Mindestmaß an äußerer Beeinträchtigung des toten Menschen gewonnen wird. Ein Beispiel für diese Wahlmöglichkeit soll anhand des ersten Schnitts (Zugangs) bei der Obduktion erläutert werden. In einer Vielzahl bildnerischer Darstellungen zu den Anfängen der Obduktion scheint sie mit einem Bauchschnitt begonnen worden zu sein (Cetto 1967). Nach der AWMF-Leitlinie der Deutschen Gesellschaft für Rechtsmedizin wird für »[d]ie rechtsmedizinische Leichenöffnung« in der Regel ein Schnitt vom Kinn bis zur Symphyse oder ein modifizierter Kragenschnitt geführt. Diese Obduktionstechnik, nämlich »durch einen einzigen langen, vom Kinn bis zur Schambeinfuge [...] geführten Schnitt«, könnte auf § 18 des von Virchow verfassten Regulativs zurückgeführt werden. Mit einem Kinnschnitt lassen sich allerdings die häufig vorkommenden Verletzungen der Schulterhöhe nicht darstellen. Es wird also kein Höchstmaß an Information erreicht. Zum zweiten Kriterium, dem der geringstmöglichen Beeinträchtigung soll der Pathologe Hamperl (1956) zitiert werden: »Bei der Führung aller Hautschnitte ist oberstes Gebot, keine bei der Aufbahrung der Leiche sichtbaren Wunden zurückzulassen«. Dazu empfiehlt er, einen reinen Kragenschnitt von der Vorderfläche der linken Schulter bis vor die der rechten zu führen. Durch die Totenbekleidung wird später dieser Zugang bedeckt. Adaptiert auf die rechtsmedizinische Obduktion bedurfte es lediglich der Weiterführung des Kragenschnitts bis auf die Schulterhöhen, um ein Höchstmaß an Information mit der geringst möglicher Beeinträchtigung des äußeren Erscheinungsbildes des toten Menschen zu erreichen (Saternus 2007).

Aber auch eine sehr umfangreiche Darstellung aller Körperregionen im Sinne einer Verfolgung von Kausalketten zur Verletzungsrekonstruktion ist mit der Wahrung der Würde des toten Menschen vereinbar (Saternus 1995). Es kommt auf die Handhabung an. Dazu soll noch einmal auf die zitierte Leitlinie ›Die rechtsmedizinische Leichenöffnung‹ eingegangen werden, und zwar mit einem Passus zur autoptischen Entnahme des Darms. Empfohlen wird »[...] der sogenannte Rössle-Handgriff, bei dem das Coecum erfasst und mit einem kräftigen Ruck nach oben gerissen wird [...]«. Bei einer ästhetischen rechtsmedizinischen Obduktion verbietet sich jedes Reißen an den Organen. Ausnahmslos wird der darzustellende Bereich nur leicht angespannt, um die zarten Bindegewebezüge, über die jedes Organ an seine angrenzenden Strukturen haftet, präzise durchtrennen zu können.

Wie bereits ausgeführt, ergibt sich der Umfang der gerichtlichen Obduktion aus § 89 StPO. Danach darf sie nicht mit der Feststellung des Todes und der Todesart beendet werden, sondern »muss sich, sowie der Zustand der Leiche dies gestattet, stets auf die Öffnung der Kopf-, Brust- und Bauchhöhle erstrecken«. Diese Regelung erscheint eng an § 14 des von Virchow verfassten Regulativs von 1875 angelehnt zu sein (»Behufs der inneren Besichtigung sind die drei Haupthöhlen des Körpers: Kopf-, Brust- und Bauchhöhle zu öffnen«). Durchaus beschreibt er aber auch die Obduktion des Halses (§ 18) und legt Wert auf die Untersuchung des Wirbelkanals (§§ 14, 18), Letzteren von der Rückseite her.

Bei jedweder Form stumpfer Gewalt, so auch als Sturzfolge, können die rückwärtigen Partien des Rumpfs und der Gliedmaßen ohne Vorliegen äußerlicher Verletzungen in der Tiefe verletzt worden sein. Eine systematische Untersuchung wäre deshalb zwingend. Sie ist aber weder im Regulativ von Virchow vorgesehen noch in der StPO geregelt. Der Zugang für die dorsale Teilsektion erfolgt durch einen Bogenschnitt von Schulterhöhe zu Schulterhöhe, fortgesetzt in der Mittellinie bis zum Kreuzbein, aufgegabelt über dem Gesäß, fortgeführt auf der Rückseite beider Beine bis auf die Ferse. Für die Arme geht die Schnittführung jeweils von der Schulterhöhe auf die Rückseiten der Oberarme und der Streckseite der Unterarm über, wobei die Gliedmaßen von dem gelegten Zugang aus zirkulär präpariert werden. Im Bereich des Rückens erfolgt eine schichtweise Präparation des Aufhängeapparats der Arme, der tiefen Rücken- und Rumpfmuskulatur, anschließend der Flanke, des Gesäßes und der Hüfte, ggf. die präparative Entnahme von hinterer Schädelbasis und HWS. Stets sind die großen Blutgefäße, große Nervenstränge und je nach Fragestellung auch die Gelenke darzustellen. Der tote Mensch ist nach dieser Präparation seiner Rückflächen wie aufgefächert. Dieser außerordentlich große, zusätzliche Eingriff in dessen Integrität kann nicht in das Belieben der Obduzenten gestellt werden, allein auch deshalb nicht, weil dafür ein Standard entwickelt worden ist (Saternus 2007). Es handelt sich nicht um eine der Situation angepasste Variation der Standard-Obduktion nach der StPO, die von vorn ausgeführt wird. Deshalb ist von einer zusätzlich zur Obduktion erforderlichen Teilsektion zu sprechen, für die rechtlich eine Regelungslücke besteht. Das ergibt sich aus dem Justizvergütungs- und -entschädigungsgesetz. Eine zusätzliche Teilsektion ist dort nicht vorgesehen. Sie bedürfte somit einer Anordnung durch die StA.

Bei einem derartig umfangreichen Eingriff stellt sich die Frage der Rekonstruktion, um den Angehörigen eine Abschiednahme zu ermöglichen. Die ästhetische Obduktion beinhaltet sie. Sie ist das Gegenteil der Plastination, denn die dargestellten Strukturen werden Schicht um Schicht in ihre ursprüngliche topographische Lage zurückgebracht, anschließend die umfangreichen Zugänge subtil verschlossen. Es liegt dann äußerlich bei den toten Menschen ein Bild wie nach einer großen Operation vor.

Nach den Bestattungsgesetzen, so dem Nieders. BestG § 5 Abs. 5 1. Halbsatz, gilt es auch bei der Standardobduktion, also bei den Zugängen von vorn, im »gebotenen Umfang auch (das) äußere Erscheinungsbild wiederherzustellen«. Ein ähnlicher Passus findet sich für die Teilsektion nach Organexplantation, der sich häufig noch eine gerichtliche Obduktion anschließt. Bei nicht natürlicher Todesart wird nicht selten bereits zur Organexplantation im Auftrag der StA begleitend ein Rechtsmediziner hinzugezogen. Bei Teilsektion und nachfolgender gerichtlicher Obduktion werden bei dem toten Menschen dieselben Zugänge zweimal subtil verschlossen, chirurgisch und rechtsmedizinisch. So besagt § 6 Abs. 2 TPG: »Der Leichnam des Organ- oder Gewebespenders muss in würdigem Zustand zur Bestattung übergeben werden. Zuvor ist dem nächsten Angehörigen Gelegenheit zu geben, den Leichnam zu sehen«. Abschied können die Angehörigen dann erst nach Abschluss der gerichtlichen Obduktion nehmen. Stets gilt es also, die Pietät zu wahren (Preuß 2011). Das heißt konkret, dass die standardmäßig präparierten Organe, also auch das Gehirn, in den Brust-, Bauch- und Beckenraum zurückgegeben werden. Zuvor wird der Ausgang des kleinen Beckens mit Zellstoff fest verschlossen, damit die Organflüssigkeit nicht ablaufen kann. Für den Schädelbinnenraum wird feuchter Zellstoff zur exakten Füllung verwand. Dasselbe gilt für den Hals, der deshalb in seine ursprüngliche natürliche Form modelliert werden kann. Sodann erfolgt der subtile Verschluss der vorderen Zugänge. Für die Angehörigen ist bei der Abschiednahme diese zugewandte Handhabe erkennbar. Sie hilft ihnen auch, die Obduktion als erforderlich zu akzeptieren.

Bei der forensischen Obduktion werden im Auftrag der Staatsanwaltschaft Organe, Gewebeproben und Körperflüssigkeiten für weiterführende Untersuchungen entsprechend dem weiteren Verwendungszweck asserviert, sei es für radiologisch-präparative, chemisch-toxikologische, histologische oder auch neuropathologische Nachuntersuchungen. Diese Proben sind damit beschlagnahmt und werden in einem dem Obduktionsprotokoll beigefügten Asservatenbogen aufgelistet. Eine solche Dokumentation ermöglicht ggf. auch eine Nachbestattung. Die Durchführung der Folgesuchungen erfolgt im Auftrag der Ermittlungsbehörden oder des Gerichts.

## 45.5 Obduktionsprotokoll

Die Anfertigung eines Obduktionsprotokolls gehört zu den üblichen ärztlichen Dokumentationspflichten. Bei der gerichtlichen Obduktion ist die Niederschrift der sachverständig festgestellten Befunde erforderlich (Meyer-Goßner/Schmitt 2014). Die Art der Erstellung ist zwar heute nicht mehr festgelegt, doch immer noch erkennt man eine Orientierung am preußischen Regulativ für die gerichtliche Obduktion von 1875. Bei diesem handelte es sich allerdings um eine bis in Detail geregelte Vorschrift, die auch Anwendung auf die klinische Obduktion gefunden hatte. Selbst 1912/1913, als Gottfried Benn in der Pathologie des damaligen Charlottenburger Städtischen Krankenhaus Westend als Assistenzarzt tätig war, galt noch als Regel für die Abfassung eines Obduktionsprotokolls die ›reine Beschreibung‹ mit einem jedoch festgelegten Vokabular (Hoffmann 2008). Bei der klinischen Obduktion kann heute für die Befundeintragung ein Formblatt ausreichen.

Die Form der Dokumentation spielt aus wissenschaftlichen Gründen eine Rolle, insbesondere aber dann, wenn es um die Einsichtsnahme in das Obduktionsprotokoll geht. Bei einer öffentlich-rechtlich angeordneten Obduktion scheint das kein Problem zu sein. Der Auftraggeber der Obduktion hat anhand des Obduktionsprotokolls eine Sachentscheidung zu treffen, und zwar mit professionellem Abstand. Dieser Abstand wäre bei einer Einsichtnahme in das Obduktionsprotokoll durch Angehörige nicht gegeben.

Selbst wenn das Göttinger Landgericht eine gegenteilige Sicht hat (Saternus/Kernbach-Wighton 2004), so kann entgegen aller ›steht mir zu‹-Argumente den Angehörigen ebenso wenig Einsicht in ein Obduktionsprotokoll eingeräumt werden, wie in die Krankenakten im Archiv eines Krankenhauses. Dabei handelt es sich um eine Tangierung des fortwirkenden Persönlichkeitsrechts, um eine Offenbarung aus der früheren Privatsphäre. Im konkreten Fall, der zu entscheiden war, wurde die Obduktion ausdrücklich unter dem Vorbehalt der Nichtaushändigung des Protokolls an die Angehörigen, hier die Mutter des Verstorbenen, durchgeführt. Grundlage dieser rechtsmedizinisch vertretenen Sicht war, dass das Lesen des Obduktionsprotokolls ein Tabu bzw. eine Schamverletzung, darstellt. So wird der tote Mensch in ärztlicher Genauigkeit in seiner ganzen Körperlichkeit von Narben und Muttermalen in der Haut schrittweise bis in sein Inneres beschrieben. Es ist keineswegs selbstverständlich, dass er selbst von seinen engsten Angehörigen so gesehen werden wollte. Vielmehr dürfte eher vom Gegenteil auszugehen sein, wenn nicht ausdrücklich der Wille des Toten in dieser Hinsicht bekannt ist. Es ist nicht vorhersehbar, ob sich durch diese Indiskretion das frühere Bild eines Menschen für seine Angehörigen ändern wird. Als sehr problematisch ist es anzusehen, dass häufig dennoch Angehörigen über das Recht des Anwalts zur Akteneinsicht das Obduktionsprotokoll nicht nur zur Einsichtsnahme zugänglich, sondern sogar in Kopie ausgehändigt wird. Die Angehörigen werden beim Lesen des Protokolls und der Ansicht von bei der Obduktion von den Ermittlungsbehörden gefertigten Bildern schutzlos dem Gang der Obduktion von der äußeren Beschreibung bis zur präparativen Darstellung eines jeden Organs ausgesetzt. Weil ihnen ihre Nähe als Angehörige keinen rein sachlich-professionellen Abstand zulässt, können sie den Gang der Obduktion nur emotional verfolgen. Dieses führt nicht selten zu einer Störung der Trauer. Auch dafür kann nicht der Wille des Toten vorausgesetzt werden.

Das bedeutet nicht, dass den Angehörigen nicht etwa Bescheinigungen zur Vorlage bei Behörden mit der Angabe der Todesursache überlassen werden können. Ihnen diese auszuhändigen, stellt eine ärztliche Pflicht dar. Es als unzulässig anzusehen, den Angehörigen das Obduktionsprotokoll auszuhändigen, bedeutet am wenigsten, ihnen Hilfsmöglichkeiten vorzuenthalten. Die Hilfe sollte in einer ausführlichen Information, in Betreuungsgesprächen und in der Vermittlung von Kontakten zu Selbsthilfegruppen bestehen. Sie sollte insbesondere eine ärztliche Begleitung zur Abschiedsnahme beinhalten.

## 45.6 Abschiednahme

Nicht selten empfinden Angehörige eines Verstorbenen die gerichtliche Anordnung einer Obduktion als einen Übergriff. Mehrfach wurde bereits darauf eingegangen, dass es eine Hilfe sein kann, den Angehörigen nach der durchgeführten Obduktion eine ärztlich begleitete Abschiednahme zu ermöglichen. Wird es zugelassen, dann handelt es sich nicht nur um einen Blick von weitem auf den nahen Toten, vielmehr wird sehr häufig auch eine körperliche Nähe gesucht. Dieses den Angehörigen zu verwehren, wie es sehr häufig geschieht, sollte als ein paternalistischer Übergriff verstanden werden. Und jeder Obduzent und jede Obduzentin soll einer körperlichen Abschiednahme durch die Herrichtung des toten Menschen als Abschluss der gerichtlichen Obduktion Rechnung tragen (Saternus 2000). Die Angehörigen tasten die Nähte und betrachten sie danach. Genau das sollte gewollt sein, damit sie befähigt werden, leichter mit der Obduktion umgehen und Abschied nehmen zu können.

Ein Dilemma ist darin zu sehen, dass Angehörige zwar eine Begleitung nach dem Tode eines nahen Menschen benötigen, sie auch wünschen, aber dennoch oft nicht der Obduktion zustimmen können. In ihrer Trauer sind sie schutzlos, so auch medizinischen Vorgaben ausgeliefert (Saternus/Grönig/Doench u. a. 1997). Deshalb kann bei ihnen, leichter als sie es wollen, eine Einwilligung zur Obduktion mit dem Argument erreicht werden, diese diene der Erforschung eines Krankheitsbildes und damit zur Verhütung des Todes Anderer. Erste Gespräche dazu werden häufig bereits vom Notarzt in der Akutsituation mit den betroffenen Angehörigen geführt. Eine solche Handhabung bedürfte wohl doch der ethischen Abwägung.

### Literatur


Appel, H./Krabbel, G.: Unfallforschung, Biomechanik und Fahrzeugsicherheit. In: H.-K. Wellmer/G. Bockenheimer-Lucius (Hg.): *Zum Umgang mit der Leiche in der Medizin.* Lübeck 2000, 171–195.

AWMF-Leitlinien Nr. 054–001: *Die rechtsmedizinische Leichenöffnung. Leitlinien der Deutschen Gesellschaft für Rechtsmedizin.* In: https://www.awmf.org/uploads/tx_szleitlinien/054-001l_S1_Die-rechtsmedizinische_Leichenoeffnung_2018-02.pdf (08.04.2019).

Bornik, A./Heinze, S./Campana, L./Rost, T./Wittig, H./Labudde, D./Genet, P./Grabherr, S.: Theoretische Grundlagen der forensischen Bildgebung. Arbeitsgemeinschaft Forensische Bildgebung (AGFB) der Deutschen Gesellschaft für Rechtsmedizin (DGRM). In: *Rechtsmedizin* 29/1 (2019), 1–12.

Bundesärztekammer: *Stellungnahme der Bundesärztekammer zum Referentenentwurf für ein Gesetz zur Änderung des § 87 der Strafprozessordnung* (2012). In: https://www.bundesaerztekammer.de/fileadmin/user_upload/downloads/StellBAeK_Referentenentwurf_Strafprozessordnung_210212.pdf (26.04.2019).

Cetto, A. M.: Katalog der bildnerischen Darstellung der anatomischen Sektion. Die Sektion im Theatrum anatomicum. In: G. Wolf-Heidegger/Ders. (Hg.): *Die anatomische Sektion in bildlicher Darstellung.* Basel 1967, 343–363, 553–568.

Dettmeyer, R.: *Medizin & Recht. Leichenschau- und Obduktionsrecht. Verfassungsrechtliche Vorgaben im Obduktionsrecht.* Heidelberg ²2006, 271–272.

Dettmeyer, R.: Rechtsstellung des toten Menschen. In: K. S. Saternus/B. Madea (Hg.): *Gerichtliche Obduktion. Umgang mit dem toten Menschen und Obduktionstechnik.* Lübeck 2007, 27–33.

Deutsch, E./Spickhoff, A.: *Medizinrecht. Arztrecht, Arzneimittelrecht, Medizinprodukterecht und Transfusionsrecht.* Berlin ⁵2003.

Hamperl, H.: *Leichenöffnung, Befund und Diagnose. Eine Einführung in den Pathologisch-anatomischen Seziersaal und Demonstrationskurs.* Berlin ⁴1967.

Hauser, G: *Die Zenkersche Sektionstechnik.* Jena 1913.

Hoffmann, C: In der Prosektur: Zwischen B. und Benn. In: M. Freybourg/E. Kraas (Hg.): *›...im Trunk der Augen‹. Gottfried Benn – Arzt und Dichter in der Pathologie Westend.* Göttingen 2008, 35–45.

JVEG (Justizvergütungs- und -entschädigungsgesetz) Anlage 2 zu § 10 Abs. 1; BGBl I 2004, 758–787. In: https://www.gesetze-im-internet.de/jveg/anlage_2.html (09.04.2019).

Mattern, R: Experimente mit Leichen in der Unfallforschung. In: H.-K. Wellmer/G. Bockenheimer-Lucius (Hg.): *Zum Umgang mit der Leiche in der Medizin.* Lübeck 2000, 153–170.

Preuß, D.: Pietät in der Rechtsmedizin. Autopsie eines Begriffs. In: *Rechtsmedizin* 21 (2011), 286–290.

Prüll, R.-C.: Der Umgang mit der menschlichen Leiche in der Medizin: die historische Perspektive. In: H.-K. Wellmer/G. Bockenheimer-Lucius (Hg.): *Zum Umgang mit der Leiche in der Medizin.* Lübeck 2000, 59–69.

Putz, R. V.: Der Leichnam in der Anatomie. In: *Zeitschrift für medizinische Ethik* 45 (1999), 27–32.

Sasse, D./Stammler, L.: *Anleitung zum Präparierkurs.* Stuttgart 1996.

Saternus, K. S.: Der Tote in der Rechtsmedizin. In: *Lutherische Monatshefte* 11 (1995), 5–8.

Saternus, K. S./Grönig, M./Doench, K./Walter-Humke, S.: Der Plötzliche Kindstod. Sind wissenschaftliche Erhebungen an betroffenen Eltern ohne deren Betreuung ethisch vertretbar? In: *Ethik in der Medizin* 9 (1997), 187–193.

Saternus, K. S.: Aufklärung oder Gruseleffekt? In: *Ethik in der Medizin* 10 (1998), 40–42.

Saternus, K. S.: Der Umgang mit der menschlichen Leiche aus der Sicht des Rechtsmediziners. In: H.-K. Wellmer/G. Bockenheimer-Lucius (Hg.): *Zum Umgang mit der Leiche in der Medizin.* Lübeck 2000, 211–217.

Saternus, K. S.: Die Obduktion als Hilfsangebot. In: K. Amelung/W. Beulke/H. Lilie/H. Rosenau/H. Rüping/G. Wolfslast (Hg.): *Strafrecht, Biorecht, Rechtsphilosophie, Festschrift für Hans-Ludwig Schreiber.* Heidelberg 2003, 793–805.

Saternus, K. S./Kernbach-Wighton, G.: Ist es ärztlich zu vertreten, Angehörigen das Obduktionsprotokoll auszuhändigen? In: *Rechtsmedizin* 14 (2004), 234–241.

Saternus, K. S.: Rücken, Zugänge[1]; Rumpf Vorderfläche, Legen der Zugänge[2]. In: Ders./B. Madea (Hg.): *Gerichtliche Obduktion. Umgang mit dem toten Menschen und Obduktionstechnik.* Lübeck 2007, [1]134–135; [2]137–139.

Schlaudraff, U.: Kriterien für den pietätvollen Umgang mit der menschlichen Leiche. Stellungnahme aus der Sicht des Klinikseelsorgers. In: H.-K. Wellmer/G. Bockenheimer-

Lucius (Hg.): *Zum Umgang mit der Leiche in der Medizin.* Lübeck 2000, 219–226.
Schnalke, T.: Veröffentlichte Körperwelten. In: *Zeitschrift für medizinische Ethik* 45 (1999), 15–26.
Tillmann, B./Schünke, M.: *Taschenatlas zum Präparierkurs. Eine klinisch orientierte Anleitung.* Stuttgart 1993.
Virchow, R.: *Die Sections-Technik im Leichenhause des Charité-Krankenhauses, mit besonderer Rücksicht auf die gerichtsärztliche Praxis.* Im Anhang: Das Regulativ für das Verfahren der Gerichtsärzte bei den gerichtlichen Untersuchungen der menschlichen Leiche vom 6. Januar/13. Februar 1875. Berlin 1876.
Wellmer, H.-K./Bockenheimer-Lucius, G. (Hg.): *Zum Umgang mit der Leiche in der Medizin. Lübeck* 2000.
Wittekind, C./Friemann, J.: *S1-Leitlinie zur Durchführung von Obduktionen in der Pathologie* ($^{3}$2017). Berufsverband Deutscher Pathologen und Deutsche Gesellschaft für Pathologie. In: https://www.pathologie.de/?eID=downloadtool&uid= 1667 (26.04.2019).
Wolf-Heidegger, G.: Zur Geschichte der anatomischen Zergliederung des menschlichen Körpers. Die Sektionsstätte – Das Theatrum anatomicum – Das anatomische Institut. In: G. Wolf-Heidegger/A. M. Cetto (Hg.): *Die anatomische Sektion in bildlicher Darstellung.* Basel 1967, 64–71.

*Klaus-Steffen Saternus*

# 46 Leichenpredigten

## 46.1 Entstehung und Geschichte

Leichenpredigten als Reden am Grab Verstorbener gab es bereits in der Antike, z. B. die römischen *laudationes funebres*, sowie im mittelalterlichen Frankreich und Italien (Lenz 1990, 15). Die hier vorgestellten neuzeitlichen Leichenpredigten verdankten ihre Entstehung der Reformation. Die erste gedruckte Leichenpredigt ist aus dem Jahr 1525 überliefert. Der Reformator Martin Luther hielt sie bei der Bestattung Friedrichs des Weisen, des Kurfürsten von Sachsen (vgl. Luther 1907). Er entwickelte in der Folgezeit in Anlehnung an die katholische Ars-moriendi-Literatur des Spätmittelalters (s. Kap. 28: »Ars moriendi – Ritual- und Textgeschichte«) eine neue Literaturgattung, die sich von ihrer Vorgängerform u. a. dadurch unterschied, dass sie nicht das Seelenheil des Verstorbenen in den Mittelpunkt stellte, sondern sich an die Hinterbliebenen richtete, ihnen das Evangelium verkündigte und bestrebt war, sie zu trösten, zu erbauen und zu belehren. Die Orientierung auf das Diesseits war das Neue an dieser Form des Abschieds. In den Leichenpredigten der frühen nachreformatorischen Zeit wurde in der Regel auf biographische Angaben zum Verstorbenen verzichtet. Diese hielten ihren Einzug in der zweiten Hälfte des 16. Jhs. Um 1600 entwickelten sich die in Leichenpredigten eingearbeiteten Kurzbiographien zu einem eigenständigen Teil: zu den sogenannten *Personalia*. Schließlich ergänzten noch Darstellungen der Sterbeszene das Textcorpus. Im 17. Jh. entwickelten sie sich zum zentralen Motiv der Predigt.

Zunächst wurden Leichenpredigten vorwiegend von Lutheranern verfasst; die katholische Kirche versuchte, ihre Verbreitung zu verhindern. Erst mit der Zeit griffen diesen neuen Brauch auch Zwinglianer, Calvinisten und selbst Katholiken auf, allerdings in weit geringerem Maße. Gedruckte Leichenpredigten erlebten ihre Blütezeit vor dem Dreißigjährigen Krieg und in der zweiten Hälfte des 17. Jhs. Die Initiative zur Ausarbeitung und zum Druck der Leichenpredigt ging zum Teil von dem Verstorbenen aus, der noch zu Lebzeiten das Ehrengedächtnis selbst ausarbeitete. Gelegentlich veranlasste auch der Prediger den Druck, wohl um sich selbst in Szene zu setzen. Häufiger jedoch wollten die Nachkommen durch eine üppig ausgestattete Leichenpredigt sich und ihrem Toten ein bleibendes Denkmal setzen. Typische Beispiele dafür sind die Leichenpredigt auf Friedrich Wilhelm III., Herzog von Sachsen-Altenburg (1603–1669), die mit 890 Seiten besonders umfangreich war, und die außerordentlich aufwendig gestaltete, im Großfolioformat gedruckte und mit mehreren Kupferstichtafeln illustrierte Leichenpredigt auf Ernst I., den Frommen, Herzog von Sachsen-Gotha-Altenburg (1601–1675). Dieses voluminöse Gedenkwerk wurde in der hohen Auflage von 3000 Exemplaren verbreitet. Die ernestinischen Wettiner versuchten mittels dieser umfangreichen Gedenkwerke das Prestige ihrer jeweiligen Kleindynastie zu erhöhen.

Spätestens im 18. Jh. verlor die Leichenpredigt ihre ursprüngliche Funktion. Aufgebläht mit allerlei Zitaten aus Schriften antiker und mittelalterlicher Autoren war sie eher ein Beleg für die Gelehrsamkeit ihres Autors als eine Erbauung für die Hinterbliebenen. Ebenso wuchs die Bedeutung der *Personalia*, deren Umfang bald den der eigentlichen Predigt übertraf. Kirchenordnungen und Polizeiordnungen der weltlichen Obrigkeiten versuchten, einer übermäßigen Prachtentfaltung bei den Trauerfeierlichkeiten, aber auch dem Anwachsen der *Personalia* in den gedruckten Predigten Einhalt zu gebieten. Der Brauch, Leichenpredigten zu drucken, ging Mitte des 18. Jhs. langsam zu Ende. Zum einen führte der Wettbewerb, eine möglichst prächtig gestaltete Predigt drucken zu lassen, zum Ausufern der Kosten, die sich viele Hinterbliebene nicht mehr leisten konnten oder wollten. Zum andern verlor die im Sinne des Barock ausgestattete Leichenpredigt mit dem Beginn der Aufklärung und der Hinwendung der Menschen zur ›Ratio‹ an Bedeutung; die Predigten wurden nicht mehr gelesen, Erbauungsschriften waren nicht mehr gefragt.

## 46.2 Aufbau und Funktion

Die hier unter der Bezeichnung ›christliche Leichenpredigt‹ zusammengefassten Druckschriften gehören zur Gattung der Personalschriften, also zu den Schriften, die zu Geburtstagen, Taufen, Verlobungen, Hochzeiten, Amtseinführungen, Jubiläen und eben zum Tod eines Menschen verfasst und häufig auch gedruckt wurden. Sie setzen sich aus mehreren Teilen zusammen, die nicht alle schon in ihrer Entstehungszeit vorhanden waren. In den ersten Jahrzehnten nach der Reformation bis etwa 1600 bestand das Druckwerk aus der eigentlichen Predigt, wie sie am Grab des Verstorbenen gehalten wurde, mit biographischen Einsprengseln. Im 17. Jh. kamen verschiedene weitere Schriftstücke hinzu, die sich zum Teil verselbständigten (Bredehorn/Dickhaut/Lenz 2004, 577 f.).


H. Wittwer/D. Schäfer/A. Frewer (Hg.), *Sterben und Tod. Ein interdisziplinäres Handbuch 2. Auflage*,
https://doi.org/10.1007/978-3-476-05761-7_46

Eine Leichenpredigt aus dieser Zeit begann in der Regel mit der Widmung, in der der Verfasser die Personen nannte, denen er die Schrift zueignete, und/ oder einer Vorrede, die in den theologischen Teil der Predigt einführte. Es schloss sich die ›christliche Leichenpredigt‹ an, die eigentliche Predigt, die der Pfarrer bei der Beerdigung des Verstorbenen, an seinem Grab oder bei der Trauerfeier in der Kirche hielt. Sie basierte auf einer Bibelstelle, dem sogenannten Leichtext, der einen Bezug auf das Leben des Verschiedenen haben sollte und oft noch von diesem selbst bestimmt worden war. Die anschließenden *Personalia*, der Lebenslauf, in den Druckschriften auch mit ›Ehrengedächtnis‹ oder *Curriculum Vitae* überschrieben, beinhalteten mitunter sehr ausführliche Schilderungen einzelner Lebensstationen des Verschiedenen. Das Bedürfnis der lutherischen Kirche, zu zeigen, dass auch in ihrem Schoß ein seliges Sterben möglich war, führte im 17. Jh. dazu, dass die *Personalia* ausführliche Schilderungen der Sterbeszenen und des sie begleitenden geistlichen Rituals enthielten. Des Weiteren gehörte zu den Leichenpredigten dieser Zeit die ›Abdankung‹. Das war eine Trauerrede profanen Inhalts, gehalten von einem Nichttheologen, in der sowohl der Tote nochmals gewürdigt als auch den Trauergästen dafür gedankt wurde, dass sie dem Verstorbenen die letzte Ehre erwiesen hatten. Eine Sonderform der ›Abdankung‹ war die ›Standrede‹, die ihren Namen erhielt, weil man sie stehend am offenen Grab nach der Beisetzung hörte. Aus der Abdankung entwickelte sich Ende des 17. bis Anfang des 18. Jhs. eine eigene Gattung, die die Leichenpredigt zum Teil ersetzte. Zu den genannten Teilen der Druckschrift gesellten sich weitere, wie z. B. die ›Epicedien‹, die Trauergedichte der Verwandten und Freunde. Diese nahmen mitunter die Form eines ›Epitaphs‹ (s. Kap. 49: »Grabinschriften«) oder eines ›Figurengedichtes‹ an, womit durch Formung eines Textkörpers neben der literarischen auch eine optische Aussage getroffen wurde. Schließlich findet man in gedruckten Leichenpredigten immer wieder musikalische Trauerkompositionen.

Gelegentlich enthielten die Leichenpredigten weitere Bestandteile: Vornehmlich bei Leichenpredigten auf Wissenschaftler, Universitätsmitglieder oder Angehörige eines *Gymnasium Illustre* erschienen akademische Trauerreden, die, meist in lateinischer Sprache von Kollegen des Verstorbenen gehalten, seine wissenschaftliche Karriere, seine Forschungs- und Lehrtätigkeit darstellten. Bei demselben Personenkreis findet man auch das *Programma Academicum*. Es vermeldete den Todesfall, lud die Adressaten zur Trauerfeier ein und informierte über ihren Termin und ihr Programm. Darüber hinaus waren daraus auch Angaben zur Person und zum akademischen Werdegang des Betrauerten zu entnehmen.

War eine Überführung des Verstorbenen vom Sterbe- zum Beerdigungsort nötig, wurde oft eine Überführungspredigt in die Druckschrift aufgenommen. Wenn es für eine Beerdigung keinen Leichnam gab, etwa weil ein Ertrunkener nicht geborgen werden konnte, oder wenn man an einen Verstorbenen erinnern wollte, der andernorts beerdigt worden war, hielt man eine Predigt, die unter dem Namen ›Gedächtnispredigt‹ veröffentlicht wurde.

In aufwendigeren Drucken schmückten oft Holzschnitte oder Kupferstiche, auch in größerer Zahl, die Leichenpredigten. Häufig wurde der Verstorbene mit einem Porträt abgebildet. Ebenso konnte der Trauerzug bzw. die Leichenprozession oder der Sarg in verschiedenen Ansichten dargestellt sein. Bei adeligen Persönlichkeiten oder auch bei hohen weltlichen und geistlichen Würdenträgern findet man oft Tafeln, auf denen der Verstorbene als Aufgebahrter zu sehen ist, sowie das *Castrum Doloris* (Trauergerüst für die Aufbahrung).

## 46.3 Verbreitung, Umfang und Druckauflage

Die Gepflogenheit, das Andenken Verstorbener mit einer gedruckten Leichenpredigt zu ehren, kam im 16. Jh. unmittelbar nach der Reformation im mitteldeutschen Kerngebiet des lutherischen Protestantismus auf und breitete sich rasch in den übrigen Gebieten dieses Bekenntnisses aus. Die meisten Leichenpredigten entstanden aber weiterhin in Mitteldeutschland, begrenzt im Süden durch den Main und im Norden durch eine gedachte Linie von Osnabrück nach Berlin. Außerdem wurden zahlreiche Leichenpredigten in den oberdeutschen Reichsstädten und in Schlesien verfasst.

In der Entstehungszeit des Brauches, Leichenpredigten drucken zu lassen, bestanden diese aus lediglich zehn bis zwanzig Druckseiten im Oktav- oder Quartformat. Im ausgehenden 17. Jh. führte die wachsende Prachtliebe und Geltungssucht zu Druckwerken von bis zu 100, 200 und mehr Seiten in Folio- oder gar Großfolioformat. Hier spiegelte sich auch der im Barock besonders für die Oberschicht existierende gesellschaftliche Zwang zur Repräsentation wider, der dazu führte, dem Verschiedenen ein seinem Stand entsprechendes Ehrendenkmal zu setzen. Die Auflagenhöhe der Drucke lag in dieser Zeit zwischen 100 und 300 Exemplaren, gelegentlich entstanden auch Neuauflagen.

Die nicht selten kostspielige Ausstattung mit einem Porträt des Verstorbenen als Holzschnitt, später in Kupfer gestochen, auch mit Text und Noten von Trauerkompositionen konnten sich nur wohlhabende Kreise leisten. So blieben die Leichenpredigten überwiegend ein Phänomen der protestantischen Ober- und Mittelschicht; insbesondere für Adlige und für das wohlhabende Bürgertum wurden Leichenpredigten gedruckt. Rund zwei Drittel der Predigten waren für Männer bestimmt.

Überliefert sind heute rund 250.000 bis 300.000 dieser Druckwerke, die Gesamtzahl der erschienenen neuzeitlichen Leichenpredigten ist nicht mehr ermittelbar.

## 46.4 Leichenpredigten-Sammlungen

In den rund zweihundert Jahren zwischen Reformation und beginnender Aufklärung, in denen das Gros der Leichenpredigten gedruckt wurde, entstanden zahlreiche und zum Teil sehr umfangreiche Leichenpredigten-Sammlungen. Die erste davon erschien noch zu Lebzeiten Luthers. Dabei handelte es sich um 15 Predigten, die zusammengefasst in einem Band um 1544 in Augsburg und kurz danach in Wittenberg veröffentlicht wurden. Solche Sammelbände entstanden häufig für Theologen, die darin Anregungen für von ihnen selbst zu haltende Predigten fanden. Vor allem im 18. Jh. entstanden Predigtensammlungen, die bis heute erhalten blieben. Die Beweggründe für das Zusammentragen dieser Druckschriften konnten sehr unterschiedlich sein. In erster Linie waren die Leichenpredigten aber wegen ihres Erbauungs- und Trostcharakters erworben worden. Mit dieser Motivation entstand eine der umfangreichsten Sammlungen dieser Quellen durch die Reichsgräfin Sophie Eleonore zu Stolberg-Stolberg (1669–1745), die zu ihren Lebzeiten rund 45.000 dieser Schriften zusammentrug. Nach Aussonderung der Dubletten umfasst die Sammlung, die heute in der Herzog August Bibliothek in Wolfenbüttel aufbewahrt wird, noch immer 24.600 Drucke und gilt damit als die größte ihrer Art.

Dem Streben einiger Landesfürsten nach dem Besitz einer möglichst umfangreichen Bibliothek sind weitere Sammlungen zu verdanken. An erster Stelle ist hier die Bibliothek des Herzogs August d. J. von Braunschweig-Lüneburg (1579–1666) in Wolfenbüttel zu nennen, aus der die heutige Herzog August Bibliothek hervorgegangen ist. Des Herzogs Agenten und Bibliothekare trugen rund 11.000 Leichenpredigten zusammen. Eine ähnliche Sammeltätigkeit entfalteten die ernestinischen Wettiner in den verschiedenen thüringischen Herzogtümern (Altenburg, Gotha, Weimar) sowie die Herren anderer deutscher Länder. Zahlreiche Vertreter des Niederadels versuchten, ihren Landesherren nachzueifern oder waren ebenfalls an Erbauungsliteratur interessiert. Ihre Sammlungen nahmen allerdings geringere Ausmaße an. Diese Sammlungen gelangten häufig auf verschiedenen Wegen in die Staatsarchive der jeweiligen Länder. Ebenso entstanden den Leichenpredigten-Sammlungen in Bibliotheken städtischer Provenienz (Zittau, Görlitz, Zwickau, Breslau) oder in Universitätsbibliotheken (Leipzig, Marburg). In die verschiedenen Bibliotheken fanden teils als Schenkungen, teils als Deposita auch Sammlungen von Liebhabern dieser Druckerzeugnisse Eingang.

Zahlreiche Sammlungen wurden von Geistlichen angelegt, weil sie die von ihnen selbst verfassten und gehaltenen Leichenpredigten der Nachwelt überliefern wollten oder weil sie gebeten wurden, ihre Predigten als Vorbild für Amtsbrüder zu veröffentlichen. Kataloge von diesen verschiedenen Sammlungen wurden seit den 1980er Jahren in großer Zahl veröffentlicht, vorwiegend von der Forschungsstelle für Personalschriften in Marburg.

## 46.5 Leichenpredigten als Geschichtsquelle

Von wenigen Ausnahmen abgesehen, rückten Leichenpredigten erst spät in den Fokus der Forschung. Neben der mangelhaften Erschließung der Leichenpredigten-Sammlungen, die einen Zugang zu diesen Quellen erschwerte, lag das in erster Linie an den Intentionen, die ursprünglich zur Abfassung und zum Druck der Predigten führten. Als Erbauungsliteratur für die Hinterbliebenen, die durch üppige Ausstattung den Status des Verstorbenen und der Auftraggeber zeigen sollte und die inhaltlich häufig mehr über die Gelehrsamkeit ihres Verfassers als über das Leben des Verstorbenen aussagte, galten sie als zweitrangige Quelle, die meist nur von Genealogen genutzt wurde. Und selbst bei Familienforschern wurden die Leichenpredigten häufig als ›Lügenpredigten‹ angesehen. Dennoch wurde diese Quellengattung seit dem letzten Drittel des 20. Jhs. in der Forschung immer mehr beachtet. Die Mannigfaltigkeit der Informationen, die sie liefert, und ihr serieller Charakter, der elektronischer Datenverarbeitung entgegenkommt und statistisch signifikante Aussagen ermöglicht, weckten bei zahlreichen Disziplinen Interesse.

An erster Stelle sind hier die biographischen Abschnitte der Predigten zu nennen. Wegen der Möglichkeit, aus ihren Angaben verallgemeinerungsfähige sozialgeschichtliche Erkenntnisse zu gewinnen, und zwar gerade auch zu aktuellen Themen der modernen Forschung, sind sie von besonderem Wert für verschiedene historische Fragestellungen. Für die Geschichte der Frühen Neuzeit schlechthin, für die Sozialgeschichte ihrer führenden Schichten durch Aussagen zu deren Mentalität und Ideologie, für die Stadt-, Universitäts- und allgemeine Bildungsgeschichte, ja für die Kulturgeschichte bieten die Leichenpredigten eine Fülle von statistisch verwertbaren Daten in räumlicher Differenzierung. Hierzu gehören z. B. Immatrikulationsalter, Studienfächerwahl, Verweildauer und Frequenz an den Universitäten ebenso wie der Ausbildungsgang und die Wanderungen der Gesellen, die sonst erst seit dem 18. Jh. bekannt sind, oder die Migrationsbewegungen schlesischer Protestanten unter dem Einfluss von Gegenreformation und Dreißigjährigem Krieg.

Die zunehmende Nutzung der Leichenpredigten als Quellen führte zu der Erkenntnis, dass sie auch für die Erforschung des Lebens einzelner Personen von beachtlichem Nutzen sind. Zwar gehörte eine Zurückhaltung gegenüber Fehlern des Verstorbenen und Beschönigung seines Lebenswandels zum Wesen der Leichenpredigt, entsprechend dem Grundsatz des Luthertums, über die Schuld eines bereuenden Menschen zu schweigen. Doch waren dieser Praxis schon dadurch Grenzen gesetzt, dass der Verstorbene in der Regel der Gemeinde bekannt war, allzu große Abweichungen von der Wahrheit den Toten und seine Familie also lächerlich gemacht hätten. So findet man oft etwas verklausuliert auch kritische Bemerkungen zu Leben und Charakter des Verstorbenen. Bei der Analyse biographischer Daten aus den Predigten ist generell zu beachten, dass der Lebenslauf, von wem er auch immer verfasst wurde, im Zusammenhang mit den anderen Teilen der Leichenpredigt – etwa dem Leichtext oder dem Hauptteil der Predigt – interpretiert werden muss. Die dem Leichtext zugrunde gelegte Bibelstelle hatte oft einen direkten Bezug auf Leben und Wirken des Verschiedenen. Der geübte Hörer bzw. Leser der Predigt konnte und kann sich also durchaus ein realitätsnahes Gesamtbild machen.

Für die Literaturwissenschaft dürften besonders die mit den Leichenpredigten überlieferten Epicedien bekannter und weniger bekannter Autoren von Interesse sein, zeigen sie doch unter anderem, in welcher Form Stilelemente der antiken Rhetorik Begräbnis und zugehöriges Zeremoniell prägten. Eine von der Universität Marburg bereitgestellte Datenbank Thesaurus Nominum Auctorum et Mortuorum (THENOM) ermöglicht die Aufdeckung von beruflichen und familiären Netzwerken, in denen sich die Verstorbenen und die Verfasser(-innen) sowohl räumlich als auch zeitlich bewegten. Sie enthält rund 137.000 Verfasser- und 33.000 Verstorbenennamen (Leichenpredigtenempfänger) aus rund 33.000 katalogisierten Leichenpredigten.

Zahlreiche Krankheitsberichte sind für die Geschichte der Medizin und der Pharmazie von Interesse. Auch für die Familie und ihre Binnenbeziehungen sowie für die Berufe lassen sich Aufschlüsse gewinnen. Ferner liefern die Bildbeigaben reiches Material für Ikonographie, Emblematik und die Kunstgeschichte allgemein. Selbstverständlich enthalten Leichenpredigten Erkenntnisse zu theologischen Fragestellungen, etwa zum lutherischen Sterberitual (Beichte, Absolution, Abendmahl, Singen der Sterbelieder, Lesung der Heiligen Schrift). Und nach wie vor nutzen Genealogen Leichenpredigten als wichtige Quellen für die Erforschung von Familiengeschichten.

Einen vorläufigen Höhepunkt erreichte die Untersuchung gedruckter Leichenpredigten mit der Einrichtung der Forschungsstelle für Personalschriften in Marburg, deren wichtigste Aufgabe es ist, die schätzungsweise bis zu 300.000 im deutschen Sprachraum überlieferten Drucke zu ermitteln und durch Kataloge zu erschließen. Darüber hinaus werden die Quellen mit Hilfe der EDV nach einem 174 Kategorien umfassenden Intensivauswertungsschema für die unterschiedlichsten wissenschaftlichen Disziplinen aufbereitet.

### Literatur


Bredehorn, U./Dickhaut, E.-M./Lenz, R.: Die Ausstellung ›Deß einen Todt, deß andern Brod‹. 25 Jahre Leichenpredigten-Forschung. Ergebnisse und Perspektiven. In: R. Lenz (Hg.): *Leichenpredigten als Quelle historischer Wissenschaften*. Bd. 4. Stuttgart 2004, 525–625.

Lenz, R.: *De mortuis nil nisi bene? Leichenpredigten als multidisziplinäre Quelle unter besonderer Berücksichtigung der historischen Familienforschung, der Bildungsgeschichte und der Literaturgeschichte* (Marburger Personalschriften-Forschungen 10). Sigmaringen 1990.

Luther, M.: Zwo predigt uber der Leiche des kurfursten herzogen Friedrichs zu Sachsen. Anno 1525. In: Ders.: *Werke. Kritische Werkausgabe*. Bd. 17. Abt. 1. Weimar 1907, 196–227.

### Weiterführende Literatur

Cruel, R.: *Geschichte der deutschen Predigt im Mittelalter* [1879]. Darmstadt 1966.

Dickhaut, E. (Hg.): Leichenpredigten als Medien der Erinnerungskultur im europäischen Kontext, *Leichenpredigten als Quelle historischer Wissenschaften*. Bd. 5. Stuttgart 2014.

Flach, D.: Antike Grabreden als Geschichtsquelle. In: R. Lenz (Hg.): *Leichenpredigten als Quelle historischer Wissenschaften*. Bd. 1. Köln/Wien 1975, 1–35.

Lenz, R. (Hg.): *Leichenpredigten als Quelle historischer Wissenschaften*. Bd. 1. Köln/Wien 1975; Bd. 2. Marburg 1979; Bd. 3. Marburg 1984; Bd. 4. Stuttgart 2004.

Mohr, R.: *Protestantische Theologie und Frömmigkeit im Angesicht des Todes während des Barockzeitalters hauptsächlich auf Grund hessischer Leichenpredigten*. Diss. theol. Marburg 1964.

Mohr, R.: *Der unverhoffte Tod. Theologie- und kulturgeschichtliche Untersuchungen zu außergewöhnlichen Todesfällen in Leichenpredigten* (Marburger Personalschriften-Forschungen 5). Marburg 1982.

Schmidt-Grave, H.: *Leichenreden und Leichenpredigten Tübinger Professoren (1550–1750). Untersuchungen zur biographischen Geschichtsschreibung in der frühen Neuzeit*. Tübingen 1974.

Weitere Literatur siehe Forschungsstelle für Personalschriften Marburg: http://www.uni-marburg.de/fpmr.

*Jens Kunze*

# 47 Sarg

## 47.1 Definition, etymologische und rechtliche Aspekte

Ein Sarg ist ein meist längliches, oft hölzernes Behältnis für den Transport, die Aufbahrung, die Verhüllung und Beisetzung des Leichnams. Särge werden vor allem zur Bestattung in der Erde, aber auch z. B. für die Feuerbestattung im Krematorium verwendet. Im Vollzug von Bestattungsritualen kann dem Sarg als Objekt symbolischer Handlungen wichtige Bedeutung zukommen (Aufbahrung, Verschluss des Sargs, Trauerfeier am gleichen Ort).

Herkunft und ursprüngliche Bedeutung des Begriffs sind nicht aufgeklärt. Die naheliegende Herleitung aus der latinisierten Kurzform *sarc* für *sarcophagus*, griechisch *lithos sarkophagos*, konkurriert mit den lateinischen Begriffen *arca* (›Kasten‹, ›Sarg‹) und *loculus* (›Kästlein‹, ›Sarg‹) sowie mit dem mittellateinischen *locelum*. Eine andere etymologische Erklärung leitet das Wort ›Sarg‹ vom althochdeutschen *sarc*, *sarch* (›Kleidung‹, ›Rüstung‹) zum germanischen *sergîti* (›bergen‹, ›behüten‹; vgl. frz. *cercueil*: ›Sarg‹) ab. Volkssprachliche Synonyme sind ›Totentruhe‹, ›Totenlade‹, ›Totenbaum‹ und ›Totenkiste‹.

Wohl kaum ein anderer Bereich der menschlichen Existenz ist so vielgestaltig wie die Bestattungsart und, damit verbunden, die Verwendung von Särgen (Ströbl 2014): Maßgebliche Faktoren sind Kultur und Religion (Jenseitsvorstellungen, Rituale, Sepulkralkunst), Geologie und Klima, Jurisprudenz und Ökonomie (Bestattungsart, Materialien, Trauerfristen) sowie sozioökonomische Aspekte (Grabbeigaben, Sargschmuck, Repräsentation).

In Deutschland ist das Friedhofs- und Bestattungsrecht durch landesrechtliche Vorschriften geregelt, die bisher in den wesentlichen Punkten übereinstimmten. So besteht generelle Friedhofspflicht; die Aufhebung des auch für die Feuerbestattung geltenden Sargzwangs vornehmlich aus religiösen Gründen erfolgte bereits in 13 Bundesländern und wird gegenwärtig in Bayern diskutiert. Die kommunalen Verordnungen bezüglich Grababmessungen, Liegefristen oder Verwendung alternativer Materialien (z. B. Pappe oder andere brennbare Materialien für die Kremierung) unterliegen regionalen Bedingungen wie Siedlungsdichte, Bodenbeschaffenheit oder Grundwasservorkommen. Ausnahmen bilden die Feuerbestattung und die Sorge für die Kriegsgräber, die bundeseinheitlich geregelt sind.

Die Bestattungsformen und somit die Verwendung und Gestaltung von Särgen variierten regional und zeitlich stark in Abhängigkeit von den jeweiligen sozioökonomischen Bedingungen und den vorherrschenden Glaubensvorstellungen (Weiß 1994, 10). Ein relativ konstantes Merkmal ist die längliche Ausführung des Sarges. Bedingende Faktoren sind zu allen Zeiten die Verfügbarkeit materieller Ressourcen und das Streben nach Repräsentation von sozialem Status.

## 47.2 Archaische Formen: Steinkistensarg und Baumsarg

Das Steinkistengrab, ein mit Steinplatten ausgekleidetes und mit einer Steinplattendecke abgeschlossenes Einzelgrab, stellt nicht nur eine Architektonisierung der frühzeitlichen Erdgrube dar, sondern wird auch als älteste Form des Sarges angesehen. Es ist bis in die späte Stein- und frühe Bronzezeit (4000–1600 v. Chr.) zurückzuverfolgen und markiert den Wandel in den Todesvorstellungen der Menschen (vgl. Knispel 1985, 10). Zeugen die für die Megalithkultur typischen Ganggräber (Hünengräber, Dolmen) von der Annahme, dass die Ahnen in die Welt der Lebenden hineinwirken und deshalb reich ausgestatteter Totenwohnstätten bedürfen, so verweist das Steinkistengrab auf den Glauben an eine jenseitige Existenz nach dem Tod.

Der Brauch, Verstorbene in ausgehöhlten Baumstämmen beizusetzen, ist in Nord- und Mitteleuropa ebenfalls bereits in der kupferführenden Jungsteinzeit (5500–3300 v. Chr.) nachweisbar und in der Bronzezeit weit verbreitet. Mit dem Aufkommen der Brandbestattung in diesen Regionen verschwinden Baumsärge, erscheinen dann wieder in der römischen Kaiserzeit und sind bis ins 13. Jh. bezeugt. Der Stamm, meistens Eiche, wurde gespalten, mit Werkzeugen trogähnlich ausgehöhlt und nicht selten mit Tierfellen ausgelegt. Der Tote wurde in den Unterteil gelegt und mit seinem Mantel oder mit Tüchern bedeckt, dann wurde das als Deckel dienende Oberteil darüber gelegt (Knispel 1985, 10). Die zentralasiatische Abteilung der Eremitage St. Peterburg birgt ein wesentlich jüngeres Exemplar der vietnamesischen Dong Son-Kultur aus dem 3. Jh. v. Chr, bei dem Tragegriffe und eine Fälzung gegen das Verrutschen des Sargdeckels aus dem Stamm herausgearbeitet wurden. Seit der bandkeramischen Kultur (4000–3000 v. Chr.) findet sich der Brauch, den Verstorbenen Grabbeigaben wie

J. B. Metzler © Springer-Verlag GmbH Deutschland, ein Teil von Springer Nature, 2020
H. Wittwer/D. Schäfer/A. Frewer (Hg.), *Sterben und Tod. Ein interdisziplinäres Handbuch 2. Auflage*,
https://doi.org/10.1007/978-3-476-05761-7_47

Waffen, Geräte des täglichen Gebrauchs und Schmuck zur Ausstattung und Versorgung im Jenseits in den Sarg zu legen (Weiß 1994, 11).

## 47.3 Ein möglicher Namensgeber: Der Sarkophag

Sarkophage aus Basalt und Ton waren in Mesopotamien seit der Mitte des 3. Jahrtausends v. Chr. bekannt, wenngleich sie nur sporadisch Verwendung fanden. In der kretisch-mykenischen Zeit traten im 14. Jh. v. Chr. figürlich bemalte Tonsarkophage in Truhenform auf. Im weiteren Sinne umfasst der Begriff *Larnax* (pl. *Larnakes*) jedoch nicht nur diese aus Terrakotta gefertigten und reich verzierten Leichengefäße, sondern ebenso mazedonische ›Aschekästen‹ des 4. Jh. v. Chr. (Dettmer 1998, 76). In der ionischen Stadt Klazemenai wurden zwischen 550 und 470 v. Chr. Sarkophage aus grobem Ton in rötlicher und brauner Farbgebung hergestellt, die anfangs nur mit Ornamentik versehen und im Verlauf der Zeit mit den typischen rot- und schwarzfigürlichen Darstellungen der attischen Vasenmalerei verziert wurden. Aufgrund ihres enormen Gewichtes geht man davon aus, dass die Brennöfen nahe der Nekropolen direkt um die *Klazomenischen Sarkophage* herum gebaut wurden (Knauß 2017, 163). Ebenfalls der hellenistischen Kultur, aber der Region um den östlichen Ausläufer der Halbinsel Krim, entstammen die hölzernen Sarkophage, die in der griechisch-römischen Antiken-Abteilung der Eremitage in St. Petersburg ausgestellt sind. In den griechischen Kolonien *Pantikapaion* und *Gorgippa*, dem heutigen Kertsch und dem südrussischen Anapa, wurden vom 4. bis 1. Jh. v. Chr. hölzerne Schreine gefertigt, die im Erscheinungsbild Sarkophagen ähneln, z. B. Truhen in Hausform, auf hölzernen Beinen ruhend und versehen mit mythologischer Ornamentik. Im ersten vorchristlichen Jahrhundert erscheinen dann auch in dieser Region steinerne Sarkophage mit inwendiger Malerei.

Ursprünglich wurde mit *lithos sarkophagos* (›fleischfressender Stein‹) ein in Troas – einer Landschaft in der heutigen Türkei – gebrochener, zur Herstellung von Särgen verwendeter Kalkstein bezeichnet. Diesem wurde die Eigenschaft zugeschrieben, die Verwesung eines Leichnams zu beschleunigen. Da dieses Gestein auch zum Auslegen von Särgen diente, wurden mit der Zeit auch alle anderen Steinsärge als Sarkophage bezeichnet. Später wurde der Ausdruck für jede Art von Prunksarg aus Stein, Bronze, Zinn etc. verwendet und unter einem Sarkophag ein meist prunkvoller, häufig sichtbar aufgestellter Sarg für herausragende Persönlichkeiten des öffentlichen Lebens verstanden (Knispel 1985, 8–10).

In Ägypten waren zur Zeit des Alten Reiches (ca. 2630–2040 v. Chr.) glattwandige Sarkophage in Hausform oder mit flach gewölbten Deckeln gebräuchlich, die zunächst aus Holz, später aus Stein gefertigt und mit bildlichen Darstellungen aus dem täglichen Leben verziert wurden. In der Zeit des Mittleren Reichs (2040–1650 v. Chr.) entstanden die der Mumienform folgenden anthropoiden Sarkophage mit Texten, Symbolen und Bildern, die religiöse Jenseitsvorstellungen vermitteln. Am Sarkophag des Tut-ench-Amun fällt die für die Zeit des Neuen Reiches (1551–1075 v. Chr.) typische Überdimensionierung, insbesondere des Kopfbereichs auf, die der mehrhülligen Einbettung der Mumie in Holzsärge geschuldet ist. Sarkophage nach ägyptischen Vorbildern fanden um 1000 v. Chr. Verbreitung bis in die Regionen um das Mittelmeer.

Im antiken Griechenland waren Sarkophage wegen der Sitte der Totenverbrennung bis ins 3. nachchristliche Jh. nur selten in Gebrauch. Im Gegensatz dazu finden sich in Kleinasien neben figürlich bemalten Tonsarkophagen (6. und 5. Jh.) auch reichlich Marmorsarkophage aus dem 5. und 4. Jh. v. Chr. Sarkophage aus Ton oder Stein waren vor allem seit der Mitte des 3. Jhs. v. Chr. in Etrurien im Gebrauch. Von den Etruskern sind insbesondere Sarkophage des Klinentyps in der Form einer Ruheliege mit angehobenem Kopfende bekannt. Auf der *Kline* ruhen zum Mahl ausgestreckt figürliche Darstellungen der Verstorbenen, häufig paarweise mit ihren Ehegemahlen dargestellt (Weiß 1994, 16). Wie in Griechenland gewannen auch im Römischen Reich Sarkophage erst mit dem Zurücktreten der Brandbestattung gegen Ende des 2. nachchristlichen Jhs. an Bedeutung, und die Sarkophagkunst erfuhr in der zweiten Hälfte des 2. und im 3. Jh. eine neue Blüte. Der oft verzierte römische Sarkophag war überwiegend aus Marmor gestaltet; lediglich die Cäsaren hatten das Vorrecht, in Porphyrsarkophagen bestattet zu werden.

Sarkophage zählen häufig zu den Kunstwerken (s. Kap. 37: »Tod und Sterben in der Bildenden Kunst«), da sie bereits im Altertum oft am Deckel mit rundplastischem Figurenschmuck und an den Seiten mit Girlanden sowie Reliefdarstellungen verziert wurden und diese Bildhauerarbeiten einen guten Eindruck von Brauchtum und Kunstfertigkeit vermitteln. Im Allgemeinen waren die Sarkophage der ausgehenden Antike schmucklose Steinsärge. Ab der Mitte des 3. Jhs. setzte die christliche Sarkophagplastik ein. Die

Figuren-, Fries- und Passionssarkophage – deren wichtigste Werkstätten sich in Rom, Kleinasien, Südfrankreich (Arles) und Spanien befanden – zeigten Darstellungen biblischer Gestalten, Szenen aus dem Leben Jesu und der Passion Christi. Im 5. Jh. erlebte die christliche Sarkophagplastik eine Nachblüte, die vereinzelt bis ins beginnende Mittelalter reichte.

Vom Sarkophag abzugrenzen ist die Tumba – ein freistehendes steinernes oder bronzenes Grabmal, das die Form eines Sarkophages hat, aber in der Regel keinen Leichnam enthält. Sie lässt sich historisch von den Grabplatten innerhalb von Kirchen ableiten, die nach und nach eine dreidimensionale Ausgestaltung erfuhren und schließlich das Volumen eines Sarkophages annahmen (Weiß 1994, 17).

## 47.4 ›Konkurrenten‹: Holzsarg und Leichensack in der Geschichte

In Ägypten lassen sich für den Zeitraum von 3000 v. Chr. bis ins 5. nachchristliche Jh. sehr unterschiedliche Sargtypen aus Holz und Stein nachweisen, die als Kastenform, Schrankform, aber auch anthropomorph gestaltet waren. Während im Alten Reich Sarkophage der königlichen Familie und hohen Beamten vorbehalten waren, wurde die Mehrheit der Bestattungen ohne Sarg durchgeführt. Zu Beginn des Mittleren Reiches waren die Särge bereits reich mit Inschriftenbändern verziert, und die Beisetzung in einfachen Holzsärgen wurde zunehmend populärer. Im Mittleren Reich wurde die Ausstattung der Holzsärge wie auch der Sarkophage immer opulenter. Dabei handelt es sich bei der aufkommenden anthropoiden Form der Holzsärge immer um innere Särge. Bis in die Zeit der 22. Dynastie (um 945 v. Chr.) erfuhr die ägyptische Sargkunst eine Blüte, und gegen Ende der 3. Zwischenzeit um 715 v. Chr. kam wieder der kastenförmige Sarg auf (Taylor 1989).

Auch bei der Feuerbestattung, die seit der Jungsteinzeit bekannt ist, wurden anfangs Särge für die Beisetzung des Leichenbrandes benutzt oder die Asche in Steinkistengräber gestreut. Allmählich wurden diese Behälter jedoch der Menge der verbrannten Knochen angepasst, bis sich schließlich aus dem tönernen Vorratsgefäß die Urne entwickelte (Knispel 1985, 38).

Aus Brettern gezimmerte Särge sind in Mitteleuropa seit dem 2. vorchristlichen Jahrtausend nachweisbar, wobei die Mehrheit der Bestattungen ohne Sarg stattfand. Etwa seit 1200 v. Chr. wurden bei Feuerbestattungen allgemein Urnen verwendet, die oft, ähnlich den Särgen, das Aussehen eines Hauses erhielten. Die Griechen und Römer der Antike begruben ihre Toten oder verbrannten sie auf Scheiterhaufen. Die Praxis der Bestattungsformen (s. Kap. 48: »Bestattungsformen – Wandel in der Moderne«) wechselte im Laufe der Zeit, temporär bestanden beide Bestattungsformen nebeneinander. Da für die Errichtung eines Scheiterhaufens große Mengen Brennmaterials nötig waren und die Wälder im Mittelmeerraum nahezu vollständig abgeholzt waren, wurde die Brandbestattung zunehmend zum Privileg bestimmter Bevölkerungsgruppen. So wurde um die Mitte des 3. Jhs. unserer Zeitrechnung die Feuerbestattung durch die Körperbestattung abgelöst, was eher auf ökonomische Gründe als auf den noch schwachen Einfluss des aufkommenden Christentums zurückzuführen ist (Knispel 1985, 16; Sörries 1994b, 23).

Die im Judentum vorherrschende Sitte der Erdbestattung war auch für die frühen Christengemeinden naheliegend, zumal die Lehre von der Auferstehung des Leibes mit Christus selbst begründet wird, der nach christlichem Glauben aus dem Grab auferstanden ist (1 Kor 15, 20–40). Schließlich wurde die Feuerbestattung als heidnischer Brauch stigmatisiert und mit dem *Kapitular* Karls des Großen an die Sachsen im Jahr 875 bei Todesstrafe verboten.

Zwischen dem frühen Mittelalter und dem 17. Jh. wurden Verstorbene im Abendland zumeist ohne Sarg begraben. Die Leichen wickelte man in Leinenbinden, hüllte sie in Matten oder in geteerte Säcke (sog. ›Gerber‹) oder nähte sie in Leintücher ein (Diefenbach/Sörries 1994, 37 f.; Knispel 1985, 17). Lediglich die Leichen reicher oder hochgestellter Personen wurden in Särgen aus Stein oder Holz beigesetzt. Für Adel und Klerus wurden teils aufwendige, reich verzierte Särge gefertigt, teils antike Sarkophage wiederverwendet.

In Totentanzdarstellungen und Stundenbüchern finden sich spärliche Hinweise auf Bestattungen in einfachen Särgen, meist als Vergegenständlichung des *Memento mori* (Bunsen 2004, 67 f.). Häufig dienten diese wiederverwendeten Särge jedoch dem Transport der Verstorbenen, ebenso wie Totenbahren, längliche Körbe oder wannenförmige hölzerne Kästen. Zur Beerdigung wurde der Leichnam aus dem Sarg gehoben und vom Rand des Grabes in die Grube gerollt, zuweilen auch direkt aus dem Transportbehältnis ins Grab geschüttet. Wiederverwendbare Särge wie auch die kunstvoll bestickten Bahrtücher, die den schlichten Sarg verhüllten, wurden häufig von den Zünften, Gilden oder Bruderschaften gestellt und kennzeichneten die Zugehörigkeit des Verstorbenen zu diesen Gruppen (Sörries 2004, 13). In einigen süddeutschen Gegenden wurden die Verstorbenen noch bis in das 19. Jh. hinein auf sogenannten Totenbrettern zu Grabe getragen, die, mit biblischen Zitaten und Lebensdaten versehen, zu ihrem Gedenken aufgestellt wurden (Diefenbach/Sörries 1994, 37 f.; Knispel 1985, 21).

Die sarglose Bestattung entsprach dem mittelalterlichen Brauch der Bestattung auf den Kirchhöfen und innerhalb der Stadtmauern, da Raum knapp war und die Verwesung nicht verzögert wurde. Der Erwerb eines Sarges wie des Privilegs einer Sargbestattung innerhalb von Kirchen, in der Nähe verehrter Reliquien, war eine Frage des sozioökonomischen Status einer Person. Die sarglose Bestattung wie auch die Verwendung eines sogenannten Kondukt- oder Gemeindesarges, der ausschließlich für den Transport des Toten zum Friedhof diente und daher wiederverwendet werden konnte, war insbesondere in Seuchen- und Kriegszeiten mit vielen Toten üblich (Stolle 2002, 87).

Eine gewisse Bekanntheit erlangte der sogenannte Josephinische Gemeindesarg (auch ›Klappsarg‹ genannt), der mit der Leiche je nach Ausführung in das Grab hinabgesenkt werden konnte oder darüber gestellt wurde und durch Seilzüge nach unten geöffnet werden konnte. Die in einem Leinensack befindliche Leiche fiel in das offene Grab und wurde mit gelöschtem Kalk bedeckt. Diese Vorgehensweise, mit der die Verwesung befördert, seuchenhygienische Vorkehrungen getroffen und Holz eingespart werden sollten, entsprach den utilitaristisch ausgerichteten Reformen des österreichischen Kaisers Joseph II. (1741–1790). Das Hofedikt des aufgeklärten Monarchen von 1784 scheiterte nach einem halben Jahr am Protest privilegierter Bevölkerungsschichten, die das Bestattungszeremoniell als Medium sozialer Repräsentation fortentwickelt hatten.

Die Reformation mit der protestantischen Neuordnung des Begräbniswesens führte zu einer neuen Blüte der Sargbenutzung und -gestaltung. Während man in Nord- und Mitteldeutschland bereits im 16. Jh. bestrebt war, auch den ärmsten Gemeindemitgliedern einen Sarg aus Mitteln der Pfarrkassen zu ermöglichen, war in Süddeutschland und auch in Österreich in manchen Gebieten noch im 19. Jh. die Bestattung ohne Sarg üblich (Knispel 1985, 21; Sörries 2004, 9). Der bereits zu Lebzeiten angeschaffte Sarg entsprang je nach Region praktischen Erwägungen der Vorsorge oder der in den sogenannten Sterbe- und Trostbüchlein empfohlenen Vorbereitung auf das Sterben – im einen Fall diente der bemalte Sarg als Möbel zur Aufbewahrung von Vorräten oder Kleidung, im anderen dem Probeliegen und der Vorbereitung auf das Sterben (Stolle 2002, 92; Sörries 2004, 10). Dem *Memento mori* dienten auch die sogenannten Betrachtungssärglein, die man wegen ihrer geringen Größe bequem bei sich tragen konnte (vgl. Sörries 1994a). Die kunstvoll gestalteten sargförmigen Schatullen enthielten aus edlem Material wie Elfenbein gefertigte *Homunculi* in einem mehr oder weniger fortgeschrittenen Zustand der Verwesung.

Auch die insbesondere vom 17. bis zum 19. Jh. nachweisliche *Taphophobie*, die Angst vor dem Scheintod (s. Kap. 10: »Scheintod«) und davor, lebendig begraben zu werden, zeigte Auswirkungen auf die Ausgestaltung der Särge. In dieser Zeit wurden die Särge (meist wohlhabender) Verstorbener teilweise mit speziellen Vorrichtungen versehen. Beispiele sind die zum Patent angemeldeten ›Sicherheitssärge‹ mit Leitern zum Aufsteigen aus dem Grab oder mit eingebauter Glocke, um Hilfe herbeizurufen.

Im 17. und im 18. Jh. gaben Sargschreiner und -tischler den Särgen barocke Formen und statteten sie reich mit Beschlägen und Schnitzereien aus (Zander 2010). Beliebte Motive waren Bordüren, Totenköpfe oder Palmzweige als Symbole für Frieden und Gerechtigkeit. Obwohl die Särge im Laufe des 19. Jhs. tendenziell schlichter wurden, beeinflusst diese Stilrichtung bis heute noch die Formgebung der Särge (Knispel 1985, 26; Sörries 2004, 11). In der Industrialisierung kamen Eisensärge auf; auch Gruftbestattungen erfuhren neue Aufmerksamkeit (Ströbl 2015 und 2017).

Das Aufkommen neuer seuchenhygienischer Bestimmungen, die vorgeschriebene ärztliche Leichenschau und die Festsetzung von Fristen zur Verhinderung der Beerdigung Scheintoter führten dazu, dass seit der zweiten Hälfte des 18. Jhs. Totenkammern und seit Beginn des 19. Jhs. Leichenhallen errichtet wurden. Die sanitäre Funktion, die nunmehr der Sarg entweder beim Verbleib des Toten im Sterbehaus oder bei der Abstellung in einer Leichenkammer bis zur Beerdigung zu erfüllen hatte, dürfte wesentlich dazu beigetragen haben, dass zumindest in den Städten seit dem Ende des 19. Jhs. kaum mehr ohne Sarg bestattet wurde (Diefenbach/Sörries 1994, 40 ff.; Sörries 2004, 9).

Hinsichtlich des Materials begann sich zu Beginn des 17. Jhs. endgültig der Holzsarg durchzusetzen; er blieb aber zunächst noch der wohlhabenderen Bevölkerung vorbehalten. Überwogen zunächst Särge aus Tannenholz, wurden zu Beginn des 19. Jhs. bereits in zunehmendem Maße Eichen- und Buchensärge gefertigt. In der Gründerzeit – in Deutschland nach 1871 – wurden Särge durch die serielle Produktion insgesamt preiswerter und für breitere Bevölkerungsschichten erschwinglich. Die Verwendung billiger Ersatzmaterialien wie Pappmaché, Bordüren und Metallfolien bei der Imitation teurer Metallbeschläge und Applikationen ermöglichte es, das Großbürgertum und den Adel nachzuahmen (Stolle 2002, 95). Als im Zuge der Friedhofsreform zu Beginn des 20. Jhs. neue Friedhöfe außerhalb oder am Rande von Ortschaften angelegt wurden, setzten sich Särge bei der Erdbestattung allgemein durch (Knispel 1985, 22 f.).

Mit den Individualisierungstendenzen der Neuzeit, die sich bis in die Gegenwart fortsetzen, änderte sich auch die Gestaltung der Särge, wobei man sich immer noch weitgehend an der historischen barocken Form orientiert. Während im 17. Jh. die Farbe der Särge teils vom Familienstand und teils vom Alter des Toten abhängig war – die Särge für Erwachsene oder Verheiratete waren braun oder schwarz, jene für Kinder oder Ledige weiß, hellblau, grün, gelb oder rot –, richtet sich die derzeitige Farbgebung mehr nach individuellen oder an der Nachfrage orientierten Gesichtspunkten (Sörries 2004, 11; Knispel 1985, 30). Gegenwärtig werden aufgrund einer Veränderung der Bestattungskultur in Westeuropa und der steigenden Bestattungskosten zunehmend billigere Särge aus Osteuropa importiert.

## 47.5 Weitere Sarg-Varianten

Eine Variante des Holzsargs ist der Schrein, eine häufig aus Eichenholz gefertigte und mit Stoff ausgeschlagene Form des Sarges, in dem die Gebeine als Heilige verehrter Verstorbener ruhen. Schreine sind reichlich mit Edelmetallarbeiten verziert, mit Figuren und Reliefs ausgestaltet und verschiedentlich mit Juwelen, Gemmen und Emailarbeiten entsprechend dem Ausmaß der Heiligenverehrung geschmückt. Im Gegensatz dazu dient die schlichte sargförmige Gebeinkiste aus Holz dem erneuten Beisetzen der Gebeine bei einer Umbettung.

Zur Überführung von Toten in die rechtsmedizinischen Institute dienen oft Kunststoff- oder Zinksärge. Für die internationale Überführung sind Metallkisten vorgeschrieben, die in einem Holzsarg fixiert sind. Üppige Metallsärge aus Zink, Kupfer, Bronze oder Blei sind seit der Frühen Neuzeit zunächst beim Adel, später in den höheren Kreisen des emporstrebenden Bürgertums zur Beisetzung in Grüften gebräuchlich.

Im Staat Israel werden die Toten bis heute in einem schwarzen Leichentuch beigesetzt; nur gefallene Soldaten werden im Sarg befördert und bestattet. Ebenso ist die sarglose Bestattung in den muslimischen Ländern üblich. Aus Indonesien, den Philippinen und einigen Regionen Chinas sind die ›Hängenden Särge‹ bekannt, die zur Bestattung der Toten in den Spalten von Felswänden platziert sind.

In jüngerer Zeit werden zunehmend auch kuriose Sargformen angeboten, die dem Selbstverständnis bzw. dem Geschmack des Verstorbenen Rechnung tragen sollen. Särge aus der Werkstatt des inzwischen verstorbenen Handwerksmeisters Kane Kwei in Form von Korkenziehern, Biergläsern, Getränkeflaschen, Fischen oder Autos sind in Ghana die letzte Heimstatt begüterter Kunden, in Europa hingegen hoch gehandelte Kunstobjekte.

### Literatur


Bunsen, J. Th.: La Grande Danse Macabre. In: Zentralinstitut und Museum für Sepulkralkultur (Hg.): *Totenruhe Totentruhe. Särge aus vier Jahrhunderten.* Kassel 2004, 67–68.

Dettmer, H.-G.: *›...den Sinn für das Schöne erwecken...‹. Führer durch das Kestner-Museum Hannover.* Hannover 1998, 76–77.

Diefenbach, J./Sörries, R.: Pestsarg und Ausschüttruhe. Kurzer Abriss der Entwicklung des Holzsarges. In: Zentralinstitut und Museum für Sepulkralkultur (Hg.): *Vom Totenbaum zum Designersarg. Zur Kulturgeschichte des Sarges von der Antike bis zur Gegenwart.* Kassel [2]1994, 37–42.

Knauß, F.: *Die Kunst der Antike. Meisterwerke der Münchner Antikensammlungen.* München 2017, 162–165.

Knispel, F.: *Zur Geschichte des Sarges.* Wien 1985.

Sörries, R.: Betrachtungssärglein im volksfrommen Brauchtum. In: Zentralinstitut und Museum für Sepulkralkultur (Hg.): *Vom Totenbaum zum Designersarg. Zur Kulturgeschichte des Sarges von der Antike bis zur Gegenwart.* Kassel [2]1994a, 77–83.

Sörries, R.: Wandlungen im Bestattungswesen zwischen Spätantike und frühem Christentum. In: Zentralinstitut und Museum für Sepulkralkultur(Hg.): *Vom Totenbaum zum Designersarg. Zur Kulturgeschichte des Sarges von der Antike bis zur Gegenwart.* Kassel [2]1994b, 23–29.

Sörries, R.: Eine Kulturgeschichte des Sarges – eine Einführung. In: Zentralinstitut und Museum für Sepulkralkultur (Hg.): *Totenruhe, Totentruhe. Särge aus vier Jahrhunderten.* Kassel 2004, 9–14.

Stolle, W.: Geschichte des Sarges. In: Ders./G. Bamberger (Hg.): *Der Tod. Zur Geschichte des Umgangs mit Sterben und Trauer.* Darmstadt [2]2002, 87–98.

Ströbl, A.: *Die Entwicklung des Holzsarges von der Hochrenaissance bis zum Historismus im nördlichen und mittleren Deutschland.* Düsseldorf 2014.

Ströbl, A.: Stiftzahn und Eisensarg. Gruftbestattungen in der Zeit der Industrialisierung. In: *Mitteilungen der DGAMN*: Archäologie im 19. und 20. Jahrhundert 28 (2015), 115–122.

Ströbl, A.: Sarg und Grabmal – Wechselspiele zwischen

Repräsentation und Verhüllung. In: *EthnoScripts* 19/1 (2017), 13–36.
Taylor, J. H.: *Egyptian Coffins.* Aylesbury 1989.
Weiß, Ph.: Eine kleine Geschichte des Sarges. In: Zentralinstitut und Museum für Sepulkralkultur (Hg.): *Vom Totenbaum zum Designersarg. Zur Kulturgeschichte des Sarges von der Antike bis zur Gegenwart.* Kassel $^{2}$1994, 10–22.
Zander, C. F.: *Gestorben wird immer ... Zur Geschichte der Sargschreiner und -tischler.* Leinfelden-Echterdingen 2010.

### Weiterführende Literatur

Albes, Jens: Ein Drittel der Friedhöfe wird so nicht weitergeführt werden können (2017). In: *WELT online, Panorama.* In: https://www.welt.de/vermischtes/article169645677/Ein-Drittel-der-Friedhoefe-wird-so-nicht-weitergefuehrt-werden-koennen.html (28.09.2020).
Boehlke, H.-K.: Sarg für Hans-Kurt Boehlke (geb. 1925). In: Zentralinstitut und Museum für Sepulkralkultur (Hg.): *Totenruhe Totentruhe. Särge aus vier Jahrhunderten.* Kassel 2004, 47–48.
Bunsen, J. Th.: Islamischer Sarg mit Sargdecke. In: Zentralinstitut und Museum für Sepulkralkultur (Hg.): *Totenruhe Totentruhe. Särge aus vier Jahrhunderten.* Kassel 2004, 64.
CRI-online, Radio China International: *2500 Jahre alter Sarg freigelegt* (2006). In: http://german.cri.cn/401/2006/12/20/1@64062.htm (28.09.2020).
Dettmer, H.-G.: *›...den Sinn für das Schöne erwecken...‹. Führer durch das Kestner-Museum Hannover.* Hannover 1998, 76–77.
Eppler, G.: Buy now...! – Das letzte Möbel. In: Zentralinstitut und Museum für Sepulkralkultur (Hg.): *Crazy Coffins. Verrückte Särge aus England.* Kassel 2005, 23–58.
Fischer, M.: *Ein Sarg nur und ein Leichenkleid. Sterben und Tod im 19. Jh. Zur Kultur- und Frömmigkeitsgeschichte des Katholizismus in Südwestdeutschland.* Paderborn u. a. 2004.
Fischer, N.: *Geschichte des Todes in der Neuzeit.* Erfurt 2001.
Fox, J.: »Crazy Coffins« im Spiegel der englischen Bestattungskultur. In: Zentralinstitut und Museum für Sepulkralkultur (Hg.): *Crazy Coffins. Verrückte Särge aus England.* Kassel 2005, 7–9.
Gerl, A.: Torre Abbey Jewel. Anhänger in Sargform. In: H. Westermann-Angerhausen/A. Hülsen-Esch (Hg.): *Zum Sterben schön! Alter, Totentanz und Sterbekunst bis heute.* Köln 2006, 65–68.
Grieshammer, R.: Grab und Jenseitsglaube. In: A. Eggebrecht (Hg.): *Das alte Ägypten. 3000 Jahre Geschichte und Kultur des Pharaonenreiches.* München 1997, 287–344.
Gutkas, K.: Die »Todtentruhe« in der Josephinischen Begräbnisreform. In: Zentralinstitut und Museum für Sepulkralkultur (Hg.): *Vom Totenbaum zum Designersarg. Zur Kulturgeschichte des Sarges von der Antike bis zur Gegenwart.* Kassel $^{2}$1994, 75–76.
Helbach, A.: *Beerdigung: Ohne Sarg ins Grab* (2018). In: https://www.mittelbayerische.de/panorama-nachrichten/beerdigung-ohne-sarg-ins-grab-21934-art1669073.html (28.09.2020).
Hülden, O.: *Gräber und Grabtypen im Bergland von Yavu (Zentrallykien).* Bonn 2006.
Lemmen, Th.: *Islamische Bestattungen in Deutschland. Eine Handreichung.* Altenberge 1996.
Linnebach, A.: Übersärge aus Holz von der Barock- bis zur Biedermeierzeit aus der Grablege der Familie von Stockhausen in der evangelischen Kirche zu Trendelenburg. Vom Erdbegräbnis ins Museum. In: Zentralinstitut und Museum für Sepulkralkultur (Hg.): *Vom Totenbaum zum Designersarg. Zur Kulturgeschichte des Sarges von der Antike bis zur Gegenwart.* Kassel 1993, 43–64.
Metzler, B.: Anhänger mit Springtödlein. In: H. Westermann-Angerhausen/A. Hülsen-Esch, (Hg.): *Zum Sterben schön! Alter, Totentanz und Sterbekunst bis heute.* Köln 2006, 71–72.
Metzler, B.: Minitatursärglein mit zwei Knochen. In: H. Westermann-Angerhausen/A. Hülsen-Esch (Hg.): *Zum Sterben schön! Alter, Totentanz und Sterbekunst bis heute.* Köln 2006, 46–47.
Neurath-Sippel, U.: Jüdischer Sarg. In: Zentralinstitut und Museum für Sepulkralkultur (Hg.): *Totenruhe Totentruhe. Särge aus vier Jahrhunderten.* Kassel 2004, 63.
Neurath-Sippel, U.: Sarg für Lothar Schreyer (1886–1966). In: Zentralinstitut und Museum für Sepulkralkultur (Hg.): *Totenruhe Totentruhe. Särge aus vier Jahrhunderten.* Kassel 2004, 43–44.
Neurath-Sippel, U.: Schlichtsarg. In: Zentralinstitut und Museum für Sepulkralkultur (Hg.): *Totenruhe Totentruhe. Särge aus vier Jahrhunderten.* Kassel 2004, 50.
Neurath-Sippel, U.: Transportsarg (Korbsarg) für Kinder. In: Zentralinstitut und Museum für Sepulkralkultur (Hg.): *Totenruhe Totentruhe. Särge aus vier Jahrhunderten.* Kassel 2004, 26–27.
Neurath-Sippel, U.: Blickpunkt Deutschland: Särge jenseits des ›Mainstreams‹. In: Zentralinstitut und Museum für Sepulkralkultur (Hg.): *Crazy Coffins. Verrückte Särge aus England.* Kassel 2005, 25–42.
Schmid, H.: Gesetz und Verbrechen (2012). In: *Telepolis. Onlinemagazin für Politik & Medien im digitalen Zeitalter.* In: https://www.heise.de/tp/features/Gesetz-und-Verbrechen-3394898.html (28.09.2020).
Schürmann, A.: Särglein mit anatomischem Modell einer schwangeren Frau. In: H. Westermann-Angerhausen/A. Hülsen-Esch, (Hg.): *Zum Sterben schön! Alter, Totentanz und Sterbekunst bis heute.* Köln 2006, 143–147.
Sörries, R.: Miniatursärge und Betrachtungssärglein – eine Einführung. In: U. Neurath-Sippel (Hg.): *Vergänglichkeit für die Westentasche. Miniatursärge und Betrachtungssärglein.* Kassel 2005, 9–20.
Tschumi, R.: *Die vergrabenen Schätze der Ga. Sarg-Kunst aus Ghana.* Bern/Zürich 2006.
Vries, S. Ph. de: *Jüdische Riten und Symbole.* Neu übers. und bearbeitet von Miriam Magall. Hamburg 1993.
Westermann-Angerhausen, H.: Memento Mori in Form eines Grabmals; Betrachtungssärglein. In: Dies./A. Hülsen-Esch (Hg.): *Zum Sterben schön! Alter, Totentanz und Sterbekunst bis heute.* Köln 2006, 42–45.
Zentralinstitut und Museum für Sepulkralkultur (Hg.): *Vom Totenbaum zum Designersarg. Zur Kulturgeschichte des Sarges von der Antike bis zur Gegenwart.* Kassel $^{2}$1994.
Zinn-Thomas, S.: Zum Umgang mit dem Toten. In: R. Sörries/G. Bamberger (Hg.): *Der Tod. Zur Geschichte des Umgangs mit Sterben und Trauer.* Darmstadt $^{2}$2002, 33.

*Michael Rosentreter / Dominik Groß*

# 48 Bestattungsformen – Wandel in der Moderne

## 48.1 Einleitung

Bestattungskultur und Bestattungsrituale geben deutliche Hinweise auf den Umgang einer Gesellschaft mit dem Tod und den toten Menschen. Bis weit in die zweite Hälfte des 20. Jhs. stellte die Beerdigung bzw. Erdbestattung insbesondere in Deutschland, aber auch in vielen anderen europäischen Staaten die übliche und wenig hinterfragte Form der Bestattung menschlicher Leichname dar.

Demgegenüber hat sich in jüngster Zeit in westlichen Kulturen ein ausgeprägter ›Bestattungspluralismus‹ entwickelt. Mittlerweile stehen weit mehr als 20 Formen der Bestattung zur Wahl (vgl. Köster 2012; Nüchtern/Schütze 2008). Mittlerweile wünschen sich laut einer aktuellen Umfrage nur noch 24 % der Bundesbürger eine klassische Sargbeisetzung (Aeternitas 2016).

Dieser erstaunliche Wandel im Umgang mit dem toten Körper evoziert zugleich die Frage nach seinen Ursachen, Hintergründen und Implikationen. Es liegt nahe, die schon erwähnte Diversifizierung der Bestattung des toten Körpers als Zeichen einer zunehmenden Individualisierung und Säkularisierung zu deuten. Doch erklärt diese Annahme nicht, warum sich bestimmte Formen des Umgangs mit dem toten Körper etabliert haben und andere derzeit auf besonderes gesellschaftliches Interesse stoßen. An dieser Stelle setzt die neuere Forschung an: Sie geht von der Annahme aus, dass die neue Bestattungsvielfalt nicht allein Kennzeichen einer individualisierten Gesellschaft ist, sondern zugleich Ausdruck des Bestrebens, den persönlichen Handlungsspielraum über den eigenen Tod hinaus auszudehnen. Dabei dient der eigene Leichnam als Mittel zum Zweck (Groß/Ziefle 2010).

Nachfolgend wird der traditionelle Primat der Beerdigung sowie die wachsende Bedeutung der modernen Feuerbestattung erklärt. Es folgt ein Überblick zur Vielfalt der heute angebotenen Bestattungsformen. Insbesondere anhand von drei neuen Formen der Bestattung (Diamantierung, Plastination und Kryonisierung) wird das Bestreben verdeutlicht, den eigenen Leichnam zu funktionalisieren und den Aktionsraum in den postmortalen Bereich auszudehnen.

## 48.2 Etablierung der modernen Feuerbestattung

Im Christentum galt die *Beerdigung* von Beginn an als die übliche Form der Bestattung, bei gehobenen Kreisen auch die Sarkophag-Beisetzung. Neben einem wörtlichen bzw. engen Verständnis von der (leiblichen) Auferstehung der Toten spiegelt sich darin auch ein Nachvollzug der Grablegung Jesu Christi.

Wenngleich die Feuerbestattung im späteren Christentum abgelehnt wurde, konnte sie in bestimmten Situationen – beispielsweise zur Abwehr einer Seuche – gestattet sein (Volgger/Wegscheider 2018). Als jedoch insbesondere organisierte Freimaurer ostentativ Feuerbestattungen durchführten, um den Glauben an die Auferstehung der Toten *ad absurdum* zu führen, führte dies zu scharfen Gegenreaktionen auf Seiten der katholischen Kirche. Am 19. Mai 1886 verurteilte Papst Leo XIII. schließlich die Feuerbestattung als ›barbarische Sitte‹ und Ausdruck einer materialistischen Einstellung gegenüber dem Tod. Verstorbene, die ihre Verbrennung verfügt hatten, durften nicht mehr in der ›geweihten Erde‹ eines kirchlichen Friedhofs bestattet werden (Spirago 2001). Auch die evangelischen Kirchen standen noch um 1900 der Feuerbestattung zunächst überwiegend ablehnend gegenüber (Rudisile 2007).

Die Akzeptanz der Feuerbestattung in der christlich geprägten mitteleuropäischen Bevölkerung blieb insgesamt gering. Gleichwohl nahmen seit der Mitte des 19. Jhs. Forderungen nach der Kremierung zu. Ursächlich war »ein Faktorenbündel aus städtischem Bevölkerungswachstum und Raumnot, steigender Sensibilität für hygienische Probleme, technischem Fortschritt und gesellschaftlicher Säkularisierung« (Fischer o. J.). Teile der Ärzteschaft befürworteten die Feuerbestattung als die weitaus hygienischere Bestattungsform. Arbeiterverbände und Sozialdemokratie erblickten in ihr eher eine kostengünstigere Alternative. Gerade areligiöse Vereinigungen wie die Freidenker verwiesen gezielt auf die Vorzüge der Feuerbestattung.

Mitte der 1870er Jahre konnte von der Firma Siemens in Dresden ein erster effizient arbeitender ›Verbrennungsapparat‹ präsentiert werden. Wenig später wurden – auf Initiative einzelner Feuerbestattungsvereine – die ersten Krematorien in Gotha (1878), Heidelberg (1891) und Hamburg (1892) eröffnet (Fischer 2002).

Mit der Einführung der modernen Feuerbestattung wurde der menschliche Leichnam erstmals ›industriell‹ behandelt. Allerdings blieb diese ›Technisierung


H. Wittwer/D. Schäfer/A. Frewer (Hg.), *Sterben und Tod. Ein interdisziplinäres Handbuch 2. Auflage*,
https://doi.org/10.1007/978-3-476-05761-7_48

des Todes‹ der Öffentlichkeit weitgehend verborgen und damit gesellschaftlich »ein Arkanum« (Fischer 2006, 119). Der »technische Kern« der Feuerbestattung wurde »architektonisch regelrecht verkleidet« (Fischer o. J.). Gleichwohl sind die Entfernung der Leichen aus dem Alltag und ihre ›Überstellung‹ an die Betreiber der Verbrennungsöfen als äußere Hinweise auf einen Prozess der Versachlichung bzw. Verdinglichung der Leiche sowie der Institutionalisierung und Industrialisierung des Umgangs mit dem menschlichen Leichnam zu deuten.

Zwar gab es um 1910 bereits 20 Krematorien in Deutschland, gleichwohl blieb die Feuerbestattung vor dem Ersten Weltkrieg meist Angelegenheit einer städtisch bzw. protestantisch geprägten Minderheit. Erst seit den 1920er Jahren fand die Feuerbestattung auch in der Arbeiterschaft größere Resonanz – begünstigt durch Feuerbestattungskassen, die preisgünstige Beisetzungen ermöglichten. Durch gezielte Gebührensenkungen in den mittlerweile meist kommunalen Krematorien gelang es, die Einäscherungszahlen zu steigern. Anfang der 1930er Jahre existierten in Deutschland bereits über 100 Krematorien. Deutschland wurde damals zum weltweit führenden Land auf diesem Gebiet (ebd.).

Allerdings überwog hier auch in der Folgezeit die Erdbestattung, während etwa in Großbritannien bereits 1960 mehr als die Hälfte der Toten kremiert wurde. Erst seit den 1980er Jahren nimmt der Anteil der Feuerbestattungen auch in Deutschland kontinuierlich zu: 2016 lag der Prozentsatz der Feuerbestattungen insgesamt bei etwa 64 %; in den östlichen und nördlichen Bundesländern beträgt er zwischenzeitlich über 70 %. Gerade in Großstädten steigt die Zahl der Urnenbeisetzungen deutlich an; im Osten wächst ihr Anteil auf über 90 % der Gesamtbestattungen, so z. B. in Gotha (90,6 %), Jena (90,8 %) oder Gera (95,8 %), u. a. weil die DDR die Feuerbestattung förderte. Dagegen konnte in west- und süddeutschen, katholisch geprägten Landgemeinden die Beerdigung ihre führende Rolle unter den Bestattungsformen noch bewahren, ähnlich wie in anderen Ländern mit hohem katholischem Einfluss (Irland, Frankreich, Italien etc.).

Die Feuerbestattung hat international nicht zuletzt das Erscheinungsbild der Friedhöfe und Grabstätten verändert. Da Urnengräber erheblich weniger Raum als Erdgräber benötigen, ließen sie sich ideal in die Friedhofs- und Grabmalreformen des frühen 20. Jhs. einbinden und verstärkten den Trend zu einer strengen Uniformität der Grabstätten.

Bis in die zweite Hälfte des 20. Jhs. hinein – und damit bis zum Aufkommen des heute vorherrschenden kulturellen Pluralismus und Werte-Pluralismus – wurde den christlichen Kirchen in vielen Teilen Deutschlands eine Deutungshoheit im Blick auf die Form der Bestattung des menschlichen Leichnams zugestanden, die einer Diversifizierung der Bestattung entgegenstand. Wenngleich alle christlichen Kirchen tendenziell die Erdbestattung favorisierten, unterschieden sie sich doch in ihrer öffentlichen Positionierung: Während die Feuerbestattung unter den Protestanten im Verlauf des 20. Jhs. sukzessive an Akzeptanz gewann – 1920 erfolgte ihre förmliche Anerkennung durch die evangelische Kirche (Rudisile 2007) –, wird sie in Teilen der orthodoxen Kirche bis heute abgelehnt; so erklärt sich z. B. auch die Tatsache, dass die Kremierung in Griechenland erst 2006 legalisiert wurde. Aber auch im katholischen Kirchenrecht wurde das Verbot der Kremierung erst 1964 aufgehoben, doch nur unter der Bedingung, dass damit nicht die explizite Leugnung des Glaubens an die Auferstehung zum Ausdruck gebracht wird. Bis auf den heutigen Tag favorisiert die katholische Kirche wegen des entsprechenden Symbolcharakters die Erdbestattung und empfiehlt diese – auch wenn sich hier wie auch insgesamt in den christlichen Kirchen Zeichen der Liberalisierung ausmachen lassen (Baumgartner 2014; Elsas/Sternberg-el Hotabi/Witthuhn 2015; Smolny 2010; Sörries 2014; Spallek 2017; Thieme 2019).

Das Aufkommen der modernen Feuerbestattung bedeutete somit eine doppelte Zäsur: Die Krematorien eröffneten zum Ersten einen neuen, technisch-industriellen Zugriff auf die menschliche Leiche, ein Sachverhalt, der mit einer ›Verdinglichung‹ des menschlichen Leichnams einherging. Zum Zweiten spiegelt der langfristige ›Erfolg‹ der Feuerbestattung den sukzessiven Verlust des kirchlichen Deutungsmonopols bzw. -primats über den Tod und den toten Körper und war somit zugleich Ausdruck einer Trendwende hin zu einem säkularen Umgang mit dem Tod. Beide Entwicklungen können als wesentliche Voraussetzungen gelten für aktuelle Tendenzen, den eigenen toten Körper für persönliche Bestrebungen dienstbar zu machen und so den Handlungsspielraum über den eigenen Tod hinaus auszudehnen. Dass die neue liberale Bestattungspraxis hierfür vielfältige Möglichkeiten bietet, soll im Folgenden verdeutlicht werden.

## 48.3 Der neue Bestattungspluralismus als Ausdruck von Individualisierungstendenzen

Wer sich mit den gegenwärtigen bzw. postmodernen Möglichkeiten der Bestattung des menschlichen Leichnams beschäftigt, sieht sich mit einer überraschenden Fülle von Optionen konfrontiert – ein Phänomen, das zunehmend als ›Bestattungspluralismus‹ angesprochen wird (Fischer 2012, 2016 und 2017; Groß/Tag/Schweikhardt 2011a; Groß/Tag/Schweikhardt 2011b, 11–23; Happe 2012, 2014 und 2016; Schäfer 2015; Straub 2014). Der eingangs erwähnten Umfrage von 2016 zufolge ziehen die Befragten neben dem Sarggrab (24 %) und dem Urnengarb (19 %) vor allem die pflegefreie Beisetzung außerhalb (19 %) oder innerhalb (13 %) des Friedhofs in Betracht. Aber auch die Seebestattung (8 %), die anonyme Beisetzung (7 %), die häusliche Verwahrung der Urne (5 %) werden genannt (Aeternitas 2016).

Nachfolgend sollen die verschiedenen Möglichkeiten kurz vorgestellt und kontrastiert werden, um einen Eindruck von ihrer Vielfalt, aber auch von der mit der jeweiligen Entscheidung verbundenen ›Programmatik‹ zu vermitteln.

*Erd- bzw. Sargbestattungen*: Die Erdbestattung (Inhumation) gilt in Deutschland als die klassische Bestattungsart (Hemmer/Höferl 2003, 8; Stiftung Warentest 2008). Hierbei erfolgt die Beisetzung in einem Sarg (›Sargzwang‹, teilweise mit Ausnahmen für bestimmte Religionsgemeinschaften), der in der Regel aus verrottbarem Material – zumeist aus Holz – besteht. Auch diese traditionellste Form der Bestattung unterliegt seit den 1980er Jahren einem zunehmenden Diversifizierungs- und Pluralisierungsprozess. Dies betrifft zum einen die Särge selbst – neben konfektionierten Särgen finden sich mittlerweile bunte, selbstgestaltete bzw. individualisierte Särge bzw. Sargformen (s. Kap. 47: »Sarg«) –, zum anderen aber auch die Form der Erdgräber. Letztere werden z. B. gegenwärtig als *Einzelgrab* (*Wahlgrab*, *Reihengrab*, *Rasengrab*) oder als *Gemeinschaftsgrab* angeboten. Für besonders herausgehobene Bestattungen besteht darüber hinaus weiterhin die Möglichkeit, den Sarg in ein ummauertes Grab (*Gruft*) oder in ein gebäudeartiges Grab (*Mausoleum*) einzubringen. Die Ruhezeiten in einem (nur für einen Verstorbenen bestimmten) Einzelgrab sind von Friedhof zu Friedhof unterschiedlich (abhängig von der Beschaffenheit des Bodens zumeist 15 bis 25 Jahre). Wahlgräber unterliegen keiner strengen Ruhezeitregelung, so dass mehrere Verstorbene zeitlich versetzt in derselben Grabstätte beigesetzt werden können. Zweistellige Wahlgräber werden oft auch *Doppelgräber* genannt; werden Särge dagegen nicht neben-, sondern aufeinander platziert, spricht man von *Tiefgräbern*. Rasengräber sind mit oder ohne Grabstein erhältlich; bei ihnen übernimmt der Grabstättenträger die Pflege der Grabstelle.

In Deutschland ist das Friedhofs- und Bestattungsrecht durch landesrechtliche Vorschriften geregelt, die bisher noch fast überall einen ›Friedhofszwang‹ vorsehen. Dieser verbietet es, die physischen Reste eines toten Menschen (also z. B. Sarg mit Leiche, Urne mit Asche) an einem anderen Ort als auf einem Friedhof (oder – bei Asche – im Meer, teilweise auch in einem als Friedhof deklarierten Waldgebiet) aufzubewahren. Neben seuchenhygienischen Gründen (die bei der Einäscherung nicht relevant sind) werden auch ethische Argumente für diese Regelung angeführt, die seit 1934 (Reichsgesetz für Feuerbestattungen) auch für Urnen gültig ist: Allen Trauernden soll ein Zugang zu den physischen Resten des Verstorbenen (im Sinne eines wichtigen Trauerortes) möglich sein. Ferner ist die Trennung der Sphäre der Lebenden von der der Toten möglicherweise psychohygienisch bedeutsam.

Die Liberalisierung dieser Vorschrift in einigen Bundesländern bezieht sich vor allem auf die Möglichkeit, öffentlich zugängliche Friedhöfe sowie Krematorien auch privat betreiben zu können. Seit 2015 ist allerdings in Bremen auf Antrag auch die Verstreuung von Asche auf Privatgrundstücken gestattet. In vielen Staaten, wie z. B. England, Frankreich, den Niederlanden, Belgien, Spanien, Italien oder Schweiz, gibt es keinen ›Friedhofszwang‹ (mehr) (Hemmer/Höferl 2003, 3).

*Urnenbestattungen*: Lässt die Erdbestattung bereits eine zunehmende Zahl von Wahlmöglichkeiten zu, so trifft dies für die Feuerbestattung noch in weit größerem Maße zu. Voraussetzung ist in allen Fällen, dass der Leichnam zunächst im Krematorium eingeäschert wird. Häufig wird die Asche der Verstorbenen nachfolgend in einer Urne beigesetzt. Hierbei unterscheidet man zwischen *Einzel-Urnengräbern*, die in der Regel mit einem Gedenkstein versehen sind, auf dem der Name des Verstorbenen steht, *Urnen-Gemeinschaftsgräbern* mit gesonderten oder gemeinsamen Namenstafeln, mit gemeinschaftlichem Gedenkstein oder ohne Namensnennung, *Rasenreihengräbern* oder *Wahlgräbern*. Daneben gibt es *Urnenstelen*, d. h. säulenförmige Gebilde aus Naturstein oder Beton, die freistehend oder neben anderen Stelen verankert werden und eine oder mehrere Urnen aufnehmen können.

Für Urnen ist aber auch das Einstellen in einer Urnenwand (*Kolumbarium*) oder in *Urnen-Nischen der Friedhofsmauer* zunehmend in Nutzung. Beide Bestattungsarten gelten als kostengünstige Alternativen zum Urnengrab. Kolumbarien finden sich sowohl im Freien als auch in geschlossenen Räumen; manche Kammern können zwei oder mehrere Urnen aufnehmen, was die Verwendung als Familiengrab erlaubt. Allen vorgenannten Urnen-Bestattungsformen gemeinsam ist das Vorhandensein eines konkreten Ortes, an dem der Verstorbene seine letzte Ruhe findet. Die Ruhezeit bei Urnengräbern ist je nach Grabstätte unterschiedlich, aber meist kürzer als bei Erdgräbern; üblicherweise liegt sie zwischen zehn und 25 Jahren.

Von den bisher beschriebenen Bestattungen abzugrenzen ist die *anonyme Urnenbestattung* (Rüter 2011; Sachmerda-Schulz 2016 und 2017). Sie erfolgt z. B. auf einem Grabfeld (Fischer 1998, 261–268), die in Deutschland um 2000 bereits einen Anteil von 12 % aller Beisetzungen erreichte (Hemmer/Höferl 2003, 8). Die Urne wird auf einem Gemeinschaftsfeld ohne Hinweis auf den Verstorbenen beigesetzt. Der Zeitpunkt und die Stelle sind den Angehörigen in aller Regel nicht bekannt. Auch diese Art der Bestattung ist vergleichsweise kostengünstig.

*Spezielle Naturbestattungen*: In jüngster Zeit werden im Rahmen von ›Naturbestattungen‹ auch schnell abbaubare Urnen eingesetzt; gegebenenfalls wird sogar ganz auf Urnen verzichtet.

Findet die Beisetzung im Wurzelbereich von Bäumen statt, spricht man von *Baumbestattung* (Assig 2007). Bei Bestattungen im ›Friedwald‹ wird die Asche im Wurzelbereich eines neu gepflanzten oder älteren Baumes in die Erde eingebracht. Diese Idee spricht insbesondere naturverbundene Menschen an. Mittlerweile bieten auch viele Friedhöfe Baumbestattungen an. Zu unterscheiden sind ›Gemeinschaftsbäume‹, an deren Wurzeln mehrere Aschen ruhen, ›Einzel‹- und ›Familienbäume‹; auch hier gibt es wiederum hervorgehobene Bestattungsorte, wie z. B. imposante alte Bäume an prominenten Stellen. Allen Baumgrabstätten ist gemein, dass die Ruhestätte nicht von Angehörigen gepflegt werden muss, aber dennoch ein konkreter Ort des Erinnerns existiert. Zudem sind die Ruhezeiten oft deutlich länger als z. B. bei üblichen Urnengräbern. Die Kirchen stehen der Baumbestattung eher kritisch gegenüber, weil die Idee, dass aus der Asche neues Leben erwächst, mit dem christlichen Gedanken der Auferstehung von den Toten konfligiert.

Exotischere Naturbestattungen sind beispielsweise die *Korallenriff-Bestattung* (künstliches *Neptune Memorial Reef* an der Küste Floridas, das Korallen und Meerestieren einen Lebensraum bietet) oder die *Almwiesenbestattung* in der Schweiz.

*Naturverstreuungen*: Diese zunehmend beliebten Bestattungsformen sind in der Regel in Deutschland wegen des beschriebenen ›Friedhofszwangs‹ nicht erlaubt; allerdings ist Letzterer z. B. durch den Nachweis einer Einäscherung des Verstorbenen im Ausland durchaus zu umgehen (s. u.).

In der Schweiz besteht z. B. die Möglichkeit, die Asche auf ausgewiesenen *Streuwiesen* oder unter der Grasnarbe eines ›Gemeinschaftsfelsens‹ (*Felsbestattung*) zu verstreuen.

Die *Himmelsbestattung* ist ursprünglich in asiatischen Religionen beheimatet (Verzehr des Leichnams durch Aasvögel); die westliche Adaptation meint eine naturreligiös begründete und von den Naturbedingungen definierte Form der Bestattung, bei der die Asche aus der Luft verstreut wird, sei es aus einem Flugzeug oder einem Heißluftballon (Lüddeckens 2006, 14–15; Gerner 2001, 122 f.).

Bei der *Flugbestattung* handelt es sich um eine Kombination von Luft- und Seebestattung. Die Asche wird mit einem Helikopter über der Nordsee ausgestreut.

Im Rahmen einer *Seebestattung* wird die Asche des Verstorbenen in einer wasserlöslichen Urne der See übergeben. Die Übergabe erfolgt in der Regel in gesondert ausgewiesenen Gebieten in Nord- oder Ostsee, auf speziellen Wunsch aber auch in allen Meeren der Welt. Sie wird vor allem gewählt, wenn der Verstorbene eine besondere Beziehung zur See hatte. Die Zahl der Seebestattungen lag in Deutschland am Ende des 20. Jhs. bei ca. 5000 jährlich (Fischer 2006, 119). Seit einiger Zeit werden – z. B. in den Niederlanden – auch *Flussbestattungen* auf Binnengewässern angeboten.

Als besonders exklusiv gilt die sogenannte Weltraumbestattung: Dabei wird ein geringer (›symbolischer‹) Teil (wenige Gramm der zwei bis drei Kilogramm Totenasche) mit Raketen in den Weltraum befördert und dort der ›Ewigkeit‹ übergeben. Zwar ist auch diese Bestattungsart in Deutschland bisher nicht zugelassen, dennoch wird auch sie von deutschen Bestattern angeboten.

*Verwahrung im Privatbereich*: Der Friedhofszwang verbietet in Deutschland die Möglichkeit, Asche eines Verstorbenen im Privatbereich zu verwahren. Dennoch steigt die Zahl der Menschen, die diese Regelung umgehen, stetig an: Die Einäscherung muss hierbei entweder im Ausland vorgenommen werden oder eine ausländische Urnenanforderung geht dem lokalen, deutschen Krematorium zu. Das Krematorium verschickt daraufhin die Asche in der Regel per Post ohne weitere Formalitäten ins Ausland. Wird von den lokalen Behörden der Nachweis einer Grabstätte im Ausland gefordert, werden in der Regel kostengünstige ausländische Verstreuungsgrabstätten angegeben. Anschließend holen Angehörige die Asche entweder selbst im Ausland ab, oder sie wird ihnen vom ausländischen Bestatter per Post zugeschickt. Wenn die Asche allerdings in Deutschland eindeutig einem Verstorbenen zugeordnet werden kann, kann von amtlicher Seite eine Zwangsbestattung auf Kosten der Angehörigen angeordnet werden.

Hintergrund der wachsenden Beliebtheit dieser (derzeit noch illegalen) Praxis ist auch die Tatsache, dass die Kosten für diese Art der privaten ›Bestattung‹ vergleichsweise niedrig sind. Von der Verwahrung der Asche in einer *Schmuckurne im Wohnzimmer* über die *Beisetzung im eigenen Garten* bis zur Aufbewahrung eines Teils der Asche in einem *Amulett* eröffnen sich hier vielfältige Optionen.

*Körperspende*: Eine gewisse Tradition hat in Deutschland die Körperspende an ein anatomisches Institut. In diesen Fällen werden die Leichname als Lehr- und Studienmaterial verwendet. Anschließend wird der Körper eingeäschert und die Asche auf Kosten des Instituts oder gegen einen geringen Kostenbeitrag bestattet. Oft besteht auch die Möglichkeit, die Totenasche in einem Familiengrab beizusetzen. Eine Körperspende kann nur dann angenommen werden, wenn der Verstorbene zu Lebzeiten eine entsprechende schriftliche Erklärung gegenüber dem betreffenden anatomischen Institut abgegeben hat. Ursprünglich erklärten sich vor allem Menschen zur Körperspende bereit, die über den Tod hinaus ihrer physischen Existenz Sinn geben wollten. Neben altruistischen und professionsspezifischen Motiven werden mittlerweile auch finanzielle Aspekte für die Entscheidung zur Körperspende geltend gemacht (vgl. Schäfer/Groß 2009). Seit einigen Jahren übersteigt das Angebot an ›Körperspendern‹ bei Weitem den Bedarf der anatomischen Institute: Um die Jahrtausendwende hatten etwa 80.000 bis 100.000 Bundesbürger eine Körperspendevereinbarung mit anatomischen Prosekturen geschlossen (Becker 2002). Vor dem Hintergrund dieser Entwicklung haben einige Institute zwischenzeitlich mit einem Aufnahmestopp bzw. mit restriktiven Aufnahmebedingungen reagiert.

*Ökologische Bestattungen*: Als mögliche Innovation auf dem Gebiet der Bestattungstechnologie gilt demgegenüber die *Promession* (Vilgis 2007; Rowlatt 2007). Ziel des auch als ›Öko-Bestattung‹ bezeichneten Verfahrens ist die harmonische Eingliederung des Verstorbenen in den Kreislauf der Natur. Statt allmählich in der Erde zu verwesen oder in einem Krematorium zu verbrennen, wird der tote Körper kompostiert. Der Leichnam hinterlässt keine Rückstände und belastet weder Böden noch Meere. Zudem reduziert sich der Einsatz fossiler Brennstoffe. Im Rahmen der Promession wird der Tote zunächst auf minus 18 Grad Celsius heruntergekühlt, dann in minus 196 Grad kalten flüssigen Stickstoff getaucht und schockgefroren. Schallwellen in einer Vibrationskammer lassen den Körper anschließend in grobes, geruchsfreies Pulver zerfallen. In einer Vakuumkammer wird das Pulver getrocknet, anschließend in einen kompostierbaren Sarg gefüllt und bestattet. Die Überreste werden in sechs bis zwölf Monaten komplett zu Humus abgebaut (Busch 2008).

Eine weitere neue Bestattungsmethode ist die alkalische Hydrolyse oder *Resomation* (d'Estries 2007). Die Leiche wird in einem Druckbehälter aus Edelstahl bei Temperaturen von 150 bis 160 °C in Kalilauge binnen weniger Stunden zersetzt. Die hohe Temperatur beschleunigt die Verseifung der Körperfette (Hydrolyse). Abgesehen von wenigen Knochenresten resultiert hierbei eine braune, hochvisköse Flüssigkeit, die über den Abfluss entsorgt werden kann. Auch dieses Verfahren gilt als umweltfreundlich; bis zum Sommer 2007 wurden in den USA angeblich etwa 1000 Menschen auf diese Art bestattet.

Kritiker bezweifeln allerdings, dass der Einsatz von energieaufwendiger Tiefgefrierung oder Kalilauge den üblichen Vorstellungen einer ökologischen Praxis entspricht. Außerdem werden gerade den beiden letztgenannten Formen negative Auswirkungen auf das Menschenbild unterstellt.

Während die bisher beschriebenen Bestattungsformen die Absolutheit des Todes und seine Einordnung als unüberwindbares Ereignis anzuerkennen scheinen, trifft dies für drei weitere alternative und zugleich technisierte Bestattungsformen, die allesamt auf eine ›Erhaltung‹ des Körpers abzielen, nicht (mehr) zu. Sie dienen vielmehr auf unterschiedliche Art und Weise dem Ziel, den Tod durch den spezifischen Einsatz der eigenen Leiche ›gefügig‹ zu machen: sei es, dass (1) die Endlichkeit des Daseins auf Erden ›überwunden‹ wird (Diamantierung), dass (2) die konkreten Äußerungsformen des Todes – die verwesende bzw. zu Asche zerfallene Leiche – ›umgangen‹ werden (Plastination) oder dass (3) eine spezifische Hoffnung auf zukünftige

Unsterblichkeit und Wiederauferstehung realisiert werden soll (Kryonisierung). Dabei zeichnen sie sich durch einen dezidiert technischen Zugriff auf die Leiche aus.

*Diamantierung*: Die Diamantbestattung setzt eine Kremierung voraus. Kremationsasche besteht zu einem gewissen Teil aus Kohlenstoff; durch ein spezielles Trennungsverfahren wird dieser aus der Asche gelöst und in einem weiteren Schritt in Graphit verwandelt. Darin wird ein Startkristall eingebettet, um den herum unter konstant zunehmendem Druck und steigender Hitze langsam ein Diamant ›wächst‹. Der eigentliche Transformationsprozess nimmt je nach Größe des Steines vier bis acht oder mehr Wochen in Anspruch. Durch verschiedene Schliffarten entsteht dann ein Brillant. Die Kosten werden je nach Unternehmen, Steingröße und Quelle auf bis zu 22.000 Euro beziffert (Mühlberger 2006; Busch 2008; Leichen-Diamanten 2002).

Die Diamantbestattung ist in Deutschland aufgrund des Bestattungszwangs unzulässig, wird aber *de facto* geduldet, wenn die Asche des Verstorbenen in einen der vielen europäischen und außereuropäischen Staaten gebracht wird, in denen die Diamantierung als ordentliche Bestattung akzeptiert wird. Die Aschekapsel wird von auswärtigen Bestattungsunternehmen angefordert und von externen Unternehmen bearbeitet. In der Regel verbleibt eine Substanzmenge, die gesetzeskonform beigesetzt werden muss. Verlässliche Daten zur Zahl der Diamantbestattungen liegen nicht vor; es ist jedoch davon auszugehen, dass die hohen Preise limitierend wirken.

Dass man mit der Diamantierung der Vergänglichkeit des menschlichen Lebens entgegenzutreten glaubt, insinuiert bereits die Wortwahl der anbietenden Unternehmen in ihren Werbekampagnen. So wird die Diamantierung als Prozesskette beschrieben, an deren Ende ein ›Lebensjuwel‹ (engl. *LifeGem*) stehe. *LifeGem Memorials* versprechen, die sterblichen Reste in ein »*ewiges* Andenken« zu verwandeln (Leichen-Diamanten 2002). Auch bei dem schweizerischen Unternehmen *Algordanza* (rätoromanisch ›Erinnerung‹) ist die Wortwahl Programm: Das 2004 gegründete Unternehmen erkennt in den entstehenden Diamanten »ein Symbol der persönlichen *Nähe*, der *Unvergänglichkeit*«. Darüber hinaus wird suggeriert, dass der Prozess der Diamantierung sogar der Individualität und Unverwechselbarkeit des betreffenden Menschen Rechnung trägt. »Der Erinnerungsdiamant erstrahlt einmal in weiss bis zu einem bläulichen Ton. So unterschiedlich die Menschen sind, so differiert auch die Farbe in seiner Abhängigkeit vom individuellen Bor-Gehalt der Urnenasche« (Algordanza GmbH: »Verfahren/Bestellung«). Folglich sei die Asche eines Menschen »wie ein chemischer Fingerabdruck« (Mühlberger 2006).

Die Diamantierung des Leichnams kann verschiedenen Zielen dienen. Im einfachsten Fall ist sie an die Vorstellung geknüpft, mit dem Schmuckstein eine konkrete Erinnerung an den Verstorbenen zu erhalten. Dass man mit der Diamantierung allerdings nicht vorrangig Hinterbliebene ansprechen möchte, sondern vielmehr den noch Lebenden und seinen Wunsch nach fortwirkender Selbstbestimmung im Blick hat, zeigt ein Blick auf die Internetseiten der Anbieter. Diese werben mit dem Angebot, Diamanten bereits zu Lebzeiten vorzubestellen, und dem Hinweis: »Der Erinnerungsdiamant wird für Ihre Angehörigen das ›Juwel von Mensch‹ sein, welches sie in Ihnen sehen« (Algordanza GmbH: »Vorsorge«).

Damit steht der Diamant dem eigentlichen Charakteristikum menschlicher materieller Existenz – nämlich der Vergänglichkeit und dem schlussendlichen Verfall des Körpers – diametral entgegen. Die Diamantierung könnte demnach Ausdruck einer Sehnsucht nach dauerhafter materieller und individueller Repräsentanz sein; zugleich konterkariert sie die traditionelle Haltung, der zufolge man den toten Körper »gehen lässt« (Müller 2004). Allerdings muss man in Wahrheit den Körper zuerst zerstören, d. h. verbrennen, um einen Diamanten zu gewinnen.

Ebenso wesentlich scheint die mit der Diamantierung erreichte Ästhetisierung der Erscheinungsform; auch sie steht in starkem Kontrast zu Zerfall und Zersetzung insbesondere erdbestatteter Leichname. Bezeichnenderweise richten sich die Anbieter an Menschen, die »statt zu Kompost lieber zum bleibenden *Juwel*« werden möchten (Busch 2008). Besonders verdichtet ist diese Botschaft in der Bezeichnung *LifeGem* (›Lebens-Juwel‹): Sie verbindet die Aspekte Vitalität (›Leben‹) und Ästhetik (›Juwel‹).

Eine der Diamantierung ähnliche Bestattungsform stellt die sogenannte ›Edelsteinbestattung‹ dar; dabei wird nach der Kremation die Aschekapsel lediglich eine geraume Zeit mit einem ausgewählten natürlichen Edelstein gemeinsam ›gelagert‹. Die zugrunde liegende Annahme ist, dass der für die Angehörigen bestimmte Stein durch die Wirkung der Asche ›energetisiert‹ wird (vgl. FriedJuwel: Präsentationsmappe). Auch bei diesem Verfahren wird ein ›Weiterleben‹ von individuellen physischen oder psychischen Anteilen des Verstorbenen angenommen.

*Plastination*: Der Begriff ›Plastination‹ beschreibt ein vergleichsweise neues Konservierungs-Verfahren, das bei der anatomischen Präparation von toten Körpern bzw. Körperteilen Verwendung findet. Die durch Gunther von Hagens weiterentwickelte Technik wurde bekannt durch die Wanderausstellung *Körperwelten* (*bodyworlds*), in der derartige anatomische Präparate sowie vollständige Leichen öffentlich präsentiert werden. Die Leichen entstammen u. a. einem speziellen Körperspendeprogramm, das vom Heidelberger Institut für Plastination unterhalten wird. Die Körperspende zur Plastination beruht wie bei der Spende zu Lehrsektion auf einer persönlichen, jederzeit widerrufbaren Willensbekundung.

Das Verfahren ist dadurch charakterisiert, dass das in den Zellen vorhandene Wasser durch Kunststoff (Polymere) ersetzt wird. Dadurch entstehen Präparate, die den natürlichen Gegebenheiten sehr nahekommen. Plastinate sind dauerhaft haltbar. Anders als bei der Diamantierung oder der nachfolgend beschriebenen Kryonik fallen bei der Körperspende mit dem Ziel der Plastination keine Kosten an; sie ist somit der breiten Bevölkerung zugänglich. Tatsächlich erfreut sich die Plastination international, aber auch in Deutschland eines wachsenden Interesses: Mehr als 17.000 Personen sind derzeit am Heidelberger Institut für Plastination als Körperspender registriert. (Stand März 2018; vgl. Institut für Plastination e. K.).

Der Wunsch, den eigenen Leichnam posthum in ein Plastinat überführen zu lassen, kann durchaus unterschiedlich motiviert sein.

Die Plastinierung des eigenen Leichnams kann z. B. – ähnlich wie die Diamantierung – an das Ziel geknüpft sein, *post mortem* durch die fortdauernde physische Präsenz besser in Erinnerung zu bleiben, also ein Weiterleben im Blick anderer zu erreichen: Der plastinierte Tote verschwindet eben nicht aus unserem Leben, sondern bleibt als Körper dauerhaft unter uns. Indem der Körper erhalten bleibt, bleibt auch die Erinnerung lebendig: Das Plastinat gewinnt auf diese Weise letztlich den Charakter eines *Denkmals*. Was früher nur der Elite vorbehalten war, ist nun mittels Plastination auch für ›normale‹ Menschen erreichbar (vgl. hierzu auch Leibing 2006, insb. 102). Doch diese Argumentation erscheint zweifelhaft, da der Verstorbene trotz Plastination aus dem Lebensumfeld der Angehörigen verschwindet und der plastinierte Körper in der Regel anonym, ohne Erinnerungsfunktion an das ehemals existierende Individuum weiter besteht – so dass er eher dem Denkmal des unbekannten Soldaten ähnelt.

Die eigene Plastinierung kann aber auch an den noch weitergehenden Wunsch gekoppelt sein zu ›überleben‹. In diesem extremen Fall wird der Präparator tatsächlich als »Unsterblichkeitsmakler« begriffen (Baumann 1994, 93). Derartige an die Materialität der eigenen Leiche geknüpfte Unsterblichkeitsfantasien befördert Gunther von Hagens gezielt mit Statements wie »Willst du wirklich ewig leben, musst du deinen Körper geben« (Kleinschmidt/Wagner 2000, 82), mit der Interpretation der Plastination als »eine(r) neue(n) Form postmortaler Existenz« (Hagens 1997, 214) oder der »›Auferstehung‹ des befleischten Leibes« (Roth 1998, 52). Dazu bedient sich von Hagens einer Ästhetik der Vitalität: Dies gelingt ihm, indem er Plastinate mit dynamischen, bewegten Posen versieht: Tote Körper werden lebensnah inszeniert, d. h. in Mimik und Gestik zu posierenden ›lebendigen‹ Leichen und damit letztlich zu Akteuren umgestaltet.

Neben das Phänomen einer »Verlebendigung des Todes« (Blome/Offe 2006, 191) tritt ein weiterer Aspekt: Die Plastinate werden mit Alleinstellungsmerkmalen und Namen versehen (z. B. »Der Läufer«, »Der Schachspieler«, »Der Lassowerfer« etc.; vgl. ebd., 208). So wird ihnen gewissermaßen eine Identität, eine Unverwechselbarkeit zugeschrieben; dieser Eindruck unterstreicht zugleich den Anschein der Lebendigkeit.

Wenn die Plastination dem Körperspender auch kein ewiges Leben im engeren Sinne bietet, so befriedigt sie zumindest auf zeitgemäß technische Weise die Sehnsucht nach Unvergänglichkeit – eine Sehnsucht, die sich traditionell im Bereich der Religionen ansiedelte, wo sie ihren Ausdruck im Glauben an eine Auferstehung fand. Vor diesem Hintergrund kann es nicht überraschen, dass die Plastination verschiedentlich als eine »technische Theologie« oder »Wiederauferstehung für jeden« interpretiert wird (Hermes da Fonseca 2006b, 391). Allerdings manifestiert sich der Glaube zu überleben hier lediglich darin, auf der materiellen Grundlage der eigenen Leiche, die zum Substitut für die lebende Person wird, fortzuexistieren (vgl. Crapanzano 2006, insb. 35).

Dementsprechend eröffnet die Plastination in der Wahrnehmung mancher Menschen die Chance, eigentlich Tote zu gleichsam Lebenden umzudeuten. Nur so erklärt sich die Reaktion eines Sohnes auf die öffentliche Enthüllung des plastinierten Körpers seines verstorbenen Vaters: »Es ist sehr ergreifend und gleichzeitig wunderschön für mich, meinen Vater ein Jahr nach seinem Tod so wiederzusehen« (Leibing

2006, 104 f.). Doch aus Sicht der Psychologie ist diese Möglichkeit kritisch zu sehen: In einem Transformationsprozess müssen Trauernde den Verstorbenen als Toten ›realisieren‹. Menschen, die sich für die Plastination entscheiden, berauben die Angehörigen der Möglichkeit, zu trauern und Abschied zu nehmen (Hermes da Fonseca 2006a, 18).

Viele weitere Argumente lassen sich anführen, die die von subjektiver Wahrnehmung getragene Begeisterung für Plastination zumindest relativieren (vgl. Hermes de Fonseca 2006a, 14; Hermes de Fonseca 2006b, 384; Langhanky 2006, 66 f.; Blome/Offe 2006, 190 f.).

*Kryonisierung*: Ein dritter, besonders weitreichender Versuch, den Tod ›gefügig‹ zu machen, stellt die Kryonik oder Kryostase (griech. *kryós*: ›kalt‹) dar. Sie dient dem Ziel, verstorbene Menschen mittels Kältekonservierung für die Zukunft zu erhalten, um sie zu einem geeigneten Zeitpunkt ins Leben zurückzuführen. Anhänger der Kryonik gehen davon aus, dass die Medizin künftig die Krankheit, die zum Tod des Menschen geführt hat, heilen und darüber hinaus Körper, Geist und Intellekt des Verstorbenen wiederbeleben kann (Kaiser/Gross/Lohmeier u. a. 2014; Lohmeier/Gross/Raschke u. a. 2015; Groß 2016).

Menschen, die ihrem dauerhaften Tod durch einen solchen ›Dornröschenschlaf‹ entgehen wollen, müssen bereits zu Lebzeiten Vorsorge für eine rasche postmortale kryonische Behandlung treffen. Denn der Betroffene wird unmittelbar nach seinem Tod kältekonserviert. Dazu bedient sich die moderne Kryonik der Vitrifizierung, d. h. das Blut wird durch eine Kühlflüssigkeit ersetzt, um damit die Entstehung von Eiskristallen, welche die Zellmembranen zerstören würden, zu verhindern. Zur Lagerung wird der Organismus üblicherweise bei -196 °C in flüssigem Stickstoff gekühlt. Zu einem unbekannten Zeitpunkt in der Zukunft soll der kryokonservierte Körper ›reanimiert‹ werden, um sein Leben fortzusetzen. Neben der Ganzkörperkonservierung besteht die Möglichkeit der Neurokonservierung, bei der allein der Kopf bzw. das Gehirn (als Organ des Ich-Bewusstseins) kryonisiert wird. Dies hat zur Folge, dass dem Menschen, je nach Konservierungsmethode, ein ›neues‹ Leben mit dem eigenen Körper oder einem neuen Körper in Aussicht gestellt wird. Dabei ist die Neurokonservierung zugleich Zeichen eines bemerkenswerten Reduktionismus auf das Gehirn, der die »Essenz des Menschen [...] in diesem Organ sieht« (Leibing 2006, 104).

Die Kosten für eine Ganzkörperkonservierung werden auf 120.000 Dollar und diejenigen für eine Neurokonservierung auf 50.000 Dollar beziffert. Während die Kryokonservierung von Leichen in Deutschland verboten ist, finden sich mittlerweile in einigen westeuropäischen Staaten Anbieter, so z. B. in der Schweiz und in Großbritannien. Belastbare Zahlen zur Verbreitung der Kryokonservierung von Leichen liegen nicht vor; allerdings ist davon auszugehen, dass sich das Verfahren auch künftig auf eine vergleichsweise kleine Personengruppe beschränken wird: Der typische Kunde wird als »atheistisch, männlich, gebildet und vermögend« beschrieben (Hossli 2003). Wenngleich die überwältigende Mehrheit der Biowissenschaftler und Mediziner grundsätzlich bezweifelt, dass die fortgeschrittene Wissenschaft der Zukunft kryokonservierte Körper wird wiederbeleben können, gibt es gerade unter den Anhängern der Kryonik viele Wissenschaftler (vgl. Cryonics Institute: »About CI«).

Ähnlich wie bei Diamantierung und Plastination handelt es sich bei der Kryonik *stricto sensu* nicht um eine Bestattungsart, und ähnlich wie die beiden anderen Formen richtet sie sich auch (vorrangig) direkt an die Lebenden, die ihren Handlungsspielraum über den eigenen (vermeintlich reversiblen) Tod hinaus ausdehnen wollen. Wie bei der Plastination wird der eigene Leichnam für den Kryonik-Kunden zur unverzichtbaren Ressource, da die Hoffnung auf Unsterblichkeit ganz konkret und unmittelbar an die Materialität der Leiche geknüpft ist (Witt/Dickinson 2009, 137). Dementsprechend interpretieren Kryonik-Befürworter den Tod als passageres, reversibles Ereignis. Dabei werden in wissenschaftlicher Hinsicht fragwürdige Parallelen zu tiefgefrorenen Embryonen gezogen.

Die Kryonik kann demnach, ähnlich wie die Plastination, als neue, auf Technikgläubigkeit beruhende Form der Hoffnung auf eine Fortexistenz angesehen werden. Doch während die Plastination lediglich eine fortdauernde materielle Existenz in Aussicht stellt, ist die Rede von der ›Auferstehung‹ im Rahmen der Kryonik mehr oder weniger wörtlich gemeint. Tatsächlich erklären die Anhänger der Kryostase selbst ihre Motivation mit der »Schwierigkeit nichtreligiöser Menschen, sich vom vermutlich einzigen Leben zu trennen, das sie besitzen«. Kryoniker nennen außerdem als Beweggrund die »Neugier auf die Zukunft«; Kryonik halte »die Zeit an, bis die Medizin soweit ist« (Sames o. J.).

## 48.4 Zusammenfassung

Die genannten Beispiele belegen auf eindrucksvolle Weise die neue Vielfalt der Bestattung. Viele Menschen begreifen ihren eigenen Tod, ihre Bestattung und ihre letzte Ruhestätte auf neue Weise und treten durch die Wahl bestimmter Bestattungsformen, -orte und -rituale bewusst aus der traditionellen Erinnerungskultur heraus. Damit gehen eine zunehmende Entritualisierung des Umgangs mit den Toten, eine Privatisierung von Bestattung(sritualen) und eine tendenzielle Abkehr vom Friedhof als traditionellem Ort des Leichnams und der letzten Ruhe einher. Der Umgang mit dem Lebensende ist vielfältig und gestaltbar geworden; er öffnet einen persönlichen Aktionsraum. Der Wandel der Bestattungsriten und der Erinnerungskultur spiegelt damit beispielhaft die gesellschaftlichen Trends zur Säkularisierung, Liberalisierung, Individualisierung, Pluralisierung, Privatisierung, Ökonomisierung und Technisierung wider. Der gezielte Zugriff auf die eigene Bestattung lässt sich mit vielfältigen, stets konkreten programmatischen Zielen verbinden:

- sich durch die Wahl einer speziellen Bestattungsform gegenüber anderen abzugrenzen bzw. sich selbst zu inszenieren (z. B. Weltraumbestattung, Plastination),
- den eigenen Lebensverlauf durch die Wahl der Bestattung in einem gleichsam symbolischen Akt ›zu spiegeln‹ (z. B. Seebestattung von Matrosen, Flugbestattung von Piloten),
- dem Leben eine besondere (z. B. gemeinschaftsstiftende) Sinnhaftigkeit zu verleihen (z. B. anatomische Körperspende oder Beisetzung im Gemeinschaftsgrab aus altruistischen Gründen),
- eine besondere Naturverbundenheit oder ein ökologisches Bewusstsein zu demonstrieren (z. B. Naturbestattung, -verstreuung, ›ökologische‹ Bestattung),
- durch die Wahl der Bestattungsform eine besondere Technikgläubigkeit oder -begeisterung auszudrücken (z. B. Kryonik, Plastination, Promession),
- die während des Lebens praktizierte Ökonomie auf die eigene Bestattung auszudehnen.

Kostenanalysen mögen für viele, die die eigene Bestattung planen, an erster Stelle stehen, und zwar nicht nur für Notleidende: Verspricht eine Bestattungsart besonders günstig auszufallen, kann man zwar nicht ›dem Tod ein Schnippchen schlagen‹, aber mit der Bestattung ein ›Schnäppchen‹ machen. Der Trend zur Billig-Kremierung mit anschließender ›Ascheentsorgung‹ ohne einzurichtende Grabstelle deutet nicht nur auf soziale Entfremdung hin, sondern auch auf ökonomisches Kalkül, auch wenn Umfragen diese Motive nicht abfragen.

Die Indienstnahme des toten Körpers erfüllt über alle bisher genannten Motive hinaus den Zweck, den Tod als Beendigung aller menschlichen Handlungsmöglichkeiten in Frage zu stellen bzw. zu relativieren. Die eigene Leiche wird zum unverzichtbaren Instrument: Sie wird eingesetzt, um dem Bedürfnis nach Autonomie auch *post mortem* Geltung zu verschaffen, den Aktionsraum über den eigenen Tod hinaus auszudehnen und die Grundlage für eine neue Form des Weiterlebens zu schaffen. Auch das Internet – der wohl populärste Indikator postmoderner Technisierung – hat neue Ausdrucksformen von Tod und Erinnern hervorgebracht, die mit traditionellen Elementen der Bestattungskultur auf innovative Weise kombiniert werden. Hierzu gehören z. B. virtuelle Grabsteine oder die Einrichtung von ›Lichtgräbern‹ (Friedhof der Zukunft 2002).

In einigen Fällen moderner Bestattungsformen handelt es sich auch um Versuche der Grenzverschiebung zwischen Leben und Tod. Ziel ist die Erreichung eines ›Zustands‹, in dem der Tod nicht mehr Tod im absoluten Sinne bedeutet und bei dem niemand mehr ›vergeht‹, wenn er stirbt. Der Tote wird zum Weiter-Lebenden umdefiniert. Inwieweit die beschriebenen, höchst fragilen Deutungsmuster von Leben und Tod Bestand haben werden, wird die Zukunft zeigen. Zu hinterfragen ist allerdings in vielen Fällen die Eignung moderner Bestattungsformen für eine psychisch suffiziente Trauerkultur.

### Literatur

Aeternitas Verbraucherzentrale Bestattungskultur: *Bestattungswünsche. Welche Form der Bestattung würden Sie für sich wünschen, einmal ungeachtet aller gesetzlichen Vorschriften?* Emnid 2016. In: https://www.aeternitas.de/inhalt/marktforschung/meldungen/2016_aeternitas_umfrage_wuensche/bestform_2016.pdf (29.09.2020).

Algordanza GmbH: *Verfahren/Bestellung* (ohne Jahr). In: www.algordanza.ch/Verfahren/Bestellung.aspx (2009).

Algordanza GmbH: *Vorsorge* (ohne Jahr). In: www.algordanza.ch/Vorsorge.aspx (2009).

Assig, S.: *Waldesruh statt Gottesacker. Der Friedwald als neues Bestattungskonzept. Eine kulturwissenschaftliche Spurensuche.* Stuttgart 2007.

Baumann, Z.: *Tod, Unsterblichkeit und andere Lebensstrategien.* Frankfurt a. M. 1994.

Baumgartner, K.: *Wir gedenken der Toten – nicht damit, sondern weil sie leben. Christlicher Umgang mit den Toten angesichts des derzeitigen Wandels der Bestattungskultur.*

In: Zeitschrift für medizinische Ethik 60/4 (2014), 311–326.
Becker, K. W.: *Anmerkungen zur Geschichte der anatomischen Sektion*. Text zum Katalog der Ausstellung »Kunst-Ort Anatomie – Künstler auf Visite«. 23. Mai–21. Juni 2002. Homburg 2002.
Blome, E./Offe, J. A.: Die Konstruktion des Echten. Das Körperbild der Ausstellung »Körperwelten«. In: Hermes da Fonseca/Kliche 2006, 183–216.
Busch, P.: *Öko-Bestattung und Glanzstücke. Aus 75 Kilo Leiche werden 25 Kilo Dünger – oder ein Diamant* (2008). In: https://ladyschaft.wordpress.com/2009/05/30/dunger-oder-diamant-wie-wir-auch-enden-konnen/ (29.09.2020).
Crapanzano, V.: Eine persönliche Versenkung in Tod, Leiche und Autopsien. Memento mori. In: Hermes da Fonseca/Kliche 2006, 27–45.
Cryonics Institute: About CI. Welcome to Cryonics Institute, a world leader in cryonics research, technology and applications (ohne Jahr). In: http://www.cryonics.org/ci-landing (29.09.2020).
d'Estries, M.: *Resomation. Your New High-Tech Option for Eco-Friendly Burial* (2007). In: https://www.groovygreen.com/resomation-your-new-high-tech-option-for-eco-friendly-burial/ (29.09.2020).
Elsas, C./Sternberg-el Hotabi, H./Witthuhn, O. (Hg.): *Sterben, Tod und Trauer in den Religionen und Kulturen der Welt*. Bd. 3: Bestattungsbräuche, Totenkult und Jenseitsvorstellungen im Alten Ägypten. Berlin 2015.
Fischer, N.: *Geschichte des Todes*. Kap. 3: *Die Industrialisierung des Todes* (ohne Jahr). In: http://www.n-fischer.de/tod_geschichte_4.html (29.09.2020).
Fischer, N.: Auf dem Weg zum anonymen Grab. In: N. Stefenelli (Hg.): *Körper ohne Leben. Begegnung und Umgang mit Toten*. Wien 1998, 261–268.
Fischer, N.: *Zwischen Trauer und Technik. Feuerbestattung – Krematorium – Flamarium. Eine Kulturgeschichte*. Berlin 2002.
Fischer, N.: Vom Umgang mit toten Körpern. Zur Geschichte der Bestattungskultur in der Neuzeit. In: Hermes da Fonseca/Kliche 2006, 113–124.
Fischer, N.: Bestattungskultur zwischen Moderne und Postmoderne. In: D. Schäfer/C. Müller-Busch/A. Frewer (Hg.): *Perspektiven zum Sterben. Auf dem Weg zu einer ars moriendi nova?* Stuttgart 2012, 53–62.
Fischer, N.: Der entfesselte Friedhof. Über die Zukunft von Bestattungs- und Erinnerungsorten. In: T. Benkel (Hg.): *Die Zukunft des Todes. Heterotopien des Lebensendes*. Bielefeld 2016, 263–281.
Fischer, N.: Körper – Asche – Natur: Über Transformationen des Leichnams durch Krematoriumsbau und Feuerbestattung vom späten 19. Jahrhundert bis zur Gegenwart. In: *Ethnoscripts* 19/1 (2017), 81–98.
Friedhof der Zukunft, Der. In: FAZ.NET (08.07.2002). In: https://www.faz.net/aktuell/gesellschaft/gesellschaft-der-friedhof-der-zukunft-171429.html (28.09.2020).
FriedJuwel Edelsteinbestattungen: *Präsentationsmappe »Von uns gegangen, doch für immer nah«* (ohne Jahr). In: http://www.friedjuwel.de/downloads/friedjuwel-praesentationsmappe-24012018.pdf (29.09.2020).
Gerner, M.: *Friedhofskultur*. Hohenheim u. a. 2001.
Groß, D.: Weitere Formen der Transmortalität: Kryonik – Ausweg oder Irrweg? In: B. Tag/D. Groß/J. Mausbach (Hg.): *Transplantation – Transmortalität. Rechtliche und ethische Kontroversen*. Zürich/St. Gallen 2016, 107–117.
Groß, D./Tag, B./Schweikhardt, C. (Hg.): *Who wants to live forever? Postmoderne Formen des Weiterwirkens nach dem Tod*. Frankfurt a. M. 2011a.
Groß, D./Tag, B./Schweikhardt, C.: Alternative Bestattungsformen und postmortales Weiterwirken im 21. Jahrhundert – eine thematische Einführung. In: Dies. (Hg.): *Who wants to live forever? Postmoderne Formen des Weiterwirkens nach dem Tod*. Frankfurt a. M. 2011b, 11–23.
Groß, D./Ziefle, M.: Im Dienst der Unsterblichkeit? Der eigene Leichnam als Mittel zum Zweck. In: D. Groß/J. Grande (Hg.): *Objekt Leiche. Technisierung, Ökonomisierung und Inszenierung toter Körper*. Frankfurt a. M. 2010, 545–581.
Hagens, G. v.: Der plastinierte Mensch. In: Landesmuseum für Technik und Arbeit (Hg.): *Körperwelten. Einblicke in den menschlichen Körper*. Mannheim/Heidelberg 1997, 201–218.
Happe, B.: *Der Tod gehört mir. Die Vielfalt der heutigen Bestattungskultur und ihre Ursprünge*. Berlin 2012.
Happe, B.: Dynamik in der heutigen Bestattungskultur. In: *Onkologe* 20 (2014), 1222–1228.
Happe, B.: Die Topik gegenwärtiger Bestattungsformen. In: T. Benkel (Hg.): *Die Zukunft des Todes. Heterotopien des Lebensendes*. Bielefeld 2016, 283–302.
Hemmer, D./Höferl, A./Hollas, B.: *Privatisierung und Liberalisierung öffentlicher Dienstleistungen in der EU-15. Bestattungswesen*. Österreichische Gesellschaft für Politikberatung und Politikentwicklung. Wien 2003. In: http://www.politikberatung.or.at/fileadmin/_migrated/media/Bestattung.pdf (29.09.2020).
Hermes da Fonseca, L.: »Lifeseeing« in den »Körperwelten«. Entwicklungsgeschichte »schöner Leichen ohne Verfallsdatum«. In: Dies./Kliche 2006a, 7–25.
Hermes da Fonseca, L.: »Trauerlose Würfelanatomie« als Gesellschaftsmodell. Der Verlust verschiedener Menschen und Leben in den »Körperwelten«. In: Dies./Kliche 2006b, 378–442.
Hermes da Fonseca, L./Kliche, T. (Hg.): *Verführerische Leichen – verbotener Verfall. »Körperwelten« als gesellschaftliches Schlüsselereignis*. Lengerich u. a. 2006.
Hossli, P.: Verstorben, bis auf weiteres. Ewiges Eis in der Wüste von Arizona: Eingelegt in flüssigem Stickstoff harren 58 Tote bei minus 196 Grad ihrer Auferstehung. In: *Focus Magazin 43 (2003)*. In: http://www.focus.de/panorama/reportage/reportage-verstorben-bis-auf-weiteres_aid_194924.html (29.09.2020).
Institut für Plastination e. K.: Körperwelten. Organisationen. Institut für Plastination Heidelberg (ohne Jahr). In: https://koerperwelten.de/plastination/organisationen/ (29.09.2020).
Kaiser, S./Gross, D./Lohmeier, J./Rosentreter, M./Raschke, J.: Attitudes and acceptance toward the technology of cryonics in Germany. In: *International Journal of Technology Assessment in Health Care* 30 (2014), 98–104.

Kleinschmidt, N./Wagner, H.: *Endlich unsterblich? Gunther von Hagens – Schöpfer von Körperwelten.* Berlin 2000.

Köster, M.: *Den letzten Abschied selbst gestalten. Alternative Bestattungsformen.* Berlin ²2012.

Langhanky, M.: Jenseits des Anstands – Ein Versuch über Anstand, Abstand und Transformation. In: Hermes da Fonseca/Kliche 2006, 65–72.

Leibing, A.: Seelige Erinnerungen – ein Essay über verkörperte Memoria. In: Hermes da Fonseca/Kliche 2006, 99–112.

*Leichen-Diamanten. Firma presst Tote zu Trauer-Klunkern* (29.08.2002). In: https://www.spiegel.de/wissenschaft/mensch/leichen-diamanten-firma-presst-tote-zu-trauer-klunkern-a-211215.html (29.09.2020).

Lohmeier, J./Gross, D./Raschke, J./Kaiser, S./Rosentreter, M.: Social Profile and Attitudes of Cryonics Advocates and Deniers in Germany. In: *Mortality – Promoting the Interdisciplinary Study of Death and Dying* 20/3 (2015, 263–279).

Lüddeckens, D.: Oase ohne Geier. In: *Bestattungskultur* 7 (2006), 14–15.

Mühlberger, A.: *Neuer Bestattungstrend aus Wien. Der Verblichene im Ohrring* (2006). In: https://reber-landau.de/neuer-bestattungstrend-aus-wien-der-verblichene-im-ohrring/ (29.09.2020).

Müller, W.: *Aus Asche von Menschen Diamanten machen* (27.10.2004). In: https://www.jesus.ch/magazin/gesellschaft/ethik/118407-aus_asche_von_menschen_diamanten_machen.html (29.09.2020).

Nüchtern, M./Schütze, S.: *Bestattungskultur im Wandel.* Berlin 2008.

Roth, J.: Body counts. In: *Konkret* 4 (1998), 50–52.

Rowlatt, J.: *I'll Compost Your Corpse* (02.04.2007). In: http://www.bbc.co.uk/blogs/newsnight/2007/04/ill_compost_your_corpse_1.html (29.09.2020).

Rudisile, M: *Feuerbestattung – auch für Christen?* Lage 2007.

Rüter, S.: Friedwald. Waldbewusstsein und Bestattungskultur. Münster 2011.

Sachmerda-Schulz, N.: Die anonyme Bestattung zwischen Individualisierung und Entindividualisierung. In: T. Benkel (Hg.): *Die Zukunft des Todes. Heterotopien des Lebensendes.* Bielefeld 2016, 303–316.

Sachmerda-Schulz, N.: *Selbstbestimmt bis nach dem Tod. Zur Ausbreitung und Normalisierung der anonymen Bestattung.* Wiesbaden 2017.

Sames, K.: *Kryonik und Kryostase* (ohne Jahr). In: http://www.kryonik.de/kryonik-kryostase/ (29.09.2020).

Schäfer, D.: Nach dem Tod. Umgangsweisen mit der Leiche. In: Ders.: *Der Tod und die Medizin. Kurze Geschichte einer Annäherung.* Heidelberg 2015, 191–228.

Schäfer, G./Groß, D.: Körperspende oder Tauschgeschäft? Der geldwerte Vorteil »gespendeter« Leichname und seine Bedeutung für die Einordnung des toten Körpers als Ressource. In: D. Groß (Hg.): *Die dienstbare Leiche. Der tote Körper als medizinische, soziokulturelle und ökonomische Ressource.* Kassel 2009, 42–44.

Smolny, C.: »Und ruhe in Frieden« – Bestattungsformen in der abendländischen Kultur gestern, heute und morgen. In: Dies.: *Komm, sanfter Tod, des Schlafes Bruder. Eine Kulturgeschichte des Todes.* Berlin 2010, 23–53.

Sörries, R.: Christliche Begräbniskultur in säkularer Gesellschaft. In: *Zeitschrift für medizinische Ethik* 60/4 (2014), 297–310.

Spallek, G.: Friedhof und Bestattung in den Augen der katholischen Kirche und als Ort der Theologie. In: *Ethnoscripts* 19/1 (2017), 99–122.

Spirago, F.: *Das kirchliche Begräbnis und das Verbot der Leichenverbrennung.* Durach 2001.

Stiftung Warentest (Hg.): *Bestattung: was tun im Todesfall? Formalitäten, Bestattungsarten, Kosten für Bestatter, Friedhof, Grabpflege, Rechtsfragen, Trauerbewältigung, Vererben und Erben, Vorsorge.* Berlin 2008.

Straub, I.: *Das Aufkommen alternativer Bestattungsformen als Ausdruck transkultureller Lebensweisheiten.* Berlin 2014.

Thieme, F.: Bestattungs- und Friedhofskultur. In: Ders.: *Sterben und Tod in Deutschland. Eine Einführung in die Thanatosoziologie.* Wiesbaden 2019, 171–213.

Vilgis, T.: Eiskalt ins Grab. Der ökologische Tod. In: *Frankfurter Allgemeine Sonntagszeitung* 27 (08.07.2007), 60.

Volgger, E./Wegscheider, F. (Hg.): *Urne wie Sarg? Zur Unterscheidung zwischen Erd- und Feuerbestattung.* Regensburg 2018.

Witt, N./Dickinson, T.: »Cryonics« – Die Wichtigkeit der Körper für die Unsterblichkeit. In: D. Groß (Hg.): *Die dienstbare Leiche. Der tote Körper als medizinische, soziokulturelle und ökonomische Ressource.* Kassel 2009, 136–140.

## Weiterführende Literatur

Rest, F.: Die »Würde der Leiche« ist unantastbar. Aspekte des Zusammenbruchs eines Menschenbildes. In: Hermes da Fonseca/Kliche 2006, 46–64.

Schroer, M.: *Moderne Gesellschaft und Individualisierung.* Hagen ³2004.

Sörries, R.: *Ruhe sanft. Kulturgeschichte des Friedhofs.* Kevelaer ²2011.

Sörries, R.: *Ein letzter Gruß. Die neue Vielfalt der Bestattungs- und Trauerkultur.* Kevelaer 2016.

*Dominik Groß / Martina Ziefle / Daniel Schäfer*

# 49 Grabinschriften

## 49.1 Definition

Unter einer Grabinschrift versteht man die Gesamtheit aller auf einem Grabzeichen erscheinenden Grapheme mit Ausnahme der Signatur des Steinmetzen. Eigentlich lassen sich Grabinschriften nicht von der Grabstätte bzw. vom Grabmal trennen, denn der Text korrespondiert nicht selten mit der formalen und ikonographischen Gestaltung der Grabstätte bzw. des Grabmals. Außerdem besteht eine enge Korrelation zwischen Grabinschriften und *Epitaphien* sowie Sarginschriften. Wollte man auch deren formale und gegebenenfalls bildliche Aussage berücksichtigen, würde der Rahmen dieses Abschnitts gesprengt. Deshalb erfolgt hier eine Beschränkung auf sprachliche Elemente.

»Grabinschriften stehen für ihre Zeit. Jede Gesellschaft legt auf anderes Wert. Die ständische auf die Abkunft und den Titel, die bürgerliche auf die Profession und die Stationen der Karriere, die nachbürgerliche Gesellschaft belässt es bei der bloßen Angabe von Geburts- und Todesjahr« (Schlögel 2005, 262). Dies ist wohl die kürzest denkbare Charakterisierung der Grabinschriften in ihrem geschichtlichen Wandel vom Mittelalter bis heute. Aus der gegenwärtigen Perspektive muss man lediglich noch hinzufügen, dass eine zunehmende Zahl von Menschen ganz auf eine Grabinschrift verzichtet und die Anonymität bevorzugt.

Grabinschriften werden oft zu den standardisierten Textsorten gezählt, die wenig Raum für individuelle Freiheiten lassen, und in der Tat setzte und setzt die Konvention enge Grenzen. Aber innerhalb dieser Grenzen gibt es doch eine große Variationsbreite: Neben den knappen Formularen finden sich ausschweifende, aussagekräftige und nichtssagende Formulierungen.

## 49.2 Bestandteile der Grabinschrift

Die Inschrift besteht zwar aus normierten Bestandteilen, doch ist es nicht zwingend, dass alle zur Ausformulierung kommen. Zu den konstitutiven Elementen zählen der Name und das Todesdatum bzw. Todesjahr, gegebenenfalls erweitert um das Geburtsdatum oder die Nennung der Lebensspanne. Es können Würdigungen der bestatteten Person hinzutreten, Angaben zu seiner Biographie und seinem beruflichen bzw. sozialen Status. Nicht selten gibt es Verse oder Sentenzen, die auf eine religiöse oder weltanschauliche Bewältigung von Tod und Trauer (s. Kap. 34: »Trauer – kulturhistorisch«) hinweisen. Diese Angaben wiederum können ergänzt werden durch Symbole und Bilder. Oft wird eine Grabinschrift durch eine sogenannte ›Beginnformel‹ eingeleitet, die eine Grabinschrift sofort als solche erscheinen lässt. Typische Formulierungen lauten »Hier ruht« oder »Hier ruht in Gott«, oder die Grabinschrift wird eingeleitet durch die Überschrift »Ruhestätte«.

Verallgemeinernd lässt sich der Aufbau einer Grabinschrift folgendermaßen beschreiben: Auf die ›Beginnformel‹ folgt mit den Angaben zur Person der ›identifizierende Teil‹, an den sich eine ›Schlussformel‹ anschließen kann, etwa »Friede seiner Asche«. Darüber hinaus gibt es ›sonstige Elemente‹. Aus der Masse der Grabinschriften kann kein überall gültiges Formular entwickelt werden; das kann allenfalls für einzelne Friedhöfe, vielleicht auch für einzelne Friedhofslandschaften gelingen.

Länge und Ausführlichkeit der Grabinschriften hängen vom sozialen Stand der betreffenden Person ab. Generell kann gesagt werden, dass Grabinschriften – wie auch das eigene Grab selbst – ursprünglich und lange Zeit ein Privileg der sozialen Oberschichten gewesen sind, während Grabzeichen sowie entsprechende Inschriften für die einfache Bevölkerung kaum vor dem 17. Jh. und als allgemeines Kulturgut für breite Bevölkerungsschichten nicht vor dem 19. Jh. zu beobachten sind (Sörries 2009). »Die Aussagen der Grab- und Gedächtnisinschriften beschränken sich bis ins 18. Jh. auf einen relativ kleinen Personenkreis, nämlich überwiegend auf die Oberschicht und die obere Mittelschicht, während die große Masse der Bevölkerung [...] fast überhaupt nicht erfasst wird« (Valentinitisch 1983, 32). Allerdings weist Helfried Valentinitsch zu Recht auf große regionale Unterschiede hin, denen hier jedoch nicht nachgegangen werden kann.

In ihrer Struktur unterscheiden sich *Epitaphien* nur dadurch, dass in ihnen der Hinweis auf die Ruhestätte fehlt, denn in diesem Sinne sind *Epitaphien* ›Ersatzgrabmale‹ in den Kirchen, während sich das eigentliche Grab auf dem Friedhof befindet. Auch Sarginschriften lassen sich ohne Kontext kaum von Grabinschriften unterscheiden.

Eine typische Inschrift, wenn es eine solche überhaupt gibt, liest man auf einem Epitaph in der evangelischen Kirche zu Absberg/Mainfranken: »Anno 1602 den 6. Martii starb der Edel und Vest Herr End-

J. B. Metzler © Springer-Verlag GmbH Deutschland, ein Teil von Springer Nature, 2020
H. Wittwer/D. Schäfer/A. Frewer (Hg.), *Sterben und Tod. Ein interdisziplinäres Handbuch 2. Auflage*,
https://doi.org/10.1007/978-3-476-05761-7_49

res v. Zedwitz zu Windschbach Fürstl. Rat und Pfleger zu Sandsch. Gott genad.« Sie nennt das Todesdatum, den Namen des Verstorbenen mit den titulierenden Beiworten »Edel« und »Vest« sowie seine Funktion und schließt mit einer ›Schlussformel‹ »Gott genad«.

Lediglich in der Tendenz, aber nicht verallgemeinernd nimmt die Ausführlichkeit der Inschriften in der Barockzeit zu. Die Varianz in ein und derselben Zeit ist enorm: Eine schlichte Grabinschrift auf einem hölzernen Grabzeichen von Lauderode/Hessen, das sich heute im Kasseler Museum für Sepulkralkultur befindet, lautet: »Hier ruhet Iohann Georg Mackel. 1773«. Viel wortgewaltiger erscheint das Epitaph für Christina Eleonora von Berlichingen von 1770 in der Pankratiuskirche von Böckingen: »Hier ruhet (›Beginnformel‹) nach ihrem sterblichen Theil Fraeulein Christina Eleonora von Berlichingen [...] [gestorben] im Jahre 1770 den 18. October [›identifizierender Teil‹] nach dem in einem Alter von 14 Jahren ihre stille Gedult die Qual der heftigsten Krankheit [ertragen] [›emotionale Erweiterung‹]. Ihr Glaube aber [hat] alle Schrecken des Todes besieget [›Schlussformel‹].« Inschriften können aber noch wesentlich ausführlicher sein (s. u.).

## 49.3 Funktionen der Grabinschrift

Vordergründig markiert ein Grabzeichen eine Grabstelle, auch etwa um sie vor unachtsamen Wiederbelegungen zu schützen. Eine namentliche bzw. individuelle Kennzeichnung des Grabes hilft bei seiner Wiederauffindung für Grabbesuche und eventuell damit verbundene kultische Handlungen. Weitere Informationen richten sich an Adressaten, die über den Kreis der Verwandtschaft hinausgehen. Diesem erweiterten Personenkreis gelten die Mitteilungen über den Verstorbenen, die einerseits seinem guten Andenken, aber auch dem Sozialprestige der Hinterbliebenen dienen. Des Weiteren können emotionale Äußerungen hinzutreten, die als Selbstbekundung der Angehörigen zu verstehen sind.

Das Medium ›Grabinschrift‹ hat keinen fest definierten Adressaten. Sie kann sich sogar im Sinne eines Gebetes oder einer Anempfehlung an Gott wenden, und es gibt auch solche, in denen sich der Verstorbene an die Angehörigen wendet oder diese sich mit einem Wunsch oder Segen an den Verblichenen richten. Eine der typischen Schlussformeln »*Requiescat in pace*«, oft abgekürzt als R. I. P., ist als solcher Wunsch für den Verstorbenen zu verstehen. In vielen Inschriften wechseln auch die Adressaten. Zumindest in der Vergangenheit war es nicht selten, dass Menschen ihre Grabinschriften zu Lebzeiten selbst formulierten.

Aus sozialpsychologischer Sicht wird man die Funktion von Grabinschriften als ›Sicherung der Identität des Verstorbenen über den Tod hinaus‹ beschreiben können, wobei zu berücksichtigen ist, dass damit auch die Identität der Nachkommen angesprochen wird. Ist der Adressat einer Grabinschrift Gott, dann verbindet sich damit die Hoffnung auf eine postmortale Existenz im Himmel, doch auch die innerweltliche Sorge um eine gute Nachrede ist Absicht von Grabinschriften. Diesen Aspekt des ›identifizierenden Teils‹ nennt man deshalb auch ›Totenlob‹.

Bis zu 500 Wörter in 75 Zeilen sind auf den barocken Zinnsärgen der Hohenzollerngruft im Berliner Dom eingraviert. Nach einer ›Beginnformel‹ – z. B. »Gott, dem besten größten geweiht« – folgen der Name des Verstorbenen und ein detaillierter Lebenslauf, der auf folgende Punkte eingeht: Geburtsort und -datum, Erziehung und Ausbildung, Ehe, Ämter, Taten, Vorzüge, Kinder, letzte Krankheit und Sterbeszene. Abschließend werden die genaue Lebenszeit und die Sterbestunde angegeben. Darunter findet sich bei einigen Inschriften ein Epigramm, das den Verstorbenen liebevoll ehrt. In ihrer Dissertation zu diesen Sarginschriften stellte Veronika Rücker (2009) auch entsprechend die Frage nach den Rezipienten derart langer und kaum zu lesender Inschriften, die in diesem Fall sogar in lateinischer Sprache abgefasst waren. Sie sieht in ihnen deshalb die Funktion einer Art ›Grabbeigabe‹, während ihre Rezeption über die gedruckten Leichenpredigten (s. Kap. 46: »Leichenpredigten«), denen die Inschriften beigefügt waren, erfolgte.

## 49.4 Forschungsstand

Grabinschriften zeichnen sich einerseits durch ihre Phrasenhaftigkeit aus, die eine besondere Beschäftigung mit ihnen bisher wenig reizvoll erscheinen ließ. Andererseits handelt es sich bei ihnen um eine äußerst komplexe Textgattung, die aufgrund fehlender Forschung bisher noch kaum untersucht ist. Wohl werden die älteren Grabinschriften als historische und genealogische Quellen geschätzt und auch in dem umfangreichen, 1934 begründeten Quellenwerk *Die deutschen Inschriften* (vgl. auch http://www.inschriften.net) gesammelt, doch werden darin nur Inschriften bis 1650 berücksichtigt. Insbesondere jüngere und neueste Grabinschriften gelten bislang als wenig aussagekräftig und uninteressant.

Das moderne Interesse an den Grabinschriften konzentriert sich deshalb auf die besonderen und inhaltlich aussagekräftigen, und es sind Versuche zur Begründung einer eigenen Disziplin der *Epitaphologie* zu beobachten (Guthke 2006). Folgt man diesen Bemühungen, so stößt man gewiss auf Bedenkenswertes, ferner auf *Kuriosa*, um letztendlich bei den Beispielen der »komischen Grabpoesie« (Röhrich 1985) zu landen. Doch bei allem Erkenntnisgewinn, der durch diese Sammlungen möglich wird, ist einerseits die Authentizität dieser Grabschriften nicht gesichert (Sörries 2007, 126 f.), und andererseits wird der Normalbefund nicht berücksichtigt. Während es etwa zu den Todesanzeigen (s. Kap. 50: »Todesanzeigen«) umfangreiche Studien über den formalen Aufbau dieser Textgattung einschließlich statistischer Angaben zu ihren Bestandteilen gibt, fehlen ähnliche Untersuchungen zu den Grabinschriften.

Eine Ausnahme bildet die Untersuchung von Mária Erb zu den deutschen Grabinschriften in einer ungarndeutschen Ortschaft mit Namen Pula im Buchenwald (Erb 2001). Sie berücksichtigt dabei 243 Gräber mit 62 deutschen Inschriften im Zeitraum zwischen 1863 und den 1940er Jahren. Ist der absolute Bestand zwar gering, so lassen sich ihm doch interessante Details entnehmen, die man sich generell für die Grabinschriften-Forschung wünschen würde. Erb untersuchte z. B. die ›Schlussformeln‹. Die Hälfte lautet »Friede seiner/ihrer Asche«, und weitere 14 besitzen keine ›Schlussformel‹. Doch der verbleibende Rest ist vergleichsweise differenziert. Viermal erscheint die Formel »Ruhe(t) in Frieden«, je zweimal begegnen die Formulierungen »Gott gebe ihnen/ihr/ihm die ewige Ruhe«, »Ruhe sanft« und »Gott segne ihre/seine Seele«. Je einen Beleg gibt es für »Geliebt und nie vergessen« sowie »Auf Wiedersehen«. Diese Formeln sprechen teils vom Verstorbenen in der dritten Person (»Friede seiner Asche«), teils reden sie ihn direkt an (»Ruhe sanft«). Nicht geklärt ist, ob hinter dem ›differenzierten‹ Gebrauch solcher Phrasen tatsächlich unterschiedliche Vorstellungen stecken. Auch bemerkt die Autorin, dass dort, wo ›Schlussformeln‹ fehlen, meist religiös motivierte Sprüche zu finden sind, wie etwa »Die gerecht sind, leben ewig, und ihren Lohn finden sie bei Gott«. In 15 Fällen sind die Personen genannt, die das Grabmal gesetzt bzw. die Inschrift verfasst haben. Haben diese und andere hier nicht näher genannte Variationen überhaupt eine Bedeutung, oder sind die gängigen Phrasen absichtslos variiert? Diese und andere Fragen ließen sich erst auf der Basis breiter Materialsammlungen beantworten, die es aber bis heute nicht gibt. Und das gilt erst recht für die Auswertung von Sinnsprüchen. Es fehlt nicht an Katalogen und Auswertungen zu römischen (z. B. Kolb/Fugmann 2008) und spätantiken Grabinschriften (z. B. Krämer 1974), doch für die Neuzeit wurden sie als Quelle bisher kaum berücksichtigt.

Als religionssoziologische Quelle eignen sich die Grabinschriften beim derzeitigen Kenntnisstand nur sehr eingeschränkt. Man wird nur so viel sagen können, dass sie sich aufgrund ihrer Normierung innerhalb enger Konventionen in das einfügen, was man als ›Standardisierung der Trauer‹ bezeichnen könnte. Diese einschränkende Bemerkung gilt insgesamt für den Wert der Grabinschriften als historischer Quelle. »Die Aussage der Inschriften und Inschriftenträger wird allerdings durch andere und hier wieder vornehmliche archivalische Quellen ergänzt bzw. auf eine breitere Basis gestellt werden müssen« (Valentinitsch 1983, 31).

Deutlich besser bestellt ist es um die Erfassung jüdischer Grabinschriften, u. a. durch das Zentralarchiv zur Erforschung der Geschichte der Juden in Deutschland. Dort wird eine Übersicht über alle jüdischen Friedhöfe auf dem Gebiet der Bundesrepublik Deutschland unter besonderer Berücksichtigung der Inschriftendokumentation angestrebt, die weit vorangeschritten ist (vgl. Zentralarchiv seit 1971). Ihre Zielsetzung besteht vornehmlich darin, »die jüdischen Friedhöfe nicht nur als stumme Zeugen der Vergangenheit zu bewahren, sondern sie auch als Geschichtsquelle zu nutzen«. Jüdische Grabinschriften unterscheiden sich im Aufbau nicht wesentlich von anderen und sind darin wohl eher noch gebundener. Umrahmt wird eine Grabinschrift in der Regel von einer ›Beginnformel‹ und einer ›Schlussformel‹, meist einem aus den hebräischen Anfangsbuchstaben zusammengestellten Akronym der Worte aus 1 Sam 25,29: »Seine/ihre Seele sei eingebunden in das Bündel des Lebens« (Kollatz 2004).

## 49.5 Die historische Relevanz von Grabinschriften

Es ist schon lange Tradition, interessante und aussagekräftige Grabinschriften aufzuspüren, zu sammeln und zu publizieren. So veröffentlichte etwa Gottlieb Wilhelm Bumann 1786 seine *Launigen Grabschriften*, von denen er im Untertitel behauptete, sie seien *Auf Reisen durch Deutschland gesammelt*, doch bei ihm und anderen ›Sammlern‹, die es ihm gleichtaten, kann man nie ganz sicher sein, ob die Sprüche nicht reine literarische Erfindungen sind, um die Leserschaft zu erfreuen. Auch heute noch ›sammeln‹ Liebhaber Derartiges und beklagen dabei die heute anzutreffende Sprachlosigkeit auf unseren Friedhöfen (Betten 2003, 8). Ob sie früher tatsächlich ›sprechender‹ waren, ist angesichts ihrer überlieferten Phrasenhaftigkeit durchaus zu bezweifeln. Nicht erst um die Wende vom 19. zum 20. Jh. entstanden katalogartige Sammlungen für geeignete Formulierungen (Pesendorfer 1901). So wurde z. B. auch das 1546 veröffentlichte Begräbnisgesangbuch von Martin Luther mit seiner Sammlung von biblischen Sprüchen als Quelle für Grab- und Sarginschriften benutzt. Findet sich bei Luther die Stelle *Hiob IXX Ich weiß, dass mein Erlöser lebt* an erster Stelle in seiner Aufzählung, so verwundert es nicht, dass sich gerade dieser Bibelvers überproportional oft als Sarg- oder Grabinschrift der Renaissance- und Barockzeit findet. Die oftmals behauptete größere Individualität früherer Inschriften erweist sich als Fiktion.

Heute ist die Situation beim Steinmetz nicht anders. Kaum jemand hat sich vor Eintritt eines Sterbefalles einen passenden Spruch oder gar die ›korrekte‹ Anordnung einer Grabinschrift überlegt, verlässt sich deshalb auf die Fachkenntnis des Grabsteinexperten und lässt sich von seiner parat gehaltenen Sammlung biblischer, literarischer, philosophischer, weltlicher oder volkstümlicher Weisheiten inspirieren. Oder man besinnt sich wieder auf die Minimalanforderungen für eine Grabinschrift, verzichtet auf alles schöngeistige Beiwerk und belässt es beim Namen. Manche Wahlgrabstätten beschränken sich auch nur noch auf den Hinweis »Familie NN«. Gab es vormals eine ziemlich restriktive Sozialkontrolle, die über die Errichtung einer Grabstätte und die Anbringung einer korrekten Grabinschrift wachte, so hat dieses Instrument heute an Überzeugungskraft verloren, und selbst der völlige Verzicht auf Grabstätte und Grabkennzeichnung ist möglich. Die Anonymisierung der Grabstätte gehört seit den 1980er Jahren zu den Tendenzen in der zeitgenössischen Bestattungskultur.

Liest man »Geliebt und unvergessen« auf dem Grabstein einer längst nicht mehr gepflegten Grabstätte, dann erscheint demgegenüber der Verzicht auf eine entsprechende Grabinschrift tatsächlich als eine wohl bedachte, vorausschauende Maßnahme.

## 49.6 Grabzeichen ohne Namensnennung

Grabzeichen ohne Namensnennung sind allerdings keine Erfindung der Gegenwart, sondern können auf eine lange Tradition zurückblicken. Zu nennen sind etwa die sogenannten Grabmarkierungen frühmittelalterlicher Gräber, die ausschließlich die Funktion hatten, eine Grabstelle anzuzeigen. Sie fanden noch an den Armengräbern des 19. Jhs. in Form sogenannter Grabständer, die nur eine Nummer besaßen, eine unrühmliche Renaissance. Ebenfalls im 19. Jh. entstanden Friedhöfe für Namenlose, auf denen unbekannte angeschwemmte Wasserleichen aus Flüssen und Meeren ihre letzte Ruhestätte fanden. Die ihnen gesetzten Grabzeichen trugen oft nur das Datum oder den Ort der Auffindung. Kriegerische Ereignisse haben ein Übriges dazu beigetragen, die Zahl der namenlosen Grabzeichen zu vermehren, auf denen »unbekannter Soldat« steht. Erneut wird dadurch die Frage nach dem Adressaten von Grabinschriften aufgeworfen. Ohne individuelle Botschaft und Adressaten sind sie fast nur ein Ausdruck von Pietät und Konvention, was letztlich für die meisten Inschriften gilt, seit sie im 19. Jh. zu einem Allgemeingut geworden sind.

Schon vor hundert Jahren übten die Friedhofsreformer Kritik an den standardisierten und phrasenhaften Inschriften, die im Vergleich zu den ›älteren‹ so inhaltslos geworden seien: »Ganz besonders die Inschrift unterschied sich von der heutigen sehr wesentlich. Im Gegensatz zu den jetzt gebräuchlichen, wenig inhaltvollen und in die Millionen gehenden gleichlautenden Grabinschriften, [...] denen keine persönliche Note innewohnt, tragen die alten Grabmäler stets einen sinnigen, das Leben des Verschiedenen kennzeichnenden Spruch und verraten auch oft eine Episode aus dem Wirken des Toten« (Grässel 1910, 4). Diese Kritik blieb jedoch praktisch ungehört, und die Grabinschrift blieb im 20. Jh., was sie eigentlich schon immer war: eine normierte Textgattung von beschränkter Aussagefähigkeit.

Im 21. Jh. kann auch eine runde Plakette mit einer Buchstaben-/Ziffernfolge am Baumstamm die Funktion einer Grabkennzeichnung übernehmen, wenn nicht ohnehin eine anonyme Beisetzung jegliche Kennzeichnung überflüssig macht.

### Literatur

Betten, L.: *Das Schicksal nennt keine Gründe. Grabsprüche auf Münchner Friedhöfen.* München 2003.

*Die deutschen Inschriften.* Bd. 1 ff. Wiesbaden 1968 ff.

Erb, M.: *Deutsche Grabinschriften in einer ungarndeutschen Ortschaft. Friedhofskultur und Grabinschriften in Pula*

(2001). In: http://www.pula.hu/grabinschriften.htm (17.05.2010).
Grässel, H.: *Über Friedhofsanlagen und Grabdenkmale.* 60. Flugschrift zur Ausdruckskultur. Hg. vom Dürerbund. München 1910.
Guthke, K. S.: *Sprechende Steine. Eine Kulturgeschichte der Grabschrift.* Göttingen 2006.
Kolb, A./Fugmann, J.: *Tod in Rom. Grabinschriften als Spiegel römischen Lebens.* Mainz 2008.
Kollatz, Th.: EDV und Epigraphik. Inventarisation und Dokumentation jüdischer Friedhöfe mit TUSTEP. In: *Historical Social Research* 29 (2004), 180–188.
Krämer, K.: *Die frühchristlichen Grabinschriften Triers. Untersuchungen zu Formular, Chronologie, Paläographie und Fundort* (Trierer Grabungen und Forschungen. Bd. 8). Trier 1974.
Pesendorfer, F.: *Grabinschriften und Sprüche für Sterbebilder.* Linz 1901.
Röhrich, L.: Komische Grabpoesie. In: J. Schuchard/H. Claussen (Hg.): *Vergänglichkeit und Denkmal. Beiträge zur Sepulkralkultur.* Bonn 1985, 93–110.
Rücker, V.: *Die Grabinschriften der Hohenzollern. Edition, Übersetzung und Kommentar.* Hildesheim 2009.
Schlögel, K.: Friedhof Europa. Ein Essay. In: N. Fischer/M. Herzog (Hg.): *Nekropolis. Der Friedhof als Ort der Toten und der Lebenden.* Stuttgart 2005, 253–265.
Sörries, R.: Lachen auf Rezept – oder die heitere Seite des Unausweichlichen. In: *Kultur des Todes. Interdisziplinäre Beiträge zur Sepulkralkultur* (Kasseler Studien zur Sepulkralkultur. Bd. 12). Kassel 2007, 122–132.
Sörries, R.: Inschriften und Symbole auf Grabzeichen. In: Arbeitsgemeinschaft Friedhof und Denkmal/Museum für Sepulkralkultur Kassel (Hg.): *Grabkultur in Deutschland. Geschichte der Grabmäler.* Berlin 2009, 229–242.
Valentinitsch, H.: Wirtschafts- und sozialgeschichtliche Aspekte der Inschriftensammlung. In: W. Koch (Hg.): *Epigraphik 1982. Fachtagung für mittelalterliche und neuzeitliche Epigraphik.* Wien 1983, 31–41.
Zentralarchiv zur Erforschung der Geschichte der Juden in Deutschland: *Sammlungen: Friedhofsdokumentation* (ca. seit 1971). Übersicht in: http://www.uni-heidelberg.de/institute/sonst/aj/FRIEDHOF/ALLGEM/index.html (27.02.2020).

*Reiner Sörries*

# 50 Todesanzeigen

## 50.1 Definition eines konventionellen Mediums im Wandel

Die Todesanzeige setzt sich heute in der Regel aus vielen Variablen und wenigen Konstanten (›obligatorische makrostrukturelle Elemente‹) zusammen: Sie »informiert im Medium Zeitung über das Ableben einer Person, obligatorische makrostrukturelle Elemente sind die eigentliche Todesmitteilung und die Angabe der Inserenten, weitere Informationen können hinzutreten. Die Todesanzeige ist meist von einem Trauerrand eingefasst und durch eine geringe syntaktische Komplexität geprägt. Die Lexik [sc. Wortwahl] ist auf wenige Bereiche beschränkt, dazu zählen vor allem Verwandtschaftsbeziehungen, Bestattungsformen, die Artikulation von Gefühlen in Trauerbekundungen sowie in vielen Fällen die Ausdrücke für das Sterben« (Hölscher 2005, 99). Überdies ist es sinnvoll, die Todesanzeigen strikt gegen Danksagungen und Gedenkanzeigen abzugrenzen und zwischen privaten und institutionellen Todesanzeigen zu unterscheiden.

Todesanzeigen scheinen innerhalb der Bestattungs- und Trauerkultur, die sich seit etwa zwanzig Jahren in einem dynamischen Veränderungsprozess befindet (Sörries 2008), ein vergleichsweise stabiles Traditionsgut darzustellen. Doch bei genauerem Hinsehen sind auch sie in ihrer etwa 250-jährigen Geschichte einem steten Wandel unterworfen gewesen – bis heute. Das lässt sich bereits bei einer kurzen Analyse der inzwischen fast synonym verwendeten Begriffe ›Todesanzeige‹ und ›Traueranzeige‹ belegen. Die ›Todesanzeige‹ ist das Medium, welches die Anzeige eines Todesfalles vermittelt, während ›Traueranzeige‹ den Fokus auf die emotionale Befindlichkeit der Hinterbliebenen richtet. Der im österreichischen Sprachgebrauch dafür übliche Begriff *Parte* aus dem Französischen *faire part* (mitteilen) verweist auf den ursprünglichen Sinn der Übermittlung einer Nachricht. Den Tod eines Menschen mitzuteilen, war eine soziale Verpflichtung gegenüber der Gemeinschaft, deren Mitglied der Verstorbene in irgendeiner Weise gewesen war. Denn dieser Tod verändert das soziale Gefüge, weshalb die Verpflichtung bestand, die Gemeinschaft davon zu unterrichten, denn sie war gezwungen, sich auf die veränderte Situation einzustellen. Heute dagegen beruht die Weitergabe der Nachricht vom Tod eines Menschen auf der freiwilligen Entscheidung der Hinterbliebenen; dabei spielen emotionale Gründe eine wichtige Rolle. Es gibt heute allerdings eine Vielzahl von Todesfällen, bei denen keine Todesanzeige aufgegeben wird. Andererseits kann die Trauer der Hinterbliebenen so im Vordergrund stehen, dass der Nachrichtenwert einer Traueranzeige praktisch gegen Null geht, wenn z. B. der Verstorbene und auch die Trauernden nur mit den Vornamen genannt werden. In Fällen von Todesanzeigen ohne Nachrichtenwert kann man von ›anonymen Todesanzeigen‹ sprechen (Sörries 2003).

An die Stelle der Bekanntgabe eines Todesfalles und die Benachrichtigung darüber, wann die Beerdigung stattfindet, sind häufig Trauerbekundungen getreten, die vom Verlust einer Beziehung und von der Absicht künden, den Verstorbenen stets zu erinnern. Dieser Wandel von der bloßen Benachrichtigung hin zu einer intimen Trauerbekundung hat die formale Gestaltung einer Todes- bzw. Trauernachricht in den letzten Jahrzehnten jedoch nur wenig verändert. Eine allmähliche Veränderung ist an der zunehmenden Verwendung von Symbolen und Bildern sowie an der Wortwahl abzulesen. Damit ist der Wandel vom ursprünglichen Sinn der Weitergabe der Todesnachricht zu einer emotionalen Äußerung eingeleitet, die trauerpsychologisch als Teil der Verarbeitung der Verlusterfahrung verstanden werden muss (s. Kap. 35: »Trauer – psychologisch«).

## 50.2 Zur Geschichte der gedruckten Todesanzeige

War die Weitergabe der Todesnachricht ursprünglich eine soziale Notwendigkeit, so ist die Anzeige eines Todesfalles älter als die gedruckte Todesanzeige in der Zeitung. Sie geschah früher auf vielfältigem Weg: durch das Läuten der Totenglocke, durch die Weitergabe eines innerhalb der Nachbarschaft streng organisierten Nachrichtenwesens oder durch den dazu bestellten ›Leichenbitter‹, der seinem Namen entsprechend ›zur Leiche bat‹, wobei das Wort ›Leiche‹ hier für das Leichenbegängnis steht.

Die gedruckte Todesanzeige entwickelte sich etwa ein Jahrhundert nach dem Aufkommen der ersten Zeitungen, die im 17. Jh. entstanden. Zu ihrem Medium wurden die ›Intelligenzblätter‹ (*Intelligence*: Nachricht, Information) im 18. Jh., die als amtliche Nachrichtenblätter über Gerichtstermine, Ausschreibungen, Zwangsversteigerungen u. a. informierten, aber auch geschäftliche und private Anzeigen einschließlich Familienanzeigen über Geburten, Hochzeiten und Todesfälle enthielten. Wichtig waren solche Personen-


H. Wittwer/D. Schäfer/A. Frewer (Hg.), *Sterben und Tod. Ein interdisziplinäres Handbuch 2. Auflage*,
https://doi.org/10.1007/978-3-476-05761-7_50

standsnachrichten für geschäftliche Beziehungen und Rechtsverhältnisse, weshalb sich die Todesanzeigen zunächst entweder im Wirtschaftsteil einer Zeitung oder versteckt zwischen geschäftlichen Nachrichten fanden, ohne äußere Kennzeichnung durch Trauerrand oder Hervorhebung des Namens. Als älteste bekannte Todesanzeige gilt folgender Text, der 1753 im *Ulmer Intelligenzblatt* unter der Rubrik »Vermische Nachrichten« erschien und folgenden Wortlaut besaß: »In der Nacht unterm 14. huj. ist Titl. Herr Johann Albrecht Cramer, weiland des Raths, Zeugherr und Handelsmann allhier, in einem Alter von 70 Jahren an einem Schlagfluss gestorben« (zit. nach Ruppert 2008).

Den heutigen Leser mag die Nüchternheit dieser Anzeige überraschen, doch im Sinne der damaligen Zeit erfüllte sie ihren Zweck. Sie nennt den Namen des Verstorbenen, das Todesdatum, seine bisherigen Funktionen, sein Alter und sogar die Todesursache. Im Unterschied zu den heute üblichen Euphemismen verwendet sie auch den Ausdruck ›gestorben‹ und nicht ›entschlafen‹, ›vorausgegangen‹ oder andere Metaphern.

Im Zuge einer allgemeinen Romantisierung des Todes im Ausgang des 18. Jhs., die mit einer Neubewertung der Familie als einer Liebesgemeinschaft einherging, wurden die Todesanzeigen deutlich persönlicher, gefühlvoller und damit auch ausschweifend. Unter dem 9. November 1806 erschien in den *Berlinischen Nachrichten von Staats- und gelehrten Sachen* folgende Anzeige: »Im schönsten Laufe ihres ebenso musterhaften als thätigen Lebens, entschlummerte am 4. Nov. um halb 4 Uhr früh meine jüngste Tochter Johanna Wilhelmine im 20sten Jahre ihres Alters. Wer das edle Herz der Verewigten kannte, wird an unserem gerechten Schmerz theilnehmen, und ihr eine Thräne weihen. Dies mache ich meinen Freunden und Verwandten hierdurch bekannt, und verbitte alle Beileidsbezeigungen. Paulisch, Königl. Kammerdiener.« Auffallend ist nicht nur der Schmerz, der hier zum Ausdruck kommt, sondern die hier bereits vollzogene Intimisierung der Trauer, die keine Beileidsbezeugungen duldet.

Manche Zeitgenossen empfanden die Ausdrucksweise solcher Trauerbekundungen als übertrieben und sahen das moralische Empfinden der Leserschaft dadurch verletzt. In seinem *Deutschen Secretär* empfahl Johann Daniel Rumpf bereits 1819 eine zurückhaltendere Ausdrucksweise: »Bei Anzeigen von Todesfällen vermeide man die Schilderung eigener Gefühle, welche durchaus nicht für öffentliche Bekanntmachung passen, so wie allen rednerischen Prunk und Wortschwall, alle Kleinigkeitssucht; zähle daher nicht das Alter des Verstorbenen nach Jahren, Monaten, Wochen und Tagen auf, beschreibe nicht seine letzten Leiden, spreche nicht von dem unerbittlichen Tode, von unaussprechlichen Wehmutsgefühlen, von unheilbaren Wunden, die dem Herzen geschlagen sind, verbitte nicht die Beileidsbezeugungen aus dem Grund, weil sie Schmerz vermehren würden; gedenke aber dagegen mit wenigen kräftigen Worten der guten Eigenschaften und Verdienste des Verstorbenen« (Rumpf 1819).

In der Folgezeit entwickelte sich gewissermaßen ein Kanon für die Abfassung von Todesanzeigen im Sinne einer implizit vorgeschriebenen Formulierung. Soweit ein Leser vom mitgeteilten Sterbefall nicht in irgendeiner Weise selbst betroffen ist, bleiben Todesanzeigen mit ihren stereotypen Formulierungen vergleichsweise uninteressant bis langweilig. Dass sie dennoch zu den meistgelesenen Rubriken in den Tageszeitungen gehören, beruht darauf, dass man vor dem Lesen nie weiß, ob man nicht Betroffener ist.

## 50.3 Todesanzeigen als Sammelleidenschaft und Gegenstand der Forschung

Gleichwohl fanden sich schließlich auch für Todesanzeigen Sammler, die sie katalogisierten, inventarisierten, systematisierten und daraus auch ihre Schlüsse zogen. Vor allem Abweichungen von der Norm machen eine Todesanzeige interessant und spannend, und die bisweilen daraus entstehenden Kuriosa, die bis zur unfreiwilligen Komik reichen, fanden besondere Aufmerksamkeit. Zu den ersten Sammlern dieses Genres gehörten der Theologe und Journalist Helmut S. Ruppert (vgl. Ruppert 2008) und der Ratzeburger Pastor Hans Mader, der seine Sammlung unter dem Titel *Es ist echt zu bitter* 1990 publizierte (vgl. Mader 1990). Den Sammlern bietet sich heute außerdem das Internet zur Pflege ihres Hobbys (vgl. Sprang-Homepage).

Die meisten Sammler bekunden, dass in irgendeiner Weise auffällige oder kuriose Todesanzeigen ihr Interesse geweckt hatten. Bei Helmut S. Ruppert war es die 1972 erschienene Todesanzeige, in der es kurz und bündig hieß: »Erhard Milch, Generalfeldmarschall, geboren [...], gestorben [...], meldet sich ab.« Neben den Kategorien ›Ungewöhnliches‹, ›unfreiwilliger Humor‹ und ›Hinweisen auf Beruf oder Krankheit‹ sind es Anzeigen, die den alten Grundsatz des *De mortuis nihil nisi bene* verletzen. So wird in einer 1980 erschienenen Todesanzeige der Verstorbene als die »Personifizierung geistigen Hochmuts und menschlichen Versagens« beschrieben, die der Sammler Christian Sprang der Gattung der ›Hassanzeigen‹ zurechnet. Doch so sehr solche Anzeigen das Sammlerherz erfreuen, so untypisch sind sie für die Gattung, die erst mit Hilfe einer statistischen Erfassung des Normalen zu einer aussagekräftigen Quelle der Trauerkultur wird.

Dieser Normalität widmen sich neuere Forschungsarbeiten, die sich mit der Sprache und den soziokulturellen Hintergründen der Todesanzeigen befassen (vgl. Grümer/Helmrich 1994). Denn Todesanzeigen sind trotz ihrer Personenbezogenheit keine individuell ausgerichtete Textgattung, sondern ein »Spiegel kultureller Konvention« (Eckkrammer 1996). Der Normalität der Todesanzeige als einer geprägten Textgattung gilt auch die 2008 erschienene Diplomarbeit von Yvonne Gächter, die sich mit der Balance zwischen Standardisierung und Individualisierung der Todesanzeigen in österreichischen Tageszeitungen im Laufe des letzten Jahrhunderts befasst (vgl. Gächter 2008). Sabine Cihak untersuchte Todesanzeigen aus Wiener Tageszeitungen und einem Vorarlberger Regionalblatt hinsichtlich Glaubensaussagen im Sinne eines religiösen Bekenntnisses und im Hinblick auf geschlechtsspezifische Unterschiede in der zweiten Hälfte des 20. Jhs. (vgl. Cihak 2009). Deutsche und finnische Todesanzeigen bildeten die Basis der Untersuchungen von Marja-Leena Piitulainen zwischen 1990 und 2006 (vgl. Piitulainen 2005).

## 50.4 Textbestandteile der Traueranzeige

Im Vergleich zu den ältesten Todesanzeigen ist die traditionelle, heute noch übliche Todesanzeige inhalts- und variantenreicher; legt man jedoch die poetischen Anzeigen des 19. Jhs. zugrunde, so ist sie in Wortwahl und Gefühlsausdruck ärmer geworden. Zu den konstitutiven Elementen heute üblicher Todesanzeigen zählen nach Eckkrammer (1996) der Name des oder der Verstorbenen (100 %), die namentliche Aufzählung der Inserenten bzw. Angehörigen (80 %), Ort und Zeitpunkt der Trauerfeier (74 %), das Sterbedatum (63 %) und der Ausdruck der Trauer (49 %). Andere Angaben rangieren bereits deutlich unterhalb des 50 %-Vorkommens. Diese statistischen Erkenntnisse machen deutlich, dass die Todesanzeige immer noch in erster Linie als Bekanntgabe des Todes und der Trauerfeier dient. Gleichzeitig stieg jedoch die Zahl der optionalen Angaben, etwa zur Bestattungsart (41 %), zum ausführenden Bestattungsunternehmen (28 %) oder zur örtlichen Herkunft des Verstorbenen (13 %).

In heutiger Zeit sind Angaben zu Datum und Ort der Seelenmesse (33 %) oder zum Empfang der Sterbesakramente (12 %) bemerkenswert, die Rückschlüsse auf die religiöse Herkunft des Verstorbenen bzw. der Angehörigen zulassen.

Waren bis 1996 die in der Todesanzeige formulierten Wünsche bezüglich Kränzen und Blumen noch verhältnismäßig selten (16 %) und ebenso die Bitten um einen Verzicht auf Kondolenz (4 %), so sind seitdem die Bitten um Spenden für gemeinnützige Organisationen ›statt Blumen‹ ebenso deutlich gestiegen wie die Bitte, von Beileidsbezeugungen am Grab Abstand zu nehmen. Dies scheinen deutliche Anzeichen für eine Privatisierung und Intimisierung der Trauer zu sein. Gleichzeitig mehren sich Hinweise auf eine Individualisierung. Besonders deutlich wird dies an einer Zunahme von Fotos der Verstorbenen in den Anzeigen. Eckkrammer beobachtete sie bei lediglich 4 % der Anzeigen, während sie heute eine weite Verbreitung gefunden haben. In den Todesanzeigen nordhessischer Zeitungen haben sie mittlerweile einen Anteil von etwa 50 %, in den Wochenendausgaben sogar von 80 % erreicht (Schmitt 2005). War diese Sitte vordem eher in katholischen Gegenden des Alpenraumes verbreitet, so hat sie sich längst über diesen Kulturraum hinaus verbreitet.

Eine größere Vielfalt haben inzwischen auch die Symbole auf Todesanzeigen erreicht. Die christlichen Symbole wie Kreuz, Ähre, Weinstock oder Kelch usw. verlieren gegenüber Blumen, Taube, Trauerweide und Sonnenuntergang an Terrain, und besonders Sterne erfreuen sich einer großen Beliebtheit. »Wenn Du bei Nacht den Himmel anschaust, wird es Dir sein, als lachten alle Sterne, weil ich auf einem von ihnen wohne, weil ich auf einem von ihnen lache. Du allein wirst Sterne haben, die lachen können. Und wenn du dich getröstet hast, wirst du froh sein, mich gekannt zu haben« ist eine Todesanzeige aus dem Jahr 2005 für eine bei einem Reitunfall verunglückte 30-jährige Frau überschrieben. Das Zitat stammt aus *Der kleine Prinz* von Antoine de Saint-Exupéry, der vermutlich mittlerweile in der Häufigkeit der Spruchtexte in Todesanzeigen die Bibel abgelöst hat.

Aber selbst weltliche Todesanzeigen können einen Jenseitsbezug besitzen. »Ich verlasse Euch nicht, ich geh' Euch nur ein Stück voraus«, heißt es in einer Todesanzeige von 2007 für eine junge Musikerin, die keine dezidiert religiösen Elemente besitzt. Auf der Todesanzeige erscheint das Bild der Frau mit ihrer Querflöte, und die Angehörigen haben unterschrieben mit »Wir sind so traurig [...]«. Die Stereotypen der Todesanzeigen weichen individuelleren Formen, ohne dass der Charakter einer Todesanzeige verloren ginge.

## 50.5 Wortwahl

Statt von ›sterben‹ sprechen die Todesanzeigen nicht erst seit heute lieber von ›für immer von uns gegangen‹, ›entschlafen‹, ›eingeschlafen‹, ›von seinen Leiden erlöst‹, ›auf die andere Seite des Lebens gegangen‹, ›genommen worden‹ usw. Oder die Angehörigen formulieren ›Wir vermissen dich‹ oder ›Wir haben dich verloren‹. Nicht selten wird das Ereignis des Todes explizit überhaupt nicht angesprochen, sondern erschließt sich allein aus dem Genre Todesanzeige bzw. aus der Nennung von Geburts- und Todesdatum.

Die Angaben zur Todesursache sind meist eher allgemein formuliert. Eckpfeiler sind einerseits ›plötzlich und unerwartet‹ sowie ›nach langer schwerer Krankheit‹ oder ›nach langem, geduldig ertragenen Leiden‹. Auch Unfälle werden artikuliert meist mit den Worten ›durch einen tragischen Unglücksfall‹. Präzisere Benennungen sind eher selten oder lassen sich durch den Dank etwa an die ›Ärzte und Pflegerinnen der onkologischen Station‹ erschließen. Ebenso standardisiert sind die Ausdrücke für das Gefühl der Hinterbliebenen, die ›in tiefer‹ oder ›stiller Trauer‹ die Nachricht bekanntgeben. Oder es wird die ›Dankbarkeit‹ zum Ausdruck gebracht.

»Heute verschied nach längerem Leiden mein innigst geliebter Mann, unser guter Vater, Bruder, Schwiegervater, Großvater, Schwager und Onkel [...].« liest man auf einer Todesanzeige von 1916. Man könnte diese Worte auch auf einer Anzeige von 2009 lesen. Andererseits sind die Neuerungen ebenfalls unübersehbar. Vielfach wird der Nachrichtenwert dadurch reduziert, dass die Anzeige nach der Beisetzung erscheint und die Trauerfeier bereits ›in aller Stille‹ stattgefunden hat. Das Abschiednehmen vom Verstorbenen hat sich vom gemeinschaftlich begangenen, öffentlichen Ereignis zu einer intimen Privatangelegenheit gewandelt.

Um sich bei aller Individualisierung im Rahmen der Konvention zu bewegen, bieten die Tageszeitungen wie auch die Bestattungsinstitute Musteranzeigen und Formulierungshilfen. Die meisten Tageszeitungen verfügen über genaue Gestaltungsrichtlinien, in denen festgelegt ist, wie eine Todesanzeige aussehen darf, um dem Anlass, den guten Sitten und dem üblichen Anzeigenumfeld zu entsprechen.

## 50.6 Ungewöhnliche Todesanzeigen

Die Sammler von Todesanzeigen haben ihre besondere Freude an skurrilen Todesanzeigen und ihrem oft unfreiwilligen Humor. Doch gibt es zunehmend bewusste ›Spielereien‹ mit diesem Genre, um aus der Reihe zu fallen: »Ich bin umgezogen. NN. 14.08.1950–05.01.2006. Meine neue Adresse ist: Friedhof [...]. Urnenreihengrab 4276. Über Besuche freue ich mich.« Manche Todesanzeigen verweisen auf die Gedenkseite im Internet, auch im Sinne einer ›neuen‹ Adresse.

Signifikante Abweichungen von der Struktur herkömmlicher Todesanzeigen sind aber eher selten. Lediglich die Traueranzeigen innerhalb der Schwulenszene haben den Wandel von der Nachricht zur Trauerbekundung auch formal vollzogen. Sie sind bunt, bebildert und emotional, sprechen dezidiert von Liebe und Trauer und können sogar einen erotischen Touch besitzen (vgl. Stein 2007).

Bei Anzeigen für Kinder wird häufig auf den Familiennamen verzichtet und das verstorbene Kind nur beim Vornamen genannt. Als am 3. Februar 2004 in der Schweizer Zeitung *Tages-Anzeiger* eine Todesanzeige für Jasper erschien, war dies nichts Ungewöhnliches. Die Todesanzeige war mit dem Bild einer Katze versehen, das der Inserent mit dem Hinweis, sie sei das Lieblingstier von Jasper gewesen, begründete. Im Text der Anzeige war zu lesen: »Du kamst so überraschend in unser Leben. Du zeigtest uns, dass die Welt schön, zärtlich und verspielt ist. Dafür gebührt dir unser ganzer Dank. Wir wissen, dass du jetzt unser Schutzengel bist und mit uns weiter durchs Leben gehst. Dies gibt uns Trost, deinen Verlust zu ertragen. Wir werden dich nie vergessen.« Erst als bekannt wurde, dass es sich bei Jasper um die Katze handelt, wurde die Diskussion eröffnet, ob eine Todesanzeige für ein Tier die Grenzen des guten Geschmacks überschreitet. Eva Waiblinger von der Fachstelle Heimtiere des Schweizer Tierschutzes bezeichnete die Todesanzeige für ein Tier als neue Form der Trauerarbeit, während der Zürcher Psychologe Reto Volkart dies als »einen weiteren Schritt in die Beliebigkeit« ansah (*Tages-Anzeiger*, 12.02.2004).

Gerade von kirchlicher Seite aus häuften sich Proteste gegen Todesanzeigen für Tiere, doch die Nachfrage nach solchen Inseraten besteht weiterhin. Die Tageszeitungen veröffentlichen sie inzwischen, allerdings nicht unter der Rubrik Familienanzeigen, sondern unter vermischten Anzeigen oder einer speziellen Tierrubrik. Immerhin entwickeln sie sich zu einem neuen Geschäftsfeld, das man ungern brach liegen lässt.

Hin und wieder fallen auch Todesanzeigen im Sinne politischer Agitation auf. So erschien im Zuge der Gesetzgebung zur Vorratsdatenspeicherung 2007 folgende ›Todes‹-Anzeige: »Plötzlich und unerwartet von uns gegangen Die Privatsphäre *1949 †2007. In stiller Trauer: Die Bürger der Bundesrepublik Deutschland«. Ein Jahr später wurde an anderer Stelle gar der Tod der Bundesrepublik Deutschland bekannt gegeben, die »langsam und erwartet (!) von uns gegangen [ist]. Getötet von den Volkszertretern im Reichstag mit der Zustimmung zum EU-Vertrag von Lissabon. In Zorn, Wut und Trauer: Das deutsche Volk und seine Nachbarn.«

## 50.7 Todesanzeigen in der Zukunft

Obwohl die Bekanntgabe der Todesnachricht heute nicht mehr als soziale Verpflichtung verstanden wird und es tatsächlich den Verzicht auf eine Todesanzeige gibt, so scheint sie doch auch in Zukunft Bedeutung zu haben. Da sich die Nachricht jedoch immer weniger an eine breite Öffentlichkeit wendet, sondern eher den näheren Verwandten und Bekannten gilt sowie der eigenen Trauerarbeit dient, wird auch das neue Medium der digitalen Nachrichtenübermittlung genutzt werden. Digitale Trauerseiten haben sich in der Erinnerungskultur längst etabliert (Sörries 2008, 178 ff.), und auch der Versand von Todesnachrichten per E-Mail ist nicht abwegig. Zumindest steht sie in Konkurrenz zum herkömmlichen Versand von Trauerkarten oder -briefen. »Weihnachts- und Geburtstagsgrüße, Geburtsanzeigen und vieles mehr werden heute immer öfter per E-Mail statt mit der Sackpost verschickt. Irgendwann musste dieser Trend ja auch die Todesanzeigen erreichen«, war am 13. Juni 2007, 12:20 Uhr, in der Ratgeber-Community »gutefrage.net« zu lesen. Immerhin gibt es bereits vorformatierte E-Mail-Kondolenzkarten (z. B. unter http://www.grusskartenfreunde.de). Eine dort angebotene E-Card zeigt auf schwarzem Grund neben dem Bild eines Kinderengels aus Biskuitporzellan, wie er um 1900 typisch war, folgenden Spruch: »Alles, was schön ist, bleibt schön, auch wenn es welkt. Und unsere Liebe bleibt Liebe, auch wenn wir sterben.« Eine E-Card von http://www.orangerie-shop.de formuliert ganz traditionell »Aufrichtige Anteilnahme«. Es bleibt abzuwarten, wann es auch E-Cards mit formulierten Todesanzeigen gibt.

Die Bekanntgebe des Todes wird auch in Zukunft ihren Platz im sozialen Miteinander der Menschen haben, auch wenn sich wie früher schon einmal das Medium wandelt. Gab die Erfindung der Intelligenzblätter den Anstoß zur gedruckten Todesanzeige, so schafft das Internet die Möglichkeit zur digitalen Übermittlung der Todesnachricht.

### Literatur


Cihak, S.: *In tiefer Trauer. Ein inhaltsanalytischer Zeitvergleich von Todesanzeigen in Österreich.* Frankfurt a. M. 2009.

Eckkrammer, E. M.: *Die Todesanzeige als Spiegel kultureller Konventionen. Eine kontrastive Analyse deutscher, englischer, französischer und portugiesischer Todesanzeigen.* Bonn 1996.

Gächter, Y.: *Die Textsorte »Todesanzeige« in österreichischen Tageszeitungen. Eine sprachhistorische Untersuchung von Anzeigen aus den Jahren 1903 und 2003.* Saarbrücken 2008.

Grümer, K.-W./Helmrich, R.: Die Todesanzeige. Viel gelesen, jedoch wenig bekannt. Deskription eines wenig erschlossenen Forschungsmaterials. In: *Historical Social Research* 19 (1994), 60–108.

Hölscher, S.: *Todesanzeigen und ihre Strukturen in ausgewählten regionalen Tageszeitungen von 1902 bis 2002.* Magisterarbeit im Fach Germanistische Linguistik an der Freien Universität Berlin. Berlin 2005.

Mader, H.: *Es ist echt zu bitter. Todesanzeigen gesammelt und kommentiert von Hans Mader.* Hamburg 1990.

Mader-Homepage: http://www.st-georgsberg.de/Hobby/Hobby.htm (28.02.2009) [Link nicht mehr aktiv – Anm. d. Herausg.].

Piitulainen, M.-L.: Verstorbene und Hinterbliebene in deutschen und finnischen Todesanzeigen. In: *Jahrbuch für finnisch-deutsche Literaturbeziehungen* 37 (2005), 115–131.

Rumpf, J. D. F.: *Der deutsche Secretär. Eine praktische Anweisung zur richtigen Schreibart und zum guten Stil überhaupt, besonders in Briefen und Geschäftsaufsätzen des bürgerlichen Lebens, durch Beispiele und Muster anschaulich gemacht, nebst der jetzt in Deutschland üblichen Titulatur.* Reutlingen 1819.

Ruppert, H. S.: *Eingegangen in die ewigen Jagdgründe. Die Todesanzeige als Abbild der Zeit.* Würzburg 2008.

Schmitt, P.-P.: Todesanzeigen. Im Angesicht des Todes. In: *FAZ.NET* vom 19.11.2005.

Sörries, R.: Anonyme Todesanzeigen – Ein Medium im Wandel? In: *Friedhof und Denkmal. Zeitschrift für Sepulkralkultur* 48 (2003), 21–23.

Sörries: *Alternative Bestattungen. Formen und Folgen. Ein Wegweiser.* Frankfurt a. M. 2008.

Sprang-Homepage: http://www.todesanzeigensammlung.de (27.02.2020).

Stein, M.: Schwarz bis schrill. Todesanzeigen in den Szenemagazinen homosexueller Männer. In: *Friedhof und Denkmal. Zeitschrift für Sepulkralkultur* 52 (2007), 17–19.


*Reiner Sörries*

# 51 Testament

## 51.1 Definition

Das Testament ist eine einseitige, das Schicksal des Vermögens nach dem eigenen Tod regelnde Willensbezeugung (*testatio mentis*), in der Frühzeit stets mittels Zeugen (*testes*), und zwar des letzten Willens. Der letzte Wille ist ambulatorisch, d. h. jederzeit grundlos widerruflich, im Unterschied zum Erbvertrag und zu den meisten Geschäften unter Lebenden. Anordnungen über die Form lebensverlängernder Behandlungen (s. Kap. 38: »Patientenverfügung«) oder über die Art der Bestattung sind zwar ebenfalls letztwillig (d. h. widerruflich); da sie aber nicht das Vermögen betreffen, sind sie keine Testamente. Sie können aber in einem Dokument miteinander verbunden werden. Das Recht zu vererben ist untrennbar mit dem Eigentum verknüpft. Ohne Erbrecht wäre alle Habe bloß auf Lebenszeit ›geliehen‹. Der historisch bedeutsame Kampf um die Erblichkeit der Lehen bezweckte darum letztlich die Umwandlung von Lehen in (zinspflichtiges) Eigentum. Das Recht zu vererben ist unentbehrliches Element der Zukunftsplanung des Einzelnen, um Vorsorge zu treffen für eigene Notfälle und für die Versorgung von Angehörigen. Zu dieser Vorsorge gehört (in den Grenzen des Pflichtteilsrechts s. Abschn. 51.5) auch die privatautonome Gestaltung durch Rechtsgeschäfte von Todes wegen (*mortis causa*), besonders durch das Testament. Die erbrechtliche Verfügungsfreiheit bildet die Fortsetzung privatautonomer Gestaltungsmöglichkeit bezüglich des Eigentums über den eigenen Tod hinaus; beim Fehlen dieser Möglichkeit könnten Erblasser sie unter Umständen durch auf den Todesfall datierte Rechtsgeschäfte unter Lebenden vorwegnehmen.

## 51.2 Entwicklungsgeschichte

Unter den eher statischen Lebensverhältnissen in Antike und Mittelalter war die Familienhabe mehr überkommenes als lebzeitig erworbenes Gut; die Vererbungsfrage war beim weitgehenden Fehlen öffentlicher Fürsorgeeinrichtungen darum für die Nachkommen von existenzieller Bedeutung.

*Römer:* Im antiken Rom war die Beerbung aufgrund von Testamenten in begüterten Kreisen die Regel; die gesetzliche hieß ›testamentlose‹ Erbfolge (*ab intestato*) und bildete die Ausnahme. Das römische Testament ist uralt, das Zwölftafelgesetz (5,3–4) setzt es um 450 v. Chr. voraus. Die ältesten Testamentsformen waren öffentliche vor dem ausrückenden Heer (*in procinctu*) oder vor der Volksversammlung (*calatis comitiis*). Jünger ist das bis in die Spätantike gebräuchliche Manzipations- oder Libraltestament (*per aes et libram*): die Übertragung des Vermögens unter Lebenden an einen Treuhänder (*familiae emptor*) mit der Auflage, es nach dem Tod weisungsgemäß an die Destinatäre zu verteilen. Die mündliche Verfügung wurde zu Beweiszwecken in einer Doppelurkunde niedergelegt; ihr Inhalt konnte seit der jüngeren Republik geheim bleiben. Mitwirken mussten an dem Formalakt fünf Zeugen und ein Waagehalter (*libripens*); zugelassen waren dazu nur mündige männliche römische Bürger. Nachdem *familiae emptor* und *libripens* ebenfalls zu Zeugen verblassten, genügte die von mindestens sieben Zeugen gesiegelte Urkunde als Basis für die praktisch wichtige ›prätorische Erbfolge‹.

Beginnen musste das Testament mit der Erbeinsetzung (*heredis institutio est caput et fundamentum totius testamenti*, Gaius 2,229). Als Universalsukzessor haftete der Erbe für die Schulden, jeder Miterbe entsprechend seiner Quote. Zulässig waren diverse Nebenbestimmungen (Vermächtnisse, Bedingungen und Auflagen, Freilassungen von Sklaven, Vormundsernennung über minderjährige Erben). Sie wurden hinfällig, wenn der zum Erben Bestimmte vor dem Testator starb oder die Erbschaft ausschlug. Für solche Fälle konnten Ersatzerben benannt werden. Ergänzungen durch ein Kodizill (*codicillus*: ›Nachzettel‹) konnte sich der Testator vorbehalten. Nicht im Testament bestätigte Kodizille wurden seit Augustus als *fideicommissa* aufrechterhalten. Für die im Kaiserrecht anerkannten (Einzel- oder Universal-)Fideikommisse genügte jede formlose zweifelsfreie Willenskundgabe (nicht eine bloße Empfehlung) in beliebiger Sprache, sogar mündlich, auch durch Erklärung gegenüber dem Bedachten, sogar durch bloße Gebärden. Eine etwaige Kodizillarklausel (Angstklausel) ermöglichte die Aufrechterhaltung eines nichtigen Testaments als Kodizill.

Nebeneinander konnten testamentarische und gesetzliche Erbfolge nicht bestehen. Nicht vergebene Bruchteile des Vermögens wurden (zwecks Vermeidung einer Nachlasszersplitterung) dem oder den eingesetzten Erben zugeteilt. Eine zeitlich begrenzte Erbfolge war unzulässig (*semel heres, semper heres*); doch als Ersatz für Vor- und Nacherbschaft konnte das *fideicommissum hereditatis* dienen: die Auflage an den Erben, nach einem bestimmten Ereignis die Erbschaft einem Substituten herauszugeben. Die seit Trajan

J. B. Metzler © Springer-Verlag GmbH Deutschland, ein Teil von Springer Nature, 2020
H. Wittwer/D. Schäfer/A. Frewer (Hg.), *Sterben und Tod. Ein interdisziplinäres Handbuch 2. Auflage*,
https://doi.org/10.1007/978-3-476-05761-7_51

anerkannten Militär-Testamente waren von den zivilrechtlichen Regeln ohnehin befreit: Um den zahlreichen Nichtrömern im römischen Heer das Testieren zu erleichtern, konnten Soldaten ihren letzten Willen in beliebiger Form äußern, schriftlich oder mündlich vor zusammengerufenen Zeugen; sogar Taube und Stumme. Ordentliche Ziviltestamente konnten hingegen nur gewaltfreie römische Bürger errichten. Nach dem Tod waren Testamente binnen kurzer Fristen gerichtlich zu eröffnen durch Aufruf der Zeugen (mit der Erbschaftssteuer eingeführt von Augustus; als *probatio*, *publicatio* vom kanonischen Recht rezipiert, auch in England als *probate*). Auszulegen waren Testamente im Zweifel zugunsten der Aufrechterhaltung des Erblasserwillens (*favor testamenti*, entsprechend § 2084 BGB). Ein Testamentswiderruf durch den Testator war erleichtert, da durch ihn die (mutmaßlich gerechte) Intestaterbfolge wiederhergestellt wird: Nach prätorischem Recht genügte eine Zerstörung der Urkunde (z. B. Lösung der Siegelschnur) in Aufhebungsabsicht (vgl. § 2255 BGB).

*Spätantike:* Neue öffentliche Testamentsformen wurden ab 413 n. Chr. eingeführt mit der Errichtung zu Protokoll der Gerichte (Statthalter) oder der Munizipalbehörden oder durch Überreichung an den Kaiser (Vorformen notarieller Testamente). In griechischer Sprache erlaubte reguläre Testamente erst Theodosius II. 439 n. Chr. (Nov. Theod. 16,8). Für Seuchenzeiten lockerte man das Anwesenheitserfordernis der Zeugen; ihre Zahl wurde auf fünf herabgesetzt für das Dorf-Testament. Analphabeten und Blinden wurde das Testieren erleichtert. Auch Verfügungen zu karitativen oder religiösen Zwecken genossen Formerleichterungen. Das zeugenlose privatschriftliche Testament führte Valentinian III. 446 n. Chr. für die westliche Reichshälfte ein (Nov. Val. 20,2). Nach der klassischen, bis heute gültigen Definition Isidors (Etymologien 5,24,7) muss der Testator eigenhändig den ganzen Text schreiben und unterschreiben: *Holographum testamentum est manu auctoris totum conscriptum atque subscriptum; unde nomen accepit* (vgl. § 2249 BGB).

*Mittelalter:* Eine über den Tod hinausreichende Verfügungsmacht des Menschen über sein Vermögen war germanischem Rechtsdenken fremd (*heredes successoresque sui cuique liberi, et nullum testamentum*, Tacitus cap. 20). Es gab nur geborene, nicht ›gekorene‹ Erben: *Deus solus heredem facere potest, non homo* (so später Ranulf de Glanville, gest. 1190) – »das Gut rinnt wie das Blut«. In der genossenschaftlich strukturierten germanischen Hausgemeinschaft galten die Kinder als am Familiengut latent Mitberechtigte. Mit dem Tod des Hausherrn wuchs dessen Anteil den übrigen Teilhabern an. Der Wegfall eines Teilhabers war keine Sukzession im strengen Sinne.

Das Aufkommen von Testamenten diente der Befriedigung zweier Bedürfnisse: Bei vielen Kindern erlaubt es zwecks Vermeidung existenzgefährdender Nachlasszersplitterung bäuerlicher Betriebe die Auswahl eines Hof- oder Anerben und die Versorgung der übrigen durch Abfindungen. Kinderlosen Erblassern ermöglicht es überdies eine Erbenwahl; ihr dient auch (entsprechend der römischen Adoption) die fränkische Affatomie.

Mit der Christianisierung förderte die Kirche als Vorkämpferin des Testamentsgedankens entgegen germanischer Rechtsüberzeugung die Freiheit zu Vergabungen *mortis causa* zu frommen Zwecken (*ad pias causas*); sie brachte letztlich das Testamentsrecht unter ihre Jurisdiktion. Nach Augustins Lehre vom Sohnesteil Christi (Sermo 86 c. 13, Migne Patr. lat. 38,529) soll jeder Gläubige zum eigenen Seelenheil einer kirchlichen Institution die gleiche Erbportion zuwenden wie einem leiblichen Kind (›Seelgerät‹). Die Spende der Sterbesakramente und die Gewährung des kirchlichen Begräbnisses ließen sich an entsprechende Bedingungen knüpfen; in der Beichte war ihre Erfüllung überprüfbar. Die testamentarischen Stiftungen führten zu zahlreichen karitativen Einrichtungen und sozialen Initiativen.

In merowingischen Testamenten lebten römische Urkundenklauseln fort. Anderwärts behalf man sich mit Schenkungen von Todes wegen (*donatio post obitum*). Nach dem Sachsenspiegel musste der Verfügende dazu, gegürtet mit Schwert und Schild, ohne fremde Hilfe ein Ross besteigen können: Aus körperlicher Leistungskraft schloss man auf geistige Gesundheit. Später genügte die *Sana-mente*-Klausel (›bei meinen vernünftigen Sinnen‹). Auf dem Siechbett waren Verfügungen nicht oder nur eingeschränkt statthaft. Um das Vermögen Geistlicher (zumindest das bewegliche) aus den familiären Bindungen zu lösen, ersann die Kirche entgegen dem von den weltlichen Obrigkeiten beanspruchten Spolienrecht das Kleriker-Testament vor dem Pfarrer und zwei bis drei Zeugen. Seit Ende des 13. Jhs. entstehen in den Städten Bürger-Testamente vor dem Rat (in Köln und Lübeck ca. ab 1280) in vielfach variierender Gestalt, auch als gemeinschaftliche Testamente, meist von Ehegatten, ferner Erbverträge, oft gekoppelt mit Ehepakten, sowie Erbverzichte abgefundener Abkömmlinge. Zu Pestzeiten stieg ihre Zahl (wegen des irregulären Vorversterbens bedachter Personen) signifikant an. Strikte Formgebote bestanden nicht. Eine Erbeinsetzung war unnötig, solange das Prinzip der Universalsukzession noch nicht galt; gebündelte Vermächtnisanordnungen (Verteilungstestamente) genügten. *Caput et fundamentum* (s. o.) bildeten jetzt die Zuwendungen für das Seelenheil. Widerrufsverzichte (Selbstbindungsklauseln) hielt die Kirche entgegen dem römischen Recht für verbindlich.

*Neuzeit:* Die Reichsnotariatsordnung von 1512 kodifizierte das Siebensiegel-Testament. Für notarielle Testamente genügten jedoch vielfach nach kanonischem Vorbild zwei bis drei Zeugen. Die meisten römischen Testamentsregeln wurden vom Gemeinen Recht rezipiert. Der Testator musste seinen Willen persönlich erklären (vgl. § 2064 BGB); nach Ermessen eines Dritten waren Verfügungen nur *ad pias causas* zugelassen. Der Rechtsklarheit diente das Gebot des Errichtungsakts in zeitlicher Einheit (*unitas actus*); unschädlich waren nur kurzfristige Unterbrechungen (z. B. zwecks Verrichtung der Leibesnot). Unter der lokal vielfältig zersplitterten Rechtslage beurteilte man die Testierfähigkeit nach dem Heimatrecht des Testators, als Form genügte diejenige des Errichtungsortes (*locus regit actum*). Die Unterschiede zwischen Testament und Kodizill (s. o.) ebnete man ein. Zulässige Enterbungsgründe bildeten sich allmählich heraus.

## 51.3 Geltendes Recht

Das BGB übernahm das eigenhändige Testament aus dem französisch-rheinischen Rechtskreis, das notarielle aus dem preußischen. Beim privaten Testament muss der ganze Text mit eigener Hand (daher ›holographisch‹; bei Invaliden ggf. mit einem anderen Körperteil) geschrieben und unterschrieben werden. Unterstützung fremder Hand (z. B. nach Schlaganfall) ist zulässig, wenn die Schriftzüge noch als eigene des Ausstellers erkennbar sind. Orts- und Datumsangabe empfehlen sich, denn durch ein späteres Testament werden frühere Verfügungen widerrufen, soweit sie einander widersprechen (§ 2258 BGB). Testamente in Briefform (mit Anrede oder Angabe des Verwandtschaftsverhältnisses) sind zulässig (§ 2247 BGB). Maschinenschriftliches ist ungültig; desgleichen Blindenschrift, weil die mechanische Punktschrift (Brailleschrift) keine individuellen Züge aufweist. Notariell testiert man mündlich zu Protokoll oder durch Übergabe eines (offenen oder verschlossenen, auch maschinell oder von fremder Hand geschriebenen) Schriftstücks (§ 2232 BGB). Außerordentliche Testamente (wenn bei Todesgefahr oder bei Ortsabsperrung durch Naturgewalten oder auf hoher See kein Notar erreichbar ist) vor dem Bürgermeister oder vor drei Zeugen gelten nur für drei Monate, sind aber praktisch bedeutungslos.

Das privatschriftliche Testament kann kostenlos, schnell und fast überall niedergeschrieben werden; allerdings sind bei ihm die Gefahren der Verfälschung oder Unterdrückung nicht ausgeschlossen. Beim notariellen Testament sind wegen der Mitwirkung der Urkundsperson Zweifel an der Identität des Ausstellers, an seiner Geschäftsfähigkeit oder an seinem Anordnungswillen praktisch ausgeschlossen. Ihre Errichtung bedarf freilich einer Terminvereinbarung; doch muss ein Notar notfalls auch nachts am Krankenbett erscheinen. Die Kosten richten sich nach dem Nachlasswert; doch kann ein notarielles Testament im Grundbuchverfahren einen Erbschein ersetzen und insoweit dessen Kosten ersparen. Rechtliche Beratung ist auch beim Privat-Testament möglich. Die Eröffnung des amtlich verwahrten notariellen Testaments nach dem Tode des Erblassers ist sichergestellt; auch ein Privat-Testament kann auf Verlangen amtlich verwahrt werden.

Die Testamentserrichtung ist höchstpersönlich: Jede Art Stellvertretung ist unzulässig; von der Zustimmung eines Dritten darf eine Verfügung nicht abhängig gemacht werden (§ 2064 f. BGB). Geschäftsunfähige und unter 16-Jährige sind testierunfähig. Über 16-Jährige können nur mündlich zu notariellem Protokoll oder durch Übergabe einer nicht verschlossenen Schrift testieren; Analphabeten oder Blinde nur mündlich, (Taub-)Stumme nur schriftlich. Blinde und zugleich Taubstumme (wie die taubblinde amerikanische Sozialreformerin Helen Keller, 1880–1968) waren bis 1999 faktisch testierunfähig; aufgrund einer Entscheidung des Bundesverfassungsgerichts können sie heute notariell unter Assistenz eines Gebärdendolmetschers testieren (sogenanntes ›Lormen‹, nach dem vom taubblinden mährischen Lyriker Hieronymus Lorm [1821–1902] entwickelten Finger- oder Tast-Alphabet). Betreute Personen können (wenn sie nicht geschäftsunfähig sind) ohne Einwilligung ihres Betreuers ein (notarielles) Testament errichten.

## 51.4 Erbverträge, gemeinschaftliche Testamente

Bindende Erbverträge waren während der römischen Antike unzulässig. Beeinflusst vom römischen Recht, erkennen sie noch heute viele Länder nicht an. Das BGB lässt sie in notarieller Form unter beliebigen Personen zu (§§ 2274 ff.; auch Erbverzichtsverträge, §§ 2346 ff.). Gemeinschaftliche Testamente von Ehegatten wurden 446 n. Chr. gestattet. Das BGB erlaubt sie gleichfalls (auch privatschriftlich) nur unter Ehegatten (§§ 2265 ff.). Verbreitet sind Letztere in Gestalt des sog. Berliner Testaments, worin sich Ehegatten gegenseitig zu Erben einsetzen und nach dem Tod des längstlebenden der gemeinsame Nachlass den Kindern zufallen soll (§ 2269 BGB). Nimmt der überlebende Ehegatte die Zuwendungen des Verstorbenen an, ist er an seine eigenen Verfügungen (wie beim Erbvertrag) gebunden. Der Überlebende ist im Zweifel Vollerbe, nicht bloß Vorerbe (Einheitsprinzip, im Gegensatz zur Trennung beider Nachlässe, steuerrechtlich an sich ungünstig). Das führt zu Komplikationen, wenn ein beim ersten Erbfall übergangener Abkömmling seinen Pflichtteil verlangt, oder bei Wiederverheiratung des Überlebenden. Problematisch sind auch Verwirkungsklauseln, wonach ein Bedachter, der die Gültigkeit einer Verfügung angreift, des ihm Zugewendeten verlustig gehen soll.

## 51.5 Pflichtteil

Erbrechtliche Privatautonomie kann sich familienfeindlich auswirken, denn das Testament gestattet die Einsetzung auch familienfremder Personen. Das formelle Noterbrecht der römischen Deszendenten gebot deren ausdrückliche Enterbung; ausgeschlossen war deren stillschweigende Übergehung. Ein materielles Noterbrecht geradliniger Verwandter entwickelte sich aus der Beschwerde wegen Lieblosigkeit (*querela inofficiosi testamenti*): Bei deren pflichtwidrigem Ausschluss von der Erbfolge hielt man den Testator für nicht recht bei Sinnen (sog. *color insaniae*; »Wer will wohl und selig sterben, der lasse sein Gut den rechten Erben«). Ausgeschlossen war eine Testamentsanfechtung wegen Lieblosigkeit, wenn der Pflichtteilsberechtigte mindestens ein Viertel seiner Intestatportion erhielt. Die *quarta Falcidia*, eingeführt 40 v. Chr. zum Schutze von Testamentserben vor übermäßiger Beschwerung durch Vermächtnisse, wurde damit im 1./2. Jh. n. Chr. umgedeutet in ein unvergebbares Pflichtteilsrecht (*debita portio*) nächster Angehöriger. Geringer Bedachte erhielten später einen Pflichtteilsergänzungsanspruch (*actio ad supplendam legitimam*, vgl. §§ 2325 ff. BGB). Das BGB verdoppelte die Quart auf die Hälfte des Wertes des gesetzlichen Erbteils (§§ 2303 ff.).

## 51.6 Testamentsvollstrecker

Beim Treuhandgeschäft unter Lebenden auf den Todesfall wie beim älteren römischen Manzipationstestament (s. o. Abschn. 51.2) bildet die Figur des Treuhänders eine Vorform des Testamentsvollstreckers. Der *familiae emptor* erstarrte jedoch beim späteren Manzipationstestament zur bloßen Formperson (als siebenter Zeuge). Das klassische römische Recht kam ohne Vollstrecker aus. Zuweilen bediente man sich eines (unverbindlichen) *mandatum post mortem*. Seit dem langobardischen *Salman* förderte die Kirche nachdrücklich das Institut der Testamentsvollstreckung zwecks Ausführung des Testatorwillens, namentlich der Verfügungen zugunsten kirchlicher Zwecke. Sie war umso wichtiger, solange noch keine Erben als Universalsukzessoren bestimmt werden mussten. Der oder die vom Testator benannten Exekutoren (oft Ordensgeistliche, später Schöffen, bei größeren Nachlässen ca. zwei bis vier; vielfach Verwandte, zuweilen auch ein Miterbe) unterstanden der Aufsicht des Bischofs oder (in den Städten) des Rates (die als Vorläufer der Nachlassgerichte sie auch ernennen und abberufen konnten). Sie mussten u. U. für das Begräbnis sorgen, jedenfalls den Nachlass in Besitz nehmen und verwalten, ein Inventar errichten, die Schulden begleichen, die testamentarischen Anordnungen ausführen, die Auseinandersetzung unter mehreren Erben vollziehen und etwaige Prozesse führen. Meist wurde ihnen eine Vergütung zugewendet; sie fiel höher aus, wenn (z. B. für minderjährige Erben) ein Wirtschaftsbetrieb fortzuführen war. Ihr heutiger Aufgabenkreis stimmt damit im Wesentlichen überein (§§ 2197 ff. BGB).

### Literatur


Beutgen, M.: *Geschichte der Form des eigenhändigen Testaments*. Berlin 1992.

Champlin, E.: *Final Judgments. Duty and Emotion in Roman Wills 200 B. C.–A. D. 250*. Berkeley 1991.

Coing, H.: *Europäisches Privatrecht. Bd. 1: Älteres Gemeines Recht (1500–1800)*. München 1985.

Cordes, A./Lück, H./Werkmüller, D./Schmidt-Wiegand, R.

(Hg.): *Handwörterbuch zur deutschen Rechtsgeschichte.* Berlin [2]2008.
Flossmann, U.: *Österreichische Privatrechtsgeschichte.* Wien [6]2008.
Kaser, M.: *Das römische Privatrecht.* 2 Bde. München [2]1971/[2]1975.
Kaser, M./Knütel, R./Lohsse, S.: *Römisches Privatrecht.* München [21]2017, bes. §§ 67–68.
Küster, A.: *Blinde und Taubstumme im römischen Recht.* Köln 1991.
Lange, H./Kuchinke, K.: *Lehrbuch des Erbrechts.* München [5]2001.
Muscheler, K.: *Erbrecht.* 2 Bde. Tübingen 2010, §§ 25–41.
Paulus, C. G.: *Die Idee der postmortalen Persönlichkeit im römischen Testamentsrecht.* Berlin 1992. Neu unter dem Titel: *Auf der Suche nach der Unsterblichkeit. Zur mentalitätsgeschichtlichen, sozialen und rechtlichen Bedeutung des Testaments im antiken Rom.* Berlin 2018.
Wacke, A.: Die Entwicklung der Testamente in Antike und Mittelalter. In: *Orbis Iuris Romani* 2 (1996), 113–120.
Wacke, A.: Ein Sohnesteil für Jesus Christus. Der Einfluss des Christentums auf das spätantike Erbrecht. In: *Orbis Iuris Romani* 4 (1998), 99–115.
Wacke, A.: Artikel ›Erbrecht‹. In: *Der Neue Pauly.* Bd. 13. Stuttgart/Weimar 1999, 1038f.
Wacke, A.: Erbrechtliche Sukzession als Persönlichkeitsfortsetzung? Personelle Identifikation mit dem Verstorbenen – oder Rollenverschiedenheit von Nachlassinhaber und Erben? In: Savigny-Zeitschrift für Rechtsgeschichte, romanistische Abt. 123 (2006), 197-247.
Zimmermann, R./Reid, K.G.C./ de Waal, M.J. (Hg.), Comparative Succession Law, Bd. 1: Testamentary Formalities, Oxford 2011.
Zimmermann, R. (Hg.): *Der Einfluss religiöser Vorstellungen auf die Entwicklung des Erbrechts.* Tübingen 2012.

*Andreas Wacke*

# 52 Unterrichtung über Sterben, Tod und Trauer (Death Education)

Der Ursprung der Unterrichtung über Sterben, Tod und Trauer (USTT) liegt am Beginn der 1970er Jahre, als in den Vereinigten Staaten ausgehend von der Bewegung des Todesbewusstseins (*death awareness movement*) zunächst die Organisationen *Foundation of Thanatology* und *Ars Moriendi* gegründet und wenig später die Fachzeitschrift *Death Education* (heute: *Death Studies*) ins Leben gerufen wurde (Doka/Heflin-Wells/Martin u. a. 2011). Angestrebt wurde eine Spezialisierung und Professionalisierung der Todesthematik analog der Entwicklung in den Bereichen Sexualität, Gesundheit, Ernährung u. a. Mit nur drei Prozent der Veröffentlichungen in den führenden internationalen Fachzeitschriften bildet USTT einen der weniger bedeutenden Teilbereiche der Thanatologie (Wittkowski/Doka/Neimeyer u. a. 2015). Eine einführende Übersicht über die vorliegende Thematik findet sich bei Noppe Cupit (2013a), eine Zusammenstellung von Annahmen und Grundsätzen der USTT bieten Corr/Attig/Degner u. a. (1992).

## 52.1 Allgemeine Kennzeichnung der Unterrichtung über Sterben, Tod und Trauer

Im weitesten Sinne bezeichnet USTT alle erzieherischen Maßnahmen und Erfahrungen mit Bezug zu Sterben, Tod und Trauern, durch die ein Lernender in irgendeiner Weise ein Verständnis davon erhält, was es mit diesen Vorgängen bzw. Sachverhalten auf sich hat. Frei nach Kastenbaum (2004) besteht USTT in der Beschäftigung mit dem Leben, die auch dessen Verlust berücksichtigt. Kernthemen sind Einstellungen zu Sterben und Tod, der Prozess des Sterbens einerseits und des Trauerns andererseits sowie die Begleitung und Betreuung von Menschen, die von Sterben und Tod direkt oder indirekt betroffen sind, aber auch Euthanasie, Abtreibung, künstliche Verlängerung des Lebens und Suizid (Sofka 2013). Im engeren Sinne steht USTT für alle planvollen und zielgerichteten Veranstaltungen, die den Teilnehmenden Kenntnisse über die Todesthematik vermitteln und/oder ihren Umgang mit Sterbenden und Trauernden durch den Abbau von Ängsten erleichtern (sollen). Dabei ergeben sich unterschiedliche Anforderungen an ihre Gestaltung in Abhängigkeit von den normativen Entwicklungsaufgaben während des Lebenslaufs (Noppe Cupit 2013b). In der englischsprachigen Literatur hat sich ungeachtet seiner Missverständlichkeit der Begriff *Death Education* etabliert.

An der USTT kann man vier Dimensionen unterscheiden (Noppe Cupit 2013a): die kognitive bzw. intellektuelle Dimension (rationale Analyse und Strukturierung des Merkmalsbereichs sowie Vermittlung entsprechender Kenntnisse); die affektive Dimension (Gefühle mit Bezug zur Todesthematik); die Dimension des Verhaltens bzw. Handelns; die wertorientierte Dimension (Bewertung des Lebens und seines Verlusts). Das übergeordnete Ziel der USTT ist weitgehend identisch mit dem Ziel der Bewegung des Todesbewusstseins in den Vereinigten Staaten, nämlich durch die Entwicklung einer persönlichen Lebensanschauung, welche das Wissen um die (eigene) Endlichkeit einschließt, die Lebensqualität des Individuums und seiner Bezugspersonen zu verbessern (Wass 2003). Über diese allgemeine anthropologische Ausrichtung hinaus kann man USTT auch eine Funktion innerhalb des öffentlichen Gesundheitswesens zubilligen (Kellehear 2015). Sie kann zur Verbesserung des Kenntnisstandes und zur Überwindung einer irrationalen Abwehrhaltung bezüglich Sterben und Verlust beitragen und die Menschen befähigen, für sich selbst und ihre Angehörigen kompetent Entscheidungen bezüglich Fragen des Lebensendes zu treffen.

USTT richtet sich an Privatpersonen mit einer frühen und unbewältigten Traumatisierung, an Privatpersonen, die aktuell mit Sterben und Tod konfrontiert sind, an Personen, die beruflich mit Sterben und Tod befasst sind, an Halbprofessionelle (z. B. Ehrenamtliche in der Hospizarbeit) sowie an allgemein Interessierte zur Befriedigung von Neugier und des Wunsches nach einem tieferen Verständnis der Todesthematik. Bereiche von Zielgruppen sind das Gesundheitswesen inkl. Medizin, Pflege, Psychotherapie, die Theologie, die Anthropologie, die Soziologie, die Kunst, Geschichtswissenschaft, die Philosophie und die Ethik. Aus dieser allgemeinen Kennzeichnung ergibt sich, dass USTT ihrem Wesen nach interdisziplinär ist. Durch die Verfügbarkeit des Internets für jedermann ergibt sich seit geraumer Zeit das Problem unseriöser Informationen insbesondere über das Trauern.


H. Wittwer/D. Schäfer/A. Frewer (Hg.), *Sterben und Tod. Ein interdisziplinäres Handbuch 2. Auflage*,
https://doi.org/10.1007/978-3-476-05761-7_52

## 52.2 Arten der Unterrichtung über Sterben, Tod und Trauer

### 52.2.1 Informelle USTT

Beschäftigung mit Sterben, Tod und Verlust, die nicht nach didaktischen Gesichtspunkten geplant und auf ein Lehrziel ausgerichtet ist, findet mehr oder weniger spontan zuhause, in der Schule oder in anderen sozialen Kontexten (z. B. der Kirche) statt, wenn es einen Anlass (*teachable moment*) dazu gibt. Darüber hinaus üben aber auch die Medien und besonders das Fernsehen, das Internet und die Popmusik Einfluss im Sinne informeller USTT aus (Corr/Nabe/Corr 2009, 7; Noppe Cupit 2013a). Der Tod eines Haustiers kann den Anlass für Gespräche zwischen Eltern und Kind über das Sterben und das Totsein bieten, und das Beerdigungsritual kann durch seinen Modellcharakter bestimmte Werte und Normen vermitteln. In ähnlicher Weise kann die Trauer über den Tod einer bekannten Persönlichkeit (z. B. Prinzessin Diana) wirken, wenn sie via Fernsehen weltweit sichtbar wird. Massenhafte Tötungen von Kindern oder Jugendlichen im Rahmen von Amokläufen werden in den Schulen spontan zum Anlass genommen, die Todesthematik aufzugreifen. Hinweise auf die Verbreitung informeller und formeller USTT in Deutschland finden sich bei Wittkowski (2003, 277 f.).

### 52.2.2 Formelle USTT

Geplante, auf die Erreichung von Lehrzielen ausgerichtete und hinsichtlich ihrer Wirksamkeit evaluierbare Seminare, Kurse, Workshops etc. werden in den Vereinigten Staaten in Primar- und Sekundarschulen sowie an nahezu allen Universitäten angeboten (Doka 2003). Darüber hinaus werden sie in der beruflichen Aus-, Fort- und Weiterbildung von Pflegekräften nahezu aller entsprechenden Einrichtungen in Kanada und dem Vereinigten Königreich durchgeführt (Downe-Wamboldt/Tamlyn 1997). Ihre Inhalte sind u. a. die Entwicklung des Todeskonzepts beim Kind, Einstellungen zu Sterben und Tod und ihre Veränderung im Laufe des Lebens (Angst einerseits, Akzeptieren andererseits), Erleben und Verhalten Sterbender und Trauernder, die Begleitung Sterbender und Trauernder, Suizid und Suizidprävention, ärztlich assistierter Suizid sowie ethische Fragen in diesem Kontext. Besondere Beachtung verdienen formelle Unterrichtsveranstaltungen für Kinder.

Es gibt zwei didaktische Formen formeller Unterrichtsveranstaltungen zur Todesthematik, die auch kombiniert durchgeführt werden. *Ausbildungsprogramme, die Kenntnisse vermitteln*, entsprechen dem kognitiven Aspekt des hier relevanten Erlebens. Ihre Inhalte werden durch einschlägige Literatur, durch Vorträge sowie durch audiovisuelle Materialien vermittelt. In der Regel gehört auch die Diskussion ethischer Fragen zu den Themen kenntnisvermittelnder Ausbildungsprogramme.

*Erfahrungsbezogene Ausbildungsprogramme* entsprechen dem affektiven Aspekt des Erlebens gegenüber Sterben und Verlust. Dabei geht es darum, den Teilnehmenden ihre Ängste und gegebenenfalls ihre Abwehrhaltungen mit Blick auf ihr eigenes Sterben und ihren eigenen Tod bewusst zu machen und Möglichkeiten der Bewältigung dieser Ängste aufzuzeigen. Dies ist eng gekoppelt an die Klärung der eigenen Lebensperspektive und die Überprüfung eigener Wertmaßstäbe. Auch die Frage der Sinngebung nimmt in erfahrungsbezogenen Ausbildungsprogrammen eine wichtige Stellung ein. Diesen Zielsetzungen und Inhalten entsprechend, werden vielfältige didaktische Methoden eingesetzt, die eine intensive Beschäftigung mit Sterben, Tod und Verlust stimulieren sollen (z. B. Filme mit Selbstberichten unheilbar Kranker; Besuch von Friedhöfen und/oder Beerdigungsunternehmen; Verfassen des eigenen Testaments; Verfassen der eigenen Todesanzeige und/oder des eigenen Nachrufs). Im Übrigen sind moderierte Gruppendiskussionen und Rollenspiele (z. B. Helfer – Sterbender) die tragenden didaktischen Elemente erfahrungsbezogener Kurse für den Umgang mit Sterbenden und Trauernden.

Die Ausbildungsprogramme können grundsätzlich Wirkungen in folgenden Bereichen haben: im *kognitiven Bereich* (in erster Linie durch einen Zuwachs an Kenntnissen und eine differenziertere Sichtweise); im *affektiven* Bereich (hauptsächlich durch einen gelasseneren Umgang mit der Todesthematik, prinzipiell aber auch durch eine Intensivierung von Angst und Unsicherheit); im *Bereich manifesten Verhaltens* (z. B. durch mehr Kongruenz in verbalem und non-verbalem Verhalten); darüber hinaus sind Wirkungen auf die *Persönlichkeit insgesamt* (wie sie etwa durch umfassende Persönlichkeitsinventare operationalisiert werden) möglich.

## 52.3 Deutschsprachige Unterrichtsveranstaltungen

Wittkowski und Krauß (2000) haben 18 deutschsprachige Beschreibungen von Kursen für den Umgang mit Schwerstkranken hinsichtlich ihrer konzeptionellen Merkmale, ihrer Ansprüche, ihrer Inhalte und ihrer didaktischen Methoden anhand eines differenzierten Merkmalskatalogs evaluiert. Die Kursbeschreibungen weisen in Konzeption, Inhalten und Methoden große Unterschiede auf, und wissenschaftliche Kriterien wurden bei ihrer Entwicklung und Evaluation nur teilweise angewandt. Die Autoren gelangen zu sechs Schlussfolgerungen, die zugleich Perspektiven für die zukünftige Arbeit bei der Entwicklung und Durchführung von Kursen für den Umgang mit Sterbenden beinhalten. Dazu zählen die Berücksichtigung auch des manifesten Verhaltens der Teilnehmenden sowie die Notwendigkeit sowohl einer Vereinheitlichung als auch der Wirksamkeitsüberprüfung.

Neuere Unterrichtsveranstaltungen für das medizinische Personal fördern sowohl kommunikative (Dorner/Schwarzkopf/Skupin u. a. 2015; van Orschot/Leppert/Schweitzer 2007) als auch psychosoziale Kompetenzen (Krauß 2000; Muthny/Wiedebusch/Blok u. a. 2006) im Umgang mit Sterbenden und deren Angehörigen. Kursprogramme im Kontext der palliativen Betreuung streben beide Ziele an (Karger/Scherg/Schmitz u. a. 2015; Lang/Schmeling-Kludas/Koch 2007). Ein Seminartraining zum Umgang mit den Sterbewünschen von Patienten befindet sich im Entwicklungsstadium (Kremeike/Galushko/Frerich u. a. 2018). Seit 2009 ist das Fach ›Palliativmedizin‹ mit einem entsprechenden Curriculum für Studenten der Medizin obligatorisch (Schulz/Wenzel-Meyburg/Karger u. a. 2015). Ein Programm zum Umgang mit dem Lebensende (*Last Aid*; Bollig/Heller 2016) für die allgemeine Bevölkerung liegt vor. Bundesweit werden evaluierte Kurse für Grundschüler (Bock/Graf 2013) und Sekundarschüler (Nolden/Fay/Voltz u. a. 2018) durchgeführt. USTT findet zudem im Religionsunterricht statt (z. B. Syrnik/Wiesinger/Ziegler 2012). Bis Dato steht älteren Menschen kein Programm über Sterben und Tod zur Verfügung, obwohl sie dafür aufgeschlossen sind (z. B. Eggert/Kuhlmey/Suhr u. a. 2018).

## 52.4 Wirkungsweise formeller Unterrichtsveranstaltungen über Sterben, Tod und Trauer

Untersuchungen zu den (kurzfristigen) Effekten von Aus-, Fort- und Weiterbildungsveranstaltungen zu Sterben und Tod konzentrieren sich auf die Frage, ob die Kursteilnahme eine Verminderung der Angst vor Sterben und/oder Tod bewirkt. Die Befundlage ist sowohl mit Blick auf einzelne Studien als auch mit Blick auf Metaanalysen uneinheitlich. Durlak und Riesenberg (1991) fanden bei einer Metaanalyse von 47 Studien mäßige bis große Effektstärken im kognitiven Bereich (Kenntniszuwachs), geringe Effektstärken im affektiven Bereich (Abnahme der Angst vor Sterben und/oder Tod) und im Bereich der Persönlichkeit sowie mäßige bis große Effektstärken im Bereich des manifesten Verhaltens. Ferner zeigte sich, dass die Angst vor Sterben und Tod durch kenntnisvermittelnde Kurse erhöht, durch erfahrungsbezogene Kurse hingegen vermindert wurde (vgl. auch Knight/Elfenbein 1993). Im Gegensatz dazu ergab eine andere Metaanalyse von 62 Studien (Maglio/Robinson 1994), dass die entsprechenden Kurse die Angst der Teilnehmenden vor Sterben und Tod generell steigern. Dabei wirken kenntnisvermittelnde Veranstaltungen stärker angstinduzierend als erfahrungsbezogene Kurse. Die Frage dauerhafter langfristiger Wirkungen von Unterrichtsveranstaltungen insbesondere auch auf das manifeste (professionelle) Verhalten der Teilnehmenden ist nach wie vor weitgehend offen (Sofka 2013).

Letztere Aussage gilt ebenso für die neueren Unterrichtsveranstaltungen. Diese Kursprogramme beruhen zumeist auf einer Kombination von Kenntnisvermittlung und Selbsterfahrung, ansonsten steht die Vermittlung von Wissen im Vordergrund (z. B. Bollig/Heller 2016). Die Evaluation erfolgte meistens mithilfe von quantitativen Selbsteinschätzungsfragebögen, die entweder die Zufriedenheit mit dem Kurs und dessen Inhalt, die Selbstwirksamkeitserwartung und Hilfsbereitschaft im Umgang mit Patienten und Angehörigen, den Lernzuwachs, die Angst vor Sterben und Tod, die Fähigkeit, Probleme zu bewältigen (*Coping*) oder die kommunikative Kompetenz erfassen. Feedbackgespräche wurden im schulischen Kontext qualitativ ausgewertet (Bock/Graf 2013; Nolden/Fay/Voltz u. a. 2018), um die Zufriedenheit, den Eigennutzen und die Akzeptanz aller Beteiligten zu evaluieren. Festzustellen ist, dass alle quantitativen und qualitativen Merkmale (außer der Angst vor Sterben und Tod, einschließlich der Angst vor dem Sterben anderer Menschen, die sich nicht veränderte; Karger/Scherg/Schmitz u. a. 2015) Entwicklungen in die erwünschte Richtung zeigen.

### Literatur

Bock, R./Graf, G.: Hospiz macht Schule: Ein sozialpädagogisches Konzept für die Projektarbeit mit Grundschülern und Erfahrungen aus der Praxis. In: J. Jungbauer/R. Krockauer (Hg.): *Wegbegleitung, Trost und Hoffnung:*

*Interdisziplinäre Beiträge zum Umgang mit Sterben, Tod und Trauer*. Berlin 2013, 258–281.

Bollig, G./Heller, A.: The last aid course – a simple and effective concept to teach the public about palliative care and to enhance the public discussion about death and dying. In: *Austin Palliative Care* 1 (2016), 1010.

Corr, C. A./Nabe, C. M./Corr, D. M.: *Death & dying, life & living*. Belmont, CA 2009.

Corr, C. A./Attig, T./Degner, L. F./De Spelder, L./Forster, D. H./Ley, D. C. H./Morgan, J. D./Morgan, M. A./Wass, H./Pacholski, R. A./Qvarnstrom, U./Rogers, J./Sisler, H. H./Stevenson, R. G./Webb, P.: International Work Group on Death, Dying, and Bereavement. A statement of assumptions and principles concerning education about death, dying, and bereavement. In: *Death Studies* 16 (1992), 59–65.

Doka, K. J.: The death awareness movement: Description, history, and analysis. In C. D. Bryant (Hg.): *Handbook of death and dying*, Vol. I. Thousand Oaks 2013, 50-56.

Doka, K. J./Heflin-Wells, E. N./Martin, T. L./Redmond, L. M./Schachter, S. R: The organization of thanatology. In: *Omega: Journal of Death and Dying* 63 (2011), 113–124.

Dorner, L./Schwarzkopf, D./Skupin, H./Philipp, S./Gugel, K./Meissner, W./Schuler, St./Hartog, C. S.: Teaching medical students to talk about death and dying in the ICU: Feasibility of a peer-tutored workshop. In: *Intensive Care Medicine* 41 (2015), 162–163.

Downe-Wamboldt, B./Tamlyn, B.: An international survey of death education trends in faculties of nursing and medicine. In: *Death Studies* 21 (1997), 177–188.

Durlak, J. A./Riesenberg, L. A.: The impact of death education. In: *Death Studies* 15 (1991), 39–58.

Eggert, S./Kuhlmey, A./Suhr, R./Dräger, D.: Hundertjährige in Vorbereitung auf das Lebensende? In: *Zeitschrift für Gerontologie und Geriatrie* 51 (2018), 418–424.

Karger, A./Scherg, A./Schmitz, A./Wenzel-Meyburg, U./Raski, B./Vogt, H./Schatte, G./Schatz, M./Schnell, M. W./Schulz, C.: A Pilot study on undergraduate palliative care education – A study on changes in knowledge, attitudes and self-perception. In: *Journal of Palliative Care & Medicine* 5 (2015), 236.

Kastenbaum, R. J.: *On our way: The final passage through life and death*. Berkeley, CA 2004.

Kellehear, A.: Death education as a public health issue. In J. M. Stillion/T. Attig (Hg.): *Death, dying, and bereavement. Contemporary perspectives, institutions, and practices*. New York 2015, 221–232.

Knight, K. M./Elfenbein, M. H.: Relationship of death education to the anxiety, fear, and meaning associated with death. In: *Death Studies* 17 (1993), 411–425.

Krauß, O. (2000): Konstruktion und Evaluation eines Trainingsprogramms zum Umgehen mit Sterbenden und ihren Angehörigen. In: *Zeitschrift für Gesundheitspsychologie* 9 (2000), 177–197.

Kremeike, K./Galushko, M./Frerich, G./Romotzky, V./Hamacher, S./Rodin, G./Pfaff, H./Voltz, R.: The Desire to Die in Palliative care: Optimization of Management (DEDIPOM) – a study protocol. In: *BMC Palliative Care* 17 (2018), 30.

Lang, K./Schmeling-Kludas, C./Koch, U.: *Die Begleitung schwer kranker und sterbender Menschen. Das Hamburger Kursprogramm*. Stuttgart 2007.

Maglio, C. J./Robinson, C. E.: The effects of death education on death anxiety: A meta-analysis. In: *Omega: Journal of Death and Dying* 29 (1994), 319–335.

Muthny, F. A./Wiedebusch, S./Blok, G. A./Dalen, J. van: Training for doctors and nurses to deal with bereaved relatives after a sudden death: Evaluation of the European Donor Hospital Education Programme (EDHEP) in Germany. In: *Transplantation Proceedings* 38 (2006), 2751–2755.

Nolden, N./Fay, K./Voltz, R./Weihrauch, B.: *Palliativ & Schule: Sterben, Tod und Trauer im Unterricht mit jugendlichen Schülerinnen und Schülern*. Stuttgart 2018.

Noppe Cupit, I.: Historical and contemporary perspectives on death education. In: D. K. Meagher/D. Balk (Hg.): *Handbook of thanatology. The essential body of knowledge for the study of death, dying, and bereavement*. New York [2]2013a, 347–355.

Noppe Cupit, I.: Life span issues and death education. In D. K. Meagher/D. Balk (Hg.): *Handbook of thanatology. The essential body of knowledge for the study of death, dying, and bereavement*. New York [2]2013b, 357–366.

Oorschot, B. van/Leppert, K./Schweitzer, S.: Kommunikationstraining für Ärzte. In: B. van Oorschot/R. Anselm (Hg.): *Mitgestalten am Lebensende. Handeln und Behandeln Sterbenskranker*. Göttingen 2007, 151–163.

Schulz, C./Wenzel-Meyburg, U./Karger, A./Scherg, A./In der Schmitten, J./Trapp, T./Paling, A./Bakus, S./Schatte, G./Rudolf, E./Decking, U./Ritz-Timme, S./Grünewald, M./Schmitz, A.: Implementation of palliative care as a mandatory cross-disciplinary subject (QB13) at the Medical Faculty of the Heinrich-Heine-University Düsseldorf, Germany. In: *GMS Zeitschrift für Medizinische Ausbildung* 32 (2015).

Sofka, C. J.: Ethical and legal issues in death education. In D. K. Meagher/D. Balk (Hg.): *Handbook of thanatology. The essential body of knowledge for the study of death, dying, and bereavement*. New York [2]2013, 379–391.

Syrnik, J./Wiesinger, T./Ziegler, M. (2012). *Kompetenzorientierter Religionsunterricht: Planung, Durchführung und Auswertung eines Unterrichtsprojekts zum Thema ›Sterben, Tod und Auferstehung‹* (Jahrgangsstufe 9). Bd. 11. Kassel 2012.

Wass, H.: Death education for children. In: I. Corless/B. B. Germino/M. A. Pittman (Hg.): *Dying, death, and bereavement. A challenge for living*. New York 2003, 25–41.

Wittkowski, J.: Epilog: Thanatologie heute und morgen. In Ders. (Hg.): *Sterben, Tod und Trauer. Grundlagen – Methoden – Anwendungsfelder*. Stuttgart 2003, 269–286.

Wittkowski, J./Doka, K. J./Neimeyer, R. A./Vallerga, M.: Publication trends in thanatology: An analysis of leading journals. In: *Death Studies* 39 (2015), 453–462.

Wittkowski, J./Krauß, O.: Konzeption, Inhalte und Methoden deutschsprachiger Kurse für den Umgang mit Schwerstkranken. In: *Zeitschrift für Medizinische Psychologie* 9 (2000), 177–192.

*Joachim Wittkowski / Pierre-Marc Paré*

# V Töten und den Tod erleiden

# 53 Abtreibung – medizingeschichtlich

## 53.1 Schwangerschaft und Körperbilder

Eine Schwangerschaft ist, biologisch gesehen, eine Symbiose zwischen Frau und Embryo. In der Antike ging man in der Interpretation dieser Beziehung sogar so weit, den Fötus bis zur Geburt als Teil der mütterlichen Eingeweide zu sehen. Das war jedenfalls die Auffassung der berühmten römischen Rechtssammlung (*Corpus Iuris Civilis*), die über Jahrhunderte das Rechtsdenken und die Rechtspraxis im Abendland bestimmte. Daraus ergab sich die folgenreiche Annahme, dass das ungeborene Leben, das im Mutterleib heranwuchs, noch nicht als menschliches Wesen aufgefasst werden und damit auch keinen wie auch immer gearteten Rechtsschutz in Anspruch nehmen könne. Die extreme Auffassung des klassischen römischen Rechts wurde alsbald vom Christentum verdrängt und geriet langsam in Vergessenheit. Der Schutz des werdenden Lebens – zu welchem Zeitpunkt man auch immer die Beseelung ansetzte – schien gleichwertig und manchmal sogar noch wichtiger als die Erhaltung des Lebens oder der Gesundheit der Mutter. Erst in der Frühen Neuzeit, als die humanistischen Rechtsgelehrten sich intensiv mit dem klassischen römischen Recht beschäftigten, kam die ältere Auffassung vom Fötus als Teil der mütterlichen Eingeweide wieder zum Vorschein. In der zeitgenössischen medizinischen Wissenschaft fand diese These allerdings keine Bestätigung mehr. Doch auch in den folgenden Jahrhunderten verschwand diese Rechtsauffassung niemals ganz aus der Diskussion um die Straffreiheit des Schwangerschaftsabbruchs. Und selbst als man in der Bundesrepublik Ende der 1960er Jahre um die Neuregelung des Paragraphen 218 stritt, zeigte sich, wie im Kreis der Befürworter der Fristenregelung alte Theorien, die man längst überwunden glaubte, fortwirkten, so eben auch die Auffassung, wonach das ungeborene Kind ein den Eingeweiden vergleichbarer Teil des mütterlichen Organismus sei. Inzwischen scheint die moderne Naturwissenschaft mit den von ihr entwickelten Reproduktionstechnologien in das andere Extrem zu verfallen, nämlich die natürliche Symbiose zwischen Frau und Embryo aufzulösen. So kommt die Frau im bundesdeutschen ›Embryonenschutzgesetz‹ vor allem in ihrer biologischen Reproduktionsfunktion als Leihmutter oder Eispenderin vor. In der einschlägigen amerikanischen Rechtsprechung wird die leibliche Mutter – im Sinne einer Person – gar nicht mehr erwähnt, sondern lediglich ein »fötales Umfeld«.

## 53.2 Lebensbeginn

Von einem Lebensrecht des ungeborenen Kindes konnte im Abendland bis zum Auftreten des Christentums keine Rede sein. Der fehlende Rechtsschutz und damit die rechtlich-sittliche Beurteilung der Abtreibung hingen und hängen von der Beantwortung der Frage ab, ob der Leibesfrucht ein eigenes Leben zukommt oder nicht und wann die Beseelung des Menschen zeitlich angesetzt wird. Am wirkmächtigsten war zweifellos die von Aristoteles entwickelte Idee der ›Sukzessivbeseelung‹. Nach dieser Auffassung, die über mehr als 2000 Jahre das naturwissenschaftliche Denken der Menschen prägte, wächst nach der Vermischung des männlichen mit dem weiblichen Samen in der Gebärmutter eine Leibesfrucht heran, die am Anfang nur eine Art Pflanzenleben führt, um dann im Zuge der weiteren Reifung in das Stadium animalisch-sensitiven Lebens einzutreten, bevor der Fötus dann mit einer Vernunftseele ausgestattet wird. Nach biblischer Auffassung wird die Seele dem männlichen Embryo bereits am 40. Tage, dem weiblichen erst am 80. Tage nach der Empfängnis eingehaucht. Zu ähnlichen Zeitpunkten gelangte auch Aristoteles, der die Belebung (im Unterschied zur Beseelung) für das männliche und weibliche Geschlecht unterschiedlich ansetzte. Die Gliederung und körperliche Durchformung der männlichen Frucht wird auf den 40. Tag gelegt, wohingegen die weibliche Frucht erst mit Eintritt des vierten Schwangerschaftsmonats als gegliedert angesehen wird. An dieser aristotelischen Stufenlehre orientierte sich bis weit in die Neuzeit hinein die strafrechtliche und medizinische Praxis der Abtreibung. Die Strafrechtsordnung Kaiser Karls V. von 1532, die bis Anfang des 19. Jhs. in deutschen Territorien gültig war, unterschied deshalb strikt zwischen einem leben-


H. Wittwer/D. Schäfer/A. Frewer (Hg.), *Sterben und Tod. Ein interdisziplinäres Handbuch 2. Auflage*,
https://doi.org/10.1007/978-3-476-05761-7_53

den Fötus und einem »kindt, das noch nit lebendig wer«, ohne allerdings explizit festzulegen, von welchem Termin an ein »lebendig kindt« anzunehmen ist, so dass auch hier vermutlich auf die auf Aristoteles zurückgehende antike Tradition zurückgegriffen wurde. In der frühneuzeitlichen Rechtspraxis wurde allerdings – ganz pragmatisch gedacht – die erste spürbare Kindsbewegung um den fünften Schwangerschaftsmonat herum als eindeutiges ›Lebenszeichen‹ interpretiert.

Inzwischen ist unser medizinisch-anatomisches Wissen über die einzelnen Phasen der Schwangerschaft über solche ›primitiven‹ Vorstellungen hinweggeschritten. Die naturwissenschaftlich begründete Medizin des 19. Jhs. stellte aufgrund mikroskopischer Untersuchungen fest, dass die Frucht im Mutterleib bereits vor dem 40. Schwangerschaftstag belebt ist, und kam weiterhin zu dem experimentell belegten Befund, dass die Lebensfähigkeit (ein wichtiger Begriff für die medizinische Indikation beim Schwangerschaftsabbruch) erst zwischen dem siebten und achten Schwangerschaftsmonat eintritt. Heute überleben selbst Frühgeborene mit einem Schwangerschaftsalter von weniger als 24 Wochen.

## 53.3 Das Selbstbestimmungsrecht der Frau

Wenn heute Frauen, die für die Legalisierung der Abtreibung eintreten, dieses mit der Selbstbestimmung der Frau und dem Recht am eigenen Körper begründen, so muss der Historiker die Neuartigkeit dieser Argumentation konstatieren und gleichzeitig darauf verweisen, dass in der Vergangenheit der erlaubte oder zumindest nicht ausdrücklich verbotene Schwangerschaftsabbruch sich niemals auf die Frau als Rechtssubjekt bezog, sondern eher vaterrechtlich bestimmt war. Die Verbindung der Abtreibungsfrage mit der Frauenemanzipation ist jüngeren Datums. Inzwischen hat sich auch das soziale Profil der Frauen, die sich für eine Abtreibung entscheiden, grundlegend verändert. In der Antike waren es keineswegs nur Frauen aus der häufig als dekadent beschriebenen römischen Oberschicht, die sich aus Bequemlichkeit, Sorge um ihre Schönheit oder zur Vertuschung ihrer außerehelichen Beziehungen auf Abtreibungsmittel besannen. Die Ansicht, dass ein Kind oder auch zwei ein Segen, mehr Nachwuchs aber ein Problem sei, war damals in allen Bevölkerungsschichten verbreitet. Während es den wohlhabenderen Schichten vor allem um die Erhaltung von Heiratschancen und um die Wahrung der weiblichen Ehre ging, stand bei der römischen *Plebs* die Sorge um die Ernährung von noch mehr Kindern im Vordergrund. In der Frühen Neuzeit und noch bis weit ins 19. Jh. hinein war die Abtreibung dagegen ein schichten- und statusspezifisches Phänomen. Soweit die gerichtsnotorischen Fälle erkennen lassen, waren es in der überwiegenden Mehrzahl ledige Dienstmägde im Alter von 20 bis 25 Jahren, die aufgrund der bekannten sozialen Notlage dieser Gruppe das Risiko einer illegalen und mit schweren Strafen bedrohten Schwangerschaftsunterbrechung eingingen. Nachdem inzwischen vorehelicher Geschlechtsverkehr staatlicherseits nicht länger als Unzucht eingestuft wird und auch keine gravierenden sozialen Folgen mehr zeitigt, sind es heute nicht mehr vorwiegend die ledigen Schwangeren, die das Bild in der Abtreibungspraxis bestimmen, sondern die verheirateten.

Die Geschichte des Schwangerschaftsabbruchs lässt sich teilweise auch als ein aus dem Geschlechterverhältnis resultierender Interessenkonflikt interpretieren. Das zeigt sich besonders im römischen Recht. Die sogenannte *patria potestas*, die hausväterliche Zuchtgewalt des Familienoberhaupts, umfasste nicht zuletzt die Entscheidungsbefugnis, eine Schwangerschaft der Ehefrau abzubrechen oder nicht. Eine Abtreibung gegen die ausdrückliche Zustimmung des Mannes verletzte demnach den väterlichen Anspruch auf Nachkommenschaft. Ein Schwangerschaftsabbruch war somit in erster Linie dann unter Strafe gestellt, wenn er aus Hass gegen den Mann vorgenommen worden war oder mit der Absicht, den Gatten um den legitimen Nachwuchs zu betrügen. Auch die Stammesrechte des frühen Mittelalters spiegeln die Stellung der Frau in der germanischen, schon teilweise christianisierten Gesellschaft wider. Doch während das extrem patriarchalisch organisierte römische Eherecht in der Frage der Abtreibung (und nicht nur dort) die starke Stellung des Mannes unterstreicht, sind in den Volksrechten zum Teil vielleicht noch matriarchalische Relikte anzutreffen. Auch dort ist die Abtreibung, die mit dem Einverständnis beider Ehepartner geschieht, straffrei. Die sogenannte Fremdabtreibung wurde dagegen (z. B. in der Lex Alamannorum, 88 A) unterschiedlich mit ›Wergeld‹, also als Tötungsdelikt bestraft, wobei insbesondere die hohe ›tarifliche‹ Einstufung des weiblichen Geschlechts (sowohl bei der Mutter als auch beim Fötus) ins Auge springt und darauf hindeuten könnte, dass sich hier Restformen mutterrechtlicher Vorstellungen erhalten haben könnten. Das Christentum definierte dagegen die Rolle von Frau und Mann in Ehe und Gesellschaft ebenfalls neu und musste somit das eingeschränkte Abtreibungsverbot des römisch-hellenistischen Kulturkreises, das auf vaterrechtlicher Willkür beruhte, ablehnen. Es war fortan nicht mehr das männliche Familienoberhaupt, sondern allein der göttliche Vater, dem das Recht über Leben und Tod zustand. Entsprechend war sowohl dem Mann als auch der Frau jegliche Einmischung in die göttliche Ordnung verboten. Das Abtreibungsverbot bedurfte keiner vaterrechtlichen Begründung mehr, sondern erhielt den Charakter einer Glaubenswahrheit.

Erst im Zuge der Entchristianisierung des Denkens, die in der Zeit der Aufklärung einen ersten Höhepunkt erreichte, sah man sich gezwungen, den Deliktcharakter des Schwangerschaftsabbruchs nicht mehr allein mit allgemein-sittlichen oder christlichen Verpflichtungen zu rechtfertigen. Es ging somit nicht mehr so sehr darum, ob die Frau durch eine Abtreibung gegen vermeintlich vaterrechtliche Ansprüche oder göttliche Gebote verstieß, sondern um die übergeordneten Interessen der Gesellschaft, die in diesem Falle von dem sich zunächst als patriarchalische Obrigkeit verstehenden Staat wahrgenommen und durchgesetzt werden. Die Abtreibungsfrage wird (nicht mehr nur rein theoretisch wie in der Antike) mit einer aktiven Bevölkerungspolitik in Verbindung gebracht. Was im aufgeklärten Absolutismus erste Formen annimmt, steigert sich schließlich im Nationalsozialismus zu einem Gebärzwang für arische Frauen und einer Zwangsabtreibung bei denjenigen Frauen, die diese rassischen Merkmale und andere angeblich bevölkerungspolitisch wertvolle Qualitäten nicht besitzen.

## 53.4 Staatliche Sanktionen bei Schwangerschaftsabbruch

Die Frage, ob eine Leibesfrucht abgetrieben werden darf oder nicht, ist von Anfang an auch eine Herrschaftsfrage gewesen. Und so finden wir seit den antiken Hochkulturen immer wieder Hinweise, dass irgendwelche übergeordneten, gesetzgebenden Instanzen in diesen Bereich mehr oder weniger stark regulierend eingreifen und nicht dem Individuum die Entscheidung selbst überlassen. Belege für ein generelles Abtreibungsverbot lassen sich weder für die griechischen Stadtstaaten noch für die Römische Republik finden. Das klassische römische Recht stellt im Grunde genommen nur die wesentlichen Voraussetzungen fest, unter denen nach herrschenden vaterrechtlichen Anschauungen die Abtreibung verboten war. Auch im griechischen Kulturkreis scheint die Abtreibung nicht strafrechtlich verfolgt worden zu sein. Im Gegenteil, sie wird von einem griechischen Denker (Platon, Der Staat 461c) sogar als bevölkerungspolitisches Instrument empfohlen.

Zu einer Verabsolutierung des Abtreibungsverbots kommt es erst unter dem Einfluss des Christentums. Doch auch hier tritt eine widersprüchliche Entwicklung ein. Das erklärt z. B., warum man im kanonischen Recht der mittelalterlichen Papstkirche, wie bereits erwähnt, durchaus noch Ansätze der nichtchristlichen, aristotelischen Beseelungslehre und damit die mildere Bestrafung des Schwangerschaftsabbruchs vor der Belebung des Fötus antrifft. Entsprechend widersprüchlich sah bis zum Ende des Mittelalters die kirchliche Beicht- und Bußpraxis aus. Die weltliche Gerichtsbarkeit des Mittelalters kannte solche dogmatischen Gegensätze nicht, denn sie beließ die Abtreibung grundsätzlich straflos. Daran änderte sich erst etwas durch die Einfügung eines Abtreibungsparagraphen in eines der bedeutendsten Strafrechtsbücher der Neuzeit, die Peinliche Halsgerichtsordnung Karls V. aus dem Jahre 1532, welche die Abtreibung des belebten Fötus als erschwerte Form des Totschlags behandelte und entsprechend bestrafte. In der deutschen Rechtspraxis des 17. und 18. Jhs. wurde allerdings nur der vorsätzliche Schwangerschaftsabbruch als Totschlag eingestuft, der nach der Mitte der Schwangerschaft erfolgte. Im ausgehenden 18. Jh. gelangten ›aufgeklärte‹ Juristen und Herrscher zu der Ansicht, dass die Kindsmord- und Abtreibungsproblematik auch etwas mit der gesetzlichen Strenge und moralischen Verurteilung zu tun haben könnte, mit der außerehelicher Geschlechtsverkehr bzw. uneheliche Schwangerschaft damals bestraft wurden. Diese Kausalkette aufzulösen, wie es z. B. Friedrich dem Großen vor Augen schwebte, gelang den Aufklärern noch nicht. Erst die Strafrechtsreformen des 19. Jhs., die an aufklärerisches Gedankengut anknüpften, versuchten, dieses Delikt differenziert zu bewerten, indem sie den Fötus einerseits zwar als Mensch definierten, ihm aber nur bedingt, und zwar im Zusammenhang mit bestehenden bevölkerungspolitischen Interessen, einen strafrechtlichen Schutz gewähren wollten. Den Abschluss fand die strafrechtliche Definition der Abtreibung im 19. Jh. im Strafgesetzbuch des Norddeutschen Bundes, das 1871 vom Deutschen Reich übernommen wurde. Nach Paragraph 218 wurde eine Schwangere, welche ihre Frucht vorsätzlich abtreibt oder im Mutterleib tötet, mit Zuchthaus bis zu fünf Jahren bestraft. Doch machten bereits die zeitgenössischen Kommentatoren bezeichnenderweise darauf aufmerksam, dass es sich bei dem Leben des Fötus nicht unbedingt um menschliches Leben im engeren juristischen Sinne handelt. Der entsprechende Paragraph wurde deshalb in den damaligen führenden Strafrechtskommentaren auch nicht unbedingt zu den eigentlichen Tötungsdelikten gerechnet.

Nachdem es im Laufe der letzten 150 Jahre immer wieder Versuche gegeben hat, eine Abschaffung oder zumindest Abänderung des Paragraphen 218 im Sinne einer Fristenlösung zu erreichen, sind das vorläufige Endergebnis dieses politischen Diskussionsprozesses die Neufassung, die der Bundestag am 26. Juni 1992 verabschiedet hat, sowie die Reform des § 218a StGB im Jahr 1995. Danach ist der Schwangerschaftsabbruch weiterhin strafbar, doch er ist dann nicht rechtswidrig, wenn die Schwangere den Abbruch verlangt und nachweisen kann, dass sie die vorgeschriebene gesetzliche Beratung in Anspruch genommen hat, der Eingriff von einem Arzt vorgenommen wird und drittens seit der Empfängnis nicht mehr als zwölf Wochen vergangen sind. Zuletzt wurde insbesondere der ›Spätabbruch der Schwangerschaft‹ (nach der 22./24. Woche) intensiv diskutiert und zum 01.01.2010 im ›Gesetz zur Änderung des Schwangerschaftskonfliktgesetzes‹ (SchKG) mit notwendigem Beratungsangebot in Zusammenhang gebracht. Am 21.02.2019 stimmte der Bundestag dem Koalitionskompromiss zum sogenannten Werbeverbot für Abtreibungen zu. Danach ist vorgesehen, dass Ärzte, Krankenhäuser und weitere Einrichtungen künftig darüber informieren dürfen, dass sie Abtreibungen vornehmen.

## 53.5 Medizinische Ethik und Abtreibung

In der langen Geschichte der abendländischen Medizin wurde immer wieder der sogenannte *Hippokratische Eid* als Argument angeführt, um nicht nur den Gesetzgeber, sondern auch den Arzt als ›Lebensschützer‹ zu stilisieren. Doch hält diese landläufige Interpretation der Textkritik nicht stand. Die antiken Ärzte und auch der Namensgeber des Eides, der berühmte griechische Arzt Hippokrates, waren keinesfalls aus gewissens- oder berufsethischen Gründen gegen den Schwangerschaftsabbruch, auch wenn es die eine oder andere Ausnahme unter den christlich beeinflussten Ärzten der römischen Spätzeit gegeben haben mag. Selbst mittelalterliche Ärzte (z. B. Arnald de Villanova, Hildegard von Bingen) nennen in ihren Schriften ganz ungeniert Mittel und Techniken der Abtreibung, ohne deren Gebrauch – wie vielleicht aufgrund der spätantiken, christlichen Beispiele zu erwarten wäre – zumindest rhetorisch als ›Teufelswerk‹ zu verdammen. Und noch im 19. und frühen 20. Jh. war der Streit um die strafrechtliche Würdigung der Abtreibung kein Thema für Ärzte. Für sie existierte lediglich das wissenschaftlich-technische Problem des artifiziellen Aborts, und zwar immer wieder mit dem entschuldigenden Hinweis auf die seit dem Altertum bekannte und vielfach von Ärzten und Frauen ›missbrauchte‹ medizinische Indikation. Einen medizinethischen Hintergrund hat auch die 2018 aufgeflammte Kontroverse (Frommel 2018) um das Werbeverbot für Schwangerschaftsabbruch (§ 219a).

## 53.6 Abtreibungstechniken

Im Laufe der Jahrhunderte sind auch die Abtreibungstechniken aufgrund des medizinisch-technischen Fortschritts sicherer und effizienter geworden. Das hat allerdings zu der häufig in der Medizingeschichte anzutreffenden Fehlinterpretation geführt, dass weder den Ärzten noch den abtreibungswilligen Frauen in der Vergangenheit wirksame und relativ problemlose Mittel für einen wie auch immer indizierten Schwangerschaftsabbruch zur Verfügung gestanden haben. Neuere Studien (z. B. Koster, 2003), die von der Ethnomedizin beeinflusst wurden, haben aber gezeigt, dass es immer genügend Mittel und Wege zu einer erfolgreichen Fruchtabtreibung gegeben hat, wenn auch oft um einen hohen Preis, das Leben der Mutter. In Ländern, in denen heute Abtreibungen erlaubt sind und qualifiziertes Personal zur Verfügung steht, gibt es weniger Komplikationen und weniger Todesfälle bei Schwangerschaftsabbruch. Nach einem Bericht des Guttmacher Instituts (2017) starben 2014 weltweit mindestens 22.800 Frauen an den Folgen einer unsicheren Abtreibung, 6,9 Millionen Frauen in Entwicklungsländern mussten wegen Komplikationen nach einem (häufig illegalen) Schwangerschaftsabbruch medizinisch behandelt werden.

### Literatur

Busch, U./Hahn, D. (Hg.): *Abtreibung: Diskurse und Tendenzen.* Bielefeld 2015.

Devereux, G.: *A Study of Abortion in Primitive Societies.* New York [2]1972.

Frommel, M.: Der Streit um § 219a StGB – das Verbot des öffentlichen Anbietens oder anstößigen Werbens für

Dienste, die zum Schwangerschaftsabbruch geeignet sind. In: Stephan Barton u. a. (Hg.): *Festschrift für Thomas Fischer*. München 2018, S. 1049–1064.
Gante, M.: *§ 218 in der Diskussion. Meinungs- und Willensbildung 1945–1976*. Düsseldorf 1991.
Jerouschek, G.: *Lebensschutz und Lebensbeginn. Kulturgeschichte des Abtreibungsverbots*. Stuttgart 1988.
Jütte, R. (Hg.): *Geschichte der Abtreibung*. München 1993.
Kapparis, K.: *Abortion in the Ancient World*. London 2002.
Koster, W.: *Secret Strategies: Women and Abortion in Yoruba Society, Nigeria*. Amsterdam 2003.
Keller, A.: *Die Abortiva in der römischen Kaiserzeit*. Stuttgart 1988.
Körner, U.: Wann beginnt das menschliche Leben, und woraus folgt seine vorgeburtliche Schutzwürdigkeit? In: *Ethik in der Medizin* 4 (1992), 120–134.
Leibrock-Plehn, L.: *Hexenkräuter oder Arznei. Die Abtreibungsmittel im 16. und 17. Jahrhundert*. Stuttgart 1992.
LeNaour, J.-Y.: *Histoire de l'avortement. XIXe–XXe siècle*. Paris 2003.
*Lex Alamannorum*, hg. von K. A. Eckhardt. Göttingen 1962.
Müller, W. P.: *Die Abtreibung. Anfänge der Kriminalisierung 1140–1650*. Köln u. a. 2000.
Mistry, Z.: *Abortion in the early Middle Ages, c. 500–900*. Woodbridge 2015.
Platon: Der Staat. In: Erich Loewenthal (Hg.): *Platon: Sämtliche Werke in drei Bänden*. Bd. 2, 8. Aufl. Darmstadt 2004, 5–407.
Sanders, E.: *Kulturkampf und Gewissen: medizinethische Strategien der ›Lebensschutz‹-Bewegung*. Berlin 2018.
Singh, S./Remez, L./Sedgh, G./Kwokand, L./Tsuyoshi, O.: *Abortion Worldwide 2017: Uneven Progress and Unequal Access*. In: https://www.guttmacher.org/report/abortion-worldwide-2017 (03.01.2019).
Stukenbrock, K.: *Abtreibung im ländlichen Raum Schleswig-Holsteins im 18. Jahrhundert. Eine sozialgeschichtliche Untersuchung auf der Basis von Gerichtsakten*. Neumünster 2003.
Usborne, C.: *Cultures of Abortion in Weimar Germany*. New York 2007.
Wewetzer, C./Wernstedt, T. (Hg.): *Spätabbruch der Schwangerschaft. Praktische, ethische und rechtliche Aspekte eines moralischen Konflikts* (Kultur der Medizin. Bd. 25). Frankfurt a. M./New York 2008.

*Robert Jütte*

# 54 Abtreibung – rechtsmedizinisch

Aus rechtsmedizinischer Sicht sind Sterben und Tod infolge Abtreibung – Abtötung der Leibesfrucht, *abortus procuratus*, Abbruch der Schwangerschaft, d. h. nach Einnistung, ebenso Fetozid – in zweifacher Hinsicht zu behandeln: Einmal geht es um den beabsichtigten Tod des Ungeborenen, zum anderen geht es aber auch um den unbeabsichtigten, als Folge des abtreibenden Eingriffes eintretenden Tod der Schwangeren. Denn die gegen das Leben des Ungeborenen gerichteten Mittel, insbesondere Gifte, können mehr oder minder auch das Leben der Schwangeren bedrohen (generell vgl. Beck/Hepp/Heywinkel 2000).

In den Schriften der ägyptischen und griechisch-römischen Antike werden unzählige Mittel und Verfahren zur Fruchtabtreibung angeboten. Allerdings machten es die damals vorherrschenden Zeugungstheorien den Menschen schwer, abtreibende von empfängnisverhütenden Mitteln zu unterscheiden (vgl. Jütte 1993 und 2003). Zwar erscheinen in den hippokratischen Schriften Rezepte sowohl für den einen wie auch für den anderen Zweck, doch ist keineswegs gewiss, dass das Verbot des hippokratischen Eides, einer Frau ein ›abtreibendes Mittel‹ (*phthorion*) zu geben, sich auf die Abtreibung beschränkte. Es ist durchaus möglich, dass damit auch Empfängnisverhütung gemeint war, denn den hippokratischen Ärzten ging es generell um das Leben, das ihnen, ob bereits als bei der Zeugung entstehendes oder erst als entstandenes, heilig war. Erst der in Rom tätige griechische Arzt Soranos (98–138) unterschied Jahrhunderte später ein abtreibendes Phthorion von einem empfängnisverhütenden Atokion, und zwar sowohl technisch als auch in der ethischen Bewertung (vgl. Jerouschek 1988; Jütte 1993).

Abtreibende Mittel sollen entweder direkt den Tod des Ungeborenen bewirken oder aber indirekt, indem sie Veränderungen bei der Schwangeren hervorrufen, die zur Ausstoßung der Frucht und dadurch zu deren Tod führen. Die direkt tötenden Mittel sind vorwiegend mechanischer Art: Kürettage, Zerstückelung oder Absaugung. Als unselektiver Fetozid wird die direkte Tötung eines oder mehrer Föten bei höhergradiger Mehrlingsschwangerschaft bezeichnet. Sie erfolgt gewöhnlich unter Ultraschallkontrolle durch intrakardiale Injektion einer Kaliumsalzlösung oder durch Unterbindung der Nabelschnur. Danach verbleiben die toten Föten bis zum Ende der Schwangerschaft in der Gebärmutter.

Als selektiver Fetozid wird bei einer Mehrlingsschwangerschaft die direkte Tötung eines kranken oder missgebildeten Föten bezeichnet, wobei Methodik und Folgen denen bei unselektivem Fetozid entsprechen (vgl. Bundesärztekammer 1989; Hepp 1989; Kaisenberg/Jonat/Kaatsch 2005).

Im dritten, seltener im zweiten Drittel der Schwangerschaft wird auch deswegen eine direkte Tötung des Ungeborenen durch Injektion ins Herz vorgenommen, weil eine Lebendgeburt vermieden werden soll. Denn diese hätte zur Folge, dass das geborene Kind Anspruch auf alle Fürsorge hätte und sein Leben strafrechtlich geschützt wäre.

Im letzten Drittel der Schwangerschaft kommt auch die sogenannte *partial birth abortion* zur Anwendung, ein Verfahren, bei dem das Kind zunächst so weit an den Beinen aus der Gebärmutter und den Geburtswegen herausgezogen wird (deswegen ›Teilgeburt‹), dass der Schädel oberhalb des Genicks mit einer Schere eröffnet werden kann. Sodann wird das Gehirn abgesaugt. Dieses Verfahren ist umstritten, in den USA aber in Fällen akuter medizinischer Indikation zugelassen. In Deutschland beginnt die Rechtsperson mit der Vollendung der Geburt, der strafrechtliche Schutz allerdings schon mit dem Beginn der Geburt. Da bei *partial birth* die Geburt bereits eindeutig begonnen wurde, ist die Tötung des Kindes nicht mehr Abtreibung im Sinne von § 218 StGB; sie muss vielmehr als Tötungsdelikt behandelt werden.

Direkt tötend wäre auch eine Röntgenbestrahlung oder der Einsatz von Zytostatica, womit die sich schnell und häufig teilenden Zellen des Kindes stärker getroffen werden als die der Schwangeren; jedoch gelten beide Verfahren wegen nahe liegender Schädigung der Mutter als obsolet.

Bei allen Verfahren der direkten mechanischen Tötung des Kindes kann es, wenn sie nicht sachgemäß angewandt werden, zu Traumatisierungen oder Infektionen der Mutter und letztlich auch zu Todesfällen kommen. Es gilt dies besonders für heimlich und unter ungenügenden Sicherheitsbedingungen durchgeführte Abtreibungen, wie sie früher, als eine Bestrafung nach § 218 StGB zu erwarten war, auch von Ärzten durchgeführt wurden.

Für die indirekte ›Abtötung der Leibesfrucht‹, wie die Abtreibung im alten Strafgesetzbuch genannt wurde, kennt die Volksmedizin eine unendliche Zahl von Mitteln, die bei der Schwangeren zum Fruchtabgang führen sollen (vgl. Himes 1963). Die meisten davon sind untauglich, einige, wie zum Beispiel laxierende und Chinin, sind allenfalls bedingt tauglich. Andere, wie das Apiol aus dem Öl der Petersilienwurzel, sind


H. Wittwer/D. Schäfer/A. Frewer (Hg.), *Sterben und Tod. Ein interdisziplinäres Handbuch 2. Auflage*,
https://doi.org/10.1007/978-3-476-05761-7_54

in Deutschland verboten, wobei der Verbotsgrund mehr die Gefahr der Vergiftung der Schwangeren als die Verhinderung der Abtreibung sein dürfte.

Die sogenannte ›Pille danach‹ (*morning after pill*) gilt nicht als Abortivum, sondern als Kontrazeptivum, dessen Wirksamkeit auf die ersten 72 Stunden nach einem Geschlechtsverkehr beschränkt ist. Mit dem künstlichen Gestagen Levonogestrel hemmt sie den Eisprung und verhindert auf diese Weise eine Befruchtung. Ob darüber hinaus ein früher entstandener Embryo an der Einnistung gehindert wird, was einer abortiven Wirkung im weitesten Sinne entsprechen würde, ist unklar. Unangenehme Nebenwirkungen sind bekannt, Todesfolgen nicht.

Dagegen ist ›RU 486‹ (Mifegyne) ein heute weitverbreitetes hormonelles Abortivum, das bis zum 49. Tag nach Beginn der letzten Menstruationsblutung, mit etwas geringerem Erfolg auch bis zum 63. Tag eingesetzt werden kann. Sein Wirkstoff Mifepriston ist dem schwangerschaftserhaltenden Hormon Progesteron sehr ähnlich und besetzt deswegen dessen Andockstellen in der Gebärmutterschleimhaut, was zu einer Ablösung der Fruchtblase führt, die schließlich unter medikamentöser Unterstützung durch Prostaglandin ausgestoßen wird. Unangenehme Nebenwirkungen sind häufig. Besonders bei später Anwendung wird eine Nachkürettage erforderlich. Eine tödliche Folge für die Schwangere ist extrem selten.

Kaum taugliche physikalische Abtreibungsmethoden, wie sie von Laien angewendet werden und Wehen erzeugen sollen, sind heiße Bäder und Vaginalspülungen, Sprünge, Motorradfahren, das Heben schwerer Lasten und – bedingt tauglich – die bimanuelle Massage der schwangeren Gebärmutter. Mit solchen Methoden wird beabsichtigt, die Verbindung des mütterlichen Gewebes mit der Fruchtblase zu lockern oder gar zu lösen.

Dies gelingt allerdings nahezu sicher, indem man den Rauminhalt der Gebärmutter vergrößert oder verkleinert. Für Letzteres genügt der von Laienabtreibern mit spitzen Instrumenten, die in den Muttermund eingeführt werden, durchgeführte Eihautstich. Ihm folgt die Volumenverminderung durch Abfließen des Fruchtwassers. Der Eingriff ist deswegen für die Schwangere lebensgefährlich, weil mangelnde Asepsis zu Infektionen führt, darüber hinaus aber deswegen, weil es zu Verletzungen oder gar Durchstoßungen des Uterus oder des hinteren Scheidengewölbes, sogar zu Darmverletzungen kommen kann. Der Eingriff führt meistens nicht direkt zum Fruchtabgang. Vielmehr wird nach dem so begonnenen Abort die operative Ausräumung der Gebärmutter durch einen Arzt erforderlich.

Eine Volumenvermehrung in der Gebärmutter versuchen Laienabtreiber durch die Einspritzung von Flüssigkeiten herbeizuführen. Dazu werden – offenbar als laienhaft verstandene Hygiene – desinfizierende Flüssigkeiten, etwa Sagrotan, besonders häufig aber auch Seifenlösungen verwendet. Diese führen nicht nur zu örtlichen Schädigungen in der Gebärmutter, sondern können auch in den Blutkreislauf der Schwangeren eindringen, wo sie schwerste toxische und zumeist tödliche Folgen haben. Mit solchen Einspritzungen – auch mit weniger gefährlichen Flüssigkeiten – gerät aber auch häufig Luft in eröffnete Uterusvenen, die dann mit dem Blutkreislauf in das Herz transportiert wird und eine unmittelbar tödliche Luftembolie hervorruft. (Deswegen achtet man vor Beginn rechtsmedizinischer Sektionen von Frauen im gebärfähigen Alter regelmäßig auf etwaigen Luftgehalt des Herzens.)

*Umgang mit den abgetriebenen Früchten*: Abgetriebene Früchte werden ebenso wie solche aus Spontanabort wie Totgeburten behandelt. Ein totgeborenes Kind mit einem Gewicht unter 500 g wird als Fehlgeburt bezeichnet und nicht dem Standesamt gemeldet. Eltern können eine Beerdigung verlangen. Gewöhnlich aber, insbesondere nach einer Abtreibung, erfolgt die ›Entsorgung‹ in aller Stille im Verbrennungsofen des Krankenhauses. Die Bestattungsgesetze einzelner deutschen Bundesländer verlangen eine ›schickliche‹ Beseitigung (vgl. Diefenbach/Gaedke 2009).

Ein tot geborenes Kind mit einem Gewicht über 500 g wird als Frühgeburt dem Standesamt gemeldet, das die Eintragung in das Geburtsregister vornimmt und die Sterbeurkunde ausstellt. Auch in diesem Fall können die Eltern eine Beerdigung verlangen, in einzelnen deutschen Bundesländern ist sie vorgeschrieben, in allen Bundesländern ab einem Gewicht von 1000 g. Der Vorschrift wird oft auch durch Beigabe zur Beerdigung oder Verbrennung einer anderen Leiche Genüge getan. Eine massenhafte Verwertung tot geborener Kinder, insbesondere der abgetriebenen, durch die pharmazeutische oder kosmetische Industrie wird immer wieder behauptet, lässt sich jedoch nicht nachweisen. Allerdings gibt es Einzelfälle, in denen die Leichen Totgeborener zur Herstellung von Zellkulturen oder anderen biologischen Produkten verwendet werden, sei es mit Einverständnis der Eltern oder nach kriminellem Verkauf oder Diebstahl (ebd.).

## Literatur

Beck, L./Hepp, H./Heywinkel, E.: Schwangerschaftsabbruch. Zum Problemstand. In: W. Korff/L. Beck/P. Mikat (Hg.): *Lexikon der Bioethik*. Bd. 3. Gütersloh 2000, 262–267.

Bundesärztekammer: Mehrlingsreduktion mittels Fetocid. Richtlinie. In: *Deutsches Ärzteblatt* 86 (1989), A-2216–2222.

Diefenbach, J./Gaedke, J.: *Handbuch des Friedhofs- und Bestattungsrechts. Mit ausführlicher Quellensammlung des geltenden staatlichen und kirchlichen Rechts*. Köln [10]2009.

Hepp, H.: Höhergradige Mehrlinge – ein klinisches und ethisches Problem der Reproduktionsmedizin. In: *Geburtshilfe und Frauenheilkunde* 49 (1989), 225–233.

Himes, N. E.: *Medical History of Contraception*. New York 1963.

Jerouschek, G.: *Lebensschutz und Lebensbeginn. Kulturgeschichte des Abtreibungsverbots*. Stuttgart 1988.

Jütte, R. (Hg.): *Geschichte der Abtreibung*. München 1993.

Jütte, R.: *Lust ohne Last. Geschichte der Empfängnisverhütung*. München 2003.

Kaisenberg, K. von/Jonat, W./Kaatsch, H. J.: Spätinterruptio und Fetocid – das Kieler Modell. Juristische und gynäkologische Überlegungen. In: *Deutsches Ärzteblatt* 103 (2005) H 3, A-133.

## Weiterführende Literatur

Wewetzer, C./Wernstedt, T. (Hg.): *Spätabbruch der Schwangerschaft. Praktische, ethische und rechtliche Aspekte eines moralischen Konflikts*. Frankfurt a. M./New York 2008.

*Hans-Bernhard Wuermeling*

# 55 Abtreibung – medizinethisch

Die ethische Bewertung von Schwangerschaftsabbrüchen zählt nicht nur zu den historisch am längsten diskutierten Themen der Medizinethik (s. Kap. 53: »Abtreibung – medizingeschichtlich«): In der jüngeren Geschichte ist die Diskussion über die Zulässigkeit von Schwangerschaftsabbrüchen in der Medizinethik einerseits auf das Engste mit einer breiten gesellschaftlichen Diskussion um Bürgerrechte im Allgemeinen und Frauenrechte im Besonderen sowie andererseits mit grundlegenden philosophischen Debatten und fundamentalen Glaubensfragen verbunden. Sie wird daher bis heute mit einer besonderen emotionalen Heftigkeit geführt. Allerdings gilt dies vor allem für die westlichen, christlich geprägten Industrieländer in Europa und für die USA. In den meisten Ländern der Welt waren und sind Schwangerschaftsabbrüche kein zentrales gesellschaftliches Thema, unabhängig davon, ob dort eher restriktive oder liberale Regelungen gelten, und trotz der bis heute immensen gesundheitlichen Auswirkungen auf die reproduktive Gesundheit von Frauen und die Müttersterblichkeit durch illegale, unhygienisch durchgeführte Abtreibungen in einigen dieser Länder (vgl. Grimes 2006; Beck/Hepp/Heywinkel 2000).

Die hiesigen medizinethischen Diskurse über Schwangerschaftsabbrüche haben daher kulturelle, religiöse und gesellschaftliche Wurzeln. Diese müssen bei der Betrachtung der Konflikte beachtet werden, um nicht einer verkürzten Darstellung und nur vermeintlich universell gültigen Argumenten und ethischen Urteilen zu unterliegen, moralische Urteile beispielsweise mit christlich-katholischen Lehrmeinungen und Glaubensvorstellungen gleichzusetzen (für eine solche problematische Darstellung vgl. Gründel 2000). Die Verstrickung von medizinethischen, philosophischen, juristischen und religiös geprägten Argumenten in breite gesellschaftliche Diskurse führt zudem dazu, dass medizinische und rechtliche Fakten sowie philosophische Argumente nicht von einem neutralen Standort aus dargelegt und interpretiert werden (vgl. Macklin 1997). Die tendenzielle oder prinzipielle Befürwortung oder Ablehnung von Schwangerschaftsabbrüchen führt zur Bevorzugung oder Negierung bestimmter Argumente und Aspekte im Diskurs, wie bei der Frage, wann menschliches Leben und wann Personsein beginnt, welchen moralischen Status der frühe Embryo hat oder ob die Frage nach dem Status des Embryos überhaupt relevant ist und nicht die Frage nach der Entscheidungsträgerschaft im Vordergrund stehen müsse, die allein die schwangere Frau haben könne, da es um Eingriffe an ihrem Körper, um ihr Leben und das ihrer Familie gehe.

## 55.1 Verschiedene Zugänge zu Abtreibung und Schwangerschaftskonflikt

Aus den eingangs dargestellten Ausführungen ergeben sich die komplexen und pluralen Zugänge zum Problem. Zum einen finden sich in der Debatte alle klassischen moralphilosophischen Argumentationslinien: pflichten- und rechtsbasierte, deontologische, liberale, verantwortungs- und tugendethische Auslassungen, konsequenzialistische, utilitaristische und sozialethische Theorien sowie verfahrensethische, vertrags- und diskurstheoretische Ansätze. Diese sind mehr oder weniger stark von religiösen Argumentationen mitgeprägt bzw. grenzen sich implizit oder explizit von diesen ab. Die meisten Ansätze haben die unmittelbare Handlung selbst, den Akt des Schwangerschaftsabbruchs und die involvierten Akteure (die Schwangere, den Embryo/Fötus, den durchführenden Arzt und – seltener – den beteiligen Vater und die gesamte Familie) im Blick. Einige wenige beziehen sich auf die zugrunde liegenden Strukturen, auf Gerechtigkeitsfragen, medizinische und gesellschaftliche Konsequenzen.

Zum anderen lässt sich eine feministische von einer nicht-feministischen Argumentation unterscheiden. Die feministische Philosophie, Ethik und Bioethik hat sich nachgerade aus den Kontroversen um die Zulässigkeit des Schwangerschaftsabbruchs entwickelt (vgl. Tong 1997; Pauer-Studer 2005). Die Argumentation der feministischen (Bio-)Ethik unterscheidet sich in einigen Punkten wesentlich von nicht-feministischen Zugängen, liegt aber gleichsam quer zu klassischen Ansätzen und ist in sich keineswegs geschlossen. Unterschiede bestehen innerhalb der feministischen sowie zwischen der feministischen und der nicht-feministischen Beurteilung der Konfliktlage zudem in der Bewertung von in aller Regel frühen Schwangerschaftsabbrüchen aus sogenannter sozialer Indikation (einer Entscheidung gegen ein Kind/gegen Mutterschaft generell oder zu diesem Zeitpunkt) und von in aller Regel späten Schwangerschaftsabbrüchen aus medizinisch-sozialer Indikation, wenn es nicht im engen Sinne um das physische Leben der Schwangeren, sondern um eine Entscheidung aufgrund eines pränataldiagnostischen Befundes (einer Entscheidung ge-


H. Wittwer/D. Schäfer/A. Frewer (Hg.), *Sterben und Tod. Ein interdisziplinäres Handbuch 2. Auflage*,
https://doi.org/10.1007/978-3-476-05761-7_55

gen ein Kind mit speziellen Eigenschaften) geht. Zunächst wird daher auf die faktischen und damit verbundene moralische Differenzierungen von frühen, späteren und späten Schwangerschaftsabbrüchen eingegangen. In den folgenden Abschnitten wird bei der Darstellung der medizinethischen Argumente eine nicht-feministische von einer feministischen Sichtweise unterschieden.

## 55.2 Frühe und späte Schwangerschaftsabbrüche

In vielen Ländern der Welt werden frühe und spätere Abbrüche sowie Spätabbrüche der Schwangerschaft unterschieden. Die zeitlichen und häufig damit verbundenen juristischen Zäsuren (s. Kap. 54: »Abtreibung – rechtsmedizinisch«) basieren sowohl auf medizinisch-pragmatischen Gründen wie auf philosophischen, religiös und lebensweltlich geprägten Vorstellungen (vgl. Rosenfield/Iden 1997; Duden 2002; Wewetzer/Wernstedt 2008).

Weitestgehend einig ist man sich in der Terminierung des Beginns der Schwangerschaft und der Definition von Schwangerschaftsabbrüchen erst nach Einnistung des befruchteten Eis in die Gebärmutter der Frau. Maßnahmen wie die Spirale oder die sogenannte ›Pille danach‹, die Einnahme von hochdosierten Hormonen (Gestagene), die den Eisprung, den Transport und die Einnistung der befruchteten Eizelle verhindern, werden juristisch und meist auch moralisch nicht als Schwangerschaftsabbrüche klassifiziert; allein die katholisch-christliche Position des absoluten Lebensschutzes des Embryos nach Befruchtung macht hiervon eine Ausnahme. Die sogenannte Abtreibungspille Mifegyne (früher ›RU 486‹, ein Antigestagen), die seit 1999 auch in Deutschland zugelassen ist, wird – wie der Begriff impliziert – als Mittel zu einem Schwangerschaftsabbruch angesehen, da sie nicht nur die Einnistung der befruchteten Eizelle verhindert, sondern auch deren Abstoßung nach Einnistung bis circa 49 Tage nach Befruchtung (*post conceptionem* = p. c.) bewirken kann.

Die erste Zäsur, die 12-Wochen-Grenze nach Befruchtung (p. c.) für einen Abbruch aus allgemeiner, sozialer Indikation, ist zum einen durch historisch gewachsene soziokulturelle und religiöse Vorstellungen geprägt (s. dazu auch Kap. 53: »Abtreibung – medizingeschichtlich«). Etwa um den 40. Tag nach Befruchtung (in manchen Auslegungen unterscheiden sich männliche von weiblichen Embryonen hierbei) kommt es nach der Vorstellung in Judentum und Islam (und auch in christlichen Vorstellungen bis ins 19. Jh.) zu einer *animatio* (›Beseelung‹) des Embryos. Hierdurch wird der Schwangerschaftsabbruch nach diesem Datum moralisch different bewertet, jedoch nicht unbedingt prinzipiell als verboten klassifiziert. In manchen Ländern gelten frühe chirurgische Schwangerschaftsabbrüche, die Saugcürettage oder instrumentelle Ausschabungen nicht als Schwangerschaftsabbrüche, sondern als »menstruelle Regulation« (vgl. Rosenfield/Iden 1997). Die Zäsur von zwölf Wochen hat zum anderen weitere biologische und medizinische Gründe. Biologisch wird der Embryo etwa zwölf Wochen nach Befruchtung als Fötus klassifiziert, bei dem alle Organanlagen angelegt sind und sich im Wesentlichen nur noch weiterentwickeln, obgleich diese Grenze biologisch nicht scharf zu ziehen ist. Auch steigt die Empfindungsfähigkeit des Embryos mit der Anlage des Zentralnervensystems an, was für manche moralphilosophische Ansätze, wie z. B. einige utilitaristische Varianten, ein entscheidendes Faktum ist. Zudem ist nach dieser Zeit in aller Regel keine einfache Saugcürettage mehr möglich. Diese Methode ist, *lege artis* durchgeführt, sicher und bedeutet ein geringeres Risiko für die Frauen als die Austragung einer Schwangerschaft (vgl. Rosenfield/Iden 1997). Ein Abbruch der Schwangerschaft bis zur 12. Woche wird in fast allen westlichen Industrieländern und den meisten osteuropäischen Ländern permissiv gehandhabt, obgleich nur in wenigen Ländern eine Fristenlösung gilt, nach der ein solcher Schwangerschaftsabbruch keine Straftat darstellt. Bei der moralischen Bewertung dieser frühen Schwangerschaftsabbrüche stehen vor allem christlich motivierte Positionen, die sich auch auf allgemeinere deontologische Argumentationen und Prinzipien wie die Menschenwürde und den Kategorischen Imperativ beziehen (auch als ›Lebensschutzposition‹, engl. als *pro life* bezeichnet), feministischen und liberalen Positionen (engl. *pro choice*) gegenüber, die eine reproduktive Autonomie der Frau, ihr prinzipielles Recht auf Kinderlosigkeit und die Verfügbarkeit über ihren eigenen Körper in den Vordergrund stellen. Hier spiegelt sich zwar rechtlich ein grundlegender Einfluss der ersteren Position, faktisch hat sich in der Praxis jedoch eine liberale Haltung durchgesetzt.

In vielen Ländern gilt als weitere Zäsur die 22. Woche p. c., bis zu der ein Schwangerschaftsabbruch durchgeführt werden kann. Anlass für einen solchen späten Schwangerschaftsabbruch sind in der Regel medizinische Gründe auf Seiten der Schwangeren oder festgestellte Erkrankungen oder Fehlbildungen des Kindes. Je nach Anlass werden solche Schwangerschaftsabbrüche moralisch unterschiedlich bewertet. Auch zeigen sich hier Differenzen in der feministischen Debatte und ein historischer Schwenk von einer der liberalen Position nahestehenden feministischen Verteidigung der Autonomie der Schwangeren hin zu einer Skepsis gegenüber dem Autonomieargument und einer Annäherung an christlich-sozialethische Argumentationen. Hierbei wird ein später Schwangerschaftsabbruch aus medizinischer Indikation auf Seiten der Schwangeren verteidigt bzw. gebilligt, ein Abbruch aufgrund einer pränatal diagnostizierten Erkrankung oder Behinderung des Kindes jedoch moralisch verurteilt (s. Abschn. 5.4 und Abschn. 55.5), eine Position, die u. a. 1995 zur Abschaffung der sogenannten embryopathischen Indikation in Deutschland führte. Faktisch ist der Schwangerschaftsabbruch aufgrund einer Behinderung des Kindes jedoch in der medizinischen Indikation aufgegangen (s. Kap. 54: »Abtreibung – rechtsmedizinisch«), was in Deutschland seitdem Anlass zu Debatten in der Ärzteschaft und im Parlament gibt. Auch bei der Zäsur 22. bis 23. Woche p. c. spielen verschiedene Argumente und Vorstellungen hinein. Zum einen beginnt die Schwangere beim ersten Kind ab der 18. bis 20. Woche, die Kindesbewegungen zu spüren, was qualitativ einen Sprung in der Beziehung zum Ungeborenen bedeutet. Es gibt zudem pragmatische Gründe: Zur Zeit der gesetzlichen Festlegung dieser Grenze, die in vielen Ländern in den 1970er Jahren getroffen wurden, lagen die entscheidenden pränataldiagnostischen Befunde (genetische Diagnostik aus Fruchtwasserzellen = Amniozentese, Fehlbildungsultraschall) meist erst um die 22. Woche p. c. vor. Auch beginnt ab der vollendeten 22. Woche p. c. mittlerweile die Möglichkeit der eigenständigen Lebensfähigkeit des Kindes bei maximaler intensivmedizinischer Unterstützung. Soll das Kind sicher nicht lebend geboren werden, muss ab diesem Datum ein Fetozid (Tötung des Ungeborenen mittels Instillation von abtötenden Lösungen in die Gebärmutter und/oder Infusion von Kalium in die Nabelschnur oder das Herz des Feten mit nachfolgendem Herzstillstand), eine direkte Tötungshandlung durch den Arzt durchgeführt werden. Dass auch Ärztinnen und Ärzte als moralisch relevante Akteure bei Schwangerschaftsabbrüchen in die Betrachtung einbezogen müssen, wird bei frühen Schwangerschaftsabbrüchen zwar dadurch mitgedacht, dass weitgehend einhellig die Auffassung vertreten wird, dass diese nicht zur Durchführung eines Schwangerschaftsabbruchs, außer bei Gefahr für das Leben der Schwangeren, gezwungen werden können. Ihre zentrale Rolle tritt jedoch insbesondere bei späten Abbrüchen durch die gesetzliche Vorgabe der ärztlichen Indikationsstellung sowie die invasivere und aktive ärztliche Handlung deutlicher hervor. Je später der Schwangerschaftsabbruch durchgeführt wird, umso eher müssen invasivere, komplikationsreichere Methoden gewählt werden, wie die Dilatation des Gebärmutterhalses mit Vakuumextraktion (die sog. D&E-Methode), oder eine Geburtseinleitung durch intravenöse und intravaginale Hormongaben oder Instillation von Lösungen in die Gebärmutter. In der Regel wird die D&E-Methode bis zur 20. Woche verwandt, danach wird eine Geburtseinleitung durchgeführt. Die D&E-Methode kann jedoch auch bei sehr späten Abbrüchen angewandt werden. Prinzipiell wäre bei diesen auch die Durchführung eines Kaiserschnitts möglich. Welche Methoden für spätere Schwangerschaftsabbrüche für die Frauen, die betroffenen Feten und die behandelnden Ärzte am wenigsten traumatisch ist, ist bislang nicht untersucht.

Spätabbrüche der Schwangerschaft werden definiert als Abbrüche zum oder nach dem Zeitpunkt zwischen 22. bis 23. Woche p. c., also ab der Lebensfähigkeit des Kindes. Solche Abbrüche sind selten (2008 in Deutschland 231 von 114.484 Abbrüchen insgesamt, 2009 waren es 237 Fälle bei einer Gesamtzahl von 110.694, vgl. Statistisches Bundesamt), wobei eine Dunkelziffer vermutet wird, die um das Drei- bis Vierfache höher liegt. Bei angenommener Lebensfähigkeit des Kindes werden in vielen Ländern und in Deutschland bis zum Wegfallen der embryopathischen Indikation (s. Kap. 54: »Abtreibung – rechtsmedizinisch«) allein Gefahren für Leib und Leben der Schwangeren oder aber extreme Fehlbildungen, wie die Anencephalie, als rechtfertigbare Gründe für einen Schwangerschaftsabbruch ab Lebensfähigkeit des Kindes bis zum Einsetzen der Wehen geltend gemacht. Dass Spätabbrüche aus verschiedensten Gründen besonders problematisch sind, wird von den wenigsten bestritten.

## 55.3 Status des Embryos und konfligierende Rechte

In den meisten nicht-feministischen medizinethischen Argumentationen stellt die Frage nach dem moralischen Status des Embryos den entscheidenden Ausgangspunkt der Überlegungen zu ethischen Reflexionen und Urteilen über die Zulässigkeit von

Schwangerschaftsabbrüchen dar. Hierbei lassen sich im Wesentlichen drei Positionen unterscheiden (vgl. Marquis 2007; Düwell 2003). Die erste Position stellt die Würde und die Rechte von Embryonen ins Zentrum ihrer Argumentation und verbindet diese meist mit dem Argument, dass dem Embryo Menschenwürde aufgrund seiner biologischen Gattungszugehörigkeit zukomme, die sich in dem einzigartigen menschlichen Genom der befruchteten Eizelle manifestiere. Dieses Argument der ›Heiligkeit des Lebens‹ wird von vielen Deontologen, die sich auf Kant berufen, und in christlichen, vor allem katholisch geprägten Argumentationen verwandt (vgl. Gründel 2000). Vertreter dieser Position lehnen Schwangerschaftsabbrüche prinzipiell ab und lassen allein Notwehrargumente gelten, wenn das Leben der Schwangeren (oder auch eine schwerste Beeinträchtigung des Lebens der Schwangeren) gegen das Leben des Kindes steht. Die zweite Position geht davon aus, dass sich der Status des Embryos aus dem Vorliegen von Eigenschaften ergebe, die den Status einer ›Person‹ definieren. Hierbei unterscheiden sich die jeweiligen Positionen in der Liste der Eigenschaften, die für den Personenstatus relevant sind. Für einige Vertreter dieser Position sind dies einzelne Eigenschaften, wie die Fähigkeit, Schmerzen, Präferenzen oder Wünsche zu haben (vgl. Singer 1994; Tooley 1972), bzw. umfassendere Listen von Persönlichkeitseigenschaften, die u. a. Schmerzfähigkeit, Bewusstsein und die Fähigkeit zur Reflexion umfassen (Warren 1979). Da diese Eigenschaften bei der schwangeren Frau, nicht aber bei Feten vorliegen, halten Vertreter dieser Position Schwangerschaftsabbrüche grundsätzlich für gerechtfertigt. Eine dritte Position geht vom Potenzialitätsargument aus. Der Embryo selbst habe aus sich heraus zwar keine Eigenschaften, mit denen sich Menschenwürde oder eine Zuschreibung von Rechten direkt ergeben. Er habe jedoch die Potenz, einmal ein solcher Mensch zu werden, so dass es – laut manchen Vertretern dieser Position vom Zeitpunkt der Befruchtung an, anderen zufolge gradualistisch in zunehmenden Maße – gerechtfertigt sei, ihm ein Recht auf Leben zuzuschreiben. Diese Position wird sowohl von Gegnern als auch Befürwortern von Schwangerschaftsabbrüchen vertreten und liegt auch diskursethischen Argumentationen, der Konzeption von Embryonen als zukünftigen Diskurspartnern, zugrunde (vgl. Habermas 2001; Düwell 2003; Schöne-Seifert 2005).

Die bisher beschriebenen Positionen gehen nicht nur vom Status des Embryos als zentralem Argument, sondern auch von einer damit verbundenen Strukturierung des Dilemmas als einem Konflikt zwischen konfligierenden Rechten und damit von einer Konzeption von Schwangerer und Ungeborenem aus, die das Bundesverfassungsgericht als »Zweiheit in Einheit« definiert hat. Die feministische Debatte unterscheidet sich prinzipiell dahingehend von der nichtfeministischen Debatte, dass nicht die Frage nach dem Status des Embryos urteilsbildend und handlungsleitend ist, sondern die Frage danach, was die jeweiligen Konzeptionen und Praktiken für Leib und Leben, Autonomie und Würde von Frauen bedeuten (vgl. Tong 1997; Shanner 1998). Da allein Frauen schwanger werden, durch die Schwangerschaft körperliche und seelische Probleme erleiden können, in der Regel bis heute primär für die Kindererziehung verantwortlich sind und damit reproduktive Entscheidungen ihr Leben zentral beeinflussen, tragen Urteile und Entscheidungen Dritter über die Zulässigkeit dieser reproduktiven Entscheidungen das Potenzial einer ernsthaften Verletzung fundamentaler Menschenrechte. Innerhalb des feministischen Diskurses finden sich jedoch gegensätzliche Auffassungen bezüglich der Wertigkeit einer Rechtsperspektive auf den Schwangerschaftskonflikt. In den Debatten um Schwangerschaftsabbrüche der 1970er Jahre spielte der Bezug auf Menschenrechte im Sinne eines Rechts der Frauen, über ihren eigenen Körper zu bestimmen, eine zentrale Rolle in feministischen und auch liberalen Argumentationen. Damit wurden Schwangerschaftsabbrüche nicht als moralisch unproblematisch klassifiziert, jedoch geltend gemacht, dass in keinem Fall, so auch nicht im Falle einer Schwangerschaft, Menschen ihren eigenen Körper für das Leben eines anderen Menschen zur Verfügung stellen müssen, selbst wenn erstere Schuld am Entstehen oder am Unglück der von ihnen abhängigen unschuldigen Person haben, so denn ein Embryo als solche definiert wird (vgl. Thomson 1971; Lübbe 2003).

In der heutigen Diskussion über Entscheidungen für oder gegen Pränataldiagnostik werden in der feministischen Debatte in Deutschland jedoch auch Stimmen laut, die die Rechte des Embryos aus feministischer Sicht verteidigen (vgl. Braun 2003). Hierbei werden grundlegend andere Konflikte und Motive der Frauen bei einer Entscheidung zum Schwangerschaftskonflikt aus sozialer Indikation als bei der Entscheidung für einen Schwangerschaftsabbruch aufgrund des Vorliegens einer pränatal erkannten Erkrankung oder Behinderung unterstellt. Diese Position wird jedoch auch innerhalb der feministischen Debatte als widersprüchlich kritisiert (vgl. Pauer-Studer 2005; Wiesemann 2006).

Die feministisch geprägte Care-Ethik nimmt eine grundlegend andere Perspektive ein. Sie sieht in der Konstruktion des Schwangerschaftskonfliktes als eines Konfliktes zwischen konfligierenden Rechten keine Lösungsmöglichkeiten, sondern eine unangemessene Beschreibung der moralischen Probleme, die sich bei der Frage nach einem Schwangerschaftsabbruch ergeben.

## 55.4 Beziehungs- und Verantwortungsperspektive auf den Schwangerschaftskonflikt

Ausgehend von Untersuchungen an Frauen, die sich für oder gegen einen Schwangerschaftsabbruch entschieden haben, entwickelte Gilligan (1982) eine neue Perspektive auf moralische Urteile im Allgemeinen und moralische Urteile in Bezug auf den Schwangerschaftskonflikt im Besonderen. Nicht die Sprache von Rechten, sondern von Beziehungen, Fürsorge und Verantwortung sei für die Beschreibung der moralischen Dilemmata im Rahmen von Schwangerschaftskonflikten entscheidend. Das Konzept der Verantwortung und der verantwortlichen Elternschaft wurde nicht nur in der Care-Ethik weiterentwickelt, sondern fand Anschluss an philosophische und moraltheologische Überlegungen (vgl. Habermas 2001; Haker 2003; Schockenhoff 2003).

In der feministisch geprägten Care-Ethik wird Verantwortung vielschichtig gefasst. Eine reife Verantwortung und Sorge ist zum einen selbst gewählt und umfasst zum anderen Eigen- und Fremdverantwortung, Selbst- und Fremdsorge. Je nach Situation können sowohl das Austragen eines Kindes als auch die Entscheidung gegen ein Kind von Verantwortung getragen sein. Zudem besteht nach dieser Konzeption in der Entscheidung für oder gegen einen Schwangerschaftsabbruch kein Antagonismus von zwei gegensätzlichen Interessensvertretern, sondern ein Beziehungsgeflecht zwischen der Frau, ihrem ungeborenen Kind und den weiteren familiären Bindungen, in deren Rahmen die Entscheidungen getroffen und verantwortet werden müssen.

Das Konzept der ›elterlichen Verantwortung‹ in der (katholisch-)moraltheologischen Diskussion (vgl. Schockenhoff 2003; Haker 2003) wie auch in der diskursethischen Konzeption (vgl. Habermas 2001) unterscheidet sich grundlegend von der care-ethischen Perspektive. Verantwortung wird als Pflicht zur Annahme des ungeborenen Kindes generell oder als Pflicht zur Annahme eines Embryos unabhängig von seinen genetischen Eigenschaften definiert. Sie ist daher nicht selbst gewählt, nicht auch als Verantwortung gegenüber dem eigenen Leben und dem Leben weiterer Beziehungspersonen gefasst und geht grundlegend von einem Antagonismus der Interessen zwischen Schwangerer und ungeborenem Kind aus.

Die Care-Ethik blieb in der feministischen und nicht-feministischen Debatte nicht unwidersprochen. Die Konzepte der Beziehungen, Sorge und Verantwortung beeinflussen und bereichern jedoch die Debatte um die medizinethische Bewertung des Schwangerschaftsabbruchs.

## 55.5 Konsequenzialistische und sozialethische Überlegungen

Die bisherigen Ausführungen befassten sich primär mit dem Akt des Schwangerschaftsabbruchs und seiner individualethischen Betrachtung. Dies entspricht auch dem Duktus der medizinethischen Debatte. Jedoch sind bei der Bewertung der Problematik von Schwangerschaftsabbrüchen folgenorientierte und sozialethische Überlegungen ebenfalls von hoher Relevanz (vgl. Macklin 1997). Diesbezüglich ist zum einen festzustellen, dass Frauen zu allen Zeiten und in allen Ländern der Welt Schwangerschaftsabbrüche durchgeführt haben und durchführen (vgl. Grimes u. a. 2006). Die Anzahl der Schwangerschaftsabbrüche wird von der WHO auf 40 Millionen bei 120 Millionen Geburten pro Jahr geschätzt, d. h. circa jede vierte Schwangerschaft wird abgebrochen. Restriktivere Regelungen führen nach bisherigen Erfahrungen nicht zu weniger Schwangerschaftsabbrüchen, sondern zu vermehrten selbst induzierten Abbrüchen und Abbrüchen unter unsicheren Bedingungen, deren Zahl weltweit auf circa 20 Millionen, d. h. auf die Hälfte aller Schwangerschaftsabbrüche geschätzt wird, wovon 97 % auf Abbrüche in Entwicklungsländern, vor allem auf Süd- und Zentralasien entfallen. Hieran sterben jährlich circa 70.000 Frauen, was 4 bis 6 % der gesamten mütterlichen Mortalität in Asien und Afrika ausmacht. Auch von feministischer Seite wird andererseits vermerkt, dass in manchen sozialen Konstellationen sehr permissive Regelungen auch zur Schwächung von Frauen führen können, wenn diese in asymmetrischen Beziehungen zu ungeschütztem Geschlechtsverkehr und zu Schwangerschaftsabbrüchen von gewollten Kindern gezwungen werden (vgl. Tong 1997). Insgesamt sind frühe und legal nach medizinischem Standard durchgeführte Schwangerschaftsabbrüche einer der sichersten medizinischen Eingriffe, deren Risiken in den Industrieländern unter denen einer normalen Geburt liegen.

Jedoch gibt es auch hierzulande problematische Entwicklungen. So gehört die Durchführung von Schwangerschaftsabbrüchen durch Saugcürettage nicht zu den Eingriffen, die zum Pflichtkatalog der gynäkologisch-fachlichen Weiterbildung gehören, auch aus dem oben geschilderten Grund, dass kein Arzt außer in Ausnahmefällen zur Durchführung von Schwangerschaftsabbrüchen gezwungen werden darf. Die meisten Abbrüche werden zudem ambulant und nicht in Krankenhäusern durchgeführt, so dass in einer normalen gynäkologisch-fachärztlichen Ausbildung teilweise nur wenige Erfahrungen mit Schwangerschaftsabbrüchen gesammelt werden. Späte Schwangerschaftsabbrüche und Spätabbrüche werden von vielen Krankenhäusern nicht durchgeführt, so dass Frauen auch bei gegebener medizinisch-sozialer Indikation abgewiesen werden und eine lange Suche und eine weite Fahrt zum Eingriff in Kauf nehmen müssen.

Um mehr ungewollte Schwangerschaften zu verhindern, wäre es eine zielführende Methode, Verhütungsmittel frei zur Verfügung zu stellen. Die gängigsten Verhütungsmaßnahmen, die Pille oder Kondome, gibt es jedoch keineswegs kostenfrei. Bei Frauen in prekären sozialen Lagen kann dies auch hierzulande ein Faktor sein, der die Verwendung verhindert, was ein gerechtigkeitstheoretisches Problem darstellt. Ein freier und subventionierter Zugang zu Verhütungsmitteln und zu medizinisch fachgerecht durchgeführten Schwangerschaftsabbrüchen wird so auch seit Jahrzehnten von der WHO und der UNICEF als Menschenrecht und Desiderat von höchster Dringlichkeit eingefordert.

Wenig bis gar nicht systematisch untersucht sind die seelischen Auswirkungen von Schwangerschaftsabbrüchen. Bisherige Untersuchungen geben jedoch keinen Hinweis auf ein psychisches ›Post-Abtreibungs-Syndrom‹ nach frühen Schwangerschaftsabbrüchen (vgl. Rosenfield/Iden 1997). Auch hier dürfte die Morbidität nach Geburt eines Kindes (circa 10–15 % ernste Depressionen) aus der Perspektive der öffentlichen Gesundheit schwerer wiegen. Ob die Rate und Schwere psychischer Störungen nach späten Abbrüchen ebenfalls niedrig ist, ist nicht bekannt, müsste jedoch dringend untersucht werden.

Einige Argumentationen in der medizinethischen Debatte, auch feministischer Provenienz, heben nachgerade hervor, dass es problematisch sei, wenn bei frühen oder späten Schwangerschaftsabbrüchen Methoden verwendet werden, die es den Frauen ›zu leicht‹ machen würden, so in den Debatten um die ›Abtreibungspille‹ und um mögliche Vorteile einer Präimplantationsdiagnostik (genetische Untersuchung von durch in vitro-Fertilisation gezeugten Embryonen) gegenüber einer Pränataldiagnostik mit spätem Schwangerschaftsabbruch bei Paaren mit bekanntem genetischen Risiko (vgl. Kollek 2003). Diese Argumentation wird auch in sogenannten Dammbruchargumenten (vgl. Schöne-Seifert 2005) verwandt, die bei einer ›Entpönalisierung‹ von Schwangerschaftsabbrüchen oder einem breiten Zugang zur Pränataldiagnostik von einer Erosion gesellschaftlicher Werte, unter anderem von einer vermehrten Diskriminierung von Menschen mit Behinderungen ausgehen. Auch wenn letztere Überlegungen im sogenannten *expressivist argument* (vgl. Krones 2008) eine breite Beachtung gefunden und ihre Berechtigung haben, verkehrt eine solche Argumentation die medizinethische Risiken-/Nutzenbetrachtung von Eingriffen dadurch in ihr Gegenteil, dass ein Schaden (physische und psychische Schmerzen und erhöhte Risiken für Frauen) als Nutzen ausgelegt wird (vgl. Macklin 1997).

## 55.6 Zusammenfassung

Stellt die ethische Bewertung der Schwangerschaftsabbrüche ein unlösbares moralisches Problem dar (vgl. Macklin 1997)? Die wichtigen Fragen nach dem moralischen Status des Embryos, wann menschliches und wann personales Leben beginnt, stehen im Zentrum nicht nur medizinethischer, sondern allgemeiner philosophischer und anthropologischer Reflexionen. Ob man die befruchtete Eizelle bereits als Mensch mit einem Recht auf Leben ansieht, die Entwicklung neuronaler Strukturen und die Schmerzwahrnehmung als zentral relevant betrachtet oder aber die Statusfrage als irrelevant ansieht: Anscheinend bestimmen nicht Wissens-, sondern Glaubensfragen und die jeweiligen theoretischen Vorannahmen die Sicht auf den moralischen Konflikt. Da Normkonflikte, anders als Konflikte um Ressourcen, keine teilbaren Güter betreffen, sind lediglich politische Kompromisse, aber keine grundlegend befriedenden Lösungen möglich. Diese Kompromisse können jedoch durchaus tragbar sein. Auch wenn Gegner und Befürworter von Schwangerschaftsabbrüchen sich hinsichtlich der vorgebrachten Argumente bis heute unversöhnlich ge-

genüberstehen, haben politische Kompromisse die Debatte in den meisten Ländern der Welt so gelenkt, dass nur noch selten offen Gewalt gegenüber Schwangeren und ihre behandelnden Ärzte verübt wird und die derzeitigen Regelungen des Schwangerschaftsabbruchs breite gesellschaftliche Akzeptanz erfahren. Es bleiben jedoch massive soziale Probleme und die Gefahr von Menschenrechtsverletzungen bestehen, solange viele Schwangerschaften unerwünscht bleiben, Frauen unter unsicheren, unwürdigen Umständen einen Schwangerschaftsabbruch durchführen müssen oder aber zum Abbruch von Schwangerschaften gezwungen werden, weil ihnen die soziale Unterstützung für die Erziehung ihrer Kinder versagt bleibt.

### Literatur

Beck, L./Hepp, H./Heywinkel, E.: Schwangerschaftsabbruch. Zum Problemstand. In: W. Korff/L. Beck/P. Mikat (Hg.): *Lexikon der Bioethik*. Bd. 3. Gütersloh 2000, 262–267.

Braun, K.: Eine feministische Verteidigung des Menschenwürdeschutzes für menschliche Embryonen. In: S. Graumann/I. Schneider (Hg.): *Verkörperte Technik - Entkörperte Frau*. Frankfurt a. M. 2003, 152–166.

Duden, B.: Zwischen ›wahrem Wissen‹ und Prophetie. Konzeptionen des Ungeborenen. In: Dies./J. Schlumbohm/P. Veit (Hg.): *Geschichte des Ungeborenen. Zur Erfahrungs- und Wissenschaftsgeschichte der Schwangerschaft, 17.–20. Jahrhundert*. Göttingen 2002, 11–48.

Düwell, M.: Der moralische Status von Embryonen und Feten. In: Ders./K. Steigleder (Hg.): *Bioethik. Eine Einführung*. Frankfurt a. M. 2003, 221–229.

Gilligan, C.: *In a Different Voice. Psychological Theory and Women's Development*. Cambridge 1982.

Grimes, J./Benson, J./Singh, S./Romero, M./Ganatra, B./Okonfua, F./Shah, I.: Unsafe Abortion. The Preventable Pandemic. In: *Lancet* 368 (2006), 1908–1919.

Gründel, J.: Schwangerschaftsabbruch. Ethisch. In: W. Korff/L. Beck/P. Mikat (Hg.): *Lexikon der Bioethik*. Bd. 3. Gütersloh 2000, 274–278.

Habermas, J.: *Die Zukunft der menschlichen Natur*. Frankfurt a. M. 2001.

Haker, H.: Präimplantationsdiagnostik und die Veränderung der Elternschaft. In: *Zeitschrift für medizinische Ethik* 4 (2003), 361–378.

Kollek, R.: Nähe und Distanz. Komplementäre Perspektiven der ethischen Urteilsbildung. In: M. Düwell/K. Steigleder (Hg.): *Bioethik. Eine Einführung*. Frankfurt a. M. 2003, 230–237.

Krones, T.: Invasive Pränataldiagnostik und Schwangerschaftsabbrüche. Bioethische Diskussionen und lebensweltliche Ansichten. In: Wewetzer/Wernstedt 2008, 139–171.

Lübbe, W.: Das Problem der Behindertenselektion bei der pränatalen Diagnostik und der Präimplantationsdiagnostik. In: *Ethik in der Medizin* 15 (2003), 203–220.

Macklin, R.: Abortion. Contemporary Ethical and Legal Aspects. In: W. T. Reich (Hg.): *The Ethics of Sex and Genetics. Selection from the Five Volume Macmillan Encyclopedia of Bioethics*. New York 1997, 6–16.

Marquis, D.: Abortion Revisited. In: B. Steinbock (Hg.): *The Oxford Handbook of Bioethics*. Oxford 2007, 395–415.

Pauer-Studer, H.: Ethik und Geschlechterdifferenz. In: J. Nida-Rümelin (Hg.): *Angewandte Ethik. Die Bereichsethiken und ihre theoretische Fundierung*. Stuttgart 2005, 88–139.

Rosenfield, A./Iden S.: Abortion. Medical Perspectives. In: W. T. Reich (Hg.). *The Ethics of Sex and Genetics. Selection from the Five Volume Macmillan Encyclopedia of Bioethics*. New York 1997, 1–6.

Schockenhoff, E.: Fortpflanzungsfreiheit und verantwortliche Elternschaft. In: *Zeitschrift für medizinische Ethik* 4 (2003), 379–396.

Schöne-Seifert, B.: Medizinethik. In: J. Nida-Rümelin (Hg.): *Angewandte Ethik. Die Bereichsethiken und ihre theoretische Fundierung*. Stuttgart 2005, 690–803.

Shanner, L.: Procreation. In: A. M. Jaggar/I. M. Young (Hg.): *A Companion to Feminist Philosophy*. Oxford 1998, 429–438.

Singer, P.: *Praktische Ethik*. Stuttgart [2]1994.

Statistisches Bundesamt: *Schwangerschaftsabbrüche 2008 und 2009*. Online: http://www.destatis.de.

Thomson, J. J.: A Defense of Abortion. In: *Philosophy and Public Affairs* 1 (1971), 47–66.

Tong, R.: *Feminist Approaches to Bioethics*. Oxford 1997.

Tooley, M.: Abortion and Infanticide. In: *Philosophy and Public Affairs* 2 (1972), 37–65.

Warren, M. A.: On the Moral and Legal Status of Abortion. In: R. Wasserstrom (Hg.): *Today's Moral Problems*. New York [2]1979, 35–51.

Wewetzer, Ch./Wernstedt, Th. (Hg.): *Spätabbruch der Schwangerschaft. Praktische, ethische und rechtliche Aspekte eines moralischen Konflikts*. Frankfurt a. M./New York 2008.

Wiesemann, C.: *Von der Verantwortung, ein Kind zu bekommen. Eine Ethik der Elternschaft*. München 2006.

*Tanja Krones*

# 56 Sterben und Euthanasie aus Sicht der Medizingeschichte

›Euthanasia‹ ist einer der schillerndsten Begriffe in der Geschichte von Heilkunde und Kulturentwicklung: Über lange historische Zeiträume galt der ›gute Tod‹ als wichtiges Ziel des Lebens wie auch des Handelns im Sterbeprozess. Das Verständnis von Euthanasie war jedoch einem deutlichen historischen Bedeutungswandel unterworfen, der gerade im Deutschland des 20. Jhs. radikale Brüche für das ärztliche Handeln markiert.

Im Rahmen dieses Übersichtsbeitrags sollen Grundzüge einer Medizingeschichte der Euthanasie skizziert werden (vgl. dazu auch Frewer/Eickhoff 2000; Engelhardt 2000; Bergdolt 2003; teils Benzenhöfer 2009; Hohendorf 2013; Schäfer 2015) – im Einklang mit dem Diktum des französischen Sozialhistorikers und bedeutenden Sterbeforschers Ariès: »Eben deshalb darf der Historiker des Todes keine Scheu tragen, die Jahrhunderte teleskopisch zusammenzuziehen: Die Irrtümer, die er dabei gar nicht vermeiden kann, sind weniger schwerwiegend als die Anachronismen des Verständnisses, in die ihn eine allzu eingeengte Chronologie verfallen lässt« (Ariès 1976, 14).

## 56.1 Zur Begriffsgeschichte des Terminus ›Euthanasie‹

Präfix *eu-* (gut) und Wortstamm *thanatos* (Tod) kommen aus dem griechischen Sprach- und Kulturraum: Die wahrscheinlich erste Verwendung für das Adverb *euthanatos* ist im 5. Jh. v. Chr. beim Schriftsteller Kratinos belegt, der neben Aristophanes einer der bekanntesten attischen Komödiendichter war. Als Substantiv wurde *euthanasia* wohl erstmalig durch den Poeten Poseidippos um 300 v. Chr. verwendet. Bei ihm heißt es: »Von dem, was von den Göttern ein Mensch zu erlangen fleht, wünscht er nichts Besseres als den guten Tod« (zit. nach Frewer 2002, 18–20). Es geht dabei um den ›guten‹, den ›leichten‹ Tod ohne vorangehende schwere Krankheit, teils wird dies auch mit dem selbstbestimmten *autothanatos*, dem Freitod als Selbsttötung assoziiert (vgl. Hooff 1990). Der Begriff wurde von Dichtern, aber auch durch Philosophen mit positiver Konnotation weiter verbreitet. Die Stoiker sahen im Ertragen des bevorstehenden Todes ein wichtiges Signum der Lehre von der seelischen Unerschütterlichkeit, für die Epikureer waren Freiheit von Todesfurcht und Lebensorientierung zentral. Seit der Antike meint der Begriff ›Euthanasia‹ den ehrenhaften und würdevollen Tod: Klassische Vorbilder eines guten Sterbens der Philosophen bildeten die Tode von Sokrates (399 v. Chr.) und Seneca (65 n. Chr.). Sie wurden zwar durch Verurteilung bzw. politischen Druck ausgelöst, aber doch selbstbestimmt und damit in freier Weise durchgeführt (s. u. Abschn. 56.4).

## 56.2 Mythische und reale Vorstellungen zur Euthanasie

Ein würdiger Tod und Formen eines selbstbestimmten Sterbens ohne Schmerzen haben die abendländische Geistesgeschichte in vielfältiger Weise beschäftigt. In der griechischen Mythologie ist der Tod (*thanatos*) ein Gott; er und sein Zwillingsbruder *hypnos*, der Schlaf, sind Söhne der Göttin *nyx* (Nacht). Dunkel ist auch die Sphäre der Unterwelt, wo der Gott Hades regiert, der als unerbittlich und vor allem nicht umstimmbar galt (Kurtz/Boardman 1985). Das ehrenvolle Sterben auf dem Schlachtfeld stellte ein wichtiges Motiv dar; eine frühe bildliche Darstellung findet sich um 500 v. Chr. mit dem Tod des Kriegers Sarpedon im Kampf um Troja (Kelchkrater des Euphronios): Hypnos und Thanatos tragen den sterbenden Helden unter Anleitung des Hermes vom Schlachtfeld zur Unterwelt (vgl. Frewer 2010, 56).

Eine besondere Rolle spielt die Macht über den Tod bereits im griechischen Mythos zur Entstehung der Medizin: Der Heilgott Asklepios (lat. *Äskulap*) wird von seinem Vater Apoll per Kaiserschnitt aus dem Leib der sterbenden Mutter geholt – eine erste *Sectio in mortua* als Schnittentbindung bei einer Toten (vgl. auch Schäfer 1999). Die religiös-psychosomatisch orientierte Tempelmedizin des Heilgottes Asklepios war ein wichtiger Bereich der griechischen Antike und erfuhr im gesamten Mittelmeerraum große Verbreitung, wenngleich in der Regel sterbende Patienten – ebenso wie Gebärende – nicht Eingang in die Tempel fanden; das Risiko für Misserfolge und einen Reputationsverlust war zu hoch. Der Äskulapstab mit der sich darum ringelnden Schlange ist bis in die Gegenwart Symbol der Heilkunde, die Tochter Hygieia verkörpert bis heute Gesundheitsprophylaxe und Hygiene. Interessanterweise war der weise Zentaur Cheiron, dem Asklepios zur Ausbildung in der Heilkunst anvertraut wurde, seinerseits zunächst unsterblich. Nur wegen einer besonders schwerwiegenden und quälenden Verletzung gab Cheiron im Mythos die *Athanasia*


H. Wittwer/D. Schäfer/A. Frewer (Hg.), *Sterben und Tod. Ein interdisziplinäres Handbuch 2. Auflage*,
https://doi.org/10.1007/978-3-476-05761-7_56

an Prometheus weiter, damit er doch noch den Tod finden und in Frieden sterben konnte.

Die zweite zentrale Figur für die Genese abendländischer Heilkunde ist der Arzt Hippokrates (etwa 460–377 v. Chr.). Er ging als Gründer einer bedeutenden Ärzteschule auf der Dodekanes-Insel Kos und als *Pater medicinae* in die reale Geschichte der Heilkunst ein. Mit seinem Namen sind eine eher rational-naturwissenschaftliche Entwicklung und die Abkehr von magisch-theurgischen Krankheitskonzepten verbunden. In einer Schriftensammlung von über 60 Werken – mit der Autorität seines Namens verbunden und als *Corpus Hippocraticum* bezeichnet – wurde die abendländische Heilkunde bis weit in die Neuzeit als praktisch verwendbarer Wissensbestand tradiert. Darin findet sich auch das meistzitierte Dokument ärztlicher Ethik mit Passagen zum Problemkreis Sterben, der sogenannte »Eid des Hippokrates«.

## 56.3 Tötungen und die Maximen der ›hippokratischen Ethik‹

Auch wenn der hippokratische Eid wahrscheinlich nicht von Hippokrates selbst verfasst und oft aus seinem historischen Kontext gerissen wurde, kommt in diesem Kodex die bekannteste und immer wieder zitierte Stelle zum Thema Euthanasie und Sterbehilfe vor: »Nie werde ich irgend jemandem, auch auf Verlangen nicht, ein tödliches Mittel verabreichen oder auch nur einen Rat dazu erteilen« (Lichtenthaeler 1984, 19; vgl. auch Edelstein 1969; Deichgräber 1983; Diller 1994). Der Altphilologe Diller interpretiert mit seinem Übersetzungstext folgendermaßen: »Auch werde ich niemandem ein tödliches Mittel geben, auch nicht wenn ich darum gebeten werde, und werde auch niemanden dabei beraten [...]« (Diller 1994, 9). Diese Zusicherung der Eidesformel wurde wohl bereits etwa im 5./4. Jh. v. Chr. abgefasst, schon sprachlich sind diverse Interpretationen möglich. Die Formulierung wendet sich offenbar gegen ärztliche Hilfe bei der Selbsttötung, Anleitung zum (Gift-)Mord und die aktive Tötung durch den Arzt. Hippokrates ist als ›Vater der Medizin‹ eine historische Gestalt gewesen; auch wenn der nach ihm benannte Moralkodex ihm nicht sicher zuzuordnen ist, ranken sich mittlerweile viele neuzeitliche Mythen um diese vermeintliche *Magna Charta* der Medizinethik (vgl. Siefert 1973; Schubert 2005).

Das strikte Verbot des hippokratischen Eids erscheint vor dem Hintergrund der antiken Alltagsrealität eher als eine idealtypische Vorstellung mit keiner allgemeingültigen Verbindlichkeit; die Erwähnung zeigt jedoch zumindest eine besondere Relevanz und die Grenzen des selbstbestimmten Todes. Die geistige Haltung zum Themenkreis Sterbehilfe und deren Umsetzung war in der Antike wesentlich vielschichtiger und zum Teil auch toleranter. Sowohl die Selbsttötung bei Lebensmüdigkeit (*taedium vitae*) als auch die Hilfe zum Tod galten den Zeitgenossen und einzelnen Philosophenschulen nicht immer als moralisch verwerflich; dies zeigt eine Reihe von Beispielen aus der Literatur. In welchem Sinne wurde hierbei selbstbestimmtes Sterben verwendet und ein ›guter Tod‹ verstanden?

## 56.4 Vorbilder des ›guten Sterbens‹: Sokrates und Seneca

In paradigmatischer Weise gilt der autonome Tod des Sokrates als philosophisches Modell der abendländischen Geschichte: Die *Imitatio mortis Socratis* als Nachahmung seines furchtlosen und reflektierten Sterbens ohne Ausweichen vor politischer Macht oder persönlicher Furcht wurde zum Idealbild eines selbstbestimmten Todes.

Das Leben von Sokrates, dem Mentor der abendländischen Tradition, gilt nicht nur als Epochengrenze, sondern sein Sterben ist Beispiel für die Verknüpfung von gutem und überwundenem Tod. Die historischen Abläufe für die Anklage gegen den Athener Denker sind durch verschiedene Überlieferungen gut belegt: Vom Prozess gegen Sokrates aus dem Jahr 399 v. Chr. berichten u. a. Xenophon und Platon. Die Anschuldigung gegen ihn lautete: Gottlosigkeit (*Asebie*) und Verderben der Jugend. Der Philosoph wurde zum Trinken des Schierlingsbechers verurteilt. Am Sterbetag traf Sokrates seine Freunde; er wollte sich in Ruhe und im Gespräch mit den Freunden auf den Tod vorbereiten. Ein Ausweichen kam für ihn nicht in Frage, trotz des Fehlurteils sollte die Rechtsordnung respektiert werden. Zusammen mit den im Gefängnis weilenden Freunden und Schülern beschäftigte er sich bis zum Ende mit intellektuellen Fragen. Eine Spende an die Götter aus dem Gifttrank war nicht vorgesehen, aber Sokrates wollte noch ein Gebet sprechen mit der Bitte um eine gelingende Wanderung ins Jenseits. Seine letzten Worte beziehen sich sogar auf die Heilkunde: Sokrates erinnert an ein Opfer für Asklepios (die Rolle des erwähnten Hahnes als Opfertier ist umstritten). Das Gift nahm der Philosoph schließlich laut Überlieferung ohne Furcht, Zittern oder Änderung des Gesichtsausdrucks. Für Sokrates bedeutete Euthanasie letztlich die eng mit einer vernünftigen Lebensführung verknüpfte, rechtzeitige und richtige Vorbereitung auf den würdigen und selbstbestimmten Tod.

In der philosophischen Tradition ist das Sterben des Seneca ein weiteres bedeutendes Vorbild. Der römische Philosoph sollte in gleicher Weise *Ataraxia* und *Apathia* als Unerschütterlichkeit vor dem unausweichlichen Tod verkörpern. Als Erzieher und Lehrer von Nero hatte Seneca nur wenig Geschick; dieser verdächtigte ihn schließlich in den politischen Wirren des Jahres 65 n. Chr. an der Pisonischen Verschwörung beteiligt zu sein. Seneca bekam das Todesurteil auf sein Landgut überstellt. Wie das Vorbild Sokrates wollte auch er dem Druck nicht ausweichen und öffnete sich im Beisein von Freunden die Gefäße. In der Person von Statius Annaeus, dem Leibarzt des Stoikers, war sogar die Medizin aktiv beteiligt. Seneca soll von seiner Hand Gift genommen haben, nachdem der Aderlass nicht zum Tod führte. Schließlich erstickte er in den Dämpfen eines warmen Bads, das er möglicherweise zur Gefäßerweiterung gebrauchen wollte (Tacitus 1982, Buch XV, 63 f.).

Bei anderen Denkern der Blütezeit antiker Philosophie lassen sich Positionen finden, die mit besonderer Vorsicht zu interpretieren sind. So tragen Abschnitte im Werk von Platon (427–347 v. Chr.) deutlich staatsutilitaristische Züge, wenn beispielsweise für den Heilgott Asklepios und seine Tätigkeit als Arzt ausgesagt wird: Todkranke Menschen glaubte er sogar nicht pflegen zu müssen, weil er weder sich selbst noch dem Staate nützt. In seinem Werk *Politeia* formulierte Platon weitere Passagen zur Sterbehilfe und vertrat dabei sowohl die aktive als auch die passive Euthanasie. Bei Aristoteles hingegen steht die Ehrfurcht vor dem Tod an zentraler Stelle: In seiner *Ethica Nicomachea* bezieht er sich im Kontext von Fragen des mutigen Handelns auf den Tod: »Was aber am meisten Furcht erregt, ist der Tod. Er ist das Ende, und für den Toten scheint es nichts Gutes und Schlimmes mehr zu geben« (vgl. Deichgräber 1983, 55). Schüler des Aristoteles entwickelten auch Konzepte einer ›Philosophie des Wohltuns‹ und formulierten ›Trostgründe‹ für Leidende und Sterbende.

Das antike Verständnis von Euthanasie als einem ›guten Tod‹ ist insgesamt sehr vielschichtig und umfasst die folgenden Konzepte: Den ›leichten‹ Tod ohne vorhergehende Krankheit, das würdevolle Sterben im Sinne des tugendhaften Weisen bzw. eines idealisierten Philosophen-Todes sowie das schnelle Sterben, entweder schmerzlos oder auch ehrenhaft im Krieg. Darüber hinaus lassen sich Belege finden, die einen Tod aus der Situation eines übervollen Lebensgenusses oder eines ›rechtzeitigen‹, etwa im Sinne eines ›frühzeitigen‹ Todes (auch in der Jugend) mit dem Begriff ›Euthanasie‹ belegten (vgl. Frewer/Winau 2002). Aktive Sterbehilfe von Seiten eines Arztes ist die Ausnahme. Der Suizid, das ›freiwillig aus dem Leben Gehen‹ (*Sponte ex vita exire*) wurde nicht selten geschätzt. Das Wissen um die Sterblichkeit (*Memento mori*/»Bedenke, dass du sterben wirst!«) und die Todesverachtung (*Contemne mortem*/»*Verachte den Tod!*«) prägten die geistesgeschichtliche Konzeption eines gelingenden Sterbens. Sehr knapp kann dies auch an der epikureisch geprägten Vorstellung ›Wenn wir sind, ist der Tod nicht da, wenn der Tod ist, sind wir nicht da‹ abgelesen werden. Diese Formel kann man auch auf die Arztrolle anwenden, da es durchaus Stimmen gab, die Heilkundigen aus Gründen des Renommees eine Abweisung unheilbarer Patienten nahelegten. Hier sind für die Rolle des antiken Arztes strategisch-ökonomische, standesethische, aber auch religiös-moralische Aspekte von Bedeutung.

## 56.5 Sterben und Euthanasie im ›christlichen Mittelalter‹

Am Ende der Antike vereint die Figuration des ›Christus medicus‹, des christlichen Arztes, sowohl die Linien der Tempelmedizin des Asklepios als auch den Wertekanon des hippokratischen Eides in seiner Person. Am eindrücklichsten ist diese Synthese zu erkennen, wenn in mittelalterlichen Codices der hippokratische Eid christlich modifiziert (Anrufung des einen Gottes statt des Apollo und des Asklepios) und in Kreuzesform tradiert wird. Als Heiland übernimmt er die Rolle des göttlichen, Wunder tuenden und todesmächtigen Arztes. Kerngehalt christlicher Lehre ist die Überzeugung, dass das Leben von Gott stamme und es dem Menschen nicht erlaubt sei, über Geburt und Tod zu entscheiden. Dies führt zur Ablehnung von Sterbehilfe oder Euthanasie im antiken Sinne und auch zur Ächtung des Suizids als Sünde. Das Verbot »Du sollst nicht töten« ist zentraler Bestandteil des Dekalogs und auch für den mittelalterlichen Arzt gültig. Gleichermaßen einflussreich ist das christliche Verständnis für die Sozialethik: Die Prinzipien *misericordia* und *caritas* werden für humanes Handeln entscheidend. Krankheit oder Schmerz, Leid und Tod sind gottgewollte Prüfungen. Die europäische Heilkunde des Mittelalters ist überwiegend von christlichen Wertvorstellungen zum Sterben geprägt: Die Diätetik als ›Lebenskunst‹ (*Ars vivendi*) korrespondiert mit der ›Sterbekunst‹ (*Ars moriendi*). Zu dieser (s. Kap. 28: ›Ars moriendi – Ritual- und Textgeschichte‹) entwickelt sich eine eigene Literaturgattung: Traktate und Anleitungen für Priester und Angehörige sollen den Menschen rechtzeitig auf das gute Sterben vorbereiten, da – im Gegensatz zur Antike – zu den am weitesten verbreiteten Ängsten ein plötzlicher bzw. unvorbereiteter Tod zählte. Gerade Phasen eines Massensterbens mit einem schnellen Tod als Folge von Infektionskrankheiten oder großen Seuchenzügen trugen zu diesen Vorstellungen bei.

Eines der wichtigsten Sterbebücher des Spätmittelalters stammt wohl von Johannes Charlier (1363–1429), nach seinem Geburtsort ›*Gerson*‹ genannt: das *Opus tripartitum de praeceptis decalogi, de confessione et de arte moriendi* (1408). Im letzten Teil des Werks wird der Mensch zur Sterbekunst ermahnt. Er soll sich der Allmacht Gottes unterwerfen, nach der alle Menschen sterben müssen. Durch diverse Auflagen wurden Gersons Hinweise zum guten Tod weit verbreitet. In der *Ars moriendi*-Literatur finden sich kunsthistorisch anspruchsvolle und lebensweltlich aussagekräftige Darstellungen. Eine enorme Verbreitung erfuhren die kulturhistorisch wie künstlerisch gleichermaßen interessanten ›Totentanz‹-Bilder: Der Sensenmann erscheint allen Sterblichen, sei es Fürst oder Bauer, König oder Bettler. Selbst der Arzt sah sich auf den Bilderzyklen mit dem häufig unerwartet schnell eintretenden Tod konfrontiert – auch Mediziner und Philosophen müssen das Sterben lernen. Gesellschaftliche Botschaft war die Mahnung zur frühzeitigen Vorbereitung auf den Tod sowie der Appell zum guten Leben (vgl. Zentralinstitut 1998; Imhof 1998).

## 56.6 Zentrale Vorstellungen zur Euthanasie in der Renaissance

Die Staatsutopien der Frühen Neuzeit greifen wieder antike Vorstellungen zu Sterbehilfe und Euthanasie auf. Wirkmächtig für die weitere Geschichte des guten Todes und der Euthanasie sind insbesondere die Werke von Thomas Morus (1478–1535) und Francis Bacon (1561–1626). Bei Morus heißt es in seiner *Utopia* von 1516: »Sogar unheilbar Kranken erleichtern sie [d. h. die Leute von Utopia] ihr Los, indem sie sich zu ihnen setzen, ihnen Trost zusprechen und überhaupt alle möglichen Erleichterungen verschaffen« (Morus 1960, 81). Für infauste Fälle sah Morus jedoch eine »Tötung auf Verlangen« vor: »Ist indessen die Krankheit nicht nur unheilbar, sondern dazu noch dauernd qualvoll und schmerzhaft, dann reden Priester und Behörden dem Kranken zu, da er doch allen Anforderungen des Lebens nicht mehr gewachsen, den Mitmenschen zur Last, sich selber unerträglich, seinen eigenen Tod bereits überlebe, solle er nicht darauf bestehen, die unheilvolle Seuche noch länger zu nähren, und nicht zögern zu sterben, zumal das Leben doch nur eine Qual für ihn sei; er solle sich also getrost und hoffnungsvoll aus diesem bitteren Leben wie aus einem Kerker oder aus der Folterkammer befreien oder sich willig von anderen herausreißen lassen; daran werde er klug tun, da ja der Tod keinen Freuden, sondern nur Martern ein Ende mache« (ebd.). Deutlich ist das Anknüpfen an antike Vorstellungen des *Soma-sema*-Konzeptes: der Körper als Gefängnis der unsterblichen Seele (Frewer 2010).

Neu bei Morus – wie später auch bei Bacon – ist die Bedingung der *Selbstbestimmung* (Autonomie); gegen den Willen des Patienten ist Euthanasie in Utopia nicht vorgesehen. Wer nicht aus eigenem Antrieb seinem Leben ein Ende setzen will, soll uneingeschränkt weiter behandelt werden: »Wen sie damit überzeugt haben, der endigt sein Leben entweder freiwillig durch Enthaltung von Nahrung oder wird eingeschläfert und findet Erlösung, ohne vom Tode etwas zu merken. Gegen seinen Willen aber töten sie niemanden, und sie pflegen ihn deshalb auch nicht weniger sorgfältig« (Morus 1960, 81). Die Wechselwirkung von autonomem Wunsch, dem Angebot und dem ›Zureden‹ wurde bei Morus jedoch nicht weiter hinterfragt. Endgültige Interpretationen seiner ›Utopie‹ in Richtung eines Idealzustandes oder eines abschreckenden Beispiels bleiben insgesamt sehr schwierig.

Francis Bacon unterschied zwischen einer *Euthanasia interior*, bei der es um die seelische Vorbereitung auf den Tod geht, und einer *Euthanasia exterior* mit der Aufgabe, dem leidenden Menschen sein Lebensende leichter und schmerzloser zu bereiten: »Ferner halte ich es der Pflicht eines Arztes gemäß, daß er nicht nur die Gesundheit wiederherstelle, sondern daß er auch die Schmerzen und Qualen der Krankheit lindere, und das nicht nur, wenn jene Linderung des Schmerzes als eines gefährlichen Zufalles zur Wiederherstellung der Gesundheit dient und beiträgt; sondern auch dann, wenn ganz und gar keine Hoffnung mehr vorhanden, und doch aber durch die Linderung der Qualen ein mehr sanfter und ruhiger Uebergang aus diesem zu jenem Leben verschafft werden kann«

(Bacon 1966, 394 f.). Thomas Morus, Francis Bacon und andere Theoretiker fanden mit ihren Ideen zur Selbstbestimmung bei den Ärzten der Frühen Neuzeit jedoch nur geringen Widerhall; eine systematische Bearbeitung des Themengebietes Sterben unter dem Gedanken der *Cura palliativa* (Stolberg 2007; Nolte 2016; Kraska/Müller-Busch 2017) erfolgte in der Medizin meist erst wieder im 18. und insbesondere Anfang des 19. Jhs. (siehe auch die literarischen Varianten in Berbig/Faber/Müller-Busch 2017).

## 56.7 Sterben nach der Aufklärung: Konzepte zu Beginn des 19. Jahrhunderts

Die Epoche der Aufklärung widmete einem Lebensende des Menschen ohne Qual und Schrecken, aber häufig auch ohne transzendente Deutung besondere Aufmerksamkeit: *Zedlers Universallexikon* definiert ›Euthanasia‹ als »ganz leichter und geringer Tod«, der typischerweise im hohen Alter »ohne schmerhaffte [sic] Convulsiones« eintreten solle (Zedler 1834, 2237 f.). Denis Diderots und Jean LeRond d'Alemberts *Encyclopédie* verzeichnet zur Euthanasie Mitte des 18. Jhs. das Verständnis einer »*mort heureuse*«, d. h. eines glücklichen Todes, und unterstreicht den Charakter der Schmerzlosigkeit des Sterbens (»*sans douleur*«) (Diderot/d'Alembert 1756. Bd. 6, 213). Im klinischen Diskurs fand die Beschäftigung mit einem medizinisch unterstützten Lebensende jedoch erst langsam Widerhall.

Christoph Wilhelm Hufeland (1762–1836), der mit Kant in Korrespondenz stehende Leibarzt des preußischen Königs, schrieb 1806: »Nicht blos heilen, sondern auch bei unheilbaren Krankheiten das *Leben erhalten und Leiden erleichtern* [im Original gesperrt gedruckt], ist die Pflicht und ein großes Verdienst des Arztes« (zit. nach Hufeland 1836, 716). Dass dem Berliner Professor gerade die Sterbephase bei infauster Prognose am Herzen lag, zeigt sich an den folgenden Sätzen: »Wie sehr fehlen daher diejenigen, welche bei mangelnder Aussicht zur Heilung verdrüßlich oder unthätig werden« (ebd.).

Zehn Jahre später widmet Johann Christian Reils (1759–1813) Werk *Entwurf einer allgemeinen Therapie* (1816 posthum erschienen) dem Thema ein eigenes Kapitel: »Euthanasia, oder von den Hülfen, erträglich zu sterben«. Für den Hallenser Psychiater war der Sterbende »eine heilige Sache, für die wir Alles zu thun schuldig sind, was Vernunft und Religion gebietet, von dem wir alle unangenehmen Eindrücke, physische und moralische, abwenden müssen, so weit es uns möglich ist« (Reil 1816, 576). Als ärztliche Pflicht und allgemeine Maxime formulierte Reil: »Man sorge dafür, daß der Mensch am natürlichen Tod sterbe, der sanft ist« (ebd.). Um diese Euthanasie zu bewirken, sollten die Plagen der Krankheit gemildert und die Seele gestählt werden, damit sie mit kraftvoller Resignation den Tod erduldet oder das Bewusstsein desselben verdunkelt. Im Zuge einer wachsenden Beschäftigung ärztlicher Autoren mit dem Problemkreis Tod und Sterbebegleitung erschien 1826 von Karl Friedrich Heinrich Marx (1796–1877) das Werk *De euthanasia medica* (Marx 1826). Euthanasie und die Hilfe beim Sterben werden hier sogar als eine grundlegende Tugend ärztlichen Handelns verstanden: *Tria sunt officia medici: prophylaxis, curatio, euthanasia*. Die Medizin wandte sich zunehmend differenziert den Problemen am Lebensende zu, zahlreiche Dissertationen und Publikationen erörterten das Thema »*euthanasia medica*«.

Ein weiteres Dezennium später wurden Hufelands Maximen für die ärztliche Ethik aus dem Jahr 1806 in seinem Werk *Enchiridion medicum* im Todesjahr 1836 wieder abgedruckt: Der an der Charité wirkende Mediziner setzte darin klare Grenzen: »Er [der Arzt] soll und darf nichts anderes thun, als Leben erhalten; ob es ein Glück oder Unglück sei, ob es Werth habe oder nicht, dies geht ihn nichts an [...]« (Hufeland 1836, 717). Interessant ist die Antizipation der drohenden ›schiefen Ebene‹ in den unmittelbar danach folgenden Passagen: »[...] und maasst er sich einmal an, diese Rücksicht mit in sein Geschäft aufzunehmen, so sind die Folgen unabsehbar, und der Arzt wird der gefährlichste Mensch im Staate; denn ist einmal diese Linie überschritten, glaubt sich der Arzt einmal berechtigt, über die Nothwendigkeit eines Lebens zu entscheiden, so braucht es nur stufenweise Progressionen, um den Unwerth und folglich die Unnöthigkeit eines Menschenlebens auch auf andere Fälle anzuwenden« (ebd.). Gefahren von Euthanasie und Sterbehilfe wurden also bereits im 19. Jh. klar beschrieben, 100 Jahre später sollten sie – trotz wiederholter Warnung – bittere Realität werden.

## 56.8 Debatten zur Euthanasie vom 19. zum 20. Jahrhundert

Die Medizin in der zweiten Hälfte des 19. Jhs. war zunehmend naturwissenschaftlich orientiert. Experimentelle Physiologie, pathologische Anatomie und

Zellularpathologie sowie auch die neue Evolutionstheorie wurden zu Leitkonzepten. In den biologischen Konzepten der ›Einheitstheorie des Lebens‹ (Monismus) etwa von Ernst Haeckel (1834–1919) spielte die ›Ausscheidung der Schwachen‹ eine bedeutende Rolle. Die Ausbreitung von Großkliniken und eine zunehmende ›Labormedizin‹ bestimmten das Bild der Heilkunde und führten dazu, dass Kranke in manchen Bereichen eher als Objekte denn als individuelle Patienten behandelt wurden. Sterben und Tod hatten in einer zunehmend naturwissenschaftlich geprägten Medizin mit materialistisch-säkularer Perspektive wenig Raum.

Mit dem Reichsstrafgesetzbuch wurde 1871 der § 216 zum Gesetz und aktive Sterbehilfe untersagt (s. Kap. 63: »Mord«). Für die Tötung auf ausdrückliches Verlangen sah der Paragraph »Gefängnis nicht unter drei Jahren« vor. Im sozialethischen Diskurs zum Themenkreis Sterbehilfe gewannen in der Folge Werke von Alfred Ploetz, Alexander Tille oder auch Adolf Jost an Bedeutung. In seiner Schrift *Das Recht auf den Tod*, die im Jahr 1895 in Göttingen als »Sociale Studie« erschien, propagierte Jost vereinfacht utilitaristisches Gedankengut in Bezug auf das Lebensende. Er stellte die Frage, ob es »Fälle [gibt], in welchen der Tod eines Individuums sowohl für dieses selbst als auch für die menschliche Gesellschaft überhaupt wünschenswerth ist« (Jost 1895, 13 ff.), und relativierte auf diese Weise ein striktes Lebensrecht. Das ›Problem der unheilbar geistig und körperlich Kranken‹ sah er aus mathematisch-ökonomischer Perspektive und machte Ende des 19. Jhs. Einschränkungen für den ›Wert des Lebens‹.

Seit der Jahrhundertwende vertraten auch der Eugeniker und Initiator der rassenhygienischen Bewegung Alfred Ploetz (1860–1940) sowie der ›Sozialaristokrat‹ Alexander Tille (1866–1912) immer offensiver Gedanken in Richtung der ›Züchtung einer starken Rasse‹. Im Vorfeld des Ersten Weltkriegs wurden häufig Debatten zur Sterbehilfe geführt. Der »*Deutsche Monistenbund*«, eine 1906 gegründete Vereinigung von Wissenschaftlern unter der Ägide von Haeckel und Wilhelm Ostwald (1853–1932), sowie insbesondere die Zeitschrift *Das monistische Jahrhundert* wurden einflussreich. 1913 erschien dort ein Entwurf für ein Gesetz zur Regelung der Sterbehilfe. »§ 1« dieses Vorschlages von dem jungen, selbst kranken Bundesmitglied Roland Gerkan forderte: »Wer unheilbar krank ist, hat das Recht auf Sterbehilfe (Euthanasie)«. Aktive Sterbehilfe sollte einer Behörde gemeldet werden und straflos bleiben. Dieser Entwurf in acht Paragraphen führte zu Diskussionen und Gegenstellungnahmen, fand aber auch einige prominente Fürsprecher. Im Zuge des Ersten Weltkrieges und der resultierenden Wirtschaftskrisen radikalisierte sich die Debatte weiter und wies immer stärker eine biologistische Orientierung und sozialdarwinistische Tendenzen auf.

## 56.9 Entwicklungen zur mörderischen ›Euthanasie‹ des NS-Staates

Dies war der intellektuelle Nährboden, auf dem der Leipziger Jurist Karl Binding (1841–1920) und der Freiburger Psychiater Alfred Hoche (1865–1943) im Jahr 1920 das Werk *Die Freigabe der Vernichtung lebensunwerten Lebens. Ihr Maß und ihre Form* veröffentlichten. Schon zwei Jahre später wurde eine zweite Auflage notwendig; der Traktat der angesehenen Lehrstuhlinhaber Binding und Hoche avancierte zur einflussreichen ›Fachposition‹ und zum vielzitierten Schlüsselwerk im Vorfeld nationalsozialistischer ›Euthanasie‹ (vgl. Riha 2005). Eine »Freigabe der Tötung« sollte für drei Gruppen ins Auge gefasst werden: »unrettbar Verlorene« mit dem »Wunsch nach Erlösung«, »unheilbar Blödsinnige«, deren Leben »absolut zwecklos« sei sowie »geistig gesunde Persönlichkeiten, die durch irgendein Ereignis, etwa sehr schwere, zweifellos tödliche Verwundung, bewußtlos geworden sind«. Personen aus dieser dritten Gruppe würden, »wenn sie aus ihrer Bewußtlosigkeit noch einmal erwachen sollten«, ja ohnehin nur »zu einem namenlosen Elend erwachen [...]« (Binding/Hoche 1920, 29 ff.; vgl. dazu auch die Beiträge in Riha 2005). Vom ›Recht auf den eigenen Tod‹ bei Jost führte der Weg zum ›Recht auf Tötung‹ durch den Staat: Todkranke und Bewusstlose mussten nach Binding nicht einmal mehr einwilligen, in vielen Fällen sei »die Beseitigung der Qual [...] auch Heilwerk« (ebd.). Hoche verwendete seinerseits für psychisch Kranke und geistig Behinderte abwertende Termini wie »geistig Tote«, »Schwächlinge aller Sorten«, »minderwertige Elemente« oder »Defektmenschen«, und unterstrich die wirtschaftliche Belastung durch »halbe, Viertels- und Achtels-Kräfte« (ebd.).

Es gab zwar noch medizinethische Positionen, die diese Klassifizierungen kritisierten und sich überwiegend an christlichen Werten orientierten; aber auch beispielsweise an der Zeitschrift *Ethik*, die von 1922 bis 1938 durch den Hallenser Physiologen und Medizinethiker Emil Abderhalden (1877–1950) herausgegeben wurde, ist die ›schiefe Ebene‹ der Debatte klar zu erkennen: Ein zunächst noch pluralistisches Meinungsspektrum zu Ende der 1920er Jahre wich zunehmend nationalsozialistisch gefärbten Positionen und führte zur biologistischen Vorstellung einer ›Kollektivethik‹ des ›Volkskörpers‹. Der Trend der Medizinethik ging vom Prinzip *Salus aegroti suprema lex (esto)* zur *Salus publica*, von der Fürsorge für das Einzelwohl hin zur Vorsorge für den Staatsnutzen (vgl. Frewer 2000). Im totalen System des Nationalsozialismus wurde der Arzt in der Tat – wie bereits von Hufeland warnend antizipiert – zum ›gefährlichsten Menschen‹ im Staate. Die über 200.000 ›Euthanasie‹-Morde in Deutschland – hinzu kommen noch ›Aktionen‹ in den besetzten Gebieten – gehören zu den schlimmsten Kapiteln der Medizingeschichte (vgl. Frewer/Eickhoff 2000). Sozialdarwinismus und Biologismus des ausgehenden 19. Jhs. vereinten sich im diktatorischen Staat mit Konzepten von ›lebensunwertem Leben‹ und ›Euthanasie‹, die das Ermorden aus staatlichem Kalkül verschleiern sollten. Der NS-Staat versuchte, durch den ›gewaltigsten Aufartungsprozess‹ nicht nur die sogenannten ›Erbkrankheiten‹, sondern auch die ›Asozialen‹ flächendeckend ›auszumerzen‹. Die Politik führte von der Sterilisationsgesetzgebung über den geheimen Führererlass eines ›Gnadentodes‹ hin zum Genozid an ›fremdrassigen‹, jüdischen und ausländischen Menschen. Die ›Ethik‹ im Nationalsozialismus trägt durchaus Verantwortung für die Entwicklung einer ›Medizin ohne Menschlichkeit‹ und die Abgründe der ›Euthanasie‹ (Frewer 2000; Trus 2019).

## 56.10 Debatten zur Sterbehilfe nach 1945

Die Pervertierung der *Euthanasia* als ›Gnadentod‹ bis zum Mord an Kindern, Kranken und Behinderten führte nach dem Zweiten Weltkrieg zu einem problematischen Verhältnis gegenüber dem Thema ›Sterbehilfe‹ in Deutschland. Der Ärzteprozess von 1946/1947 zeigte zwar die Ausmaße der ›Euthanasie‹, aber Verdrängung, Tabuisierung und eine erst seit Anfang der 1980er Jahre langsam wieder einsetzende Diskussion bildeten die Rahmenbedingungen des heiklen Feldes (Frewer/Eickhoff 2000; Hohendorf 2013). Fortschritte bei der Intensiv- und Transplantationsmedizin, Kontroversen über Behandlungsverzicht oder das Hirntodkonzept führten zu Neuauflagen der Diskussion um die Grenzen ärztlichen Handelns. Seit 30 Jahren wird immer wieder über ethisch und rechtlich legitime Formen von Sterbehilfe bzw. die Möglichkeit der Tötung auf Verlangen gestritten (vgl. Jordan/Frewer 2008; Hübner/Frewer 2017). Diskussionen entbrannten dabei insbesondere über präferenz-utilitaristische Positionen, die einen Lebenswert an Fähigkeiten binden und aktive Sterbehilfe in besonderen Fällen offen durchgeführt sehen wollten. Der medizinische Fortschritt wie auch gesellschaftliche Rahmenbedingungen und demographische Faktoren, Mittelknappheit und Rationalisierung sind Anlass für eine kritische Hinterfragung von Entscheidungen am Lebensende. Umso deutlicher wird die Notwendigkeit einer modernen *Ars moriendi nova*, der sozialen Verankerung von Begleitung und Hilfe im Sterbeprozess in einer übergreifenden Sterbekultur. Neue Ansätze mit dem wichtigen Engagement in Hospizen, Palliativstationen oder Support-Diensten sind positive, aber strukturell immer noch nicht ausreichend unterstützte Formen. Sterbehilfe und Euthanasie werden nicht zuletzt durch die gesetzlichen Änderungen in den Niederlanden, Belgien und Luxemburg, aber auch durch Fälle von Patiententötungen und Initiativen zur rechtlichen Liberalisierung in Deutschland kontinuierlich thematisiert. Alternative Gesetzentwürfe zu einer Liberalisierung der Sterbehilfe sind in Deutschland nicht umgesetzt worden, der § 216 des Strafgesetzbuches blieb bisher unverändert. Die Bundesärztekammer hat zuletzt 2011 in den *Grundsätzen zur ärztlichen Sterbebegleitung* Anregungen und Rahmenrichtlinien für einen reflektierten Umgang mit dem Sterben zwischen Selbst- und Fremdbestimmung gegeben; aktive Sterbehilfe wird dabei konsequent ausgeschlossen (Bundesärztekammer 2004 und 2011). Seit dem 1. September 2009 ist in Deutschland durch Änderung im Betreuungsrecht ein Gesetz zur Patientenverfügung in Kraft getreten, das die Verbindlichkeit schriftlicher Vorausverfügung des Willens von kranken und sterbenden Menschen nochmals unterstreicht (vgl. Frewer/Fahr/Rascher 2009; s. Kap. 38: »Patientenverfügung« sowie die übergreifende Berücksichtigung im *Advance Care Planning*, vgl. u. a. Höfling/Otten/in der Schmitten 2019). Rationalisierung und Kommerzialisierung bleiben immanente Risiken für die Qualitätssicherung jedes Gesundheitswesens; die Gesellschaft muss daher dem Lebensende noch mehr Aufmerksamkeit widmen: Das Zerrbild eines ›sozialverträglichen Frühablebens‹ und seine – ›selbstbestimmte‹ – Beschleunigung ist eine beständige Gefahr (vgl. Jordan/Frewer 2008). Bereits der Asklepios-Mythos verwies auf die Gefahr der Ökonomisierung der Sterbephase: Zeus bestrafte den Heilgott Asklepios für einen Frevel, da dieser einen

Toten zum Leben erweckte – und dafür sogar Geld annahm. Zwei große Probleme der Medizin der Gegenwart, die Möglichkeiten zur unreflektierten Lebensverlängerung durch die Mittel moderner Intensivmedizin sowie die drohende Bewertung des Lebensrechtes aus finanziellen Interessen wurden schon lange gesehen. Im Mythos wurde Asklepios von Zeus letztlich getötet.

Nicht die rechtliche Liberalisierung oder eine Freigabe der Tötung auf Verlangen, sondern der weitere Ausbau klinischer und ambulanter Versorgung, von Palliativmedizin und Hospizdiensten sowie professionelles und ehrenamtliches Engagement sollten als entscheidende Desiderate neuer Sterbekultur und eines guten Todes gesehen werden (Hilt/Jordan/Frewer 2010; Schäfer/Müller-Busch/Frewer 2012; Spaemann/Hohendorf/Oduncu 2015; Roelcke 2017b; Welsh/Ostgathe/Frewer u. a. 2017; Schmidhuber/Frewer/Klotz u. a. 2019). In postindustriellen Mediengesellschaften und ökonomisierten Gesundheitssystemen ist das Bild des guten oder gar besseren Todes (vermeintlich ›smartes Sterben‹?) gerade in Bezug auf die schwächsten Mitglieder der Gesellschaft und vulnerable Patientengruppen besonders zu beachten (Bergemann/Frewer 2018; Holzhauser/Thum/Frewer 2019).

### Literatur

Ariès, P.: *Studien zur Geschichte des Todes im Abendland.* München/Wien 1976.

Bacon, F.: *Über die Würde und den Fortgang der Wissenschaften.* Hg. von D. J. H. Pfingsten. Darmstadt 1966 (lat. 1623).

Benzenhöfer, U.: *Der gute Tod? Geschichte der Euthanasie und Sterbehilfe.* Göttingen 2009.

Berbig, R./Faber, R./Müller-Busch, H.-C. (Hg.): *Krankheit, Sterben und Tod im Leben und Schreiben europäischer Schriftsteller.* 2 Bde. Würzburg 2017.

Bergdolt, K.: Historische Reflexionen zur Sterbehilfe. In: V. Schumpelick (Hg.): *Klinische Sterbehilfe und Menschenwürde. Ein deutsch-niederländischer Dialog.* Freiburg i. Br. 2003, 97–119.

Bergemann, L./Frewer, A. (Hg.): *Vulnerabilität und Autonomie in der Medizin. Menschenrechte – Ethik – Empowerment.* Bielefeld 2018.

Binding, K./Hoche, A.: *Die Freigabe der Vernichtung lebensunwerten Lebens. Ihr Maß und ihre Form.* Leipzig 1920.

Bundesärztekammer: Grundsätze der Bundesärztekammer zur ärztlichen Sterbebegleitung. In: *Deutsches Ärzteblatt* 101 (2004), 1298–1299.

Bundesärztekammer: Grundsätze der Bundesärztekammer zur ärztlichen Sterbebegleitung. In: *Deutsches Ärzteblatt* 108 (2011), 138–140.

Deichgräber, K.: *Der hippokratische Eid. Text griechisch und deutsch – Interpretation – Nachleben.* Stuttgart 1983.

Diderot, D./d' Alembert, J. L. R.: *Encyclopédie ou dictionnaire raisonné des sciences, des arts et des métiers.* Bd. 6. Paris 1756.

Diller, H. (Hg.): *Hippokrates. Ausgewählte Schriften.* Stuttgart 1994.

Edelstein, L.: *Der hippokratische Eid.* Zürich/Stuttgart 1969.

Engelhardt, D. v.: *Euthanasie zwischen Lebensverkürzung und Sterbebeistand.* Regensburg 2000.

Frewer, A.: *Medizin und Moral in Weimarer Republik und Nationalsozialismus. Die Zeitschrift »Ethik« unter Emil Abderhalden.* Frankfurt a. M./New York 2000.

Frewer, A.: Philosophisch-ethische Positionen zur Euthanasie. Sterbebegleitung und »guter Tod« in der Geschichte. In: Ders./R. Winau (Hg.): *Ethische Kontroversen am Ende des menschlichen Lebens.* Erlangen/Jena 2002, 15–35.

Frewer, A.: Unsterblichkeit durch den idealen Tod? Athanasie und Euthanasie als historische Motive. In: A. Hilt/I. Jordan/Ders. (Hg.): *Endlichkeit, Medizin und Unsterblichkeit. Geschichte – Theorie – Ethik* (Ars moriendi nova 1). Stuttgart 2010, 53–76.

Frewer, A./Eickhoff, C. (Hg.): *»Euthanasie« und die aktuelle Sterbehilfe-Debatte. Die historischen Hintergründe medizinischer Ethik.* Frankfurt a. M./New York 2000. Taschenbuch 2016.

Frewer, A./Fahr, U./Rascher, W. (Hg.): *Patientenverfügung und Ethik. Beiträge zur guten klinischen Praxis.* Würzburg 2009.

Frewer, A./Winau, R. (Hg.): *Ethische Kontroversen am Ende des menschlichen Lebens.* Erlangen/Jena 2002.

Hilt, A./Jordan, I./Frewer, A. (Hg.): *Endlichkeit, Medizin und Unsterblichkeit. Geschichte – Theorie – Ethik* (Ars moriendi nova 1). Stuttgart 2010.

Höfling, W./Otten, T./in der Schmitten, J. (Hg.): *Advance Care Planning. Behandlung im Voraus planen. Konzept zur Förderung einer patientenzentrierten Gesundheitsversorgung: Juristische, theologische und medizinethische Perspektiven.* Baden-Baden 2019.

Hohendorf, G.: *Der Tod als Erlösung vom Leiden. Geschichte und Ethik der Sterbehilfe seit dem Ende des 19. Jahrhunderts in Deutschland.* Göttingen 2013.

Holzhauser, L./Thum, A.-K./Frewer, A.: Menschen mit Demenz im Spielfilm. Eine Übersicht deutscher und internationaler Beispiele. In: M. Schmidhuber/A. Frewer/S. Klotz/H. Bielefeldt (Hg.): *Menschenrechte für Personen mit Demenz. Soziale und ethische Perspektiven.* Bielefeld 2019, 185–219.

Hooff, A. J. L.: *From Autothanasia to Suicide. Self-killing in Classical Antiquity.* London/New York 1990.

Hübner, C./Frewer, A.: Lebensende und Sterben – ein zu wenig bekanntes Feld. Empirische Studien zum Meinungsbild in der deutschen Bevölkerung. In: C. Welsh/C. Ostgathe/A. Frewer/H. Bielefeldt (Hg.): *Autonomie und Menschenrechte am Lebensende. Grundlagen, Erfahrungen, Reflexionen aus der Praxis.* Bielefeld 2017, 119–137.

Hufeland, C. W.: Die Verhältnisse des Arztes. In: *Journal der practischen Arzneykunde und Wundarzneykunst* 23 (1806), 5–36 [Wiederabdruck in Hufeland 1836, 709–731].

Hufeland, C. W.: *Enchiridion medicum oder Anleitung zur medizinischen Praxis.* Berlin 1836.

Imhof, A.: *Die Kunst des Sterbens. Wie unsere Vorfahren sterben lernten. Impulse für heute.* Leipzig 1998.
Jordan, I./Frewer, A.: Menschliches Sterben im Wandel? Hauptströmungen der Debatten um einen humanen Tod (1970–2000). In: D. Schäfer/A. Frewer/E. Schockenhoff/V. Wetzstein (Hg.): *Gesundheitskonzepte im Wandel. Geschichte, Ethik und Gesellschaft.* Stuttgart 2008, 243–276.
Jost, A.: *Das Recht auf den Tod. Sociale Studie.* Göttingen 1895.
Kraska, M./Müller-Busch, H.-C.: *Von »Cura palliativa« bis »Palliative care«. Die Verwendung und Entwicklung des Begriffs »Palliativ« von den Ursprüngen bis zur Gegenwart im deutschen, englischen und französischen Sprachraum.* Würzburg 2017.
Kurtz, D. C./Boardman, J.: *Thanatos. Tod und Jenseits bei den Griechen.* Mainz 1985.
Lichtenthaeler, C.: *Der Eid des Hippokrates.* Köln 1984.
Marx, K. F. H.: *De euthanasia medica. Prolusio academica.* Göttingen 1826.
Morus, T.: Utopia. In: *Der utopische Staat.* Hg. von K. J. Heinisch. Reinbek 1960.
Nolte, K.: *Todkrank. Sterbebegleitung im 19. Jahrhundert. Medizin, Krankenpflege und Religion.* Göttingen 2016.
Reil, J. C.: *Entwurf einer allgemeinen Therapie.* Halle 1816.
Riha, O. (Hg.): *Die Freigabe der Vernichtung lebensunwerten Lebens. Beiträge des Symposiums über Karl Binding und Alfred Hoche am 2. Dezember 2004 in Leipzig.* Aachen 2005.
Roelcke, V.: *Vom Menschen in der Medizin. Für eine kulturwissenschaftlich kompetente Heilkunde.* Gießen 2017a.
Roelcke, V.: Der gute Tod. Sterbeprozess, Todesrituale und der Ertrag einer ethnologischen Perspektive. In: Ders.: *Vom Menschen in der Medizin. Für eine kulturwissenschaftlich kompetente Heilkunde.* Gießen 2017b, 37–53.
Schäfer, D.: *Geburt aus dem Tod. Der Kaiserschnitt an Verstorbenen in der abendländischen Kultur.* Hürtgenwald 1999.
Schäfer, D.: *Der Tod und die Medizin. Kurze Geschichte einer Annäherung.* Berlin/Heidelberg 2015.
Schäfer, D./Frewer, A./Schockenhoff, E./Wetzstein, V. (Hg.): *Gesundheitskonzepte im Wandel. Geschichte, Ethik und Gesellschaft.* Stuttgart 2008.
Schäfer, D./Müller-Busch, C./Frewer, A. (Hg.): *Perspektiven zum Sterben. Auf dem Weg zu einer Ars moriendi nova?* (Ars moriendi nova 2). Stuttgart 2012.
Schmidhuber, M./Frewer, A./Klotz, S./Bielefeldt, H. (Hg.): *Menschenrechte für Personen mit Demenz. Soziale und ethische Perspektiven.* Bielefeld 2019.
Schubert, C.: *Der hippokratische Eid. Medizin und Ethik von der Antike bis heute.* Darmstadt 2005.
Schumpelick, V. (Hg.): *Klinische Sterbehilfe und Menschenwürde. Ein deutsch-niederländischer Dialog.* Freiburg i. Br. 2003.
Siefert, H.: *Der hippokratische Eid – und wir? Plädoyer für eine zeitgemäße ärztliche Ethik. Ein Auftrag an den Medizinhistoriker.* Frankfurt a. M. 1973.
Spaemann, R./Hohendorf, G./Oduncu, F. S.: *Vom guten Sterben. Warum es keinen assistierten Tod geben darf.* Freiburg i. Br. 2015.
Stolberg, M.: »Cura palliativa«. Begriff und Diskussion der palliativen Krankheitsbehandlung in der vormodernen Medizin (ca. 1500–1850). In: *Medizinhistorisches Journal* 42 (2007), 7–29.
Tacitus, P. C.: *Annalen.* Lat./dt. Hg. von E. Heller. Zürich/München 1982.
Tröhler, U./Reiter-Theil, S. (Hg.): *Medizin und Ethik 1947–1997. Was leistet die Kodifizierung von Ethik?* Freiburg i. Br. 1997.
Trus, A.: *Die »Reinigung des Volkskörpers«. Eugenik und »Euthanasie« im Nationalsozialismus. Eine Einführung mit Materialien.* Berlin 2019.
Welsh, C./Ostgathe, C./Frewer, A./Bielefeldt, H. (Hg.): *Autonomie und Menschenrechte am Lebensende. Grundlagen, Erfahrungen, Reflexionen aus der Praxis.* Bielefeld 2017.
Winau, R.: *Einstellungen zu Tod und Sterben in der europäischen Geschichte.* In: Ders./H. P. Rosemeier (Hg.): Tod und Sterben. Berlin/New York 1984, 15–26.
Winau, R./Rosemeier, H. P. (Hg.): *Tod und Sterben.* Berlin/New York 1984.
Zedler, J. H.: *Großes vollständiges universales Lexicon.* Halle/Leipzig 1834.
Zentralinstitut und Museum für Sepulkralkultur (Hg.): *Tanz der Toten – Todestanz. Der monumentale Totentanz im deutschsprachigen Raum.* Dettelbach 1998.

*Andreas Frewer*

# 57 Kindstötung

## 57.1 Zum Regelungsinhalt von § 217 StGB a. F. (alte Fassung)

Bis zum Jahr 1998 galt im deutschen Strafrecht eine Norm zur Kindstötung. § 217 StGB a. F. lautete damals: »(1) Eine Mutter, welche ihr nichteheliches Kind in oder gleich nach der Geburt tötet, wird mit Freiheitsstrafe nicht unter drei Jahren bestraft. (2) In minder schweren Fällen ist die Strafe Freiheitsstrafe von sechs Monaten bis zu fünf Jahren.« Diese Norm stellte eine Privilegierungsvorschrift im Hinblick auf § 212 StGB dar, denn die in Fällen der Tötung eines Menschen gemäß § 212 StGB verwirkte Strafe hätte nicht unter fünf Jahren Freiheitsstrafe betragen. (Mit dem neuerdings viel diskutierten, allerdings mittlerweile vom Bundesverfassungsgericht als verfassungswidrig aufgehobenen § 217 StGB n. F. zur »Geschäftsmäßigen Förderung der Selbsttötung« hat die alte Vorschrift inhaltlich nichts zu tun; der Gesetzgeber hatte lediglich die frei gewordene Ziffer 217 erneut verwendet.)

Neben dieser Privilegierung gab die Vorschrift des § 217 StGB a. F. zudem einen wesentlichen Hinweis darauf, ab welchem Zeitpunkt des Lebens eines Opfers die Tatbestände der Tötungsdelikte gemäß §§ 211 ff. StGB überhaupt Geltung beanspruchen können. Denn wenn § 217 StGB a. F. als Privilegierungsvorschrift zu § 212 StGB zu verstehen war, bedeutete dies, dass der in der Vorschrift genannte Zeitpunkt »in der Geburt« (vgl. § 217 StGB a. F.) die entscheidende Zäsur darstellte. Mit diesem Zeitpunkt (und danach) waren die Tötungstatbestände (›wer einen Menschen tötet‹) anzuwenden. *Davor* dagegen war § 218 StGB (Schwangerschaftsabbruch) die maßgebliche Strafnorm (mit einer deutlich geringeren Strafandrohung). Die Formulierung des Gesetzes »in der Geburt« (§ 217 StGB a. F.) wurde in Rechtsprechung und Lehre seinerzeit näher bestimmt als der Zeitpunkt des Einsetzens der sogenannten Eröffnungswehen (vgl. Eser/Sternberg-Lieben, in: Schönke/Schröder 2019, vor §§ 211 ff. Rdnr. 13; BGHSt 32, 194; im Falle eines Kaiserschnitts ist nach herrschender Ansicht im strafrechtlichen Schrifttum die Eröffnung des Uterus maßgeblich; vgl. Eser/Sternberg-Lieben, a. a. O. mit Nachweisen auch zu anderen Ansichten).

## 57.2 Die Debatte um die Legitimität von § 217 StGB a. F.

Der Streichung der Vorschrift des § 217 a. F. aus dem StGB ging eine lang anhaltende Debatte um die Legitimität und die Verfassungsmäßigkeit der Vorschrift voraus. So wurde zur Begründung der Privilegierung nicht nur ein angeblicher ›Ehrennotstand‹ der Frau angegeben, sondern auch auf einen vermeintlich bestehenden, durch die Geburt ausgelösten, psychischen Zustand (›Geburtsaffekt‹) abgestellt, der zu einer Art von Unzurechnungsfähigkeit der Frau führen sollte (vgl. dazu näher die – kritische – Darstellung bei Sieg 1990, 313 ff. mit weiteren Nachweisen zur älteren Literatur). Die Annahme eines solchen krankhaften Zustandes ist jedoch sowohl von medizinischer als auch (vereinzelt) von juristischer Seite schon früh in Frage gestellt und abgelehnt worden (vgl. etwa Bischoff 1908, 117 f.; Haberda 1911, 146 ff.; im Gesetzgebungsverfahren zur Streichung des § 217 StGB a. F. war allerdings weiterhin von einer »psychische[n] Ausnahmesituation« die Rede, vgl. Deutscher Bundestag 1997, 34). Der Tötungsentschluss werde nicht erst unter dem Einfluss der Geburt, sondern zumeist bereits während der Schwangerschaft gefasst (Gerchow 1964, 233 ff.; Rump/Hammer 1994, 69 ff.).

Außerdem wurde gegen die Vorschrift eingewandt, sie stelle eine Diskriminierung nichtehelicher Kinder dar, weil sie deren Tötung privilegiere. Darin wurde teilweise ein Verstoß gegen Artikel 6 Abs. 5 GG gesehen, weil nichteheliche Kinder danach nicht den gleichen strafrechtlichen Schutz erhielten wie eheliche Kinder (vgl. Sieg 1990, 308 ff.). Von anderen Autoren wurde ›nur‹ ein Verstoß gegen den allgemeinen Gleichheitsgrundsatz aus Artikel 3 Abs. 1 GG angenommen (Rump/Hammer 1994, 69). Dieses Argument dürfte auch im Gesetzgebungsprozess, der zur Abschaffung der Vorschrift führte, eine wesentliche Rolle gespielt haben. Zwar wurde als Grund für die Streichung angegeben, die Vorschrift sei »nicht mehr zeitgemäß«. Gleichzeitig findet sich jedoch auch der Hinweis auf die »allgemein kritisierte Beschränkung des Tatbestandes auf [...] nichteheliche Kinder« (Deutscher Bundestag 1997, 34). Der Behauptung der Verfassungswidrigkeit wurde u. a. entgegengehalten, dass § 217 StGB a. F. lediglich eine Privilegierung für die Frau darstelle, die sich wegen der Nichtehelichkeit des Kindes in einer für sie dramatischen Ausnahmesituation befinde, weshalb eine mildere Bewertung ihrer Schuld angemessen sei (Hussels 1994, 526 f.). Um dem Vorwurf der Diskriminierung entgegenzuwir-


H. Wittwer/D. Schäfer/A. Frewer (Hg.), *Sterben und Tod. Ein interdisziplinäres Handbuch 2. Auflage*,
https://doi.org/10.1007/978-3-476-05761-7_57

ken, wurde etwa vom Bundesrat auch vorgeschlagen, nur das Wort ›nichtehelich‹ aus der Vorschrift zu streichen (Deutscher Bundestag 1997, 59). Dieser Vorschlag hat sich jedoch nicht durchgesetzt, sondern man sah die Vorschrift als nicht mehr zeitgemäß an (s. o.) und strich sie vollständig aus dem StGB.

Die Diskussion um die Legitimität der Vorschrift reicht indes bis in die Philosophiegeschichte zurück. So findet sich etwa bei Immanuel Kant in der *Metaphysik der Sitten* die folgende Passage:

> »Es giebt indessen [...] todeswürdige Verbrechen, in Ansehung deren, ob die *Gesetzgebung* auch die Befugniß habe, sie mit der Todesstrafe zu belegen, noch zweifelhaft bleibt. Zu [ihnen] verleitet das Ehrgefühl. Das eine ist das der *Geschlechtsehre*, [...] und zwar der wahren Ehre, welche [...] dieser [...] Menschenclasse [...] als Pflicht obliegt. Das eine Verbrechen ist der mütterliche *Kindesmord* (*infanticidium maternale*); [...] – Da die Gesetzgebung die Schmach einer unehelichen Geburt nicht wegnehmen [...] kann: so scheint es, daß Menschen in diesen Fällen sich im Naturzustande befinden und *Tödtung* (*homicidium*), die alsdann nicht einmal *Mord* (*homicidium dolosum*) heißen müßte, [...] zwar allerdings strafbar sei, von der obersten Macht aber mit dem Tode nicht könne bestraft werden. Das uneheliche auf die Welt gekommene Kind ist außer dem Gesetz (denn das heißt Ehe), mithin auch außer dem Schutz desselben geboren. Es ist in das gemeine Wesen gleichsam eingeschlichen (wie verbotene Waare), so daß dieses seine Existenz (weil es billig auf diese Art nicht hätte existiren sollen), mithin auch seine Vernichtung ignoriren kann, und die Schande der Mutter, wenn ihre uneheliche Niederkunft bekannt wird, kann keine Verordnung heben. – [...] – Was ist nun [...] Rechtens? – Hier kommt die Strafgerechtigkeit gar sehr ins Gedränge: entweder den Ehrbegriff (der hier kein Wahn ist) durchs Gesetz für nichtig zu erklären und so mit dem Tode zu bestrafen, oder von dem Verbrechen die angemessene Todesstrafe wegzunehmen, und so entweder grausam oder nachsichtig zu sein. Die Auflösung dieses Knotens ist: daß der kategorische Imperativ der Strafgerechtigkeit (die gesetzwidrige Tödtung eines Anderen müsse mit dem Tode bestraft werden) bleibt, die Gesetzgebung selber aber (mithin auch die bürgerliche Verfassung), so lange noch als barbarisch und unausgebildet, daran Schuld ist, daß die Triebfedern der Ehre im Volk (*subjectiv*) nicht mit den Maßregeln zusammen treffen wollen, die (*objectiv*) ihrer Absicht gemäß sind, so daß die öffentliche, vom Staat ausgehende Gerechtigkeit in Ansehung der aus dem Volk eine *Ungerechtigkeit* wird«. (Kant 1797, 335 ff.)

Die Passage bei Kant zeigt das ganze Dilemma einer rechtlichen Bewertung der Strafbarkeit der Kindstötung. Einerseits ist die Kindstötung die Tötung eines Menschen, die an sich die Höchststrafe (zur Zeit Kants die Todesstrafe) verdient. Andererseits steht das Kind gewissermaßen außerhalb des Rechts, indem es unehelich (modern formuliert: nichtehelich) geboren wird. Aber selbst dann, wenn man dies einmal mit Kant voraussetzt (was wir heute nicht mehr so sehen würden), »so scheint es« (Kant, obiges Zitat) nur so zu sein, dass dies eine Ausnahme von dem Grundsatz der Verhängung der Höchststrafe bei Tötung eines Menschen rechtfertigt. Denn Kant hält zur »Auflösung des Knotens« an dem Kategorischen Imperativ der Strafgerechtigkeit fest (er »bleibt«), wonach die gesetzwidrige Tötung eines Anderen mit der Höchststrafe zu belegen ist. Es sei lediglich die Schuld einer noch »barbarisch(en) und unausgebildet(en)« Gesetzgebung, wenn diese Bestrafung im Volk als Ungerechtigkeit empfunden würde. Kant differenziert m. a. W. im Ergebnis nicht zwischen der Tötung eines ehelichen Kindes und der eines unehelichen Kindes, noch grenzt er diese Tötungen von Neugeborenen hinsichtlich der Bestrafung von denen anderer Personen ab. Zugespitzt formuliert: Kant wäre daher auch für eine Abschaffung von § 217 StGB a. F. eingetreten. Allerdings sehen die Konsequenzen der Abschaffung von § 217 StGB a. F. heute wesentlich anders aus, als Kant sie ins Auge gefasst hätte. Man nimmt nämlich überwiegend an, dass die vormals von § 217 StGB a. F. erfassten Fälle nunmehr in aller Regel § 213 StGB (minder schwerer Fall des Totschlags) unterfallen (vgl. etwa Lackner/Kühl 2018, § 213 Rdnr. 9) und daher auch zu einer gegenüber § 212 StGB milderen Bestrafung führen (offen ist lediglich die Frage, ob bei zusätzlichem Vorliegen von Mordmerkmalen § 213 StGB angewendet werden kann).

## 57.3 Konsequenzen der Streichung von § 217 StGB a. F.

Die Streichung von § 217 StGB a. F. hat allerdings ein weiteres Problem entstehen lassen. Früher wurde mit Hilfe des Wortlauts von § 217 StGB a. F. die zeitliche Grenze zwischen dem gemäß § 218 StGB strafbaren Schwangerschaftsabbruch einerseits und den Tötungsdelikten gemäß §§ 211 ff. StGB andererseits festgelegt. Durch das Einsetzen der Eröffnungswehen (›in der Geburt‹) wurde die entscheidende Zäsur gebildet, die damit in erheblicher Weise zugleich über die Höhe der Strafandrohung entscheidet. Die überwiegende Ansicht im strafrechtlichen Schrifttum geht davon aus, dass sich an dieser Zäsur auch durch die Abschaffung von § 217 StGB a. F. nichts geändert hat. Andere Auffassungen nehmen die Streichung von § 217 StGB a. F. dagegen zum Anlass, zu fragen, ob man den Anwendungsbereich der §§ 211 ff. StGB nicht auch auf Tötungen von bestimmten (an sich selbstständig lebensfähigen) Föten ausdehnen kann (vgl. z. B. Gropp 2000, 1), oder meinen demgegenüber, dass der strafrechtliche Schutz der §§ 211 ff. StGB erst zusammen mit der zivilrechtlichen Rechtsfähigkeit (Vollendung der Geburt; vgl. § 1 BGB) beginnen sollte (vgl. Merkel, in: Kindhäuser/Neumann/Paeffgen 2017, § 218 Rdnr. 33 ff.; Herzberg/Herzberg 2001, 1106, auch schon auf der Basis der alten Rechtslage).

## 57.4 Zur Kindstötung in der Kriminalstatistik

Im Laufe der Jahrhunderte schwankte die Häufigkeit des Vorkommens der Kindstötung stark. In den letzten Jahrzehnten nahm die ohnehin schon niedrige Zahl allerdings ständig ab; § 217 StGB a. F. führte in der Praxis nur noch ein »Mauerblümchen-Dasein« (Hussels 1994, 526). 1997 kam es bundesweit lediglich zu zehn Verurteilungen, während es 1950 noch 63 waren (näher zur historischen Entwicklung und deren Erklärung vgl. Weinschenk 2003, 35 ff.). Diese Entwicklung, die schließlich auch zur Streichung des § 217 StGB a. F. wesentlich beigetragen hat (vgl. etwa Deutscher Bundestag 1997, 34), dürfte entscheidend auf den gewandelten gesellschaftlichen Umgang mit nichtehelichen Kindern zurückzuführen sein.

### Literatur

Bischoff, E.: Der Geisteszustand der Schwangeren und Gebärenden. In: *Archiv für Kriminal-Anthropologie und Kriminalistik* 29 (1908), 109–163.

Bundesgerichtshof (BGH): Entscheidungen des BGH sind zitiert nach der *Amtlichen Sammlung der Entscheidungen des BGH in Strafsachen* (BGHSt).

Deutscher Bundestag – 13. Wahlperiode: *Drucksache 13/8587.* Bonn 1997.

Gerchow, J.: Schwangerschaft und Geburt unter medizinisch-forensischen Aspekten der Kindstötung. In: *Monatsschrift für Kriminologie und Strafrechtsreform* 47 (1964), 233–240.

Gropp, W.: Der Embryo als Mensch. Überlegungen zum pränatalen Schutz des Lebens und der körperlichen Unversehrtheit. In: *Goltdammer's Archiv für Strafrecht* 147 (2000), 1–18.

Haberda, A.: Zur Lehre vom Kindsmorde. In: *Beiträge zur gerichtlichen Medizin* 1 (1911), 38–191.

Herzberg, R./Herzberg, A. I.: Der Beginn des Menschseins im Strafrecht. In: *Juristenzeitung* 56 (2001), 1106–1113.

Hussels, M.: Renaissance oder endgültiger Tod des § 217? In: *Neue Zeitschrift für Strafrecht* 14 (1994), 526–528.

Kant, I.: *Metaphysik der Sitten* [1797]. In: Ders.: *Kants gesammelte Schriften.* Hg. von der Preußischen Akademie der Wissenschaften. Bd. VI. Berlin 1968, 203–494.

Kindhäuser, U./Neumann, U./Paeffgen, H.-U. (Hg.): *Nomos-Kommentar Strafgesetzbuch.* Baden-Baden [5]2017 (zit. nach Bearbeiter, Paragraphen und Randnummern).

Lackner, K./Kühl, K.: *Strafgesetzbuch, Kommentar.* München [29]2018 (zit. nach Paragraphen und Randnummern).

Rump, A./Hammer, D.: Zur Verfassungswidrigkeit des § 217. In: *Neue Zeitschrift für Strafrecht* 14 (1994), 69–71.

Schönke, A./Schröder, H. u. a. (Hg.): *Strafgesetzbuch, Kommentar.* München [30]2019 (zit. nach Bearbeitern, Paragraphen und Randnummern).

Sieg, R.: Gegen die Privilegierung der Tötung des nichtehelichen Kindes (§ 217 StGB). In: *Zeitschrift für die gesamte Strafrechtswissenschaft* 102 (1990), 292–317.

Weinschenk, M.: *§ 217 StGB – Folgen des Wegfalls einer Norm.* Konstanz 2003.

*Jan C. Joerden*

# 58 Selbsttötung – psychologisch

»Suizid ist ein komplexes Phänomen; eine einfache Erklärung dafür gibt es nicht« (Schneider 2003, 7). Zur Erklärung suizidaler Entwicklung und Handlung kann weder ein einzelner Einflussfaktor, sei es eine psychische Erkrankung oder ein traumatisches Lebensereignis, noch eine Theorie alleinvertretend herangezogen werden. Eine monokausale Erklärung verführt in ihrer Ausschließlichkeit leicht zu vorschnellen und falschen Schlussfolgerungen. Suizidales Erleben und Handeln ist sowohl lebensphasen- als auch geschlechtsabhängig (Götze 2002). Es besteht heute bei allen Experten, die sich mit der Ätiologie der Selbsttötung auseinandersetzen, Einigkeit darüber, dass von einer *multifaktoriellen* Bedingtheit in der Entstehung und Ausführung von Suizidhandlungen auszugehen ist. Folglich sind mehrere Einflussfaktoren in ihrer Gewichtung und Interdependenz zu erforschen.

Alle vorhandenen *psychologischen* Erklärungsansätze sind Partialtheorien. Sie wurden aus spezifisch-fachlichem und erkenntnistheoretischem Blickwinkel entwickelt und favorisieren deshalb bestimmte Altersgruppen, Lebensphasen, Grundannahmen und Kernmotive. Auf der Basis dieser Erklärungsmodelle entwickelten sich sowohl bestimmte diagnostische Zugänge als auch therapeutische Konzeptionen und Methoden. Ein strukturelles Problem aller Erklärungsansätze zur Suizidalität liegt in der Aufklärung der ›individuellen Spezifika‹. Diese führen bei vergleichbaren äußeren Lebenslagen und Belastungskonstellationen dazu, dass eine Minderheit von Personen Jahr für Jahr keinen anderen Ausweg aus ihren Problemen als den Suizid findet, während die Mehrheit es aus eigener Kraft oder mit externer Hilfe schafft, Optionen für ein Weiterleben zu realisieren, die Suizidale nicht mehr sehen. Schmidtke (1988, 87) schreibt lapidar: »Theorien zum Selbsttötungsphänomen helfen nur dann weiter, wenn sie auch die spezifische Problematik des einzelnen suizidgefährdeten Menschen verstehen helfen«. Gerade dieser Aufgabe stellt sich die Psychologie und würde ihr Ziel verfehlen, wenn ihre Forschungen und Modellierungen ohne Relevanz für Diagnostik und Therapie suizidaler Gefährdung blieben. In der Geschichte der Psychologie gibt es seit Freud zahlreiche Autoren, die sich dieser Frage stellten und Erklärungsmodelle wie therapeutische Ansätze für das genuin menschliche Phänomen des Suizids vorgelegt haben.

## 58.1 Psychodynamische Erklärungsmodelle

Genau genommen muss von mehreren psychodynamischen Erklärungsmodellen für Suizidalität ausgegangen werden. Der zentrale Wirkmechanismus *Psychodynamik* zieht sich wie ein roter Faden durch alle Modelle, die auf dem Boden der Tiefenpsychologie, speziell der Psychoanalyse erwachsen sind (Henseler 1980). Etzersdorfer (2007) setzt sich mit der Frage auseinander, »ob es eigentlich eine allgemeine Psychodynamik der Suizidalität gibt. Anders formuliert: Gibt es eine charakteristische psychodynamische Konstellation, die wir bei allen suizidalen Menschen finden?« (ebd., 83). Schon die Frage lässt Zweifel an der Allgemeingültigkeit des Psychodynamiktheorems für alle Suizidale aufkommen. Erstens gibt es andere psychologische Erklärungsmodelle für Suizidalität, die nicht auf psychodynamischen Grundannahmen beruhen, und zweitens ist die Suizidalität bestimmter Patientengruppen, z. B. von Schizophrenen, pathogenetisch anders zu erklären. Der Begriff der Psychodynamik ist zudem nach Etzersdorfer »ein Sammelbecken sehr heterogener Zugänge zum Verständnis von psychischen Vorgängen geworden« (ebd., 85) und werde geradezu inflationär verwendet. Sein Verständnis von einem psychodynamischen Zugang, der den Kern psychodynamischer Modelle trifft, geht von einer *Haltung* aus, »die erstens das Unbewusste als eine wesentliche Kraft in jedem von uns und zweitens die Übertragung als diagnostisch wie therapeutisch zentrales Hilfsmittel [ansieht]«. Das Unbewusste aus heutiger Sicht wird nicht verstanden als verdrängt Unbewusstes, sondern weiter gefasst als »verinnerlichte Selbst- und Objektrepräsentanzen [...] in ihren Beziehungen zueinander« (ebd.). Übertragung als zweites zentrales Element des psychodynamischen Zugangs ist »selbst ein unbewusstes Phänomen und meint vorerst, dass sich wesentliche Aspekte dieser inneren Welt [des Suizidalen, N. E.] in Beziehungen abbilden und ausgestalten« (ebd., 86). Gemeint sind hier vor allem therapeutische Beziehungen, in denen gerade der emotionale Gehalt dieser inneren Welt als Agens wirksam wird. Etzersdorfer kommt zu dem Schluss, dass Suizidhandlungen sehr unterschiedlich motiviert sein können und »dass es nicht eine einheitliche Psychodynamik der Suizidalität geben kann« (ebd., 88). Allgemein ermöglicht nach ihm der psychodynamische Zugang vor allem in der therapeutischen Beziehung, »das Zusammenspiel *innerer* [Hervorh. N. E.] Kräfte besser zu verstehen, die zu Suizidalität wie zu anderen Phänomenen führen können« (ebd., 89).

J. B. Metzler © Springer-Verlag GmbH Deutschland, ein Teil von Springer Nature, 2020
H. Wittwer/D. Schäfer/A. Frewer (Hg.), *Sterben und Tod. Ein interdisziplinäres Handbuch 2. Auflage*,
https://doi.org/10.1007/978-3-476-05761-7_58

Zwei der älteren, aber immer noch einflussreichen Theorien der Suizidalität stammen von Freud und Menninger. Auf Freuds Theorie der Suizidalität, die vor allem in seiner Schrift *Trauer und Melancholie* (1917) entwickelt wurde, wird kurz eingegangen, ebenso auf die Suizidtheorie von Menninger in seinem Werk *Selbstzerstörung. Psychoanalyse des Selbstmords* (1974). Die Suizidtheorie von Freud ist im Wesentlichen eine Objektbeziehungstheorie. Die ursprünglich gegen das gehasste Objekt gerichtete, jedoch nicht zugelassene Aggression wird gegen die eigene Person, genauer gegen das nun introjizierte Objekt gerichtet. Im Extremfall führt das zum Suizid. Nach Menninger besitzt der Mensch, wie schon Freud (1920) später in seiner Theorie vom Todestrieb annahm, einen angeborenen Destruktionstrieb, den er auch gegen die eigene Person richten kann. Menninger unterscheidet drei Selbsttötungsmotive: den aggressiven Wunsch zu töten, auch sich selbst; den Wunsch, getötet zu werden, aus Schuldgefühlen oder aus Selbstbestrafung; und den Wunsch zu sterben, der besonders alte Menschen bewegen kann (Bronisch 1995; Hirzel-Wille 2002). Im Folgenden werden zwei der neueren und bekannten psychodynamischen Theorien zur Erklärung der Suizidalität vorgestellt. Beide Theorien sind ohne den Einfluss der Psychoanalyse Freuds nicht zu denken.

*Narzissmustheorie der Suizidalität nach Henseler*: Ein einflussreicher Vertreter psychodynamischer Konzeptionen ist H. Henseler, Psychiater, Psychoanalytiker und Psychotherapeut. Er schrieb 1974 das Buch *Narzißtische Krisen – Zur Psychodynamik des Selbstmordes*, bis heute ein Standardwerk in der Suizidforschung. In einer späteren Arbeit zählt er selbst zutreffender seine Konzeption zu den »selbst-psychologischen Theorien« (Henseler 1980, 143 ff.). Nach ihm ist die Suizidhandlung aus einer tiefen narzisstischen Kränkung, d. h. aus einer extremen Gefährdung des Selbstwertgefühls zu verstehen, zu deren Abwehr alle Defensivmechanismen (z. B. Verleugnung, Idealisierung, Rationalisierung) versagen. Was dem Ich als Letztes bleibt, ist die »Regression auf einen harmonischen Primärzustand« (ebd., 84), die aufgeladen ist mit Verschmelzungsfantasien, mit der Erwartung von Ruhe, Geborgenheit, Wärme, Erlösung und Seligkeit. Der »narzisstischen Katastrophe«, d. h. dem völligen Zusammenbruch seines Selbstwertsystems, kommt der Suizidale durch die Suizidhandlung zuvor. Er rettet in diesem Akt »für sein Empfinden sein Selbstwertgefühl« und bewahrt damit »die Illusion von Selbstbestimmung« (ebd., 89). Henseler verdeutlicht diesen Regressionsprozess durch die Beschreibung der ›suizidalen Persönlichkeit‹, die unter ›narzisstischen Defekten‹ leidet. Der suizidale Mensch sei eine in ihrem Selbstwertgefühl stark verunsicherte Persönlichkeit, die in der Regel zur reifen Bewältigung von Krisen, Kränkungen und Konflikten nicht in der Lage sei, »vielmehr Verletzungen des Selbstgefühls in unreifer oder gar pathologischer Weise mit regressiven Mechanismen begegnet« (ebd., 85). Das Selbsterleben des Suizidalen sei widersprüchlich, schwanke zwischen den Extremen einzigartiger Größe und völliger Nichtigkeit. Die überspannten, realitätsfernen Größenfantasien, unrealistische Ich-Ideale, seien anfällig für Enttäuschungen, Kränkungen und Niederlagen gerade in Objektbeziehungen, die narzisstisch besetzt seien. Im »narzisstischen System des Suizidanten« (ebd., 87) spielten Beziehungspersonen eine wichtige Rolle, die, wenn sie aus der Sicht der narzisstisch labilen Persönlichkeit ›versagten‹, eine schwere Krise herbeiführten und zum Zusammenbruch des Selbstwertgefühls des Suizidalen beitrügen. Die Konfliktanfälligkeit gerade im zwischenmenschlichen Bereich und die Kontaktstörungen, unter denen narzisstisch labile Menschen auf Dauer litten, führten häufig zur »Resignation gegenüber zwischenmenschlichen Kontakten« (ebd., 88). Der narzisstische Mensch fühle sich zurückgestoßen, isoliert und könne die Aggressionen, die sich auf die Beziehungsperson richteten, nicht zulassen. Er wende sie gegen sich selbst und neige zu selbstdestruktiven Handlungen. Auf diesen Mechanismus wies schon Freud (1917) in seiner Theorie der Suizidalität hin.

*Objektbeziehungstheorie der Suizidalität nach Kind*: Der theoretische Zugang J. Kinds zur Suizidalität stellt nach Etzersdorfer (2007, 83) in mancher Hinsicht eine Weiterentwicklung der Konzeption von Henseler dar. Kind (1998), ebenfalls Psychiater, Psychotherapeut und Psychoanalytiker, entwickelt seine Theorie in dem Buch *Suizidal – Die Psychoökonomie einer Suche*. Für ihn ist Suizidalität nicht nur Ausdruck einer seelischen Dekompensation, sondern in ihrer ›psychischen Funktion‹ zu analysieren. Suizidalität werde als *ultima ratio* dann eingesetzt, »wenn intrapsychische oder interpersonelle Krisen auf andere Weise nicht mehr handhabbar scheinen« (Kind 1998, 13). Suizidalität ist ihm zufolge zu verstehen »als Kürzel für einen komplexen psychischen Reorganisationsvorgang, welcher auf einen gestörten Umgang mit den inneren Objekten und Selbstimagines hinweist, den bewussten und unbewussten Bildern, die wir von uns und von anderen Menschen haben« (ebd.). Offensichtlich sind hier Parallelen zur Theorie von Henseler und dem Konzept der Psychodynamik nach Etzersdorfer zu ziehen.

Kind steht fest auf dem Boden der psychoanalytischen Objektbeziehungstheorie. Er geht davon aus, dass die jeweils aktuelle Form der Suizidalität, d. h. die akute Auslösung einer bereits latenten basalen Suizidalität, »eng mit den relevanten frühkindlichen Objekterfahrungen in Zusammenhang steht, also Ausdruck der jeweils grundlegenden internalisierten Objekterfahrungen ist, die die Psyche einst strukturierten« (ebd., 14). Konsequenterweise ist hinter suizidalen Manifestationen nach konflikthaften Objektbeziehungen zu suchen.

Generell vertritt Kind den Standpunkt, dass Suizidalität primär Ausdruck des Wunsches sei, »eine Objektbeziehung zu *ändern* und zwar dadurch, dass das *Objekt* geändert werden soll« (ebd., 21). Suizidalität sei nicht primär Symptom des Wunsches zu sterben. Sogar der vollzogene Suizid könne noch ein ›interaktionelles Mittel‹ sein, um z. B. schwere Schuldgefühle bei bedeutsamen Anderen zu provozieren.

Seine Position, dass Suizidalität eine konflikthafte Beziehung zu inneren Objekten und Selbstaspekten anzeige, deren Charakteristika in den frühen Phasen der Entwicklung ausgeformt werden, steht in Übereinstimmung mit Henseler und anderen psychodynamisch arbeitenden Therapeuten, die in der akuten, die suizidale Krise auslösenden Konfliktsituation eine längst vorhandene, aber unbewusste Konfliktthematik am Werke sehen. Der Zugang zu belastenden frühkindlichen Objekterfahrungen führt über den Prozess der Übertragung und Gegenübertragung. Er erlaubt es erst, »die Dynamik der Suizidalität aus der Dynamik der Arzt-Patient-Beziehung heraus zu verstehen« (ebd., 21).

## 58.2 Verhaltenstheoretische Erklärungsmodelle

Verhaltenstheoretische Modelle sind vor allem zum Verständnis depressiver Störungen entwickelt worden. Sehr bekannt geworden sind Modelle, die sich am Konzept der ›erlernten Hilflosigkeit‹ von Seligman (1979) und am kognitiven Depressionsmodell von Beck (1974) ausrichten. Ein übergreifendes ›multifaktorielles, psychologisches Depressionsmodell‹ legte Hautzinger (1991) vor. Für Seligman kann ein Mangel an Kontrolle über Handlungsfolgen in Verbindung mit der Zuschreibung von Ursachen, die das Selbst schwächen, zu Hilflosigkeit und depressiven Störungen führen. So wird ein Stellenbewerber nach zahlreichen ablehnenden Bescheiden weitere Bewerbungen aufgeben und sich selbst als einflusslos erleben. Nach Beck sind es verzerrte kognitive Schemata wie negative Sicht der Welt, der eigenen Person und der künftigen Entwicklung, die sich zur depressiven Störung verstärken können. Hautzinger (1991) verknüpft in seinem Modell äußere auslösende Belastungsbedingungen mit kognitiv-emotionalen Bewertungsprozessen, die die Person über Selbstzweifel und dysphorische Stimmungen, unterstützt durch relativ stabile Risikomerkmale und ungünstige Prädispositionen, immer stärker depressiv werden lassen. Dieser Prozess kann sich in einer ›Feedbackschleife‹ zu einem Teufelskreis ausweiten, der jedoch durch protektiv wirkende Einflüsse des sozialen und persönlichen Umfeldes, einschließlich therapeutischer Hilfen, unterbrochen werden kann (Hautzinger 1991, 243 ff.). Psychologische Depressionsmodelle sind nicht nur für Suizidprävention von Relevanz, sondern gewinnen ihre Bedeutung auch dadurch, dass depressive Erkrankungen häufig mit Suizidalität einhergehen.

Ein verhaltenstheoretisches Modell zur Erklärung *suizidaler Entwicklungen und Handlungen* wurde von A. Schmidtke, klinischer Psychologe und Verhaltenstherapeut, und seinem Arbeitskreis (1988) vorgelegt. Ausgehend von der Verhaltensformel nach Kanfer (S [Stimulus] – O [Organismus/Person] – R [Verhalten] – K [Konsequenz] – C [Kontingenz]) und dem besonderen Stellenwert der Organismusvariablen (O) werden suizidale Handlungen (R) wie jede andere Verhaltensklasse als »funktionale Konsequenzen steuernde Verhaltensweisen aufgefasst« (Schmidtke 1988, 321). Der Konsequenzenkontrolle wird dabei im Prozess des Verhaltens eine entscheidende Rolle zugesprochen. Für den Suizidalen werden demzufolge negative und positive Konsequenzen (K) mit der suizidalen Handlung verknüpft. Als positive Konsequenz kann die Beendigung eines unerträglichen Zustandes durch den Suizid antizipiert werden. Diese Konsequenz wirkt vor allem für ›ernsthafte‹, mit Tötungsabsicht durchgeführte Suizidhandlungen nach dem Prinzip der negativen Verstärkung.

Für den Suizidenten tun sich aber auch noch weitere positive Konsequenzen auf, wie die Wiedervereinigung mit geliebten Personen, der Wunsch nach Ruhe und Schmerzfreiheit, verbunden mit ozeanischen Gefühlen (positive Verstärkung). Negative Konsequenzen, die einer Suizidhandlung entgegenstehen, d. h. als Suizidverbot wirken können, sind z. B. das Strafgericht Gottes, aber auch Art und Begleitumstände des Sterbens durch Suizid, die gefürchtet werden. Bei appellativen Suizidversuchen stehen stärker als beim Suizid die Wirkungen auf die soziale Umwelt als antizipierte positive Konsequenz im Vordergrund, wie z. B. verstärkte Aufmerksamkeit und emotionale Zuwendung.

Es soll nicht behauptet werden, dass Suizidhandlungen aus verhaltenstheoretischer Sicht stets einer rationalen Konsequenzenabwägung entspringen, etwa im Sinne des ›Bilanzsuizids‹, sondern nur, dass sie in Richtung auf ›wünschenswerte‹ Konsequenzen ausgeführt werden und damit wie alle Verhaltensweisen *funktionalen* Charakter haben. Auslösebedingungen für Suizidhandlungen sind nach diesem Modell *aversive* Situationen, denen der Suizident entgehen bzw. die er durch einen Suizidversuch zu seinen Gunsten modifizieren möchte. Diese Situationen sind aber nicht mit äußeren objektivierbaren ›Reizkonstellationen‹ gleichzusetzen; psychologisch relevant werden sie erst durch subjektive Bewertungen und kognitiv-emotionale Verarbeitungsmechanismen, d. h. vornehmlich durch den ›Filter‹ der Persönlichkeit (vgl. Schmidtke/Schaller 2002).

Die Frage, warum in als ausweglos erscheinenden Belastungssituationen Menschen zu selbstdestruktiven Verhaltensweisen als Problemlösung greifen und nicht zu möglichen Lösungsalternativen, kann nur durch eingehende psychologische Verhaltensanalysen erhellt werden. Nach Schmidtke (1988) lässt ihr Verhaltensrepertoire in seiner Verengung durch die bisherige Lern- und Lebensgeschichte keine andere Problemlösung zu. Ob es sich bei einer Suizidhandlung um einen inadäquaten Bewältigungsakt handelt, der meistens mit anderen Persönlichkeitsproblemen oder Verhaltensdefiziten einhergeht, kann nur von einem normativen Standpunkt aus beantwortet werden, denn suizidales Verhalten kann »subjektiv durchaus als sinnvolles Problemlösungsverhalten angesehen werden« (Schmidtke 1988, 350). Für den Verhaltenspsychologen wird suizidales Verhalten wie jede andere Verhaltensklasse zunächst sachlogisch analysiert und, wenn angezeigt und möglich, verhaltenstherapeutisch modifiziert. Folgerichtig setzt Schmidtke bei der Behandlung suizidaler Patienten auf kognitiv-behaviorale Therapiestrategien, die eine bessere und angemessenere Problemlösung als Alternative zur suizidalen Reaktion in Aussicht stellen. Schmidtke legte also ein »allgemeines funktionales Modell zur Erklärung suizidalen Verhaltens« (1988, 356) vor, das *individuelle* Problemlagen, ihre Ätiologie und Auslösebedingungen berücksichtigt. Dadurch erhält es seine verhaltensdiagnostische und -therapeutische Relevanz, insbesondere im Rahmen der Suizidprävention.

## 58.3 Stress-Coping-Theorie der Suizidalität

Ein Erklärungsansatz für suizidales Verhalten lässt sich aus der psychologischen Stress- und *Coping*forschung ableiten (Erlemeier 1992, 2011; Hirzel-Wille 2002; Leder 1998). Stress- und Copingmodelle spielen heute nicht nur in der Klinischen Psychologie eine große Rolle, sondern haben sich auch weitgehend in der Gesundheitspsychologie durchgesetzt (Brücker 1994; Schwarzer 1992). Nachhaltige Anstöße für diese Forschungsrichtung gab die transaktionale Stress-Copingtheorie der Lazarus-Schule, die weite Verbreitung gefunden hat (Folkman/Moskowitz 2004; Lazarus/Folkman 1984; Saup 1987). Mit Hilfe des Stress-Coping-Modells ist es möglich, das multivariate Bedingungsgefüge und den Prozess, der zu suizidalen Handlungen führt, abzubilden. Auch kann deutlich gemacht werden, dass Suizid und Suizidversuch nur aus dem Zusammenwirken ›kritischer Lebensereignisse‹ mit auslösenden Umweltbedingungen und überdauernden Persönlichkeitsmerkmalen, d. h. aus der Interdependenz von äußeren und inneren Einflusskräften zu erklären sind (vgl. auch Hautzinger 1991).

Die Stress-Coping-Erklärungsansätze stimmen in einem zentralen Punkt überein, nämlich darin, dass linear-kausale Modelle nicht ausreichen, um die große Bandbreite des problem- und emotionszentrierten Copings in Belastungssituationen zu erfassen. Vielmehr werden moderierende Prozesse angenommen, die den subjektiven Referenzrahmen für nachfolgende Ereignisse und Effekte abgeben. Insbesondere handelt es sich um den Coping-Prozess steuernde kognitiv-emotionale Bewertungen, die kritischen Ereignissen und ihren antizipierten Folgen *subjektive Bedeutung* verleihen. Die Lazarus-Gruppe definierte ›Coping‹ »as thoughts and behaviors that people use to manage the internal and external demands of situations that are appraised as stressful« (Folkman/Moskowitz 2004, 746).

Um die Auswirkungen von belastenden Lebensereignissen, z. B. dem Verlust des Partners, einer schweren, unheilbaren Erkrankung oder dem Scheitern im Beruf, auf den Coping-Prozess einzuschätzen, müssen die personalen und sozialen Ressourcen berücksichtigt werden, die einem Menschen im Verlauf des Coping zur Verfügung stehen. Zu den *personalen* Ressourcen zählen selbstwertdienliche Kognitionen wie z. B. soziale Kompetenzen, sinnstiftende Werthaltungen, Kontrollüberzeugungen und Gefühle der Selbstwirksamkeit sowie weitere generalisierte Einstellungen, die Selbst und Selbstwertgefühl stabilisieren (z. B. Offenheit für Erfahrungen). All diese personalen Ressourcen sind bei Menschen, ›die kein Licht am Ende des Tunnels sehen‹, geschwächt oder nicht mehr erfahrbar. Zu den *sozialen* Ressourcen gehören vor allem das Ausmaß an sozial-emotionaler Unterstützung und das Gefühl, gebraucht zu werden. Auch daran mangelt es Menschen, die sich wertlos fühlen und so nicht mehr leben möchten.

Zur Verdeutlichung der wechselseitigen Beeinflussung von inneren (Person) und äußeren (Umwelt) Einflussfaktoren bei der Entwicklung von Suizidalität wurde ein Prozessmodell vorgelegt, das sich an dem Stress-Coping-Modell der Lazarus-Gruppe orientiert (Erlemeier 1992, 73; Hirzel-Wille 2002, 54). Dieses Modell geht von auslösenden Belastungen (Stressoren) aus, die unterschiedlich bewertet werden. Es benennt die personalen und sozialen Ressourcen, die sich auf Verlauf und Typus des Bewältigungsverhaltens (*Coping*) auswirken und mit darüber entscheiden, ob die Bewältigung, gemessen am subjektiven Referenzrahmen, gelingt oder nicht gelingt. Gemäß dem Stress-Coping-Modell kann bei einer *Suizidhandlung* davon ausgegangen werden, dass alle Versuche, schwerwiegende Lebensprobleme aktiv handelnd oder intrapsychisch verarbeitend zu bewältigen, fehlgeschlagen sind oder als aussichtslos eingeschätzt werden. Wie Henseler ausführte (s. o.), kann der Suizid als letzter Versuch zur Rettung des Selbstwertgefühls verstanden werden. Folgt man Henseler wie auch dem Stress-Coping-Paradigma, handelt es sich beim Suizid um einen Akt, der dazu dienen soll, die Kontrolle über sich selbst zurückzugewinnen, weil die desolaten Lebensumstände als nicht mehr erträglich und veränderbar erlebt werden.

Wichtig scheinen für ein stresstheoretisches Verständnis von Suizidhandlungen, aber auch für deren *Prävention* zwei Einflusssysteme zu sein: (a) das Ausmaß an sozialer Unterstützung und (b) selbstwertdienliche Einstellungen und Überzeugungen, die als protektive Faktoren suizidaler Gefährdung entgegenwirken können. Es ist zu vermuten, dass bei Menschen, die eine Suizidhandlung ausführen, tragende Wertorientierungen, überindividuelle Sinnbezüge und soziale Bindungen ins Wanken geraten sind. Protektive Persönlichkeitsmerkmale und Grundüberzeugungen wie Selbstwirksamkeit und Selbstvertrauen sind geschwunden.

Das transaktionale Stress-Coping-Modell hat in der Suizidforschung und Suizidliteratur eine insgesamt positive Aufnahme gefunden. Explizit nehmen Welz, Schmidtke und Häfner (1988) Bezug auf dieses Modell. Sie legen ihrer Untersuchung ein Prozessmodell zugrunde, das das Zusammenwirken von Umweltfaktoren, wahrgenommenem Stress, Krankheitsprozessen und Suizid wiedergibt. Schaller (2008) stellt aktuell ein ›multimodales Erklärungsmodell der Suizidalität‹ vor, das sich vor allem auf alte Menschen bezieht, die unter einem erhöhten Suizidrisiko stehen. Ihr Modell kann jedoch auch altersübergreifend ausgelegt werden. Basierend auf dem transaktionalen Paradigma, das von der ›wechselseitigen Abhängigkeit‹ (ebd., 15) von Person (P), Umwelt (U) und Verhalten (V) ausgeht, ordnet Schaller in ihrem Modell den drei Kernvariablen jeweils bestimmte Einflussbereiche zu, der Person (P) z. B. biologische, somatische und psychische Bedingungen, der Umwelt (U) Ereignisse auf der Mikroebene wie Tod von Angehörigen u. a., Ereignisse auf der Makroebene wie Rentensicherung u. a. sowie gesellschaftliche Altersbilder und Einstellungen. Der Bezug zum Stress-Coping-Modell besteht vor allem in der Akzentuierung von *kognitiv-emotionalen Moderatorvariablen* wie subjektiven Bewertungen von Umweltereignissen und kognitiv-emotionalen Verhaltensweisen, die als emotionsfokussierendes Coping verstanden werden. Gelingt dieses Coping nicht, können suizidale Handlungen die Folge sein.

## 58.4 Die Interpersonale Theorie suizidalen Verhaltens

2005 legte Joiner eine *Interpersonal Theory of Suicide* (ITS) vor, die in den Folgejahren vor allem in den USA bekannt wurde und eine Serie empirischer Überprüfungen nach sich zog. Die bisherigen Relevanzstudien wurden von Joiner, Van Orden, Witte und Rudd (2009) zusammengefasst und die Ergebnisse mit Blick auf ihre diagnostische und interventionspraktische Bedeutung kommentiert. Im deutschsprachigen Raum stellten Wachtel und Teismann (2013) die Theorie in ihren Grundzügen vor. In ihrer Literaturrecherche stießen sie auf 29 Studien mit Bezug auf die ITS, die einer methodenkritischen Analyse unterzogen wurden.

Die Theorie geht davon aus, dass das gemeinsame

Auftreten von zwei sozial belastenden, psychischen Zuständen, erstens dem Eindruck, für andere auf Dauer eine Belastung zu sein (*perceived burdensomeness*), und zweitens dem Gefühl, nicht mehr zu einer wertschätzenden Gruppe zu gehören (*thwarted (failed) belongingness*), mit dem Wunsch einhergehen kann, sich das Leben zu nehmen. Wenn dieser Wunsch zudem verstärkt wird durch die erworbene Fähigkeit (*acquired capability*), ihn in Verhalten umzusetzen, sind ein Suizidversuch oder ein Suizid wahrscheinlicher geworden. »Der Theorie zufolge sind perceived burdensomeness, thwarted (failed) belongingness und acquired capability proximale, kausale und interagierende Risikofaktoren, deren Vorhandensein eine zwingende Voraussetzung dafür darstellt, dass eine Person den Wunsch und die Fähigkeit zum Suizid entwickelt« (Wachtel/Teismann 2013, 97). Die drei Risikofaktoren können z. B. in einer Weise interagieren, dass eine Suizidhandlung bei vorhandener Fähigkeit und dem Eindruck, für andere eine Last zu sein, dann unwahrscheinlicher wird, wenn die Gewissheit, in einer Gruppe wertgeschätzt zu werden, vorhanden ist.

Die Aussagekraft der empirischen Befundlage, die die Grundannahmen der Theorie stützen soll, wird von den Autoren der IST (Joiner/Van Orden/Witte u. a. 2009) sowie von Wachtel und Teismann (2013) unterschiedlich eingeschätzt. Die Autoren sind überzeugt, dass genug Evidenz vorliegt, »that in accordance with the interpersonal theory of suicide (Joiner, 2005), three constructs (thwarted belongingness, perceived burdensomeness, acquired capability for self-harm, N. E.) play a central role in understanding, assessing, and ultimately, treating suicidal behavior in an effective manner« (Joiner/Van Orden/Witte u. a. 2009, 189). Wachtel und Teismann (2013, 104) kommen nach ihrer Literaturrecherche im Unterschied dazu zu dem Ergebnis, dass sich auf Grundlage der derzeitigen Datenbasis keine Aussage über die Güte des theoretischen Gesamtmodells treffen lasse. Kritisiert wird z. B., dass die vorliegenden Studien vornehmlich querschnittlich angelegt sind und longitudinal abgesicherte Befunde vermissen lassen. Trotz dieser methodologischen Schwächen halten es Wachtel und Teismann (2013, 104) für sinnvoll, »die Konzepte perceived burdensomeness, thwarted belongingness und aquired capability in der Risikoeinschätzung suizidaler Krisen wie auch in der Behandlung derselben zu berücksichtigen«. In diesem Sinne kommen sie den Autoren der Interpersonalen Theorie suizidalen Verhaltens entgegen, die überzeugt davon sind, dass sie einen wichtigen Beitrag zur Entwicklung eines kognitiv-interpersonalen Zugangs zur Suizidproblematik leisten. (Joiner/Van Orden/Witte u. a. 2009, 193).

Fazit: Selbsttötung, psychologisch betrachtet, bedeutet vor allem, sich mit *psychologischen* Theorien der Suizidalität im Unterschied zu soziostrukturellen und sozioökonomischen Erklärungsweisen auseinanderzusetzen. Psychologische Theorien sind – gestützt auf Forschung und Erfahrungswissen – wesentliche Grundlage und Richtschnur für den verstehenden und helfenden Umgang mit Personen, die wegen ihrer lebenskritischen Lage keinen anderen Ausweg mehr sehen als den der Selbsttötung. Nach wie vor ist es den forschenden und praktizierenden Vertretern helfender Berufe überlassen, welchem Modell sie nach Ausbildung, Erfahrung und Überzeugung den Vorzug geben. Es geht vor allem um die theoretisch begründbare Beziehungsgestaltung in Beratung und Therapie.

### Literatur


Beck, A. T.: The Development of Depression. A Cognitive Model. In: Raymond J. Friedman/Martin M. Katz (Hg.): *The Psychology of Depression*. New York 1974, 3–20.

Bronisch, T.: *Der Suizid. Ursachen, Warnsignale, Prävention*. München 1995.

Brücker, H.: *Sozialer Stress, defensives Coping und Erosion der Kontrollüberzeugung. Eine empirische Studie zu Störfaktoren des gesundheitlichen Wohlbefindens von Erwachsenen*. Münster 1994.

Erlemeier, N.: *Suizidalität im Alter*. Studie im Auftrag des Bundesministeriums für Familie und Senioren. Stuttgart 1992.

Erlemeier, N.: *Suizidalität und Suizidprävention im höheren Lebensalter*. Stuttgart 2011.

Etzersdorfer, E.: Psychodynamik der Suizidalität. Was fangen wir in der Praxis damit an? In: Friedrich M. Wurst/Rüdiger Vogel/Manfred Wolfersdorf (Hg.): *Theorie und Praxis der Suizidprävention*. Regensburg 2007, 74–90.

Folkman, S./Moskowitz, J. T.: Coping: Pitfalls and Promise. In: Susan T. Fiske/Daniel L. Schacter/Carolyn Zahn-Waxler (Hg.): *Annual Review of Psychology*. Palo Alto, CA 2004, 745–774.

Freud, S.: *Trauer und Melancholie* [1917]. In: Ders.: *Gesammelte Werke*. Bd. 10. London 1946, 427–446.

Freud, S.: *Jenseits des Lustprinzips* [1920]. In: Ders.: *Gesammelte Werke*. Bd. 13. London 1940.

Götze, P.: Erklärungsmodelle der psychoanalytischen Aggressions- und Narzissmustheorie. In: Thomas Bronisch (Hg.): *Psychotherapie der Suizidalität*. Stuttgart 2002, 115–128.

Hautzinger, M.: Perspektiven für ein psychologisches Konzept der Depression. In: Christoph Mundt/Peter Fiedler/Hermann Lang/Alfred Kraus (Hg.): *Depressionskonzepte heute*. Berlin/Heidelberg 1991, 236–248.

Henseler, H.: Die Psychodynamik des suizidalen Erlebens und Verhaltens [1974]. In: *Der Nervenarzt* 51 (1980), 139–146.

Henseler, H.: *Narzißtische Krisen. Zur Psychodynamik des Selbstmordes.* Opladen [4]2000.
Hirzel-Wille, M.: *Suizidalität im Alter. Individuelles Schicksal und soziales Phänomen.* Bern/Berlin/Bruxelles 2002.
Joiner, T. E.: *Why people die by suicide.* Cambridge 2005.
Joiner, T. E./Van Orden, K. A./Witte, T. K./Rudd, M. D.: *The Interpersonal theory of suicide. Guidance for working with suicidal clients.* Washington D. C. 2009.
Kind, J.: *Suizidal. Die Psychoökonomie einer Suche.* Göttingen [3]1998.
Lazarus, R. S.: *Psychological Stress and the Coping Process.* New York 1966.
Lazarus, R. S./Folkman, Susan: *Stress Appraisal and Coping.* New York 1984.
Leder, C. M.: *Über den Umgang mit suizidalen alten Menschen.* Regensburg 1998.
Menninger, Karl: *Selbstzerstörung. Psychoanalyse des Selbstmordes.* Frankfurt a. M. 1974 (engl. 1938).
Saup, W.: Coping im Alter. Ergebnisse und Probleme psychologischer Studien zum Bewältigungsverhalten älterer Menschen. In: *Zeitschrift für Gerontologie* 20 (1987), 345–354.
Schaller, S.: Multimodales Erklärungsmodell der Suizidalität im Alter. In: *Zeitschrift für Gerontologie und Geriatrie* 41 (2008), 14–21.
Schmidtke, A.: *Verhaltenstheoretisches Erklärungsmodell suizidalen Verhaltens.* Regensburg 1988.
Schmidtke, A./Schaller, S.: Verhaltenstheoretische Erklärungsmodelle. In: Thomas Bronisch (Hg.): *Psychotherapie der Suizidalität.* Stuttgart 2002, 87–99.
Schneider, B.: *Risikofaktoren für Suizid.* Regensburg 2003.
Schwarzer, R.: *Psychologie des Gesundheitsverhaltens.* Göttingen 1992.
Seligman, M.: *Erlernte Hilflosigkeit.* München/Wien/Baltimore 1979 (engl. 1975).
Wachtel, S./Teismann, T.: Die interpersonale Theorie suizidalen Verhaltens. Eine systematische Übersichtsarbeit. In: *Zeitschrift für Klinische Psychologie und Psychotherapie* 42 (2) (2013), 96–106.
Welz, R./Schmidtke, A./Häfner, H.: Lebensverändernde Ereignisse, wahrgenommener Streß und Suizidversuchsrisiko. In: *Suizidprophylaxe* 15 (1988), 155–175.

*Norbert Erlemeier*

# 59 Selbsttötung – soziologisch

## 59.1 Bindungskraft sozialer Systeme und Suizid

Der französische Soziologe Émile Durkheim veröffentlichte im Jahr 1897 *Le suicide*. Die starke Zunahme der Suizidraten in jener Zeit erregte die Gemüter, und man war allgemein der Überzeugung, dass sie mit der Auflösung der traditionellen sozialen Ordnung Ende des 19. Jhs. und dem Industrialisierungsdruck zusammenhing. Während die beobachtete Zunahme der Suizidraten aus heutiger Sicht wohl als methodisches Artefakt der Erhebungsverfahren gelten kann, ist die zentrale These von der Bindungskraft sozialer Systeme bis heute Ausgangspunkt zahlreicher Untersuchungen zu Modernisierungseffekten und gesellschaftlicher Integration in der Tradition von Durkheim (Stack 2000; Stack/Kposava 2016; Fernquist 2007). Nach Durkheim ist der Suizid nicht auf biologische, klimatische oder psychotische Faktoren zurückzuführen. Es handelt sich auch nicht um einen ›privaten‹ Akt, sondern Suizidalität beruht auf gesellschaftlich immanenten, ›sozialen Tatsachen‹. Ihr zentrales Konstrukt ist das kollektive Bewusstsein, das umso intensiver ist, je größer die Zahl gemeinsam empfundener Bewussteinsinhalte ist (Durkheim 1967, 213). Die durch ein Kollektivbewusstsein geeinten Gesellschaftsmitglieder sind außerdem in einem dichten sozialen Netz miteinander verbunden (Durkheim 1973, 224, Anm. 35). Dem Einzelnen wird dadurch »eine Art moralischer Unterstützung [zuteil]. Die Bindung an die gemeinsame Sache bindet sie [die Mitglieder, Ch. L.-B.] auch ans Leben, im Übrigen hindert sie das hohe Ziel [...] daran, ihren privaten Kummer lebhaft zu empfinden« (Durkheim 1973, 233).

Die schwache Integration eines sozialen Systems kommt daher einer Vereinzelung ihrer Mitglieder gleich. Deswegen nennt Durkheim diese für industrialisierte Gesellschaften typische Suizidform *egoistisch*. Integration ist somit definierbar als der Grad eines Wert- und Normenkonsenses und der Dichte sozialer Beziehungen. Symptomatisch für die familiale Integration ist der relative Suizidschutz verheirateter Männer, die von der Institution Ehe auch noch als Witwer im Gegensatz zu ledigen Männern profitieren. Reduzierte Suizidraten weisen auch junge Gesellschaften auf und solche, die sich im Krisen- oder Kriegszustand befinden. Deren besondere kollektive Aufgaben stärken die Bindungen unter den Gesellschaftsmitgliedern und dämmen somit den Suizid ein. Auf komplexere Wirkungszusammenhänge verweisen die damals höheren Belastungskoeffizienten von Protestanten im Vergleich zu Anglikanern, Katholiken und Juden, wobei Juden wie Protestanten formal höher gebildet waren. Nach Durkheim begünstigt der protestantische Glaube über die ›Freiheit des Gewissens‹ zwar Bildung, schwächt jedoch gleichzeitig die Integration dieser Glaubensgemeinschaften. Bei Juden ist es hingegen ihr Minderheitenstatus, der sowohl Bildung wie auch die soziale Integration begünstigt und daher vor Suizid schützt.

Symptomatisch für den zweiten Suizidtyp, den *anomischen Selbstmord*, ist nach Durkheim im Wirtschaftssystem nicht objektive Armut, Not und Elend einer Gesellschaft; vielmehr sind es starke ökonomische Veränderungen, wirtschaftliche Hochkonjunktur oder ökonomische Depressionen, die anomische Zustände hervorrufen, weil die Gesellschaftsmitglieder in dieser Situation das Auseinanderklaffen von Wünschen und realen Möglichkeiten ihrer Befriedigung erleben (Durkheim 1973, 278 f.). Allerdings sind unbefriedigte Bedürfnisse erst das Resultat strukturell geschwächter Gesellschaften, die unter einer defizitären normativen Regulierung leiden (Durkheim 1967, 281, 288). Letztere ist notwendig, weil die menschlichen Bedürfnisse ihrer Natur nach ins Unermessliche wachsen (Durkheim 1967, 275, 281). Normative Strukturelemente enthält jedoch bereits die Beschreibung von Integration als einer Bestimmungsgröße für Suizid. Die Folge davon ist eine häufig kritisierte und auch von Durkheim selbst eingestandene fehlende analytische Trennung von Integration und Anomie (Durkheim 1973, 454).

Der *altruistische Selbstmord* ist als Gegenstück zum egoistischen Suizid aufzufassen. Betroffen sind nicht schwach integrierte Gesellschaften, sondern hoch integrierte, einfache Gesellschaften. Ihre Solidaritätsstruktur beschreibt Durkheim als ›mechanisch‹ im Gegensatz zur ›organischen Solidarität‹ moderner, arbeitsteiliger Gesellschaften (vgl. König 1976). Hinzu kommt jedoch ein sozial sanktioniertes, situationsspezifisches Suizidgebot, wie z. B. die Witwenverbrennung im alten Indien. Elemente des altruistischen Suizids finden sich auch in relativ geschlossenen Systemen, z. B. beim Militär oder in Sekten. Der wenig ausgearbeitete und nach Durkheim seltene *fatalistische Selbstmord* (Durkheim 1973, 318, Anm. 29, 338) ist für junge Eheleute oder Sklaven typisch. Er ereignet sich gleichfalls in hoch integrierten Gesellschaften und gefährdet Personen, für deren Bedürfnisbefriedigung keine gesellschaftlich akzeptierten Ressourcen zur Verfügung stehen (Lindner-Braun 1990, 544).


H. Wittwer/D. Schäfer/A. Frewer (Hg.), *Sterben und Tod. Ein interdisziplinäres Handbuch 2. Auflage*,
https://doi.org/10.1007/978-3-476-05761-7_59

Die Schwäche der holistischen Theorie von Durkheim liegt in der angenommenen homogenisierenden Wirkung struktureller Faktoren auf die Systemmitglieder. Methodisch ausgedrückt, handelt es sich um einen ökologischen Fehlschluss (van Poppel/Day 1996). Dies bedeutet z. B., dass die Kohäsion auch schwach integrierter Gesellschaften offenbar ausreicht, um die Mehrheit vom Suizid abzuhalten. Ferner profitieren zwar Männer von den ›heilsamen Kollektivkräften‹ der Institution Ehe, nicht aber Frauen, die allenfalls als Mütter ihre weitaus geringere Suizidrate reduzieren können (Cutright/Stack/Fernquist 2007). Durkheim löst diesen theoriekonträren Befund, indem er *ad hoc* zu einer damals nicht ungewöhnlichen biologistischen Annahme Zuflucht nimmt. Da Frauen – ebenso wie Kinder und ältere Männer – instinktgesteuert seien, bedürften sie der sozialen Reglementierung nicht (Durkheim 1973, 240, 313).

Durkheim prüfte die Integrations- und Anomiehypothesen nicht direkt, sondern über empirische Generalisierungen. Viele davon haben auch heute noch Bestand, z. B. dass die höchste Suizidbelastung nicht arme Entwicklungsländer, sondern reichere Industrieländer aufweisen, dass sich während tiefgreifender kriegerischer Auseinandersetzungen weniger Menschen umbringen, Religiosität ein Schutzfaktor ist und geschiedene Männer stärker suizidgefährdet sind, sowie der wohl stabilste Befund einer geringeren Suizidbelastung von Frauen. Allerdings kehrt sich das Verhältnis zuungunsten der Frauen um, wenn die von Durkheim nicht untersuchten Suizidversuche in Betracht gezogen werden. Eine Auflösung des Paradoxons ist möglich, ohne das soziologische Erkenntnisprogramm aufzugeben (Lindner-Braun 1999).

Eine moderne Version der Theorie von Durkheim stammt von Gibbs und Martin (1964). Danach vermittelt sich der Integrationsgrad über Statusfaktoren wie z. B. Bildung, Zivilstand, Erwerbstätigkeit oder den elterlichen Status. Es sind die wahrnehmbaren Merkmale einer Personengruppe, die mit bestimmten Rechten und Pflichten, den ›Rollen‹ der Statusfaktoren, verbunden sind. Die Statusintegration ist hoch, wenn viele Personen denselben Status besitzen. Mit der Zunahme geschiedener Personen oder der Zahl Erwerbsloser in einem sozialen System müsste danach die Suizidgefährdung dieser Statusträger, der Geschiedenen oder Erwerbslosen, sinken. Das Konstrukt ›Integration‹ wird anders als bei Durkheim direkt mittels verschiedener Messverfahren zur relativen Häufigkeit, mit der ein Statusfaktor besetzt ist, gemessen (Stafford/Gibbs 1988). Allerdings lässt der Ansatz die mögliche unterschiedliche Relevanz einzelner Statusfaktoren außer Acht, ebenso wie zugewiesene, nicht erworbene Statusfaktoren, z. B. Alter und Geschlecht, außerhalb der Analyse bleiben und auch hier individuell unterschiedliche Reaktionen auf ›objektive‹ Statusfaktoren unberücksichtigt bleiben. Seltene Statuskonfigurationen sind ein grober Indikator für mögliche, aber keineswegs zwingende Interaktionsdefizite, die z. B. in soziale Isolation münden können. Aussagekräftiger sind daher netzwerktheoretische Analysen, bei denen die Art sozialer Beziehungen direkt untersucht wird (Pescosolido/Georgianna 1989).

Umgekehrt kann hohe Statusintegration auch mit Konkurrenz und damit Misserfolgschancen verbunden sein, z. B. einem Überangebot an bestimmten Berufen, das in wirtschaftlich schlechten Zeiten zu Arbeitslosigkeit führt. Dies postuliert der Ökonom Richard Easterlin (vgl. Pampel/Peters 1995). Nach seiner Theorie sollen größere Kohorten wegen erhöhter Konkurrenz um knappe Ressourcen stärker suizidgefährdet sein. Preston (1984) vermutet hingegen einen negativen Zusammenhang zwischen Kohortengröße und ihrer Suizidrate. Die Partizipationschancen kollektiver Akteure und damit eine Durchsetzung ihrer Interessen wären in großen Kohorten erhöht. Kritische Tests liefern dazu uneinheitliche Ergebnisse (Holinger/Offer 1982; Pampel 1996).

## 59.2 Bedeutungen, Anreize und sozialer Kontext

Zu den Autoren, die Suizidalität auf der Ebene individueller Handlungen untersuchen, gehört der französische Soziologe Jean Baechler. Er definiert Suizid als subjektive Problemlösung (Baechler 1981, 22). Mit der Suizid- oder Suizidversuchshandlung wird ein Zweck verfolgt. Baechler postuliert vier idealtypische ›Um-zu-Motive‹ mit elf Untertypen: den *eskapistischen* Suizid mit Flucht, Trauer und Strafe als Untertyp, den *aggressiven* Suizid mit den Subformen Verbrechen, Rache, Erpressung und Appell, den *oblativen* Selbstmord als Opfer oder Passage und den *spielerischen* Suizid mit den Varianten Ordal und Spiel. Beim Ordal riskiert der Einzelne sein Leben, um sich selbst zu prüfen oder das Urteil der Götter zu erfahren. Diese nicht immer klar voneinander zu unterscheidenden und mit Fallbeispielen illustrierten ›prospektiven‹ Bedeutungen oder Motive für suizidale Handlungen können den Suizid gemäß dem auch von Douglas

(1966) vertretenen hermeneutischen, interpretativen Paradigma jedoch nicht erklären. Dies gilt auch für die ›institutionalisierten‹ Suizidformen. Es sind gesellschaftlich prämierte Problemlösungen. Sie beziehen sich auf dieselben ›Um-zu-Motive‹ und unterscheiden sich von den individuellen Motiven darin, dass gesellschaftsspezifische Bedeutungen als Problemlösungen allen Mitgliedern bekannt sind (Baechler 1981, 33 f., 257). Ursachen für den Suizid sind nach Baechler hingegen »retrospektive Weil-Motive« für die Wahl bestimmter Problemlösungen (Baechler 1981, 55). So »stellt der eskapistische Trauer-Selbstmord einen ›um zu‹ Wunsch dar, einer durch den Verlust eines geliebten Menschen entstandenen unerträglichen Situation zu entkommen. Das ›weil‹ bezeichnet retrospektive Gründe, aus denen sich ein Subjekt so sehr einem anderen ausgeliefert hat, daß es ohne ihn nicht leben kann« (Baechler 1981, 259). Soziale Ursachen zählt Baechler in expliziter Abgrenzung zu Durkheim nicht zu den ›Weil-Motiven‹. Vielmehr seien es genetische Dispositionen für suizidale Handlungen, die sich als Lebensuntüchtigkeit manifestierten und die weder durch das ›soziale Milieu‹ noch durch früheste ›Kindheitserfahrungen‹ geprägt werden. Es gebe zwar keinen einzelnen »genetischen Selbstmordcode«, jedoch Lebensumstände, die diesen »zum Vorschein bringen« (Baechler 1981, 31). Ein wichtiges Indiz hierfür sieht Baechler in der Tatsache, dass Suizide in allen Gesellschaften von Minderheiten verübt werden. Welcher soziale Kontext jedoch genetische Dispositionen aktiviert – die Möglichkeit ihrer Identifizierung vorausgesetzt – lässt Baechler offen und kann damit weder temporäre Veränderungen der Suizidrate noch die internationale Schwankungsbreite von Suizidraten, auch wenn sie Minderheiten repräsentieren, erklären. Sein Ansatz beschränkt sich auf die Phänomenologie subjektiver Motive für suizidale Handlungen, ohne deren Ursachen, seien sie sozial oder genetisch, aufzuzeigen.

Nach der *ökonomischen Theorie* des Suizids erhöhen verringerte materielle Anreize die Suizidrate. Die Ökonomen Hamermesh und Soss (Hamermesh 1974; Hamermesh/Soss 1974) entwickelten ein theoretisches Modell auf der Grundlage neoklassischer mikroökonomischer Wahlhandlungstheorien. Unterstellt wird dabei die Maximierung des zukünftigen Nutzens für die Lebenszeit eines Individuums. Danach ist der zukünftige, d. h. auf den gegenwärtigen Zeitpunkt diskontierte Lebenszeitnutzen maßgeblich für das Auftreten von Suiziden. Er drückt sich im noch zu erwartenden Lebenseinkommen aus. Die Suizidrate steigt, wenn das zu erwartende Lebenseinkommen abnimmt. Tatsächlich stimmten die stringenten empirischen Analysen insofern mit dem Modell überein, als sich weiße Männer mit zunehmendem Alter häufiger suizidierten. Theoriekonträre Ergebnisse ergaben sich jedoch für jüngere Männer, die trotz höchster Einkommenserwartungen vergleichsweise hohe Suizidraten aufwiesen und generell für schwarze US-Amerikaner. Allerdings widerspricht bereits die Tatsache, dass Letztere sich trotz niedrigerer Einkommen seltener suizidieren als Weiße, den ökonomischen Prämissen. Sieht man von unrealistischen Modellannahmen korrekter oder überhaupt berechneter, also relevanter Einkommenserwartungen ab, wird eine identische Wahrnehmung und Bewertung verbleibender Lebenszeiteinkommen aller Individuen unterstellt (Lindner-Braun 2008). Kontrovers ist jedoch nach wie vor der Zusammenhang zwischen ökonomischen Faktoren und der Suizidrate (Webb/Kapur 2015, 197).

Während bei Durkheim strukturelle Kontexthypothesen fehlen, die erklären, warum Individuen auf dieselben sozialen Faktoren unterschiedlich reagieren, finden sich in der Theorie von Hamermesh und Soss keinerlei Kontextbedingungen. Aus Motivationstheorien sind solche Kontexthypothesen ableitbar. Man kann z. B. davon ausgehen, dass Suizidenten und Suizidversucher vor allem selbstwertungünstige Ursachenzuschreibungen für Erfolg und Misserfolg erlernt haben (Lindner-Braun 1990). Misserfolg auf eigene Unfähigkeit und Erfolg auf Glück zurückzuführen hat langfristig affektive und kognitive Beschränkungen bei der Suche nach Handlungsalternativen zum Suizid zur Folge. Die Ausblendung von Alternativen bedeutet subjektive Ausweglosigkeit. Informationen aus der sozialen Umgebung können jedoch ungünstige Erfolgs- und Misserfolgsinterpretationen außer Kraft setzen, obwohl gerade für moderne Gesellschaften mehrdeutige Rückmeldungen für die Ursachen von Erfolg und Misserfolg typisch sind. So lässt sich z. B. erklären, warum bestimmte Berufe mit begrenzten sozialen Austauschmöglichkeiten und Frauen in professionellen Berufen besonders suizidgefährdet sind oder warum sich umgekehrt Arbeitslose dann seltener suizidieren, wenn in ihrer unmittelbaren sozialen Umgebung Arbeitslosigkeit vorherrscht (Platt/Micciolo/Tansella 1992). Auch die französischen Soziologen Baudelot und Establet (2008) plädieren für eine Berücksichtigung individueller Gefährdungsfaktoren, ohne allerdings mikrotheoretisch fundierte Kontexthypothesen zu formulieren. Nach einer Durchsicht der Entwicklung internationaler Suizidraten kommen sie zu dem Schluss, dass in modernen Wohlfahrtsstaaten nicht nur materielle, sondern auch kulturelle und soziale Ressourcen ungleich verteilt sind, die veränderte Integrationsmilieus bedingen. Ältere und somit etablierte und obere Schichten würden dadurch begünstigt, während Jüngere neuen Unsicherheiten ausgesetzt seien.

### Literatur

Baechler, J.: *Tod durch eigene Hand. Eine wissenschaftliche Untersuchung über den Selbstmord.* Frankfurt a. M./Berlin 1981 (frz. 1975).

Baudelot, Ch./Establet, R.: *Suicide. The Hidden Side of Modernity.* Cambridge 2008 (frz. 2006).

Cutright, P./Stack, S./Fernquist, R.: Marital Status Integration, Suicide Disapproval, and Societal Integration as Explanations of Marital Status Differences in Female Age-Specific Suicide Rates.In: *Suicide and Life-Threatening Behavior* 37/6 (2007), 715–724

Douglas, J. D.: The Sociological Analysis of Social Meanings of Suicide. In: *Archives Européennes de Sociologie* 2 (1966), 249–275.

Durkheim, É.: *Le suicide* [1897]. Paris 1960, ²1967.

Durkheim, É.: *Der Selbstmord.* Neuwied/Berlin 1973 (frz. 1960, ²1967).

Fernquist, R.: How do Durkheimian Variables Impact Variation in National Suicide Rates when Proxies for Depression and Alcoholism are Controlled? In: *Archives of Suicide Research* 11 (2007), 361–374.

Gibbs, J. P./Martin, W. T.: *Status Integration and Suicide. A Sociological Study.* Eugene 1964.

Hamermesh, D. S.: The Economics in Black Suicide. In: *The Southern Economic Journal* 41 (1974), 188–199.

Hamermesh, D. S./Soss, N. M.: An Economic Theory of Suicide. In: *Journal of Political Economy* 82 (1974), 83–98.

Holinger, P. C./Offer, D.: Prediction of Adolescent Suicide. A Population Model. In: *American Journal of Psychiatry* 139 (1982), 302–307.

König, R. (Hg.): Einleitung. In: É. Durkheim: *Regeln der soziologischen Methode.* Darmstadt/Neuwied ⁵1976 (frz. 1895), 21–82.

Lindner-Braun, Ch.: *Soziologie des Selbstmords.* Opladen 1990.

Lindner-Braun, Ch.: Die geringere Suizid- und höhere Suizidversuchsbelastung von Frauen. Auflösung eines Paradoxons aus soziologischer Sicht. In: J.-H. Mauthe (Hg.): *Krankheit und Geschlecht.* Sternenfels 1999, 39–77.

Lindner-Braun, Ch.: Kritik einer ökonomischen Theorie des Suizids. In: A. Diekmann/K. Eichner/P. Schmidt/Th. Voss (Hg.): *Rational Choice. Theoretische Analysen und empirische Resultate. Festschrift für Karl-Dieter Opp zum 70. Geburtstag.* Opladen 2008, 245–264.

Pampel, F. C.: Cohort Size and Age-specific Suicide Rates. A Contingent Relationship. In: *Demography* 33 (1996), 341–355.

Pampel, F. C./Peters, H. E.: The Easterlin Effect. In: *Annual Review of Sociology* 21 (1995), 163–194.

Pescosolido, B. A./Georgianna, S.: Durkheim, Suicide, and Religion: Toward a Network Theory of Suicide. In: *American Sociological Review* 54 (1989), 33–48.

Platt, St./Micciolo, R./Tansella M.: Suicide and Unemployment in Italy. Description, Analysis and Interpretation of Recent Trends. In: *Social Science and Medicine* 34 (1992), 1191–1201.

Preston, S. H.: Children and the Elderly. Divergent Paths for America's Dependents. In: *Demography* 21 (1984), 435–457.

Stack, St.: A 15-year Review of the Sociological Literature. Part II: Modernization and Social Integration Perspectives. In: *Suicide and Life-Threatening Behavior* 30 (2000), 163–176.

Stack, St./Kposowa, A. J.: Sociological Perspectives on Suicide. In: R. C. Connor/J. Pirkis (Hg.): *The International Handbook of Suicide Prevention.* Oxford/Chichester ²2016, 241–257.

Poppel, F. van/Day, L. H.: A Test of Durkheim's Theory of Suicide – without Committing the ›Ecological Fallacy‹. In: *American Sociological Review* 61 (1996), 500–507.

Stafford, M. C./Gibbs, J. P.: Change in the Relation between Marital Integration and Suicide Rates. In: *Social Forces* 66 (1988), 1060–1079.

Webb, R. T./Kapur, N.: Suicide, unempoloyment, and the effect of economic recession. In: *The Lancet Psychiatry* 2/3 (2015), 196–197

### Weiterführende Literatur

Boudon, R./Bourricaud, F.: Selbstmord. In: Dies.: *Soziologische Stichworte. Ein Handbuch.* Opladen 1992 (frz. 1982), 451–457.

Chang, S. S./Stuckler, D./Yip, P./Gunnell, D.: Impact of 2008 global economic crisis on suicide: time trend study in 54 countries. In: *British Medical Journal* 347 (2013), f5239

Kuramoto, S. J./Wilcox, H. C./Latkin C. A.: Social Integration and Suicide-Related Ideation from a Social Network Perspective: A Longitudinal Study among Inner-City African Americans. In: *Suicide and Life-Threatening Behavior* 43/4 (2013), 366–378.

Lester, D.: *Suicide from a Sociological Perspective.* Springfield 1989.

Maris, R. W.: Social Suicide. In: *Suicide and Life-Threatening Behavior* 27 (1997), 41–49.

Stack, St.: A 15-year Review of the Sociological Literature. Part I: Cultural and Economic Factors. In: *Suicide and Life-Threatening Behavior* 30 (2000b), 45–162.

*Christa Lindner-Braun*

# 60 Selbsttötung – philosophisch

Im Rahmen philosophischer Ethik kann der Akt der Selbsttötung wie jede andere Handlung auch grundsätzlich aus zwei unterschiedlichen Perspektiven betrachtet werden: Aus der *individualethischen* Perspektive wird ein Handeln daraufhin beurteilt, ob es für das persönliche Glück oder das gute Leben des Einzelnen förderlich ist (60.1). In *sozialethischer* Hinsicht hingegen bemisst sich der Wert einer Handlung daran, ob der Handelnde neben seinen eigenen Interessen auch die Interessen der von seinen Handlungen Betroffenen angemessen berücksichtigt (60.2). In Kapitel 60.3 geht es um die Frage, ob der einzelne Mensch ein Recht auf Suizid hat, danach um die neueren ethischen Probleme der Suizidbeihilfe (60.4) und -verhütung (60.5).

## 60.1 Die Suizidhandlung als individualethisches Problem

Die Beschäftigung mit der Art und dem Zeitpunkt des eigenen Todes ist zweifellos ein Teil der persönlichen Lebensgestaltung. In der Regel entscheidet sich ein Mensch nur dann für den eigenen Tod, wenn er der Meinung ist, die Übel in seinem Leben würden die Güter derart überwiegen, dass ein für ihn lebenswertes Leben nicht mehr möglich sei. Dagegen hat man folgende individualethische Argumente in Anschlag gebracht:

*Das Argument der Widernatürlichkeit:* Die Selbsttötung sei ethisch grundsätzlich abzulehnen, weil sie wider- oder unnatürlich sei. Dabei ist aber der Begriff ›wider-‹ oder ›unnatürlich‹ klärungsbedürftig. Zum einen kann damit gemeint sein, ›unnatürlich‹ sei alles, was in der Natur nicht vorkommt oder den Naturgesetzen widerspricht. Dann lässt sich die These empirisch leicht mit dem Hinweis auf die tatsächlich vorkommenden Selbsttötungen widerlegen. Zum anderen kann man mit ›widernatürlich‹ meinen, etwas stehe im Widerspruch zur ›eigenen Natur‹, d. h. zum natürlichen Selbsterhaltungstrieb. Nach Spinoza z. B. strebt jeder Mensch nach Selbsterhaltung und kann nur durch äußere Ursachen vernichtet werden (Spinoza 1977, 271). Auch Kant sieht einen Widerspruch zwischen dem teleologischen Trieb zur Selbsterhaltung und der Selbstvernichtung (Kant 1968, 421 f.). Empirisch nachweisbar ist ein solcher ›Selbsterhaltungstrieb‹ allerdings nicht, sondern nur einzelne physiologische Triebe nach Nahrung oder Sexualität (Wittwer 2003, 54 ff.). Zudem zeichnet sich der Mensch gerade dadurch aus, dass er sich zu seiner eigenen triebhaften Natur verhalten kann. Eine naturalistische Anthropologie, die den Menschen auf das Generalziel der Selbsterhaltung festlegt, ist daher abzulehnen.

*Das Argument der Selbstwidersprüchlichkeit:* Dieses Argument ist in mindestens drei Varianten anzutreffen. Der Suizident verwickle sich z. B. in einen Widerspruch, indem er aus Freiheit handeln wolle, durch sein Handeln aber gerade die Möglichkeit freien Handelns vernichte (Holderegger 2003, 18). Wenn man jedoch die Zeiträume vor und nach dem Suizid unterscheidet, entfällt der Widerspruch: Während der Suizident vor dem Tod frei handelt, kann es nach dem Tod weder Freiheit noch Unfreiheit geben (Wittwer 2003, 144 f.). In der Regel will sich ein Suizident auch nicht töten, um mehr Freiheit zu erlangen oder seine Freiheit unter Beweis zu stellen. Er bringt sich vielmehr um, weil sein Freiheitsspielraum sich derart verengt hat, dass er kein erträgliches Leben mehr führen kann. Camus erblickt den Widerspruch zwischen dem wesensmäßigen Sinnstreben eines Menschen und dem Auslöschen der Bedingungen des Sinnstrebens durch die Vernichtung des eigenen Lebens (Camus 2000, 73). Und Kant sieht den Widerspruch zwischen dem Streben des Suizidenten nach Glück und der Beendigung seines Lebens, das doch die notwendige Bedingung des Glücksstrebens darstellt. Tatsächlich ist davon auszugehen, dass alle Suizidenten sich im Grunde ein glückliches Leben unter besseren Umständen wünschen (vgl. Schopenhauer 1986, § 69) und dass sie sich mit der Selbsttötung jeder Chance auf ein sinnvolles und glückliches Leben berauben. Der scheinbare pragmatische Selbstwiderspruch verschwindet jedoch, wenn man die von Kant erwähnte Einschränkung berücksichtigt: Nur wo die Übel überhandnehmen und kaum mehr Hoffnung auf eine Befriedigung des Glücksstrebens besteht, soll diesem Streben ein Ende gesetzt werden.

*Das Irrtums-Argument:* Individualethisch gesehen, wird der Suizid oft verworfen, weil die Gefahr sehr groß sei, dass der Einzelne sich in der Einschätzung seiner Lebensmöglichkeiten täuschen könne. Dies sei deswegen so gravierend, weil der Akt der Selbsttötung irreversibel ist. Ein Irrtum kann zunächst bezüglich der theoretischen Meinungen unterlaufen, die dem Suizidwunsch zugrunde liegen (Battin 1982, 135 ff.). In Frage kommen also Meinungen über sich selbst, die eigene Lebenssituation und die eigenen Zukunftsperspektiven. So kann sich jemand über seinen Gesund-


H. Wittwer/D. Schäfer/A. Frewer (Hg.), *Sterben und Tod. Ein interdisziplinäres Handbuch 2. Auflage*,
https://doi.org/10.1007/978-3-476-05761-7_60

heitszustand täuschen, weil er sich einbildet, an Krebs erkrankt zu sein. Solche Verzerrungen können durch psychische Störungen, akute Verzweiflungssituationen oder inadäquate Informationen zustande kommen und zu irrationalen Suizidhandlungen führen. Täuschen kann man sich auch darüber, dass ein glückliches Leben unter den gegebenen Bedingungen nicht mehr möglich ist. Oft entscheidet sich jemand für den eigenen Tod, weil er glaubt, wichtige Lebensziele nicht erreichen zu können, ohne die er nicht glücklich werden könne (Battin 1982, 146 ff.). Möglicherweise blendet ein verzweifelter Mensch aber infolge des für depressive Persönlichkeiten typischen Tunnel-Blicks mögliche positive Handlungsziele aus oder übersieht, dass diese nicht erreichbaren Ziele grundsätzlich kompensierbar sind. Man rekurriert in diesem Zusammenhang in der Philosophie häufig auf die Figur des neutralen Beobachters, der die gesamte Lebenssituation überblickt und über sehr viel Lebenserfahrung verfügt, so dass er Vergleiche mit Menschen in ähnlichen Lebenssituationen anstellen kann (Baechler 1981, 159). Oft ist der Suizid auch deswegen irrational, weil er ein ungeeignetes Mittel für das darstellt, was der Sterbewillige damit erreichen will. So gibt es z. B. viele Suizidenten, die ihr soziales Umfeld manipulieren wollen: Beim *Appell*suizid als Hilferuf an menschliche Bindungen beispielsweise möchte man von den Mitmenschen mehr Zuwendung erlangen, indem man ihnen mit der eigenen Selbstauflösung einen Schaden (Trauer über den Verlust, Gewissensbisse) zufügt. Irrational ist ein solches Handeln, weil man von den anderen die ersehnte Zuneigung gar nicht mehr entgegennehmen kann, wenn der Suizid gelingt. Auch wenn sich ein Suizident nach *Ruhe* oder einem *besseren Leben* sehnt, weil ihm die nötigen Kräfte zur Bewältigung schwieriger Lebenssituationen fehlen, wären andere Mittel wie eine Aus-Zeit, eine Therapie oder meditative Techniken sicherlich rationaler als ein ernsthafter Suizidversuch. Ein Suizid kann allerdings auch eine *Flucht* aus einer hoffnungslosen, ausweglosen Leidenssituation darstellen, wie es bei einer großen Zahl der Suizidenten der Fall sein dürfte: Wo sich eine Lebenssituation vom neutralen Beobachterstandpunkt aus in sämtlichen Lebensbereichen unaufhaltsam und irreversibel verengt und einen auch langfristig gesehen nicht stillbaren physischen Schmerz oder psychischen Leidensdruck erzeugt, scheint ein Suizidentschluss rational zu sein. Eine solche hoffnungslose Situation dürfte oftmals bei einer schweren und unheilbaren physischen oder psychischen Erkrankung vorliegen.

## 60.2 Die Suizidhandlung als sozialethisches Problem

Da eine Suizidhandlung oft die Interessen anderer Menschen tangiert, kann sie auch ein sozialethisches Problem darstellen.

*Das Argument des sozialen Eigentums:* Im Anschluss an Aristoteles hat Thomas von Aquin (1953, 165) gegen den Suizid eines Menschen eingewendet, dieser sei Teil der Gemeinschaft und ›gehöre‹ damit der Gemeinschaft. Dieser Schluss ist aber höchst zweifelhaft. Ein Eigentums- und Verfügungsrecht der Gemeinschaft könnte nur dadurch legitimiert werden, dass sie ihre Mitglieder durch Hervorbringung, Erbschaft oder Ankauf ›erworben‹ hätte (Wittwer 2003, 346). Dies ist jedoch nicht der Fall.

*Das Argument gegenseitiger sozialer Verpflichtungen:* Im Unterschied zu Thomas von Aquins Eigentumsmodell deuten Hume, Montesquieu und d'Holbach die soziale Realität nach dem Modell gegenseitiger Verpflichtungen. Unter diesem Gesichtspunkt darf man nach Hume eine solche Wechselseitigkeit jedoch auch jederzeit wieder auflösen: Wer aus dem Leben scheidet, höre zwar genauso wie ein Auswanderer auf, der Gesellschaft Gutes zu tun, empfange von ihr aber auch keine Wohltaten mehr. Außerdem sei niemand dazu verpflichtet, der Gesellschaft ein geringfügiges Gutes auf Kosten eines großen Übels zu erweisen – ja mehr noch: Utilitaristisch betrachtet, wäre die Selbsttötung in all jenen Fällen, in denen jemand infolge von Alter, Krankheit oder Verbrechen der Gesellschaft zur Last geworden ist, »nicht nur schuldlos, sondern lobenswert« (Hume 2000, 97 f.). Mit Diderot, der sämtliche soziale Bindungen analog zu Vertragsverhältnissen interpretiert, ließe sich gegen dieses Argument gegenseitiger Verpflichtungen grundsätzlich einwenden, die freiwillig eingegangenen Verhältnisse dürften nur im gegenseitigen Einverständnis, nicht aber einseitig durch den Suizidenten wieder gelöst werden (Diderot 1961, 304).

*Das Argument gegenseitiger Rücksichtnahme:* Sozialethisch verwerflich ist eine Selbsttötung da, wo Rechte oder berechtigte Interessen anderer Menschen verletzt werden oder gegen freiwillig übernommene Verpflichtungen gegenüber nahestehenden Personen verstoßen wird (Cosculluela 1995, 47). Rücksichtslos wäre ein Suizid mit den Zielen Mord, Rache oder Erpressung, weil dabei die Rechte auf Leben und persönliche Integrität missachtet werden. Neben Verletzungen von spezifischen Pflichten wie etwa der Fürsorgepflicht einer Mutter gegenüber ihren Kindern können die Interessen der Hinterbliebenen darüber hinaus in vielfältigster Form tangiert sein: Oft erleiden diese nicht nur psychische Schäden in Form von Trauer und Schuldgefühlen, sondern auch praktische Nachteile wie materielle Not. Gemäß dem sozialethischen Prinzip gegenseitiger Rücksichtnahme müsste der eigene Leidensdruck sorgfältig abgewogen werden gegen die Nachteile seitens der Hinterbliebenen (Cosculluela 1995, 63; Birnbacher 1990, 406). Wer sich in größter sozialer Isolation das Leben nimmt, wird allerdings höchstens auf die Finder seiner Leiche Rücksicht nehmen müssen.

## 60.3 Recht auf Suizid

In der Gegenwart sprechen einige Philosophen jedem Menschen ein moralisches ›Recht‹ auf den Suizid zu. ›Recht‹ wird dabei nicht in einem juristischen Sinn als Anspruch des Individuums gegenüber dem Staat verstanden, sondern im Sinn von ›moralischer Zulässigkeit‹: Die Suizidhandlung sei moralisch weder verboten noch geboten (Pieper 1999, 268 f.; Wittwer 2003, 339 f.). Dieses Recht wird meist unmittelbar aus dem Recht auf Selbstbestimmung abgeleitet. Es kann allerdings nicht unbegrenzt gelten, da es seine Grenzen an den sozialethischen Gründen gegen einen Suizid finden kann. Darüber hinaus gibt es oft individualethische Gründe, die gegen eine Selbsttötung sprechen. Statt das Argument der Selbstbestimmung in der Suiziddebatte zu überziehen und wie Améry ein unveräußerliches Menschenrecht auf Suizid einzufordern (Améry 1976, 62), ist daher eher davon auszugehen, dass nur derjenige Suizid ethisch erlaubt ist, der auf einer rationalen Entscheidung nach einer sorgfältigen Abwägung aller genannten Argumente beruht.

## 60.4 Beihilfe zum Suizid

Seit dem 20. Jh. wird vermehrt die Frage aufgeworfen, ob es nicht auch ein Recht auf Suizidbeihilfe geben müsste, wenn es doch ein Recht auf den eigenen Suizid gibt (Saner 2003, 61). Gemeint ist oft sowohl ein moralisches als auch juristisches Recht. Die entsprechenden Forderungen werden vor allem deswegen immer lauter, weil durch gezieltes Austrocknen der Suizidmethoden (wie Entgiftung des Hausgases) oder technische Neuerungen bei Pharmazeutika (keine letale Wirkung bei Überdosis) der Gebrauch des Rechts auf die Selbsttötung zunehmend erschwert wird (Kamlah 1976, 23 f.). Selbst wenn man das Recht auf Suizid als ›Freiheitsrecht‹, d. h. als negative Freiheit von Hindernissen deutet, scheinen daher nur noch privilegierte Personen wie das medizinische Fachpersonal über die Möglichkeit zu verfügen, von ihrem Freiheitsrecht Gebrauch zu machen. Besonders betroffen sind natürlich auch bewegungsunfähige Sterbewillige, die vollständig auf fremde Hilfe angewiesen sind. Wer das Recht auf Suizid statt als Freiheitsrecht als positives ›Anspruchsrecht‹ auf konkrete staatliche Leistungen begreift, fordert vom Staat von vornherein das Bereitstellen einer sicheren, risiko- und schmerzfreien Suizidmethode.

Während viele Philosophen und Juristen aufgrund des ›Prinzips Selbstbestimmung‹ für ein liberales Modell der Suizidbeihilfe plädieren, lehnen die meisten Mediziner, Pflegepersonen und Sozialarbeiter die Beihilfe im Zeichen des ›Prinzips Fürsorge‹ ab: Wenn man kranken und leidenden Menschen Suizidbeihilfe statt Fürsorge anbiete, führe dies zu einer Verantwortungsreduktion und einer Entlastung im sozialen Umfeld. Tatsächlich handelt es sich hier aber gar nicht um ein Argument gegen die moralische Legitimität der Suizidbeihilfe, weil die Prinzipien ›Selbstbestimmung‹ und ›Fürsorge‹ nicht sinnvoll gegeneinander ausgespielt werden können. Auch für Befürworter der Suizidbeihilfe steht in der Regel außer Frage, dass humanitäre Hilfe in Form bestmöglicher Palliativmedizin und menschlicher Zuwendung Priorität vor der Suizidbeihilfe haben soll. Wo es trotz aller Bemühungen nicht mehr gelingt, die Lebensbedingungen der Sterbewilligen so umzugestalten, dass der Suizidwunsch verschwindet, scheint die Suizidbeihilfe aber ein Gebot der Fürsorge zu sein (Pieper 1999, 272).

Die meisten Argumente gegen die Suizidbeihilfe in der gegenwärtigen Debatte richten sich nicht gegen einzelne Handlungen der Beihilfe, sondern gegen die gesellschaftliche Akzeptanz und Institutionalisierung dieser Praxis. Man macht auf die Gefahr des Missbrauchs infolge ökonomischer Interessen am ›Geschäft mit dem Tod‹ aufmerksam, auf die Gefahr des sozialen Drucks auf ältere und behinderte Menschen, die sich durch die Abwertung alten und behinderten Lebens in den Suizid gedrängt sehen, oder auf die Gefahr einer unaufhaltsamen Ausweitung der einmal gesetzten Grenzen der Beihilfe (anfänglich nur in Ausnahmefällen bei Schwerstkranken, dann bei psychisch Kranken, Behinderten, Alten etc.). Die letzteren sogenannten *Dammbruchargumente* sind aber schwache Argumente, weil solche Zukunftsprognosen prinzipiell unsicher sind. Diese Argumente stellen keine prinzipiellen Einwände gegen die Suizidbeihilfe dar, sondern nur gegen eine unkontrollierte und willkürliche Praxis. Es müsste also gelingen, dank strenger staatlicher Kontrolle entsprechender institutioneller Einrichtungen die benannten Gefahren zu bannen. Zu prüfen wäre der Ausschluss eigennütziger Motive und die Wahrung höchster Sorgfaltspflicht bei der Abklärung, ob der Suizidentscheid rational und mitmenschliche Hilfe ausgeschlossen ist. Zudem wäre in öffentlichen Diskussionen Toleranz und Solidarität gegenüber denjenigen zu fördern, die trotz widriger Lebensumstände weiterleben möchten.

## 60.5 Suizidverhütung

Neueren Datums ist auch das Problem der Suizidverhütung. Es verdankt seine Aktualität der zunehmenden Institutionalisierung der Suizidprävention, dem systematischen ›Austrocknen‹ der gängigen Suizidmethoden und den gesteigerten medizinisch-technischen Möglichkeiten, Menschen nach einem Suizidversuch am Leben zu erhalten. Ethisch legitim sind zweifellos alle Maßnahmen der Primärprävention zur Verhütung von erstmaligen Suizidversuchen, welche die Lebensqualität etwa durch eine breite psychologische Versorgung der Bevölkerung oder die Förderung intakter Familienstrukturen verbessern. Auch Sekundär- und Tertiärpräventionen bei Menschen mit suizidalen Gedanken oder nach Suizidversuchen sind ethisch zu billigen, soweit es sich um das Angebot von Gesprächen oder Therapien handelt. Die Anwendung von tätlicher Gewalt oder psychischem Druck lässt sich hingegen nur rechtfertigen, wenn eine der folgenden Bedingungen erfüllt ist: Entweder ist die suizidale Person offenkundig urteilsunfähig oder geht von falschen Informationen über ihre Handlungs- oder Lebenssituation aus, oder aber es ist nichts bekannt über ihre Lebensbedingungen und ihre psychische Verfassung. Dank einem institutionalisierten Angebot der Suizidbeihilfe ließe sich möglicherweise die Zahl der Suizide, die in Isolation von anderen Menschen geplant und ausgeführt werden, verringern und damit auch die Gefahr reduzieren, dass Menschen an einem rationalen, ethisch legitimen Suizid gehindert werden und an den Folgen der ›Zurückholung‹ leiden müssen.

### Literatur


Améry, J.: *Hand an sich legen. Diskurs über den Freitod.* Stuttgart 1976.

Baechler, J.: *Tod durch eigene Hand. Eine wissenschaftliche Untersuchung über den Selbstmord.* Frankfurt a. M./Berlin u. a. 1981 (frz. 1975).

Battin, M. P.: *Ethical Issues in Suicide.* Eaglewood Cliffs 1982.

Birnbacher, D.: Selbstmord und Selbstmordverhütung aus ethischer Sicht. In: A. Leist (Hg.): *Um Leben und Tod. Moralische Probleme bei Abtreibung, künstlicher Befruchtung, Euthanasie und Selbstmord.* Frankfurt a. M. 1990, 395–422.

Camus, A.: *Der Mythos des Sisyphos.* Reinbek 2000 (frz. 1942).

Cosculluela, V.: *The Ethics of Suicide.* New York/London 1995.

Diderot, D.: Erhaltung. In: Ders.: *Philosophische Schriften.* Erster Bd. Berlin 1961, 304–305.

Holderegger, A.: Der Suizid – Ein Recht auf den freigewählten Tod? In: G. Brudermüller/Ders. (Hg.): *Suizid und Sterbehilfe.* Würzburg 2003, 9–39.

Hume, D.: Über Selbstmord. In: Ders.: *Die Naturgeschichte der Religion.* Hamburg 2000, 89–99.

Kamlah, W.: *Meditatio Mortis. Kann man den Tod ›verstehen‹, und gibt es ein ›Recht auf den eigenen Tod‹?* Stuttgart 1976.

Kant, I.: *Grundlegung zur Metaphysik der Sitten* [1785]. Akademie-Ausgabe. Bd. IV. Berlin 1968.

Pieper, A.: Lässt sich der Suizid ethisch rechtfertigen? In: J. Küchenhoff (Hg.): *Selbstzerstörung und Selbstfürsorge.* Giessen 1999, 257–273.

Saner, H.: Gibt es eine Freiheit zum Tode? In: P. Mösli u. a. (Hg.): *Suizid ...? Beziehungen und die Suche nach Sinn.* Zürich 2003, 57–62.

Schopenhauer, A.: *Die Welt als Wille und Vorstellung* [1819]. Bd. 1. Frankfurt a. M. 1986.

Spinoza, B. de: *Die Ethik.* Stuttgart 1977 (lat. 1677).

Thomas von Aquin: *Summa theologica* [13. Jh.]. Bd. 18. Heidelberg/München 1953.

Wittwer, H.: *Selbsttötung als philosophisches Problem. Über die Rationalität und Moralität des Suizids.* Paderborn 2003.


### Weiterführende Literatur


Battin, M. P. (Hg.): *The Ethics of Suicide: Historical Sources.* Oxford/New York 2015.


*Dagmar Fenner*

# 61 Sterbefasten – medizinisch-pflegewissenschaftlich

Der freiwillige Verzicht auf Nahrung und Flüssigkeit (FVNF), auch als Sterbefasten bekannt, stellt eine Option dar, den Zeitpunkt des Todes vorzeitig herbeizuführen oder das Sterben zu beschleunigen. Berichte aus der Antike weisen auf eine lange Tradition hin, den Zeitpunkt des Todes selbst zu bestimmen. Im aktuellen Zeitgeist gewinnt der FVNF als Ausdruck von Selbstbestimmung am Lebensende zunehmend an Relevanz (Birnbacher 2015; Chabot/Goedhart 2009; Zimmermann/Zimmermann 2019). Bisherige Definitionen gingen bei der Entscheidung, den FVNF zu wählen, von einer entscheidungsfähigen, aufgeklärten Person aus, die bewusst die Aufnahme von Nahrung und Flüssigkeit stoppt, mit der Absicht, die Lebenszeit zu verkürzen, um sich somit von unakzeptablen Leiden zu erlösen (Ivanović/Büche/Fringer 2014). Zunehmend wird der FVNF jedoch auch in Kombination mit palliativer Sedierung thematisiert (Quill/Byock 2000) und als Option für Menschen mit Demenz diskutiert (Tarzian 2019; Pope 2019; Christenson 2019). Was bisher kaum in der Literatur thematisiert wird ist, dass die Betroffenen auf die Unterstützung und Begleitung von Angehörigen, Pflegepersonal und Ärzt/innen angewiesen sind (Lachman 2015) und insbesondere in den letzten Lebenstagen von Betreuung und Pflege abhängig sind (Stängle/Schnepp/Fringer 2018).

Der medizinische und pflegerische Auftrag in der Begleitung einer Person beim FVNF ist stark davon abhängig, ob sich die betroffene Person noch in der Entscheidungsphase befindet oder den FVNF bereits begonnen hat. Zudem ist es auch abhängig vom sozialen Umfeld der sterbewilligen Person. Grob skizziert kann der Verlauf des FVNF in vier Phasen eingeteilt werden, die anhand theoretischer Grundlagen im Bereich Palliative Care abgeleitet wurden (s. Abb. 61.1). Für eine umfassende palliative Versorgung während des FVNF empfiehlt es sich, die Betroffenen sowohl mittels des biopsychosozial-spirituellen Modells (Engel 1992; Sulmasy 2002) einzuschätzen, als auch die Betreuung durch Gesundheitsfachpersonen unter Berücksichtigung des sogenannten SENS-Modell (Eychmüller 2012) zu strukturieren. Das SENS-Modell berücksichtigt die Aspekte Symptommanagement (S), Entscheidungsfindung (E), Aufbau eines Netzwerkes (N) und Support für Angehörige (S). Auf dieser Grundlage kann eine professionelle palliative Betreuung im gesamten Verlauf des FVNF gewährleistet werden. Im Folgenden werden die Phasen 1 bis 4 näher beschrieben:

*Phase 1:* Die erste Phase deckt den Prozess des aufkommenden Sterbewunsches einer Person bis hin zur Festlegung, den FVNF in die Tat umzusetzen, ab. Die Beweggründe, sich für den FVNF zu entscheiden, sind vielfältig. Die Person kann unter den Symptomen einer zugrundeliegenden Krankheit (z. B. Schmerzen, geringe Lebensqualität) oder an quälender Müdigkeit und Erschöpfung leiden, zudem wird die drohende Abhängigkeit, verknüpft mit dem Verlust der Autonomie, als Beweggrund angegeben. Auf spiritueller Ebene ist das Gefühl der Lebensmüdigkeit und der Sinnlosigkeit des Lebens hervorzuheben (Bolt/Hagens/Willems u. a. 2015; Stängle/Schnepp/Büche u. a. 2019). Die sterbewillige Person kann zwar ihren Sterbewunsch bereits mit einer vertrauten Person besprechen oder diesen direkt an Gesundheitsfachpersonen richten, darunter meist Hausärzt/innen sowie Pflegende der ambulanten oder Langzeitpflege, dennoch ist dies ein Entscheidungsprozess, der lange Zeit in den Betroffenen bis zur endgültigen Durchführung reift. Nicht jede Person kommuniziert ihren Sterbewunsch offen, aber kann implizit zusehends die Nahrungsaufnahme einstellen (Stängle/Schnepp/Fringer 2019). In jedem Fall ist das Gespräch mit der Person und deren Angehörigen zu suchen und der geäußerte Sterbewunsch ernst zu nehmen.

In dieser ersten Phase ist das Symptommanagement von zentraler Bedeutung. Es muss überprüft werden, inwieweit die Lebensqualität der betroffenen Person aufgrund krankheitsbedingter Umstände eingeschränkt ist; es sollte weiterhin überprüft werden, ob alle Maßnahmen ergriffen wurden, um mögliche Leiden zu lindern (Radbruch/Münch/Maier 2019). Abwendbare Probleme sollen kein Beweggrund für diese schwerwiegende Entscheidung sein. Eine medizinische Abklärung der Urteilsfähigkeit der Person

Abb. 61.1 Phasenverlauf des FVNF


H. Wittwer/D. Schäfer/A. Frewer (Hg.), *Sterben und Tod. Ein interdisziplinäres Handbuch 2. Auflage*,
https://doi.org/10.1007/978-3-476-05761-7_61

wird zumeist am Ende des Prozesses in der ersten Phase eine Rolle spielen (Aebi-Müller 2015). Ist die Person entscheidungskompetent und hat, nachdem jegliche Alternativen besprochen wurden, noch immer den expliziten Wunsch zu sterben, muss eine medizinische und pflegerische Versorgung sichergestellt werden. Wichtig ist, dass spätestens zu diesem Zeitpunkt eine Zusammenarbeit zwischen dem medizinischen und pflegerischen Personal aufgebaut wird, um die Person im Verlauf des FVNF professionell begleiten zu können (Fringer/Stängle/Meichlinger u. a. 2019). Insbesondere im Verlauf des FVNF ist ein adäquates Symptommanagement im Sinne einer palliativmedizinischen Betreuung sicherzustellen. Die mit der Durchführung des FVNF aufkommende und sich verstärkende Pflegebedürftigkeit muss in Betracht gezogen und die Person entsprechend professionell versorgt werden können (Stängle/Schnepp/Fringer 2018). Es soll hier betont werden, dass es nicht zu den Pflichten einer Gesundheitsfachperson gehört, eine sterbewillige Person in ihrem Handeln zu begleiten. Jede Fachperson muss sich frei zu dieser Begleitung entscheiden dürfen (Weber 2007).

*Phase 2:* In der zweiten Phase weiht die sterbewillige Person ihr soziales Umfeld in die Entscheidung ein. Aufgrund der damit verbundenen Diskussionen wird der Entscheidungsprozess rekapituliert und ein zweites Mal durchlaufen. Es geht in dieser Phase primär darum, eine kontinuierliche Betreuung während des gesamten Verlaufs sicherzustellen. Häufig kann eine Rundumbetreuung im häuslichen Kontext durch professionelle Gesundheitsfachpersonen nicht gewährleistet werden (Wax/An/Kosier u. a. 2018). Hauptgrund ist die Finanzierung begleitender und pflegerischer Dienste. Aus diesem Grund sind die Betroffenen auf die Unterstützung ihrer Angehörigen angewiesen. Des Weiteren geht es auch darum, dass die betroffene Person ihren geliebten Menschen den ausdrücklichen Sterbewunsch mitteilt und ihr Vorhaben schildern kann. Für die Angehörigen ist es zumeist ein sehr schmerzhafter Prozess, bis sie den Sterbewunsch akzeptieren und deren Begleitung zustimmen können. Sämtliche Bedenken, Ängste und Sorgen aller involvierten Personen müssen aufgenommen und besprochen werden (Saladin/Schnepp/Fringer 2018). Im besten Fall erfolgen die Gespräche an einem runden Tisch im interprofessionellen Team. Für diejenigen, die nicht an den Gesprächen teilnehmend konnten, sollte ein Protokoll mit den wichtigsten Punkten geführt und zum Nachlesen bereitgestellt werden. Wie auch schon bei den Gesundheitsfachpersonen, muss auch den Angehörigen freigestellt sein, sich bei der Begleitung einzubringen oder diese zu verweigern.

*Phase 3:* Sobald alle Akteure, die an der Begleitung des Betroffenen beteiligt sind, über das Vorhaben informiert wurden und eingewilligt haben, an der Begleitung mitzuwirken, werden konkrete Vorbereitungen zur Umsetzung getroffen.

Von Seiten des Betroffenen ist es sinnvoll, die Entscheidungen über die gewünschte gesundheitliche Versorgung in einer Patientenverfügung festzuhalten (Birnbacher 2015; Lachman 2015). Von Seiten der Angehörigen sollten Absprachen getroffen werden, um eine durchgehende Betreuung zu gewährleisten.

Die Aufgabe der behandelnden Gesundheitsfachpersonen ist es, die betroffene Person und deren Angehörige auf die terminale Phase vorzubereiten (Bolt/Hagens/Willems u. a. 2015; Klein Remane/Fringer 2013; Chargot/Rosielle/Marks 2019). Es ist wichtig, den langen Sterbeprozess von durchschnittlich drei Wochen zu thematisieren (Bolt/Hagens/Willems u. a. 2015; Stängle/Schnepp/Büche u. a. 2019), welcher sich auch mühsam gestalten kann und Kraft und Ausdauer benötigt (Birnbacher 2015). Entscheidungen über die bestehende Medikation müssen durch den behandelnden Arzt mit der betroffenen Person thematisiert und gefällt werden. Soll die bestehende Medikation fortgesetzt, heruntergesetzt oder abgebrochen werden? Ein gezieltes Symptommanagement muss gewährleistet sein. Im Weiteren ist es notwendig, über mögliche unerwünschte Begleiterscheinungen zu reden, die im Verlauf des FVNF vorkommen können (Radbruch/Münch/Maier 2019). Darunter fällt beispielsweise das Problem, insbesondere im späteren Verlauf des FVNF, einen deliranten Zustand zu entwickeln, in welchem es vorkommen kann, dass die sterbewillige Person nach Essen und Trinken verlangt (Gärtner/Müller 2018). Da sich solche Zwischenfälle nicht verhindern lassen, ist es im Vorfeld notwendig, über diese belastenden Momente zu sprechen, um insbesondere Angehörige darauf vorzubereiten. Zudem wird angeraten, eine Entscheidung zu fällen, wie in solchen Situationen reagiert werden soll. Die Pflegenden haben die Aufgabe, die betroffene Person und ihre Angehörigen in pflegerischen Maßnahmen anzuleiten, wobei der Fokus zentral auf der Mundpflege und Dekubitusprophylaxe liegen sollte (Bernat/Gert/Mogielnicki 1993; Lachman 2015; Radbruch/Münch/Maier 2019). Für Notfälle sollten die Fragen der Erreichbarkeit geklärt sein und die Telefonnummern von allen beteiligten Gesundheitsfachpersonen vorliegen.

*Phase 4:* Die vierte und letzte Phase ist in zwei Teilphasen aufgeteilt und betrifft den Prozess des FVNF an sich. Die Teilphasen sind wichtig, da der Beginn des FVNF in der Anfangsphase noch ohne weitere Konsequenzen abgebrochen werden kann. In den ersten Tagen erleidet die Person kaum einen physischen Schaden. Insbesondere in der zweiten Woche stellt sich zunehmend eine Vergiftungserscheinung ein, wenn die Nieren nicht mehr in der Lage sind, die Harnstoffe auszuscheiden. Ab wann sich der kritische Zeitpunkt einstellt, ist nicht bekannt und ohnehin vom Gesundheitszustand und den zugrundeliegenden Erkrankungen der betroffenen Person abhängig. Somit ist ab der zweiten Teilphase ein Umkehren, also ein Abbrechen des FVNF, nicht mehr ohne physischen Schaden möglich. Sobald der Sterbeprozess eingesetzt hat, ist ein Umkehren nicht mehr möglich, auch wenn die sterbewillige Person wieder Nahrung aufnehmen würde (Chabot/Goedhart 2009). Betroffene und Angehörige können vor allem zu Beginn des FVNF die Möglichkeit nutzen, den Entscheidungsprozess zu festigen, voneinander Abschied zu nehmen und mögliche Themen zu klären. Während das Hungergefühl nach wenigen Tagen kaum noch wahrgenommen wird, stellt das Durstgefühl bis zum Schluss eine Herausforderung dar (Wax/An/Kosier u. a. 2018). Die mit dem Durst einhergehende Last und die Auseinandersetzung mit dem bevorstehenden Tod stellt die betroffene Person erneut vor die Entscheidung, ob sie wirklich sterben oder den FVNF abbrechen möchte. Die Offenheit für ein mögliches Umkehren sollte von allen Beteiligten gelebt und ermöglicht werden. Impliziten sozialen Druck gilt es unbedingt im Vorfeld zu reflektieren und zu vermeiden (Fehn/Fringer 2017). Primär leiden die Angehörigen mehr als der Betroffene selbst unter der langen Strapaze des Sterbeprozesses. Dies kann so weit führen, dass die Angehörigen Druck auf die Betroffenen ausüben, den FVNF abzubrechen (Birnbacher 2015; Bolt/Hagens/Willems u. a. 2015).

Das ärztliche Personal sollte sich mindestens einmal die Woche über den Verlauf informieren und bei Bedarf einen Hausbesuch abstatten. In der Terminalphase ist es ratsam, palliativmedizinische Begleitung und Unterstützung anzubieten. Die physische Anwesenheit wird von Angehörigen oft geschätzt und aufkommende Fragen können auf kurzem Weg geklärt werden. Pflegende sollten den Betroffenen anfangs mindestens täglich besuchen und je nach Gesundheitszustand, insbesondere auch im Hinblick auf die sich zunehmend einstellende Pflegebedürftigkeit (Fringer/Fehn/Büche u. a. 2018), die Präsenz entsprechend erhöhen. Pflegende übernehmen zudem häufig eine vermittelnde Rolle und können aufkommende Fragen und Ängste zwischen dem Betroffenen und Angehörigen fachspezifisch beantworten.

Die Begleitung einer Person, die den Tod durch FVNF herbeiführen möchte, stellt Gesundheitsfachpersonen, je nachdem in welcher Phase im Verlauf sich die sterbewillige Person befindet, vor unterschiedliche Aufgaben. Insgesamt ist festzustellen, dass die bestmögliche professionelle Begleitung nur im interprofessionellen Team erfolgen kann, unter aktiver Einbindung der Angehörigen, um das Lebensende der betroffenen Person bestmöglich zu gestalten. Die interprofessionelle Zusammenarbeit ist aus mehreren Gründen notwendig. Um eine kontinuierliche Versorgung der betroffenen Person über alle Phasen hinweg zu sichern, ist eine gemeinsame Planung im interprofessionellen Team notwendig, so dass auch kurzfristig auf Zwischenfälle reagiert werden kann. Je nachdem, um welches Ereignis es sich handelt, wird eher medizinisches und/oder pflegerisches Handeln erforderlich. Durch die gute Kommunikation im Team kann eine schnelle und zielgerichtete Absprache und Unterstützung erfolgen. Auch in den Gesprächen mit Angehörigen ist es wichtig, dass die Gesundheitsfachpersonen gemeinsam an einem Strang zu ziehen, so dass die Verunsicherung in der ohnehin belastenden Situation nicht durch widersprüchliche Informationen verstärkt wird.

Während sich der medizinische Auftrag eher auf das Symptommanagement fokussiert, ist es der pflegerische Auftrag, sich der zunehmenden Pflegebedürftigkeit der betroffenen Person zu widmen. Ein zentraler Aspekt hierbei ist die Patientenbeobachtung, um frühzeitig auf mögliche Probleme und Symptome reagieren zu können. Um die kontinuierliche Versorgung und Begleitung der betroffenen Person zu sichern, ist der Einbezug der Angehörigen unerlässlich. Insofern zeigt sich, dass eine professionelle Begleitung nur durch die interprofessionelle Zusammenarbeit von Ärzt/innen und Pflegenden erfolgen kann, welche die Angehörigen von Anbeginn in die Begleitung einbinden und diese darin unterstützen.

### Literatur

Aebi-Müller, R. E.: Freiwilliger Verzicht auf Nahrung und Flüssigkeit (FVNF). Die Perspektive des Rechts. In: S. Eychmüller/H. Amstad (Hg.): *Freiwilliger Verzicht auf Nahrung und Flüssigkeit (FVNF).* Schweizerische Gesellschaft für Biomedizinische Ethik: Folia Bioethica. 2015, 27–46.

Bernat, J. L./Gert, B./Mogielnicki, R. P.: Patient refusal of hydration and nutrition. An alternative to physician-assisted suicide or voluntary active euthanasia. In: *Archives of Internal Medicine* 153/24 (1993), 2723–2728.

Birnbacher, D.: Ist Sterbefasten eine Form von Suizid? In: *Ethik in der Medizin* 27/4 (2015), 315–324. DOI: 10.1007/s00481-015-0337-9.

Bolt, E. E./Hagens, M./Willems, D./Onwuteaka-Philipsen, B. D.: Primary care patients hastening death by voluntarily stopping eating and drinking. In: *Annals of Family Medicine* 13/5 (2015), 421–428. DOI: 10.1370/afm.1814.

Chabot, B. E./Goedhart, A.: A survey of self-directed dying attended by proxies in the Dutch population. In: *Social Science & Medicine* 68/10 (2009), 1745–1751. DOI: 10.1016/j.socscimed.2009.03.005.

Chargot, J./Rosielle, D. A./Marks, A.: Voluntary Stopping of Eating and Drinking in the Terminally Ill #379. In: *Journal of Palliative Medicine*, 22(10) (2019), 1281–1282. doi:10.1089/jpm.2019.0337

Christenson, J.: An Ethical Discussion on Voluntarily Stopping Eating and Drinking by Proxy Decision Maker or by Advance Directive. In: *Journal of Hospice & Palliative Nursing*, 21(3) (2019), 188–192. doi:10.1097/NJH.0000000000000557

Engel, G. L.: The need for a new medical model: A challenge for biomedicine. In: *Family Systems Medicine* 10/3 (1992), 317.

Eychmüller, S.: SENS macht Sinn – Der Weg zu einer neuen Assessment-Struktur in der Palliative Care. In: *Therapeutische Umschau* 69/2 (2012), 87–90. DOI: 10.1024/0040-5930/a000256.

Fehn, S./Fringer, A.: Notwendigkeit, Sterbefasten differenzierter zu betrachten. In: *Schweizerische Ärztezeitung* 98/36 (2017), 1161–1163. DOI: 10.4414/saez.2017.05863.

Fringer, A./Fehn, S./Büche, D./Häuptle, C./Schnepp, W.: Freiwilliger Verzicht auf Nahrung und Flüssigkeit (FVNF): Suizid oder natürliche Entscheidung am Lebensende? In: *Pflegerecht* 7/2 (2018), 76–83.

Fringer, A./Stängle, S./Meichlinger, J./Schnepp, W.: Zur Philosophie der personen- und familienzentrierten Pflege als Ansatz für die Begleitung von Menschen beim freiwilligen Verzicht auf Nahrung und Flüssigkeit. In: *Zeitschrift für medizinische Ethik*, 65(3) (2019), 249–260. doi:10.14623/zfme.2019.3.249-260

Gärtner, J./Müller, L.: Ein Fall von ›Sterbefasten‹ wirft Fragen auf. In: *Schweizerische Ärztezeitung* 99/21 (2018), 675–677. DOI: 10.4414/saez.2018.06691.

Ivanović, N./Büche, D./Fringer, A.: Voluntary stopping of eating and drinking at the end of life – a ›systematic search and review‹ giving insight into an option of hastening death in capacitated adults at the end of life. In: *BMC Palliative Care* 13/1 (2014), 1–8. DOI: 10.1186/1472-684X-13-1.

Klein Remane, U./Fringer, A.: Freiwilliger Verzicht auf Nahrung und Flüssigkeit in der Palliative Care: ein Mapping Review. In: *Pflege* 26/6 (2013), 411–420. DOI: 10.1024/1012-5302/a000329.

Lachman, V. D.: Voluntary stopping of eating and drinking: An ethical alternative to physician-assisted suicide. In: *Medsurg nursing* 24/1 (2015), 56–59.

Quill, T. E./Byock, I. R.: Responding to intractable terminal suffering: the role of terminal sedation and voluntary refusal of food and fluids. In: *Annals of Internal Medicine* 132/5 (2000), 408–414.

Pope, T. M.: Whether, When, and How to Honor Advance VSED Requests for End-Stage Dementia Patients. In: *The American Journal of Bioethics*, 19(1) (2019), 90–92. doi:10.1080/15265161.2018.1544309

Radbruch, L./Münch, U./Maier, B.-O.: Palliativmedizin: Umgang mit Sterbewünschen. In: *Dtsch Arztebl International*, 116(41) (2019), 1828–1832.

Saladin, N./Schnepp, W./Fringer, A.: Voluntary stopping of eating and drinking (VSED) as an unknown challenge in a long-term care institution: an embedded single case study. In: *BMC Nursing*, 17, 39 (2018). doi:10.1186/s12912-018-0309-8

Stängle, S./Schnepp, W./Fringer, A.: Erste Entwicklungsschritte hin zu einem professionellen Umgang mit dem freiwilligen Verzicht auf Nahrung und Flüssigkeit. In: *Praxis PalliativeCare* 18/41, 30–33.

Stängle, S./Schnepp, W./Fringer, A.: The need to distinguish between different forms of oral nutrition refusal and different forms of voluntary stopping of eating and drinking. In: *Palliative Care and Social Practice*, 13(2019). doi:10.1177/1178224219875738

Stängle, S./Schnepp, W./Büche, D./Häuptle, C./Fringer, A.: Pflegewissenschaftliche Erkenntnisse über die Betroffenen, den Verlauf und der Begleitung beim freiwilligen Verzicht auf Nahrung und Flüssigkeit aus einer standardisierten schweizerischen Gesundheitsbefragung. In: *Zeitschrift für medizinische Ethik* 65(3) (2019), 237–248. doi:10.14623/zfme.2019.3.237-248

Sulmasy, D. P.: A Biopsychosocial-Spiritual Model for the Care of Patients at the End of Life. In: *The Gerontologist* 42/suppl_3 (2002), 24–33. DOI: 10.1093/geront/42.suppl_3.24.

Tarzian, A.: Foregoing Spoon Feeding in End-Stage Dementia. In: *The American Journal of Bioethics* 191 (2019), 88–89. DOI: 10.1080/15265161.2019.1545506.

Wax, J. W./An, A. W./Kosier, N./Quill, T. E.: Voluntary Stopping Eating and Drinking. In: *Journal of the American Geriatrics Society*, 66(3) (2018), 441–445. doi:10.1111/jgs.15200

Weber, M.: Arbeitsrecht für Pflegeberufe: Handbuch für die Praxis: Stuttgart 2007.

Zimmermann, M./Zimmermann, R.: Passiver Suizid oder Einwilligung ins Sterben? Ein Beitrag zum Freiwilligen Verzicht auf Nahrung und Flüssigkeit (FVNF). In: *Zeitschrift für medizinische Ethik* 65 (2019), 299–313.

*André Fringer / Sabrina Stängle*

# 62 Sterbefasten – philosophisch

## 62.1 Einleitung

Lebensbeendigung durch freiwilligen Verzicht auf Essen und Trinken (FVNF), kurz auch als ›Sterbefasten‹ bezeichnet, ist eine von mehreren Möglichkeiten, bei schweren unheilbaren Leidenszuständen oder in Todesnähe Zeitpunkt und Umstände des Todes weitgehend selbst zu bestimmen. ›Weitgehend‹ insofern, als anders als im Normalfall einer Selbsttötung, bei dem der Tod in der Regel mehr oder weniger unmittelbar auf den suizidalen Akt folgt, beim FVNF zwischen dem Verlust der Entscheidungs- und Handlungsfähigkeit und dem Todeseintritt in der Regel eine Zeitspanne von einigen Tagen liegt, in der der Sterbewillige den Sterbeprozess nicht mehr selbst steuern kann.

Während das Verfahren, das bereits für die Antike belegt ist, in vielen Ländern seit Längerem praktiziert wird, hat die medizinethische Diskussion des Verfahrens erst in jüngster Zeit eingesetzt. Gegenwärtig ist ein zunehmendes Interesse an dem Verfahren – nicht zuletzt als Alternative zu der durch berufsrechtliche und strafrechtliche Verbote erschwerten ärztlich assistierten Selbsttötung – zu beobachten. Mehrere Schilderungen exemplarischer Verläufe sind in Buchform erschienen (zur Nieden 2016; Luckwaldt 2018, zur Nieden 2019). Anders als in den Niederlanden, wo seit 2014 von der nationalen Ärztevereinigung und der Vereinigung der Pflegenden gemeinsam erlassene Richtlinien gelten (Royal Dutch Medical Association 2014), wird das Verfahren laut Ärztebefragungen in Deutschland (bisher) nur selten praktiziert.

Entsprechend uneinheitlich sind die bisher verwendeten Benennungen (vgl. Walther/Birnbacher 2019). Der deutsche Ausdruck ›Sterbefasten‹ trifft zwar das für das Verfahren wesentliche Merkmal: die Intention, dadurch das Leben zu beenden, wobei ›Fasten‹ aber fälschlicherweise nahelegt, dass der Tod durch den Verzicht auf Nahrungsaufnahme erfolgt, was, solange weiterhin Flüssigkeit zu sich genommen wird, zu einem sich über Wochen hinziehenden Sterbeprozess mit teilweise schwerer Symptomatik führen kann. Auch das in der Fachdiskussion bisher dominierende Akronym FVNF (Freiwilliger Verzicht auf Nahrung Flüssigkeit) ist nicht optimal, da es die ethisch und rechtlich relevante Differenz zwischen Lebensbeendigung durch freiwilligen Verzicht auf Flüssigkeitsaufnahme und Lebensbeendigung durch Verzicht auf eine notwendig gewordene künstliche Hydrierung unterläuft. Aber auch bei dem in dieser Hinsicht eindeutigeren Akronym FVET, das dem angelsächsischen Ausdruck VSED (*voluntary stopping eating and drinking*) entspricht, muss die Intention auf Lebensbeendigung zusätzlich mitverstanden werden.

## 62.2 FVNF – eine Form von Selbsttötung?

Auch die Frage der ethischen und rechtlichen Beurteilung des FVNF ist noch weitgehend ungeklärt, weniger in Hinsicht auf das Verhalten des sterbewilligen Patienten selbst (der damit sein anerkanntes Selbstbestimmungsrecht ausübt) als in Hinsicht auf das Verhalten anderer, die vor der Entscheidung stehen, diese Form des selbstbestimmten Sterbens zu ermöglichen oder zu verunmöglichen, zu unterstützen oder zu erschweren. Unkontrovers ist, dass Ärzte und Pflegende verpflichtet sind, dem Patienten Hilfe zu leisten, sobald dieser den Prozess des Verzichts auf Flüssigkeit einmal aufgenommen hat und der Hilfe bedarf. Wie generell bei ärztlichen Hilfeleistungspflichten besteht diese Verpflichtung unabhängig davon, wie man das zu der Hilfsbedürftigkeit führende Vorverhalten des Patienten moralisch beurteilt (vgl. Bickhardt/Hanke 215, 592; Bockenheimer-Lucius 2018, 161). Kontrovers ist dagegen, ob die Aufnahme des Prozesses durch einen Patienten innerhalb der eigenen Institution zugelassen werden muss und wie weit Patienten, die für ihr Lebensende vorsorgen möchten, über die Option des FVNF informiert werden müssen. Aus den USA sind Fälle bekannt geworden, in denen Pflegeheime die Äußerung der Absicht, durch FVNF zu sterben, mit der Entlassung quittiert haben. Auch im deutschsprachigen Bereich vertreten einige Autoren katholischer Provenienz die Rechtmäßigkeit dieser Praxis, vor allem mit dem Argument, FVNF sei mit einer religiös geprägten Hospizidee unvereinbar (vgl. Heller/Kränzle 2018). Insgesamt ist eine Tendenz erkennbar, FVNF in Pflegeheimen und Hospizen zu akzeptieren und auch Patienten, die auf diese Weise sterben wollen, eigens zu diesem Zweck aufnehmen (vgl. Bickhardt 2015). Kontrovers wird auch die Frage der Beratung diskutiert. Während einige Autoren die Auffassung vertreten, FVNF müsse auch auf Nachfrage des Patienten nicht als legale Option der Lebensbeendigung genannt werden, da es sich um keine Standardbehandlung handle (Jansen 2004, 72), bestehen andere darauf, dass Patienten, die ihr Lebensende planen, über sämtliche verfügbare legale Möglichkeiten unter Einschluss des FVNF aufgeklärt werden müssen.

J. B. Metzler © Springer-Verlag GmbH Deutschland, ein Teil von Springer Nature, 2020
H. Wittwer/D. Schäfer/A. Frewer (Hg.), *Sterben und Tod. Ein interdisziplinäres Handbuch 2. Auflage*,
https://doi.org/10.1007/978-3-476-05761-7_62

Hintergrund der Kontroverse sind u. a. unterschiedliche Auffassungen darüber, wie weit der FVNF als eine Form von Selbsttötung gelten muss. Autoren, die entweder eine Selbsttötung oder eine Hilfe bei der Selbsttötung oder beides für moralisch unzulässig oder problematisch halten, neigen entweder dazu, FVNF zusammen mit der ›aktiven‹ Selbsttötung abzulehnen oder FVNF von der Selbsttötung als eine eigenständige Art des selbstbestimmten Sterbens abzugrenzen (vgl. Beauchamp 2004; Bickhardt/Hanke 2014). Zu der letzteren Auffassung neigen zahlreiche Palliativärzte und liberale christliche Theologen. Eine Abgrenzung zwischen FVNF und ›aktiver‹ Selbsttötung wird durch die Phänomenologie nahegelegt. Im Gegensatz zu einem punktuellen Akt vollzieht sich das Sterben allmählich und ohne aktive äußere Intervention. In seiner Erscheinungsform ist es schwer von einem durch das Fortschreiten einer Erkrankung bedingten Sterbeprozess zu unterscheiden. Demgegenüber sehen Juristen, Ethiker und orthodoxe Theologen im FVFN überwiegend eine ›passive‹ Form der Selbsttötung, bei der ein Unterlassen – der Verzicht auf Flüssigkeitsaufnahme – an die Stelle der Tötungshandlung tritt. Wie es neben der aktiven Tötung auch ein ›Sterbenlassen‹ durch Nichthandeln gibt, das unter bestimmten Bedingungen strafrechtlich als Tötung durch Unterlassen geahndet werden kann, kann es danach auch ein ›Sich selbst sterben Lassen‹ als negative Form der Selbsttötung geben (vgl. Wreen 1988, 2). Für diese Auffassung spricht, dass eine Selbsttötung auch dadurch ausgeführt werden kann, dass sich der Suizident, ohne ›Hand an sich‹ zu legen, einem todbringenden Agens (etwa einem herannahenden Schnellzug) aussetzt. Analog dazu setzt sich der Sterbewillige beim FVNF dem selbstinduzierten Verfallsprozess seines Körpers aus. Vertreter dieser Auffassung berufen sich überdies darauf, dass die traditionellen Begriffsbestimmungen der Selbsttötung, etwa bei Schopenhauer, Durkheim sowie der WHO, die ›passive‹ Form einschließen (vgl. Birnbacher 2016, 320). Orthodoxe christliche Theologen, die Selbstbestimmung über das eigene Lebensende für unzulässig halten, lehnen konsequenterweise auch das FVNF (und die Hilfe dazu) ab, soweit der Patient damit sein Lebensende nicht vollständig der zum Tode führenden (schicksalhaften, gottgegebenen) Erkrankung anheimstellt. Im Gegensatz zu einem zum Tode führenden Abbruch einer ärztlichen Behandlung wird durch den FVNF nicht nur ein ›künstlich‹ ins natürliche Geschehen eingreifendes Handeln beendet, sondern ein natürliches Bedürfnis wie das nach Flüssigkeit willentlich überwunden und damit der ›natürliche‹ Lauf der Dinge konterkariert.

Auch wenn es zunächst überraschend scheint, dass so viel von der begrifflichen Einordnung abhängt – schließlich bleibt die Sache sich gleich, gleichgültig, wie sie klassifiziert wird –, präjudiziert diese ein Stück weit, wie das Verfahren in etablierte Wertungssysteme integriert wird und welche Verhaltensnormen daraus abgeleitet werden. So folgt für viele aus der Subsumtion des FVNF unter den Begriff Selbsttötung, dass eine Unterstützung des FVNF moralisch ebenso unzulässig ist wie die Unterstützung einer ›aktiven‹ Selbsttötung. Andere argumentieren umgekehrt, dass wenn die Unterstützung eines FVNF moralisch akzeptabel ist, es wenig Gründe gibt, die Unterstützung einer ›aktiven‹ Selbsttötung unter denselben Umständen für moralisch unzulässig zu halten. Eine Unterstützung eines FVNF liege überdies bereits dann vor, wenn der Arzt einem Patienten vor Aufnahme des Prozesses zugesichert hat, auf eine entsprechende Pflege und ggf. palliativmedizinische Hilfe rechnen zu können und er ohne diese Zusicherung diese Option nicht wählen würde (Jox/Black/Borasio u. a. 2017; Birnbacher 2019, 118) – unabhängig davon, ob er die Realisierung des Patientenwunsches nach vorzeitiger Lebensbeendigung beabsichtigt (vgl. Duttge/Simon 2017, 516). Damit sei diese Zusicherung nicht nur Hilfe *beim*, sondern auch Hilfe *zum* Sterben (Walther/Birnbacher 2019, 214). Weitere Konsequenzen ergeben sich in rechtlicher Hinsicht: Falls ›Selbsttötung‹ im geltenden § 217 StGB so verstanden wird, dass es den FVNF umfasst, machte sich etwa ein Hospiz mit einer auf Wiederholung angelegten Ermöglichung der Durchführung des Verfahrens ebenso strafbar wie mit einer auf Wiederholung angelegten Ermöglichung einer (aktiven) Selbsttötung. Weiterhin müssten im Fall eines FVNF dieselben rechtsmedizinischen und staatsanwaltlichen Untersuchungen durchgeführt werden wie bei gewöhnlichen Selbsttötungen, auch wenn der Sterbewille durch eine Patientenverfügung eindeutig dokumentiert ist (vgl. Manhart/Zack/Dettmeyer u. a. 2018).

## 62.3 Pflichten des Arztes und der Pflegenden bei Patienten, die ihr Leben durch FVNF beenden wollen

Die folgenden Feststellungen dazu ergeben sich aus weithin akzeptierten medizinischen Grundsätzen.

*Beratung.* Um ihm Gelegenheit zu geben, sein Selbstbestimmungsrecht geltend zu machen, kann dem Patienten die Chance nicht vorenthalten werden, über alle für seine medizinische Situation relevanten Optionen sachgemäß und ergebnisoffen informiert zu werden. Dazu gehört für einen Patienten, der aufgrund schwerer Erkrankung und ohne für ihn akzeptable Therapieoptionen oder in hohem Alter sein Leben beenden will, auch die Option des FVNF. Dabei ist auch auf die Belastungen, etwa durch Durstgefühle, hinzuweisen, die – je nach Alter des Patienten – auch bei optimaler Pflege nicht auszuschließen sind. Eine entsprechende Beratung erscheint nach dem Grundsatz der Selbstbestimmung auch dann geboten, wenn der Beratende selbst nicht bereit ist, dem Patienten die Möglichkeit dazu zu verschaffen oder ihn selbst auf diesem Weg zu begleiten. Andernfalls wären Patienten, denen eine solche Begleitung, etwa aus religiösen Gründen, verweigert wird, auch informationell benachteiligt (vgl. Schwarz 2007).

*Prüfung der Voraussetzungen.* Ärzte und Pflegende müssen in jedem Einzelfall prüfen, ob der Entschluss zur Aufnahme eines FVNF dem Grundsatz der Freiverantwortlichkeit genügt, d. h. der Patient seine Entscheidung in einem Zustand der Urteilsfähigkeit, freiwillig und ohne äußeren Druck und im Wissen um dessen Tragweite trifft. Im Fall, dass der Entschluss unvernünftig oder wenig nachvollziehbar erscheint, sollte der Versuch gemacht werden, den Sterbewilligen von seinem Vorhaben abzubringen.

*Begleitung.* Angesichts der teils weltanschaulich, teils ethisch bedingten kontroversen Beurteilung des Verfahrens sollte niemand zur Ermöglichung oder Begleitung eines Sterbens durch FVNF verpflichtet sein. Im Fall von Gewissenskonflikten sollte er nach Möglichkeit auf Kollegen oder Institutionen verwiesen werden, die das Verfahren akzeptieren.

*Angehörige.* Die rechtzeitige Einbeziehung der Angehörigen ist eine häufig und zu Unrecht vernachlässigte ethische Dimension von FVNF. Viele Konflikte und Schuldgefühle würden vermieden werden können, wenn der Sterbewillige selbst, bevor er den Prozess beginnt, seine Angehörigen über sein Vorhaben ins Bild setzt und sich um ihr Verständnis für den von ihm gewählten Weg in den Tod bemüht. Allerdings ist nicht auszuschließen, dass auch dann, wenn sich der Sterbewillige nachdrücklich zum Verzicht auf Essen und Trinken bekannt hat, Angehörige das Gefühl haben, dass sie den Sterbenden vernachlässigen (vgl. Chabot 2014, 57), oder den Sterbewilligen zum Abbruch des Prozesses bewegen (vgl. Ganzini/Goy/Miller u. a. 2003, 361).

## 62.4 Tod durch FVNF – ein ›natürlicher‹ Tod?

Strenggenommen ist ein vollständig ›natürlicher‹ Tod unter den Bedingungen der modernen Gesundheitsversorgung und der Hochleistungsmedizin kaum denkbar. Todeszeitpunkt und -umstände stehen in der Regel stets unter dem Einfluss medizinischer Eingriffe. Wie weit ein Tod durch FVNF als ›natürlich‹ oder ›nicht natürlich‹ im Sinne der Todesbescheinigung gelten kann, hängt von der kontextgebundenen spezifischen Bedeutung ab, die dem Allerweltsausdruck ›natürlich‹ gegeben wird. Wird als ›natürlich‹ ein Tod verstanden, der sich ohne alle weiteren Faktoren aus dem gegebenen medizinischen Zustand des Patienten ergibt, kann der FVNF nicht als ›natürlicher‹ Tod gelten, da der Patient durch den Verzicht auf Flüssigkeit den Todeszeitpunkt im Vergleich zum ›natürlichen‹ Todeszeitpunkt absichtlich vorverlegt. Wird als ›natürlich‹ dagegen ein Tod verstanden, der »völlig unabhängig von rechtlich bedeutsamen äußeren Faktoren« eintritt (Madea/Rothschild 2010, 658) und bei dem sich ein Verdacht auf rechtlich relevante Faktoren wie Fremdeinwirkung, Fehlbeurteilung und Fehlbehandlung der Sache nach ausschließt, wird ein FVNF, vor allem dann, wenn er durch eine eindeutige Patientenverfügung als solcher belegt ist und über den Ablauf ein Protokoll vorliegt, als ›natürlich‹ gelten können.

## 62.5 Individualethische Aspekte

Empfiehlt sich FVNF aus der Perspektive eines schwerkranken und unheilbaren Patienten, der den Eintritt seines Todes beschleunigen möchte? Die Antwort wird von der individuellen Persönlichkeit abhängen. So viel lässt sich vielleicht feststellen: Der Wille zum selbstbestimmten Sterben findet im Verfahren des FVNF einen besonders eindeutigen Ausdruck. Mit dem selbstbestimmten Verzicht auf Flüssigkeit stellt sich der Patient einer Herausforderung, die er auch dann, wenn er auf Hilfe vertrauen kann, letztlich selbst bewältigen muss. Die Frist bis zum schließlichen Erlahmen der physischen und psychischen Kräfte durchzustehen, erfordert Festigkeit des Willens, Geduld und langen Atem. Erleichtert wird der Prozess möglicherweise durch Opioide, die analog zum Heilfasten mit der Folge euphorischer Gefühlszustände ausgeschüttet werden. Gleichzeitig eröffnet dieses Verfahren eine Option, die die Alternative einer aktiven Selbsttötung nicht bietet, die Möglichkeit des

Abbruchs des Prozesses, zumindest in den ersten sieben bis zehn Tagen. Für einige Menschen könnte auch die Möglichkeit attraktiv sein, für einen späteren Krankheitszustand, der eine freiverantwortliche Entscheidung ausschließt, durch Patientenverfügung den Verzicht auf Ernährung oder Flüssigkeitszufuhr im Vorhinein zu verfügen. In diesem Fall ist zwar eine akute Entscheidung über das Sterbefasten nicht möglich, aber doch eine entsprechende freiverantwortliche Festlegung *ex ante*. So wird gelegentlich argumentiert, dass, falls man mit einer Patientenverfügung die Behandlung interkurrenter Erkrankungen in Spätstadien der Demenz ausschließen kann, man dies auch für die Ernährung und Flüssigkeitszufuhr tun können sollte – wenn auch nur unter der Bedingung, dass der verfügte Wille mit dem ›natürlichen Willen‹ übereinstimmt und der Patienten Widerwillen gegen Versuche der Ernährung und Hydrierung erkennen lässt (Menzel/Chandler-Cramer 2014).

### Literatur


Beauchamp, T.: When hastened death is neither killing nor letting die. In: T. E. Quill/M. P. Battin (Hg.): *Physician-assisted dying. The case for palliative care and patient choice.* Baltimore 2004, 118–129.

Bickhardt, R.: Kommentar I zum Fall – ›Freiwilliger Verzicht auf Flüssigkeit und Nahrung im Endstadium einer unheilbaren Erkrankung‹. In: *Ethik in der Medizin* 27 (2015), 239–240.

Bickhardt, R/Hanke, R. M.: Freiwilliger Verzicht auf Nahrung und Flüssigkeit: Eine ganz andere Handlungsweise. In: *Deutsches Ärzteblatt* 111 (2014), A 590–592.

Birnbacher, D.: Ist Sterbefasten eine Form von Suizid? In: *Ethik in der Medizin* 27 (2015), 315–324.

Birnbacher, D.: Freiwilliger Verzicht auf Nahrung und Flüssigkeit = ›passiver‹ Suizid – was folgt? In: M. Coors/A. Simon/B. Alt-Epping (Hg.): *Freiwilliger Verzicht auf Nahrung und Flüssigkeit. Medizinische und pflegerische Grundlagen – ethische und rechtliche Bewertungen.* Stuttgart 2019, 106–119.

Bockenheimer-Lucius, G.: Den Freiwilligen Verzicht auf Nahrung und Flüssigkeit begleiten? Eine mögliche Anfrage an das Altenpflegeheim. In: T. Sauer/V. Schnurrer/G. Bockemheimer-Lucius. (Hg.): *Angewandte Ethik im Gesundheitswesen. Aktuelle Entwicklungen in Theorie und Praxis.* Berlin 2018, 149–163.

Chabot B.: *Taking control of your death by stopping eating and drinking.* Amsterdam 2014.

Chabot B./Walther, C.: *Ausweg am Lebensende, Sterbefasten – Selbstbestimmtes Sterben durch Verzicht auf Essen und Trinken.* München [5]2017.

Duttge, G./Simon, A.: Begleitung beim freiwilligen Verzicht auf Nahrung und Flüssigkeit als (strafbare) Suizidhilfe? In: *Neue Strafrechtszeitung* 2017, 512–516.

Ganzini, L./Goy, E. R./Miller, L. L./Harvath, T. A./R. N./Jackson, A./Delorit, M. A.: Nurses' experiences with hospice patients who refuse food and fluids to hasten death. In: *New England Journal of Medicine* 394 (2003), 359–365.

Heller, A./Kränzle, S.: Der Freiwillige Verzicht auf Nahrung und Flüssigkeit (FVNF) und die Nicht-Vereinbarkeit mit der Hospizidee. In: *Praxis Palliative Care* 41 (2018), 25–28.

Jansen, L. A.: No safe harbor: The principle of complicity and the practice of voluntary stopping of eating and drinking. In: *Journal of Medicine and Philosophy* 29 (2004), 61–74.

Jox, R. J./Black, I./Borasio, G. D./Anneser, J.: Voluntary stopping of eating and drinking: Is medical support ethically justified? In: *BMC Medicine* 15 (2017), 186.

Luckwaldt, F.: *Ich will selbstbestimmt sterben! Die mutige Entscheidung meines Vaters zum Sterbefasten.* München 2018.

Madea, B./Rothschild, M.: Ärztliche Leichenschau: Feststellung der Todesursache und Qualifikation der Todesart. In: *Deutsches Ärzteblatt* 107 (2010), A 575–588.

Manhart, J./Zack, F./Dettmeyer, R. B./Junghanß, C./Büttner, A./Kriesen, U.: Leserbrief zum Beitrag: C. Walther: ›Sterbefasten‹: Wie umgehen mit dem Totenschein? In: *Zeitschrift für Palliativmedizin* 19 (2018), 278–281.

Menzel, P. T./Chandler-Cramer, C.: Advance directives, dementia, and withholding food and water by mouth. In: *Hastings Center Report* 3/44 (2014), 23–37.

Nieden, C. zur: *Sterbefasten. Freiwilliger Verzicht auf Nahrung und Flüssigkeit – eine Fallbeschreibung.* Frankfurt a. M. 2016.

Nieden, C. zur/Nieden, H.-C. zur: *Umgang mit Sterbefasten. Fälle aus der Praxis.* Frankfurt a. M. 2019.

Royal Dutch Medical Association/Dutch Nurses' Association: *Caring for people who consciously choose not to eat and drink so as to hasten the end of life.* Utrecht 2014.

Schwarz, J.: Exploring the option of voluntarily stopping eating and drinking within the context of a suffering patient's request for a hastened death. In: *Journal of Palliative Medicine* 10 (2007), 1288–1297.

Walther, C./Birnbacher, D.: Selbstbestimmtes, vorzeitiges Sterben durch Verzicht auf Nahrung und Flüssigkeit. Begriffliche Vielfalt darf nicht zu Verwirrung führen! In: *Pflegerecht* 23 (2019), 211–218.

Wreen, M. J.: *The definition of suicide. Social Theory and Practice* 14 (1988), 1–23.


*Dieter Birnbacher*

# 63 Mord

## 63.1 Der Mord im Strafgesetzbuch

Mord ist das schwerste Delikt unter den im (deutschen) Strafgesetzbuch (StGB) mit Strafe bedrohten Delikten. Er wird dort von § 211 StGB erfasst. Die Vorschrift lautet: »*§ 211.* (1) Der Mörder wird mit lebenslanger Freiheitsstrafe bestraft. (2) Mörder ist, wer aus Mordlust, zur Befriedigung des Geschlechtstriebs, aus Habgier oder sonst aus niedrigen Beweggründen, heimtückisch oder grausam oder mit gemeingefährlichen Mitteln oder um eine andere Straftat zu ermöglichen oder zu verdecken, einen Menschen tötet.« Hervorzuheben ist zunächst, dass § 211 StGB die einzige Norm im Besonderen Teil des Strafgesetzbuches ist, die eine lebenslange Freiheitsstrafe, also nach Abschaffung der Todesstrafe durch das Grundgesetz (vgl. Art. 102 GG), die Höchststrafe als sogenannte Punktstrafe vorsieht. Dies bedeutet, dass die Rechtsfolge bei Mord stets lebenslange Freiheitsstrafe zu sein hat und nicht – wie bei anderen Delikten – ein Strafrahmen (z. B. »[...] Freiheitsstrafe von einem bis zu zehn Jahren« wie in § 213 StGB, der den »minder schweren Fall des Totschlags« regelt) vorgesehen ist. Eine lebenslange Freiheitsstrafe als Punktstrafe ist im Strafrecht sonst nur noch im Völkerstrafgesetzbuch (VStGB), und zwar für das Delikt des Völkermords (§ 6 VStGB) sowie für bestimmte Begehungsweisen des Verbrechens gegen die Menschlichkeit (§ 7 Abs. 1 Nr. 1 und 2 VStGB), der Kriegsverbrechen (§ 8 Abs. 1 Nr. 1 VStGB) und des Verbrechens der Aggression (§ 13 Abs. 1 VStGB) vorgesehen (zum Völkermord s. u. Abschn. 63.6).

Wegen besagter Punktstrafe muss der Richter, wenn er das Vorliegen auch nur *eines* der sogenannten Mordmerkmale (das sind die in Abs. 2 des § 211 StGB genannten tatbestandlichen Voraussetzungen) festgestellt hat, auf lebenslange Freiheitsstrafe erkennen (ständige Rechtsprechung seit BGHSt 3, 186; in der Literatur wird dagegen z. T. angenommen, die Mordmerkmale hätten nur ›symptomatisch-indizielle‹ Bedeutung, eine Gesamtwürdigung müsse weiterhin möglich sein, vgl. etwa Eser/Sternberg-Lieben, in: Schönke/Schröder 2019, § 211 Rdnr. 10 mit weiteren Nachweisen). Auch ist etwa ein minder schwerer Fall des Mordes, bei dem eine Strafmilderung möglich sein könnte, im Gesetz nicht (mehr) vorgesehen (nur der vorübergehend geltende § 211 Abs. 3 StGB normierte für ›besondere Ausnahmefälle‹ lebenslanges Zuchthaus anstelle der Todesstrafe). Diese rechtliche Situation kann in manchen Fällen, in denen eigentlich die Höchststrafe verhängt werden müsste, weil eines der Mordmerkmale vorliegt, unangemessen erscheinen. Deshalb gibt es in der Strafrechtswissenschaft vielfältige Versuche, die Regelung des § 211 StGB im Hinblick auf die starre Rechtsfolge (lebenslange Freiheitsstrafe) in ihrer Reichweite zu begrenzen. Dazu dient vor allem eine restriktive Auslegung der Mordmerkmale (vgl. z. B. Schneider, in: Joecks/Miebach 2017, § 211 Rdnr. 27 ff.). Das ist angesichts der relativen Unbestimmtheit dieses Vorgehens allerdings – wie noch zu zeigen sein wird – ein nicht ganz einfaches Unterfangen. Die Rechtsprechung versucht teilweise, der starren Strafandrohung des § 211 StGB dadurch zu begegnen, dass sie unter Anwendung des verfassungsrechtlich abgestützten Verhältnismäßigkeitsprinzips in einigen besonderen Fällen des Mordes trotz der an sich gebundenen Sanktion eine niedrigere Freiheitsstrafe als die lebenslange verhängt (sog. Rechtsfolgenlösung des Bundesgerichtshofes, vgl. BGHSt [Großer Senat] 30, 105; BGH NStZ 2005, 154). Diese Abweichung vom Wortlaut ist in der Strafrechtswissenschaft kritisiert worden (vgl. nur Eser/Sternberg-Lieben, in: Schönke/Schröder 2019, § 211 Rdnr. 10a,b mit weiteren Nachweisen), allerdings zumeist verbunden mit der Forderung an den Gesetzgeber, den Mordtatbestand zu reformieren und statt einer starren Strafandrohung einen Strafrahmen vorzusehen, innerhalb dessen die Schwere der jeweiligen konkreten Straftat und die Höhe der Schuld des Täters angemessener verortet werden könnten. Der Gesetzgeber hat darauf bisher nicht reagiert, wohl auch schon deshalb, weil über diese Problematik hinausgehend eigentlich der gesamte Mordparagraph und mit ihm nahezu alle Regelungen der Tötungsdelikte im 16. Abschnitt des StGB (»Straftaten gegen das Leben«) der Reform bedürfen (vgl. etwa Heine u. a. 2008, 193 ff.; zu neueren Ansätzen für eine Reform der Regelungen der Tötungsdelikte, die allerdings vorerst gescheitert sind, vgl. etwa Duttge 2016, 131 ff.; jeweils mit weiteren Nachweisen).

## 63.2 Reformbedarf und dessen Vorgeschichte

Um auf diesen Reformbedarf und seine Vorgeschichte wenigstens hinsichtlich der Regelung des § 211 StGB kurz einzugehen (weiterführend etwa Thomas 1985; Linka 2008): Das Reichsstrafgesetzbuch in seiner ursprünglichen Fassung von 1871 sah als Definition des Mordes eine Vorschrift vor, nach welcher sich der


H. Wittwer/D. Schäfer/A. Frewer (Hg.), *Sterben und Tod. Ein interdisziplinäres Handbuch 2. Auflage*,
https://doi.org/10.1007/978-3-476-05761-7_63

Mord vom (demgegenüber weniger gravierenden) Totschlag (§ 212 StGB; heute mit folgendem Wortlaut: »(1) Wer einen Menschen tötet, ohne Mörder zu sein, wird als Totschläger mit Freiheitsstrafe nicht unter fünf Jahren bestraft. (2) In besonders schweren Fällen ist auf lebenslange Freiheitsstrafe zu erkennen«) dadurch unterschied, dass für den Mordbegriff die Tötung eines Menschen ›mit Überlegung‹ vorausgesetzt wurde. Die heutigen Mordmerkmale wurden erst im Jahr 1941 in das Strafgesetzbuch eingeführt und sind seitdem unverändert geblieben (verändert hat sich nur die Strafhöhe: damals noch Todesstrafe und nur ausnahmsweise lebenslange Zuchthausstrafe). Entscheidend war dabei ein erheblicher Umschwung im Verständnis der Mordvorschrift. Ging es vor 1941 im Wesentlichen noch um eine Bestrafung des Täters *wegen der Tat* des Mordes, rückte nunmehr die Beurteilung und Bestrafung des Täters wegen seiner ›*Täterpersönlichkeit*‹ und seiner (angeblichen) Gesinnung in den Vordergrund (vgl. dazu etwa Wolf 1996; 2003). Der Mörder sollte als jemand identifiziert werden, der schon von seiner Persönlichkeit her, die in der Tat zum Ausdruck komme, grundsätzlich die Höchststrafe (seinerzeit noch die Todesstrafe) verdiene. Es liegt auf der Hand, dass auf diese Weise auch sachfremde und nicht durch Fakten abgesicherte Erwägungen über die Beurteilung der Person des Täters bei der Bejahung (oder auch der Verneinung) des Vorliegens eines Mordes erheblichen Einfluss auf das Subsumtionsergebnis bekommen konnten. Dies war teilweise von der zur Zeit der Einführung des neuen Mordtatbestandes 1941 vorherrschenden Rechtsauffassung auch durchaus so gewollt (näher Wolf 1996, 192 f.).

Heute ist man weitgehend von der These, die Bewertung der Täterpersönlichkeit stehe im Mittelpunkt des Mordparagraphen, abgerückt, obwohl die tatbestandliche Fassung der Vorschrift dies weiterhin nahelegt, insbesondere wenn von ›niedrigen Beweggründen‹ des Täters die Rede ist. Man versucht demgegenüber (im Sinne eines modernen Tatstrafrechts), bei der Auslegung der einzelnen Mordmerkmale möglichst die Schwere der Tat und deren Verwerflichkeit im Auge zu behalten und damit zugleich einer ausufernden Anwendung der Vorschrift entgegenzuwirken. Dabei unterscheidet schon das Gesetz zwei Arten von Mordmerkmalen, die sogenannten tatbezogenen Mordmerkmale der zweiten Gruppe – »heimtückisch, grausam oder mit gemeingefährlichen Mitteln« – und die sogenannten täterbezogenen Mordmerkmale der ersten und dritten Gruppe – »aus Mordlust, zur Befriedigung des Geschlechtstriebs, aus Habgier oder sonst aus niedrigen Beweggründen, [...] oder um eine Straftat zu ermöglichen oder zu verdecken.« (Die Zugehörigkeit zu den ›Gruppen‹ ergibt sich aus der Tatbestandsfassung des § 211 StGB, und zwar aus der Reihenfolge der Nennung der Mordmerkmale).

## 63.3 Die sogenannten Mordmerkmale im Einzelnen

Die Mordmerkmale der ersten und dritten Gruppe können auch als ›Absichtsmerkmale‹ bezeichnet werden, weil sie bestimmte Absichten und Motive des Täters in den Blick nehmen. In den Merkmalen der ersten Gruppe kommt dabei eine besonders niedrige Motivation des Täters zum Ausdruck. Denn alle die dort genannten Absichten bzw. Motive des Täters hält der Gesetzgeber offenkundig für *niedrige Beweggründe* (vgl. die Formulierung in § 211 StGB: »oder *sonst* aus niedrigen Beweggründen«). Die davor genannten Motive sind demnach lediglich Beispiele für niedrige Beweggründe (vgl. schon BGHSt 3, 132, 133). Dabei soll *Mordlust* vorliegen, wenn der Vorgang des Tötens für den Täter den alleinigen Grund für die Tatbegehung bildet, er also keine weitergehenden Zwecke verfolgt (vgl. BGHSt 34, 59). *Zur Befriedigung des Geschlechtstriebes* tötet derjenige, der das Töten als Mittel zur geschlechtlichen Befriedigung benutzen will (vgl. BGHSt 50, 80, 86). *Habgier* ist gegeben, wenn der Täter aus einer ungehemmten, überzogenen und sittlich anstößigen Steigerung des Erwerbssinnes heraus handelt (vgl. etwa Lackner/Kühl 2018, § 211 Rdnr. 4 mit weiteren Nachweisen). Ein sonstiger *niedriger Beweggrund* liegt vor, wenn die Motivation des Täters nach allgemeiner sittlicher Wertung auf tiefster Stufe steht und deshalb besonders verwerflich, ja verächtlich ist (vgl. etwa BGHSt 3, 132; 50, 1, 8). Schon diese Versuche, die im Gesetz genannten Merkmale dieser ersten Gruppe näher zu umschreiben, machen deutlich, wie schwierig im Einzelfall eine Abgrenzung ist. Deshalb ist auch schon die Verfassungsgemäßheit dieser Mordmerkmale (insbesondere das der sonstigen niederen Beweggründe) in der Strafrechtswissenschaft mit dem Argument bestritten worden, es liege ein Verstoß gegen das Bestimmtheitsgebot (Art. 103 Abs. 2 GG) vor (vgl. etwa Rüping 1979, 620; Woesner 1980, 1137 f.).

In diesen Mordmerkmalen der ersten Gruppe ist jedenfalls die problematische Konzentration auf eine Bewertung der Gesinnung des Täters noch am präsentesten, während die Mordmerkmale der zweiten Gruppe als tatbezogene Merkmale die Begehungsweise in den Vordergrund stellen. *Heimtückisch* tötet, wer in feindlicher Willensrichtung die Arg- und Wehrlosigkeit des Opfers zur Begehung der Tat ausnutzt (vgl. etwa BGHSt 32, 382; 39, 353, 368). Dabei ist ein Opfer dann arglos, wenn es sich keines Angriffs versieht, und wehrlos, wenn es aufgrund seiner Arglosigkeit in seiner natürlichen Abwehrbereitschaft und -fähigkeit stark eingeschränkt ist (vgl. etwa Lackner/Kühl 2018, § 211 Rdnr. 8 mit weiteren Nachweisen). *Grausam* ist eine Tötung, wenn der Täter dem Opfer besonders starke Schmerzen oder Qualen körperlicher oder seelischer Art aus gefühlloser, unbarmherziger Gesinnung zufügt (vgl. etwa BGHSt 3, 180, 264). *Mit gemeingefährlichen Mitteln* tötet, wer für seine Tat Mittel einsetzt, deren Wirkung auf Leib oder Leben einer Mehrzahl anderer Menschen der Täter nach den konkreten Umständen der Tat nicht beherrschen kann (vgl. BGH NJW 1985, 1477). Der typische Fall einer solchen Begehungsweise ist der Einsatz einer Bombe als Tatwerkzeug (wenn nicht vom Täter ausnahmsweise sichergestellt ist, dass nur das vom Täter ausersehene einzelne Opfer in den Wirkungsbereich der Bombe gerät).

Bei den Merkmalen der dritten Gruppe handelt es sich zwar wiederum (wie bei denen der ersten Gruppe) um Absichtsmerkmale (bzw. täterbezogene Merkmale), ihre Reichweite ist indes konkreter bestimmbar als die der ersten Gruppe. *Um eine andere Straftat zu ermöglichen oder zu verdecken*, handelt, wer einen Menschen mit der Absicht tötet, auf diese Weise die Begehung einer anderen Tat als diese Tötungshandlung zu ermöglichen (sog. Ermöglichungsmord) oder die Begehung einer solchen anderen Tat (wozu auch die Tatsache der Täterschaft gehören soll) zu verdecken (sog. Verdeckungsmord). Dies kann etwa bei der Tötung eines anderen zur Ermöglichung eines Betruges gegenüber der Lebensversicherung des Opfers oder bei der Tötung eines Tatzeugen, um Hinweise auf die Begehung einer anderen (vorangehenden) Straftat zu verdecken, der Fall sein.

## 63.4 Verhältnis zu den anderen Tötungsdelikten

Im System der strafrechtlichen Tötungsdelikte gemäß §§ 211 ff. StGB nimmt der Mord eine hervorragende Stellung als das schwerste Delikt ein (s. o.; näher zum System der Tötungsdelikte vgl. etwa Laber 1997; Müssig 2005; rechtsvergleichend z. B. Scheffler/Matthies 2002; Crofts 2009). Der Bundesgerichtshof sieht in ihm sogar ein ›Delikt eigener Art‹ (*delictum sui generis*) und somit ein vom Totschlag ganz unabhängiges Delikt (ständige Rechtsprechung seit BGHSt 1, 368, 370). Demgegenüber geht die Strafrechtswissenschaft – systematisch einleuchtender – davon aus, dass § 211 StGB eine Qualifikation des Grundtatbestands des Totschlags gemäß § 212 StGB darstellt, indem jeder Mord zugleich ein Totschlag ist, nicht aber umgekehrt (statt aller Schneider, in: Joecks/Miebach 2017, vor § 211 Rdnr. 183 ff.). Dabei verdrängt dann bei Vorliegen eines der Mordmerkmale der Qualifikationstatbestand des § 211 StGB qua *lex specialis* den Grundtatbestand des § 212 StGB (und nur § 211 StGB ist noch anwendbar); ist kein Mordmerkmal gegeben, bleibt es bei § 212 StGB mit einer Strafandrohung von mindestens fünf Jahren Freiheitsstrafe.

Neben den Qualifikationstatbestand des § 211 StGB tritt im System der Tötungsdelikte dann noch der Privilegierungstatbestand der Tötung auf Verlangen gemäß § 216 StGB mit einer Strafandrohung von sechs Monaten bis zu fünf Jahren. Diese Vorschrift greift ein, wenn das Opfer seine eigene Tötung von dem Täter des Delikts ausdrücklich und ernstlich verlangt hat. Über die Voraussetzungen, aber auch die Legitimierung dieser Norm wird in der Strafrechtswissenschaft und Rechtsphilosophie heftig diskutiert (vgl. etwa Hoerster 1998; Sternberg-Lieben 1997, 103 ff.; Frommel 2007, 17 ff.), da die Norm insbesondere auch in den Fällen der sogenannten aktiven Sterbehilfe Geltung beansprucht. Wird diese aktive Sterbehilfe zugleich etwa aus dem Motiv der Habgier begangen (z. B. weil der Täter das Opfer beerben will), ist auch der Qualifikationstatbestand des Mordes erfüllt. Dann stellt sich die Frage, ob sich die Qualifizierung oder die Privilegierung hinsichtlich des Strafrahmens durchsetzt. Nach der ganz herrschenden Meinung ›sperrt‹ die Privilegierung die Qualifikation, d. h. § 216 StGB mit seiner niedrigeren Strafandrohung setzt sich durch (RGSt 53, 293; Eser/Sternberg-Lieben, in: Schönke/Schröder 2019, § 216 Rdnr. 2; Lackner/Kühl 2018, § 216 Rdnr. 1). Auch die umgekehrte Alternative wird allerdings in der Strafrechtswissenschaft vertreten: Es setze sich jedenfalls praktisch die Strafdrohung des § 211 StGB durch (vgl. Bernsmann 1983, 48). Ebenfalls vertretbar erscheint es, dass sich Qualifizierung und Privilegierung gegenseitig blockieren und daher der Grundtatbestand des § 212 StGB mit seiner gleichsam in der Mitte zwischen den Extremen liegenden Strafandrohung wieder ›auflebt‹

(vgl. Herzberg 2000, 1097, der diese These allerdings ablehnt). Von anderen Autoren wird bestritten, dass es überhaupt zu einem Anwendbarkeitskonflikt kommen kann: Es soll je nach »Dominanz der jeweiligen Motive« immer nur ein Tatbestand erfüllt sein (vgl. Schneider, in: Joecks/Miebach 2017, § 216 Rdnr. 72). Darüber, dass es nicht zu einem ähnlichen Anwendbarkeitskonflikt zwischen § 211 StGB und § 218 StGB (Schwangerschaftsabbruch) kommen kann, besteht hingegen weitgehend Einigkeit, weil § 218 StGB sich auf die Leibesfrucht bezieht, die – zumindest nach ganz herrschender Ansicht – (noch) kein Mensch im Sinne der Tötungsdelikte gemäß § 211 ff. StGB ist (s. Kap. 54: »Abtreibung – rechtsmedizinisch«).

## 63.5 Suizid (›Selbstmord‹)

Nach überwiegender Ansicht im strafrechtlichen Schrifttum wird der *Suizid* – umgangssprachlich oftmals: *Selbstmord* – nicht von den Tötungstatbeständen gemäß §§ 211 ff. StGB erfasst (vgl. nur Eser/Sternberg-Lieben, in: Schönke/Schröder 2019, vor §§ 211 ff. Rdnr. 33). Der bloße Wortlaut von § 211 StGB und § 212 StGB würde es zwar erlauben, die (versuchte) Selbsttötung zu subsumieren. Denn in beiden Vorschriften ist – im Gegensatz etwa zu § 223 StGB, wo klargestellt wird, dass eine *andere* Person körperlich verletzt worden sein muss – nur davon die Rede, dass der Täter »einen Menschen« tötet. Doch wird allgemein aus der Entstehungsgeschichte und aus Sinn und Zweck der Vorschrift geschlossen, dass nur eine Fremdtötung erfasst sein sollte. Für eine versuchte Selbsttötung wäre schon die Strafandrohung völlig unangemessen (insbesondere vor Abschaffung der Todesstrafe). Dies hat allerdings zur Konsequenz, dass Anstiftung und Beihilfe zum freiverantwortlichen Suizid auch straflos bleiben, weil der Suizid selbst gerade keinem Straftatbestand unterfällt (Die Teilnahmehandlungen Anstiftung und Beihilfe setzen für ihre Strafbarkeit eine vorsätzliche rechtswidrige Straftat als Haupttat voraus, vgl. §§ 26, 27 StGB). Dieses Ergebnis versucht eine Auffassung zu vermeiden, die – sich auf den Wortlaut der §§ 211, 212 StGB stützend – davon ausgeht, dass der Suizid zwar den Tatbeständen der Tötungsdelikte unterfällt, aber (sofern es beim Versuch geblieben ist) regelmäßig entschuldigt und damit nicht bestraft wird (für Entschuldigungsgrund vgl. Schmidhäuser 1974, 814 f.; für einen Strafausschließungsgrund vgl. Bringewat 1975, 646 ff.). Diese Konzeption, die sich allerdings nicht hat durchsetzen können, würde die Möglichkeit eröffnen, Anstiftung und Beihilfe zu einer solchen Tat zu bestrafen, weil die Haupttat (Suizid) dann vorsätzlich und rechtswidrig und lediglich nicht schuldhaft wäre, was gemäß §§ 26, 27 StGB einer Bestrafung wegen Anstiftung oder Beihilfe nicht entgegensteht. Diese Überlegungen gelten allerdings ohnehin nur im Hinblick auf den (in der Praxis der Strafgerichte eher seltenen Fall) einer *freiverantwortlichen* Selbsttötung. Sofern gar keine freie Handlung des Suizidenten vorliegt (etwa weil er über relevante Tatumstände irrt oder unter Zwang oder dem Eindruck einer ernstlichen Drohung handelt oder wegen Jugendlichkeit oder einer Geistesstörung, die unter Umständen auch eine Depression sein kann, nicht zurechnungsfähig ist), kann derjenige, der den Suizidenten gleichsam in die Selbsttötung treibt, als Totschläger oder ggf. sogar als Mörder in sogenannter mittelbarer Täterschaft (vgl. § 25 Abs. 1, 2. Alt. StGB) bestraft werden (vgl. statt vieler Eser/Sternberg-Lieben, in: Schönke/Schröder 2019, vor §§ 211 ff. Rdnr. 37).

## 63.6 Völkermord

Mit dem im Jahre 2002 in Kraft getretenen Völkerstrafgesetzbuch (VStGB) wurde der bisher in § 220a StGB geregelte *Völkermord* inhaltlich unverändert in § 6 VStGB überführt. Danach wird derjenige bestraft, der beabsichtigt, eine nationale, rassische, religiöse oder ethnische Gruppe als solche zu zerstören. Dabei gibt es auch Tatmodalitäten, die nicht die (tatsächliche) Tötung eines Menschen als notwendige Voraussetzung haben, und zwar die Zufügung schwerer körperlicher oder seelischer Schäden (§ 6 Abs. 1 Nr. 2 VStGB), die Auferlegung schwerer Lebensbedingungen (Nr. 3), die Verhängung von Maßregeln zur Verhinderung von Geburten (Nr. 4) oder die gewaltsame Überführung von Kindern in eine andere Menschengruppe (Nr. 5). Entscheidend für diese Tatbestandsfassungen ist, dass es hier nicht primär um die Ermordung eines Individuums geht, sondern um *Völkermord* (s. Kap. 67: »Massenmord/Genozid/Demozid«), bei dem die Gefährlichkeit der oben genannte Absicht zur Zerstörung bestimmter Gruppen von Menschen im Vordergrund der rechtlichen Bewertung steht.

## 63.7 Zum Mord in der Kriminalstatistik

Im Hinblick auf die einschlägigen Kriminalstatistiken ist festzuhalten, dass der Mord im Sinne des § 211 StGB ein relativ seltenes Verbrechen darstellt. So kam es im Jahr 2017 in Deutschland nur in 113 Fällen zu einer Verurteilung wegen Mordes (ohne Mordversuch); die Zahl der Verurteilungen wegen Totschlags lag mit 303 Fällen fast dreimal so hoch (vgl. Statistisches Bundesamt 2018, 58; die ganz überwiegende Anzahl der Tötungsdelikte bildet allerdings weiterhin die fahrlässige Tötung, insbesondere im Straßenverkehr). Dass die Deliktshäufigkeit des Mordes in den letzten Jahren gleich bleibend relativ niedrig war, mag auch mit einem recht hohen (tendenziell wohl abschreckend wirkenden) ›Verfolgungsdruck‹ bei Morddelikten zusammenhängen; regelmäßig wurden ca. 95 % aller (bekannt gewordenen) Morde aufgeklärt (über die Höhe einer auch bei Mord zu vermutenden ›Dunkelziffer‹ ist damit indes noch nichts ausgesagt).

### Literatur


Bernsmann, K.: Zur Konkurrenz von »privilegierten« (§§ 213, 216, 217) und »qualifizierten« (§ 211) Tötungsdelikten. In: *Juristenzeitung* 38 (1983), 45–53.

Bringewat, P.: Die Strafbarkeit der Beteiligung an fremder Selbsttötung als Grenzproblem der Strafrechtsdogmatik. In: *Zeitschrift für die gesamte Strafrechtswissenschaft* 87 (1975), 623–649.

Bundesgerichtshof (BGH): Entscheidungen des BGH sind zitiert entweder nach der *Amtlichen Sammlung der Entscheidungen des BGH in Strafsachen* (BGHSt) oder nach dem Publikationsort in einer Zeitschrift, und zwar hier: *Goltdammer's Archiv für Strafrecht* (abgekürzt: GA) oder *Neue Zeitschrift für Strafrecht* (abgekürzt: NStZ).

Crofts, Th.: Labelling Homicides. In: *Jahrbuch für Recht und Ethik/Annual Review of Law and Ethics* 17 (2009), 355–383.

Duttge, G.: Zur Reform der Tötungsdelikte (§§ 211 ff. StGB): Kritische Betrachtung von Reformbedarf und Reformvorschlägen. In: J. C. Joerden/A. J. Szwarc (Hg.): *Strafrechtlicher Reformbedarf. Materialien einer deutsch-japanisch-polnisch-türkischen Tagung im Jahre 2015 in Rzeszów und Kraków (Polen)*, Wydawnictwo Nauka i Innowacje, Poznań 2016, 131–157.

Frommel, M.: Lebensschutz, Autonomie und die Grenzen des Rechts. In: *Neue Kriminalpolitik* 19 (2007), 16–22.

Heine, G./Höpfel, F./Huber, B. u. a.: Alternativ-Entwurf Leben. Entwurf eines Arbeitskreises deutscher, österreichischer und schweizerischer Strafrechtslehrer. In: *Goltdammer's Archiv für Strafrecht* 155 (2008), 193–270.

Herzberg, R. D.: Das Zusammentreffen privilegierender und qualifizierender Umstände bei den Tötungsdelikten. In: *Juristenzeitung* 55 (2000), 1093–1100.

Hoerster, N.: *Sterbehilfe im säkularen Staat*. Frankfurt a. M. 1998.

Joecks, W./Miebach, K. (Hg.): *Münchener Kommentar zum Strafgesetzbuch* (abgekürzt: MüKo). München [3]2017 (zit. nach Bearbeitern, Paragraphen und Randnummern).

Laber, J.: *Der Schutz des Lebens im Strafrecht*. Frankfurt a. M. 1997.

Lackner, K./Kühl, K.: *Strafgesetzbuch, Kommentar*. München [29]2018 (zit. nach Paragraphen und Randnummern).

Linka, K.: *Mord und Totschlag (§§ 211–213 StGB). Reformdiskussion und Gesetzgebung seit 1870*. Berlin 2008.

Müssig, B.: *Mord und Totschlag. Vorüberlegungen zu einem Differenzierungsansatz im Bereich des Tötungsunrechts*. Köln u. a. 2005.

Rüping, H.: Zur Problematik des Mordtatbestandes. In: *Juristenzeitung* 34 (1979), 617–621.

Scheffler, U./Matthies, K.: Die vorsätzlichen Tötungsdelikte im polnischen und deutschen Strafrecht. In: G. Wolf (Hg.): *Kriminalität im Grenzgebiet. Bd. 5/6: Das neue polnische Strafgesetzbuch (Kodeks karny)*. Berlin/Heidelberg 2002, 243–295.

Schmidhäuser, E.: Selbstmord und Beteiligung am Selbstmord in strafrechtlicher Sicht. In: G. Stratenwerth u. a. (Hg.): *Festschrift für Hans Welzel zum 70. Geburtstag*. Berlin 1974, 801–822.

Schönke, A./Schröder, H. u. a.: *Strafgesetzbuch, Kommentar*. München [30]2019 (zit. nach Bearbeitern, Paragraphen und Randnummern).

Statistisches Bundesamt (Destatis), *Rechtspflege, Strafverfolgung 2017*, Fachserie 10, Reihe 3, Wiesbaden 2018, 58.

Sternberg-Lieben, D.: *Die objektiven Schranken der Einwilligung im Strafrecht*. Tübingen 1997.

Thomas, S.: *Die Geschichte des Mordparagraphen – eine normgenetische Untersuchung bis in die Gegenwart*. Bochum 1985.

Woesner, H.: Neuregelung der Tötungstatbestände. In: *Neue Juristische Wochenschrift* 33 (1980), 1136–1140.

Wolf, G.: Befreiung des Strafrechts vom nationalsozialistischen Denken? In: *Juristische Schulung* 36 (1996), 189–195.

Wolf, G.: Mörder oder Totschläger? Zum 60jährigen Bestehen des § 211 StGB. In: K. Amelung u. a. (Hg.): *Festschrift für Hans-Ludwig Schreiber zum 70. Geburtstag*. Heidelberg 2003, 515–532.


*Jan C. Joerden*

# 64 Todesstrafe – historisch

Die Todesstrafe ist die (gewaltsame) Tötung eines Menschen durch die öffentliche Gewalt als Reaktion auf schwere Verbrechen. Sie ist eine universelle Erscheinung, die in frühester Zeit wohl sakral-kulturelle Bedeutung als Opferhandlung an die Götter hatte, mitunter aber auch Folge der Friedlosigkeit eines Täters war und seinen Ausschluss aus der Gesellschaft umsetzte (vgl. Wilda 1842). Ferner ist sie möglicherweise auch Ausdruck des allgemeinen Talionsgedankens (Gleichgewicht zwischen Schaden des Opfers und Bestrafung des Täters), wie er bei den Israeliten anerkannt war und im *Alten Testament* überliefert ist (Genesis 9, 6; Exodus 21, 12 ff.). Sie war schon bei Assyrern, Ägyptern und Persern in Gebrauch, und in Griechenland hatte König Drakon sie zeitweise zur fast einzigen Strafe gemacht (vgl. Hetzel 1870).

## 64.1 Römisches Recht

Im antiken Rom existierten als älteste Todesstrafen die Enthauptung durch das Beil (als Ausdruck magistratischer Macht) und die Kreuzigung, die sich später als typische Sklavenstrafe (und als Strafe für Aufständische) etablierte (vgl. Mommsen 1899). Ursprünglich wurde die Todesstrafe nur für Staatsverbrechen (*perduellio*) verhängt, später weitete sich ihr Anwendungsbereich aus. Eine besonders schimpfliche Form war das Ertränken in einem Sack; sie wurde anfangs wohl generell für Mord verhängt, später nur noch für die Tötung besonders nahestehender Personen, insbesondere der Eltern oder der Kinder (*parricidium*). Der Sinn dieser Strafform bestand u. a. darin, ein Begräbnis des Täters unmöglich zu machen. Der Tod durch das Feuer war laut Zwölftafelgesetz für den Brandstifter vorgesehen, wurde in republikanischer Zeit dann auf weitere Taten erweitert. Überdies gab es die im Kriegsrecht verankerte Preisgabe an die wilden Tiere im Rahmen der Zirkusspiele, die gegenüber Kriegsgefangenen üblich war. Vestalinnen, die sich eines Sittendelikts schuldig gemacht hatten, wurden in einem unterirdischen Raum lebendig eingemauert (vgl. Hentig 1954). Schließlich existierte als Privatstrafe, die in Rom nur bei wenigen Delikten anerkannt war, das Herabstürzen vom Trapeischen Felsen am Capitol, vorgenommen entweder von der Familie des Opfers der Tat oder von den plebejischen Tribunen. Sonst war die Leitung der Vollstreckung meist einem Offizier übertragen, die Durchführung wurde untergeordneten Soldaten überlassen. Die Hinrichtung erfolgte in Rom grundsätzlich in aller Öffentlichkeit; Letztere konnte aber auf Geheiß des Priesters oder später des Magistrats ausgeschlossen werden, was gegenüber Frauen, aber auch bei Männern der höheren Stände meistens geschah. In den letzten Jahrzehnten der Republik wurde anstelle der Todesstrafe vermehrt das Exil als Strafe ausgesprochen.

## 64.2 Germanen

Die Erklärung der Todesstrafe bei den Germanen ist bis heute umstritten (vgl. Schild 2006): So gibt es zum einen die Strafopfertheorie, wonach die Tötung des Missetäters die Götter wieder versöhnen sollte, die durch die Tat erzürnt worden waren (vgl. Amira 1922). Andere sahen in der Todesstrafe einen Reinigungs- oder Abwehrzauber und ersetzten damit die sakrale Erklärung durch eine magische (z. B. Rehfeldt 1942). Aus jüngerer Zeit stammt die These, dass der Täter sich durch seine Tat aus der sozialen Gemeinschaft ausgeschlossen habe und entsprechend aus der Welt verbracht werden müsse (vgl. Hasenfratz 1982); deshalb und auch, um die Leiche unsichtbar zu machen, sei er entweder im Moor versenkt, verbrannt, lebendig begraben oder ertränkt worden, alles Formen der Ausstoßung. Auch die Angst vor dem ›Wiedergänger‹ mag in frühester Zeit die Art der Vollstreckung beeinflusst haben. Nachweisen lässt sich keine dieser Theorien, alle haben ihre Anhänger (und Gegner) gefunden.

Bekannt waren – so die berühmte Tacitus-Stelle – das Hängen und das Versenken im Moor als Strafen für Verrat und Handlungen, die sich gegen das Gemeinwesen (den Stamm) richteten (vgl. Tacitus: *Germania*, Kap. 12). Daneben gab es schon früh das Lebendigbegraben als Frauenstrafe. Nach verbreiteter Auffassung waren auch Mord, schwerer Diebstahl und Notzucht todeswürdige Delikte (v. Amira 1922). Neben diesen ›öffentlichen‹ Strafen gab es unstreitig ein noch älteres Privatstrafrecht, die Ahndung einer Missetat durch die Sippe bzw. die Familie, ursprünglich eine Folge des Rachegedankens.

## 64.3 Früh- und Hochmittelalter

In den germanischen Volksrechten des Frühmittelalters begegnet die Todesstrafe als Sanktion aus rationalem Herrschaftskalkül in römisch-christlicher Tra-


H. Wittwer/D. Schäfer/A. Frewer (Hg.), *Sterben und Tod. Ein interdisziplinäres Handbuch 2. Auflage*,
https://doi.org/10.1007/978-3-476-05761-7_64

dition. Die fränkische Gerichtsbarkeit arbeitete ein rechtsförmliches Verfahren für die aus früherer Zeit überlieferten Todesstrafarten heraus (vgl. Weitzel 1997). Es war originäres Recht des Herrschers, über Leben und Tod zu verfügen; nur Gerichte, die unter Königsbann richteten, waren dazu befugt. Die Kirche unterstützte diesen Prozess, so dass ab dem 6. Jh. vor allem für politische Delikte wie Angriffe auf den König, Kirchenraub und für Sittlichkeitsdelikte entsprechende Strafen angeordnet wurden. Welche Fälle im Einzelnen todeswürdig waren, ist mangels fester Normen und einer einheitlichen Praxis nicht ganz klar. Jedenfalls haben bereits die Merowingerkönige des 6. Jhs. die Todesstrafe auch aus ökonomischen Gründen in den fränkischen Kapitularien angedroht, etwa gegenüber Räubern, die die Straßen des Reiches unsicher machten, oder gegenüber verschiedenen Formen des Amtsmissbrauchs. Aus dem römischen Recht übernommen wurde die Todesstrafe gegenüber Sklaven, für die der Herr nicht einstehen wollte, und für Zahlungsunfähige, die von ihrer Sippe nicht ausgelöst wurden, sowie schließlich für den immer größer werdenden Bereich der Majestätsverbrechen (*crimen laesae maiestatis*). Vollstreckt wurden die Strafen durch Gehilfen des Richters, zum Teil auch durch die Sippe des Opfers, wie etwa bei den Sklaven. Letzteres zeigt, dass sich aus der frühesten Zeit nach wie vor Elemente eines Privatstrafrechts gehalten haben, die z. B. bei sittlichen Vergehen zur Anwendung kamen. So konnte nach burgundischem Recht der *pater familias* die unzüchtige Tochter auf der Stelle töten. Die Art der Vollstreckung war damals nicht gesetzlich geregelt, sie wurde zum Teil im Urteil, zum Teil auch durch den Vollstreckungsbeamten festgelegt. Hinrichtungsarten waren das Enthaupten, Steinigen, Hängen oder das Vertilgen des Missetäters von der Erde durch Verbrennen, Ertränken, Versenken im Moor.

Mit dem Rückgang der Zentralmacht des fränkischen Herrschers vom 9. bis 11. Jh. nahm auch die Zahl der Todesstrafen ab. Erst mit dem Niedergang des kirchlichen Bußdenkens wurde sie vor allem in den Landfrieden des Hochmittelalters wieder verstärkt. Nunmehr waren es die besonderen Friedbruchfälle wie Totschlag, Raub, Brandstiftung und Notzucht, für die entsprechende Strafen angedroht wurden, und zwar unabhängig vom Stand des Täters. Zunächst galten die Strafen nur für die Zeit des Friedens, später dann auch ganzjährig. In manchen Quellen (z. B. in norddeutschen Quellen; vgl. His 1925) war die Tötung auf die Fälle der handhaften Tat beschränkt. Im *Sachsenspiegel*, der eine Reihe von Todesstrafen aufweist (vgl. Scheele 1992), sind dies alles Friedbruchfälle: Täter von Pflug-, Mühlen- und Kirchenraub: »die sal man alle radebrechen« (Sachsenspiegel Landrecht II 13 § 4). Die Haltung der Kirche war ambivalent: Einerseits setzte sie sich für die Todesstrafe gegenüber Ketzern ein (Laterankonzil von 1215), während sie auf der anderen Seite den Klerikern untersagte, an der Fällung oder Vollstreckung eines Todesurteils mitzuwirken.

## 64.4 Spätmittelalter und Frühe Neuzeit

Die Strafformen und ihr Anwendungsbereich erfuhren in den folgenden Jahrhunderten bis zur *Constitutio Criminalis Carolina* Karls des V. von 1532 eine ständige Ausdehnung; gleichzeitig wurden auch römische Todesstrafen rezipiert. Allerdings blieb während des gesamten Mittelalters die Ablösbarkeit der Todesstrafe grundsätzlich bestehen. Dieses sogenannte Halslösungsrecht ist aus der fränkischen Zeit übernommen worden, wenn auch die Praxis dabei sehr uneinheitlich war (Nachweise bei His 1925). Ein intensiver Einsatz der Strafen ist bei den Territorialherren und in den Städten zu beobachten, die sich um die Durchsetzung des Gewaltmonopols bemühten und dies mittels Abschreckung zu erreichen suchten. Die ehrliche Form war damals das Enthaupten, unehrlich das Hängen, die typische Diebesstrafe, jedenfalls gegenüber Männern. Der Galgen, der meist auf einer Anhöhe errichtet wurde, weil man dort nach altem Glauben den Göttern am nächsten war (vgl. Hentig 1954), war im Hochmittelalter sichtbares Zeichen der Hochgerichtsbarkeit. Die Leichen wurden noch tage-, ja wochenlang hängen gelassen und dem Wind und den Vögeln überlassen. Darüber hinaus finden sich auch viele Strafen mit spiegelndem Charakter, deren Vollstreckung auf die Tat bezogen war, etwa das Verbrennen für Mordbrand. Häufig wurden die Elemente Feuer und Wasser, wohl wegen ihrer angeblich reinigenden Kraft, eingesetzt: Auf dem Scheiterhaufen wurden Zauberer, Ketzer und Hexen verbrannt, das Ertränken war eine weit verbreitete und häufig gegenüber Frauen verwandte Strafe. War der Täter ein Geistlicher, wurde er eingemauert, weil man sich scheute, an ihn Hand anzulegen. Generell war dies die aus Rom übernommene Todesstrafe, die gegenüber Respektpersonen, also Adligen angewandt wurde, denn damit wurde den Angehörigen die Schande der öffentlichen Hinrichtung erspart. Qualifizierte Formen waren das lebendige Begraben, das Vierteilen (bei Verrat) und das Rädern. Seit der Frühen Neuzeit sind die Strafformen im Gesetz fixiert, die *Constitutio Criminalis Carolina* spricht sich ausdrücklich gegen ein Ermessen des Henkers aus (Art. 218). Nicht vollstreckt wurde die Todesstrafe gegenüber Kindern, Schwangeren und teilweise auch Geisteskranken. Zu einer massenhaften Anwendung kam die Todesstrafe im Rahmen der Hexenverfolgungen in ganz Mitteleuropa, in deren Folge nach Schätzungen über 50.000 Menschen auf den Scheiterhaufen verbrannt wurden. In Deutschland lag der Höhepunkt der Prozesse, bei denen meist ein Geständnis mittels der Folter erzwungen wurde, während des Dreißigjährigen Krieges, bevor dann in den folgenden Jahrzehnten immer mehr Herrscher die Hexenverfolgungen einstellten.

Zum Inquisitionsprozess gehörte die öffentliche Vollstreckung auf dem Endlichen Rechtstag durch den Strafrichter, die seit dem Spätmittelalter durch besondere Zeremonien regelrecht inszeniert wurde (Zopfs 2001): das Armsündergewand, das Läuten der Glocke, das Stabbrechen über dem Verurteilten (ein typisches Attribut der Friedlosigkeit), der Gang zur Richtstätte. Ebenfalls gewohnheitsrechtlich und damit lokal bedingt war der Brauch der Henkersmahlzeit. An manchen Orten galt der Grundsatz, dem Delinquenten das Leben zu schenken, wenn die Hinrichtung misslang (His 1925). All dies diente auch dem Zweck, der Bevölkerung eine funktionierende staatliche Strafjustiz vorzuführen, um mit deren Hilfe legitimitätsfördernde Wirkungen zu erzielen (Zopfs 2001, 190). In diesen Zusammenhang gehört dann auch die öffentliche Wiederholung des Geständnisses. Trotz der Selbstverständlichkeit, mit der damals selbst grausamste Formen von der Bevölkerung mit Aufmerksamkeit verfolgt wurden, galt das Amt des Henkers lange Zeit als unehrlich. Auch seine Kinder konnten in der Regel einen ehrlichen Beruf nicht mehr ausüben. Allerdings gab es einen entsprechenden Berufsstand nur in den größeren Städten; sonst wurde die Vollstreckung niederen Bediensteten (Fronboten, Büttel) überlassen.

## 64.5 Die Zeit der Aufklärung

Im Laufe des 18. Jhs. ist ein deutlicher Trend zu milderen Strafen zu spüren, der zu einem Rückgang der strafbaren Verhaltensweisen, für die eine Todesstrafe verhängt werden konnte, und zu einem Rückgang der Zahl der gefällten Todesurteile in der Praxis führte. Letzteres ist sicher auch bedingt durch das Aufkommen der Freiheitsstrafe, weil immer häufiger eine lebenslängliche Einsperrung an Stelle einer Todesstrafe verhängt wurde. Beides dürfte auch auf die Säkularisierung des Strafrechts zu dieser Zeit zurückzuführen sein. Die Abschaffung der Todesstrafe wurde etwa zeitgleich gefordert von dem Leipziger Strafrechtler Carl Ferdinand Hommel, dem Wiener Kameralwissenschaftler Joseph von Sonnenfels und dem Italiener Cesare Beccaria, dessen Werk *Über Verbrechen und Strafen* (1764) die bekannteste Stellungnahme gegen die Todesstrafe wurde und eine intensive Debatte über das Für und Wider auslöste. Schon der einzelne Mensch, so Beccaria, habe nicht das Recht, über sein Leben zu verfügen, also könne der Staat dieses erst recht nicht besitzen. Außerdem sei die Tötung nicht wirksamer als die lebenslange Freiheitsstrafe. Es sei widersinnig, die Bürger dadurch von Morden abhalten zu wollen, dass der Staat selbst einen »öffentlichen Mord« anordne. Für die Beibehaltung sprachen sich etwa die Franzosen Montesquieu und Rousseau aus, ferner die überwiegende Zahl der Strafrechtler und Politiker. Viele Befürworter argumentierten mit dem Staatszweck der Glückseligkeit, zu dessen Verfolgung der Staat alle möglichen Mittel einsetzen dürfe; hier traf sich das Nützlichkeitsdenken mit einem absolutistischen Begriff der Staatsräson (vgl. Overath 2001). Viel radikaler stützte Immanuel Kant die Todesstrafe auf den absoluten Strafrechtszweck der Vergeltung.

Ein (kurzfristiges) Verbot dieser Strafart gab es im Herzogtum Toskana 1786 und ein Jahr später in Österreich; in beiden Territorien wurde sie wenig später wieder eingeführt. Auch im Preußischen Allgemeinen Landrecht von 1794 und im bayerischen StGB von 1813 war sie für einige Verbrechen vorgesehen, jedoch wurde die Anzahl der todeswürdigen Delikte erheblich vermindert, und die qualifizierten Vollzugsformen wurden abgeschafft. Die französische Revolutionsgesetzgebung konnte sich ebenfalls nicht zur Abschaffung durchringen, aber sie beseitigte das alte, mit religiösem Sinngehalt aufgeladene Hinrichtungsritual. Das Ende des sogenannten ›Theaters des Schreckens‹ erfolgte im Rahmen der napoleonischen Eroberungen in vielen Teilen Europas, in Preußen im Jahre 1805. Die Menschen, so schon Montesquieu, fürchteten weniger den Tod als den Verlust des Lebens, so dass schnellere und schmerzlose Prozeduren dem neuen Strafrechtsverständnis entsprachen. Die Modernisierung bestand dann auch folgerichtig in der Erfindung einer Maschine, die das Strafen unpersönlich, schnell und ohne menschliche Schwächen übernimmt: die Guillotine. In der Praxis sind vor allem unter der Herrschaft Robespierres viele Menschen in Frankreich in den folgenden Jahren hingerichtet worden, am bekanntesten ist sicher das französische Königspaar Ludwig XVI. und Marie Antoinette. Der Verzicht auf die alten Hinrichtungsbräuche, die in England bereits Mitte des 18. Jhs. in eine Krise geraten waren (vgl. Krischer 2008), bedeutete einen Funktionsverlust, da die legitimierende Wirkung verloren ging, die nunmehr vom Strafverfahren übernommen wurde.

## 64.6 Das 19. Jahrhundert

In der ersten Hälfte des 19. Jhs. blieb die Todesstrafe in Deutschland überall in Gebrauch, alle neuen Gesetze enthielten sie. In der Praxis wurden allerdings relativ wenige Todesurteile verhängt, von denen eine geringe Zahl vollstreckt wurde, etwa 27 % in Preußen, weniger in Württemberg und Baden, mehr in Österreich. Um ein Vielfaches höher war die Zahl der Todesurteile in England, wo dann aber die Hinrichtungsquote gering war (vgl. Düsing 1952). Der prominenteste Gegner der Todesstrafe zu dieser Zeit war Mittermaier, der als einer der Ersten in größerem Umfang auf statistisches Material zurückgriff und auf die Diskussion in der Frankfurter Nationalversammlung entscheidenden Einfluss ausübte. Letztere schaffte dann mit deutlicher Mehrheit (88 %) die Todesstrafe ab, worauf viele deutsche Staaten vorübergehend diesem Beispiel folgten, nicht dagegen Österreich, Preußen und Bayern. Bis auf Oldenburg, Bremen und Nassau kehrten allerdings alle Staaten zur früheren Rechtslage zurück. Heftig gestritten wurde um dieses Thema im Reichstag des Norddeutschen Bundes, wo zunächst trotz einer berühmt gewordenen Rede Bismarcks ihre Abschaffung beschlossen wurde. Nachdem aber der Justizminister erklärt hatte, dass diese Entscheidung für die verbündeten Regierungen unannehmbar sei, stimmte in dritter Lesung die Mehrheit für ihre Beibehaltung. Entsprechend wurde sie im Reichsstrafgesetzbuch von 1871 für Hochverrat und für Mord angedroht. Im Kaiserreich wurden jährlich ca. 20 Personen hingerichtet, was im Vergleich zu den Zeiten vorher sehr wenig war. Die Art der Hinrichtung war in den Ländern unterschiedlich, zum Teil erfolgte sie durch die Guillotine (Rheinprovinz), zum Teil durch Erschießen, zum Teil durch den Strang (Österreich-Ungarn); im Staat New York wurde schon im 19. Jh. die Tötung durch Elektrizität eingeführt. Erhalten blieben trotz der Säkularisierung religiöse Züge, so die Beteiligung eines Geistlichen und das Glockengeläut (vgl. Willenberg 2008). Abgeschafft wurde sie in diesem Zeitraum zunächst in Portugal (1867), in Holland (1870), der Schweiz (1874), in Norwegen (1905) und in einigen nord- und südamerikanischen Staaten (z. B. in Costa Rica, Nicaragua und Brasilien; vgl. Düsing 1952).

## 64.7 Das 20. Jahrhundert

Die Rechtslage blieb in Deutschland zunächst unverändert, die Todesstrafe wurde allerdings nur spärlich praktiziert: Im Kaiserreich wurden vor dem Ersten Weltkrieg weiter um die 20 Personen im Jahr hingerichtet, in der Weimarer Republik waren es etwas mehr. Ab 1927, als wieder verstärkt über die Abschaffung der Todesstrafe diskutiert wurde, wurden deutlich weniger als zehn Todesurteile pro Jahr vollstreckt, innerhalb von zwei Jahren sogar kein einziges (Düsing 1952). Zur gleichen Zeit sank die Mordkriminalität, was die Befürworter einer Beseitigung der Todesstrafe als Argument dafür gebrauchten, dass sie nicht notwendig sei, um die Kriminalität in diesem Bereich zu senken. Noch vor dem Zweiten Weltkrieg hatten die skandinavischen Länder, Spanien, Italien und einige südamerikanische Staaten (Argentinien, Ecuador, Kolumbien) die Todesstrafe abgeschafft. Bis zum heutigen Tag sind in den USA 15 Bundesstaaten diesem Beispiel gefolgt, während die große Mehrheit nach wie vor die Hinrichtung (überwiegend durch die Giftspritze) kennt.

Eine drastische Ausweitung erfuhr die Todesstrafe in der nationalsozialistischen Zeit. Sie wurde 1933 auf gemeingefährliches Verhalten erstreckt, bevor dann weitere Gesetze vor allem nach 1941 die Strafe selbst für kleinste Vergehen vorsahen, wenn sie angeblich gegen das Gemeinwohl gerichtet waren. Schon im Jahr 1933 war als Todesart das Hängen wieder eingeführt worden. Bis 1939 blieben die Todesurteile noch unter 100 pro Jahr, 1940 waren es 250, im Jahr 1943 sogar über 5000, wobei vor allem sogenannte Volksschädlinge und Kriegswirtschaftsverbrecher erfasst wurden. 1944 wurde die Todesstrafe sogar für fahrlässige Verschuldung eines besonders schweren Nachteils für die Kriegführung des Reiches für zulässig erklärt. Im Militärstrafrecht war sie ausdrücklich auch zur Durchsetzung militärischer Ziele vorgesehen, und es wurden während des Zweiten Weltkriegs in Deutschland über 16.000 Todesurteile durch Militärgerichte gefällt.

In der Zeit danach bis zur Gründung der Bundesrepublik wurden nur einige wenige Todesurteile in den einzelnen Ländern vollstreckt. Die völlig unverhältnismäßige Anwendung dieser Strafform während des Nationalsozialismus hatte den Kritikern starken Zulauf gebracht. Mit deutlicher Mehrheit beschloss schließlich der Parlamentarische Rat 1949 den noch heute gültigen Artikel 103 GG: »Die Todesstrafe ist abgeschafft«. Vereinzelte Versuche ihrer Befürworter, sie wieder einzuführen, scheiterten.

## Literatur

Amira, K. von: *Die germanischen Todesstrafen.* München 1922.

Düsing, B.: *Die Geschichte der Abschaffung der Todesstrafe in der Bundesrepublik Deutschland.* Offenbach 1952.

Hasenfratz, H.-P.: *Die toten Lebenden. Eine religionsphänomenologische Studie zum sozialen Tod in archaischen Gesellschaften.* Leiden 1982.

Hentig, H. von: *Die Strafe.* Bd. 1. Berlin 1954.

Hetzel, H.: *Die Todesstrafe in ihrer kulturgeschichtlichen Entwicklung.* Berlin 1870.

His, R.: *Geschichte des Strafrechts im Mittelalter.* Weimar 1925.

Krischer, A.: Traditionsverlust. Die Krise der Todesstrafe in England 1750–1868. In: R. Schulze (Hg.): *Strafzweck und Strafform zwischen religiöser und weltlicher Wertevermittlung.* Münster 2008, 233–263.

Mommsen, Th.: *Römisches Strafrecht.* Leipzig 1899.

Oppelt, W.: *Über die Unehrlichkeit des Scharfrichters.* Lengfeld 1976.

Overath, P.: *Tod und Gnade. Die Todesstrafe in Bayern im 19. Jahrhundert.* Köln 2001

Rehfeldt, B.: *Todesstrafen und Bekehrungsgeschichte. Zur Rechts- und Religionsgeschichte der germanischen Hinrichtungsbräuche.* München 1942.

Scheele, F.: *di sal man alle radebrechen. Todeswürdige Delikte und ihre Bestrafung in Text und Bild der Codices picturati des Sachsenspiegels.* Bd. 1. Oldenburg 1992.

Schild, W.: Todesstrafe. In: *Reallexikon der germanischen Altertumskunde.* Bd. 31. Berlin 2006, Sp. 16–20.

Weitzel, J.: Todesstrafe. In: *Lexikon des Mittelalters.* Bd. 8. München 1997, Sp. 836–837.

Wilda, W. E.: *Das Strafrecht der Germanen.* Hamburg 1842.

Willenberg, N.: Das Ende des »Theaters des Schreckens«. Zum Wandel der Todesstrafe in Preußen im 19. Jahrhundert. In: R. Schulze (Hg.): *Strafzweck und Strafform zwischen religiöser und weltlicher Wertevermittlung.* Münster 2008, 265–293.

Zopfs, J.: Die Inszenierung der peinlichen Strafen im Lichte der prozessualen Voraussetzungen. In: *Zeitschrift für die gesamte Strafrechtswissenschaft* 113 (2001), 180–191.

## Weiterführende Literatur

Lewandowski, H.-H.: *Die Todesstrafe in der Aufklärung.* Bonn 1961.

Evans, R. J.: *Rituale der Vergeltung. Die Todesstrafe in der deutschen Geschichte 1532–1987.* Berlin 2001 (engl. 1996).

Martschukat, J.: *Geschichte der Todesstrafe vom 17. bis zum 19. Jahrhundert.* Wiesbaden 2006.

*Andreas Roth*

# 65 Todesstrafe – philosophisch

## 65.1 Einleitung

Die ethische Frage, ob die Todesstrafe moralisch verboten, erlaubt oder sogar geboten ist, wurde im Rahmen der Staats- und Rechtsphilosophie seit der Antike diskutiert. Ihren Höhepunkt erlebte die Diskussion im Zeitalter der Aufklärung, als sich erstmals einige Philosophen für die Abschaffung dieser Strafe einsetzten. Die gegenwärtige philosophische Debatte über die Todesstrafe spielt sich aus zwei Gründen zu großen Teilen in den USA ab: (1) Die Todesstrafe ist in fast allen anderen liberalen Verfassungsstaaten abgeschafft worden. (2) In vielen der Staaten, in denen sie nach wie vor verhängt wird, ist eine vorbehaltlose Erörterung des Problems nicht möglich, weil in ihnen keine ausreichende Meinungsfreiheit herrscht.

Im Hinblick auf die Argumente für und gegen die Zulässigkeit der Todesstrafe besteht eine Schwierigkeit darin, dass gelegentlich *normative* mit *empirischen* Annahmen verbunden werden (vgl. Lohmann 2002, 28). Das betrifft vor allem die Frage nach der abschreckenden Wirkung der Todesstrafe. Die Beurteilung der Argumente wird außerdem dadurch erschwert, dass jede Stellungnahme zur Todesstrafe davon abhängt, wie man zwei andere, grundlegendere Fragen beantwortet hat: (1) Welchem Zweck oder welchen Zwecken dienen staatliche Strafen überhaupt? (2) Wie weit darf die Macht des Staates über seine Bürger reichen? Die Beantwortung der ersten Frage setzt eine hinreichend ausgearbeitete Theorie der Strafe voraus, die der zweiten eine Staatszwecklehre. Deshalb kann eine wohlbegründete philosophische Beurteilung der Todesstrafe nicht unabhängig von rechts- und staatsphilosophischen Voraussetzungen erfolgen.

Im Rahmen dieses Beitrags kann die Geschichte der ethischen Beurteilung der Todesstrafe nicht dargestellt werden. Zu erwähnen ist aber eine Tatsache, die viele heutige Leser überraschen dürfte: Bis zum 18. Jh. hielten nahezu alle prominenten Philosophen die Todesstrafe für gerechtfertigt. Für Platon, den Begründer der politischen Philosophie, war ihre Zulässigkeit so selbstverständlich, dass er sich in seinem Werk *Nomoi* auf die Beantwortung der Frage beschränkte, welche Verbrechen unter welchen Umständen mit dem Tod bestraft werden sollten (vgl. Platon 1977, 211–239 [864c–874c]). Von wenigen Ausnahmen abgesehen, wurde die Todesstrafe auch von den Theologen des Mittelalters gebilligt (vgl. O'Donnovan 2002, 639). Augustinus hielt sie für zulässig (vgl. Augustinus 1979 [I, 21]), Thomas von Aquin ebenso (vgl. Thomas 1953 [Quaestio 64, 2. Art.]). Hobbes (1651, 165 und 169 [Tl. I, Kap. 21]), Locke (1977, 2. Abhandl., 2. Kap.), Rousseau (1977, 2. Buch, 5. Kap.), Kant (1968, 331–337), Hegel (1986, §§ 100 und 101) und Schopenhauer (1995, § 62) begründeten auf verschiedene Weise, dass die Todesstrafe nicht nur erlaubt, sondern geboten ist. Noch in der Mitte des 19. Jhs. sprach sich John Stuart Mill, einer der wichtigsten Vertreter des politischen Liberalismus, gegen die Abschaffung der Todesstrafe in England aus (vgl. Mill 1996). – Erst im 18. Jh. legte Cesare Beccaria die erste einflussreiche Kritik der Todesstrafe vor (vgl. Beccaria 1998, Kap. XXVIII). Ihm schloss sich Voltaire (1986, 55 ff. und 95–99) an. Im 20. Jh. verfasste Camus ein eindrucksvolles Plädoyer gegen die Todesstrafe (vgl. Camus 1997).

Im Folgenden werden zunächst knapp die Grundlagen der Debatte über die Todesstrafe zusammengefasst. Danach werden die wichtigsten Gründe für und gegen diese Strafe dargestellt. Dabei wird die gegenwärtige Diskussion im Mittelpunkt stehen.

## 65.2 Grundlagen der Debatte über die Todesstrafe

Jede Stellungnahme zur Todesstrafe setzt die Annahme mindestens eines Strafzwecks bzw. einer Funktion des Strafens voraus. Mögliche Zwecke oder Funktionen des Strafens sind:

- die Vergeltung (engl. *retribution*)
- die Außerstandsetzung des Täters (engl. *incapacitation*)
- die Abschreckung
- die symbolische oder expressive Funktion
- die Resozialisierung bzw. Therapie

Diese Strafzwecke schließen sich nicht in jedem Fall aus. Einige von ihnen können miteinander kombiniert werden.

Gelegentlich werden einzelne Strafzwecke mit den bekannten Typen ethischer Theorien in Zusammenhang gebracht. So besteht eine Affinität zwischen der deontologischen Moralphilosophie und der Lehre von der Vergeltung. Geht man hingegen von konsequenzialistischen Ethiken wie dem Utilitarismus aus, so scheinen die auf die Zukunft bezogenen Funktionen der Strafe näher zu liegen, insbesondere die Abschreckung. Ähnliche Wahlverwandtschaften bestehen zwischen der Einschätzung der moralischen Anlagen des Menschen und der Annahme bestimmter Strafzwecke. Wer davon ausgeht, dass der Mensch ›von Na-

J. B. Metzler © Springer-Verlag GmbH Deutschland, ein Teil von Springer Nature, 2020
H. Wittwer/D. Schäfer/A. Frewer (Hg.), *Sterben und Tod. Ein interdisziplinäres Handbuch 2. Auflage*,
https://doi.org/10.1007/978-3-476-05761-7_65

tur aus‹ oder ›seinem Wesen nach‹ gut ist und nur durch gesellschaftliche Umstände verdorben wird, der wird der Resozialisierungslehre zuneigen. Für Vertreter einer pessimistischen Anthropologie scheidet diese Option hingegen von vornherein aus.

Diese Bemerkungen sollten Folgendes verdeutlichen: Die Diskussion über die Zulässigkeit der Todesstrafe lässt sich nicht von grundsätzlicheren Debatten über die Zwecke des Strafens und über das Wesen des Menschen abgrenzen. Da die Verfechter der entgegengesetzten Positionen oft von unterschiedlichen Auffassungen über die Funktion des Strafens und die moralischen Anlagen der Menschen ausgehen, ist es zuweilen schwierig, ihre Argumente zur Todesstrafe direkt aufeinander zu beziehen. Vielmehr verweist die Frage nach der Berechtigung der Todesstrafe auf allgemeinere ethische und rechtsphilosophische Probleme. Dennoch muss hier versucht werden, die einzelnen Argumente so weit wie möglich zu isolieren.

Zunächst werden die wichtigsten Argumente, die für und gegen die Todesstrafe vorgebracht werden, kurz dargestellt. Im Anschluss daran werden drei Schwierigkeiten, die mit einzelnen Argumenten verbunden sind, ausführlicher erörtert. Der Einfachheit halber wird hier nur die Frage behandelt, ob Mörder die Todesstrafe verdienen.

## 65.3 Die wichtigsten Argumente für und gegen die Todesstrafe

Für die These, dass die Todesstrafe moralisch zulässig oder sogar geboten ist, werden vor allem folgende Begründungen angeführt: (1) Das Strafmaß sollte gemäß dem Grundsatz der Vergeltung (*lex talionis*) festgelegt werden (›Auge um Auge, Zahn um Zahn‹). Das schwerste Verbrechen soll daher durch die schwerste Strafe vergolten werden. Die härteste Strafe ist die Todesstrafe. (2) Der Wert eines jeden menschlichen Lebens ist unendlich groß. Der Tod des Mordopfers kann nur dadurch vergolten werden, dass man dem Mörder sein unendlich wertvolles Leben nimmt. (3) Mörder haben es ›verdient‹ zu sterben. (4) Wer einen anderen Menschen ermordet hat, der hat sein Recht zu leben verwirkt. Deshalb darf ihn der Staat töten. (5) Die Todesstrafe ist moralisch geboten, weil sie nötig ist, um das Leben unschuldiger potenzieller Mordopfer zu schützen. Vorausgesetzt wird hier, dass die Todesstrafe abschreckend wirkt oder dass zumindest bisher nicht nachgewiesen werden konnte, dass sie keine abschreckende Wirkung hat (s. u. Abschn. 65.5).

Gegen die Todesstrafe werden vor allem folgende Gründe angeführt: (1) Die Todesstrafe ist grausam. (2) Der Staat macht sich, indem er Mörder hinrichtet, selbst des Mordes schuldig. (3) Die Todesstrafe ist härter, als die Strafe für Mord sein müsste, weil man Mörder auch durch lebenslange Haft daran hindern kann, weitere Morde zu begehen. Die Todesstrafe ist also unverhältnismäßig und insofern ungerechtfertigt. (4) Die abschreckende Wirkung der Todesstrafe konnte bisher nicht nachgewiesen werden. (5) Das Vergeltungsprinzip lässt sich nicht rechtfertigen. (6) Weil Justizirrtümer nicht ausgeschlossen werden können, darf die irreversible Todesstrafe nicht verhängt werden.

Die Gründe, die für und gegen die Zulässigkeit der Todesstrafe ins Feld geführt werden, werfen u. a. drei wichtige Fragen auf: (1) Wie lässt sich ermitteln, welche Strafe ein Mörder verdient hat? (2) Was hat es mit der abschreckenden Wirkung der Todesstrafe auf sich, die von der einen Seite behauptet und von der anderen bestritten wird? (3) Ist die Todesstrafe grausam? Diese drei Fragen sollen im Folgenden erörtert werden.

## 65.4 Haben es Mörder verdient zu sterben?

Der Gedanke, dass Mörder den Tod verdient haben, beruht auf dem Grundsatz der Vergeltung. Dieser besagt in seiner einfachsten Form, dass ein Verbrechen dadurch bestraft werden muss, dass dem Täter von Seiten des Staates das angetan wird, was er einem anderen Menschen angetan hat: »Hat er aber gemordet, so muß er sterben« (Kant 1968, 333). Dieses Prinzip lässt sich aber nicht auf alle Straftaten anwenden. In einigen Fällen gibt es auf der Seite der Strafen kein Pendant zur Tat. Wie sollten etwa Menschen, die ein öffentliches Gebäude in Brand gesteckt, Versicherungsbetrug oder eine Entführung begangen haben, bestraft werden? (Pojman 1998, 10). In anderen Fällen wäre die Anwendung des Grundsatzes unmoralisch (Nathanson 1987, 74): Der Staat darf Folterer nicht foltern und Vergewaltiger nicht vergewaltigen lassen. Der Grundsatz der Vergeltung eignet sich also nicht als allgemeingültiges Prinzip des Strafens. Deshalb kann die Todesstrafe nicht durch das Prinzip der Vergeltung in seiner wörtlichen Lesart gerechtfertigt werden.

Die Schwierigkeit wird umgangen, wenn man das Prinzip der Vergeltung als Grundsatz der *Proportionalität* zwischen Straftat und Strafe auffasst (Pojman 1998, 12). Vorausgesetzt wird dabei, dass sich sowohl die Straftaten als auch die Strafen jeweils nach dem Grad ihrer Schwere auf einer endlichen Skala eintragen lassen. Dem Grundsatz der Proportionalität gemäß soll dann der geringfügigsten Tat die leichteste Strafe und der schwerstwiegenden Straftat die härteste Strafe entsprechen, die moralisch vertretbar ist. Die schwerste moralisch vertretbare Strafe sei die Todesstrafe.

Gegen diese Lesart ist eingewendet worden, dass sich aus dem Prinzip der Proportionalität nur ableiten lässt, dass in jedem Staat die schwerste Straftat mit der härtesten Strafe belegt werden soll, nicht aber, welches die Höchststrafe sein soll (Nathanson 1987, 77). Darüber hinaus beruhe die Vergeltungstheorie auf der Annahme, dass sich hinreichend genau feststellen lässt, was Mörder in moralischer Hinsicht verdient haben, obwohl dem verschiedene Hindernisse im Wege stünden (ebd., Kap. 7). – Wie sich zeigt, verweist die Begründung der Todesstrafe durch Rekurs auf das moralische Verdienst oder den Grundsatz der Vergeltung auf die Frage, wie sich dieses Verdienst überhaupt hinreichend genau ermitteln lässt.

## 65.5 Die Annahme der abschreckenden Wirkung der Todesstrafe

Einige Autoren vertreten die These, dass die Todesstrafe moralisch geboten ist, weil sie dazu notwendig sei, potenzielle Mordopfer mittels Abschreckung potenzieller Mörder zu schützen (Sunstein/Vermeule 2006, 705 f.). Dabei setzen sie voraus, dass die abschreckende Wirkung der Todesstrafe empirisch nachgewiesen ist (z. B. Cassell 2004, 192 ff.). Die Ergebnisse der zahlreichen Untersuchungen, die zu diesem Thema vor allem in den USA durchgeführt wurden, werden jedoch überwiegend skeptisch beurteilt. Sie seien wenig aussagekräftig (Donohue/Wolfers 2006, 843) und teilweise sogar widersprüchlich (Fagan 2005, 6), zudem wiesen die meisten Studien gravierende methodische Mängel auf (ebd., 2). Inzwischen gestehen auch manche Befürworter der Todesstrafe ein, dass deren abschreckende Wirkung bisher nicht statistisch nachgewiesen werden konnte (z. B. Van den Haag 1997, 449). Sie betonen aber, dass auch das Gegenteil bisher nicht erwiesen worden ist: Für die These, dass die Todesstrafe nicht abschreckt, fehlten statistische Belege (Van den Haag 1968, 285).

In dieser Konstellation können die Befürworter der Todesstrafe zwei Wege einschlagen. Erstens verweisen sie darauf, dass die abschreckende Wirkung der Todesstrafe keines statistischen Nachweises bedürfe, sondern mittels des gesunden Menschenverstandes eingesehen werden könne. Zum Beispiel versuchten fast alle zum Tode Verurteilten, die Umwandlung ihrer Strafe in lebenslange Haft oder den Aufschub der Hinrichtung zu bewirken. Das zeige, dass sie den Tod für das größte Übel halten. Das größte Übel habe auch die maximale abschreckende Wirkung (vgl. zu den *Common-sense*-Gründen für die abschreckende Wirkung Davis 1981; Pojman 2004, 60 ff.). Ein zweites Argument, das unabhängig von statistischen Belegen ist, haben Van den Haag (1968, 286 f.) und Pojman (1998, 39 ff.) vorgelegt: das ›Argument der sichersten Wette‹ (*Best Bet Argument*). Da wir nicht wissen, ob die Todesstrafe abschreckt oder nicht, müssten wir eine Entscheidung unter Unsicherheit fällen, bei der wir das Risiko minimieren sollten. Das wäre dann der Fall, wenn es die Todesstrafe gibt. Die Plausibilität dieses Arguments ist bezweifelt worden.

Camus und andere Kritiker weisen auf die Diskrepanz zwischen der Behauptung der abschreckenden Wirkung der Todesstrafe und ihrem nicht-öffentlichen Vollzug hin. Wenn die Anhänger dieser Strafe wirklich an ihre abschreckende Wirkung glaubten, müssten sie sich dafür einsetzen, dass Hinrichtungen wieder öffentlich stattfinden (Camus 1997, 107 und 113 f.; Wolf 1992, 138). Ein Befürworter der Todesstrafe kann darauf offensiv reagieren, indem er sich tatsächlich für öffentliche Hinrichtungen ausspricht (Pojman 2004, 59). Diese Reaktion stellt aber eine Ausnahme dar.

## 65.6 Ist die Todesstrafe grausam? Gleicht sie Rache oder Mord?

Gegner der Todesstrafe behaupten, dass diese grausam sei, u. a. weil der zum Tode Verurteilte in der Zeit bis zur Hinrichtung seelisch leide (Reiman 1998, 114 f.). Andererseits verwarf Beccaria, der erste prominente Kritiker, die Todesstrafe u. a. deshalb, weil sie *nicht* die grausamste Strafe sei. Wer Mörder möglichst grausam bestrafen will, der verfehle sein Ziel, wenn er diese töte, weil die kurze Tötung mit weniger Leiden verbunden sei als z. B. langjährige Strafarbeit (Beccaria 1998, 125 f.). Insgesamt lässt sich sagen, dass keine Einigkeit darüber herrscht, ob die Todesstrafe grausam ist.

Gelegentlich wird gegen die Todesstrafe auch eingewendet, dass sie ein staatlicher Mord (Beccaria 1998, 130; Camus 1997, 104) oder ein Racheakt sei.

Beiden Behauptungen ist widersprochen worden. Im Unterschied zum Mord erfolge die Hinrichtung weder heimtückisch noch aus niederen Beweggründen. Von der Rache unterscheide sie sich dadurch, dass sie von dazu legitimierten Instanzen nach festgelegten Verfahren im Interesse des ganzen Gemeinwesens verhängt werde (Leiser 2001, 40).

Der Überblick dürfte verdeutlich haben, dass es sich bei der Debatte über die Zulässigkeit der Todesstrafe um eine komplexe Diskussion handelt, in der beide Seiten ernstzunehmende Argumente für ihre Auffassung anführen. Der stärkste Grund gegen die Todesstrafe dürfte vermutlich im Hinweis auf die Möglichkeit des Justizirrtums bestehen: Angesichts der Schwere und der Unumkehrbarkeit der Todesstrafe dürfe das Risiko eines Irrtums nicht eingegangen werden (Camus 1997, 140 f.; Nathanson 1987, 122–126).

### Literatur


Augustinus: *Der Gottesstaat*. Erster Bd.: Buch I–XIV. Paderborn u. a. 1979 (lat. um 420).

Beccaria, C.: *Über Verbrechen und Strafen*. Frankfurt a. M./Leipzig 1998 (ital. 1764/66).

Camus, A.: Betrachtungen zur Todesstrafe. In: Ders.: *Fragen der Zeit*. Reinbek 1997, 103–156 (frz. 1957).

Cassell, P. G.: In Defense of the Death Penalty. In: H. A. Bedau/Ders. (Hg.): *Debating the Death Penalty*. Oxford 2004, 183–217.

Davis, M.: Death, Deterrence, and the Method of Common Sense. In: *Social Theory and Practice* 7 (1981), 145–177.

Donohue, J. J./Wolfers, J.: Uses and Abuses of Empirical Evidence in the Death Penalty Debate. In: *Stanford Law Review* 58 (2006), 791–845.

Fagan, J.: *Deterrence and the Death Penalty. A Critical Review of New Evidence* (wissenschaftliches Gutachten, vorgetragen 2005 während der Hearings on the Future of Capital Punishment in the State of New York). In: http://www.deathpenaltyinfo.org/FaganTestimony.pdf.

Hegel, G. W. F.: *Grundlinien der Philosophie des Rechts* [1821] (Werke. Bd. 7). Frankfurt a. M. 1986.

Hobbes, Th.: *Leviathan oder Stoff, Form und Gewalt eines kirchlichen und bürgerlichen Gemeinwesens*. Frankfurt a. M. [6]1994 (engl. 1651).

Kant, I.: *Die Metaphysik der Sitten* [1797] (Akademie-Ausgabe. Bd. VI). Berlin 1968.

Leiser, B. M.: Capital Punishment and Retributive Justice. A Reasoned Response to Crime. In: *Free Inquiry* 21 (2001), 40–42.

Locke, J.: *Zwei Abhandlungen über die Regierung*. Frankfurt a. M. 1977 (engl. 1689/90).

Lohmann, G.: Überlegungen zur Todesstrafe aus philosophischer Sicht. In: Ch. Boulanger/V. Heyes/Ph. Hanfling (Hg.): *Zur Aktualität der Todesstrafe. Interdisziplinäre und globale Perspektiven*. Berlin [2]2002, 25–44.

Mill, J. S.: Capital Punishment. In: Ders.: *Public and Parliamentary Speeches. November 1850 – November 1868*. Hg. von J. M. Robson/B. L. Kinzer. London 1996, 266–272.

Nathanson, St.: *An Eye for an Eye? The Morality of Punishing by Death*. Totowa 1987.

O'Donnovan, O. M. T.: Todesstrafe. In: G. Müller u. a. (Hg.): *Theologische Realenzyklopädie*. Bd. XXXIII. Berlin/New York 2002, 639–646.

Platon: *Nomoi*. Werke. Bd. 8.1/2 Darmstadt 1977.

Pojman, L. P.: For the Death Penalty. In: Ders./J. Reimann: *The Death Penalty. For and Against*. Lanham 1998, 1–66.

Pojman, L. P.: Why the Death Penalty is Morally Permissible. In: H. A. Bedau/P. G. Cassell (Hg.): *Debating the Death Penalty*. Oxford 2004, 51–75.

Reiman, J.: Why the Death Penalty Should Be Abolished in America. In: L. P. Pojman/Ders.: *The Death Penalty. For and Against*. Lanham 1998, 67–132.

Rousseau, J.-J.: *Vom Gesellschaftsvertrag oder Grundsätze des Staatsrechts*. Stuttgart 1977 (frz. 1762).

Schopenhauer, A.: *Die Welt als Wille und Vorstellung* [1819]. Frankfurt a. M. [5]1995.

Sunstein, C. R/Vermeule, A.: Is Capital Punishment Morally Required? Acts, Omissions, and Life-Life Tradeoffs. In: *Stanford Law Review* 58 (2006), 703–750.

Thomas von Aquin: *Summa Theologica*. Dt./lat. Bd. 18. Heidelberg u. a. 1953 (lat. um 1270).

Van den Haag, E.: On Deterrence and the Death Penalty. In: *Ethics* 78 (1968), 280–288.

Van den Haag, E.: The Death Penalty Once More. In: H. A. Bedau (Hg.): *The Death Penalty in America. Current Controversies*. New York/Oxford 1997, 445–456.

Voltaire: *Republikanische Ideen*. Frankfurt a. M. 1986.

Wolf, J.-C.: *Verhütung oder Vergeltung? Einführung in ethische Straftheorien*. Freiburg i. Br. 1992.


### Weiterführende Literatur


Bedau, H. A.: Capital Punishment. In: H. LaFollette (Hg.): *The Oxford Handbook of Practical Ethics*. Oxford 2003, 705–733.


*Héctor Wittwer*

# 66 Hinrichtung

## 66.1 Begriff

Der Begriff ›Hinrichtung‹ bezeichnet im strengen Sinne die Tötung eines Menschen als Vollzug einer meist von der Justiz eines Landes ausgesprochenen Verurteilung zur Todesstrafe (s. Kap. 64: »Todesstrafe – historisch«). Allerdings gab es vom Spätmittelalter bis ins 19. Jh. auch Hinrichtungen von Tieren, die sich im Sinne der weltlichen Gerichtsbarkeit schuldig gemacht hatten (vgl. Dinzelbacher 2006, 26 und 124). Der Begriff wird daneben fälschlicherweise auch für die Tötung von Menschen gebraucht, die sich in der Gewalt nicht-hoheitlich befugter Personen, Gruppen oder Organisationen befinden – insbesondere in kriminellen bzw. terroristischen Kontexten. In Rechtsstaaten werden solche als ›Hinrichtungen‹ bezeichnete extralegale Tötungen nicht zum Bereich der Todesstrafe im rechtlichen Sinne gezählt, sondern gelten als Mord.

Zu unterscheiden sind überdies tatsächliche Hinrichtungen von symbolischen oder Schein-Hinrichtungen mit der Sonderform der posthumen Hinrichtung. Bei der letztgenannten Form ist das Opfer bereits tot. Im Fall der Schein-Hinrichtung wird eine Hinrichtung inszeniert, ohne dabei tatsächlich jemanden zu töten: So wurden vor der spanischen Inquisition geflohene Ketzer häufig in Gestalt einer Strohpuppe *in effigie* verbrannt. Auch heute noch ist bei Veranstaltungen mit radikalisierten Teilnehmern manchmal das Verbrennen oder Erhängen von Puppen zu beobachten, die als Projektionsfläche für Hass und Vernichtungswut dienen. Manche Scheinhinrichtungen stellen eigentlich Foltermaßnahmen dar. Ein typisches Beispiel bildet das *Waterboarding*: Beim Opfer wird durch Wassergüsse der Eindruck unmittelbar drohenden Ertrinkens hervorgerufen.

## 66.2 Formen

Die Geschichte der Hinrichtung kennt verschiedenste Methoden, wobei sich vor allem unter den historischen Formen vielfach ausgesprochen qualvolle Maßnahmen finden, die nicht allein der Tötung dienten, sondern zugleich den Charakter von Foltermaßnahmen entfalteten (Haidinger 2013; Taeger 2016; Herrmann 2018). Charakteristische Beispiele hierfür sind das Verhungern- oder Verdurstenlassen, das sukzessive Abtrennen von Körperteilen, das Auseinanderreißen, Vierteilen (Ohler 1990, 229; Wacke 2017) oder Zerstückeln des Körpers, das Ausweiden, Erhängen, Erschlagen, Ertränken, Häuten oder Schinden, die Kreuzigung (Leder 1980, 91–100), das Lebendigbegraben, die *Mazzolata* (Schlag auf den Kopf mit nachfolgendem Schnitt durch die Kehle des Hinzurichtenden), das öffentliche Sezieren, Pfählen, Sieden, Steinigen und Verbrennen, die Vergiftung, das Zerquetschen oder Zersägen mittels spezieller Werkzeuge oder etwa das Zerreißen, Zerquetschen oder Auffressen durch Tiere. Wenngleich die vorgenannten Hinrichtungsarten teilweise auch heute noch eingesetzt werden – dies gilt insbesondere für das Erhängen und das Steinigen – und die Verhängung der Todesstrafe nach wie vor in vielen Ländern rechtlich zulässig ist, wurden sie teilweise durch ›modernere‹ Maßnahmen verdrängt. So wurde in Frankreich 1792 die Hinrichtung mit der Guillotine als maschinelle Form des Enthauptens eingeführt; sie verbreitete sich rasch in ganz Europa. Hinzu kam seit Erfindung der Schusswaffen die Erschießung. Seit etwa 1890 setzte sich daneben der Strang als Hinrichtungsart durch. Im 20. Jh. folgten die Gaskammer, der Elektrische Stuhl und schließlich die tödliche Injektion mittels Giftspritze.

Darüber hinaus wurden Hinrichtungsarten unterschiedlich bewertet. Die Enthauptung galt im Mittelalter als ehrenhaft (Ohler 1990, 215; Weitzel 2003, 837). Als besonders unehrenhaft wurde dagegen das Rädern angesehen (Ohler 1990, 220–222); Gleiches galt für das Hängen (Weitzel 2003, 837). Einige Hinrichtungsformen waren Männern bzw. Frauen vorbehalten. So wurden überwiegend Frauen ertränkt und lebend begraben, vor allem bei Vergehen gegen geltende Sexualnormen, etwa Ehebruch (Richter 2001, 88 f.; Leder 1980, 163–168). Das Rädern, Pfählen und Vierteilen hingegen war zumeist Männern vorbehalten (Richter 2001, 84 und 86 f.; Leder 1980, 150–156 und 161).

Früher wie heute werden vielfältige Verbrechen mit Todesstrafe geahndet. In archaischen menschlichen Gemeinschaften wurden insbesondere Tabubrüche wie Inzest, Zauberei und Hexerei, Beleidigung der Gottheit und Verrat mit dem Tod bestraft (Leder 1980, 65). Im Zusammenhang mit dem Inzestverbot stehen andere Sexualtatbestände, die mit der Todesstrafe geahndet wurden, z. B. Ehebruch (Leder 1980, 69). Häufig wurde ein und dasselbe Delikt unterschiedlich bestraft, wobei die Todesart oft das Delikt ›spiegeln‹ sollte: Meineidigen wurde die Zunge herausgeschnitten oder die Schwurhand abgehackt; eine Frau, die ihr

J. B. Metzler © Springer-Verlag GmbH Deutschland, ein Teil von Springer Nature, 2020
H. Wittwer/D. Schäfer/A. Frewer (Hg.), *Sterben und Tod. Ein interdisziplinäres Handbuch 2. Auflage*,
https://doi.org/10.1007/978-3-476-05761-7_66

Kind ertränkt hatte, erlitt den gleichen Tod (Leder 1980, 214). Häufig vollstreckte man mehrere Todesstrafen an einem Übeltäter, um der Anzahl und Schwere der Vergehen gerecht zu werden (Ohler 1990, 230).

## 66.3 Geschichte der Hinrichtung bis zum 18. Jh.

Die Hinrichtung als Vollstreckungsmethode der Todesstrafe entwickelte sich aus der ›Blutrache‹ – einem ungeschriebenen Sippenrecht in vorstaatlichen Gesellschaften, das es den Angehörigen eines Mordopfers erlaubte, Rache am Täter und dessen Sippe zu nehmen (Schild 2011, 32–50; Ortner 2017). Im Alten Testament heißt es hierzu: »Der Bluträcher darf den Mörder töten; sobald er ihn trifft, darf er ihn töten« (Num 35,19). Nach und nach entwickelte man öffentliche Beweis-, Gerichts- und Strafverfahren, deren Todesurteile weiterhin ein von der Sippe ausgewählter Repräsentant ausführen durfte (Leder 1980, 31 f.). Zugrunde liegt der Blutrache kein mit dem heutigen Rechtsempfinden verbundenes, sondern ein magisches Denken. Der Geist des Toten verlangt nach Rache, um zur Ruhe zu kommen (Leder 1980, 35).

In den altorientalischen Reichen dominierte als Hinrichtungsform die Steinigung, die meist Vertreter des Stamms bzw. der Sippe vornahmen. Die älteste bekannte Rechtssammlung, der in Mesopotamien entstandene Codex Ur-Nammu (ca. 2100 v. Chr.), sah die Todesstrafe für Mord und Ehebruch vor. Im Codex Hammurapi, einer Rechtssammlung König Hammurapis von Babylon (ca. 1700 v. Chr.), wurde das Strafprinzip auf andere Verbrechen ausgedehnt, wobei die Talion (Vergeltung von Gleichem mit Gleichem) für Todesstrafen Anwendung fand. Die Tora verlangte ein öffentliches Gerichtsverfahren zur Feststellung von Straftat und Strafmaß. In vielen antiken Reichen wurden Verurteilte öffentlich hingerichtet, um Zuschauer vor den geahndeten Taten abzuschrecken (Rollinger 2012). Besonders Sklaven wurden vor der Hinrichtung gefoltert. Andererseits bildete sich im antiken Athen seit 600 v. Chr. ein humaneres Rechtsverfahren aus, das allerdings weiterhin eine Abstufung zwischen freien Vollbürgern, Zugezogenen und Sklaven vornahm.

Im Römischen Reich wurde die Kreuzigung für verurteilte Sklaven, Verbrecher ohne römisches Bürgerrecht und Aufständische zur üblichen, vorsätzlich erniedrigenden Hinrichtungsart, in der Kaiserzeit auch zum Zwecke der Machtdemonstration und der Unterdrückung (Leder 1980, 135). In Rom wurden Staatsfeinde oder Hochverräter oft erdrosselt oder (seltener) enthauptet, danach auf den *Scalae Gemoniae* zur Schau gestellt, durch die Stadt geschleift und in den Tiber geworfen. Römische Bürger wurden dagegen nur für besonders schwere Vergehen (Verwandtenmord, Gotteslästerung oder Landesverrat) hingerichtet. Die Enthauptung galt als *poena capitis* und gab damit allen Todesstrafen die übergeordnete Bezeichnung ›Kapitalstrafen‹.

Christen lehnten die Ausübung tötender Gewalt unter Verweis auf die Lehren des Jesus von Nazareth anfangs meist ab – wohl auch unter dem Eindruck systematischer Christenverfolgungen (Richter 2001, 62 f.). 313 endeten unter Kaiser Konstantin die Christenverfolgungen und infolgedessen 320 auch die Kreuzigungen (Leder 1980, 91). Nachdem das Christentum 380 jedoch zur Staatsreligion erhoben worden war, nahm die Häufigkeit staatlicher Exekutionen wieder zu.

Im Mittelalter trat um 1200 eine entscheidende Wende bezüglich der Bestrafungspraxis ein. Bis dahin war die Bestrafung meist ein brutaler Akt, der mit ›rächen‹, ›beaufsichtigen‹ oder ›körperlich züchtigen‹ beschrieben wurde (Schild 2003a, 198) und nicht allein den Täter treffen konnte, sondern stattdessen auch ein Mitglied der Gemeinschaft, zu der der Täter gehörte (Schild 2003b, 1485). Beim Konzil von Charroux 989 hingegen hatte sich der Gedanke des Gottesfriedens entwickelt, der eine ordnungsgemäße, kategorisierende Sanktionierung der Täter und eine für das gesamte Volk gültige Friedensordnung beinhaltete (Schild 2003a, 199 f.; Schild 2003b, 1486). Das bedeutet, dass Bischöfe und Adlige selbst Frieden halten und Friedensbrecher (z. B. Räuber) bestrafen sollten, zunächst durch Exkommunikation aus der Kirche, später auch durch Ausschluss aus der weltlichen Friedensgemeinschaft (Schild 2003a, 199). Dieser Ausschluss konnte durch eine Hinrichtung oder gewaltsame äußerliche Stigmatisierung erfolgen (Verstümmelung, Brandmarkung); durch Geldzahlungen, Gnadengewährung oder schmachvolle öffentliche Rituale konnte aber auch auf Körperstrafen verzichtet werden (ebd., 199 f.).

Nach dem Rechtssatz *Ecclesia non sitit sanguinem* (»die Kirche dürstet nicht nach Blut«) war es im Mittelalter Geistlichen nicht gestattet, an Maßnahmen der weltlichen Strafgerichtsbarkeit teilzunehmen. Dies hatte jedoch nur bedingt Gültigkeit, da Kirchenvertreter auch politische Ämter innehatten und im eigenen Herrschaftsbereich nach weltlichem Recht hinrichten ließen. Im 13. Jh. setzte Papst Innozenz III. die Hinrichtungen von ›Ketzern‹ durch. Hohe kirchliche Würdenträger verhängten Todesurteile, die von staatlichen Behörden ausgeführt wurden. ›Ketzer‹ wurden häufig auf dem Scheiterhaufen verbrannt, wobei sie in der Regel am Qualm erstickten, bevor sie verbrannten (Richter 2001, 73). Vor allem während der spanischen Inquisition nahm die Häufigkeit derartiger Hinrichtungen zu (vgl. Leder 1980, 183 ff.). Das Verbrennen bedeutete die vollkommene Zerstörung, weshalb vor allem vermeintliche Hexen, Zauberer, Brandstifter, Fälscher, (weibliche) Totschläger und Verräter auf dem Scheiterhaufen endeten (Richter 2001, 92 f.; Leder 1980, 175–182). Hexenverbrennungen fanden häufig auf Anhöhen statt, wo der Wind freien Zugang hatte. Darüber hinaus glaubte man, dass Feuer, das den Verbrecher verzehrt, den Erdboden wieder reinigt. Im Anschluss wurde die Asche in einen Bach oder Fluss geschüttet, der sie fortführen sollte. So waren an der Exekution drei der Naturelemente beteiligt: Feuer, Luft und Wasser (Ohler 1990, 222 f.).

In der überlieferten Volksmedizin wurden Körperteile und das Blut Hingerichteter über Jahrhunderte als Heilmittel eingesetzt (Müller-Bergström 1987b, 43–53). Die Leichenteile Hingerichteter (v. a. von Dieben) galten außerdem im Volksglauben als dem Haussegen und den Geschäften förderlich, als Glück bringend beim Kartenspiel (Müller-Bergström 1987b, 44; 1987a, 239 f.) oder als günstig für eine erfolgreiche Viehzucht (Müller-Bergström 1987b, 44 f.). Auch zum Schadenszauber und für beabsichtigte Eigentumsdelikte konnten diese Überreste verwendet werden (Müller-Bergström 1987b, 45 f.; 1987a, 229 ff.). Haut und Fett Hingerichteter waren ebenfalls sehr begehrt und wurden in Apotheken verkauft (Müller-Bergström 1987b, 46 f.). Blut galt als wertvollstes Überbleibsel eines Hingerichteten und wurde schon in der römischen Antike von Epileptikern bei blutigen Hinrichtungen aufgefangen und sogleich getrunken; später wurde es üblich, ein Tuch mit solchem Blut zu tränken und es zum Schutz vor Anfällen bei sich zu führen (Müller-Bergström 1987b, 47 ff.; vgl. Moog/Karenberg 2003, 137–143).

Viele Hinrichtungen des Mittelalters erschienen aufgrund effektvoller Inszenierungen besonders grausam. Sie wurden seit dem Spätmittelalter oft wie Volksfeste inszeniert (Ohler 1990, 231 f.; Martschukat 2006, 185–201). Allerdings wurden bei der Folter, beim Gottesurteil und bei der sogenannten verschärften Hinrichtung häufig (unmerklich) Betäubungsmittel eingesetzt oder der Delinquent schon vor der eigentlichen Vollstreckung unbemerkt getötet, um ihm die Qualen zu ersparen. Eine solche Milderung bei der Vollstreckung der Hinrichtung wird mit dem Begriff *Retentum* (lat. *retinere*: zurückhalten, aufhalten) bezeichnet (Sanson 1982, Anm. 168).

Im Spätmittelalter und in der Frühen Neuzeit nahm die Zahl der Hinrichtungen deutlich zu (Dülmen 2014). Maßgeblich hierfür waren die kirchliche Inquisition sowie regionale und staatliche Hexenverfolgungen (Leder 1980, 189–207). Mit Richtschwert, Galgen, Rad oder Holzstoß wurden teilweise kleinste Vergehen bestraft (Haidinger 2013). Hatte die Reformation zunächst Hoffnungen auf eine Humanisierung von Kirche und Politik geweckt, erlaubte die *Confessio Augustana* von 1530 – das Bekenntnis der lutherischen Reichsstände – in Artikel XVI Christen in Ausübung staatlicher Macht die Todesstrafe (*Confessio Augustana*, 70 f.). Tatsächlich reagierten gerade die protestantischen Landesfürsten auf Bauernaufstände und Raubrittertum mit zunehmender Gewalt.

## 66.4 Praxis und Kritik der Hinrichtung seit 1800

Erst mit der Aufklärung des 18. Jhs. wuchs die Kritik an Hinrichtungen (Martschukat 2006, 65–69). Die Französische Revolution gilt als Wendepunkt in der Beurteilung der Folter und als Grundstein ihrer Ächtung (Richter 2001, 106 f.). 1786 schaffte das Herzogtum Toskana als erster Staat der Welt die Todesstrafe ab. Im Verlauf der Französischen Revolution wurde dies auch in Frankreich gefordert. Am 3. Mai 1791 wurde ein Gesetzentwurf von Joseph Ignace Guillotin angenommen, der zwar das Rädern und die Folter untersagte, aber die Enthauptung als für alle Bürger gleichartige Form der Hinrichtung beibehielt (Métraux 2001, 170). Die Guillotine sollte den stundenlangen Folterungen und Quälereien des Verurteilten ein Ende setzen und schnell und ›human‹ töten (vgl. Richter 2001, 108 f.; Leder 1980, 211–229; Haidinger 2013, 67–76; Evans 2001, 183 f.). Ihre Präzision und unverwechselbare Silhouette machten sie zum Symbol der Todesstrafe (Martschukat 2006, 117–123).

Der Italiener Cesare Beccaria (1738–1794) stellte 1764 den Sühnegedanken in Abrede und plädierte für ein an Rechtssicherheit und Verbrechensbekämpfung ausgerichtetes, zugleich aber humanes Strafrecht: Nur ein vorbildlicher Rechtsstaat sei in der Lage, Verbrecher wirksam abzuschrecken (vgl. Evans 2001, 165–

172). Allerdings sprachen sich einige Vertreter der Aufklärung – darunter Kant, Locke, Montesquieu und Rousseau – weiterhin für die Todesstrafe aus. Entsprechend den *Bill of Rights* in den neu gegründeten USA setzte die Französische Revolution die allgemeinen Menschenrechte erstmals in einem Nationalstaat durch und gab ihnen politisch auch international Auftrieb. Alle Bürger sollten nun vor dem Gesetz gleich behandelt werden, auch hinsichtlich der Todesstrafe. Diese sollte ohne unnötige Grausamkeit ausgeführt werden. In Preußen war seit dem 19. Jh. die Enthauptung für Hinrichtungen gesetzlich vorgeschrieben (Blazek 2010). Nur militärische Kapitalverbrechen wurden mit Erschießen geahndet. Ab 1877 fanden Hinrichtungen nur noch nichtöffentlich statt (Evans 2001, 391 und 652 f.).

In der Anfangszeit der Weimarer Republik gerieten die Befürworter der Todesstrafe unter Druck, nachdem vor allem politisch motivierte Morde von links mit Hinrichtungen geahndet wurden. Die Hinrichtungen beschränkten sich in der Folge auf Serienmörder und Schwerstverbrecher. Gleichwohl scheiterte im November 1927 ein Antrag der SPD auf Abschaffung der Todesstrafe im Reichstags-Ausschuss für Strafrechtsreform (Evans 2001, 610 ff.).

Die Nationalsozialisten erließen bereits kurz nach der Machtübernahme – am 29. März 1933 – das ›Gesetz über Verhängung und Vollzug der Todesstrafe‹. Es sah vor, dass die ›Verordnung des Reichspräsidenten zum Schutz von Volk und Staat‹ vom 28. Februar 1933 auch rückwirkend für Taten gelten sollte, die in der Zeit zwischen dem 31. Januar und dem 28. Februar 1933 begangen worden waren (Evans 2001, 752–760). Aufgrund dieses Gesetzes konnte der mutmaßliche Brandstifter des Deutschen Reichstags Marinus van der Lubbe mit dem Fallbeil hingerichtet werden.

Um Hinrichtungen in großer Zahl und ohne öffentliches Aufsehen abwickeln zu können, wurden im Deutschen Reich ab 1937 zentrale Hinrichtungsstätten errichtet, die an ausgewählten Vollzugsstandorten bestanden. Sie enthielten einen Hinrichtungstrakt mit fest eingebautem Fallbeil (Waltenbacher 2008, 22–41). Auch sah das ›Dritte Reich‹ für bestimmte Straftaten das Erhängen als eine besonders entehrende Hinrichtungsart vor, so z. B. für KZ-Häftlinge oder ›Volksverräter‹ (Evans 2001, 818 f.). Ebenso nahm die Zahl der Scharfrichter zu (Hillenbrand 2013). Infolge zahlreicher Verordnungen, u. a. der Verordnung gegen ›Volksschädlinge‹ vom 5. September 1939, stieg die Zahl der Todesurteile und der Hinrichtungen sukzessive an. Nach der amtlichen Statistik wurden zwischen 1933 und 1945 16.560 Todesurteile gefällt, davon wurden etwa 12.000 vollstreckt – der Großteil während des Zweiten Weltkriegs. Außerdem wurden zusätzlich etwa 20.000 Todesurteile von Kriegsgerichten ausgesprochen (Haidinger 2013, 154 f.; Evans 2001, 832). Nach dem gescheiterten Attentat auf Hitler vom 20. Juli 1944 stiegen Zahl und Grausamkeit der Hinrichtungen weiter an. Erst am 28. Januar 1985 hob der Deutsche Bundestag die Rechtswirksamkeit der Todesurteile des Volksgerichtshofs im ›Dritten Reich‹ generell auf. Ihre Einordnung als Justizmord wurde am 28. Mai 1998 per Gesetz verankert.

Am 18. Februar 1949 wurde in Tübingen die letzte von einem westdeutschen Gericht angeordnete Hinrichtung vollzogen (Leder 1980, 289; Evans 2001, 901–923). Artikel 102 des Grundgesetzes, das am 23. Mai 1949 mit Gründung der Bundesrepublik als übergeordnetes Bundesrecht in Kraft trat, lautet schlicht: »Die Todesstrafe ist abgeschafft.« Das letzte Todesurteil in West-Berlin wurde am 12. Mai 1949 vollstreckt. Da das Grundgesetz der Bundesrepublik Deutschland sich bis 1990 nicht auf West-Berlin erstreckte, bedurfte es hier eines eigenen Gesetzes zur Abschaffung der Todesstrafe, das am 20. Januar 1951 in Kraft trat (Evans 2001, 923–940).

In der Sowjetischen Besatzungszone wurden bis zur Gründung der DDR im Jahr 1949 121 Todesurteile durch deutsche Behörden erlassen, von denen 47 vollstreckt wurden (Evans 2001, 948 f.). Seit 1949 gab es in der Deutschen Demokratischen Republik 227 rechtskräftige Todesurteile, davon wurden 166 vollstreckt (Kloth 2007). Sie konnten bei Mord und Kriegsverbrechen, aber auch bei Spionage, Sabotage und etwa 15 weiteren Delikten verhängt werden. Sie wurden zunächst durch Enthauptung mit der Guillotine, ab 1966 durch einen ›unerwarteten Nahschuss‹ in das Genick vollstreckt. Die wahrscheinlich letzte Hinrichtung in der DDR fand am 26. Juni 1981 in Leipzig statt (Evans 2001, 1027).

## 66.5 Hinrichtungen heute

Heutzutage finden Hinrichtungen meistens hinter verschlossenen Gefängnistüren und unter Ausschluss der Öffentlichkeit statt. Zu den zeitgenössischen und heute noch praktizierten Hinrichtungsmethoden gehört vor allem der *Long Drop* (Erhängen mit Sturz, der zum Genickbruch führt), der bereits 1760 entwickelt wurde, um den langen und qualvollen Erstickungstod zu vermeiden (Leder 1980, 230 ff.). Die ebenfalls noch übliche Erschießung entstammt der Militärgerichtsbarkeit. Häufig schossen dabei mehrere Vollstrecker auf einen oder mehrere Delinquenten, um eine anschließende eindeutige Schuldzuweisung unmöglich zu machen (Richter 2001, 134 f.; Leder 1980, 252–257).

Der in den USA eingesetzte, 1890 eingeführte Elektrische Stuhl ist das Ergebnis der Suche nach der »menschlichsten und bequemsten Art der Hinrichtung« (Richter 2001, 136 f.; vgl. Leder 1980, 243–248). Gleichwohl ist diese Methode sehr störanfällig. Pannen ereignen sich vor allem durch die unterschiedliche körperliche Konstitution und das Schwitzen der Opfer sowie durch unterschiedliche Außentemperatur und Luftfeuchtigkeit, weshalb nach jeder ›Elektrokution‹ eine Autopsie Pflicht ist. Nachdem im Ersten Weltkrieg bereits Giftgas als Kampf- und Tötungsmittel zum Einsatz gekommen war, wurde 1924 in Nevada die erste ›zivile‹ Gaskammer gebaut (Richter 2001, 140 f.; Leder 1980, 248 ff.). Durch die Mischung von schwefliger Säure und Natriumzyanid entstand Blausäure (HCN), die beim Einatmen zu innerem Ersticken führt. Ein qualfreier Tod ist auch hier nicht absolut sicher. So können vor dem Tod Angstzustände, Schwindel, Erbrechen und Atemnot auftreten, wenn die Konzentration des Gases in der Atemluft zu gering ist (Haidinger 2013, 169). Die in den USA heute am meisten verbreitete Tötungsmethode ist die Giftinjektion, die durch einen Automaten durchgeführt wird.

2018 wurden mindestens 690 Menschen in mindestens 20 Ländern exekutiert. Besonders groß ist die Dunkelziffer in China: Amnesty International schätzt, dass hier jährlich wieder Tausende hingerichtet werden, mehr als im Rest der Welt zusammen (Amnesty International 2019, 4–8). Todesurteile werden in China für 68 verschiedene Delikte verhängt, darunter auch Straftatbestände wie Bestechung, Geld- und Scheckfälschung, Steuerhinterziehung, verschiedene Diebstahlsdelikte und Zuhälterei. Auch im Iran, in Pakistan, im Irak, im Sudan, in den USA (Haidinger 2013, 175) und in Saudi-Arabien und Nigeria werden regelmäßig Hinrichtungen vorgenommen (Richter 2001, 144 f.).

Vor allem im westlichen Europa wird die Todesstrafe heutzutage vielfach kritisch diskutiert (Hammel 2010; Hötzel 2010; Kaufmann/Utz 2012; Koch 2013; Sarat 2011; Streng 2015). Gerade die Hinrichtungen in einzelnen Bundesstaaten der USA werden in der westlichen Welt – insbesondere von den europäischen Staaten – scharf kritisiert und als unvereinbar mit der »atlantische[n] Wertegemeinschaft« (Heinen 2006, 227) interpretiert. Die Europäische Union hat u. a. die vollständige Abschaffung der Todesstrafe zur Aufnahmebedingung für neue Mitgliedsstaaten gemacht. Unter diesem Einfluss hat z. B. auch die Türkei sie gesetzlich abgeschafft; allerdings wird weiterhin von illegalen Hinrichtungen durch Polizei und Militär berichtet.

### Literatur


Amnesty International. Amnesty International Global Report. *Death Sentences and Executions*. London 2019

Blazek, M.: *Scharfrichter in Preußen und im Deutschen Reich*. 1866 – 1945. Stuttgart 2010.

Confessio Augustana. Das Augsburgische Bekenntnis [1530]. In: *Bekenntnisschriften der evangelisch-lutherischen Kirche*. Göttingen 1930 (lat. Text).

Dinzelbacher, P.: *Das fremde Mittelalter. Gottesurteil und Tierprozess*. Essen 2006.

Dülmen, R. v.: *Theater des Schreckens. Gerichtspraxis und Strafrituale in der frühen Neuzeit*. München [6]2014.

Evans, R. J.: *Rituale der Vergeltung. Die Todesstrafe in der deutschen Geschichte 1532–1987*. Berlin 2001.

Haidinger, M.: *Todesstrafe. Von der Guillotine zur Giftspritze*. Hamburg 2013.

Hammel, A.: *Ending the death penalty. The European experience in global perspective*. Houndmills, Basingstoke, Hampshire/New York 2010.

Heinen, A.: Das »Neue Europa« und das »Alte Amerika«. Die Geschichte der Todesstrafe in Deutschland, Frankreich und den USA und die Erfindung der zivilisatorischen Tradition Europas. In: *Themenportal Europäische Geschichte* (2006). In: http://www.europa.clio-online.de/2006/Article= 177 (30.09.2020).

Herrmann, H.: *Um Kopf und Kragen: Hinrichtungsmethoden und -maschinen*. München 2018.

Hillenbrand, K.: *Berufswunsch Henker. Warum Männer im Nationalsozialismus Scharfrichter werden wollten*. Frankfurt a. M./New York 2013.

Hötzel, Y.: *Debatten um die Todesstrafe in der Bundesrepublik Deutschland von 1949 bis 1990*. Berlin/New York 2010.

Kaufmann, K./Utz, F.: Die Schweiz und die Todesstrafe: Handlungspflichten eines Kleinstaates? In: B. Tag/D. Groß (Hg.): *Tod im Gefängnis. Hungerstreik, Suizid, Todesstrafe und »normaler« Tod aus rechtlicher, historischer und ethischer Sicht*. Frankfurt a. M./New York 2012, 227–248.

Kloth, H. M.: Der Henker kam von hinten. In: *Der Spiegel* vom 13.07.2007. In: http://www.spiegel.de/geschichte/todesstrafe-in-der-ddr-a-946689.html (30.09.2020).

Koch, A.: Die Todesstrafe im 21. Jahrhundert. Nationale, europäische und globale Perspektiven. In: A. Koch/M. Rossi (Hg.): *Gerechtigkeitsfragen in Gesellschaft und Wirtschaft*. Baden-Baden 2013, 165–193.

Leder, K. B.: *Todesstrafe. Ursprung, Geschichte, Opfer*. Wien 1980.

Martschukat, J.: *Geschichte der Todesstrafe vom 17. bis zum 19. Jahrhundert*. Wiesbaden 2006.

Métraux, A.: Der Todesreigen in der belebten Materie.

Xavier Bichat über das vielfache Sterben des Organismus. In: C. Wiesemann/Th. Schlich (Hg.): *Hirntod. Zur Kulturgeschichte der Todesfeststellung*. Frankfurt a. M. 2001, 167–186.

Moog, F. P./Karenberg, A.: Between Horror and Hope. Gladiator's Blood as a Cure for Epileptics in Ancient Medicine. In: *Journal of the History of the Neurosciences* 12 (2003), 137–143.

Müller-Bergström, W.: Dieb, Diebstahl. In: H. Bächtold-Stäubli (Hg.): *Handwörterbuch des deutschen Aberglaubens*. Bd. 2. Berlin/New York 1987a (unveränd. photomechan. Nachdruck der Ausg. 1930), Sp. 197–240.

Müller-Bergström, W.: Hingerichteter, Armsünder, Hinrichtung. In: H. Bächtold-Stäubli (Hg.): *Handwörterbuch des deutschen Aberglaubens*. Bd. 4. Berlin/New York 1987b (unveränd. photomechan. Nachdruck der Ausg. 1932), Sp. 37–58.

Ohler, N.: *Sterben und Tod im Mittelalter*. München 1990.

Ortner, H.: *Wenn der Staat tötet. Eine Geschichte der Todesstrafe*. Darmstadt 2017.

Richter, L.: *Die Geschichte der Folter und Hinrichtung vom Altertum bis zur Jetztzeit*. Wien 2001.

Rollinger, R./Lang, M./Barta, H.: *Strafe und Strafrecht in den antiken Welten. Unter Berücksichtigung von Todesstrafe, Hinrichtung und peinlicher Befragung*. Wiesbaden 2012.

Sanson, H.: *Tagebücher der Henker von Paris 1685–1847*. 2 Bde. Leipzig 1982.

Sarat, A./Martschukat, J. (Hg.): *Is the death penalty dying? European and American perspectives*. Cambridge 2011.

Schild, W.: Strafe, Strafrecht, C. I. Deutsches Recht. In: R. Auty/R.-H. Bautier u. a. (Hg.): *Lexikon des Mittelalters*. Bd. 8. München 2003a, Sp. 198–201.

Schild, W.: Verbrechen, A. I. Deutsches Recht. In: R. Auty/R.-H. Bautier u. a. (Hg.): *Lexikon des Mittelalters*. Bd. 8. München 2003b, Sp. 1485–1486.

Schild, W.: Töten als Rechtsakt. Zur Geschichte der Hinrichtung. In: *Paragrana – Internationale Zeitschrift für Historische Anthropologie* 20/1 (2011), 32–50.

Streng, F.: Die Einstellung zur Todesstrafe im Wandel. In: B. Bannenberg/H. Brettel/G. Freund u. a. (Hg.): *Über allem: Menschlichkeit*. Baden-Baden 2015, 407–427.

Taeger, A.: *Die Guillotine und die Erfindung der Humanität*. Stuttgart 2016.

Wacke, A.: Die Genoveva-Legende aus der Osteifel und die Todesstrafe durch Vierteilung in der Rechtsgeschichte. In: B. Holcman/M. Steppan (Hg.): *Festschrift für Gernot Kocher zum 75. Geburtstag*. »...ich rief dich bei deinem Namen und gab dir Ehrennamen« (Jes. 45,4). Maribor 2017, 421–456.

Waltenbacher, Th.: *Zentrale Hinrichtungsstätten. Der Vollzug der Todesstrafe in Deutschland von 1937–1945. Scharfrichter im Dritten Reich*. Berlin 2008.

Weitzel, J.: Todesstrafe. In: R. Auty/R.-H. Bautier u. a. (Hg.): *Lexikon des Mittelalters*. Bd. 8. München 2003, Sp. 836–838.

*Dominik Groß / Julia Engels*

# 67 Massenmord / Genozid / Demozid

»Ein Toter ist eine Tragödie, eine Million Tote sind eine Statistik.« Dieser Satz, der in den 1920er Jahren zum geflügelten Wort wurde, wird heute zumeist Stalin zugesprochen, und er verweist auf eine psychologische Schranke, die sich die großen Massenmörder der Moderne – Jossif W. Stalin, Mao Zedong und Adolf Hitler – zunutze gemacht haben: Das massenhafte Morden hat im 20. Jh. eine quantitative Dimension angenommen, die die menschliche Vorstellungskraft übersteigt. Rudolph J. Rummel schätzt, dass im 20. Jh. abseits eigentlicher Kriegshandlungen oder ohne Zusammenhang mit militärischen Konflikten 262 Millionen Menschen Opfer von Massenmorden wurden – sechsmal so viele, wie in Kriegen und Bürgerkriegen umkamen (Rummel 2006). Diese Größenordnung stellt das Völkerrecht wie auch die Gesetzgebung und Rechtsprechung der Nationalstaaten, die politische Weltordnung, die internationalen Bündnissysteme, Außenpolitik und Diplomatie, aber auch die Sozialwissenschaften, die Anthropologie, Psychologie, Philosophie, Theologie, Ethik, Pädagogik, Kunst und Literatur vor völlig neue Herausforderungen. Es fällt schwer, eine angemessene Sprache zu finden, um ein so ungeheuerliches Geschehen in Worte zu fassen, Definitionen, Klassifikationen und Interpretationsmodelle zu bilden, um einem Erklären oder gar einem Verstehen näher zu kommen, rechtliche Normen und moralische Kategorien zu entwickeln, um Massenmorde angemessen zu beurteilen und zu bestrafen.

## 67.1 Von der Antike bis zum 19. Jahrhundert

Der Begriff ›Massenmord‹ meint zunächst nur den Mord an mehreren Menschen zur selben Zeit am selben Ort – diese weite Definition schließt Amokläufe, Terroranschläge, Kriegshandlungen, Massaker, Pogrome, ›ethnische Säuberungen‹ und schließlich die vorsätzliche physische Vernichtung ganzer Gruppen von Menschen mit ein. Hinweise auf die ›Ausrottung‹ und ›Austilgung‹ ganzer Völkerschaften und die ›Ausmordung‹, ›Entvölkerung‹ und ›Verwüstung‹ ganzer Landstriche finden sich bereits in antiken Quellen. Die Vernichtung Karthagos und Korinths durch die Römer im Jahre 146 v. Chr. bietet ein gut belegtes Beispiel für diese Praxis.

Massenmorde dieser Art lassen sich in der Geschichte immer wieder nachweisen, häufig im Zusammenhang mit Kriegen, Kreuzzügen und Ketzerverfolgungen, wobei die Massaker der Mongolen bei ihrem Ausgreifen nach China, Persien, den Nahen Osten und Europa vom 13. bis zum 15. Jh. mit schätzungsweise etwa 30 Millionen Opfern herausragen. Erst im 19. Jh., während des Taiping-Aufstandes in China von 1851 bis 1864, bei dem zwischen 20 und 34 Millionen Menschen ums Leben kamen, erreichte ein Massenmord wieder eine solche Größenordnung. Ob man das massenhafte Sterben, das durch die koloniale Expansion der europäischen Staaten nach Nord- und Südamerika, Afrika, Asien und Australien ausgelöst wurde, als Massenmord auffassen kann, ist umstritten, war es doch in erster Linie auf die von Europäern eingeschleppten Krankheiten, die Zerstörung der wirtschaftlichen Existenzgrundlagen und Zwangsarbeit zurückzuführen. Ähnliches gilt für den transatlantischen Sklavenhandel. Dagegen kam es im Kontext des modernen Imperialismus im 19. und beginnenden 20. Jh. zu regelrechten Vernichtungskriegen, so etwa bei der Niederschlagung des Hereroaufstandes in Deutsch-Südwestafrika im Jahre 1904.

## 67.2 Das 20. Jahrhundert – ein Jahrhundert des Massenmordes

Im 20. Jh. stießen militärische Konflikte in eine neue Dimension vor – die mörderische Logik des modernen Krieges ist darauf ausgerichtet, Güter und Menschen in großem Stil zu vernichten, um die Wirtschaftsressourcen und Bevölkerungspotenziale des Gegners zu erschöpfen. Der Krieg weitet sich zusehends auf die Zivilbevölkerung aus, nimmt mitunter den Charakter eines regelrechten Vernichtungskrieges an. Dementsprechend kam es zu einer Entgrenzung des Massenmordes abseits des Kriegsgeschehens und auch völlig losgelöst von Krieg und Bürgerkrieg. Man kann das 20. Jh. mit guten Gründen das Jahrhundert der Massenmorde nennen. Der Völkermord an den Armeniern im Osmanischen Reich, den das jungtürkische Regime während des Ersten Weltkriegs ins Werk setzte und dem nach vorsichtigen Schätzungen 550.000 bis 800.000, vielleicht aber auch über eine Million Menschen zum Opfer fielen, setzte neue Maßstäbe. Unter Stalins Herrschaft starben in der Sowjetunion von 1923 bis 1953 – vor allem bei der ›Kulakenverfolgung‹ im Zuge der Zwangskollektivierung der Landwirtschaft zwischen 1928 und 1937, durch die

J. B. Metzler © Springer-Verlag GmbH Deutschland, ein Teil von Springer Nature, 2020
H. Wittwer/D. Schäfer/A. Frewer (Hg.), *Sterben und Tod. Ein interdisziplinäres Handbuch 2. Auflage*,
https://doi.org/10.1007/978-3-476-05761-7_67

künstlich herbeigeführte Hungersnot in der Ukraine 1932/1933, während der ›Großen Säuberung‹ von 1936 und 1939 und im GULag, dem sowjetischen Konzentrationslagersystem – zwischen 20 und 42 Millionen Menschen einen gewaltsamen Tod. Das nationalsozialistische Regime ermordete zwischen 1933 und 1945 ebenfalls über 20 Millionen Menschen: Den NS-›Euthanasie‹-Aktionen fielen ab 1940 etwa 300.000 geistig behinderte und psychisch erkrankte Menschen zum Opfer, der ›Holocaust‹, die Vernichtung der europäischen Juden, forderte über sechs Millionen Menschenleben, zwischen 220.000 und 500.000 Sinti und Roma wurden im deutschen Machtbereich umgebracht, ferner tausende von ›Asozialen‹, schließlich – im Zuge des Rassen-, Lebensraum- und Weltanschauungskrieges im Osten – Millionen von Angehörigen der slawischen Völker. Die besondere Signatur der nationalsozialistischen Massenmorde liegt in ihrer konsequent biopolitischen Logik und in ihrer industriellen, gewissermaßen fabrikmäßigen Organisation. Mit dem Ende des ›Dritten Reiches‹ waren die Massenmorde des 20. Jhs. keineswegs an ihr Ende gelangt. In der Volksrepublik China kamen unter Mao Zedong – vor allem während des ›Großen Sprungs nach vorn‹ in den Jahren von 1954 bis 1958, in der künstlich erzeugten Hungersnot von 1959 bis 1963 und der ›Großen Kulturrevolution‹ ab 1976 – 35 Millionen, nach anderen Schätzungen bis zu 76 Millionen Menschen gewaltsam zu Tode. In neuerer Zeit ragen der Massenmord der Roten Khmer an der Bevölkerung Kambodschas in den Jahren von 1975 bis 1979 mit über zwei Millionen Opfern und der Völkermord an den Tutsi in Ruanda im Jahre 1994 heraus. In Ruanda wurde innerhalb von nur drei Monaten, vom 6. April bis zum 19. Juli 1994, über eine Million Menschen, Tutsi und gemäßigte Hutu, ermordet – bei wohl keinem anderen Massenmord des 20. Jhs. wurden in so kurzer Zeit mit derart primitiven Mitteln (die meisten Opfer wurden mit der Machete zerhackt) so viele Menschen zu Tode gebracht.

## 67.3 Das Konzept des Genozids

Die neue Qualität des Massenmordes im 20. Jh. wurde von den Zeitgenossen früh erkannt. An erster Stelle ist hier Raphael Lemkin zu nennen, ein Jurist polnisch-jüdischer Herkunft (Cooper 2008). Wie auch andere Intellektuelle mit jüdischem Hintergrund betrachtete er den Völkermord an den Armeniern als Menetekel für das Judentum. Er wandte sich entschieden gegen die damals herrschende Rechtsauffassung, die, auf die Souveränität des Nationalstaates abhebend, den Armenozid zu einer inneren Angelegenheit der Türkei erklärte, und unterbreitete schon in den 1930er Jahren Vorschläge, die Vernichtung sozialer, religiöser oder rassischer Kollektive zu einem Verbrechen zu erklären, das – ähnlich wie Piraterie und Sklavenhandel – unter internationales Recht fiel. 1939, nach dem Angriff Deutschlands auf Polen, floh Lemkin in die USA. 1943 prägte er für einen Gesetzentwurf der polnischen Exilregierung zur Bestrafung der deutschen Verbrechen in Polen den Begriff *ludobójstwo* (vom polnischen *lud*: ›Volk‹, und *zabóstwjo*: ›Mord‹), den er 1944 in seinem Werk *Axis Rule in Occupied Europe* (Lemkin 1944) mit *genocide* (vom gr. *genos*: ›Volk‹, und dem lat. *caedere*: ›töten‹) ins Englische übersetzte.

Am 18. Oktober 1945 tauchte der neue Begriff *genocide* erstmals in einem offiziellen Dokument, der Anklageschrift des Nürnberger Internationalen Militärtribunals, auf. In den Nürnberger Prozessen setzte er sich als Unterkategorie *der crimes against humanity* durch. Am 11. Dezember 1946 nahm die Vollversammlung der Vereinten Nationen eine Resolution an, die Völkermord als ein internationales Verbrechen definierte. Nach langwierigen Beratungen wurde zwei Jahre später, am 9. Dezember 1948, einen Tag vor der universellen Erklärung der Menschenrechte, von der Vollversammlung der Vereinten Nationen die *Convention on the Prevention and Punishment of the Crime of Genocide* einstimmig verabschiedet, die – nach der Hinterlegung der zwanzigsten Ratifizierungsurkunde – am 12. Januar 1951 in Kraft trat. Inzwischen sind alle westlich geprägten Staaten der Konvention beigetreten.

Die Konvention fasst unter dem Begriff ›Genozid‹ – im Deutschen wird häufig, in allzu enger Auslegung, das Synonym ›Völkermord‹ verwendet – Handlungen, die »in der Absicht« begangen werden, »eine nationale, ethnische, rassische oder religiöse Gruppe als solche ganz oder teilweise zu zerstören«. Es folgt eine enumerative Auflistung solcher Handlungen: »Tötung von Mitgliedern der Gruppe«, »Verursachung von schwerem körperlichem oder seelischem Schaden an Mitgliedern der Gruppe«, »vorsätzliche Auferlegung von Lebensbedingungen für die Gruppe, die geeignet sind, ihre körperliche Zerstörung ganz oder teilweise herbeizuführen«, »Verhängung von Maßnahmen, die auf die Geburtenverhinderung innerhalb der Gruppe gerichtet sind« und schließlich »gewaltsame Überführung von Kindern der Gruppe in eine andere Gruppe« (Tomuschat 1992, 209 ff.). Diese Definition enthält aus ihrem politischen Entstehungszusammenhang heraus einige auffällige Lücken – damit möglichst viele Staaten die Konvention unterzeichneten, wurden mehrere heikle Punkte ausgeklammert. Auch fasst die Konvention aus Gründen der rechtlichen Handhabbarkeit den Begriff des Genozids in manchen Punkten sehr eng, in anderen wiederum sehr weit. Daraus ergibt sich eine Reihe von Schwierigkeiten, an denen sich die vergleichende Genozidforschung abarbeitet (vgl. Fein 1999). Das Definitionsproblem steht im Mittelpunkt dieser noch jungen Disziplin, wobei sich wissenschaftliche und politische Motive häufig vermischen – die Frage, welches Geschehen als Genozid einzustufen ist, hat für die Täter- wie die Opferseite größte Bedeutung. Heftig umstritten ist, ob der Holocaust mit anderen Genoziden des 20. Jhs. verglichen werden kann und darf (Katz 1994; Chaumont 2001; Novick 2001).

## 67.4 Probleme der Genoziddefinition

Erstens bezieht sich die Definition der Vereinten Nationen nur auf nationale, ethnische, rassische und religiöse, nicht aber auf politische, wirtschaftliche, soziale oder kulturelle Gruppen – deren Einbeziehung scheiterte am Widerstand der Sowjetunion, die verhindern wollte, dass die Konvention auf den stalinistischen Terror angewandt werden konnte. Diese Einschränkung ist schon frühzeitig kritisiert worden. Tatsächlich fällt der millionenfache Massenmord in der stalinistischen Sowjetunion, in Kambodscha oder Indonesien formal nicht unter die Genozidkonvention. Will man den Begriff ›Genozid‹ als analytisches Instrument sozialwissenschaftlicher Forschung benutzen, ist es notwendig, ihn in diesem Punkt weiter zu fassen. Eine Fülle neuer Wortschöpfungen – Politizid, Ökonomizid, Urbizid, Auto-Genozid u. a. (Shaw 2007, 63 ff.) – ist dem von den Vereinten Nationen kreierten Begriff des Genozids an die Seite gestellt worden. Das eigentliche Problem liegt aber tiefer. In der Geschichtswissenschaft hat sich mittlerweile die Erkenntnis durchgesetzt, dass Kategorien wie ›Religion‹, ›Nation‹, ›Ethnie‹ und selbst ›Rasse‹ sozial konstruiert sind, mithin einem Wandel über die Zeit hinweg unterliegen. Zudem können sich in der Selbst- und Fremdwahrnehmung von Menschengruppen Religion, Nation, Ethnie und Rasse – und weitere Bestimmungsfaktoren wie Clan, Stamm, Kaste, Stand, Klasse, Sprache, Alter, Gesundheitszustand, Geschlecht, sexuelle Orientierung usw. vermischen.

Zweitens führt die Formulierung ›ganz oder teilweise‹ zu Abgrenzungsproblemen. Wo endet ein Massaker und beginnt ein Genozid? Manche Autoren behelfen sich mit Begriffen wie ›genozidale Massaker‹, um Grenzfälle zu beschreiben. Wie geht man mit dem unterschiedlichen ›Vernichtungsgrad‹ bei einzelnen Genoziden um? In diesem Zusammenhang operieren manche Autoren mit dem Begriff eines ›totalen‹ oder ›optimalen‹ Genozids. Auch die Grenzziehung zwischen Genoziden – im Sinne der physischen Vernichtung ganzer Gruppen – und ›kulturellen Genoziden‹ oder ›Ethnoziden‹ – bei denen es um die Auslöschung der Gruppenidentität durch Gewaltmaßnahmen (aber nicht oder nicht nur durch Massenmord) geht – ist nicht immer eindeutig.

Drittens klammert die UN-Definition bei der Auflistung genozidaler Akte – wiederum aus politischen Gründen – Zwangsaustreibung und -umsiedlung, Sklaverei und Zwangsarbeit aus, Handlungen, denen bei den Massenmorden des 20. Jhs. große Bedeutung zukam.

Viertens fasst die UN-Definition nur solche Handlungen als Genozide auf, die in der Absicht vorgenommen werden, eine Gruppe von Menschen zu vernichten. Da es sich um einen Rechtsbegriff handelt, muss er einen Vorsatz voraussetzen. Doch zeigt die historische Genozidforschung – selbst im Hinblick auf die Vernichtung der europäischen Juden im Machtbereich des nationalsozialistischen Deutschlands –, wie außerordentlich schwierig es ist, eine lückenlose Befehlskette aufzuzeigen und Entscheidungsprozesse zu rekonstruieren. In vielen Fällen lassen sich Prozesse ›kumulativer Radikalisierung‹ nachweisen, die in ein allgemeines Vernichtungsprogramm münden. Handlungen, die die Vernichtung einer Gruppe nach sich ziehen, ohne dass dies von vornherein beabsichtigt war, fallen – streng genommen – nicht unter die UN-Definition. Einzubeziehen wären aber auch solche Handlungen, bei deren Planung, Vorbereitung und Anordnung bereits abzusehen ist oder in deren Verlauf sich herausstellt, dass sie – gleichsam als ungewollte Nebenwirkung – die Vernichtung einer Gruppe nach sich ziehen und die dennoch in Verfolgung übergeordneter Zielsetzungen begonnen oder fortgesetzt werden (vgl. Shaw 2007, 81 ff.).

## 67.5 Das Konzept des Demozids

Um den Antinomien der Genoziddefinition zu entgehen, hat Rummel (2003, 2006) den neuen Oberbegriff des ›Demozids‹ (vom griechischen *demos*: ›Volk‹, und dem lat. *caedere*: ›töten‹) geprägt. Er meint alle Handlungen einer Regierung oder eines »Regierungsaspiranten«, die darauf abzielen, »Menschen zu töten oder ihren Tod zu verursachen« wegen ihrer Religion, Rasse, Sprache, Stammeszugehörigkeit, nationalen Herkunft, Klasse, politischen Überzeugungen oder Handlungen, aber auch, um eine Quote oder Requirierungsmaßnahme zu erfüllen oder ein System der Zwangsarbeit oder Versklavung in Gang zu halten. Als mögliche Mittel eines Demozids listet Rummel auf: Massaker, die Auferlegung tödlicher Lebensbedingungen, Kriegführung gegen Nichtkombattanten, Internierung in Gefängnissen, Kriegsgefangenen- oder Konzentrationslagern, mörderische medizinische und wissenschaftliche Experimente, Folter und Misshandlung, von oben ermutigte Morde, Vergewaltigungen, Plünderungen und Verheerungen, Hungersnöte und Epidemien, wenn Regierungsstellen Hilfe verweigern oder dazu beitragen, die Situation eskalieren zu lassen, ferner Deportationen und Vertreibungen (Rummel 2006). Aus dieser sehr weiten Definition, die jene des Genozids mit einschließt, sind lediglich Kriegshandlungen im eigentlichen Sinn, einschließlich der dabei auftretenden ›Kollateralschäden‹ an der Zivilbevölkerung, die militärische Niederwerfung von bewaffneten Aufständen gegen eine Regierung sowie rechtsstaatlich ergangene und vollzogene Todesurteile ausgenommen. Rummels Konzept des Demozids umgeht einige der Probleme, die durch die UN-Definition des Genozids aufgeworfen werden – die enge Eingrenzung möglicher Opfergruppen ist aufgebrochen, die ganze Bandbreite genozidalen Handelns ist abgedeckt, neben vorsätzlichen sind bewusst fahrlässige Handlungen einbezogen, was einen Vorsatz durch Praxis konstituiert.

## 67.6 Bausteine zu einer Theorie des Massenmordes

Die vergleichende Genozid- und Demozidforschung ist über die Formulierung von Definitionen und Typologien bisher kaum hinausgelangt. Gleichwohl zeichnen sich verschiedene Elemente einer Theorie des Demozids ab:

Demozide sind soziales Handeln im Sinne Max Webers – d. h. sinnhaftes Handeln, das am vergangenen, gegenwärtigen oder künftig erwarteten Verhalten anderer orientiert ist. Mehr noch: Demozide sind rational bestimmtes soziales Handeln, sei es, dass sie zweckrational, also an einem rationalen Zweck-Mittel-Kalkül ausgerichtet sind, sei es, dass sie wertrational, also durch den Glauben an den Eigenwert eines bestimmten Verhaltens geleitet sind, oder beides (vgl. Weber 1985, 11 ff.). Das Moment der Rationalität ist deshalb so stark zu betonen, weil sich Demozide nach außen hin auf den ersten Blick als Einbruch der Barbarei in die Zivilisation, als eruptives Aufbrechen atavistischer Leidenschaften darstellen. Demgegenüber ist hervorzuheben, dass die Exzesstaten auf der Ebene der ausführenden Organe in aller Regel nur eine Begleiterscheinung in einem größeren Handlungsmuster mit rationalem Hintergrund sind. Die Kräfte auf der Entscheidungs-, Planungs- und Lenkungsebene versuchen mitunter sogar, affektuelles Verhalten nachgeordneter Stellen zu unterdrücken. Öfter noch instrumentalisieren die zentralen Gewalten die überschießenden Aggressionen auf unterer Ebene zur Durchsetzung ihrer rationalen Zwecke.

Demozide sind kollektives Handeln, arbeitsteilige Großverbrechen. Sie werden getragen von komplexen, hierarchisch strukturierten Verbänden, z. B. Regierungen, bürokratischen Apparaten, Parteien oder Armeen. Die Rolle der planenden Intelligenz ist von kaum zu überschätzender Bedeutung, während die ausführenden Organe, die mit eigener Hand morden, letztlich austauschbar sind. Amorphe Menschenmassen können bei Demoziden eine Rolle spielen, sie werden aber für gewöhnlich von Verbänden gesteuert. In der Moderne sind Demozide in aller Regel Staatsverbrechen – wobei in vielen Fällen bestehende Staatsapparate durch Parteien, Bewegungen und informelle Netzwerke überformt werden, so dass hybride Machtapparate mit immanenter Radikalisierungstendenz entstehen.

Die Opfer von Demoziden können eine Gruppe im soziologischen Sinn bilden, mit kollektiver Identität, gemeinsamen Werten und Normen, direktem Kontakt zwischen den Gruppenmitgliedern, klaren Binnenstrukturen und festen Außengrenzen. Das muss aber keineswegs der Fall sein. Für alle Demozide gilt: Letztlich entscheiden die Verfolger, wer zur verfolgten Gruppe gehört und wie diese Gruppe definiert wird. Für die Opfergruppe bedeutet dies, dass sie mitunter erst unter dem Druck der Verfolgung und Vernichtung eine kollektive Gruppenidentität entwickelt, die als Basis für gemeinsames Handeln dienen kann, doch gelingt dies nicht immer. Es gibt lediglich eine Einheit der Verfolgung, nicht der Verfolgten.

Trotz dieses Elements der Willkür folgt die Trennlinie zwischen Opfer- und Tätergruppe im Regelfall den sozialen, wirtschaftlichen, politischen, rechtlichen, religiösen, ethnischen, rassischen oder auch räumlichen Grenzlinien in einem sozialen System, d. h. der Kern der Opfergruppe unterscheidet sich in einem oder mehreren Punkten deutlich von der Tätergruppe. Diese Disparitäten sind für gewöhnlich auf das Zusammenspiel von Diskriminierung und Dissimilierung zurückzuführen. Dabei muss die Opfergruppe keineswegs in allen Aspekten der sozialen Beziehung zur Tätergruppe benachteiligt sein. In manchen Fällen etwa sind die Opfer ökonomisch privilegiert, etwa im Falle der sogenannten *middleman minorities* (Zenner 1987) wie der Armenier im Osmanischen Reich oder der Juden in Alteuropa. Doch wie auch immer sich die soziale Beziehung zwischen Täter- und Opfergruppe im Einzelnen gestaltet: Es besteht immer ein krasses Machtgefälle. Die Opfergruppe hat keinen oder nur sehr begrenzten Zugang zu physischen Gewaltmitteln, sie ist in hohem Maße verwundbar. Diese Vulnerabilität ist eine grundlegende Voraussetzung für jeden Demozid.

Demozide sind – im Selbstverständnis der Tätergruppe – stets legitime Tötungshandlungen. In jeder Gesellschaftsordnung existiert in der einen oder anderen Form, als gesetzliche Norm, als traditionelle Konvention oder als religiöses Tabu, ein Tötungsverbot. In fast jeder Gesellschaftsordnung unterliegt dieses Tötungsverbot aber auch der einen oder anderen Einschränkung. In bestimmten Zusammenhängen, z. B. in Notwehr- oder Nothilfesituationen, bei der Vollstreckung der Todesstrafe, bei der Sterbehilfe, bei religiösen Zeremonien, im Krieg oder im Falle eines übergesetzlichen Notstandes, ist das Töten von Menschen erlaubt. Manchmal gilt das Tötungsverbot nur für Angehörige der eigenen Gruppe, d. h. Fremde, Feinde, Staatsverräter, Ketzer usw. genießen keinen Lebensschutz. Fast immer gilt das Tötungsverbot nur für die menschliche Spezies.

Im Vorfeld eines Demozids finden stets zwei eng miteinander verflochtene Prozesse statt: Zum einen wird die Situation in einem Prozess der Legitimation dahingehend umgedeutet, dass eine *erlaubte* Tötungssituation entsteht. Zum anderen werden die Opfer in einem Prozess der Viktimisierung als Feinde, Fremde, Verräter, Ungläubige, Ketzer usw. abgestempelt. Im Extremfall kommt es zur Dehumanisierung – die Opfer werden als Parasiten, Ungeziefer oder Krebsgeschwür aus der menschlichen Gattung ausgegrenzt. Dieser Doppelmechanismus erklärt, warum Individuen aus der Tätergruppe ohne Schuldgefühle an einem Massenmord teilnehmen können. Sie verstecken sich nicht nur im Kollektiv, sie sind nicht nur durch die Autoritäten gedeckt, sie sind darüber hinaus der festen Überzeugung, legitim zu handeln – wenn auch ihr Handeln nicht immer legal ist und sie sich dessen auch durchaus bewusst sind.

Eine demozidale Situation entsteht, wenn es in einem sozialen System zu einer Zusammenballung von Krisenphänomenen kommt. Dabei kann es sich um demographische, ökonomische, innen- oder außenpolitische Krisen, Kriege oder Bürgerkriege, ökologische oder auch soziokulturelle Krisen handeln, die durch den Verfall von Normen- und Wertesystemen oder die Bedrohung von Sinnstiftungsmonopolen verursacht werden. Die Überlagerung mehrerer solcher Krisenlagen kann die Grundstrukturen eines sozialen Systems vor eine Zerreißprobe stellen. Zur Analyse sozialer Krisen eignen sich die in der Modernisierungstheorie entwickelten Kategorien der Identitäts-, Legitimations-, Partizipations-, Integrations-, Penetrations- und Distributionskrise (Wehler 1975, 36 ff.). Demozidale Situationen entstehen in der Regel dann, wenn eines oder mehrere dieser Krisenmomente zusammenkommen.

Soziale Krisen münden aber nicht in jedem Fall in eine demozidale Situation. Hier sind die Krisenperzeption und die Interpretationsfolie der Herrschaftseliten und die von ihnen entwickelten Problemlösungsstrategien ausschlaggebend. Zum Demozid kommt es, wenn die Herrschafts- und Funktionseliten zu der Auffassung gelangen, dass man eine akute Krise lösen kann, indem man eine ganze Gruppe von Menschen auslöscht. Dabei ist nicht entscheidend, ob die soziale Krise tatsächlich mit den problembesetzten Beziehungen zwischen Täter- und Opfergruppe zu tun hat. Oft genug geht es darum, im Sinne einer Sündenbock-Strategie soziales Konfliktpotenzial auf Außenseiter abzulenken und damit das gesellschaftliche Gesamtsystem zu stabilisieren. Der springende Punkt ist, dass die Herrschaftseliten selber den Genozid als eine rationale Krisenlösungsstrategie ansehen. Da diese Strategie für gemeinhin einen deutlichen Bruch mit tradierten Strukturen bedeutet, fallen Entscheidungen zum Genozid häufig mit revolutionären Umwälzungen im politischen System zusammen (Melson 1992).

## 67.7 Bestrafung und Verhütung von Massenmord

Das 20. Jh. ist, wie bereits erwähnt, als das Jahrhundert der Massenmorde in die Geschichte eingegangen. Zugleich sind jedoch die völkerrechtlichen Grundlagen zur Einhegung massenhafter Gewalt gelegt worden. Die Konvention der Vereinten Nationen zur Verhütung und Bestrafung des Genozids von 1948 markiert insofern eine »kopernikanische Wende« (Heinsohn 1998, 30), als sie den Völkermord zu einem Verbrechen erklärt hat, das von der Staatengemeinschaft strafrechtlich zu verfolgen ist, auch wenn nationales Recht dem entgegensteht. Freilich geriet die Genozidkonvention über Jahrzehnte hinweg nahezu in Vergessenheit. Bis zum Beginn der 1990er Jahre wurde nur in wenigen Fällen die Anwendung der Konvention erwogen. Erst in den 1990er Jahren, vor dem Hintergrund des Genozids in Ruanda und des Bürgerkrieges im zerfallenden Jugoslawien, wurde der Ruf nach einem internationalen Tribunal für schwere völkerstrafrechtliche Verbrechen lauter. Die Arbeit der *International Criminal Tribunals* für das ehemalige Jugoslawien in Den Haag und für Ruanda in Arusha hat zu bedeutenden Fortschritten im Völkerstrafrecht geführt (Schabas 2003). In Deutschland ist der Straftatbestand des Völkermordes in § 6 des Völkerstrafgesetzbuchs vom 26. Juni 2002 niedergelegt. Es gilt das ›Weltrechtsprinzip‹, d. h. Völkermord ist nach deutschem Recht strafbar, unabhängig davon, wo, von wem und an wem er begangen wird (vgl. Jeßberger/Geneuss 2013; Werle/Jeßberger 2016).

Zugleich wird verstärkt über ein ›Frühwarnsystem‹ nachgedacht, das helfen soll, Genozide schon im Entstehen zu unterbinden. Welche Punkte auf einen drohenden Völkermord hinweisen, ist jedoch höchst umstritten. Als Risikofaktoren gelten tiefgreifende politische Konflikte, die Erfahrung vorangegangener Genozide, ein autokratisches Herrschaftssystem, eine politische Elite, eine Ideologie, die andere politische Meinungen ausschließt, und/oder eine Elite, die sich aus einer ethnischen Minorität rekrutiert.

### Literatur

Chaumont, J.-M.: *Die Konkurrenz der Opfer. Genozid, Identität und Anerkennung.* Lüneburg 2001.
Cooper, J.: *Raphael Lemkin and the Struggle for the Genocide Convention.* London 2008.
Fein, H.: Definition and Discontent. Labelling, Detecting, and Explaining Genocide in the Twentieth Century. In: Förster, S./Hirschfeld, G. (Hg.): *Genozid in der modernen Geschichte* (Jahrbuch für historische Friedensforschung. Bd. 7). Münster 1999, 11–21.
Heinsohn, G.: *Lexikon der Völkermorde.* Reinbek 1998.
Jeßberger, F./Geneuss, J. (Hg.): *Zehn Jahre Völkerstrafgesetzbuch. Bilanz und Perspektiven eines ›deutschen Völkerstrafrechts‹.* Baden-Baden 2013.
Katz, St. T.: *The Holocaust in Historical Context.* Bd. 1: The Holocaust and Mass Death before the Modern Age. Oxford 1994.
Lemkin, R.: *Axis Rule in Occupied Europe. Laws of Occupation, Analysis of Government. Proposals for Redress.* Washington 1944.
Melson, R. F.: *Revolution and Genocide. On the Origin of the Armenian Genocide and the Holocaust.* Chicago 1992.
Novick, P.: *Nach dem Holocaust. Der Umgang mit dem Massenmord.* Stuttgart 2001.
Rummel, R. J.: *›Demozid‹ – der befohlene Tod. Massenmorde im 20. Jahrhundert.* Münster ²2006 (2003, engl. 1994).
Schabas, W. A.: *Genozid im Völkerrecht.* Hamburg 2003.
Shaw, M.: *What is Genocide?* Cambridge 2007.
Tomuschat, Ch. (Hg.): *Menschenrechte. Eine Sammlung internationaler Dokumente zum Menschenrechtsschutz.* Bonn 1992.
Weber, M.: *Wirtschaft und Gesellschaft. Grundriss der verstehenden Soziologie.* Tübingen 1985.
Wehler, H.-U.: *Modernisierungstheorie und Geschichte.* Göttingen 1975.
Werle, G./F. Jeßberger: *Völkerstrafrecht.* Tübingen ⁴2016.
Zenner, W. P.: Middleman Minorities and Genocide. In: I. Walliman/M. N. Dobkowski (Hg.): *Genocide and the Modern Age: Etiology and Case Studies of Mass Death.* New York 1987, 253–281.

### Weiterführende Literatur

Andreopoulos, G. J. (Hg.): *Genocide. Conceptual and Historical Dimensions.* Philadelphia 1994.
Barth, B.: Genozid. *Völkermord im 20. Jahrhundert. Geschichte – Theorien – Kontroversen.* München 2006.
Bloxham, D./Moses, A. D. (Hg.): *The Oxford Handbook of Genocide Studies.* Oxford 2010.
Chalk, F./Jonassohn, K. (Hg.): *The History and Sociology of Genocide.* New Haven 1990.
Förster, St./Hirschfeld, G. (Hg.): *Genozid in der modernen Geschichte.* Münster 1999.
Gellately, R./Kiernan, B. (Hg.): *The Specter of Genocide. Mass Murder in Historical Perspective.* Cambridge 2003.
Goldhagen, D. J.: *Schlimmer als Krieg. Wie Völkermord entsteht und wie er zu vermeiden ist.* München 2009.
Hummel, H. (Hg.): *Völkermord – friedenswissenschaftliche Annäherungen.* Baden-Baden 2001.
Kiernan, B.: *Erde und Blut. Völkermord und Vernichtung von der Antike bis heute.* München 2009.
Kuper, L.: *Genocide. Its Political Use in the Twentieth Century.* New Haven 1981.
Lang, B.: *Genocide. The Act as Idea.* Philadelphia 2016.
Platt, K./Dabag, M. (Hg.): *Genozid und Moderne. Strukturen kollektiver Gewalt im 20. Jahrhundert.* Opladen 1998.
Rafter, N. H.: *The Crime of All Crimes. Toward a Criminology of Genocide.* New York/London 2016.
Rubinstein, W. D.: *Genocide. A History.* Harlow 2004.

Schaller, D. J. (Hg.): *Enteignet – vertrieben – ermordet. Beiträge zur Genozidforschung.* Zürich 2004.
Sémelin, J.: *Säubern und Vernichten. Die politische Dimension von Massakern und Völkermorden.* Hamburg 2007.
Tams, Ch. J./Berster, L./Schiffbauer, B. (Hg.): *Convention on the Prevention and Punishment of the Crime of Genocide. A Commentary.* München 2014.
Totten, S./Parsons, W. S./Charny, I. W. (Hg.): *Genocide in the Twentieth Century. Critical Essays and Eyewitness Accounts.* New York 1995.
Valentino, B. A.: *Final Solutions. Mass Killings and Genocide in the Twentieth Century.* Ithaca 2004.
Walliman, I./Dobkowski, M. N. (Hg.): *Genocide and the Modern Age. Etiology and Case Studies of Mass Death.* New York 1987.

*Hans-Walter Schmuhl*

# 68 Menschenopfer

## 68.1 Das Menschenopfer als Extremfall der Religionsgeschichte

Das Menschenopfer beruht fast immer auf der Überzeugung, dass extreme Notsituationen extreme Mittel verlangen. Nur in sehr wenigen religiösen Kontexten sind Menschenopfer regelmäßig, als Teil eines wiederkehrenden Rituals praktiziert worden (dann meist, um Fruchtbarkeit und die Stabilität kosmischer Rhythmen zu gewährleisten). Oft ist das Menschenopfer ein irregulärer Sonderfall in Zeiten von Krieg, Hungersnot, Überschwemmungen, Epidemien etc. Es ist dabei sorgfältig zu differenzieren gegenüber anderen Formen von in einer Kultur akzeptierten oder praktizierten Tötungen (etwa im Totenkult, in der Magie, im Strafrecht etc.), obwohl es selbstverständlich Überschneidungen gibt. Von einem Menschenopfer sollte nur gesprochen werden, wenn die Tötung explizit als Ritus zu Ehren einer Gottheit oder als Gabe an diese inszeniert wird (vgl. Assmann/Graf/Koenen u. a. 1999). Da im Christentum der Tod Jesu als Ende aller Opferhandlungen verstanden wird (Hebr 9, 13–28; 10, 10–18; Augustinus: *De trinitate* 4, 14, 19 etc.), wurde in abendländischen Berichten der Opferbegriff zunehmend verallgemeinernd und oft übertragenmetaphorisch verwendet. Unter dem Sammelbegriff ›Menschenopfer‹ konnten dabei auch in ethnologischen Berichten sehr unterschiedliche Handlungen zusammengefasst und delegitimiert werden. Klischeehafte Darstellungen waren nicht selten. Umgekehrt ist jedoch ab etwa der ersten Hälfte des 20. Jhs. öfters auch eine grundsätzliche und nicht selten kaum begründete Infragestellung von Berichten über Menschenopfer zu beobachten, die von Missionaren oder etwa von christlichen Schriftstellern der Alten Kirche stammen. Diese grundsätzliche Skepsis ist zuweilen in hohem Maße ideologisch besetzt, vor allem wenn sie mit nationalpatriotischen Motiven verbunden ist und dann die Existenz von Menschenopfern trotz entgegenstehender Zeugnisse für die eigene Ethnie oder die eigene religiöse Tradition grundsätzlich leugnet.

Nur die Zusammenschau von Eigenzeugnissen, Fremdberichten und archäologischen Beobachtungen (die ihrerseits selten eindeutig sind) erlaubt eine Analyse des Phänomens ›Menschenopfer‹. Inwiefern z. B. hinter den nordeuropäischen (v. a. dänischen, britischen, irischen und norddeutschen) Moorleichen Menschenopfer, Akte apotropäischer Magie, schlichte Hinrichtungen oder auch Unfälle (wie die ältere Forschung dachte) stehen, ist unklar. (Einige Verletzungen wie eingedrückte Schädel sind jüngst als durch das Gewicht des Moores erzeugt nachgewiesen worden). Viel Beachtung fanden dabei Fälle von *overkill*, wie der Lindow-Mann aus Cheshire, dem der Schädel eingeschlagen wurde und der zudem erdrosselt und dessen Kehle durchschnitten wurde. Handelt es sich aber z. B. um einen Deserteur (wofür solche Strafen bezeugt sind) oder umgekehrt um einen ›gescheiterten König‹, der seinen Aufgaben nicht gerecht wurde oder der als stellvertretendes Opfer getötet wurde (auch das ist belegt)? Die große Mehrheit der Moorleichen sind Männer, doch sind auch einige Frauen und Kinder bezeugt. Die Möglichkeiten des Verstehens von kulturell in so hohem Maße fremden Sinnwelten sind in Ethnologie, Kulturanthropologie und Religionswissenschaft immer fraglicher geworden, wobei *Postcolonial Studies* und andere Ansätze gezeigt haben, dass abendländisch-westliche Kategorien vielfach zu fundamentalen Missverständnissen selbst bei sorgfältigen Beobachtern fremder Kulturen geführt haben. Das Gleiche gilt *mutatis mutandis* bereits für antike griechische und römische Berichte über Menschenopfer anderer Völker, welche die Paradigmen der Wahrnehmung bis in die Gegenwart prägen. Trotz dieser Einschränkungen kann an der Faktizität von Menschenopfern in zahlreichen religiösen Kontexten kein Zweifel bestehen, und eine präzise Begrifflichkeit (die z. B. deutlich von Ritualmorden unterscheidet, wie verschiedentlich gefordert) kann nur im Blick auf ein weiteres Spektrum von Riten und Vorstellungen entwickelt werden.

## 68.2 Antike und biblische Traditionen

Das traditionelle abendländische Bildungserbe kennt vor allem zwei narrative Traditionen von Menschenopfern, die aus der Antike sowie aus der Bibel stammen. In Griechenland wurden vereinzelt in Notsituationen Menschen geopfert, etwa in den Perserkriegen, wozu u. a. das Orakel von Delphi mehrfach aufforderte (Quellenübersicht bei Georgoudi 1999). Diese Opfer sind meist junge Knaben und Mädchen, die oft explizit ›wohlgeboren‹ sein müssen. Das Thema wurde in der Forschung oft auf ›ungriechische‹ Götter bezogen, wie die taurische Artemis (Herodot: *Historien* 4, 103, 1; Minucius Felix: *Octavius* 30, 1; Euripides: *Iphigenia Taurica*; s. u. weiter zur Opferung der Iphigenie), doch erscheint diese in den Quellen durchaus als griechische Gestalt, und auch für unzweifelhaft ›grie-

J. B. Metzler © Springer-Verlag GmbH Deutschland, ein Teil von Springer Nature, 2020
H. Wittwer/D. Schäfer/A. Frewer (Hg.), *Sterben und Tod. Ein interdisziplinäres Handbuch 2. Auflage*,
https://doi.org/10.1007/978-3-476-05761-7_68

chische‹ Götter sind Menschenopfer belegt (Zeus, Persephone, Apollon, Artemis, Ares, Poseidon u. a.), ebenso für Heroen wie Achill und Patroklos. Das Thema ›Menschenopfer‹ ist in den Quellen jedoch in der Tat vor allem Gegenstand von Erzählungen aus dem ›heroischen Zeitalter‹ (Minotaurus, Perseus und Andromeda, Polyxena, auch Iphigenie). In Rom wurden Menschenopfer 97 v. Chr. durch Senatsbeschluss endgültig verboten. Davor hatte es u. a. mehrfach das Lebendigbegraben zweier Paare von Galliern und Griechen (also Fremden) in Zeiten höchster militärischer Notlage für die *Di inferi* (Unterweltnumina) gegeben, *pars pro toto* für das feindliche Heer. Doch behielt die Hinrichtung von Meineidigen, Betrügern und anderen Verbrechern lange zumindest Züge eines Menschenopfers; diese wurden ›den Göttern übergeben‹ (*sacratio*). Auch der Gladiatorenkampf von Kriegsgefangenen hat einzelne Aspekte eines Opfers, doch ist auch hier jeweils sorgfältige Differenzierung erforderlich, und die jüngere Forschung hat sich gegen einen zu weiten Gebrauch des Begriffs ›Menschenopfer‹ gewehrt. In den antiken griechischen und römischen Erzählkulturen, wie sie Teil des abendländischen Bildungserbes wurden, haftet Menschenopfern die Aura des Barbarischen oder Archaischen und vor allem des ›Fremden‹ an (s. u. Abschn. 68.3).

Auch das alte Israel kannte Menschenopfer, wenn es diese Praxis auch schon vorexilisch überwandt (Mi 6, 7; s. auch unten). Nach Richter 11, 30–40 opferte Jephta seine Tochter zur Erfüllung eines Gelübdes, und das 1. Buch der Könige 16, 34 erzählt von einem Bauopfer durch Hiël beim Wiederaufbau Jerichos. Außerisraelitisch opferte der moabitische König Mesa seinen erstgeborenen Sohn zur Sicherung eines Kriegsgewinnes (2. Kön 3, 27). In der Nähe Jerusalems gab es eine Opferstätte Tophet (Jer 7, 31 etc.), an der dem Gott Moloch bzw. Molech (nicht etwa Jahwe) Kinder geopfert wurden, wogegen sich zahlreiche alttestamentliche Passagen in großer Heftigkeit wehren (Lev 18, 21; 20, 2–5; Jer 32, 35; 2. Kön 23, 10; vgl. Jes 30, 33; 57, 9; Jer 7, 31 etc.). Der aramäische Name für dieses Tal (*Gehenna*) mit Molochs Feuerofen wurde später zum Synonym für die Hölle (so im Neuen Testament und im Islam). Auch für diesen Kult wurde die Existenz der Kinderopfer bestritten, doch sind Kinderopfer in der phönizisch-punischen Welt so deutlich belegt (Quellensammlung bei Day 1989, 86–91), dass zusammen mit einigen sprachlichen Argumenten die Bestreitung der Moloch-Opfer keinen Bestand haben dürfte, an denen offenbar auch Könige teilnahmen (Ahas und Manasse, 2. Kön 16, 3; 21, 6). Moloch bzw. MLK ist in Israel nicht wie im Punischen ein Opferterminus, sondern wie in Ugarit ein Gottesname (vgl. Lev 20, 5). Die bekannte Erzählung vom Gehorsam Abrahams bis zur Bereitschaft, seinen Sohn Isaak zu opfern (Gen 22), wird in der Moderne (ohne den Hintergrund einer realen antiken Menschenopferpraxis) vielfach radikal missverstanden. Ihre Zielaussage ist gerade, dass Israels Gott keine Menschenopfer wünscht, auch wenn er sie selbstverständlich (wie alle anderen Götter) fordern könnte. Wichtig ist der Ersatz eines Menschenopfers durch ein von der Gottheit selbst zur Verfügung gestelltes Tier (einen Widder; Gen 22, 13). Solche Erzählungen von ›Ersatzopfern‹ sind weit verbreitet (Iphigenie-Mythos, literarisiert u. a. durch Euripides und Goethe). Oft ersetzt ein Tieropfer ein Menschenopfer und kann dann seinerseits wiederum durch Opfer von Blumen, Früchten oder Papiergeld (China) ersetzt werden. Im altorientalischen Ersatzkönigtum (u. a. bei den Hethitern) wirken vielleicht ähnliche Motive. Ob es in Karthargo eine weitverbreitete Praxis des Kinderopfers gab, ist in der jüngeren Forschung mehrfach problematisiert worden, obwohl es dafür eine große Zahl literarischer Belege gibt (spezielle Friedhöfe mit Kinderskeletten sind in ihrer Deutung unsicher). Auch hier scheint es Ablösungen von Menschenopfern durch Tiere (Lämmer) gegeben zu haben. Inwiefern die Forderung einer Ersatzgabe für den eigentlich Jahwe gehörenden ›Erstgeborenen‹ (Ex 34, 19 f.; 13, 2–15; vgl. 22, 28) noch auf solche rituellen Zusammenhänge zurückverweist, ist umstritten. Nachalttestamentliches Judentum, Christentum, Islam sowie der Buddhismus kennen Menschenopfer nur als Metapher bzw. Symbol. Die Verwendung von Schädeln, Knochen und anderen menschlichen Körperteilen in manchen Varianten des tibetischen Buddhismus hat keinen Bezug auf Menschenopfer (die allerdings für die vorbuddhistische tibetische Religion bezeugt sind).

Wichtig ist dabei, dass sich Opfer oft mit stellvertretenden oder eliminatorischen Riten berühren (Sündenbock-Rituale, die im Alten Testament aber an einem Ziegenbock vorgenommen wurden). Dieses Bedeutungsfeld wird zu einem zentralen theologischen Metaphernraum für die christliche Deutung des Todes Jesu, der sozusagen in übertragener Bedeutung ein Selbstopfer darbringt, das als Sühne, Stellvertretung und Hingabe gedeutet werden konnte (Röm 3, 24 f.; Hebr 9, 12. 26), zugleich aber auch eben deshalb als Ende aller (stellvertretenden) Tieropfer (s. o.). Aus diesem Feld symbolischer Rede heraus konnte im Katholizismus auch die Eucharistie als paradoxes Opfergeschehen (›unblutige Wiederholung des blutigen Opfers von Golgatha‹) interpretiert werden (noch nicht im Neuen Testament). Ein Märtyrer wie Ignatius von Antiochien (2. Jh.) deutet seine Hinrichtung im Kontext der Christenverfolgungen als Opfer bzw. stellvertretendes Leiden (Ignatius, Brief an die Römer 2, 2; 4, 2; dazu an die Epheser 21, 1 u. a.). In heutiger Theologie begründet die Deutung des Todes Jesu als Selbstopfer (wenn sie nicht überhaupt aufgegeben wird) eher einen Bruch mit jeder Idee, Menschen könnten legitim zu Opfern werden.

## 68.3 Das Menschenopfer als ›grausiges Faszinans‹ der kolonialzeitlichen Ethnologie und seine religionswissenschaftliche Erforschung

Schon im alten Rom diente die Unterdrückung der ›barbarischen‹ Menschenopfer bei den Kelten (dort vorgenommen von den Druiden) und anderen Völkern als Legitimation imperialer Eroberungspolitik (Caesar: *De bello Gallico* 6, 17, 3; Plinius: *Naturalis historia* 30, 13; Lucan: *Pharsalia* 1, 444–446 u. a.). Bei Germanen und Kelten sind Menschenopfer trotz dieser Einschränkung gut belegt; bei Ersteren vor allem als Dankopfer nach gewonnener Schlacht (z. B. nach der Varusschlacht), bei Letzteren wurde aus den Zuckungen der mit dem Schwert hingerichteten Kriegsgefangenen von den Druiden die Zukunft geweissagt. Während des Aufstandes der Icener in Großbritannien ließ Königin Boudicca 60 n. Chr. römische Soldaten als Opfer für die Götter pfählen. Tacitus (*Germania*, 39 f.) erzählt von einem Opfer für die Göttin Nerthus, das offenbar der Fruchtbarkeit dienen soll. Es ist umstritten, inwiefern dieser Bericht mit den zahlreichen Moorleichen in Nordwesteuropa zusammenzusehen ist. (Über tausend solche Leichen vor allem aus der Eisenzeit sind bekannt, wobei zahlreiche weitere vermutlich durch den maschinellen Torfabbau der Gegenwart zerstört werden; vgl. etwa Turner 1995). Christliche Autoren berichten bis in hochmittelalterliche Zeit über Menschenopfer bei vorchristlichen Slawen, Skandinaviern und anderen Ethnien. Ob hier im Einzelnen auch polemisch übertrieben wurde, ist umstritten. Bauopfer (eingemauerte getötete Menschen, deren Geister ein Bauwerk schützen sollen) sind gut bezeugt, z. B. in Kanaan, in China und andernorts. Literarisch verarbeitet ist das Motiv etwa in Theodor Storms Novelle *Der Schimmelreiter* (1888).

Vor allem im 19. Jh. spielt dann mit dem Siegeszug des evolutionistischen Paradigmas (das im Bereich Kultur deutlich älter ist als im Bereich der Biologie) der Rückblick auf Religionen der Vormoderne eine wichtige Rolle im Selbstverständnis der europäischen Gesellschaften, vor allem in Großbritannien und Frankreich, in etwas geringerem Maße auch in Deutschland. Dabei steht das Menschenopfer exemplarisch für den düsteren und grausamen Aspekt einer Menschheitsphase, als deren Überwindung sich die kolonialzeitliche Gesellschaft versteht. Daraus ergibt sich ein Sendungsauftrag: Speziell das britische Empire deutete sich als ›Erzieherin der Völker‹, wozu die Ausrottung barbarischer Bräuche gehörte. So legitimierte auch die indische Sitte des *Sati* (engl. *suttee*), der Witwenverbrennung, neben anderen ›barbarischen‹ Aspekten der einheimischen indischen Religion die britische Kolonialpolitik als Zivilisationsakt. *Sati* ist eigentlich ein freiwilliges Selbstopfer, das allerdings zunehmend gesellschaftlich eingefordert wurde; noch 1987 setzte die indische Regierung eine Kommission ein, um den Brauch endgültig auszumerzen. Das reguläre Menschenopfer im engeren Sinn wurde in Indien bereits in der Periode der nachvedischen Brahmana-Texte durch Feueropfer ersetzt. Doch kennt auch der Hinduismus Menschenopfer (*purushamedha*) als seltenen Grenzfall, zumindest im Erzählgut. Geläufige Praxis war es jedoch nur bei einigen kleineren Völkern wie vor allem den Khond, bei denen das Opfer käuflich erworbener Gefangener die Fruchtbarkeit der Felder garantieren sollte (Mitglieder des eigenen Volkes wurden außer in extremen Notzeiten nicht geopfert).

Bereits im Kontext der kolonialen Eroberung Mittel- und Südamerikas spielen Berichte über Menschenopfer eine wichtige Rolle, so bei Berhardino de Sahagún, Diego Durán, Bernal Díaz del Castillo oder dem energisch für die Sache der Indios eintretenden Bartholomé de las Casas. Obwohl diese Menschenopfer ohne Frage faktisch stattgefunden haben, wurden sie wegen ihrer kolonialistischen Instrumentalisierung in Charakter und Umfang mehrfach problematisiert (vgl. z. B. Hassler 1992). Diese Kritik hat sich als zu weitgehend nicht durchsetzen können, und seit Ende der 1970er Jahre existiert auch breites archäologisches Material für die Praxis der Menschenopfer, u. a. aus Tenochtitlan und Teotihuacán. Für den aztekischen Staat etwa ist einwandfrei nachzuweisen, dass tägliche Opfer zur Ernährung der Sonne mit der ›kostbaren Flüssigkeit‹ (*chalchiuhatl*), womit menschliches Blut gemeint ist, für notwendig gehalten wurden (vgl. Gonzáles Torres 1994; Wißmann 2002). Dabei wurde dem Opfer das Herz herausgerissen und der Sonne entgegengehalten. Neben diesen großen Opferfesten für den Sonnengott sind kleinere Opferfeiern für den Regengott Tláloc bezeugt, dem Kinder geopfert wurden (deren Tränen als regenverheißendes gutes Omen galten); zu Ehren des Vegetationsgottes Xipe Totec wurden die Opfer geschunden, d. h. nach der rituellen Herzentnahme wurde ihnen die Haut abgezogen, welche die Priester als rituelle ›zweite Kleidung‹ trugen und die die erneuerte Vegetation symbolisierte, usw. Für die Göttin ›Mutter Erde‹ Teteoinann wurden in großer Zahl junge Mädchen gehäutet. Ob freilich tatsächlich jedes Jahr 10.000 bis 20.000 solcher Menschenopfer (v. a. für den Sonnengott) stattfanden, wie manche Quellen behaupten, wird sich nicht mehr erweisen lassen. Gut bezeugt ist, dass Kriegszüge mit dem expliziten Ziel unternommen wurden, Gefangene für das Opferwesen zu erhalten. Moderne soziologische Erklärungsversuche interpretieren diese Praxis u. a. als Staatsterror: Der aztekische Staat kontrollierte auf diese Weise mit begrenzten Ressourcen ein sehr großes Gebiet, dessen Bevölkerung in Angst vor den regelmäßigen Kriegszügen lebte. Nur Krieger, die Gefangene für das Opferfest machten, wurden vollwertige Mitglieder der aztekischen Kriegerelite. Tiefenpsychologisch wurden speziell die häufigen Kinderopfer als Reaktion auf gewalttätige und viktimisierende Erziehungsmethoden gedeutet. Die These, dass der gut bezeugte rituelle Kannibalismus (s. Kap. 69: »Kannibalismus«) anlässlich einiger dieser Opfer tatsächlich ein Ernährungsfaktor war, kann dagegen als widerlegt gelten. Auch im pazifischen Raum (Hawaii) sind Menschenopfer gut belegt.

Bei manchen Traditionen ist es eine Frage der Definition, ob man sie als Menschenopfer bezeichnen will. In China, in der Mongolei und in lateinamerikanischen Kulturen (Inka) ist vielfach auch archäologisch belegt, dass verstorbenen Fürsten ihr Hofstaat als Dienerschaft mit ins Grab gegeben und dazu getötet wurde. Herodot berichtet dies auch von den südrussischen Skythen (*Historien* 4, 62). In China wurden entsprechende Menschenopfer zum Totengeleit, die noch in der Shang-Dynastie Sitte waren, bereits in der Zhou-Dynastie weitgehend aufgegeben, obwohl es vereinzelte spätere Fälle gab. Auch in Ägypten wurde der Brauch wohl schon nach der 2. Dynastie abgeschafft, dem König und eventuell hohen Beamten junge Männer in Nebenbestattungen als Diener mitzugeben. In den mesopotamischen Königsgräbern von Ur (Mitte des 3. Jahrtausends v. Chr.) wurden geschmückte Diener offenbar mit Gift getötet und dem König zugesellt.

Die empirische Religionswissenschaft hat seit ihrer Entstehung Ende des 19. Jhs. in vielen Ansätzen versucht, die psychologischen und sozialen Hintergründe sowie die religiösen Interpretationen des Menschenopfers zu beschreiben und zu verstehen. Verbindet es sich (so gelegentlich in archaischen Kopfjägergesellschaften) mit rituellem Kannibalismus, so soll dieser die Gemeinschaft mit einem Numen (etwa einem Totemwesen) herstellen, zu dessen Ernährung das Opfer dienen kann. Sinn und Zweck des Menschenopfers partizipieren an der Vieldeutigkeit des Opfers überhaupt (vgl. Frenschkowski/Röhrich 2002). Kosmologische Symbolik (rituelle Vergegenwärtigung der Kosmogonie) ist wie bei vielen Opferhandlungen häufig. Auch bei der rituellen Bestattung von Königen z. B. in Westafrika sind Menschenopfer (z. T. in großer Zahl) gut bezeugt. Gelegentlich findet sich die Fiktion, das Menschenopfer sei freiwillig (z. B. bei den westafrikanischen Yoruba). Ein religionsgeschichtlich viel diskutierter Grenzfall ist das Selbstopfer, das der germanische Odin für sich selbst darbringt, um die magischen ›Runen‹ zu gewinnen (*Edda*, Hávamál 138–145). Das Menschenopfer bietet insgesamt ein stark divergierendes Erscheinungsbild, so dass auch seine Erklärungen sehr verschiedene Faktoren und Symbolbereiche zu bedenken haben.

## 68.4 Das Menschenopfer in der gesellschaftlichen Imagination der Gegenwart

Unterstellungen und Fantasien von Menschenopfern bzw. Ritualmorden gehören nach wie vor zur Vorstellungswelt der Moderne von ›perverser‹ oder sonst verworfener Religion. Sie sind daher in Romanen, Filmen etc. erstaunlich häufig. Vor allem in der epidemischen Satanismus-Furcht der Zeit etwa von 1965 bis 1990 (einem späten Nachfolger der Hexenpaniken) spielen behauptete oder unterstellte ›Ritualmorde‹ eine erhebliche Rolle, die auch in Kino, Unterhaltungsliteratur und anderen Medien immer wieder zur Sprache kamen und oft kaum von traditionellen Menschenopfern unterschieden wurden. Bestimmte Religionen wie das karibische *Vodoun* (Voodoo), welche blutige Tieropfer kennen, werden dabei verdächtigt, gelegentlich auch Menschen zu opfern. Allerdings ist zwischen Ritualmord und Menschenopfer zu unterscheiden, auch wenn dieser Unterschied in der Populärkultur verschwindet. Das Menschenopfer ist ein religiöser Akt einer Gemeinschaft zu Ehren einer Gottheit, während der Ritualmord ein extremes Devianzphänomen (in den wenigen plausibel so erklärten Fällen von Tötungen) und fast immer Tat von Einzelnen bzw. kleinsten Gruppen ist. Der Aspekt der ›Weihe‹ des Opfers für eine Gottheit bleibt oft unklar, auch wenn ein rituelles Umfeld besteht oder rituelle Elemente verwendet werden. Auch pathologische Mörder inszenieren ihre Taten mit rituellen Aspekten, die spezifische seelische Bedürfnisse ausdrücken; aber das sind selbstverständlich keine Menschenopfer.

Nachgewirkt haben in der populären Imagination auch die Theorien von James George Frazer (1854–1941) über rituellen Königsmord und Ersatzrituale zu diesem (vgl. Frazer 1990), so in dem Film *The Wicker Man* (Großbritannien 1973; vgl. auch das Remake USA 2006), der eine neopagane Gemeinschaft in Schottland schildert, die in einer Krisenzeit Zuflucht zur *Ultima ratio* des Menschenopfers nimmt. Eine regelmäßig stattfindende rituelle Menschentötung (präziser: eine kollektiv durchgeführte Steinigung zur Gewährleistung der Fruchtbarkeit der Felder) in einer traditionsverhafteten amerikanischen Dorfgemeinschaft thematisiert die Kurzgeschichte *The Lottery* von Shirley Jackson (zuerst in: *The New Yorker*, 26.06.1948), die immenses Aufsehen erregte und seitdem zu den meistnachgedruckten Erzählungen englischer Sprache gehört. Das Ritual selbst muss aus Andeutungen ›zwischen den Zeilen‹ entnommen werden. In diesen und ähnlichen Gestaltungen wirkt das Motivfeld um das Menschenopfer und ähnliche Grenzfälle von Religion bis in die Gegenwart, z. T. als metaphernspendender Bildbereich. So verwendet der Begriff *Holokaust* für die Vernichtung des europäischen Judentums durch die Nationalsozialisten (gebräuchlich seit 1942 in der britischen Presse) eine (wenig passende) Menschenopfersymbolik. In Deutschland wurde der Begriff erst seit 1979 üblich. Ein Holokaust (griech. *Holokaútoma*: ›Ganzopfer‹) ist in biblischer Sprache ein Opfer, das vollständig verbrannt wird (während von den meisten Opfern das Fleisch der rituell geschlachteten Tiere gegessen wird). Problematisch ist der Begriff vor allem, weil er eine Sinnhaftigkeit des Geschehens suggeriert, die diesem nicht zukommt, weshalb Juden oft den Begriff *Shoah* (›großes Unheil, Katastrophe‹) bevorzugen.

### Literatur


Aldhouse-Green, M.: *Menschenopfer. Ritualmord von der Eisenzeit bis zum Ende der Antike*. Essen 2003.
Aldhouse-Green, M.: *Bog Bodies Uncovered*. London 2015.
Assman, J./Graf, F./Koenen, L./Rüpke, J./Scheid, J. (Hg.): *Archiv für Religionsgeschichte* 1 (1999) (Themenheft zum Menschenopfer).
Day, J.: *Molech. A God of Human Sacrifice in the Old Testament*. Cambridge 1989.
Frazer, J. G.: *The Golden Bough* 1890 in 2 Bänden; grundlegende Ausgabe 3. Aufl. 13 Bände London 1907-1936. New York 1990.
Frenschkowski, M./Röhrich, L.: Opfer. In: R. W. Brednich u. a. (Hg.): *Enzyklopädie des Märchens*. Bd. 10. Berlin 2002, 281–306.
Georgoudi, S.: A propos du sacrifice humain en Grèce ancienne. Remarques critiques. In: *Archiv für Religionsgeschichte* 1 (1999), 61–82.
González Torres, Y.: *El sacrificio humano entre los Méxicas*. México 1994.
Hassler, P.: *Menschenopfer bei den Azteken? Eine quellen- und ideologiekritische Studie*. Bern u. a. 1992.
Jackson, Sh.: *The Lottery and Other Stories*. New York 2005.
Turner, R. C.: Gazetteer of Bog Bodies in the British Isles. In: R. C. Turner/R. G. Scaife (Hg.): *Bog Bodies – New Discoveries and New Perspectives*. London 1995.
Wißmann, H.: Menschenopfer. In: H. D. Betz u. a. (Hg.): *Religion in Geschichte und Gegenwart*. Bd. 5. Tübingen [4]2002, 1086–1088.


### Weiterführende Literatur


Boal, B. M.: *Human Sacrifice and Religious Change. The Khonds*. New Delhi 1997.
Bremmer, J. N. (Hg.): *The Strange World of Human Sacrifice*. Leuven 2007.
Cancik-Lindemaier, H./Podella, T./Scheid, J.: Menschenopfer. In: H. Cancik (Hg.): *Der Neue Pauly*. Bd. 7. Stuttgart/Weimar 1999, 1253–1258.
Davies, N.: *Opfertod und Menschenopfer*. Düsseldorf u. a. 1981.
Daxelmüller C.: Bauopfer. In: *Lexikon des Mittelalters* (LexMA) 1. München/Zürich 1980, 1669 f.
Finsterbusch, K. (Hg.): *Human Sacrifice in Jewish and Christian Tradition*. Leiden u. a. 2007.
Helfrich, K.: *Menschenopfer und Tötungsrituale im Kult der Maya*. Berlin 1973.
Levenson, J. D.: *The Death and Resurrection of the Beloved Son. The Transformation of Child Sacrifice in Judaism and Christianity*. New Haven 1993.
Ley, M.: *Holokaust als Menschenopfer*. Münster 2002.
Schwenn, F.: *Die Menschenopfer bei den Griechen und Römern* [1915]. Berlin 1966.
Steuernagel, D.: *Menschenopfer und Mord am Altar. Griechische Mythen in etruskischen Gräbern*. Wiesbaden 1998.
Tiesler, V/Cucina, A. (Hg.): *New Perspectives on Human Sacrifice and Ritual Body Treatments in Ancient Maya Society*. Berlin u. a. 2008.


*Marco Frenschkowski*

# 69 Kannibalismus

## 69.1 Definition

Unter ›Kannibalismus‹ versteht man das teilweise oder vollständige Verzehren von Artgenossen. Wird Menschenfleisch durch Menschen verzehrt, spricht man von Anthropophagie. ›Kannibalismus‹ leitet sich von *caníba(lis)* ab, einer von Kolumbus (Bordbuch vom 23. November 1492) erwähnten Bezeichnung für Karaiben, die von den Spaniern verbreitet wurde. Verschiedene, sich jedoch überschneidende Formen des Kannibalismus können unterschieden werden:

- *Endokannibalismus:* Hierunter versteht man das Verzehren von Teilen des Verstorbenen (Gehirn, Herz, pulverisierte Knochen, Asche des verbrannten Körpers etc.) aus der eigenen Sozietät in der Absicht, ihn in sich fortleben zu lassen oder seine Kraft in sich aufzunehmen.
- *Rituell-religiöser Kannibalismus:* Hierbei werden besondere Körperteile verzehrt, in denen eine transzendentale oder vitale Kraft vermutet wird, etwa Herz, Gehirn, Hoden oder Blut. Diese stammen zumeist von erschlagenen Feinden (Exokannibalismus) oder von Menschenopfern und werden gemäß strengen Ritualen durchgeführt (s. Kap. 68: »Menschenopfer«). Ein unterstellter religiöser (symbolischer) Kannibalismus beim christlichen Abendmahl war einer der Gründe und eine der Triebfedern der Christenverfolgungen.
- *Kannibalismus in der Heilkunde:* Die Verwendung menschlicher Materialien als Heilmittel ist aus Geschichte und Gegenwart zahlreich belegt. Am bekanntesten dürfte die therapeutische Nutzung von Mumienfleisch sein, die durch umfangreiche, teilweise auch illegale Importe aus Ägypten ermöglicht wurde. *Mumia* findet sich noch bis zum Beginn des 19. Jhs. in den Arzneibüchern, vor allem als Bestandteil sogenannter Theriaks (Arzneimittelmischungen, die als Allheilmittel Verwendung fanden). Auch Fett und Blut von Hingerichteten werden in der Fachprosa erwähnt, ebenso pulverisierte Plazenta, besonders von einer Erstgebärenden. Selbstverständlich verwendet die moderne Medizin humane Substanzen, etwa bestimmte Hormone, Blut oder Blutbestandteile, aber auch ganze Organe in der Transplantationschirurgie. Neben den entsprechenden Bibelstellen aus der Genesis und der Apostelgeschichte ist für die ›Zeugen Jehovas‹ auch ein kannibalistisches Argument Grund für die Ablehnung von Bluttransfusionen.
- *Kannibalismus in Extremsituationen:* Es gibt gelegentlich Hinweise darauf, dass Menschen andere Menschen verspeisen, um zu überleben. Opfer eines Flugzeugabsturzes in den Anden (1972) sollen nur durch Verzehr ihrer verstorbenen Kameraden überlebt haben. Auch in Kriegszeiten soll es zu Kannibalismus gekommen sein. Außerdem könnten bei den großen Hungerkatastrophen viele Menschen überleben, wenn sie Sterbende oder Verstorbene verspeisen würden; doch darüber gibt es praktisch keine evidenten Berichte.
- *Kriminell-perverser Kannibalismus:* Menschenfleisch von Ermordeten, vor allem in Hungerszeiten, wird an nichts ahnende Konsumenten verkauft oder als Perversion bei psychischen Störungen selbst gegessen. Neben einigen rezenten Fällen, auch in Deutschland und Österreich, wurde vor allem Friedrich Karl Haarmann (1879–1925; hingerichtet) bekannt, wobei nicht geklärt ist, ob er Menschenfleisch nur selbst aß oder auch eingedost verkaufte (vgl. Werremeier 1995).
- *Kannibalismus als kulturgebundenes Syndrom:* Die sogenannte Windigo-Psychose bei den Algonkin-Indianern wurde lange Zeit als kulturgebundenes Syndrom in der Ethnopsychiatrie gedeutet. Neuere Autoren bezweifeln allerdings deren Existenz (Marano 2009).
- *Nahrungskannibalismus:* Dieser ist die am meisten strittige Form des Kannibalismus und wohl die unwahrscheinlichste Variante der Anthropophagie. Sie wird im Folgenden näher diskutiert.

## 69.2 Kannibalismus als Kennzeichen des Fremden – der kulturhistorische Kontext

Wohl kein Thema in der Anthropologie wird so kontrovers diskutiert wie der Kannibalismus, denn zumindest in modernen Gesellschaften ist Kannibalismus mit einem strikten Tabu belegt. Seit jeher wird der Vorwurf, Menschenfresser zu sein, verwendet, um den Fremden oder Außenseiter zu desavouieren. So wurden etwa die Juden im ›christlichen‹ Abendland immer wieder des Kannibalismus bezichtigt, nicht nur in Shakespeares *Kaufmann von Venedig*, sondern sogar bis heute, etwa bei den Tiroler Anhängern des Kultes um das ›Anderle von Rinn‹. Dieses Kind soll 1462 getötet worden sein, weil Jüdinnen Blut von


H. Wittwer/D. Schäfer/A. Frewer (Hg.), *Sterben und Tod. Ein interdisziplinäres Handbuch 2. Auflage*,
https://doi.org/10.1007/978-3-476-05761-7_69

Christenkindern trinken müssten, um fruchtbar zu werden. Diese Anschuldigung kostete 14 Juden das Leben, und der Kult konnte nicht einmal durch ein Machtwort der österreichischen Bischöfe abgestellt werden. Auch Behinderte und Alte waren häufig Kannibalismusvorwürfen ausgesetzt. Beispielsweise wird – ähnlich wie in mythischen Vorbildern (Polyphem in Homers *Odyssee*) – dem Riesen in Grimms Märchen *Hans und die Bohnenranke* mit dem Ausspruch »Ich rieche, rieche Menschenfleisch« oder der Hexe in *Hänsel und Gretel* Anthropophagie unterstellt. Überhaupt wurde Hexerei auf der ganzen Welt gerne mit dem Verzehren von Fleisch anderer Menschen gleichgesetzt. So wird sogar im französischsprachigen West-Afrika Hexerei mit ›Anthropophagie‹ übersetzt. Gerade dieser Zusammenhang dürfte zu weitgehenden Missverständnissen geführt haben. Schon die Herkunft des Begriffs (s. o.) lässt das ethnozentrische Konstrukt erkennen, den Fremden Menschenfresserei zu unterstellen, um sich von ihnen als ›kultiviert‹ abzugrenzen.

Besonders ausgeprägt war dieses Phänomen, seit die Europäer begannen, die Welt zu ›entdecken‹. Insbesondere in Südamerika wurden bereits von den ersten Reisenden absurdeste Kannibalismusvorwürfe gegenüber der indigenen Bevölkerung erhoben. Nach Kolumbus (1451?–1506) berichtete auch Amerigo Vespucci (1451–1512), der Entdecker Brasiliens, vom angeblichen Kannibalismus der dortigen Einheimischen: »Wir fanden in den Hütten große Mengen geräuchertes Menschenfleisch und wir kauften ihnen 10 Geschöpfe männlichen und weiblichen Geschlechts ab, die für das ›sacrificio‹ oder besser das ›maleficio‹ bestimmt waren; wir ermahnten sie, aber ich weiß nicht, ob sie sich bessern werden« (zit. nach Heijkant 2003, 306). Bei solchen Schilderungen tat sich der Deutsche Hans Staden (1525–1576) besonders hervor, ein Abenteurer aus Homburg in Hessen, der die schauerlichsten Menschenfresser-Geschichten in Europa verbreitete (vgl. Staden 1557). Beispielsweise erzählt er: »[...] wenn sie ihre Feinde erstmals heimbringen, so schlagen (schlachten) sie die Weiber und Jungen. Danach vermahlen (bemalen) sie jene mit grauen Federn, scheren ihnen die Augenbrauen über den Augen ab, tanzen um ihn her, binden ihn an, damit er ihnen nicht entläuft, geben ihm ein Weib das ihn versorgt und auch mit ihm zu tun hat, und wann die schwanger wird, ziehen sie das Kind auf bis es groß ist, danach wann es ihnen in den Sinn kommt, schlagen sie es tot und essen es [...]« (Staden 1557, 160 ff.; Transkription – A. P.). Dass diese Geschichten mit Vorsicht aufzunehmen sind, beweisen die Berichte zu Nahrung und Medizin der Tupinamba von Willem Piso (1611–1678), dem Chefarzt der Niederländisch-Westindischen Kompanie, der kein Wort über Kannibalismus bei dieser Ethnie schreibt, bei der Staden seine Beobachtungen gemacht haben will (vgl. Piso 1658). Nichtsdestoweniger wurden etwa durch den ebenfalls bei der Kompagnie beschäftigten Maler Albert Eckhout (1610–1665) häufig Kannibalismus-Szenen dargestellt. Hier dürfte es sich jedoch um fiktive Motive handeln – etwa eine Frau, die auf den Markt geht und in ihrem Korb auf dem Rücken ein Bein und in der rechten Hand einen Arm trägt –, die schon in früheren Berichten von Staden und insbesondere von dem Hugenotten Jean de Léry (1534–1613?) erwähnt wurden. Praktisch unverändert wurde dieses Sujet noch Jahrzehnte später von Künstlern unreflektiert übernommen.

Wie schon bei Staden zu erkennen war, haben diese Kannibalismusberichte meist auch ein sexuelles Substrat. François Leguat (1637–1735), wie Léry ebenfalls Hugenotte, berichtete aus der Kapprovinz: »Und die Hottendottischen Weiber freuen sich recht ein Söhnlein zu gebähren, weil sie nach der Geburt [...] dem Kinde den rechten Testikulum abzubeissen, und selbigen zu fressen (berechtigt sind)« (zit. nach Telesklav 2008, 4 f.). Noch die *Oekonomische Encyclopädie* von J. G. Krünitz referierte: »Einer der schmutzigsten Gebräuche der Jakuten [...] ist, daß der Vater die Nachgeburt oder den Mutterkuchen kocht, und als einen besonderen Leckerbissen mit seinen Freunden verzehrt« (Bd. 28 [1783], 699; zit. nach Osiander 1820, 180).

Doch um 1800 finden sich – höchstwahrscheinlich unter Einfluss des Konzeptes vom ›edlen Wilden‹ – in der Literatur nur noch spärliche Hinweise auf den Kannibalismus bei außereuropäischen Völkern. Insbesondere beginnt sich in dieser Zeit das Interesse Europas von Amerika nach Afrika zu verlagern. Doch auch im Band *Afrika allgemein* von Theophil Friedrich Ehrmann (1762–1811) wird nur an einer Stelle, unbedeutend, vage und ohne plakative Ausschmückungen, über Kannibalismus bei den bis dahin unbekannten Völkern Zentralafrikas berichtet, wonach sie zu den »rohesten Barbaren, welche Menschenfresser sind« gehören (Ehrmann 1810, 58).

Gegen Mitte des 19. Jhs. verändert sich jedoch diese verhältnismäßig moderate Haltung gegenüber fremden Völkern grundlegend. Der moderne Kolonialismus mobilisierte junge Menschen, nicht zuletzt, um sie als Kolonialbeamte in die neuen Kolonien schicken zu können. Dazu bedurfte es einer Motivation. Um diese aufzubauen, eigneten sich auch Geschichten über Aberglauben, Grausamkeiten und Kannibalismus der zu Kolonisierenden. Es entstanden für die Jugend gedachte Zeitschriften, etwa in Deutschland der *Globus* (ab 1862) oder in Frankreich das *Journal de voyage* (ab 1877), die ›wissenschaftlich‹ verbrämt die ungeheuerlichsten Geschichten verbreiteten. Das *Journal* tat sich im Besonderen durch schaurige und einfältige Abbildungen zur Menschenfresserei hervor.

Aber auch Wissenschaftler und Intellektuelle schlossen sich dieser Auffassung der realen Existenz des Kannibalismus an. Die damaligen evolutionären Anschauungen zur biologischen und kulturellen Entwicklung des Menschen führten etwa bei Friedrich Engels (1820–1895) dazu, den Kannibalismus als ursächlich für die Entwicklung des menschlichen Gehirns zu postulieren: Aufgrund dieser Praxis sei nämlich unbeschränkt Eiweiß in der Nahrung zur Verfügung gestanden (Engels 1962, 449 f.).

## 69.3 Missverstandene Beobachtungen

So war es auch nicht verwunderlich, dass sogar anerkannte naturwissenschaftliche Forschungsreisende der damaligen Zeit, etwa Georg Schweinfurth (1836–1925), überzeugt von der Existenz des Nahrungskannibalismus waren. Aufgebracht berichtete Schweinfurth, er habe gesehen, dass man ein Neugeborenes einer Sklavin in die pralle Sonne legte; nach seinem qualvollen Tod sollte es als »leckerer Braten seine Verwendung [...] finden« (Schweinfurth 1922, 410). Dass es sich dabei wohl, wie in vielen traditionellen Gesellschaften vorkommend, um eine postnatale Kindsweglegung gehandelt haben dürfte, scheint ihm entgangen zu sein. Man fragt sich auch, warum Schweinfurth in seiner Fixierung auf den Kannibalismus nicht überlegt hatte, ob nicht das sofortige Schlachten des Kindes aus kulinarischer Sicht besser gewesen wäre, als es in der Sonne vertrocknen zu lassen. Überhaupt gab es große Missverständnisse zwischen diesem Forscher und den von ihm besuchten Völkern Zentralafrikas. So benannte er die Azande, eine der Ethnien, die er bei seiner Reise nach Zentralafrika besuchte, mit *Niamniam*, ein Name, den er von den Arabern übernommen hatte und der lautmalerisch das ›Fressen‹, vor allem von Menschenfleisch, signalisieren sollte. Ihm war dabei jedoch entgangen, dass in den Hexereivorstellungen der Azande, wie praktisch auch überall sonst auf dieser Welt, angenommen wird, dass die Hexer im übertragenen Sinn ›Fleisch‹ aus dem Körper ihres Opfers ›reißen‹. Diese transzendent gedachte ›Seele‹ des Fleisches verspeist der Hexer rituell, um so sein Opfer zu treffen. Da bei den Azande immer viele Menschen gleichzeitig der Hexerei beschuldigt wurden, war Schweinfurth daher regelrecht von symbolisch agierenden Kannibalen umringt, mit dem Erfolg, dass diese Ethnie als die der grausamsten Menschenfresser Afrikas in die Geschichte einging.

Diese Anthropophagie-Vorwürfe wurden jedoch nicht nur von den Europäern gegen Indigene erhoben, sondern auch umgekehrt sind viele Völker dieser Welt überzeugt, dass die Weißen Kannibalen waren oder sind. Bei den Azande hört man hierzu oft die Begründung, dass die Kolonialherren nur dadurch in der ihnen fremden Umwelt hätten überleben können, dass sie kleine Kinder gefressen hätten. Die christliche Missionierung und ihre Liturgie des Abendmahls bestärkte nur dieses Vorurteil.

In der ersten Hälfte des 20. Jhs. wirkte diese Überzeugung von der Existenz des Kannibalismus weiter. In der Psychoanalyse war es Felix Boehm (1881–1958), der Zusammenhänge zwischen dem Kannibalismus, Sexualität und Unterbewussten herausstellte (vgl. Boehm 1932), während der Ethnologe Ewald Volhard (1900–1945) die Idee des tropischen Kannibalismus-Gürtels vertrat und wohl am umfassendsten das Thema darstellte (vgl. Volhard 1939). Auch in der Belletristik wurden Kannibalismus-Sujets in dieser Zeit gerne behandelt. Besonders Centigloria (1967) hat dabei schaurig ausgeschmückt die oben zitierten Passagen der ersten Amerikareisenden wiedergegeben.

## 69.4 Wissenschaftliche Diskussion um Nahrungskannibalismus

Später, etwa ab 1970, kam es zu der bis heute andauernden Polarisierung in den Auffassungen zum Kannibalismus. Auf der einen Seite vertraten etwa Marvin Harris (1977) und Michael Harner (1977) eine materialistische Ansicht des Kannibalismus, indem sie die marxistische Protein-Theorie von Engels weiterführten. Andererseits wurde, etwa durch William Arens (1979), der Kannibalismus rein symbolisch eingeordnet. Diese Diskussion verlief oft sehr emotional, und die Vertreter der Kannibalismustheorie schreckten auch nicht davor zurück, die Leugnung der Existenz der Anthropophagie mit der Leugnung des Holocausts gleichzusetzen (Hulme 1998, 11).

Die Befürworter der Existenz des Kannibalismus berufen sich immer wieder auf archäologische Befunde, wonach Kratzspuren an Menschenknochen oder bestimmte Zertrümmerungen von Schädelknochen Hinweise für Kannibalismus sein könnten. Diese sind jedoch durchweg vage. Im Jahr 2000 erschien eine Arbeit in der renommierten Zeitschrift *Nature*, in der ein biochemischer Beweis für Anthropophagie geführt werden sollte (Marlar u. a. 2000). Demnach wurden nach einem Massaker in einer prähistorischen Pueblo-Siedlung in Colorado auf Beilen und in Töpfen nicht nur Reste von menschlichem Blut gefunden, sondern auch humanes Myoglobin (ein Hauptbestandteil von Muskelfleisch). Als besonders aussagekräftig wurde auch der Nachweis von dieser Substanz in einem Koprolithen (Kotstein) eingestuft. Trotzdem können auch an diesen Befunden Zweifel aufkommen: In dem Kotstein wurden keine pflanzlichen Anteile gefunden; er könnte daher ohne Weiteres von einem Kojoten stammen. Außerdem ist zu bedenken, dass zu einem Koprolithen nur ein harter Stuhl werden kann, der, um diese Konsistenz zu erreichen, sicherlich eine Darmpassage von mehr als 24 Stunden nach der Mahlzeit benötigen würde. Es ist jedoch unwahrscheinlich, dass sich Kannibalen so lange an dem Ort des Massakers aufgehalten haben, um dann noch in einem Erdhaus der erschlagenen Opfer zu defäkieren.

So kann auch nach dieser Diskussion keine endgültige Beurteilung über die Existenz oder Nicht-Existenz des Nahrungskannibalismus getroffen werden.

### Literatur

Arens, W.: *The Man-Eating Myth. Anthropology and Anthropophagy.* Oxford 1979.

Boehm, F.: *Formen und Motive der Anthropophagie.* Wien 1932.

Centigloria, D. di (eigentlich Johannes Evangelist Virgilio Coudenhove-Kalergi): *Ich fraß die weiße Chinesin. Ein Menschenfresserroman.* Hamburg 1967.

Ehrmann, Th. F.: *Neueste Länder- und Völkerkunde. Ein geographisches Lesebuch für alle Stände. Bd. 8: Afrika überhaupt. Nord- und Mittel-Afrika.* Prag 1810.

Engels, F.: Dialektik der Natur. Anteil der Arbeit an der Menschwerdung des Affen. In: K. Marx/F. Engels: *Werke.* Bd. 20. Berlin 1962, 305–570.

Harner, M.: The Ecological Basis of Aztec Sacrifice. In: *American Ethnologist* 4 (1977), 117–135.

Harris, M.: *Cannibals and Kings. The Origin of Culture.* New York 1977.

Heijkant, M. J.: Die Darstellung des Reiseberichtes in den Briefen von Americo Vespucci an Lorenzo die Pierfrancesco de' Medici. In: X. von Ertzdorff/G. Giesemann/R. Schulz (Hg.): *Erkundung und Beschreibung der Welt. Zur Poetik der Reise- und Länderberichte. Vorträge eines interdisziplinären Symposiums vom 19. bis 24. Juni 2000 an der Justus-Liebig-Universität Gießen.* Amsterdam 2003, 289–310.

Hulme, P.: Introduction. The Cannibal Scene. In: F. Baker/Ders./M. Iversen (Hg.): *Cannibalism and the Colonial World.* Cambridge 1998.

Marano, L.: Windigo Psychosis. The Anatomy of an Emic-Ethic Confusion. In: R. Simmonds/Ch. Hughes (Hg.): *Culture-Bound Syndromes. Folk Illnesses of Psychiatric and Anthropologic Interest.* Dordrecht 1985, 411–448.

Marlar, R. A./Leonard, B. L./Billman, B. R./Lambert, P. M./Marlar, J. E.: Biochemical Evidence of Cannibalism at a Prehistoric Puebloan Site in Southwestern Colorado. In: *Nature* 407 (2000), 74–78.

Osiander, F. B.: *Handbuch der Entbindungskunst.* Bd. 2. Tübingen 1820.

Piso, W.: *De Indiae Utriusque Re Naturali et Medica, libri quatuordecim. Quorum contenta pagina sequens exhibet.* Amsterdam 1658.

Schweinfurth, G.: *Im Herzen von Afrika* [1874]. Leipzig 1922.

Staden, H.: *Warhaftig Historia und Beschreibung eyner Landschafft der Wilden, Nacketen, Grimmigen, menschenfresser Leuthen, in der Newenwelt America gelegen [...].* Marburg 1557.

Telesklav, W.: *Anders-Machen oder Das Motiv der khoisaniden Hodenexstirpation (Monorchie) im kulturhistorischen Diskurs.* Unveröffentlichte Diplomarbeit. Univ. Wien 2008. In: http://othes.univie.ac.at/2349/ (02.09.2009).

Volhard, E.: *Kannibalismus.* Stuttgart 1939.

Werremeier, F.: *Haarmann. Der Schlächter von Hannover. Die grauenvollen Verbrechen des berüchtigten Serienmörders.* München 1995.

### Weiterführende Literatur

Obermeier, F.: Bilder von Kannibalen, Kannibalismus im Bild, Brasilianische Indios in Bildern und Texten des 16. Jahrhunderts. In: *Jahrbuch für Geschichte Lateinamerikas* 38 (2001), 49–72.

Prinz, A.: Willem Piso (1611–1678) – Begründer der wissenschaftlichen Tropenmedizin. In: *Mitteilungen der Österreichischen Gesellschaft für Tropenmedizin und Parasitologie* 14 (1992), 1–12.

*Armin Prinz*

# 70 Freiwilliges Opfer des Lebens

## 70.1 Definition

Als Lebensopferung wird eine Handlung bezeichnet, durch die ein Individuum seine physische Existenz aufgibt zugunsten eines Mitmenschen, der Familie, einer größeren Gemeinschaft oder anderweitiger Ziele, denen ein höherer Wert als dem eigenen Dasein zugesprochen wird. In Ausnahmefällen kann sich die freiwillige Hingabe des Lebens auch auf nahe stehende Dritte, z. B. die eigene Nachkommenschaft, beziehen.

Das Selbstopfer ist ein Phänomen, das zeitübergreifend in fast allen menschlichen Zivilisationen (und möglicherweise auch bei einigen Tierspezies) auftritt. Sein universales Vorkommen bezeugen sowohl zentrale Glaubensschriften vieler Weltreligionen als auch fragmentarische Überlieferungen z. B. aus dem frühen Germanen- und Keltentum, der japanischen Literatur oder der magischen Praxis afrikanischer Stammeskulturen. Von der ritualisierten Tier- und Menschentötung (s. Kap. 68: »Menschenopfer«) unterscheidet sich die Selbstopferung formal zunächst dadurch, dass Täter/Subjekt und Opfer/Objekt zusammenfallen. Hiermit wird die psychologische Ökonomie entscheidend verändert: Der sich selbst Opfernde kann, zumindest als leibhaftiger Mensch, von seiner Handlung nicht mehr profitieren, während die Zurückgebliebenen etwas erhalten, ohne sich unmittelbar am Akt beteiligt zu haben. Vom Suizid (s. Kap. 58–60: »Selbsttötung«) kann die Lebensopferung versuchsweise durch die Kriterien Todessehnsucht und Sinngebung bzw. die Gelingensbedingungen abgegrenzt werden: Das Selbstopfer will eigentlich leben, kann es aber (vermeintlich) aufgrund der Umstände nicht; der Selbstmörder dagegen will sein Leben auslöschen, weil er es nicht fortzusetzen gedenkt. Im Unterschied zum ›Freitod‹ muss die freiwillige Hingabe des Daseins zudem notwendigerweise für jemanden oder ein Drittes erfolgen und von den Nutznießern angenommen und geschätzt werden, um als ›erfolgreich‹ zu gelten (Malsch 2007, 37 f.). Das Martyrium schließlich ist als nur unscharf differenzierbarer Spezialfall der Lebensopferung zu sehen, bei dem immer eine weltliche Gegenmacht als konstituierendes Element des Geschehens hinzutritt.

In Anlehnung an die klassische Opferzeremonie lässt sich jede Selbstopferung mehr oder minder genau einem Drei-Phasen-Schema zuordnen (vgl. Hubert/Mauss 1929): Als Reaktion auf (1) eine vorausgehende Krise, die oft als Ergebnis eines Vergehens gedeutet wird und daher den Sühnetod eines Individuums oder einer Gruppe erforderlich macht, folgt (2) der eigentliche Akt der Tötung durch fremde oder eigene Hand, welche wiederum (3) bestimmte Folgen, im gelingenden Fall eine ausgleichende Korrektur der zuvor gestörten Situation, nach sich zieht. Im Gegensatz zu diesem abstrahierenden Strukturmodell mit den Komponenten Vorbereitung – Handlung – Nachbereitung stellen sich im Einzelfall wirksame symbolische Bezugssysteme und politisch-gesellschaftliche Rahmenbedingungen ebenso wie persönliche Motivlage und konkrete Ausführungsverfahren als historisch höchst variabel dar.

## 70.2 Antike Vorbilder: Griechisch-römische Heroen und Christus

Obwohl nur eine überschaubare Zahl von Einzelfällen aus griechisch-römischer Zeit sicher nachzuweisen ist, wurden die in dieser Epoche geprägten Konzeptionen des freiwilligen Selbstopfers leitend und bestimmend für die *longue durée* der westlichen Kulturgeschichte.

Neben Sokrates und Empedokles lieferte der griechische Kulturkreis als berühmtes Vorbild den mutigen Spartanerkönig Leonidas, der sich und seine Waffengefährten um 480 v. Chr. in aussichtsloser Kriegslage ›für die heiligen Gesetze‹ in den Tod führte. Mit anderen Beweggründen agierte ein früher römischer Konsul, als er im zweiten Latinerkrieg nach zeremoniöser Vorbereitung in die feindlichen Linien sprengte und durch sein Ableben die Kriegsgötter gnädig zu stimmen suchte (Widner 2002/2003, 4). Vielleicht noch größere Bedeutung kam der literarischen Reflexion realer und mythischer Selbstaufopferung zu. Bereits die griechische Tragödie stellte den Zuschauern jene Motivtrias vor, die einer solchen Handlungsweise nach allgemeiner Übereinstimmung zugrunde lag: Alkestis z. B. geht im gleichnamigen Drama des Euripides anstelle ihres bzw. für ihren Mann in den Tod, Iphigenie ist bereit, sich stellvertretend für das griechische Heer schlachten zu lassen, und die Antigone des Sophokles lässt ihr Leben, weil dem göttlich gebotenen Familienrecht ihrer Auffassung nach größere Autorität als dem Staatsrecht zukommt (Malsch 2007, 13). Auffälligerweise fiel diese Form des Bühnentodes überwiegend Frauengestalten zu. In der Römischen Republik hingegen akzentuierte sich die Tradition des (wohl vorwiegend männlichen) Selbstopfers für die *res publica*. Diese Tendenz fand ihren bekanntesten Ausdruck


H. Wittwer/D. Schäfer/A. Frewer (Hg.), *Sterben und Tod. Ein interdisziplinäres Handbuch 2. Auflage*,
https://doi.org/10.1007/978-3-476-05761-7_70

in der wirkungsmächtigen Verszeile des Horaz *dulce et decorum est pro patria mori* – »Süß ist's und ruhmvoll, stirbt man für's Vaterland« (*Oden* III, 2, 13).

Obwohl das Alte Testament Menschenopfer als heidnische Praxis verurteilte, präsentierte es doch mindestens drei Stoffe, die für die Problematik von Bedeutung sind: die Geschichte von Jeftahs Tochter (Ri 11, 30 ff.), die Beinahe-Opferung des Knaben Isaak durch seinen Vater Abraham (Gen 22) und das Leiden des unschuldigen Gottesknechts (z. B. Jes 53) – allerdings erscheint bei allen drei Protagonisten das Moment der Freiwilligkeit stark eingeschränkt. Nicht auf Schlachtaltar oder Schlachtfeld, sondern auf einem Richtplatz kam jene herausragende antike Gestalt zu Tode, deren Lebensende im Anschluss an neutestamentliche Darstellungen vielfach auch als Selbstopfer gedeutet worden ist: der Gottmensch Jesus Christus (s. Kap. 2: »Religionswissenschaft«). Anders als die obengenannten Opfer der attischen Tragödien wusste er von Beginn an über sein Schicksal Bescheid, schwieg jedoch gegenüber Anschuldigungen und verzichtete nach seiner Verurteilung darauf, seinen Tod vor aller Augen in eine Sühnehandlung umzudeuten. Auf diese Weise vollendete er die Versöhnung der Welt mit Gott und schuf jene neue Ethik des Verzichts und der Selbstlosigkeit, die später so prägend für das Christentum wurde. Es erstaunt daher nicht, dass auch moderne Theorien um das Lebensopfer zunächst von diesem Vorbild ausgegangen sind und Nachfolgehandlungen vorrangig als *imitatio Christi* bzw. *figura Christi* (René Girard) aufgefasst haben – einschließlich der Möglichkeit, sich durch das Hingeben des eigenen Daseins zu überhöhen und gegebenenfalls dem eigenen Leben einen bis dahin nicht vorhandenen Sinn zu geben (vgl. Malsch 2007).

Andere Deutungen antiker Selbstopferungen verweisen auf den »Übertritt aus der profanen in die sakrale Welt« (Roger Callois) oder auf den paradoxen »Übergang von der Diskontinuität zur Kontinuität des Seins durch Betrachtung des Todes« (Georges Bataille); neuere kulturanthropologische Interpretationen (z. B. Jacques T. Goudbout) schließlich betonen eine »Logik der Liebe« in Verbindung mit dem »Geist der Gabe« (zit. nach Malsch 2007, 19–38). Allen Überlegungen gemeinsam ist die These, dass frühe Lebensopferungen den Strukturen von Macht, Herrschaft und Gewalt mit Impulsen von Versöhnung, Ausgleich und Harmonie antworten und damit eine anthropologische Grundkonstellation aufscheinen lassen.

## 70.3 Märtyrer

Als Nachahmer der Passion Jesu sind stets jene Gläubigen aus frühchristlichen Gemeinden angesehen worden, die für ihr standhaftes Bekenntnis während mehrerer Verfolgungswellen meist qualvoll zu Tode kamen. Um 160 n. Chr. bürgerte sich der griechische Ausdruck *mártys* für (Blut-)Zeuge ein, wenig später *martýrion* für Bluttaufe. Aus der gleichen Zeit stammen die ersten Märtyrerakten, die seit dem 4. Jh. durch Legenden ergänzt wurden (Henze 1997, 1436 f.). Bei retrospektiven Deutungsversuchen des Märtyrertums rücken neben der Kernidee einer Nachfolge und Gleichgestaltung mit dem Gekreuzigten jedoch auch Anknüpfungen an pagane Todesvorstellungen der Antike in den Vordergrund: so der bei Homer und Cicero niedergelegte Gedanke, der Mensch sehe in der Todesstunde die Wahrheit und werde aller Irrtümer ledig, oder das Motiv der Stoiker, jedem Menschen sei von der Gottheit eine Aufgabe gegeben und jeder müsse davon Zeugnis ablegen, inwieweit diese in ihm wirkende Vorstellung Wirklichkeit geworden sei (vgl. Dörrie 1960, 588). Darüber hinaus wurde in christlicher Perspektive die Freiheit des Sich-selbst-geben-Könnens in Situationen der Resignation gegenüber der (Staats-)Macht immer auch als Zeugnis jener Hoffnung aufgefasst, dass Gewalt in der Geschichte nicht das letzte Wort sein könne. In dieser Tradition verfasste die Römische Kirche vor einigen Jahren eine Dokumentation über Märtyrer der Zeitgeschichte, um deren selbstlose Hingabe nicht in Vergessenheit geraten zu lassen. Auch ein deutsches Martyrologium des 20. Jhs., das Lebensbilder von 700 römisch-katholischen Glaubenszeugen verzeichnet, ist mittlerweile verfügbar (Moll 1999).

## 70.4 Säkularisierung und Kollektivierung des Opfergedankens in der Neuzeit

Abgesehen vom Märtyrerkult der Antike und des Mittelalters sowie einzelnen literarischen Verarbeitungen vormoderner Motive, z. B. in Friedrich Schillers Ballade *Die Bürgschaft*, wird die Idee der Selbstopferung erst am Ende des 18. Jhs. wieder deutlicher greifbar – nun jedoch im Rahmen eines veränderten, nicht mehr allein theologisch oder religionsgeschichtlich gedeuteten und damit gleichsam rationalisierten Bezugssystems.

Vor allem die Entstehung der Nationalstaaten begünstigte eine Übernahme des Opfergedankens in politische Philosophie und gesellschaftliche Praxis: Die Selbstaufopferung des Märtyrers für seinen Glauben sollte ihre neu geformte Entsprechung in der Hingabe des Bürgers für sein jeweiliges Heimatland finden (Kantorowicz 1984). Erstaunlicherweise bedienten sich Parteigänger des *Ancien Régime* wie der Revolution dabei des gleichen Argumentationsschemas. So gab der Universitätsgelehrte und Hofrat Thomas Abbt 1761 in seiner Schrift *Vom Tode für das Vaterland* einer Zeitströmung Ausdruck, als er die Losung des *pro patria mori* mit der Forderung überhöhte, alle Untertanen des Königs hätten bereit und willig zu sein, ihr Leben für ihn und für den Staat hinzugeben (vgl. Lorenz/Schröder 1984, 1236). In ähnlicher Weise schlossen die Protagonisten der Französischen Revolution an römische Tugenden an, propagierten Aufopferungsbereitschaft und Pflichterfüllung als Kennzeichen des wahren *citoyen* und stellten politische Märtyrer wie gefallene Soldaten erstmals in den Mittelpunkt eines nationalen Gedenkkultes: Bilder, Denkmäler, Feste und Friedhöfe sollten die Erinnerung an jene Männer, die freiwillig ihr Leben für Freiheit, Gleichheit und Brüderlichkeit hingegeben hatten, tief ins kollektive Gedächtnis eingraben (Widner 2002/2003, 6 f.). Eine Pseudolegitimierung des Strebens nach staatlicher Souveränität durch Rückgriff auf christliche Opferbereitschaft charakterisiert einige Begleittöne der deutschen Befreiungskriege: Der Lyriker Max von Schenckendorf etwa gebrauchte schwülstig-metaphorische Wendungen wie »Krieg ist ein herrliches Osterfest« oder »Die Deutsche Nation ist ein Hüter des Blutes Christi«.

Kritisch hingegen befragte die Literatur des 19. Jhs. den kulturellen Handlungstyp Selbstopferung und nahm die individuelle Motivation einzelner Geschehensprotagonisten genau unter die Lupe. Die Novellen *Die schwarze Spinne* von Jeremias Gotthelf und *Der Schimmelreiter* von Theodor Storm zeigen diese Tendenz genauso wie die Ballade *John Maynard* von Theodor Fontane oder das Drama *Die Bürger von Calais* von Georg Kaiser (vgl. Malsch 2007).

## 70.5 Globale Instrumentalisierung und Reindividualisierung nach 1900

Einen Höhepunkt erreichte die verweltlichte Ideologie der Lebensopferung für Volk und Vaterland zur Zeit des Ersten Weltkrieges und in den nachfolgenden totalitären Systemen, wobei die Propagierung der Freiwilligkeit oft in scharfem Gegensatz zu einer konkreten Zwangslage stand (Fields 2004, 83–116). Hatte Karl Marx die Aufopferungsfähigkeit der Pariser Kommunarden nur beiläufig erwähnt, nahm der ›Heroismus des Sowjetmenschen‹ in der späteren marxistischen Ethik einen breiten Raum ein; eine grundlegende politische Theologie deutete Ernst Bloch an: »Der kommunistische Held [...] opfert sich ohne Hoffnung auf Auferstehung [...] dennoch aber stirbt dieser Materialist, als wäre die ganze Ewigkeit sein« (zit. nach Lorenz/Schröder 1984, 1236 f.). Parallel dazu lassen sich auch in der Dichtung Figuren nachweisen, die in heute z. T. befremdlicher Weise Selbstopferungen zugunsten des technisch-wissenschaftlichen Fortschritts oder gesellschaftlich-politischer Utopien artikulieren: Hierzu zählen u. a. Alfred Döblins futuristischer Roman *Berge, Meere und Giganten* sowie Bertolt Brechts Lehrstück *Die Maßnahme* (vgl. Malsch 2007, 13 f.).

Einhergehend mit einem dezidierten Willen zur Vernichtung war die Opferidee als »entscheidendes Ethos des deutschen Menschen« auch an zentraler Stelle der nationalsozialistischen Weltanschauung und Propaganda verankert (Scheit 2006). Adolf Hitler beschwor in *Mein Kampf* »die Aufopferungsmöglichkeit des einzelnen für die Gesamtheit«; Ernst Jünger prägte in seiner Schrift *Der Arbeiter* den Satz: »Das tiefste Glück des Menschen besteht darin, daß er geopfert wird«. Dem nie realisierten NS-Militärprojekt ›Selbstopfer‹, bei dem bemannte Flugzeuge in feindliche Bomberpulks gelenkt und dort zur Explosion gebracht werden sollten, steht die erschreckende Wirklichkeit japanischer Marineflieger gegenüber, die in aussichtsloser Kriegslage Selbstmordangriffe auf militärische Ziele, insbesondere US-amerikanische Schiffe ausführten. Diese in westlichen Sprachen als ›Kamikaze‹ bezeichneten Aktionen wurden in der Regel von den Befehlshabern erzwungen und von der Propaganda heroisiert; mehr als 4000 Piloten fanden dabei den Tod (vgl. Scherer 2001).

Deutlicher in die kulturelle Erinnerung des geteilten Deutschland waren jedoch historische Gestalten eingebrannt, die im Widerstand gegen Diktaturen ihr Leben lassen mussten. Im weitesten Sinn den Selbstopfern zuzurechnen sind z. B. die Mitglieder der Weißen Rose, deren mutiges Engagement nicht nur ein stellvertretendes Freiheitsstreben in Zeiten grausamer Unterdrückung dokumentierte, sondern ebenso als ein Akt verstanden wurde (übrigens auch von ihnen selbst), der sogar in Gefangenschaft und Unterwerfung ein unwiderrufliches Zeichen menschlicher Autonomie und Würde setzte. Als Zeugnis des Willens, anderen Menschen zu dienen, ohne dabei jemandem zu schaden, sind auch die Taten des Franziskanerpaters Maximilian Kolbe und des polnischen Arztes und Pädagogen Janusz Korczak (eigentlich Henryk Goldszmit) interpretiert worden: Ersterer ging 1941 für einen Mithäftling in Auschwitz in den Hungerbunker; Letzterer begleitete ein Jahr später die ihm anvertrauten Waisenkinder freiwillig ins Vernichtungslager Treblinka, wo auch er ermordet wurde.

Nach 1945 kam es zu einer weltweiten, teilweise spektakulären Fortsetzung des politischen Märtyrertums, vor allem in Kreisen bedrängter Minderheiten. Buddhistische Nonnen und Mönche nutzten die Selbstverbrennung als Kampfmittel während des Vietnamkrieges ebenso wie kurdische Aktivisten in der Auseinandersetzung mit dem türkischen Staat oder – vielleicht das bekannteste Fanal – der tschechische Student Jan Palach beim Einmarsch des Warschauer Paktes in Prag (Braune 2005, 106). Kontrovers bleibt bis heute der 1976 selbst herbeigeführte Flammentod des ostdeutschen Pfarrers Oskar Brüsewitz auf dem Marktplatz von Zeitz/Sachsen-Anhalt; nur zwei Jahre später zündete sich sein Kollege Rolf Günther in der Kirche von Falkenstein/Vogtland vor den Augen seiner Gemeinde an. Diese beiden ›Fälle‹ werfen ein Schlaglicht auf die Vieldeutigkeit und Ambivalenz postmoderner Selbstopfer im Spannungsfeld von religiösem Zeugnis und politischem Protest, von prophetischer Zeichenhandlung und individueller Psychopathologie, von existenziellem Aufruf und misslingender Kommunikation; ein einmütiges, von allen akzeptiertes Verständnis dieser freiwilligen Lebensopfer lässt sich jedenfalls nicht mehr ausmachen.

Ein für die westliche Kulturgeschichte neuartiges Phänomen stellen die Selbstmordattentate islamisch geprägter Terroristen dar (s. Kap. 71: »Tötungen durch terroristische Akte«). Unter Rückgriff auf einen bis in 11. Jh. zurückreichenden schiitischen Märtyrerkult und in bestimmter Weise interpretierte Abschnitte aus dem Koran entstand ein ideologisches Fundament, das kollektive Sinnstiftung für die Glaubensgemeinschaft und individuelle Erlösung der Täter gerade auf dem Weg der totalen Selbstaufgabe verspricht (Kermani 2002). Es wird Aufgabe zukünftiger Forschung sein, tiefgreifende Unterschiede dieses gewaltbereiten Utopismus bzw. Nihilismus zu tradierten antik-christlichen Selbstopferdeutungen herauszuarbeiten, aber eventuell auch verbindende Gemeinsamkeiten zu säkularisierten Lebensopferideologien aus der jüngeren politisch-militärischen Vergangenheit westlicher Staaten aufzuzeigen.

**Literatur**

Braune, Ch.: *Feuerzeichen. Warum Menschen sich anzünden.* Göttingen 2005.

Dörrie, H.: Märtyrer – Religionsgeschichtlich. In: K. Galling (Hg.): *Die Religion in Geschichte und Gegenwart.* Bd. 4. Tübingen ³1960, 587–588.

Fields, R. M.: *The Psychology, Theology, and Politics of Self-Sacrifice.* Westport 2004.

Henze, B.: Martyrer, Martyrium: Begriff – Literarisch – Historisch-theologisch – Systematisch-theologisch. In: W. Kasper u. a. (Hg.): *Lexikon für Theologie und Kirche.* Bd. 6. Freiburg i. Br./Basel/Rom/Wien 1997, 1436–1444.

Hubert, H./Mauss, M.: *Essais sur la nature et la fonction du sacrifice* [1899]. Paris 1929.

Kantorowicz, E.: *Mourir pour la patrie et autres textes.* Paris 1984.

Kermani, N.: *Dynamit des Geistes. Martyrium, Islam und Nihilismus.* Göttingen 2002.

Lorenz, S./Schröder, W.: Opfer – Philosophie der Neuzeit – Ethik, Geschichtsphilosophie, politische Philosophie. In: J. Ritter/K. Gründer (Hg.): *Historisches Wörterbuch der Philosophie.* Bd. 6. Darmstadt 1984, 1235–1237.

Malsch, K.: *Literatur und Selbstopfer.* Würzburg 2007.

Moll, H. (Hg.): *Zeugen für Christus. Das deutsche Martyrologium des 20. Jahrhunderts.* Paderborn u. a. 1999.

Scheit, G.: *Suicide Attack. Zur Kritik der politischen Gewalt.* Freiburg i. Br. 2006.

Scherer, K.: *Kamikaze.* München 2001.

Widner, M.: *Sterben für das Vaterland. Mythos, Ideologie und Wirklichkeitsentfremdung.* Rostock 2002/2003. Online: http://www.grin.com/e-book/11866/sterben-fuer-das-vaterland-mythos-ideologie-und-wirklichkeitsentfremdung (26.06.2008).

*Axel Karenberg*

# 71 Tötungen durch terroristische Akte

## 71.1 ›Terrorismus‹ und T-Akte

›Terrorismus‹ – das ist von allen politischen Kampfbegriffen derzeit der wirksamste und tödlichste. Unsere Mainstream-›Terrorismus‹-Rhetorik ist, so Tomis Kapitan, bereits selbst »a Method of Terrorism« (Kapitan 2005, 9). Im Rahmen dieser Rhetorik ist eine rationale Auseinandersetzung unmöglich. Notwendig für einen rationalen Ansatz ist von Anfang an der Verzicht auf all die Einschränkungen, die den üblichen Terrorismus-Begriff erst zum parteilichen Kampfbegriff machen (dazu 71.1). Erst auf der Basis eines solcherart gereinigten Terrorismus-Begriffs ist dann (in 71.2) eine ethische Grundsatzdiskussion über die Bewertung von Terroristischen-Akten und (in 71.3) eine Ausdifferenzierung verschieden starker Terrorismus-Begriffe sowie schließlich (in 71.4) eine Betrachtung ihrer moralischer Relevanz möglich.

Einem neutralen Terrorismus-Begriff zufolge darf die Frage, ob ein Akt ein Terroristischer Akt ist oder nicht, weder (1) davon abhängen, wer den Akt vollzieht, noch (2) davon, zu welchem Zweck bzw. Ziel der Akt vollzogen wird, noch (3) davon, ob der Akteur für oder gegen uns bzw. unsere Sache ist. Mit anderen Worten: Ein brauchbarer Terrorismus-Begriff darf weder akteur-relativ noch zweck/ziel-relativ noch standpunkt-relativ sein. Ob ein Verhalten ein Terroristischer Akt ist, das dürfte – entgegen der derzeit vorherrschenden ›Terrorismus‹-Rhetorik – allein von den Merkmalen des betreffenden Verhaltens selbst abhängen.

Der derzeit vorherrschende Terrorismus-Diskurs ist nicht neutral; die üblichen ›Terrorismus‹-Begriffe sind, wie gesagt, primär Kampfbegriffe. Das unterscheidet sie von unseren folgenden *T-Begriffen* = Terrorismus-Begriffen minus deren soeben monierten Einseitigkeiten bzw. Bewertungen. *T-Akte* z. B. sind also, kurz: Terroristische Akte minus deren Bewertungen.

## 71.2 T-Akte: Paradigmatischer Fall

Was sind die Merkmale, die ein konkretes Verhalten zu einem T-Akt machen? Das lässt sich am ehesten anhand eines paradigmatischen Falles erklären (vgl. auch Meggle 2002, 2004, 2005):

X, ein Separatist aus der Provinz, setzt im Nebenzimmer des Marktcafés der Hauptstadt seines Landes die Zeitschaltuhr einer in seiner Aktentasche versteckten Bombe in Gang, und zwar mit der Absicht, mit dieser Bombe Dutzende von Caféhausbesuchern in die Luft zu sprengen – um so zu erreichen, dass die Regierung daraufhin seine inhaftierten Gesinnungsgenossen in die Freiheit entlässt.

Der Täter setzt hier auf den sogenannten *Gewalt-Kalkül*: Er baut darauf, dass *seine Gewalttat ihren Zweck erreicht*, d. h. dass die Regierung seine Gesinnungsgenossen freilassen wird. Dieser Gewalt-Kalkül, und genau das macht die *differentia specifica* der T-Akte aus, inkorporiert den sogenannten *Terror-Kalkül*, der sich am besten durch die folgende Ergänzung unseres Beispiels verdeutlichen lässt:

X erwartet, dass die Entscheidung der Regierung, seine Genossen freizulassen, sich eben dem von seinem Gewaltakt auf Seiten der Bevölkerung bewirkten Horror verdankt.

Ob sich diese Ziele tatsächlich in der erwarteten Weise erreichen lassen, das ist in der obigen T-Situation noch offen. Offen ist also noch, ob der betreffende T-Akt lediglich ein T-Akt-Versuch war oder ein erfolgreicher derartiger Akt. Auch bloße T-Akt-Versuche gelten üblicherweise schon als T-Akte. Unser obiger Separatist ist danach ein T-ist, egal, ob die Bombe überhaupt losgegangen ist oder nicht, egal ob die Bevölkerung geschockt ist oder nicht, egal, ob dieser Horror auf Seiten der Bevölkerung die intendierte Freilassung bewirkt oder nicht. Ein *durchgängig erfolgreicher T-Akt* ist ein Akt, der bezüglich all dieser Ziele erfolgreich ist; ansonsten eben nur ein *partiell erfolgreicher*. Festzuhalten ist: Auch ein in keiner Hinsicht erfolgreicher T-Akt-Versuch ist ein T-Akt, der Täter damit also auch ein T-ist, die Strategie, der er folgt, ein Fall von T-ismus.

## 71.3 Die Definitionselemente

Soweit das Beispiel. Zu unterscheiden sind die folgenden Elemente, die in einer brauchbaren Definition eine Rolle spielen sollten. Im Beispiel – und so potenziell auch in anderen T-Situationen – sind involviert:


H. Wittwer/D. Schäfer/A. Frewer (Hg.), *Sterben und Tod. Ein interdisziplinäres Handbuch 2. Auflage*,
https://doi.org/10.1007/978-3-476-05761-7_71

| *Die Elemente* | *Im Beispiel* |
|---|---|
| Akt/Aktion A | Aktivieren der Bombe |
| Akteur X | der Provinz-Separatist |
| Gewalt-Adressat Y | Caféhausbesucher |
| Terror-Adressat Z | die Bevölkerung |
| finaler Adressat F | die Regierung |
| bezweckte Wirkung / Reaktion R | Freilassung der Gefangenen |

Die in den *T-Akten* verwendeten Mittel können fast alles Mögliche sein: Von Massenvernichtungswaffen über diverse Bomben bis hin zu Computerviren und Falschmeldungen. In Sachen T-Akte ist die Menschheit ausgesprochen erfindungsreich.

Ebenso unbegrenzt ist das Spektrum der den Tätern zufolge mittels T-Akten bewirkbaren *Reaktionen.* Zu diesem Spektrum gehört alles, was Menschen für erstrebenswert halten. Je nach Art des Gewünschten kann man dann zwischen entsprechenden Arten von T-Akten unterscheiden. Die üblichste Klassifikation umfasst: politische, religiöse, rein kriminelle, rein persönliche etc. Ziele bzw. T-Akte. Politische Ziele – und entsprechend die Klasse der politischen T-Akte – spielen derzeit die wichtigste Rolle.

Bezüglich der intendierten Reaktionen von Seiten des finalen Adressaten (der Regierung) sind weitere Differenzierungen angezeigt, je nachdem, *aus welchen Gründen* er dem Täter zufolge die betreffenden Reaktionen zeigen wird. Unsere Ausgangsbeispiel-Situation sagt darüber nichts. Glaubte der Akteur – in unserer Welt wohl *contra factum* –, dass der finale Adressat (die Regierung) durch den bei den Terror-Adressaten (der Bevölkerung) durch die Gewalt gegen die Gewalt-Adressaten (die Caféhausbesucher) ausgelösten Horror selbst so geschockt sein würde, dass er – gleichsam vor lauter Panik – daraufhin die Gefangenen freilässt (*direkte Reaktion*)? Oder glaubte der Akteur, dass die Regierung die Freilassung mit Blick darauf anordnen werde, dass sie andernfalls von der geschockten Bevölkerung nicht mehr gewählt würde (*konsequenzen-orientierte Reaktion*)? Oder dass sie diese Anordnung mit Blick darauf erlassen wird, dass andernfalls die T-Gruppe, zu der der Akteur gehört, weitere T-Akte gleicher oder gar größerer Ordnung ausführen würde (*akteur-konsequenzen-orientierte Reaktion*)?

## 71.4 Die allgemeine Definition

(T) T-Akte sind Akte des (versuchten) Bewirkens von Zwecken mittels durch Gewalt induzierten Terrors.

Zu beachten ist dabei: Nach (T) sind zwar alle T-Akte auch Terror-Akte, aber eben nicht alle Terror-Akte auch T-Akte. Terror-Akte können Selbstzweck-Handlungen sein, T-Akte nicht; erst der Einsatz des Terrors als Mittel zum Zweck macht aus einem Terror-Akt einen T-Akt.

## 71.5 Zur Bewertung von T-Akten: Vorüberlegungen

T-Akte sind nach (T) spezielle Gewalt-Akte, die u. U. tödlich sein können. Regeln zur Bewertung von T-Akten basieren also auf allgemeineren Regeln zur Bewertung von Akten der Gewalt und insbesondere von Tötungen.

## 71.6 Gewalt

Gewalt ist nicht schön – aber manchmal notwendig. Notwendig z. B., um das eigene Leben zu retten; notwendig manchmal zur Rettung des Lebens anderer. In Notwehr ist Gewaltanwendung erlaubt; bei Nothilfe mitunter sogar moralisch geboten. Das ist aber keine Rechtfertigung unbegrenzter Gewalt; auch der Zweck der Rettung von Leben rechtfertigt nicht jedes gewaltsame Mittel.

Dies gilt nicht nur für Gewalt im Allgemeinen; es gilt auch für tödliche (faktisch bzw. potenziell tödliche) Gewalt und – so die Kernthese der Lehre vom Gerechten Krieg, d. h. vom moralisch rechtfertigbaren Krieg – auch für Verteidigungs- und Nothilfe-Kriege (›Humanitäre Interventionen‹). Gilt Entsprechendes auch für terroristische Gewalt? Kann auch Terrorismus gerecht, moralisch rechtfertigbar sein? Kann Terror erlaubt sein? Unter Umständen gar geboten?

Zur Beantwortung dieser Fragen müssen zwei Vorfragen zumindest im Ansatz bereits geklärt sein: (1) Was sind die moralischen Regeln für den Umgang mit Gewalt generell? (2) Und was geben diese Regeln für die Beurteilung terroristischer Gewalt her?

Erinnern wir uns an die klassischen Regeln für den Umgang mit Gewalt. Diese lassen sich in drei Gruppen einteilen. Die erste Gruppe umfasst Regeln dafür, *wann* überhaupt zur Gewalt gegriffen werden darf (*ius ad vim*); Notwehr und Nothilfe als die beiden wichtigsten Fälle wurden schon genannt. Die zweite Gruppe betrifft die Regeln dafür, *wie* bei dieser Gewaltausübung vorzugehen ist (*ius in vi*); und die Regeln der dritten Gruppe sagen, welche Zustände *nach* der Gewaltausübung wie und mit wem wiederherzustellen sind (*ius post vim*).

## 71.7 Gerechte Kriege

Im Falle kriegerischer Gewalt entsprechen diesen drei Regelgruppen das *ius ad bellum*, das *ius in bello* und das *ius post bellum* – also nichts anderes als die Regeln der klassischen *Lehre vom Gerechten* (i. S. v. moralisch rechtfertigbaren) *Krieg*.

Die historischen und die diversen kulturspezifischen Entwicklungen und Begründungen dieser Gewalt/Kriegs-Ethiken nachzuzeichnen wäre recht kompliziert (vgl. Janssen/Quante 2003). Der Kern dieser Lehre ist jedoch recht einfach: Gewalt/Krieg ist nur dann *gerecht* (moralisch erlaubt), wenn folgende Bedingungen erfüllt sind:

Regel 1: wenn ungerechter Gewalt (als *causa iusta*) nicht anders beizukommen ist – und alle anderen Mittel bereits erschöpft sind (*ultima ratio*);
Regel 2.1: die Gewaltausübung (die Art der Kriegsführung) ihrem Ziel (der Beseitigung der primären Gewalt) dienlich ist;
Regel 2.2: sie ihrerseits nicht mit größerer Gewalt verbunden ist als für dieses Ziel notwendig und angemessen (Proportionalitätsregel);
Regel 2.3: die Gewalt sich nicht direkt gegen unbeteiligte Dritte (Unschuldige) richtet;
Regel 3: durch die Gewalt (den Krieg) die durch die ungerechte Gewalt verletzte gerechte Ordnung (der Frieden) wiederhergestellt wird.

## 71.8 Kollateralschäden

Diese klassische Software der Theorie der Gerechten Gewalt (bzw. des Gerechten Krieges) enthält eine äußerst gefährliche Komponente: (2.3 – zu den Bedingungen und den ihnen entsprechenden Regeln s. o. Abschn. 71.2.2). Unschuldige Opfer gelten danach, insofern sie nicht *direktes* Ziel der Gewalt sind, lediglich als sogenannte *Kollateralschäden*. Diese Entschuldigung entschuldigt aber zu viel; sie ebnet moralisch höchst relevante Unterschiede ein. War es dem Täter schlicht gleichgültig, ob seine Gewalt auch Unschuldige treffen wird? Wusste er, dass dem so sein wird? Und wenn er es nicht wusste, hätte er es zumindest wissen können, wenn er sich nur hinreichend informiert hätte? Nahm der Täter die unschuldigen Opfer gar billigend in Kauf?

Kollateralschäden können dem Täter unterschiedlich stark *zurechenbar* sein. Ein Schaden ist dem Täter *stark zurechenbar*, wenn er entweder wusste, dass seine Tat diesen Schaden bewirken wird, oder er dies zumindest hätte wissen können (und müssen). Auch stark zurechenbare Kollateralschädigungen, die Unschuldige treffen, sind moralisch verwerflich.

In der klassischen Theorie der Gerechten Gewalt/des Gerechten Krieges ist Bedingung (2.3) zu ersetzen durch die stärkere Forderung (2.3*): Gewalt ist nur dann moralisch erlaubt, wenn sie sich *nicht stark zurechenbar* gegen unbeteiligte Dritte (Unschuldige) richtet. Gewalt/Krieg ist moralisch erlaubt (gerecht) genau dann, wenn von diesen (so präzisierten) Bedingungen 1 bis 3 alle erfüllt sind.

## 71.9 T-Akte: Differenzierungen

Was besagen diese Gewalt-Regeln für den Spezialfall terroristischer Gewalt? Was muss man wissen, um diese Frage beantworten zu können? Zumindest dies: Man muss wissen, was ›terroristische Gewalt‹ überhaupt *ist* – oder besser: sein *soll*. Das hatten wir, ohne weitere Differenzierungen (s. o. Abschn. 71.1.3) bereits so beantwortet:

($T^0$) *T-Akte* sind *Gewalt*-Akte, mit deren Hilfe der Täter (sei es gegenüber den Gewalt-Adressaten selbst, sei es gegenüber anderen) *Terror* ausüben will, um damit (entweder bei den Terror-Adressaten selbst oder bei anderen) *Reaktionen* auszulösen, die er (wie er glaubt) ohne diese Gewalt/Terrorakte nicht erreichen würde.

Ein stärkerer T-Begriff ($T^*$) ergibt sich, wenn zu $T^0$ die Bedingung hinzukommt, dass die T-Gewalt *stark zurechenbar* unbeteiligte Dritte (*Unschuldige*) trifft. Und der stärkste T-Fall ($T^{**}$) liegt dann vor, wenn sich die T-Gewalt *direkt* gegen Unschuldige richtet.

$T^{**}$-Akte sind *Extrem-T-Akte*, $T^*$-Akte sind *starke T-Akte*. Entsprechend unterscheiden wir auch zwischen extremem und starkem Terrorismus; und Terrorismus, der sich auf bloße (weder Extreme noch Starke) $T^0$-Akte beschränkt, heiße *Schwacher Terrorismus*.

Natürlich ist, was hier unter ›Unschuldigen‹ (bzw. meinem eigenen allgemeineren Vorschlag zufolge unter ›nicht-legitimen Gewaltzielen‹) zu verstehen ist, nicht unumstritten. Zu unterscheiden ist dabei, ob das betreffende Urteil (der ›Unschuld‹ bzw. der Nicht-Legitimität als Gewaltadressat) ein subjektives (aus der Sicht des Täters gefälltes) oder ein objektives (nicht-perspektivenrelatives) Urteil sein soll (vgl. Primoratz 2002; Meggle 2005).

## 71.10 Terrorismus-Ethik: Ein Anfang

### 71.10.1 Gerechte T-Akte?

Können T-Akte die Gerechte-Gewalt-Kriterien erfüllen? Wäre dem so, dann wären T-Akte nicht weniger rechtfertigbar, als dies auch für Gerechte Kriege in Anspruch genommen wird.

Extreme T-Akte verstoßen bereits gegen die Regel (2.3), die direkt gegen Unschuldige gerichtete Gewalt strikt verbietet, starke T-Akte gegen die Regel (2.3*), die in Hinsicht Unschuldiger auch stark zurechenbare Gewalt verbietet. Extrem-Terrorismus und Starker Terrorismus wären also den obigen Gewalt-Regeln zufolge verboten.

Kann schwacher Terrorismus gerecht sein? Möglicherweise: Angenommen, gewalt-induzierter Terror gegenüber Mitgliedern eines verbrecherischen Regimes sei tatsächlich die einzige Möglichkeit, z. B. schwerste Menschenrechtsverletzungen gegenüber einer Menschengruppe (der eigenen oder einer fremden) zu stoppen (Regel 1 erfüllt); und angenommen, diese Strategie habe angesichts der Unterstützung durch die betreffende (eigene oder fremde) Gruppe selbst Aussicht auf Erfolg, und die dazu bei diesem Kampf notwendige Gewalt sei nicht größer als diesem Ziel angemessen und zugleich nicht stark zurechenbar gegen unbeteiligte Dritte gerichtet (Regeln 2.1–2.3 erfüllt); und angenommen schließlich, der Kampf erweise sich letztlich als lohnend, d. h. die schwersten Menschenrechtsverletzungen würden durch die Gewalt gestoppt und Recht und Ordnung könnte so wieder hergestellt werden (Regel 3 erfüllt) – was wäre dann? Dann wäre dieser T-Kampf – Guerilla-Krieg oder Humanitärer Interventions-Krieg, je nachdem – zweifelsohne gerecht. Starker und somit auch extremer Terrorismus sind verboten, schwacher Terrorismus kann erlaubt sein.

*Terrorismus* muss also *nicht generell verwerflich* sein, jedenfalls nicht schon deshalb, weil extremer und starker Terrorismus verwerflich sind. – Natürlich kann man den Schluss auf eine generelle Verwerflichkeit leicht dadurch retten, dass schwacher Terrorismus nicht mehr als Terrorismus zählt; aber an diese Sprachregelung halten sich allenfalls Philosophen.

Ist dieses Zwischenergebnis wirklich haltbar? Kann unter entsprechend verstärkten Ausnahmebedingungen nicht auch *starker Terrorismus* bzw. gar *Extrem-Terrorismus gerecht* (moralisch legitim) sein? Das hängt davon ab, ob die Regeln (2.3*) bzw. (2.3) absolute Verbote sein sollen oder ob sie in Extremfällen außer Kraft gesetzt werden dürfen. In der Literatur wird diese heißeste aller T-ethischen Fragen diskutiert unter Bezug auf Michael Walzers parallelen Fall einer sogenannten ›moralischen Katastrophe‹ (vgl. Walzer 1982, Kap. 16; Coady 2003; Primoratz 1997 und 2002).

Die Gewalt- und Kriegs-Regeln sind hier, wie gesagt, nur grob skizziert; sie sagen noch nichts darüber aus, ab welchem Maß an illegitimer Gewalt (z. B. ab welcher Dimension von massiven Menschenrechtsverletzungen) welche Form und welches Maß an Gegengewalt legitim ist. Feinkörnigere Regeln hätten nicht mehr die *Entweder-oder*-Form (entweder legitim oder illegitim), sie wären vielmehr mit *Mehr-oder-weniger*-Distinktionen verbunden.

### 71.10.2 T-Akte-Pflichten?

Nothilfe ist erlaubt. Aber je größer die Gewalt gegen jene ist, denen wir nur noch mittels eigener Gewaltausübung zu Hilfe kommen können, umso mehr wird aus der Erlaubnis zur Nothilfe auch eine Pflicht. (Hätten wir z. B. den Völkermord in Ruanda verhindern ›dürfen‹?). Nothilfe darf man, so man zu ihr imstande ist, ab einer bestimmten Stufe der abzuwehrenden Gewalt *nicht unterlassen*. Das ist aber nur die eine Seite; die, die von der Erlaubnis zur Pflicht führt.

Es gilt aber auch das Spiegelbild: Je größer die Gewalt ist, die man selbst einsetzen muss, um mittels Nothilfe Gewalt abzuwehren, umso stärkere Restriktionen gelten für den eigenen Einsatz von Gewalt. Für extreme Gewalteinsätze (z. B. Humanitäre Interventionskriege) entspricht diesen beiden Seiten zusammengenommen die folgende (selbstverständlich nur für diesen Extrem-Bereich gültige) Meta-Regel:

(E = G) Extreme Gewalt ist genau dann moralisch *erlaubt*, wenn sie auch moralisch *geboten* ist.

Insofern T-Akte (auch bereits der schwache Terrorismus) Fälle extremer Gewalt sind, gilt dieses Meta-Prinzip auch für sie:

(ET = GT) Terrorismus ist genau dann moralisch *erlaubt*, wenn er auch moralisch *geboten* ist.

Ob Terror *gerecht* (legitim) sein kann, das ist dieselbe Frage wie die, ob Terror moralisch *geboten* sein kann. Nun kann aber schwacher Terrorismus gerecht sein; folglich kann Terrorismus unter Umständen auch moralisch geboten sein.

### Literatur

Coady, T.: Was ist Terrorismus? In: Meggle 2003, 71–90.
Janssen, D./Quante, M. (Hg.): *Gerechter Krieg. Ideengeschichtliche, rechtsphilosophische und ethische Beiträge.* Paderborn 2003.
Kapitan, T.: ›Terrorismus‹ as a Method of Terrorism. In: G. Meggle (Hg.): *Ethics of Terrorism & Counter-Terrorism.* Heusenstamm 2005, 9–18.
Meggle, G.: Terror & Gegen-Terror. Erste ethische Reflexionen. In: *Deutsche Zeitschrift für Philosophie* 50 (2002), 149–162.
Meggle, G.: Gerechter Terror? In: *der blaue reiter. Journal für Philosophie* 19.1 (2004), 27–31.
Meggle, G.: Was ist Terrorismus? In: U. Kronfeld-Goharani (Hg.): *Friedensbedrohung Terrorismus. Ursachen, Folgen und Gegenstrategien.* Münster 2005, 15–36.
Primoratz, I.: The Morality of Terrorism. In: *Journal of Applied Philosophy* 14 (1997), 221–233.
Primoratz, I.: Michael Walzer's Just War Theory. Some Issues of Responsibility. In: *Ethical Theory and Moral Practice* 5 (2002), 221–243.
Walzer, M.: *Gibt es den gerechten Krieg?* Stuttgart 1982 (engl. 1977).

### Weiterführende Literatur

Coady, T./O'Keefe, M. (Hg.): *Terrorism and Justice. Moral Argument in a Threatened World.* Melbourne 2002.
Frey, R. G./Morris, Ch. W. (Hg.): *Violence, Terrorism, and Justice.* Cambridge 1991.
Honderich, T. (Hg.): *Nach dem Terror. Ein Traktat.* Neu Isenburg 2004.
Meggle, G. (Hg.): *Terror & Der Krieg gegen ihn. Öffentliche Reflexionen.* Paderborn 2003.
Meggle, G. (Hg.): *Ethics of Terrorism & Counter-Terrorism.* Frankfurt a. M. 2005b.
Meßelken, D.: Kann es heute noch ›gerechte Kriege‹ geben? In: Ch. Starck (Hg.): *Kann es heute noch »gerechte Kriege« geben?* Göttingen 2008, 20–66.
Primoratz, I.: What is Terrorism? In: *Journal of Applied Philosophy* 7 (1990), 129–138.
Primoratz, I. (Hg.): *Terrorism. The Philosophical Issues.* New York 2004.
Steinhoff, U.: *Moralisch Korrektes Töten. Zur Ethik des Krieges und des Terrorismus.* Neu Isenburg 2005.
Townshend, Ch.: *Terrorismus. Eine kurze Einführung.* Stuttgart 2005 (engl. 2002).

*Georg Meggle*

# 72 Tötung und Selbsttötung in religiösen Kontexten

## 72.1 Probleme der Erforschung von Religion und Gewalt

Das Thema ›Religion und Gewalt‹ steht nicht erst seit den Terroranschlägen von 2001 im Mittelpunkt religions- und überhaupt kulturwissenschaftlicher Forschung. Akte von Tötung und Selbsttötung mit religiösen, scheinreligiösen und quasi-religiösen Kontexten, Fanatisierungs- und Radikalisierungvorgänge, aber auch religiöse Deutungen von Leidens- und Martyriumserfahrungen und von friedensbildenden Prozessen sind vielmehr seit dem Beginn religionswissenschaftlicher Arbeit im 19. Jh. ein Gegenstand vielfältiger Analysen. Diese geschehen im Gespräch mit den Sozialwissenschaften der Kulturanthropologie nebst anderen Nachbarwissenschaften und natürlich mit den verschiedenen Theologien als kritischen Selbstreflexionen der Religionen. In den letzten Jahren hat das Thema noch einmal eine gesteigerte Beachtung und vielleicht auch Dringlichkeit gefunden. Dabei wurden provokative Gedanken wie die These des Ägyptologen Jan Assmann diskutiert, dass der Monotheismus eine Neigung zum Exklusivismus und zur Gewalt, in jeden Fall aber ein immenses Konfliktpotenzial aufweise. Medien- und Internetkultur haben eine globale Bühne geschaffen, in der extreme Handlungen sofort weiteste Beachtung finden können, und haben die Dringlichkeit einer interdisziplinären Forschung weiter gesteigert.

In einem kultur-, sozial- und religionswissenschaftlichen Fragehorizont sind dabei sehr verschiedene Typen von aggressiven und autoaggressiven Handlungen zu unterscheiden, von denen im Folgenden nur einige wenige exemplarisch analysiert werden können und bei denen der ›religiöse‹ Anteil zudem oft in hohem Maße kontrovers diskutiert wird. Dieser hängt wesentlich von der Weite oder Enge des verwendeten Religionsbegriffes ab (vgl. als Textsammlung Schlieter 2010). Es ist dabei weniger so, dass religiöse Motive in bestimmten Handlungszusammenhängen verschleiert wären und erst aufgedeckt werden müssten, sondern eher so, dass diese religiösen Interpretamente offenbar auch eine Alibi-, Legitimations- und Cover-Funktion haben können und ihr Zusammenwirken mit anderen Faktoren schwer einzuschätzen oder gar zu quantifizieren ist. Der ›religiöse‹ Charakter von Handlungsmotiven steht nicht selten in Frage oder wird von anderen Vertretern der betreffenden Religionsgemeinschaft bestritten, zumal wenn die Handlung mit einem gesamtgesellschaftlichen Diskreditierungsdiskurs zusammentrifft, etwa einer Pathologisierung. Außerdem ist vielfach zu beobachten, dass die Bewertungen von Handlungen nach außen, den Medien gegenüber oder im globalen Kontext anders ausfallen als in gruppeninternen Kommunikationsprozessen. All dies sind für die Forschung erschwerende Faktoren. Öfter tritt nach wie vor im Kontext westlich-bürgerlicher Religionskritik eine reduktionistische Außenperspektive in den Deutungszusammenhang, die in einem ›Nicht wirklich...‹, sondern ›in Wahrheit nur‹-Schema ihre Interpretationen entfaltet: Eine Handlung sei gegen ihren Eigenanspruch ›nicht wirklich religiös, sondern nur wirtschaftlich/politisch/sozial/psychopathologisch bedingt‹. Eine Ideologiekritik der in der Forschung mitwirkenden Bewertungsdiskurse für religiöse Aspekte ist hier besonders erforderlich, wenn auch sehr schwierig durchzuführen (vgl. Cavanaugh 2009 über die apologetisch-distanzierende Umwertung von delegitimierten Konflikten zu ›Religionskriegen‹ im 19. Jh.). Man kann sich das schon bei Fragen des Typs »Wie ›religiös‹ waren die Kreuzzüge?« deutlich machen: Dazu existieren radikal divergierende historische Indizien. Quantifizierende Deutungen, z. B. über religiöse und politische Anteile in Motivationen, sind methodisch kaum zu verifizieren. Klischees aus der Konkurrenz der religiösen Systeme selbst, daneben aus dem 18.–20. Jh. überkommene Paradigmen der Wahrnehmung und andere Vor-Urteile über die Strukturen des Religiösen, haben die Forschung zu diesen Fragen vielfach belastet, zum Teil auch eine Unkenntnis über die komplexeren Aspekte religiöser Ethiken. Karikaturen und Simplifikationen der religiösen Bezugssysteme sind nicht selten, z. B. in Hinsicht auf Jenseitsbilder. Polemik und Apologetik im Umgang mit ›Religion‹ bilden Subagenden, die in jeder Analyse sichtbar zu machen sind. Dabei sind eklatante Fehleinschätzungen kleiner devianter Gruppen mit pauschalisierenden Kategorien wie ›fundamentalistisch‹, ›apokalyptisch‹, ›kommunistisch‹, ›anarchistisch‹, ›islamistisch‹, ›nationalistisch‹ nicht selten, so legitim, notwendig und zutreffend diese Kategorien in anderen Kontexten sein können (viele, zum Teil geradezu kuriose Beispiele medialer Fehlurteile bespricht Graitl 2012). Auch sind komplexe geschichtliche Verlagerungen zu bedenken: Das spätere islamistische tödliche Selbstmordattentat wurde als Handlungsmuster um 1972 von eher linksorientieren

J. B. Metzler © Springer-Verlag GmbH Deutschland, ein Teil von Springer Nature, 2020
H. Wittwer/D. Schäfer/A. Frewer (Hg.), *Sterben und Tod. Ein interdisziplinäres Handbuch 2. Auflage*,
https://doi.org/10.1007/978-3-476-05761-7_72

säkularen Gruppen entwickelt (u. a. der palästinenser-orientierten japanischen ›Roten Armee‹: Attentat auf dem israelischen Flughafen Lod). In den folgenden Aktionen palästinensischer Terroristen waren oft Geiselnahmen die Primärhandlung. Der Typ des Selbstmordattentats entwickelte sich erst allmählich. Seine religiöse Deutung im Kontext einer Märtyrer- und Dschihād-Ideologie erfolgte nur langsam und sukzessive (vgl. Laqueur 2004, 388–390). Die Rechtsgelehrten der Hisbollah haben erst 1986 für das Selbstmordattentat den Terminus ›Märtyrertod-Operation‹ (*ʿamaliyah istišhadiyah*) eingeführt, womit vor allem jeder Bezug zum islamisch eigentlich diskreditierten Selbstmord vermieden werden sollte. Immerhin konnte man sich auf mittelalterliche Theologen wie Ibn Taimīya (gest. 1328 in Damaskus) berufen, der auch die Begründungssysteme für den modernen Wahhabismus und Salafismus liefert. Er forderte konsequent Gewalt gegen andersgläubige Muslime bzw. gegenüber jeder Annäherung an andere Religionen (wie im Fall der mongolischen Ilchane). Attentatsserien können also in ihrer Inszenierung ›religiöser‹ werden bzw. zunehmend eine religiöse Begründung finden, aber auch (in nationalistisch-rassistischen Kontexten) religiöse Anteile verlieren (vgl. über die Zunahme religiöser Begründungen im Terrorismus ab den 1970er Jahren auch Neumann 2015, oder umgekehrt Käsehage 2019 über die Verlagerung salafistischer Predigt in Deutschland von der ausschließlich religiösen zur explizit politischen Agitation in den 2010er Jahren). Diese Prozesse interagieren in komplexen Dynamiken mit ihren jeweiligen medialen Präsentationen, die sie deutlich beschleunigen können.

## 72.2 Typologie autoaggressiver und aggressiver Handlungen mit Todesfolge in religiösen Kontexten

Wir unterscheiden im Einzelnen folgende Kategorien von Gewalt mit religiösen Aspekten und Todesfolge: 1. Die anvisierte oder erstrebte delegierte Selbsttötung, bei der diese also nicht selbst durchgeführt wird (im profanen Bereich wäre der Suizid mit Hilfe der Polizei durch eine erzwungene gewaltsame Konfrontation zu vergleichen); 2. die tatsächliche Selbsttötung ohne Gewalt gegen andere Menschen aus religiösen Motiven, etwa als Protestsuizid; 3. der Gruppensuizid, bei dem vielfach mit Unfreiwilligkeit vieler Beteiligter zu rechnen ist; 4. der terroristische Suizid, bei dem willentlich andere Menschen zu Schaden kommen; 5. die (nicht suizidale) religiös legitimierte und begründete Gewalt mit Todesfolge gegen Einzelne (wie der ›Tyrannenmord‹ oder das nicht suizidale Attentat); 6. die systemhaft religiös begründete Gewalt mit Todesfolge gegen kleinere oder zumindest überschaubare Gruppen oder auch in einem begrenzten (z. B. familiären) Umfeld, die von einer ganzen Gruppe getragen wird; 7. religiös begründete Gewalt gegen größere, nicht individuell differenzierbare Gruppen, wie im Kriegsfall. Die Grenzen sind im Einzelnen fließend, und natürlich sind auch andere Kategorisierungen denkbar.

### 72.2.1 Der delegierte Suizid und Ähnliches

Typ 1, das ›gesuchte Martyrium‹, das z. B. auf einer Selbstanzeige beruht, weist bereits eine gewisse Nähe zum Suizid auf. In der Alten Kirche wurde es gelegentlich praktiziert, von der kirchlichen Theologie aber massiv als fragwürdige Handlung abgelehnt, obwohl das Martyrium selbst hohen Respekt fand. Umstritten war die Legitimität der Flucht in Verfolgung, da der Märtyrertod als mutiger Bekenntnisakt missionarische Wirkung entfaltete (Ignatius, Brief an die Römer 4; Tertullian, de fuga 9; Cyprian, Brief 81 u. a.; vgl. aber kritisch Butterweck 1995). Auch Akte aggressiver, vorhersehbar suizidaler Schmähung eines religiösen Herrschaftssystems sind vergleichbar (wie im Fall der christlichen ›Märtyrer von Córdoba‹ 851–859 n. Chr.). Tiefenpsychologische Deutungen haben freiwillige Martyrien weniger als Todessehnsucht, sondern eher als autoaggressive Akte in Identitätskrisen gedeutet, deren ›Verantwortung‹ sozusagen ausgelagert wird (Drees 1990). Das kann freilich in vielen Fällen nicht überzeugen. Das freiwillige Martyrium kann auch als passiver Widerstand gegen als übermächtig erfahrene Systeme gesucht oder jedenfalls nicht vermieden werden. So hat es im Judentum (schon in der Bibel: 2. Makkabäer 7; Daniel-Buch), im Christentum und anderen Religionen vielfach einen Platz gefunden. In das weitere Umfeld gehören nichtsuizidale Selbstverletzungen wie Lazerationsriten (z. B. die Selbstgeißelung im schiitischen Islam oder bei den Flagellanten), oder die katholischen Stigmata, die vermutlich psychogene Ursachen haben. Auch in asiatischen Religionen sind Askese- und Meditationstechniken mit (seltener) Todesfolge bekannt.

### 72.2.2 Suizide in religiösen Kontexten ohne Gewalt gegen andere

Die tatsächliche und aktive Selbsttötung aus religiösen Motiven (Typ 2) findet sich im absichtlichen Fasten bis zum Tode (etwa in der katharisch-albigensischen Endura) und in anderen Selbstkasteiungen (zuweilen ungewollt). Häufiger ist sie heute in Protestsuiziden. Die Selbstverbrennung als verzweifeltes, aufmerksamkeitsheischendes Protestsignal hat dabei offenbar keine ältere Tradition: Der erste in den Medien weltweit beachtete Fall war der Suizid des vietnamesischen Mönches Thích Quảng Đức, der sich am 11. Juni 1963 in Saigon selbst tötete, um ein Zeichen gegen die militante Diskriminierung von Buddhisten in Südvietnam zu setzen. In Westdeutschland sehr bekannt wurde der Fall des evangelischen Pfarrers Oskar Brüsewitz am 18. August 1976 in Zeitz, der gegen die politischen Verhältnisse der damaligen DDR protestieren wollte. Es hat ähnliche Fälle in zahlreichen Ländern gegeben, die aber häufiger politische als religiöse Kontexte aufweisen. Beide Motive verbinden sich in den zahlreichen Selbstverbrennungen von tibetischen Mönchen und anderen Tibetern vor allem seit 1998 (über 150 Fälle wurden bekannt), die dadurch auf die chinesische Politik der aggressiven Verdrängung der Tibeter und ihrer religiösen Tradition aufmerksam machen wollen. Die betroffenen Personen sind fast immer sehr junge Männer, selten Frauen. Im Unterschied zu den meisten anderen Suizidformen besteht beim Protestsuizid oft kein eindeutiger Zusammenhang mit einer *major depression* und anderen begleitenden psychischen Faktoren suizidaler Verhaltensstörungen. Die kulturellen Unterschiede in den Suizidformen und ihrer Bewertung divergieren stark: Im westlichen Kulturraum koexistieren zwei Bewertungsdiskurse, ein antik-philosophischer, der den Suizid als Bewahrung der Subjektwürde achtet, und ein christlicher, der den Suizid als eine Art illegitimer ›Fahnenflucht‹ delegitimiert (Augustinus, De civitate dei 1, 17. 20–23). Suizidale Religionspraktiken wie das Fasten zum Tode wurden daher etwa in christlicher Theologie ausnahmslos strikt abgelehnt.

### 72.2.3 Gruppensuizide

Gruppensuizide (Typ 3) mit religiösen Anteilen hat es auch in der Vergangenheit vielfach gegeben, etwa um einer entehrenden Sklaverei zu entgehen. Mehrheitlich wird damit zu rechnen sein, dass viele dieser Menschen nicht freiwillig gestorben sind, nachdem die Führung der Gruppe den Suizid beschlossen hatte. Das wohl berühmteste Beispiel sind die 960 jüdischen Menschen am Ende des jüdischen Krieges, die 73 n. Chr. in Masada im Widerstand gegen Rom auf diese Weise starben (zwei Frauen und fünf Kinder versteckten sich und überlebten). Masada wurde seit der Gründung des Staates Israel zu einem zentralen Symbol für den Widerstandswillen Israels gegen Fremdherrschaft (Josephus, Bellum Iudaicum 7, 252–406). Die ideelle Begründung dieser massenhaften Selbsttötung wurde durch eine zelotische theokratische Theologie geliefert, die z. B. Steuern an eine fremde Macht ausschloss. Zahlreiche Fälle sind aus dem Indien des 14.–16. Jhs. bekannt, hier waren es mehrheitlich Frauen, die sich der Zwangsislamisierung zu entziehen versuchten (Terminus technicus: *Jauhar*). Ein weiteres Beispiel sind die Selbsttötungen von Gemeinden russischer Altgläubiger (староверы, auch Altritualisten, старообрядцы) ab dem 17. Jh. In einer ›Feuertaufe‹ wollten sie sich der Unterdrückung durch die russisch-orthodoxe Kirche und der Hinrichtung durch den russischen Staat entziehen (der Begriff beschreibt auch die freiwillige Kastration in einigen extremen Gruppen).

Gruppensuizide nehmen in der Gegenwart über diese Formen der radikalen Flucht aus extremer Repression hinaus völlig neue Aspekte an: Sie vollziehen und inszenieren eine mediale Selbst-Demarginalisierung, indem sie die Gruppe und ihre Botschaft aggressiv in die Mitte medialer Präsenz rücken. Bekannte Beispiele sind der Fall Jonestown, Guyana (*Peoples Temple*, 1978), der Fall des *Order of the Solar Temple* (1994–1997), der Fall *Heaven's Gate* (1997), oder der Fall *Adam House* (2007). Fast immer handelt es sich um apokalyptische, missionsoffensive, aber ab einem bestimmten Punkt stagnierende Gruppen mit fester hierarchischer Binnenstruktur und starken Führungspersönlichkeiten. Im Fall Jonestown wurde der Suizid lange geplant, diskutiert und sogar geprobt: Die Details und auch die Innensicht der Gruppe sind dank jahrzehntelanger Editionsarbeit aller Zeugnisse (Tagebücher, *tape recordings*, Briefe etc.) im Rahmen eines Projektes der *San Diego State University* (Organisation: Fielding M. McGehee III) sehr genau bekannt. Als Begründungen dienen u. a. apokalyptische Endzeitszenarien, aber wohl auch Frustrationserfahrungen in Hinsicht auf erwartete Heilsereignisse, wobei ohne Frage die Abhängigkeit von narzisstischen Führerpersönlichkeiten eine Rolle spielt.

### 72.2.4 Der terroristische Suizid und der Amok

Der terroristische Suizid (Typ 4) wird heute vor allem im Kontext radikal-islamischer Anschläge und politischer Attentate diskutiert, ist aber auch in der Vergangenheit und in anderen Kulturen immer wieder, meist jedoch in Einzelfällen, zum Einsatz gekommen. Er steht im Mittelpunkt erheblicher Forschungsbemühungen. Die Schwierigkeiten der Definition resultieren in deutlich divergierenden Zahlen zur Sache (z. B. *Flinders University Suicide Terrorism Database, Chicago Project on Security and Terrorism Database, Global Terrorism Database from the National Consortium for the Study of Terrorism and Responses to Terrorism, the Rand Database of Worldwide Terrorism Incidents* u. a.). Ein ältester bekannter Fall ist der biblische Heros Simson, der nach der legendenhaften Erzählung bei seiner Selbsttötung einen heidnischen Tempel zum Einsturz bringt, zahlreiche Philister dabei tötet und für seine Entehrung Rache nimmt (Richter 16, 23–30). Als ehrenhaftes, ja heldenhaftes Verhalten werden der Amoklauf des Rasi (2. Makk. 14, 41–46), um der Sklaverei zu entgehen, und der Suizid des Eleasar (1. Makk. 6, 41–46) gewertet, bei dem dieser in der Schlacht einen Kriegselefanten von unten angreift, um sich für sein Volk und seinen Glauben zu opfern. Auf moderne Varianten wird ausführlicher im Kontext des Dschihād eingegangen (s. u. Abschn. 72.2.7). Der malaiische Amok (*amuk* ›wütend‹, ›rasend‹, vgl. *mengamok* ›gewaltsamer Anlauf‹) ist von Hause aus ein kulturell spezifisch konnotiertes Phänomen, das allerdings auch in Indien und seltener andernorts belegt ist. In einer Situation verzweifelten Ehr-Verlustes tötet ein Mensch anfallartig andere Menschen (auch Familienangehörige) bis er (oder selten: sie) selbst getötet wird. Damit gilt seine Ehre dann tatsächlich als wiederhergestellt, so dass der eigentliche Amok nur in einer Ehre-Scham-Gesellschaft funktioniert, in der nicht Schuld, sondern öffentliche Beschämung den zentralen ›Unwert‹ darstellt. Die altmalaiische Mythologie rechnet auch mit dem Einfluss eines ›Tigerdämons‹ auf die Seele des Amokläufers, so dass der Amoklauf nicht freiwillig sei (Sammlung zahlreicher älterer Berichte: Yule/Burnell 18–23). ›Amok‹ in diesem Sinn kann als gewalttätige Selbst-Demarginalisierung und Wiedergewinnung von Ehre interpretiert werden. Erst in jüngerer Zeit wird der Begriff in größerem Umfang gebraucht, etwa für *school shootings*, deren Pathogenese mit Risiko- und Triggerfaktoren (Demütigungs- und Verlusterfahrungen, Anwachsen von Gewaltfantasien) intensiv erforscht ist. Das Thema hat größtes öffentliches Interesse gefunden, auch außerhalb dieser Fälle. Statistische Untersuchungen haben zur Evidenz erhoben, dass sich die Neigung zu solchen Gewaltakten in einem Nachahmungsmodus analog einer ansteckenden Krankheit mit ›Inkubationszeit‹ ausbreitet, deren Verbreitung durch ›Unterbrecher‹-Faktoren (Menschen aus dem jeweils gleichen Milieu) aufgehalten werden kann. Der Film »Falling Down« (USA, Frankreich, Großbritannien 1993) mit Michael Douglas beschreibt eindrücklich das Umkippen von ›Normalität‹ in eine Amoksituation (ohne religiöse Bezüge). Von religiös konnotierten Selbstmordattentaten unterscheiden sich diese Fälle nicht nur in ihrer Begründung, sondern offenbar auch in der Persönlichkeitsstruktur der Täter, wobei die Grenzen aber wiederum fließend sind (s. u.).

### 72.2.5 Religiös legitimierte Gewalt mit Todesfolge gegen Einzelne

Die religiös legitimierte und begründete Gewalt mit Todesfolge gegen Einzelne (Typ 5) kann sehr divergente Phänomene umfassen, vom in der christlichen Tradition in seiner Legitimität heftig umstrittenen (gelegentlich durchaus bejahten) ›Tyrannenmord‹ bis zur Verweigerung von Bluttransfusionen für Familienangehörige wegen des biblischen Verbotes der Aufnahme von Blut (bei den Zeugen Jehovas in den letzten Jahren vorsichtig relativiert). Im weiteren Sinn zählen Hinrichtungen aus religiösen Gründen (z. B. wegen Blasphemien, Religionsfrevel, Apostasie und anderen religiös konnotierten Delikten) in vielen älteren Rechtssystemen dazu. Die Behauptung, bestimmte asiatische Religionen wie der Buddhismus würden keine Todesstrafe kennen, ist nicht zutreffend, obwohl ihr gelegentlich Widerstände entgegengebracht werden. Im buddhistischen Tibet wurden Todesstrafen, bei denen Blut fließt, vermieden: dafür traten etwa das Einnähen in Tierhaut mit Ertränken und die sehr zahlreichen Verstümmelungsstrafen ein. Alle vormodernen asiatischen Staaten kannten Todesstrafen, wie ebenso alle westlichen, und die Begründungen sind oft religiös, auch wenn sie in Spannungen zu Ethiken der Gewaltlosigkeit stehen (z. B. *ahiṃsā*, das ›Nicht-Verletzen‹ im Rāja-Yoga).

Aber auch wahnhafte aggressive Akte haben sich immer wieder religiös zu legitimieren versucht. Es besteht jedoch ein Konsens, dass es einen im eigentlichen Sinn ›religiösen Wahn‹ nicht gibt, sondern dissoziative Persönlichkeitsstörungen u. ä. finden Motive bzw. Katalysatoren aus der jeweils greifbaren Umwelt, mit denen sie nicht ursächlich zusammenhängen. Bestimmte Persönlichkeitsstörungen können religiöse Motive aus ihrem Umfeld sozusagen ›einfangen‹. Andere Tötungen sind systemhaft begründet und lassen sich nicht psychopathologisch verstehen (ein Grenzfall ist die schwierige Psychologie der Rache). Das Erscheinungsbild von Tötungsdelikten mit religiösen Anteilen ist sehr komplex und nicht signifikant auf einzelne Religionen konzentriert. Ausnahmslos alle historischen (also seit längerer Zeit existierenden) Religionen haben Tötungen in bestimmten Fällen legitimiert. Andererseits existieren ebenso in allen Religionen Diskurse der kritischen Infragestellung solcher Handlungen.

In vielen Fällen werden Berichte über Tötungen in religiösen und quasi-religiösen Kontexten sensationalistisch überlagert und ragen als erschreckendes ›Fremdes‹ in das Selbstbild der Moderne. Berichte über satanistische Tötungen und Netzwerke vor allem in den 1980er Jahren folgen vergleichbaren Dynamiken wie die epidemischen Hexenpaniken in der Frühen Neuzeit oder auch in diversen afrikanischen Ländern der unmittelbaren Gegenwart (vgl. Frankfurter 2008; Frenschkowski 2016). Berichte über ›tödliche Religion‹ können auch in ethnologischen Kontexten kulturelle Wertungen stabilisieren, z. T. mit fiktionalen Elementen. Zahlreiche Kannibalismusberichte haben sich beispielsweise als Fiktionen zur Diskreditierung von Nachbarstämmen erwiesen (vgl. etwa Marx 1998), während das Menschenopfer zwar vielfach bezeugt ist, aber auch seit der römischen Antike in einer kulturellen Überlegenheitsattitüde imperialistische Expansionen legitimiert hat (s. Kap. 68: »Menschenopfer«). Volkstümlich-sagenhaft sind Geschichten von Flüchen und Verwünschungen mit Todesfolge, die es in den meisten Kulturen gibt (vgl. Frenschkowski 2011). In ein Zwischenfeld zwischen realen devianten Gruppen, Verschwörungsfantasien und makabrer Imagination führen Narrationen über rituelle Tötungen in magischen Ritualen und Hexereivorstellungen, z. T. im Umfeld organisierter Kriminalität, wie sie in neuer Gestalt in ganz erheblichem Umfang vor allem aus afrikanischen Gesellschaften berichtet werden. Die leider gut dokumentierten *Muti-killings* in Südafrika sind keine Menschenopfer, sondern dienen dem Gewinn menschlicher Leichenteile für magische Rituale.

Ritualmorde waren freilich auch ein zentrales Thema diskreditierend-fantastischer Berichte gegenüber dem frühen Christentum (Abendmahl als Menschenopfer) und vor allem gegenüber dem Judentum in antisemitischen Fiktionen. *Atrocity tales* über jüdische Ritualmorde gehen schon auf antike vorchristliche Quellen zurück (Poseidonius, Apion), während umgekehrt ähnliche Geschichten von Juden gegenüber der kanaanäischen Vorbevölkerung Palästinas zur Legitimierung von deren Ermordung verbreitet wurden (Weisheit Salomos 12, 3–6 u. ö.), ebenso wie im Kontext der römischen Christenverfolgung bei verleumderischen Anzeigen gegen Christen (Origenes, Contra Celsum 6, 27). Etwa ab dem 12. Jh. werden solche Geschichten auch gegen Juden gewandt, als Behauptung einer Ermordung christlicher Kinder (William of Norwich, Werner von Oberwesel, Anderl von Rinn u. a.) im Rahmen jüdischer Rituale mit blasphemisch-spöttischer Nachahmung der Kreuzigung Jesu. Kein einziger dieser Fälle ist als reales Verbrechen nachzuweisen (zur Geschichte des antisemitischen Motivs vgl. grundlegend Strack 1923, zusammenfassend Lotter 1998). Das Motiv spielte in den Judenpogromen eine erhebliche Rolle, genauso wie die verwandte Idee, Christenblut diene in jüdischer Magie als Heilmittel. Bereits im Reformationszeitalter waren viele dieser Behauptungen widerlegt worden, u. a. 1529 durch den evangelischen Theologen Andreas Osiander, und bereits 1244 hatte sich eine von Friedrich II. eingesetzte Theologenkommission gegen die Ritualmord-Vorwürfe ausgesprochen. Eine Schutzbulle durch Gregor X. wenig später erklärte die Anschuldigungen für Verleumdungen, die der Bereicherung an jüdischem Hab und Gut dienten. Dennoch wurde das Motiv bis ins 20. Jh. weiterverbreitet, nicht zuletzt in volkstümlichen Legenden und anlässlich eines Verschwindens von Kindern, ab dem 16. Jh. besonders in Osteuropa, und im 19. Jh. mehrfach auch im osmanischen Reich. Die Werner-Prozession zu Ehren eines angeblich von Juden getöteten Kindes im Bistum Trier z. B. wurde erst 1963 abgeschafft. Noch in den Massenmorden der NS-Zeit wirken derartige Fiktionen legitimierend mit, wenn auch eher im Hintergrund, und selbst nach dem Zweiten Weltkrieg ist das Thema nicht beendet. Am 4. Juli 1946 wurden in Kielce (Polen) unter Beteiligung von Militär und Polizei etwa 50 Juden wegen eines Ritualmordgerüchtes ermordet und 80 verletzt; viele zehntausend Juden flohen darauf aus Polen. Eine Aufklärung der Vorgänge wurde jahrzehntelang verhindert und erst nach 1989/1990 versucht (für die Aufarbeitung der Akten mit Abdruck zahlreicher Dokumente s. Tokarska-Bakir 2018). Ritualmordgerüchte gab es in China, Madagaskar und Indien auch gegenüber den Europäern; im islamischen und christlichen Fundamentalismus tauchen sie immer wieder auf und sind in einigen arabischen Ländern wie Ägypten und Syrien staatlich zumindest geduldet.

### 72.2.6 Gewalt gegen Gruppen mit religiöser Begründung

Die systemhaft religiös begründete Gewalt mit Todesfolge gegen ganze Gruppen (Typ 6) greift vor allem bei Ausgrenzungsprozessen gegen Minderheiten, die als Projektionsflächen für ein diskreditiertes ›Anderes‹ dienen können. Die erste Hinrichtung eines Christen wegen ›Häresie‹ (neben Magie und anderen Vorwürfen) war diejenige Priszillians 385 n. Chr. in Trier (Frenschkowski 2016A, 272 f.). In zahlreichen weiteren Häresieprozessen (und ganzen Kriegen, wie den Albigenserkriegen) bedienten sich europäische Staaten religiöser Begründungen, obwohl es dazu immer auch kritische Stimmen gab. Ähnliches gilt für die Pogrome und andere aggressive Maßnahmen gegen Juden als ›Gottesmörder‹: hier wird ein ganzes Arsenal religiöser Legitimationen für ein staatsterroristisches Verhalten angeführt, deren ideologisches Fundament vielfach erst im 20. Jh. entlarvt wurde. Religiös begründet wurden ebenfalls die Verfolgungen angeblicher Hexen und Zauberer, die es in vielen Gesellschaften gegeben hat und gibt, besonders gehäuft in Afrika und im frühneuzeitlichen Europa, aber auch in asiatischen und anderen Sozietäten (ohne Zusammenhang mit dem Christentum). In einer aus heutiger Sicht wahnhaften Einschätzung sahen sich die Richter und verfolgenden Staatsbehörden des frühneuzeitlichen Europas in einem verzweifelten Abwehrkampf gegen die von Dämonen unterstützten, zum Schadenzauber fähigen und ihre Mitmenschen hassenden Hexen und Zauberer. Zur Legitimation diente nicht zuletzt eine vereinzelte Stelle in der hebräischen Bibel, welche die Tötung (weiblicher) Hexen fordert (Ex. 22, 17; schon in der griechischen Übersetzung des Textes auch auf Männer bezogen). Auch das Judentum kannte Hexenvorstellungen (vgl. den freilich legendären Bericht über eine Hinrichtung von 80 Hexen in Aschkalon Anfang des 1. Jhs. v. Chr., s. Frenschkowski 2016, 164 f.). Christen übernahmen das Motivfeld sukzessive, bis es im 14.–17. Jh. zu den bekannten Verfolgungswellen kommt. Die damit verbundene Vorstellungswelt von ›Schadenzaubern‹ ist bereits antik-vorchristliches Erbe, während sich die Fantasie einer zusammenhängenden quasi-religiösen ›Hexensekte‹ mit Teufelsbund und Teufelskult als zentralem Ritus erst im 15. Jh. bildet. Dieses aus antiken paganen und christlichen Elementen gewachsene Konstrukt dient als quasi-religiöse Legitimation für epidemisch um sich greifende Justizmorde. Die von der Ägyptologin Margaret Murray ab 1921 vertretene These, die Hexenverfolgungen seien eine Art Religionskrieg des Christentums gegen ältere vorchristliche Religionen gewesen, fand zwar einige Jahre viel Zustimmung, gilt aber heute als widerlegt (für eine Diskussion s. Frenschkowski 2016). Dies alles können nur Beispiele für die Probleme sein, die sich bei der Analyse für religiös und quasi-religiös legitimierte Verfolgungen realer oder fiktiver Gruppen von ›Anderen‹ ergeben. Sie können sich wie erwähnt bis zum religiös motivierten Staatsterrorismus steigern, wie es z. B. für das aztekische Reich plausibel gemacht wurde, das Kriegszüge führte, um Nachschub für seine Menschenopferpraxis zu haben. Das Verhältnis religiöser, wirtschaftlicher, politischer und sozialer Ursachen wird in solchen Extremformen von Religion fast immer kontrovers beurteilt.

### 72.2.7 Exkurs: Der Fall des radikal-islamischen Dschihād: zwischen militärischen und nicht-militärischen Deutungen

Der Begriff ›Dschihād‹ (جهاد DMG *ǧihād*, in englischer Schreibung *jihad*) meint etymologisch ›Anstrengung‹, ›Kampf‹, ›Einsatz‹ und wird in sehr verschiedenen Bedeutungen gebraucht. In einem kulturwissenschaftlichen Kontext ist die Frage sinnlos, was der Begriff ›eigentlich‹ bedeutet, und es kann nur dokumentiert werden, wie der Begriff in seiner Geschichte von unterschiedlichen Gruppen gebraucht wurde. In den klassischen islamischen Rechtsauslegungen (*fiqh*) dient der Dschihād der islamischen Expansion und der Abwehr von Angriffen auf das islamische Territorium. In jüngster Zeit hat sich jedoch vielfach die Ansicht durchgesetzt, Angriffskriege seien kein legitimer Dschihād. Da der Dschihād auch nichtmilitärische Aspekte hat, lehnen Muslime die Übersetzung ›Heiliger Krieg‹ meist ab. Ziel des Dschihād ist sowohl in militärischen wie in nicht-militärischen Deutungen die uneingeschränkte Herrschaft des Islam im individuellen Leben wie in der Gesamtgesellschaft. Wesentlich ist allen Deutungen, dass der Dschihād keine persönliche Extraleistung, sondern eine grundlegende Pflicht aller Muslime ist (einige sunnitische Rechtsgelehrte nennen ihn geradezu die ›sechste Säule des Islam‹), von der im konkreten Kriegsfall nur Frauen, Kinder, Sklaven und einige andere Gruppen ausgenommen sind. Auch einige ältere Richtungen lehnen ein expansionistisches Verständnis des Dschihād bereits explizit ab, wie die imamitischen Schiiten, nach denen erst der bereits lebende, aber ›verborgene‹ 12. Imam die Islamisierung der Welt durchführen wird. Im Koran, wo das Substantiv viermal und das Verb über dreißigmal erscheint, meint das Wort im Allgemeinen Aktionen militärischen Widerstandes gegen Nicht-Muslime, hat jedoch auch andere Konnotationen. Texte wie Sure 22, 39 f. sprechen vom Dschihād als einer Reaktion auf erlittenes Unrecht (der Vers gilt in der islamischen Koranexegese mehrheitlich als der erste und eigentliche Aufruf zum Kampf). Sure 4, 77 thematisiert die Wendung von einer friedlichen zu einer militanten Ausübung des Islam in der Konfrontation mit den Bewohnern Mekkas. Sure 9, 5 fordert zur aktiven Tötung aller Polytheisten auf (Christen und Juden genießen einen begrenzten Schutz), denen jedoch die Chance einer Konversion zum Islam eingeräumt werden solle (vgl. 9, 29). Sure 9, 81 f. vgl. 48, 16 wird denen die Höllenstrafe angedroht, die sich dem Kampf für den Islam entziehen. Nach Auffassung vieler westlicher Gelehrter wäre ohne das Dschihād-Konzept der spektakuläre Erfolg der islamischen Militärexpansion nicht verständlich zu machen (Noth 1966). Während klassische islamische Koranexegese aus dem Koran vielfach eine Aufforderung zum Krieg gegen die Ungläubigen entnimmt, finden sich vor allem seit dem frühen 20. Jh. auch Stimmen, die im Koran nur einen Verteidigungskrieg legitimiert sehen oder die zwischen Anfangszeit des Islam und Gegenwart differenzieren möchten. Die jenseitigen Belohnungen derer, die im Kampf für den Islam fallen, werden schon seit den kanonischen Hadithsammlungen breit ausgemalt. Frauen und Kinder sollen im Kampf geschont werden. Viele muslimische Ausleger lehnen heute die Auffassung ab, der Koran verpflichte zur physischen Tötung aller Nicht-Schriftbesitzer (Heiden), wenn sie nicht Muslime werden. Auch wurde die Möglichkeit eines Dhimma-Vertrages (DMG: *ḏimmah*: Tributzahlung ohne Konversion zum Islam) im bereits eroberten Territorium faktisch auf die meisten Religionen ausgeweitet, z. B. auf Hindus. Ein Waffenstillstand mit Nicht-Muslimen (hudnah) kann nach klassischem islamischem Recht allerdings grundsätzlich nur zeitlich befristet abgeschlossen werden, obwohl das aus Texten wie Sure 9, 1 nicht zwingend folgt. Nicht-militärische Deutungen des Imperativs zum Dschihād werden im späten 20. und 21. Jh. stärker entfaltet, vor allem wenn Sure 2, 256 (»In der Religion gibt es keinen Zwang«, d. h. er führt nicht zum Ziel) mit dem westlichen Konzept der Religionsfreiheit harmonisiert werden soll. (Dieser Begriff, *libertas religionis*, ist eine Prägung des altkirchlichen Autors Tertullian, Apologeticum 24, 6). Der Dschihād wird in solchen nicht-militärischen Deutungen als eine Form der Selbstüberwindung gesehen und richtet sich gegen die ›Trieb-Seele‹ (auch unterschieden als ›großer‹, ethisch-asketischer vom ›kleinen‹, militärischen Dschihād). Daneben stehen aktivistische Interpretationen, die das Konzept auch als Legitimation terroristischer Akte gebrauchen. Als theoretische Grundlegung dient dazu u. a. das Werk des führenden Theologen der ägyptischen Muslimbruderschaft Sayyid Qutb (1906–1966), dessen Bücher vor allem nach seiner Hinrichtung in der arabischen Welt immense Verbreitung fanden (relevante Textauszüge z. B. Laqueur 2004, 394–397). In dieser Interpretation werden Selbstmordattentäter als Schahīd-Märtyrer (DMG *šahīd*) bezeichnet und ihnen wird ein Platz im Paradies zugesichert. Dass der Dschihād eine Pflicht darstellt, die den Islam von anderen Religionen grundsätzlich unterscheidet, betonte schon der bedeutende islamische Geschichtsphilosoph Ibn Ḫaldūn (gest. 1406).

Die primär psychopathologische Deutung radikal-islamischer, radikal-hinduistischer oder fundamentalistisch-christlicher Attentäter (Letztere etwa bei der Ermordung von Abtreibungsärzten in den USA; diverse Fälle) ist weitgehend widerlegt (zusammenfassend s. Hassan 2011). Eine systemimmanente Scheinlogik lässt Anschläge für die eigene Sache als zweckrationales, auf Abwägung beruhendes strategisches Handeln erscheinen, das vielfach sorgfältig geplant und organisiert durchgeführt wird. Vorausgesetzt sind immer asymmetrische Machtstrukturen; ›Religion‹ bietet einen allgemeinen Deutungsrahmen und offenbar weniger eine konkrete Motivation im Einzelfall. Das Persönlichkeitsbild der Täter differiert allerdings stark, auch in Organisationen, die religiöse Gewalt in großem Umfang praktizieren: Während z. B. in Deutschland aufgewachsene IS-Kämpfer vielfach aus prekärem und kleinkriminellem Milieu stammen und öfter Konvertiten sind, gilt das nicht für solche, die z. B. in Großbritannien aufgewachsen sind und öfter der wohlhabenden Bildungsschicht angehören (wie das auch für viele Täter von 9/11 galt). Auch Selbstmordattentäter in religiösen Netzwerken sind nicht unbedingt durch antisoziale Persönlichkeitsstörungen oder malignen Narzissmus gekennzeichnet (was bei anderen amok-artigen Verhaltensweisen nicht selten ist). Erst mit dem Konzept des dezentralen, nicht durch Terrorzellen organisierten militanten Dschihād im Zuge von medial vermittelten Radikalisierungsprozessen tritt der Tätertyp des ›einsamen Wolfs‹ in den Vordergrund, der auffällige, länger andauernde psychische Störungen aufweist und sozial nicht integriert ist. Es muss als gesichert gelten, dass beide Tätertypen direkt oder medial durch Netzwerke gestützt und ermutigt werden, deren Leitideologien sich selbst oft religiös definieren und die religiöse Energie und Überzeugungen in Richtung Gewalt lenken. Radikalisierung kann dabei bereits in sehr jungem Lebensalter geschehen. Eine wesentliche Einsicht der Forschung ist, dass Radikalisierungen in sehr kurzer Zeit (wenige Monate, eventuell nur Wochen) möglich sind, und auch rein medial vermittelt sein können, also keine engeren persönlichen Kontakte voraussetzen. Das gilt verstärkt, wenn sie mit Konversionsprozessen verbunden sind. Erfahrungen mit ähnlichen Gewaltphänomenen zeigen, dass nur eine breite und langfristige Aufarbeitung als ›Schattenseite‹ des je eigenen religiösen Systems zu einer Überwindung des aggressiven Potenzials führt. Pauschale Negierungen (»Das hat mit uns nichts zu tun«, »Das ist kein Islam«) und ein allgemeines Toleranz- oder Erziehungspathos können Radikalisierungen dagegen kaum verhindern.

Die Aggression radikal-islamischer und anderer sich religiös legitimierender Attentäter richtet sich manchmal gar nicht primär gegen den ›Feind‹ (das besonders, wenn dieser vorgeblich die Ehre des Islam verletzt, etwa mit Karikaturen), sondern gegen den vermeintlichen Kollaborateur in den eigenen Reihen oder auch gegen abweichende Interpretationen der eigenen Religion (weshalb eine Vielzahl radikal-islamischer Terroranschläge faktisch gegen Muslime gerichtet ist). Osama Bin-Laden hat seine Aktionen in erster Linie als Dschihād gegen Juden und ›Kreuzzügler‹ (westliche Christen) gerechtfertigt (vgl. sein *World Islamic Front Statement* von 1998; Text bei Laqueur 2004, 410–412). Eine große Zahl westlicher Muslime lehnt solche Begründungen strikt ab, und weist darauf hin, dass nach ihrer Auffassung Islam, westliche Moderne, Demokratie und Toleranz vereinbar sind. Die mediale Inszenierung ist ein wesentlicher Aspekt, der auch weitere Attentäter inspirieren soll und zugleich dem Statusgewinn bestimmter Gruppen wie Al Qaida oder IS in der islamischen Welt dient. Das Selbstmordattentat hat gruppenintern einen stabilisierenden Aspekt, indem es Unnachgiebigkeit demonstrieren soll und in einem von Clan-Strukturen dominierten Ehren-Kodex der Gewinnung von Prestige dienen kann. Die ›Gruppe‹, die dabei als Bezugsgröße dient, definiert sich zunehmend digital.

Die reiche Forschungsliteratur zum Thema diskutiert sehr divergierende Modelle, wie sich die verschiedenen sozialpsychologischen, biographischen, psychiatrischen, Gender-, ideologischen und religiösen Aspekte zueinander verhalten und mit welchen Trigger-Faktoren und kulturellen Variablen zu rechnen ist (der ›Nachahmungstäter‹ ist nur das bekannteste Beispiel für ein Erklärungsmodell). Ein wesentliches Ergebnis ist, dass Selbstmordattentäter mehrheitlich keineswegs ›gestörte‹, psychisch kranke oder desorganisierte Menschen sind, sondern im Gegenteil oft über gute Bildung und eine gesicherte Existenz verfügen und psychisch nicht grundsätzlich auffällig sind. Die Entscheidung für das Suizidattentat kann für die Gruppe eine strategische und für das Individuum eine Schein-Rationalität haben, und sogar auf einer Kosten-Nutzen-Abwägung beruhen. Ein anderes Beispiel suizidaler Gewalt ist der Kamikaze (›Wind‹, ›Sturm der Götter‹), die im Westen bekannt gewordene Bezeichnung für die weitgehend aus Freiwilligen bestehende japanische Einsatztruppe Shimpū Tokkōtai, die 1944–1945 Selbstmordattentate gegen amerikanische, britische und australische Schiffe ausübte. Dieser Tod galt im Japan als heroische Tat in einem dezidiert national-religiösen Rahmen; etwa 3000 Piloten starben bei den Einsätzen (eine genaue Zahl ist nicht bekannt). Auch sowjetische Soldaten nahmen in der Anfangsphase des Unternehmens Barbarossa den eigenen Tod bei Angriffen auf die deutsche Luftwaffe bewusst in Kauf: Die Hingabe für die eigene Nation gewinnt in solchen Fällen quasi-religiöse Züge.

Martyriumssehnsucht, verbunden mit einem aggressiven sozialrevolutionären Aktionismus, der auch Morde in Kauf nimmt, ist auch in christlichen Kontexten gelegentlich belegt, etwa bei den Circumcellionen oder Agoniten des 4. Jhs., deren Opposition gegen die Reichskirche sich mit gewaltsamen Aktionen verband (vgl. Büttner 1959). Im weiteren Sinn wird man etwa an mörderische Gewalt und Gegengewalt im Kontext des Täuferreiches von Münster (1534–1535) denken oder an die islamischen Assassinen (vgl. Lewis 1987). Selbst rassistische Organisationen wie der amerikanische Ku Klux Klan haben sich vielfach pseudo-religiös inszeniert. Religion dient in solchen Fällen offenbar auch dem Versuch einer Statussteigerung in einer unklaren Gemengelage verschiedenster Interessen.

### 72.2.8 Religion und Krieg

Besonders komplex in ihrem ideologischen Beziehungsgeflecht ist religiös begründete Gewalt gegen größere, nicht individuell differenzierbare Gruppen, wie sie im Kriegsfall ausgeübt wird (Typ 7), wozu hier nur wenige Hinweise gegeben werden können. In den meisten Religionen wurden Diskussionen über erlaubte, gebotene oder illegitime Kriegsführung geführt, die vielfach mit politischen Theorien interagieren. Die indische *Bhagavadgītā* etwa, der auch im Westen meistrezipierte indische religiöse Text über das Wesen der karmisch wirksamen ›Tat‹, ist von Hause aus eine Verteidigung der Notwendigkeit des Krieges, in gewissen Fällen sogar gegen die eigenen Angehörigen. Im europäisch-amerikanischen Kontext wurde der Text meist aus dem Kriegsszenario des *Mahābhārata* herausgelöst und dann nicht mehr in seiner politischen Intention als Kriegslegitimation in einer religiösen Offenbarungsszene wahrgenommen (als Rede des Gottes Kṛṣṇa an den Krieger Arjuna, der nicht kämpfen will). Die aus der antiken Philosophie (Cicero, De officiis 1, 11; De re publica 3, 34, 35 u. a.) stammende und in Spätantike und Mittelalter entwickelte Lehre vom ›gerechten Krieg‹ (*bellum iustum*) als letztem Mittel der Auseinandersetzung nach gescheiterten Verhandlungen fordert für diesen eine Reihe von Bedingungen, die nachantik vor allem in kirchlich-theologischen Kontexten reflektiert wurden. Dazu gehört vor allem eine ›gerechte Ursache‹, die grundsätzlich nur eine der kriegsführenden Parteien haben könne, die Verhältnismäßigkeit der Kriegsführung, das Kriegsziel des Friedens und der Wiederherstellung eines gerechten Zustandes, eine Unterscheidung zwischen Soldaten und Zivilisten sowie eine Reihe weiterer Bedingungen, die strenger oder permissiver ausgelegt werden konnten. Angriffs- und Eroberungskriege könnten grundsätzlich nicht gerecht sein, doch blieben diese theologischen und staatsphilosophischen Erwägungen in realen Kriegen praktisch bedeutungslos. Ab dem 17. Jh. wurden sie weitgehend durch naturrechtliche Argumentationen ersetzt, die das Recht des Staates höher ansetzten. Eine reduzierte Neufassung weitgehend ohne religiöse Fundamentierung (die Genfer Konvention von 1864 bzw. 1949 mit späteren Zusatzprotokollen) versteht sich als einseitig bindende Selbstverpflichtung der Signatarstaaten auch dann, wenn der Gegner sie nicht einhält. In neuerer evangelischer Theologie nach dem Zweiten Weltkrieg wurden Argumente aus der Idee des ›gerechten Krieges‹ gegen den Gebrauch von ABC-Waffen verwendet, während in der katholischen Theologie sogar die Auffassung Raum gewinnen konnte, es habe faktisch nie einen gerechten Krieg gegeben und könne ihn unter modernen militärischen Rahmenbedingungen auch nicht geben (F. M. Stratmann 1924). Doch wurde die militärische ›Abschreckung‹ in den christlichen Kirchen mehrheitlich für legitim gehalten. ›Friedensmissionen‹ militärischer Einheiten werden von den meisten christlichen Kirchen befürwortet. Die angrenzende Frage, inwiefern religiöse Inhalte als ideologische Legitimationen benutzt wurden und werden (nicht nur für Krieg, sondern auch z. B. für den Antisemitismus) kann hier nur angedeutet werden.

## 72.3 Schlussbemerkung

Das Thema der Tötung und Selbsttötung in religiösen Kontexten ist einerseits ein Spezialfall der weiteren Frage nach Gewaltdiskursen und gewalttätiger Praxis in den Religionen, es partizipiert aber auch an allgemein kulturanthropologischen Fragen nach dem Platz von Religion in kulturellen Gesamtsystemen und Ethnien und nach dem Verhältnis religiöser und nichtreligiöser Verhaltensbegründungen. Weiter hat das Thema einen wichtigen Gender-Aspekt: Zwar werden z. B. Attentate und Suizide von Frauen wie Männern ausgeübt, doch gibt es bei vielen Formen von Gewalt einen signifikant größeren Männeranteil (der bei manchen Formen gegen 100 % gehen kann). Als apologetisch (und sogar naiv) wird die Auffassung zurückzuweisen sein, Religion sei ›an und für sich‹ friedlich und gewalttätige Formen müssten daher notwendig als Missbrauch qualifiziert werden. Religion partizipiert, wie andere Teilbereiche von Kultur, an allen Höhen und Tiefen der *conditio humana*, und an den Dynamiken von Verführung und Verführbarkeit, aber auch an der Reifung, Reflexion und progressiven Erkenntnis, die sie ermöglicht. Im christlich-theologischen Diskurs ist auch der *homo religiosus* eine gefallene Kreatur, die sich ihre Götter und Ideale sehr leicht selbst produziert (vgl. Paulus, Röm. 1), als solcher ist er insofern nicht ›edler‹ als der sich nicht-religiös verstehende Mensch. Diese Deutung verbindet sich leicht mit der religionswissenschaftlichen Einsicht, dass tödliche Aggression wie auch suizidales Verhalten in allen Religionen möglich sind und ihre Legitimation vielfach auch innerhalb der religiösen Systeme kontrovers ist. Eine der bittersten Wahrheiten der Religionsgeschichte ist dabei, dass für etwas zu sterben und für etwas zu töten – und überhaupt Aggression und Autoaggression – dicht nebeneinander liegen und rasch ineinander übergehen können.

## Literatur


Angenendt, A.: *Toleranz und Gewalt. Das Christentum zwischen Bibel und Schwert.* Münster 52009.

Assmann, J.: *Die Mosaische Unterscheidung oder Der Preis des Monotheismus.* München 2003.

Assmann, J.: *Totale Religion. Ursprünge und Formen puritanischer Verschärfung.* Wien 2016.

Berko, A.: *The Path to Paradise. The Inner World of Suicide Bombers and their Dispatchers.* London 2007.

Cavanaugh, W. T.: *The Myth of Religious Violence. Secular Ideology and the Roots of Modern Conflict.* New York/Oxford 2009.

Bloom, M.: *Dying to Kill. The Allure of Suicide Terror.* New York 2005.

Braune, C.: *Feuerzeichen. Warum Menschen sich anzünden.* Göttingen 2005.

Bründel, H.: *Amok und Suizid – eine unheilvolle Allianz.* Frankfurt a. M. 2011.

Büttner, Th./Werner, E.: *Circumcellionen und Adamiten. Zwei Formen mittelalterlicher Haeresie.* Berlin 1959.

Butterweck, C.: *›Martyriumssucht‹ in der alten Kirche? Studien zur Darstellung und Deutung frühchristlicher Martyrien.* Tübingen 1995.

Croitoru, J.: *Der Märtyrer als Waffe: Die historischen Wurzeln des Selbstmordattentats.* München/Wien 2003. Neuauflage 2015.

Dieterich, J.: *Der Tod von eigener Hand: Studien zum Suizid im Alten Testament, alten Ägypten und alten Orient.* Tübingen 2017.

Dillinger, J.: *Terrorismus: Wissen was stimmt.* Freiburg i. Br. u. a. 2008.

Drees, C. J.: Sainthood and Suicide. The Motives of the Martyrs of Cordoba 850–859. In: *The Journal of Medieval and Renaissance Studies* 20 (1990), 59–90.

Engelleder, D: *Die islamistische Bewegung in Jordanien und Palästina* 1945–1989. Wiesbaden 2002.

Felber, W./Lammel, M./Sutarski, S./Lau, S. (Hg.): *Plurale Suizide. Doppelsuizid, erweiterter Suizid, Massensuizid, terroristischer Suizid, Amok. Psychopathologie und forensische Bedeutung.* Berlin 2010.

Firestone, R.: Jihād. In: A. Rippin (Hg.): *The Blackwell Companion to the Qur'an.* Malden, Mass. 2006, 308–320.

Firestone, R.: Jihād: *The Origin of Holy War in Islam.* New York 1999.

Frankfurter, D.: *Evil Incarnate. Rumors of Demonic Conspiracy and Satanic Abuse in History.* Princeton, NJ 2008.

Frenschkowski, M.: *Die Hexen. Eine kulturgeschichtliche Analyse.* Wiesbaden 2012/2. Auflage 2016.

Frenschkowski, M.: *Magie im antiken Christentum: Eine Studie zur Alten Kirche und ihrem Umfeld.* Stuttgart 2016 (zitiert 2016A).

Frenschkowski, M.: Verwünschung. In: *Enzyklopädie des Märchens.* Bd. 14 Lief. 1. Berlin 2011, 166–172.

Frenschkowski, M.: Stellvertretung. In: *Reallexikon für Antike und Christentum* (im Erscheinen).

Friedmann, Y.: *Tolerance and Coercion in Islam. Interfaith Relations in the Muslim Tradition.* Cambridge 2003.

Fuhrmann, S./Grundmann, R. (Hg.): *Martyriumsvorstellungen in Antike und Mittelalter. Leben oder Sterben für Gott?* Leiden, Boston 2012.

Gambietta, D. (Hg.): *Making Sense of Suicide Missions.* Oxford 2005.

Graitl, L.: *Sterben als Spektakel. Zur kommunikativen Dimension des politisch motivierten Suizids.* Wiesbaden 2012.

Günther, S./Lawson, T. (Hg.): *Roads to Paradise. Eschatology and Concepts of the Hereafter in Islam.* 2 Bde. Leiden, Boston 2017.

Haenel, T.: *Amok und Kollektivsuizid. Selbsttötung als Gruppenphänomen.* Paderborn 2012.

Hassan, R.: *Suicide Bombings.* London/New York 2011.

Heine, P.: *Terror in Allahs Namen. Extremistische Kräfte im Islam.* Bonn 2004.

Hoffmann, J./Roshdi, K. (Hg.): *Amok und andere Formen schwerer Gewalt: Risikoanalyse – Bedrohungsmanagement – Präventionskonzepte.* Stuttgart 2015.

Hoffmann, T.: *Sterben für den Glauben: Ursprung, Genese und Aktualität des Martyriums in Christentum und Islam.* Paderborn 2018.

Hubertus, A.: *Tödliche Werkzeuge Gottes. Merkmale terroristischer Theologie in Christentum und Islam.* Brühl, Rh. 2018.

Inoguchi, R./Nakajima, T./Pineau, R.: *The Divine Wind: Japan's Kamikaze Force in World War II.* Toronto 1978.

Käsehage, N.: Salafismus in Deutschland – Gegenwärtige Erscheinungsformen und Protagonisten. In: M. Klöcker/U. Tworuschka (Hg.): *Handbuch der Religionen/Handbook of Religions.* Ergänzungslieferung 60. Hohenwarsleben 2019.

Kelsay, J.: *Arguing the Just War in Islam.* Cambridge, Mass. 2007.

Krech, V.: Sacrifice and Holy War: A Study of Religion and Violence. In: W. Heitmeyer/J. Hagan (Hg.): *International Handbook of Violence Research.* Dordrecht/Boston/London 2003, 1005–1021.

Laqueur, W. (Hg.): *Voices of Terror. Manifestos, Writings and Manuals of Al Qaeda, Hamas, and other Terrorists from around the World and throughout the Ages.* New York 2004.

Larteguy, J.: *The Sun Goes Down. Last Letters from Japanese Suicide-Pilots and Soldiers.* London 1956.

Lewis, B.: *The Assassins. A Radical Sect in Islam.* New York 1987.

Lotter, F.: Ritualmord. In: *Theologische Realenzyklopädie.* Bd. 29. Berlin 1998, 253–259.

Marx, C.: Der Afrikareisende Georg Schweinfurth und der Kannibalismus. Überlegungen zur Bewältigung der Begegnung mit fremden Kulturen. In: *Wiener Ethnologische Blätter* 34 (1989), 69–97.

Moghadam, A.: *The Globalization of Martyrdom. Al Qaeda, Salafi Jihad, and the Diffusion of Suicide Attacks.* Baltimore 2008.

Neumann, P. R.: *Die neuen Dschihadisten. IS, Europa und die nächste Welle des Terrorismus.* Berlin 2015.

Neuwirth, A.: Opfer, Gewalt, Genealogie und Erinnerung. Biblische und koranische Erinnerungsfiguren im vorderorientalischen Märtyrerdiskurs. In: C. Wulf/J. Poulain/F. Triki (Hg.): *Die Künste im Dialog der Kulturen. Europa und seine muslimischen Nachbarn.* Berlin 2007, 37–62.

Noth, A.: *Heiliger Krieg und Heiliger Kampf in Islam und Christentum.* Bonn 1966.

Ohnuki-Tierney, E.: *Kamikaze Diaries*. Chicago 2006.
Pape, R.: *Dying to Win. The Strategic Logic of Suicide Terrorism*. New York 2005.
Rescher, O.: *Beiträge zur Dschihâd-Literatur*. 3 Hefte. Stuttgart 1920–1921.
Schlieter, J. (Hg.): *Was ist Religion? Texte von Cicero bis Luhmann*. Stuttgart 2010.
Strack, H.: *Das Blut im Glauben und Aberglauben der Menschheit*. München 1900/8. Auflage 1923 (diverse Reprints).
Stratmann, F. M.: *Weltkirche und Weltfriede, Katholische Gedanken zum Kriegs- und Friedensproblem*. Augsburg 1924.
Tokarska-Bakir, J.: *Pod klątwą. Społeczny portret pogromu kieleckiego*. 2 Bde. Warschau 2018.
Yule, H./Burnell, A. C.: *Hobson-Jobson. A Glossary of Colloquial Anglo-Indian Words and Phrases, and of Kindred Terms, Etymological, Historical, Geographical and Discursive. London 1903* (zahlreiche Nachdrucke).
Zimbardo, Ph.: *Der Luzifer-Effekt. Die Macht der Umstände und die Psychologie des Bösen*. Heidelberg 2008.

*Marco Frenschkowski*

# VI Anhang

# Mitglieder des Wissenschaftlichen Beirats (und die von ihnen begutachteten Beiträge)

**Klaus Feldmann** – Soziologie: Kap. 16: Sterberate; Kap. 19: Sozialer Tod; Kap. 59: Selbsttötung – soziologisch.

**Udo Tworuschka** – Religionswissenschaft: Kap. 2: Religionswissenschaft; Kap. 36: Glaube an eine Fortexistenz nach dem Tod; Kap. 68: Menschenopfer.

**Joachim Wittkowski** – Psychologie: Kap. 9: Sterbeprozess – psychologisch; Kap. 20: Entwicklung des Todeskonzepts bei Kindern; Kap. 32: Abwehr- und Bewältigungsstrategien gegenüber Sterben und Tod; Kap. 33: Einstellungen zu Sterben und Tod; Kap. 58: Selbsttötung – psychologisch.

# Die Autorinnen und Autoren

**Klaus Bergdolt**, Prof. Dr. med. Dr. phil., ist ehemaliger Direktor des Instituts für Geschichte und Ethik der Medizin an der Universität zu Köln (Kap. 37: Tod und Sterben in der Bildenden Kunst).

**Dieter Birnbacher**, Prof. Dr., ist emeritierter Professor für Philosophie an der Heinrich-Heine-Universität Düsseldorf (Kap. 62: Sterbefasten – philosophisch).

**Holger Busch**, Dr. phil. Dipl.-Psych., ist Wissenschaftlicher Mitarbeiter in der Abteilung Entwicklungspsychologie der Universität Trier (Kap. 33: Einstellungen zu Sterben und Tod).

**Gabriele Doblhammer-Reiter**, Dr. rer. soc. oec., Direktorin des Rostocker Zentrums zur Erforschung des Demografischen Wandels, ist Professorin für Empirische Sozialforschung und Demographie am Institut für Soziologie und Demographie der Universität Rostock (Kap. 16: Sterberate).

**Hans-Jörg Ehni**, Prof. Dr. phil., ist stellvertretender Direktor am Institut für Ethik und Geschichte der Medizin der Eberhard-Karls-Universität Tübingen (Kap. 27: Lebensverlängerung – philosophisch).

**Julia Engels**, M. A., ist Kooperationspartnerin des Instituts für Geschichte, Theorie und Ethik der Medizin an der RWTH Aachen (Kap. 66: Hinrichtung).

**Frank Erbguth**, Prof. Dr. med. Dipl. Psych. ist Direktor der Universitätsklinik für Neurologie, Paracelsus Medizinische Privatuniversität Klinikum Nürnberg (Kap. 5: Medizin; Kap. 11: Koma).

**Norbert Erlemeier**, Dr. phil. Dipl.-Psych., ist Professor i. R. für Psychologie, insbes. Gerontopsychologie bis 2016 Mitglied der »Arbeitsgruppe Alte Menschen« im Nationalen Suizidpräventionsprogramm für Deutschland (Kap. 58: Selbsttötung – psychologisch).

**Klaus Feldmann**, Dr. phil., ist Professor i. R. am Institut für Soziologie und Sozialpsychologie der Universität Hannover (Kap. 7: Soziologie).

**Dagmar Fenner**, Prof. Dr. phil., ist Titularprofessorin für Philosophie an der Universität Basel und Lehrbeauftragte an der Universität Tübingen (Kap. 60: Selbsttötung – philosophisch).

**Sabine Fischbeck**, Dr. rer. physiol., Dipl.-Psychologin, ist Wissenschaftliche Mitarbeiterin an der Klinik und Poliklinik für Psychosomatische Medizin und Psychotherapie der Universität Mainz (Kap. 9: Sterbeprozess – psychologisch).

**Norbert Fischer**, Dr. phil. habil., ist Professor am Institut für Empirische Kulturwissenschaft (früher Volkskunde/Kulturanthropologie) der Universität Hamburg (Kap. 1: Geschichtswissenschaft).

**Marco Frenschkowski**, Dr. theol., ist Professor für Evangelische Theologie (Neues Testament unter besonderer Berücksichtigung der hellenistisch-römischen Religionsgeschichte) an der Universität Leipzig (Kap. 2: Religionswissenschaft; Kap. 36: Glaube an eine Fortexistenz nach dem Tod; Kap. 68: Menschenopfer; Kap. 72: Tötungen und Selbsttötungen in religiösen Kontexten).

**Andreas Frewer**, Dr. med., M. A., European Master in Bioethics, ist Professor am Institut für Geschichte und Ethik der Medizin der Friedrich-Alexander-Universität Erlangen-Nürnberg (Kap. 56: Sterben und Euthanasie aus Sicht der Medizingeschichte).

**Eckhard Frick SJ**, Prof. Dr. med., MA phil. et theol., Psychiater und Psychoanalytiker, lehrt psychosomatische Anthropologie an der Hochschule für Philosophie der Jesuiten und Spiritual Care an der Medizinischen Fakultät der Universität München (Kap. 32: Abwehr- und Bewältigungsstrategien gegenüber Sterben und Tod).

**André Fringer**, Prof. Dr. rer. medic., MScN, RN, ist Co-Leiter MSc Pflege und Co-Leiter Forschung und Entwicklung am Institut für Pflege der ZHAW Zürcher Hochschule für Angewandte Wissenschaften und Habilitand am Department für Pflegewissenschaft der Universität Witten/Herdecke (Kap. 61: Sterbefasten – medizinisch-pflegewissenschaftlich).

**Werner Fuchs-Heinritz** (†), Dr. phil., Prof. i. R., lehrte Soziologie an der Philipps-Universität Marburg und an der Fernuniversität Hagen (Kap. 19: Sozialer Tod).

**Karin Geiger**, Dr. med., ist ehemalige Wissenschaftliche Mitarbeiterin am Institut für Geschichte der Medizin der Justus-Liebig-Universität Gießen (Kap. 26: Lebensverlängerung – medizingeschichtlich).

**Jasmin Grande**, Dr. phil., ist Kooperationspartnerin des Instituts für Geschichte, Theorie und Ethik der Medizin an der RWTH Aachen (Kap. 8: Sterbeprozess – medizingeschichtlich).

**Dominik Groß**, Prof. Dr. med. Dr. med. dent. Dr. phil., ist Direktor des Instituts für Geschichte, Theorie und Ethik der Medizin an der RWTH Aachen (Kap. 8: Sterbeprozess – medizingeschichtlich; Kap. 44: Obduktion – medizingeschichtlich; Kap. 47: Sarg; Kap. 48: Bestattungsformen – Wandel in der Moderne; Kap. 66: Hinrichtung).

**Gerrit Hohendorf**, Prof. Dr. med., ist Psychiater und Medizinethiker und Leiter des Arbeitsbereichs Medizingeschichte am Institut für Geschichte und Ethik der Medizin der Technischen Universität München (Kap. 12: Hirntod – medizinisch).

**Franz Josef Illhardt**, Prof. Dr. theol., war Geschäftsführer der Ethik-Kommission am Universitätsklinikum der Universität Freiburg (Kap. 30: Ars moriendi – aktuelle Wiederentdeckung).

**Jan C. Joerden**, Dr. jur., ist Professor i. R. für Strafrecht, insbesondere Internationales Strafrecht, an der Europa-Universität Viadrina in Frankfurt an der Oder (Kap. 3: Rechtswissenschaft; Kap. 57: Kindstötung; Kap. 63: Mord).

**Isabella Jordan**, Dr. phil, ist Freie Mitarbeiterin am Institut für Geschichte und Ethik der Medizin, Professur für Ethik in der Medizin der Friedrich-Alexander-Universität Erlangen-Nürnberg (Kap. 43: Hospiz/Palliativmedizin).

**Robert Jütte**, Prof. Dr. phil, lehrt Neuere Geschichte an der Universität Stuttgart (Kap. 53: Abtreibung – medizingeschichtlich).

**Axel Karenberg**, Prof. Dr. med., ist kommissarischer Direktor des Instituts für Geschichte und Ethik der Medizin der Universität zu Köln (Kap. 70: Freiwilliges Opfer des Lebens).

**Alexander Kästner**, Dr. phil., ist wissenschaftlicher Mitarbeiter am Institut für Geschichte der TU Dresden und Teilprojektleiter im Sonderforschungsbereich 1285 »Invektivität« (Kap. 10: Scheintod).

**Ursula Konnertz** ist Wissenschaftliche Mitarbeiterin am Lehrstuhl für Moraltheologie an der Goethe-Universität in Frankfurt a. M. (Kap. 21: Tod, Sterben und Geschlecht).

**Tanja Krones**, PD Dr. med., Dipl.-Soziologin, ist Leitende Ärztin Klinische Ethik/Geschäftsführerin des Klinischen Ethikkomitees im Universitätsspital Zürich (Kap. 55: Abtreibung – medizinethisch).

**Jens Kunze**, Dr. phil., ist Wissenschaftlicher Mitarbeiter im Stadtarchiv Magdeburg und selbstständiger Historiker in Leipzig (Kap. 46: Leichenpredigten).

**Hans Lilie**, Dr. iur., war Inhaber des Lehrstuhls für Strafrecht, Strafprozessrecht, Rechtsvergleichung und Medizinrecht an der Martin-Luther-Universität zu Halle-Wittenberg (Kap. 41: Sterbehilfe – rechtswissenschaftlich).

**Christa Lindner-Braun**, Dr. rer. pol. habil., Dipl. Sozialwirt, ist entpflichtete Professorin an der Universität zu Köln (Kap. 58: Selbsttötung – soziologisch).

**Christoph Mandla**, Dr. jur., ist Wissenschaftlicher Mitarbeiter am Lehrstuhl für Strafrecht, Strafprozessrecht, Rechtsvergleichung und Medizinrecht der Martin-Luther-Universität zu Halle-Wittenberg (Kap. 59: Patientenverfügung).

**Georg Meggle**, Prof. Dr., ist emeritierter Philosoph in Leipzig (Kap. 71: Tötungen durch terroristische Akte).

**Fuat Oduncu**, Prof. Dr. med. Dr. phil., ist Chefarzt der Klinik für Hämatologie, Onkologie und Palliativmedizin am Helios Klinikum München West, Akad. Lehrkrankenhaus der LMU-München (Kap. 12: Hirntod – medizinisch).

**Pierre-Marc Paré**, Student an der Friedrich-Alexander-Universität Erlangen-Nürnberg (Kap. 52: Unterrichtung über Sterben, Tod und Trauer).

**Armin Prinz** (†), Dr. phil. (Ethnologie) Dr. med., war außerordentlicher Professor und Leiter der Unit Ethnomedicine and International Health, Zentrum für Public Health, an der Medizinischen Universität Wien (Kap. 18: Leiche – ethnologisch; Kap. 69: Kannibalismus).

**Austra Reinis**, Ph. D., ist Professorin für Geschichte der Christenheit an der Missouri State University in Springfield, Missouri, USA (Kap. 28: *Ars moriendi* – Ritual- und Textgeschichte).

**Matthias Remenyi**, Prof. Dr., ist Inhaber des Lehrstuhls für Fundamentaltheologie und vergleichende Religionswissenschaft an der Julius-Maximilians-Universität Würzburg (Kap. 24: Unsterblichkeit – theologisch).

**Stephanie Reuter**, Dr. phil., Dipl.-Psychologin, Dipl.-Erziehungswissenschaftlerin, ist Akademische Direktorin in der Abteilung Entwicklungs- und Pädagogische Psychologie der Universität Koblenz-Landau, Campus Landau (Kap. 20: Herausbildung des Todeskonzepts bei Kindern).

**Michael Rosentreter**, Prof. Dr. rer. pol., ist Professor für Pflegemanagement und Berufspädagogik an der Apollon Hochschule der Gesundheitswirtschaft in Bremen (Kap. 47: Sarg).

**Andreas Roth**, Dr. phil., ist Inhaber des Lehrstuhls für Deutsche Rechtsgeschichte und Bürgerliches Recht an der Johannes-Gutenberg-Universität Mainz (Kap. 64: Todesstrafe – historisch).

**Markus Rothhaar**, Prof. Dr. phil., war Wissenschaftlicher Mitarbeiter am Institut für Geschichte und Ethik der Medizin der Universität Erlangen-Nürnberg (Kap. 39: Sterbebegleitung).

**Gerlind Rüve**, Dr. phil., war Wissenschaftliche Mitarbeiterin am Institut für Geschichte, Ethik und Philosophie der Medizin der Medizinischen Hochschule Hannover (Kap. 10: Scheintod).

**Stephan Sahm**, Prof. Dr. med., Institut für Geschichte und Ethik der Medizin, Goethe-Universität, Frankfurt, und Ketteler Krankenhaus, Offenbach am Main (Kap. 40: Sterbehilfe – medizinethisch).

**Thomas Salzmann** war Wissenschaftlicher Mitarbeiter am Lehrstuhl für Empirische Sozialforschung und Demographie am Institut für Soziologie und Demographie der Universität Rostock (Kap. 16: Sterberate).

**Klaus-Steffen Saternus**, Prof. em. Dr. med. Dr. h. c., leitete bis 2007 die Abteilung Rechtsmedizin an der Universität Göttingen (Kap. 15: Todesfeststellung; Kap. 45: Obduktion – rechtsmedizinisch).

**Daniel Schäfer**, Dr. med. Dr. phil., ist akademischer Oberrat und außerplanmäßiger Professor am Institut für Geschichte und Ethik der Medizin der Universität zu Köln (Kap. 1: Geschichtswissenschaft – Vorneuzeit: Alter Orient, Klassische Antike und Mittelalter; Kap. 23: Unsterblichkeit – medizingeschichtlich; Kap. 48: Bestattungsformen – Wandel in der Moderne).

**Burghard Schappert**, Dr. med., ist Facharzt für Allgemeinmedizin und Lehrbeauftragter an der Klinik und Poliklinik für Psychosomatische Medizin und Psychotherapie an der Universität Mainz (Kap. 9: Sterbeprozess – psychologisch).

**Hans-Walter Schmuhl**, Prof. Dr. phil., ist außerplanmäßiger Professor an der Fakultät für Geschichtswissenschaft, Philosophie und Theologie der Universität Bielefeld (Kap. 67: Massenmord/Genozid/Demozid).

**Bernard N. Schumacher**, Prof. Dr. phil., ist Professor für Philosophie an der Universität Freiburg/Schweiz (Kap. 4: Philosophie).

**Björn Schumacher**, Prof. Dr., leitet das Institut für Genomstabilität in Alterung und Erkrankung an der Medizinischen Fakultät der Universität zu Köln (Kap. 22: Unsterblickeit – biologisch).

**Reiner Sörries**, Dr. theol., ist Direktor des Zentralinstituts und Museums für Sepulkralkultur in Kassel (http://www.sepulkralmuseum.de) und Professor für Christliche Archäologie und Kunstgeschichte am Fachbereich Theologie der Universität Erlangen-Nürnberg (Kap. 49: Grabinschriften; Kap. 50: Todesanzeigen).

**Sabrina Stängle**, MSc, ist wissenschaftliche Mitarbeiterin am Institut für Pflege der ZHAW Zürcher Hochschule für Angewandte Wissenschaften und PhD-Studentin am Department für Pflegewissenschaft der Universität Witten/Herdecke (Kap. 61: Sterbefasten – medizinisch-pflegewissenschaftlich).

**Ralf Stoecker**, Dr. phil., ist Professor für Philosophie mit Schwerpunkt Angewandte Ethik an der Universität Potsdam (Kap. 13: Hirntod – philosophisch).

**Heiko Stoff**, PD Dr., ist Leiter des Arbeitsbereiches zur Zeit- und Wissenschaftsgeschichte der Medizin am Institut für Geschichte, Ethik und Philosophie der Medizin der Medizinischen Hochschule Hannover (Kap. 26: Lebensverlängerung – medizingeschichtlich).

**Bärbel Sunderbrink**, MA, ist Wissenschaftliche Mitarbeiterin in der Abteilung Geschichte der Universität Bielefeld (Kap. 34: Trauer – kulturhistorisch).

**Bernhard H. F. Taureck**, Dr. phil., ist Professor für Philosophie i. R. an der TU Braunschweig (Kap. 29: Ars moriendi – philosophisch).

**Udo Tworuschka**, Dr. phil., ist Professor für Religionswissenschaft an der Friedrich-Schiller-Universität Jena.

**Andreas Wacke**, Dr. jur. Dr. h. c. mult., war bis zu seiner Emeritierung Direktor des Instituts für Römisches Recht an der Universität Köln (Kap. 51: Testament).

**Jean-Pierre Wils**, Dr. theol., ist Professor der Philosophie mit dem Lehrauftrag »Philosophische Ethik und Kulturphilosophie« an der Radboud Universität Nijmegen (Niederlande) (Kap. 31: Todesfurcht als Thema der Philosophie; Kap. 42: Sterbehilfe – philosophisch).

**Joachim Wittkowski**, Dr. phil. habil., Diplom-Psychologe, gehört als außerplanmäßiger Professor der Fakultät für Humanwissenschaften der Universität Würzburg an (Kap. 6: Psychologie; Kap. 35: Trauer – psychologisch; Kap. 52: Unterrichtung über Sterben, Tod und Trauer).

**Héctor Wittwer**, Dr. phil., ist Professor für Praktische Philosophie an der Otto-von-Guericke-Universität Magdeburg (Kap. 25: Unsterblichkeit – philosophisch; Kap. 65: Todesstrafe – philosophisch).

**Hans-Bernhard Wuermeling** (†), Prof. em. Dr. med., war Direktor des Instituts für Rechtsmedizin der Friedrich-Alexander-Universität Erlangen-Nürnberg (Kap. 14: Todesursachen; Kap. 17: Leiche – medizinisch; Kap. 54: Abtreibung – rechtsmedizinisch).

**Martina Ziefle**, Dr. phil., ist Professorin für Communication Science und Leiterin der eHealth Forschungsgruppe »Enhancing Mobility with Aging« am Human Technology Center der RWTH Aachen (Kap. 48: Bestattungsformen – Wandel in der Moderne).

# Personenregister


**A**

Abbt, Thomas 455
Abderhalden, Emil 387
Absalom (Sohn des israelitischen Königs David) 20
Aderman, David 238
Aikenhead, Mary 302
Akiba (Rabbi) 19
Alexander der Große 6, 308
Altdorfer, Albrecht 268
Althaus, Paul 26
Améry, Jean 407
Andersen, Hans Christian 106, 152
Angstwurm, Heinz 121
Annaeus, Statius 384
Antonius, Marcus 6
Apel, Karl-Otto 168
Apuleius, Lucius 27
Arens, William 451
Aretaios (griechischer Arzt) 90
Ariès, Philippe 3, 8, 47, 51, 75, 95, 165, 167, 267, 297, 382
Aristoteles 211–212, 297, 308, 367, 384, 406
Arnald de Villanova 370
Assmann, Jan 462
Athenagoras 182
Attar, Faridoddin 259
Attig, Thomas 63, 361
Auerbach, Erich 19
August der Jüngere (Herzog von Braunschweig-Lüneburg) 326
Augustinus 25, 94, 153, 182, 221, 258, 309, 357, 427, 444, 464
Augustus (römischer Kaiser) 265, 267, 356–357
Avicenna 259
Azpilcueta, Martin von 298

**B**

Bacon, Francis 385
Baechler, Jean 402
Barlach, Ernst 266
Barth, Karl 26
Bataille, Georges 454
Bauby, Jean-Dominique 115
Baudelaire, Charles 214
Baudelot, Christian 403
Baudrillard, Jean 47
Bauman, Zygmunt 84, 176
Beauvoir, Simone de 165–168, 170
Beccaria, Cesare 424, 427, 429, 433
Beck, Aaron 396
Beckmann, Max 268
Becon, Thomas 207
Bellarmin, Robert 207
Benedict, Ruth 263
Benedikt XII. (Papst) 266
Benjamin, Jessica 167
Benn, Gottfried 321
Berger, Peter L. 77
Bergmann, Anna 169–170
Bergson, Henri 42
Berman, Jeffrey S. 250
Bernheim, Jan L. 279
Bernstein, Arnold 238
Beuys, Joseph 268
Bichat, Xavier 55, 91, 124, 311
Binding, Karl 387
Bin-Laden, Osama 469
Birckmann, Theodor 310
Bismarck, Otto von 13, 425
Blake, William 262
Bloch, Ernst 40, 42, 46, 221, 455
Blumenberg, Hans 224
Boccaccio, Giovanni 267
Böcklin, Arnold 13, 268
Boehm, Felix 451
Boëthius 26
Bonhoeffer, Dietrich 262
Bonifaz VIII. (Papst) 58, 309
Bonnet, Théophile 311
Borkenau, Franz 4
Borner, Johannes 204
Bosch, Hieronymus 23, 266
Bourdieu, Pierre 75
Bowlby, John 227–228, 248
Brabant, Maria von 266
Brähler, Elmar 247
Braz, Analde le 25
Brecht, Bertolt 106, 455
Brinkley, John 193
Bronfen, Elisabeth 168
Brown-Séquard, Charles-Édouard 192–193
Bruhier, Jean-Jacques 90, 104–105
Brüsewitz, Oskar 456, 464
Bugenhagen, Johannes 204–205
Bumann, Gottlieb Wilhelm 348
Bunyan, John 257
Bürger, Gottfried August 21
Burke, Laurie A. 247
Burkert, Esther 170

**C**

Caesar, Gaius Julius 6, 446
Callahan, Daniel 199
Callois, Roger 454
Calment, Jeanne 173
Calvin, Johannes 206
Camus, Albert 405, 427, 429
Canetti, Elias 165, 168
Canisius, Petrus 207
Canterbury, Anselm von 202
Carl August, Großherzog von Sachsen-Weimar-Eisenach 61
Carrel, Alexis 193
Casas, Bartholomé de las 446
Cassius Dio 265
Castenbaur, Steffan (Agricola) 203, 205
Centigloria, Duca di 451
Chalkedon, Herophilos von 308
Chambaere, Kenneth 279
Chasseguet-Smirgel, Janine 166
Chodorov, Nancy 167
Chodowiecki, Daniel Nikolaus 266
Christina von Schweden 210
Cicero, Marcus Tullius 5, 44, 46, 94, 210, 454, 470
Cihak, Sabine 353
Claudius, Matthias 25
Collett, Lora-Jean 233
Collett, Merrill 208
Comte, Auguste 75, 155, 157
Cooper, James Fenimore 255
Corinth, Lovis 266
Cornaro, Alvise 192
Corr, Charles A. 361
Creve, Karl Kaspar 91
Cullmann, Oscar 26
Currier, Joseph 250

D
d'Alembert, Jean LeRond 386
Dali, Salvador 268
Daly, Mary 166
Dante Alighieri 211, 259
Daumier, Honoré 268
Davis, Wade 154, 429
Degner, Lesley F. 361
Demokrit 212
Derrida, Jacques 43
Descartes, René 185
Descotes, Jacques 56
Deutsch, Erwin 317
Deutsch, Nikolaus Manuel 266
Díaz del Castillo, Bernal 446
Dickens, Charles 214
Diderot, Denis 386, 406
Dieffenbach, Johann Friedrich 58
Diepold, Johannes 204
Diller, Hans 383
Dinnerstein, Dorothy 167
Diodorus Siculus 177
Diogenes Laërtios 26
Dix, Otto 266, 268
Döblin, Alfred 455
Dodds, Eric Robertson 263
Doerr, Wilhelm 176
Doka, Kenneth J. 63
Doré, Gustave 268
Douglas, Michael 465
Drakon von Athen 422
Drelincourt, Charles 207
Drexel, Jeremias 207
Dumas, Alexandre 115
Durán, Diego 446
Dürer, Albrecht 266
Durkheim, Émile 75, 77, 80, 401–403, 414
Durlak, Joseph A. 363

E
Easterlin, Richard 402
Eaubonne, Françoise d' 166
Eckert, Hermi 292
Eckhout, Albert 450
Egger-Lienz, Albin 266
Ehrmann, Theophil Friedrich 450
Elert, Werner 26
Elfenbein, Morton H. 237
Eliade, Mircea 18, 28, 254–255
Elias, Norbert 75, 79–80, 165, 167, 222, 244
Empedokles 453
Engels, Friedrich 451
Ensor, James 268
Epicharm 94
Epiktet 213, 297
Epikur 26, 42–45, 95, 211–214, 222
Erasistratos 308
Erb, Mária 348
Ernst I., der Fromme (Herzog von Sachsen-Gotha-Altenburg) 324
Establet, Roger 403
Etzersdorfer, Elmar 394–395
Euripides 24, 444–445, 453

F
Feldmann, Klaus 156
Feuerbach, Ludwig 44, 47, 223
Firenze, Antonius von 298
Fliedner, Theodor 302
Folkman, Susan 247
Fontana, Deborah J. 69
Fontane, Theodor 455
Foucault, Michel 77, 168, 170
Frazer, James George 23, 27, 448
Freud, Sigmund 40, 79, 166, 229–231, 246–248, 394–395
Friedrich, Caspar David 13
Friedrich der Weise (Kurfürst von Sachsen) 324
Friedrich II., der Große (König von Preußen) 369, 466
Friedrich Wilhelm III. (Herzog von Sachsen-Altenburg) 324
Fung, Helene H. 237
Füssli, Johann Heinrich 268

G
Gächter, Yvonne 353
Gadamer, Hans-Georg 41, 79
Galen von Pergamon 177, 309–310
Gatliff, Colleen 235
Gehring, Petra 170
Gennep, Arnold van 78
Géricault, Theodore 268
Gerkan, Roland 387
Gerson, Jean (Johannes Charlier) 202, 385
Gibbs, Jack P. 402
Giddens, Anthony 75
Gilgamesch 23, 93, 177, 179
Gilligan, Carol 167, 379
Glaesmer, Heide 247
Glannon, Walter 199
Glanville, Ranulf de 357
Glaser, Barney G. 75–77, 98, 155
Goethe, Johann Wolfgang von 11, 20, 157, 445
Goffman, Erving 77, 156
Gold, Kenneth 69
Gotthelf, Jeremias 455
Goudbout, Jacques T. 454
Goulon, Maurice 55–56, 92, 110, 121
Goya, Francisco de 268
Gregor der Große (Papst) 258
Gregor von Nyssa 182
Gregor X. (Papst) 466
Grien, Hans Baldung 266
Grieshaber, HAP 266
Grimm, Jacob 450
Grimm, Wilhelm 450
Grimmelshausen, Hans Jakob Christoffel von 94
Grosz, George 268
Guillotin, Joseph Ignace 433
Günther, Rolf 456
Güttel, Kaspar 204–206

H
Haarmann, Friedrich Karl 449
Habermas, Jürgen 75
Hackethal, Julius 292
Haeckel, Ernst 387
Häfner, Hans 398
Hagens, Gunther von 29, 152, 268, 341
Hahn, Alois 79
Hamermesh, Daniel S. 403
Hammurapi (König von Babylon) 432
Hamperl, Herwig 319
Hansson, Robert 247
Haraway, Donna 166
Harner, Michael 451
Harris, John 200
Harris, Marvin 451
Hartland, Edwin Sidney 23
Hartshorne, Charles 26
Hautzinger, Martin 396
Hegel, Georg Wilhelm Friedrich 167, 214, 222, 427
Heidegger, Martin 40–42, 46, 79, 94, 165, 167–168, 184, 214, 223
Heinrich I. von Breslau (Bischof) 202
Helmers, Traute 169
Helmont, Johan Baptista van 177
Henseler, Heinz 395–396, 398
Herodot 444, 447
Hertz, Robert 75, 78
Hesiod 25
Hildebrandt, Friedrich 90, 92
Hildegard von Bingen 370
Hilden, Fabry von 310
Hippokrates 152, 298, 370, 383
Hirschbiegel, Oliver 20
Hitler, Adolf 20, 434, 437, 455
Hobbes, Thomas 427
Hoche, Alfred 387
Hogan, Christopher 97
Hogan, Nancy 71
Holbach, Baron d' 299, 406
Holbein der Ältere, Hans 266
Homer 5, 25, 256, 265, 450, 454
Hommel, Carl Ferdinand 424
Horaz 298, 454
Hrdlicka, Alfred 266
Hufeland, Christoph Wilhelm 58, 91, 104, 179, 286, 386, 388

Huizinga, Johan 3
Humboldt, Alexander von 91
Hume, David 299, 406

I
Iblacker, Reinhold 303
Ibn Ḫaldūn 468
Ibn Taimīya 463
Illich, Ivan 47
Imhof, Arthur E. 219
Innozenz III. (Papst) 433
Ischarioth, Judas 20
Isidor von Sevilla 357

J
Jackson, Shirley 448
Jacobi, Johannes 90
James, William 109
Jankélévitch, Vladimir 43, 46, 165, 224
Jansen Enikel 267
Janssen, Horst 268
Jaspers, Karl 223
Jdanov, Dmitri A. 141
Jecker, Nancy 217
Jennett, Bryan 112
Jesus Christus 19, 21, 94, 104, 181–182, 206–207, 254, 258, 260, 265, 331, 335, 432, 454
Jiang, Da 237
Joiner, Thomas E. 398
Jonas, Hans 40, 42
Jong, Jonathan 236
Jordan, John R. 250
Joseph II. (Kaiser) 332
Jost, Adolf 387
Jouvet, Michel 56
Joyce, James 256
Jung, Carl Gustav 219
Jünger, Ernst 455

K
Kaiser, Georg 455
Kalitzkus, Vera 169
Kalkar, Jan van 267
Kamm, Frances 46
Kanfer, Frederick 396
Kant, Immanuel 37, 104, 185, 285, 378, 386, 392, 405, 424, 427–428, 434
Karl der Große 5, 157, 331
Karl V. (Kaiser) 310, 367, 369
Kastenbaum, Robert 361
Kaulbach, Wilhelm 266
Kearl, Michael C. 79
Kellehear, Allan 76, 82, 84
Keller, Helen 358
Kersting, Anette 247
Kettler, Dietrich 135
Kierkegaard, Søren 41, 165, 218, 221
Kind, Jürgen 395–396
Kirkwood, Tom 172
Kleopatra 6
Klinger, Max 266, 268
Knight, Kim H. 237
Koch, Gertrud 168
Kojève, Alexandre 167
Kolbe, Maximilian 456
Kollwitz, Käthe 268
Kolumbus, Christoph 449–450
Konstantin (Kaiser) 432
Korczak, Janusz 456
Kratinos 382
Krauß, Oliver 362
Kretschmer, Ernst 112
Kries, Adolf von 130
Krünitz, Johann Georg 450
Kübler-Ross, Elisabeth 75, 92, 97–98, 216–217

L
Lactantius 20
Lafontaine, Céline 84
La Fontaine, Jean de 210–211
La Rochefoucauld, François de 210–211
Lazarus, Richard 397–398
Leguat, François 450
Lemkin, Raphael 438
Leonardo 267–268
Leonidas (König von Sparta) 453
Leo XIII. (Papst) 335
Léry, Jean de 450
Lessing, Gotthold Ephraim 12
Lester, David 233
Levinas, Emmanuel 41–42, 165
Leyden, Lucas van 266
Lin, A. H.-M. H. 236
Linck, Wenzel 204–205
Lindemann, Erich 246
Lindemann, Gesa 169
Lizza, John 48
Locke, John 427, 434
Lockhart, Lisa 237
Lorde, Audre 166
Lorm, Hieronymus 358
Lown, Bernard 61
Lucan 446
Luckmann, Thomas 77
Ludwig XVI. (König von Frankreich) 425
Lugo, Joannes de 298
Luhmann, Niklas 75
Lukian 211
Lukrez 43, 211–212, 214
Lunney, June R. 97
Luther, Martin 20, 24, 203–205, 242, 324, 326, 349
Luzzi, Mondino dei 309
Lynn, Joanne 97

M
Macho, Thomas 165–166, 168, 297
Mader, Hans 352
Mailand, Ambrosius von 44
Maimonides 176
Mann, Thomas 256
Mantegna, Andrea 267
Mao Zedong 437–438
Marc Aurel 213
Marcel, Gabriel 46, 181
Marcuse, Herbert 47
Mardach, Eberhardus 217
Marek, Kristin 297
Maria Theresia (Kaiserin von Österreich) 91
Marie Antoinette (Königin von Frankreich) 425
Martin, Walter T. 402
Marx, Karl 75, 455
Marx, Karl Friedrich Heinrich 386
Masereel, Frans 266
Maussollos von Karien 6
Maximilian I. (Kurfürst) 207
McCarthy, Desmond 263
McGehee III, Fielding M. 464
McMahan, Jeff 48
Medawar, Peter 173
Meister Eckhart 218
Mellor, Philip A. 79
Menninger, Karl 395
Menoikeus 222
Menzel, Adolph 268
Merchant, Carolyn 166
Merian der Ältere, Matthäus 54
Merleau-Ponty, Maurice 43
Methusalem 177, 191
Métraux, Alexandre 55
Metschnikoff, Elias 192
Michelangelo 258, 266–268
Mill, John Stuart 427
Minucius Felix 444
Mittermaier, Carl Joseph Anton 425
Mohammed 21, 255, 257
Mohr, Georgius 203, 206
Mohr, Michael 135
Moleschott, Jakob 176
Mollaret, Pierre 55–56, 92, 110, 121
Montaigne, Michel de 43, 210, 214, 222, 298
Montesquieu, Charles-Louis 299, 406, 424, 434
Moreau de Maupertuis, Pierre 179
Moreno, Jakob Levy 155
Morgagni, Giovanni Battista 59, 132, 311
Morse, Janice M. 98
Morus, Thomas 185, 298, 385–386
Müller-Busch, Cristof 99
Müller-Cyran, Andreas 138
Murray, Margaret 467

Muschaweck, Petra 304
M'Uzan, Michel de 230

N
Naegeli, Harald 266
Nagel, Thomas 41, 46, 221
Nassehi, Armin 79
Neimeyer, Robert A. 63, 69, 71, 247, 250
Nepos, Cornelius 297
Nero (römischer Kaiser) 20, 267, 384
Nestroy, Johannes Nepomuk 152
Nightingale, Florence 302
Nolde, Emil 54
Noppe Cupit, Illene 361
Nothnagel, Hermann 92
Notker I. 24
Nozick, Robert 45
Nuland, Sherwin B. 61

O
Odenbach, Johannes 204, 206
Oecolampadius, Johannes 203–206
Olson, Karin L. 98
Opus, Philippos von 213
Osiander, Andreas 466
Ostwald, Wilhelm 387
Otter, Jakob 204–205
Otto, Walter F. 254
Ovid 178, 259

P
Palach, Jan 456
Paracelsus 177–178
Parma, Salimbene von 309
Parsons, Robert 207
Parsons, Talcott 75, 79–81
Pascal, Blaise 40, 42
Pattison, E. Mansell 98
Paulus 19, 25–26, 182, 206, 257–258, 470
Perpetua 19
Persius, d. i. Aulus Persius Flaccus 24
Petrarca 266
Pieper, Josef 46
Piitulainen, Marja-Leena 353
Pindar 177
Piso, Willem 450
Platon 19, 25–26, 44, 152, 184–185, 210–214, 256, 260, 298, 369, 383–384, 427
Plinius der Ältere 152, 446
Plinius der Jüngere 23
Ploetz, Alfred 387
Plum, Fred 112, 115
Plutarch 44
Polykarp von Smyrna 19
Polykrates 6
Poseidippos 382
Posner, Jerome B. 115
Powell, F. C. 236
Power, Trinda L. 235–236
Preston, Samuel H. 143, 402
Prokop von Caesarea 256
Prüll, Cay-Rüdiger 315–316
Pu Songling 258
Pythagoras 298

Q
Quảng Đức, Thích 464
Quinlan, Karen 195
Qutb, Sayyid 468

R
Rachel, James 45
Rangone, Tommaso 177
Reese, Mimi 235
Rehberger, K. 99
Reil, Johann Christian 58, 292, 386
Rethel, Alfred 266
Ribbert, Hugo 55
Rich, Adrienne 166
Riesenberg, Lee Ann 363
Rilke, Rainer Maria 24, 177
Robespierre, Maximilian de 425
Rokitansky, Carl von 311
Rotterdam, Erasmus von 298
Rousseau, Jean-Jacques 299, 424, 427, 434
Rowlandson, Thomas 268
Rücker, Veronika 347
Rudd, M. David 398
Rummel, Rudolph J. 437, 440
Rumpf, Johann Daniel 352
Ruppert, Helmut S. 352
Russac, R. J. 235–236

S
Sade, Donatien Alphonse François de 214
Safar, Peter 61
Sahagún, Berhardino de 446
Saint-Exupéry, Antoine de 353
Salinger, Ivo 54
Santayana, George 49
Sartre, Jean-Paul 42, 46, 165, 262
Sattler, Joseph 266
Saul (König Israels) 20, 257, 265
Saunders, Cicely 302
Schaller, Sylvia 398
Scheler, Max 40–42, 79
Schelling, Friedrich Wilhelm Joseph 181
Schenckendorf, Max von 455
Scherer, Georg 46
Scheuchenpflug, Rainer 246, 248
Schiavo, Terry 108
Schiefer, Frank 156
Schiller, Friedrich 454
Schleiermacher, Friedrich Daniel 263
Schmidhammer, Arpad 268
Schmidtke, Armin 394, 396–398
Schnabel, Julian 115
Schnalke, Thomas 316
Schnitzler, Arthur 152
Scholz, Rembrandt D. 141
Schongauer, Martin 266
Schopenhauer, Arthur 44, 106, 414, 427
Schröder, Christina 97, 99
Schroth, Ulrich 122
Schulz, Richard 238
Schulz, Walter 40, 168
Schut, Henk 250
Schweinfurth, Georg 451
Seale, Clive 76, 80
Seligman, Martin 396
Seneca, Lucius Annaeus 20, 26, 43, 213–214, 267, 298, 382–384
Sestan, Nenad 119
Seuse, Heinrich 218
Shakespeare, William 214, 449
Shilling, Chris 79
Signorelli, Luca 266
Simmel, Georg 42, 75, 83, 165
Slevogt, Max 266
Sloterdijk, Peter 223
Smith, Jane E. 98
Smith, Steven M. 235–236
Sokrates 19, 25, 40, 44, 185, 212–213, 382–384, 453
Sonnenfels, Joseph von 424
Sophie Eleonore zu Stolberg-Stolberg 326
Sophokles 20, 148, 453
Soranos von Ephesus 372
Soss, Neal M. 403
Soto, Domingo de 298
Spalatin, Georg 203
Spickhoff, Andreas 317
Spinoza, Baruch de 42, 104, 222, 405
Sporken, Paul 92
Spottswood, Diahann 235
Sprang, Christian 353
Staden, Hans 450
Stalin, Jossif W. 437
Stanley, Leo L. 192
Steinach, Eugen 179, 193
Stenius, Simon 206
Stephens, Charles A. 193
Storm, Theodor 446, 455
Strauss, Anselm L. 75–77, 98, 155
Stroebe, Margaret S. 246–247, 250
Student, Johann-Christoph 277, 303
Sudnow, David 75, 77, 155
Swieten, d'Ablaincourts, Gottfried van 91

**T**
Tacitus 357, 384, 422, 446
Takahashi, Kazutoshi 174
Talib, Imam al-Husain ibn Ali ibn Abi 19
Tauler, Johannes 218
Taylor, Jeremy 207
Teismann, Tobias 398–399
Tertullian 468
Theodosius II. (oströmischer Kaiser) 357
Theophrast 297
Theunissen, Michael 42
Thomas von Aquin 148, 182, 216, 298, 406, 427
Thorson, James A. 236
Thrasyes von Marineia 297
Tille, Alexander 387
Tinguely, Jean 266
Tizian 267
Tossach, William 61
Tossanus, Daniel 206
Trajan (römischer Kaiser) 356
Tut-ench-Amun 330
Tylor, Edward Burnett 23, 254

**U**
Ulpianus, Domitius 4
Unamuno, Miguel 46
Ursinus, Zacharias 206

**V**
Valentinian III. (weströmischer Kaiser) 357
Valentinitsch, Helfried 346
Vallés, Francisco de 177
van den Bout, Jan 250
van der Lubbe, Marinus 434
Van Orden, Kimberly A. 398
Varignana, Bartolomeo da 309
Venatorius, Thomas 203–205
Vergil 20, 256, 267
Verhey, Allen 208
Verrochio, Andrea del 267
Vesal, Andreas 310
Vesalius, Andreas 58–59
Vespucci, Amerigo 450
Villanova, Arnald von 178
Vinzenz von St. Paul 302
Virchow, Rudolf 132, 172, 176, 311, 319–320
Volhard, Ewald 451
Volkart, Reto 354
Voronoff, Serge 193
Vovelle, Michel 165, 167
Vuillemin, Jules 46

**W**
Wachtel, Sarah 398–399
Waiblinger, Eva 354
Waldmüller, Ferdinand Georg 268
Walter, Tony 75, 79–80
Waters, Tony 82
Weber, A. Paul 54, 266
Weber, Georg 79
Weber, Max 75, 80, 83, 440
Weinsberg, Hermann von 310
Weismann, Avery D. 98, 172
Weiss, Tobias 266
Welz, Rainer 398
Wepfer, Johann 311
Wertheimer, Pierre 55–56, 110
Williams, Bernard 42, 45, 181, 186, 199
Williams, George C. 173
Winslow, Jacques-Bénigne 104
Witte, Tracy K. 398
Wittgenstein, Ludwig 43, 223
Wittkowski, Joachim 63, 97–99, 156, 159, 234, 246, 248, 362
Wong, Lok Ping 237
Wong, Paul T. P. 234

**X**
Xenophon 383

**Y**
Yamanaka, Shinya 174
Yeats, William Butler 263

**Z**
Zacchias, Paul 299
Zumbo, Gaetano 267
Zwingli, Huldrych 205

# Sachregister

Fettgedruckte Zahlenangaben verweisen auf besondere Kapitel zu dem Eintrag.


**A**

Ablass 10, 241, 259
Abschied 9, 18–19, 21, 43, 97, 148, 160, 208, 227–228, 230–231, 244, 308, 320–322, 324, 342, 354, 411
Abtreibung 32, 33, 37, 53, 77, 154, 298, 361, **367**, 368–370, **372**, 373, **375**, 376–380, 420
Abwehr 152, 157
Abwehrmechanismen 64, 66, 97, **226**, 227–228, 362, 395
Abwehrreaktion 100
Abwehrzauber 422
Agonie 52
Ahnen 18
Ahnenkult/-verehrung 5, 18, 22, 75, 154, 156, 253, 329
Akzeptanz 217, 220, 287, 362
Akzeptanz von Sterben und Tod 51, 66–67, 98–99, 101, 167, 181, 199, 208, 217, 229, 234, 236–238, 410
Altenheim *s.* Pflegeheim 80
Altentötung 153
Altern/Alterung 54, 63, 172–174, 176, 179, 186, 191–194, 197–200, 211, 235, 266, 268
Altersschwäche 55, 94, 97, 132
Amok 465, 468
Anatomieleiche 310
Änderung des Therapieziels *s.* Therapiebegrenzung 284
Anfechtung 20, 202–206, 217
Angst 69, 92, 99, 101, 105, 138, 170, 179, 193, 226, 228, 234, 236, 248, 263, 277–279, 295, 312, 316, 361–362, 385, 411, 435, 447
Angstbewältigung *s.* Bewältigungsstrategien 66
Angst vor dem Scheintod *s.* Taphophobie 91
Angst vor Sterben und Tod *s.* Todesfurcht 73
Angst vor Toten/Wiedergängern 21, 23, 153–154, 156–157, 244, 422
Anonymität 79, 136, 169, 214, 244, 277, 341, 346, 349, 351
Anpassung an Verlust/Coping 66–68, 70, 99, 226–228, 234, 249, 363, 397–398
Anthropologie 25–26, 40, 47–48, 57, 79, 105, 110, 170, 180–181, 184–185, 199, 221, 224, 226, 253, 263, 361, 380, 405, 428, 437, 444, 449, 454, 462, 470
Apallisches Syndrom *s.* Wachkoma 112
Appellsuizid 397, 402, 406
*Ars moriendi*/Sterbekunst/Sterbenlernen 6, 10, 18–20, 25, 90, 92, 94, **202**, 203, 206–208, **210**, 214, **216**, 217–220, 266, 324, 361, 385, 388
*Ars vivendi* 206–207, 385
Arzt 31–32, 51, 54, 57–58, 60, 76, 81–82, 89–90, 92, 100, 104, 119, 121, 134, 137–139, 151, 176, 178, 217, 230, 266, 273–274, 276, 283, 285, 287–288, 300, 305–306, 308, 310, 312, 316–319, 370, 372–373, 375, 377, 380, 383–386, 388, 396, 409–411, 413–415
Aufbahrung 5, 12, 58, 242, 319, 325, 329
Auferstehung 21, 25–26, 28, 60, 83, 104, 125, 152, 181–182, 184, 204, 218, 243, 253–254, 257–260, 262, 265, 309, 312, 331, 335–336, 338, 340–342, 455
Aussatz (Lepra) 7, 155
Autonomie 32, 38, 71, 77, 80, 114, 127, 139, 167, 216, 261, 275–276, 278, 285, 288, 293, 299, 343, 359, 368, 376–378, 383, 385, 395, 407, 409, 413–414, 455
Autopsie *s.* Obduktion 59

**B**

Beatmung 52, 55–56, 60–61, 89, 93, 100, 111, 118, 124, 195
Befruchtung 77, 174, 373, 376, 378, 380
Begräbnis (s. a. Bestattung) 5–6, 10–11, 28, 39, 58, 148, 156, 169, 241, 244, 327, 331, 333, 335–337, 351, 359, 422
Beinhaus (Karner) 9, 266
Bestattung 3, 5, 10–11, 20–22, 27, 38, 58, 149, 151, 153, 230, 243, 316, 320, 324, 329, 331–333, **335**, 336–340, 343, **354**, 356, 373, 447
– anonyme 14, 79, 244, 337–338, 349
Bestattungsfeier *s.* Trauerfeier 244
Bestattungsfrist 52, 104
Bestattungskosten 312, 333
Bestattungsplatz *s.* Friedhof 10
Bestattungsrecht, -gesetz 38, 52, 134, 151, 315, 320, 329, 337
Bestattungsriten 27–28, 75, 244, 312, 329, 335, 343, 362
Bestattungsunternehmen 13, 244, 340, 353, 362
Bestattungswesen, -kultur 9, 11–12, 26, 28, 255, 265, 332–333, 335, 343, 349, 351
Bestattungszwang 38, 340
Betreuungsrecht 273, 388
Bewältigung 68, 84, 100, 167–168, 210, 217, 236, 241–244, 246, 249, 346, 395, 397–398, 406
Bewältigungsstrategien 3, 64–66, 68, **226**, 237, 362
Bewusstlosigkeit (s. a. Koma) 56, 89, 91, 108, 110, 112, 118, 135, 293, 387
Bilanzsuizid 288, 397
Bilder, Todes- (s. a. Ikonographie) 83–84, 217, 297
Bindungstheorie 66–67, 227, 229, 231, 246, 248
Blumen 12, 243, 266, 353
Bruderschaft 6, 11, 241–242, 332, 468
Buddhismus 20, 23–24, 26, 94, 237, 258, 261, 445, 456, 464–465
Bürokratisierung 12, 79, 81, 243, 440

**C**

Camposanto 9, 11, 267
Care ethics 217, 278, 379
Charon 22
Christenverfolgung 20, 432, 446, 449, 466
Coma dépassé (s. a. Hirntod) 55, 93, 110, 121
*Commendatio animae* 19, 202

**D**

Dammbruch-/Schiefe-Ebene-Argument 286, 300, 380, 386, 388, 407
*Damnatio memoriae* 5
Defibrillation 52, 61, 135, 138
Definition von Scheintod 103

Definition von Sterben und Tod 47, 52–54, 93, 97–98, 117, 121, 124, 159, 211
Demenz 76, 83, 109, 274, 276, 409, 416
Demographie 3–4, 8, 79, 84, 140, 169, 172–173, 194, 197–199, 278, 388, 441
Demozid (Völkermord) 37, 82, 388, 417, 420, **437**, 440–441, 460
Deontologie 34, 90, 176, 375–376, 378, 427
Depression 68, 70, 92, 97, 99, 217, 247–249, 294, 420, 464
Depressionsmodell, kognitives 396

**E**

Einbalsamierung *s.* Mumifizierung 21
Einsamkeit 61, 80, 92, 99, 170, 220, 263, 277–280, 302
Einstellungen zu Sterben und Tod 8, 11–12, 40, 64, 68–70, 72, 84, 103, 177, 181, **233**, 238, 244, 335, 361–362
Einwilligung *s.* Wille 318
Enthauptung (s. a. Guillotine) 55, 150, 422–423, 431–434
Epidemie *s.* Seuche, Pest 94
Epidemiologie 60, 131, 308, 317
Epitaph 242, 267, 325, 346, 348
Erben 6, 38, 356–357, 359
Erbenwahl 357
Erbfolge 38, 356, 359
Erdrosselung 432
Erlösung 10, 26–27, 43, 180, 206, 256, 385, 387, 395, 456
Ertränkung 422–423, 431
Euthanasie (s. a. Sterbehilfe, aktive) 4, 47, 216, 282–283, 285–286, 303, 361, **382**, 383–388, 438
Evolution(sbiologie, -theorie) 23, 25, 44, 53–54, 148, 172–174, 197, 233, 249, 255, 261–262, 387, 451

**F**

*Facies hippocratica* 90
Fäulnis 58, 60, 117, 119–120, 122, 135, 150, 192
Fegefeuer 6, 10, 23, 182, 202–203, 206, 241, 258–259, 266
Feuerbestattung *s.* Leichenverbrennung 318
Forensische Sektion *s.* Obduktion 308
Fortexistenz nach dem Tod (s. a. Unsterblichkeit) 18, 24, 40, 43–44, 58, 91, 93, 155, 157, 161, 180, 184–186, 213, 223, **253**, 277, 329, 340–343
Freiheit 41, 66, 222, 261, 287, 312, 346, 357, 382, 401, 405, 407, 454–455
Freitod *s.* Selbsttötung 8
Friedhof 8–12, 14, 22, 24, 38, 79, 153, 157, 243–244, 266, 268, 329, 332–333, 335–337, 343, 346, 348–349, 354, 362, 445, 455
Friedhofszwang 337–338
Funeralien *s.* Leichenbegängnis 265
Fürbitte 157, 182
Fürbitte für Sterbende/Verstorbene 6, 10, 94, 203, 206, 241, 259, 267
Fürsorge (s. a. Totenfürsorge) 169, 210, 277–278, 302, 372, 379, 388, 406–407

**G**

Ganzhirntod 37, 56, 93, 118, 122, 125
Ganztodkonzept 26, 53, 120, 150, 180
Gebet *s.* Fürbitte 21
Geburt 32, 52, 54, 132, 134, 140, 226, 261, 367, 372, 377, 379, 384, 391–392, 438, 450
Gehenna 445
Gender-Aspekte 4, 8–9, 22, 143, **165**, 166–170, 235–236, 248, 266, 353, 367–368, 394, 402, 464, 470
Genozid *s.* Demozid 82
Gericht
- (Institution) 32–33, 157, 195, 275, 292, 321, 357, 369, 423, 425, 432
- jenseitiges/Jüngstes/Toten- 6, 20, 95, 184, 212–213, 241, 253, 257–258, 266
Gerichtsmedizin 310, 315–321
Geschlecht, biologisches *s.* Gender-Aspekte 4
Gesellschaft, postmorale 75, 80
Gespräch *s.* Kommunikation 138
Gift *s.* Vergiftung 372
Glaube 10, 21, 94, 104, 161, 166, 180–181, 184, 202–206, 217, 221, 233–234, 236, **253**, 277, 329, 331, **3**35–336, 341, 347, 353, 369, 375, 380, 401, 423, 455
Gothics 24
Grab, Grabstätte 6, 10, 12, 14, 24, 28, 79, 91, 94, 105, 153, 166, 241–244, 253, 255–257, 260, 267, 324–325, 331–332, 336–339, 343, 346–347, 349, 353, 447
Grabbeigabe 255, 329–330, 347
Grabesstrafe 257
Grabinschrift 3, 25, 243, 267, **346**–349
Grabkult 255
Grabkultur 267–268
Grabmal 8–9, 12, 241, 243, 267, 331, 337, 343, 346, 348–349
Grabpflege 9, 22, 337
Grabrecht 5
Grabrede 12, 244, 324–325
Grabstein *s.* Grabmal 337
Großhirn 37, 56, 93, 108, 114, 117–118, 122, 125–126
Gruppensuizid 463–464
Guillotine 11, 55, 424–425, 431, 433–434

**H**

Hades (s. a. Totenreich) 20, 22, 25, 213, 256, 259, 382
Halloween 28–29
Hängen 422–423, 425, 431, 434
Häufigkeit best. Todesursachen (s. a. Sterberate) 131–132, 393, 402–404, 421, 432–433
Heilige(r) 5–6, 20, 153, 157, 216–217, 241, 254, 265, 267, 333
Heiligkeit des Lebens 378
Herrschergrab 6
Herz(-Kreislauf)-Tod 37, 52–55, 89, 92, 110, 118, 120–121, 124–125, 128, 149
Herzstich 58, 152
Hinduismus 22, 27, 257–258, 260, 446, 468
Hinrichtung 6–7, 11, 26, 156, 168, 268, 310, 422–425, 429–430, **431**, 432–435, 444–446, 464–465, 467–468
- *in effigie* 7, 431
Hinterbliebene 42–43, 63, 68, 70, 72, 93, 157, 206, 230, 234, 241–244, 247, 249, 311, 315, 324, 326, 340, 347, 351, 354, 407
Hippokratischer Eid 370, 372, 383–384
Hirnstamm 56–57, 93, 108–110, 112–114, 117–118, 122, 125–126
Hirnstammtod 56
Hirntod 48, 51–52, 55–57, 60, 76–77, 80, 89, 93, 108, 110, 114, **117**–**122**, **124**–128, 148–149, 169, 186
Hirntodfeststellung 56
Hirntodkonzept 55–57, 121, 388
Hirntodkriterium 56–57, 93, 121, 313
Hoffnung 26, 28, 40, 42, 45, 79, 91, 99, 101, 135, 162, 165, 178, 180–182, 185, 217, 226, 234, 236, 243, 253–255, 258–260, 263, 303, 339, 342, 347, 385, 405–406, 455
Hölle 20, 61, 203–205, 211, 221, 253, 256, 258–259, 261–263, 266, 445, 468
Hospital 90, 302, 310
Hospiz(bewegung) 14, 77, 79–80, 92–93, 95, 99, 169, 208, 244, 263, 277–280, **302**–304, 306, 361, 388–389, 413–414
Hunger 4, 6, 11–12, 114, 438, 440, 444, 449, 456
Hygiene 11–12, 14, 28, 105–106, 173, 192–194, 268, 332, 335, 337, 373, 375, 382

**I**

Identität 13, 27, 41, 60, 65–67, 126, 166, 169, 180–182, 199, 341, 347, 358, 439–441, 463
Ikonographie 24, 54, 266, 327, 346

Individualismus/Individualisierung 9, 11, 13, 66, 80, 83–84, 93, 97, 106, 192, 242, 335, 337, 340, 343, 349, 353–354, 455
Institutionalisierung 80, 311, 336, 407–408
Intensivmedizin 56, 92, 111, 117–118, 121, 124, 126, 128, 169, 191, 195, 283, 377, 388–389
Internet 9, 83, 169, 244, 343, 352, 354–355, 361–362, 462
Intimisierung 79, 352–353
Islam 20, 25, 27–28, 176, 255, 257–260, 333, 376, 445, 463, 466–469

J
Jenseitsglaube, -vorstellung 4, 8, 10, 12, 23, 25, 27, 54, 78, 83, 177, 181, 184, 212, 231, 236, 243, **253**, 258, 265, 267, 329–330, 353, 383, 462
Judentum/Juden 9, 19, 21, 25–28, 177, 253, 255, 257–261, 331, 348, 376, 388, 401, 438–439, 441, 445, 448–450, 463–464, 466–469

K
Kadaver 52, 148, 153
Kannibalismus 447, **449**–452, 466
Karner *s.* Beinhaus 9
Katastrophe 3, 84, 266, 268, 448, 460
Kinder, sterbende 64
Kinder, verstorbene 10, 68, 134–135, 138, 242–243, 248, 258, 310, 318, 333, 354, 422
Kindersterblichkeit 11, 172, 194, 202, 242
Kindstötung 309, 362, 369, 372, **391**–393, 432, 445, 447, 449, 451
Kirchhof (s. a. Friedhof) 5, 10–11, 205, 241, 332
Klonen 53, 194
Kodizill 356, 358
Kolumbarium 338
Koma 56, 58, 93, **108**–112, 114–115, 118, 135, 195, 274
Kommunikation
- mit Sterbenden 78, 98, 278, 294
- mit Toten 82
- über Sterben und Tod 40, 100, 139, 159, 163, 214, 274, 276, 312, 321–322, 363, 383, 410
Konservierung *s.* Leichenkonservierung, Mumifizierung, Kryokonservierung 24
Kontingenz 40, 49, 76, 396
Konzentrationslager 14, 438, 440, 456
Körperbestattung *s.* Begräbnis 5
Körperwelten *s.* Plastination 341
Krankenhaus 9, 14, 40, 61, 78–79, 81–82, 95, 152, 195, 220, 238, 248, 277, 283, 294, 302–304, 311, 317, 321, 373, 380
Kremation, Kremierung *s.* Leichenverbrennung 340
Krematorium 9, 13, 28, 244, 329, 335–337, 339
Kreuz/Kreuzigung 19–20, 182, 205, 241, 244, 265, 353, 384, 422, 432, 454, 466
Krieg/Krieger 4, 6, 8, 11, 13–14, 36–37, 54, 63, 77, 79, 82–83, 132, 156, 166, 219, 242, 255–256, 268, 308, 324, 327, 332, 382, 384, 401, 417, 422, 424–425, 434, 437, 440–441, 444–445, 447, 449, 453, 455, 458–460, 463, 467–470
Kryokonservierung/Kryonisierung 179, 342
Kunst/Künstlerische Darstellung 6, 8, 13, 19, 23, 25, 63, 243, 258, **265**, 267–268, 327, 329–331, 361, 385, 437

L
Lebensalter 3–4, 65–67, 76, 138, 177, 194, 235, 469
Lebenserwartung 4, 12, 14, 63, 82, 140, 142–144, 146, 169, 172–173, 194, 198, 246, 248, 292, 305
Lebensminderung 82
Lebensqualität 44, 82, 84, 191, 218, 280, 361, 408–409
Lebensschutz 32, 37, 80, 275, 292, 300, 367, 370, 376, 441
Lebensverkürzung 176, 295, 298–299, 409
Lebensverlängerung 75, 82, 84, 172, 174, 177–179, 186, **191**–194, **197**–198, 200, 293–295, 356, 361, 389
Lebenswert 46, 48, 99, 186, 199, 388, 405
Lebenszeichen 51, 53, 152, 368
Lehrsektion *s.* Obduktion 58
Leiche, Leichnam 5–6, 9, 21–22, 24, 26, 29, 38, 43, 52, 58–59, 78, 93–94, 120–121, 126–128, 136–137, **148**–151, **152**, 153, 168–**16**9, 229–230, 241, **243**–244, 247, 253, 255, 266, 268, 308–310, 312, 316, 319–320, 325, 329–332, 335–343, 351, 407, 422–423
Leichenanmutung 52, 57
Leichenbegängnis 8, 24, 242–243, 265, 267, 351
Leichenbitter 351
Leichenbrand *s.* Leichenasche 331
Leichenexperiment 317
Leichenfeier *s.* Leichenbegängnis 265
Leichenfesselung 157, 253
Leichenfolge *s.* Leichenzug 242
Leichengefäß 330
Leichengeruch 59, 150
Leichengift 150
Leichenhalle/-(schau)haus 9, 12, 52, 58, 91, 104, 155, 243, 332
Leichenkonservierung (s. a. Kryokonservierung, Mumifizierung) 341
Leichenöffnung *s.* Obduktion 38
Leichenpredigt 11, 242, **324**–327, 347
Leichenruhe 312
Leichensack 331
Leichenschau 52, 58, 60, 91, 119, 124, 131–132, 1**34**–137, 149–151, 308, 310–311, 317–318, 332
Leichenschmaus 5, 52, 242
Leichensektion *s.* Obduktion 309
Leichenstarre *s.* Totenstarre 161
Leichenstein (s. a. Grabmal) 241
Leichenteile 52, 151–152, 308, 313, 315, 433, 466
Leichentransport 13, 230
Leichentuch 333
Leichenverbrennung 5, 9, 13, 22, 27–28, 38, 150, 157, 244, 261, 312, 315–316, 318, 329–331, 335–337, 343
Leichenzug 5, 242
Leichnam, lebendiger 23, 29, 153, 156–157, 253
Leichnam *s.* Leiche 5

M
Märtyrer 6, 19, 157, 181, 265, 446, 454–456, 463, 468
Martyrium 19, 265, 453, 462–463, 469
Massengrab 58, 241
Massensterben 95, 268
Massensterben (s. a. Seuche, Krieg, Demozid) 8, 13, 385
Materialismus 13, 214, 244, 335, 387, 451, 455
Mausoleum 6, 12, 337
Medialisierung 9, 13–14, 59, 63, 75, 79, 83–84, 106, 162, 168, 316, 447, 463–464, 468
Medikalisierung 9, 51, 79, 81, 199, 243, 297
Meditation 20, 24, 202–203, 205–206, 218–219, 406, 463
Memento mori 10, 19, 23–24, 94, 222, 266–267, 331–332, 384
Memorialkultur (s. a. Totengedächtnis) 3, 6, 13, 241
Menschenopfer 422, **444**–449, 454, 466–467, 475
Mitleidstötung 286, 300
Modernisierung 80–82, 214, 297, 401, 424, 441
Moorleiche 150, 422–423, 444, 446
Mord 31, 59, 214, 283, 309, 383, 388, 392, 406, **417**–425, 429, 431–432, 434, 437–438, 440, 469

Mortalität 3–4, 12, **82**, 140–143, 145–146, 168, 172–173, 175–176, 198, 379
Mumie/Mumifizierung 5, 21, 24, 58, 120, 148, 150, 178, 330, 449
Müttersterblichkeit 4, 375
Mythos 4, 8, 18, 23, 25, 58, 60, 76–77, 84, 94, 165, 167, 176–178, 185, 191, 213, 253–256, 260, 265, 297, 382, 388–389, 445, 450, 453, 465

**N**

Nahtoderfahrung 78, 84, 254
Nationalsozialismus (NS-Verbrechen) 13, 168, 268, 285, 303, 312, 369, 387–388, 426, 434, 438–439, 448, 455, 466
Negation 64, 98, 166, 181, 199, 224
Nekrolog 6
Nekromantie 257
Nekropsie *s.* Obduktion 60
Notar 90, 358
Notstand 34, 36, 285–286, 295, 391, 441
Notwehr 33, 36

**O**

Obduktion 5, 11, 38, 58–60, 95, 131–132, 148, 152–153, 267, **308**–312, **315**–322, 341, 373, 435
Ontologie 40–42, 46, 48, 79, 149, 166, 168, 182, 184–185, 223
Opfer(gaben) (s. a. Menschenopfer) 5, 154, 261, 383, 444
Opferung des eigenen Lebens 402, 445–447, **453**–456
Organtransplantation 37–38, 55–57, 119, 121–122, 124, 128, 148, 169–170, 176, 193, 312, 388

**P**

Palliativmedizin 51, 61, 77–78, 80–81, 89, 92–95, 114, 169, 216, 218, 220, 228, 244, 277–280, 284, 286, 288, 294, **302**, 305–306, 363, 386, 388–389, 407, 409–411, 414
Papst 6, 58, 108, 258, 266, 309, 335, 369, 433
Paradies 19–20, 177, 253, 259, 261, 266, 468
Passion 19, 203, 205–206, 331, 454
Pathophysiologie 57, 59, 178, 226
Patientenverfügung 61, 80, 114, 169–170, 191, 195, 238, **273**–276, 292, 294–295, 304, 410, 414–416
Patientenverfügungsgesetz 274, 276, 294, 388
Personalität/personale Identität 46–48, 76, 83, 126–127, 151, 180, 182, 217, 263, 375, 378, 380
Pest 4, 10–11, 58, 90, 202, 219, 266–267
Pflegedienst/Pflegende 72, 76, 81, 92, 100, 155, 230, 237, 277–278, 283, 302–306, 354, 361–362, 384–385, 407, 409–411, 413, 415
Pflegeheim/Altenheim 61, 80, 95, 99, 156, 170, 277, 289, 303, 413
Pflichtteil 38, 359
Plastination 29, 38, 152, 168, 268, 316, 320, 335, 339, 341–343
Posthumanismus 80, 84, 221
Postmortalität (s. a. Fortexistenz) 24, 75, 77–78, **82**–83, 125, 182, 262, 335, 341–342, 347
Posttraumatische Belastungsstörung *s.* Trauma 70
Präimplantationsdiagnostik 53
Pränataldiagnostik 77, 85, 377–378, 380
Prävention/Prophylaxe 60, 200
Privatisierung 22, 79, 168, 343, 353
Professionalisierung 9, 58, 63, 79, 311, 361
Protestantismus *s.* Reformation 21
Protest gegen den Tod *s.* Widerstand 45
Protestsuizid 463–464
Psychoanalyse 66–67, 79, 106, 165–166, 226–229, 246, 248, 251, 394–396, 451
Psychotherapie 361
Purgatorium *s.* Fegefeuer 182

**R**

Reanimation *s.* Wiederbelebung 55
Reduktionismus 48, 80, 342, 462
Reformation/Protestantismus 10, 20–21, 25, 29, 94, 181, 202–207, 242–243, 259, 261, 302, 324–326, 332, 336, 401, 433, 466
Reinigung 5, 10, 26, 57, 182, 193, 202, 212, 258, 422
Reinkarnation 83, 258, 260–262
Reliquien 5–6, 10, 19, 157, 241, 265, 332
Right-to-die-Organisationen 80
Ritualmord 444, 447, 466
Ritual (s. a. Sterberitual, Trauerriten) 4–5, 14, 18–19, 21–23, 27, 57, 78–79, 83–84, 153, 157, 168–169, 230, 242, 244, 253–255, 257, 262, 308, 312, 329, 432, 444–445, 447–449, 466

**S**

Säkularisation/Säkularisierung 8–9, 13, 79–80, 95, 184, 243, 262, 268, 335, 343, 387, 424–425, 454, 456
Sarg 28, 157, 242–243, 325, **329**–333, 335, 337, 339, 346–347, 349
Sarggeburt 58
Sargzwang 329, 337
Sarkophag 5, 265, 329–331, 335
Säuglingssterblichkeit 11, 140, 143
Scheintod 12, 54–55, 58, 91, **103**–106, 127, 136, 152, 332
– Angst vor dem *s.* Taphophobie 11
Schiefe Ebene *s.* Dammbruch 386
Schindanger 11
Schlacht *s.* Krieg 6
Schmerz 43–44, 68, 92, 97, 99–100, 111, 118, 151, 170, 222, 242, 263, 279–280, 288, 292, 295, 298, 352, 384, 396, 406, 409
Schmerztherapie 92, 277, 284, 303–304
Schwangerschaftsabbruch *s.* Abtreibung 53
Sedierung, terminale/palliative 216, 284–286, 409
Seele 25–26, 61, 78, 94, 103, 125, 148, 153, 180–182, 184–187, 202–203, 206, 211–212, 223, 241, 253–258, 260–261, 265, 277, 451, 465
Seelenheil 10–11, 202–203, 206, 241–242, 324, 357–358
Seelenreise 78, 94, 213, 256, 259
Seelenvorstellung 23–24, 75, 83, 103, 105, 156, 253, 262, 367, 369, 385
Seelgerät 357
Sein-zum-Tode 41, 94, 167, 184, 223
Sektion, anatomische/klinische/forensische *s.* Obduktion 373
Selbstbestimmung *s.* Autonomie 32
Selbsterhaltung 53, 222
Selbstmordattentat 77, 456, 462, 465, 468–469
Selbstmord/Selbstmörder *s.* Selbsttötung 8
Selbsttötung 4, 8, 10–11, 20–21, 31–32, 39, 60, 67, 75, 84, 131–132, 169, 210, 219, 227, 234, 238, 241, 247–248, 280, 287–288, 297–300, 310–311, 318, 361–362, 382–384, **391**, 394, 399, **401**, **405**–407, 413–415, 420, 453, **462**–465, 470
– Beihilfe zur 32, 80, 85, 216, 280, 282–283, 285, 287–288, 300, 362, 383, 407–408, 413–414, 420
– Prävention 64, 288, 396–398, 408
– Versuch 31, 397, 399, 402–403, 406, 420
Sepulkralkultur 4, 6, 12, 243, 267, 329, 347
Seuche 3–4, 6, 8, 10, 12, 60, 94, 154–155, 219, 242, 266, 309, 332, 335, 337, 385, 440, 444
Sinnhaftigkeit 61, 64–67, 80, 181, 186, 217, 224, 227, 229, 233–235, 249, 263, 277, 339, 343, 362, 405, 448
Sinnlosigkeit 42, 48, 65, 124, 181, 211, 227, 277–278, 280, 300, 409
Skelett 9, 24, 52, 54, 265–267, 309, 316, 445

Soldaten 357
Spiritualität 20–21, 80, 97, 161–162, 208, 216, 218, 229, 241, 253, 262, 277
Spolienrecht 6, 357
Statistik 60, 130–131, 140–141, 144, 146, 194, 250, 306, 311, 313, 327, 348, 353, 377, 393, 421, 425, 429, 434, 437, 465
Sterbebegleitung 51, 63, 90, 92, 138, 202, 204, 207, 216, 219–220, 238, 262, **277**–280, 282, 292–294, 303–304, 361–362, 386, 388, 410–411
Sterbebett 6, 202–205, 207, 267
Sterbediskurs 76
Sterbefasten 283, 288–289, **409**, 413, 416, 464
Sterbehilfe 47, 169, 217, 234, **282**, **292**, **297**, 384, 386–388, 441
- aktive (s. a. Euthanasie, Tötung auf Verlangen) 31, 75, 80, 85, 216, 274, 279, 282–286, 295, 299–300, 383–384, 387–388, 419
- Debatte über 51, 217–218, 285, 299
- -gesetz 284
- indirekte 216, 283–284, 295, 299–300
- Liberalisierung/Legalisierung 279–280, 282, 284, 297, 299–300, 388
- passive (s. a. Therapiebegrenzung) 191, 195, 216, 283–284, 292, 299–300, 384
Sterbekasse 11
Sterbekultur 6, 297, 388–389
Sterbekunst *s.* Ars moriendi 18
Sterben, natürliches *s.* Tod, natürlicher 77
Sterben, organisiertes/Sterbemanagement 77, 80
Sterben lassen *s.* Therapiebegrenzung 414
Sterben lernen *s.* Ars moriendi 214
Sterbeprozess 51–52, 61, 64, 78, 83, **89**–94, 97–100, 124, 191, 216, 219, 233, 238, 284, 302, 361, 382, 388, 410–411, 413–414
- –, psychischer 76, 80, 97–98
Sterberate 4, 11, 60, 131, **140**–142
Sterberisiko 248
Sterberitual 18, 21, 202, 206, 208, 325, 327
Sterberolle 81
Sterbesakrament 21, 202–203, 205, 353, 357
Sterbeszene 18–20, 90, 324–325, 347
Sterbewunsch 280, 287, 363, 395, 409–410
Sterbeziffer 131
Sterblichkeit 3–4, 10, 23, 40–42, 64–66, 89, 93–94, 105, 130, 143, 160, 166, 172–173, 175–176, 180–181, 184, 186, 199, 227, 233–235, 237, 278, 384
Stoa/Stoizismus 26, 44, 97, 213, 298, 382, 384, 454
Sühnetod 21, 453
Suizidassistenz *s.* Selbsttötung, Beihilfe zur 282
Suizidologie 64, 75, 395, 398
Suizid/Suizidalität *s.* Selbsttötung 60
Symptomkontrolle/-management 277–278, 280, 289, 303, 409–411

**T**

Tabu/Tabuisierung/Tabubruch 29, 40, 79, 92, 159, 168, 170, 244, 268, 308, 321, 388, 431, 441, 449
Taphophobie/Angst vor dem Scheintod 11, 55, 58, 91, 105–106, 152, 243, 332
Täuschung/Leugnung/Nicht-wahr-haben-wollen des Todes 76, 92, 97–98, 217, 226, 228
Technisierung 8–9, 13, 46–47, 61, 335, 343
Teilbestattung 5
Teilhirntod 37, 125
Terrorismus 77, 437, 439, 447, 456, **457**, 458–463, 465, 467–468
Testament 8, 37, 203, **356**–359, 362
- Anfechtung des T.s 359
- Brief- 358
- Seuchen- 357
Teufel 19, 25, 54, 202–204, 206–207, 216–217, 219, 370, 467
Thanatologie 40, 43, 63, 75, 77, 84, 120, 167–168, 217, 233, 361
Thanatopsychologie 63–64, 71–73
Thanatos 24, 382
Thanatosoziologie 75–77
Therapiebegrenzung/-verzicht 31, 114, 121, 191, 195, 216, 273, 276, 278, 282, 284, 289, 292–293, 295, 297, 299, 388
Tierfraß 39, 150, 153, 267, 423, 431
Tod
- Antizipation des T.s 234
- biologischer 52, 59, 84, 93, 121, 125, 149, **155**, 157, 161, 180, 182
- Dekonstruktion d. T.s 84, 169
- durch Kampf/Krieg *s.* Krieg 4
- durch Krankheit 4, 47, 59, 81, 94, 97, 99–100, 132, 134, 138, 160, 176, 206, 218, 247, 274, 285, 287, 294, 342, 347, 354, 385, 414, 437
- durch Verbrechen *s.* Mord, Totschlag 59
- eigener 40, 43, 47, 63–67, 69, 167, 210, 222–223, 234–235, 237–238, 335–336, 343, 356, 362, 385, 387, 405–406
- gewaltsamer 8, 47, 52, 131, 168, 170, 310, 422, 432, 438, 458, 463, 465, 467
- unnatürlicher (s. a. Unfall-\ 26, 47, 52, 60, 134, 219, 308
- Herrscher- 3, 6
- natürlicher 40, 46–47, 52, 54–55, 61, 77, 82, 84, 89, 131–134, 137, 168, 181, 192, 277–278, 386, 415
- Personifikation 25, 54, 69, 265
- plötzlicher 4, 6, 51, 82, 97, 133, 202, 229, 248, 266, 354, 385
- sozialer 7, 76, 153, 155–157
- Unfall- 18, 47, 51, 59, 84, 97, 130–132, 160–161, 247, 354, 444
- Ursprung d. T.s 18
Tod als Gut/Freund/Befreiung 20, 24, 43–44, 66, 69, 81, 211–212, 216, 282, 382, 384–386
Tod als Übel/Feind/Verlust 18–19, 27, 42–47, 63–64, 66, 68–70, 72, 90, 97, 99, 199, 212–213, 222, 228, 230, 243, 246–249, 298, 351, 361–362, 397, 403, 406, 429
Tod als Übergang 5, 7, 78, 94, 104–105, 120, 149, 157, 180, 210, 230, 241, 256, 454
Tod Christi (s. a. Kreuz/Kreuzigung) 19, 104, 181, 260, 265, 267, 331, 335, 444–445, 466
Tod des Anderen/Fremden 40, 42–43, 63–64, 69, 72, 84, 93, 161–162, 170, 219, 221, 223, 228, 234, 363, 392
Todesangst *s.* Todesfurcht/Angst vor dem Sterben 71
Todesantinomie 4
Todesanzeigen 13, 348, **351**–355, 362
Todesart 60, 131, 134, 137–138, 151, 221, 247, 318, 320, 425, 431
Todeserfahrung 14, 29, 41–42, 94–95, 162, 221, 223, 237, 242
Todesfeststellung 51, 54, 57–60, 83, 90–92, 103, 105, 117–119, 121–122, 131, **134**–139, 148–151, 319
Todesfurcht/Angst vor dem Sterben 19, 21, 24, 29, 40, 43, 47, 64–66, 69, 71, 73, 94, 99–100, 105, 161–162, 167–168, 170, 177, 210, 214, 219, **221**, 223, 227, 233–238, 277, 363, 382–383
Todesgewissheit 40–42, 52, 76, 98–100
Todesidealisierung 4, 27
Todeskonzept (s. a. Herztod, Hirntod) 4, 28, 54, 56, 76, 89, 110, 124, 128, 162
- bei Kindern 64, 69, 152, **159**–162, 228, 234, 248, 362
Todeskriterium 37, 54, 89, 93, 110, 118, 121, 124–125, 148
Todesmeldung 3, 134

Todesmitteilung 138, 351
Todesprognose 6, 51, 57, 89, 92, 97, 101, 218, 292, 295, 386
Todessehnsucht 24, 181, 453, 463
Todesstrafe 8, 31, 77, 310, 331, 392, 417–418, 420, **422**–426, **427**, 428, 435, 441, 465
Todesursache 60, 100, **130**–133, 137–138, 143, 145, 151, 161, 197, 199, 308–311, 313, 317–318, 321, 352, 354
Todeszeichen 51–52, 54, 57–60, 90, 92–93, 104–105, 117, 119–122, 124, 134–138, 148–150
Todeszeitpunkt 37, 52, 57–58, 60, 89, 98, 119–120, 127, 134–136, 148–149, 315, 317, 409, 413, 415
Totenasche 13, 21, 27, 38, 330–331, 337–339, 346, 348, 433, 449
Totenbuch 6, 20, 255
Totenfeier *s.* Leichenbegängnis 8
Totenflecken 59–60, 117, 119–120, 122, 135–136, 138, 148–149
Totenfürsorge 3, 5, 9, 11, 241–242
Totengedächtnis, -gedenken 6, 8, 10, 22, 24, 38, 157, 241, 243–244, 316, 324–325, 332, 346, 351, 354, 455
Totengeist 21, 23, 29, 254, 261, 432
Totenklage 5–6, 22
Totenkult/-verehrung 8, 18, 26, 75, 170, 255, 444
Totenmahl *s.* Leichenschmaus 5
Totenreich 25, 27, 78, 94, 157, 255–259
Totenruhe 38, 151
Totenschädel 24, 265–266
Toten-/Seelenmesse 5, 203, 206, 242, 353
Totenstarre 59–60, 117, 119–120, 122, 135–138, 148, 150–151
Totentanz 10, 168, 266, 268, 331, 385
Totenwache 21, 157, 242
Totgeburt 373
Totschlag 31–32, 34–36, 283, 293, 369, 417–421, 423
Tötung auf Verlangen 31, 279–280, 283–284, 295, 300, 385, 387–389, 419
Tötungsdelikt 31–33, 36, 295, 391, 417, 419–421, 466
Tötung/Tod von Tieren 308, 354, 362, 431, 445, 447, 453
Transhumanismus 80, 84, 181
Transplantation(smedizin) *s.* Organtransplantation 388
Transzendenz 26, 40, 46, 66, 78, 176, 233, 237, 244, 254, 260–261, 268, 386, 451
Trauer 11–14, 22, 25, 41–43, 63, 66, 68, 70–71, 73, 78–79, 83–84, 139, 161–162, 214, 217, 227–231, **241**–244, **246**–248, 250, 255, 262, 278, 312, 321–322, 34**2**, 346, 348, 351–354, 361–363, 402–403, 406–407
– antizipatorische 78, 99, 155, 226, 247
Traueranzeige *s.* Todesanzeigen 351
Trauerarbeit 9, 22, 66–68, 157, 229–231, 247–248, 354–355
Trauerbegleitung 63, 66, 71, 250, 277, 362
Trauerfeier 13, 244, 324–325, 353–354
Trauerforschung **70**–72, 231, 246, 250
Trauergruppe 71
Trauerkleidung 21–22, 242, 244
Trauerkultur 11, 13, 241–242, 244, 343, 351, 353
Trauermodell 66
Trauerort 337
Trauerphasen 67
Trauerprozess 68, 70, 99, 227, 231, 247–250, 361
Trauerriten/-formen 21, 23, 26–27, 71, 75, 169, 261
Trauerrolle 83
Trauerschleuse 230–231
Trauertherapie 250
Trauerzug/-prozession 19, 22, 242, 244, 325
Trauma 63, 66, 70, 100, 108, 110, 112–113, 226, 229, 247, 318, 361, 372, 377, 394
Trennung
– von Lebenden und Toten 6, 10, 21, 40, 82, 152, 161, 211, 243, 255, 337
– von Leib und Seele 25–26, 181–182, 212
Trost 20, 26, 203–207, 222, 224, 242–244, 326, 354, 384–385
Trostlosigkeit 211
*tumba* 331
Tyrannenmord 6, 463, 465

**U**
Unsterblichkeit 4, 25–26, 40, 84, 93, 97, 103–104, 156–157, 161–162, 166–168, **172**–174, **176**–179, **180**–182, **184**–187, 193–194, 197–198, 211–212, 221, 223, 255, 259, 263, 340–342, 382, 385
Unterlassen medizinischer Maßnahmen *s.* Therapiebegrenzung 300
Unterwelt (s. a. Hades, Hölle) 20, 22, 24–25, 28–29, 255–256, 259–260, 265, 382
Untoter *s.* Leichnam, lebendiger 105
Urne 5, 157, 331, 336–338
Utilitarismus 36, 44, 55, 300, 332, 375–376, 384, 387–388, 406, 427

**V**
Vampir 23
Vanitas 24, 266–267
Verdrängung (psychol.) 40, 79, 81, 84–85, 92, 95, 162, 165, 167, 199, 202, 217, 228, 277, 297, 312, 388, 394
Verfall 166, 192, 199, 216, 414
Verfall, körperlicher 13, 89, 97–98, 125, 340
Vergiftung 19, 58, 60, 132, 150, 153, 192, 297, 318, 372–373, 383–384, 411, 425, 431, 435, 447
Verklärung/Vergöttlichung 5–6, 177
Verlust 68, 248
Verlusterfahrung 241
Verwesung 24, 52, 54, 58–59, 78, 104, 148, 150, 157, 230, 243, 330, 332
Verzweiflung 20, 67, 101, 203, 218, 221, 224, 228, 406
*Vita minima/reducta* (s. a. Scheintod) 58, 136
Vivisektion 58, 308, 310
Völkermord *s.* Demozid 420
Vorbereitung auf Sterben und Tod 10–11, 20, 93, 133, 199, 202–203, 207, 277, 297, 332, 383, 385
Vorsorgevollmacht 273–275

**W**
Wachkoma 55–56, 108, 110, 112–114, 126, 195
Wasserleiche 10, 349
Weiterleben nach dem Tod *s.* Fortexistenz, Unsterblichkeit 341
Weltgericht *s.* Gericht, jenseitiges 20
Weltkrieg 12–13, 61, 63, 167, 173, 231, 268, 303, 336, 387–388, 425, 434–435, 437, 455, 466, 470
Widerstand/Protest gegen Sterben und Tod 45, 226
Wiederbelebung 52–53, 55–57, 60–61, 82, 89, 91–92, 103, 108, 121, 135–138, 149, 177, 195
Wiedergänger 21, 23, 148, 253, 263, 422
Wiedergeburt (s. a. Reinkarnation) 20, 27, 253, 260–261
Wille/Einwilligung 31, 37, 114, 148, 273–275, 283, 285, 292–295, 299, 317–318, 321–322, 341, 356–358, 385, 387–388, 415–416
Würde 23, 26, 29, 38, 48, 80–82, 84, 136, 243, 274–275, 277, 293, 295, 306, 318–320, 376, 378, 382, 384, 455, 464

**Z**
Zombie *s.* Leichnam, lebendiger 23
Zoroastrismus 253, 259

Printed by Printforce, the Netherlands